POUR LA SINGULIERE AFFECTION QU'AVONS A LUY

Burgundica

XXIV

POUR LA SINGULIERE AFFECTION QU'AVONS A LUY

ÉTUDES BOURGUIGNONNES OFFERTES À JEAN-MARIE CAUCHIES

sous la direction de

Paul Delsalle, Gilles Docquier,
Alain Marchandisse & Bertrand Schnerb

BREPOLS

Collection

BURGUNDICA

Peu de périodes, de tranches d'histoire ont suscité et continuent à susciter auprès d'un large public autant d'intérêt voire d'engouement que le «siècle de Bourgogne». Il est vrai qu' à la charnière de ce que l'on dénomme aussi vaguement que commodément «bas Moyen Âge» et «Renaissance», les douze décennies qui séparent l'avènement de Philippe le Hardi en Flandre (1384) de la mort de Philippe le Beau (1506) forment un réceptacle d'idées et de pratiques contrastées. Et ce constat s'applique à toutes les facettes de la société. La collection *Burgundica* se donne pour objectif de présenter toutes ces facettes, de les reconstruire – nous n'oserions écrire, ce serait utopique, de les ressusciter – à travers un choix d'études de haut niveau scientifique mais dont tout «honnête homme» pourra faire son miel. Elle mettra mieux ainsi en lumière les jalons que le temps des ducs Valois de Bourgogne et de leurs successeurs immédiats, Maximilien et Philippe de Habsbourg, fournit à l'historien dans la découverte d'une Europe moderne alors en pleine croissance.

Avec le concours financier de la Fondation pour la protection du patrimoine culturel, historique et artisanal (Lausanne)

Illustration de couverture : *Débat de l'honneur*, trad. JEAN MIÉLOT, BRUXELLES, KBR, ms. 9278-80, fol. 1r.

D/2017/0095/96
ISBN 978-2-503-56483-8
e-ISBN 978-2-503-56556-9
DOI 10.1484/M.BURG-EB.5.108021
Printed in the EU on acid-free paper.

Table des matières

Préface

Les éditeurs du volume

Le lecteur tient entre les mains le dernier élément d'un « triptyque » mis en chantier, voici quelques années maintenant, pour célébrer notre ami Jean-Marie Cauchies. Il fait suite aux volumes remis au cours de la cérémonie qui s'est tenue à Bruxelles, au sein de l'Université Saint-Louis qui a tant compté dans sa vie d'enseignant et de chercheur, le 29 novembre 2016, jour anniversaire du jubilaire. L'un, publié par l'association Hannonia, Centre d'information et de contact des cercles d'histoire, d'archéologie et de folklore du Hainaut, contient 28 contributions axées sur de passionnants épisodes de l'histoire de cette principauté, puis province, qui est celle des racines de Jean-Marie[1]. L'autre, paru sous le sceau des Presses de l'Université Saint-Louis – Bruxelles, consiste en un beau recueil de mélanges d'histoire du droit et des institutions, balayant un spectre chronologique large, du IXᵉ au XXIᵉ siècle, une matière qui continue d'être à la croisée des questionnements de son abondante production scientifique[2]. Restait à faire paraître l'ouvrage consacré au contexte historique dans lequel Clio allait trouver l'un de ses disciples les plus productifs et talentueux : les XIVᵉ-XVIᵉ siècles, l'époque des ducs de Bourgogne de la Maison de Valois et de leurs successeurs Habsbourg. C'est désormais chose faite.

Membre correspondant (2002), puis titulaire (2004) de la Classe des Lettres et des Sciences morales et politiques de l'Académie royale de Belgique et de la Commission royale d'Histoire de Belgique (1996), Docteur *honoris causa* des Universités de Lyon-III Jean Moulin (2001) et de Haute-Alsace à Mulhouse (2007), Professeur aux universités Saint-Louis de Bruxelles et catholique de Louvain, Secrétaire général du Centre européen d'Études bourguignonnes, Jean-Marie Cauchies a connu un parcours académique et une carrière universitaire prestigieux et exemplaires.

Il n'y a pas lieu, dans les pages qui suivent, de retracer en détail la biographie et les nombreuses facettes de l'impressionnant *curriculum vitae* de Jean-Marie. D'autres l'ont fait avec brio – et une bonne dose de détails truculents – dans une introduction qui en livre les faits marquants[3]. Qu'il nous soit cependant permis de pointer ici les principaux linéaments de l'homme de terrain, non celui du pèlerin avide de chausser ses godillots pour avaler les kilomètres, ni celui du meilleur spécialiste en liaisons fer-

1 *Hainaut. La terre et les hommes. Mélanges offerts à Jean-Marie Cauchies par Hannonia à l'occasion de son soixante-cinquième anniversaire*, dir. C. Depauw, P. Desmette, L. Honnoré, M. Maillard-Luypaert, Mons, 2016.

2 *Légiférer, gouverner et juger. Mélanges d'histoire du droit et des institutions (IXᵉ-XXIᵉ siècle) offerts à Jean-Marie Cauchies à l'occasion de ses 65 ans*, dir. É. Bousmar, P. Desmette, N. Simon, Bruxelles, 2016.

3 *Ibid.*, p. 23-52. Cette introduction est suivie (p. 53-95) d'une liste exhaustive des publications de Jean-Marie-Cauchies, jusqu'en 2016, hors comptes rendus et recensions cependant. On se réfèrera également aux témoignages qu'il a personnellement livrés, notamment l'entretien réalisé pour l'Académie royale de Belgique en 2008 (sous forme de capsules vidéos accessibles sur le lien https://lacademie.tv/conferences/rencontre-avec-jean-marie-cauchies), l'exercice d'« ego-histoire », intitulé « Le duc, la loi, les libertés : itinéraires d'un 'passeur' », mené lors de la 24ᵉ journée d'étude du Réseau des Médiévistes belges de Langue française qui s'est tenue à l'Université de Liège, le 23 mai 2011, ou encore l'interview accordée à Nicolas Simon et Quentin Verreycken le 23 avril 2015 – qu'ils ont eu l'amitié de nous fournir dans son intégralité.

Pour la singuliere affection qu'avons a luy. *Études bourguignonnes offertes à Jean-Marie Cauchies*, sous la direction de Paul Delsalle, Gilles Docquier, Alain Marchandisse et Bertrand Schnerb, Turnhout, 2017 (*Burgundica* 24), p. ix-xiv.

DOI 10.1484/M.BURG-EB.5.113900

roviaires du continent européen, mais bien celui du praticien des institutions bourguignonnes qu'il connaît et maîtrise mieux que personne.

Ce cheminement remonte aux premières années, celles d'une enfance heureuse dans un cocon familial où, grâce à une mère institutrice, le jeune Jean-Marie – né le 29 novembre 1951 – se montre avide de lectures et assidu aux études, et, grâce à un père chef de gare à Quaregnon, il a le loisir de découvrir nombre de sites et de monuments à travers le territoire belge. L'attrait pour le passé se précise déjà à cet instant. Survient un petit événement d'apparence anecdotique, mais qui est révélateur au vu de son futur parcours dans les coulisses de la cour bourguignonne : usant ses culottes sur les bancs de l'école communale, il reçoit un petit album orné de chromos consacré aux « Visages de notre passé », en l'occurrence à la figure de Philippe le Bon[4]. Avec ses reproductions en couleurs de miniatures et de tableaux d'époque, ce cadeau agit sur son esprit curieux comme un « déclic vers l'époque bourguignonne » et, aujourd'hui encore, celui-ci est conservé religieusement par son propriétaire. Sans aucun doute aussi, les ouvrages de vulgarisation historique l'attirent-il très tôt, à l'image de la collection *Nos Gloires*, entrée dans la bibliothèque familiale peu après et qui lui servira à fixer dans sa mémoire le portrait des « grands hommes » et les « hauts faits » d'une histoire de Belgique… qu'il enseignera plus tard[5]. Viennent ensuite les volumes illustrés de la monumentale *Histoire de Belgique* d'Henri Pirenne achetés, avec le consentement parental, à l'un de ses professeurs pendant ses années d'enseignement secondaire. Cette synthèse capte l'attention de l'adolescent ; il y a fort à parier que les chapitres consacrés aux ducs de Bourgogne ont contribué à nourrir son imaginaire et à susciter un engouement précoce de plus en plus prononcé.

C'est tout naturellement qu'il « officialise » ce choix par une candidature en Histoire aux Facultés universitaires Saint-Louis à Bruxelles (1968-1970) – où il découvre la monographie de John Bartier sur les *Légistes et gens de finances au* XV*e siècle* qui lui fait connaître « des hommes au travail », donnant vie et corps aux institutions[6] –, puis une licence à l'Université catholique de Louvain (1970-1972). Et c'est dans cette même logique qu'il fait honneur au Grand Duc d'Occident en consacrant son mémoire à l'œuvre législative de ce prince pour le comté de Hainaut, sur une idée soufflée par Maurice-Aurélien Arnould[7]. Ces études, menées brillamment par cet étudiant âgé à peine de 21 ans, lui ouvrent les portes du doctorat, sous la houlette du Professeur Philippe Godding. Bénéficiant de mandats de stagiaire (1972-1973) et d'aspirant (1973-1978) du Fonds national de la Recherche scientifique, il poursuit ses travaux en étendant toutefois sa période chronologique jusqu'aux premières années du XVIe siècle. En ce sens, la lecture des monographies – devenues des classiques – consacrées aux ducs Valois par Richard Vaughan et à l'archiduc (puis empereur) Maximilien d'Autriche par Hermann Wiesflecker a pétri ses réflexions et son approche sur la période. Entré dans le cénacle des colloques professionnels, Jean-Marie y rencontre des historiens, doctorants comme lui ou chercheurs confirmés, dont les écrits l'inspirent et le stimulent : Pierre

4 *Philippe le Bon, Grand Duc d'Occident*, [Bruxelles], [195…].

5 Il reconnait volontiers s'être « nourri » de ces illustrations qui lui « revenaient régulièrement à la mémoire ». Cf. J.-M. Cauchies, Conclusions. Enseigner l'histoire de Belgique : narration et consensus, dans *À l'aune de* Nos Gloires *: édifier, narrer et embellir par l'image. Actes du colloque tenu au Musée royal de Mariemont les 9 et 10 novembre 2012*, éd. B. Federinov, G. Docquier, J.-M. Cauchies, Morlanwelz-Bruxelles, 2015, p. 236.

6 J. Bartier, *Légistes et gens de finances au* XV*e siècle. Les conseillers des ducs de Bourgogne, Philippe le Bon et Charles le Téméraire*, 2 vol., Bruxelles, 1955-1957.

7 J.-M. Cauchies, *Les ordonnances de Philippe le Bon pour le comté de Hainaut (1427-1467)*, Mémoire de licence en histoire, Université catholique de Louvain, 1972.

Cockshaw, Philippe Cullus, Robert Wellens, Jan Van Rompaey, Wim Blockmans, Walter Prevenier pour n'en citer que quelques-uns. Certains points spécifiques, tels la législation monétaire, le rôle du Grand Conseil de Malines, les écorcheurs, les messagers et les messageries ou la désertion dans les armées bourguignonnes, sont déjà exploités sous forme d'articles qui n'ont rien perdu de leur pertinence. Parallèlement, Jean-Marie Cauchies dresse, dès 1975, une liste chronologique – qualifiée de provisoire, mais qui connaîtra peu de remaniements – des ordonnances de Philippe le Bon pour le Hainaut[8]. Soutenue en mai 1978, sa thèse, une considérable synthèse forte de trois volumes, est remarquée par les spécialistes, unanimement saluée pour ses grandes qualités. Mariant avec bonheur les trois axes majeurs des travaux qu'il continue de mener (droit, Hainaut et époque bourguignonne), l'œuvre se voit décerner le Prix Vicomte Charles Terlinden pour la période 1977-1980 et est publiée, quasi intégralement, quatre ans plus tard[9].

C'est également à cette période que Jean-Marie Cauchies découvre les activités du Centre européen d'Études burgondo-médianes. Fondée en 1958-1959, cette association, vouée à l'étude des Bourgognes, principalement – mais non exclusivement – durant l'époque des ducs Valois, organise des rencontres annuelles autour d'un thème plus ou moins défini. C'est par le biais de Pierre Cockshaw, déjà cité, qu'il est invité à en rejoindre les rangs. Au cours des Rencontres de 1974 qui se déroulent à Bruxelles et à Malines, Jean-Marie Cauchies prend pied dans cette société, alors en pleine dérive : réputation de « club mondain », communications de qualité variable, baisse significative des effectifs, difficultés financières... Malgré cette situation peu encourageante, il y fait la connaissance d'autres universitaires issus de pays voisins et prend la mesure d'un réseau scientifique à (re)fédérer. Le Comité l'agréée comme membre associé[10], ignorant que le rôle de cette nouvelle recrue allait permettre ni plus ni moins que le sauvetage du Centre. Lors des Rencontres de Dijon, les 19-20 septembre 1980, le secrétaire général, le baron Drion du Chapois, annonce sa démission pour raisons de santé. Celle-ci coïncide avec la première prise de parole de Jean-Marie Cauchies à la tribune du Centre sur des aspects « techniques » qu'il maîtrise déjà parfaitement et qui fait forte impression[11].

Son heure arrive bientôt. Cheville ouvrière des Rencontres de Mons (1982), devenu entre-temps membre effectif, Jean-Marie Cauchies est approché pour intégrer – sur les recommandations de l'historien de la littérature Roger Henrard – le Comité exécutif et, *in fine*, reprendre en main le secrétariat général. Attiré par cette perspective, il pose cependant plusieurs conditions ; le Comité lui donne carte blanche. Les mesures entreprises visent à refaçonner en profondeur les visées et les moyens de l'institution qui, pour la circonstance, adopte un nouveau nom : le Centre européen d'Études bourguignonnes, qui se dote, dès 1984, de nouveaux statuts. En prônant la tenue de rencontres aux objectifs exclusivement scientifiques, clairement circonscrites aux XIVe-XVIe siècles, la publication rigoureuse et régulière des actes de ces rencontres, l'accroissement du nombre de membres, dû en bonne part à une réduction du montant de la cotisation

---

8 Id., Liste chronologique provisoire des ordonnances de Philippe le Bon, duc de Bourgogne, pour le comté de Hainaut (1425-1467), dans *Bulletin de la Commission royale pour la Publication des anciennes Lois et Ordonnances de Belgique*, t. 26, 1975, p. 35-146.

9 Id., *La législation princière pour le comté de Hainaut. Ducs de Bourgogne et premiers Habsbourg (1427-1506). Contribution à l'étude des rapports entre gouvernants et gouvernés dans les Pays-Bas à l'aube des temps modernes*, Bruxelles, 1982.

10 Son agréation est approuvée par l'Assemblée générale des membres le 25 septembre 1975, et c'est en cette qualité qu'il figure dans la liste publiée dans *Publication du Centre européen d'Études burgondo-médianes*, t. 17, 1976, p. 8.

11 Id., L'essor d'une législation générale pour les Pays-Bas bourguignons dans le dernier quart du XVe siècle : aperçu et suggestions, dans *Publication du Centre européen d'Études burgondo-médianes*, t. 17, 1981, p. 59-70.

(désormais obligatoire pour chaque membre) et à la campagne promotionnelle qu'il entreprend personnellement, et le maintien, tant que faire se peut, d'une bonne santé financière pour ce dernier, et en en étant le garant, il est indiscutable que Jean-Marie Cauchies a jeté les bases d'une association qui, sans elles, et sans lui, à coup sûr, n'existerait plus de nos jours. En assumant au quotidien les multiples tâches qu'induit une telle fonction pendant plus de trente ans, il est resté incontestablement la figure emblématique – pour ne pas dire l'âme – d'un Centre auquel il consacre tout à la fois son temps, son énergie et son cœur. Parallèlement, Jean-Marie se propose de remettre sur pied l'ancienne Chaire d'études bourguignonnes de l'Université de Louvain, tombée en désuétude. Il établit le Centre belge d'études bourguignonnes (1400-1600), une structure commune aux Facultés Saint-Louis et à l'UCL, dont l'objet est la mise en lumière, par le biais de leçons publiques, des nombreuses facettes de la « civilisation » bourguignonne. Ici aussi, il en assumera le secrétariat de 1984 à 2012.

Au tournant des années 1970-1980, sa charge d'enseignant s'accroît rapidement, mais Jean-Marie poursuit ses activités scientifiques avec rigueur, tant sur le plan du droit et des institutions bourguignonnes que sur celui de recherches régulièrement fournies pour différentes revues d'histoire du Hainaut où il est fort demandé. Sur le premier plan, il complète, notamment, sa liste des ordonnances pour le comté hainuyer jusqu'à la mort de Philippe le Beau[12] ; sur le second, il multiplie les études ciblées dans des matières qui lui sont chères, où trouvent place les « gouvernants » et les « gouvernés », et qui lui vaudront, plus tard, de rédiger plusieurs notices – dont celle consacrée au *Hennegau* – pour le *Lexikon des Mittelalters*[13]. Le prisme de la législation reste la focale de Jean-Marie, non dans un cadre étroit, mais de plus en plus élargit, dans le temps et dans l'espace, au questionnement de son rôle dans la genèse de l'État moderne[14].

Le profil des hommes qu'il rencontre au fil de ses recherches l'intéresse tout particulièrement : les agents du prince à l'échelle locale ou régionale, les grands fonctionnaires bourguignons, les membres de la haute noblesse, les chevaliers de la Toison d'or sur lesquels il établit diverses notices[15]. La figure princière retient aussi son attention. C'est d'abord au tour du duc Charles de Bourgogne – auquel il préfère l'épithète de « Hardi » et récuse l'appellation de « Téméraire », un surnom condamnant toute l'action politique du duc –, mis en balance avec son grand rival Louis XI[16]. Si de nombreux auteurs se sont penchés sur ce « combat des chefs », Jean-Marie Cauchies leur consacre des pages d'un style clair et direct, nuançant une vision trop souvent manichéenne – selon le point de vue où l'on se place –, dressant un portrait psycho-

12 Id., Liste chronologique des ordonnances de Charles le Hardi, Marie de Bourgogne, Maximilien d'Autriche et Philippe le Beau pour le comté de Hainaut (1467-1506), dans *Bulletin de la Commission royale pour la Publication des anciennes Lois et Ordonnances de Belgique*, t. 21, 1986, p. 1-125.

13 Id., Art. Hennegau, dans *Lexikon des Mittelalters*, t. 4, Munich-Zurich, 1989, col. 2131-2133.

14 À titre d'exemple : Id., Pouvoir législatif et genèse de l'État dans les principautés des Pays-Bas (xiie-xve s.), dans *Renaissance du pouvoir législatif et genèse de l'État*, dir. A. Gouron, A. Rigaudière, Montpellier, 1988, p. 58-74 ; Id., La législation dans les Pays-Bas bourguignons : état de la question et perspectives de recherches, dans *Tijdschrift voor Rechtsgeschiedenis*, t. 61, 1993, p. 375-386 ; Id., H. de Schepper, *Justice, grâce et législation. Genèse de l'État et moyens juridiques dans les Pays-Bas, 1200-1600*, Bruxelles, 1994.

15 Outre le *Lexikon des Mittelalters* déjà cité, ajoutons les notices réalisées dans divers volumes de la *Nouvelle Biographie nationale* (depuis 1994) ou dans l'ouvrage *Les Chevaliers de l'Ordre de la Toison d'or au xve siècle. Notices bio-bibliographiques*, dir. R. De Smedt, Francfort-sur-le-Main, 1994, 2e éd. revue et augm., 2000.

16 J.-M. Cauchies, *Louis XI et Charles le Hardi. De Péronne à Nancy (1468-1477) : le conflit*, Bruxelles, 1996.

logique des deux personnages dont les enjeux, les ambitions et les limites sont mis en lumière à l'aune d'une Europe qui n'attendait pas passivement l'issue de cet affrontement. Parallèlement, Jean-Marie s'intéresse de plus en plus à Philippe le Beau, que les figures écrasantes du père (Maximilien d'Autriche) et du fils (Charles Quint) ont trop souvent relégué parmi les « seconds couteaux » de l'historiographie bourguignonne. De patients dépouillements dans plusieurs dépôts d'archives, des séjours en Castille et en Autriche, un cheminement vers Saint-Jacques-de-Compostelle, où il retrouve les traces ibériques de son héros en 1997, sont autant de stimulants pour la réflexion du chercheur. Ses contributions tendent à remettre à sa juste place ce « chaînon manquant », lien parfait entre ducs Valois et Habsbourg. L'entourage princier est passé au crible, les agents des « coulisses » sont détectés, les manifestations du pouvoir sont analysées, les actions politiques personnelles sur l'échiquier « national » et européen sont mesurées. La synthèse, première biographie en français sur ce « dernier duc de Bourgogne », voit le jour en 2003[17].

L'historien sait qu'il n'est pas d'histoire sans sources et que l'un des principaux moyens pour la renouveler est d'en explorer et d'en éditer de nouvelles. Jean-Marie n'aura pas manqué de faire siens ces truismes en publiant plusieurs volumes de sources diplomatiques. En 2001, sortait de presse, sous l'égide de la Commission royale pour la publication des anciennes lois et ordonnances, le recueil des ordonnances du duc de Bourgogne Jean sans Peur[18]. Quelques années plus tard, en 2010, ce furent celles de Philippe le Bon pour le comté de Hainaut, aboutissement logique du corpus qui avait alimenté sa thèse de doctorat[19]. En 2013, le volume hainuyer sera complété, pour le même principat, par celui des ordonnances générales[20]. Mais il y a plus. Jean-Marie a actuellement en chantier, d'une part, l'édition des ordonnances du Namurois durant le règne de Philippe le Bon, pour un volume où l'on trouvera également celles relatives au Luxembourg, confiées aux bons soins de Jean-Marie Yante. D'autre part, l'édition, là encore en collaboration – cette fois avec Valérie Bessey – des ordonnances de l'hôtel du duc Philippe le Beau, prévu dans la collection des *Instrumenta*, chez Thorbecke, est également en bonne voie. Enfin, les qualités d'éditeur de notre jubilaire ne se sont pas uniquement exprimées à propos de textes édictaux ; on lui sait également gré d'avoir pu mettre au point – et ce ne fut pas chose aisée – le carnet de notes (ou plutôt comme l'éditeur le dénomme lui-même le grimoire) d'un chroniqueur et indiciaire – et non incendiaire comme un de ses estimés confrères académiciens avait cru le comprendre –, Jean Lemaire de Belges en l'espèce, pour une période s'étendant d'août 1507 à février 1509, publié dans la *Collection des anciens auteurs belges*, à l'Académie royale de Belgique. Ce travail faisait suite à l'édition de la *Chronique annale* de Lemaire réalisée par Anne Schoysman pour laquelle notre ami avait dressé l'index des noms propres et rédigé les notes historiques en 2001[21].

Poussant plus avant son rôle d'animateur des études bourguignonnes en Belgique, Jean-Marie prend la direction d'une nouvelle collection auprès de la maison d'édition Brepols dès 1998. Histoire, politique, finance, histoire de l'art, littérature... sont au-

17 Id., *Philippe le Beau, le dernier duc de Bourgogne*, Turnhout, 2003.

18 *Ordonnances de Jean sans Peur (1405-1419)*, éd. J.-M. Cauchies, Bruxelles, 2001.

19 *Ordonnances de Philippe le Bon pour le comté de Bourgogne (1425-1467)*, éd. Id., coll. G. Docquier, Bruxelles, 2010.

20 *Ordonnances générales de Philippe le Bon (1430-1467)*, éd. J.-M. Cauchies, coll. G. Docquier, Bruxelles, 2013.

21 Jean Lemaire de Belges, *Chronique de 1507. Édition critique*, éd. A. Schoysman, coll. J.-M. Cauchies, Bruxelles, 2001 ; Id., *Le carnet de notes d'un chroniqueur (août 1507-février 1509). Introduction, édition et commentaires*, éd. J.-M. Cauchies, Bruxelles, 2008.

tant de thématiques évoquées dans la série *Burgundica* qui comptabilise à ce jour vingt-cinq volumes de grande qualité. Chez le même éditeur, il co-dirige également, avec Jacqueline Guisset, les actes des colloques internationaux en castellologie organisés par la Fondation Van der Burch, basée au château d'Écaussinnes-Lalaing, que Jean-Marie préside depuis 2002. Gageons qu'il poursuivra, comme il l'a toujours fait, à maintenir le cap. Sa bibliographie récente peut en témoigner. Jean-Marie continue d'apprendre et poursuit ses questionnements – ceux-ci apparaissent bien souvent dans le sous-titre de ses contributions –, mais, s'il ne tranche pas toujours le problème, il en fournit des éléments de réponse, des pistes de recherche à explorer.

Au cours d'une présentation sur son cheminement professionnel, réalisée voici quelques années, Jean-Marie se définissait comme « passeur ». Indubitablement, il en est un. Passeur d'idées et de concepts, mais également passeur entre périodes, entre réseaux, entre personnes. Mais, plus qu'un passeur, Jean-Marie est devenu au fil des ans, pour bon nombre d'entre nous qui le côtoyons, un guide sûr. Les champs qu'il a défrichés, semés et labourés sont aujourd'hui les récoltes dont sa science nous fait profiter, que ce soit sur le plan de la terminologie, de la diplomatique, de l'histoire du droit et des institutions ou encore de l'historiographie. Doté d'une mémoire performante – sans doute une transplantation moderne de ce *terrible cerveau* de l'empereur Maximilien dont parlait le chancelier Mercurino Arborio de Gattinara –, Jean-Marie allie sérieux, rigueur, esprit de synthèse et sens de la nuance dans tous les travaux qu'il a réalisés. Mais ce rapide portrait ne serait pas complet sans les qualités du cœur. Car Jean-Marie est également d'une grande loyauté en amitié et son dévouement est égal pour ses proches, ses collègues et ses étudiants. Pour ces derniers d'ailleurs, il a toujours veillé à mentionner le nom de *tous* ses étudiants en séminaire quand celui-ci débouchait sur une publication. Bien entendu, les éléments méritants – le professeur est exigeant pour les autres comme pour lui-même – sont encouragés, non favorisés, comme dans la parabole des talents qu'il affectionne : de bons résultats sont à faire fructifier.

Ardu à la tâche scientifique, Jean-Marie est également doté d'un humour qui fait mouche. Le moins que l'on puisse dire, c'est que l'on ne s'ennuie jamais avec lui. Combien de colloques ne se remémore-t-il pas – tout en en faisant profiter son entourage – par le biais de traits d'esprit, de bons mots ou d'anecdotes cocasses dont il a parfois été la victime à ses dépens ! C'est aussi un « bon-vivant », gastronome à ses heures, mais ne dédaignant pas non plus une cuisine roborative goûteuse. Les soirées en sa compagnie se prolongent bien souvent, où histoire bourguignonne, géopolitique contemporaine, univers des Schtroumpfs – qui partagent parfois ses aventures –, amour de la musique – on y retrouve sans rivalité le chant *Réveillez-vous Picards !*, des airs de Rossini et de Mahler, *West Side Story* de Leonard Bernstein et les tubes de Marc Aryan qu'il entonne dès que l'opportunité se présente – et cancans académiques font bon ménage. Ce sont des moments chaleureux et privilégiés, car Jean-Marie est de ces hommes qui estiment que les meilleures amitiés se nouent autour d'une bonne table.

Assurément, Jean-Marie Cauchies est un jeune retraité heureux. Et c'est avec confiance que nous espérons pouvoir encore longtemps profiter de ces échanges où nous aurons encore maintes occasions de parler avec et devant lui d'une bibliographie qui continue de s'enrichir considérablement, de toutes ces circonstances où il nous sera donné de réfléchir ou de festoyer avec le maître, le collègue, l'ami. Voire de nouveaux mélanges, faisant suite aux 45 contributions du présent volume qui, nous l'espérons, lui feront honneur *pour la singuliere affection qu'avons a luy*.

Le carnet d'adresses d'Érasme ou l'art d'utiliser ses réseaux

Franz Bierlaire
Professeur émérite de l'Université de Liège

Quelque 3 200 lettres, près de 700 correspondants clairement identifiés : la correspondance d'Érasme constitue un « flamboyant réseau épistolaire » à travers lequel l'humaniste entretenait des relations dans l'Europe entière. Mon propos n'est pas d'entreprendre une analyse systématique de cette « toile », d'étudier, par exemple, la répartition des correspondants dans le temps et dans l'espace, le fonctionnement du réseau et les moyens nécessaires à son entretien ou encore sa mise en scène au moyen de recueils épistolaires, conçus par l'épistolier lui-même[1]. Je voudrais simplement livrer quelques pistes de réflexion sur les « réseaux du réseau », ce prodigieux « carnet d'adresses » qu'Érasme s'est constitué, a entretenu et exploité tout au long de sa vie[2].

La majeure partie de la correspondance d'Érasme est accessible dans l'*Opus epistolarum Desiderii Erasmi Roterodami*[3], qui rassemble les 1 200 lettres éditées par l'humaniste lui-même entre 1515 et 1536, les 600 lettres publiées, à Leyde, en 1703, par le réfugié français Jean Leclerc, dans le volume 3 des *Opera omnia* de l'humaniste, et les quelque 1 300 lettres que l'érudit d'Oxford Percy S. Allen a retrouvées – parfois en cours de publication de son recueil – dans des éditions anciennes, dans des bibliothèques ou des dépôts d'archives. Quelques rares lettres (une vingtaine) ont été découvertes depuis l'achèvement de l'*Opus*[4]. Beaucoup de missives d'Érasme n'ont évidemment pas été conservées ; certaines ont été perdues, d'autres détruites par l'épistolier lui-même. S'il publiait volontiers des recueils de sa correspondance, transformant des lettres privées ou même intimes en lettres publiques, voire ouvertes, l'humaniste n'hésitait pas non plus à en jeter d'autres au feu. Des traces de ces lettres détruites ou perdues subsistent toutefois dans sa correspondance, tantôt par leurs réponses, quand elles sont parvenues jusqu'à nous, tantôt par les mentions qu'Érasme et ses correspondants en font[5].

---

1 Sujets abordés par C. Bénévent, La correspondance d'Érasme. Fonctionnement, fonctions et fictions d'un réseau épistolaire, dans *Réseaux de correspondance à l'âge classique (xvie-xviiie siècle)*, dir. P.-Y. Beaurepaire, J. Häseler, A. McKenna, Saint-Étienne, 2006, p. 17-32.

2 Une première version de ce texte a été présentée au colloque *Moyen Âge et médiévistes en réseau (Bruxelles, Palais des Académies, 20-21 novembre 2008)*, à l'occasion du 10e anniversaire du Réseau des Médiévistes belges de Langue française.

3 P. S. Allen, *Opus epistolarum Desiderii Erasmi Roterodami*, 12 vol. dont un d'Index, Oxford, 1906-1958. Traduction française intégrale : *La correspondance d'Érasme*, dir. A. Gerlo, Bruxelles, 1967-1984.

4 Sur les compléments à l'*Opus epistolarum*, voir C. Bénévent, *Supplementa Alleniana*. Tentative de bilan et perspectives, dans *Erasmus and the Renaissance Republic of Letters. Proceedings of a Conference to mark the Centenary of the Publication of the First Volume of* Erasmi Epistolae *by P. S. Allen, Corpus Christi College, Oxford, 5-7 September 2006*, éd. S. Ryle, Turnhout, 2014, p. 35-50.

5 On renverra à C. Bénévent, *La correspondance d'Érasme entre République des lettres et lettres secrètes. Pour une étude du rapport entre privé et public au xvie siècle*, Thèse de doctorat en littérature française inédite, Université Paris XII, 2003, à paraître ; L.-E. Halkin, Erasmus ex Erasmo. *Érasme éditeur de sa correspondance*, Aubel, 1983.

Pour la singuliere affection qu'avons a luy. *Études bourguignonnes offertes à Jean-Marie Cauchies*, sous la direction de Paul Delsalle, Gilles Docquier, Alain Marchandisse et Bertrand Schnerb, Turnhout, 2017 (*Burgundica* 24), p. 1-13.

DOI 10.1484/M.BURG-EB.5.113901

Il n'est pas nécessaire de dépouiller systématiquement la correspondance pour mettre au jour quelques-uns des réseaux érasmiens. Il suffit, dans un premier temps, de repérer les séries de lettres d'Érasme portant une date identique ou très proche, confiées manifestement au même porteur (d'ailleurs souvent nommé), qui distribue ce courrier tout au long de sa route et recueillera les réponses sur le chemin du retour : les réseaux se cachent dans les paquets de lettres qui remplissent ces sacs de courrier[6]. On peut corroborer l'existence de ces réseaux ou en découvrir d'autres, grâce aux post-scriptum de nombreuses lettres. Érasme écrit ainsi à Andrea Ammonio, le 1er septembre 1513 :

> « Si tu visites Saint-Omer, et si l'occasion se présente, salue l'abbé de Saint-Bertin, mon excellent protecteur, et son économe, Antoine de Luxembourg, chanoine de Saint-Omer, ainsi que le médecin de l'abbé et de la ville, maître Ghisbert, deux vrais amis à moi ; puis le doyen de cette église, un homme d'une grande droiture et grand ami des lettres[7]. »

Autre exemple, cette demande faite à Josse Jonas, le 11 septembre 1520, de saluer en son nom les membres du réseau érasmien d'Erfurt : Kaspar Schalbe, Johannes Draconites, Helius Eobanus Hessus « et nos autres amis[8] ». Il est même fréquent qu'un correspondant nous ouvre les portes d'un cercle érasmien. Ainsi Conrad Goclenius écrit :

> « Notre cher Dilft [Frans van der Dilft, le messager d'Érasme] s'est rendu en Zélande vers les calendes de septembre, pour gagner l'Espagne par le premier départ de bateaux, mais il a été contraint jusqu'à présent de demeurer sur place car le vent du Nord ne soufflait pas et c'est le seul vent qui, de là, permette de traverser la Manche. Voici maintenant quatre jours qu'il souffle sans arrêt. Je pense donc que notre ami s'est finalement embarqué. Notre ami Nicolas Wary de Marville [le président du Collège des trois langues, où Goclenius est titulaire de la chaire de latin] et mes collègues Rescius et Campensis te saluent. [...] Porte-toi bien. Nones d'octobre. Hier sont passés ici Cornelis de Schepper, ambassadeur de l'Empereur, de retour de Pologne, et Claude Chansonnette, qui s'est occupé auprès de notre Cour des affaires de son prince [François Ier]. L'un et l'autre sont si épris de toi que je doute, mon cher Érasme, qu'on puisse l'être autant. Encore une fois porte-toi bien[9]. »

Un rapide survol de la correspondance des années 1484 à 1514 permet de suivre la mise en place de réseaux qui se succèdent, se superposent, voire se concurrencent[10]. D'abord le couvent de Steyn, ensuite la famille et l'entourage de Henri de Bergen, évêque de Cambrai et premier protecteur d'Érasme, puis la maison d'Antoine de Bourgogne, deux cercles dont les centres principaux sont situés autant dans le Pas-de-Calais (Saint-Omer, Tournehem)[11] qu'en Zélande. Enfin Paris, où le premier réseau est constitué, non pas d'universitaires, mais d'élèves particuliers de l'étudiant en Sorbonne, dont quelques-uns seront à l'origine du réseau suivant, l'important réseau anglais, qui accueillera Érasme dès 1499. Le retour sur le

---

6 Sur tout ceci, voir F. Bierlaire, *La* familia *d'Érasme. Contribution à l'histoire de l'humanisme*, Paris, 1968, p. 36-39. Voir aussi Bénévent, La correspondance d'Érasme, p. 21-22.

7 Allen, *Opus epistolarum*, t. 1, p. 531, n° 273, l. 29-34. On me pardonnera de me borner à identifier brièvement tous les correspondants cités et, pour le reste, de renvoyer à l'indispensable dictionnaire publié sous la dir. de P. G. Bietenholz, T. B. Deutscher : *Contemporaries of Erasmus. A biographical Register of the Renaissance and Reform*, 3 vol., Toronto, 1985-1987.

8 Allen, *Opus epistolarum*, t. 4, p. 376, n° 1157, l. 14-16.

9 *Ibid.*, t. 7, p. 518, n° 2063, l. 51-64.

10 Sur les vicissitudes de l'existence d'Érasme pendant toutes ces années, voir L.-E. Halkin, *Érasme parmi nous*, Paris, 1987.

11 Voir J. Hadot, Érasme à Tournehem et Courtebourne, dans *Colloquia Erasmiana Turonensia*, t. 1, Paris, 1972, p. 87-96.

continent voit d'abord la réactivation des réseaux de Saint-Omer et de Tournehem, puis leur élargissement obligé (en raison du décès de Henri de Bergen) jusqu'à la cour de Philippe le Beau, dont l'humaniste prononce le *Panégyrique*, en 1504 (via Nicolas Ruter, conseiller du prince et évêque d'Arras)[12]. Vers la même époque, on constate la naissance, puis le renforcement d'un réseau louvaniste, dont l'embryon est le Collège du Lys, où Érasme est pensionnaire. Du réseau italien, et de ses deux principales ramifications (la Rome papale et la Venise humaniste, autour de l'imprimeur Alde Manuce), on ne comprendra l'importance que bien après le séjour d'Érasme, en raison du petit nombre de lettres de cette période. Enfin, le premier voyage de l'humaniste à Bâle, par la vallée du Rhin, en août 1514, lui permettra, par l'accueil enthousiaste reçu tant à Strasbourg qu'à Sélestat, de constater que le réseau alsacien est déjà bien en place et que certains de ses membres (Beatus Rhenanus, par exemple) sont même les piliers d'un réseau bâlois, dont le cœur est l'atelier de Johann Froben.

Les réseaux érasmiens sont présents dans tous les pays, même ceux où Érasme n'a jamais mis les pieds : en Pologne, en Bohême, en Espagne, au Portugal… Ils se développent partout où Érasme a des lecteurs et admirateurs, avec lesquels un contact a été établi, une rencontre, une visite ou, le plus souvent, un échange épistolaire, parfois accompagné de l'envoi d'un livre. J'évoque ici les réseaux amis, mais il y aurait évidemment beaucoup de choses à dire sur les réseaux hostiles, souvent plus institutionnels (universités, facultés de théologie, parlements, ordres religieux).

Les réseaux érasmiens doivent être étudiés dans la longue durée, pour en mesurer les fluctuations éventuelles, et surtout en profondeur, pour en saisir la complexité. Ainsi Érasme dispose d'un très vaste réseau de correspondants dans les Pays-Bas, et de nombreux réseaux locaux. Ainsi chaque ville importante des provinces méridionales possède son cercle érasmien (Bruxelles, Gand, Bruges, Anvers, Louvain, Malines)[13]. Le réseau gantois a été particulièrement bien étudié par le chanoine M. A. Nauwelaerts[14]. Érasme en a connu plusieurs membres – le carme Arnold de Bost et le pédagogue et imprimeur Robert de Keysere – au tout début de sa carrière ; il s'est lié avec la plupart des autres à l'occasion ou après sa première visite certaine à Gand en 1514. Plusieurs d'entre eux siègent au Conseil de Flandre : le président Jean Le Sauvage, bientôt président du Conseil privé et futur chancelier de Brabant, puis grand chancelier de Bourgogne, son successeur Nicolaas Uutenhove, les conseillers Antoine Clava et Willem de Waele, le greffier Omer d'Enghien. Parmi les amis gantois d'Érasme figurent également Louis de Flandre, seigneur de Praet, grand bailli de Gand, puis de Bruges, et membre du Conseil privé, l'avocat fiscal Corneille van Schoonhove, l'abbé de Saint-Bavon Lieven Hugenoys, le chartreux Levinus Ammonius, un médecin du nom de Clavus… Enfin, quatre de ses collaborateurs les plus proches sont d'origine gantoise.

Les différents sous-réseaux urbains des anciens Pays-Bas entretiennent évidemment des contacts entre eux. Le réseau gantois, dont plusieurs membres ont étudié à

---

12 J.-M. Cauchies, Une harangue pour la « Paix » et son contexte politique. Le *Panegyricus* de Philippe le Beau par Érasme, dans *Renaissance bourguignonne et Renaissance italienne. Modèles, concurrences*, éd. Id., *Publication du Centre européen d'Études bourguignonnes (xive-xvie s.)*, t. 55, 2015, p. 149-162.

13 Voir notamment les monographies consacrées à ces cercles locaux par M. A. Nauwelaerts, Erasmus en Antwerpen, dans *Geschiedenis en het Onderwijs*, t. 7, 1962, col. 769-782 ; Erasmus en Mechelen, dans *Handelingen van de Koninklijke Kring voor Oudheidkunde, Letteren en Kunst van Mechelen*, t. 66, 1962, p. 45-67 ; Verblijf en werk van Erasmus te Leuven, dans *Mededelingen van de Geschied- en Oudheidkundige Kring voor Leuven en Omgeving*, t. 9/3-4, 1969, p. 134-160.

14 Id., Érasme et Gand, dans *Commémoration nationale d'Érasme. Actes*, Bruxelles, 1970, p. 152-177.

l'Université de Louvain[15], est en relation avec le réseau louvaniste, comme en témoigne cette postface d'une lettre d'Antoine Clava à Érasme :

> « Veuille encore saluer de ma part cet homme d'une grande culture qu'est Jean Desmarez [professeur à l'Université de Louvain], ainsi que le très éloquent Adrien Barland, tout comme mon grand ami Rutger [Rescius] de Maaseik, en même temps que son hôte, Thierry Martens, un homme de toute confiance[16]. »

Érasme favorise et encourage les synergies entre les cercles de ses partisans. Ainsi écrit-il au diplomate Maximilien Transsilvanus (membre de la chancellerie impériale) :

> « Je voudrais que tu noues quelque relation avec More, dont tu apprendras le caractère par Frans van Cranevelt. Je lui ai déjà écrit l'une ou l'autre chose à ton sujet. Bien rares sont les amis sincères que compte notre siècle : c'est pourquoi il convient de resserrer par les liens les plus étroits l'amitié des gens de bien. Porte-toi bien, très cher Maximilien, ainsi que tous les tiens. Salue de ma part le prince Georges d'Halluin [le seigneur de Comines] et tous les autres amis[17]. »

Il arrive fréquemment que la composition de ces réseaux se modifie, en raison des changements d'affectation ou de fonction de leurs membres. Jean Le Sauvage passe du réseau gantois au réseau bruxellois, lorsqu'il devient chancelier de Brabant et proche conseiller du prince, entraînant avec lui son secrétaire Guy Morillon et son chapelain Pierre Barbier. Le premier deviendra un des secrétaires de Charles Quint, le second celui du nouveau pape Adrien VI, puis doyen du chapitre de Tournai. Quant à Frans van Cranevelt, pensionnaire de la ville de Bruges, pilier du réseau érasmien de cette ville, avec l'humaniste d'origine espagnole Juan Luis Vivès et les deux chanoines de Saint-Donatien Jan van Fevijn et Marcus Laurinus, il animera, à partir de 1522, le cercle érasmien de Malines, où il est devenu membre, puis président du Grand Conseil.

Un examen rapide de la composition de chaque réseau montre qu'ils sont constitués le plus souvent de diverses strates[18] qui s'entremêlent : les intellectuels, les cercles du pouvoir, et même le milieu des financiers et des marchands... Ainsi nul n'ignore le rôle joué par le banquier Erasmus Schets à Anvers ni surtout celui d'Anton Fugger à Augsbourg et à Nuremberg.

Ces réseaux géographiques et leurs subdivisions évoluent au fil du temps. Certains se constituent très tôt, d'autres plus tardivement[19]. La plupart se renforcent. Quelques-uns s'éteignent, tantôt définitivement (ainsi Érasme finira par couper définitivement les ponts avec son ancien couvent de Steyn), tantôt provisoirement et sont réactivés pour des raisons et dans des conditions qui mériteraient d'être analysées.

Comment naît un réseau ? Aussi longtemps qu'Érasme reste un obscur chanoine régulier ou un modeste étudiant en théologie, c'est lui qui, pour subsister, pour échapper à sa condition, pour disposer des moyens de travailler, cherche à s'introduire dans

---

15 Ainsi, c'est à Louvain, entre 1502 et 1504, qu'Érasme a fait la connaissance de Louis de Flandre. Voir Allen, *Opus epistolarum*, t. 4, p. 450-451, n° 1191, l. 11-16.

16 *Ibid.*, t. 3, p. 35, n° 617, l. 19-22.

17 *Ibid.*, t. 6, p. 114-115, n° 1585, l. 106-111.

18 Bénévent, La correspondance d'Érasme, p. 18 souligne avec raison la diversité sociologique des correspondants et la présence parmi eux de nombreux « oubliés » de l'histoire. Voir aussi L. Voet, Erasmus and his correspondents, dans *Erasmus of Rotterdam. The Man and the Scholar*, éd. J. Sperna Weiland, W. T. M. Frijhoff, Leyde, 1988, p. 195-202.

19 Sur la nécessité d'une périodisation pour tenir compte de l'évolution du réseau, voir Bénévent, La correspondance d'Érasme, p. 25.

des réseaux existants, des réseaux de proximité, souvent liés (Bergen et Bourgogne), qui le rapprochent chaque fois un peu plus des cercles du pouvoir (il est récompensé financièrement par Philippe le Beau, mais il sera fait conseiller par son fils Charles, plus de dix ans plus tard)[20]. Pour s'introduire dans un réseau, Érasme a besoin d'un « cheval de Troie ». C'est, dans les années 1490, le rôle que joue Jacques Batt, directeur de l'école et secrétaire de la ville de Bergen op Zoom, rencontré dans cette ville. Jacques Batt assure la liaison entre les premiers réseaux érasmiens (les chanoines réguliers de Steyn, les familles de Bergen et de Bourgogne), des réseaux dont l'humaniste mettra en scène les principaux membres lettrés dans un des ses premiers ouvrages, les *Antibarbari*[21]. Batt recommande Érasme à la dame de Veere, Anne de Borselen, l'épouse de Philippe, fils du « Grand Bâtard » Antoine de Bourgogne, en s'efforçant de suivre à la lettre les instructions de son ami. Érasme écrit :

> « Fais comprendre à Madame, que je lui apporterai une gloire incomparablement plus grande que celle qu'elle devra à ces autres théologiens qu'elle entretient. Leurs sermons sont bons pour le vulgaire ; ce que moi j'écris durera toujours. On écoute ces bavards incultes dans l'une ou l'autre église ; mes livres à moi seront lus par les Latins et par les Grecs dans tous les peuples de l'univers. Des théologiens ignares de cette sorte-là, il y en a partout en foule, mais un homme comme moi, à peine en trouve-t-on un en plusieurs siècles (mais peut-être répugnes-tu à mentir un peu pour aider un ami). Enfin, remontre-lui qu'elle ne sera nullement appauvrie si, pour restaurer saint Jérôme, si maltraité jusqu'ici, ainsi que la vraie théologie, elle m'accorde le secours de quelques pièces d'or, alors que tant de son argent est gaspillé pour un si vil usage[22]. »

Bon nombre de lettres du volume 1 de la correspondance sont des appels à l'aide de ce genre ou des récits des efforts faits par ses amis et admirateurs pour dénicher des mécènes. Jan Becker de Borselen, un familier de la dame de Veere et du château de Tournehem, écrit à Érasme :

> « J'ai un bénéfice ecclésiastique à Middelbourg. Je dois cette prébende de chanoine à la générosité, inouïe en ce siècle, de Filips van Spangen [...]. Il a passé tout récemment quelques jours avec moi [...]. J'ai fait de ton nom mention honorable [...]. Il s'informe de toi avec empressement [...]. Je lui dis en réponse ce que je tenais de tes lettres [...] de façon à ne pas diminuer, mais à accroître et ta gloire et l'estime où il te tient. Je lui ai montré plusieurs livres écrits par toi et lui ai fait cadeau d'un exemplaire très soigné et fort bien orné de tes *Lucubrationes*, où figure l'*Enchiridion militis christiani*. Il l'a lu avant de nous quitter, il l'a vivement loué, et il commence à t'admirer beaucoup, toi que déjà auparavant il aimait. Il faisait des vœux pour toi et souhaitait que tu eusses ta place dans nos régions. Il indiquait aussi que, s'il en avait un jour la possibilité, il serait heureux de t'appuyer. J'ai échauffé l'homme tant que j'ai pu et mes paroles ont alimenté à coup sûr l'amour qu'il a pour toi. »

Après avoir raconté comment il s'est efforcé de « placer » Érasme, l'« attaché de presse » croit utile de « vendre » à son ami ce patron potentiel, issu d'une illustre famille :

---

20 Sur ce milieu, voir J. D. Tracy, *The Politics of Erasmus. A Pacifist Intellectual and His Political Milieu*, Toronto-Buffalo-Londres, 1978, spécialement le chap. 1, *Erasmus and the Burgundian National Party*.

21 *Antibarbarorum liber*, éd. et intr. K. Kumaniecki, dans *Opera omnia Desiderii Erasmi Roterodami*, t. 1/1, Amsterdam, 1969, p. 1-138.

22 Allen, *Opus epistolarum*, t. 1, p. 326, n° 139, l. 34-49.

« C'est une maison hollandaise qui a toujours occupé un haut rang et qui est remarquable par son ancienneté et par sa noblesse. Philippe en descend, il en porte le nom et, comme il est l'aîné, il possède la plus grande partie de l'héritage paternel. Le plus proche lien du sang liait sa mère au seigneur de Bergen et à ses frères, tu sais lesquels je veux dire, car elle était née de la famille de Grimbergen, très célèbre dans le Brabant, de laquelle sont sortis ces frères de Bergen. [...] Tu vois combien tu étais, combien tu es toujours, je pense, recommandé auprès de cette famille, d'où est issue également l'épouse de ton prince de Veere. [...] Je t'écris cela un peu longuement, non seulement pour que tu me félicites d'avoir trouvé un tel protecteur, mais pour que tu réfléchisses au profit que tes affaires pourraient un jour ou l'autre retirer de cette situation[23]. »

Toute sa vie, Érasme usera de ses admirateurs et/ou de ses amis pour s'introduire dans certains milieux où il espère trouver des appuis qui ne sont d'ailleurs pas toujours financiers. À Liège, son agent Pascal Berselius, modeste moine bénédictin, ne parviendra pas à tirer grand-chose d'Érard de La Marck[24]. À Londres, son agent Andrea Ammonio, secrétaire italien du roi Henri VIII, saura plaider sa cause auprès des évêques anglais, non seulement pour lui assurer une certaine sécurité financière, mais surtout pour l'aider à se libérer de son ordre et lui obtenir à Rome les dispenses nécessaires[25]. En Pologne, Érasme, qui sait saisir les opportunités qui se présentent, bénéficiera des conseils et des relations d'un des ses nombreux visiteurs, Jan Łaski, neveu de l'archevêque de Gniezno, primat de Pologne, qui l'aidera à entrer en relations avec les plus hauts personnages de son pays[26] : le roi Sigismond Ier, les évêques de Plock et de Cracovie, le chancelier du royaume...

Évidemment, quand Érasme cesse d'être un inconnu, de nombreux réseaux lui ouvrent largement leurs portes, d'autres se constituent presque d'eux-mêmes autour de lui : « Toute la société littéraire de Strasbourg se recommande à toi », lui écrit l'humaniste Jakob Wimpheling, le 1er septembre 1514, « et se déclare prête à se consacrer entièrement à ce qui t'est agréable. » Ont signé une douzaine de lettrés strasbourgeois, dont le célèbre Sébastien Brant, l'auteur de la *Nef des fous*, et l'imprimeur Mathias Schürer, « et tous les autres », précise-t-il, « dont il serait trop long d'énumérer les noms ; et moi en tête[27]. »

Après s'être constitué, un réseau doit être entretenu. Ses membres sont maintenus sous pression de plusieurs manières. D'abord, Érasme veille à leur écrire aussi régulièrement que possible, pour leur donner de ses nouvelles, prendre des leurs et montrer ainsi que leur idole pense à eux, ne les oublie pas. Ah ! recevoir une lettre d'Érasme ! Quel bonheur ! Quel événement ! « J'ai reçu cette splendide lettre de ta main », écrit Pascal Berselius, « une lettre débordante d'amour et de grâces, et cela le 18e jour avant les calendes d'octobre. Ô jour qu'il me faut marquer d'une pierre blanche, jour au-delà des limites du bonheur et que j'avais jusque là appelé de mille vœux[28] ! »

Autre moyen d'entretenir les liens, et plus efficace (voire plus rentable), l'envoi d'un livre ou, mieux, d'un livre avec une dédicace, non pas manuscrite, mais imprimée, sous la forme d'une préface, comme ces *Luciani compluria opuscula* qu'il distribue en 1506 quasiment sous la forme de tirés à part, dédiant *Toxaris ou l'amitié* à l'évêque de

---

23 *Ibid.*, t. 1, p. 558-560, no 291, l. 43-100.
24 J. Hoyoux, Art. Paschasius Berselius, dans *Contemporaries of Erasmus*, t. 1, p. 140.
25 T. B. Deutscher, Art. Andrea Ammonio, dans *Ibid.*, t. 1, p. 48-50.
26 M. Cytowska, Art. Jan (II) Łaski, dans *Ibid.*, t. 2, p. 296-301.
27 Allen, *Opus epistolarum*, t. 2, p. 7-9, no 302, l. 11-17.
28 *Ibid.*, t. 3, p. 96, no 674, l. 13-16.

Winchester, le *Tyrannicide*, au chapelain de ce prélat, le *Timon*, à un secrétaire du roi Henri VII, le *Coq*, à un autre[29].

Parfois, Érasme se contente d'une mention élogieuse ou flatteuse dans un de ses écrits. Ainsi, dans l'adage 501 (« Souvent même un marchand de légumes parle fort à propos »), où l'hommage s'accompagne d'une leçon de critique textuelle :

> « En ce qui concerne la forme grecque du proverbe, j'ai cru bon de prévenir le lecteur que je l'ai trouvée ainsi écrite dans tous les manuscrits d'Aulu-Gelle que j'ai pu voir jusqu'ici. Mais d'après mon souvenir, un jour mes scrupules furent éveillés et l'idée d'une faute me fut suggérée par Paolo Bombasio de Bologne, qui parmi les professeurs de belles-lettres de cette cité était à la fois de beaucoup le plus savant et de loin le plus renommé, et ceci à juste titre, car il fut le premier à enseigner à la fois les lettres grecques et latines avec une égale compétence, publiquement et en privé, homme par ailleurs du goût le plus fin et au jugement le plus pénétrant. Pour moi, tant en raison de son savoir exceptionnel et varié que d'une incroyable douceur de caractère, j'ai été si lié avec lui que je me demande si j'ai jamais eu avec aucun mortel une relation plus étroite, une familiarité plus agréable. Donc au cours de nos entretiens littéraires je me rappelle qu'il me dit un jour que le mot de *Kèpôros* dans le proverbe d'Aulu-Gelle ne lui plaisait pas du tout, qu'il le jugeait supposé et inauthentique, qu'il soupçonnait, étant donné que presque tout chez cet auteur est corrompu, que je ne sais quel marchand de légumes au lieu de *môros* avait mis *Kèpôros*. Mais en ce temps-là, quoique cela me parût très vraisemblable et que le jugement d'un homme aussi savant eût beaucoup de poids à mes yeux, je n'osai pas encore malgré tout, étant donné l'accord si grand des manuscrits, être seul d'un avis différent. Cependant tandis que j'allais çà et là à l'aventure parmi les auteurs grecs, par le plus grand des hasards dans un recueil de fragments qui ne portait aucun nom d'auteur, mais qui semblait soit de Stobée, soit extrait de lui, je rencontre le vers suivant provenant d'une tragédie d'Eschyle intitulée *Les Phrygiens* : "Souvent même un fou parle à propos." Je me rangeai donc à l'avis de mon cher Bombasio et je pense que tous les savants doivent le faire[30]... »

Autre procédé fréquent, l'épitaphe non sollicitée, mais toujours bienvenue, comme celle de Nicolaas Uutenhove, président du Conseil de Flandre, dans une lettre à son fils. Érasme, qui attend beaucoup de cette famille noble de Gand, glisse en passant un éloge de la ville et de ses habitants les plus illustres[31].

Enfin, il y a les visites du grand homme. Pendant la période de sa vie où il sillonne l'Europe sans se fixer vraiment quelque part, Érasme fréquente régulièrement ses réseaux, passant de l'un à l'autre, profitant de l'hospitalité qui lui est offerte. De Bâle et de Fribourg-en-Brisgau, où il mène une existence plus sédentaire, à partir de la fin de l'année 1521, il rend visite à l'occasion à ses amis de Constance[32], de Porrentruy et de Besançon[33]. Sans doute faut-il voir dans certains *convivia* de ses *Colloques familiers* des récits des repas et des conversations qui réunissent les membres de ces réseaux. C'est

29 Paris, Josse Bade, 13 novembre 1506. Voir *Luciani dialogi*, éd. et intr. C. Robinson, dans *Opera omnia Desiderii Erasmi Roterodami*, t. 1/1, p. 361-627. Les dédicaces figurent dans Allen, *Opus epistolarum* sous les n°s 187, 191, 192, 193.

30 Érasme, *Les Adages*, dir. J.-C. Saladin, t. 1, Paris, 2011, p. 402-403.

31 Allen, *Opus epistolarum*, t. 8, p. 45, n° 2093, Érasme à Charles Uutenhove, fils du défunt, Bâle, 1er février 1529.

32 En septembre 1522. Voir *Ibid.*, t. 5, p. 212, n° 1342, l. 336-354.

33 Long récit d'une visite faite en avril-mai 1524, avec énumération des personnes rencontrées dans *Ibid.*, t. 6, p. 167-170, n° 1610, l. 7-114.

certainement le cas du *Convivium religiosum*, dont le cadre rappelle la propriété de son ami Johann Botzheim, chanoine de Constance[34].

Qu'attend Érasme de ses réseaux ? Au début de sa carrière, un appui, qui peut prendre la forme d'un mot d'introduction, une aide financière, souvent les deux à la fois, le gîte et le couvert, un cheval pour prendre la route, un manuscrit indispensable pour ses travaux... Plus tard, une intervention pour faire avancer une affaire, souvent le paiement d'une pension, une aide intellectuelle, un collaborateur en qui il puisse avoir confiance, le renouvellement de sa réserve de vin, une aide quelconque à propos de laquelle on ne sait parfois pas grand-chose. Il écrit à l'un de ses fidèles correspondants :

> « Il y a un point au sujet duquel je voudrais que tu m'apportes ton concours. C'est plus une affaire de confiance que de travail ou d'attention. Il y a à Louvain des gens tout-puissants auprès de l'évêque de Tournai [Charles de Croÿ] à qui j'écris. J'ignore quels sentiments ils peuvent bien nourrir à mon égard, à cause de certains de leurs amis. Je suppose que tu devines de qui je veux parler. Je voudrais que cette affaire leur reste cachée. Je t'envoie la lettre ouverte pour que tu saches de quoi il s'agit. Tu la remettras cachetée à l'évêque et par la même occasion tu insisteras auprès de lui pour que tout soit fait au plus tôt. S'il est quelque chose que tu désires me voir faire, à ton tour de commander[35]. »

À chaque besoin, un réseau. L'œuvre d'Érasme serait-elle ce qu'elle est sans l'aide et les conseils des membres de ses réseaux bâlois et fribourgeois ? L'humaniste alsacien Beatus Rhenanus, présent en permanence dans l'atelier de Johann Froben[36], le théologien Johann Oecolampade, futur réformateur de la ville de Bâle, le juriste Nicolas Gerbel, le prédicateur Wolfgang Capiton, qui l'assistent dans ses recherches sur le *Novum Testamentum*, transcrivant notamment à son intention les citations hébraïques des manuscrits anciens[37], les frères Amerbach, qu'il réquisitionne pour la correction des épreuves[38], ou encore le dominicain Ambroise Pelargus, dont il apprécie tellement les critiques constructives qu'il lui demandera de l'aider dans la révision de ses *Declarationes ad censuras Lutetiae vulgatas* :

> « Je te demande de me faire tenir les notes que tu as prises, afin que je voie si elles peuvent m'être utiles. Je n'ai pas envie de mêler à mes opinions des idées à la Luther. Celles qui conviennent, ne prends pas la peine de les recopier : j'ai des *famuli* capables de lire n'importe quoi. Mais si tu veux bien les recopier, je t'en saurais évidemment gré. Je ne voudrais toutefois pas te voir assumer ce travail avant que nous ne nous en fussions entretenus, après en avoir pris connaissance[39]. »

Où Érasme trouverait-il des assistants, s'il ne pouvait s'appuyer sur les professeurs du Collège des trois langues ? « Celui qui t'apporte cette lettre », lui écrit le titulaire de la chaire de latin, « a été pendant dix ans environ au service de Thierry [Martens] d'Alost. [...] Il est très dur au travail, il supporte aussi les réprimandes. Son écriture en grec et

---

34 F. BIERLAIRE, *Érasme et ses* Colloques. *Le livre d'une vie*, Genève, 1977, p. 52-59.

35 ALLEN, *Opus epistolarum*, t. 6, p. 319, n° 1694, l. 9-16.

36 Sur ce personnage et ses relations avec Érasme, voir B. VON SCARPATETTI, Art. Beatus Rhenanus, dans *Contemporaries of Erasmus*, t. 1, p. 104-109.

37 Ces diverses collaborations sont évoquées dans plusieurs lettres. Voir notamment ALLEN, *Opus epistolarum*, t. 2, p. 168, n° 373, l. 72-76, p. 253, n° 421, l. 53-58, p. 326, n° 456, l. 169-174, p. 334-335, n° 459, l. 46-68 ; t. 6, p. 13, n° 1581, l. 232-234.

38 *Ibid.*, t. 3, p. 423, n° 886, l. 25-29.

39 *Ibid.*, t. 9, p. 43, n° 2666, l. 2-7. S'ensuit un long échange épistolaire (*Ibid.*, t. 9, p. 43-50), sur lequel voir *Contemporaries of Erasmus*, t. 3, p. 63-64.

en latin est meilleure que celle de quiconque, du moins dans notre Université. S'il te convient, traite toi-même avec lui[40]. » Et comment Érasme remplirait-il sa cave en vin de Bourgogne sans ses amis franc-comtois, l'abbé Louis de Vers et l'official Léonard de Gruyères[41] ? Quand enfin il envisage un prochain déménagement, il n'a souvent que l'embarras du choix. Johann Vlatten, un des conseillers du duc de Clèves, lui écrit :

> « Je te supplie d'indiquer s'il se trouve sur les terres de notre prince un endroit qui rencontre tes convenances. D'après ta lettre, j'ai la conviction qu'Aix-la-Chapelle sent trop la rusticité de jadis et l'absurde superstition, qu'à Cologne règnent les moines, qu'il ne convient pas de devenir le voisin du cardinal de Liège, que tu crains les places fortes, que tu fuis les cours[42]. »

Expert dans l'art d'exploiter ses réseaux, Érasme n'hésite pas à en faire profiter ses relations, en particulier ses élèves-serviteurs les plus méritants, tel ce Charles Uutenhove, porteur d'une lettre à l'humaniste italien Pietro Bembo du 22 février 1529 :

> « Ce jeune homme a vécu près de moi, dans ma maison, pendant longtemps : je le connais donc parfaitement jusqu'au fond du cœur. Je n'ai pas rencontré depuis bien des années autant de sincérité, de modestie ou d'amitié que chez cet ami. L'amour des lettres joint à la passion de rencontrer et d'embrasser des hommes tel que toi l'ont mené en Italie. C'est pourquoi, s'il a besoin de quelque chose, je te prie – je sais d'ailleurs que tu le ferais spontanément avec ta bonté coutumière envers tous – de le faire bénéficier de tes conseils ou de ton influence ; pour l'argent, il n'en manque pas. La seule chose que je te demande ne te coûtera rien[43]. »

Érasme ne se contente pas de solliciter ses réseaux ou de leur donner des instructions, il lui arrive de se mêler de leurs affaires. Ainsi, en 1527, au Collège des trois langues, où Rutger Rescius est menacé de perdre sa chaire de grec, en raison de son mariage. Érasme intervient auprès du président du Collège, Nicolas Wary, et auprès de l'intéressé. Il écrit au premier :

> « J'apprends que vous voulez changer de professeur de Grec. Je souhaite que tout s'arrange bien. Quelqu'un originaire de Sparte m'a envoyé de Rome une lettre en grec [...]. L'homme sait le latin. Il se serait contenté d'un petit traitement, mais il est dangereux de faire venir des inconnus. Peut-être apporterait-il des manières capables de ruiner toute la cause des lettres. Si vous n'avez personne qui soit vraiment bien supérieur à Rutger, je crois qu'il vaut mieux ne pas tenir compte de la jeune femme pour l'instant. Il est facile de trouver un nouveau professeur, moins d'en trouver un meilleur. Rutger est déjà connu et aimé des étudiants. Et la situation du Collège est encore fragile. La nouveauté entraîne souvent quelque malheur inattendu. Par conséquent, si vous n'êtes pas influencés par des raisons plus graves, s'il ne s'agit que d'une femme, je pense qu'il ne faut rien changer pour l'instant. Mais si d'autres griefs vous inspirent cette décision, je prie pour qu'elle soit favorable aux études et au Collège[44]. »

Le jeune marié ayant finalement conservé son poste, grâce à son intervention, Érasme l'exhorte à rivaliser de zèle avec ses collègues et à se méfier des promesses fastueuses qui lui sont faites par le Collège de France :

> « Supposons que les conditions proposées soient aussi assurées que somptueuses : souviens-toi que tu dois une part non négligeable de cet avantage lui-même à ton Collège.

---

40 Allen, *Opus epistolarum*, t. 8, p. 490, n° 2352, l. 312-317.

41 Sur ce sujet, voir Bierlaire, *La* familia *d'Érasme*, p. 40.

42 Allen, *Opus epistolarum*, t. 9, p. 7, n° 2360, l. 20-26.

43 *Ibid.*, t. 8, p. 65, n° 2106, l. 15-24.

44 *Ibid.*, t. 7, p. 24a, n° 1806a, l. 1-14.

> C'est pourquoi je te le demande, mon cher Rescius, mets dans ton enseignement assez de soin et d'habileté pour illustrer à ton tour les lettres qui t'ont illustré[45]. »

L'aisance financière qu'apporte à Érasme une réputation grandissante finit par rendre moins nécessaire la recherche de mécènes, mais vitale la quête de protecteurs contre les attaques des moines et des théologiens. Je me bornerai à un seul exemple[46]. En Espagne, au début du mois de mars 1527, les supérieurs des ordres monastiques réclament l'examen des œuvres d'Érasme. Le Conseil de l'Inquisition se réunit le 28 mars et invite les censeurs à rassembler les propositions suspectes en un cahier, qui sera mis au point en une quinzaine de jours. Dès le 13 mars, un proche du chancelier Mercurino Gattinara et de son secrétaire Alonso de Valdès fait parvenir à Érasme « 21 censures ridicules », dit-il, « que ces braves gens ont élaboré entre eux », lui annonce la mobilisation de tous ses amis et lui indique la stratégie à suivre pour sa défense :

> « Valdès et Coronel [deux des secrétaires du Grand Inquisiteur] n'arrêtent pas d'essayer de convaincre Messeigneurs de Tolède [Alonso de Fonseca] et de Séville [Alonso Manrique]. L'évêque de Tolède a promis toute son aide et te fait dire d'avoir bon espoir ; celui de Séville en fait autant. Combien de fois le chancelier Mercurino Gattinara n'a-t-il pas prononcé ton nom sacro-saint ! [...] Un de ces derniers jours [...], il m'a demandé si je t'avais jamais rencontré et, comme je lui répondais que cela m'était arrivé, [...] il a brusquement ajouté : "En vérité, tu as connu là un grand chrétien et un grand savant, qui a toujours été mon meilleur ami." Valdès et Cornelis de Schepper [autre proche de Gattinara] étaient présents. Le même chancelier est déjà en train de t'écrire. Coronel, Valdès et Vergara [Juan de Vergara, secrétaire de l'archevêque de Tolède] sont d'avis que tu agiras dans notre intérêt en écrivant au Très Révérend Alonso Manrique, archevêque de Séville et Grand Inquisiteur [...]. Il est étonnant que tu n'aies pas écrit à Luis Coronel, car il est ton plus haut protecteur et jouit d'un grand crédit auprès de l'archevêque. Morillon [Guy Morillon, un secrétaire impérial] te salue et va t'écrire sous peu. Valdès, dans une lettre de sollicitation écrite fort élégamment dans notre langue vulgaire, a demandé qu'on lui communique les censures dirigées contre toi. Dans la même lettre, il rappelle en passant tes sentiments très chrétiens, tes œuvres louées par toutes les nations et approuvées par le Souverain Pontife et le Collège des Cardinaux. Je la traduirai en latin et je te l'enverrai en même temps que les censures à la fin du drame, pour que tu puisses apprécier l'extrême prudence de Valdès et quel cas il fait de tous tes intérêts. Oserais-je dire que Valdès est plus Érasmien qu'Érasme lui-même, si je puis me permettre cette expression[47] ? »

Dans son *Érasme et l'Espagne*, Marcel Bataillon a bien montré l'efficacité des réseaux érasmiens, en particulier celui constitué autour du puissant Mercurino Gattinara, ce chancelier qui, dit-il, n'avait pas de délassement plus doux que de lire les œuvres d'Érasme[48], par son secrétaire Alonso de Valdès et par Maximilien Transsilvanus, autre membre de la chancellerie impériale. Pendant que Valdès s'agite en Espagne, Transsilvanus agit lui dans les Pays-Bas, afin de contrer les manœuvres des théologiens de Louvain. Il écrit à l'humaniste :

---

45 *Ibid.*, t. 7, p. 187-188, n° 1882, l. 26-34.

46 Sur tout ce qui suit, voir l'ouvrage magistral de M. Bataillon, *Érasme et l'Espagne. Recherches sur l'histoire spirituelle du XVIe siècle*, n^{lle} éd., Genève, 1991, p. 243-299.

47 Allen, *Opus epistolarum*, t. 6, p. 472-473, n° 1791, l. 1-36.

48 Voir aussi D. Rodigas, *Les relations de Gattinara, chancelier de Charles Quint, avec Érasme*, Mémoire de licence en histoire inédit, Université de Liège, 1968.

« Ces jours derniers, je t'ai envoyé une lettre (élogieuse) de l'Empereur, que j'avais d'ailleurs reçue en double exemplaire. Comme tes calomniateurs répandaient ici et là, dans le public, qu'elle n'était pas de l'Empereur, mais que c'était un faux, j'ai gardé un exemplaire, je l'ai ouvert et, en ton nom, je l'ai envoyé à tes partisans de Louvain par l'intermédiaire du très illustre Gilles de Busleyden, un vaillant défenseur de ton honneur. Par le dernier courrier, j'ai reçu une autre lettre que le Grand Chancelier de l'Empereur [Gattinara] adresse au Chancelier de l'Université et aux théologiens de Louvain : elle est toute à ta louange ; je t'en enverrai une copie sous peu. Je t'envoie aussi les lettres que le Chancelier de l'Empereur et notre ami Valdès t'écrivent[49]. »

Dans son combat contre les moines et les théologiens, Érasme n'est pas seul, son réseau est derrière lui pour le soutenir, le défendre, l'informer, le conseiller : « C'est la guerre, Érasme, nos moines te l'ont désormais déclarée ouvertement, une guerre sans merci[50] », lui écrit Juan de Vergara, le 24 avril 1527. Après avoir retracé longuement toutes les péripéties du conflit, le secrétaire de l'archevêque de Tolède invite son ami à

« employer tous les moyens pour conserver les bonnes grâces du Souverain Pontife, et à faire pression instamment sur sa sympathie et celle du Sacré Collège. Vu le prestige et la faveur dont tu jouis à Rome, il te serait facile d'obtenir que le Saint-Siège fasse un éloge de tous les livres énumérés dans ton *Catalogus lucubrationum*, en conseille la lecture et recommande ta doctrine de façon flatteuse. Car le meilleur moyen pour émousser l'opiniâtreté de tes ennemis, c'est assurément de leur faire comprendre qu'ils ne peuvent s'attaquer à ta réputation sans toucher à l'autorité pontificale[51]. »

Dans ces réseaux défensifs, on notera l'importance du rôle joué par les figures de second plan, les secrétaires, les chapelains et autres confesseurs. En Espagne, ce sont des hommes comme Coronel, Morillon, Vergara et Valdès, membres de l'entourage de hauts dignitaires de l'Église, serviteurs de grands personnages de l'État ou attachés à la Chancellerie impériale, qui constituent l'état-major érasmien. Tantôt agents littéraires, tantôt conseillers et stratèges, ces fidèles parmi les fidèles sont des informateurs très bien informés, des hommes rompus aux mécanismes de la propagande. Ainsi Valdès qui, en septembre 1527, s'empresse de traduire en espagnol et de publier une lettre d'Érasme à l'empereur pour faire savoir que l'humaniste ne reproche à Charles Quint ni sa conduite à l'égard du pape ni le Sac de Rome[52]. C'est Valdès également qui rédige et fait signer à Charles Quint une réponse rassurante : « Nous avons lu avec vive peine ce que tu dis des débats qui ont été amorcés chez nous au sujet de tes ouvrages. Il semble en effet que tu n'aies pas pleine confiance en nos dispositions et sentiments à ton égard, comme si, nous présents, on devait prendre une décision contraire à Érasme, dont la piété chrétienne nous est bien connue[53]. » Traduite en espagnol, cette « attestation d'orthodoxie » sera évidemment jointe à toutes les traductions espagnoles d'œuvres de l'humaniste...

Il faudrait évidemment s'intéresser aux profils socio-professionnels des membres de ces réseaux, mais également aux relations que chacun d'eux entretient avec Érasme, comme avec les autres membres. Dans une thèse de doctorat encore inédite, Hélène Rabaey montre que les diffuseurs d'Érasme en Espagne et surtout en espagnol appartiennent dans leur grande majorité au clergé (chanoines, prêtres et même moines), mais met en

49 Allen, *Opus epistolarum*, t. 7, p. 1, n° 1802, l. 8-17.
50 *Ibid.*, t. 7, p. 43, n° 1814, l. 107-108.
51 *Ibid.*, t. 7, p. 48, n° 1814, l. 320-328.
52 *Ibid.*, t. 7, p. 158-160, n° 1873.
53 *Ibid.*, t. 7, p. 277, n° 1920, l. 15-19.

évidence les tensions fréquentes entre Érasme, son état-major espagnol et ses traducteurs : imprudence de l'auteur, dangers de la traduction, risque de desservir la cause[54]...

Le rôle déterminant des entourages apparaît également dans ce que j'appellerai les réseaux d'influence et d'information. Ainsi dans celui dont on peut observer le travail lors de la Diète d'Augsbourg, de juin à novembre 1530. Érasme ne se montre pas à la Diète, mais il est très bien informé sur les positions de participants et l'évolution des débats : « Pour réaliser ce programme, écrit-il à un ami de Cologne, à peine suffirait un Concile œcuménique de trois ans. J'ignore ce qu'il en adviendra. Si Dieu n'intervient pas dans cette histoire, je ne vois aucune issue[55]. » C'est grâce à un réseau serré de « correspondants permanents[56] » qu'Érasme suit les travaux de la Diète : le généreux banquier augsbourgeois Anton Fugger, qui souhaite attirer l'humaniste ; un de ses familiers, le fidèle érasmien Johann Koler, docteur en droit canon ; le duc Georges de Saxe, son chancelier Simon Pistorius et son conseiller Christoph von Carlowitz ; les évêques d'Augsbourg, de Trente, de Vienne, de Constance, de Würzburg, de Chelmno en Pologne ; le vice-chancelier du duc de Clèves ; le conseiller impérial Cornelis de Schepper, Nicolas Olah et Johann Henckel, respectivement secrétaire et confesseur de Marie de Hongrie ; le nonce Lorenzo Campeggio et son secrétaire Luca Bonfiglio. Enfin, le réformateur Philippe Mélanchthon, qui décrit à Érasme l'état d'esprit des différents partis présents à la Diète, le prie d'user de son influence en vue d'une solution pacifique et proteste des bonnes intentions de la Réforme[57]. Une part importante de ce courrier est acheminée par plusieurs familiers d'Érasme, qui font des allers et retours entre Augsbourg et Fribourg-en-Brisgau : Lieven Algoet, qui publiera à Louvain, dès 1530, son propre récit de la Diète[58], Daniel Stiebar, admis dans l'entourage de Mélanchthon[59], et surtout Felix Conincx, déjà présent, avec le précédent, à la Diète de Spire de 1529, bien introduit auprès de la reine Marie de Hongrie et du roi Ferdinand, et hôte, quand il est à Augsbourg, de l'évêque du lieu[60].

L'efficacité d'un réseau dépend du zèle et de l'influence de ses membres, mais également de leur vitesse de réaction, et donc de la rapidité de circulation de l'information. D'où l'importance pour Érasme de disposer de messagers dignes de confiance, ces *famuli*, à la fois élèves et serviteurs, qui sillonnent l'Europe, suivant des itinéraires très précis, pour distribuer ses lettres ou donner de ses nouvelles de vive voix et pour récolter, au retour, le courrier qui lui est destiné et ramener les dernières informations. Ces jeunes gens, tout à la fois porteurs de lettres et colporteurs de nouvelles, sont de véritables agents de liaison entre l'humaniste et ses réseaux[61]. Après avoir quitté son service, certains s'intègrent à leur tour à des réseaux : le Frison Zacharias Deiotarus s'établit à Londres, où il héberge les messagers de son ancien maître et rassemble le courrier de ses amis anglais ; le Gantois Lieven Algoet est admis dans l'entourage de Marie de Hongrie ; l'Allemand Karl Harst devient conseiller du duc de Clèves et son compatriote Christoph von Carlowitz celui du duc de Saxe ; l'Anversois Frans van der

54 H. RABAEY, *Érasmisme, traductions et traducteurs d'Érasme en Espagne au XVIe siècle*, Thèse de doctorat en littérature et civilisation espagnoles inédite, Université de Rouen, 2007.

55 ALLEN, *Opus epistolarum*, t. 8, p. 496, n° 2355, l. 23-26.

56 On trouvera les pièces de ce dossier dans *Ibid.*, du t. 8, p. 455, n° 2330, au t. 9, p. 125, n° 2430.

57 *Ibid.*, t. 9, p. 1-2, n° 2357, Augsbourg, 1er août 1530.

58 Envoyé dès la fin mars 1530 à la Cour de l'Empereur. Voir *Ibid.*, t. 8, p. 394, n° 2294, l. 13-14 ; BIERLAIRE, *La* familia *d'Érasme*, p. 57.

59 Qui l'apprécie énormément. Voir *Ibid.*, p. 83 ; ALLEN, *Opus epistolarum*, t. 9, p. 2, n° 2357, l. 24-26.

60 BIERLAIRE, *La* familia *d'Érasme*, p. 78-80. Érasme l'appelle *Augustensis Mercurius meus*. Voir ALLEN, *Opus epistolarum*, t. 9, p. 263, n° 2490, l. 263.

61 Sur quelques missions effectuées par des *famuli* en Angleterre, dans les Pays-Bas, en Italie, en Espagne ou en Allemagne, voir BIERLAIRE, *La* familia *d'Érasme*, p. 56, 59, 62-63, 65-66.

Dilft entre au service de l'archevêque de Tolède[62]... Érasme place ainsi des oreilles et des yeux (des espions ?) dans les principaux lieux de pouvoir européens, où pourtant il ne manque pas d'appuis.

Ce survol rapide n'avait d'autre but que de démontrer combien un examen approfondi du carnet d'adresses d'Érasme pourrait contribuer à une connaissance plus fine de son influence et de la manière dont elle a pu s'exercer et se répandre de son vivant. Une telle étude devrait permettre aussi de mieux comprendre comment l'humaniste travaillait, comment il a pu écrire, publier et diffuser une œuvre aux dimensions d'une bibliothèque, s'en garantir les moyens, garder sa liberté de parole et sortir indemne des attaques de ses adversaires.

62 *Ibid.*, p. 52-53, 57-59, 63-64, 77-78, 66-67.

« Le prince des trente deniers » Jean IV de Chalon-Arlay, prince d'Orange, entre France et Bourgogne (1468-1482)

Georges Bischoff
Professeur émérite de l'Université de Strasbourg

« Le prince d'Orange, cause du mal des Bourgognes » : ce verdict sans appel est signé Loys Gollut, dans ses *Mémoires historiques de la République séquanaise* de 1592[1]. Il fait écho à la formule, terrible, de Louis XI qui l'identifie à Judas sous le titre de *prince des trente deniers*[2] et le désigne comme *héréticque et invocateur, usant d'ars dyaboliques*[3] en l'érigeant en archétype du traître.

La légende noire de Jean IV de Chalon-Arlay – alias Jean II d'Orange – se fonde sur les ralliements et les reniements successifs de ce grand seigneur de l'entre-deux. Elle est rythmée par des épisodes qui appartiennent à la grande histoire, de l'avènement de Charles le Hardi à celui de Louis XII et qui illustrent un jeu de balance entre France et Bourgogne que Jean-Marie Cauchies connaît mieux que quiconque.

Elle est souvent invoquée pour disqualifier son héros, délaissé par les historiens au profit des trois figures les plus illustres de son lignage, son ancêtre Jean l'Antique, fondateur de la puissance des Chalon (1190-1267), le remuant Louis II († 1463), son aïeul, et Philibert (1501-1530), son fils, le dernier de sa race.

La réalité est certainement plus complexe : en effet, les options de Jean IV ne se réduisent probablement pas à des sautes d'humeur ou à une collection d'anecdotes. Elles invitent à reprendre son dossier[4] en termes de pouvoir et de culture politique.

1. *Le seigneur d'Argueil, filz du prince d'Orange, qui estoit domestique et le plus prouchain dudit Bourguignon*[5]

À la mort de son père, Guillaume VII, le 27 octobre 1475, Jean IV devient « par la grâce de Dieu, Prince d'Orange » et possède presque tous les attributs de la souveraineté dans sa petite principauté de la rive gauche du Rhône, dans la mouvance du Dauphiné. Distinction rarissime au temps des principautés dont les maîtres sont des ducs ou des comtes, son titre princier valide la puissance d'une dynastie fortement enracinée en Franche-Comté, en Bourgogne et sur le versant oriental du Jura. Son lignage appartient à la haute aristocratie des pays de l' entre-deux : arrière-petit-fils de

1 Dole, Antoine Dominique, 1592, p. 891 s.

2 Louis XI, *Lettres*, t. 7, éd. J. Vaesen, Paris, 1900, p. 90.

3 Grenoble, Archives départementales de l'Isère (= ADI), B 3811, fol. 180.

4 La meilleure étude du personnage est celle de G. Duhem, Un Franc-Comtois au service de la Bretagne : Jean IV de Chalon-Arlay, Prince d'Orange, dans *Bulletin de la Société polymathique du Morbihan*, 1929, p. 103-159. Sur la famille, voir F. Barbey, *Louis de Chalon, Prince d'Orange*, Lausanne, 1926.

5 Jean de Roye, *Journal connu sous le nom de Chronique scandaleuse, 1460-1483*, éd. B. de Mandrot, t. 1, Paris, 1894, p. 246.

Pour la singuliere affection qu'avons a luy. *Études bourguignonnes offertes à Jean-Marie Cauchies*, sous la direction de Paul Delsalle, Gilles Docquier, Alain Marchandisse et Bertrand Schnerb, Turnhout, 2017 (*Burgundica* 24), p. 15-23.
 DOI 10.1484/M.BURG-EB.5.113902

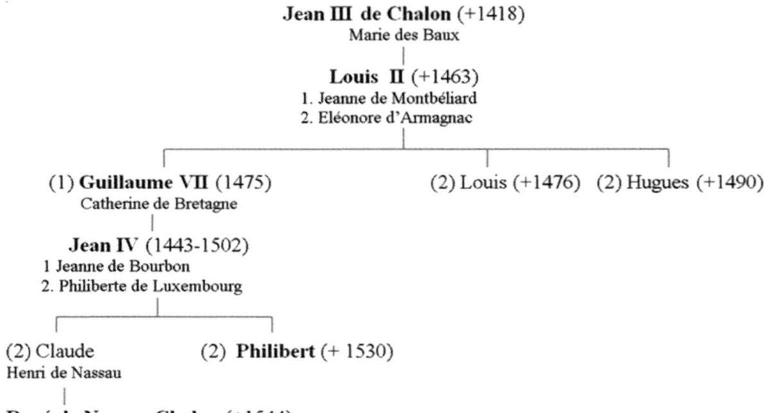

Louis d'Orléans par sa grand-mère maternelle, neveu du duc de Bretagne François II, petit-fils d'une comtesse de Montbéliard, il est le beau-frère du duc Jean II de Bourbon, dont il a épousé l'une des sœurs, Jeanne (1443-1493) devenant, rétrospectivement, le beau-frère du comte de Charolais, veuf d'Isabelle de Bourbon († 1465).

Ces ascendants et ces collatéraux lui valent une place de premier choix à la cour de Bourgogne qu'il rejoint vraisemblablement dans les dernières années du règne de Philippe le Bon, après avoir passé son enfance et son adolescence à Nozeroy, Lons-le-Saunier ou Bletterans auprès de Louis II et de sa mère Catherine d'Étampes. Né en 1443, Jean IV reçoit l'éducation qu'on imagine[6] : il excelle dans les exercices chevaleresques et se distingue tout particulièrement au Pas d'armes de l'Arbre d'Or, lors du mariage de Charles et de Marguerite d'York, en juillet 1468[7]. Pour autant qu'on puisse le dire, l'influence de son grand-père avait été prépondérante, tant par sa stature que par son expérience politique, sans commune mesure avec celle de son père, Guillaume VII, toujours absent, et, d'ailleurs, en mauvais termes avec celui-ci, qui lui préférait ses cadets Hugues et Louis, issus d'Éléonore d'Armagnac, eux-mêmes un peu plus jeunes que leur neveu.

Jean IV reprend la titulature de seigneur d'Arguel et relève celle de comte de Tonnerre lorsque son père succède à Louis II (décembre 1463)[8]. C'est sous ce nom qu'il arrive aux Pays-Bas et se retrouve dans le premier cercle de la cour. Au début du règne du Hardi, il fait partie des *plus grands qui estoient pensionnaires*[9], le deuxième après Adolphe de Clèves, mais aussitôt suivi par son oncle Louis de Château-Guyon[10]. A-t-il pris part à la Guerre du Bien public à laquelle Guillaume VII a participé ? Ce n'est pas sûr, mais on sait qu'il a séjourné en France pour le compte de Philippe le Bon

6 Connue par un inventaire réalisé en 1468, la bibliothèque du château de Nozeroy renferme, entre autres, *Le roman de Lancelot du lac escript en parchemin*, un manuscrit *ou est escript mandeville, un lyvre en parchemin parlant des oyseaulx et des maladies qu'ilz ont, des lyvres d'astrologie*, etc. Besançon, Archives départementales du Doubs (= ADD), E 1311.

7 Olivier de La Marche, *Mémoires*, éd. H. Beaune, J. d'Arbaumont, t. 3, Paris, 1885, p. 42, 179, 199 ; t. 4, Paris, 1888, p. 135-140.

8 Le château d'Arguel se trouve à 6 km au sud de Besançon ; la branche des Chalon-Tonnerre s'était éteinte en 1463.

9 Georges Chastellain, *Œuvres*, éd. J. Kervyn de Lettenhove, t. 5, Bruxelles, 1864, p. 365. Ses gages sont de 120 livres par mois. Voir *Comptes de l'argentier de Charles le Téméraire, duc de Bourgogne*, t. 1, éd. A. Greve, É. Lebailly, Paris, 2001, p. 167 s., n° 723, etc.

10 Ou Châtelguyon, une seigneurie dont le siège se trouve à Salins.

entre mai 1466 et janvier 1467[11]. Son mariage avec Jeanne de Bourbon élargit encore son horizon et lui donne des moyens financiers considérables qui s'ajoutent à la fortune des Chalon-Arlay : le duc de Bourgogne l'habille à hauteur de 800 livres lors de ses noces et lui verse, annuellement, le 7 octobre, à l'anniversaire de celles-ci la somme de 2 400 livres[12]. Ce standing s'affiche d'une manière éclatante, par des parures, des chevaux magnifiques, comme celui que le Téméraire lui rachète 360 livres pour l'offrir au roi d'Angleterre[13] – c'est un record –, un entourage brillant de vassaux et de serviteurs.

Le rôle politique et militaire de Jean IV se dessine peu après. En 1467 et en 1468, le seigneur d'Arguel est une des têtes de l'armée bourguignonne. Il prend part à la fameuse entrevue de Péronne, dans la deuxième semaine d'octobre, puis à la campagne contre Liège, dont son beau-frère Louis de Bourbon est l'évêque. C'est dans ces circonstances qu'il capture le légat pontifical Onofrio et sa suite et le rançonne, suscitant de vigoureuses protestations contre lui[14]. Faut-il voir dans ces événements les prémisses de sa rupture avec le duc Charles, deux ans plus tard, à l'automne 1470 ?

Le 30 octobre, il est blessé au cours de l'assaut de la Porte Saint-Léonard, au nord de la cité.

Si sa vaillance n'est pas en cause, sa loyauté fait question : en s'en prenant à l'envoyé du pape, il a compromis la médiation de celui-ci et contrarié le duc de Bourgogne.

La proximité des deux hommes est plus fragile qu'il n'y paraît : les Chalon sont les plus nobles et les plus puissants des vassaux bourguignons, mais ils sont des vassaux. Ils tiennent aussi des fiefs du roi de France et du duc de Savoie, ce qui les incite à la prudence, ou, à défaut, à des choix difficiles. La situation s'est brusquement envenimée au lendemain de la mort de Louis II, lorsqu'on a ouvert le testament du défunt : Guillaume VII, l'aîné, *mal porté longuement envers son père le viel prince*, s'est vu préférer ses deux demi-frères Louis de Château-Guyon et Hugues d'Orbe. Le vieux prince d'Orange *plus mettait espoir en iceux, de gouvernement et de haute attente*, considérant que Guillaume avait été avantagé par son mariage et disposait déjà de 30 000 francs de rente[15]. Pour les cadets, il s'agissait d'une compensation légitime, mais pour le premier-né, d'une véritable spoliation. De là, le recours à l'arbitrage de Philippe le Bon, puis de longues arguties, qui duraient encore en 1469, sur un fond d'intrigues familiales : côté Orange, on avait sollicité l'appui du duc de Bretagne dont les ambassadeurs avaient fait valoir l'intérêt de Jean IV, *un très-gentil jouvencel de dix-huit ans, bien adressié* [formé], *et de qui ce eust esté dommage et grand perte pour le temps à venir si la maison eust esté ainsi esclisée* [démembrée] *par partage du maisné* ; côté adverse, on avait fait appel à Jean d'Armagnac, l'oncle des deux petits frères[16].

Pour Jean IV, élevé avec ces derniers, le dilemme était, apparemment, sans issue. Si on exclut sa pension et la dot de sa femme, son patrimoine était fait d'espérances car ses biens propres étaient encore réduits : son avenir était suspendu à l'annulation du testament de Louis II, et, partant, à la victoire de Guillaume VII sur ses oncles.

C'est probablement ce qui explique le report de la décision du duc Charles, qui confirme la validité des dispositions favorables à Louis de Château-Guyon et son frère au milieu de l'année 1470[17]. Dès lors, Jean IV est contrait de choisir son camp et rejoint

---

11 *Ibid.*, p. 194-195, n° 839. Il est à la cour de mars à mai 1467 puis à nouveau d'août à décembre,

12 *Ibid.*, p. 508, n° 2126 ; t. 2, éd. A. Greve, É. Lebailly, Paris, 2001, p. 467, n° 1689 ; t. 3/1, éd. V. Bessey, V. Flammang, É. Lebailly, Paris, 2008, p. 44, n° 99. En outre, 1 000 livres sont versées à Jeanne de Bourbon *en considération de la singulière affection qu'il a envers elle et affin qu'elle ait de quoy tant mieulx plus honnourablement entretenir son estat par devers madame le duchesse* en 1469-1470.

13 *Ibid.*, p. 440, n° 1537.

14 Onofrius (Onofrio di Santa Croce), *Mémoires*, éd. S. Bormans, Bruxelles, 1885.

15 Georges Chastellain, *Œuvres*, t. 5, p. 17-18.

16 *Ibid.*, p. 19-20.

17 Philippe de Commynes, *Mémoires*, éd. J. Blanchard, t. 1, Genève, 2007, p. 395.

le roi de France, en septembre ou octobre, au grand dam de Charles le Hardi comme l'expliquent Jean de Wavrin[18] et Jean de Roye :

> *quand ledit duc sçot ledit partement, il cuida enrager et crever de dueil, et [...] déclaira ledit sgr d'Argueil avoir confisqué envers lui corps et biens et puis fist araser et abatre toutes les places et chasteaulx qu'il avoit en ses pays*[19].

2. *Oncques autre voloir que d'estre serviteur du Roy* (1471-1477)

La première « trahison » de Jean IV invite à réfléchir au comportement des grands seigneurs de son temps. Elle est contemporaine de la révolte du comte Jean d'Armagnac qui soutenait ses oncles Louis et Hugues – ceci explique-t-il cela ? – et s'inscrit dans une série qui culmine avec le procès du connétable de Saint-Pol, en 1475, au prix d'une recomposition politique douloureuse.

Ici, elle se traduit immédiatement par des opérations de guerre avec l'armée royale, probablement depuis la Champagne, en visant les terres bourguignonnes[20]. Le seigneur d'Arguel ravage le bourg de Jonvelle et les villages voisins avec une troupe de *François, Liegeois, Barrois et aultres nos ennemis* qui y commet les pires exactions *la plupart des bourgeois de ladite ville, terre et seigneurie* [étant] *tuez et meurtris*[21]. Est-ce le prélude d'une invasion des deux Bourgognes dont Jonvelle est la porte d'entrée, ou un acte de représailles ? Le 21 janvier 1471, depuis Doullens, Charles le Hardi avait donné ordre à ses vassaux du Comté de se rassembler dans cette localité pour le rejoindre dans les pays de « par-deçà[22] ». Si l'objectif stratégique était réel – barrer la route à des renforts –, d'autres considérations avaient pu jouer de leur côté : on notera que les frères ennemis Guillaume d'Orange et Louis de Château-Guyon étaient virtuellement les chefs de l'armée bourguignonne, et, dans l'autre camp, qu'un des héritiers de la seigneurie de Jonvelle n'était autre que Georges de La Trémoille, seigneur de Craon, avec lequel Jean de Chalon aurait un jour maille à partir.

La trêve franco-bourguignonne d'avril 1471 met fin à ces hostilités. Le seigneur d'Arguel se trouve alors à Troyes et recueille les fruits de son ralliement : il est pensionnaire du roi[23] et bientôt promu dans l'ordre de Saint-Michel. Demeure-t-il auprès de Louis XI ou non ? Les sources sont peu loquaces, mais elles suggèrent une première brouille. En effet, le 30 mars 1474, depuis Nantes, il fait savoir à Jean du Plessis-Bourré qu'il n'eut *oncques autre voloir que d'estre serviteur du Roy pour faire ses bons plaisirs tant qu'il lui plaira, faisant envers moy ce que autrefois il m'a promis* mais subordonne

---

18 Jean de Wavrin, *Anchiennes cronicques d'Engleterre*, éd. É. Dupont, t. 3, Paris, 1862, p. 36-37.

19 Jean de Roye, *Chronique scandaleuse*, t. 1, p. 246.

20 J. Robert de Chevanne, *Les guerres en Bourgogne de 1470 à 1475. Étude sur les interventions armées des Français au duché sous Charles le Téméraire*, Paris, 1934, p. 61.

21 Dijon, Archives départementales de la Côte-d'Or (= ADCO), B 4978, fol. 1 s. L'attaque de Jonvelle est vécue comme un traumatisme : un témoin interrogé en 1510 se souvient que *feu monseigneur le prince d'Orange se partit de Mgr le duc Charles pour nier au service du Roy de France et vint courir la seigneurie de Jonvelle, brusler villes, chasteaulx et villaiges, y faisont de grant dommaiges et la laissa en toute désertion et ruynes*. Voir É. Clerc, *Histoire des états généraux et des libertés publiques en Franche-Comté*, t. 1, Genève, 1882, p. 149, qui évoque l'hommage rendu aux habitants de Jonvelle par le duc Charles lors de sa visite en 1474.

22 *Der Briefwechsel Karls des Kühnen (1433-1477)*, éd. W. Paravicini, t. 1, Francfort, 1995, p. 522-523 s., n°s 1700 s.

23 Il tient notamment une rente de 1 500 écus sur la trésorerie d'Orléans ainsi que plusieurs seigneuries en Champagne et en Picardie.

son retour à la libération de son père, prisonnier du monarque dans la grosse tour de Bourges[24]. L'allusion à des promesses non tenues est claire et il y a tout lieu de croire qu'elle explique la présence de Jean IV à la cour de Bretagne[25].

Là encore, les circonstances donnent la clé. Échaudé par l'arbitrage du duc Charles, mais resté loyal, en prenant part aux guerres de celui-ci, Guillaume VII s'est replié dans sa petite principauté d'Orange. Les raisons pour lesquelles il a été capturé en traversant le Dauphiné, en février 1474, ressortissent à son allégeance à la Bourgogne autant qu'au statut de ses fiefs « français », qui vont faire l'objet d'une commise[26]. La manœuvre de Louis XI est simple : retourner le père, et contrôler plus solidement le fils. Elle réussit : quelques jours après avoir promis de verser une rançon de 40 000 écus, le captif se voit restituer son titre princier en se reconnaissant l'homme lige du roi *qui lui donna et octroya telle prééminence qu'il se puist nommer par la grâce de Dieu, puissance de faire monnaie d'or et d'argent de bon loy, donner toutes graces et rémissions*[27]. Ce ralliement est de courte durée : le temps de retourner à Orange et d'y mourir, ouvrant la voie à Jean IV, qui devient désormais Jean II et prête hommage le 7 décembre[28].

Pour autant qu'on puisse le dire, le nouveau prince d'Orange se trouve encore chez son oncle François II en 1476[29]. Il suit de loin les Guerres de Bourgogne qui voient une première offensive de Georges de Craon en 1474[30] et la mort de son oncle Louis à Grandson en mars 1476. C'est cependant à lui que revient la mission de rallier les deux Bourgognes aux lendemains de la bataille de Nancy et on lui reconnaît une influence bénéfique en empêchant les débordements de la soldatesque devant Dijon[31]. D'après Commynes, il est le principal artisan de la prise en main du duché, dont les États se réunissent, quelques jours avant l'entrée des Français (le 1er février 1477). Avait-il connaissance de la lettre de Marie de Bourgogne qui appelait ses sujets à s'opposer à Louis XI, depuis Gand, le 23 janvier ? Sûrement pas. Sa duplicité n'est pas établie : son attitude tient davantage à sa stature aristocratique – il est *commissaire de la Maison de France et du sang royal*[32] et à ses intérêts du moment, un grand commandement et la promesse de

24 Louis XI, *Lettres*, t. 5, éd. J. Vaesen, Paris, 1895, p. 384-385.

25 Voir O. Mattéoni, *Un prince face à Louis XI. Jean II de Bourbon. Une politique en procès*, Paris, 2012, p. 227, le cite parmi les grands seigneurs accusés de comploter contre le roi, dans la foulée de son beau-frère de Bourbon et du connétable de Saint-Pol. Voir S. H. Cuttler, *The Law of Treason and Treason Trials in Later Medieval France*, Cambridge, 1981, p. 231-234.

26 Louis XI, *Lettres*, t. 5, p. 386-388. Le 6 juin 1475, Guillaume d'Orange explique qu'il a été fait *prisonnier de bonne guerre* par Philibert de Grolée, seigneur d'Illins, en allant retrouver le duc de Bourgogne *qui lors estoit et encore a present est en guerre ouverte* contre le roi et qu'il ne disposait pas de sauf-conduit.

27 *Ordonnances des rois de France de la troisième race*, éd. E. de Pastoret, t. 18, Paris, 1828, p. 123. Voir Jean de Roye, *Chronique scandaleuse*, t. 1, p. 336-338.

28 Grenoble, ADI, B 3805.

29 *Ibid.* Une lettre datée du 1er mars [1476] confie l'administration de la principauté au bâtard [Étienne] d'Orange en invoquant *noz gran affaires* qui le retiennent au loin.

30 A. Leguai, La conquête de la Bourgogne par Louis XI, dans *Annales de Bourgogne*, t. 49, 1977, p. 7-12 et, surtout, C. Rossignol, *Histoire de la Bourgogne pendant la période monarchique. Conquête de la Bourgogne après la mort de Charles-le-Téméraire (1476-1483)*, Dijon, 1853.

31 *Ibid.*, p. 33 : son rôle modérateur est attesté à partir du 20 janvier.

32 *Ibid.*, p. 44, formule utilisée à Dijon le 2 février.

récupérer le patrimoine des Chalon saisi par Charles le Hardi et conservé par son oncle Hugues de Château-Guyon[33]. Autrement dit, la réparation d'une double injustice[34].

Si la réunion de la Bourgogne ducale est son œuvre[35], celle de la Comté en est le prolongement naturel. C'est à cette fin qu'il orchestre la soumission des États comtois, à Dole au milieu du mois de février[36]. Selon Loys Gollut, et la plupart des historiens qui ont suivi, ses manœuvres et celles de ses *adhérens, qu'il havoit corrompu par présens et enyvrés de promesses* n'avaient rien à envier à la perfidie de Louis XI qui se posait en tuteur de la jeune Marie de Bourgogne et en pacificateur. L'historiographie évoque des menaces explicites, comme l'intervention d'hommes en armes au cours de l'assemblée et présente le traité du 18 février conclu par les trois États et les commissaires français, comme une insupportable humiliation[37].

3. *Grandes, notoyres et évidentes traysons...*

Le revirement de Jean IV est, d'abord, une blessure d'honneur. En effet, il *avoit espérance d'estre gouverneur de Bourgogne de par le roy de France qui lui avoit promis affin qu'il labourast à la réduction du pays,* [mais] *quant le roy eubt ce qu'il desiroit avoir, il le mit en oubli et fit son gouverneur du seigneur de Craon*, écrit Jean Molinet[38]. Jean de Roye ajoute que ce dernier *n'estoit pas de pareille maison de lui*[39].

En quittant brusquement le parti français et en prenant la tête de la résistance bourguignonne, sans doute dès le début du mois de mars 1477, le prince d'Orange a pris d'énormes risques, mais il a recouvré une partie de ses domaines et repris autorité sur ses vassaux : c'est une puissance. Avant même d'être reconnu par la duchesse Marie puis par l'archiduc Maximilien, il est le véritable chef de l'insurrection contre l'occupation française[40]. Et son loyalisme se manifeste par un engagement sans faille jusqu'à l'épuisement du pays et la terrible contre-offensive de Charles d'Amboise. En d'autres termes, jusqu'au bout et même après.

33 Philippe de Commynes, *Mémoires*, p. 396, attribue l'entrée en scène de Jean IV à Georges de Craon, alors gouverneur de Champagne : il *envoya ledit prince d'Orenge et aultres devant Dijon pour leur faire les remontrances nécessaires et demander l'obéissance pour le Roy*. À ses yeux, le ressort de son comportement est la succession de son grand-père.

34 U. Plancher, *Histoire générale et particulière de Bourgogne*, t. 4, Dijon, 1781, p. 485 estime que « la défiance de Louis le mit dans le cas de manquer à sa parole ».

35 J. Robert de Chevannes, Les états de Bourgogne et la réunion du Duché à la France, dans *Mémoires de la Société d'Archéologie de Beaune*, 1930, p. 195-245. Voir Dijon, ADCO, B 1778 (l'acte d'allégeance se fait le 1er février en présence de Georges de La Trémoille, Louis d'Amboise, évêque d'Albi, et son frère Charles et Jean d'Orange), les privilèges des habitants du duché ayant été confirmés trois jours plus tôt par ces mêmes commissaires et l'évêque de Langres (C 2970).

36 Jean Molinet, *Chroniques*, éd. G. Doutrepont, O. Jodogne, t. 1, Bruxelles, 1935, p. 175 s. ; Clerc, *Histoire des états généraux*, t. 1, p. 165-171. Cf. P. Gresser, *Le crépuscule du Moyen Âge en Franche-Comté*, Besançon, 1992, p. 49-54. Le texte du traité du 18 février (p. 52-53), ne mentionne pas expressément Jean IV.

37 Gollut, *Mémoires historiques*, p. 917, vigoureusement hostile à Jean de Chalon. L'interprétation d'U. Plancher est bien moins passionnée. D'après Rossignol, *Histoire de la Bourgogne*, p. 46, Jean IV aurait délibérément tu la lettre de la duchesse Marie, que connaissaient déjà les nobles comtois.

38 Jean Molinet, *Chroniques*, t. 1, p. 179.

39 Jean de Roye, *Chronique scandaleuse*, t. 2, Paris, 1896, p. 52. Voir Rossignol, *Histoire de la Bourgogne*, p. 59 s. Georges de La Trémoille prête serment en tant que gouverneur le 24 février, depuis Dole.

40 *Ibid*, p. 70, publie la circulaire qu'il adresse le 26 mars, aux villes du duché (Dijon, Beaune, Chalon...), pour les inviter à se révolter contre La Trémoille. Cette lettre est co-signée.

Il est inutile de développer les aspects militaires de son « proconsulat » : dans un premier temps, le soulèvement de la Comté, « purgée des gens de guerre » français, puis une série d'opérations en direction de la Saône, en s'appuyant notamment sur Auxonne[41]. Assiégé à Gy, Jean IV assiste à la défaite des renforts amenés par son oncle Hugues de Chalon, à Pin-L'Émagny, à la mi-juin, mais l'élan des Français se détourne vers Dijon, dont la révolte appelée Mutemaque, du 24 au 30 juin, se fait aux cris de « Vive Bourgogne, à bas les Gros » – ces derniers, les ralliés achetés par le roi[42]. Les partisans de la duchesse Marie regagnent du terrain, avec la reprise de Gray, par Guillaume et Claude de Vaudrey, fin septembre, puis celle de Dole, pitoyablement évacué par sa garnison. Des succès qui incitent le prince d'Orange à lancer une offensive avortée vers Dijon, en décembre, avec des contingents de mercenaires suisses, et même à projeter une attaque en direction de Lyon[43]. Au courant de l'hiver et au printemps suivant, Beaune et l'Auxois se soulèvent, de même que le Charolais, mais la reconquête marque le pas : après avoir repris les places du duché, Charles d'Amboise, devenu gouverneur à la place de Craon fait sauter le verrou de Verdun sur le Doubs et reprend Beaune (2 juillet 1478). Une longue trêve lui permet d'organiser ses arrières (du Mâconnais à la Champagne) et de rassembler des moyens militaires inédits, notamment une puissante artillerie, pendant que le prince d'Orange peine à réunir de l'argent et des troupes. L'offensive a lieu au printemps 1479, avec la chute d'Auxonne et la prise de Dole, fin mai, et le déferlement de l'armée française en Comté où des poches de résistance tiennent jusqu'à l'année suivante. Contrairement aux accusations de fuite dont il est l'objet, Jean IV se bat vaillamment, reprend Nozeroy à son oncle passé dans le camp de Louis XI, et tente même de se retrancher à Besançon en compagnie de Claude de Toulongeon. L'un de ses fidèles, Louis Aleman, seigneur d'Arbent, tient le château de Joux jusqu'en avril 1480[44].

Telle qu'elle se dessine au cours des événements de 1477-1480, la figure de Jean de Chalon diffère considérablement de la caricature qu'en font ses ennemis. C'est un chef de guerre et une tête politique. C'est depuis son château de Bletterans, aux confins de la Bresse, qu'il dirige les affaires de la duchesse, en mobilisant ses partisans, en les récompensant ou en les dédommageant de leurs pertes, en encourageant les communautés d'habitants[45]. Sa mission de gouverneur s'étend aux deux Bourgognes mais s'exerce plus spécialement en Comté, notamment à travers les réunions des États. Elle se heurte à deux grandes difficultés, la liaison avec les Pays-Bas, d'abord, et la disette d'argent, ensuite. Auxonne bat monnaie au nom de l'héritière de Charles le Hardi, mais le manque de liquidités oblige le prince à hypothéquer de vastes parties du domaine ducal[46]. L'adage, « pas d'argent, pas de Suisses » trouve ses meilleures illustrations dans ses relations avec les Confédérés, travaillés par les émissaires de Louis XI : c'est par à-coups qu'arrivent des mercenaires « allemands », tel le fameux Ulrich Traber, qui s'avère plus dangereux pour ses employeurs que pour l'ennemi français. Là encore,

41 Sur les opérations militaires, l'exposé le plus complet reste celui de *Ibid.*, à compléter par les *Déportemens des Francois et Allemans, tant envers le duchié que comté de Bourgoigne*... par un anonyme du XVe siècle, dans *Mémoires et Documents pour servir à l'Histoire de la Franche-Comté*, t. 7, 1876, p. 377 s. et Gresser, *Le crépuscule du Moyen Âge en Franche-Comté*, p. 55-66.

42 Rossignol, *Histoire de la Bourgogne*, p. 91-93

43 Louis XI, *Lettres*, t. 6, éd. J. Vaesen, Paris, 1898, p. 266.

44 Rossignol, *Histoire de la Bourgogne*, p. 314, réfute les soupçons de vénalité qui lui sont imputés par Gollut et, avant lui, par Olivier de La Marche.

45 Voir, pour Auxonne, J. Garnier, *Chartes de Communes et d'affranchissement en Bourgogne*, t. 2, Dijon, 1877, p. 56.

46 Montmorot, Archives départementales du Jura, 25 J 389 : Marie de Bourgogne autorise Jean IV à engager ses revenus à hauteur de 40 000 livres (20 février 1478).

l'opiniâtreté de Jean IV se mesure à chaque instant, cherchant à rétablir la discipline ou à lever de nouvelles forces – c'est l'objet de sa prétendue « fuite » à Bâle, en 1479 –, voire à trouver des appuis à l'extérieur, en Italie du nord ou, après la chute du Comté, en Angleterre. Cette action diplomatique mérite une enquête approfondie.

Rapportée à celle d'autres grands seigneurs bourguignons, Philippe Pot, Philippe de Hochberg – qui récupère une bonne partie de ses dépouilles –, les Rochefort, ou son oncle Hugues de Château-Guyon, tombé sous le charme de la belle Louise de Savoie, la sainte nièce de Louis XI[47], l'attitude de Jean IV ne prête pas au soupçon : *lieutenant du duc et de la duchesse, gouverneur de leurs pays de par-deçà*[48], il renoue avec la Bourgogne de ses ancêtres, rêvant, peut-être, d'en restaurer la gloire à son seul profit. Son patriotisme s'exprime dans une lettre dans laquelle on a cru retrouver un manifeste de l'union des deux Bourgognes ; *ceux de la duché*, écrit-il le 19 avril 1478[49], *pour l'affection qu'ils nous portent, sont contents d'estre associés avec nous et avoir commune fortune en ceste guerre, qu'est un des plus grands biens que nous puisse arriver*. Quelle foi faut-il accorder au chroniqueur flamand selon lequel *le prince d'Orange ne cessait de faire entendre le cri de « Vivent Autriche et Bourgogne ! Saint André nous soit en aide ! et les Français celui de « Vive le roi de France*[50] » ?

La réaction de ce dernier face à la défection de Jean IV mérite d'être examinée sur le plan de la communication politique. Louis XI lui donne une publicité presqu'immédiate, comme si elle avait été programmée par ses deux acteurs principaux. Le 1er juin 1477, depuis Cambrai, s'adressant au bailli de Mâcon, le roi fait savoir que

> *pour les grans et détestables crimes de hérésie, invocations dyaboliques et aussi pour les grandes notoyres et évidentes traysons et proditions faictes et commises par le prince d'Orange contre Dieu et l'Esglise et contre nous, la Couronne et tout le Royaume de France, ledit prince d'Orenges a esté et est privé et destitué de l'ordre de Msgr Saint-Michel et de tous autres honneurs et dignités et déclaré tel que porrés veoyr par ce qui a esté délibéré et conclud à l'enconre de luy que vous envoyons cy-dedans encloux*[51].

Sa félonie, ses *xiiii grandes et mauvaises traysons et machinations à l'encontre du roy* pour lesquelles on ordonne de le brûler ou de le faire pendre et ensuite brûler justifient une première exécution symbolique, en effigie, dans un certain nombre de villes, Paris, Dijon – où l'on rase son hôtel –, Mâcon[52] et la confiscation de tous ses biens. C'est ainsi que la principauté d'Orange est saisie par le parlement de Grenoble le 20 septembre 1477, puis inféodée à Philippe de Hochberg[53]. La chronologie de cette vengeance a de quoi intriguer. En effet, ce n'est qu'au cours de l'année 1478 que les

---

47 Grenoble, ADI, B 3806 : le roi rembourse la rançon d'Hugues, qui s'engage à le servir *envers et contre tous qui voudroient entreprendre contre lui et contres sa chavance, et nommément contre le duc Maximilian d'Autriche et sa femme et aussi contre le prince, son neveu, et tous autres tenant leur party*.

48 Rossignol, *Histoire de la Bourgogne*, p. 160-161.

49 Clerc, *Histoire des états généraux*, t. 1, p. 174.

50 *Chronique des faits et gestes admirables de Maximilien durant son mariage avec Marie de Bourgogne*, translatée du flamand en français pour la première fois et augmentée d'éclaircissements historiques et de documents inédits par O. Delepierre, Bruxelles, 1839. L'éd. 1540, *Dit syn die wonderlijcke Oorloghen van den door luchtighen [...] prince Keyser Maximilian hoe hi hier eerst intlant quam ende hoe hi vrou Marien trouwede*, Anvers, Vorsterman, 1540 est disponible sur le site de l'Österreichische Nationalbibliothek. URL : http://digital.onb.ac.at/OnbViewer/viewer.faces?doc=ABO_%2BZ174545100.

51 Grenoble, ADI, B 3811, fol. 180.

52 Rossignol, *Histoire de la Bourgogne*, p. 80-83.

53 Grenoble, ADI, B 3790.

accusations du roi de France sont étayées par des faits[54] , mais ceux-ci sont d'une telle invraisemblance qu'on a de la peine à les verser au dossier, d'autant que l'instruction est menée par Ymbert de Batarnay, seigneur du Bouchage, qui est un ennemi personnel de Jean IV, et de Pierre de Bauffremont pour des questions qui tiennent à leurs seigneuries respectives du Dauphiné[55]. L'affaire est la suivante : aux alentours de Pâques, un apothicaire clermontois, Jean Renon, qui se rendait en Italie par les terres du duc de Savoie est capturé par un fidèle de Jean IV, le sire d'Arbent déjà cité, et conduit près de lui, à Arbois puis à Bletterans. Le prince lui promet la fortune s'il accepte de se rendre auprès du roi de France – il a une certaine connaissance de la cour – et d'enduire de poison l'autel qu'il a l'habitude de baiser lors de ses dévotions. Renon fait mine d'accepter, puis surprend une conversation de Jean IV et de ses séides qui prévoient de l'exécuter une fois sa mission accomplie. Il s'enfuit par miracle, avec l'aide de Notre Dame du Puy, et galope jusqu'à Bourges où il dévoile la conspiration au lieutenant du roi, le 28 mai 1478. C'est grâce à des tuyaux de chauffage reliant la cheminée de la salle où se trouvait Jean IV et la petite pièce d'étage où il avait été relégué que l'apothicaire avait pu connaître les projets criminels dirigés contre lui : un procédé utilisé par Athos pour intercepter les consignes données par Richelieu à Milady dans une page célèbre des *Trois Mousquetaires*[56].

Ce clin d'œil littéraire ne dépare pas la légende noire évoquée plus haut. Jean d'Orange est un personnage de roman-feuilleton, une sorte d'archétype du « mauvais » fabriqué à dessein pour mettre en valeur le héros de l'histoire et camoufler ses propres turpitudes.

La réalité est sans doute bien plus prosaïque : le prince d'Orange est un grand seigneur pétri d'orgueil, fier de son rang et de son sang. L'extinction de la résistance bourguignonne le condamne à l'exil. Il gagne les Pays-Bas, prend part au siège de Rodemack, en 1480, puis aux opérations contre Guillaume de La Marck, qui a fait assassiner son beau-frère Louis de Bourbon (1482) – il est lui-même blessé. Il est présent, avec sa femme, aux funérailles de Marie de Bourgogne[57], puis s'établit désormais en Bretagne, auprès de son oncle François II dont il serait l'héritier dans l'hypothèse où sa fille Anne venait à disparaître. La restitution de ses domaines bourguignons et comtois est l'un des contentieux examinés par les négociateurs du traité d'Arras en 1482 : elle ne sera apurée qu'après la mort de Louis XI, lorsque Jean IV sera rentré en grâce et ne sera complète qu'après 1490, à la disparition d'Hugues de Château-Guyon. Dans l'intervalle, le dernier des Chalon se sera distingué aux États généraux de Tours, dans la « folle guerre » de 1488, puis lors de la succession de Bretagne, manigançant les fiançailles de la duchesse Anne et de l'archiduc Maximilien, puis son mariage avec Charles VIII. Ses dix dernières années, 1491-1501, peuvent être considérées comme le sommet de sa carrière, aussi bien dans la sphère austro-bourguignonne – il recouvre ses fonctions de gouverneur de la Comté –, qu'à la cour de France.

---

54 Louis XI, *Lettres*, t. 7, p. 307 et annexe VII.

55 B. de Mandrot, *Ymbert de Batarnay, seigneur du Bouchage (1438-1523)*, Paris, 1886. Le personnage s'était illustré en arrêtant le connétable de Saint-Pol en 1475.

56 Il est possible qu'Alexandre Dumas ait eu vent de l'épisode de Jean Renon par Auguste Maquet ou par Charles Nodier.

57 A. Marchandisse, C. Masson, B. Schnerb, L'ultime voyage de Marie de Bourgogne. Des funérailles de duc ou de duchesse ?, dans *Mary of Burgundy, the Reign, the « Persona » and the Legacy of a European Princess. Actes du colloque de Bruxelles-Bruges, Académie royale de Belgique – University of Birmingham Brussels Office – Musée Groeningen, 4-7 mars 2015*, éd. M. Depreter, J. Dumont, E. L'Estrange, S. Mareel, Turnhout, sous presse.

L'ordre du jour politique des assemblées représentatives des Pays-Bas aux XIVe et XVe siècles

Wim Blockmans
Professeur émérite de l'Université de Leyde

Les assemblées représentatives ont été abondamment étudiées dans tous les pays d'Europe depuis deux siècles, et à juste titre car elles représentent un apport spécifique à l'histoire mondiale[1]. Néanmoins, Michel Hébert constate un blocage de la recherche en ce domaine, qui se manifeste sous trois aspects : « la prégnance, depuis plus d'un siècle, d'un paradigme interprétatif qu'on peut qualifier de "constitutionnaliste" », « une vision nettement téléologique » et un « cadre national trop vite sclérosant ». Au-delà des approches structuralistes et fonctionnalistes, il favorise plutôt les aspects performatifs et symboliques et cherche à déterminer ce que les assemblées expriment « quant à l'ordre social et à un certain idéal du bon gouvernement[2] ». Dans cette perspective, le présent article vise à une reconstruction des idéaux politiques exprimés par les différents organes représentatifs des Pays-Bas. L'idéologie soutenue par les princes a été étudiée depuis longtemps et est mieux connue que celle exprimée au nom de leurs sujets[3]. Pour aborder la représentativité vis-à-vis de l'ordre social, il convient d'abord de rendre compte du caractère protéiforme des institutions, même dans un espace relativement restreint.

1. La diversité institutionnelle

La grande variété des institutions représentatives qui ont existé dans les Pays-Bas jusqu'à la fin de l'Ancien Régime ne s'est pas développée au départ d'une certaine idée ou d'un seul modèle préconçu. Ces institutions ont rarement été créées de toutes pièces, et là où cela s'est produit, il s'agit d'importations de modèles qui s'étaient formés ailleurs. Tel est le cas, par exemple, pour l'introduction d'assemblées de trois États à l'occasion de l'avènement d'une nouvelle dynastie : en Hainaut en 1338, en Flandre en 1384, en Hollande en 1418-1419, dans le Namurois en 1421, dans le Luxembourg en 1444[4].

1 Un aperçu historiographique fort utile : K. Krüger, *Die landständische Verfassung*, 2e éd., Munich, 2010.

2 M. Hébert, *Parlementer. Assemblées représentatives et échange politique en Europe occidentale à la fin du Moyen Âge*, Paris, 2014, p. 10-16. L'auteur se réfère notamment aux théories de B. Stollberg-Rilinger, The Impact of Communication Theory on the Analysis of the Early Modern Statebuilding Processes, dans *Empowering Interactions. Political Cultures and the Emergence of the State in Europe 1300-1900*, éd. W. Blockmans, A. Holenstein, J. Mathieu, Farnham, 2009, p. 313-318.

3 *The Ideology of Burgundy. The Promotion of National Consciousness 1364-1565*, éd. D'A. J. D. Boulton, J. R. Veenstra, Leyde, 2006.

4 J. Dhondt, Les assemblées d'États en Belgique avant 1795, dans *Anciens Pays et Assemblées d'États*, t. 33, 1965, p. 195-260, spéc. p. 229-230, réimpr. dans ses *Estates or Powers*, dans *Ibid.*, t. 69, 1977, p. 213-215 ; C. Piérard, Les États de Hainaut, dans *Ibid.*, t. 33, p. 64 ; J. G. Smit, *Vorst en Onderdaan. Studies over Holland en Zeeland in de late Middeleeuwen*, Louvain, 1995, p. 412-413 ; J. Muller, Les États

Pour la singuliere affection qu'avons a luy. *Études bourguignonnes offertes à Jean-Marie Cauchies*, sous la direction de Paul Delsalle, Gilles Docquier, Alain Marchandisse et Bertrand Schnerb, Turnhout, 2017 (*Burgundica* 24), p. 25-41.
 DOI 10.1484/M.BURG-EB.5.113903

Avant la création de telles assemblées stéréotypées, diverses formes de représentation du pays s'étaient déjà développées selon les rapports de force et les besoins ou « nécessités » de chaque principauté. En Flandre, les crises de succession de 1127-1128 ont provoqué la formation de ligues jurées entre les villes. Dès la succession compliquée de 1191, elles furent invitées à sceller des traités, ce qui implique que leur adhésion était jugée utile et nécessaire, comme une garantie, et qu'elle a été négociée. Au début du XIIIe siècle, les *scabini Flandrie* représentant les six grandes villes du comté (Saint-Omer, Gand, Bruges, Douai, Lille et Ypres) étaient déjà reconnus internationalement comme une puissance en matière de politique économique, et traitaient directement avec le roi d'Angleterre[5]. À partir du milieu du siècle, la consultation des grandes villes par les comtesses et comtes est régulièrement mentionnée dans le domaine du commerce et du monnayage[6].

Dans le duché de Brabant, les difficultés suscitées par toutes les successions à partir de 1248 ont donné lieu à la rédaction de chartes confirmant la loyauté du pays, appelées à l'origine « testaments » des ducs Henri II (1248) et Henri III (1261). À cette dernière occasion, Louvain et Bruxelles ont formé, avec d'autres villes, une vraie ligue urbaine. En 1290-1293, et en récompense pour l'octroi d'aides considérables, Jean Ier accorda des privilèges à l'ensemble de la noblesse, et des séries de privilèges comparables aux abbayes, d'une part, à huit villes libres, de l'autre. Raymond van Uytven a observé, dans ce contexte, les contours des trois États élaborés au cours du XIVe siècle. L'importance des sommes promises au duc explique l'abondance des garanties incluses dans ces actes : en y attachant leur sceau, une quinzaine de nobles garantissent les privilèges des villes, et, en contrepartie, les grandes villes rejoignent une série impressionnante de ducs et de comtes en attachant leur sceau au privilège de la noblesse. Ces garanties furent encore renforcées par la reconnaissance explicite du droit féodal de refuser tout service au duc s'il contrevenait aux stipulations clauses du privilège : le service militaire *en ost ne en chevauchié, ne rendre jugement* [...] *ne faire autre service nul a nous nul a nos hoirs*, un droit qui est même accordé aux villes. Cette formule a été reprise et affinée dans la longue série d'actes constitutionnels du Brabant (1312, 1332, 1356, 1372, les Joyeuses entrées depuis 1406) et elle fut exportée dans des actes interterritoriaux inspirés par les modèles brabançons (1339, 1477, 1580-81)[7]. Un tel transfert du droit de résistance féodal à une ville (et probablement aussi aux six autres grandes villes de la Flandre) avait déjà été formulé dans le privilège accordé par Thierry d'Alsace à Saint-Omer le 22 août 1128, dans lequel neuf barons promirent de soutenir la ville contre le comte s'il violait le privilège[8]. Il ne semble pas que cette clause remarquable ait eu des conséquences politiques directes, ni qu'elle ait été mentionnée par après. Trois différences apparurent dès ce moment entre la Flandre et le Brabant : le duché était en retard de plus d'un siècle par rapport au développement de villes dominantes ; il devançait en revanche le

---

du Pays et Comté de Namur, dans *Anciens Pays et Assemblées d'États*, t. 33, p. 127 ; W. Prevenier, *De Leden en de Staten van Vlaanderen (1384-1405)*, Bruxelles, 1961, p. 61-75 ; M. Van Eeckenrode, *Les États de Hainaut : servir le prince, représenter le pays. Une assemblée dans les allées du pouvoir* (ca *1400-1550)*, Thèse de doctorat en histoire inédite, Université catholique de Louvain, 2015, p. 338.

5 É. Lecuppre-Desjardin, Par-delà la muraille. La conscience politique urbaine dans les anciens Pays-Bas bourguignons à l'épreuve de la politique extérieure, dans *Revue historique*, t. 666, 2013, p. 259-288.

6 J. Dhondt, Les origines des États de Flandre, dans *Estates or Powers*, p. 64-78 ; C. Wyffels, Contribution à l'histoire monétaire de Flandre au XIIIe siècle, dans *Revue belge de Philologie et d'Histoire*, t. 45, 1967, p. 1116-1120, 1135-1136.

7 R. van Uytven, Standenprivilegies en -beden in Brabant onder Jan I (1290-1293), dans *Ibid.*, t. 44, 1966, p. 413-456 ; R. Stein, 74 woorden die het verschil maken. Over de ontwikkeling van het Brabantse recht van weerstand, dans *Noordbrabants historisch Jaarboek*, t. 29, 2012, p. 50-61.

8 *De oorkonden der graven van Vlaanderen (juli 1128-september 1191)*, éd. T. de Hemptinne, A. Verhulst, t. 2/1, Bruxelles, 1988, p. 17.

comté par la formation précoce, au cours du XIIIe siècle, de groupements de trois États séparés ; la récurrence de moments de faiblesse de la dynastie ducale, combinée avec la balance de pouvoirs entre les trois États, explique le recours à la rédaction d'actes solennels afin de remédier aux difficultés.

En Hollande et Zélande, le décalage fut plus net encore. La première indication de la consultation de trois villes hollandaises et de trois villes zélandaises date de 1276 ; elle concerne un acte par lequel le comte Florent V encouragea les marchands des villes de Kampen et de la rivière IJssel à éviter Bruges au profit de Dordrecht ; le comte *fecit communire* son acte par ses villes. En 1284-1285, Dordrecht fut conviée à un « parlement » des comtes de Hollande et de Gueldre. En 1291, cinq villes hollandaises et deux zélandaises se portèrent garantes pour les grosses dettes du comte. En 1296 et 1299 – de nouveau deux moments de transition dynastique –, elles participèrent avec des nobles *de potentioribus et discretioribus villarum et patriarum* aux négociations relatives au mariage du comte Jean Ier avec une fille du roi d'Angleterre. Et en 1299, les sept mêmes villes attachèrent leur sceau à l'acte de transfert des comtés à Jean II[9]. Avant 1300, la participation politique de nobles et de villes resta donc sporadique et dépendante des besoins de soutien et de garantie de la part du comte. Le clergé restait absent.

Cet aperçu très incomplet montre que les relations entre les entités sociales, en combinaison avec les effets des hasards dynastiques, ont établi les fondements des structures et des divers modes de participation politique dans chaque territoire, dès avant 1300. Ces deux facteurs déterminèrent la chronologie et la forme de la participation. Deux modèles de développement peuvent être discernés dans la genèse des organes représentatifs : d'une part, l'extension graduelle des négociations dans le cadre du grand conseil du prince, trouvant son aboutissement dans les assemblées des trois États, comme en Brabant, en Hainaut, en Hollande (avec deux États seulement) et en Zélande ; d'autre part, dans les régions caractérisées par un haut degré d'urbanisation, les villes se sont organisées elles-mêmes pour affronter les problèmes touchant leur libertés et spécifiquement celles qui concernaient les questions économiques dépassant le cadre territorial. Les deux modes pouvaient très bien être combinés et fonctionner parallèlement, comme cela se faisait depuis le XIVe siècle en Brabant, dans le Pays de Liège et en Hollande. Le particularisme de Valenciennes, ville commerciale dans l'orbite flamande et tournaisienne, dans le système représentatif du Hainaut, illustre cette tendance, bien qu'elle soit restée isolée et à l'état embryonnaire dans un contexte politique dominé par les intérêts fonciers. En moyenne, les trois États de Hainaut se sont réunis une fois par an sous Philippe le Bon, deux à trois fois sous Charles le Téméraire, et six fois de 1477 à 1494. L'initiative restait fermement aux mains du gouvernement[10]. En Artois, la moyenne annuelle ne dépassa pas deux fois par an de 1430 à 1476 ; après la conquête par Louis XI en mars 1477, les trois États n'ont plus été convoqués jusqu'en 1498, et ils ne se réunirent plus après cette date que pour l'octroi d'aides et la préparation des députations aux États généraux, une ou deux fois par an[11]. Dans le modèle des assemblées de trois États, les besoins du prince déterminaient le rythme, la forme et l'agenda des négociations. Cela n'exclut certes pas une certaine marge de manœuvre par le biais des échanges de « provisions » sur des doléances présentées au prince dans le contexte des octrois d'aides, et par le contrôle de la gestion des aides. Aux

9 *Bronnen voor de geschiedenis der dagvaarten van de Staten en steden van Holland voor 1544*, éd. W. Prevenier, J. G. Smit, t. 1/2, *1276-1433*, La Haye, 1987, p. 1-11, citation à la p. 8.

10 Van Eeckenrode, *Les États de Hainaut*, chap. 4.II.B.2 (fréquences) et 8.II.B.2 (Valenciennes).

11 C. Hirschauer, *Les États d'Artois de leurs origines à l'occupation française, 1340-1640*, t. 2, Paris, 1923, p. 22-43.

Temps modernes, les trois États se sont occupés de travaux publics, de la défense du territoire et des garnisons, mais le prince n'a jamais permis de réunions spontanées[12].

Le système représentatif offre une image très différente dans les principautés à haut degré d'urbanisation, car les réunions des grandes villes y ont clairement mené le jeu, le plus souvent à leur propre initiative. Prenons l'exemple de la Hollande : de 1433 à 1476, on y a compté 35 réunions par an. De 1477 à 1494, cette fréquence monte à 45 par an, tandis que 45 % des réunions durèrent plus de cinq jours. Les grandes villes participèrent à au moins 737 réunions (91 % ou plus du total), les villes secondaires à 247 (31 %), la noblesse à 137 (17 %). Le clergé fut invité mais les preuves de sa participation font défaut[13]. En Zélande, on a recensé presque douze réunions par an durant la période 1433-1476, 13,4 en moyenne de 1477 à 1494[14].

Pour le Brabant, André Uyttebrouck a pu observer la participation du clergé et/ou de la noblesse à 25 % de toutes les réunions entre 1383 et 1430 ; les deux États privilégiés se sont réunis seuls 18 fois (2 %)[15]. En Flandre, le clergé et la noblesse participèrent à 60 assemblées de 1385 à 1435, soit un peu plus d'une fois par an en moyenne, et 2,8 % du total des réunions représentatives. De 1436 à 1506, les deux États privilégiés participèrent à 195 assemblées, soit une moyenne de 2,75 fois par an soit 10 % du total. On observe donc ici une nette corrélation entre le renforcement de l'État bourguignon et la réduction de l'activité représentative des Quatre Membres ; une tendance inverse se manifeste pour le clergé, la noblesse ainsi que pour les villes secondaires et les châtellenies. Ces deux dernières catégories participèrent en groupe une à deux fois par an avant 1436, mais plus de cinq fois par après[16].

Les réunions, beaucoup plus fréquentes et plus informelles, d'un groupe restreint de villes se déroulaient le plus souvent en l'absence de représentants du gouvernement. Leur agenda politique comportait une gamme thématique considérablement plus variée et orientée en très large mesure vers des questions relatives au commerce interterritorial et à la production artisanale. Les données sont disponibles pour la Flandre, de 1385 à 1506. Elles montrent une réorientation fondamentale autour de l'année 1435, année de la paix d'Arras qui marqua la consolidation progressive de l'État composite bourguignon. Dans la période allant de 1385 à 1435, des thèmes économiques (commerce, monnaie, artisanat) sont mentionnés explicitement comme sujets des pourparlers pour 1 528 des 3 356 réunions enregistrées des Quatre Membres de Flandre, soit 46 % du total des sujets mentionnés dans 35 réunions par an en moyenne. Ces chiffres sont minimaux, car les sources ne sont pas toujours explicites, surtout dans les premières années. En outre, certaines des matières qui ont été classifiées comme relatives à la juridiction, concernaient des conflits commerciaux. Les Quatre Membres encourageaient

---

12 J.-M. Cauchies, Les assemblées d'états provinciaux aux anciens Pays-Bas (xvie-xviiie siècles) : apogée, soubresauts ou déclin ?, dans *Revue du Nord*, t. 95, 2013, p. 669-679.

13 *Bronnen voor de geschiedenis der dagvaarten van de Staten en steden van Holland voor 1544*, éd. J. G. Smit, t. 2/1, *1433-1467*, La Haye, 1998, p. LXII-CXXVII ; t. 3, *1467-1477*, La Haye, 2010, p. XXXVII-LXI ; H. Kokken, *Steden en Staten. Dagvaarten van steden en Staten onder Maria van Bourgondië en het eerste regentschap van Maximiliaan van Oostenrijk (1477-1494)*, La Haye, 1991, p. 126-130, 135.

14 *Bronnen voor de geschiedenis der dagvaarten van de Staten van Zeeland, 1318-1572*, t. 1, éd. J. G. Smit, J. W. J. Burgers, E. T. van der Vlist, M.-C. Le Bailly, La Haye, 2011, p. CXXIV-CLXXV ; R. Stein, *De hertog en zijn Staten. De eenwording van de Bourgondische Nederlanden,* ca. *1380-1480*, Hilversum, 2014, p. 155-157.

15 A. Uyttebrouck, *Le gouvernement du duché de Brabant au bas moyen âge (1355-1430)*, Bruxelles, 1975, p. 459.

16 W. P. Blockmans, *De volksvertegenwoordiging in Vlaanderen (1384-1506)*, Bruxelles, 1978, p. 598-601.

et soutenaient les relations commerciales en poursuivant des négociations avec des ambassades, des autorités et des institutions représentatives en dehors du comté. Après les perturbations, lors de la révolte des années 1379-1385, ils se sont activement engagés pour rétablir les relations commerciales avec l'Angleterre et avec la Hanse germanique, pour établir de nouveaux accords, comme avec la nation de Gênes et celle de Catalogne, et pour négocier avec des instances étrangères et locales afin d'éviter l'escalade des conflits. Pendant la période de 1386 à 1400, les Quatre Membres entreprirent 37 voyages pour négocier l'établissement ou le maintien de relations commerciales, dont 25 vers des assemblées de la Hanse et 8 vers l'Étape de Calais ou l'Angleterre[17]. De 1401 à 1435, ces relations impliquèrent en moyenne plus de six réunions par an, dont un nombre important d'ambassades auprès de pays étrangers. Les Anglais furent les partenaires les plus fréquentés, suivis par les villes de la Hanse – qui avaient leur *Kontor* à Bruges –, les Castillans, les Français et les Écossais. Les intérêts commerciaux étaient solidement représentés parmi les magistrats urbains et les représentants des corporations de métiers se rendaient bien compte que leur prospérité dépendait des bonnes relations économiques entretenues avec les partenaires étrangers. Plus que les conseillers du prince, les magistrats urbains disposaient d'une grande expérience de la négociation diplomatique et de l'expertise technique en droit maritime et commercial[18].

Durant la période 1436-1506, le pourcentage des matières économiques baissa légèrement à 42 % du total des sujets traités, mais dans un nombre de réunions réduit à moins d'un tiers, à savoir 805, ou 11 seulement par an. Les contacts étrangers se réduisirent également à une ou deux rencontres par an[19]. La comparaison est possible avec le Brabant pour la période 1386-1430 : les thèmes du commerce et de la monnaie y représentaient alors 21 % des matières traitées, soit, proportionnellement, la moitié des assemblées flamandes qui, durant la même période, s'occupèrent en outre pour 4 % de sujets concernant la production artisanale[20]. Les mêmes calculs ont été faits pour la Hollande dans les années 1477-1494 : pendant cette période de haute pression fiscale et militaire, le commerce y représentait encore 14 % des thèmes traités ; en Flandre, terrifiée par des guerres externes et internes, ces thèmes ne formaient alors que 7,5 % des matières inscrites à l'ordre du jour[21]. L'exactitude de ces chiffres ne doit certes pas être surestimée, étant donné les différences de formulation et de conservation des sources et la variation des catégories définies par les chercheurs. Le nombre de réunions n'explique pas tout ; un thème de discussion n'implique pas encore une influence effective. Néanmoins, l'amplitude des différences est si forte qu'elles dénotent indéniablement une distinction fondamentale. Dans les quatre principautés à forte urbanisation (la Flandre, le Brabant, la Hollande et la Zélande), les assemblées urbaines constituaient une réalité représentative infiniment plus intense que celle des trois États qui étaient dominants sinon exclusifs en Hainaut et en Artois. En 1611, les États d'Artois soupiraient : leur pays n'avait *aultre bénéfice du ciel et de la nature que le revenu du grain*[22]. À

17 W. Prevenier, *De Leden en de Staten van Vlaanderen*, p. 156-188 ; *Handelingen van de Leden en van de Staten van Vlaanderen, 1384-1405*, éd. Id., Bruxelles, 1959, p. 366-401.

18 Lecuppre-Desjardin, Par-delà la muraille ; W. Prevenier, Les perturbations dans les relations anglo-flamandes entre 1379 et 1407. Causes de désaccord et raisons d'une réconciliation, dans *Économie et Sociétés au Moyen Âge. Mélanges offerts à É. Perroy*, Paris, 1973, p. 477-497.

19 *Handelingen van de Leden en van de Staten van Vlaanderen, 1384-1436*, éd. W. Prevenier, A. Zoete, W. P. Blockmans, 4 vol., Bruxelles, 1959-1987, *passim* ; Blockmans, *De volksvertegenwoordiging*, p. 176-177, 545.

20 *Ibid.*, p. 548 ; Uyttebrouck, *Le gouvernement du duché de Brabant*, p. 465.

21 Kokken, *Steden en Staten*, p. 140.

22 Hirschauer, *Les États d'Artois*, t. 1, p. 183.

leur propre initiative, les villes consacraient une très grande partie de leurs nombreuses réunions à des problèmes d'ordre économique ; en Flandre, cette proportion atteignit entre 42 % et 46 % des sujets traités.

Ces deux types de représentation reflétaient des ordres sociaux différents qui sont apparus clairement lors des choix politiques opposés des Unions d'Arras et d'Utrecht en 1579. Entre-temps, la pression unificatrice du gouvernement bourguignon et habsbourgeois tendit à une plus grande homogénéisation en tous les domaines, y compris l'activité croissante des États généraux. Dans les quatre décennies de 1461 à 1500, ils ont été assemblés 64 fois, soit 16 fois par décennie en moyenne ; toutefois, les années 1481-1490 furent marquées par une fréquence légèrement inférieure[23]. Au cours de son développement tâtonnant des décennies passées, cette institution atteignit une certaine maturité. Cela lui a permis de jouer, pour la première fois, un rôle essentiel dans le cours des événements de la période 1477-1488. Elle a jalonné cette période de trois grands actes dans lesquels les États ont formulé leur vision politique, de plus en plus systématiquement et explicitement, les derniers se référant aux précédents : le privilège général du 11 février 1477, le traité de paix avec la France du 23 décembre 1482, et l'acte d'union du 12 mai 1488. Ces documents sont fortement imprégnés par les circonstances dans lesquelles ils ont été établis et par les résultats qu'on en attendait. C'est à juste titre que Maurice Arnould a insisté sur les apports au droit constitutionnel que pouvaient contenir certains privilèges particuliers, même en l'absence de privilèges globaux, comme cela fut le cas en Hainaut en 1477[24]. Jean-Marie Cauchies observa dans le même sens que « serments-contrats d'inauguration : telle est la forme que revêt au moyen âge et aux temps modernes la constitution avant la lettre du Hainaut[25] ». Les trois textes choisis sont toutefois plus étendus par la variété des sujets traités concrètement ; par leur caractère plus systématique, ils marquent des étapes dans la pensée politique des institutions représentatives, des occasions de réflexion, de cristallisation et de synthèse de leurs actions.

2. Trois textes constitutionnels en onze ans

Les quinze années qui suivirent la mort du duc Charles en 1477 peuvent être considérées comme la période la plus turbulente du xve siècle[26]. Les événements dramatiques ont exacerbé les tensions sociales et politiques avec une ardeur activée par la flambée des prix des grains qui atteignirent le niveau le plus haut du siècle, en 1481-1483. Cette profonde crise de subsistance fut aggravée par la guerre que Maximilien mena contre la France jusqu'en 1489, comme par les effets des actions militaires en Flandre en 1484-1485 et de 1488 à 1492, dans le Brabant et en Hollande en 1488-

23 R. Wellens, *Les États généraux des Pays-Bas des origines à la fin du règne de Philippe le Beau (1464-1506)*, Heule, 1974, p. 421-494 ; Stein, *De hertog en zijn Staten*, p. 155.

24 M.-A. Arnould, Les privilèges accordés au Hainaut par Charles le Téméraire en 1473, dans *Code et Constitution.* Liber Amicorum *John Gilissen*, Anvers, 1985, p. 19-42, spécialement p. 28-29 ; Id., Les lendemains de Nancy dans les « Pays de par deçà » (janvier-avril 1477), dans *1477. Le privilège général et les privilèges régionaux de Marie de Bourgogne pour les Pays-Bas*, éd. W. P. Blockmans, Courtrai-Heule, 1985, p. 22-23.

25 J.-M. Cauchies, La constitution, le serment et le prince dans le Hainaut ancien, dans *Code et Constitution*, p. 51-60, citation à la p. 60.

26 Id., *Philippe le Beau, le dernier duc de Bourgogne*, Turnhout, 2003, p. 3-18 ; J. Haemers, *For the Common Good. State Power and Urban Revolts in the Reign of Mary of Burgundy (1477-1482)*, Turnhout, 2009 ; Id., *De strijd om het regentschap over Filips de Schone. Opstand, facties en geweld in Brugge, Gent en Ieper (1482-1488)*, Gand, 2014.

1489[27]. Le blocus et la piraterie français entravèrent l'approvisionnement en grains et le commerce en général, la politique fiscale et monétaire de Maximilien accéléra encore la crise économique[28]. Toutes ces misères accumulées ont donné lieu à une activité fébrile des organes représentatifs dans les Pays-Bas. Ils se sont efforcés de rétablir la paix et la prospérité, qui servaient évidemment les intérêts des groupes dirigeants aussi bien que ceux du *povre commun peuple* qu'ils prétendaient défendre. Les points de friction entre Maximilien et les sujets se concentrèrent sur trois grands thèmes : la continuation de la guerre avec la France, la crise économique et les violations des privilèges. Ce parcours a été marqué par l'élaboration de documents remarquables que l'historiographie a surtout analysés de deux points de vue : celui de l'histoire événementielle et celui de l'histoire constitutionnelle. Je propose d'ajouter une troisième dimension à cette analyse, celle de la théorie politique qu'ont exprimée de plus en plus explicitement les acteurs qui prétendaient représenter les sujets. Il importe toutefois de ne pas limiter l'analyse aux seuls actes dits constitutionnels, mais de les placer dans la continuité des relations variables entre gouvernants et gouvernés. En outre, la nature des facteurs ayant provoqué la crise nécessite de prendre en compte un cadre géographique dépassant un seul territoire.

Le point de départ de l'analyse sera le texte le plus élaboré en cette période : la paix ou acte d'union conclue le 12 mai 1488 par les députés des États de Brabant, Flandre (y compris la gouvernance de Lille, Douai et Orchies), Hainaut, Zélande et Namur, en bonne entente, dit le texte, avec Maximilien, roi des Romains, père de l'archiduc Philippe, leur prince naturel, les seigneurs de son sang du côté maternel (Marie de Bourgogne), et le roi Charles VIII de France comme héritier présomptif par son mariage avec Marguerite d'Autriche, sœur de Philippe[29]. Une centaine de représentants, présents dans l'assemblée tenue à Gand du 9 avril au 16 mai, ont scellé ou signé cet acte d'union, parmi lesquels neuf seigneurs du sang et du conseil du prince Philippe, treize prélats et dix-sept nobles ; pour le Brabant en tout 26 personnes, 38 pour la Flandre (dont les députés de plusieurs villes secondaires et châtellenies), 9 pour le Hainaut, 16 pour la Zélande et 3 pour Namur. Les grands absents furent la Hollande, Anvers et Malines, qui soutenaient Maximilien, captif à Bruges depuis trois mois et demi[30]. Le texte précise que les pays et villes du prince Philippe qui étaient absents

27 W. Blockmans, Autocratie ou polyarchie ? La lutte pour le pouvoir politique en Flandre de 1482 à 1492, d'après des documents inédits, dans *Bulletin de la Commission royale d'Histoire*, t. 140, 1974, p. 257-368 ; B. Willems, Militaire organisatie en staatsvorming aan de vooravond van de Nieuwe Tijd. Een analyse van het conflict tussen Brabant en Maximiliaan van Oostenrijk (1488-1489), dans *Jaarboek voor Middeleeuwse Geschiedenis*, t. 1, 1998, p. 261-286 ; M. Van Gent, Pertijelike saken. *Hoeken en Kabeljauwen in het Bourgondisch-Habsburgse tijdperk*, La Haye, 1994, p. 375-392.

28 R. van Uytven, Crisis als cesuur 1482-1494, dans *Algemene Geschiedenis der Nederlanden*, éd. D. P. Blok e. a., t. 5, Haarlem, 1980, p. 420-435 ; L. Sicking, *Neptune and the Netherlands. State, Economy, and War at Sea in the Renaissance*, Leyde, 2004, p. 65-72 ; P. Spufford, Coinage, taxation and the Estates General of the Burgundian Netherlands, dans *Anciens Pays et Assemblées d'États*, t. 40, 1966, p. 61-88.

29 La version française ne comprend pas les énumérations des délégués mais nomme erronément des représentants du Limbourg, du Luxembourg, d'Anvers, de Frise et de Malines : Jean Molinet, *Chroniques*, éd. G. Doutrepont, O. Jodogne, t. 2, Bruxelles, 1935, p. 24-31 ; la version néerlandaise a été copiée dans un registre des échevins de Gand, Gand, Archives de la ville, sér. 93, n° 7 (G : Eerste Swarte boeck), fol. 61-63v, et publiée dans *Verzameling van XXIV origineele charters, privilegien en keuren van de provincie van Vlaenderen*, Gand, 1788. Une analyse récente : *Bronnen voor de geschiedenis der dagvaarten van de Staten van Zeeland*, t. 2, p. 451.

30 R. Wellens, La révolte brugeoise de 1488, dans *Handelingen Genootschap « Société d'Émulation » te Brugge*, t. 102, 1965, p. 5-52 ; Id., *Les États généraux*, p. 199-213, 458-466. L'attitude conciliatrice de la Hollande avait déjà été manifeste en 1482 : *Ibid.*, p. 193, n. 90. Un seul député de la ville de

lors de l'assemblée, seraient néanmoins inclus dans la paix. Celle-ci serait également étendue au Pays de Liège, à la principauté ecclésiastique d'Utrecht et à d'autres voisins, s'ils voulaient y adhérer.

Il est étonnant que cet acte qui a retenu l'attention particulière d'Henri Pirenne, n'ait pas encore été étudié dans son ensemble[31]. John Gilissen a remarqué que l'interprétation de Pirenne de l'article 17 était « trop étroite, trop restrictive » : il s'agit de la clause prévoyant de réunir les États généraux durant le reste de la minorité du prince Philippe chaque année au premier octobre, même sans convocation,

> *affin que toutes les choses dessusdittes puissent de mieulx estre conduites à la plus grande utilité et proffit de nostredit seigneur et desdis pays et despescher touttes nouvellités qui au prejudice de ce porroit estre fait* [...] *esquels lieux tous iceulx pays seront tenus envoyer leurs deputéz chargiez de recepvoir toutes manières de plainctes et doléances concernant la généralité desdits pays, pour par les officiers et loix où deffaultes seront advenues, en ensuivant leurs privilièges, francise ou coustumes, incontinent estre remediét ou par leur deffaulte y estre pourveu par mesdis seigneurs du sang, du conseil et des Estas*[32].

Gilissen note avec raison que ce droit de présenter des plaintes pouvait être étendu à tous les domaines de l'administration publique et de la justice, et qu'il a été reconnu en pratique pendant le siècle suivant, évidemment sans les tâches exécutives attribuées en 1488 aux seigneurs du sang du prince mineur, à son conseil et aux États[33]. Nos illustres prédécesseurs se sont cependant limités à un seul des dix-huit articles et un exposé des motifs à caractère programmatique que comprend l'acte d'union. Son introduction est un plaidoyer passionné :

> *pour la garde et conservation de toutes polices, gouvernemens et bien publicque, n'a riens plus utile ne chose necessaire que paix, amitié et bonne union par ensamble, qui sont mère de tous biens et vertus, et à cause que le service divin est augmenté, l'estat des nobles honoré, marchandise hantée et la terre cultivée en grant repos et sceureté* [...].

Le texte poursuit en opposant cet idéal aux effets désastreux des divisions et des guerres, pour constater que les pays du prince naturel archiduc Philippe

> *ont puis naguaires esté mis en grans charges et dissention, en fachon telle que justice, paix, amitié, union et marchandise* [et métiers] *en ont esté enchassées et estrangié au grant desplaisir, detriment et dhommage du povre commun peuple et au prejudice de nostredit très redoubté seigneur et prince naturel*[34].

Suivent alors les dispositions visant à conclure *paix, union, amitié, alliance, intelligence entre nous*, dont les pays sont *contigus et voisins les ungz aulz autres et apertenans à ung*

Leyde participa à l'assemblée, mais il n'a pas signé l'acte ; la délégation fut intentionnellement absente : *Bronnen voor de geschiedenis der dagvaarten van de Staten en steden van Holland, 1477-1494*, t. 4, éd. H. Kokken, M. Vrolijk, La Haye, 2006, p. 799-801, n°s 677-680. Quant à Anvers, Maximilien l'avait favorisée par des privilèges commerciaux, et Malines profitait de son rôle comme résidence.

31 H. Pirenne, Le rôle constitutionnel des États Généraux des Pays-Bas en 1477 et en 1488, dans *Mélanges Paul Frédéricq. Hommage de la Société pour le progrès des études philologiques et historiques. 10 juillet 1904*, Bruxelles, 1904, p. 267-271.

32 Jean Molinet, *Chroniques*, t. 2, p. 29 ; cette édition a sauté une ligne, « du même au même » mot *pays* et offre en conséquence une fausse lecture *contenans* au lieu de *concernant*.

33 J. Gilissen, Les États Généraux des Pays de par deçà (1464-1632), dans *Anciens Pays et Assemblées d'États*, t. 33, p. 261-321, spéc. p. 278-279, 292-293.

34 « Métiers » est une émendation basée sur le texte néerlandais *neerynghe*.

seigneur. Les stipulations relatives à la seigneurie du prince sont limitées à la durée de la minorité du prince Philippe, les autres « dureront à perpétuité ». Les articles 1 à 5 formulent les conditions pour l'établissement de la paix : pardons, correction des malversations administratives, insistance auprès du roi des Romains pour l'évacuation immédiate des garnisons et gens de guerre *affin que de tant mieulx et plus tot marchandise puist avoir cours et que les laboureurs puissent labourer et cultiver la terre*[35], refus du passage de troupes qui attaqueraient certains membres de l'union, respect de la paix conclue avec la France en 1482.

Le deuxième groupe d'articles, du sixième au onzième, traite du gouvernement des pays pendant la minorité du prince Philippe, en Flandre, au nom du prince, par les seigneurs du sang et du conseil (de régence), ailleurs par le roi des Romains comme père et mambour du prince et son conseil. La cour du prince sera uniquement composée des nobles les plus qualifiés des Pays-Bas, sans étrangers ; en Flandre, les officiers de justice et militaires devront être *gens notables et vertueux personages, ausquelz n'ayent aucune suspicion, et ce au contentement des lois et justices des lieux* ; maintien solidaire de la paix et du gouvernement.

Le troisième groupe contient sept articles précisant les compétences des États généraux en rejoignant et complétant des articles portant sur les mêmes thèmes contenus dans les privilèges octroyés par Marie de Bourgogne en 1477, non seulement le privilège général mais aussi ceux pour la Flandre, la Hollande et la Zélande et le Brabant[36]. Il concerne l'abolition de tonlieux nouvellement instaurés sans accord des États, le libre-échange[37], le maintien d'un cours stable de la monnaie unitaire, sous contrôle d'experts députés par chaque pays, la liberté d'assemblée, particulièrement pour remédier aux doléances à cause de violation de privilèges, droits et coutumes des pays, et la liberté de l'élection aux prélatures. Toute déclaration de guerre doit préalablement être discutée au sein des États généraux, la conclusion de la paix sera soumise à leur commun accord. Cet article 15 de l'acte d'union modifie l'article 10 du Grand Privilège de 1477 qui exigeait le commun accord pour les déclarations de guerre, libérant les vassaux de tout service si le prince agissait de façon contraire[38]. D'autre part, en 1477, aucune clause n'avait été prévue par rapport à l'accord de paix, ce qui montre bien dans quelle mesure les expériences de la paix avec la France en 1482 et l'intervention militaire française en Flandre avaient contribué à la réorientation des idées politiques.

Il est significatif que l'article 16 de l'acte d'union confirme que *tous les traittiés, paix, accors et alliances qui par cy devant, d'entre lesditz pays ou*[39] *aulcuns d'iceulx, ont esté fais et, en nostre entendement, par ceste nouvelle intelligence tous lesdits traittiéz et accordz sont corroboréz et approuvéz*. Les privilèges de 1477 ne répondent pas formellement à la terminologie choisie, mais l'article 4 (5 dans la version en néerlandais) mentionne explicitement la paix de 1482. Lors de la réunion des États généraux, du 9 octobre au 15 décembre 1482, où se sont tenues les négociations finales pour un traité de paix avec la France, les députés brabançons et flamands proposèrent une alliance défensive entre les

35 La version néerlandaise, qui est l'originale, à mon avis, est particulièrement parlante : *ten hende dat te bet ende te haestelicker coopmanscepe hueren loop hebben moghe ende de landsman t'land moghe gaen ouffenen ende cultiveren*.

36 W. P. Blockmans, La signification « constitutionnelle » des privilèges de Marie de Bourgogne (1477), dans *1477. Le privilège général*, p. 508-510.

37 L'article 13 contient dans la version néerlandaise une belle phrase programmatique : [...] *niet meer ghedoghen dat men in dese landen meer eeneghe nieuwichede doe daer mede de coopmanschepe tusschen den landen bezwaert, verachtert of belet zoude moghen zijn in eenegher manieren*.

38 Id., Privilegie voor alle landen van herwaarts over (11 februari 1477), dans *Ibid.*, p. 92.

39 Émendation de « en », basée sur le texte en néerlandais.

États. Les délégations du Hainaut et de la Hollande s'y opposant, la tentative échoua[40]. L'idée remontait beaucoup plus loin dans le temps, notamment à l'acte d'union entre le Brabant et la Flandre du 3 décembre 1339, auquel le comte Guillaume II/IV de Hainaut, Hollande et Zélande avait ensuite adhéré. Conclu au début de la Guerre de Cent Ans, cet accord présentait un même esprit de protection des activités commerciales, artisanales et agricoles des régions voisines. Une étude récente a démontré que ce traité solennel, scellé en plusieurs exemplaires par le duc Jean III et le comte Louis de Nevers, quarante nobles et sept villes de chaque principauté, a été suscité par les villes sous l'impulsion de Jacques d'Artevelde, et contre la volonté de Louis qui s'enfuit de son comté avant d'attacher son sceau à cet acte. Ce fut le futur régent, le bâtard comtal Simon de Mirabello qui l'a scellé à sa place[41]. L'exposé des motifs exprime le désir de paix, de liberté et d'alliance entre des pays voisins fort peuplés et liés par des liens personnels, dans l'intérêt commun et au profit du commerce et de l'industrie[42].

> *Brabant ende Vlaendren, onder maeght, onder huwet, onderzeten ende ghebure zijn zonder middel, den welken zaelghelic ende profitelic es, in jonsten, in minnen ende in eendrachtiche-den te gader te wesene ende elc ane andren te clevene met vulmaecten wille ende ghetrouwer herten, ende omme dat dese vorseide twee lande vervullet zijn van groter menichte van volke, twelke niet ghesustineirt wesen mach zonder coepmanscepe ende neringhe; ziende oec ende maerkende dat coepmanscepe ende neringhe niet ghevoet wesen moghen zonder in lande van payse, van rusten ende van vrijheden, omme te gadre, eewelike te blivene ende te zittene in payse, rusten, eendrachtichden, vrijheden, coepmanscepen ende neringhen, elc met andren, ende te scuwene vortan ende te bevelne tusschen ons ende onsen naercommers, alle zaken ende materien van ghescillen, van onpayse ende van bloetsturtinghen, ende in bescer-menessen ende verhoetnessen van onsen live, goede ende landen ende onser naercommers, bi goeder deliberatien ende ripen rade, omme de openbare profite, nutscepe ende orbore van den vorseiden tween landen.*

Le discours utilisé appartient à une tradition typiquement brabançonne, représentée par exemple par le secrétaire des échevins d'Anvers et écrivain Jan van Boendale[43]. La concordance entre les clauses de l'acte d'union de 1339 et de celui de 1488 est frappante, ce qui suggère que les auteurs de ce dernier ont consulté le texte du premier, qui se trouvait dans leur coffre de privilèges. Il s'agit des clauses suivantes :

---

40 *van den aliancie te maken metten Vlaminghen, Brabanderen ende Henewieren*, cité des résolutions des prud'hommes (Vroedschapsresolutiën) de Leyde, du 14 décembre : *Bronnen voor de geschiedenis der dagvaarten van de Staten van Zeeland*, t. 2, p. 400, n° 1091/e ; Wellens, *Les États généraux*, p. 192-193, 452-454.

41 B. Eersels, Met consente van elker stede. De totstandkoming van het Brabants-Vlaamse verdrag van 1339, dans *Handelingen der Maatschappij voor Geschiedenis en Oudheidkunde te Gent*, t. 68, 2014, p. 95-119, spéc. p. 110-111.

42 Quatre expéditions originales sont conservées : Bruxelles, Archives générales du royaume (= AGR), Chartes de Brabant, 621 bis ; Lille, Archives départementales du Nord, B 264, 7337 ; Anvers, Archives de la ville, Charter 91 ; Gand, Archives de la ville, Charter 406. L'exemplaire d'Ypres, détruit en 1914, a été publié : *Eeuwigduerende verbond* [...] *1339*, éd. J. Lambin, Ypres, 1832, et analysé dans I. L. A. Diegerick, *Inventaire des chartes et documents appartenant aux archives de la ville d'Ypres*, t. 2, Bruges, 1854, p. 109-113, n° DIV ; celui des AGR est édité par A. Verkooren, *Inventaire des chartes et cartulaires de Brabant. Chartes originales*, t. 2, Bruxelles, 1910, p. 71-85.

43 P. Avonds, *Brabant tijdens de regering van hertog Jan III (1312-1356). Land en instellingen*, Bruxelles, 1991, p. 224-227 ; Id., *Gemeyn oirbaer.* Volkssoevereiniteit en politieke ethiek in Brabant in de veertiende eeuw, dans *Wat is wijsheid ? Lekenethiek in de Middelnederlandse letterkunde*, éd. J. Reynaert, Amsterdam, 1994, p. 164-180, spéc. p. 174-175.

- aucun des deux pays ne peut entamer une guerre sans l'accord préalable de l'autre,
- une guerre commune nécessite une paix conclue en commun,
- la protection du commerce sera assurée,
- un monnaie commune sera placée sous le contrôle d'experts des deux pays,
- l'on ne peut commettre d'infractions contre l'alliance,
- des assemblées communes seront tenues trois fois par an pour traiter des intérêts communs[44].

En outre, la formule de corroboration de l'acte d'union de 1488 rejoint de près celle de 1339, en non celle du Grand privilège de 1477 qui, elle, est basée sur les Joyeuses Entrées brabançonnes et la Charte de Kortenberg de 1312[45]. La raison de cette différence entre ces deux traditions est simple : les privilèges et Joyeuses Entrées étaient des chartes octroyées par le prince, tandis que les actes d'union émanaient des États eux-mêmes. Ceux-ci ne pouvaient pas délier les vassaux et sujets de leurs obligations de service, mais ils pouvaient s'engager ensemble à agir contre les infracteurs si les princes ne le faisaient pas.

44 Notamment les articles 11, 12, 14, 15, 17 de l'acte de 1488.

45 STEIN, 74 woorden die het verschil maken, p. 49-54, 56-57 ; je partage la remarque de EERSELS, Met consente van elker stede, p. 102, n. 23.

1339	1488
ne zullen ghedoghen van deser tijt vortan, nochte onse naercommers in haren tijt, dat enich persoen gheroupen zij ten rade van ons, ofte van onsen naercommers, hi en sal doen voren eede bi sire trouwen ende up de heleghe ewangelie, te helpene ende te radene de payse, acorde, verbonde ende alle de zaken die in desen lettren ghescreven staen, te houdene met al zire macht, gheheelike ende vulcomelike, zonder nemmermeer eneghe zake te secghene, te doene noch te radene in contrarien.	
Ende in alsulker manieren zullen beloven ende zweren de scepenen, baillue, dandre rechters ende officyers van onsen steden ende landen vorseid, ten beghinsele van haren officien ende staten ende al dier ghelike alle manne ter tijt dat zij haer leen ontfaen zullen. [...]	[...] *ordonneren dat alle officiers ende wethouders in elck land ten ancomene van hueren officien expresselic beloven ende zweeren zullen denzelven paeys ende aliance tonderhaudene zonder eenichsins daer jeghen te comene onder t' decxele van justicien oft anderssins in wat manieren het zij ;* [...]
Ende waert zo dat enich van onsen rechters, officyers ofte subgiten, ghinghen of daden in enich point in contrarien van den vorseiden zaken, ende wij, hertoghe ende grave boven ghenoemt, ofte onse naercommers, waren in ghebreke deghene die dat doen souden te corrigeirne, wij willen ende verzouken ane de edele van onsen landen, dat zij ende elc van hem lieden met onsen vorseiden steden helpen, met al haerre macht, dat deghene die dat ghedaen zullen hebben worden ghecorrigeirt naer den mesgripe.	*Ende waert datter yement jeghens quame dat sullen wij alle te samen metten heeren van den bloede in der manieren ende naer uutwijsen den article boven verclaerst wederstaen ten ghemeenen coste, het zij bij justicien of bij faite, alzo de materien daer toe ghedisponneert zullen wesen.*

Les idées formulées dans l'acte d'union de 1488 furent élaborées au cours des mois de captivité de Maximilien. Les Trois Membres sollicitèrent la confirmation par le roi de France de la paix de 1482, ce qu'ils obtinrent. Les fragments des comptes qui nous informent sur la participation des villes et châtellenies aux assemblées laissent entendre que la paix avec la France, la paix et l'union dans et entre les pays, l'activité commerciale et artisanale, et la prospérité du commun peuple étaient les conditions pour la libération du roi des Romains[46]. Le caractère insolite de la situation a en outre donné lieu à des correspondances, des argumentations et des rapports plus développés, comme dans les discours prononcés au nom des Trois Membres de Flandre aux États généraux par

46 *Handelingen van de Leden en van de Staten van Vlaanderen, 1477-1506*, éd. W. P. Blockmans, t. 1, Bruxelles, 1973, p. 440-465, n°s 295-305.

le pensionnaire de Gand Willem Zoete, les 13 mars et 28 avril[47]. Après avoir dénoncé la mauvaise conduite de la cour du prince naturel, il énuméra des abus et des violations de privilèges que Maximilien avait juré de respecter, dont le refus d'assemblées libres des États généraux, des manipulations monétaires, l'imposition de nouveaux tonlieux, l'extorsion fiscale, la nomination de fonctionnaires étrangers et l'affermage d'offices de justice. Le thème dominant fut celui de la dégradation globale du pays et le déclin rapide du commerce et de l'industrie : *coopmanscepe ende neeringhe alomme cesseerde grootelijcx*, au détriment du prince naturel. Le pensionnaire conclut en trois points d'action requis :

1. restaurer l'amour mutuel et l'union entre les pays qui sont gouvernés par le même privilège (celui de 1477), qui ont la même nature et qui sont voisins ;
2. régler la régence du prince Philippe ;
3. recréer dans tous les pays leur situation naturelle, dans laquelle règnent justice, paix, commerce et industrie comme dans le passé.

Il semble bien que ce programme ait trouvé sa pleine expression dans l'acte d'union[48].

Le texte de la paix d'Arras du 23 décembre 1482 comporte de nombreuses références au rôle qu'avaient joué les États généraux et les Trois Membres de Flandre pour arriver à ce résultat. Les noms de dizaines de députés sont cités dans la lettre de créance attachée au traité, et les assemblées d'États des deux monarchies sont conviées à confirmer et à respecter son contenu[49]. Par sa nature, la majeure partie de ce traité a été consacrée aux question dynastiques et militaires. Mais il est très clair que les États généraux ont insisté sur la confirmation des privilèges des villes et du pays d'Artois transféré au roi comme dot de Marguerite d'Autriche, sa future épouse. D'autre part, le roi confirme explicitement *tous privilèges, anciiens et nouveaulx accordéz et conferméz par icelle feue dame* [Marie de Bourgogne] *avant son mariage et par mondit seigneur le duc* [Maximilien] *et elle constant le mariage* ; il s'agit des privilèges locaux et généraux de la Flandre, de Lille, Douai et Orchies, et de Saint-Omer. Trois autres articles portent aussi la signature des États et des Membres. Le droit d'issue sur l'exportation de vivres, denrées et autres marchandises de France sera réduit au même niveau que celui qui existait sous feu le duc Philippe. Les effectifs des garnisons françaises dans les villes frontalières seront diminués pour faciliter *le cours de la marchandise et la communication des sujets*. La sécurité sur la mer et sur les eaux douces sera assurée, et la liberté de mouvement des navires avec leurs denrées et marchandises seront garanties *en telle fachon que les subjectz d'une part et d'aultre y porront seurement labourer et eulx tenir pour pescher ou quelque aultre negotiation*.

Les privilèges de 1477 réagirent, évidemment, principalement contre les innovations centralisatrices et les abus du duc Charles. Les thèmes généraux repris en 1482 et

47 J. DUMOLYN, J. HAEMERS, *Les bonnes causes du peuple pour se révolter.* Le contrat politique en Flandre médiévale d'après Guillaume Zoete (1488), dans *Avant le contrat social. Le contrat politique dans l'Occident médiéval (XIIIe-XIVe siècle)*, éd. F. FORONDA, Paris, 2010 ; J. HAEMERS, Geletterd verzet. Diplomatiek, politiek en herinneringscultuur in de laatmiddeleeuwse en vroegmoderne stad (casus : Gent en Brugge), dans *Bulletin de la Commission royale d'Histoire*, t. 176, 2010, p. 46-52 ; Correspondance des magistrats d'Ypres députés à Gand et à Bruges pendant les troubles de Flandre sous Maximilien, éd. I. L. A. DIEGERICK, dans *Société d'Émulation de Bruges*, t. 14, 1855-1856, p. XXXI-LXV.

48 Le magistrat de la ville de Goes discuta *den articulen bij die van Ghendt overgegeven in der dachvaert onlancx tot Mechelen ende Bruesselen gehouden* : *Bronnen voor de geschiedenis der dagvaarten van de Staten van Zeeland*, t. 2, p. 450, n° 1165/b.

49 WELLENS, *Les États généraux*, p. 190-194, 450-454 ; le texte : JEAN MOLINET, *Chroniques*, t. 1, p. 377-406, citations aux p. 389, 400.

en 1488 sont le respect des privilèges et coutumes et la liberté du commerce, y compris la résistance contre de nouveaux tonlieux. En outre, les autres matières traitées dans le troisième groupe des articles de l'acte d'union, figurant aussi dans le Grand Privilège, concernent les compétences relatives à la guerre, à la liberté de réunion des États, à celle des nominations pour les prélatures et à l'incorruptibilité des officiers de justice (art. 9). Le contrôle du monnayage – prééminent déjà en 1339 – est absent du privilège général de 1477, mais apparaît nettement dans trois privilèges régionaux : ceux pour la Flandre, la Hollande et la Zélande, et le Brabant[50].

3. Conclusions

Les grands thèmes de l'ordre du jour des assemblées représentatives ont pu apparaître par trois types d'approches : la fréquence de certains types de réunions et des matières traitées, sur une longue durée ; l'analyse comparative du contenu de trois actes « constitutionnels » de la période couvrant les années 1477-1488, et la confrontation avec une harangue d'un des protagonistes de la résistance à Maximilien. Ces trois documents sont de natures différentes : le premier est un acte solennel de la duchesse Marie, conditionnant sa reconnaissance par les États généraux comme héritière et confirmant assez littéralement les doléances formulées par les États[51] ; le second est un traité de paix minutieusement préparé par les deux cours concernées ainsi que par les députés des États généraux ; le troisième est un acte émanant des États généraux eux-mêmes, rédigé principalement par les juristes des grandes villes flamandes et brabançonnes. Le discours du pensionnaire Zoete constitue déjà un prélude au caractère systématique de ce dernier texte.

Les deux thèmes dominants exprimés dans tous ces textes sont le respect des privilèges, lois et coutumes, jurés lors de l'inauguration du prince, et le libre cours du commerce, comprenant aussi la résistance contre de nouveaux tonlieux non accordés par les États. Cinq thèmes des privilèges de 1477 sont repris en les précisant en 1488 : la compétence des États généraux en matière de guerre et de paix, la liberté d'assemblée des États généraux, la stabilité de la monnaie et son contrôle par les experts des États généraux, la nomination d'officiers de justice et de juges notables, vertueux et non corrompus, et la liberté d'élection des prélats. Tous ces thèmes étaient apparus fréquemment dans l'ordre du jour des assemblées représentatives et faisaient référence à des doléances récurrentes des années précédentes. Certains thèmes firent l'objet des assemblées depuis leur naissance, notamment la défense des privilèges et coutumes – un ensemble assez global et diffus qui pouvait être invoqué contre n'importe quelle « nouveauté » –, la stabilité et le contrôle de la monnaie et, spécifiquement dans les pays fortement urbanisés, le libre-échange. Le thème de la paix qui revient dans tous les exposés des motifs, est connecté avec les problèmes économiques, et indirectement avec ceux relatifs à la pression fiscale, sous différentes formes. Cette dernière matière n'apparaît pas comme une revendication en tant que telle parce que les États exerçaient cette compétence eux-mêmes.

Les États de Brabant et de Flandre ont clairement mené le jeu dans les trois épisodes de 1477, 1482 et 1488. Les Brabançons ont apporté leurs modèles textuels, élaborés depuis 1290-1293, les Flamands ont lancé les révoltes, dont ils avaient une longue tradition. Comme on a pu le montrer pour la Charte de Kortenberg de 1312 et pour l'acte d'union de 1339, le programme politique répondait par excellence aux idéaux de l'élite commerciale des grandes villes. Un seul article, en 1477 comme en 1488, aussi d'inspiration

50 Blockmans, La signification « constitutionnelle », p. 508-510.
51 Arnould, Les lendemains de Nancy, p. 19-20, 60-63.

brabançonne, requit la liberté du choix des prélats. Dans le Grand Privilège de 1477, deux articles furent consacrés au service militaire des vassaux et arrière-vassaux. Tous les autres thèmes, en 1477 comme en 1488, provenaient directement des problèmes discutés longuement au sein des réunions des grandes villes au cours du règne précédent. En fin de compte, les populations urbaines et rurales souffraient surtout de la lourdeur de la fiscalité, des dégâts de la guerre et de la corruption des officiers.

Durant la période 1477-1488, le programme politique des États généraux fut donc fortement imprégné par les intérêts des élites urbaines du Brabant et de la Flandre. Nous avons constaté que le système représentatif de ces principautés consistait dans une très large mesure en des réunions des chef-villes pour lesquelles le commerce international était de toute première importance. Le privilège pour la Flandre du 11 février 1477, basé, comme le Grand Privilège du même jour, sur une liste de doléances des communes, décrivait la prospérité du pays en ces termes : « les députés [...] ont présenté certains points et articles servant à la prospérité, le bien-être et le profit de notre pays qui n'est pas très fertile en soi, mais uniquement fondé sur le commerce et l'industrie, sur ses privilèges, libertés, coutumes et usages[52] ». Une analyse de la terminologie utilisée couramment dans la comptabilité des villes flamandes dans le contexte des assemblées représentatives de 1384 à 1506, a relevé la fréquence de références aux concepts d'unité, fraternité, paix, bien commun, et le maintien des privilèges contre toutes sortes de « nouveautés » et d'infractions. Ces thèmes ont été énoncés dans la plupart des villes commerciales en Europe au bas Moyen Âge[53]. Mais dans le cas de la Flandre et du Brabant, le bien commun était le plus souvent explicité par cinq composantes : le libre-échange, l'activité industrielle, la sécurité des routes et sur mer, la stabilité de la monnaie et une fiscalité minimale sur le commerce. Comme tous ces problèmes figurèrent dans l'ordre du jour de leurs réunions jour après jour, l'inspiration primordiale de ce discours idéologique urbain trouva son fondement dans la pratique développée au cours des siècles. La tradition savante n'était pas la source de l'idéologie des élites marchandes ; elle pouvait juste y être appliquée au niveau de la présentation par les juristes ayant passé par les universités, dans le but de faciliter la réception du message par les milieux gouvernementaux[54]. Ce n'est pas un hasard si ce programme politique ressemble fort à celui que les villes de la Hanse ont formulé pour définir leur organisation en 1449 : « une confédération de villes commerçantes intéressées à libérer le trafic maritime et terrestre de pirates, bandits et autres dangers, afin que les marchands puissent faire leurs affaires en paix[55]. »

La participation des villes brabançonnes et flamandes, grandes et secondaires, et aussi celle des châtellenies flamandes, étaient numériquement prépondérante dans les assemblées des États généraux. Les deux types de systèmes représentatifs que nous

52 W. P. Blockmans, Privilegie voor Vlaanderen, dans *1477. Le privilège général*, p. 129.

53 E. Isenmann, Normes et valeurs de la ville européenne (1300-1800), dans *Résistance, représentation et communauté*, éd. P. Blickle, Paris, 1998, p. 255-288 ; De bono communi. *The Discourse and Practice of the Common Good in the European City (13th-16th c.)*, éd. É. Lecuppre-Desjardin, A.-L. van Bruaene, Turnhout, 2010.

54 J. Dumolyn, Privileges and novelties : the political discourse of the Flemish cities and rural districts in their negotiations with the dukes of Burgundy (1384-1506), dans *Urban History*, t. 35, 2008, p. 5-23 ; Id., *Our land is only founded on trade and industry*. Economic discourses in fifteenth-century Bruges, dans *Journal of Medieval History*, t. 36, 2010, p. 374-389 ; Id., É. Lecuppre-Desjardin, Le bien commun en Flandre médiévale : une lutte discursive entre princes et sujets, dans De bono communi, p. 253-266.

55 C. Jahnke, Die Hanse. Überlegungen zur Entwicklung des Hansebegriffes und der Hanse als Institution resp. Organisation, dans *Hansische Geschichtsblätter*, t. 131, 2013, p. 1-32. Cf. art. 13 de l'Acte d'Union de 1488, n. 36.

avons distingués –représentation des élites marchandes ou des élites foncières – se manifestaient donc comme tels aussi au niveau des États généraux, mais la voix de ces derniers ne contrebalançait pas celle du monde urbain.

On a souvent insisté sur le fait que beaucoup d'actes dits « constitutionnels » sont restés lettre morte, qu'ils ont été violés systématiquement et certains même cancellés. Cela vaut, dans une mesure variable, pour la Charte de Kortenberg de 1312, pour la Joyeuse Entrée de 1356 et pour les privilèges de Marie de Bourgogne. La documentation présentée ici permet toutefois de constater que quelques grands principes ont été repris et reformulés dans des actes ultérieurs, dont le droit de résistance en cas de violation par le prince ou ses officiers. Depuis les recherches de Raymond van Uytven, nous savons que la fameuse Joyeuse Entrée de 1356 a perdu sa validité après quelques mois, mais que son texte a été réhabilité avec un nombre d'articles égal cinquante ans plus tard[56]. L'Acte d'Union de 1339 a été mis en pratique brièvement et sélectivement, pour être violé de manière flagrante lors de l'invasion du Brabant par le comte Louis de Male en 1356. D'autant plus remarquable est le fait que son texte a clairement servi de source d'inspiration en 1488. Ces documents ont donc joué un rôle inestimable au-delà de leur application politique, juridique et administrative, par l'expression qu'ils ont donnée à la théorie politique des institutions représentatives. Cet héritage idéologique a pu inspirer l'action au jour le jour, et il a offert une trame sur laquelle les générations suivantes ont apporté leurs amendements fondés sur des expériences nouvelles[57].

4. Épilogue

Lors de la révolte des Pays-Bas contre la tyrannie de Philippe II, l'occasion pour recourir de nouveau au modèle de pactes d'union entre les assemblées des États des provinces se présenta de nouveau. Même si la Pacification de Gand se présente sous la forme d'un traité de paix entre les États de Brabant, Flandre, Artois, Hainaut, Valenciennes, Lille, Douai, Orchies, Namur, Tournai, Utrecht et Malines, d'une part, le prince, Guillaume d'Orange, et les États de Hollande et Zélande et leurs adhérents, de l'autre, le souvenir de l'union perpétuelle y est exprimé en des termes traditionnels :

> *dit jegenwoordich tractaet opgericht ende gemaect is te sluyten tusschen die voirsz. partyen ende landen eene eeuwige vaste vrede, verbant ende eenicheyt*[58].

Contenant de brûlantes questions religieuses, outre la protection des pays contre la violence et l'oppression des troupes étrangères, la Pacification appela à la convocation des États généraux pour résoudre les problèmes et réaffirma le souci d'un libre cours du commerce déjà formulé dans les unions de 1339 et 1488 :

> *d'inwoonderen ende onderzaeten van d'een ende d'ander zyde van wat lande van herwaerts overe ofte ende van wat staete, qualiteyt ofte conditie hy zy, overal zullen mogen hanteren, gaen ende keeren, woonen ende trafficqueren, koopmansche wyze ende anderssins, in alle vrydom ende verzekerheyt.*

---

56 R. van Uytven, W. Blockmans, Constitutions and their application in the Netherlands during the Middle Ages, dans *Revue belge de Philologie et d'Histoire*, t. 47, 1969, p. 399-424.

57 Ce fait est à constater par les copies et éditions imprimées qui ont été faites de ces documents à travers les siècles, comme des privilèges de 1477 : voyez *1477. Le privilège général*, p. 86-87, 127-128, 209-215.

58 *Klein plakkaatboek van Nederland. Verzameling van ordonnantiën en plakkaten betreffende regeeringsvorm, kerk en rechtspraak (14e eeuw tot 1749)*, éd. A. S. de Blécourt, N. Japikse, Groningue-La Haye, 1919, p. 113-117, n° XVI.

Les circonstances furent de nouveau l'occasion d'initiatives pour défendre *le bien, salut, paix et repos de nostre patrie*, comme l'exprima l'Union d'Arras conclue par les États d'Artois et de Hainaut et par Douai le 6 janvier 1579. Les *privilèges, droits, franchises, coutumes et usances anciennes* ne devaient pas seulement être conservés, mais maintenant il fallait résister et s'opposer à toutes atteintes contraires et *à ces fins ayder, conforter et assister l'un l'autre*[59].

Le même discours des actes d'union se retrouve dans l'Union d'Utrecht conclue par les États de Hollande, Zélande, Utrecht et des Ommelanden de Groningue le 20 janvier 1579, auxquels se sont joints les Quatre Membres de Flandre, la Frise et les villes, libres encore, d'Anvers, Breda, Nimègue, Arnhem, Venlo et Amersfoort. Leur Union fut conçue comme éternelle, encore une fois, non comme une « patrie » comme le disaient les députés d'Artois et de Hainaut quinze jours avant, mais « comme s'ils étaient une seule province », une belle fiction juridique cachant l'innovation réellement en cours :

> *die voorsz. provincien sich met den anderen verbynden, confedereren ende vereenyghen sullen, gelijck si hem verbynden, confedereren ende vereenyghen mits desen, ten ewygen daeghen by den anderen te blijven in alle forme ende maniere als off siluyden maer een provincie waeren, sonder dat deselve hem tenyger tijde van den anderen sullen scheyden, laeten scheyden ofte separeren*[60].

On note ici aussi le souci de protéger tous les *spetiaele ende particuliere privilegien, vrijheyden, exemptien, rechten, statuten, loffelicke ende welheergebrochte costumen, usantien ende allen anderen haerluyden gerechticheyden* ; ils promettent de ne pas tolérer des violations et de se prêter assistance mutuelle pour se défendre. Comme en 1339, ils s'engagent à traiter des conflits éventuels par *justice ordinaire, arbitrage ou accord amiable*. Les Unions de 1579 ont repris des précédents remontant à 240 ans, et les Provinces-Unies avaient encore un futur de plus de deux siècles.

---

59 *Actes des États-Généraux 1576-1580*, éd. L.-P. GACHARD, t. 2, Bruxelles, 1861, p. 454-460.

60 *Klein plakkaatboek*, p. 120-125, n° XIX.

Maximilien d'Autriche ou le jeune Charles Quint ?

Enluminure et politique dans le *Livre de chœur* de Malines (1515)

Éric Bousmar
Professeur à l'Université Saint-Louis – Bruxelles

Les rapports entre gouvernants et gouvernés dans le monde bourguignon sont au cœur de l'œuvre scientifique de Jean-Marie Cauchies que nous honorons par ce volume. La présente étude aborde ces rapports par le biais d'une miniature participant de la culture politique des anciens Pays-Bas sous les premiers Habsbourg. S'y concentre un faisceau de questions complexes auxquelles, une fois n'est pas coutume, les lignes qui suivent n'ont pas la prétention d'apporter des réponses définitives mais plutôt de laisser le champ ouvert, en soumettant, à la sagacité du maître et ami, un petit dossier à creuser *ad libitum*...

Aujourd'hui conservé aux Archives de la ville de Malines, le *Liber missarum* dit de Marguerite d'Autriche est un témoin important de la vie culturelle dans les anciens Pays-Bas à l'aube des Temps modernes[1]. Ce livre de chœur est un manuscrit musical de grande taille (64 x 43 cm), contenant sept messes polyphoniques de Matthieu Pipelare et de Pierre de La Rue. Les spécialistes situent sa confection autour de 1515 (un millésime que notre analyse confirmera). La calligraphie musicale a été réalisée par l'atelier de Petrus Alamire, alias Pieter Imhoff, copiste et musicien attaché depuis 1508 au moins à la chapelle domestique du jeune archiduc Charles[2]. L'enluminure est de style ganto-brugeois ; son attribution, discutée, est à situer dans la sphère de Gérard Horenbout. La reliure est encore d'époque ; les fermoirs sont ornés de marguerites, la fleur emblématique de Marguerite d'Autriche, fille de l'empereur Maximilien et tante du jeune archiduc Charles.

À ce jour toutefois, aucune donnée dans les comptes ni dans les inventaires ne permet d'identifier le commanditaire ni le destinataire. Plusieurs hypothèses ont été présentées. Pour les uns, le manuscrit a été réalisé à la demande de Maximilien. Certains le voient offert par ce dernier au jeune Charles, notre futur Charles Quint, à l'occasion de son émancipation. D'autres le voient commandé par Marguerite d'Autriche, pour la même raison ou pour l'usage de sa propre chapelle (quoi qu'il en soit, le manuscrit semble être resté à Malines, où il entre aux archives communales au XIXe siècle).

---

1 Malines, *Stadsarchief*, sans cote (P. J. Van Doren, *Inventaire des archives de la ville de Malines*, t. 8, par V. Hermans, Malines, 1895, p. 265-266 : « HH Mengelingen n° I »). Descriptions détaillées : M. Debae, *La bibliothèque de Marguerite d'Autriche. Essai de reconstitution d'après l'inventaire de 1523-1524*, Louvain-Paris, 1995, p. 521-523, et F. Warmington, Mechelen, Archief en Stadsbibliotheek MS s.s., dans *The Treasury of Petrus Alamire. Music and Art in Flemish Court Manuscripts 1500-1535*, éd. H. Kellman, Amsterdam-Gand, 1999, p. 112-113, n° 23.

2 Sur celui-ci, voir E. Schreurs, Petrus Alamire : music calligrapher, musician, composer, spy, dans *The Treasury*, p. 15-27. Les dernières études en date sont celles présentées au colloque *Petrus Alamire – New perspectives on polyphony* (Anvers, 18-23 août 2015), auquel je n'ai pas pu assister. Sur la Chapelle autour de 1515, voir M. T. Ferer, *Music and Ceremony at the Court of Charles V. The* Capilla Flamenca *and the Art of Political Promotion*, Woodbridge, 2012, p. 40-72, 127-133, qui ne mentionne pas notre manuscrit.

Pour la singuliere affection qu'avons a luy. *Études bourguignonnes offertes à Jean-Marie Cauchies*, sous la direction de Paul Delsalle, Gilles Docquier, Alain Marchandisse et Bertrand Schnerb, Turnhout, 2017 (*Burgundica* 24), p. 43-51.

DOI 10.1484/M.BURG-EB.5.113904

Fig. 1. Miniature de style ganto-brugeois (groupe Horenbout), *L'archiduc Charles d'Autriche, son frère et ses sœurs, entourés de personnages-types représentant les trois états de la société, et surmontés par l'aigle bicéphale symbolisant l'empereur Maximilien*, *ca* 1515, *Livre de chœur*, Malines, Archives de la ville, sans cote, fol. 1v, détail © Stadsarchief Mechelen - www.beeldbankmechelen.be (version en couleurs p. 555).

Nous reviendrons sur ces divers éléments après avoir examiné le contenu et la signification politique de la miniature inaugurale, occupant le quart supérieur gauche du fol. 1v, à hauteur de la première des cinq voix de la première messe.

La scène se déroule dans un espace ouvert qui pourrait être un jardin, où sont rassemblées une douzaine de personnes. L'espace derrière celles-ci est clos par un muret de pierre grise, au-delà duquel se profile un paysage vallonné comportant quelques arbres et rochers. Le ciel est vaste, dépourvu de nuages. Au cœur de la miniature figure un jeune homme assis sur un trône, adossé au muret. Devant lui sont assis dans l'herbe, en un cercle imparfait, un garçon (sur une cathèdre) et quatre jeunes filles. De part et d'autre de ce groupe occupant l'axe médian, figurent deux groupes de trois personnages, clercs et laïcs, sur lesquels nous reviendrons dans un instant.

Une tradition tenace a cru reconnaître l'empereur Maximilien lui-même dans le personnage principal de cette composition, sans doute parce que le trône et son dais sont surmontés par une vaste aigle bicéphale[3]. Seuls les musicologues Flynn Warmington,

3 L'idée apparaît dès F. J. Fétis, *Biographie universelle des musiciens*, 2e éd., t. 5, Paris, 1867, p. 200-203, et a été suivie par de nombreux auteurs, dont L. Cuyler, *The Emperor Maximilian I and Music*, Londres, 1973, pl. 6 ; *Manuscrits à peintures en Flandre 1475-1550*, dir. M. Smeyers, J. Van der Stock, Paris-Gand, 1997, p. 30-31, 124-125, n° 4 ; Debae, *La bibliothèque de Marguerite d'Autriche*, p. 521 ; *Le Prince et le Peuple. Images de la société du temps des ducs de Bourgogne 1384-1530*, éd. W. Prevenier, Anvers, 1998, p. 330.

encore que fort prudemment dans sa formulation, et Vincenzo Borghetti ont contesté cette identification et ont proposé, à raison, d'y voir le jeune archiduc Charles, et non son grand-père[4]. Nous allons reprendre leurs arguments, tout en les renforçant et en les complétant. Restera ensuite à réfléchir sur la signification politique de l'iconographie ainsi mise en évidence[5].

L'âge du personnage est un premier élément. Celui qui trône est un jeune homme : Maximilien, né en 1459, devrait être beaucoup plus âgé, tandis que l'identification au futur Charles Quint, né en 1500, convient parfaitement. Le personnage est vêtu d'une armure dorée, d'une cotte non armoriée et d'un manteau rouge fourré d'hermine. Il porte le collier de la Toison d'or, un sceptre dressé en main droite, un simple bonnet sur le crâne. Sa main gauche repose sur la poignée d'une épée laissée au fourreau, la pointe en terre. D'un empereur, on attendrait des *regalia* (couronne, globe, épée nue et dressée) qui font ici défaut.

Les armes qui identifient le personnage, à droite de sa tête, ne sont pas celles de Maximilien, mais bien celles portées par son fils Philippe le Beau puis par son petit-fils Charles comme archiducs austro-bourguignons (écartelé d'Autriche, d'issu de France, dit Bourgogne moderne, de Bourgogne ancien, et de Brabant, l'écusson de Flandre brochant sur le tout)[6]. Les armes pleines de Maximilien en sont fort différentes et intègrent notamment d'autres possessions habsbourgeoises héréditaires (duchés de Carinthie, Carniole et Styrie, comté de Tyrol)[7].

D'ailleurs, Maximilien apparaît plus loin dans le manuscrit (fol. 17r), comme orant face à une scène de Résurrection (fol. 16v). Sa devise *Halt mas in allen dingen* et ses armoiries simplifiées (d'or à l'aigle bicéphale, l'écusson d'Autriche sur le tout) l'identifient sans équivoque ; ses traits, son âge et ces emblèmes le distinguent clairement du jeune homme trônant dans le frontispice.

---

4 Warmington, Mechelen, p. 112-113. Cette identification, évoquée sans trancher par M. Vriens, De openingsminiatuur van het Mechels koorboek : een nieuwe visie, dans *De schatkamer van Alamire. Muziek en miniaturen uit keizer Karels tijd (1500-1535)*, éd. E. Schreurs, Louvain, 1999, p. 71, est par contre suivie par D. Eichberger, *Leben mit Kunst, Wirken durch Kunst. Sammelwesen und Hofkunst unter Margarete von Österreich, Regentin der Niederlande*, Turnhout, 2002, p. 150-152, *Charles Quint 1500-1558. L'empereur et son temps*, éd. H. Soly, Anvers, 1999, p. 503, et H. Meconi, Margaret of Austria, visual representation, and Brussels, Royal Library, Ms. 228, dans *Journal of the Alamire Foundation*, t. 2, 2010, p. 34. L'interprétation de V. Borghetti, Il manoscritto, la messa, il giovane imperatore. La messa *Fors seulement* di Pipelare e la politica imperiale della Casa d'Austria, dans *Imago Musicae*, t. 20, 2003, p. 65-107, est plus ambitieuse mais n'emporte pas la conviction.

5 F. Warmington n'envisage pas cet aspect de la question, tandis que V. Borghetti se perd dans diverses considérations (voir *infra*, n. 12 et 17).

6 M. J. Onghena, *De iconografie van Philips de Schone*, 2 vol., Bruxelles, 1959, e. a. pl. XXIX, XXX ; R. Laurent, *Les sceaux des princes territoriaux belges de 1482 à 1794*, Bruxelles, 1997, n°s 5-6, 16 ; H. Vanhoudt, *De munten van de Bourgondische, Spaanse en Oostenrijkse Nederlanden en van de Franse en Hollandse periode, 1434-1830*, Heverlee, 2015, n°s 199-213 et p. 223-225, 230-231, 235. Une variante existe avec un écusson parti de Flandre et Tyrol (au lieu de Flandre plein) brochant sur le tout : Onghena, *De iconografie*, e. a. pl. XL-*c*. L'archiduc Charles enfant portait les armes « austro-bourguignonnes » de son père chargées d'un lambel et timbrées d'un bonnet (voir *Charles-Quint et son temps*, s. l., 1955, n° 131, fig. 5).

7 Laurent, *Les sceaux*, n°s 3-4 ; Id., Le grand sceau de majesté des archiducs Maximilien d'Autriche et Philippe le Beau (1484-1496), dans *Les Pays-Bas bourguignons. Histoire et institutions. Mélanges André Uyttebrouck*, éd. J.-M. Duvosquel, J. Nazet, A. Vanrie, Bruxelles, 1996, p. 287-295 ; O. Karaskova, *Marie de Bourgogne et le Grand Héritage. L'iconographie princière face aux défis d'un pouvoir en transition (1477-1530)*, t. 1, Thèse de doctorat en histoire de l'art inédite, Université Charles-de-Gaulle – Lille 3, 2014, p. 235-236.

Si le blason est donc à lire comme celui de l'archiduc Charles, on observera qu'il n'est pas contre-écartelé des armes espagnoles, formule pourtant déjà attestée à l'époque[8]. La miniature met donc délibérément l'accent sur le seul héritage bourguignon, venu par Marie puis par Philippe le Beau. Ce choix est cohérent avec l'accession d'un Charles émancipé à la tête de ces principautés. On notera aussi l'absence des colonnes d'Hercule et de la devise *Plus oultre*, éléments d'emblématique qui ne furent adoptés qu'en 1516[9]. Par contre, les deux cartouches attenant au cadre de la miniature, en réalité des bordures raccourcies, comportent à trois reprises, dans leur décor végétal, de fines branches croisées évoquant les bâtons de Bourgogne.

Le nombre et le genre des personnages assis dans l'herbe en demi-cercle devant le trône du jeune homme correspondent à la fratrie du jeune archiduc Charles : Ferdinand (effectivement dépourvu du collier de la Toison d'or jusqu'en 1516), Éléonore, Marie, Isabelle et Catherine. L'identification du jeune homme à Maximilien obligeait les commentateurs à recourir à une explication acrobatique[10]. Par contre, l'identification à l'archiduc Charles et à sa fratrie est cohérente avec la composition. Celle-ci donne probablement une image idéale des rapports dynastiques austro-bourguignons tels que vécus à la cour de Malines (laquelle compensait peut-être de la sorte l'absence de Ferdinand et Catherine, élevés en Espagne, et le départ de Marie pour Vienne en mai 1514). L'effacement de Marguerite d'Autriche est par contre remarquable, mais peut s'expliquer si précisément la composition coïncide avec l'émancipation du jeune Charles (1515) et le retrait momentané de l'ancienne régente en 1515-1517.

Hors du cadre, le double folio comporte encore plusieurs vignettes à motifs héraldiques, au début des quatre autres voix : on relève le blason d'Autriche moderne, celui de Bourgogne ancien, celui du Portugal, et un quatrième, écartelé de Hongrie et du blason « austro-bourguignon » identique à celui posé à côté du trône. Si les deux premiers renvoient au double héritage transmis par Philippe le Beau à Charles, les deux autres renvoient peut-être aux fiançailles hongroises et portugaises de ses sœurs Marie et Éléonore[11].

---

8 Après avoir accédé au trône de Castille du chef de son épouse (1504), Philippe le Beau écartela son blason en 1 et 4 des armes espagnoles, en 2 et 3 de ses armes austro-bourguignonnes : Onghena, *De iconografie*, pl. XVIII ; Laurent, *Les sceaux*, n°s 7-8. Son fils Charles sera représenté avec le même écartelé, dès 1506-1508, sur son sceau armorial *per provisionem* (*Ibid.*, n° 18) et encore en 1515-1517 sur son grand sceau équestre (*Ibid.*, n°s 23-24) ou dans le récit officiel de sa Joyeuse Entrée à Bruges (Vienne, Österreichische Nationabibliothek, Cod. 2591, fol. 44r, datant de 1515-1516 ; *Carolus. Charles Quint 1500-1558*, éd. H. Soly, J. Van De Wiele, Gand, 1999, p. 194, n° 41). Par la suite, le destin espagnol et impérial de Charles amènera l'écu à de nouvelles redistributions des éléments signifiants (et ce dès les sceaux de majesté et la bulle de 1522 et 1523 : Laurent, *Les sceaux*, n°s 27-32).

9 E. E. Rosenthal, The invention of the columnar device of emperor Charles V at the court of Burgundy in Flanders in 1516, dans *Journal of the Warburg and Courtauld Institutes*, t. 36, 1973, p. 198-230.

10 Le garçon assis dans l'herbe était présenté comme le jeune Charles, sa tante Marguerite d'Autriche assise en face de lui, et les trois jeunes sœurs de l'archiduc élevées à Malines se trouvant assises à l'avant-plan, le tout au prix de la vraisemblance (la présumée Marguerite ne semblant guère plus âgée que son neveu). L'absence de Ferdinand et d'une des quatre sœurs de Charles se justifiait par le fait qu'ils étaient élevés en Espagne.

11 Marguerite d'Autriche prônait depuis 1509 une union portugaise pour Éléonore (réalisée seulement en 1517, après que Maximilien eut envisagé une alternative polonaise), tandis que Marie était promise dès l'enfance : M. J. Rodríguez-Salgado, Charles Quint et la dynastie, dans *Charles Quint*, éd. Soly, p. 49-55 et n. 23. Ajoutons qu'en 1515 Maximilien conclut un accord pour unir un de ses petits-fils, en pratique Ferdinand, avec la fille du roi de Hongrie : R. Fagel, Don Fernando en Flandes (1518-1521) : un príncipe sin tierre, dans *Fernando I, 1503-1564. Socialización, vida privada y actividad pública de un emperador del Renacimiento*, éd. F. Edelmayer, A. Alvar Ezquerra, Madrid, 2004, p. 268.

Il reste à considérer les autres éléments de la miniature. Le trône et son dais sont surmontés par l'aigle bicéphale, portant au poitrail l'écu d'Autriche plein (de gueules à la fasce d'argent), tout en arborant des lys et une épée dressée. Sous les serres, se trouve une banderole avec l'inscription *Sub umbra alarum tuarum protege nos*. Il s'agit d'un emprunt clair au Psaume 16 (*Sub umbra alarum tuarum protege me*). Dans celui-ci, l'orant invoque l'Éternel et implore sa protection et son secours contre ses ennemis (« Toi qui sauves ceux qui cherchent un refuge, et qui par ta droite les délivres de leurs adversaires, garde-moi comme la prunelle de l'œil ; protège-moi, à l'ombre de tes ailes »). C'est donc le personnage assis sur le trône, et probablement aussi ceux qui l'entourent, qui sont placés dans la position d'invoquer la protection de l'aigle impériale. Cette attitude convient bien au jeune archiduc par rapport à son impérial grand-père. La majesté divine et celle de l'empereur, pourvoyeuses de protection, sont placées dans un rapport d'analogie, de même que la protection attendue respectivement par les fidèles et par les sujets (fussent-ils princes du sang)[12]. Une telle analogie n'est pas sans précédents[13]. En outre, comme la miniature est placée à côté du texte et des notes du début de la messe, l'invocation *Kyrie eleison* donne un poids singulier à l'image : la pitié du Seigneur est invoquée par les chantres au plan spirituel alors même que, dans une analogie entre registres profanes et sacrés, les personnages de la miniature invoquent celle de l'empereur sur le plan séculier.

Le trône et la fratrie sont accostés par des personnages debout, tous masculins. À gauche de l'image (mais à droite du trône, et donc à la droite du prince, présent tout à la fois dans son corps et dans ses armoiries) se tiennent trois personnages représentant le clergé : le pape, un cardinal et un évêque ou abbé mitré. Le groupe est surmonté d'une banderole, qui porte le texte suivant : *Domine refugium factus es nobis / a generacionem* [*sic*] *in generacionem*. Il s'agit cette fois d'une citation du Psaume 89. Le groupe de droite, situé à gauche du trône, est composé de trois personnages représentant le monde laïque : un homme en habit mi-long, un homme d'armes en armure, et un paysan muni de sa bêche. Le groupe est surmonté d'une banderole, qui porte le texte suivant : *Respice domine in servos tuos / et in opera tua dirige filios eorum*. Il s'agit d'un verset du même psaume. Le détournement de cette invocation en l'adressant à la personne du prince n'a rien de neuf : on trouve déjà ce verset sur les écriteaux de la Joyeuse entrée de Philippe le Bon à Gand le 23 avril 1458, marquant la réconciliation entre le duc et sa ville soumise[14].

La miniature est donc particulièrement chargée en éléments significatifs du point de vue politique. Reste à les interpréter. La scène ne peut évidemment représenter, comme on avait pu l'écrire jadis, une prestation de serment à Maximilien[15], dès lors que celui-ci

12 *A contrario*, Borghetti, Il manoscritto, p. 75, 84, identifiait de façon très improbable l'aigle aux *espérances* impériales futures de Charles, et non à la *présence* allégorique de Maximilien.

13 É. Bousmar, Duchesse de Bourgogne ou *povre désolée pucelle* ? Marie face à Louis XI dans les chapitres 45 et 46 de la chronique de Jean Molinet, dans *Jean Molinet et son temps*, éd. J. Devaux, E. Doudet, É. Lecuppre-Desjardin, Turnhout, 2013, p. 97-113 : l'empereur Frédéric III en Dieu le Père et le jeune Maximilien, puis Philippe le Beau, comme Sauveurs.

14 É. Lecuppre-Desjardin, *La ville des cérémonies. Essai sur la communication politique dans les anciens Pays-Bas bourguignons*, Turnhout, 2004, p. 176, n. 73, 283.

15 Serment (Fétis, *Biographie universelle*, p. 202) ou hommage (p. ex. Debae, *La bibliothèque de Marguerite d'Autriche*, p. 521), les opinions varient quelque peu. Pour K. Van der Heide, De symboliek in de handschriften : een dieperliggende betekeniswereld. Het Mechels koorboek als voorbeeld, dans *De schatkamer van Alamire*, p. 67-71, il s'agissait d'« een allegorische uitbeelding van Maximiliaans almacht » où l'empereur se serait fait représenter comme pape, ce qui paraît tout à fait excessif. Le pouvoir temporel des empereurs est déjà suffisamment chargé de sacralité, dans son essence et dans ses symboles, que pour chercher au-delà, quelles que soient les chimères césaro-papistes ou même les velléités d'élection pontificale de Maximilien.

ne peut être le personnage trônant. Maria Kapp avait proposé que la scène soit par contre un hommage à l'archiduc Charles assis au pied du trône de son grand-père[16]. Cette interprétation ne peut non plus être retenue, et pour la même raison. Elle semblait de toute façon peu cohérente en matière d'iconographie politique, le prince assis dans l'herbe ne possédant aucun insigne ni symbole de pouvoir et n'étant pas non plus celui vers qui convergent les regards. Par contre, l'hypothèse de Kapp a bien entendu l'intérêt d'attirer l'attention sur le moment de l'émancipation du jeune Charles, un moment qui correspond à celui de la réalisation du manuscrit selon les critères stylistiques et paléographiques. Dès lors, rubriqué sous la voix de ténor, le thème profane de la messe *Fors seullement l'atente que je demeure* [*en mon las cueur nul espoir ne demeure*] pourrait se comprendre : il n'y a nul espoir en mon cœur si ce n'est que je demeure *aux Pays-Bas*, exprimant le souhait de voir le prince naturel rester dans ses principautés bourguignonnes et la crainte qu'il ne les quitte à terme pour l'Espagne[17]. Cela dit, on ne peut exclure que l'image représente le prince orphelin *avant* son émancipation[18].

Penchons-nous sur la société figurée autour de la cour malinoise et du prince, et qui invoque l'empereur par deux extraits du Psaume 89 (relayant donc l'invocation du Psaume 16 prononcée probablement par l'archiduc lui-même et sa fratrie) : peut-être s'agit-il avant tout du peuple des Pays-Bas, mais la présence d'un pape dans le groupe de gauche permet d'universaliser l'invocation au pouvoir impérial[19]. Le rapport privilégié des princes malinois et de leurs sujets avec un pouvoir impérial à caractère universel est ainsi particulièrement mis en évidence, et cette configuration rejaillit inévitablement sur eux en matière de prestige. Mais dans le même temps, ce rapport apparaît aussi comme médiat, car il passe par le corps du prince naturel, Charles. L'iconographie de la miniature semble ainsi mettre à distance, sans la nier, l'autorité impériale, au profit d'un rapport plus direct au prince. La sujétion des gouvernés s'adresse d'abord au

16 M. Kapp, Das Chorbuch der Margarete von Österreich im Stadtarchiv von Mecheln, dans *Codices manuscripti*, t. 13, 1987, p. 121 ; Ead., *Musikalische Handschriften des burgundischen Hofes in Mecheln und Brüssel ca. 1495-1530. Studien zur Entwicklung Gerard Horenbouts und seiner Werkstatt*, Darmstadt, 1987, p. 100-113, surtout p. 105-106.

17 Borghetti, Il manoscritto, p. 84-85, comprenait : que la dignité impériale *demeure* dans la famille. Par ailleurs, remarquons que le texte non modifié de la chanson (*Fors seulement que je meure*) correspondait bien à la posture mélancolique de Marguerite d'Autriche comme veuve. Cet élément plaide pour son implication dans la commande du manuscrit, de même que l'insistance sur l'Immaculée Conception (fol. 34v-35r), relevée par B. J. Blackburn, Messages in miniatures. Pictorial programme and theological implications in the Alamire choirbooks, dans *The Burgundian-Habsburg Court Complex of Music Manuscripts (1500-1535) and the Workshop of Petrus Alamire, Colloquium Proceedings, Leuven, 1999*, éd. B. Bouckaert, E. Schreurs, Louvain, 2003, p. 173, 179, 182-184, un thème qui aurait été promu par Marguerite en lien avec les franciscains.

18 Cf. le double sceau de majesté (1508) où l'épée de Charles au fourreau, contrastant avec celle de Maximilien (dressée), peut être interprétée comme un symbole de minorité : Karaskova, *Marie de Bourgogne*, p. 376.

19 Le pape est le seul des six personnages debout à ne pas lever la main « in oath of allegiance », comme l'a noté Warmington, Mechelen, p. 112. On observera toutefois d'autres divergences : le cardinal lève le bras gauche et un seul doigt (le majeur), le paysan lève aussi le bras gauche (pouce, index et majeur tendus, annulaire et auriculaire repliés), l'homme d'armes lève le poing droit ganté, le prélat mitré et l'homme au chaperon lèvent la main droite, les cinq doigts tendus. Par contre, aucun membre de la fratrie ne lève le bras ou la main, semblant échapper totalement à ce mouvement supposé de prestation d'allégeance. La signification de ces gestes est peut-être différente. Ne s'agit-il pas tout simplement d'indiquer le ciel où plane la présence impériale ? La scène offre ainsi un parallèle séculier à la scène d'Annonciation du fol. 49v (telle que lue par D. Thoss, *Flemish miniature painting in the Alamire manuscripts*, dans *The Treasury of Petrus Alamire*, p. 58 et fig. 13: l'Ange « raises his right arm straight up indicating whence he has come »).

prince naturel, le gouvernant immédiat autour de qui l'on se rassemble, tandis que la majesté impériale est remise à sa place, éminente certes mais éloignée.

Si tel est bien l'objet principal du message visuel, cela pourrait expliquer deux particularités qu'il faut maintenant évoquer quant à la représentation des gouvernés eux-mêmes.

Nous ne sommes pas en présence d'une allégorie des *trois* états de la société (ou des trois ordres) comme tels[20], ni sans doute d'une autre forme de répartition des états. La tripartition de la société peut en effet se lire, mais de façon atténuée. De fait, l'aigle, le trône et les personnages assis, tous du même sang, occupent visuellement l'axe central de la composition. Dès lors, les personnages debout sont répartis symétriquement en *deux* groupes : le clergé à la place d'honneur (à gauche de l'image mais à droite des instances princières), la noblesse et le laboureur de l'autre côté. Mais cette bipartition apparente ne saurait dissimuler l'hétérogénéité du groupe laïque : le paysan, la bêche plantée au sol, une partie des jambes nues sous l'habit et les chausses baissées sur les mollets, ne saurait être confondu avec les deux autres hommes, portant tous deux l'épée, l'un en arme et le bacinet en tête, visière relevée, l'autre en robe mi-longue, chaperon en main et manteau doublé de fourrure. Ce qui frappe ici est la surreprésentation de l'élément assimilable à la noblesse (2/3 du groupe) et l'absence de personnage pouvant figurer le monde du commerce, de l'artisanat ou des élites urbaines[21], alors que ce sont ces dernières qui en réalité représentent le tiers état auprès du prince. Enfin, la présence du pape interdit de voir dans ces personnages ne serait-ce qu'une évocation des États généraux[22]. Le souverain pontife ne s'inscrit pas ici dans le schéma gouvernant-gouvernés, même si sa présence est, peut-être, censée renforcer l'adhésion de ceux-ci à celui-là[23]. La même remarque vaut au demeurant pour le personnage du cardinal, puisqu'aucun « Bourguignon » n'est pourvu de cette dignité en 1515[24]. La bipartition visuelle entre le clergé et les deux autres états n'est probablement pas une maladresse

20 La proposition a toutefois été avancée, notamment par Debae, *La bibliothèque de Marguerite d'Autriche*, p. 522. Eichberger, *Leben mit Kunst*, p. 151, évoque des « Ständevertretern ». Sur la question des états dans les textes (austro-)bourguignons, quelques éléments dans J. Dumont, Conserver ou transformer les structures sociales ? La place de l'idéologie ternaire au sein de la pensée politique française et bourguignonne à la fin du Moyen Âge, dans *Les états : ordres, institutions et formes (France 1302-1614)*, éd. M. Martin, Paris, 2013, p. 43-71. Il faut noter que ces personnages sont tous masculins, par le fait d'un androcentrisme à la fois typique de l'époque et trompeur quant à la complexité des rapports de genre. Voir not. É. Bousmar, La noblesse, une affaire d'homme ? L'apport du féminisme à un examen des représentations de la noblesse dans les milieux bourguignons, dans *Images et représentations princières et nobiliaires dans les Pays-Bas bourguignons et quelques régions voisines (xive-xvie s.)*, éd. J.-M. Cauchies, *Publications du Centre européen d'Études bourguignonnes, xive-xvie siècles*, t. 37, 1997, p. 147-155.

21 On aura compris que je n'identifie pas l'homme au chaperon et à l'épée comme représentant « la bourgeoisie » (*contra* : Debae, *La bibliothèque de Marguerite d'Autriche*, p. 522).

22 Sur les assemblées représentatives, voir en dernier lieu J.-M. Cauchies, Les assemblées d'états provinciaux aux anciens Pays-Bas (xvie-xviiie siècles) : apogée, soubresauts ou déclin ?, dans *Revue du Nord*, t. 95, 2013, p. 669-679, et M. Van Eeckenrode, *Les États de Hainaut : servir le prince, représenter le pays. Une assemblée dans les allées du pouvoir (*ca *1400-1550)*, Thèse de doctorat en histoire inédite, Université catholique de Louvain, 2015.

23 Notons au passage qu'il ne peut évidemment s'agir du pape néerlandais Adrien VI, ancien précepteur de Charles, qui n'a été élu cardinal qu'en 1517 et pape qu'en 1522, c'est-à-dire après la date probable de confection du manuscrit et à un moment où Charles, devenu roi espagnol (1516) puis empereur (1519), eût d'évidence été doté par le miniaturiste d'autres *regalia* et d'autres armoiries.

24 Il faut pour cela attendre la double nomination en 1517 d'Adrien d'Utrecht (voir n. 23) et de Guillaume de Croÿ, évêque de Cambrai. Les précédents étaient tous décédés. Voir J.-M. Cauchies, *Philippe le Beau, le dernier duc de Bourgogne*, Turnhout, 2003, p. 68 (François de Busleyden) ; W. Paravicini, Burgundische Kardinäle. Erfolge und Niederlagen an der Römischen Kurie im 15. Jahrundert, dans *Das Ende des konziliaren Zeitalters (1440-1450)*, éd. H. Müller, Munich, 2012, p. 253-294.

de composition, mais pourrait procéder d'une mise en évidence compréhensible du premier des trois états, dans le contexte d'un manuscrit destiné à un usage liturgique au sein de la cour.

Seconde particularité : la miniature n'offre aucune prise en compte de la diversité territoriale et constitutionnelle de l'héritage bourguignon[25]. Ceci contraste fortement avec d'autres représentations du pouvoir que l'on rencontre par exemple sous les principats de Philippe le Bon ou Charles le Hardi, y compris dans l'enluminure des manuscrits de luxe. La scène de présentation des *Chroniques de Hainaut* et celle du *Gillion de Trazegnies* sont exemplaires à cet égard : si le duc est présent devant son trône et son dais, entouré de ses conseillers et de son héritier, et si le tapis dédouble en quelque sorte sa personne physique en présentant ses armoiries, les marges sont remplies de motifs végétaux entre lesquels sont disposées les armoiries des différentes principautés et seigneuries constitutives de l'État, ou des États, bourguignon(s)[26]. Dans le *Liber missarum* de Malines au contraire, cette composition en détail de l'État n'apparaît nullement. Vu le caractère très construit de l'image, il paraît peu probable que l'artiste ait ignoré que les Pays-Bas austro-bourguignons constituaient une union personnelle dotée d'institutions et d'un personnel transversal, mais nullement une structure étatique unifiée (d'autant que les ateliers urbains de l'école ganto-brugeoise se situent au cœur de cet ensemble territorial). Au contraire, on peut penser que l'iconographie du Livre de chœur malinois représente un point de vue assumé.

***

Mais quel point de vue ? Qui donc souhaite mettre ainsi l'accent sur l'unité des sujets, sans distinction de comté ou de duché, autour de l'archiduc et de sa fratrie austro-bourguignonne, en affichant les armoiries héritées de son père, sans référence à l'Espagne, et sous l'ombre des ailes de Maximilien ? Est-ce Maximilien lui-même qui est derrière ce programme, comme commanditaire ? Ou est-ce au contraire ici la cour de Malines qui s'exprime, reconnaissant l'autorité impériale et le bénéfice que sa protection peut apporter, mais considérant tout de même celle-ci comme lointaine et préférant mettre en avant le prince naturel, dans son corps physique, dans ses armoiries et, à défaut encore de descendance, dans sa fratrie ? Le commanditaire pourrait en ce sens avoir été Marguerite d'Autriche, sensible au point de vue régnicole ou « bourguignon[27] ». Si c'est bien le cas, n'est-il pas remarquable que l'accent soit mis sur la cour dans son rapport privilégié à l'empereur, alors que les gouvernés sont représentés par des personnages-types, peu représentatifs de la réalité territoriale hétérogène des possessions du prince ? Serait-ce l'expression d'une tendance, consciente ou non, à la centralisation ? D'un rejet des particularismes ? Que faut-il penser de l'absence d'un personnage typiquement urbain (marchand ou artisan) et de l'absence d'un homme de robe longue ? Le prince n'est pas entouré de conseillers : faut-il considérer que les nobles à l'avant-plan sont censés jouer naturellement ce rôle, comme archétypes ? Ou

---

25 Une diversité soulignée par J.-M. Cauchies, État bourguignon ou états bourguignons ? De la singularité d'un pluriel, dans *Power and persuasion. Essays on the Art of State Building in Honour of W. P. Blockmans*, éd. P. Hoppenbrouwers, A. Janse, R. Stein, Turnhout, 2010, p. 49-58, ainsi que, notamment, par R. Stein, Seventeen. The multiplicity of a unity in the Low Countries, dans *The Ideology of Burgundy. The Promotion of National Consciousness 1364-1565*, éd. D'A. J. D. Boulton, J. R. Veenstra, Leyde, 2006, p. 223-285.

26 É. Bousmar, H. Cools, Le corps du Prince dans les anciens Pays-Bas, de l'État bourguignon à la Révolte (xive-xvie siècles), dans *Le corps du prince*, éd. É. Bousmar, H. Cools, J. Dumont, A. Marchandisse, *Micrologus*, t. 22, 2014, p. 264-266. Nombreux autres exemples dans Stein, Seventeen.

27 Voir aussi n. 17.

bien n'était-ce simplement pas le lieu de dépeindre le prince en son conseil ? Parce que Marguerite, si c'est elle le commanditaire, se défie du seigneur de Chièvres[28], et préfère mettre l'accent sur le prince en sa famille ?

On le voit, le présent travail appelle des prolongements sur le terrain de l'iconographie, mais aussi sur celui de l'emblématique, des cérémonies et, plus fondamentalement, des rapports de pouvoir sous-jacents. Dans son rapport d'hommage ambigu à la figure de l'empereur et dans la reconnaissance de son petit-fils comme prince naturel, la miniature du *Liber missarum* de Malines n'a pas fini de nous intriguer.

28 Sur ces factions, voir notamment J.-M. Cauchies, Croit conseil et ses « ministres ». Les conseillers de Philippe le Beau (1494-1506), dans *Conseils et conseillers dans l'Europe de la Renaissance v. 1450-v. 1550*, éd. C. Michon, Rennes-Tours, 2012, p. 57-59 (éd. revue de l'étude parue dans *À l'ombre du pouvoir. Les entourages princiers au Moyen Âge*, éd. A. Marchandisse, J.-L. Kupper, Genève, p. 391-411) ; *Marie de Hongrie. Politique et culture sous la Renaissance aux Pays-Bas*, éd. B. Federinov, G. Docquier, Morlanwelz, 2008, p. 29-30, 37-38, 40-51 (contributions de L. Gorter-van Royen, J.-M. Cauchies, G. Docquier) ; R. Fagel, Un heredero entre tutores y regentes. Casa y corte de Margarita de Austria y Carlos de Luxemburgo (1506-1516), dans *La corte de Carlo V*, éd. J. Martinez Millan, t. 1, Madrid, 2000, p. 115-140.

Les ouvertures de tir pour arme à feu dans les Pays-Bas bourguignons aux xive et xve siècles

Notes sur quelques jalons chronologiques*

Philippe Bragard
Professeur à l'Université catholique de Louvain

Les Pays-Bas méridionaux, dont les différentes principautés territoriales passent aux mains des ducs de Bourgogne entre 1384 et 1443, constituent aux xive et xve siècles un laboratoire technique en poliorcétique et en fortification au même titre que la Sicile aux ive et iiie siècles av. J.-C., le Proche-Orient des croisades, l'Italie à la charnière des xve et xvie siècles, ou encore l'Europe occidentale en 1914. Touchés par la guerre de Cent Ans, ces régions voient apparaître en effet des mentions d'artillerie à poudre parmi les premières en Europe : en 1339-1340, Cambrai comme Lille achètent des *tuiaux de tonnoire de garros*[1], Bruges *een pijp*[2] ; en 1346, on en teste un à Tournai, quelques jours après la victoire anglaise de Crécy où quelques pièces avaient été mises en batterie. Assez rapidement, dans les deux décennies suivantes, un grand nombre de villes investissent, certes en petit nombre, dans cette nouvelle arme encore méprisée par la noblesse. Ainsi, en Hainaut, Ath, Le Quesnoy, Valenciennes, Braine-le-Comte et Mons achètent des armes à feu à partir de 1350, Binche en 1362[3]. En Brabant, Léau adopte le canon (terme générique) au moins en 1374-1375, quand on fabrique de la poudre, des balles de plomb et on achète du charbon de bois pour les *donrebossen*[4]. Bruxelles fait quant à elle l'acquisition en 1390 de 130 petites *donderbussen*[5]. Dans la

---

* Les pages qui suivent procèdent d'une partie de mes recherches doctorales, revue et corrigée, *Les ingénieurs des fortifications dans les Pays-Bas espagnols et la principauté de Liège (1504-1713)*, Louvain-la-Neuve, 1998, p. 373-483. Abréviations utilisées : *ACAM* : *Annales du Cercle archéologique de Mons* ; AÉN : Namur, Archives de l'État à Namur ; VN : Ville de Namur ; AGR : Archives générales du Royaume ; CC : Chambre des Comptes ; *BCRH* : *Bulletin de la Commission royale d'Histoire* ; *BCRMSF* : *Bulletin de la Commission royale des Monuments, Sites et Fouilles*.

1 A. de La Fons de Mélicocq, *De l'artillerie de la ville de Lille aux xive, xve et xvie siècles*, Lille, 1854, p. 8.

2 Voir, en dernier lieu, pour le répertoire des premières mentions, E. de Crouy-Chanel, *Le canon jusqu'au milieu du xvie siècle. France, Bretagne et Pays-Bas bourguignons*, Thèse de doctorat en histoire inédite, Université de Paris I – Panthéon-Sorbonne, 2014, p. 79-84.

3 G. Wymans, Maître Jehan l'Artilleur et la première bombarde d'Ath (1350), dans *Annales du Cercle archéologique du Canton de Soignies*, t. 18, 1958, p. 55-67 (Ath) ; G. Decamps, *L'artillerie montoise. Ses origines. Quelques souvenirs anciens et modernes*, Mons, s. d. [1906], p. 7-9 (Valenciennes, Le Quesnoy et Mons) ; L. de Sailly, Les premiers maîtres d'artillerie de la ville de Mons, dans *ACAM*, t. 46, 1921, p. 1-13 (Mons) ; E. Roland, L'artillerie de la ville de Binche 1362-1420, dans *Bulletin de la Société royale paléontologique et archéologique de l'Arrondissement judiciaire de Charleroi*, t. 23, 1954, p. 30 (Mons et Binche) ; Id., La ville de Braine-le-Comte et sa châtellenie dans le conflit liégeois (1404-1409). Épisodes divers et participation à la bataille d'Othée, dans *ACAM*, t. 63, 1958, p. 80 (Braine-le-Comte).

4 *Donrebusse* ou *donderbusse* est le mot flamand pour *canon* ou *bombarde*, littéralement *tuyau de/à tonnerre*. P. Henrard, L'artillerie en Belgique depuis son origine jusqu'au règne d'Albert et Isabelle, dans *Annales de l'Académie d'Archéologie de Belgique*, t. 21, 1865, p. 43 ; C. Piot, *Inventaire des chartes, cartulaires et comptes en rouleaux de la ville de Léau*, Bruxelles, 1879, p. 59.

5 L. Galesloot, Notes extraites des anciens comptes de la ville de Bruxelles, dans *BCRH*, 3e sér., t. 9, 1867, p. 481.

Pour la singuliere affection qu'avons a luy. *Études bourguignonnes offertes à Jean-Marie Cauchies*, sous la direction de Paul Delsalle, Gilles Docquier, Alain Marchandisse et Bertrand Schnerb, Turnhout, 2017 (*Burgundica* 24), p. 53-73.

DOI 10.1484/M.BURG-EB.5.113905

vallée mosane, à Namur, ces achats n'interviennent pas avant 1365 mais des *bombardes* y sont présentes en 1384[6].

Sans certitude car nous ne disposons ni d'images, ni de descriptions techniques, ni de beaucoup de matériel conservé, il s'agit là de pièces de petites dimensions, 30 à 40 cm de longueur maximum, 3 à 5 cm de calibre, proches dans la forme à la fois de ce qui est dessiné en 1327 comme des exemplaires contemporains bien datés retrouvés en Chine[7]. Le matériau est le bronze, puis intervient le fer forgé. Les projectiles sont des carreaux lestés[8].

Au fil du temps, les armes se diversifient et les projectiles sont en pierre et pour les pièces de petit calibre en plomb (« plommées »). Il n'est pas toujours aisé d'en faire une typologie exacte, faute de coïncidence des sources : les images ne sont pas légendées, les textes ne sont pas illustrés, les tubes conservés ont perdu généralement leurs affûts et, sinon pour les plus exceptionnels, ne sont pas nommés ni datés. Néanmoins, on peut considérer qu'entre 1380 et 1400 apparaissent et se diffusent les grosses bombardes de siège, qu'à partir de 1405 apparaît le veuglaire à chambre (culasse mobile) et de 1420 la couleuvrine, celle-ci arme portative allongée, née probablement dans le monde hussite et arrivé en Europe de l'Ouest par l'intermédiaire de techniciens issus du monde germanique[9]. Après 1450 se développe une artillerie mobile, de campagne[10]. Ni les grosses pièces de siège ni celles, plus légères, montées sur roues, ne sont *a priori* utilisées dans la défense. Restent les armes légères, portatives ou semi-portatives pour lesquelles il faudra adapter l'architecture défensive.

Qu'en est-il de l'architecture défensive ? Les ouvrages fortifiés sont-ils modifiés pour l'emploi de ces armes ? Il n'est pas encore question de s'en protéger outre mesure, la première génération de ces canons n'est pas capable de battre les murailles en brèche. Il semble que, dans un premier temps, les maîtres d'œuvre interviennent dans les ouvertures de tir, avec un décalage d'une quarantaine d'années par rapport à l'emploi de canons ; la construction d'ouvrages spécifiques tels les boulevards, les tours d'artillerie et les terrées intervient dans un second temps[11].

---

6 Namur, AÉN, VN, 953, *Comptes communaux, 1364-1407, passim.*

7 J. Needham, H. Ping-Yu, L. Gwei-Djen, W. Ling, *Science and Civilisation in China*, t. 5, *Chemistry and Chemical Technology*, 7e part., *Military Technology : The Gunpowder Epic*, Cambridge, 1986, p. 287-305. Voir aussi le canon découvert en 1861 à Loshult, en Suède, daté des premières décennies du xive siècle par comparaison : bronze, poids 9 kg, longueur 31 cm, calibre 3,1 cm.

8 W. Tittmann, *Die Eltzer Büchsenpfeile von 1331/3. Korrigierte Fassung mit einem Nachtrag (Stand 2011).* URL : http://www.ruhr-uni-bochum.de/technikhist/tittmann/7%20Buechsenpfeile%20kurz.pdf, consulté le 7 février 2016 ; A. Leduc, Quelques projectiles méconnus, dans *Nouveaux regards sur l'artillerie primitive xive-xve s.*, dir. R. Bresse, Paris, 2008, p. 201-204.

9 Je ne rejoins pas Emmanuel de Crouy-Chanel dans son attribution de l' « invention » de la couleuvrine au monde franco-bourguignon en 1428-1429 et dans la « rupture technologique » qu'elle représenterait. La couleuvrine serait plutôt le développement du canon à main existant au xive siècle, mais c'est un autre débat qu'il n'y a pas lieu de tenir ici. E. de Crouy-Chanel, La première décennie de la couleuvrine (1428-1438), dans *Artillerie et fortification 1200-1600*, éd. N. Prouteau, E. de Crouy-Chanel, N. Faucherre, Rennes, 2011, p. 87-98 ; Id., *Le canon*, p. 154-162. Sur le monde hussite, voir par exemple J. Durdik, *Hussitisches Heerwesen*, Berlin, 1961 ; J. von Wlassaty, Waffen in der Wagenburg. Pfefen, Tarrasbüchsen und andere Waffen der Hussitenkriege, dans *Deutsche Waffen Journal*, 2001, p. 148-155 ; U. Tresp, *Söldner aus Böhmen im Dienst deutscher Fürsten. Kriegsgeschäft und Heeresorganisation im 15. Jahrhundert*, Paderborn, 2004, p. 22-30.

10 En Bourgogne et en France.

11 N. Faucherre, Barbacanes, boulevards, ravelins et autres demi-lunes ; inventaire incertain, dans *Aux portes du château. Actes du troisième colloque de castellologie de Flaran*, Lannemezan, 1989, p. 105-115 ; P. Bragard, Bastion. Genèse d'un mot, dans *La genèse du système bastionné en Europe 1500-1550. Nouvelles découvertes, nouvelles perspectives*, éd. N. Faucherre, P. Martens, H. Paucot, Navarrenx, 2014, p. 42 ; Id., La genèse du bastion dans les Pays-Bas espagnols, dans *L'architettura militare nell'eta di Leonardo. « Guerre Milanese » e diffusione del bastione in Italia e in Europa*, éd. M. Vigano, Bellinzone, 2008, p. 136-137.

Les historiens de la fortification se sont penchés sur l'apparition de ces ouvertures spécifiques[12] et sur leur évolution jusqu'à l'apparition après 1500 d'une formule totalement renouvelée de l'architecture militaire, le front bastionné. Un jalon important serait le passage de l'« archère canonnière », ouverture circulaire surmontée d'une fente longue puis courte au nu du parement, à la « canonnière à la française » décrite par Machiavel, qui présente un orifice rétréci dissimulé au milieu du mur entre deux ébrasements et dont la gueule externe est un rectangle horizontal à la noirceur menaçante. Nicolas Faucherre attribue la seconde au règne de Louis XI[13]. En Angleterre, les ouvertures de tir pour arme à feu suivraient une évolution propre comme ont voulu le montrer Stephen J. O'Neil et John Kenyon[14]. Alain Salamagne s'y est essayé pour les Pays-Bas bourguignons, dans un article critiquable et critiqué par Michel de Waha[15].

Le terme de « canonnière » ne doit pas être source d'équivoque : c'est un mot générique qui apparaît certes dans les comptes de travaux, mais pas avant le XVe siècle (première occurrence en 1415-1416 à Boulogne) et n'est pas généralisé[16]. Les scribes chargés de tenir les comptabilités ne sont pas des techniciens et emploient soit des termes généraux tel *rayère*, soit des mots bien intégrés comme *archère*, soit usent de périphrases : *traux pour saillir canons*. Les historiens depuis Viollet-le-Duc parlent de meurtrière ou d'embrasure, mais d'autres emploient canonnière pour désigner les ouvertures de tir pour armes à feu[17].

1. Les fenêtres de tir

On doit considérer qu'au début de l'emploi de l'arme à feu, il n'a pas paru nécessaire de créer des ouvertures de tir spécifiques : les créneaux tant ouverts que fermés (fenêtres de tir) des parties hautes des murailles et des tours étaient une solution parfaitement utilisable. Le traité d'art de la guerre composé par Konrad Kyeser en 1405-1407 et ses

12 N. Faucherre, Un exemple d'adaptation précoce de l'artillerie dans le domaine royal : les archères canonnières de l'abbaye de Saint-Maur-des-Fossés 1358-1366, dans *Le vieux Saint-Maur. Bulletin de la Société d'Histoire et d'Archéologie*, t. 60, 1988, p. 11-18 ; P. Sailhan, Typologie des archères et canonnières. Les archères des châteaux de Chauvigny, dans *Bulletin de la Société des Antiquaires de l'Ouest et des Musées de Poitiers*, 4e sér., t. 14, 1978, p. 511-541.

13 N. Faucherre, *Les citadelles du roi de France sous Charles VII et Louis XI*, Thèse de doctorat en art et archéologie inédite, Université de Paris I – Panthéon-Sorbonne, 1993.

14 S. J. O'Neil, *Castles and Cannon. A Study of Early Artillery Fortifications in England*, Westport, 1975 ; J. R. Kenyon, Wark castle and its artillery defences in the reign of Henry VIII, dans *Post-Medieval Archaeology*, t. 11, 1977, p. 50-60.

15 A. Salamagne, Les années 1400 : la genèse de l'architecture militaire bourguignonne ou la définition d'un nouvel espace urbain, dans *Revue belge d'Histoire militaire*, t. 26, 1986, p. 325-344, 405-432 ; M. de Waha, Réflexions sur l'adaptation de l'architecture militaire des Pays-Bas à l'artillerie, dans *Châteaux et révolutions. Actes du quatrième colloque de castellologie de Flaran*, Lannemezan, 1989, p. 29-48.

16 Art. Canonnière, dans *Dictionnaire du Moyen Français* et *Trésor de la langue française informatisé*. URL : http://atilf.atilf.fr/scripts/dmfX.exe?IDF=dmfXgXpcYrmXcdh;ISIS=isis_dmf2015.txt;MENU=menu_dmf;OUVRIR_MENU=1;OO1=2;s=s0e093904;LANGUE=FR;FERMER;AFFICHAGE=2;MENU=menu_dmf;;XMODE=STELLa;FERMER;XXX=4 ; http://atilf.atilf.fr/dendien/scripts/tlfiv5/visusel.exe?11;s=3325667670;r=1; nat=;sol=0, consulté le 15 janvier 2016.

17 E. Viollet-le-Duc, *Dictionnaire raisonné de l'architecture française du XIe au XVIe siècle*, t. 6, Paris, 1875, p. 386-398 ; P. Truttmann, Ces forteresses autour desquelles s'est bâtie la France, dans *Archeologia*, t. 17, 1967, p. 72-74 ; J. Mesqui, *Châteaux et enceintes de la France médiévale. De la défense à la résidence*, 1., *Les organes de la défense*, Paris, 1991, p. 85-86. Canonnière : notamment dans les monographies, par exemple celles publiées dans les actes du colloque *Artillerie et fortification*.

illustrations techniques – il ne s'agit pas d'enluminures artistiques mais de support figuré au discours – le prouvent. Il est ainsi plus que probable que les fenêtres de la tour et les créneaux rectangulaires de la chemise du donjon de Vincennes (1361-1369) constituent un exemple d'embrasure tous usages : tirer au canon, à l'arbalète, voire jeter des pierres sur les assaillants. Nicolas Faucherre parle bien de « fenêtres de tir » et d'archères-canonnières – des fentes de tir deux fois plus larges que les habituelles archères-arbalétrières ; en outre, des canonniers sont présents au château dès 1389 et fabriqueraient des pièces sur place[18]. La porte de Hal à Bruxelles, édifiée entre 1357 et 1373, présente des ouvertures rectangulaires dans les allèges des baies du premier étage, utilisables par des canons[19].

2. Les ouvertures de tir spécifiques ou « canonnières » : un échantillonnage

Une dizaine d'exemples sont présentés ici, tous choisis en raison de leur bonne conservation et de datations exactes fournies par les sources d'archives, soit de l'ouverture, soit de la structure qui la reçoit. Dans ce dernier cas, l'observation archéologique est primordiale pour déterminer s'il ne s'agit pas d'une reprise postérieure à la construction du mur, de la tour ou du boulevard.

2.1 L'élargissement d'une fente de tir existante

Solution peu coûteuse, rapide et mise en œuvre dans l'urgence, on la voit employée à **Binche** (Hainaut) en 1405-1407 à la tour du Vieux Cimetière et au château de **Corroy** (Brabant) en 1476-1477[20]. Dans les deux cas, il y a une menace d'attaque, par les Liégeois à Binche et par les Français à Corroy. On paye un tailleur de pierre pour effectuer un élargissement plus ou moins circulaire à mi-hauteur ou au tiers supérieur de la fente externe de manière à tirer avec une arme posée au sol ou sur l'allège. Le diamètre de l'ouverture ainsi créée atteint 0,25 m. À Corroy-le-Château, on munit la fente externe d'une pièce métallique agrafée dans les pierres de taille afin d'y poser le tube.

2.2 L'« archère-canonnière »

Créée en même temps que la tour qui la reçoit, elle apparaît avant 1388 à Bouvignes (Namur), au rez-de-chaussée de la porte de La Val, en 1388 à Namur, au premier niveau de la tour Saint-Jacques (actuel beffroi), entre 1386 et 1396 à Ypres (Flandre), à la Leuwentoren, en 1391-1395 à Cambrai[21], dans les tours de la porte de Paris. Elle est présente au châtelet et au boulevard du château d'Antoing (Hainaut), datable entre 1432 et 1451, et à la tour sur la Rochette à l'enceinte namuroise bâtie en 1475.

---

18 Entamé en 1361, le donjon est pourvu d'un châtelet d'entrée complété ensuite par la chemise. Le couvrement du chemin de ronde et des tourelles est ajouté au XVIIe siècle. N. Faucherre, 2e partie. Vincennes, la défense de la tour, dans *Bulletin monumental*, t. 152, 1994, p. 344-350 ; J. Chapelot, *Le château de Vincennes. Une résidence royale au Moyen Âge*, Paris, 1994, p. 84-85.

19 L. Wullus, *La porte de Hal, témoin silencieux d'une histoire tumultueuse*, Bruxelles, 2006, p. 24.

20 Roland, L'artillerie de la ville de Binche, 1954, p. 34 ; W. Ubregts, *Textes et pierres. Le château de Corroy au Moyen Âge et au début des temps modernes*, Gembloux, 1978, p. 53.

21 *Stricto sensu*, Cambrai est en dehors de la zone géopolitique envisagée ici. Le comté épiscopal de Cambrai tente de rester neutre pendant la guerre de Cent Ans, mais l'influence bourguignonne y grandit au XVe siècle. Je ne la mentionne que pour mémoire.

La porte de La Val à **Bouvignes** est édifiée, selon moi, avant mars 1388 par le maître maçon Godefroid de Bofiaule[22]. En effet, il est l'auteur du devis de la nouvelle tour Saint-Jacques projetée à Namur et le compte communal de 1388 mentionne qu'il est alors en train de travailler dans l'autre cité de la Meuse namuroise à la *tour de Bouvingne* (tour de Crèvecoeur)[23]. D'autre part, on verra que les similitudes matérielles entre les deux bâtisses, escaliers, appareil des maçonneries, canonnières, sont en effet très parlantes.

La tour de La Val présente deux meurtrières à trou rond, du type archère-canonnière, s'ouvrant à front du parement externe. Celle dirigée vers le sud-ouest est la mieux conservée. Haute de 0,98 m et large de 0,11 m, la fente externe s'évase jusqu'à 0,20 m de diamètre à un peu plus de la moitié de sa hauteur, sans reprise de la taille des pierres. La niche intérieure, dont la hauteur décroît de 1,93 m à 1,78 m, voûtée en plein cintre, est un simple ébrasement de plan triangulaire. Il n'y a ni dispositif de ventilation, ni logements dans ses flancs, qui permettraient d'accueillir une poutre-support de bouche à feu. Celle-ci aurait donc été affûtée sur un chevalet mobile, en absence d'allège. La tour Sainte-Barbe est mieux conservée, puisqu'on peut y voir les deux premiers niveaux et l'amorce d'un troisième. Elle est percée au rez de deux meurtrières, dont l'embrasure ouest a vu ses joues retaillées irrégulièrement, faisant disparaître toute trace d'un éventuel évasement circulaire. L'embrasure sud est obturée par le chœur occidental de l'église Saint-Martin, bâti au milieu du XVe siècle[24]. Elle est d'un type proche de celle de la tour de La Val : au fond d'une niche rectangulaire s'ouvre un ébrasement interne en sifflet ; une fente verticale de 1,04 m s'évase à mi-hauteur pour un diamètre de 0,22 m. Il n'y a pas non plus trace de trous d'encastrement dans les joues. On manque malheureusement de sources pour déterminer l'artillerie dont disposait Bouvignes à ce moment.

À **Namur**, la tour Saint-Jacques est fondée en 1388 et achevée en 1393[25]. Le maître d'œuvre en est Godefroid de Bofiaule. Le cahier des charges est heureusement conservé, intégré au compte communal[26]. Il y est question des percements du premier niveau : il s'agit de trois *archires*. Dénommée *Beffroi* après 1746, c'est une grosse tour circulaire de 12 m de diamètre, haute à l'origine de 35 m, avec des escaliers rampants intra-muraux comme à Bouvignes.

Le rez-de-chaussée, couvert d'une coupole annulaire appareillée exactement de la même manière que la porte de La Val à Bouvignes, est consacré exclusivement à la défense : conçu pour l'artillerie, il avait à l'origine trois postes de tir dont un seul subsiste en bon état. Au fond d'une niche quadrangulaire voûtée en plein cintre, s'ouvre une embrasure en sifflet, terminée par une fente verticale de 1,02 m évasée au milieu en cercle de 0,33 m de diamètre, à front de parement. L'allège est haute de 0,77 m. Hormis le diamètre plus grand du trou rond et l'allège plus haute, cette canonnière est identique à celles de la porte de Bouvignes. Le premier niveau est terminé dans le courant

---

22 Son patronyme serait révélateur d'une origine sambrienne, le village de Bouffioulx alors en terre liégeoise.

23 Namur, AÉN, VN, 953, *Compte communal, 1388*, fol. 25, éd. J. Borgnet, *Promenades dans Namur*, Namur, 1851-1859, p. 223-225.

24 A. Lanotte, M. Blanpain, *Bouvignes sur Meuse. Visages présents et à venir d'une cité médiévale*, Bruxelles, 1975-1978, p. 45-46. Un extrait du compte de 1459-1460 indique une reconstruction cette année-là, Bruxelles, AGR, CC, 3249, *Compte de la recette des domaines de Namur, 1459-1460*, fol. 33v.

25 Namur, AÉN, VN, 953, *Compte communal, 1388*, fol. 9 ; *Idem, 1389*, fol. 12v. Sur la fortification urbaine de Namur, voir *Namur et ses enceintes. Une fortification urbaine du Moyen Âge à nos jours*, dir. P. Bragard, V. Bruch, Namur, 2009.

26 Éd. Borgnet, *Promenades*, p. 225-226.

1388, et des barres de fer sont placées dans les canonnières *pour aseyr sus bombardes*[27], mais on n'en voit plus trace aujourd'hui. L'observation archéologique indique une seule campagne de travaux à ce niveau. Namur est bien pourvue en canons : en 1386, la ville possède des petites et des grandes bombardes en fer forgé tirant des projectiles en pierre[28].

En brique sur un soubassement de grès, la Leuwentoren (13,40 m de diamètre) et la Predikherentoren (11,25 m de diamètre) sont deux tours d'angles construites au sud de la ville d'**Ypres**. On y accède par un couloir de 20 m de longueur, à travers la terrée qui supporte l'enceinte maçonnée. Elles appartiennent à la nouvelle enceinte, dite « bourguignonne » édifiée de 1388 à 1396 consécutivement à l'attaque anglaise de 1383[29]. Cette partie de l'enceinte est la dernière à être érigée. La première tour, aux murs épais de 2,40 m, présente trois embrasures de tir pour arme à feu au premier niveau, le seul conservé. Ouverte au fond d'une niche étroite, une fente haute de 1,50 m (restaurée après 1918) se termine en bas par un cercle de 0,25 m de diamètre, réservé dans le grès, le tout en forme de louche. L'allège profonde d'1,80 m pouvait recevoir une pièce d'artillerie posée dans un berceau de bois. On ignore par ailleurs la composition de l'arsenal yprois à ce moment.

Jean de Melun, chevalier de la Toison d'or en 1432, agrandit son château d'**Antoing** en construisant un donjon circulaire daté par les blasons qui figurent sur les voûtes d'ogives et sur les cheminées ; elles sont aux armes du seigneur et de sa femme, Jeanne d'Abbeville, épousée en 1421, et entourées du collier de la Toison d'or[30]. Jean réside à Antoing de façon quasi continue entre 1436 et 1450. Un châtelet d'entrée, datable aussi par les armoiries identiques des époux, est précédé d'un puissant boulevard pentagonal à trois niveaux de tir dont le parement est en tous points matériellement pareil à celui du châtelet[31]. Châtelet et boulevard se complètent comme à Présilly (Jura)[32].

Dirigées à l'est et à l'ouest, les deux premiers niveaux des tours du châtelet sont percés d'ouvertures de tir en louche (trou de 0,20 m) à fente moyenne (0,50 m). Au premier niveau, l'orifice rond est au ras du sol de la niche dont le plan intérieur est en sifflet. Les embrasures du boulevard sont de trois types légèrement différents et s'ouvrent toutes à front de parement, avec un léger biseau de l'encadrement externe : courte fente verticale évasée au centre et trou rond en allège de fenêtre à l'étage ; en point d'exclamation

---

27 *Ibid.*, p. 224, n. 4 ; *Cartulaire de la commune de Bouvignes*, éd. Id., t. 1, Namur, 1862, p. XLV.

28 Namur, AÉN, VN, 953, *Compte, 1386*, fol. 23v.

29 Les comptes communaux donnent les dates du chantier. Ils n'ont pas survécu à la Première Guerre mondiale. J. J. J. Vereecke, *Histoire militaire de la ville d'Ypres*, Ypres, 1996 (1858), p. 74-75 ; *Omtrent de Vestingstad Ieper*, Bruxelles, 1992, p. 40-41 ; L. Stubbe e. a., *Vesting Ieper. Wandeling in een historisch landschap*, Anvers, 2004.

30 P. Delattre, Le château d'Antoing, esquisse historique, dans *Annales Prince de Ligne*, t. 19, 1938, p. 58.

31 Ce châtelet est daté jusqu'ici principalement sur des bases stylistiques par Alain Salamagne aux environs de 1475-1480 (Aux origines de la fortification bastionnée. Le boulevard d'Antoing et la famille monumentale des boulevards de plan polygonal, dans *Revue des Archéologues et Historiens d'Art de Louvain*, t. 25, 1992, p. 36), par Michel de Waha de 1420 (exposé au Congrès de Namur en 1988), par Luc Chantraine (dans *Le grand livre des châteaux de Belgique*, dir. L.-F. Genicot, t. 1, Bruxelles, 1975, p. 39-42) et par les historiens de l'inventaire du Patrimoine monumental (*Le patrimoine monumental de la Belgique*, t. 6/1, *Province de Hainaut – Arrondissement de Tournai*, Liège, 1978, p. 47) de la seconde moitié du xve siècle ou du xvie siècle, par Nicolas Faucherre du début du xvie siècle (pendant l'occupation anglaise du Tournaisis, Barbacanes, 1989, p. 113). L'examen des comptes de la seigneurie d'Antoing, conservés dans les archives de Ligne à Belœil, apportera des certitudes à ce sujet lorsqu'elles seront enfin accessibles aux chercheurs.

32 G. Rousset, Les ouvrages défensifs adaptés à l'artillerie (xve-début xvie siècle) à travers l'exemple du boulevard de Présilly (Jura), dans *Chastels*, t. 2, 2014, p. 87-95.

au rez-de-chaussée ; en fente verticale munie d'un trou rond médian à l'étage de l'avant-corps. Trois diamètres moyens se rencontrent, qui pourraient correspondre à des pièces d'artillerie de plusieurs types : 0,08-0,10 m dans les allèges des fenêtres, 0,15-0,20 m au deuxième niveau et 0,30-0,35 m au premier. Les orifices de 0,30-0,35 m sont aujourd'hui au ras du sol. L'on observe cependant une grande irrégularité dans le percement des orifices circulaires de l'étage : certains ne semblent être que des fioritures décoratives ou factices, impraticables à toute arme[33]. Les ouvertures de tir s'ouvrent au fond de niches – relativement étroites au rez-de-chaussée – de plan rectangulaire ou trapézoïdal. L'épaisseur de la paroi extérieure s'en trouve réduite jusqu'à 0,30 m, ce qui permet une utilisation des meurtrières conjointement par des tireurs à l'arbalète dont l'emploi impose *des ébrasements internes plus ouverts*[34]. Les niches du premier niveau présentent une battée et des traces de porte(s). Aucune ouverture ne possède de dispositif de calage de tube ni de conduit d'évacuation des fumées[35], bien que l'aération des postes de tir eût paru suffisante en l'absence de couverture du boulevard. L'ensemble traduit une volonté d'ostentation, accentuée par le soin apporté à la modénature des moulures portant les échauguettes et le parapet, plus qu'une réponse pratique à l'emploi d'armes à feu de calibre variés. Rare information à ce stade sur l'artillerie du château : un boulet de pierre d'un calibre de 55 mm et pesant 215 gr a été mis au jour dans la fosse du pont-levis de l'avant-corps[36].

En contrebas des fortifications modernes de la citadelle de **Namur**, la petite tour sur la Rochette dresse son volume bâtard, mi-cylindre, mi-parallélipipède, depuis 1475[37]. Elle fait partie de l'enceinte urbaine et contrôle le passage sur le pont de Meuse. Trois ouvertures de tir s'ouvrent dans ses minces parois, une au rez-de-chaussée et deux à l'étage : elles « sont à ébrasement interne et à fente moyenne (0,70 m) évasée en rond avant l'extrémité inférieure (0,14 m de diamètre) ; celles de l'étage sont munies d'un trou percé dans la joue au niveau du seuil, pour accueillir une poutre en bois servant à appuyer ou caler une arme à feu ». Son angle de tir atteint 60°. Au même moment, la ville achète notamment dix couleuvrines *qu'on dit hacquebutes*.

2.3 Un trou rond et une fente de visée

Il s'agirait d'une variante de ce qu'on appelle l'archère-canonnière, où l'orifice de tir est séparé de la fente verticale.

Assiégée par les Anglais en 1383, **Bergues-Saint-Winoc**[38] est autorisée en 1403 à lever un impôt pour financer une nouvelle enceinte dont la construction continue au-delà de 1436. La porte de Bierne, entièrement en brique, présente des ouvertures de tir pour arme à feu au premier niveau de chacune des deux tours qui encadrent le passage. « Le diamètre de l'orifice de tir, qui se termine au nu du parement par une couronne de briques rayonnantes posées en boutisses est large de 0,4 m ; à l'intérieur, des encoches

33 Les diamètres relevés au rez sont de 0,15 m (trois orifices) ; 0,17 m (deux orifices) ; 0,19 m (un orifice) ; 0,22 m (un orifice) ; 0,30 m (cinq orifices).

34 Faucherre, *Les citadelles*, t. 1, p. 54.

35 Les systèmes d'aération n'apparaissent qu'à la fin du xve siècle, J. Mesqui, *Châteaux et enceintes*, 2., *La résidence et les éléments d'architecture*, Paris, 1993, p. 311. Sur les nécessités d'aérer les postes de tir, voir Faucherre, *Les citadelles*, t. 1, p. 73-74.

36 P. Soleil, J. Prayez, W. Ghislain, Antoing : château, place Bara : douve du pont-porte du boulevard du xve siècle, dans *Chronique de l'Archéologie wallonne*, t. 3, 1995, p. 52-53.

37 Données extraites de P. Bragard, Deux petites tours d'artillerie de la fin du xve siècle à Namur, dans *BCRMSF*, 2011, p. 67-94.

38 Id., Bergues-Saint-Winoc, les fortifications médiévales, dans *Congrès archéologique de France*, t. 169, 2013, p. 23-32.

carrées dans les joues d'embrasure accueillaient une poutre de calage d'une pièce non portative posée sur une allège haute de 0,8 m. Des éléments métalliques fichés sur les côtés du rond sont les traces d'une fermeture amovible, sans doute un volet en bois. » La fente haute de 0,4 m est séparée du trou à cause du matériau utilisé : la brique permet peu de fioritures et une forme en louche aurait fragilisé l'organe de tir.

Les comptes des recettes de la seigneurie de **Fagnolles**[39], permettent de situer une importante campagne de travaux en 1455-1456 pour un coût de 546 livres 17 sous 6 deniers, somme considérable en regard des revenus annuels moyens de la seigneurie qui dépassent rarement les 200 livres[40]. C'est par le compte de 1457-1458 et son solde cumulé qu'on peut déterminer l'année des travaux car le cahier de l'année précédente a disparu ; d'autre part, en 1461-1462, on mentionne la réparation du pont-levis du boulevard[41], et les cahiers comptables suivants ne signalent aucune construction d'envergure. Un boulevard pentagonal à deux niveaux se dresse presqu'au milieu de la basse-cour et couvre l'entrée du château proprement dite ; la porte du boulevard, désaxée par rapport à celle du château, est flanquée depuis une fausse-braie construite devant la courtine sud ; enfin, une terrasse d'artillerie trapézoïdale installée dans le fossé opposé balaie tout l'arrière du complexe castral ; ces ouvrages ont été identifiés précisément en 1988[42]. Il faudrait donc situer entre 1455 et 1461 leur érection, conjointement ou peu après celle du bâtiment abritant la chapelle dans la cour intérieure et à l'aménagement du châtelet d'entrée[43]. Le commanditaire en serait Jean de Barbençon († 1470)[44].

Les quatre chambres de tir[45] et les canonnières du boulevard sont constituées de blocs soigneusement taillés, à la stéréotomie comparable à celle du logis en L et de la fausse-braie. Le mortier est de couleur rose. Les ouvertures de tir ne sont pas conservées intégralement : seule la moitié de l'orifice circulaire inférieur d'une canonnière subsiste (diamètre restitué 0,15 m), mais l'on peut supposer qu'il était prolongé ou surmonté par une courte fente de tir comme semble l'indiquer un dessin de 1786[46]. Les joues de l'ébrasement interne sont percées à 0,10 m au-dessus du seuil d'un trou carré recevant à l'origine un chevron de bois amovible sur lequel s'appuyait une arme à feu de faible calibre. Une voûte surbaissée, dont l'intrados culminait à 1,60 m environ[47], couvrait chaque chambre, seul le départ en est conservé. On ignore si une bouche de ventilation était pratiquée dans la voûte des niches pour évacuer les fumées des tirs, bien que

39 Les cahiers de comptes de la seigneurie de Fagnolles conservés aux archives du château de Belœil ont été dépouillés et étudiés par P.-A. Nassogne, *La terre de Fagnolles à la fin du Moyen Âge. Analyse économique d'une seigneurie à travers ses comptes (1439-1470)*, Mémoire de licence en histoire inédit, Louvain-la-Neuve, 1991. Celui-ci a constaté des lacunes non seulement dans la série de comptes, dont le plus ancien remonte à 1439, mais aussi l'absence de cahiers ou de documents plus ou moins longs qui détaillaient certaines dépenses. En outre, les acquits, renseignés parmi les archives de Belœil par Félicien Leuridant, ne débutent qu'en 1522 (*Inventaire sommaire des archives du château de Belœil*, Bruxelles, 1919, p. 113) ; or P.-A. Nassogne en a consultés pour le xve siècle.

40 Nassogne, *Fagnolles*, p. 158.

41 Belœil, *Archives du Château*, 6683, *Compte de la seigneurie de Fagnolles, 1461-1462*, fol. 5v.

42 P. Bragard, Fagnolles (Philippeville) : château médiéval, dans *Vie Archéologique*, t. 38, 1992-1993, p. 93-94. La datation proposée alors, le dernier tiers du xve siècle, doit être avancée.

43 D'après P.-A. Nassogne, c'est après cette date qu'apparaît régulièrement une rubrique de réparations à cette chapelle, dont des fragments de vitraux ont été découverts dans cette aile de logis. L'analyse architecturale faite par L.-F. Genicot et T. Cortembos situe en effet dans le xve siècle l'arrière du châtelet et le logis en L, *Le grand livre des châteaux de Belgique*, t. 1, p. 101.

44 Voir, sur les seigneurs de Fagnolles jusqu'en 1470, Nassogne, *Fagnolles*, p. 33-45.

45 Deux sont quadrangulaires – 1,40 sur 1,20 m –, les deux autres trapézoïdales.

46 Fagnolles, Archives du Château, *Vue perspective du château de Fagnolle, du côté du Levant, en 1786 (Briquelet fecit)*, copie du xixe siècle (?).

47 Hauteur restituée d'après le prolongement de l'escalier du flanc ouest.

l'aération fût naturelle par la courette intérieure de l'ouvrage car rien n'indique qu'à l'origine il était couvert[48].

L'armement à feu n'est signalé dans les comptes qu'à partir de 1460-1461 : cette année-là, du salpêtre et de la poudre de couleuvrine sont achetés à Dinant ; en 1465-1466, cinq couleuvrines sont achetées à Thuin, Barbençon et Boussu ; en 1487-1488, deux autres, l'une en cuivre et l'autre en fer, sont acquises à Mons au prix de deux livres chacune[49]. En outre, deux canons à main ont été mis au jour dans la salle basse du corps de logis : ils sont munis d'un croc d'arrêt de recul et d'un manche forgés dans le même bloc que le tube ; celui-ci est court : 0,15 et 0,20 m pour des calibres de 25 et 35 mm ; les projectiles sont assurément des plommées.

2.4 La canonnière « à la française » ou à double ébrasement

En 1459, on répare au château de **Bouvignes** un mur effondré : chaux et sable sont amenés *à la porte de la Val à Bouvignes, mises et employés à ung grand pan de mur qui estoit cheu du castel dudit Bouvignes*[50]. On peut en déduire qu'il s'agit du mur en grand appareil de pierre de taille faisant corps avec le soubassement du chœur occidental de l'église paroissiale : la muraille qui donne sur la ville est plus éloignée de la porte de La Val et ses maçonneries ne correspondent pas à une mise en œuvre du milieu du XVe siècle telles qu'on en rencontre dans la région[51]. Une canonnière est percée dans le pan de mur refait, dont l'examen des maçonneries conclut à leur parfaite homogénéité : il n'y a aucune trace de reprise postérieure, même après le siège de 1554 où l'artillerie française bat en brèche la porte de La Val[52].

Dans une niche de plan trapézoïdal soigneusement appareillée, couverte d'une voûte surbaissée, figure au tiers de la hauteur une ouverture de tir faite d'une fente verticale de 0,60 m évasée à 0,10 m de sa partie inférieure en un orifice rond de 0,20 m de diamètre ; cet ouverture se prolonge par un ébrasement triangulaire terminé par un rectangle horizontal de 1,05 sur 0,50 m. En plan, on constate que l'orifice est au milieu du mur, entre deux ébrasements : il s'agit bien d'une canonnière dite « à la française » mais antérieure de presque deux décennies au type canonique. Le tir debout est impossible, tout au plus avec une arbalète ou pour l'observation en plongée depuis la partie supérieure de la fente ; la largeur du trou indiquerait une arme de calibre moyen, mise sur affût et servie à genoux. Il n'y a ni dispositif de calage du tube, ni cheminée d'aération – celle-ci, à dire vrai, est inutile car on est en plein air. L'angle de tir est de 54°.

---

48 Il ne l'a sans doute pas été avant 1494-1495, quand on en fait *une estable de vache*, Belœil, *Archives du Château*, 6891, *Compte, 1494-1495*, fol. 15. Réfection du toit de chaume en 1514-1515, *Ibid.*, 6902, *Compte, 1514-1515*, fol. 11v. L'usage en étable se prolonge jusqu'en 1529, *Ibid.*, 7816, *Compte, 1520-1521*, fol. 18 ; 6908, *Compte, 1522-1523*, fol. 19 ; 7058, *Compte, 1527-1528*, fol. 21v ; 7818, *Compte, 1528-1529*, fol. 23.

49 Nassogne, *Fagnolles*. Belœil, *Archives du Château*, 6683, *Compte, 1460-1461*, fol. 6 ; 6888, *Compte, 1465-1466*, non folioté ; 7807, *Compte, 1487-1488*, non folioté.

50 AGR, CC, 3249, *Compte, 1459-1460*, fol. 33v.

51 Voir le château de Poilvache et les fortifications de Namur, Bragard, *Les ingénieurs*, p. 433, 453-454.

52 François de Rabutin, *Commentaires des guerres en la Gaule Belgique (1551-1559)*, éd. C. Gailly de Taurines, t. 1, Paris, 1932, p. 277-278. Il y est question d'une brèche à une tour, pas au mur du château. C'est probablement la tour de La Val qui a subi ce bombardement, elle est la plus endommagée des deux et ses parements montrent des traces de reprise. Après le siège, on ne répare rien... Sur les fortifications de Bouvignes au XVIe siècle, voir P. Bragard, Bouvignes au XVIe siècle. Le visage architectural de la ville comme source d'inspiration chez Henri Bles, dans *Autour de Henri Bles. Actes du colloque, 9-10 octobre 2000*, éd. J. Toussaint, Namur, 2002, p. 189-207 ; Id., La construction de la première citadelle bastionnée à Namur et les ingénieurs Donato di Boni, Sébastien van Noyen et Gianmaria Olgiati (1542-1559), dans *Les Amis de la Citadelle de Namur*, t. 83, 1998, p. 15-16.

À **Namur**, le boulevard de la porte en Trieu, édifié en 1473-1474, a révélé en 1983 une casemate flanquante munie d'une embrasure à double ébrasement également[53]. Le trou large de 0,15 m s'ouvre au milieu d'une fente haute de 40 cm ; un trou triangulaire pratiqué dans le seuil permet de caler l'arme ; l'allège est haute de 1,20 m, impliquant un tir épaulé avec une couleuvrine à croc. La non-conservation de la voûte de la casemate empêche de savoir si une cheminée d'aération existait. Notons qu'un bouchon de fermeture du trou rond a été retrouvé en place, sous la forme d'un cône tronqué en calcaire. Aucune trace de reprise des maçonneries n'a été observée.

Le plan, la large gueule extérieure rectangulaire, le bouchon de fermeture, l'encoche, témoignent de beaucoup de recherches dans sa praticabilité. Le plan de tir est large (97°), la casemate spacieuse pour deux servants ; l'encoche seule semble peu utile : si le tube passe par la partie circulaire de la fente, il est difficile d'appuyer le croc dans l'encoche prévue, située 0,08 à 0,10 m plus bas, à moins d'utiliser une arme pourvue d'un croc de 0,15 m de long ; et on n'en connaît pas de telles.

Enfin, citons un dernier exemple plus tardif : la tour dite Joyeuse, appartenant aux défenses extérieures du château de Namur, est construite en 1489 sur ordre de Maximilien d'Autriche[54]. En fer à cheval, elle commande la tour communale sur la Rochette. Munie d'ouvertures de tir sur deux niveaux, elle en conserve une intacte. À double ébrasement, elle se compose d'une courte fente de visée et d'un trou rond large de 0,15 m, ouvert à 1,50 m du sol. L'ébrasement externe est rétréci au maximum, pour éviter les coups d'embrasure, et fournit cependant grâce à l'ébrasement interne un plan de tir large de 82°. Le tir se fait avec une arme épaulée, une hacquebute telle que l'on peut en voir dans les *Zeugbuch* des arsenaux impériaux[55].

3. Conclusion : une typo-chronologie impossible et le double ébrasement avant la France ?

Cet échantillonnage, très partiel et partial, concerne donc douze cas étalés sur un siècle (1388-1489). Les datations de certains sont assurées à l'année près : à Namur tour Saint-Jacques (1388), tour sur la Rochette (1474), boulevard de la porte en Trieu (1473-1474) et tour Joyeuse (1489), à Binche la petite tour du Vieux Cimetière (1405-1407), le boulevard du château de Fagnolles (1455-1456), le château de Corroy (1476-1477). Les autres sont dans une fourchette plus large, faute de sources ou de leur examen : à Ypres la Leeuwentoren (1388-1396), à Bergues la porte de Bierne (1403-1436), le châtelet et le boulevard du château d'Antoing (1432-1450) ; Les dates de la porte de La Val (avant mars 1388) et du mur du château (1459) à Bouvignes sont moins formellement assurées, mais étayées par de fortes présomptions.

À côté de l'étalage prétentieux de possibilités éventuelles du château d'Antoing qui présente une typologie assez variée, sorte de catalographie dissuasive, rien ne permet de proposer une typo-chronologie de la « canonnière » dans les Pays-Bas bourguignons. En effet, si l'on peut suggérer que le trou rond va en diminuant avec le temps, indice possible soit de l'intervention d'un artilleur sur le chantier – mais non avérée par les textes lorsqu'il y en a –, soit du commanditaire, soit d'une meilleure connaissance de l'armement par les maîtres-maçons, en tout cas d'une meilleure adaptation aux armes existantes, on constate la contemporanéité de plusieurs types d'ouvertures de tir. Fente

---

53 *Namur et ses enceintes*, 2009, p. 36-41.

54 Bragard, *Deux petites tours*, p. 85-91.

55 Par exemple Munich, Bayerische Staatsbibliothek, Cod. Icon. 222, fol. 116.

de visée ou de tir à l'arme mécanique séparée du trou rond et « archère-canonnière » en louche (Bergues et Ypres), et d'autre part canonnière à double ébrasement, fente verticale à trou rond et élargissement d'urgence d'une archère (boulevard et tour sur la Rochette à Namur, château de Corroy), il n'y aurait pas d'évolution bien nette dans les partis, même s'il semble bien que le dernier quart du XVe siècle préfère le double ébrasement. Les plans de feu sont également très variables, sans que nous puissions à ce stade en déterminer une évolution propre : les embrasures de la Leeuwentoren et de la tour Saint-Jacques, de la même génération, sont de 30° et 50°, celles de la tour sur la Rochette et du boulevard de la porte en Trieu, contemporaines et de types différents, sont de 60° et 97°, et pour les embrasures à double ébrasement, cela varie de 54 à 97°. Il n'y a pas de standards en la matière, pas plus qu'il n'y en a dans la fabrication des bouches à feu.

Idéalement, il faudrait connaître l'état précis de chaque arsenal au moment où se mettent en place des orifices de tir, ce qui n'est pas toujours possible. La question reste posée du déterminisme : est-ce le développement de l'artillerie à poudre qui influe sur la forme de l'embrasure ? Il existe en fait une interaction entre les deux. L'architecture de pierre est moins facilement modifiable en profondeur que l'adoption de nouvelles armes : l'embrasure de tir ne reflète-t-elle pas ce phénomène, avec les grands orifices maintenus pendant plusieurs décennies ? On peut y tirer avec des petites bombardes comme avec des canons à main ou des hacquebutes épaulées. Il est évident que le double ébrasement donne une protection accrue au tireur, dissimule l'orifice de tir dans l'ombre de la muraille et correspond à une généralisation des armes de petit calibre dans la défense. Les exemples bien datés du Namurois sont antérieurs aux canonnières à la française du royaume de Louis XI : l'innovation en la matière n'est pas le fait d'un seul espace géopolitique. D'autres exemples doivent au final s'ajouter au catalogue, avec le critère indispensable d'une datation la plus précise possible.

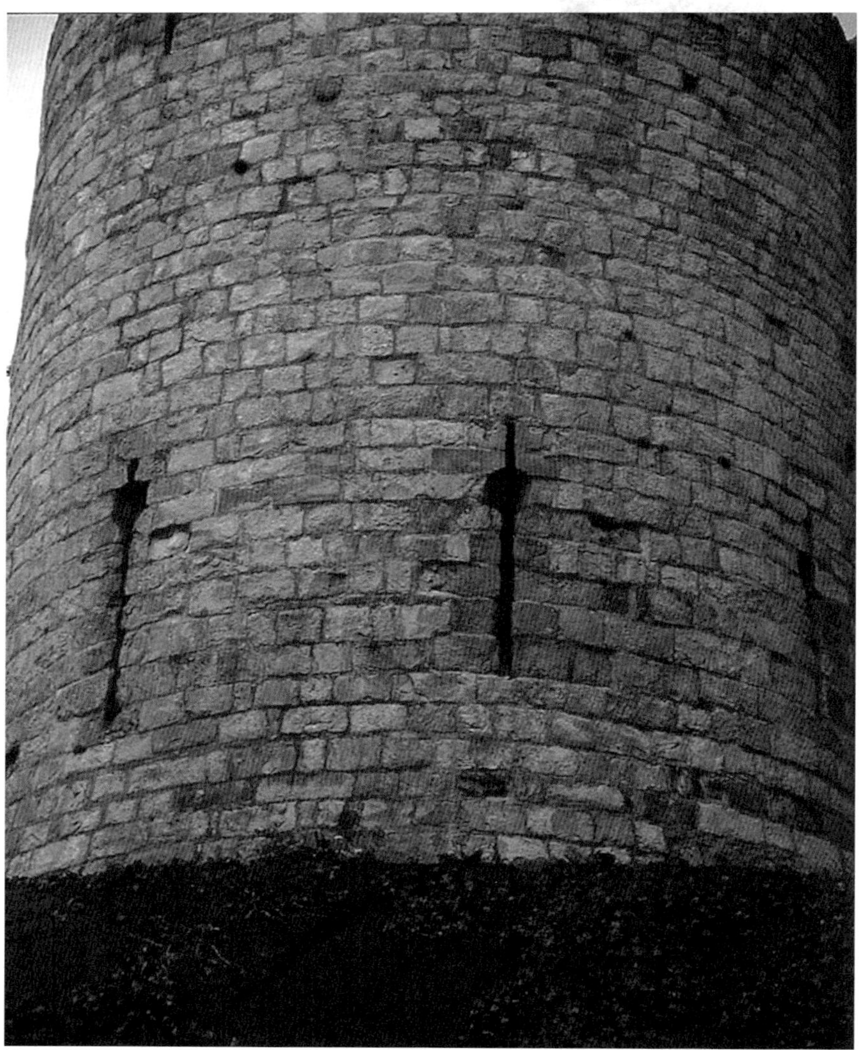

Fig. 1. Binche, Vieux cimetière, vue extérieure de la petite tour, avec les fentes de tir élargies.

Fig. 2. Corroy, château, vue intérieure d'une ouverture de tir, d'après W. Ubregts, *Textes et pierres. Le château de Corroy au Moyen Âge et au début des temps modernes*, Gembloux, 1978, p. 49.

Fig. 3. Bouvignes, Porte de La Val, relevé des ouvertures de tir.

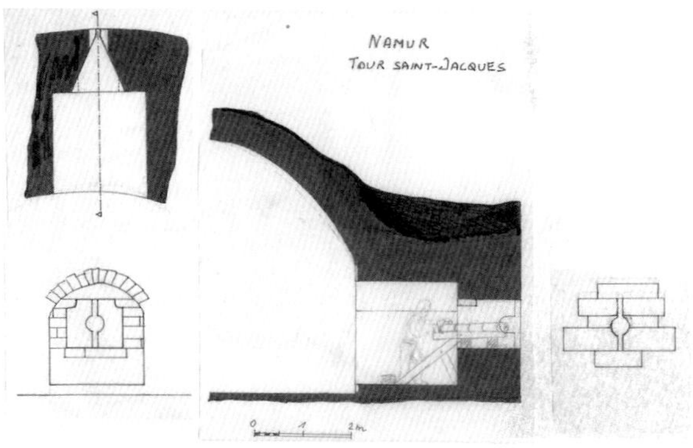

Fig. 4. Namur, Tour Saint-Jacques, relevé de l'ouverture de tir.

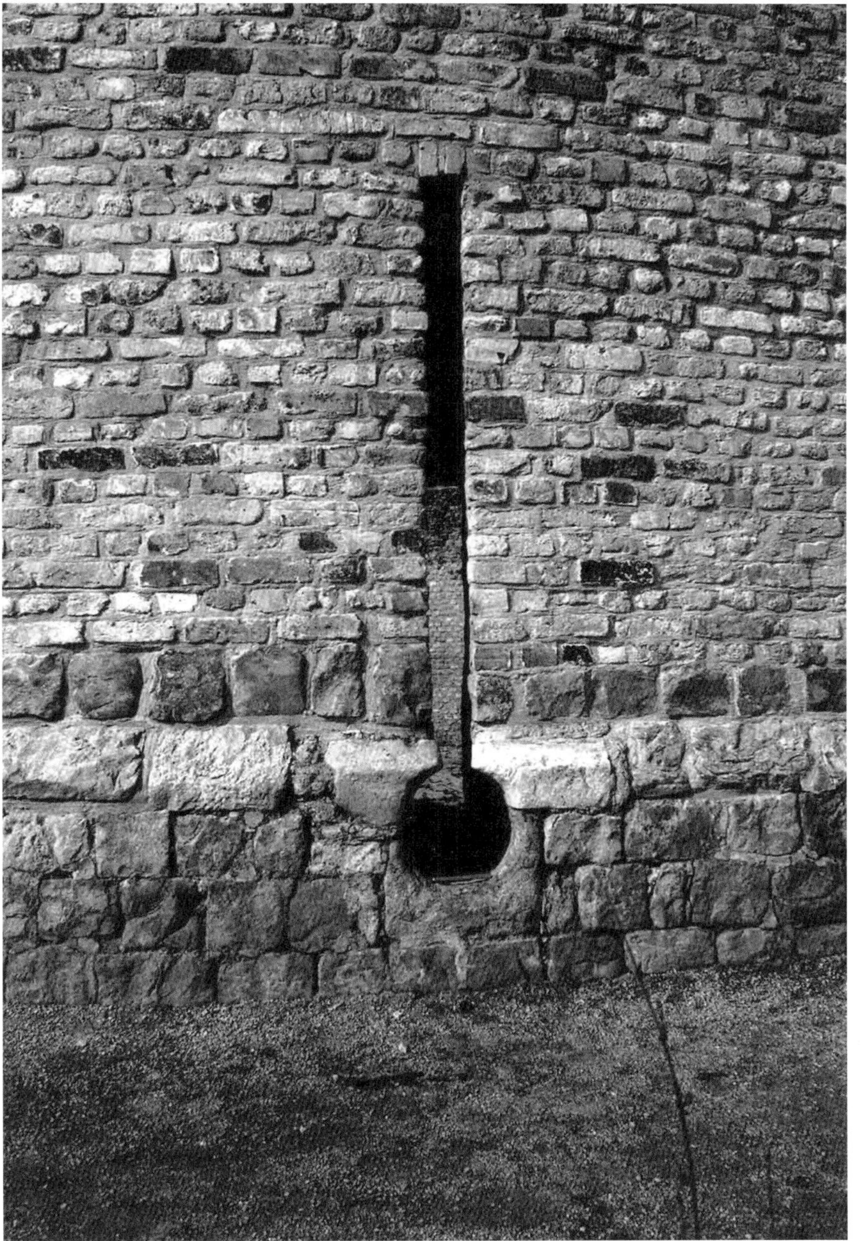

Fig. 5. Ypres, Leeuwentoren, vue extérieure d'une ouverture de tir.

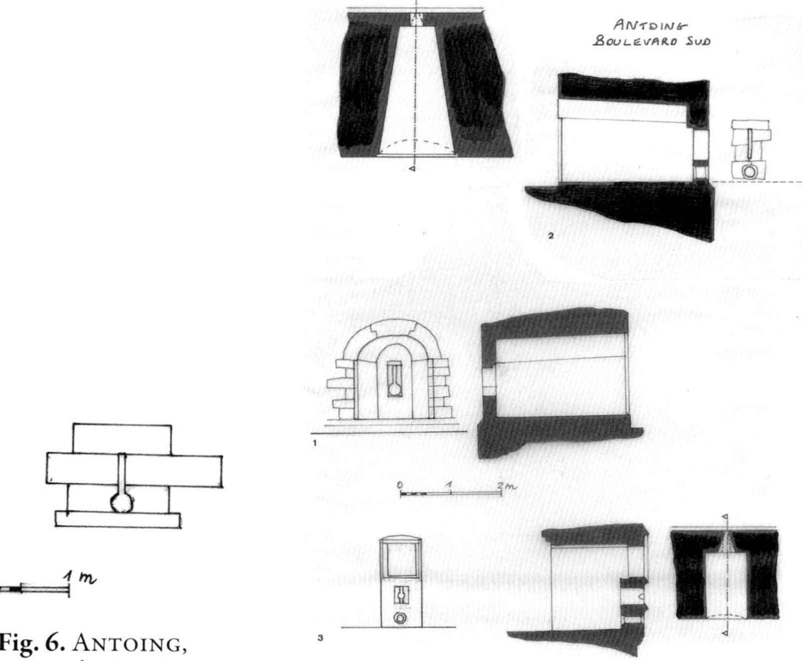

Fig. 6. ANTOING, château, relevé extérieur d'une ouverture de tir du châtelet.

Fig. 7. ANTOING, château, relevé des ouvertures de tir du boulevard.

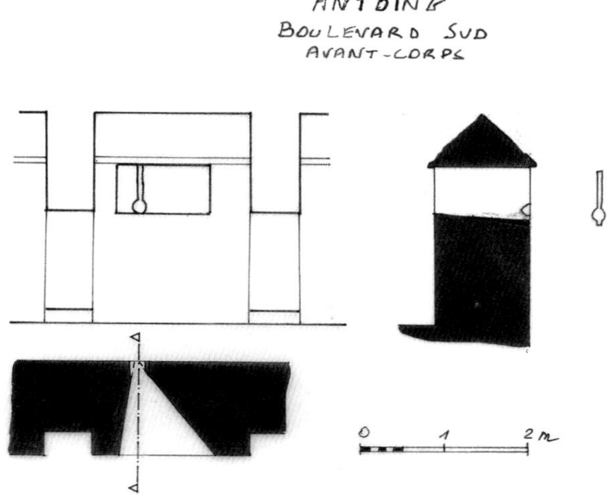

Fig. 8. ANTOING, château, relevé d'une ouverture de tir de l'étage de l'avant-corps du boulevard.

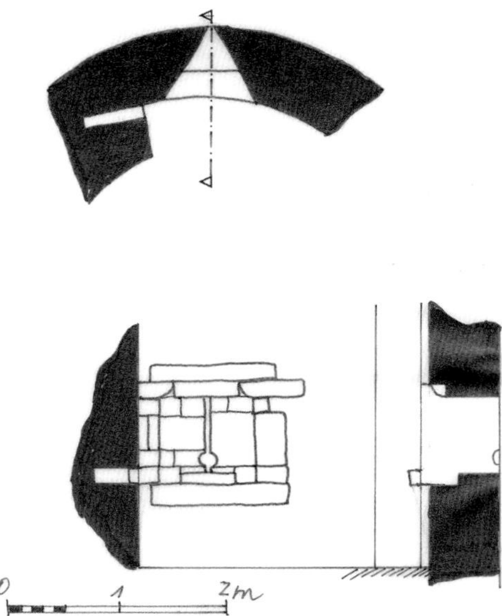

Fig. 9. Namur, Tour Sur la Rochette, relevé d'une ouverture de tir.

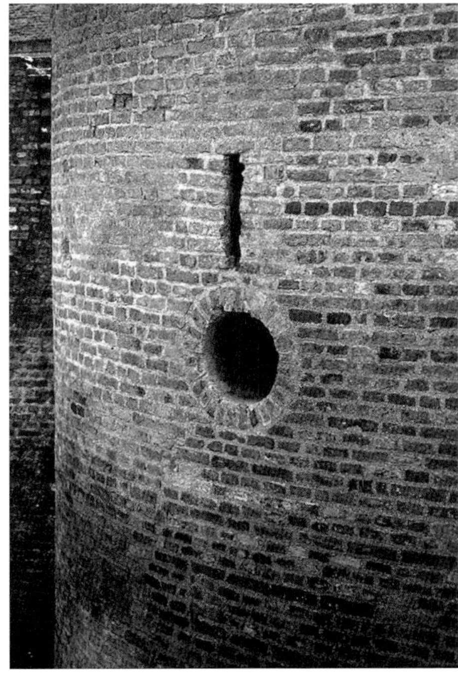

Fig. 10. Bergues, Porte de Bierne, vue intérieure d'une ouverture de tir.

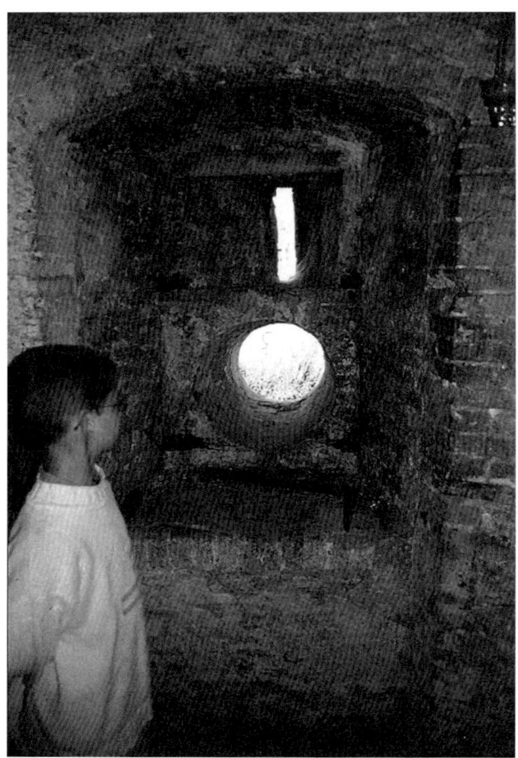

Fig. 11. Bergues, Porte de Bierne, vue intérieure de la même ouverture de tir.

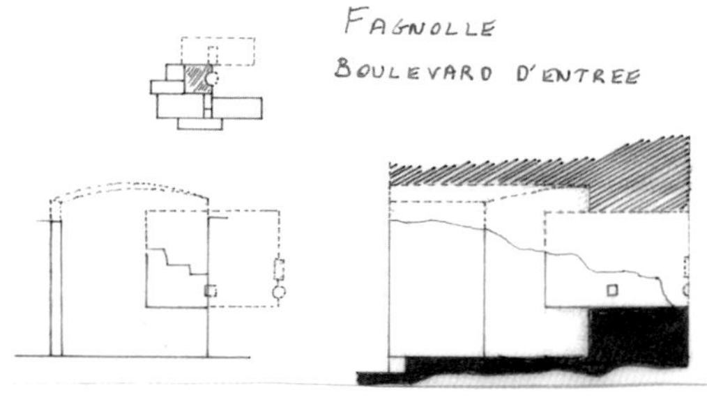

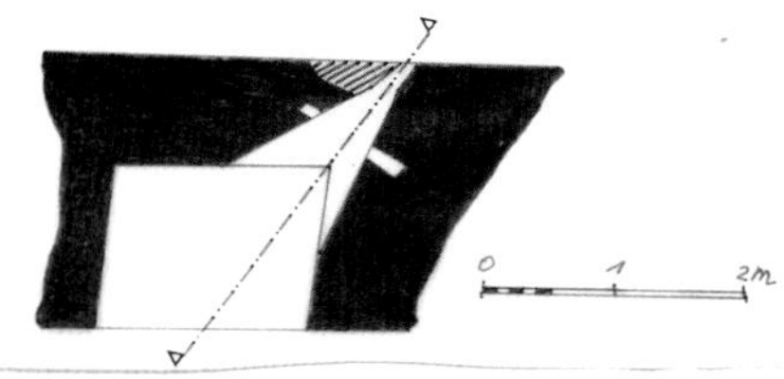

Fig. 12. Fagnolles, château, relevé d'une ouverture de tir du boulevard.

Fig. 13. Fagnolles, château, dessin du château en 1786 ; La flèche indique l'ouverture de tir du boulevard, © Collection des Amis du château de Fagnolle asbl.

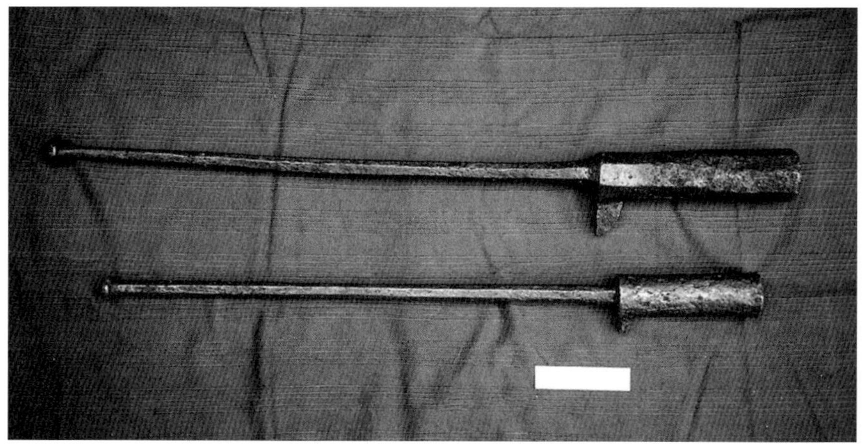

Fig. 14. FAGNOLLES, deux canons à main, © Collection des Amis du château de Fagnolle asbl.

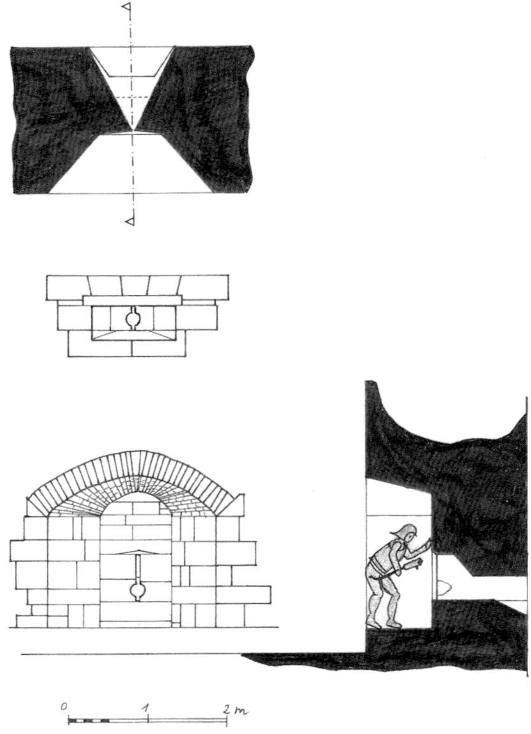

Fig. 15. BOUVIGNES, château, relevé de l'ouverture de tir dans le mur.

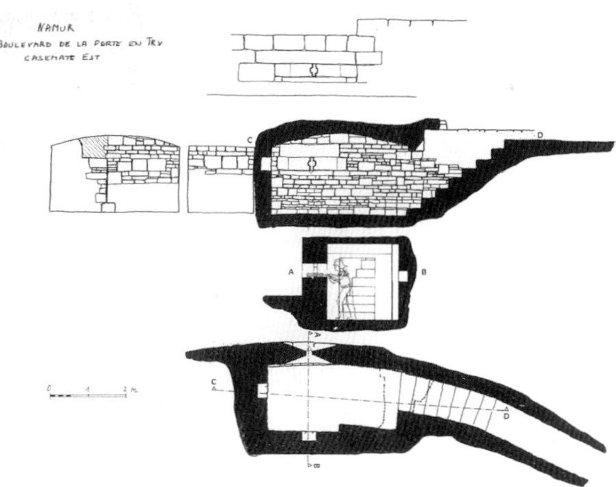

Fig. 16. Namur, Porte en Trieu, relevé de la casemate et de l'ouverture de tir du boulevard.

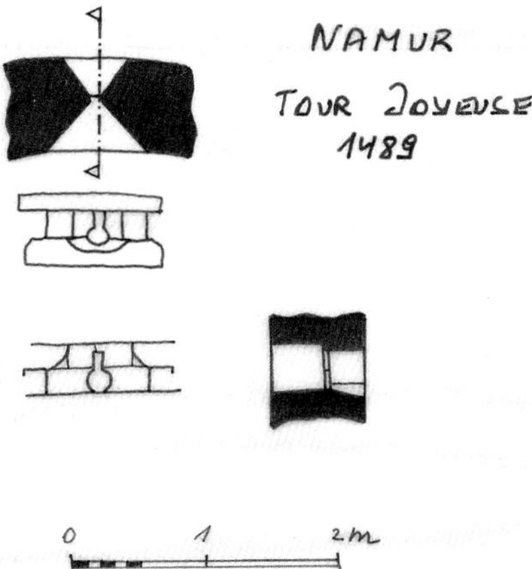

Fig. 17. Namur, Tour Joyeuse, relevé de l'ouverture de tir.

La société face aux crises des XIVe-XVe siècles

Attitudes et mesures contre la peste en pays bourguignons

Neithard Bulst
Professeur émérite de l'Université de Bielefeld

> « J'ai vu, en période d'épidémie, des patients m'apporter leurs urines et me faire tâter leur pouls ; alors que je n'avais constaté aucune forte altération, ni de l'urine ni du pouls, par rapport à l'état naturel, les uns moururent le jour même, les autres le lendemain. Un cas m'a paru encore plus étonnant et m'a davantage terrifié : j'ai vu deux hommes qui étaient venus me consulter et qui s'étaient retirés, une fois le conseil donné, mourir avant d'avoir atteint l'hôpital où ils étaient logés, alors que celui-ci n'était pas éloigné de ma demeure de plus d'un trait d'arc. Que Dieu nous libère d'une telle peste. »

Ainsi expose, dans un commentaire sur le canon du philosophe et médecin arabe Avicenne, composé dans les années 1432-1453, ses expériences personnelles concernant la peste Jacques Despars, membre d'une famille tournaisienne, médecin au service de la maison de Bourgogne, un homme qui, par son métier, avait une bonne connaissance de la question. « Son fatalisme est nourri non seulement par l'inéluctabilité des causes premières mais par la constatation d'une quasi-incurabilité de la maladie[1] » qui doit être attribué à une longue et décevante expérience au service des pestiférés.

Vers la même époque, un chroniqueur flamand, en décrivant les conséquences de la peste sur la mortalité en Flandre, exprime par une formule plus concise un sentiment de désespoir identique face aux effets immédiats, inévitables, de la maladie : *seensdaeghs was tvolc ghezont, tsanderdaeghs siec, sdaerdaegs men begroufť in der eerden*[2].

Ces deux témoignages du XVe siècle illustrent bien l'impasse dans laquelle toute la société se trouvait devant cette maladie qui, de la Peste noire des années 1347-1353 jusqu'au XVIIIe siècle, ravagea l'Europe entière, de la Méditerranée aux côtes de l'Écosse et de la Norvège et de l'Atlantique jusqu'à l'Oural.

L'omniprésence de cette affection qui fut perçue comme nouvelle et la forte mortalité qu'elle engendra, entre 20 et 75 % de la population pour la peste bubonique, 100 % dans le cas de la peste pneumonique, ne pouvait qu'effrayer les contemporains. Pour beaucoup, parmi les auteurs des chroniques et d'annales, une nouvelle époque semble avoir débuté. Ainsi, dans leurs ouvrages, ils commencèrent à compter les différentes vagues d'épidémie qui frappaient leurs villes ou leurs régions à partir de la Peste noire, à laquelle ils donnèrent le chiffre un.

Dès le début, au milieu du XIVe siècle, la doctrine officielle relève de la conception aériste de la maladie, soit une diffusion par l'air corrompu. Mais, bien que cette théorie

---

1 Cité d'après D. Jacquard, Le regard d'un médecin sur son temps : Jacques Despars (1380 ?-1458), dans *Bibliothèque de l'École des chartes* (= *BÉC*), t. 138, 1980, p. 66.

2 W. Blockmans, The Social and Economic Effects of Plague in the Low Countries 1349-1500, dans *Revue belge de Philologie et d'Histoire*, t. 58, 1980, p. 856.

Pour la singuliere affection qu'avons a luy. *Études bourguignonnes offertes à Jean-Marie Cauchies*, sous la direction de Paul Delsalle, Gilles Docquier, Alain Marchandisse et Bertrand Schnerb, Turnhout, 2017 (*Burgundica* 24), p. 75-82.
 DOI 10.1484/M.BURG-EB.5.113906

des miasmes, grâce à l'autorité d'Hippocrate, soit la seule officiellement admise, il y a déjà, aux XIVe et XVe siècles, des voix, et parmi elles celle de Jacques Despars, qui défendent, dans leurs écrits, à côté de la contagion par l'air, la thèse de la contamination. Selon elle, tout contact avec un objet et, plus encore, avec des vêtements de pestiférés, avec un être vivant ou mort, homme ou animal, imprégnés d'air corrompu peut causer la maladie[3] – une thèse qui subit probablement l'influence des auteurs arabes. Ce n'est qu'au milieu du XVIe siècle que tous ces concepts changèrent. Il est alors prouvé que l'apparition de la peste, dans telle ou telle ville, est due à un contact déterminé avec un élément extérieur. Nonobstant, la conception aériste reste vivace, surtout dans la population. La société d'Ancien Régime sera caractérisée par la lutte permanente contre la peste, une affection qui, dans un cycle irrégulier et imprévisible, disparaît et réapparaît, et se manifeste parfois par une mortalité considérable et de longue durée, parfois par une légère augmentation du taux de mortalité.

Cette lutte a été menée sous des formes multiples par les autorités laïques et ecclésiastiques, ainsi que par les individus, les pestiférés ou ceux qui essayaient d'y échapper.

Les questions que je veux aborder ici sont les suivantes : quelles furent les mesures prises contre la peste et quelles furent les réactions, les résistances et les obstacles auxquels elles se heurtèrent ?

L'intérêt principal d'une recherche portant sur la lutte contre la peste ne réside pas uniquement, à mon avis, dans les réponses obtenues aux questions relatives aux mesures, attitudes et réactions face à la maladie, mais aussi dans le fait qu'elle nous permet d'aborder un ensemble très large de questions importantes sur la société et l'État d'Ancien Régime. Par sa persistance et le danger mortel qu'elle continuait de représenter, cette affection fut un défi permanent durant environ quatre siècles. Les épidémies de peste et les réactions qu'elles ont provoquées nous offrent donc la possibilité d'opérer des études comparatives sur l'impact des mesures prises par les autorités, sur leurs succès et leurs échecs dans le domaine de l'hygiène, de la protection et de la prévention, mais aussi – ce qui est peut-être plus intéressant – sur les questions de transmission du savoir, sur sa rapidité, voire sur les facteurs qui accélèrent et ceux qui ralentissent le processus d'innovation et de progrès.

Le concept de rationalisation, qui d'après Max Weber, est le caractère distinctif de l'État moderne, pourrait être vérifié par une étude de la lutte contre les épidémies – contre celles qui provoquèrent des hécatombes de morts à l'intérieur des villes et des territoires ou contre celles dont on avait entendu parler et qui menaçaient d'approcher et de se répandre. La même remarque peut être faite à propos du concept de déchristianisation qui aurait pris forme à partir du XVIe siècle. Les changements ou non des mesures d'ordre religieux prises pour lutter contre la peur de la peste et d'une mort subite pourraient être interprétés comme des indicateurs pour valoriser ou falsifier ce concept en incluant une comparaison entre territoires catholiques et protestants. Mais seules des études comparatives qui couvrent des périodes longues et des aires géographiques assez larges pourraient permettre d'aboutir à des résultats valables sur ces problèmes.

Pendant de longues années, les chercheurs ont été intrigués par l'hypothèse de Hans van Werveke[4] selon laquelle la Flandre et les Pays-Bas ont relativement peu souffert de la Peste noire. Pourtant, dans des études réalisées au cours des années 1970 et 1980,

3 Jacquart, Le regard, p. 66.

4 H. van Werveke, De Zwarte Dood in de Zuidelijke Nederlanden (1349-1351), dans *Medelingen van de Koninklijke Vlaamse Academie voor Wetenschappen, Letteren en schone Kunsten van België, Klasse der Letteren*, t. 12/3, 1950, p. 3 s.

G. Despy[5], G. Maréchal[6] et W. Blockmans[7] ont entre autres montré que ni le roman pays de Brabant, ni le Hainaut, ni la Flandre n'ont échappé à une maladie qui y est arrivée probablement en 1349 et a fait des victimes jusqu'en 1352. L'hypothèse de H. van Werveke était d'autant moins plausible que ces régions constituaient quasiment des lieux idéaux pour une large propagation de l'affection ; d'abord par la présence d'une population très dense et ensuite en raison de leur situation géographique, partiellement côtière, où circulaient des marchands du monde entier, dont les bateaux véhiculaient des pestiférés, des rats et des puces, ce qui contribua beaucoup à la diffusion de la peste.

Reste à savoir pourquoi il y a relativement peu de sources directes qui nous informent sur cette première épidémie. Les sources indirectes à partir desquelles on a essayé de mesurer les effets de la mortalité sont des nécrologes, des dénombrements de foyers, des registres de tutelle, des comptes de revenus, de production agraire, de ventes, des séries de prix, etc. Ces documents nous laissent plus ou moins entrevoir, en comparant les années normales avec celles de peste, que celle-ci a causé de graves perturbations dans les activités économiques et qu'elle a provoqué une mortalité anormale. Mais, dans beaucoup de cas, il est impossible d'être très affirmatif sur l'ampleur des pertes réelles. D'après ce que nous savons maintenant, la mortalité fut beaucoup moins sévère en Angleterre par exemple, où l'on estime le taux de mortalité à entre 30 et 35 %, avec des variations, selon les régions, de 25 à 55 %[8]. Cette mortalité relativement faible, si toutefois les sources conservées ne nous trompent pas, reste difficile à expliquer.

Ailleurs, nous sommes mieux informés. Le registre paroissial du petit village bourguignon de Givry[9] – une source quasiment unique pour cette époque – nous fait connaître toute l'ampleur de la catastrophe. Au cours des années normales, avant la peste, le nombre de morts était en moyenne de dix-neuf. En 1348, année de peste, le curé dut enregistrer la mort de 649 paroissiens et paroissiennes. L'enregistrement s'arrête subitement le 19 novembre de cette année-là, jour où, probablement, le curé lui-même est mort de la peste. Les vers célèbres concernant Nuits, autre petit village bourguignon : « En mil trois cent quarante et huit / À Nuits, de cent restèrent huit[10] », peuvent être interprétés comme un témoignage de la terreur causée par la Peste noire, même si un taux de mortalité de 92 % est certainement exagéré.

Si, du point de vue démographique, en ce qui concerne les pertes humaines, en Flandre et dans les Pays-Bas, la propagation de la Peste noire fut moins importante que celle qui sévit en Bourgogne, il en alla différemment dans les années qui suivirent. À partir des années 1350 jusqu'à la fin du xve siècle, seize grandes épidémies, chacune d'une durée de deux à cinq années, ont ravagé ces régions[11]. Tous les dix ans environ, la société se trouva confrontée à une nouvelle crise de la mortalité. Au xvie siècle, cette situation resta structurellement la même. Mais, pour être clair, la réapparition de la maladie dans un intervalle d'environ dix ans constitue uniquement une valeur statistique. En réalité, il n'y avait pas de régularité dans la réapparition des épidémies de

5 G. Despy, La « grande peste noire de 1348 » a-t-elle touché le roman pays de Brabant, dans *Centenaire du seminaire d'histoire médievale de l'Université libre de Bruxelles 1876-1976*, Bruxelles, 1977, p. 195-217.

6 G. Maréchal, De Zwarte Dood te Brugge (1349-1351), dans *Biekorf*, t. 80, 1980, p. 377-392.

7 Blockmans, The Social and Economic Effects, *passim*.

8 O. J. Benedictow, *The Black Death, 1346-1353. The Complete History*, Woodbridge, 2004, p. 123 s.

9 P. Gras, Le registre paroissial de Givry (1334-1357) et la peste noire en Bourgogne, dans *BÉC*, t. 100, 1939, p. 295-308.

10 Y. Renouard, Conséquences et intérêt démographiques de la peste noire de 1348, dans *Population*, t. 3, 1948, p. 461.

11 Blockmans, The Social and Economic Effects, p. 851 s.

peste, à la différence par exemple de celles de variole. Deux auteurs allemands décrivent très bien le caractère irrégulier de l'apparition de la maladie. Le franciscain Henri Taube († 1364) compare, dans sa chronique, le mouvement de la peste à un serpent qui frappe et tue ici et là : *serpentino more*. Le chroniqueur Henri de Herford, de son côté, compare la peste à une figure du jeu d'échecs qui saute ici et là mais qui revient et bat aussi les pièces qui avaient été épargnées dans un premier temps.

Si l'on essaie de classifier les mesures prises contre la peste, pour faire face aux conséquences sociales et économiques de la mortalité, on peut distinguer des mesures défensives d'une part, des mesures prophylactiques d'autre part.

Les mesures défensives visent trois objectifs. Il s'agit tout d'abord de protéger les individus encore sains, ensuite de lutter contre les conséquences réelles et possibles, sociales et économiques, et finalement d'aider les malades. Le secours dû aux pestiférés figure donc au bas de la hiérarchie.

Mais, avant de passer aux décisions prises par les autorités laïques et ecclésiastiques, il convient d'au moins mentionner deux phénomènes liés à la Peste noire et qu'on peut ranger parmi les mesures prophylactiques : les persécutions des juifs, soupçonnés d'avoir empoisonné les puits et d'être des semeurs de peste. L'abbé de Saint-Martin de Tournai Gilles li Muisit nous raconte, dans un chapitre de ses *Annales*, l'extermination des juifs à Bruxelles[12]. Si ces persécutions peuvent être comprises comme une mesure de prophylaxie qui anticipa souvent la peste, le mouvement des flagellants qui devança dans beaucoup d'endroits également les premières manifestations de peste est né de l'idée que seule une pénitence publique pouvait sauver la population, dans la mesure où la maladie était considérée, par eux comme par les autorités ecclésiastiques et laïques, comme une punition de Dieu. En août-septembre 1349, les flagellants arrivèrent dans les Pays-Bas et y comptèrent beaucoup d'adeptes, en ce compris parmi les membres du haut clergé. Les sources flamandes, qui mentionnent des troupes de 100 000 et même 800 000 flagellants, exagèrent sûrement, mais elles confirment sans le moindre doute qu'il s'agissait d'un mouvement d'une énorme influence dans les Pays-Bas, ce qui explique peut-être aussi que, même après leur interdiction officielle par le pape Clément VI, en octobre 1349, ils se maintinrent dans la région, de sorte que l'interdiction dut être renouvelée, à Tournai, en 1351.

À propos des conséquences immédiates de la Peste noire, qui exigeaient quasiment une réaction rapide des autorités, Gilles li Muisit nous livre une description de la situation de la main d'œuvre : « D'autres voulaient avoir des salaires excessifs pour leur travail. Ainsi, dans beaucoup de régions, les vignes et les terres ne pouvaient pas être labourés[13]. » Pour expliquer cette situation, il se réfère à bon escient à la chute démographique. La législation anglaise à cet égard est bien connue. Le fameux « Statute of labourers » de 1351 fixait les prix et les salaires au niveau d'une année normale, c'est-à-dire précédant la peste, afin que la main d'œuvre ne profitât pas trop de ce « siècle d'or des travailleurs », selon l'expression de Wilhelm Abel[14]. En février 1351, le roi de France fit enregistrer une ordonnance ayant les mêmes desseins. Mais, dans les Pays-Bas, les autorités ne pouvaient pas non plus rester inactives[15]. En Bourgogne, les

12 Gilles li Muisit, *Chronique et Annales (1272-1352)*, éd. H. Lemaître, Paris, 1906, p. 224 s.

13 *Ibid.*, p. 268.

14 J.-P. Sosson, Les xive et xve siècles. Un âge d'or de la main d'œuvre. Quelques réflexions à propos des anciens Pays-Bas méridionaux, dans *Aspects de la vie économique des pays bourguignons*, éd. J.-M. Cauchies, *Publication du Centre européen d'Études bourguignonnes (xive-xvie s.)*, t. 27, 1987, p. 17-38, qui pourtant ne trouve pas des arguments pour soutenir cette hypothèse dans la longue durée.

15 H. Dubois, Peste noire et viticulture en Bourgogne et en Chablais, dans *Économie et Sociétés au Moyen Âge. Mélanges offerts à É. Perroy*, Paris, 1973, p. 434.

salaires furent taxés et bloqués dès 1350, une mesure qui fut maintenue jusqu'au début de l'année 1352[16]. La hausse des salaires, en 1349, attribuée à la mortalité, pouvait ainsi être rattrapée. Assez tard, en 1354 seulement, la comtesse de Hainaut, Hollande et Zélande, dame de Frise, Marguerite II d'Avesnes, fixa, pour la même raison, les prix des draps et les salaires[17]. Pour les gages, elle établit un tarif maximum qui ne pouvait être dépassé. Les salaires des femmes qui aident à la fenaison furent fixés comme ceux des faucheurs, des maîtres-charretiers, des maîtres-bergers, etc.

Ces mesures eurent des effets variables. Pour la Bourgogne, où les salaires dans les vignes stagnaient et tombaient même au-dessous du niveau qui était le leur avant l'épidémie de peste[18], l'on constate un certain succès. Il n'en fut pas de même pour le Hainaut. Dans le sud du comté, région qui fut la plus éprouvée par la peste, on constate une augmentation constante des salaires[19]. De même, en Hollande, où, en 1354 encore, les salaires montaient en flèche.

À côté de ces mesures pour lutter contre les effets économiques de la peste, nous découvrons également, dès le début, des décisions d'ordre moral et psychologique qui ne sont pas moins importantes et qui s'avéreront plus efficaces encore par la suite, en-dehors des périodes de peste, comme moyen de contrôle de la discipline sociale. Gilles li Muisit énumère, dans ce contexte, l'interdiction du concubinage, combiné avec l'appel au mariage, celle de s'habiller en vêtement de deuil et de sonner les cloches lors des enterrements, de dîner trop somptueusement après ceux-ci, de s'adonner aux jeux de dés, etc.[20]. Tout cela est établi au nom du bien public. Par ces mesures, les autorités expriment leurs préoccupations pour la morale publique. L'interdiction de porter le deuil et de sonner les cloches, mesures qui seront couplées avec l'ordre de ne procéder aux enterrements que durant la nuit et d'essayer d'amoindrir le bruit des charrettes qui transportent les morts aux cimetières en enveloppant les roues avec des draps, tel qu'il apparaît à Beaune ou à Dijon, ont pour but de cacher le mieux possible les vraies dimensions de la mortalité. Ce genre de mesures se modifiera peu pendant des siècles.

Mais, quand le danger eut disparu, quand la peste eut quitté la ville, certaines de ces prescriptions tombèrent en désuétude. Ainsi, les magistrats, qui ont besoin d'argent, révoquent l'interdiction de la prostitution, du jeu, etc. Une attitude très répandue au temps de la peste mérite d'être mentionnée ici : éviter d'en parler pour ne pas avoir à en subir les conséquences. C'est pourquoi beaucoup d'ordonnances ont été rédigées sans aucun doute en raison de la peste, tout en n'en parlant pas ou vaguement.

Je ne m'attarde pas ici sur les processions organisées par l'Église, sur les fondations pieuses qui prolifèrent en temps de peste, sur les saints qui vont être implorés, en particulier saint Sébastien, saint Roch et saint Christophe, sur les prières contre la peste, qui apparaissent en nombre dans les manuscrits médiévaux, ou sur le souci des testateurs quant à leur sépulture[21]. On en trouve dans chaque ville et pendant toute la période qui nous occupe ici. Il suffira de mentionner, par exemple, le Livre d'heures de la duchesse Marie de Bourgogne (1477), où l'on trouve des prières contre la mort provoquée par

---

16 *Ibid.*, p. 436.

17 *Cartulaire des comtes de Hainaut, de l'avènement de Guillaume II à la mort de Jacqueline de Bavière*, éd. L. Devillers, t. 1, Bruxelles, 1881, p. 410 s.

18 Dubois, Peste noire, p. 435.

19 Blockmans, The Social and Economic Effects, p. 848.

20 Gilles li Muisit, *Chronique et Annales*, p. 255 s.

21 S. K. Cohn jr, The place of the Dead in Flanders and Tuscany. Towards a Comparative History of the Black Death, dans *The Place of the Dead. Death and Remembrance in Late Medieval and Early Modern Europe*, éd. B. Gordon, P. Marshall, Cambridge, 2000, p. 17 s.

la peste adressées à saint Christophe et à saint Sébastien[22]. Mais, comme le remarque avec résignation Gilles li Muisit : *Cessante autem tempestate cessavit etiam peregrinatio et devotio*[23].

Autre élément méritant notre attention : la peste représentait un défi tout à fait particulier pour l'Église, pour l'institution et pour ses représentants. D'un côté, la peur de la maladie favorisait le retour de nombre de ceux qui s'étaient éloignés de l'Église, lesquels profitaient désormais des fondations et donations testamentaires des pestiférés. De l'autre, la population s'attendait en revanche à un comportement exemplaire de la part des prêtres et des curés, des religieuses, etc., et à leur soutien matériel et spirituel. Mais, souvent, leurs espoirs furent déçus. Les membres du clergé, comme tout le monde, s'enfuyaient et laissaient mourir les pestiférés sans leur avoir administré les sacrements ou bien ils confiaient cette tâche à des personnes incapables. Par exemple, à Mons, deux prêtres refusèrent de s'occuper des pestiférés[24]. Les autorités laïques durent même parfois rappeler leurs devoirs aux prêtres. Le conflit entre la ville de Soignies et les sœurs grises, qui refusaient en 1556 de recevoir les pestiférés dans leur hôpital et de les soigner, est représentatif à cet égard.

Les pouvoirs laïques, tout spécialement les corps des villes, étaient particulièrement soumis à la menace permanente que représentait la peste. Leur autorité était en jeu. Comme ils ignoraient les causes de la mortalité, qu'ils ne pouvaient donc pas lutter efficacement contre la maladie, ils ne pouvaient que réagir et envisager des mesures prophylactiques. Cette lutte est caractérisée par l'hétérogénéité des décisions prises et par les résistances auxquelles elles se heurtèrent parmi la population. Ceci est vrai pour tout ce qui concerne l'hygiène et la voirie ainsi que pour la séquestration des malades. On ne sait pas très bien si les peines sévères qui étaient infligées aux contrevenants étaient réellement appliquées. Mais les transgressions devaient être fréquentes. Dans la mesure où l'on soupçonnait que les conditions malsaines contribuaient fortement à la propagation de la peste, on imposa aux habitants le nettoyage régulier des rues, on interdit d'y nourrir les porcs, de polluer les puits et les abreuvoirs, de jeter des ordures dans les rues, de vider les pots de chambre par la fenêtre et donc de souiller les rues par les matières fécales – apparemment sans grand succès. Jusqu'au XVIIe siècle, les prescriptions restent identiques. À Dijon, l'interdiction d'uriner sur le mur de la Chambre des comptes dut être renouvelée à huit reprises entre 1415 et 1520 et ces mesures se poursuivirent après.

La législation d'Anvers contient également nombre d'interdictions de ce type[25]. Les règlements prescrivant l'amélioration des conditions d'hygiène, qui, d'ailleurs, pour des raisons déjà mentionnées, n'évoquent que rarement leurs vrais desseins, en l'occurrence la lutte contre la peste, sont accompagnés par tout un catalogue de mesures à caractère purement défensif. L'on y trouve pratiquement partout des injonctions quant à l'isolement des malades, l'interdiction de tout contact avec eux et de récupération de leurs vêtements ou de leurs meubles, des mesures de désinfection qui vont jusqu'à brûler les maisons des pestiférés, de stigmatisation des malades, de leurs maisons et de toutes les personnes en contact avec les malades ou les morts, soit les médecins, les chirurgiens, les fossoyeurs, les membres de leurs familles et toutes les personnes qui

22 *Das Stundenbuch der Maria von Burgund, Codex Vindobonensis 1857 der Österreichischen Nationalbibliothek*, éd. F. Unterkircher, Graz, 1963, fol. 117r-119v.

23 Gilles li Muisit, *Chronique et Annales*, p. 258.

24 J.-M. Cauchies, Une épidémie de peste à Mons en 1468/69, dans *Annales du Cercle archéologique de Mons 1973-75*, t. 69, 1975, p. 218.

25 A. F. C. van Schevensteen, *Documents pour servir à l'étude des maladies pestilentielles dans le marquisat d'Anvers jusqu'à la chute de l'ancien Régime*, 2 vol., Bruxelles, 1931, *passim*.

vivent avec eux ou qui les soignent. Beaucoup de ces mesures furent décidées sur le conseil des médecins.

Parmi ces choix, plusieurs éléments sont caractéristiques. Tout d'abord, l'on constate, dans ce domaine, un certain retard de l'Allemagne et de la France par rapport aux villes d'Italie du nord, même si l'on doit bien constater que les Bas-Pays bourguignons dépassent de loin les villes de la France du nord[26]. Ici comme en Allemagne, ce n'est que dans la deuxième moitié du xve siècle que cette législation se développera et que les efforts des autorités en ce sens vont s'intensifier. Ce sont surtout les frais encourus qui font hésiter les autorités à construire de véritables hôpitaux pour les pestiférés. Le cas de Dijon n'est pas unique en la matière. Déjà dans les années 1418 et 1420, pendant une grave épidémie de peste, on logeait des pestiférés dans des cabanes de bois réservées à cette fin. Mais ce n'est qu'en 1543 qu'on construisit sur une île dans l'Ouche un hôpital des pestiférés qui disposait même de loges pour une seule personne. Bruges dispose dès 1461 d'un hôpital spécialisé. En ce qui concerne le recrutement de médecins, de nouveau ce sont les frais que cela suscite qui empêchent les autorités de payer un praticien permanent. L'on préfère embaucher un médecin actif en temps de peste et limogé dès que l'épidémie est terminée.

Toutes ces mesures visaient en principe à une protection des lieux sains, à empêcher une extension de la maladie dans des endroits qui n'étaient pas encore infectés. À cette fin, on contrôlait les portes de la ville, on interdisait l'importation d'aliments provenant des régions contaminées – ainsi, par exemple, en 1489, l'importation du pain de Bruxelles était défendue à Anvers parce que l'on croyait Bruxelles contaminé par la peste. Des certificats de santé devaient permettre une décision plus fondée sur ceux qui venaient d'ailleurs. À Anvers, on en trouve déjà en 1514. Mais, à Dijon, il faut attendre la fin du xvie siècle pour qu'une telle règlementation soit introduite et ce n'est qu'en 1628 qu'on peut parler d'une pratique vraiment établie. Compte tenu d'un tel décalage, l'on se fait sans problème une idée de l'inefficacité d'un tel système. Mais ce n'est pas par pur hasard si une ville prend une décision de ce genre plusieurs dizaines d'années avant une autre, décision tardive qui empêche une vraie concentration de tous les efforts pour un espace plus large. Ici aussi, des raisons économiques jouent. Par peur des conséquences négatives pour les relations commerciales, les autorités sont souvent plus enclines à dissimuler la contamination de leur ville par la peste que d'en avertir les villes voisines. Cette tendance à cacher la présence de la maladie apparaît aussi chez les malades qui, naturellement, veulent éviter les conséquences prévues, c'est-à-dire la séquestration, l'expulsion de la ville, l'interdiction de circuler et l'hospitalisation avec les autres pestiférés ce qui diminue encore davantage leurs chances de survie. Une ordonnance anversoise de 1472 renforce les règlements déjà en vigueur et critique cette attitude : « Comme il est arrivé à la connaissance du Seigneur et de la Ville que certaines personnes habitant dans des maisons où des personnes sont mortes de l'"Haestige siekte" ou pestilence, circulent publiquement tant à l'église Notre-Dame que dans d'autres hospices et couvents sans porter ostensiblement la verge blanche dont le port avait été ordonné en d'autres temps, qu'au contraire elles la cachent sournoisement sous d'amples capes et manteaux et se rendent ouvertement au marché au beurre, à la maison des bouchers, au marché aux poissons et en d'autres endroits pour y acheter les marchandises et victuailles au grand péril et souci de la communauté[27]. »

---

26 N. Murphy, Plague Ordinances and the Management of Infectious Diseases in Northern French Towns, *c.* 1450-*c.* 1560, dans *Society in an Age of Plague*, éd. L. Clark, C. Rawcliffe, Londres, 2013, p. 142.

27 Van Schevensteen, *Documents*, t. 2, p. 56.

On peut se demander si une déclaration obligatoire, telle celle que l'on trouve à Dijon au début du XVIe siècle et qui aboutit au règlement de 1547 selon lequel chaque malade doit annoncer sa maladie dans les 24 heures, sous peine de confiscation de corps et de biens, a été vraiment appliquée. Le fait qu'un office a été créé pour découvrir les malades cachés nous en fait douter.

L'on imagine sans peine que les épidémies de peste ont dû fortement influencer le climat social. Le clivage entre riches et pauvres devait encore se trouver renforcé. Les couches supérieures de la société pouvaient fuir face à la peste ou mettre leurs familles à l'abri. Très éclairante est cette lettre de 1414 dans laquelle la duchesse Marguerite de Bavière déclare aux maire et échevins de Dijon, où la peste s'est répandue, qu'il est interdit à quiconque de quitter la ville pour Auxonne où elle s'est retirée avec ses enfants[28]. Les plus aisés pouvaient profiter des services de médecins ou parfois encore d'une législation spéciale, etc. Mais les plus défavorisés étaient les pauvres étrangers, tenus pour des boucs-émissaires, à l'instar des juifs du temps de la Peste noire.

En conclusion, j'aimerais tout d'abord souligner que l'expérience de la peste, le défi permanent de la société vis-à-vis de cette maladie, a engendré bien moins d'innovations qu'on peut le penser. On constate un certain progrès de la médecine. Les praticiens ont pu approfondir leur connaissance du corps humain grâce aux autopsies qui furent réalisées sur l'ordre des autorités laïques, qui voulaient connaître les causes du mal. Mais, cela mis à part, les changements dus à la peste sont très lents et souvent minces. L'attitude quant à l'hygiène publique a certainement changé. Mais, à la fin du XVIe siècle, malgré les efforts des autorités laïques pendant plus de deux siècles, la réalité quotidienne des rues est encore bien éloignée des règlements édictés. Apparemment, les autorités ont beaucoup de mal à les faire respecter. On peut se demander si l'on s'y est véritablement efforcé. Beaucoup de mesures de protection ont échoué ou n'ont connu qu'un succès très tardif, compte tenu notamment des embarras économiques qu'elles engendraient. Mais, malgré cela, le XVIe siècle connaît une hausse considérable des efforts réalisés dans tous les domaines pour lutter contre la peste, une lutte dont on ne sait toujours pas très bien dans quelle mesure elle a contribué à la disparition de la peste dans ces régions, dans la deuxième moitié du XVIIe siècle, et dans l'Europe de l'Ouest, dans la première moitié du XVIIIe siècle.

Même si la lutte contre la peste demeura longtemps compromise par le manque de connaissances sur la maladie, son rôle ne fut nullement négligeable. Elle fut à l'origine d'un entretien permanent de la voirie, d'une certaine médicalisation des villes et, *last but not least*, aussi d'un renforcement du pouvoir public et des compétences des corps de ville.

Même après la disparition de la peste, les mesures qui sont nées de cette expérience et les attitudes qu'elle suscita refont surface lors d'autres épidémies des XVIIIe et XIXe siècles. La lutte contre le choléra ne peut être comprise si l'on ne connaît pas celle qu'engendra la peste. Les défis de l'homme face aux maladies nouvelles parcourent l'histoire de l'humanité. L'époque moderne et contemporaine est fortement marquée par l'expérience de la peste. L'étude des mesures prises et des attitudes affectées face à la maladie nous permet de mieux comprendre des situations contemporaines, telle celle créée par une maladie récente comme le SIDA.

28 M.-H. Clément-Janin, *La peste en Bourgogne, 1349-1636*, Dijon, 1879, p. 12 s.

La nobiltà italiana alla fine del Medioevo Qualche considerazione

Giorgio Chittolini
già Professore dell'Università di Milano

0. Nelle opere che trattano della storia della nobiltà nel Medio evo europeo – intendendo nobiltà come « nobiltà territoriale » – l'Italia e in particolare l'Italia centrosettentrionale, trovano di regola uno spazio limitato[1]. Lo stesso avviene quando, si affronta, sempre in una prospettiva europea, il problema, generale, di « cosa voglia dire nobiltà », « che cosa sia la nobiltà », nei dibattiti che periodicamente si riaccendono[2]. E anche nelle trattazioni complessive della storia della società italiana, soprattutto centro-settentrionale, i ceti nobiliari, espressione della nobiltà territoriale, trovano scarso peso.

Alcune ricerche intorno a questo tema sono uscite in questi anni[3] ; e in particolare Christine Shaw, con l'intento dichiarato di colmare una lacuna significativa, ha pubblicato un volume che si propone di dare un quadro complessivo, per il periodo fra la metà del Quattrocento e la metà del Cinquecento, della « nobiltà militare[4] », come ella la definisce : del ceto dei « castellani », ovvero dei signori di castelli di terre e di uomini, che di questo potenziale sanno valersi – negli scontri locali, o in più impegnative

1 J. Dewald, *The European Nobility, 1400-1800*, Cambridge, 1996 ; M. L. Bush, *Noble Privilege*, New York, 1983 ; *The European Nobility in the Seventeenth and Eighteenth Centuries*, ed. H. M. Scott, Londra, 1995 ; S. Clark, *State and Status. The Arise of the State and Aristocratic Power in Western Europe*, Montréal-Kinston, 1995 ; Nobilitas. *Funktion and Repräsentation des Adels in Alteuropa*, dir. O. G. Oexle, W. Paravicini, Göttingen, 1997 (in particolare J. Morsel, Die Erfindung des Adels. Zur sociogenese des Adels am Ende des Mittelalters, p. 313-375) ; H. Zmora, *Monarchy, Aristocracy and the State in Europe, 1300-1800*, Londra-New York, 2001.

2 T. Bisson, The feudal devolution, in *Past and Present*, n° 142, febbraio 1994, p. 6-42 ; S. Reynolds, *Fief and Vassals. The Medieval Evidence Reinterpreted*, Oxford, 1994 ; P. Contamine, The European Nobility, in *New Cambridge Medieval History of Europe*, ed. C. Allmand, t. 7, c. *1415*-c. *1500*, Cambridge, 1998, p. 87-105.

3 Si vedano ad esempio i saggi raccolti in *Noblesse et états princiers*, dir. M. Gentile, P. Savy, Roma, 2009 ; Id., *Seigneurs et condottières : les Dal Verme. Appartenances sociales, constructions étatiques et pratiques politiques dans l'Italie de la Renaissance*, Roma, 2013 ; *Le aristocrazie dai signori rurali al patriziato*, dir. R. Bordone, G. Castelnuovo, G. M. Varanini, Roma-Bari, 2004 ; L. Arcangeli, *Gentiluomini di Lombardia. Ricerche sull'aristocrazia padana nel rinascimento*, Milano, 2003 ; *Poteri signorili e feudali nelle campagne dell'Italia settentrionale fra Tre e Quattrocento*, dir. F. Cengarle, G. Chittolini, G. M. Varanini, Firenze, 2005 ; *Le signorie dei Rossi di Parma tra xiv e xvi secolo*, dir. L. Arcangeli, G. Gentile, Firenze, 2007 ; F. del Tredici, Nobility in Lombardy between the Late Middle Ages and the Early Modern Age, in *A Companion to Late Medieval and Early Modern Milan. The Distinctive Features of an Italian State*, dir. A. Gamberini, Leyden-Boston, p. 477-498. Di queste varie ricerche, molte delle quali comprendono anche l'area dell'Italia settentrionale, o sono ad essa specificamente dedicati, motivi che spesso emergono sono da un lato il rilievo che questo ceto ha avuto nello svolgimento delle vicende italiane : accanto alla città, ad esempio, che di quelle ricerche è stata considerata l'indiscussa protagonista. Dall'altro lato – e un po' nella stessa prospettiva interpretativa, i molti elementi che la rendono simile alla nobiltà europea e largamente comparabile con essa, per simiglianze e tratti comuni, nonostante il ruolo secondario, per così dire, che essa avrebbe esercitato nella penisola.

4 C. Shaw, *Barons and Castellans. The Military Nobility of Renaissance Italy*, Leyden-Boston, 2015, in particolare p. 1 e s. sulla esigenza di non ricondurre la storia d'Italia esclusivamente alla storia delle città, e di restituire alla « nobiltà » il ruolo che le compete.

Pour la singuliere affection qu'avons a luy. *Études bourguignonnes offertes à Jean-Marie Cauchies*, sous la direction de Paul Delsalle, Gilles Docquier, Alain Marchandisse et Bertrand Schnerb, Turnhout, 2017 (*Burgundica* 24), p. 83-89.

DOI 10.1484/M.BURG-EB.5.113907

operazioni militari, – e sono in grado di esercitare una forte influenza localmente, e di influenzare i conflitti fra le maggiori potenze e di sottolinearne il ruolo significativo.

Il quadro che ora abbiamo a disposizione dopo queste ricerche si è dunque sensibilmente arricchito. Il ceto dei castellani dei nobili rurali emerge con nuova corposità.

Non è mancato chi ha sottolineato le molte similitudini fra nobiltà italiane e nobiltà europee. A questo riguardo, tuttavia, credo occorra tener presente alcuni elementi di fondo che invitano piuttosto a porre mente alle forme particolari in cui si è venuta evolvendo la nobiltà dell'Italia del centro e del nord e a cogliere le differenze fra i diversi tipi di nobiltà.

1. Le ragioni di questo diverso sviluppo, o non sviluppo, vanno soprattutto ricercate nella grande cesura che conobbe la storia italiana, rispetto alla storia europea fra xi e xii secolo. In quella fase, in cui la nobiltà nei paesi europei si consolidava, in un nuovo rapporto con le istituzioni monarchiche, nella società italiana si determinava quella grande trasformazione che avrebbe portato all'affermazione politica delle città e alla costituzione dei grandi comuni urbani.

Per verità anche per il periodo antecedente al comune, sin dall'età post-carolingia, gli studiosi hanno sottolineato un certo grado di minorità della grande nobiltà in Italia rispetto all'Europa : per lo scarso numero e lo scarso peso di grandi principati territoriali, per la scarsa consistenza del tessuto delle minori signorie rurali[5]. Tuttavia,elemento determinante nella sua evoluzione, fu la costituzione dei comuni cittadini, che già Ottone di Frisinga negli anni centrali del sec. xii vedeva come capaci di sottomettere i nobili del loro territorio.

Si determinò allora in effetti una profonda trasformazione dei ceti di governo, con l'affermazione di ceti urbani i quali vennero a trovasi in una posizione di forza, e fecero del comune la struttura politico territoriale dominante. In un'ampia regione che comprendeva grosso modo l'Italia centrosettentrionale, sino al Lazio (con esclusione dell'area alpina), si era avuto quello speciale sviluppo dei centri urbani, che ne aveva segnato la fisionomia, e che aveva eliminato quelle forme monarchiche e principesche che continuavano a costituire le strutture dominanti di governo in Europa. Le istituzione comunali delle città divennero il luogo obbligato di passaggio per una affermazione sociale e politica : l'esercizio di funzioni di governo presuppose una nascita politica (o per lo meno un « battesimo politico ») entro la città. La scala delle preminenze politiche si delineò secondo modelli urbani appunto : di cittadinanza comunale, di partecipazione alla vita delle istituzioni urbane (e in questo contesto appunto, come ancora diremo, si svilupperà l'idea di una nobiltà specificamente cittadina). A ciò si accompagnò l'affermazione di modelli *politico-territoriali* imperniati sulle città e sui loro spazi di governo. Il territorio era visto cioè come suddiviso fra i territori delle diverse città, come una somma di contadi : un modello che non dava luogo a spazi politici occupabili da una nobiltà territoriale, spazi analoghi a quelli che troviamo in altri paesi europei. Una presenza politica signorile, nel territorio, non riuscì a trovare un inserimento istituzionale, un ruolo che fosse formalmentre riconosciuto nella « costituzione » del comune. E' vero che le fonti che ce ne offrono il quadro sono « parziali » : costituzionalmente parziali, poiché sono fonti di produzione e di provenienza cittadina, tendenzialmente ostili o indifferenti (segno peraltro anche questo del limitato peso della voce dei nobili nel mondo della società italiana) : ma molti elementi di fatto concorrono a definire questo ruolo di minorità. Vivevano sì nelle città nobili di riconoscibile tradizione « territoriale »-rurale, attirati nei centri urbani dalla stessa espansione comunale, definiti spesso come potenti, come « magnati », ne veniva anzi riconosciuta la potenza : ma li si identificava, in negativo, come parte di un ceto « magnatizio » da disciplinare

5 P. Cammarosano, *Uomini e re. L'Italia politica dell'alto medioevo*, Roma-Bari, 1998.

e moderare politicamente, (con una legislazione antimagnatizia appunto), quando non da allontanare, anche fisicamente, dalla città, dal comune e dalle sue istituzioni. Per la maggior parte tuttavia gli antichi *domini* territoriali vennero a trovarsi « integrati » nel mondo cittadino. Immigrati in città, si immisero nel crogiuolo urbano, partecipando insieme agli altri *cives* alla vita del comune (con un ruolo anzi spesso emergente, per la loro capacità di *leadership*) ; e spesso non rimase nemmeno la memoria delle loro origini signorili. Altri *domini*, restati nel contado, videro indebolirsi progressivamente, e spesso venir meno le loro prerogative e la loro fisionomia. Personaggi che possiamo riconoscere come appartenenti ad antichi ceppi nobiliari, come eredi di famiglie anche di rango comitale, sono indicati nelle fonti della fine del Medioevo alla stregua di semplici privati, senza che fosse ricordato la loro origine o il loro titolo.

2. Questi modelli di organizzazione territoriale non mutarono nelle loro linee di fondo nel periodo successivo all'età comunale, il periodo che vide l'avvento delle signorie cittadine e dei principati[6]. La repubblica fiorentina si distinse per la sua lotta contro i signorotti del territorio, duramente contrastati, relegati via via verso il crinale dell'Appennino e progressivamente spossessati. In Lombardia, nel periodo di aspra conflittualità dei secoli XIII-XIV, sembrò allentarsi il controllo urbano sul territorio, e sembrarono acquistare un rilievo rinnovato coloro che possedevano castelli nel contado, che potevano contare su uomini fedeli[7]. In questa lunga fase riconosciamo qua e là, su spazi anche abbastanza ampi, nuclei e addensamenti signorili, con la capacità e la volontà, da parte di alcuni, di lottare duramente per la difesa delle loro prerogative giurisdizionali, fiscali. Ancora nei primi decenni del Quattrocento – gli anni della crisi dello stato milanese dopo la morte di Gian Galeazzo – si può constatare anzi nella regione una recrudescenza della conflittualità : nei periodi di guerra guerreggiata, di « pace rotta », di difficoltà dei principi a mantenere il controllo sui loro territori, si facevano avanti piccoli signori locali con rivendicazioni di autonomia e di autorità, con l'ambizione di conservare i loro castelli e anzi ampliare i loro domini. Ciò è evidente soprattutto nell'Emilia occidentale e nell'arcata appenninica che ne costituiva la dorsale, un area che costituiva politicamente nel quadro italiano una sorta di vuoto di potenza, e che si trovava al centro degli scontri fra gli stati maggiori ; qui numerose erano le famiglie di piccoli signori locali insediati saldamente nel territorio, con i loro castelli, con il consenso e l'appoggio dei loro *homines* e dei loro fedeli[8].

Questi signori tuttavia nel complesso della società politica, costituivano una parte minoritaria e complessivamente marginale rispetto a un sistema politico territoriale che continuava a essere imperniato sulle città e sulle aristocrazie cittadine : una parte minoritaria non solo poco diffusa, ma diffusa in maniera non uniforme nell'insieme del territorio italiano, con caratteristiche diverse nelle diverse regioni per le diverse situazioni in cui veniva a trovarsi di fronte all'autorità dei principi e delle città dominanti[9]. Mancava infatti – da parte del principe o della città dominante – il riconoscimento ai *domini* del contado di uno *status nobiliare* comune a tutti, uno *status* a cui questi signori collettivamente appartenessero. Non è possibile per l'Italia redigere elenchi di nobili, come risulta

---

6 G. Chittolini, Signorie e feudi alla fine del Medioevo, in *Comuni e signorie. Istituzioni, società e lotte per l'egemonia*, Torino, 1981, p. 589-676.

7 Si è parlato a questo proposito di « scollamento del contado » : A. I. Pini, Dal comune città-stato al comune ente amministrativo, in *Ibid.*, p. 496 s.

8 Cf., a questo proposito, A. Gamberini, *La città assediata. Potere e identità politiche a Reggio in età viscontea*, Roma, 2002 ; M. Gentile, *Terre e poteri. Parma e il Parmense nel ducato visconteo all'inizio del Quattrocento*, Milano, 2001 ; Id., *Fazioni al governo. Politica e società a Parma nel Quattrocento*, Roma, 2009.

9 Shaw, *Barons and Castellans*.

possibile fare per altri paesi europei[10]. Alcuni di essi nel Trecento ottennero anche investiture imperiali : ma l'investitura imperiale non era una condizione diffusa, certo non sufficiente a dare origine a un preciso ceto nobiliare. Altri signori avevano ottenuto dai Visconti o dagli Estensi qualche esenzione per qualche loro castello, magari il conferimento di qualche carica di prestigio : non il riconoscimento della appartenenza a un ceto vero e proprio, un ceto di *nobiles* appunto, un « état de noblesse ». Nello stato milanese dove pure dagli inizi del Quattrocento si avvia la pratica di investiture feudali di terre e di diritti, investiture che avrebbero potuto costituire il riconoscimento di una condizione di nobiltà territoriale. Ma non si delinea un ceto di « signori-feudatari » : non tutti coloro che possedevano un castello, o potevano contare su loro uomini e fedeli ottennero una investitura, e viceversa concessioni feudali (territoriali o non territoriali) toccarono anche a persone – come cortigiani o banchieri – che non avevano una originaria fisionomia di signori territoriali, e non appartenevano (né si adeguavano) alla categoria dei castellani ; mentre non tutti i piccoli signori erano legati al principe da un rapporto feudale[11].

Semmai è ai margini del sistema cittadino dominante che si può constatare una maggior tenuta di vecchi nobili territoriali, soprattutto lungo la catena appenninica, dove, sappiamo, avevano le loro basi famiglie come i Malaspina, o i Fieschi, fra la Liguria e la Lunigiana, o come verso la Toscana, dove erano insediati Ubaldini, Ubertini, Tarlati ; o lungo il corso del Po nel suo tratto medio e basso : le terre dei Pallavicino, dei Cavalcabò, degli Este). In questi luoghi si conservò più a lungo una nobiltà di tradizioni antiche[12].

Ma erano appunto aree per lo più marginali e di confine[13]. Al di fuori di esse i diritti signorili avevano perso e perdevano di consistenza, rispetto a quella logica di organizzazione territoriale urbana, di territori imperniati sulle città, che si mantenne anche nel processo di formazione degli stati territoriali : un processo che ridimensionava ma non eliminava l'influenza della città sul territorio, e corrispettivamente tendeva a erodere e a circoscrivere gli spazi occupabili da quella che si potrebbe definire una nobiltà territoriale.

3. Negli stati italiani del tardo Medioevo la nobiltà non perviene dunque ad essere riconosciuta costituzionalmente come ceto : c'erano personaggi nobili, casati « nobili » Ma mancava il riconoscimento di una categoria di nobili, un vero e proprio *status* nobiliare, con propri e precisi caratteri : mancava una « costituzione » cetuale della nobiltà, che si risolvesse non in una somma di individui, ma costituisse un omogeneo gruppo

10 Contamine, The nobility ; Dewald, *European Nobility*, p. 23 s. (e. a. p. 204 sulle particolarità della nobiltà italiana rispetto a quella europea).

11 F. Cengarle, *Immagini di potere e prassi di governo. La politica feudale di Filippo Maria Visconti*, Roma, 2006 ; Ead., *Feudi e feudatari del duca Filippo Maria Visconti. Repertorio*, Milano, 2007.

12 Quando intorno al 1470, un funzionario sforzesco, Troylo da Doyono, volle redigere un estimo del territorio tortonese, comprendendo in esso alcuni luoghi già posseduti da nobili locali, si ebbe questa risposta da Andrea Malaspina, marchese di Godiasco : «Troilo, tu hai scritto a noi gentilhuomini che volessimo venire da te con le ragioni nostre del loco di Montalfeo, perché la comunità di Tortona dice che l'è membro e luoco suo. Ti dico così, che questo loco è nostro mille anni fa et l'abbiamo fatto noi. » : I. Cammarata, *La città lacerata. Una letture politica della storia tortonese dal libero Comune alla dominazione spagnola (1305-1535)*, Voghera, 2008, p. 166-167. Cf. anche G. Chittolini, Ascesa e declino dei piccoli stati signorili (Italia centro-settentrionale, metà Trecento-inizi Cinquecento), in *Società e Storia*, t. 121, 2008, p. 473-498, e, sulla dislocazione della militar nobility in Italia, Shaw, *Barons and Castellans*.

13 Anche nel territorio della repubblica di Venezia, come è noto, il ceto dei castellani è circoscritto alla regione friulana : L. Pezzolo, Nobiltà militare e potere nello stato veneziano fra Cinque e Seicento, in *I Farnese. Corti, guerra e nobiltà in antico regime*, dir. A. Bilotto, P. Del Negro, C. Mozzarelli, Roma, 1997, p. 397-421 ; M. Bellabarba, I principati feudali nelle Alpi orientali (Trento, Bressanone, Aquileia, Tirolo, Gorizia), in *Lo Stato del Rinascimento in Italia. 1350-1520*, dir. A. Gamberini, I. Lazzarini, Roma, 2014, p. 183-202.

sociale[14]. Non vi erano istituzioni come diete e parlamenti, che alle famiglie nobiliari riconoscessero uno stabile rango e formali prerogative, uno specifico diritto di rappresentanza parlamentare : la geografia dei parlamenti, nella penisola, finiva alle soglie dell'« Italia delle città ». E a ciò era corrispettiva appunto l'assenza di quelle istituzioni monarchiche e principesche su cui soltanto una condizione nobiliare avrebbe potuto trovare un suo robusto fondamento, traendone la garanzia pubblica e generale dei suoi privilegi e del suo rango. I principi italiani erano troppo deboli di forze e di autorevolezza – uomini troppo « nuovi », senza radicamento antico e nobiliare a loro volta (come, fra i tanti, i Visconti, i Gonzaga, gli Scaligeri, i Carraresi)[15] ; erano principi che non potevano porsi come esponenti primi di un mondo nobiliare e cavalleresco, come punti di riferimento e come sostegno di un ceto di tradizioni sufficientemente antiche e illustri nel tempo. Le relazioni dei nobili coi principi erano di natura personale e politica, non costituzionale. Mancava la tradizione di una corte, di una nobiltà di corte, di un ceto di pari. Mancava la tradizione di una funzione di servizio nobiliare, in particolare di quella funzione che nelle monarchie europee era altamente connotativa di uno *status nobiliare*, come il servizio armato del principe : nobili inglesi o francesi la cui funzione era quella di servire negli eserciti del re e di combattere per lui. I nobili non vedevano il servizio militare come un attributo del loro *status*, come un obbligo preciso che avessero nei confronti del principe. Alcuni potevano fare onorevolmente una carriera di condottieri mercenari, ma per il resto la loro attività « militare » risultava circoscritta agli scontri locali o di fazione. Se è possibile immaginare le maniere compite e il tratto gentile dei cavalieri del Boccaccio, l'attenzione dei gentiluomini ferraresi alle favole di Boiardo e di Ariosto, le letture e la cultura dei protagonisti dei dialoghi del *Cortegiano*, assai meno facile è immaginare quelle stesse persone e figure in contesti come quelli che ci vengono restituiti da Froissart, Chastelain o Commynes, o dalle cronache tedesche, cittadine come dinastiche o ecclesiastiche.

Per il resto rimaneva forte il loro rapporto con le città, e il loro coinvolgimento nelle lotte delle fazioni urbane. La storia quattrocentesca di parecchie città italiane (fra le altre Genova, o Parma, Piacenza) sarebbe mal comprensibile se non si tenesse conto della influenza della nobiltà territoriale nelle lotte urbane, ove si trovavano spesso a esercitare un ruolo di *leadership*.

Appaiono anche da noi (seppure frammentari e non frequenti) gli echi di un linguaggio nobiliare riconducibile ai paradigmi di una « nobiltà territoriales ». Questo linguaggio può appuntarsi ad esempio sul diritto di difesa, nei confronti di altri signori ; ovvero sul diritto di resistenza nei confronti dello stesso sovrano, quando questi si comporti non secondo giustizia ; può appuntarsi sull'onore personale, sull'obbligo di difendere « la casa », di riparare l'ingiuria. Certo, non manca in Italia quella che si potrebbe definire una « cultura nobiliare » : ma appare come filtrata da una ideologia urbana, che, per un verso, la indirizza a valori diversi, di aristocrazia di pensieri, di sentimenti, anche di maniere (è il concetto di nobiltà che risulta prevalente nell'Italia centrosettentrionale) ; per altro verso lascia poco spazio a quei ruoli militari e politici che il ceto nobiliare in gran parte d'Europa, e la nobiltà territoriale in specie, consideravano come fondanti il proprio *status* : l'immagine dei gentiluomini, nel nerbo delle loro figure, nella loro « potenza », ne risultava indebolita. Le voci di una cultura nobiliare si avvertono come voci isolate, in momenti eccezionali : frammenti

14 Come si è sottolineato per la Francia : P. Contamine, *La noblesse au Royaume de France. De Philippe le Bel à Louis XV. Essai de synthèse*, Parigi, 1997, p. 6.

15 Diverso il caso di principati compresi nell'ambito dell'impero, come quelli dei Savoia o dei Paleologhi del Monferrato, privi quasi affatto di tradizioni urbane : A. Barbero, I principati feudali : l'Ovest, in *Lo stato italiano del Rinascimento*, p. 167-182.

di un discorso che, nel comune sentire e nel comune linguaggio, non esprimevano un condiviso riconoscimento di una costituzione aristocratico-territoriale, né nel condiviso sentimento di appartenenza a un ordine cavalleresco-nobiliare (il quale del resto, come si è detto, nello scorcio del Medioevo, in Europa, guardava sempre più al sovrano come al suo naturale referente, e nello stesso tempo per il sovrano costituiva una larga riserva di reclutamento militare : una funzione che in Italia non poteva essere affidata che a truppe mercenarie). Il fatto che un gentiluomo muovesse guerra a un altro gentiluomo (o, come in Germania, proclamasse una faida contro il suo principe) non poté affermarsi nell'Italia centrosettentrionale come una pratica consueta e accettata, restò un metodo eccezionale a cui alcuni signorotti ricorrevano, con rischio consapevole, nei momenti di « pace rotta », o quando per qualche motivo si poteva contestare la legittimità del governo del principe[16]. I minori signori, i feudatari, gli aderenti si sentivano parte di un sistema politico che presuppone l'egemonia di principi e di Dominanti, riconoscevano un'istanza, al di sopra di loro, da cui non si poteva prescindere : salvo che eccezionalmente, quegli ordinamenti e quelle autorità di governo risultassero come sospesi (come di fatto ancora nel Quattrocento talora avvenne). E riconoscevano anzi, dai primi decenni del Quattrocento, anche prima della costituzione della Lega italica (1454), che nella penisola esisteva, come ulteriore istanza, un « sistema di stati », costituito da « tute le possanze italice ». La guerra nobiliare non giunse a configurare un istituto particolare in cui si iscrivesse una pratica diffusa di conflittualità : gli esempi che se ne possono portare – quelli che conosciamo, quelli che si potranno aggiungere – non credo cancellino l'impressione di una sorta di anomalia, in un sistema complessivo caratterizzato da caratteristiche politiche, culturali e giuridiche diverse.

Nel panorama del Trecento e del Quattrocento si ritrovano per verità, su questo mal definito sfondo di nobiltà territoriale, alcune figure, personaggi che sono signori di piccoli territori, a capo di « piccoli stati », tanto da essere anzi riconosciuti come una componente del sistema politico italiano. Se la energica politica del comune di Firenze aveva eliminato progressivamente queste formazioni signorili nell'area toscano-appenninica, in Lombardia esistevano i piccoli principati padani dei Pio, dei Correggio, dei Pico, e così anche alcuni « piccoli stati » territoriali pur compresi entro più ampi stati regionali : come, nel ducato di Milano, i domini dei Rossi o dei Pallavicini[17]. Era una condizione tuttavia che solo pochi signori poterono acquisire : e non si tradusse nell'impianto di ordinamenti diversi da quello che si era affermato con la geografia dei comuni, a modificare quel sistema territoriale che aveva nei contadi cittadini gli elementi di base della organizzazione politica. Il loro numero e la loro consistenza inoltre si ridussero nel corso del Quattrocento. Non nacque una struttura alternativa di ordinamenti territoriali, una *Kleinestaterei* di comunità e signori come avveniva ad esempio in Germania.

E questa frantumazione del ceto nobiliare in una somma di gruppi e di individui di eterogenea fisionomia spiega la scarsa attenzione che, come abbiamo detto, nei discorsi sulla nobiltà territoriale europea viene riservata all'Italia.

4. Di contro a questo ipotetico ceto di nobiltà territoriale si afferma con caratteri ben più netti nella società italiana un altro « ceto nobiliare », quella di nobiltà cittadina, o, come si dice di solito, dei patriziati urbani : quelle famiglie di cittadini cioè che

---

16 G. Chittolini, Guerre, guerricciole e riassetti territoriali in una provincia lombarda di confine : Parma e il Parmense, agosto 1447-febbraio 1449, in *Società e Storia*, t. 108, 2005, p. 221-249.

17 Id., Ascesa e declino di piccoli stati signorili ; F. Cengarle, *Lordship, fiefs and « small states »*, in *The Italian Renaissance State*, dir. A. Gamberini, I. Lazzarini, Cambridge, 2012, p. 284-303 ; *Le signorie dei Rossi di Parma*.

avevano costruito la loro posizione e il loro prestigio all'interno della città, nell'esercizio frequente di uffici e magistrature politiche urbane[18]. E' a questi ceti che ci si riferisce generalmente quando si usa il termine di nobiltà : donde ad esempio espressioni apparentemente paradossali come quella che Machiavelli usa per Silvestro de' Medici, « nato di nobilissima famiglia popolare[19] ». Mentre in altri paesi europei le società cittadine costituiscono nel complesso della società politica gruppi marginali e minoritari rispetto alle aristocrazie dominanti, nella penisola esse posseggono una ben altra consistenza : i patrizi, nei loro ranghi più elevati, godono di una dignità anche maggiore dei feudatari – come avveniva ad esempio a Milano per le famiglie che appartenevano al cosiddetto « decurionato », cioè al ceto entro cui si reclutavano i magistrati urbani, rispetto ai semplici titolari di investiture feudali – ; e il loro prestigio si proiettava all'esterno, in una dimensione non solo locale. Essi, d'altro canto, avevano sviluppato una loro propria coscienza nobiliare, distinta da quella della nobiltà territoriale.

18 G. Castelnuovo, L'identità politica delle nobiltà cittadine (inizio xiii-inizio xvi secolo), in *Le aristocrazie dai comuni rurali al patriziato*, p. 195-237.

19 C. Donati, *L'idea di nobiltà in Italia, secoli xiv-xviii*, Roma-Bari, 1988, p. 45, n. 6.

Le registre aux reliefs de l'abbaye Saint-Wulmer de Boulogne

Isabelle Clauzel
Présidente de la Fédération des Sociétés Savantes du Nord de la France et du Cercle d'Études en Pays Boulonnais

Loin des riches séries documentaires citadines, l'histoire médiévale et moderne des petits pays ressemble souvent à un patchwork piécé : ici un fragment de registre, là trois quittances. C'est le cas du comté de Boulogne, principauté modeste malgré son haut renom qui vécut une longue histoire à rebondissements[1] et dont les archives conservées, tant laïques que religieuses, sont relativement nombreuses, mais disparates, modestes et dispersées[2].

La découverte d'un registre aux reliefs inédit de l'une des deux églises intra-muros est une aubaine, en l'absence de documents municipaux de la même période : le début du XVIe siècle[3]. Le chercheur s'y plonge avec délectation, ne doutant point qu'une belle ligne de faîte naisse d'un patient déchiffrage. La tâche est ample, c'est pourquoi il s'agira ici de premiers résultats (1503-1506) avant une publication complète.

Après avoir retracé rapidement l'histoire de l'abbaye, campé ses abbés de la fin du Moyen Âge, étudié l'aspect matériel du document, son organisation et ses enjeux, nous tirerons, autant que faire se peut, la substantifique moelle de ce gros registre datant de la première modernité.

1. La collégiale Saint-Wulmer

Lieu de dévotion érigé vers l'an 900, l'église Saint-Wulmer de Boulogne, disparue aujourd'hui, tenait son nom des reliques du moine anglo-normand Wlmer qu'elle abritait depuis les invasions normandes[4]. Incorporée dans l'espace castral des comtes de Boulogne, elle devint abbaye en 1108 et fit son entrée en 1132 dans la congrégation augustinienne d'Arrouaise[5] grâce au comte Eustache III, frère de Godefroid de Bouillon[6].

---

1 I. Clauzel, Boulogne. Le chant du cygne aux trois tourteaux, dans *Les petits princes de la fin du Moyen Âge. Actes du colloque à la mémoire du Prof. D. Clauzel, tenu en février 2015 à Boulogne-sur-Mer*, dir. J.-M. Cauchies, Boulogne-sur-Mer, à paraître.

2 Id., *Boulogne et le Pays Boulonnais (1260-1480)*, Thèse de doctorat en histoire inédite, Université Charles-de-Gaulle - Lille 3, 2007.

3 Arras, Archives départementales du Pas-de-Calais (= ADPC), 16 H 9.

4 Wur-Maer ou Wulf-Maer, disciple de saint Josse, formé au monastère d'Hautmont, vint en Boulonnais où il fonda les monastères de Wierre-Effroy pour les femmes et Samer pour les hommes, Samer étant une contraction de Saint (Wu)mer. Il mourut en 710. Cf., sur la vie du saint, J. Heuclin, Le diocèse de Thérouanne à l'époque de saint Omer, dans *Vies de saints dans le nord de la France (VIe-XIe siècles). Mélanges de science religieuse*, Lille, 1999, p. 85. Plusieurs églises de la région boulonnaise portent encore le nom de cet ermite : Widehem, Verlincthun, Isques, Parenty...

5 L. Milis, *L'ordre des chanoines réguliers d'Arrouaise*, Bruges, 1969, p. 145.

6 Eustache III de Boulogne (1088-1125) était fils d'Eustache II, qui combattit à Hastings aux côtés de Guillaume de Normandie, et d'Ide de Basse-Lorraine, dite sainte Ide ; il était frère de Godefroid de Bouillon et de Baudouin, comte d'Édesse et roi de Jérusalem.

Pour la singuliere affection qu'avons a luy. *Études bourguignonnes offertes à Jean-Marie Cauchies*, sous la direction de Paul Delsalle, Gilles Docquier, Alain Marchandisse et Bertrand Schnerb, Turnhout, 2017 (*Burgundica* 24), p. 91-101.

DOI 10.1484/M.BURG-EB.5.113908

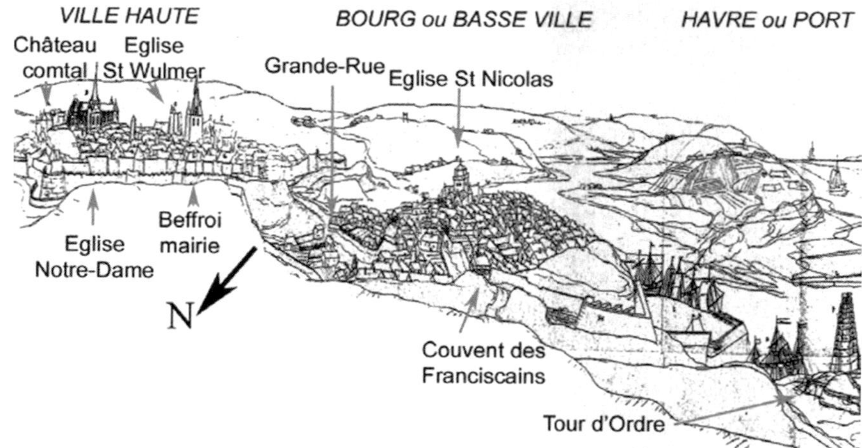

Fig. 1. Vue de Boulogne en 1611, Boulogne-sur-Mer, Bibliothèque municipale, Dessin de Duviert, adaptation I. Clauzel.

Elle y côtoyait le premier sanctuaire canonial de la ville, Notre-Dame, qui la maintenait dans l'ombre car, quoiqu'occupant un espace non négligeable au centre de la ville fortifiée, l'église Saint-Wulmer ne disposa jamais du droit de paroisse. C'était cependant au Moyen Âge une église à l'assise locale convenable qui gérait un hôpital, jouissait de droits sur la traversée du détroit[7] et sur la pêche dits « part à Dieu » – y compris sur les « fourchons » (queues) des baleines – et sur les fruits de la terre qui apportaient à ses chanoines une alimentation variée. Elle possédait au xve siècle l'une des tours du rempart – appelée Tour Saint-Sammer ou Saint-Sauveur – où l'on entreposait les munitions, les jardins de l'hôtel de ville, des salines sur les bords de Liane[8] et plusieurs boucheries.

Ici se place la rédaction du document étudié aujourd'hui. Le xvie siècle s'ouvrit sur une détérioration importante des relations entre les deux abbayes, arbitrée par l'évêque de Thérouanne[9] : quatre doyennés de cet évêché étaient situés en comté de Boulogne, dont celui de Saint-Wulmer[10]. En 1557, suite à l'incendie de la ville épiscopale quatre ans auparavant, le siège de l'évêché fut transporté à Boulogne et provisoirement installé à Saint-Wulmer, moment de gloire en demi-teinte car les chanoines du lieu durent

7 Ce droit de traversée du détroit, qui lui avait permis d'acquérir des biens en Angleterre, avait été matérialisé par l'établissement d'un *xenodochium* à Gazevelt près de Wissant, dès 1177, devenu ensuite maladrerie.

8 La Liane est le fleuve côtier dont l'estuaire borde la ville de Boulogne.

9 L'official de l'évêque mande au doyen de chrétienté de faire respecter, par les religieux de Saint-Wulmer de Boulogne, la prééminence et les prérogatives de Notre-Dame de la même ville, suivant la teneur des lettres de son prédécesseur J. de Commines en 1113. Arras, ADPC, 1 G 63, acte daté du 9 juillet 1501.

10 Parmi les vingt doyennés de l'évêché médiéval de Thérouanne, quatre couvraient une portion du comté de Boulogne : Boulogne, Wissant, Frencq et Fauquembergues. Y étaient assises deux abbayes citadines dedans le *cleu* de Boulogne (Notre-Dame et Saint-Wlmer), quatre abbayes champêtres (Saint-Wlmer-au-bois = Samer, Longvilliers, Beaulieu et Doudeauville) et trois prieurés tout aussi champêtres (Rumilly, Saint-Michel du Wast et Beussent). Cette liste dressée par les fonctionnaires du roi Louis XI passait sous silence les chartreux de Neuville-sous-Montreuil, à la limite du comté, les trois maisons de templiers disparues à la suppression de l'ordre en 1312, et les cordeliers de Boulogne, installés par le duc Philippe le Bon en 1444. Cf. I. Clauzel, *Notre-Dame de Boulogne*, Boulogne, 2004, Liv. II, chap. 2.

Fig. 2. Vestiges de Saint-Wulmer en 2002 © I. Clauzel.

céder le pas aux « étrangers[11] ». Le décès de l'abbé de Notre-Dame permit l'érection, dix ans plus tard, de l'église collégiale en siège épiscopal[12]. Tandis que le sanctuaire dédié à la Vierge poursuivait son ascension, Saint-Wulmer connut des difficultés de tous ordres dont l'étude reste à parfaire[13]. Jean Bacouel, dernier abbé (1527-1557), avait été déchu de son abbatiat[14]. Le dernier religieux du lieu mourut en 1607, mais dès 1557 ils n'étaient plus que quatre[15]. Après avoir donné en location son clocher pour y entreposer le grain municipal, vendu bon nombre de tenures, l'abbaye devint collège oratorien de 1629 à la Révolution française[16]. Au début du XIXe siècle, l'évacuation de ses pauvres ruines permit de creuser une rue à travers le souvenir de la nef de son église.

---

11 Commission d'enquête ordonnée par le roi Henri II, 1557, M. Lefèvre, *Corsaires boulonnais et prisons anglaises. Le manuscrit de Jean-Baptiste Bonvoisin, d'Étaples (1813)*, Boulogne-sur-Mer, 1992, pièce 196, p. 307 s.

12 Le 3 mars 1567, le pape Pie V, à la sollicitation du roi Charles IX, prononce l'extinction du titre abbatial de Notre-Dame de Boulogne, sécularise le monastère avec ses religieux, érige l'église en cathédrale afin qu'elle devienne siège épiscopal sous l'autorité de la métropole de Reims. *Gallia Christiania*, t. 10, *Instrumenta*, Paris, 1751, col. 420.

13 L'édition intégrale du document, en cours d'élaboration, comprendra une introduction contextuelle.

14 En 1575, siège *vénérable et discrette personne messire Jehan de Bacouel, ancyen abbé de l'église et abbaye de Sainct Wlmer, de ceste ville et cité de Boullongne, eaagé de soixante seize ans ou environ*. Procès-verbal d'enquête sur les privilèges boulonnais, Boulogne-sur-Mer, Archives Municipales (= AM), liasse 973.

15 Un abbé, un prieur et deux religieux. Le prieur avait été tonsuré et ordonné dès l'âge de quatorze ans, ce qui signale probablement une pénurie de vocations. Attestation datée de 1509, Arras, ADPC, 1 G 14, fol. 34.

16 Pour la vie du sanctuaire au XVIe et au XVIIe siècle, voir le premier registre aux délibérations de l'échevinage nommé *Livre Verd*, Boulogne-sur-Mer, AM, BB 1 et 2, entièrement éd. par I. Clauzel, M. et M. Fournet, *Le Livre Verd de Boulogne*, t. 1, *1550-1599*, Boulogne-sur-Mer, 2012, 408 p. ; t. 2, *1600-1679*, 2013, 438 p.

Aujourd'hui ne subsiste qu'un pan de mur enserré dans les maisons voisines, invisible pour le passant (fig. 1 et 2).

C'est donc entre ces deux époques que se place la rédaction du volume, objet de cette étude. Le contexte local est certainement favorable : un calme relatif s'est étendu sur la ville depuis la démolition au canon d'une partie du bourg par Henry VII Tudor en 1492, peu avant la signature du traité d'Étaples. Le Boulonnais, sénéchaussée royale depuis 1479, suite à la conquête de la ville par Louis XI deux ans auparavant, se reconstruit lentement[17]. Il n'appartient pas encore à la Picardie : jusque dans la correspondance de François Ier, il aura encore son titre de comté[18] ; il a toutefois définitivement quitté l'aile bourguignonne sous laquelle s'abrite encore l'Artois, situé à moins de cinquante kilomètres[19].

2. L'auteur : Jean Leest, abbé de Saint-Wulmer

Vingt-cinq abbés environ se sont succédé à Saint-Wulmer, l'avant-dernier ayant été notre auteur : l'abbé Jean du Liet, dit Leest ou Lest, est issu d'une famille de notables locaux. Son grand-père, Jean, était maître portier, et son oncle Thomas, clerc de la sénéchaussée. Son père, nommé Jean également, mercier, prévôt du bourg, possédait trois hôtels particuliers – le Cygne, l'Épée et le Bras d'Or dont hérita notre abbé – et deux fiefs près de Boulogne. Son frère puîné Eustache fut élu mayeur en 1509 après avoir été argentier de la ville, et l'une de ses sœurs, Mariette, épousa le procureur de Boulogne l'année suivante.

Contrairement à son prédécesseur l'abbé Jean Caillette, docteur en théologie (*c.* 1485-1503)[20], aucun titre universitaire n'est accolé au prénom de cet abbé rédac-

---

17 Ajoutons que la pression fiscale, relâchée entre 1480 et 1520, permet une certaine reprise économique. B. Chevalier, Fiscalité municipale et fiscalité d'État en France, du xive à la fin du xvie siècle, dans *Genèse de l'État moderne. Prélèvement et redistribution*, Paris, 1987, p. 149. J.-M. Cauchies parle de « regain progressif » et de « reprise lente » ; cf. J.-M. Cauchies, *Philippe le Beau, le dernier duc de Bourgogne*, Turnhout, 2003, p. 30. L'auteur évoque toutefois p. 80, les « séquelles [...] longtemps perceptibles ». Nous ne disposons pas, hélas, ici, de ces riches *Enquêtes fiscales de la Flandre Wallonne* menées entre autres en 1505, publiées par A. Derville, Lille, 2003.

18 Louis XI avait décidé d'échanger avec Bertrand de La Tour, comte de Boulogne et d'Auvergne, le comté de Boulogne contre le Lauraguais. La comparaison de leur valeur respective exigeait une compensation dont le versement annuel s'interrompit dès 1486, trois ans après le décès du roi : le Parlement de Toulouse avait fait difficulté, ce dont le roi s'était *merveillé* et avait donné à *connaître qu'il n'était pas content d'eux.* Lettre publiée dans Louis XI, *Lettres*, éd. H. Dubois, Paris, 1996, p. 345, n° 347. Sur les difficultés toulousaines, cf. G. Dupont-Ferrier, *Les officiers royaux des bailliages et sénéchaussées et les institutions monarchiques locales en France à la fin du Moyen Âge*, Paris, 1902, p. 812. N'ayant pas obtenu la jouissance de sa nouvelle terre tout en ayant cédé la sienne, Bertrand reprit en 1486 son titre de comte de Boulogne. Son fils Jean III fit de même, comme ses filles Anne puis Madeleine, épouse de Laurent de Médicis. Finalement, l'arrière-petite-fille de Bertrand, Catherine, épouse du roi Henri II, déposa le comté de Boulogne dans la corbeille de France.

19 Cf. Cauchies, *Philippe le Beau*, p. 96-97. Les seuls documents liant Boulogne à la Bourgogne de ce temps semblent une lettre d'amortissement, par celui-ci, d'un bien acquis par l'abbaye Notre-Dame de Boulogne et situé à Avion près de Lens, en 1502. Requête à l'archiduc, Lille, Archives départementales du Nord (= ADN), B 1612/163 ; lettre dépêchée, *Ibid.*, B 17794/5940.

20 Il s'agit du neveu de Pierre Caillette, procureur du comté de Boulogne, conseiller et maître des requêtes du duc Philippe le Bon, qui fut envoyé par celui-ci à Dijon, en 1460, pour y réformer les finances. Le fils de Pierre, Nicole, cité plusieurs fois dans le présent document, lui succédera comme procureur du roi dans le comté. Le document nous apprend par ailleurs que le doyen de chrétienté de Boulogne est Pierre du Rieu, ce qui confirme le poids des légistes dans les instances ecclésiastiques locales : Jean du Rieu était lieutenant du bailli de Boulogne et d'Outreau de 1416 à 1420 ; Jacques du Rieu, licencié en lois, avocat, fut greffier du Boulonnais en 1550, et son frère Pierre, procureur et conseiller au siège de la sénéchaussée de 1562 à 1575. Cf. A. Marchandisse, *La fonction épiscopale à Liège aux xiiie et xive siècles. Étude de politologie historique*, Genève, 1988, p. 341 s.

teur qui tient crosse « par la permission divine ». Son successeur, faisant préciser son patronyme à côté de son prénom sur les actes, ne s'enorgueillira pas davantage de titres universitaires[21]. Aucune trace de prédication importante[22], aucun missel préservé des injures du temps[23] ne permettent de cerner l'aura de ces prélats, pas plus que leurs goûts intellectuels. Deux textes littéraires émanés de notre abbé nous sont toutefois parvenus : le récit de la venue de la reine Marie Tudor en 1514 à Boulogne, et une lettre de bons conseils pour éviter la peste, écrite à l'intention du pape Alexandre VI ou Pie III[24].

Personnalité locale, l'abbé Leest a à cœur de faire rédiger, dès son accession en 1503, un registre aux reliefs[25] complété deux années plus tard par un « grand terrier[26] ». Ce registre aux reliefs est le premier livre conservé pour cette abbaye, mais ce n'est pas le premier livre rédigé[27]. L'on y découvre que l'abbaye Saint-Wulmer compte alors une dizaine de religieux dont trois sont prêtres ; un autre document dressé en 1511 en signalera six, tous issus de la bourgeoisie boulonnaise[28]. En 1528, une mention marginale annonce que l'abbé n'est plus : *Icy fina le tamps de monseigneur Jehan Leest que Dieu absolve*[29]. Son obit de long temps commandé est alors mis en place et l'abbé Bacouel continue l'ouvrage, le tout formant deux volumes.

---

21 Par comparaison, le dernier abbé de Notre-Dame, Jean de Rebinghes, est bachelier en théologie, aumônier de la reine Catherine de Médicis. Notre-Dame disposa de plusieurs abbés de renom, parmi lesquels figure Pierre d'Ailly en 1380. Les renseignements sur le titre de docteur obtenu par l'abbé Caillette manquent ; il n'était peut-être pas usurpé comme l'était celui de Jean Germain. Cf. J. Paviot, Jean Germain, évêque de Nevers et de Chalon-sur-Saône, chancelier de l'Ordre de la Toison d'or, dans *L'Église et la vie religieuse, des pays bourguignons à l'ancien royaume d'Arles (xiv*^e^*-xv*^e^ *s.)*, éd. J.-M. Cauchies, *Publication du Centre européen d'Études bourguignonnes (= PCEÉB)*, 2010, p. 115. Sur le perfectionnement intellectuel des chanoines réguliers demandé par les papes, cf. Y. Veyrenche, Chanoines réguliers et paroisses du milieu du xiiie au début du xvie siècle. Le cas des réseaux paroissiaux de Saint-Ruf, Saint-Félix de Valence et Saint-Vallier, dans *Ibid.*, p. 149.

22 En 1461 par exemple, l'abbé bénédictin de Samer avait été invité par le duc Philippe le Bon, *la veille de la Trinité, pour dire les vespres et messes sollempnelles devant mondit seigneur*. Lille, ADN, B 2040, fol. 192v. Samer, France, dép. Pas-de-Calais, arr. Boulogne, cant. Desvres. Le clergé boulonnais était cependant sensible à l'éloquence puisque, en 1412, le passage au port de Boulogne de Jacques Legrand, célèbre prédicateur augustin, fut soigneusement noté ; cf. H. Martin, *Le métier de prédicateur à la fin du Moyen Âge (1350-1520)*, Paris, 1988, p. 64.

23 En 1520, le trésorier du Boulonnais Jean de Lisque (*i. e.* Licques), écuyer, avait fait rédiger une recension des richesses de l'abbaye Notre-Dame. En 1568, suite aux actes de vandalisme dus aux guerres de religion, un inventaire du mobilier de cette église, devenue entre-temps cathédrale, fut dressé. D. Haigneré, Inventaire des dégâts et démolitions faits à la cathédrale, dans *Mémoires de la Société académique du Boulonnais* (= *MSAB*), anc. sér., t. 17, 1895-1896, p. 377 s. De nombreux livres y sont cités dont un bréviaire, désormais new yorkais, étudié par J.-C. Blanchard, Henri de Lorraine et saint Éloi : trésor et politique, dans *L'Église et la vie religieuse*, p. 98 s. Nous ne disposons d'aucun document semblable pour Saint-Wulmer.

24 Les documents sont insérés dans le carton comprenant le terrier de Saint-Wulmer évoqué ci-après.

25 L'ouvrage débute ainsi : *Chest le livre des reliefz commenchans en la prumiere anee de labbé Jehan Leest.*

26 Terrier de l'église Saint-Wulmer de Boulogne, daté de 1505 s., Arras, ADPC, 16 H 19, partiellement éd. dans *MSAB*, t. 10, 1879. L'éditeur, E. de Rosny, y explique qu'il a gardé les « descriptions naïves » mais a « abrégé la besogne en supprimant les mots inutiles et les mentions des redevances dépourvues d'intérêt »...

27 La charte n° 119 fait référence aux *coeulloirs et registres de nostre dite esglise* où étaient précisés les termes de paiement. Ces documents sont introuvables aujourd'hui.

28 Arras, ADPC, 3 J 4e carton. Le rapport local de 3/10 prêtres tonsurés est raisonnable, puisqu'estimé pour le clergé français à 1/5 par V. Tabbagh, La présence sacerdotale dans le Val de Saône et le bailliage d'Auxois à la fin du xve siècle, dans *L'Église et la vie religieuse*, p. 215. En 1505, le couvent obtient de l'évêque des Morins (*i. e.* de Thérouanne) le droit d'enterrer son portier dans le cloître ; l'ancien sonneur de cloches, par ailleurs prêtre et chapelain, meurt en 1504 dans l'expédition de Gênes (texte n° 22) ; nous ne connaissons pas les autres serviteurs de l'église.

29 Mention au fol. 157 du second volume.

3. Le document et sa finalité

Les deux registres couvrant les périodes 1503-1517 (203 folios) et 1517-1572 (205 folios), sont de présentation assez semblable : ils seront donc considérés ensemble[30]. Ils sont faits de feuilles de papier de format in-4° aux bords effrités, cousues et protégées par une couverture de parchemin en fort mauvais état, qui porte les mentions postérieures « Registre aux reliefs » et « Saint-Wulmer » en plusieurs endroits. Deux écritures régulières et anonymes s'y succèdent[31]. Les actes y sont copiés les uns après les autres par ordre chronologique, annoncés en marge par la mention du lieu et du patronyme concernés, et la page est biffée sous chaque dernier texte. Tout au moins au début, ils sont authentifiés par une signature, une marque, un paraphe. Les marges portent souvent des ajouts postérieurs de nouveaux tenanciers.

Les transactions copiées dans ce registre cartulaire sont de type seigneurial (fiefs peu nombreux, censes, nombreuses rentes sur des hôtels particuliers), cultuel (quelques obits et fondations, tels les n°s 122, 126, 137) ; un seul relate la reprise d'une dîme à un laïc (acte n° 136). Elles concernent Boulogne ou ses abords immédiats : Outreau, Saint-Martin, Wimille, Saint-Léonard..., et un domaine important situé à Bainghen[32]. Puisqu'un terrier a été parallèlement rédigé, le recensement systématique de chaque tenure n'a pas lieu d'être dressé ; l'on constate que les censes possédées par l'abbaye en Calaisis sont absentes du registre, corroborant les plaintes de l'abbé dans un document concomitant : *Dieu par sa grâce nous en doint en brief la fin en gardant notre bon droit*, ajoute-il.

Les circonstances des déclarations méritent en revanche d'être étudiées. Vu l'ampleur du document, l'analyse portera sur les 150 premiers actes aujourd'hui transcrits, soit 67 folios. Ce choix correspond à la date de rédaction du terrier qui lui est corollaire et se répartit sur trois ans et demi d'exercice abbatial, à raison d'une quarantaine de chartes par année commençant à Pâques. Un seul acte est signé un jour de fête : celui de la Saint-Martin-d'hiver. Il s'agit le plus souvent de reliefs reçus par l'institution, une dizaine d'actes concerne des reliefs payés par celle-ci. Les circonstances de rédaction ne sont pas connues mais l'on sait que l'abbé lui-même s'est rendu à Bainghen pour y percevoir les sommes, en oubliant malheureusement le cahier pour les noter ; trois jours plus tard, c'est chose faite (actes n°s 29 et 30).

Les actes y sont quasiment tous rédigés sur le même mode : *Le* [quantième] *du mois* [...], *Untel nous paia* [...] *dont luy avons baillé quictance dont la teneur s'enssuit. Moi, Jehan, abbé,* [...]. L'abbé reconnaît l'authenticité du contenu, engage son couvent, à trois reprises seulement associe son prieur à la décision (n° 40). Il signe parfois, le plus souvent la signature émane de l'autre partie, avec souscription éventuelle de témoins à la demande du tenancier si celui-ci est illettré. Quatre ou cinq lettres anciennes ont été recopiées pour mémoire : elles datent de la fin du XVe siècle, remontant même, pour l'une d'entre elles, à 1412.

La finalité de l'ouvrage est plurielle : préciser les limites des tenures ; rappeler le montant de la redevance versée ; nommer un représentant appelé « homme », « vivant et

---

30 Un troisième registre (1550-1564) est constitué d'une table de 44 feuillets listant les tenures recouvrées après le rachat de Boulogne par le roi Henri II.

31 Peut-être les secrétaires sont-ils chanoines, comme à Notre-Dame de Boulogne où Jean de Maillefeu et Jean Moitier rédigent la plupart des actes au début du XVIe siècle, peut-être sont-ils des familiers comme à Tournai. Cf. M. Prietzel, Canonistes et gens de finances. Les officiers de l'évêque de Tournai au XVe siècle, dans *Les juristes dans la ville : urbanisme, société, économie, politique, mentalités*, éd. J.-M. Cauchies, *PCEÉB*, t. 40, 2000, p. 54.

32 Le village de Bainghen est situé à 25 km de Boulogne, arr. Boulogne-sur-Mer, cant. Calais 2 (à la limite du comté côté Saint-Omer).

mourant » pour une institution, « rentier », « censier », « cottier » ou « sourcottier », selon le cas. Cet « homme » est parfois une femme, célibataire ou mariée, ou plusieurs (n° 114), un enfant mineur orphelin, plusieurs héritiers ensemble pour une part chacun ou pour le tout (n°s 34 et 71), même si le bien est hypothéqué (n° 55). L'abbé lui-même est homme à son tour (n° 4), tout comme le procureur de la ville (n° 86) et le lieutenant du sénéchal (n° 139). Une demoiselle entrant en religion cède sa place à sa sœur puînée pour remplir ce rôle (n° 93).

Quatre-vingt-trois actes sont des paiements de reliefs après décès du tenancier, douze font suite à un achat ; les autres sont deux hypothèques, un « transport », une restitution, un don en avancement d'hoirie, deux nouveaux baux. Les plus longues de ces lettres sont les fondations et demandes de messes : l'une, émanée des parents de l'abbé, offre une pinte de vin pour la célébration quotidienne (n° 149).

Les processus d'acquisition sont conformes aux formalités décrites dans le Coutumier du Boulonnais daté de 1493[33], tant pour le renoncement (n° 6), l'hypothèque (n° 72), la saisie (n° 7) le retrait (n°s 38 et 96). Les redevances sur les personnes sont encore payées en nature (harengs saurs, fourches à foin, œufs ou chapons), tandis que les rentes sont réglées en livres parisis, voire en estrelins d'argent dont la valeur fluctuante est source de litiges (n° 38). L'abbaye fixe le montant de redevances tombées en désuétude (n° 21) mais laisse quelques interrogations portant sur de vieilles transactions[34].

Le document fourmille de renseignements qui combleront les amateurs locaux. Les toponymes sont plus précis qu'auparavant, les lieux-dits en usage aujourd'hui apparaissent ; à la campagne en revanche, les points cardinaux et les reliefs restent les seules indications. Les tenures, plus étendues qu'autrefois, semblent signifier un regroupement des parcelles. Les baux sont conclus à condition de réfection de bâtiments au centre-ville (n° 109). Une femme hérite de son frère franciscain (n° 11). L'histoire des familles permet ainsi d'être continuée. La portée historique en revanche semble limitée, hormis quelques remarques qui fermeront l'analyse.

4. Plusieurs points dignes d'intérêt

Puisque, parallèlement à ce livre aux reliefs, un terrier a été conservé, propice à une analyse de type économique, l'intérêt du document présenté ici est surtout sociologique. Trois données méritent une mention spéciale : la noblesse et la guerre, les enfants, les surnoms et les signatures.

Ce sont les nobles, bien présents en fin de corpus, qui rattacheront ce document au contexte politique général, au roi Louis XII et à l'archiduc Philippe le Beau. Plusieurs grandes familles font en effet relever de larges mesures de terre, héritées de leurs pères jadis officiers bourguignons, ou commandent des messes : les Courteville (n°s 1, 27, 99)[35],

---

33 Coutumier du Boulonnais, Paris, Archives nationales de France, X1a/9270, éd. intégrale I. Clauzel, *Le coutumier du Boulonnais*, Boulogne, 2009, 96 p.

34 *Et maintenant, le seigneur de Courteville en fait paier le double* (n° 27). *Pour ce que en nos anchiens registres nous trouvons plus qu'il ne nous en paie* (n° 21). Le tenancier proteste parfois : *Mais je voeul soubstenir et est vray que le piece de terre contient deux mesures combien que me soit cy enregistré que deux journeulx* (n° 58).

35 Jean de Courteville, chevalier, décédé en 1505, était maître d'hôtel de Philippe de Crèvecœur d'Esquerdes. Le berceau de cette famille dont la première mention date de 1157 était Frencq, où se trouvait la motte dite de Courteville. Jean de Courteville déclarait quatorze fiefs dont cinq d'importance en 1477. Il s'agissait peut-être du père du diplomate homonyme cité à plusieurs reprises dans Cauchies, *Philippe le Beau*, p. 175. Cf. également Jean Molinet, *Chronique*, éd. G. Doutrepont, O. Jodogne, t. 1, Bruxelles, 1935, p. 315, 316, 545 ; t. 2, p. 581.

Manneville (nos 97-98, 114, 144)[36], La Bouverie (n° 122)[37], Bournonville (nos 58 et 74)[38], Parenty (n° 76)[39], Houpplande (n° 100)[40], Thubeauville (nos 85, 111, 125)[41], Sainte-Aldegonde (nos 4, 133, 134)[42]… ; est même cité le bouteiller de Selles qui n'en a plus que le titre depuis bien longtemps (n° 2)[43].

Bien que ce ne soit pas la fonction première du document, ce chartrier fait mention, à plusieurs reprises, des guerres : en avril 1404, Jacotin Gavrenel vient prendre possession d'une moitié de terre ayant appartenu à feu son frère Robin, archer des ordonnances du roi, après, dit-il, avoir relevé depuis longtemps l'autre moitié suite au décès de son autre frère Huchon, également archer du roi (n° 45). Un autre texte cite Anselot Lobet, lui aussi archer sous le Bâtard de Cardonne (n° 60) qui, de 1495 à 1504, tint une compagnie de 40 lances à Boulogne[44]. L'année suivante, le petit Jehennet Lamiable, âgé de sept ans, orphelin de mère, perd son père décédé à Gênes au service du roi où il était parti « hâtivement » (n° 82). Après la signature du tuteur, un paragraphe signale que Robinet Lamiable est décédé de maladie avec plusieurs autres camarades, tout comme le capitaine Fouquesolles et son chapelain qui avait été sonneur de cloches à Saint-Wulmer[45].

Quelles que soient les raisons des décès, le nombre d'orphelins mineurs signalés dans le document est très important : 21 pour 83 paiements d'un relief après décès. L'un des actes précise que l'héritière, fille unique, est âgée d'un an et demi : son père est sans doute disparu très jeune. Sa mère est enceinte : si elle met au monde un fils, le bien sera au nom de celui-ci (nos 41, 48). D'autres enfants sont fils de marins. La

---

36 Robert de Manneville, chevalier, bailli de Boulogne, était en 1469 conseiller et chambellan du duc de Bourgogne. Il se maria en 1474 en l'hôtel de la duchesse Marguerite d'York. Menneville est un village situé dans l'arr. Boulogne, cant. Desvres.

37 Robert de La Bouverie, seigneur de Wierre, était en 1460 conseiller et receveur général des finances de Philippe le Bon. Son fils Jean fut chef du Grand Conseil de la duchesse Marie. La Bouverie est une ferme située près de Baincthun, arr. Boulogne, cant. Boulogne 2.

38 Cf. B. Schnerb, *Enguerrand de Bournonville et les siens, un lignage noble du Boulonnais aux xive et xve s.*, Paris, 1997.

39 Les Parenty sont des notables desvrois installés à Boulogne à partir du xvie siècle. Enguerrand de Parenty, médecin du roi Louis XI, était *maistre régent en l'Université de Paris en la facullette de médecine*, selon le registre de juridiction gracieuse de Desvres, 1467-1470, Arras, ADPC, 1 J 1811, éd. intégrale I. Clauzel, *Desvres en 1470*, Desvres, 2011, 336 p. Parenty est une bourgade située près de Desvres, arr. Montreuil-sur-Mer, cant. Lumbres.

40 Houppelande, Houplande, auj. Huplandre, lieu-dit de La Capelle-lès-Boulogne. Mathieu de Houppelande, baron du Val, conseiller du duc, fils d'un drapier fournisseur du roi Louis XI lors de son sacre, fut le dernier trésorier du Boulonnais pour Charles le Téméraire. Son fils Guillaume était docteur en théologie.

41 Les Thubeauville, écuyers pour la plupart, possédaient de nombreux fiefs dans les bailliages de Wissant, Desvres et Boulogne. Jean de Thubeauville signait un aveu et dénombrement en 1364 ; Coroys de Thubeauville était veneur du comté en 1417 ; Pierre était bailli du baron de Bellebrune en 1431 ; en 1473, son parent Edmond bénéficia d'une lettre de rémission pour meurtre à la garnison de Gueldre ; un autre Pierre de Thubeauville montait la garde à Hulst en 1488 sous Charles de Saveuses.

42 Grande famille audomaroise dont l'un, surnommé *le Borgne de Noircarmes*, fut officier boulonnais.

43 Les comtes de Boulogne disposaient de douze barons et de quatre pairs. La maréchalerie était à Neufchâtel près de Samer, la connétablie à Austruy près de Wissant, la bouteillerie à Selles près de Desvres, la gonfanonnerie à Londefort près de Marquise.

44 Le bâtard de Cardonne, fils de Jean, comte de Cardonne et de Prades, connétable d'Aragon. Capitaine du château d'Arras en 1492, il fut envoyé en Boulonnais pour contrer Henry VII. Cf. L. Colella-Denis, *Vive Bourgogne ! Arras ville gagnée !*, Arras, 2013, p. 42. Il y devint sénéchal du Boulonnais à l'aube du xvie siècle.

45 Sur le contexte politique lors de la troisième Guerre d'Italie, voir Cauchies, *Philippe le Beau*, chap. VI ; F. Rapp, *Maximilien d'Autriche*, Paris, 2007, chap. VII ; B. Quilliet, *Louis XII*, Paris, 1986, chap. X.

lettre 41 – que complète la 42 – commence ainsi : *Le quatriesme jour de march, Jehan Marlet en peschant au poisson fu noyé avecq Perrotin son frere Et avoecq Jehan Pains Secq maistre du bastel, Robin son frere et encore trois aultres qui sont sept en tout. Et fu de une wague qui retourna le bastel ce de dessoubz dessus.*

Un autre intérêt de l'ouvrage lui vient des progrès dans l'identification écrite de chacun. En ce début de XVIᵉ siècle, la vogue des surnoms semble s'amplifier : en 150 chartes, pas moins de 72 personnes, hommes, femmes, enfants, hommes d'Église, en sont affublés. Ils servent à distinguer le père du fils (Jean Marlet alias Nono a pour fils Jean Marlet alias Savarot), les parents plus ou moins lointains (cinq Jean Ansel respectivement dits Henneguelle, de l'Abbeye, le Suitre, Vichon, Bainghen...), passent à la génération suivante (Jacquet et Mynon Hermel dits Vaillant, enfants de feu Robert Hermel dit Vaillant), sont parfois ridicules en comparaison du nom d'origine (Guillaume de Lozembrune dit Motuche Machon) ou laudatifs (Thomassin de Broustal dit le Bel Huchier). Certains portent sur le prénom (Jacques du Moulin dit Galliot du Moulin), sont une déformation du patronyme (Robert de le Fauch dit Fauchois), ou désignent le lieu d'origine (Jean le Cordewannier dit Sammer, Pierre du Rieu dit Thiegatte). Un signataire en dispose même de deux (Jean Maurice dit Jean Loeulle ou Sacquenet). Outre l'anecdote, leur utilisation permet de déterminer le référent initial de patronymes encore en usage aujourd'hui, ainsi Henneguelle ou Baly inexistants dans les temps médiévaux[46].

Plus prometteuse encore semble l'approche des éléments de signature qui font suite à l'identification par le nom[47]. Le présent registre permet de retracer les étapes par lesquelles les signataires se sont approprié les symboles les distinguant les uns des autres. Les moins instruits demandent à l'officier présent ou à un proche (fils, beau-fils, voisin, sans compter les tuteurs des enfants mineurs) qui les a accompagnés, d'écrire leur nom, qu'eux-mêmes complètent d'une marque, et proposent à cette personne de signer et d'ajouter son propre symbole[48]. Ces marques, souvent géométriques, évoquent pour certaines les meubles héraldiques mais ne semblent pas symboliser une profession ; ce sont probablement les mêmes qui sont apposés depuis le Moyen Âge, sur le pain, la pierre taillée, les tonneaux et d'autres produits finis, afin que les contrôleurs reconnaissent les éventuels fraudeurs sur le poids ou la qualité. Jamais identiques – plus de 50 dessins différents –, elles sont familiales puisque, à trois reprises au moins, le puîné ajoute une brisure en copiant le dessin de l'aîné. Les plus faciles à tracer sont angulaires : des lignes parallèles, des taus, des croix de Saint-André (fig. 3). Très souvent, la marque est située entre le prénom et le nom. Le trait est moins épais quand le signataire manie aisément la plume et les arrondis se font plus fréquents : le receveur de la maladrerie, celui de l'église du bourg et le *marglisier* de Saint-Léonard tracent respectivement un double cœur, un trèfle et ce qui ressemble à un lorgnon[49].

---

46 Sur l'utilisation ostensive ou descriptive du patronyme, cf. W. De Mulder, Noms propres et essence psychologique. Vers une analyse cognitive des noms propres ?, dans *Les noms propres : nature et détermination*, dir. D. Van de Velde, N. Flaux, Villeneuve d'Ascq, 2000, p. 47-62.

47 Marqueur social, « invention de lettrés liés aux milieux où s'exerce le pouvoir », sa diffusion s'étend sur trois siècles. C. Jeay, Pour une histoire de la signature. Du sceau à la signature, histoire des signes de validation en France (XIIIᵉ-XVIᵉ siècle), dans *Labyrinthe*, nᵒ 7, 2000, p. 155-156.

48 Deux exemples : *Je, Perotin Sadee dessus nommé, adcause que ne scay escripre, ay mis ma marque en certiffication de ce et ay recquis a Mahieu Daghebert et a Jehan Daghebert dit le Bon y mectre aussy leurs marcques et nous trois ensamble avons recquis Colenet Rohart de escripre nos noms et de y mettre son seigne* (nᵒ 2) ; *Tesmoing le saing de Colinet Fret cy mis à la requeste de ladite Mehault pour ce que elle ne scet escripre* (nᵒ 116).

49 Marglisier est synonyme de marguillier. Au Montjoie de Saint-Léonard était située une seconde maladrerie. Saint-Léonard, arr. Boulogne, cant. Outreau.

Accolpot Charlot		La Place (de) Gamot	
Begin Pierre		Le Court (de) Colin	
Berquen (de) Aleame		Le Couttre Pierre	
Bocquet Perotin		Le Couttre Robert	
Brion Jehan	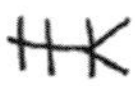	Le Marinier Pierre	
Clabault Thomas		Lobet Perrotin	
Coisnon Motin		Marlet Jehan	
Coisnon Jehan		Petit Pas Jaquet	
Coppin Emond		Petit Pas Jehan	
Daghebert Mahieu		Pont Pierre	
Daghebert Jehan		Robart Robin	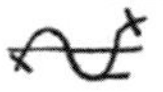
Faiolle Jehan		Sadée Perotin	
Guilbert Jehan		Saint-Josse (de) Guillaume	
Haigneré Pierre		Troussel Chastel	
Larde Jehan		Wisques (de) Marguerite (demoiselle)	

Fig. 3. Marques de quelques censiers © I. Clauzel.

Certains ont su tracer leurs initiales encadrant leur marque, l'un d'eux résume son nom Jaquet de le Planque en Ja d l p q (acte n° 145). Un quart environ des suscripteurs sait écrire son nom, dont plusieurs femmes ; certains nobles sont illettrés (n° 142). Lorsque les personnes savent bien écrire, elles escamotent souvent leur prénom au profit de leur patronyme et d'un élégant paraphe, certes peu original, dont les volutes évoquent la capitale allemande des XVIe et XVIIe siècles. Les prêtres précisent leur qualité par une simple mention à côté de leur signature. Bien qu'elles soient toujours présentes, marques et signatures se raréfient au long du volume, même quand elles sont annoncées, peut-être par manque de temps ou lassitude du scribe ; peut-être le livre ne sert-il plus que de *record*, en l'absence des parties : l'écriture générale se relâche parallèlement, restant toutefois lisible.

Au terme d'une première exploration de cet important document patrimonial, il semble que la transcription complète du registre mérite d'être menée. Il s'agit du premier codex conservé pour une abbaye boulonnaise, en un temps où nous ne disposons pas d'autre document d'importance. Corollaire d'un terrier, le livre une fois transcrit donnera l'occasion de suivre l'évolution des ressources d'une seigneurie ecclésiastique au long du XVIe siècle, et d'observer les mouvements de son personnel. Il permettra de continuer l'étude des fiefs boulonnais dans leur durée : division, hypothèque, vente et acquisition, et de mettre à jour les données concernant les familles nobiliaires, comme celle des édiles municipaux. La participation des habitants aux guerres italiennes est à approfondir, des données précises n'ayant été conservées qu'à partir de 1517.

L'intérêt principal de ce corpus est sociologique. L'abbaye Saint-Wulmer, sans droit de paroisse, confinée dans son clos par sa voisine Notre-Dame, paraît beaucoup plus proche des habitants que l'autre sanctuaire. Notre-Dame a été, certes, érigée en cathédrale en 1567, mais elle connaît de graves dissensions dans son clergé, les abbés commendataires dédaignent la vie locale, si bien que c'est avec Saint-Nicolas du bourg – devenue église paroissiale en 1464 grâce au duc Philippe le Bon – que les chanoines de Saint-Wulmer auront les meilleures relations. Les petites gens, les marins, les commerçants fréquentent ces deux lieux de culte, ce dont témoigne la création de chapelles de métiers. Saint-Wulmer, dont les possessions foncières sont nombreuses dans la ville fortifiée, fréquente également le monde des notables : au centre géographique de la cité, elle occupe ainsi une place primordiale que le document met au jour, et que confirme l'origine sociale de ses chanoines.

Il reste à regretter la disparition progressive du sanctuaire sous l'Ancien Régime et le début de l'époque contemporaine. L'amenuisement de son patrimoine foncier, la pénurie des vocations sont deux causes couramment évoquées ; elles ne sont pas à négliger. Une troisième raison semble devoir être avancée. L'église Notre-Dame possédait de tout temps la cure sur la ville. Lorsque le siège épiscopal y fut installé, la paroisse fut matérialisée par l'implantation d'un autel dédié à saint Joseph. Aujourd'hui, les évêchés de Boulogne et Saint-Omer ayant fusionné avec celui d'Arras, Notre-Dame n'est plus vraiment cathédrale. Cependant, les fidèles qui la fréquentent viennent de tout le doyenné. L'esprit paroissial semble faire défaut, et ce depuis le XVe siècle où des bourgeois obtinrent le droit d'inhumation à Saint-Nicolas au bourg. Peut-être que, si l'autel Saint-Joseph avait été installé à Saint-Wulmer, l'édifice médiéval et ses trésors auraient été conservés, et la ville fortifiée aurait gardé une âme, celle que lui avaient conférée les comtes de Boulogne de haut renom, celle du moine évangélisateur Wlmer. Bien sûr, tout cela n'est que de l'uchronie…

Une princesse en diplomatie : l'entrevue de 1439 entre Isabelle de Portugal, duchesse de Bourgogne, et son oncle Henry Beaufort, évêque de Winchester, dit le cardinal d'Angleterre

Philippe Contamine
Membre de l'Institut

Après un long temps de sommeil ou de somnolence, spécialement dans l'historiographie de langue française, toutes époques confondues, l'histoire de la diplomatie (ses protocoles, ses méthodes de travail, son esprit, son personnel ainsi que la succession des « intrigues » qui en font l'étoffe) est revenue en grâce depuis une bonne vingtaine d'années[1]. Même si elle ne se situe pas à proprement parler au cœur de sa démarche, Jean-Marie Cauchies est loin d'être resté étranger à cette tendance : n'est-il pas, entre autres, l'éditeur scientifique du colloque de Calais de 2012 organisé par le Centre européen d'Études bourguignonnes et publié en 2013 sous le titre *Négociations, traités et diplomatie dans l'espace bourguignon, XIVe-XVIe siècles* ? En hommage à sa personnalité chaleureuse, à son rayonnement et à son œuvre, abondante, érudite, riche en perspectives de toutes sortes, je voudrais retenir un exemple qui, se situant au cœur du règne contrasté de Charles VII (1418/1422-1461), a pour but d'illustrer, derechef, telle une problématique attendue[2], la place des femmes (des dames) dans les relations de puissance à puissance, et cela en recourant à des sources pour une fois abondantes et en puisant sans vergogne dans les travaux de mes prédécesseurs (dom Urbain Plancher[3], Gaston du Fresne de Beaucourt[4], Marie-Rose Thielemans[5], Christopher Allmand[6], Monique Sommé[7], Anne-Brigitte Spitzbarth[8] et quelques autres). Même si elle déboucha sur une impasse, il s'agit là d'une négociation d'autant plus instructive que sont conservés pour une fois les protocoles des deux camps, le protocole anglais

1 Représentatifs sont ici les actes du colloque de 2004 *Negociar en la Edad Media/Négocier au Moyen Âge. Actas des Coloquio celebrado en Barcelona los días 14, 15 y 16 de octubre de 2004/Actes du Colloque tenu à Barcelone du 14 au 16 octobre 2004*, éd. M. T. Ferrer Mallol, J.-M. Moeglin, S. Péquignot, M. Sánchez Martínez, Barcelone, 2005.

2 *Femmes de pouvoir, femmes politiques durant les derniers siècles du Moyen Âge et au cours de la première Renaissance*, éd. É. Bousmar, J. Dumont, A. Marchandisse, B. Schnerb, Bruxelles, 2012.

3 U. Plancher, *Histoire générale et particulière de Bourgogne*, 4 vol., Dijon, 1734-1781.

4 G. du Fresne de Beaucourt, *Histoire de Charles VII*, t. 3, *Le réveil du roi, 1435-1444*, Paris, 1885, p. 95-114.

5 M.-R. Thielemans, *Bourgogne et Angleterre. Relations politiques et économiques entre les Pays-Bas bourguignons et l'Angleterre, 1435-1467*, Bruxelles, 1966.

6 C. T. Allmand, The Anglo-French Negotiations, 1439, dans *Bulletin of the Institute of Historical Research*, t. 40, 1967, p. 1-33.

7 M. Sommé, *Isabelle de Portugal, duchesse de Bourgogne, une femme au pouvoir au XVe siècle*, Villeneuve d'Ascq, 1998.

8 A.-B. Spitzbarth, *Ambassades et ambassadeurs de Philippe le Bon, troisième duc Valois de Bourgogne (1419-1467)*, Turnhout, 2013.

Pour la singuliere affection qu'avons a luy. *Études bourguignonnes offertes à Jean-Marie Cauchies*, sous la direction de Paul Delsalle, Gilles Docquier, Alain Marchandisse et Bertrand Schnerb, Turnhout, 2017 (*Burgundica* 24), p. 103-111.

DOI 10.1484/M.BURG-EB.5.113909

(rédigé en latin par Thomas Bekynton, secrétaire d'Henry [VI])[9], et le protocole français (rédigé en français, peut-être par Robert Mallière, l'un des notaires et secrétaires de Charles VII)[10]. Pour le même règne, d'autres figures féminines auraient pu être retenues, ainsi celle de Yolande d'Aragon, reine de Sicile et duchesse d'Anjou : il est vrai que dans son cas la documentation, à y regarder de près, est nettement moins favorable.

Quel contexte ? On se situe dans la seconde partie de la guerre de Cent Ans (après Jeanne d'Arc). En application du traité de Troyes de 1420, Henry VI, fils d'Henry V et de Catherine de France, elle-même fille de Charles VI et d'Isabeau de Bavière, était devenu à la mort de son grand-père maternel, survenue à Paris le 21 octobre 1422, roi de France et même avait été sacré, par son grand oncle Henry Beaufort, et couronné en tant que tel le 16 décembre 1431 dans la cathédrale Notre-Dame de Paris. Il était aussi roi d'Angleterre, depuis la mort de son père survenue le 31 août 1422. Il avait été sacré et couronné dans la cathédrale de Westminster le 6 novembre 1429. Si son titre de roi d'Angleterre ne lui était pas contesté (du moins à cette époque), en revanche il avait en France un compétiteur en la personne de Charles VII, fils de Charles VI, qui ne reconnaissait pas la validité du traité de Troyes par lequel il avait été déshérité et qui, par la grâce de la Pucelle, avait été sacré et couronné roi de France dans la cathédrale de Reims le 17 juillet 1429, par l'archevêque de Reims Regnault de Chartres. Bref, le royaume de France, depuis 1422[11], était divisé en deux obédiences, comme la chrétienté latine au temps du « Grand schisme d'Occident » (1378-1417). Chacun des deux rois prétendait disposer de l'appui, matériel autant que symbolique, d'un certain nombre de princes français. L'un des buts était d'en gagner d'autres à sa cause. C'est ainsi que pendant tout un temps, Henry VI fut reconnu comme roi de France légitime par Philippe le Bon, deux fois pair de France en tant que duc de Bourgogne et comte de Flandre, mais non, quoi qu'on en ait dit, par le duc de Bretagne Jean V, et cela malgré toutes les pressions qui s'exercèrent sur lui, notamment de la part de Jean, duc de Bedford, régent du royaume de France pour son neveu Henry VI. Mais, en 1435, se déroula à Arras une négociation triangulaire en vue de parvenir à la « paix finale et générale » : 1. entre Charles VII et Henry VI (disons entre France et Angleterre, entre Valois et Lancastre : on notera ici qu'Henry VI et les siens parlaient de *nostre adversaire de France*, *l'adversaire de mondit seigneur le roi au royaume de France* et de *nosdits royaumes de France et d'Angleterre*, on notera aussi que le pape Eugène IV l'appelait *rex Angliae illustris* alors qu'il parlait de Charles VII comme *rex Francie illustris*), une négociation qui échoua ; 2. entre Charles VII et Philippe le Bon, duc de Bourgogne, qui en revanche aboutit à ce que, moyennant d'importants avantages, ce dernier rompit, non sans quelque scrupule de conscience, avec l'alliance anglaise et reconnut enfin Charles VII comme le roi de France légitime même s'il refusait formellement d'être

9 *Proceedings and ordinances of the Privy Council of England*, éd. H. Nicolas, t. 5, Londres, 1835, p. 334-407. En toute rigueur, Henry VI, roi d'Angleterre, devrait être également appelé, de son point de vue, Henri II, roi de France. Cette numérotation ne semble nulle part attestée à l'époque, ce qui n'est pas sans signification. J'ai donc retenu la dénomination d'Henry VI.

10 C. T. Allmand, Documents relating to the Anglo-French Negotiations of 1439, dans *Camden Miscellany*, t. 24, 1972, p. 79-114.

11 Cette division, dont l'origine remonte pour le moins à l'assassinat en 1407 de Louis, duc d'Orléans, commandité par son cousin germain Jean sans Peur, duc de Bourgogne, s'était encore accentuée en décembre 1417 avec l'instauration par ce dernier d'un contre-gouvernement sous les auspices d'Isabeau de Bavière.

son vassal et était dispensé de tout service, militaire ou autre, envers celui qui était redevenu son souverain[12].

Et la guerre continua : entre France et Angleterre, sans répit, mais aussi entre Angleterre et Bourgogne, avec les conséquences que l'on peut deviner quant au commerce maritime.

Durant l'été 1439, du début de juillet au début de septembre, des négociations en vue d'entamer un processus pouvant déboucher sur un traité de paix se déroulèrent entre Calais et Gravelines (ce sont elles qui font l'objet du présent exposé), mais elles n'aboutirent pas. Une autre rencontre avait été prévue pour 1440, qui, pour diverses raisons[13], n'eut pas lieu.

Or, il semble bien que les négociations de 1439 aient été dues à l'initiative de la Maison de Bourgogne, qui, en 1435 et 1436, avait fort mécontenté le camp anglais, d'une part en raison de la rupture du serment d'adhésion à la paix de Troyes (une rupture ressentie outre-Manche comme une véritable trahison, indigne d'un chevalier), d'autre part en raison d'une tentative, d'ailleurs malheureuse, pour s'emparer de la ville de Calais[14]. Le conseil du duc Philippe comptait un certain nombre d'« anglophiles », le plus important et le plus réfléchi d'entre eux étant Hugues de Lannoy, seigneur de Santes, auteur d'un avis en bonne et due forme en date du 10 septembre 1436 : pour simplifier, Lannoy conseillait à son maître de se rapprocher des Anglais, ne serait-ce que pour calmer la mauvaise volonté des Flamands à son égard en obtenant la conclusion d'un *entrecours de marchandise*, et même de rétrocéder à Charles VII les villes de la Somme qu'il avait prises en gage en vertu du traité d'Arras, ce qui devrait permettre au roi de France d'accepter plus aisément la détention de la Normandie par Henry VI[15].

Pour mener à bien cette délicate reprise de contact, tant la méfiance était grande dans les deux camps, Philippe le Bon ne crut pas mieux faire que de mettre en avant, en vue de « moyenner », sa femme, épousée en 1431 : née en 1397 du mariage de Jean Ier, roi de Portugal, et de Philippa, fille de Jean, duc de Lancastre, elle était la petite-fille d'Édouard III, roi d'Angleterre. À ce titre, elle ne pouvait qu'agréer à la partie adverse. Surtout, le duc avait confiance en ses capacités intellectuelles (Georges Chastelain la qualifie de *subtile* et *caute*, ce qui d'ailleurs n'est pas un compliment absolu[16]). Ainsi l'un de ses oncles était Henry Beaufort (vers 1374/1375-1447), cardinal d'Angleterre, évêque de Winchester, fils de Jean, duc de Lancastre, l'autre médiateur de 1439, qui d'ailleurs ne manquait pas de l'appeler *nostre tres chiere et tres amee niece*. De plus, elle pouvait passer pour extérieure à la querelle ou aux tensions récurrentes entre son mari et les villes de Flandre.

Déjà en 1435, lors du congrès d'Arras, Isabelle, bel et bien présente[17], n'avait pas fait que de la figuration : on a publié en 1982 une lettre conservée dans les archives

---

12 F. Schneider, *Die Europäische Friedenskongress von Arras (1435). Die Friedenspolitik Papst Eugens IV. und das Basler Konzil*, Greiz, 1919 ; Antoine de La Taverne, *Journal de la paix d'Arras (1435)*, éd. A. Bossuat, Arras, 1936 ; J. G. Dickinson, *The Congress of Arras, a study in medieval diplomacy*, Oxford, 1955 ; *Arras et la diplomatie européenne, XVe-XVIe siècles*, éd. D. Clauzel, C. Giry-Deloison, C. Leduc, Arras, 1999.

13 Essentiellement parce que Charles VII estimait beaucoup trop rigide la position anglaise, compte tenu de ce qu'était devenu le rapport de force.

14 M. Sommé, L'armée bourguignonne au siège de Calais (1436), dans *Guerre et société en France, en Angleterre et en Bourgogne, XIVe-XVe siècle*, éd. P. Contamine, C. Giry-Deloison, M. Keen, Lille, 1991, p. 197-219.

15 C. Potvin, Hugues de Lannoy, 1384-1456, dans *Bulletin de la Commission royale d'Histoire*, 4e sér., t. 6, 1878-1879, p. 117-146.

16 *Isabelle de Portugal, duchesse de Bourgogne, 1397-1471. Catalogue de l'exposition*, éd. C. Lemaire, M. Henry, Bruxelles, 1991, p. 19.

17 Son arrivée à Arras se fit en une litière portée par deux haquenées blanches le 3 août 1435, à 10 heures du matin (Antoine de La Taverne, *Journal*, p. 36).

de la tour de Tombo à Lisbonne où elle expose en portugais à son frère Édouard Ier, roi de Portugal, la teneur des négociations et l'impossibilité d'arriver à un accord France-Angleterre[18]. À Arras, selon Richard Vaughan, « elle déploya pour la première fois ses indéniables dons pour la négociation[19] ». La renommée lui attribua un rôle dans la réconciliation entre la France et la Bourgogne, ce dont témoigne le poète Martin Le Franc dans quelques vers du *Champion des dames* :

Dame Ysabel de Portugal
La fu loee haultement :
De mettre les cueurs a egal,
Comme on disoit communement,
Avoit trouvé l'appointement.
O dame digne de memoire,
Dieu lui doint pardurablement
Sa paix et s'amour et sa gloire !
Chascun la dame benissoit
Pour sa doulceur, pour sa sagesse,
Vive la dame et benit soit
Qui nous donna telle princesse !
Par elle horrible guerre cesse
Et Paix se remet en besongne.
Vive la tres haulte ducesse !
Vive la dame de Bourgongne[20] *!*

Forte de cette première expérience, Isabelle était en droit et en mesure de poursuivre sa démarche.

On comprend l'intérêt qu'y pouvait trouver l'État bourguignon : normaliser la situation politique et économique dans les « pays de par-deçà ». Quant à l'Angleterre, il y avait à l'époque deux politiques envisageables ou envisagées : celle représentée par l'étrange et belliqueux Humphrey, duc de Gloucester (1390-1447), oncle d'Henry VI (tenir coûte que coûte, ne rien abandonner du droit de la royauté anglaise à la couronne de France, ne rien céder de ce qu'elle détenait toujours en France, en attendant des jours meilleurs qui arriveraient tôt ou tard), et celle, plus accommodante, plus souple, représentée par le vénérable et imposant Henry Beaufort, grand-oncle d'Henry VI. Cette dualité se reflète dans le fait que le chef de la délégation anglaise, John Kempe, archevêque d'York, dans les instructions officielles qu'il reçut le 21 mai 1439, avait pour mission de maintenir dans son intégrité le droit de Henry à la couronne et aux armes de France et ne se voyait accorder aucune marge de manœuvre (sauf peut-être la libération du duc Charles d'Orléans, prisonnier depuis la bataille d'Azincourt, le 25 octobre 1415, contre une rançon de 66 000 livres sterling[21]). Mais quatre jours plus tard, Henry VI donna à Beaufort des instructions secrètes (et orales) lui permettant de négocier avec une totale liberté. Comme le dit Bertram Wolffe, « il se peut que ces instructions secrètes du 25 mai 1439 aient constitué le tout premier pas en direction de la politique de paix au moyen de concessions et de compromis qui aboutit à la trêve

18 Sommé, *Isabelle de Portugal*, p. 386-387. Dans cette lettre, elle souligne que son mari n'avait jamais prêté hommage à Henry VI pour ses fiefs dépendant de la couronne de France et, en n'assistant pas à son sacre et couronnement de 1431, avait du même coup refusé à dessein de jouer son rôle de pair de France.

19 R. Vaughan, *Philip the Good. The Apogee of Burgundy*, Londres, 1970 : « She displayed for the first time her undoubted gift as a negotiator. »

20 Martin Le Franc, *Le Champion des dames*, éd. R. Deschaux, t. 1, Paris, 1999, p. 78, v. 1849-1864.

21 Environ 400 000 livres tournois.

et au mariage de 1444-1445 [entre Henry VI et Marguerite d'Anjou, fille du roi René et nièce de Charles VII] et qui déboucha sur la catastrophe de 1450[22] ».

Quant à Charles VII, il dut peser soigneusement le pour et le contre. D'une part, il ne pouvait que prendre ombrage d'une initiative bourguignonne, car le contentieux avec le duc Philippe persistait, voire s'alourdissait, pour de multiples raisons (il n'est que de songer aux ravages exercés dans les domaines bourguignons, par les « Écorcheurs », venus de France). Les préventions subsistaient dans les esprits. D'autre part, il pouvait craindre que toute une partie de l'opinion, aux différents niveaux, y compris celui des princes, ne l'incite à de fâcheuses concessions pour le « bien de paix ». De fait, comme en Angleterre, il y avait à la cour de France un parti de la paix, représenté, nous le savons, par Jacques Juvénal des Ursins, futur évêque de Poitiers, et Louis de Bourbon, comte de Vendôme, et un parti de la guerre représenté par Charles, duc de Bourbon, le maréchal de La Fayette, Jean, bâtard d'Orléans, et maître Jean Rabateau, président en Parlement[23]. Précisément, quel que soit son sentiment personnel, le roi ne pouvait pas ne pas tenir compte du courant pacifiste, il lui fallait pour le moins lui apporter un gage de sa bonne volonté et faire preuve de son ardent désir de parvenir à un accord.

Et c'est ainsi qu'une conférence fut précautionneusement organisée par l'action conjointe de l'oncle et de la nièce, Henry Beaufort et Isabelle de Portugal. Le lieu central de cette conférence fut une tente, vaste et somptueuse (la tente du conseil) qui fut dressée devant le château d'Oye[24], entre Calais et Gravelines. D'autres tentes, à peine moins belles, complétaient le dispositif[25]. Henry et Isabelle se présentaient comme des médiateurs de bonne volonté par rapport aux deux délégations, l'anglaise, à la tête de laquelle se trouvait, on l'a dit, John Kempe, et la française, avec Regnault de Chartres, archevêque de Reims et chancelier de France, le comte de Vendôme, Jean d'Harcourt, archevêque de Narbonne, et le bâtard d'Orléans. À un moment donné, il semble qu'il ait été envisagé que le duc de Bourgogne soit le personnage le plus important (le chef) de la délégation française (lettre de Charles VII en date du 7 avril 1439, par laquelle, pour mener ces négociations, il se fie à la loyauté et prudhommie, grand sens, prudence, discrétion et bonne diligence de son frère et cousin Philippe, duc de Bourgogne, de ses chers et féaux Louis de Bourbon, comte de Vendôme, etc.[26]).

Au cours de la négociation, Isabelle fut accompagnée de sa nièce, Agnès de Clèves, promise à Charles, prince de Viane, héritier de Navarre, d'un parterre de dames d'honneur, mais aussi de conseillers bourguignons expérimentés, dont le chancelier Nicolas Rolin, Jean Chevrot, évêque de Tournai, et Hugues de Lannoy. Peut-on considérer ces personnages comme des neutres ? Ils l'étaient en tout cas davantage par rapport à Charles VII que Henry Beaufort par rapport à son petit-neveu Henry VI.

Le 6 juillet 1439, eut lieu une première rencontre du cardinal et d'Isabelle, qui *se firent les reverances ainsi qu'il appartenoit*.

Des indices existent montrant que le formidable prélat, par un mélange de démonstration affectueuse, de savoir-vivre et de savoir-faire, espérait circonvenir Isabelle : nous le verrons, il n'y parvint pas. Il ne lésina pas sur le vin et les épices. *Et fist a sa belle niepce*

---

22 B. Wolffe, *Henry VI*, Londres, 1981, p. 147.

23 Gilles Le Bouvier dit le Héraut Berry, *Chroniques du roi Charles VII*, éd. H. Courteault, L. Celier, M.-H. Jullien de Pommerol, Paris, 1978, p. 208. Jean Rabateau, parlementaire de haut vol, avait logé Jeanne d'Arc lors de son séjour à Poitiers en mars 1429 ; en 1445, lors du conflit avec Metz, il fut chargé par Charles VII d'exposer la thèse française.

24 Aujourd'hui Oye-Plage, dans l'actuel dép. Pas-de-Calais. Il ne reste plus rien du château en question.

25 Dès la fin du XIVe siècle, les négociations franco-anglaises, dans cet espace, se déroulaient sous des tentes. Cet usage devait déboucher sur le célèbre camp du Drap d'or de 1520.

26 Plancher, *Histoire de Bourgogne*, t. 4, *Preuves*, p. CLXIII.

la ducesse de Bourgoingne moult joyeuse chiere et reception, si la conjoya et festoia moult honnourablement a la maniere d'Angleterre car bien le sceut faire comme prelat sachant qu'il estoit[27]. À l'intérieur de la tente officielle se trouvait un *haut banc* garni de coussins : le cardinal en occupait le milieu, à sa droite était assise la duchesse et à sa gauche la future princesse de Viane. Un prélat encadré par deux nobles dames. Le cardinal était, à la limite, partisan de trêves. Il ne manquait pas de dire à sa nièce que c'était la voie la plus profitable, *et mesmement pour monseigneur de Bourgogne*. Il lui conseillait vivement, dans son intérêt, de « pratiquer » ce moyen.

Les deux protocoles, anglais et français, montrent qu'Isabelle eut à plusieurs reprises de longs entretiens, en tête-à-tête, avec son oncle. Par exemple, dès le 6 juillet, après les discours en latin de John Kempe, où ce dernier mit en avant la prophétie de sainte Brigitte (le Christ lui aurait dit : *Volo quod fiat pax per matrimonium*, allusion au mariage d'Henry V et de Catherine de France), et de Regnault de Chartres, qui, pour sa part, évoqua pour n'être pas en reste la prophétie de l'ermite Jean (pas question à cette date de faire état de la prophétie de Jeanne d'Arc selon laquelle en fin de compte les Anglais seraient boutés hors de *toute France*)[28], « le seigneur cardinal et la duchesse entrèrent au pavillon de la convention et s'y entretinrent seul à seule pendant plus d'une heure[29] ». De même le 10 juillet : Item, ce jour aprés digner, mondit seigneur le cardinal et madicte dame de Bourgogne furent a la dicte tente du conseil et parlerent longuement ensemble touz seulz et puis s'en vindrent ou logis de ma dicte dame prendre vin et espices. Isabelle rencontra aussi longuement le duc Charles d'Orléans, qui pour la circonstance avait eu le droit de franchir la Manche (sans doute les Anglais espéraient-ils qu'il pousserait les Français aux concessions pour obtenir enfin sa libération). On peut penser à ce propos que la négociation se déroula essentiellement en français, encore que John Kempe et Regnault de Chartres prononcèrent en latin leurs discours respectifs.

Sans surprise, on constate la divergence des points de vue : d'une manière générale, les Anglais acceptaient que l'adversaire de France (Charles de Valois)[30] tienne en fief du roi de France et d'Angleterre un vaste espace situé au sud de la Loire, duché de Guyenne excepté ; quant aux Français, ils acceptaient de reconnaître au roi d'Angleterre, à condition qu'il renonce à la couronne et aux armes de France, une partie notable du royaume (la Guyenne, la Normandie) mais moyennant foi et hommage, ressort et souveraineté, comme pair de France (une dignité qui était en principe assortie d'un serment spécifique). Une autre exigence était la suivante : *Que toutes gens d'Eglise et nobles retourneront plainement a leurs benefices, terres et seigneuries, pourveu qu'ilz en feront ausdis Anglois seremens de feaulté comme il appartient*. Autrement dit, les nombreux nobles normands qui avaient fui le duché pour demeurer fidèles à Charles VII et dont les fiefs avaient été confisqués, au profit le plus souvent de seigneurs anglais, recouvreraient leurs terres et deviendraient vassaux d'Henry VI en tant que duc de Normandie. De même pour les bénéficiers ecclésiastiques. Dans les deux cas, et surtout dans le premier, on imagine l'ampleur des bouleversements et du contentieux.

---

27 Enguerran de Monstrelet, *Chronique*, L. Douët-d'Arcq, t. 5, Paris, 1861, p. 401. Voir aussi p. 404.

28 Ce qui provoqua l'intervention humoristique de John Kempe : cela ferait un beau mariage de la sainte et de l'ermite.

29 *Idem dominus cardinalis et ducissa ingressi sunt papilionem convencionis et ibi communicaverunt soli per se per horam et amplius.*

30 Il apparaît que la délégation française préférait que Charles VII soit appelé « l'adversaire de France » plutôt que Charles de Valois (du Fresne de Beaucourt, *Histoire de Charles VII*, p. 107).

Il semble que ce soit Isabelle (et ses conseillers), de sa (ou de leur) propre initiative, même si la délégation française fut mise au courant et ne fit pas obstacle, qui formulèrent une solution, certes déjà avancée lors du congrès d'Arras, mais en l'occurrence un peu plus généreuse pour la partie anglaise. En effet à Arras, il avait été question d'une paix franco-anglaise « temporaire et conditionnelle » de sept ans, jusqu'à ce qu'Henry VI, alors âgé de quatorze ans[31], atteigne sa majorité légale de 21 ans. En 1439, cette paix provisoire était envisagée, cette fois pour durer non plus sept mais quinze, vingt, voire trente ans. Pendant tout ce laps de temps, le roi d'Angleterre renoncerait à se servir de son titre de roi de France (il s'intitulerait seulement *rex Angliae*), en échange il jouirait d'un certain nombre de terres pour lesquelles il ne prêterait pas hommage au roi de France et dans lesquelles celui-ci n'exercerait ni son ressort ni sa souveraineté (du même coup, par exemple, aucun appel ne serait possible en provenance d'un habitant des terres en question au Parlement de Paris). De plus, les clercs et les nobles ayant perdu leurs bénéfices ou leurs fiefs à la suite des événements les retrouveraient (essentiellement en Normandie) et le duc d'Orléans serait libéré sans rançon.

C'est le chancelier Rolin, au nom de la duchesse, qui présenta cette solution, posant assez brutalement la question aux ambassadeurs anglais : est-ce que cela vous plaît ou non ? La réponse fut dilatoire : quelles terres leur seraient offertes[32] ? Cette réponse évasive à une offre qu'Isabelle devait considérer comme généreuse suscita une vive réaction de sa part (*Mécontente de cette réponse, elle agit violemment et immédiatement avec nous*) et insista pour savoir si les Anglais acceptaient au moins le principe de la proposition, *en répandant des larmes de colère ou de pitié, je ne sais*. Interloqués, les Anglais reculèrent et dirent qu'ils rapporteraient cette proposition à leur roi à condition que la cédule bourguignonne mentionne quelles terres étaient offertes. De fait, après un long entretien avec le duc d'Orléans, une cédule fut rédigée, spécifiant que les Français offraient le duché de Normandie (sauf le Mont-Saint-Michel et sauf l'hommage de Bretagne)[33], le duché de Guyenne et Calais. Mais déjà un contre-feu était ouvert, car les Anglais parlaient d'une quantité de terres beaucoup plus importante.

Mais alors pourquoi, à cette date, la duchesse Isabelle, outrepassant sa fonction de médiatrice, se rapprocha-t-elle autant du point de vue français ? C'est que l'idée de Philippe le Bon, à partir du moment où il avait rompu l'alliance avec Henry VI, était d'amoindrir autant que possible la puissance anglaise et surtout de faire s'évanouir à jamais le fantôme de la double monarchie, auquel il avait autrefois donné corps.

Il semble bien que la délégation anglaise ait réellement mis en débat la proposition contenue dans la cédule. Plusieurs arguments furent avancés en faveur d'une acceptation : la lassitude et la pauvreté des Normands (la moitié de la population a disparu, en raison des longues et âpres guerres, des grandes famines, des mortalités, de la fuite des habitants[34], ce qui fait que les dépenses de guerre sont à la charge du roi et non des Normands, incapables de payer) ; les populations concernées ont moins d'affection pour le roi car il leur semble que les adversaires ne sont pas pour elles des ennemis mais ne font que leur devoir même en les grevant ; les capitaines ennemis sont pleins d'initiative, les capitaines amis pleins de *negligence, peresse, lacheté et petit gouvernement*, vite las de *besongnier* ; bien des places sont en mauvais état ; la Normandie est encerclée

---

31 Il était né le 6 décembre 1421.

32 *Sed responsum est quod nesciebamus respondere ad nudam formam sine materia et substantia, petebamus ergo ante omnia oblaciones terrarum et tunc daretur responsio.*

33 En effet, le duché de Bretagne était réputé dépendre féodalement de la couronne de France par l'intermédiaire du duché de Normandie.

34 Sur la chute démographique dans cette province, voir G. Bois, *Crise du féodalisme. Économie rurale et démographie en Normandie orientale du début du 14e siècle au milieu du 16e siècle*, Paris, 1976.

par de fortes garnisons ennemies ; le roi est encore bien jeune ; on ignore les dispositions exactes des seigneurs et de la chevalerie d'Angleterre ; quant au commerce, il est en berne. Mais d'autres raisons, celles qui finalement l'emportèrent, plaidaient pour un refus : abandonner serait contraire à l'honneur ; le roi actuel, héritier de son père, a été couronné en la principale ville de son royaume (Paris) et pendant longtemps il a été obéi comme roi par *les plus grans et plus puissans seigneurs, villes et peuples de tout le royaulme, tant spiritueulx que temporeulx* ; une paix conditionnelle et temporaire donnerait à l'opinion l'impression que le roi d'Angleterre ne tient pas à son titre de roi de France, qu'il a été couronné et sacré sans fondement juridique et que son seul but est de vivre *en paix et a son aise et plaisir* ; la délivrance du duc d'Orléans, second dans l'ordre de la succession du côté de Charles de Valois, devrait valoir comme compensation au roi une *haute seigneurie*[35] ; restituer les bénéfices et les seigneuries, ce serait les accorder à des gens qui n'aimeraient jamais le roi ; les gens d'Église, qui sont communément des gens d'autorité en raison de leur savoir en sorte que le peuple leur accorde un grand crédit, l'inciteraient à toutes rébellions et désobéissances ; il en irait de même pour les seigneurs séculiers (soit sept comtes et un grand nombre de barons, chevaliers et écuyers tenant au pays de Normandie pas moins de 4 000 fiefs nobles avec plusieurs villes, châteaux et forteresses) ; c'est trop cher payer pour ravoir Harfleur, Montivilliers et Dieppe (ces deux dernières places appartiennent d'ailleurs à l'Église) que de rendre en échange Meaux et quelques autres places de la région parisienne ; dans ces conditions, les Anglais ou les gens d'autres nations accepteraient-ils de faire la guerre pour le roi, de défendre sa seigneurie, de se mettre *en peril de mort, de navreure, de prison et de grant rançon* ? Sans surprise, le double diagnostic laisse apparaître une diplomatie en tous points rationnelle et réaliste. La prise en considération des souffrances des populations concernées en raison de la poursuite de la guerre entre à peine en ligne de compte.

On peut voir la preuve que le contenu de la cédule d'Isabelle de Portugal et de Charles d'Orléans, ce dernier devenu partie prenante à la négociation, ce qui n'était pas prévu, ne faisait pas partie au départ de la « feuille de route » des ambassadeurs français dans le fait que Jean Juvénal des Ursins dans son épître contemporaine *Loquar in tribulatione* parle de la cédule *faicte a Calaix par madame de Bourgongne et mons^r^ d'Orleans*, qualifiée d'*expediant*, alors même qu'il essayait de convaincre le roi qu'elle était *honnorable et prouffitable* pour lui et sa seigneurie. Les mots clés du projet, *estat* et *surseance*, montrent bien, insiste le prélat, que les terres cédées devront à terme reconnaître le ressort et la souveraineté du roi de France et lui devront hommage alors qu'en renonçant à se proclamer roi de France le roi d'Angleterre reconnaît tacitement qu'il n'y a pas *apparant tiltre*. Les restitutions sont à l'évidence, ajoute-t-il, avantageuses pour vos fidèles, clercs et laïcs. Vous récupérerez le duc d'Orléans, *si vaillant seigneur reputé sage, prudent et preudomme en toute maniere* en ne cédant que Harfleur, mais Charles d'Orléans ne vaut-il pas dix Harfleur ? Et de toute façon *corpora sunt preferenda rebus*. Et en plus, vous récupérerez les comtés du Maine et du Perche, la vicomté de Beaumont, Pontoise, Creil, Gerberoy, etc. Vous n'avez que du profit en traitant sur cette base d'autant que, si la guerre se poursuit, vous risquez de perdre la mise, *veu le gouvernement de vous et de voz gens*. À cette date, Jean Juvénal des Ursins poussait son roi à accepter le contenu de la cédule, avec ses désavantages mais aussi ses avantages[36].

---

35 Et non pas, ou pas seulement, une somme d'argent.

36 Jean Juvénal des Ursins, *Écrits politiques*, éd. P. S. Lewis, t. 1, Paris, 1978, p. 425. Il en alla différemment quelques années plus tard, tant l'inflexibilité anglaise l'avait perturbé, voire choqué. P. Contamine, Charles VII, les Français et la paix, 1420-1445, dans *Comptes rendus des Séances de l'Académie des Inscriptions et Belles-Lettres*, t. 137, 1993, p. 9-21.

Charles VII dut être sensible à ces arguments, en un moment où montait le mécontentement de ses sujets, de la base au sommet. Dans une lettre adressée à la ville de Reims, en date du 25 août 1439, il explique comment son *tres amé frere et cousin* le duc d'Orléans et sa *tres amee suer et cousine* la duchesse de Bourgogne ont pris l'initiative d'une rencontre avec des ambassadeurs de son *adversaire d'Angleterre*, en vue de parvenir *a bon appointement de paix final* et d'éviter *l'efusion de sang humain*. Ils lui ont montré certains articles qu'ils avaient mis au point. Mais l'affaire est de conséquence : aussi le roi, pour en débattre, a-t-il décidé de convoquer en bon nombre à Paris le 25 septembre prochain des seigneurs du sang, des prélats, des barons et des représentants des bonnes villes[37]. Henry Beaufort fut mis au courant de cette réunion programmée[38]. Il n'y vit qu'un subterfuge. Le 15 septembre se tint une dernière conférence entre les deux médiateurs. À un certain moment, le cardinal d'Angleterre se plaignit de ce que l'offre de 1439 était moins généreuse que celle de 1435. Mais la duchesse répondit qu'entre les deux dates le roi d'Angleterre avait beaucoup perdu de sa puissance et qu'il fallait tenir compte du rapport de force[39] : toujours ce mélange des grands principes et du réalisme propre à la diplomatie médiévale.

Avant de se séparer, on envisagea une nouvelle rencontre, entre le 15 avril et le 1er mai 1440, mais celle-ci n'eut pas lieu, tant l'horizon diplomatique était désormais bouché.

L'attitude d'Isabelle en 1439 explique la nature somme toute amicale de sa rencontre avec Charles VII lors des conférences de Châlons-en-Champagne de 1445[40]. Quant aux Anglais, en acceptant de conclure avec elle dès le 15 septembre 1439 un *entrecours de marchandise*, rétablissant la liberté commerciale entre l'Angleterre et les Pays-Bas bourguignons, ils se rapprochaient d'elle et la reconnaissaient comme une interlocutrice valable. Des deux côtés, ses talents diplomatiques se voyaient reconnus. Alors en résidence à Saint-Omer, Philippe le Bon, qui avait naturellement surveillé de près la négociation, pouvait être fier de son épouse. Celle-ci, en l'occurrence, avait dépassé le rôle traditionnellement assigné aux princesses, celui d'avocates informelles de la paix[41]. Un autre bénéficiaire de la rencontre fut Charles d'Orléans dès lors qu'il pouvait désormais compter sur la Maison de Bourgogne pour obtenir sa libération. Celle-ci intervint dès l'année suivante, certes non sans toutes sortes de tractation

37 Du Fresne de Beaucourt, *Histoire de Charles VII*, p. 526-527. Certes, il ne s'agissait pas d'États généraux mais quand même d'une large consultation de l'opinion publique, sans qu'on sache comment celle-ci réagirait : accroître les concessions ou bien, au nom des droits imprescriptibles de la couronne, s'en tenir à la position maximale qui était de ne pas abandonner un pouce de la souveraineté française ?

38 Elle n'eut pas lieu.

39 *Ibid.*, p. 442-443.

40 P. Contamine, 1445 : Charles VII et l'art de la négociation, dans *Negociar en la Edad media*, p. 321-347.

41 La duchesse n'avait pas manqué de tenir au courant son époux, ne serait-ce qu'en lui rendant visite, au moins à deux reprises, sans compter de probables messages écrits.

Grises ou noires ?
Les sœurs soignantes des tiers ordres franciscain et dominicain dans le Nord de la France de la fin du XIVe siècle au concile de Trente

Bernard Delmaire
Professeur émérite de l'Université de Lille

Cela fait un siècle que l'historien Henri Lemaitre faisait remarquer que l'histoire des religieuses soignantes et hospitalières ne commençait pas au début du XVIIe siècle avec les visitandines de Jeanne de Chantal (et de François de Sales) et les sœurs de la charité de Louise de Marillac (et de Vincent de Paul), mais deux siècles plus tôt avec des religieuses du tiers ordre franciscain connues sous les noms populaires de sœurs grises et de sœurs noires. Elles n'ont guère intéressé les chercheurs[1] alors que les béguines continuent à les fasciner. Ces deux genres de vie féminine sont nés et ont fleuri dans la même région, même si les béguines ont essaimé plus loin : Belgique et Nord de la France avec des excroissances en Picardie, en Lorraine, en Rhénanie et dans les Pays-Bas ; cela correspond grossièrement – est-ce une coïncidence ? – aux États bourguignons « de par deçà ».

On a vite fait le tour de l'historiographie. Le premier érudit qui ait abordé le sujet est un capucin qui avait trouvé trace des sœurs dans les archives communales de Saint-Omer ; il décrivit sommairement leur vocation originale et dressa une première liste de leurs maisons[2]. Un demi-siècle après, Henri Lemaitre écrivit un premier article dans lequel il édita les statuts de la « congrégation » des sœurs grises du Nord (1483) et dressa une liste plus nourrie de leurs maisons[3] ; quelques années plus tard, il reprit son travail et multiplia par deux le nombre des couvents[4]. Au même moment, le père Goyens enrichit la documentation en éditant des procès-verbaux et des listes de présence des représentantes des couvents à trois chapitres généraux tenus en 1483 à Wisbecq, en 1487 à Bruges et en 1528 à La Bassée[5]. Ces trois auteurs ont en commun de ne parler que de religieuses du tiers ordre franciscain, même si Lemaitre distingue dans son second article une masse de sœurs grises et un petit nombre de sœurs noires ou de la Celle, aussi franciscaines.

---

1 Pas de notice Graue, Schwarze Schwestern et rien à Tertiarier dans le *Lexikon des Mittelalters*, t. 8, Stuttgart-Weimar, 1999, col. 556-559.

2 Frère Apollinaire, Essai sur les Franciscaines hospitalières et gardes-malades depuis le XIIIe siècle jusqu'à la Révolution française, dans *Bulletin de la Société des Antiquaires de la Morinie*, t. 4, 1867-1871, p. 564-591.

3 H. Lemaitre, Statuts des religieuses du tiers-ordre de Saint-François dites sœurs grises hospitalières (1483), dans *Archivum Franciscanum Historicum*, t. 4, 1911, p. 713-731.

4 Id., Les soins hospitaliers à domicile donnés dès le XIVe siècle par des religieuses franciscaines : les sœurs grises et les sœurs noires. Leurs maisons, dans *Revue d'Histoire franciscaine*, t. 1, 1924, p. 180-208.

5 J. Goyens, Chapitres de sœurs grises hospitalières en Flandre, 1483-1528, dans *Archivum Franciscanum Historicum*, t. 14, 1921, p. 199-208.

Pour la singuliere affection qu'avons a luy. *Études bourguignonnes offertes à Jean-Marie Cauchies*, sous la direction de Paul Delsalle, Gilles Docquier, Alain Marchandisse et Bertrand Schnerb, Turnhout, 2017 (*Burgundica* 24), p. 113-120.

DOI 10.1484/M.BURG-EB.5.113910

Puis le silence retomba jusqu'en 1993, année où Werner Grootaers renouvela l'approche du sujet dans un article sur les sœurs noires, en les reliant au tiers ordre de Saint-Augustin dont nul n'avait encore parlé[6] ; son article avait été préparé par plusieurs monographies d'établissements tenus encore en Belgique par des sœurs noires ou des communautés qui leur avaient succédé. La même année, une étudiante lilloise, Florence Lamart, rédigea son mémoire de maîtrise sur les couvents de la Flandre wallonne dans lequel elle distinguait également les deux tiers ordres ; elle prolongea peu après ce travail par un autre mémoire sur les sources et la bibliographie[7]. Depuis vingt ans, très rares sont les chercheurs qui ont abordé le sujet[8].

J'ai découvert ces femmes discrètes en travaillant, il y a un demi-siècle, aux Archives communales d'Aire-sur-la-Lys sur l'hôpital Saint-Jean-Baptiste ; j'y copiai, je ne sais plus pourquoi, un acte des échevins sur l'installation des sœurs grises dans cette ville. En rouvrant un vieux dossier, enrichi peu à peu au fil des ans, je voudrais simplement mettre en lumière un côté méconnu de la vie charitable et de la vie de femmes moins connues que les béguines avec lesquelles elles ont quelques ressemblances et beaucoup de différences, mais aussi difficiles à étudier à cause de la carence ou de la médiocrité des sources : une partie des couvents ont laissé des archives, mais peu fournies avant le XVIIIe siècle, et il faut aller pêcher dans les archives hospitalières, dans la mesure où plusieurs couvents se sont vu confier un hôpital, et dans les archives urbaines, car les religieuses ont souvent été appelées par les échevinages urbains ; il reste sans doute bien des choses à découvrir, notamment dans les testaments et les comptabilités.

Je me contente dans ce petit article de refaire la liste des couvents des deux départements du Nord et du Pas-de-Calais. Comme H. Lemaitre, j'ai pris pour canevas les noms (souvent estropiés) énumérés dans les actes des papes et les listes de présence aux chapitres de sœurs grises ; à la différence de mon prédécesseur, je n'ai pas repris les allégations souvent hasardeuses ou sans preuves des érudits locaux du XVIIe au XIXe siècle, mais je renvoie dans la liste aux sources inédites ou publiées et, à défaut, aux citations de documents disparus, hélas nombreux, que l'on trouve chez les érudits les plus sûrs.

6 W. Grootaers, Oorsprong en spiritualiteit van de Zwarte-Zusters in België, dans *Ons Geestelijk Erf*, t. 67, 1993, p. 147-161.

7 F. Lamart, *Recherches sur les sœurs grises et les sœurs noires de la Flandre wallonne au bas Moyen Âge*, Mémoire de maîtrise en histoire, Université Lille III, 1993 ; Ead., *Les sœurs grises et les sœurs noires de la France du Nord et de la Belgique à partir du XIVe siècle*, Mémoire de D.E.A en histoire, Université Lille III, 1996, les deux sous la dir. de B. Delmaire ; ces deux travaux sont inédits.

8 G. Vanden Bosch, *Monasticon van Zwartzusters-Augustinessen in België*, Bruxelles, 1998 [depuis le XIVe siècle] ; J. Van Acker, La naissance et les débuts des Frères Cellites, des sœurs grises et des sœurs noires de Furnes, dans *Flandria Maritima*, Coudekerque-Branche, 2002, p. 127-163.

Première apparition des couvents
dans les bulles papales et les listes de présence aux chapitres généraux

1413	**1430**	**1458**	**1465**	**1483**	**1487**	**1488**	**1528**
Bergues	Idem				Idem		
	Dunkerque	Idem	Idem	Idem	Idem		
	Hondschoote			Idem	Idem		
	Saint-Omer			Idem	Idem		
		Bourbourg		Idem			
		Boulogne		Idem			
		St-Omer 6					
			Hazebrouck	Idem			
			Merville				
			La Bassée				
				Douai			
				Avesnes			
				Ardres			
				Arras			
					Bailleul		
					Thérouanne		

1413	**1430**	**1458**	**1465**	**1483**	**1487**	**1488**	**1528**
					Aire		
					Saint-Pol 1		
					Valenciennes		
					Lille		
					Béthune		
					Maubeuge		
					Comines	St-Omer 5	
						Saint-Pol 2	
						Hesdin	
						Montreuil	
							Gravelines
							Bapaume
							Armentières
							Berlaimont
							Le Quesnoy

Les noms en italiques désignent les couvents cités pour la première fois à cette date.
Notes sur les dates : 26 août 1413, bulle de Jean XXIII (L. WADDING, *Annales Minorum*, 2e éd., t. 9, Rome, 1734, p. 535-537) ; 19 juin 1430, bulle de Martin V (K. EUBEL, *Bullarium Franciscanum*, t. 7, Rome, 1904, p. 736) ; 1458, bulle de Pie II (H. DUBRULLE, *Bullaire de la Province de Reims sous le pontificat de Pie II*, Lille, 1905, n° 78) ; 12 septembre 1465, bulle de Paul II (WADDING, *Annales Minorum*, t. 13, Rome, 1735, p. 552-555) ; 9 janvier 1488, bulle d'Innocent VIII (*Ibid.*, t. 14, Rome, 1735, p. 616-618) ; 1483, chapitre de Wisbecq (à Brugelette) ; 1487, chapitre de Bruges ; 1528, chapitre de La Bassée (ne cite que les couvents admis depuis 1483).

D'aucuns objecteront que l'espace étudié est anachronique : pourquoi pas la Flandre, l'Artois, le Hainaut ? On répondra à cette légitime remarque que les historiens belges, à commencer par le Père de Moreau dans le tome complémentaire de sa monumentale *Histoire de l'Église en Belgique*, ont dressé des listes dans le cadre national et qu'après tout les départements français sont plus vieux de quarante ans que le royaume de Belgique[9]. Dans le temps, j'ai écarté les créations de la Réforme catholique[10] et les avatars d'une douzaine de couvents qui ont adopté la clôture à la même époque, renonçant ainsi à leur antique vocation, mais devenant parfois enseignantes.

On ne trouvera rien ici sur la vie et le service des religieuses, sur leurs ressources, sur leurs rapports avec les mendiants du premier ordre, avec les villes, avec le clergé, avec la famille ducale : il faudrait – il faudra ! – un livre entier. L'introduction au répertoire se réduira donc à une question : peut-on accepter en confiance les équivalences commodes et usuelles : sœurs du tiers ordre de Saint-François = sœurs grises et sœurs du tiers ordre de Saint-Augustin = sœurs noires ? Pour obtenir une réponse sûre, il faut examiner les termes utilisés par les sources (cf. le répertoire des couvents *infra*).

Les titres officiels sont évidemment les plus clairs :

- « soeurs du tiers ordre de Saint-François », « soeurs de l'ordre de Saint-François » ou en « soeurs de Saint-François » sont les titres les plus répandus ;
- « sœurs du tiers ordre de Saint-Augustin » ne s'est encore jamais rencontré ; on ne trouve que « sœurs de l'ordre de Saint-Augustin » et « sœurs de Saint-Augustin » ;
- tout à fait isolé est le titre de l'un des couvents de Thérouanne : « sœurs du tiers ordre de Saint-Dominique » ; cette expression s'explique par le fait que l'ordre des prêcheurs reçut du pape en 1217 la règle de saint Augustin, complétée par des constitutions propres[11].

Les titres renvoyant à la couleur sont plus délicats à interpréter sans risque d'erreur, surtout pour le noir.

- « sœurs grises du tiers ordre de Saint-François », « sœurs grises de l'ordre de Saint-François » et « sœurs grises de Saint-François » n'offrent pas de difficulté ;
- « sœurs grises » renvoie toujours à des franciscaines, chaque fois que l'on peut comparer avec d'autres sources ;
- « sœurs noires de l'ordre de Saint-Augustin », « sœurs noires de Saint-Augustin », qui sont sans ambiguïté, se rencontrent trop rarement ;

Mais on rencontre aussi :

- « sœurs noires du tiers ordre de Saint-François » (Aire 2, Hesdin), « sœurs noires de Saint-François » (Saint-Omer 5, Montreuil)[12] ;
- le cas le plus étonnant est celui du couvent d'Hesdin dont les religieuses sont appelées tantôt sœurs noires, tantôt sœurs grises dans les comptes de la ville !

Il existe donc aussi des tertiaires franciscaines noires comme l'avait vu H. Lemaitre. Dans ce cas, dans quel ordre ranger les simples « sœurs noires », sans autre précision ? Parfois

9 Même cadre géographique pour dresser une liste semblable : B. Delmaire, Les béguines dans le Nord de la France au premier siècle de leur histoire (vers 1230-vers 1350), dans *Les religieuses en France au XIIIe siècle*, dir. M. Parisse, Nancy, 1984, p. 121-162.

10 Les sœurs grises de Saint-Julien de Douai, Lannoy et Tourcoing, les sœurs noires d'Armentières et Dunkerque.

11 Le quatrième concile de Latran (1215) avait interdit de créer de nouvelles règles de vie religieuse, ce qui ne s'appliqua pas aux franciscains, fondés avant cette date.

12 De plus, certaines sœurs grises sont devenues noires à partir du XVIIe siècle !

d'autres documents permettent de trancher, par exemple pour celles de Bailleul, Lille 2 et Roubaix. Parfois, il faut faire des rapprochements. Ainsi pour Hesdin, dans une bulle du 9 janvier 1488, Innocent VIII expose que son prédécesseur Sixte IV (1471-1484) a reçu la demande des « sœurs du tiers ordre de Saint-François appelées de la Celle » s'adonnant à la garde et au soin des malades, même contagieux, à Saint-Omer, Saint-Pol, Hesdin, Montreuil et Abbeville, de dépendre du vicaire général de l'Observance de la province de France, « comme les autres sœurs du tiers ordre[13] ». Or les sœurs de Montreuil, venues en 1459 de Saint-Omer, sont qualifiées de *noires soeurettes de saint François*, les sœurs d'Hesdin, grises ou noires, sont donc franciscaines ; ces couvents « de la Celle » étaient sans doute unis par des liens de filiation.

Pourquoi cette imprécision ou cette confusion des couleurs ? Une explication tient peut-être aux techniques de la teinture. Le noir était difficile à obtenir[14] et nous trouvons un écho de ces difficultés dans plusieurs textes audomarois du couvent de Sainte-Marguerite. Le couvent franciscain de la ville était passé à l'Observance dès 1408 et les bons pères mirent tout leur zèle à imposer aux sœurs et aux frères (car il existe des frères du tiers ordre, beaucoup moins nombreux) des vêtements jugés plus stricts que ceux qu'ils portaient « depuis si longtemps qu'il n'est mémoire de ses débuts », mais on résista, d'où excommunications, appels à Rome, désignation par le pape d'un juge délégué qui termina le litige en 1433 en faveur des frères et des sœurs. Que lit-on dans ces textes au sujet de la couleur[15] ? « L'habit des frères et des sœurs est fait de drap vil, de couleur ni blanche ni noire, mais grise ou de couleur mêlée, de laines blanches et noires », seul le voile des femmes est de lin blanc[16] ; leurs vêtements seront faits « de tissu fait pour deux tiers de laines grises tirant sur le noir et pour l'autre tiers de laines teintes en guède et ensuite en garance[17] ». Cette technique de « mixture de couleurs » (*mixtio colorum*) était pratiquée par les teinturiers des régions du Nord en appliquant en effet de la garance sur un fond (un « pied ») de guède pour obtenir du noir ; ce « gris tirant vers le noir » bon marché était sans doute loin du beau noir dont raffolait le duc Philippe le Bon !

Une autre explication, qui ne vaut que pour quelques couvents, se trouve dans la bulle d'Innocent VIII de 1488 déjà citée adressée aux sœurs de la Celle ; celles-ci avaient demandé à son prédécesseur Sixte IV si elles pouvaient continuer à porter « le manteau noir sur l'habit gris quand elles allaient dehors[18] », ce qui n'était pas dans les statuts du tiers ordre ; le pape le leur accorda volontiers. Les sœurs de la Celle étaient donc grises dans leur couvent, mais noires dans la rue, d'où bien des confusions.

Il résulte de ce détour coloré que l'équivalence : sœurs grises = tiers ordre de Saint-François, est exacte, mais que l'équivalence : sœurs noires = tiers ordre de Saint-Augustin, ne l'est pas toujours ; plus lapidairement, une sœur grise est toujours grise, mais une sœur noire peut en cacher une grise !

---

13 Wadding, *Annales Minorum*, t. 14, p. 616-618.

14 G. de Poerck, *La draperie médiévale en France et en Artois*, t. 1, *La technique*, Bruges, 1951, p. 189-193 ; M. Pastoureau, *Noir. Histoire d'une couleur*, Paris, 2008, p. 109-114.

15 Actes édités par F. Guillebert de La Haye, *Fondation du Couvent de Sainte-Marguerite dans la Ville de Saint-Omer*, Douai, 1686, p. 101-121.

16 *Est autem habitus fratrum et sororum hujusmodi de panno humili, non albi nec nigri, sed grisei vel mixti coloris, de lanis albis, nigris et ejusmodi*, lettre des vicaires généraux de l'évêque de Thérouanne, 1er février 1424, *Ibid.*, p. 110.

17 *De panno facto pro duabus partibus de lanis griseis ad nigrum tendentibus et pro alia tertia parte de lanis tinctis in weda, gallice* waide, *et postea in warancia, gallice* warance, acte du prévôt de Watten, juge délégué, 5 février 1433, *Ibid.*, p. 118.

18 *Licet pallium nigrum supra habitum griseum, dum foras exeunt, deferre consuevissent.* Wadding, *Annales Minorum*, t. 14, p. 616.

Ce répertoire comprend 58 couvents, dont deux incertains (La Motte-au-Bois et Saint-Jean à Saint-Omer), soit douze de plus que la liste de 1924[19]. Cinq seulement appartiennent sûrement au tiers ordre de Saint-Augustin : Bailleul, Lille 2, Maubeuge 2, Roubaix et Thérouanne 2, et peut-être ceux de Bergues 2 et du Quesnoy 2. Tous les autres, neuf sur dix, relèvent du tiers ordre franciscain. Ce déséquilibre tient peut-être à ce que le tiers ordre franciscain régulier a été promu dès 1289 par un pape… franciscain, alors que le tiers ordre de Saint-Augustin aussi ancien, n'a été approuvé qu'au xve siècle. Le Père Grootaers suggérait que le partage entre les deux ordres provenait d'une bulle de Pie II du 8 janvier 1459 enjoignant à ces communautés d'adopter l'une de ces règles de vie religieuse : de fait, les mentions de couvents du tiers ordre de Saint-Augustin, sont postérieures à 1459, mais les mentions de couvents du tiers ordre de Saint-François sont bien antérieures.

19 H. Lemaitre cite cinquante maisons, mais il faut en ôter quatre doublets.

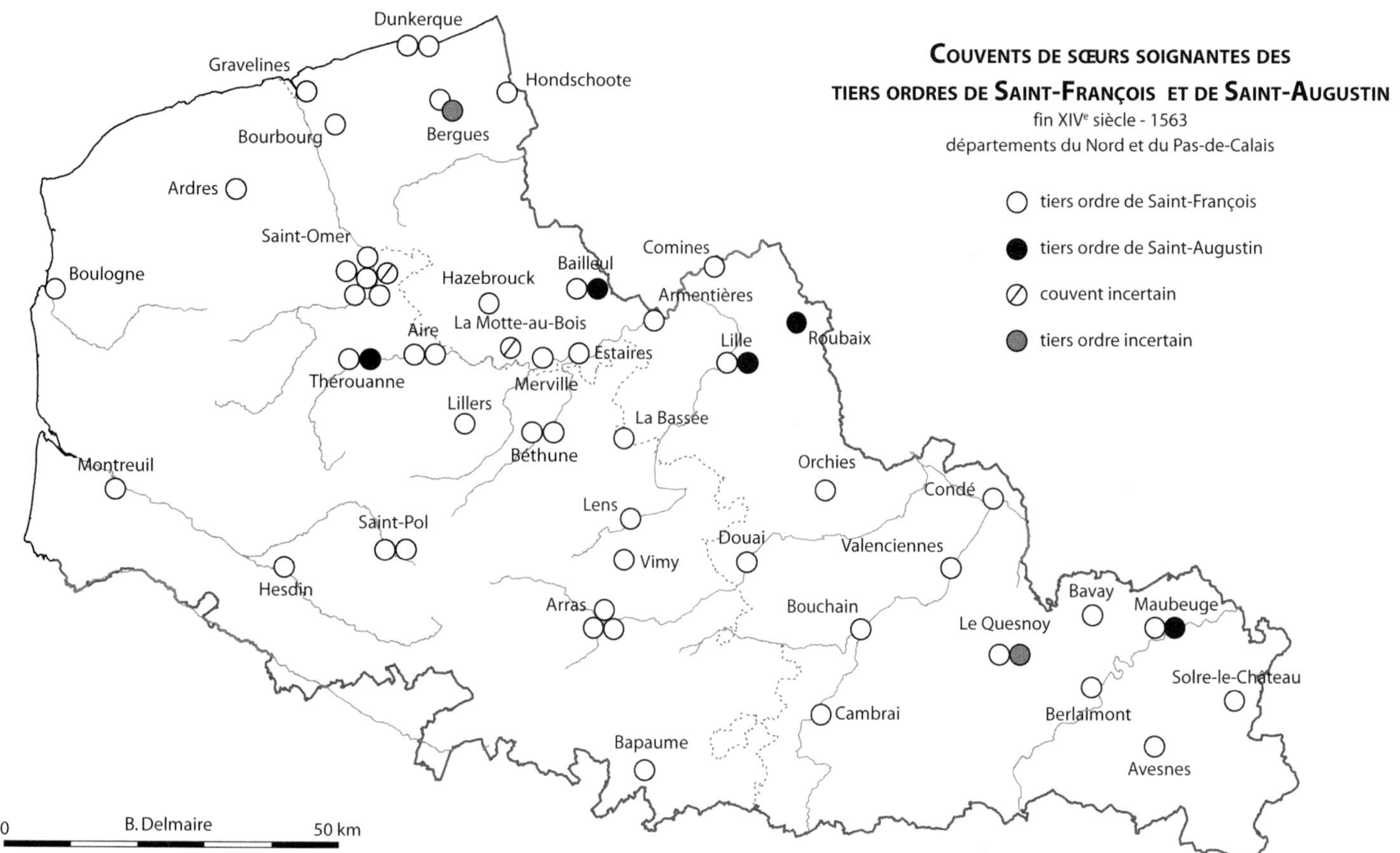
Couvents de sœurs soignantes des
tiers ordres de Saint-François et de Saint-Augustin
fin XIVe siècle - 1563
départements du Nord et du Pas-de-Calais
tiers ordre de Saint-François
tiers ordre de Saint-Augustin
couvent incertain
tiers ordre incertain
Dunkerque
Gravelines
Hondschoote
Bourbourg
Bergues
Ardres
Saint-Omer
Boulogne
Hazebrouck
Bailleul
Comines
Armentières
La Motte-au-Bois
Aire
Estaires
Lille
Roubaix
Thérouanne
Merville
Lillers
La Bassée
Béthune
Montreuil
Orchies
Condé
Lens
Saint-Pol
Douai
Valenciennes
Vimy
Hesdin
Arras
Bouchain
Le Quesnoy
Bavay
Maubeuge
Solre-le-Château
Berlaimont
Cambrai
Bapaume
Avesnes
0
B. Delmaire
50 km

Annexe

Fondations de couvents de sœurs noires et de sœurs grises dans les actuels départements du Nord et du Pas-de-Calais

Les couvents sont classés dans l'ordre alphabétique des localités.

Abréviations : AC : Archives communales ; ADN : Archives départementales du Nord ; AH : Archives hospitalières ; *ACF* : *Annales du Comité flamand de France* ; BM = Bibliothèque municipale ; BnF : Bibliothèque nationale de France ; *BSEPC* : *Bulletin de la Société d'Études de la Province de Cambrai* ; Dubrulle, *Bullaire* : H. Dubrulle, *Bullaire de la Province de Reims sous le pontificat de Pie II*, Lille, 1905.

Aire-sur-la-Lys

1) sœurs grises ; des *grises soeurs de l'ordre monseigneur Sainct Franchois* sont installées en 1453-1454 par la duchesse Isabelle de Portugal comme il est rappelé dans un acte postérieur des échevins d'Aire vidimant un acte d'amortissement du duc Philippe le Bon du 14 février 1460 (Aire, AC, GG 45/1). Couvent représenté au chapitre de Bruges de 1487.
2) sœurs noires du tiers ordre de Saint-François ; le 18 janvier 1490, les échevins décident d'installer *des noires soeurs de la tierche ordre de Saint Franchois*, au nombre de dix-huit (Aire, AC, AA 9, fol. 80r-82r).

Armentières

sœurs grises ; en mai 1482, Jacques de Luxembourg, seigneur d'Armentières, fit le projet de confier l'hôpital à des religieuses hospitalières, ce qui ne fut réalisé par son fils qu'en juillet 1494 avec des « religieuses de l'ordre de Saint-François » (vidimus du 27 juillet 1504, Armentières, AC, GG 89) ; admises en 1528 au chapitre de La Bassée.

Ardres

sœurs grises représentées en 1483 au chapitre de Wisbecq.

Arras-Cité

sœurs grises ; le 3 février 1479, le chapitre cathédral d'Arras reçoit à l'hôtel-Dieu de Cité treize sœurs grises du tiers ordre de Saint-François chassées de La Bassée par l'incendie de leur couvent (Arras, AH, III F 1/9) ; représentées au chapitre de Wisbecq de 1483.

Arras-Ville

1) sœurs grises ; en décembre 1557, l'échevinage d'Arras confie aux sœurs grises de Saint-Pol l'hôpital dit des Chariotes [fondé en 1340 par Jacques Achariot] (Arras, AC, GG 318//2).
2) sœurs noires du tiers ordre de Saint-François ; le 14 décembre 1553, une douzaine de sœurs noires de Saint-Pol, dont le couvent a été détruit par les Français à la prise de la ville [octobre

1553], sont reçues à l'hôpital Saint-Jacques (Arras, AC, BB 14, fol. 235 [brûlé en 1915], analyse G. Besnier, C. Bougard, *Inventaires des archives communales d'Arras antérieures à 1790*, Arras, 2002, p. 67).

Cf. J.-M. Proyart, Notices historiques sur les établissements de bienfaisance anciens et modernes de la ville d'Arras et de sa banlieue, dans *Mémoires de l'Académie d'Arras*, t. 23, 1846, p. 247-395.

Avesnes-sur-Helpe

sœurs grises ; couvent représenté au chapitre de Wisbecq de 1483 ; « sœurs grises », acte du 8 mars 1498 (Lille, ADN, 105 H 7). La date traditionnelle de 1434 n'est pas sûre.

Cf. A. Duvaux, Notes historiques sur le couvent des sœurs grises d'Avesnes et quelques notes sur les couvents de sœurs grises de Bavai, Berlaimont, Maubeuge, Le Quesnoy et Solre-le-Château, dans *Mémoires de la Société historique de l'Arrondissement d'Avesnes*, t. 7, 1907, p. 209-255.

Bailleul

1) sœurs grises ; couvent représenté au chapitre de Bruges en 1487.

2) sœurs noires ; le 4 juin 1493, les sœurs noires (*swaerte susters*) sont admises à l'hôpital de Bailleul (document connu par une analyse du XVIIIe siècle, éd. I. de Coussemaker, *Documents inédits relatifs à la ville de Bailleul en Flandre*, t. 1, Lille, 1877, p. 192, n° CXVI) ; appelées en 1531 *mater, religieusen en de couvent van den gasthuuse van Onser Vrauwe binnen Belle van Sint Augustinus ordene, Ibid.*, t. 3, p. 51-52, n° XXXII.

Bapaume

sœurs grises ; le 13 août 1494, accueil de « religieuses du tiers ordre de Saint-François » à l'hôpital Saint-Pierre de Bapaume (Paris, BnF, Collection Moreau, t. 258, fol. 151) ; représentées au chapitre de La Bassée en 1528.

Bavay

sœurs grises ; la date de 1515 admise traditionnellement ne repose sur rien de certain.

Bergues

1) sœurs grises ; citées dès le 28 août 1413 dans une bulle de Jean XXIII (Eubel, *Bullarium Franciscanum*, t. 7, p. 471) ; appelées *susters boven*.

2) sœurs noires ; l'acte de fondation en 1480 dû à Philippe van Haveskerke, curé de Saint-Martin de Bergues, n'a pas encore été retrouvé ; appelées *susters beneden ghenaemt Rosendael*.

Berlaimont

sœurs grises ; admises au chapitre de La Bassée de 1528.

Béthune

1) sœurs grises ; en novembre 1466, Charles, comte de Charolais, amortit une maison achetée par sa mère, la duchesse Isabelle de Portugal, pour fonder *un petit couvent de grises seroeurs* sous le vocable de Saint-André (Lille, ADN, B 1464/16115) ; représentées au chapitre de Bruges de 1487 ; desservirent l'hôpital Saint-Jean (compte de l'hôpital de 1498-1499, Béthune, AC, GG 134).

2) sœurs grises ; couvent des « sœurs grises de la porte Saint-Pry » (compte de la ville de 1514, Béthune, AC, CC 85).

Bouchain

sœurs grises ; couvent fondé en 1512 d'après un acte de François de Ranchicourt, vicaire général d'Arras, de septembre 1527, portant que l'ancien hôpital de Vimy a été confié à dix « religieuses du tiers ordre de Saint-François » chassées de Bouchain lors de l'incendie de leur couvent par les Français en 1521 (Arras, AH, IV A 1/2).

Boulogne-sur-Mer

sœurs grises ; couvent cité le 29 décembre 1458 dans une bulle de Pie II (analyse Dubrulle, *Bullaire*, n° 78) ; représenté au chapitre de Wisbecq de 1483.

Bourbourg

sœurs grises ; le 1er septembre 1456, les vicaires généraux de l'évêque de Thérouanne accordent aux échevins de remplacer le personnel laïque de l'hôpital par six « femmes religieuses suivant la règle du tiers ordre de Saint-François suivant l'institution du pape Nicolas III (*sic*) » ; quatre sont déjà arrivées (éd. E. de Coussemaker, Hôpital et couvent de Saint-Jean à Bourbourg, dans *ACF*, t. 9, 1867, p. 134-137) ; représentées au chapitre de Wisbecq de 1483.

Cf. G. Dupas, Les sœurs noires de Bourbourg (1456-1791), dans *Bulletin du Comité flamand de France*, t. 18, 1966, p. 50-64.

Cambrai

sœurs grises ; citées dès 1516 comme « pauvres sœurs grises de Saint-Jacques du marché au bois » (Cambrai, AC, Compte de la ville, CC 111 [brûlé en 1918], cité dans G. Gautier, A. Lesort, *Département du Nord. Ville de Cambrai. Inventaire sommaire des archives communales antérieures à 1790*, Cambrai, 1907, p. 125) ; cet hôpital a bien été fondé en 1514 (Cambrai, AC, CC 108 [brûlé en 1918], analyse *Ibid.*, p. 124).

Comines

sœurs grises ; le 18 juillet 1455, Jean de La Clyte, seigneur de Comines, installe *une maison de grises soeurs de le tierche ordre de Sainct Franchois nommé de penitance* dans l'ancien béguinage (Comines-France, AC, GG 88/1, éd. L.-J. Messiaen, *Histoire chronologique, politique et religieuse des seigneurs et de la ville de Comines*..., t. 3, Courtrai, 1892, p. 184-189) ; représentées au chapitre de Bruges de 1487.

Cf. H. Lemaitre, Le couvent des sœurs grises à Comines, dans *La France franciscaine*, t. 2, 1913, p. 277-313 ; L. Gruart, Les sœurs grises de Comines, dans *Bulletin du Comité flamand de France*, t. 14, 1951, p. 53-89.

Condé-sur-l'Escaut

sœurs grises ; en 1568, accord entre le seigneur, la ville et la supérieure des « religieuses de Saint-François » pour que celles-ci soignent les malades de l'hôpital de neuf lits contigu au couvent (Condé-sur-l'Escaut, AC ; GG 101) ; on ne sait sur quelle source repose la date traditionnelle de fondation de 1490.

Douai

sœurs grises ; en 1472, l'hôpital Saint-Thomas [fondé en 1378] est confié à cinq sœurs grises, à l'initiative de la duchesse Isabelle de Portugal et malgré les réticences du Magistrat (Douai, AC, 2 NC [provisoire] non coté ; Douai, BM, ms. 822, fol. 527) ; représentées en 1483 au chapitre de Wisbecq ;

Cf. M. Brassart, *Notice historique sur les hôpitaux et les établissements de charité de la ville de Douai*, Douai, 1842.

Dunkerque

1) sœurs grises ; en 1426, quelques sœurs du tiers ordre franciscain (*eenighe religeusen van derden reghel van H. Franciscus*), dont trois sont nommées, arrivent du couvent de Wervicq pour fonder un couvent du même ordre sur un immeuble offert par Jan Van Hove (Lille, ADN, 140 H 1, fol. 91r, Annales du couvent des Conceptionnistes rédigées vers 1675, analysant un acte passé devant les échevins de la ville, enregistré au fol. 332 d'un registre aujourd'hui disparu) ; citées dès 1430 dans une bulle de Martin V (Eubel, *Bullarium Franciscanum*, t. 7, p. 136) ; représentées au chapitre de Wisbecq en 1483.

2) sœurs grises ; le 22 février 1453, David de Bourgogne, évêque de Thérouanne, décide après enquête de remplacer le personnel laïque de l'hôpital Saint-Julien par huit « religieuses de la règle du tiers ordre de Saint-François selon l'institution du pape Nicolas [IV] » et il charge Nicolas Grieten, curé de Dunkerque, de faire venir quatre sœurs de l'hôpital du Soleil au Haut-Pont à Saint-Omer (éd. A. Bonvarlet, Notes et documents pour servir à l'histoire des maisons hospitalières de la Flandre maritime, dans *ACF*, t. 14, 1877-1883, p. 435-439).

Cf. L. Lemaire, Les anciens hôpitaux de Dunkerque, esquisse historique, dans *Mémoires de la Société dunkerquoise*, t. 50, 1909, p. 14-30.

Estaires

sœurs grises ; en 1527, l'hôpital d'Estaires est confié au couvent de sœurs grises venues de Lo pour héberger les malades (Estaires, AC [détruites en 1918], GG 68, analyse J. Finot, *Ville d'Estaires. Inventaire des archives communales antérieures à 1790*, Lille, 1902, p. 73) ; la date de 1462 admise traditionnellement ne repose sur aucun document connu.

Gravelines

sœurs grises ; un accord de 1778 entre les administrateurs des biens des pauvres et les sœurs noires renvoie à l'acte de leur installation du 12 septembre 1490, sans doute date à laquelle leur fut confié l'hôpital Saint-Pierre (Gravelines, AC, GG 26) ; des actes postérieurs à 1563 parlent des religieuses de l'ordre de Saint-François (Gravelines, AC, GG 24) ; représentées au chapitre de La Bassée de 1528.

Cf. C. Vanpée, Les sœurs noires de Gravelines, dans *Bulletin de la Commission historique du Nord*, t. 46, 1991-1992, p. 57-68.

Hazebrouck

sœurs grises ; citées en 1465 dans une bulle de Paul II, qui les dit agrégées depuis la bulle de Pie II [1458] (Wadding, *Annales Minorum*, t. 13, p. 554) ; représentées au chapitre de Wisbecq de 1483.

Cf. H. Théry, Notes sur les sœurs grises établies à Hazebrouck au xve siècle, dans *ACF*, t. 15, 1883, p. 187-215.

Hesdin

sœurs grises ; citées le 9 janvier 1488 dans une bulle d'Innocent VIII, avec allusion à leur existence sous Sixte IV (1471-1484) (Wadding, *Annales Minorum*, t. 14, p. 616-618) ; désignées au xvie siècle dans les comptes de la ville sous le nom de *soeurs noires du tierch ordre Sainct Francois* ou de *soeurs grises du couvent de la ville* (comptes de 1540-1541, 1546-1547, 1550-1551, Arras, ADPDC, EDEP 47 [Hesdin, AC, déposées], CC 23, 20, 30) ; après la destruction de la ville en 1553 par Charles Quint, elles restèrent sur place au village de Vieil-Hesdin.

Hondschoote

sœurs grises ; citées dès 1430 dans une bulle de Martin V (Wadding, *Annales Minorum*, t. 10, Rome, 1734, p. 483) ; représentées à Wisbecq en 1483.

La Bassée

sœurs grises ; citées depuis 1465 dans une bulle de Paul II, qui les dit agrégées depuis la bulle de Pie II [1458] (*Ibid.*, t. 13, p. 554) ; le 5 mars 1470, Louis de Luxembourg, seigneur du lieu, décida de confier l'hôpital Saint-Jean à *certain nombre de soeurs hospitalieres tenans la tierce ordre de M. Saint Francoys* (acte perdu confirmé par sa petite-fille Marie le 20 août 1503, Lille, ADN, 110 H 2/1) ; représentées à Wisbecq en 1483 ; le chapitre des sœurs grises de 1528 se tint à La Bassée.

La Motte-au-Bois [commune Morbecque] ?

sœurs grises ; le chroniqueur arrageois Jacques Du Clercq rapporte (peu avant 1500) que la duchesse Isabelle de Portugal *feit faire une religion de grises soeurs de l'ordre de Sainct François mendians en Flandres en ung lieu nommé la Motte au Bois* (*Mémoires*, éd. F. de Reiffenberg, t. 2, Bruxelles, 1825, p. 240-241) ; de fait, la duchesse fonda un hôpital là où elle résidait dans la forêt de Nieppe, mais cette fondation semble avoir été éphémère ; peut-être Du Clercq a-t-il confondu avec le couvent de Merville tout proche.

Le Quesnoy

1) sœurs grises ; représentées en 1528, au chapitre de La Bassée.

2) sœurs noires ; attestées très tardivement au xviie siècle ; la date admise de 1449 serait celle de la dédicace de l'église (Douai, BM, ms. 823, fol. 622v).

Lens

sœurs grises ; des *filles du tiers ordre de Sainct Franchois* venues de Saint-Pol sont installées en 1555 à l'hôpital du Bourg (Amiens, BM, ms. 1193^5, éd. B. Ghienne, Un registre de vêture des grisonnes de Lens, dans *Gauheria*, t. 13, 1988, p. 48).

Lille

1) sœurs grises ; en 1453, Jacques de Luxembourg achète un immeuble, à l'emplacement des étuves de Dorelot, pour le compte de la duchesse Isabelle de Portugal qui le destinait à des *sœurs grises de l'ordre monseigneur Saint François* (Lille, ADN, 118 H 25/24) ; représentées au chapitre de Bruges de 1487. Mais en 1490, Marguerite d'York, veuve de Charles le Téméraire, voulut faire passer les sœurs du tiers ordre au deuxième ordre des clarisses, fondant ainsi le couvent des pauvres claires, malgré l'opposition du Magistrat ; cinq sœurs sur trente-trois refusèrent (*Ibid.*, 101 H 4/5) et réussirent à s'installer en un autre endroit de la ville, sauvant ainsi le couvent des sœurs grises.

2) sœurs noires ; le 1er février 1377, l'évêque de Tournai prend sous sa protection sept femmes qui vivent dans une maison, soignent les malades et ensevelissent les morts (*Ibid.*, 56 H 1/1) ; ses successeurs ont confirmé cet acte sept fois au xve siècle (*Ibid.*, 56 H 1/1a-f) ; ces femmes sont qualifiées de *beghines ensaquies* en 1424, *seurs ensaquies* (1464), « sœurs noires » et « religieuses » en 1467, « sœurs de Saint-Augustin » en 1494, « sœurs noires de Saint-Augustin » en 1523 (*Ibid.*, 56 H 12, 13, 15, 8, 19) ; le nom courant à Lille était les Ensacquées (picard *ensaquies*), « vêtues de toile à sac ».

Lillers

sœurs grises ; apparaissent au xvie siècle dans le registre mortuaire de plusieurs couvents tenu de 1558 à 1586 par le couvent de Lille (*Ibid.*, 118 H 1, fol. 35v).

Maubeuge

1) sœurs grises ; représentées au chapitre de Bruges de 1487 et dans des actes à partir de 1503 (*Ibid.*, 119 H 14) ; *soeurs grises de Sainct Franchois* dans le compte du massard de la ville de 1543 (cité par A. Jennepin, *Histoire de Maubeuge*, Maubeuge, 1909, p. 595).

2) sœurs noires ; le 6 juillet 1485, le prévôt (laïque) du chapitre Sainte-Aldegonde de Maubeuge donne un immeuble à Catherine de Premier, *maistresse des povres noires soers du béghinage de Mons et autres professes de l'ordre de Saint Augustin* pour fonder un couvent semblable à celui de Mons (Lille, ADN, 57 H 2).

Merville

sœurs grises ; citées depuis 1465 dans une bulle de Paul II, qui les dit agrégées depuis la bulle de Pie II [1458] (Wadding, *Annales Minorum*, t. 13, p. 554) ; d'après un mémoire des échevins de 1528, elles avaient été installées pour desservir l'hôpital à la demande de la duchesse Isabelle de Portugal, donc après 1430 (Lille, ADN, B 1309/17227[2]), puis auraient disparu à une date inconnue avant 1514 (voir la notice de Thérouanne 2).

Montreuil-sur-Mer

sœurs grises ; le 2 mai 1459, les échevins de Montreuil rappellent qu'ils ont décidé dans leur séance du 6 mars 1458 de fonder un couvent de *noires seurettes de Sainct François*, comme celles de Saint-Omer, rue de Lombardie, dites de la Celle ; ils ont acquis un terrain et ont déjà fait venir quatre sœurs, qui suivent la teneur de la bulle de Pie [II] de janvier 1459 ; elles pourront mendier (éd. G. de Lhomel, *Cartulaire de la ville de Montreuil-sur-Mer*, Abbeville, 1904, p. 302-304).

Orchies

sœurs grises ; en 1538, le Magistrat d'Orchies installe à leur demande dans l'ancien béguinage sept *religieuses de l'ordre Sainct Franchois* venues de l'hôpital de Braffe près du château de Briffœil [Belgique, comm. Wasmes,] (Lille, ADN, 120 H 1) ; le couvent de provenance n'est répertorié nulle part.

Roubaix

sœurs noires ; l'épitaphe d'Isabeau, dame de Roubaix, veuve de Jacques de Luxembourg, rappelle que le 24 mars 1489 elle posa la première pierre de l'hôpital Sainte-Élisabeth *et y vindrent les noires soeurs faire leur residence pour administrer et servir aux douze pauvres femmes chartrieres debiles et languissantes* (éd. J. Buzelin, *Gallo-Flandria sacra et profana...*, Douai, 1625, p. 85 ; T. Leuridan, *Sources de l'histoire de Roubaix*, Roubaix, 1882, p. 294-295, n° 367) ; elles étaient au nombre de huit (acte de 1489, Roubaix, AC, GG 285) ; les *status et constitutions des povres noires soeurs Sainct Augustin de Roubaix* (contemporains de la fondation) ont été édités par T. Leuridan, Mode d'élection de la maîtresse de l'hôpital de Roubaix, dans *BSEPC*, t. 29, 1929, p. 120-142.

Saint-Omer

1) sœurs grises du couvent de Sainte-Marguerite ; le 1er mai 1388 sept « femmes religieuses » (nommées) font vœu de mettre leurs biens en commun et renoncent à tout héritage, dans leur maison près de l'église Sainte-Marguerite (éd. F. Guillebert de la Haye, *Fondation du Couvent de Sainte-Marguerite*, Douai, 1686, p. 94-97) ; elles suivent la règle du tiers ordre de Saint-François (acte du 28 décembre 1447, *Ibid.*, p. 134-135) ; *monasteriolum sororcularum* écrit d'elles Érasme le 13 juin 1521 (P. S. Allen, H. M., *Opus epistolarum Desiderii Erasmi Roterodami*, t. 4, Oxford, 1922, p. 509, n° 1211).
2) sœurs grises du couvent du Soleil ; citées depuis 1453 (voir Dunkerque 2) ; le 29 décembre 1458, le pape Pie II confirme les statuts de la maîtresse et des sœurs du tiers ordre de Saint-François de l'hôpital Sainte-Marie du Soleil hors les murs de Saint-Omer (analyse Dubrulle, *Bullaire*, p. 000, n° 78).
3) sœurs grises du couvent de Sainte-Catherine de Sion ; le 18 novembre 1433, la ville cède la maison des béguines de Malevaut, vide et menaçant ruine, aux « sœurs de Sion du tiers ordre » qui veulent faire des toiles et apprendre à faire des saies (analyse A. Giry, Analyses et extraits d'un registre des archives municipales de Saint-Omer, dans *Mémoires de la Société des Antiquaires de la Morinie*, t. 15, 1874-1876, p. 167, n° 238).
4) sœurs grises de la rue Saint-Bertin ; *les religieuses du tierch ordre estans lez le belle croix de le rue Saint Bertin*, 1486-1494 (Arras, ADPC, 15 B 1, f. 50, 128).
5) sœurs noires du tiers ordre franciscain du couvent de Lombardie (nom de la rue), de la Celle ; le 2 mai 1459, les échevins de Montreuil font appel aux *religieuses, paroisse Sainte Aldegond, en le rue qu'on nomme du Longbard, de l'hostel qu'on dit de la Celle des noires seurettes de Sainct François* (éd. G. de Lhomel, *Cartulaire de la ville de Montreuil-sur-Mer*, Abbeville, 1904, p. 302-304).
6) sœurs grises de l'hôpital Saint-Jean ? Le 29 décembre 1458, Pie II autorise le couvent de Saint-Jean à adopter les statuts du couvent de Sainte-Marie du Soleil (analyse Dubrulle, *Bullaire*, n° 78) ; mais le Magistrat s'y opposa (L. Deschamps de Pas, *Recherches historiques sur les établissements hospitaliers de la ville de Saint-Omer*, Saint-Omer, 1877, p. 182) : le couvent fut sans doute éphémère, s'il exista.

Cf. Guillebert de la Haye, *Fondation du couvent de Sainte-Marguerite*, [pièces justificatives] ; A. Derville, Un aspect du problème de la réforme religieuse à Saint-Omer au début du XVIe siècle : Jean Vitrier et les religieuses de Sainte-Marguerite, dans *Revue du Nord*, t. 42, 1960, p. 207-239.

Saint-Pol-sur-Ternoise

1) sœurs grises ; admises au chapitre de Bruges en 1487 ; « sœurs grises de Saint-François » dans des quittances d'aumône de 1546 à 1552 (Lille, ADN, B 17159).
2) sœurs noires du tiers ordre de Saint-François ; citées comme « sœurs du tiers ordre de Saint-François » dans une bulle d'Innocent VIII du 9 janvier 1488 (éd. Wadding, *Annales Minorum*, t. 14, p. 616-618) ; « sœurs noires » dans les quittances d'aumône de 1546 à 1552 (Lille, ADN, B 17159).

Solre-le-Château

sœurs grises ; apparaissent seulement en 1519 dans les actes (*Ibid.*, 121 H 18).

Thérouanne

1) sœurs grises ; représentées en 1487 au chapitre de Bruges.

2) sœurs noires ; en 1514, sœur Geneviève Carton et vingt *soeurs du tiers ordre de Saint Dominique* (*sic*) de Thérouanne, chassées de leur couvent détruit, demandent à l'empereur Maximilien de se retirer à Merville (acte mutilé, éd. Guillebert de la Haye, *Fondation du Couvent de Sainte-Marguerite*, p. 91-94) ; fait confirmé par trois pièces d'un litige de 1528 selon lequel les sœurs noires *du tierch ordre de Saint Dominique* s'installèrent à l'hôpital de Merville abandonné par les sœurs grises, malgré l'opposition de la ville et du chapitre Saint-Amé de Douai (Lille, ADN, B 1309/17227$^{1-2}$).

Valenciennes

sœurs grises ; le 7 août 1463, le duc Philippe le Bon amortit une maison donnée à la duchesse Isabelle de Portugal le 24 juillet pour y fonder un couvent (*Ibid.*, B 2046/63337) ; elles sont appelées *grisses seurs* en 1469 (*Ibid.*, 107 H 1) ; représentées au chapitre de Bruges en 1487.

Vimy

sœurs grises ; le 27 janvier 1526, Philippe de Montmorency, seigneur de Vimy, donne à Jeanne Gevrarde et à neuf religieuses du tiers ordre de Saint-François chassées de Bouchain, brûlée par les Français en octobre 1521 et réfugiées à Cambrai, une terre à Vimy, sur l'emplacement de l'ancien hôpital ; elles y bâtiront une maison pour loger et coucher les pauvres passants comme autrefois (Arras, AH, IV A 1/1).

« L'empereur, sa femme et le [grand] prince... » À Besançon, automne 1442

Laurence Delobette-Delsalle
Maître de conférences HDR à l'Université de Franche-Comté

Contrairement à ce que suggère ce titre inspiré d'une comptine française, lorsque le 31 octobre 1442 Frédéric III entre à Besançon, il n'est encore ni empereur ni marié. Il est accueilli par le duc de Bourgogne, arrivé dès le 29 octobre. Ces deux entrées sont complétées le 1er novembre par celle de la duchesse Isabelle. Le séjour des souverains se prolonge jusqu'au 10 novembre[1]. Pour ce qui concerne Philippe le Bon, il s'agit d'une troisième visite, après celles d'octobre 1408 et de mars 1422. Du côté germanique en revanche, nul souverain n'a franchi les portes de la cité bisontine depuis Philippe de Souabe en 1202[2]. Dans la pratique diplomatique de la fin du Moyen Âge, les entretiens bilatéraux entre Bourgogne et Empire revêtent un caractère exceptionnel : deux seulement ont eu lieu avant 1442, à Romans en 1365 et à Montbéliard en 1418 ; par la suite, seul est organisé celui de Trèves en 1473. Vouées aux fonctions de négociation, d'information et de représentation, ces conférences sont entourées d'un faste important et marquent les esprits : aussi la rencontre de Besançon se trouve-t-elle renseignée dans la documentation[3]. Olivier de La Marche, qui y assiste comme page, s'en souvient quand il rédige ses *Mémoires* ; dans un passage devenu célèbre, il écrit comment, à l'approche de la suite germanique, l'éblouit la blondeur des visiteurs : *Et ces blondz cheveulx de ces Behaignons et Allemans qui reluisoient contre le souleil*[4]. La relation due à Olivier de Dixmude, qui sans être témoin des faits, les connaît par le biais d'un Flamand délégué auprès du duc, ne manque pas d'intérêt comme l'indique le passage suivant : « Or vint en Bourgogne la rumeur que l'empereur se rendrait en Bourgogne chez mes chers seigneurs, en la ville de Besançon, qui était une ville qui dépendait en partie de l'empereur et qui avait été bâtie en bois en des temps anciens[5]. » Dans l'Empire, Clemens

1 Charles, comte de Charolais, est laissé *au lieu de Brucelles* quand ses parents partent pour la Bourgogne en 1441. Cf. Olivier de La Marche, *Mémoires*, éd. H. Beaune, J. d'Arbaumont, t. 1, Paris, 1883, p. 247 ; P.-J. Heinig, *Kaiser Friedrich III. (1440-1493). Hof, Regierung und Politik*, t. 3, Cologne-Weimar-Vienne, 1997 ; G. J. Schenk, Friedrich III. in Besançon 1442 und in Metz 1473 oder : von geglückten und gescheiterten Herrschertreffen mit dem Burgunderherzog, dans *Außenpolitisches Handeln im ausgehenden Mittelalter. Akteure und Ziele*, éd. S. Dünnebeil, C. Ottner, Cologne-Weimar-Vienne, 2007, p. 97-141.

2 En 1289, l'empereur Rodolphe de Habsbourg assiège Besançon.

3 Cf. notamment le volume *Négociations, traités et diplomatie dans l'espace bourguignon (xive-xvie siècles)*, éd. J.-M. Cauchies, *Publication du Centre européen d'Études bourguignonnes*, t. 53, 2013.

4 Olivier de La Marche, *Mémoires*, t. 1, p. 270-282. Cette image pourrait faire songer au *Timarion*, un dialogue satirique byzantin du xiie siècle, où est décrite (et moquée) l'entrée à Thessalonique d'un duc précédé de jeunes nobles aux magnifiques cheveux d'or.

5 Le passage a été traduit par M. Bernard Vermeiren que je remercie très chaleureusement. À Besançon au Moyen Âge, l'utilisation est générale du pan de bois en gros œuvre et des tavaillons en couverture, y compris pour les grandes et hautes maisons bourgeoises à pignon sur rue. Cf. Olivier de Dixmude, *Merkwaerdige gebeurtenissen : vooral in Vlaenderen en Brabant en ook in de aengrenzende landstreken, van 1377 tot 1443*, éd. J.-J. Lambin, Ypres, 1835, p. 175 ; C. Roussel, *Besançon et ses demeures du Moyen Âge au xixe siècle*, Lyon, 2013, p. 79.

Pour la singuliere affection qu'avons a luy. *Études bourguignonnes offertes à Jean-Marie Cauchies*, sous la direction de Paul Delsalle, Gilles Docquier, Alain Marchandisse et Bertrand Schnerb, Turnhout, 2017 (*Burgundica* 24), p. 129-140.

DOI 10.1484/M.BURG-EB.5.113911

Specker de Sulgen, un frère franciscain du couvent de Königsfelden, a copié à la fin du XVe siècle le *Reisetagebuchs über die Krönung Friedrichs III.* dans lequel quelques lignes sont consacrées à l'entrée du souverain dans la ville libre impériale : *in ain reichstat haist Pisentz*[6]. Au siècle suivant, un prolongement est donné à l'événement dans les *Mémoires historiques de la république séquanoise* de Loys Gollut, puis dans des chroniques au début du XVIIe siècle[7]. Dès auparavant, vers 1507-1508, le Bisontin Jean Ludin livre un souvenir personnel de la visite[8]. Ce témoignage ouvre un récit autobiographique mêlant mémoire urbaine et itinéraire individuel[9]. La chronique qui est demeurée manuscrite est connue de certains érudits à la période moderne. L'épisode de 1442 se trouve ainsi transcrit dans une compilation de pièces cérémoniales due à Jules Chifflet ; au XVIIIe siècle, Ferdinand Lampinet († 1710), conseiller au parlement de Besançon, fait figurer Jean Ludin dans sa *Bibliothèque séquanoise*, avant qu'en 1750 François-Ignace Dunod de Charnage ne le publie dans l'un de ses ouvrages[10].

Cité libre impériale, Besançon constitue une forme politique fragile, que menacent les grands États territoriaux en formation. La défense de sa liberté est un enjeu constant ; depuis la fin du XIVe siècle, la ville connaît un état de crise presque permanent. Sans doute n'est-elle pas la seule ; comme l'écrit Fernand Braudel, « de 1450 à 1600, dates larges, toutes les villes ont été travaillées par une immense crise politique, une en ses actes les plus divers[11] ». S'y ajoutent des aspects sociaux et économiques affectant les structures de la cité. Peu de sources renseignant le sentiment d'appartenance à la communauté urbaine et le comportement vis-à-vis des souverains nous sont parvenues ; la chronique de Jean Ludin, procurée par un témoin des entrées de 1442, présente cet intérêt[12].

---

6 Ce religieux fut un temps considéré comme l'auteur du journal de voyage du couronnement de Frédéric III, transmis dans deux versions manuscrites ; selon ses propres annotations, il se contenta de le copier ; cf. J. Seemüller, Friedrichs III. Aachener Krönungsreise, dans *Mitteilungen des Instituts für Österreichische Geschichtsforschung*, t. 17, 1896, p. 652-653, § 138-139.

7 L. Gollut, *Mémoires historiques de la république séquanoise et des princes de la Franche-Comté de Bourgougne*, t. 2, Dole, 1593, rééd. Arbois, 1846, col. 1151 ; P. Despotots, Recueil de plusieurs choses mémorables, dans *Mémoires et Documents inédits pour servir à l'Histoire de la Franche-Comté publiés par l'Académie de Besançon*, t. 7, 1876, p. 294-296.

8 *Mémoire de Jean Ludin, citoien de Besançon, de l'arrivée de l'empereur Frédéric aud. Besançon, et autres choses remarquables arrivés de son temps*, Besançon, Bibliothèque Municipale (= BM), ms. 1042. Le titre est de la main de F. Lampinet, qui possédait ce manuscrit.

9 Sur les chroniques urbaines, notamment dans l'espace germanique, cf. R. Sprandel, *Chronisten als Zeitzeugen. Forschungen zur spätmittelalterlichen Geschichtsschreibung in Deutschland*, Cologne-Weimar-Vienne, 1994 ; P. Monnet, La mémoire des élites urbaines dans l'Empire à la fin du Moyen Âge. Entre écriture de soi et histoire de la cité, dans Memoria, Communitas, Civitas. *Mémoire et conscience urbaines en Occident à la fin du Moyen Âge*, éd. H. Brand, P. Monnet, M. Staub, Ostfildern, 2003, p. 49-70.

10 Sur Jules Chifflet, cf. *Autour des Chifflet. Aux origines de l'érudition en Franche-Comté*, dir. L. Delobette, P. Delsalle, Besançon, 2007, p. 204-206. Auteur d'ouvrages juridiques et historiques sur la Bourgogne et la Franche-Comté, François-Ignace Dunod de Charnage († 1752) était professeur de droit à l'Université de Besançon. Cf. Besançon, BM, Coll. Chifflet, ms. 65, fol. 201-202 ; ms. 946, fol. 109 ; F.-I. Dunod de Charnage, *Histoire de l'Église, ville et diocèse de Besançon*, t. 1, Besançon, 1750, p. 265-268 (le texte est publié avec plusieurs lacunes et variantes) ; l'auteur précise la note suivante : *L'on trouve aussi une relation de cette entrevuë dans les mémoires d'Olivier de La Marche ; mais moins digne d'attention que celle-ci pour le cérémonial.*

11 F. Braudel, *La Méditerranée et le monde méditerranéen à l'époque de Philippe II*, Paris, 1949, p. 285.

12 Sur l'histoire du peuple en politique, une mise au point historiographique récente est livrée par C. Judde de Larivière, *La révolte des boules de neige. Murano face à Venise, 1511*, Paris, 2014.

1. Un souvenir d'enfance de Jean Ludin

La chronique paraît constituer un texte de la maturité ; l'on ignore cependant tout de ses destinataires et des conditions de la rédaction. En amont, l'échelle temporelle qui structure le récit ne va pas au-delà de 1442[13]. La narration se concentre sur les événements bisontins (parfois dijonnais) de la fin du XVe siècle et du début du siècle suivant.

Ferdinand Lampinet distingue la famille Ludin comme *noble et antique de Besançon ayant toujours occupé les premières magistratures de cette cité.* Il reconnaît ses armoiries *d'or à la fasce crenelé devers le chef de trois crenaux de sable*, apposées sur un logis voisin du palais édifié vers 1534-1540 par le chancelier impérial Nicolas Perrenot de Granvelle, comme il le rapporte en ces termes : *on le voit encore aux fenestres d'une chambre basse regardant sur la cour de sa maison touchant le palais de Grandvelle d'un costé et la ruelle des Carmes d'autres, laquelle son descendant* [celui de l'auteur de la chronique] *par une opiniâtreté condamnable ne voulut jamais vendre au chancelier de ce nom quand il faisoit bastir ce magnifique palais*[14]. À lire Ferdinand Lampinet, le père de l'auteur fut délégué au concile de Constance (1414-1418) ; mais, à ma connaissance, ce fait n'est pas avéré. Un dénommé Jean Ludin, originaire de Poligny, est cité en 1432[15]. Le même ou un homonyme est attesté dans la documentation municipale bisontine dès 1439, comme l'un des 28 notables élus (à raison de quatre par quartier ou bannière). En 1446-1447, il est député deux fois à Rome. Jusque vers 1451 et la « grande révolte » des Bisontins, il exerce une fonction judiciaire en tant que « commis aux excès », avant de voir ses biens saisis par les séditieux[16].

L'auteur figure quant à lui parmi les quatorze gouverneurs de la ville à dater de 1481 et jusqu'en 1507, sans discontinuer selon ses dires[17]. Il est co-gouverneur en décembre 1492 lorsque Maximilien Ier impose son entrée à Besançon, en dépit de *plusieurs excusations* alléguées par l'oligarchie urbaine ; comme bailli du seigneur Guillaume de Neufchâtel († 1505), il fait mettre le château de Montrond en état pour y héberger le roi des Romains[18]. Il appartient de nouveau au collège des gouverneurs en 1505, au moment de la

---

13 Au fol. 22 se lit le récit d'une querelle entre les gouverneurs bisontins et l'archevêque Thiébaud de Rougemont (1405-1429) qui paraît emprunté à un autre mémoire.

14 En 1484 est citée dans la documentation une *ruelle estant entre l'oustel des Carmes et Jehan Ludin.* En 1506, dans un contexte épidémique, Ludin perd la garde des clés de la Porte Taillée, *attendu que le chemin est loingtain doys ladicte porte jusques en l'ostel de honorable homme maistre Jehan Ludin* ; cf. Besançon, BM, ms. 946, fol. 109 ; Id., Archives Municipales (= AM), BB 10, fol. 56v ; B. Gauzente, *Les abbayes et les couvents de Besançon à la fin du Moyen Âge (1350-1500). Des établissements urbains entre crises et Renaissance*, Thèse de doctorat en histoire inédite, Université de Franche-Comté, 2009, p. 78, n. 88.

15 *Testaments de l'Officialité de Besançon, 1265-1500*, éd. U. Robert, t. 1, Paris, 1902, p. 101.

16 Il est rétabli dans cet office en 1453 et est cité comme notaire jusque 1477 ; cf. Besançon, Archives départementales du Doubs (= ADD), G 291 ; Id., AM, BB 3, fol. 3v, 219, 231 ; BB 4, fol. 70, 113, 177, 263 ; BB 5, fol. 103, 144.

17 La documentation disponible ne permet pas de le vérifier. Les gouverneurs sont élus par les notables et répartis deux par deux dans chacune des sept bannières. Sur la carrière de Jean Ludin, cf. K. A. Edwards, *Families and Frontiers. Recreating Communities and Boundaries in the Early Modern Burgundies*, Boston-Leyde, 2002, p. 188, 202, 354 ; Ead., And Blood Rained from the Sky. Creating a Burgundian Identity after the Fall of Burgundy, dans *Politics and Reformations. Communities, Polities, Nations and Empires. Essays in Honor of Thomas A. Brady, Jr.*, éd. C. Ocker, M. Pinty, P. Starenko, P. Wallace, Boston-Leyde, 2007, p. 345-358.

18 Jean Ludin est envoyé à Baume-les-Dames au-devant de Maximilien pour le convaincre *qu'il ne vint pas par la cité.* Bailli du seigneur de Montrond (dép. Doubs, cant. Saint-Vit) dès juin 1492, il est autorisé à exercer sa justice à Besançon, par emprunt de territoire ; cf. Besançon, AM, BB 9, fol. 46v ; Id., BM, ms. 1042, fol. 6v ; Déportemens des François et Allemands tant envers la duché que comté de Bourgoingne et aultres occurrences (1456-1492), dans *Mémoires et Documents inédits pour servir à l'Histoire de la Franche-Comté publiés par l'Académie de Besançon*, t. 7, Besançon, 1876, p. 384-386 ; V. Muller, *Le patrimoine fortifié du lignage de Neufchâtel-Bourgogne (XIIIe-XVIe siècles)*, Thèse de doctorat en histoire et archéologie inédite, Université de Lorraine, 2015, p. 659.

venue de Marguerite d'Autriche[19]. Évincé du gouvernement municipal en 1507, il précise que lui incombe néanmoins la charge de diriger (et de financer) des travaux de fortification[20]. Il a conquis dès avant 1492 le grade de *licencié en loix* ; en avril 1496, il prête serment comme lieutenant de Jacques Carondelet, juge de Besançon[21]. Par son mariage, il est lié aux plus riches marchands du comté de Bourgogne[22]. Son réseau de relations pénètre le chapitre métropolitain. *Maitre Jehan Ludin, co-gouverneur*, acquiert ainsi, lors de la vente des livres du chanoine Guillaume Veelet († 1493), l'une des éditions vénitiennes du *Supplementum chronicarum* de Giacomo Filippo Foresti[23]. Il subsiste une lettre datée de Tolède le 28 août 1502, adressée par Philippe le Beau à son *tres cher et bon amy*, maître Jean Ludin ; il s'agit pour l'archiduc, bien informé, de favoriser l'élection archiépiscopale d'Antoine de Vergy grâce aux alliés de son correspondant au sein de l'Église bisontine : *sachant qu'en la dite église avez de bons amis qui feront beaucoup pour vous*[24].

Comme l'atteste un ensemble d'indices personnels et spatio-temporels soulignant la subjectivité narrative, Jean Ludin assiste aux entrées des souverains en 1442. Ainsi, après que le roi des Romains et le duc sont entrés dans la cathédrale, se lit cette incise : *du coustel qu'ilz prindrent au départir devant le dit autel, je n'en scavois parler car j'estois au cueur en bas et ne pouvois aller plus oultre*. Quand les mêmes sortent de l'église des cordeliers, le narrateur précise le fait suivant : *et du partement de ladite eglise je ne scay car j'estois entre ung charriot dessoubz l'ongle du toict en près les chevaulx et si près que n'avoit que l'empereur et madame entre le charriot et le mur*. Une nouvelle incise intervient lorsqu'est évoqué le palais archiépiscopal où loge le roi : *et après ce je y allat et vit que monsieur de Bourgongne prenoit congé de l'empereur*[25].

Sans que cela soit spécifié, il est possible que des enfants, dont le petit Jean Ludin, aient figuré dans le cortège d'accueil. Ce fait est attesté en 1442 à Fribourg (Suisse) où Frédéric III est attendu par *plus de deux cents enfants, jeunes et vieux, qui portaient l'écusson d'Autriche, tombant aux genoux, levant leurs mains vers Dieu et criant joyeusement « Ici Autriche, Autriche, Autriche ! »* ; à Lausanne, des petits munis d'un bâton avec le penon d'Empire lancent des *Viva Imperatore*[26] ! En 1454 à Berne, *quatre a cinq cens enfans en dessoubz de 10 à 12 ans, chascun portant une banière armoyé des armes dudit duc, criant a haulte voix : « Vive Bourgoigne ! »* vont à la rencontre du duc[27]. Lors

19 Besançon, BM, ms. 1042, fol. 16.

20 *Ibid.*, fol. 20 ; Besançon, AM, BB 10, fol. 164.

21 L'on ignore quelle université il a fréquentée. Cf. *Ibid.*, BB 9, fol. 199v ; *Notes sur l'histoire municipale de Besançon. Extrait des travaux inédits d'Auguste Castan*, Besançon, 1898, p. 443.

22 En 1482, l'un d'eux lègue à Katherine *femme maistre Jehan Lugdin, citien de Besançon, vingt livres pour une fois, pour emploiez ou mariaige de sa fille* ; ce legs renvoie peut-être à une activité de prêt. Catherine Rebource, épouse de maître Jean Ludin, licencié en droit, est citée en 1477 ; cf. Besançon, ADD, G 291 ; *Testaments*, t. 2, Paris, 1907, p. 201.

23 L'héritage d'un chanoine réputé bâtard échoit à la cité ; *Ibid.*, t. 1, p. 206. Sur Guillaume Veelet, cf. H. Hours, Fasti ecclesiae gallicanae, *Répertoire prosopographique des évêques, dignitaires et chanoines des diocèses de France de 1200 à 1500*, t. 4, *Diocèse de Besançon*, Turnhout, 1999, n° 741.

24 Besançon, BM, Coll. Granvelle, ms. 1, fol. 45. Sur Antoine de Vergy, archevêque de Besançon (1502-1541), cf. *Les diocèses de Besançon et de Saint-Claude*, dir. M. Rey, Paris, 1977, p. 96.

25 Besançon, BM, ms. 1042, fol. 2v-3.

26 W. Paravicini, Philippe le Bon en Allemagne (1454), dans *Revue belge de Philologie et d'Histoire*, t. 75, 1997, p. 981 et n. 112 et 113.

27 L'un des premiers souvenirs d'enfance d'Olivier de La Marche est, à l'été 1435, le moment où il est conduit avec ses condisciples de Pontarlier au-devant de Jacques de Bourbon († 1438), roi de Hongrie et de Sicile. Cf. Olivier de La Marche, *Mémoires*, t. 1, p. 190 ; Paravicini, Philippe le Bon, p. 978 et n. 81 ; C. Emerson, *Au commencement de mon eaige et du premier temps que je puis entrer en matière*. L'unité du temps et de l'espace dans le récit de jeunesse d'Olivier, dans *Autour d'Olivier de La Marche*, éd. J.-M. Cauchies, *Publication du Centre européen d'Études bourguignonnes*, t. 43, 2003, p. 45-53.

de l'entrée de Philippe le Beau à Salins en 1504, un peintre nommé Jean Flammel est rétribué pour avoir peint *en Moures les petits enfans qu'ils portarent les tourches au devant du roy notre seigneur a sa nouvelle venue*[28]. Par hypothèse, si Jean Ludin a environ 10 ans en 1442, il est âgé de 75 ans vers 1507, soit une durée de vie attestée dans les sources[29].

2. Un rituel sous contrôle ducal

Le cérémonial de l'entrée de Frédéric III se conforme au rituel propre à une ville impériale, tout en se pliant à l'omniprésence du duc de Bourgogne, gardien de la cité depuis 1422[30]. De façon notable, Philippe le Bon, qui a veillé à arriver le premier sur place, a été reçu avec une escorte et un cérémonial réduits. Selon le récit de Jean Ludin, à *heure de huit après midy, de nuict*, les citoyens et le corps municipal munis de trente torches seulement (si peu que Dunod de Charnage a corrigé ce nombre par celui de « cent ») ont marché à la rencontre du duc et des deux mille chevaux de sa suite, sans dépasser le village de Saint-Ferjeux situé sur le territoire de la banlieue[31]. Pour les Bisontins, les embarras attachés à l'obscurité et au froid d'une nuit d'automne sont atténués par le fait que l'itinéraire emprunté leur est coutumier, qui correspond à celui d'une procession religieuse régulière. La chronique le précise en ces termes : *au devans duquel furent les gouverneurs et citoyens de Besancon jusques oultre Sainct Ferjeu, a tout trente torches de cire allumées*[32]. Le roi des Romains est quant à lui attendu par de nombreux notables bien au-delà de la banlieue, à Tarcenay : *au devant duquel furent messieurs les gouverneurs en nombre de soixante chevaulx jusques oultre Tarcenay au dessus de la ville*[33]. Le duc se tient à la limite du territoire municipal, à La Vèze, mais il délègue son neveu Jean de Clèves († 1481) et Guillaume de Chalon († 1475), fils de Louis de Chalon-Arlay († 1463)[34]. *Extra muros*, le haut clergé se joint aux laïcs. Une liste qui ne respecte pas la préséance énumère, après l'archevêque, l'abbé augustin de Saint-Paul, celui, bénédictin, de Saint-Vincent, et le chapitre métropolitain : *de la fut rencontre de la cité, de l'archevesque Quantin, des abbés de Sainct Paul et de Sainct Vincent et des sieurs du chapitre de Besancon*[35].

---

28 Besançon, BM, ms. 2250, fol. 280.

29 Jean Ludin meurt à une date inconnue après 1507.

30 Sur le rituel des entrées, cf. notamment J.-M. Cauchies, La signification politique des entrées princières dans les Pays-Bas : Maximilien d'Autriche et Philippe le Beau, dans *À la cour de Bourgogne. Le duc, son entourage, son train*, éd. Id., Turnhout, 1998, p. 137-152 ; É. Lecuppre-Desjardin, *La ville des cérémonies. Essai sur la communication politique dans les anciens Pays-Bas bourguignons*, Turnhout, 2004.

31 Cf R. Fietier, *Recherches sur la banlieue de Besançon au Moyen Âge*, Besançon, 1973, p. 77.

32 Sur la topographie des entrées bisontines en 1442, cf. les deux cartes jointes ici qu'a dessinées M. Claude Guyon, auquel va toute ma gratitude. Cf. Besançon, BM, ms. 1042, fol. 1 ; *Documents inédits pour servir à l'histoire de Bourgogne*, éd. M. Canat de Chizy, t. 1, Chalon-sur-Saône, 1863, p. 425.

33 Besançon, BM, ms. 1042, fol. 1v.

34 La rencontre des deux souverains a lieu dans un grand champ, sans doute cultivé par des Bisontins, où du blé d'hiver a déjà été semé : *au dessous de pierre escripte en la combe semée de froment*. Immédiatement après l'entrevue de Besançon, le duc et la duchesse se rendent aux noces de Guillaume de Chalon et de Catherine de Bretagne, qui sont célébrées au château de Nozeroy en novembre 1442. Cf. Besançon, BM, ms. 1042, fol. 1v ; L. Delobette, Guillaume de Chalon-Arlay, prince d'Orange (v. 1415-1475), dans *Les petits princes de la fin du Moyen Âge. Actes du colloque à la mémoire du Prof. D. Clauzel, tenu en février 2015 à Boulogne-sur-Mer*, dir. J.-M. Cauchies, Boulogne-sur-Mer, à paraître

35 Seul est donné le nom de l'archevêque Quentin Ménard (1439-1462). En 1442, l'abbé de Saint-Paul est Simon de Domprel (1439-1466). L'identité de celui de Saint-Vincent nous échappe ; son prédécesseur, Pierre Arménier est mort vers 1440. Dès le 19 septembre 1442, le roi a requis du chapitre cathédral la première prébende vacante ; le 23 octobre, les chanoines se concertent au sujet de son entrée ; Besançon, ADD, G 179.

L'un des premiers gestes rituels est celui par lequel le roi reçoit les clefs de la ville avant de les restituer[36]. Les Bisontins ont obtenu par la charte de franchises en 1290 la garde des clefs des portes et des rues. Cependant, depuis la fin du xive siècle, les archevêques successifs, soucieux de restaurer leur pouvoir temporel, y voient une usurpation et en exigent la restitution. Ce litige n'a pas été tranché en 1435 par le traité dit de Rouen[37]. La communication verbale avec le souverain germanique suppose des truchements : bien que située en terre d'Empire, Besançon est en effet francophone et comme le souligne Olivier de Dixmude, « ils ne se comprenaient pas les uns les autres[38] ». Deux discours, dont la rhétorique évoque sans doute la grande ancienneté de la ville comme les privilèges et les libertés jadis concédés par les empereurs, sont prononcés, en latin et en allemand, par un élu et par un officier archiépiscopal : *entre les aultres les ditz de la ville firent leur propos, tant par maitre Pierre Naulot en latin comme par monseigneur Simon d'Oussans, seigneur de Lomont, en allemand*[39]. Il existe peut-être un lien entre le bilinguisme du maréchal archiépiscopal Simon d'Orsans et sa situation de vassal de l'évêché de Bâle, au-delà de la frontière linguistique[40]. Le duc de Bourgogne a quant à lui requis la présence d'Henri le Pacifique († 1473), duc de Brunswick-Lunebourg, comme le précise le texte : *lequel monseigneur de Bourgongne estoit accompaigné d'ung duc de Brontzwich allemans*[41]. À l'entrée de la ville, le cortège rejoint *les eglises en processions*[42]. Avant de franchir les murailles, Frédéric III jure de respecter les franchises locales : *et a la porte de Nostre Dame furent lesdits gouverneurs que firent comme devant en requerant audit empereur qu'il voulsit faire serment de gar-*

---

36 Besançon, BM, ms. 1042, fol. 1v.

37 *Ibid.*, ms. 2294, fol. 110 ; Besançon, AM, AA 8, § 22 (traduction de 1591).

38 Olivier de Dixmude, *Merkwaerdige gebeurtenissen*, p. 175.

39 Originaire de Poligny, maître Pierre Naulot ou Nalot († *ca* 1464), licencié ès lois, gouverneur de Chamars, se trouve bien renseigné par la documentation. Il conseille Jean Boisot, l'un des meneurs de la révolte bisontine en 1451. Il est inhumé dans l'une des chapelles de l'église des cordeliers.

40 Les seigneurs d'Orsans détiennent des fiefs dans l'évêché de Bâle depuis le xive siècle. Simon d'Orsans (1420-1472) figure parmi les acteurs politiques les plus actifs à Besançon durant la période. Il est cité comme échanson du duc en 1440 et comme bailli de Champlitte en 1452 ; Marie de Chalon, comtesse de Fribourg et de Neuchâtel, l'institue l'un de ses exécuteurs testamentaires en 1464. Son frère Renaud s'est emparé « avec violence » de la maréchaussée en 1434 (le fait fut porté devant le concile de Bâle). En juin 1538, comme les sires d'Orsans font cession de leur office, parmi les droits afférents est cité celui-ci : *toutes les fois que les empereurs et roys des Romains ou leurs ambassadeurs de leur part feront leur première entrée, le cheval qui leur servira de monture sera ferré des quatre pieds d'argent et le dit cheval appartiendra audit maréchal.* Cette spoliation rituelle est mentionnée en 1442 par Olivier de La Marche ; cf. Besançon, BM, coll. Castan, ms. 1817, fol. 49 ; Olivier de La Marche, *Mémoires*, t. 1, p. 278 ; L. Viellard, Notes généalogiques sur la maison d'Orsans en Franche-Comté, dans *Mémoires de la Société d'Émulation du Doubs*, 5e sér., t. 2, 1877, p. 247-275. Sur la question de l'apprentissage des langues étrangères au Moyen Âge, cf. K. Bosselmann-Cyran, Fremdsprachen und Fremdsprachenerwerb im Mittelalter und in der Frühen Neuzeit, Das Mittelalter, dans *Perspektiven mediävistischer Forschung. Zeitschrift des Mediävistenverbandes*, t. 2, 1997, p. 3-14.

41 Selon Olivier de La Marche, il s'agit de connaître les usages auliques autant que la langue allemande. Henri le Pacifique a épousé en 1435 une nièce de Philippe le Bon, Hélène de Clèves, fille d'Adolphe de Clèves et de Marie de Bourgogne. Pour l'entrevue de 1442, il a reçu du duc un cheval et *un escuchon d'argent* à ses armes pour orner le chanfrein ; en novembre 1442, il suit le roi des Romains à Bâle. Cf. Besançon, BM, ms. 1042, fol. 1 ; Olivier de La Marche, *Mémoires*, t. 1, p. 272 ; S. Jolivet, Pour soi vêtir honnêtement à la cour de monseigneur le duc de Bourgogne. *Costume et dispositif vestimentaire à la cour de Philippe le Bon de 1430 à 1455*, Thèse de doctorat en histoire inédite, Université de Bourgogne, 2003, p. 234.

42 Le texte ne dit rien des reliques et des « choses dévotes » qui sont exposées, selon Olivier de La Marche. Le 7 novembre, le chapitre métropolitain décide de ne pas donner au roi une parcelle de la relique du bras de saint Étienne, mais de lui en offrir de moins précieuses et de lui montrer le récit des miracles contenu dans les vieux manuscrits ; cf. Besançon, ADD, G 179 ; Olivier de La Marche, *Mémoires*, t. 1, p. 278.

der les libertez de la cité de Besancon et la cité aussi comme avoient fait ses predecesseurs ; lequel respondit qu'ainsi feroit il et par ainsi entra en la cité[43]. Une cérémonie à caractère liturgique mène le roi au cœur religieux de la ville. Placé sous un dais à quatre bâtons rouges couvert de drap d'or, identique à celui qui est employé par les chanoines lors des processions de la Fête-Dieu, ce dernier est conduit à la cathédrale Saint-Jean l'Évangéliste. Il se trouve ainsi entouré par quatre des gouverneurs portant le dais et par Philippe le Bon : *et en entrant l'on luy mist un patront de drap d'or dessus la teste, lequel portoient a quattre bastons rouges Leonard Mouchet, Jehan de Clervault, Jehan Boillard, et Jean Le Blanc, a pieds ; et fust porté jusques au grand autel de Saint Jean le Grand ; et tousjours alloit monsieur de Bourgongne emprès luy*[44]. Parmi les membres de l'élite ainsi distingués figurent deux nobles ; il s'agit de l'écuyer Jean de Clerval († *ca* 1475), seigneur de Molamboz, et de Jacques Mouchet († 1477), chevalier, seigneur de Château-Rouillaud (plutôt que Léonard, chevalier, cité au lieu de son père), actif jusqu'en 1469 auprès du duc de Bourgogne et du prince d'Orange, sire de Chalon-Arlay, vicomte et maire de Besançon. Si Jean Boilleau est attesté parmi les gouverneurs entre 1416 et 1469, Jean Le Blanc ne semble pas cité comme tel avant 1446. En revanche, sont passés sous silence notamment Pierre de Montpellier et Benoît Pepol, deux grossistes en toiles qui comptent jusqu'en 1448-1449 parmi les élus les plus riches du collège municipal[45].

3. La justice et la paix

Dans un premier temps, tout oppose les souverains. Leurs entrées, décalées dans le temps, le sont également dans l'espace et s'effectuent de part et d'autre de la rivière du Doubs. Le duc, plus âgé, est associé à la puissance mais aussi à l'obscurité : à *heure de huit après midy, de nuict, monsieur de Bourgougne appelé Philippe, eagier de cinquante ans, entra en la cité.* S'avançant à la tête de 2 200 chevaux, il déploie des magnificences extraordinaires dont rendent compte les sources[46]. Elles se manifestent dans le texte par la *très belle compagnie* de la duchesse, *richement ornée de dames et damoiselles, et trois charriotz damerotz et une litiere en laquelle estoit ma dite dame, et huict hacquenées blanches, toutes garnies de drap d'or veluches.* Par la suite sont donnés de nombreux banquets et des fêtes ; les noces de l'écuyer Jean de Salins, seigneur de

43 Le 7 novembre, le roi donne confirmation de tous les privilèges ; Besançon, BM, ms. 1042, fol. 2 ; ms. 1016, fol. 3-7.

44 Le dais est constitué d'un châssis de bois. Dans le royaume, pour les entrées des rois de France, il est peint en bleu. Si l'emploi d'un drap d'or semble désuet au XVe siècle (en France, l'on use habituellement de velours de Bruges, de soie, de taffetas florentin ou de drap de Damas), un tel dais matérialise la révérence. Lors de l'entrée du roi Louis XI à Dijon en 1479, *quatre notables portaient au-dessus de la tête du roi le poële d'or qu'avaient prêté les fabriciens de Notre-Dame*. Cf. Besançon, BM, ms. 1042, fol. 2 ; *Breviarium secundum usum Bisuntinae dioecesis*, ms. 69, fol. 485. URL : http://memoirevive.besancon.fr/ark:/48565/a011322745082FBs4Oq/1/129 ; A. Leguai, Dijon et Louis XI. Notes sur quelques aspects de la réunion de la Bourgogne (1461-1483), dans *Annales de Bourgogne*, t. 17-18, 1945, p. 250 ; B. Guenée, F. Lehoux, *Les entrées royales françaises de 1328 à 1515*, Paris, 1968, p. 19-20.

45 Molamboz (dép. Jura) ; Château-Rouillaud (dép. Haute-Saône, cant. Marnay). Cf. G. Carvalho, J.-Y. Kind, *Dictionnaire des gouverneurs et des notables*, Besançon, 1994.

46 Le 31 juillet 1444 est établi un nouvel impôt de *la moitié du gect et impos que a estez derrièrement gecter et imposer en ladite cité pour les frais et missions suppourtez en icelle cité par lesdiz citiens et habitans pour la venue de l'Empereur et de monseigneur de Bourgongne et de madame de Bourgongne en ladite cité* ; Besançon, AM, BB 3, fol. 129 ; A. Pirro, Deux danses anciennes, dans *Revue de Musicologie*, t. 5, fév. 1924, p. 7-16 ; Jolivet, Pour soi vêtir honnêtement, p. 234-238 ; É. Banjenec, L'orfèvrerie comme outil politique : les commandes de Philippe le Bon, duc de Bourgogne, entre 1440 et 1450, dans *Art et Politique*, mai 2011, France. pp.15, 2013, <halshs-00827583>.

Villers-Robert, et de Jeanne, fille du duc Louis de Bavière et demoiselle d'honneur de la duchesse de Bourgogne, s'accompagnent de joutes[47]. La cour reçoit le légat pontifical Jean de Capistran († 1456), de l'Observance franciscaine[48]. Le jeune roi dont la suite est presque quatre fois moindre, apparaît quant à lui dans un halo de lumière : *environ soleil mussans, Frederich, duc en Autriche, roy des Romains, eagé de vingt sept ans et demy, accompaigné d'environ six centz chevaux, entra à Besancon par la porte de Mauspas*. Conformément à la tradition impériale, c'est au palais archiépiscopal, dans le quartier capitulaire de la montagne Saint-Étienne qu'est hébergé Frédéric III. Le duc loge pour sa part au couvent des cordeliers, un lieu emblématique de l'identité urbaine depuis le XIIIe siècle, situé dans la ville basse et le bourg[49]. Cette répartition qui renvoie à la bipolarité de la cité métropolitaine, accentue la distance entre les deux hôtes.

Le rituel d'entrée fait cependant disparaître tous les clivages. Aucun signe guerrier n'est évoqué : les sons retentissants des trompettes, clairons et bombardes sont exclus du paysage sonore, de même que les étendards et les enseignes, potentiellement agressifs, échappent au décor visuel[50]. Le duc et sa suite entrent sans armes à Besançon, Philippe le Bon étant placé sous la seule protection de la troupe d'élite formée par ses archers, comme le souligne le texte : *tous les nobles du comté et du duché de Bourgogne* [...], *dy bons estat, sans armes* ; *bien accompaigné, sans armes, excepté ses archers*[51]. Ainsi, le rapport de forces s'efface-t-il au profit d'une communication marquée par une profusion de gestes publics et réciproques de paix. Il s'agit des baisers qu'échangent les souverains de façon répétée : *et se toucherent et baiserent et puis* [...] *se embrasserent* ; *et l'empereur l'embrasoit en le relevans* ; *et la, en une plainnise, se treuverent et se baiserent l'empereur a cheval et madame en sa lictiere*[52]. Ces gestes de paix s'accompagnent de

---

47 Le contrat de mariage est daté du 8 mai 1442, en l'hôtel ducal de Dijon. Les joutes de Besançon sont, selon ses dires, les premières auxquelles assiste Olivier de La Marche. Comme me l'a précisé M. L. Forster, que je remercie vivement, elles ont lieu « à la foule », en faisant s'affronter deux équipes assez importantes, et « sans toile », donc sans barrière de séparation centrale empêchant les chevaux d'entrer en collision. Elles ont pu se tenir au pré de Chamars, au bord du Doubs ; déposant dans une enquête vers 1435, un Bisontin se souvient y avoir vu plusieurs tournois. Cf. Besançon, BM, Coll. Castan, ms. 1817, fol. 40 ; J.-B. Guillaume, *Histoire généalogique des sires de Salins au comté de Bourgogne*, Besançon, t. 2, Besançon, 1758, p. 86-88 ; *Le Livre des Faits de Jacques de Lalaing*, dans Georges Chastellain, *Œuvres* éd. J. Kervyn de Lettenhove, t. 8, Bruxelles, 1866, p. 35 ; Olivier de La Marche, *Mémoires*, t. 1, p. 267-268.

48 Sur le rôle de Jean de Capistran à Besançon, cf. H. Lippens, Saint Jean de Capistran et sa mission dans les États bourguignons (1422-1443). Essai de reconstitution de ses voyages et négociations à l'aide de documents inédits, dans *Archivum Franciscanum Historicum*, t. 35, 1942, p. 113-132, 254-295, spéc. p. 257-259.

49 Des sources relatives aux dépenses de la fourrière pour le 5 novembre 1442 mentionnent notamment les frais de *louage de 42 lits* et des dépenses de serrurerie et de menuiserie *faits tant en la chambre du duc et de la duchesse, comme aux offices et autrement*. Le duc assiste dans cette église à la cérémonie de Toussaint et donne 2 francs et 9 gros pour la messe et le sermon ; cf. Lille, Archives départementales du Nord, B 3407 ; B. Schnerb, Les ducs de Bourgogne de la Maison de Valois et les frères mendiants : une approche documentaire, dans *Économie et religion. L'expérience des ordres mendiants (XIIIe-XVe siècle)*, dir. N. Bériou, J. Chiffoleau, Lyon, 2009, p. 299.

50 Tous sont évoqués par Olivier de La Marche.

51 Les 24 archers forment la garde rapprochée du prince dans tous ses déplacements ; ils revêtent lors des cérémonies une livrée identique et luxueuse ; en 1442, selon Olivier de La Marche, c'est Philippe de Ternant († *ca* 1456) qui les commande ; cf. M.-T. Caron, Olivier de La Marche, Philippe de Ternant, ses protecteurs et ses amis, dans *Autour d'Olivier de La Marche*, p. 55-77.

52 Cf. K. Schreiner, « Er küsse mich mit dem Kuß seines Mundes » (*Osculetur me oscuto oris sui*, Cant 1,1). Metaphorik, kommunikative und herrschaftliche Funktionen einer symbolischen Handlung, dans *Höfische Repräsentation. Das Zeremoniell und die Zeichen*, dir. H. Ragotzky, H. Wenzel, Tübingen, 1990, p. 89-132.

signes de révérence : *et puis descendirent des chevaulx et se mirent a pied*[53]. Les têtes sont découvertes : *et mirent chapeaux hors dessus leurs testes aussitost l'ung que l'aultre* ; *mirent l'empereur chappeaux et monsieur de Bourgongne chapperon horz de dessus leurs testes aussy tost l'un que l'aultre*[54]. Le duc et la duchesse, avertis de la réticence des électeurs et des princes d'Empire à s'agenouiller, ne manquent pas de l'effectuer ostensiblement, marquant ainsi leur soumission et la préséance royale : *et miest monseigneur le duc genoux a terre* ; *mais monsieur de Bourgongne miest deux fois l'un des genoux a terre* ; *a la requeste de madite dame que luy requist a genoux en sa lictiere* ; *et se agenouillans deux fois*[55]. Au roi revient le premier rang : *l'empereur tousjours devanz et monsieur le duc après, combien que l'empereur le tiroit tousjours emprès luy* ; *fust grand debaz d'aller devanz ; touteffois l'empereur entra premier*. Frédéric III est accompagné jusqu'à son logis : *dez la l'empereur s'en allat au palais et quand il fust devant Sainct Anthoine, monsieur de Bourgongne le conmist pour le convoyer mais l'empereur ne voulloit ; néantmoings il le convoyat jusques audit palais et descendirent tous deux a pied a l'entrée*. Le roi tente en vain de rendre cette politesse : *et l'empereur disoit qu'il le convoyeroit mais l'on ne le laissat point party de la dicte salle*.

Le thème central de la paix se conjugue avec celui du droit auquel l'auteur, juriste, prête une attention particulière, comme le montre l'épisode relatif au drap d'or : le tissu précieux est d'abord laissé au marguillier de la cathédrale, avant d'être réclamé par le chancelier royal Kaspar Schlick († 1449), qui l'obtient par la médiation des gouverneurs, selon ces termes : *mais après, il fut dict qu'il estoit et debvoit estre au chancelier de l'empereur ; par quoy fuz restitué a messieurs les gouverneurs de Besancon, lesquelz l'accorderent audit chancelier*[56].

Écrivant vers 1507/1508, Jean Ludin connaît les développements postérieurs à 1442 : la sédition et le traité d'association de 1451 par lequel le duc, considérant la cité comme « enclavée au comté de Bourgogne et fort éloignée de l'Empire », a considérablement renforcé sa domination sur Besançon, puis les guerres de la fin du XVe siècle et la conquête française. En remontant ainsi dans le temps, il inscrit la cité dans une tradition enjolivée d'indéfectible fidélité à l'Empire et à la Bourgogne.

53 Contrairement à ce qu'écrit Olivier de La Marche à ce sujet.

54 Le duc selon Olivier de La Marche se *défula du chef en grande révérence* ; le chroniqueur note que lors de son entrée Frédéric III *portoit en son chef un petit chapel gris, à court poil ; et sur son chapel avoit une petite et estroitte couronne d'or ; et estoit sa premiere couronne, dont il avoit esté couronné à Ais en Alemaigne*.

55 Cf. K.-H. Spiess, Kommunikationsformen im Hochadel und am Königshof im Spätmittelalter, dans *Formen und Funktionen öffentlicher Kommunikation im Mittelalter*, dir. G. Althoff, Stuttgart, 2001, p. 261-290.

56 Entre 1430 et 1456, le marguillier de Saint-Jean se nomme Jean Courtet ; en 1442, il est aussi chapelain de Notre-Dame du Pilier. Sur le chancelier K. Schlick, cf. O. Hufnagel, Caspar Schlick als Kanzler Friederichs III., dans *Mitteilungen des Instituts für Österreichische Geschichsforschung. Ergänzungsband*, t. 8, 1911, p. 253-460.

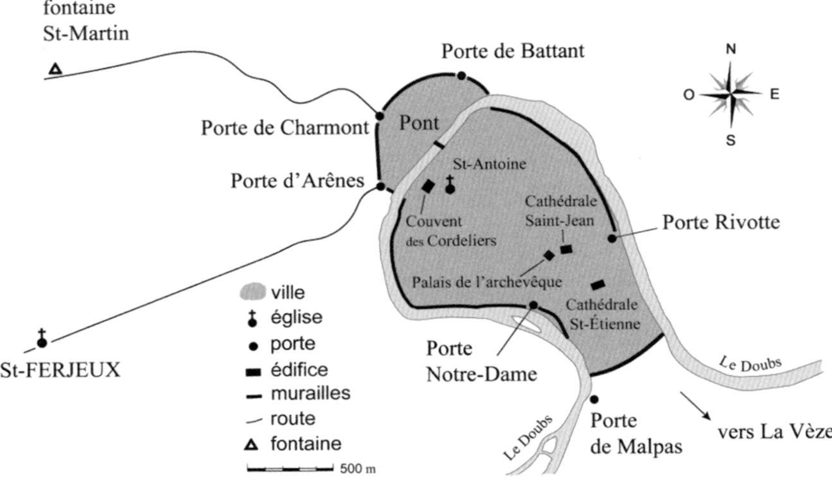

Fig. 1. Croquis de localisation de Besançon et de sa banlieue.

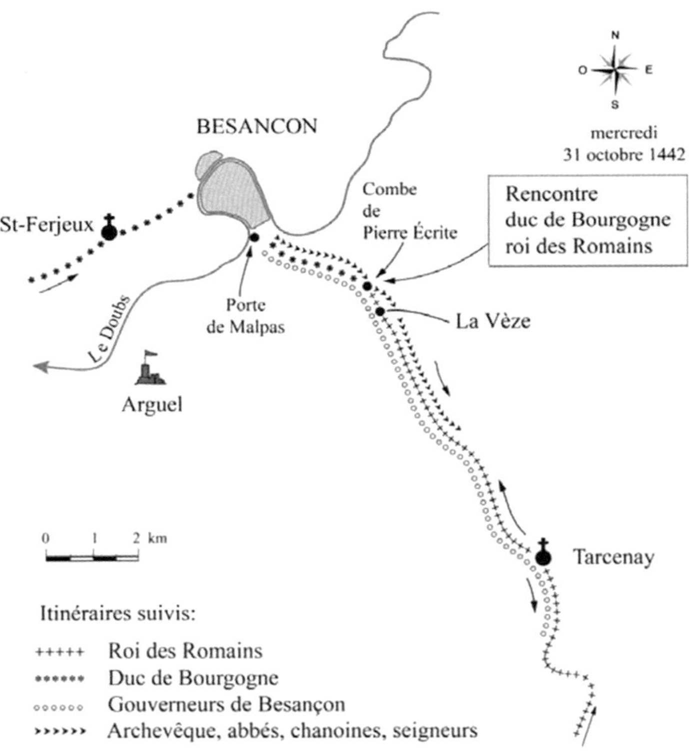

Fig. 2. Entrée du roi des Romains à Besançon.

Annexe

Mémoire de Jean Ludin, citoyen de Besançon, de l'arrivée de l'empereur Frederic audit Besançon et autres choses remarquables arrivées en son temps

Besançon, Bibliothèque Municipale, ms. 1042, fol. 1-3 v ; premier quart du xvie siècle

L'an mil quattre centz quarante deux, le lundy avant la Toussainstz vingtneuvieme d'octobre, heure de huit apres midy, de nuict, monsieur de Bourgougne appelée Philippe, eagier de cinquante ans, entra en la cité de Besancon ; au devans duquel furent les gouverneurs et citoyens de Besancon jusques oultre Sainct Ferjeu, a tout trente torches de cire allumées ; lequel monseigneur de Bourgongne estoit accompaigné d'ung duc de Brontzwich allemans et du comte de Nevers et du duc de Cleves, tous les nobles du comté et du duché de Bourgogne[57] dy bons estat, sans armes, au nombre d'environ deux[58] milles deux centz chevaux, comprins en ceste compagnie de madame de Bourgongne sa femme, laquelle entra comme verrez par après et fut logée es Cordeliers de Besancon. Le mercredi de Toussainctz, environ soleil mussans, Frederich, duc en Autriche, roy des Romains, eagé de <fol. 1v> vingt sept ans et demy, accompaigné d'environ six centz chevaux, entra à Besancon par la porte de Mauspas ; au devant duquel furent messieurs les gouverneurs en nombre de soixante chevaulx jusques oultre Tarcenay au dessus de la ville ; de la fut rencontre de la cité, de l'archevesque Quantin, des abbés de Sainct Paul et de Sainct Vincent et des sieurs du chapitre de Besancon ; entre les aultres, les ditz de la ville firent leur propos, tant par maitre Pierre Naulot en latin comme par monseigneur Simon d'Oussans, seigneur de Lomont, en allemand ; en oultre offrans audit empereur et luy presentant les clefz de la ville par les mains de messire Leonard Mouchet, chevalier, et les baillant et realement audit empereur, il les receut et incontinant les rendiet ; et dois la, il s'en vint jusques à La Veze ; toutefois deca de Tarcenay devers la cité furent monsieur de Cleves et monsieur d'Arguel au devans dudit empereur et a La Veze monseigneur le duc de Bourgongne bien accompaigné, sans armes excepté ses archers ; et au dessous de Pierre escripte, en la combe semée de froment, se rencontrerent ; et la fut l'assemblée des deux parties et mirent chapeaux hors dessus leurs testes aussitost <fol. 2r> l'ung que l'aultre ; et se toucherent et baiserent et puis descendirent des chevaulx et se mirent a pied et se embrasserent ; et miest monseigneur le duc genoux a terre ; et dois la monterent a cheval et s'en vindrent a Besancon, l'empereur tousjours devanz et monsieur le duc après, combien que l'empereur le tiroit tousjours emprès luy ; et quand vint entre deux portes de Nostre Dame furent les eglises en processions ; et a la porte de Nostre Dame furent lesdits gouverneurs que firent comme devant en requerant audit empereur qu'il voulsit faire serment de garder les libertez de la cité de Besancon et la cité aussi comme avoient fait ses predecesseurs ; lequel respondit qu'ainsi feroit il ; et par ainsi entra en la cité ; et en entrant l'on luy mist un patront de drap d'or dessus la teste, lequel portoient a quattre bastons rouges Leonard Mouchet, Jehan de Clervault, Jehan Boillard et Jean Le Blanc, a pieds ; et fust porté jusques au grand autel de Saint Jean le Grand ; et tousjours alloit monsieur de Bourgongne emprès luy ; et quand fust devant l'autel, le marrelier de Sainct Jean le Grand voulsit avoir le drap et de faict l'emporta et garda trois jours ou environ ; mais après, il fut dict qu'il estoit et debvoit estre au chancelier de l'empereur ; par quoy fuz restitué a messieurs les gouverneurs de Besancon, lesquelz <fol. 2v>l'accorderent audit chancelier. Et dois icelluy autel, l'empereur s'en allat au palais de l'archevesque en descendant devers Sainct Estienne et monsieur de Bourgongne devers le cloistre ; du coustel qu'ilz prindrent

57 Bourgogne] lacune (déchirure) dans le ms.

58 eux] lacune (déchirure) dans le ms.

au départir devant le dit autel, je n'en scavois parler car j'estois au cueur en bas et ne pouvois aller plus oultre. Le jour de Toussainctz suivans, madame de Bourgongne, fille du roy de Portugal, entra a Besancon avec très belle compagnie et richement ornée de dames et damoiselles, et trois charriotz damerotz et une lictiere en laquelle estoit ma dite dame, et huict hacquenées blanches, toutes garnies de drap d'or veluches ; et fust l'empereur au devans jusques près la fontaine Sainct Martin en allans le chemin de Marnay ; et la, en une plainnise, se treuverent et se baiserent l'empereur a cheval et madame en sa lictiere ; et vindrent l'ung de costé l'aultre jusques des ruchottes des champs, ou l'empereur se miest devant et allat jusques a la porte de Charmon, en laquelle fust grand debaz d'aller devanz ; touteffois l'empereur entra premier, a la requeste de madite dame que luy requist a genoux en sa lictiere ; et dès adonques allerent ensemble jusques a l'hostel des Cordeliers, a l'entrée duquel, auprès la croix, l'empereur descendit a terre ; et monsieur de Bourgongne <fol. 3r> estoit soubz l'ongle du toict, venans au devans de l'empereur ; et la se rencontrerent et mirent l'empereur chappeaux et monsieur de Bourgongne chapperon horz de dessus leurs testes aussy tost l'un que l'aultre ; mais monsieur de Bourgongne miest deux fois l'un des genoux a terre ; et l'empereur l'embrasoit en le relevans ; et puis vint l'empereur vers la croix aider a descendre madame, laquelle quand elle fuz descendue l'empereur la prist par le bras senestre et la menoit ; et quand elle vit monsieur de Bourgongne, elle se agenouilla deux fois devans luy, mais monsieur de Bourgongne n'en fist oncques semblant ; et dez la entrerent a l'eglise avec foison de torches tout trois ; que fust de l'entrée et du partement de ladite eglise, je ne scay car j'estois entre ung charriot dessoubz l'ongle du toict en près les chevaulx et si près que n'avoit que l'empereur et madame entre le charriot et le mur ; dez la l'empereur s'en allat au palais et quand il fust devant Sainct Anthoine, monsieur de Bourgongne le conmist pour le convoyer ; mais l'empereur ne voulloit ; néantmoings il le convoyat jusques audit palais et descendirent tous deux a pied a l'entrée et allerent jusques a la grand salle et demeurerent une grande pièce ; et après ce, je y allat et vit que monsieur de Bourgongne prenoit congé de l'empereur <fol. 3v> et se agenouillans deux fois ; et l'empereur disoit qu'il le convoyeroit mais l'on ne le laissat point party de la dicte salle ; par ainsy Monsieur de Bourgongne s'en retourna en son logis.

Note sur les Comtois, les Francs-Comtois, les Bourguignons, les Bourguignons salés et autres Séquanais (xve-xviie siècles)

Paul Delsalle
Maître de conférences HDR à l'Université de Franche-Comté

La fusion récente entre la Bourgogne et la Franche-Comté poserait, paraît-il, un problème pour la dénomination des habitants, actuellement appelés d'une part les Bourguignons et d'autre part les Francs-Comtois ou les Comtois. En réalité, la question ne se pose pas puisque la région Franche-Comté, qui a officiellement été supprimée en 2015, correspond presque exactement à l'ancien comté de Bourgogne. Autrement dit, Comtois et Bourguignons sont tous des Bourguignons « canal historique ». Et pourtant le souvenir bourguignon en comté a complètement disparu, davantage encore que celui des Séquanes, l'ancien peuple gaulois de la région. De nos jours encore, les habitants de la Franche-Comté, qui tiennent à se démarquer de la Bourgogne voisine, se dénomment eux-mêmes tantôt Comtois tantôt Francs-Comtois.

1. Bourguignons et Hauts Bourguignons

Le nom de Bourguignon est donné à tous les sujets des pays bourguignons : le duché et le comté de Bourgogne bien sûr, mais aussi l'Artois, la Flandre[1], etc. Lorsqu'une dispute éclate dans un village d'Artois juste à la limite de la Picardie en 1559, la querelle oppose tout particulièrement deux hommes qui ont un lien de parenté, ils sont cousins ; celui qui habite en Picardie se fait traiter de « méchant Français », tandis que celui d'Artois est fier d'être *Bourguynon*[2]. De même en 1624, dans un village de Picardie, on insulte « tous ces bougres de Bourguignons » du village voisin situé en Artois[3].

Tout naturellement, les habitants du comté de Bourgogne sont dénommés les *Bourguignons*. Nous en avons de multiples témoignages qui, jusqu'en 1492, désignent tant les sujets du comté que ceux du duché. Bien évidemment, aux xve et xvie siècles, l'orthographe de ce nom n'est pas fixée. L'auteur de la chronique de Villersexel (vers 1479-1529) emploie la version « Bourguignon » (*en sa compagnie estoient les nobles Bourguignons*

---

1 G. Palumbo, La Bourgogne et les Bourguignons dans Jehan de Lanson, dans *L'épopée médiévale et la Bourgogne*, dir. M. Ott, Dijon, 2006, p. 209-210 ; voir aussi P. de Saint-Julien de Balleure, *De l'Origine des Bourgongnons et antiquité des estats de Bourgongne*, Paris, Nicolas Chesneau, 1581. Cet érudit raconte (p. 178) que *les anciens Bourgongnons portoient pour devise, un chat en leurs enseignes, avec ces mots,* Tout par amour, et par force rien *:.* Dans un autre traité, l'auteur ajoute ces mots après la devise : *et qui ne les caresse les perd*. Cette devise est plus tard celle de saint François de Sales († 1622). Id., *Meslanges historiques, et recueils de diverses matieres pour la pluspart paradoxalles, & neantmoins vrayes*, Lyon, Benoît Rigaud, 1588, p. 685.

2 Voir R. Muchembled, *La violence au village. Sociabilité et comportements populaires en Artois du xve au xviie siècle*, Turnhout, 1989, p. 87-88.

3 *Ibid.*

Pour la singuliere affection qu'avons a luy. *Études bourguignonnes offertes à Jean-Marie Cauchies*, sous la direction de Paul Delsalle, Gilles Docquier, Alain Marchandisse et Bertrand Schnerb, Turnhout, 2017 (*Burgundica* 24), p. 141-147.
 DOI 10.1484/M.BURG-EB.5.113912

[...] *et tous les vaillans Bourguignons ce ils monstrèrent vertueux*[4]), tandis que Loys Gollut, vers 1592, utilise la forme *Bourgougnon* : *Mais retornons à noz Bourgougnons*[5].

Dans sa relation du siège de Dole en 1636, Jean Boivin parle des *Bourguignons* qui participent à la défense de la ville[6]. Un autre auteur anonyme, qui raconte le même siège, mentionne aussi, à plusieurs reprises, des *Bourguignons*[7].

Le nom est utilisé aussi dans la pratique quotidienne. Un dénombrement de la seigneurie de Grignoncourt (aujourd'hui dans les Vosges), en 1599, précise que la communauté villageoise dépend de trois souverainetés différentes, celle des archiducs Albert et Isabelle, celle du roi de France et celle de son altesse de Lorraine, en indivis. L'auteur du dénombrement distingue bien *les habitants bourguignons de Grignoncourt* qui sont tenus d'accompagner la justice criminelle jusqu'au lieu de l'exercice, à Jonvelle[8].

Le nom du peuple se retrouve aussi dans la toponymie. Trois villages comtois, au moins, portent le nom de *Bourguignon* : Bourguignon-lès-Conflans, Bourguignon-lès-La-Charité et Bourguignon-lès-Morey. Ils sont tous les trois situés au nord-ouest de la province, le dernier étant même à la frontière séparant le comté de Champagne du comté de Bourgogne.

Une autre appellation pour désigner les Comtois apparaît parfois : les *Hauts Bourguignons*. Il faut rappeler que l'on distinguait jadis la Basse Bourgogne (Bourgogne actuelle) et la Haute Bourgogne ou Bourgogne supérieure (Franche-Comté). Cette distinction est bien mise en exergue par l'humaniste Gilbert Cousin dans sa *Superioris Burgundiae*, ouvrage publié à Bâle en 1552, et traduit en français sous le titre *Description de la haute Bourgogne*[9].

À dire vrai, les géographes voient les choses différemment. Pour eux, la Basse Bourgogne correspond au département actuel de l'Yonne, tandis que la Haute Bourgogne rassemble les départements de la Côte-d'Or et la Saône-et-Loire.

De leur côté, les médiévistes rappellent l'existence de l'ancien royaume de Bourgogne, et disent que la Basse Bourgogne englobe le bassin rhodanien (avec Vienne et Arles), différente de la Haute Bourgogne (duché et comté), elle-même différente de la « petite Bourgogne » comprenant la moitié occidentale de la Suisse.

Quoi qu'il en soit, les habitants de la Franche-Comté sont parfois appelés Hauts-Bourguignons. Cette appellation a cours dans les Pays-Bas. On la trouve notamment sous la plume de Nicolas Soldoyer (1528-?) dans les années 1567-1570[10].

Le nom de *Haut Bourguignon* est employé aussi à diverses reprises dans un registre écrit par le trésorier Lixalde ; lorsqu'il évoque le baron de Chevreaux, il dit qu'il apparaît à la tête de cavaliers *Hauts Bourguignons*[11].

---

4 J.-M. Debard, P. Grispoux, Une source « perdue » de l'histoire de la Franche-Comté : la « chronique de Villersexel » (vers 1479-vers 1529), dans *La Franche-Comté à la charnière du Moyen Âge et de la Renaissance, 1450-1550. Actes du colloque de Besançon (10-11 octobre 2002)*, éd. P. Delsalle, L. Delobette, Besançon, 2003, p. 45-69.

5 L. Gollut, *Les mémoires historiques de la république séquanoise et des princes de la Franche-Comté de Bourgougne*, t. 1, Dole, Antoine Dominique, 1592, col. 102.

6 J. Boyvin, *Le siège de la ville de Dole, capitale de la Franche-Comté de Bourgogne et son heureuse délivrance*, Dole, Antoine Binart, 1637, rééd., Dole, 1869, p. 265, 279.

7 *J'étais au siège de Dole. 1636, raconté par un contemporain du siège*, prés. et ill. J. Rousseau, Belfort, 1987, p. 51, 74, 123.

8 Besançon, Archives départementales du Doubs, 1 B 2553, fol. XII^XX^XVI.

9 G. Cousin de Nozeroy, *Brevis ac dilucida superioris burgundiae quae comitatus nomine censetur descriptio*, Bâle, Jean Oporin, 1552 ; 2e éd., Bâle, Jean Oporin, 1562 ; Id., *La Franche-Comté au milieu du xvie siècle ou description de la Haute-Bourgogne connue sous le nom de comté*, 1re trad. A. Chereau, Lons-le-Saunier, 1863 ; 2e trad. E. Monnot, Lons-le-Saunier, 1907, rééd. Lons-le-Saunier, 2000.

10 P. de Le Barre, N. Soldoyer, *Mémoires pour servir à l'histoire de Tournai, 1565-1570*, éd. A. Pinchart, Bruxelles, 1859.

11 En 1567-1569, 1571-1573 et en 1575.

Bernardino de Mendoça en fait le même usage, en 1567-1577 : « on entrait dans le quartier des Hauts-Bourguignons ». Il évoque aussi « les enseignes de Hauts-Bourguignons du baron de Chevreaulx », puis « le régiment de mille Hauts-Bourguignons ». Inutile de multiplier les mentions, qui sont nombreuses[12].

2. Bourguignons salés

La désignation de *Bourguignons salés* s'apparente plutôt à un sobriquet[13]. Il pourrait s'agir d'une moquerie, d'une injure ou encore d'une *contumelie* ; à moins qu'on ne considère cette savoureuse expression, comme le propose Guillaume Paradin, *plustost tiltre d'honneur que object de reproche ou contumelie*[14].

Grâce à Loys Gollut, nous voyons que cette expression imagée permet de distinguer les habitants du comté de Bourgogne par rapport à ceux du duché : *Le mot de Bourgougnons salés que l'on nous donne plus tost qu'à ceux du duché* ; et il ajoute aussitôt : *combien que les corrompus envermisselés et mal salés s'en mocquent*[15]. L'expression a vraiment une connotation injurieuse, du moins quand elle surgit dans une farce, vers 1450-1450, où l'un des personnage s'écrie : *maistre enrimé, infame Bourguignon salé*[16].

Voyons d'abord à quel moment apparaît cette expression et jusqu'à quand elle subsiste. Quelques jalons apparaissent, dès le début du XVe siècle :

- 1410, lettre, Trésor des chartes.
- 1566, Paradin, *Annales*.
- 1593, Loys Gollut, *Mémoires*.
- 1752, Philibert-Joseph Le Roux, *Dictionnaire*.
- 1899, Anatole France, *L'anneau d'améthyste*. En cette fin du XIXe siècle, et selon les propos de l'auteur, il semblerait que l'expression ait perdu son sens péjoratif : « Il avait soufflé quelques gaillardises à l'oreille rose de la jeune femme. Il était Bourguignon et se flattait d'être Bourguignon salé[17]. »

On trouverait sans peine d'autres mentions beaucoup plus récentes, sous la plume d'écrivains et d'historiens régionaux. L'essentiel pour nous est de constater que l'appellation remonte au moins au début du XVe siècle, et qu'elle traverse les siècles jusqu'à aujourd'hui[18].

---

12 *Correspondance de Philippe II sur les affaires des Pays-Bas publiée d'après les originaux conservés dans les archives royales de Simancas*, éd. L.-P. Gachard, t. 2, Bruxelles, 1848, p. 429. Je remercie Claude Depauw, archiviste de Mouscron, qui m'a fourni ces références.

13 Pour l'expression « Bourguignon salé », voir le *Trésor de la langue française*, dir. P. Imbs, t. 4, Paris, 1975, p. 823a ; Palumbo, La Bourgogne, p. 209-210.

14 G. Paradin, *Annales de Bourgogne*, Lyon, Gryphius, 1566, p. 9-12 (Besançon, Bibliothèque d'étude et de conservation, 7760 ; je remercie Marie-Claire Waille qui m'a autorisé à consulter cet ouvrage) ; l'auteur se dit *de Cuyseaulx*.

15 *Mémoires*, t. 1, col. 58-59.

16 *Sermon d'un fol changeant divers propos*, éd. E. Droz, H. Lewicka, *Le recueil Trepperel*, éd. E. Droz, t. 2, *Les farces*, Pièce I, p. 182-192, v. 168 s. ; G. Di Steffano, *Dictionnaire des locutions en moyen français*, Montréal, 1991, p. 102a.

17 A. France, *L'anneau d'améthyste*, Paris, 1899, p. 303.

18 J'ai parfois rêvé de fonder une revue d'histoire comtoise pour la période habsbourgeoise, qui porterait comme titre *Les Bourguignons salés*.

Notons aussi qu'au milieu du XVIIIe siècle, selon le révérend père Daire, sous-prieur des célestins de Lyon, l'adjectif bourguignon est synonyme de salé[19] ; cela laisse entendre que l'expression n'est pas associée à la Franche-Comté mais plutôt à la Bourgogne.

L'origine et la signification de l'expression sont très controversées, depuis le XVIe siècle. La question a déjà été longuement débattue, du moins exposée, par Gabriel Peignot en 1835, mais il est important d'y revenir[20]. Dès cette époque, on devait dire beaucoup de bêtises sur ce que Gabriel Peignot appelle un dicton car il se plaint de « la tourbe ergotante des commentateurs et des antiquaires » ! Or, il ne fait pas mieux qu'eux ; il convient de laisser de côté tout ce qui est farfelu, à l'évidence, dans son propre exposé.

- La première explication consiste à désigner ainsi les Bourguignons qui aiment consommer du sel, tout simplement. Selon Philibert Le Roux, en 1752, «Bourguignon salé se dit par reproche à ceux qui aiment à saler trop leurs viandes[21].» Dans ce cas, il n'y a donc aucune différence entre les Comtois et les Duchois.
- La deuxième explication repose sur une coutume, celle de mettre un grain de sel dans la bouche d'un nouveau-né lors de la cérémonie du baptême. Là encore, il n'y aurait pas d'élément distinctif entre les Comtois et les Duchois. Cette coutume est mentionnée par Guillaume Paradin (1510-1590) : *les Chrestiens usoyent de ceste cerimonie au sainct baptesme, qu'ilz mettoyent du sel en la bouche de ceux que l'on baptizoit*[22]. Elle est ensuite développée par Bernard Palissy dans son ouvrage *Moyen de devenir riche*[23] : *si le sel estoit ennemi des plantes, il seroit ennemi des natures humaines. Les Bourguignons ne le diront pas ; car s'ils eussent connu que le sel fût ennemi de nature humaine, ils n'eussent pas ordonné de mettre du sel en la bouche des petits enfans quand on les baptise, et on ne les appelleroit pas Bourguignons salez comme l'on fait*. Gabriel Peignot ne croit pas à « l'historiette du sel baptismal ».
- La troisième explication est liée à la présence de salines (sources d'eau salée) en Franche-Comté, ce qui n'est pas le cas en Bourgogne ducale. Cette troisième explication n'est pas incompatible avec la première et la deuxième, bien au contraire.

L'idée en est exprimée dès le milieu du XVIe siècle par Guillaume Paradin lorsqu'il explique *par quels moyens les Bourguignons furent faictz chrestiens* [...] *et pourquoy on les appeloit salez*. Il dit ceci : les Bourguignons salés *ont ainsi esté surnommez à cause d'aucunes fonteines salées qui sont au comté de Bourgogne comme à Salins, Lyon-le-Saunier* [Lons-le-Saunier], *Bersalin*[24], *Mommoret* [Montmorot] *et certains autres lieux ès quels l'on fait ou souloit faire du sel*[25].

- La quatrième explication nous envoie beaucoup plus loin, jusqu'à la bataille d'Aigues-Mortes en 1421. À la demande de la reine de France et du duc de Bourgogne, Louis de Chalon avait été envoyé en Languedoc pour tenter de rallier cette province. À cette occasion, il y eut un massacre. Rappelons cet épisode, d'abord selon la légende :

---

19 *Les épithètes françoises rangées sous leurs substantifs. Ouvrage utile aux poëtes aux orateurs [etc.]*, Lyon, Pierre Bruyset Ponthus, 1759, p. 55.

20 *Les Bourguignons salés. Diverses conjectures des savans sur l'origine de ce dicton populaire, recueillies et publiées avec notes historiques et philologiques*, Dijon, 1835.

21 P.-J. ROUX, *Dictionnaire comique, satyrique, critique, burlesque, libre et proverbial*, t. 1, Lyon, Beringos, 1752, p. 71.

22 PARADIN, *Annales de Bourgogne*, p. 9-12.

23 Publié à Paris en 1636 ; ici la citation provient de la 3e éd., t. 2, p. 234.

24 Bersaillin (Jura) ; il s'agit d'une erreur, fondée sur la déformation du nom de la localité ; il n'y a jamais eu de saline à Bersaillin.

25 PARADIN, *Annales de Bourgogne*, p. 9-12.

> « La guerre de Cent ans n'épargna pas Aigues-Mortes. La place, livrée aux Bourguignons par son gouverneur, fut assiégée par Charles de Bourbon, au nom du dauphin de France ; elle résista, mais ses habitants se soulevèrent et massacrèrent la garnison en 1421 ; les morts furent si nombreux qu'il était impossible de les inhumer rapidement ; on craignit qu'en pourrissant ils ne remplissent l'air de miasmes délétères qui causeraient des épidémies ; pour empêcher les corps de se corrompre, on décida de les entasser dans une tour de l'enceinte et de les saler, comme la chair de porc dans un pot de grès ; la tour fut alors baptisée Tour des Bourguignons[26]. »

La version écrite sous la plume de l'écrivain bourguignon Henri Vincenot (1912-1985) est beaucoup plus savoureuse :

> « Au temps de la guerre entre Bourgogne et Armagnac, les Bourguignons avaient pris Aigues-Mortes. Ils se trouvaient dans les tours de la forteresse, et notamment dans celle appelée aujourd'hui "la tour des Bourguignons". Ils avaient probablement bien bu et joué au tarot ; ils se sont endormis gentiment… y compris les sentinelles. Les Armagnacs sont donc venus, et ont zigouillé les Bourguignons ! Cela se passait à la période de la grande chaleur. Les Armagnacs n'avaient pas le temps d'enterrer les Bourguignons. Ils ont donc empilé leurs ennemis de la façon suivante : une couche de Bourguignons, une couche de sel (ce n'est pas le sel qui manquait à Aigues-Mortes !), une couche de Bourguignons, une autre couche de sel, et ainsi de suite… Ils ont salé les Bourguignons pour qu'ils ne se putréfient pas trop vite, et ne flanquent pas la peste à tout le monde ! Ça a donné les "Bourguignons salés". Et c'est devenu un nom que nous nous donnons à nous-mêmes. On l'aime beaucoup[27]. »

La réalité fut sans doute très différente. Quoi qu'il en soit, on montrait encore au temps de Jean de Serres, vers 1592, « une grande cuve de pierre où l'on avait salé les Bourguignons », ce qui change tout[28].

Il en est resté une chanson :

> « Bourguignon salé,
> L'épée au côté,
> La barbe au menton,
> Saute ! Bourguignon[29] ! »

Toutefois, on ne peut pas retenir cette quatrième explication puisque l'expression de Bourguignons salés apparaît avant cet événement d'Aigues-Mortes. En effet, elle figure en toutes lettres dès 1410 dans un document : *le suppliant dist qu'il avoit plus chier* [préférerait] *estre bastard que Bourguignon salé*[30].

De nos jours, l'expression Bourguignons salés est presque inconnue mais celles et ceux qui la connaissent encore lui donnent un autre sens, plus malicieux. L'écrivain Henri Vincenot, déjà mentionné, l'utilise à plusieurs reprises. Dans *À rebrousse-poil* (1962), il souligne « le rire en coin et l'œil plissé des Bourguignons salés » et dans *Les*

---

26 Information empruntée au site de Jean Dif.

27 H. Vincenot, *Terres de mémoire. Ma Bourgogne, le toit du monde occidental*, Paris, 1999, p. 144.

28 Jean de Serres, *Inventaire général de l'histoire de France*, Genève, Paul Marceau, 1606, p. 603 ; M. G. Lafaille dit la même chose dans les *Annales de Toulouse depuis la réunion de la comté de Toulouse à la couronne*, Toulouse, Colomyez, 1687.

29 P. A. L. de la Mésangère, *Dictionnaire des proverbes français*, Paris, 1823, p. 105-106 ; P. M. Quitard, *Dictionnaire étymologique, historique et anecdotique des proverbes*, Paris, 1842, p. 170-171.

30 Paris, Archives nationales de France, Trésor des chartes, Lettre d'abolition, 1410 (cité d'après *L'art de vérifier les dates*, 3e éd., t. 2, Paris, 1784, p. 519).

yeux en face des trous (1959), il dit « j'ai vu briller l'astuce dans son œil de Bourguignon salé ». Par ailleurs, Henri Vincenot laisse entendre aussi que Bourguignon salé désigne un habitant de la Bourgogne et non de la Franche-Comté ! On est donc là très loin de l'affirmation de Loys Gollut. Dans *Ma Bourgogne, le toit du monde occidental* (1979), Vincenot écrit ceci : « Un de mes amis, un vrai Bourguignon salé qui vit seul dans un village à peu près vide[31]... »

Pour nous, l'explication repose tout simplement sur la présence des salines, notamment celles de Salins, unique atout et seule richesse du comté par rapport au duché voisin.

3. Comtois, Francs-Comtois et Séquanes

L'appellation *Comtois* daterait de 1661 ; c'est du moins ce que prétendent certains dictionnaires mal informés, par exemple le *Dictionnaire culturel* dirigé par Alain Rey aux éditions Le Robert, qui nous dit que l'adjectif et le nom dérivent « de comté, partie de l'ancienne province de Bourgogne sur la rive gauche de la Saône ». Notons au passage que tout est faux dans cette courte phrase[32], mais surtout la date de la première mention.

En fait, l'appellation *Comtois* est beaucoup plus ancienne. Il suffit d'en relever quelques exemples, en remontant le temps. Dans sa relation du siège de Dole en 1636, Jean Boyvin utilise souvent le nom de *Comtois*[33]. Un autre auteur, resté anonyme, qui raconte le même siège parle aussi, à plusieurs reprises, des *Comtois*[34]. On peut remonter encore plus haut. Dans sa *Sommaire description de la France*, publiée à Rouen en 1615, Théodore de Mayerne-Turquet parle des *Suisses, Savoisiens, Bourguignons, Contois, Lorrains*. Une mention est donc bien attestée dès ce début du XVIIe siècle.

Une mention encore plus ancienne se relève dans un texte de la fin du XVIe siècle. Jean Fleuri, prêtre familier de l'église collégiale de Salins, est l'auteur de la *Dournoniade*, une tragédie, représentée à Salins en 1593. On sait que le village de Dournon a donné son nom à la bataille livrée près de Salins, qui fut une déroute pour les Français en 1493. Cette année-là, le comté de Bourgogne tomba dans l'escarcelle des Habsbourg. Dans cette œuvre patriotique, anti-française, Jean Fleuri n'a pas de mots assez durs pour désigner l'ennemi : « ce traitre français », « cet imposteur français ». Il fait l'éloge des Bourguignons, qu'il dénomme parfois *Comtois* : « les Comtois s'avancent[35] ». Telle est, dans l'état actuel de nos connaissances, la mention la plus ancienne de ce nom.

Cependant, cette dénomination de Comtois, pour désigner les Bourguignons du comté, reste très rare avant le milieu du XVIIe siècle.

L'expression populaire la plus célèbre en Franche-Comté, aujourd'hui, est celle-ci :

> « Comtois, rends-toi,
> nenni ma foi ! »

---

31 *Ma Bourgogne*, p. 144-145. Il m'est agréable de remercier Jacqueline et Jean-Paul Borsotti, ainsi qu'Anthony Behin, qui ont bien complété ma documentation.

32 Comme chacun sait (sauf Alain et Robert à Paris !), le comté et le duché de Bourgogne sont deux provinces différentes ; la Saône ne délimite pas le duché et le comté ; d'ailleurs, les limites ont varié sensiblement entre le XIVe et le XVIIe siècle.

33 Boyvin, *Le siège de la ville de Dole*, p. 48, 123, 266.

34 *J'étais au siège de Dole*, p. 27, 51.

35 J.-B. Bechet, *Recherches historiques sur la ville de Salins*, t. 2, Daclin, 1828, t. 2. p. 147 ; voir aussi l'Art. Jean-Baptiste Bechet, de Weiss, dans *Biographie universelle, ancienne et moderne. Supplément*, t. 57, Paris, 1834, p. 431-432.

Il est donc presque certain qu'elle n'est pas aussi ancienne qu'on le prétend souvent. Si elle peut avoir été formulée lors du siège de Dole en 1636, il est en revanche exclu qu'elle soit en rapport avec le siège précédent de cette ville, en 1479.

La dénomination de Francs-Comtois pourrait sembler beaucoup plus récente. Qu'en est-il ? Elle renvoie évidemment à celle de Franche-Comté. La femme d'un fabricant de selles en cuir, qui vit aux Pays-Bas vers 1459-1461, est mentionnée sous le nom ou surnom de « La Franche-Comté[36] ». Dans sa relation du siège de Dole en 1636, Jean Boivin vante la constance des Francs-Comtois[37]. Un autre auteur, contemporain du précédent et resté anonyme, qui raconte le même siège parle aussi, à plusieurs reprises, des *Francs-Comtois*[38].

Peut-être faudrait-il aussi, pour finir ce tour d'horizon, dire un mot sur les Séquanais ou Séquanois. Les Séquanes peuplaient la région à l'époque gauloise. Le nom Séquanie (comme ceux de Séquanois ou de Séquanais) n'est pas réutilisé, sauf découverte à venir, à l'époque médiévale[39]. Le nom est remis à l'honneur par les travaux historiques, et notamment la monumentale *Histoire des Séquanais et de la province séquanoise, des Bourguignons et du premier royaume de Bourgogne*, écrite et publiée par François-Ignace Dunod de Charnage (1679-1752), en 1735. Notons au passage que l'ouvrage n'est pas publié à Besançon mais à Dijon, chez De Fay.

À partir de cette période et jusqu'au XXe siècle, la Séquanie est beaucoup plus à la mode que l'ancienne Bourgogne comtale. Elle est désormais indissociable des travaux menés sur Alésia, que certains auteurs n'hésitent pas à placer en Franche-Comté et non en Bourgogne. On voit naître en 1839, un périodique titré *Le Séquanais. Revue hebdomadaire de Franche-Comté*, qui semble avoir été éphémère. On pourrait mentionner aussi des organismes ou des institutions qui reprennent ce nom : la compagnie d'assurance *La Séquanaise* ou encore l'association *La Séquanaise*, devenue la Maison des jeunes et de la culture à Poligny.

En résumé, l'appellation Bourguignon disparaît peu à peu au cours de la seconde moitié du XVIIe siècle lorsque le comté de Bourgogne est rattaché à la France. Elle est alors remplacée par les termes de Comtois et de Francs-Comtois en usage jusqu'à nos jours. L'intégration récente de la Franche-Comté dans la nouvelle région Bourgogne transformera-t-elle une seconde fois les Comtois en Bourguignons ? Ce retournement de l'histoire ne manquerait pas de sel !

---

36 Algemeene chronologische lijst van Ketters en Ketterijen in de Nederlanden, dans *Corpus documentorum inquisitionis haereticae pravitatis neerlandicae*, éd. P. Fredericq, t. 3, Gand, 1906, p. XXXI.

37 Boyvin, *Le siège de la ville de Dole*, p. 123.

38 *J'étais au siège de Dole*, p. 27, 121.

39 Je me souviens avoir vu la page de titre d'un livre, du XVIIe ou du XVIIIe siècle, mentionnant le nom de son auteur suivi de la mention : *Sequanois* ou *Sequanais*. Je ne l'ai malheureusement pas retrouvée. Il m'est agréable de remercier Laurence Delobette, qui m'a aidé dans la préparation de cet hommage à Jean-Marie Cauchies.

Une prévision de la destruction de Liège : la prédication de carême du carme Jean Soreth à Liège en 1451

Jean-Pierre Delville
Évêque de Liège

Le recueil de sermons[1] de Jean Soreth conservé à la Bibliothèque du Séminaire de Liège est particulièrement instructif pour la connaissance du milieu liégeois en 1451. Je voudrais l'exploiter ici à travers un sermon bien précis, celui qui fut composé pour le vendredi de la deuxième semaine de carême et dont le titre annonce qu'il parle « des gouverneurs qui gouvernent Liège ». La pointe de ce texte est qu'il annonce la destruction de Liège, certes sous forme de menace, mais de menace inévitable. Et en effet, cette destruction adviendra malheureusement en 1468, malgré tous les efforts diplomatiques de Jean Soreth pour conjurer cette tragédie. On trouvera ici l'analyse de cette prédication, suivie de sa publication en langue originale, le français médiéval, et de la traduction en français moderne.

1. Jean Soreth (*ca* 1395-1471)

Jean Soreth[2] était né à Caen vers 1395 ; il mourra à Angers en 1471. Il entra au Carmel vers 1410. Il fit ses études à l'Université de Paris. En 1430, il enseignait la Bible ; en 1432, il rédigea un *Commentarium seu lectiones in Epistolas Pauli*, enseignement sur les lettres de saint Paul, dont le texte est conservé à la Bibliothèque nationale de France à Paris. La même année, il était fait bachelier en Sentences. Le 20 septembre 1437, il était licencié en théologie ; le 20 mai 1438, il était reçu docteur en théologie et commença son enseignement comme professeur. Il était connu pour sa piété, sa simplicité de mœurs, sa sociabilité avec les étudiants et son humilité. En 1440, il fut choisi comme provincial de France. Il résida souvent à Liège, peut-être parce que les deux évêques auxiliaires de

1 *Recueil de 49 sermons de carême et du temps pascal de Jean Soreth (1451)*, Liège, Bibliothèque du Séminaire, ms. 6. G. 2. Incipit : *Chy commenchent sermons moult beaulz fais et constitués par maistre Jehan Suret, Carme, docteur en theologie, a Lyge*, papier, 185 fol., 210 x 139 mm ; une colonne, 31 lignes, écriture cursive gothique. Titres à l'encre rouge, citations scripturaires latines soulignées en rouge, initiales rehaussées d'un trait rouge. Reliure en carton récente. Provenance : Bibliothèque des croisiers de Liège ; marque de don : *Pro Cruciferis Leodiensibus senior Jacobus Hodegranus crucifer posuit.*

2 J. Daris, *Histoire du diocèse et de la principauté de Liège durant le xve siècle*, Liège, 1887, rééd. 1980, p. 527-529 ; M. Reuver, Prima biographia B. Iohannis Soreth e codice viennensi Novale sanctorum (12709) transcripta, dans *Carmelus*, t. 5, 1958, p. 73-99 ; A. Staring, Art. Jean Soreth, dans *Dictionnaire de spiritualité*, t. 8, Paris, 1973, col. 772-774 ; Id., Art. Jean Soreth, dans *Dictionnaire d'histoire et de géographie ecclésiastiques*, t. 27, Paris, 2000, col. 642 (complément de bibliographie) ; H. Dieterich, Blessed John Soreth and Liege : A Collection of Sermons from 1451, dans *Fifteenth Century Studies*, t. 11, 1985 ; T. Gobert, *Liège à travers les âges. Les rues de Liège*, t. 2, Liège, 1925, p. 569 ; J.-P. Delville, Jean Soreth et les carmélites au Pays de Liège au xve siècle, dans *Des coteaux de la citadelle de Liège au plateau de Mehagne (Liège, Saint-Léonard 1457-Liège, Potay 1627-Mehagne 1933). Les carmélites et la naissance d'un quartier, Feuillets de la cathédrale de Liège*, n°s 86-92, 2008, p. 7-14 ; Id., M.-G. Boutier, Sermon. Recueil de sermons de Carême de Jean Soreth, dans *Anthologie du document pour servir à l'histoire du pays de Liège*, éd. P. Bruyère †, M.-G. Boutier, à paraître.

Pour la singuliere affection qu'avons a luy. *Études bourguignonnes offertes à Jean-Marie Cauchies*, sous la direction de Paul Delsalle, Gilles Docquier, Alain Marchandisse et Bertrand Schnerb, Turnhout, 2017 (*Burgundica* 24), p. 149-162.

DOI 10.1484/M.BURG-EB.5.113913

Liège à cette époque étaient carmes : Denis Stephani, carme de Tirlemont, auxiliaire de 1436 à 1458, et Hilger de Bruges, carme de Cologne, auxiliaire de 1446 à 1452. Il prêche le carême à Liège en 1451. Le 1er novembre 1451, il était élu supérieur général au chapitre d'Avignon. Il s'attacha en particulier à établir l'observance chez les carmes. En 1452, on le trouve successivement à Cologne, à Nuremberg, à Vienne et à Padoue, où il reçoit un doctorat *honoris causa* ; en février 1453, il revient à Liège. Les nouvelles constitutions de l'ordre furent approuvées au chapitre général de Bruxelles (1462). En 1455, Jean Soreth érigea à Louvain un *studium* général pour les carmes.

Le 12 mars 1455, Jean Soreth rédige la règle du Tiers Ordre et la date de Liège. Il y indique que les sœurs pourront vivre ensemble. À une date inconnue, il dresse, pour les sœurs carmélites, des constitutions qui nous sont connues par une version de 1463. Peu avant 1455, des béguines de Dinant entrent dans l'ordre ; elles sont approuvées officiellement par l'évêque de Liège, Jean de Heinsberg. À Liège, eut lieu la première fondation d'un carmel féminin destiné dès le départ à cet effet par le testament d'une veuve appelée Catherine. Le 17 avril 1457, le nouvel évêque Louis de Bourbon approuva leur demande et confia les sœurs à la protection de Jean Soreth, dont il louait « la vie, la moralité et le don de soi au Seigneur ». Le couvent se trouvait à l'entrée du faubourg Saint-Léonard, hors de la ville, près du couvent des frères du Tiers-Ordre de Saint-François ou frères bégards, c'est-à-dire à l'emplacement de l'église actuelle du Carmel du Potay, cédée à l'Église orthodoxe grecque.

Soreth fut lié de près aux affaires politiques de la Principauté[3], en tant que Français et en tant que général des carmes. Philippe le Bon († 1467), duc de Bourgogne, qui avait acquis la suprématie sur la totalité des Pays-Bas en 1443, désire contrôler aussi la Principauté de Liège pour compléter ses pays de « par-deçà ». En 1455, il pousse à la démission Jean de Heinsberg[4], un prince politiquement faible et moralement dépravé, et parvient à mettre son neveu, Louis de Bourbon, âgé de 19 ans seulement, à la tête de l'évêché ; celui-ci entra en conflit avec la population, car il favorisait l'emprise du duc de Bourgogne et mettait des entraves au respect de la Paix de Fexhe, constitution du pays.

Comme le duc de Bourgogne était allié à l'Angleterre et menaçait la France, Louis XI, roi de France depuis 1461, appuya l'opposition liégeoise au prince-évêque bourguignon. Les Liégeois lui envoyèrent une ambassade et conclurent avec lui un traité commercial. Le roi fit de Raes de Heers, seigneur local populaire, son homme de main à Liège. L'évêque, furieux, quitta la ville et, de Louvain, jeta l'interdit sur elle le 29 octobre 1461. Le clergé se trouvait donc dans l'interdiction d'administrer les sacrements et de célébrer les offices religieux publics. L'opposition se leva en la personne de Raes de Heers, qui devint le vrai maître du pays entre 1463 et 1467, et y fit régner une dictature à la solde de Louis XI. Plusieurs fois, Jean Soreth, qui connaissait toute la politique européenne grâce à ses voyages, intervint pour tempérer le conflit entre la population et l'évêque ; cependant, comme le duc de Bourgogne favorisait les carmes, Jean ne pouvait prendre systématiquement le parti des Liégeois. Philippe le Bon fit organiser à Maastricht une rencontre entre le parti de l'évêque et celui de la ville afin de les réconcilier, le 20 janvier 1462. Jean Soreth y participait. Il tenta de convaincre les

3 J. Lejeune, *La principauté de Liège*, Liège, 1949, p. 98 s. ; F. Magnette, *Précis d'histoire liégeoise*, Liège, 1929, p. 146-175 ; B. Demoulin, J.-L. Kupper, *Histoire de la principauté de Liége. De l'an mille à la Révolution*, Toulouse, 2002, p. 45-53 ; *Documents relatifs aux troubles du Pays de Liège sous les princes-évêques Louis de Bourbon et Jean de Horne, 1455-1505*, éd. P. F. X. de Ram, Bruxelles, 1844 ; G. Kurth, *La cité de Liège au Moyen Âge*, t. 3, Bruxelles, 1910.

4 A. Marchandisse, Jean de Heinsberg (1419-1455) ou le dilemme d'un prince-évêque écartelé par des options politiques antagonistes, dans *Hommes d'Église et pouvoirs à l'époque bourguignonne (xive-xvie siècles)*, éd. J.-M. Cauchies, *Publication du Centre européen d'Études bourguignonnes (xive-xvie s.)*, t. 38, 1998, p. 69-87.

Liégeois de laisser rentrer à Liège cinq partisans de l'évêque. Rien n'y fit. Le 24 mars, il est jugé compromis avec le parti de l'évêque.

Il n'était pas évident de défendre la cause de l'évêque-élu. Le 13 septembre 1462, il lança de nouveau l'interdit sur la ville alors qu'il résidait à Bruxelles, à la cour de Bourgogne[5]. Cette mesure ne fut respectée que par une partie du clergé et l'on fit appel au pape. Pie II répondit le 12 janvier 1463 qu'il enverrait un légat chargé de pacifier le pays et de lever l'interdit. Le légat Pierre Ferrici arriva le 31 mars à Aix. La ville de Liège exigea qu'il lève l'interdit avant toute chose et fit même appel à Rome contre le légat. Le 25 juillet, Raes de Heers fut élu bourgmestre. La même année 1463, l'évêque-élu se maria avec Catherine d'Egmont, dont il allait avoir trois enfants. Le 3 novembre Jean Soreth est à Liège et le 6 novembre Pie II émet un bref faisant le point sur la situation et condamnant, entre autres, « les menaces, agressions et injures commises à l'encontre du général de l'ordre des carmes ». Le 10 septembre 1464, le légat retiré à Cologne excommunie les chefs de la sédition liégeoise pour avoir agressé Jean Soreth et lance de nouveau l'interdit sur la ville. On constate donc que la situation s'est envenimée et que Jean Soreth, apprécié jusque-là, devient impopulaire pour le soutien qu'il accorde à l'évêque. Louis de Bourbon est confirmé évêque par le pape Paul II (1464-1471) le 23 décembre 1465.

La mort de Philippe le Bon (15 juin 1467) fit penser aux Liégeois qu'ils pourraient récupérer leurs droits ; ils firent de nouveau une alliance avec Louis XI. Les milices liégeoises vinrent piller la ville de Huy en septembre 1467 pour ramener l'évêque à Liège ; celui-ci s'enfuit à la cour de Charles de Bourgogne, devenu duc. Celui-ci déclara la guerre aux Liégeois. Il mit sur pied une armée imposante et défit les Liégeois à Brusthem le 28 octobre ; Raes de Heers s'enfuit et Charles le Téméraire fit son entrée à Liège le 17 novembre 1467. Toutes les institutions communales furent suspendues et le duc fit emporter le perron liégeois à Bruges. L'évêque rentra dans la ville en avril 1468. Le 30 avril arrive de Rome le cardinal Onofrio, légat du pape Paul II, pour rétablir la paix. Au début de septembre Jean Soreth arrive aussi à Liège[6]. Il seconde le légat : celui-ci transmet aux Liégeois la position de l'évêque, qui demande aux proscrits de quitter la ville. Jean Soreth traduit aux Liégeois les paroles du légat.

Le 9 octobre, les Liégeois forcent l'évêque, réfugié à Tongres, à se réconcilier avec eux et le ramènent à Liège. La nouvelle parvient, déformée, à Charles le Téméraire, qui négocie à Péronne avec Louis XI et croit que l'évêque et le légat ont été assassinés par les proscrits rentrés à Liège ; il décide alors de punir la ville et emmène Louis XI assister à la punition de ceux que celui-ci avait autrefois soutenus. L'armée de Charles arrive fin septembre. Les Liégeois apprennent, incrédules, que leur allié Louis XI est dans le camp de Charles le Téméraire. La tentative désespérée de 600 Franchimontois de tuer le duc et le roi dans leur camp échoua de justesse. Par vengeance, le duc décida de piller toute la ville, ce qui eut lieu le lendemain 30 octobre 1468. Le 3 novembre, il décida d'épargner les églises. Le biographe de Jean Soreth, Marcus Reuver[7] raconte à ce propos une anecdote demeurée célèbre : « Au temps où Charles, duc de Brabant et de Bourgogne, dévasta la ville de Liège, l'incendia et la dépeupla, le frère Jean Soreth, armé du zèle de Dieu, affronta le danger de la mort, en passant au milieu de la foule armée et en récoltant quelques parcelles ayant l'aspect de pain et contenant le sacrement de l'eucharistie, que le peuple furieux avait renversées à terre ou sur le pavement, de la pyxide sacramentelle ; il les porta avec lui de l'église séculière au monastère de ses frères carmes. »

---

5 Kurth, *La cité de Liège*, p. 185.

6 Reuver, Prima biographia, p. 89 ; Kurth, *La cité de Liège*, p. 294.

7 Reuver, Prima biographia, p. 89.

Cet épisode montre le sang-froid de Jean Soreth, ainsi que son amour de l'eucharistie. La ville se releva progressivement de ses ruines. Dès 1469, le marché annuel put s'y tenir et Charles les Téméraire autorisa la reconstruction des maisons du clergé. Frappé d'anathème, il restitua tout ce que ses soldats avaient enlevé aux sanctuaires liégeois. L'évêque revint habiter la ville en 1470 et encouragea sa reconstruction. Jean Soreth meurt à Angers en 1471. Il est reconnu comme bienheureux depuis 1866 et sa mémoire est célébrée le 30 juillet. Son engagement dans le conflit liégeois montre combien ses sermons de 1451 avaient quelque chose de prémonitoire quand il y parlait de la ville de Liège.

2. Le recueil de sermons de 1451

Les sermons forment visiblement une série liée au carême – quarante jours préparant la fête de Pâques – ; ils se suivent régulièrement de jour en jour, ou presque, en commençant par le commentaire du verset tiré de la Genèse 2, 19, *Memento homo quia cinis est*, « Souviens-toi, homme, que tu es cendre », lu le mercredi des Cendres, inaugurant le carême et invitant à la pénitence. Pour chaque jour, le sermon énonce le propos par une rubrique (*Chy parle de...*), suivie par un extrait de l'une des lectures du jour fixées par le calendrier du rite romain, en général tirée de l'Évangile. Les sermons du carême s'arrêtent au Vendredi saint (commémorant la mort du Christ, trois jours avant sa résurrection). Viennent ensuite trois sermons qui ont dû être prononcés après Pâques, le dernier commémorant l'Invention de la Croix (rappelant la découverte des restes de la Croix par sainte Hélène), normalement célébrée le 3 mai.

On peut restituer la date de composition, absente du document, en croisant les indices fournis par le calendrier chrétien (organisé en fonction de la fête mobile de Pâques et de fêtes qui ont une date fixe, comme, ici, celle de l'Annonciation, le 25 mars) et par le calendrier civil (qui associe jours de la semaine et jours de l'année). La fête qui commémore l'annonce à Marie de la naissance du Christ, neuf mois avant Noël (25 décembre) avait lieu cette année-là le jeudi de la deuxième semaine du Carême ; par conséquent, le mercredi des Cendres tombait le 3 mars, Pâques le 25 avril. Il s'agissait donc de l'année 1451 (année de lettre dominicale C ; la fête de Pâques le dimanche 25 avril ne se produira plus avant 1516).

Les sermons ont été notés par un auditeur, un frère croisier, dont le couvent était tout proche ; ce texte est donc la transcription d'un auditeur (*reportatio*). L'écriture est soignée, signe que la copie n'a pas été prise au vol, mais transcrite selon un ou, peut-être, plusieurs témoignages primitifs. On lit au fol. 152 : *Ledit maistre Jehan precha le jour de Pasques flories* [dimanche des Rameaux, qui précède Pâques], *lequel sermon je n'escrit point, qui fut de pardonner les uns az aultres.* Cette pratique de la *reportatio* entraîne que le texte fourni est parfois lacunaire ou résumé. Les sauts logiques ne sont pas rares.

La prédication de Jean Soreth suscitait l'émotion. Au cours d'un de ses sermons, prononcé ailleurs qu'à Liège, dans lequel il louait la foi de la veuve de Sarepta faisant confiance absolue au prophète Élie (1 Rois 17, 12-13), un auditeur, Jean Taye, son premier biographe, fut touché : il se leva, « ne sachant plus supporter l'assaut de ferveur surgi en sa poitrine, au point qu'il commença à se dilater de l'intérieur et répandre à l'extérieur des larmes abondantes[8] ». L'auteur ajoute : « À Liège, il prêchait une fois à propos du sang du Christ, répandu pour nous par amour sur l'autel de la croix : il enflamma tellement les auditeurs que des larmes abondantes tombèrent sur les joues des hommes et des femmes, mouillaient leurs vêtements et se répandaient sur le pavement de l'église. »

8 *Ibid.*, p. 88.

Dans ces prédications[9], Soreth fustige d'abord les péchés des commerçants[10] : on rompt le repos du dimanche et des fêtes, on prend plus que le juste prix, on spécule sur la revente des marchandises, on fait de faux serments, on utilise des poids et mesures falsifiés, on vend en fraude dans des endroits obscurs, on triche dans les négociations, on vend de la nourriture avariée et des drogues, on spécule sur les taux de change et on fait de longs voyages sans sa femme de sorte que la dette de mariage n'est pas payée. Ailleurs, il parle du mariage[11], de la Vierge Marie[12], de la Samaritaine[13], de la femme adultère[14], de Madeleine, pécheresse repentante[15], de la conscience et de la confession[16], du sacrement de l'autel[17].

Jean Soreth attaque aussi les « mauvaises habitudes », il laisse entendre qu'il estime ceux de ses auditeurs qui prennent leurs responsabilités dans le système politique et légal sous lequel ils vivent. Il décrit la violence qui règne aux environs de Liège. L'impunité avec laquelle les malfaiteurs opèrent provoque sa colère étonnée[18]. Les plus grosses condamnations des « mauvaises coutumes » de Liège se trouvent dans son sermon sur l'Évangile de Matthieu 21, 33-46, la parabole des vignerons homicides[19], celui que nous analysons ici. Cette sensibilité de Jean Soreth à la situation politique de Liège manifeste un esprit lucide, perspicace et même prophétique, à la lumière des événements ultérieurs.

3. Le sermon sur le gouvernement de la ville de Liège

Ce sermon du vendredi après le deuxième dimanche de carême (fol. 48-52v), le 16e du recueil, concerne la ville de Liège. Le sujet, énoncé par la rubrique (*Chy parle de la vigne et des gouverneurs qui Liege gouvernent et aultres choses*) a donc pour fondement la parabole des vignerons homicides, racontée par l'Évangile de Matthieu (21, 33-46) : un maître, partant en voyage, a confié sa vigne à des vignerons ; quand le temps est venu de recueillir le produit de la vigne, il envoie à deux reprises ses serviteurs, que les vignerons molestent et tuent, puis son propre fils, que les vignerons tuent aussi. À la question de Jésus sur le sort que le maître, une fois de retour, doit réserver à ces vignerons cupides et homicides, le public répond : *Malos male perdet* (« Ces mauvais, il les fera périr misérablement. »). Un des intérêts de ce sermon est de fournir une version française de la parabole évangélique, alors qu'il n'existait pas de Bible courante en français à cette époque. Mais je ne m'attarderai pas ici sur cet aspect ni sur la manière dont Jean Soreth utilise la Bible et l'interprète. Je me concentrerai sur l'application qu'il fait de la parabole évangélique à la situation liégeoise.

Un premier élément frappant est la description qu'il fait de la ville de Liège et de ses infrastructures[20] : *Regarde les belles eglises comme Saint Lambert et les aultres. Regarde comment elles sont bien servies et les biens que on y fait. Regarde les hospitaus et comment les povres y sont rechups*. Soreth souligne aussi la prospérité de la ville[21] : *En toy en y a il*

9 Dieterich, Blessed John Soreth and Liege.
10 Sermon 12, fol. 35v-39.
11 Sermon 11, fol. 33-35.
12 Sermon 15, fol. 45-48.
13 Sermon 23, fol. 73-76.
14 Sermon 24, fol. 76-81.
15 Sermon 36, fol. 127-132
16 Sermon 39, fol. 141-144.
17 Sermon 43, fol. 153-157.
18 Sermon 7, fol. 17-20.
19 Sermon 16, fol. 48v-52. Pour la traduction en français moderne, cf. l'annexe en fin d'article.
20 *Ibid.*, fol. 52.
21 *Ibid.*, fol. 51v.

point grant prosperité ? Sya. Quant un laboreur gangne en ii ou iii jours unc muy de blé ; le vin et tous aultres biens y sont ils point au grand marchié ? Oil !

De cette prospérité découlent toutes sortes de maux. On peut lister d'abord l'oisiveté, qui entraine une possibilité de révolution sociale[22] : *Car tels oyseus et mal garnemens qui en ceste chité sont, ne font fors a conter que mal vingne affin qu'ilz puissent en la maison des riches prendre che qu'ils poront, et se mal venoit che seroient chils qui le plus de mal feroient.* Le prédicateur évoque également la licence et la corruption qui règnent à Liège[23] : *En vois-tu nul qui ne vive en ses delis, en ses jeus, soulas, esbatemens, en grans orgoulz, en grans estas, en pompes, en fraudes, baraus, luxures, homicides, tyrannies et faus sermens et tout mal excersant ?* Cela conduit à des comportements mafieux[24] : *Se l'unc est riche et puissant, il vora les aultres supediter, batre, fouler et mengir. L'autre en prestera as usures, l'aultre en fera des faus marchiés. Se l'aultre est fort, il vora les aultres batre, ne sa forche en nule maniere, il ne vora emploier en nule labour fors en oyeuseté en portant les grans coutiaulz.*

Soreth voit deux causes au mal liégeois : l'inaction des magistrats et l'abus des privilèges politiques. Le monde de la justice est interpellé directement[25] : *Vous estes les laboureurs et vignerons entre vous, docteurs, justichiers, juges, gouverneurs qui la vigne devés retaillier, c'est castier, reprendre et corrigier les mondains, les malvais, les deffaultes des lois, des coustumes et estatus corrigier et amender.* La magistrature est aussi corrompue[26] : *Cheulx qui les aultres malvais ont a corrigier le font ils ? Non. Corrigent ils, ne mettent paine que les bonnes coustumes soient tenues et alevees et les males rostees ? Non.* Jean Soreth attaque aussi le système politique des privilèges liégeois, évoquant sans doute les privilèges des bourgeois, à cause desquels on n'ose pas enquêter sur leurs revenus[27] : *Mais on n'ose chy pour les previleges, hé Dieu, et quels previleges qui deffendent les bons a bien faire et maintienent les malvais en leurs malvaisetés.* Les privilèges sont donc vus comme des appels au vice.

Jean Soreth porte en effet sur Liège un regard de Français, peu séduit par les avancées démocratiques au Pays de Liège. Il est plutôt partisan du camp de l'évêque. Il regarde la politique internationale avec les yeux d'un Français qui n'aime guère les Anglais[28] : *Regarde comment les Anglois comme excersant le flaiel de Dieu ont destruit Franche, puis y a eu sy grant mortalité et sy grant famine que bien pau a esté de pareille.* [...] *Ne te fie en ta forche ne en tes proesses. Regarde quelz proesses les Anglois ont eu en Franche et quant ilz ont eu tout gaignié et ont eu le grant prosperité des biens, ils s'y sont endormis et en buvant, mengant et menant leurs vies en pechié ont laissié et oblié Dieu.* En effet, en 1449 et 1450, Charles VII, roi de France, conquiert les territoires que les Anglais occupaient dans le nord de la France. La Guerre de Cent Ans s'acheva en 1453.

Par ce raisonnement, Soreth arrive à ses fins. Il considère que la ville de Liège court à sa perte. Elle va être détruite comme le furent Sodome et Gomorrhe[29] : *Avise, chité de Liège, quant ta suer Saudomme fut destruite y avoit il prosperité de biens ?* Elle sera détruite comme le fut la ville de Jérusalem sur laquelle Jésus pleurait[30] : *Certes, Liege, se tu cognissois le mal qui toy est advenir, tu ferois che que ton seigneur qui tout set fait qui*

22 *Ibid.*
23 *Ibid.*, fol. 50.
24 *Ibid.*, fol. 51.
25 *Ibid.*, fol. 49.
26 *Ibid.*, fol. 49v.
27 *Ibid.*, fol. 51.
28 *Ibid.*, fol. 50v.
29 *Ibid.*, fol. 51v.
30 *Ibid.*, fol. 51v-52.

pleure avant qu'il te vuelle destruire. Il ajoute[31] : *Et cuidiés vous que Dieu vausist ne laissast fondre ne destruire une tele chité que Liège ?* Il en conclut que Dieu laissera détruire la ville. C'est le résultat de l'obstination et de l'endurcissement des Liégeois dans le mal. Le prédicateur aura beau insister et sermonner, on ne l'écoutera pas ; il met en scène les sceptiques[32] : *On dis : Et que tu es sos, et cuides tu que che que ces sermoneurs dient soit vray ?* et il conclut avec un peu d'amertume sur le peu d'impact de sa prédication sur les obstinés[33] : *Car plus dirés et reprenderés unc obstiné et plus de mal fera et moins de bien. Car le cheval rongneu ne vuelt estre estriglié !*

Il faut savoir que cette perspective de destruction de la ville n'était pas propre à Jean Soreth. En effet, l'année 1450 étant une année jubilaire, proclamée par le pape Nicolas V, cela suscita une sensibilité supplémentaire à la question du salut de chacun. Le pape envoya son légat Nicolas de Kues (1401-1464) dans toute l'Europe occidentale pour proclamer l'indulgence du jubilé et travailler à la réforme de l'Église. Celui-ci arriva à Liège le 13 octobre 1451. Sa volonté de réformer la discipline se heurta aux coutumes de l'Église de Liège et le légat, qui était pourtant chanoine de la cathédrale de Liège, quitta la ville fâché. À l'occasion de cet événement, l'historien Joseph Daris écrit : « Il circulait à Liège à cette époque des prophéties touchant les malheurs qui devaient bientôt accabler la cité et le pays. Un prêtre de la Hesbaye propagea la prophétie que Jean de Rupe-Scissa avait faite à Avignon, à savoir, que de grands maux allaient affliger le pays de 1460 à 1470 [...]. Les frères mineurs s'élevèrent en même temps dans leurs prédications contre la corruption des mœurs et menacèrent les Liégeois de grands malheurs s'ils ne s'amendaient. Il y eut à ce sujet une assez forte émotion parmi le peuple. L'historien Adrien d'Oudenbosch rapporte ces prophéties, comme faites avant l'événement[34]. »

Le sermon de Jean Soreth confirme cet état d'esprit et montre qu'il ne s'agit en rien de prophéties faites après coup. Il s'agit bien d'un texte largement antérieur à l'événement. Si le prédicateur conclut son sermon sur une note de pessimisme et de déception, on ne pourra nier qu'il ait parlé avec une grande audace, sans ménager son public, et qu'il ait présenté avec perspicacité la situation liégeoise. Son engagement ultérieur montre qu'il fera tout pour éviter le pire. Mais il travaillera en vain pour éviter ce qu'il avait prévu.

31 *Ibid.*, fol. 52.
32 *Ibid.*, fol. 50v.
33 *Ibid.*, fol. 52.
34 Daris, *Histoire du diocèse et de la principauté de Liège*, p. 251.

Annexe

Jean Soreth, *Sermon de Carême,* n° 16

Texte original[35]

[48] Chy parle de la vigne et des gouverneurs qui Liege gouvernent et aultres choses[36]

Malos male perdet

Dieu ne laisse nul mal impugnis ne nul bien sans remunerer, et ainsy qui ne se corrigera, [48v] amendera et jugera en che monde, Dieu le corrigera et jugera par sa justiche en ce monde. Et en aultre lieu, Dieu parle par son prophete Jeremie aux obstinés, en son L^eme capitre en disant : « Tu as volu recognoistre ton seigneur, je te monsteray que je suis des os et batailles ; le jour vient ou est venu que tu ne trouveras qui toy aide contre moy. » Nostre Seigneur, par l'ewangile du jourdui dist auz juis qui les cuers avoient endurchis et aveuglés une tele parabole : « Unc grant seigneur bailla une fois a unc homme sa vigne affin qu'il labourast et amendast ; l'homme le laboura, fist clore, maisoner et unc pressoir mist dedens. Et quant che vint en temps de vendenge, le seigneur envoya ses servans pour le fruit avoir, mais les vingnerons qui en la vigne estoient dirent de rudes parolles a ces serviteurs et en la fin les tuerent. Le nouvelle vint a che seigneur qui unc poy fust courechié y enrevoya des aultres, lesquels tuerent pareillement. Et quant les nouvelles vinrent au seigneur, il en fut plus courechié car bien luy sambloit que on lui faisoit tort. Sy s'apensa que s'ilz avoient esté

Traduction en français moderne

[48] Ici il parle de la vigne et des gouverneurs qui gouvernent Liège et d'autres choses

Malos male perdet[37].

Dieu ne laisse aucun mal impuni ni aucun bien sans récompense, et ainsi celui qui ne se corrigera, [48v] ou ne s'amendera et ne se jugera en ce monde, Dieu le corrigera et le jugera par sa justice en ce monde. Et en un autre passage, Dieu parle aux obstinés par son prophète Jérémie, en son 50e chapitre, en disant : « Tu as voulu reconnaître ton seigneur[38], je te montrerai que je suis des armées et des batailles[39] ; le jour vient ou est venu où tu ne trouveras personne qui t'aide contre moi[40]. » Notre Seigneur, par l'évangile d'aujourd'hui, dit aux juifs, qui avaient le cœur endurci et aveuglé, cette parabole[41] : « Un grand seigneur confia une fois sa vigne à un homme afin qu'il la laboure et la nettoie ; l'homme la laboura, la fit entourer d'un mur, l'entretint et mit un pressoir dedans. Et quand vint le temps de la vendange, le seigneur envoya ses serviteurs pour recueillir le fruit de la vigne, mais les vignerons qui étaient dans la vigne dirent de rudes paroles à ces serviteurs et à la fin les tuèrent. La nouvelle parvint à ce seigneur qui fut quelque peu courroucé et envoya d'autres serviteurs, que les vignerons tuèrent pareillement. Et quand ces nouvelles parvinrent au seigneur, il en fut plus courroucé car il comprit bien qu'on lui faisait grand tort. Alors il pensa que si les vignerons avaient été

35 Liège, *Bibliothèque du Séminaire,* ms. 6. G. 2.

36 Je remercie Marie-Guy Boutier, qui a réalisé l'essentiel de cette transcription. J'ai gardé telle quelle l'orthographe originale du texte. En revanche, j'y ai ajouté la ponctuation et l'accentuation pour en faciliter la lecture et la compréhension.

37 « Les misérables, il les fera perdre misérablement. » (Matthieu 21, 41).

38 *Dominum deum suum quaerent* ; « Ils chercheront le Seigneur leur Dieu. » (Jérémie 50, 4), d'après *La Sainte Bible (texte latin et traduction française) commentée d'après la Vulgate*, par L.-C. Fillion, t. 5, Paris, 1899. Cette référence à Jérémie ne provient pas des textes de la messe du jour.

39 *Ecce ego ad te, superbe, dicit Dominus, Deus exercituum, quia venit dies tuus, tempus visitationis tuae* ; « Voici que je viens à toi, orgueilleux, dit le Seigneur, le Dieu des armées, car ton jour est venu, le temps où je dois te visiter. » (Jérémie 50, 31).

40 *Non erit qui suscitet eum* ; « Il n'y aura personne pour le relever. » (Jérémie 50, 32).

41 Parabole des vignerons homicides, Matthieu 21, 33-45, évangile du vendredi de la 2e semaine de carême.

[49] sy malgrassieus de tuer ses serviteurs, qu'il ne tueroient point son enfant, lequel il leur envoya en leur remonstrant doulcement l'offenche que fait avoient et le fruit de la vuigne demandant. Mais eulx comme obstinés penserent que s'il tuoient le fil, que l'iretage après la mort du pere seroit leur, et tantost le tuerent. » Et quant Nostre Seigneur leur eut ceste parabole ainsy ditte se leur demanda Se le seigneur a qui on avoit fait celle injure estoit puissant, quelle chose il deveroit faire de tels gens. Et ils respondirent : « *Malos male perdet.* » Et Nostre Seigneur leur dist : « Vous dites tres bien. C'est a vous que je parle, qui estes tels comme j'ay dit », et non mie ne le disoit point Nostre Seigneur aus juis seulement, mais a nous et pour nostre introduction. Je vous ay mis ou monde qui est la vigne. Vous estes les laboureurs et vignerons entre vous, docteurs, justichiers, juges, gouverneurs qui la vigne devés retaillier, c'est castier, reprendre et corrigier les mondains, les malvais, les deffaultes des lois, des coustumes et estatus corrigier et amender. Et quant Dieu vous envoie les messages et escriptures par le viel testament comme les prophètes

[49] malfaisants au point de tuer ses serviteurs, ils ne tueraient point son enfant ; il leur envoya celui-ci en leur reprochant doucement l'offense qu'ils lui avaient faite et leur demandant le fruit de la vigne. Mais eux s'obstinèrent et pensèrent que s'ils tuaient le fils, l'héritage après la mort du père serait à eux, et aussitôt ils le tuèrent. » Et quand Notre Seigneur leur eut ainsi dit cette parabole, il leur demanda quelle chose le seigneur à qui on avait fait cette injure devrait faire à de telles gens, s'il était puissant. Et ils répondirent : *Malos male perdet.* Et Notre Seigneur leur dit : « Vous dites bien. C'est à vous que je parle, qui êtes tels que j'ai dit. » Notre Seigneur ne disait pas cela aux juifs seulement, mais à nous et à notre intention. Je vous ai mis au monde, qui est la vigne. Vous êtes les travailleurs et les vignerons, vous, docteurs, hommes de loi, juges, gouverneurs, vous qui devez tailler la vigne, c'est-à-dire châtier, reprendre et corriger les mondains et les mauvais, ainsi que corriger et amender les lacunes des lois, des coutumes et des statuts. Et quand Dieu vous envoie des messages et des écritures par l'Ancien Testament comme par les prophètes

[49v] et aultres qui vous ont prechié et enseignié pour de vous le fruit a Dieu rendre, vous les avés mis a mort. Après vous a renvoyé des aultres par le nouvel testament et pareillement les avés mis a mort. Après vous a envoié son fils pour vous amonestere et fruit de vous avoir, mais vous ne le volés cognoistre, ains querés et mettés paine de le mettre a mort et lui metterés, et ainsy avés bien jugié : *Malos male perdet.* Regarde moy, chité de Liege, ceste maniere regne elle point en ceste chité ? Cheulx qui les aultres malvais ont a corrigier le font ils ? Non. Corrigent ils, ne mettent paine que les bonnes coustumes soient tenues et alevees et les males rostees ? Non. Et parainsy la vigne n'est ne soiegnié, ne pourvignié, ne retaillié, ne les herbes males rostees ; elle se pert et parainsy elle ne porte nul fruit. Et parainsy *malos male perdet.* Dieu denunche moult ses jugemens et ne les laisse veir lunne par infraction comme il dist a Moïse, pour che qu'il veoit le cuer de pharaon sy endurchy qu'il savoit

[49v] et d'autres qui ont prêché et vous ont enseigné pour que vous rendiez à Dieu son fruit, vous les avez mis à mort. Après, il vous en a envoyé d'autres par le Nouveau Testament et pareillement, vous les avez mis a mort. Après, il vous a envoyé son fils pour vous avertir et recueillir de vous un fruit, mais vous ne voulez pas le connaître ; bien plus, vous cherchez à le mettre a mort, vous vous mettez en peine pour cela ; et vous le mettrez à mort ; et ainsi vous avez bien jugé : *Malos male perdet.* Regarde-moi, ville de Liège : cette manière de faire ne règne-t-elle point en cette ville ? Ceux qui doivent corriger les mauvais, le font-ils ? Non. Se donnent-ils de la peine pour que les bonnes coutumes soient tenues et les mauvaises soient enlevées et ôtées ? Non. Et ainsi la vigne n'est ni soignée, ni multipliée par provins, ni taillée, et les mauvaises herbes ne sont pas ôtées ; elle va à sa perte et ainsi elle ne porte aucun fruit. Et ainsi *malos male perdet.* Dieu annonce beaucoup ses jugements mais il ne les laisse pas venir à la lumière par infraction. Ainsi il dit à Moïse, parce qu'il voyait

bien que point ne s'amenderoit : « Moïse, preche hardiement et ne le laisse car puis qu'il ne se vuelt amender je endurchiray son cuer. » C'est que quant il vuelt aulcun pugnir et castier

[50] par sa justice, il leur roste premierement sa grasce et retire cest qui leur roste ses bons angeles et ausy roste les angeles qui les chités et pais ont a gouverner et garder. Comme il appert par les angeles qui la grant chité de Babilone avoient a gouverner qui se partoient de la en disant : « helas, ne pour amonicion, ne pour sermons, ne pour nous, ils ne s'ont volut amender ; laissons les et nous en alons ». Apres, quant il les voit ainsy obstinés, il leur retrait toute raison, toute amour, tout bon sens et toute carité. Et adont va tout mal. Regarde quant la nef en la mer sans estre menee ne gouvernee, comment il envient. Apres il leur sourtrait toute bonne maniere que ils ne soy sevent aidier ne deffendre contre leurs anemis. Et quant Dieu a ainsy retrait ses grasses et ses biens, il permet que tels gens soient mis en la main de ses bouriaulz. Il les laisse pechier et faire che qu'il vuelt. Il fait comme chil qui met a son cheval la bride sur le teste. Et bien pert en ceste chité que Dieu nous abandonne. Regarde. En vois tu nul qui ne vive en ses delis, en ses jeus, soulas, esbatemens, en grans orgoulz, en grans estas, en ponpes, en fraudes, baraus, luxures, homicides, tyrannies et faus sermens et tout mal excersant ? Et pour nient ne disoit mie saint Jehan : « J'ay veu un grand cheval fawe, et sur luy est la mort, et apres le sievoit infert. » C'est la mort qui vient soubitement, et apres la mort sieut infer. Regarde, païs de Liege, prens example a tes voisins.

[50v] Regarde comment les Anglois comme excersant le flaiel de Dieu ont destruit Franche, puis y a eu sy grant mortalité et sy grant famine que bien pau a esté de pareille. La tribulacion a esté si grande que les propres lups alloient estrangler les gens dedens les bonnes villes. Et tout che conduisoit le dyable pour les aultres pugnir de leurs grans

le cœur de Pharaon si endurci qu'il savait bien qu'il ne s'amenderait pas[42] : « Moïse, prêche hardiment et ne t'en lasse pas ; puisqu'il ne veut pas s'amender, j'endurcirai son cœur. » C'est que quand il veut punir et châtier certains

[50] par sa justice, il leur ôte et retire premièrement sa grâce, c'est-à-dire qu'il leur ôte ses bons anges, et il ôte aussi les anges qui ont à gouverner et à garder les villes et les pays. C'est ce qui apparaît dans les anges qui avaient à gouverner la grande ville de Babylone et qui s'en allaient et partaient de là[43] en disant : « Helas, ils n'ont pas voulu se corriger, ni par avertissement, ni pas sermons, ni par nous[44] ». Après, quand il les voit ainsi obstinés, il leur retire toute raison, tout amour, tout bon sens et toute charité. Et donc tout va mal. Regarde ce qui arrive quand un bateau est en mer sans être conduit ni gouverné. Après, Dieu leur enlève toute bonne conduite et ils ne savent plus s'aider ni se défendre contre leurs ennemis. Et quand Dieu a ainsi retiré ses grâces et ses biens, il permet que ces gens soient mis en la main de leurs bourreaux. Il les laisse pécher et faire ce qu'ils veulent. Il fait comme celui qui met la bride sur la tête de son cheval. Eh bien, il apparaît en cette ville que Dieu nous abandonne. Regarde. On ne voit personne qui ne vive dans les délices, dans les jeux, les réjouissances, les ébats, en grand orgueil, sur grand pied, en grande pompe, dans la fraude, les bagarres, la luxure, les homicides, la tyrannie et les faux serments, en exerçant toute sorte de mal. Et ce n'est pas pour rien que saint Jean disait : « J'ai vu un grand cheval pâle, et sur lui est la mort, et l'enfer le suivait[45]. » C'est la mort qui vient subitement, et après la mort, l'enfer suit. Regarde, Pays de Liège, prends exemple sur tes voisins.

[50v] Regarde comment les Anglais ont détruit la France, comme s'ils maniaient le fouet de Dieu ; puis il y eut une si grande mortalité et une si grande famine qu'il y en eut bien peu de pareille. La tribulation a été si grande que les loups eux-mêmes allaient étrangler les gens dans les villes. Et tout cela, le diable le conduisait pour punir les gens de leurs grands

42 Cf. Exode 7, 2-3.
43 Cf. Apocalypse 14, 8.
44 Cf. Sagesse 12, 26.

et pervers pechiés. Ne te fie en ta forche ne en tes proesses. Regarde quelz proesses les Anglois ont eu en Franche et quant ilz ont eu tout gaignié et ont eu le grant prosperité des biens, ils s'y sont endormis et en buvant, mengant et menant leurs vies en pechié ont laissié et oblié Dieu. Et parainsy Dieu les a delaissié et delaisse. Et parainsy a Dieu retrait sa grasse tant qu'ilz n'ont eu ne sens ne savoir de eulx deffendre, ne de pourvoir leurs fortresses de poures ne d'artileries. Car il l'avoient tout che bouté en leurs bourses. Dieu donna a Judas bonne imperassion. Il luy donna volenté de soy repentir, mais il ne le fit, ains persevera en pechié. Kaïffe fut touchié de l'esperit de profetie, mais mal se tourna. Tout ainsy advient que quant aulcun se commenche a repentir ou convertir par sermon ou aultrement, et il vient entre les obstinés ou il raconte aulcune bonne chose, on lui dis : « Et que tu es sos, et cuides tu que che que ces sermoneurs dient soit vray ? » Et ainsy les uns les aultres retournent, et ainsy tous ensemble perseverent en leurs pechiés, et tous

[51] ensamble seront pugnis. Regarde me comment en cest chité, comment chacun fait a Dieu guerre de ses biens meismes et comment ils en abuse. Se l'unc est riche et puissant, il vora les aultres supediter, batre, fouler et mengir. L'autre en prestera as usures, l'aultre en fera des faus marchiés. Se l'aultre est fort, il vora les aultres batre, ne sa forche en nule maniere, il ne vora emploier en nule labour fors en oyeuseté en portant les grans coutiaulz. Et je ne say quele coustume de gens oiseus a en ceste chité. J'ay veu quant aulcun est en une vile ou chité oiseus, voire quant il n'a chens ne renttes que justice vuelt savoir de quoy tels gens vivent. Mais on n'ose chy pour les previleges, hé Dieu, et quels previleges qui deffendent les bons a bien faire et maintienent les malvais en leurs malvaisetés ! Apres s'ils

péchés et de leurs perversités. Ne te fie pas en ta force ni en tes prouesses. Regarde quelles prouesses les Anglais ont faites en France ; et quand ils ont tout gagné et ont tiré grande prospérité de leurs biens, ils s'y sont endormis ; et en buvant, en mangeant et en menant leur vie dans le péché, ils ont délaissé et oublié Dieu. Et ainsi Dieu les a délaissés et les délaisse encore. Et ainsi Dieu a retiré sa grâce au point qu'ils n'ont pas eu le sens ou la capacité de se défendre, ni de fournir leurs forteresses en poudre et en artillerie. Car ils avaient mis tout cela dans leurs bourses. Dieu donna à Judas un bon commandement. Il lui donna la volonté de se repentir, mais Judas n'en fit rien, bien plus, il persévéra dans son péché[46]. Caïphe fut touché par l'esprit de prophétie, mais il tourna mal[47]. Ainsi advient-il que, quand quelqu'un commence à se repentir ou se convertir, par un sermon ou autrement, et qu'il rentre chez les obstinés à qui il raconte une bonne chose, on lui dit : « Est-ce que tu es sot ? Crois-tu que ces sermonneurs disent vrai ? » Et ainsi les uns retournent les autres, et ainsi tous ensemble ils persévèrent en leurs péchés, et tous

[51] ensemble ils seront punis. Regarde comment, en cette cité, chacun fait la guerre à Dieu avec ses propres biens et comment il en abuse. Si quelqu'un est riche et puissant, il voudra fouler aux pieds les autres, les battre, les maltraiter et les blesser. L'autre prêtera à des taux usuraires ou fera de faux marchés. Si l'un est fort, il voudra battre les autres, il ne voudra employer sa force en aucune autre manière, il ne voudra l'employer en aucun autre travail qu'en oisiveté, en portant de grands couteaux. Et je ne sais quelle est cette coutume de gens oisifs en cette cité. J'ai vu que, quand quelqu'un est oisif en une ville ou une cité, surtout quand il n'a ni argent ni rentes, la justice veut savoir de quoi tels gens vivent. Mais ici on n'ose pas, à cause des privilèges. Hé Dieu, et quels privilèges, qui défendent aux bons de bien agir et maintiennent les mauvais en leurs méchancetés ! Après, s'ils sont importants, ils

---

45 Apocalypse 6, 8.
46 Luc 22, 3 ; Jean 13, 2. 26.29.
47 Cf. Jean 11, 49.

sont biaulz, ils emploient tout leur temps en toutes malevresetez et ordures. S'ilz sont clercs, sages ou soubtilz, ils metteront tout leur sens et toutes leurs cuers a dechepvoir aultrui et a ymaginer comment le blé d'aultrui pora estre en leur grenier, ou l'argent en leur bourse, et toujours ne font que mettre paine comment il poront unc bon, simple ou povre decepvoir. Mais l'unc a l'aultre ne feront riens. Pour quoy ? Pour che qu'ilz sevent le mal stille ausy bien

emploient tout leur temps en toutes sortes de méchancetés et de malhonnêtetés. S'ils sont clercs, sages ou ingénieux, ils mettront tout leur sens et tous leurs cœurs à tromper autrui et à imaginer comment le blé d'autrui pourra être dans leur grenier, ou l'argent en leur bourse, et ils ne font que se mettre toujours en peine pour voir comment ils pourront tromper un bon, un simple ou un pauvre. Mais ils ne se feront rien l'un à l'autre. Pourquoi ? Parce qu'ils savent que le mal caractérise aussi bien

[51v] l'unc que l'aultre et voroient tantost batre ou manechier et ainsy on les laisse en paix. Dieu ne sourtrait point sy tost ses biens ne prosperités quant il vuelt pugnir ou justichier, ains en donne a le fois grandement. Regarde quant Dieu vuet prendre venganche de Saudomme et Gommore, il vuit qu'ilz estoient plains de vin, de blé, de chars et de tous biens. Il leur fist savoir par Loth. Mais ilz se mouchoient de lui en disant que se Dieu les haioit qu'ilz ne leur donroit point tant de biens. Avise, chité de Liège, quant ta suer Saudomme fut destruite y avoit il prosperité de biens ? Et en toy en y a il point grant prosperité ? Sya. Quant un laboreur gangne en ii ou iii jours unc muy de blé, le vin et tous aultres biens y sont ils point au grand marchié ? Oil ! Se par ton gouvernement ne tient. Et par le grant habundanche des biens qui y sont y viennent les grans pechiés par quoy les grans meschies venront. Car tels oyseus et mal garnemens qui en ceste chité sont, ne font fors a conter que mal vingne affin qu'ilz puissent en la maison des riches prendre che qu'ils poront, et se mal venoit che seroient chils qui le plus de mal feroient. Car ausy tost mort le chien esragié son maistre que unc aultre. Certes, Liege,

[51v] l'un que l'autre et ils voudraient aussitôt battre ou menacer ; et ainsi on les laisse en paix. Dieu n'enlève pas immédiatement ses biens et sa prospérité quand il veut punir ou juger, mais il en donne parfois même grandement. Regarde quand Dieu voulut se venger de Sodome et Gomorrhe, il vit qu'elles étaient pleines de vin, de blé, de viande et de toutes sortes de biens. Il le leur fit savoir par Loth. Mais eux se cachaient de lui en disant que, si Dieu les haïssait, il ne leur donnerait pas tant de biens[48]. Regarde, Cité de Liège, quand ta sœur Sodome fut détruite, y avait-il de la prospérité de biens ? Et en toi, n'y a-t-il pas une grande prospérité ? Si. Quand un travailleur gagne en deux ou trois jours un muid de blé ! Le vin et toutes sortes d'autres biens ne se trouvent-ils pas au grand marché ? Oui ! Si cela ne tient pas à ton gouvernement ! Et à cause de la grande abondance de biens qui s'y trouvent, les grands péchés y viennent aussi et, par cela, les grands malheurs viendront. Car ces paresseux et ces mauvais garnements qui sont en cette cité ne font rien d'autre que de compter que le malheur viendra afin qu'ils puissent prendre ce qu'ils pourront dans la maison des riches ! Et si un malheur advenait, ce seraient eux qui feraient le plus de mal. Car le chien enragé mord aussi vite son maître qu'un autre ! Certes, Liège,

[52] se tu cognissois le mal qui toy est advenir, tu ferois che que ton Seigneur qui tout set fait qui pleure avant qu'il te vuelle destruire. Aultres sont sy obstinés que vuelent batre et manechier les aultres quant on les reprent, ou castie ; les senaus n'osent raporter les grans, ne les crueus qui ne soient manechiés qui mal est. Car puis qu'ilz entreprendent telz officez, ils pechent mortelement s'ilz ne rapportent

[52] si tu connaissais le mal qui va t'advenir, tu ferais ce que fait ton Seigneur, lui qui sait tout et qui pleure avant qu'il veuille te détruire. Certains sont si obstinés qu'ils veulent battre et menacer les autres ; quand on les reprend et qu'on les châtie, les magistrats n'osent juger ni les grands ni les cruels, sans être menacés, ce qui est un mal. Car puisqu'ils assument ces charges, ils pèchent mortellement s'ils ne dénoncent

les grans, les moiens et les petis. Les aultres manechent les prestres qui ne vuelent donner le sacrement de l'autel as fornicateurs ou usuriers publicquez. Et que cuidiés faire ? ne volés estre reprins ? cuidiés vous que Dieu vous ait oblié ? Et certes non. Regarde moy par qui tu fais mengier les biens des hospitaus et maisons Dieu ne qui les gouverne et une lon et aultres plaches, et tu le trouveras. Et toy et les aultres diront : « Et cuidiés vous que Dieu vausist ne laissast fondre ne destruire une tele chité que Liège ? Regarde les belles eglises comme Saint Lambert et les aultres. Regarde comment elles sont bien servies et les biens que on y fait. Regarde les hospitaus et comment les povres y sont rechups. » Certes, quant Dieu vuelt faire sa justice ou prendre venjanche d'aulcun païs, il ne laisse

pas les grands, les moyens et les petits. Certains menacent les prêtres qui ne veulent donner le sacrement de l'autel aux fornicateurs ou aux usuriers publics. Et que croyez-vous faire ? Vous ne voulez pas être corrigés ? Croyez-vous que Dieu vous a oubliés ? Certes non. Regarde par qui tu fais manger les biens des hôpitaux et des maisons-Dieu et qui les gouverne, et une loin, et d'autres places ! Et tu le trouveras. Et toi et les autres, vous direz : « Croyez-vous que Dieu veuille et laisse renverser ou détruire une ville telle que Liège ? Regarde les belles églises comme Saint-Lambert et les autres. Regarde comment elles sont bien desservies et regarde le bien qu'on y fait. Regarde les hôpitaux et comment les pauvres y sont reçus. » À coup sûr, quand Dieu veut faire justice ou tirer vengeance d'un pays, il ne s'en abstient

[52v] mie a faire pour tel chose. Il le lairoit plus tost se il veoit que on s'amendast, que on soy humiliast et que on lui priast merchis. Car il aime mieulx une seule ame que toutes telez choses. Laissa il a destruire Jerusalem pour le temple qui estoit plus bel et plus riche que toutes les eglises de Liege ? Non, certes. Aucuns dient, et vray dient, que plus sermonne t'on et plus vont les gens au sermon et plus de maulz et moin de biens font. Car c'est signe que ilz sont endurchis et que Dieu vuelt de eulx prendre venjanche. Apres, les obstinés Dieu ne vuelt qu'ilz voient les maulx a eulx advenir affin qu'ils soient tousjours sur leur garde. Car Dieu dist qu'il vuelt venir secretement comme le laron. Il le vuelt pour nous tenir en humilité contre ceulx qui par sors ou conjuration du diable cuident ou vuelent tout savoir. Il le vuelt pour che que il n'est raison que les anemis au roy sacent son secret. Les docteurs dient que Dieu meismes ne le vuelt point reveler a ses amis affin qu'ilz ne revelent a aultrui et affin que les malvais endurchis ne s'en empirent. Car plus dirés et reprenderés unc obstiné et plus de mal fera et moins de bien. Car le cheval rongneu ne vuelt estre estriglié !

[52v] pas pour une telle raison. Il s'en abstiendrait plutôt s'il voyait qu'on s'amendait, qu'on s'humiliait et qu'on lui demandait pardon. Car il aime mieux une seule âme que toutes ces choses. S'abstint-il de détruire Jérusalem pour le temple[49], qui était plus beau et plus riche que toutes les églises de Liège ? Non, certes. Certains disent, et ils disent vrai, que plus on sermonne ou plus de gens vont au sermon, plus ils font de mal et moins ils font de bien ! Car c'est le signe qu'ils sont endurcis et que Dieu veut tirer vengeance. Ensuite Dieu ne veut pas que les obstinés voient les maux qui vont leur arriver, ni qu'ils soient toujours sur leur garde. Car Dieu dit qu'il veut venir secrètement comme le larron[50]. Il le veut pour nous tenir en humilité contre ceux qui croient ou veulent tout savoir par le sort ou par conjuration du diable. Il le veut parce qu'il n'est pas raisonnable que les ennemis du roi sachent son secret[51]. Les docteurs disent que Dieu ne veut même pas le révéler à ses amis afin qu'ils ne le révèlent pas à autrui de crainte que les mauvais endurcis ne s'en emparent. Car plus vous direz ou plus vous reprocherez à un obstiné, plus il fera de mal et moins de bien. Car le cheval galeux ne veut pas être étrillé !

48 Cf. Genèse 18, 18, et Matthieu 11, 23-24.
49 Cf. Luc 19, 41-55.
50 Luc 12, 39.
51 Tobie 12, 7 : « Il est bon de tenir caché le secret du roi. »

Les relations burgundo-savoyardes vues de la Savoie à la fin du Moyen Âge.

Essai de synthèse

Bernard Demotz
Professeur émérite de l'Université Jean-Moulin Lyon 3

Les relations entre Bourgogne et Savoie sont extrêmement anciennes et marquées par une tradition : une entente de principe général liée aux routes mais contrecarrée par des fluctuations politiques. On rappelle pour mémoire la route commune protohistorique de l'étain d'un côté, mais de l'autre les divergences complètes face à Rome : les Éduens cherchant son alliance pour accroître leur puissance, les Allobroges l'affrontant pour défendre leur indépendance. Au Moyen Âge, l'entente s'impose *a priori*. Les deux parties ont les mêmes intérêts avec les routes commerciales autour d'un axe Bruges-Gênes et ses variantes, avec la célèbre route des clercs et pèlerins autour de l'axe Cantorbéry-Rome. De plus, leurs visées sont théoriquement différentes : la Bourgogne regarde vers le nord (sans exclure toutefois Beaujolais et Bresse), la Savoie regarde vers le sud (sans négliger forcément le comté de Bourgogne et son voisinage).

L'histoire médiévale a poussé au rapprochement depuis le temps du royaume burgonde qui ne s'arrête pas du tout en 534-536 dans les mentalités régionales[1]. Quelques repères suffiront : Gontran règne sur un royaume de Bourgogne (561-593), Dagobert, plus encore que son père Clotaire II, fait des Burgondes le fer de lance de son armée franque au début du VIIe siècle ; le célèbre Boson tente une recréation d'unité en 879[2]. Toutefois le deuxième royaume de Bourgogne de 888 n'intègre pas la Bourgogne franque où un duché distinct s'organise lentement, sans contact notable connu avec la Savoie jusqu'au XIIIe siècle[3]. La situation va changer dès lors que les ducs bourguignons s'intéressent beaucoup à d'éventuels accroissements à l'est de la Saône; les Savoie aussi.

1. La question de la Bresse et son environnement au XIIIe siècle

1.1 Savoie et Bâgé

Depuis Hugues III (1162-1192), la Bourgogne a acquis des droits sur la Bresse septentrionale. Mais la Savoie consolidant ses possessions bugistes approche du Revermont depuis que Thomas Ier (1189-1233) a pu obtenir Saint-Rambert-en-Bugey en 1196. Mieux encore, le sire de Beaujeu se trouve dans la mouvance savoyarde à partir

1 J. Richard, *Histoire de la Bourgogne*, Paris, 1949.

2 J. Favrod, *Les Burgondes. Un royaume oublié au cœur de l'Europe*, Lausanne, 2002, p. 132-136 ; R. Barroux, *Dagobert, roi des Francs*, Paris, 1938, p. 125.

3 F. Demotz, *La Bourgogne, dernier des royaumes carolingiens, 855-1056. Rois, pouvoirs et élites autour du Léman*, Lausanne, 2008. On replacera aussi la période dans le contexte de la naissance et de l'évolution des principautés en Occident.

Pour la singuliere affection qu'avons a luy. *Études bourguignonnes offertes à Jean-Marie Cauchies*, sous la direction de Paul Delsalle, Gilles Docquier, Alain Marchandisse et Bertrand Schnerb, Turnhout, 2017 (*Burgundica* 24), p. 163-171.

DOI 10.1484/M.BURG-EB.5.113914

de l'hommage prêté au comte Amédée III par Guichard III en 1137, moyennant une concession de fiefs en Valromey et Bugey[4].

L'action déterminante dut attendre le dernier fils de Thomas Ier, Philippe de Savoie. Tirant le meilleur parti de la protection assurée au pape Innocent IV, avant et pendant le concile de Lyon I de 1245, l'habile Savoyard sut devenir archevêque-élu de Lyon afin de pouvoir intervenir en Viennois septentrional et en Bresse. En ce dernier pays se posa la question de la succession de Bâgé[5]. En 1248, Renaud IV de Bâgé partant en croisade choisit l'archevêque de Lyon pour tuteur de ses enfants en 1255, contre toute attente, l'héritage tomba en quenouille : la petite Sybille de Bâgé, orpheline de père à sa naissance et privée bientôt de l'appui de sa mère remariée, ne pouvait porter la bannière d'azur au lion d'hermine. Le tuteur de famille vint alors l'épauler et, le moment venu, la convainquit d'épouser Amédée de Savoie, le futur Amédée V : le 5 juillet 1272, au château savoyard de Chillon, le mariage attendu eut lieu. La terre de Bâgé devenant ainsi savoyarde comprenait d'abord les six châtellenies de Bâgé, Bourg, Pont-de-Vaux, Pont-de-Veyle, Châtillon et Saint-Martin-le-Châtel[6]. À cela s'ajoutait une mouvance de 141 vassaux. Ainsi commençait à se dessiner une Bresse savoyarde à côté de la Bresse bourguignonne.

1.2 Incidences comtoises

Les interventions de la Maison de Savoie à l'extérieur de son comté se justifient de son point de vue par la possession de l'anneau royal de saint Maurice, lequel confère à son détenteur une quasi-vice-royauté au royaume de Bourgogne. L'obtention du vicariat impérial depuis le début du XIIIe siècle paraît confirmer cette position. Or, constatant que la succession comtale va lui échoir contre toutes prévisions, Philippe de Savoie abandonne, en 1267, l'archiépiscopat de Lyon où il n'était qu'élu sans avoir jamais reçu les ordres[7]. Le clergé lyonnais avait été fort mécontent de cette situation, quand la Savoie s'en satisfaisait pleinement. Et Philippe de partir sans plus attendre épouser la comtesse Alix de Bourgogne et soutenir le jeune Othon IV, tout en cumulant l'année suivante les titres de comte de Savoie et de comte de Bourgogne[8].

L'élection de Rodolphe de Habsbourg en 1273 en qualité de roi des Romains déclencha une vive inquiétude chez ses voisins, car cet Alémanique affichait des ambitions considérables et attirait notamment à lui le sire de Chalon. Une coalition anti-Habsbourg s'organisa peu à peu dans laquelle se trouvèrent Othon IV, en situation précaire, le comte Philippe de Savoie son protecteur, puis le duc de Bourgogne Robert II. L'alliance ne fut pas remise en cause par le décès de la comtesse Alix de Bourgogne, car Philippe de Savoie sut se désister en 1281 de tous ses droits en Comté, moyennant une belle rente et le maintien de son titre de comte de Bourgogne[9]. La menace Habsbourg grandissait si bien qu'en 1289, Rodolphe devenu maître de l'Autriche, tenta de marcher sur Besançon : pour les coalisés, il était temps de l'arrêter[10].

---

4 S. Guichenon, *Histoire généalogique de la royale maison de Savoie*, t. 1, rééd. Roanne, 1976, p. 230.

5 J. Monin, *Ancienne capitale de la Bresse : Bâgé le Châtel*, Bourg-en-Bresse, 2001.

6 Références dans R. Mariotte-Lober, *Les chartes de franchises des comtes de Savoie*, Annecy-Genève, 1973, respectivement p. 113, 118, 155-156.

7 R. Fedou, L'Église de Lyon (v. 950-v. 1320), dans *Histoire des diocèses de France. Lyon*, éd. J. Gadille, Paris, 1983, p. 70. Pour une vue d'ensemble, voir B. Galland, *Les archevêques de Lyon et de Vienne du milieu XIIe au milieu du XIVe siècle*, Rome, 1994, p. 120-128.

8 Guichenon, *Histoire généalogique*, t. 1, p. 294-296.

9 *Ibid.*, p. 284.

10 J. Bérenger, *Histoire de l'empire des Habsbourg, 1273-1918*, Paris, 1990, p. 25, 63 ; F. Rapp, *Le Saint Empire romain germanique, d'Otton le Grand à Charles Quint*, Paris, 2000, p. 232.

1.3 Règlement frontalier en Bresse

Le duc de Bourgogne Robert II manifestait un souci d'affirmer une conception d'État très nette autant que les fils de Thomas Ier de Savoie, et en dernier lieu Philippe. En 1289, l'heure n'était sûrement pas aux tergiversations mais à l'élimination des imbrications territoriales. Pour éviter tout litige, un échange de possessions parut indispensable. Côté savoyard, le nouveau comte Amédée V, formé et mis en place par son prédécesseur, continuait la même politique depuis quatre ans. Il obtint ce qu'il souhaitait : le Revermont et ses abords entre Bresse et Bugey, soit Coligny, Treffort, Pont-d'Ain, Saint-André-de-Revermont (dit actuellement Saint-André-sur-Suran). Côté bourguignon, Robert II put consolider sa part de Bresse en secteur sud avec Cuisery, Sagy et Savigny[11].

Derrière cette belle alliance se cachaient des objectifs différents. Robert II caressait le rêve de marier son fils à la fille du comte de Bourgogne Othon IV, afin d'unir les deux Bourgogne. Amédée V pensait trouver un appui pour reprendre à Rodolphe de Habsbourg des possessions helvétiques. La réalité fut autre. Littéralement affolé par la grande menace Habsbourg de 1291, Othon IV s'empressa de promettre sa fille et héritière à un fils du roi de France Philippe IV le Bel par le traité de Vincennes[12]. Quant au comte de Savoie, il attendit la mort de Rodolphe pour réussir son propre projet. De tout cela, il resta pour un siècle une bonne entente entre ducs de Bourgogne et comtes de Savoie, ce que soulignent les nombreux envois de messages signalés dans les comptes de châtellenies savoyardes, particulièrement dans ceux de Chambéry[13]. Les princes coopèrent bientôt en vertu du traité d'alliance conclu le 5 avril 1330, soit à l'occasion dans la Guerre de Cent Ans, soit dans la région : par exemple, en 1347-1349, Eudes IV de Bourgogne et Amédée VI, qui agissent ensemble tantôt contre les barons comtois révoltés tantôt contre Hugues de Genève, sire de Gex et lieutenant général du dauphin en Faucigny[14]. En somme, depuis le mariage d'Édouard de Savoie avec Blanche de Bourgogne en 1307, les liens entre les deux principautés paraissaient particulièrement solides. Pourtant, la situation allait brutalement se détériorer à la fin du XIVe siècle.

2. Des intrusions de Philippe le Hardi aux visées de Jean sans Peur : vers 1392-1414

2.1 L'exploitation bourguignonne d'un projet de mariage

Le jeune comte de Savoie Amédée VII, répondant à l'appel du roi de France, avait rejoint l'ost du souverain au camp de L'Écluse en 1386, Charles VI pensant tenter un débarquement en Angleterre. En cette circonstance, le prince savoyard rencontra le duc de Bourgogne Philippe le Hardi et alors naquit un projet de mariage entre deux enfants : Amédée (le futur Amédée VIII), âgé alors de trois ans, et Marie de Bourgogne, encore bébé[15]. Rien d'étonnant en soi au vu du passé. Mais Amédée VII n'avait pas prévu son décès prématuré à la suite d'un accident de chasse à l'automne 1391, laissant un testament qui confiait la régence à sa mère Bonne de Bourbon, aux capacités amplement prouvées.

---

11 J. Richard, *Les ducs de Bourgogne et la formation du duché du XIe au XIVe siècle*, 1re éd. 1954, Paris, 1986, p. 208.

12 P. Fournier, *Le royaume d'Arles et de Vienne, 1138-1378*, Paris, 1981, p. 282.

13 Exemples dans la sér. SA des comptes de châtellenie de Chambéry : dépenses 1318-1319, 1321-1322, 1343.

14 J. Cordey, *Les comtes de Savoie et les rois de France pendant la guerre de Cent ans, 1329-1391*, Paris, 1911, p. 20, 103.

15 *Ibid.*, p. 263-264. Confirmation dans les comptes de la châtellenie de Montmélian, sér. SA, 1385-1386 et 1387, dépenses.

Une redoutable crise de minorité ne tarda pas à s'ouvrir. La veuve du défunt, Bonne de Berry, ainsi écartée, manifesta une vive colère contre la régente et son principal conseiller Othon de Grandson. Un rival de ce dernier, Rodolphe de Gruyère, bientôt soutenu par Girard d'Estavayer, s'employa à rallier tous les mécontents au nom des droits de Bonne de Berry, et des rumeurs d'empoisonnement d'Amédée VII furent répandues. Le duc Jean de Berry intervint pour saisir et faire avouer Granville, le médecin du feu comte. En réaction, le duc Louis II de Bourbon vola au secours de sa sœur dans l'espoir d'en profiter pour saisir l'importante seigneurie de Villars qui viendrait avantageusement accroître ses terres à l'est de la Saône. Alors Philippe le Hardi pensa exploiter l'accord de 1386 du fait des droits de sa fille Marie et il entra en scène en 1393 quand il vit les Savoie-Achaïe élever aussi des prétentions et le duc d'Orléans manifester des ambitions transalpines du fait de son mariage avec Valentine Visconti.

Le duc de Bourgogne s'imposa avec la plus grande habileté pour faire place nette. En octobre 1393, il marie Amédée VIII (dix ans) et Marie de Bourgogne (sept ans) et il arme chevalier le jeune comte, le déclarant majeur en novembre. Il proclame de ce fait la fin de la régence. En décembre, il remarie Bonne de Berry au prestigieux Bernard VII d'Armagnac. La régente Bonne de Bourbon arriva quand même à se maintenir, mais, en mai 1395, pour en finir, Philippe le Hardi organisa à Lyon, en terre royale, une réunion des ducs français concernés et exigea le départ de Bonne de Bourbon qui dut se retirer à Mâcon. Il restait à éliminer Othon de Grandson dans les formes : après bien des atermoiements, un duel judiciaire organisé à Bourg-en-Bresse en 1397 permit au jeune Girard d'Estavayer de tuer le vieux poète Othon de Grandson[16]. Toutefois, l'extrême habileté du gouverneur d'Amédée VIII, Odon de Villars, manœuvrant entre les partis, puis la fin de la minorité permirent de garder la cohésion de la Savoie. Quant au duc de Bourgogne, il s'employait désormais à effacer les conséquences de la défaite de son fils à Nicopolis.

2.2 La succession des Thoire-Villars

Une très vaste seigneurie s'était constituée à la fin du XIIe siècle par suite d'un mariage qui eut pour effet d'unir la terre de Thoire en Haut-Bugey (au nord et à l'ouest de Nantua) à celle de Villars-en-Dombes. La Maison de Thoire-Villars aurait voulu arriver à la continuité, de la Saône au Léman, mais les comtes de Savoie l'en avaient empêchée et l'avait même obligée à entrer dans leur mouvance en 1355[17]. Et voilà qu'en 1400 Odon de Villars se retrouvait seul héritier direct. Lui qui avait été successivement un brillant chevalier au service d'Amédée VI dans ses campagnes de Piémont, un conseiller écouté de Bonne de Bourbon au temps d'Amédée VII, le précepteur d'Amédée VIII durant sa minorité et un quasi-régent de Savoie en 1395-1397, songea à la vente de ses biens qui comprenaient aussi l'héritage du comté de Genève : tout cela évidemment et autant que possible devait aller au chef de la Maison de Savoie. C'est ainsi qu'Odon vendit d'abord à Amédée VIII le comté de Genève pour 45 000 francs d'or, puis, après cet acte du 5 août 1401, il pensa continuer pour ses terres ancestrales[18].

---

16 C. Berguerand, *Le duel d'Othon de Grandson (1397). Mort d'un chevalier-poète vaudois à la fin du Moyen Âge*, Lausanne, 2008. Voir aussi les mentions dans les comptes de châtellenie de Montmélian, sér. SA, 1397-1398, dépenses.

17 Effet du règlement général entre Savoie et Dauphiné du traité de Paris de 1355. Étude dans L. Jacob, *La formation des limites entre Dauphiné et Savoie (1146-1760). Contribution à l'étude de la géographie historique du sud-est de la France*, Paris, 1906.

18 Objet d'une vive querelle de succession, le comté de Genève obligea Amédée VIII à imposer son arbitrage en qualité de suzerain. Héritant de la situation en qualité de proche parent du sire défunt en 1400, Odon prit aussitôt le comté en fief d'Amédée VIII à qui il vendit ses droits l'année suivante.

Deux ducs intervinrent alors : Bourbon et Bourgogne. Le premier avait déjà réussi à obtenir le comté de Forez, puis en 1400 la seigneurie de Beaujeu incluant le petit Beaujolais à part d'Empire situé à l'est de la Saône. Désireux de poursuivre de ce côté, il parvint à acquérir le 11 août 1402 une partie de la seigneurie de Villars, soit Trévoux, et en Dombes Ambérieux et le Châtelard[19]. Amédée VIII répliqua en négociant l'achat de tout le reste de la seigneurie de Villars qui survint le 20 octobre 1402 et aussi en réclamant l'hommage traditionnel du seigneur de Villars au duc de Bourbon, ce qui fut retardé jusqu'en 1409[20].

De son côté, Philippe le Hardi avait trouvé le moyen d'exiger l'hommage du sire de Thoire pour le Haut-Bugey et, ne l'obtenant pas, il envoya en 1401 Jean de Vergy, maréchal de Bourgogne, occuper plusieurs lieux dont Montréal près de Nantua, et Matafelon près d'Oyonnax. Amédée VIII, on l'a vu, répondit en rachetant le 20 octobre 1402 tous les droits sur la seigneurie de Thoire, mais il évita l'affrontement sur le terrain. En effet, il devait accueillir l'année suivante son épouse Marie de Bourgogne qui allait lui apporter de précieuses alliances diplomatiques ; par ailleurs, il ne pouvait ignorer que Philippe le Hardi allait sur sa fin. Mieux valait donc attendre le successeur, d'autant que le versement de la dot de Marie restait à régler.

2.3 Le conflit bugiste larvé

Le nouveau duc de Bourgogne, Jean sans Peur, ne tarda guère à refuser de reconnaître la vente de 1402. Le vaincu de Nicopolis avait déjà montré qu'il savait foncer aveuglément, et il risquait fort d'allumer un conflit. Celui-ci n'eut pas lieu car les protagonistes avaient bien d'autres soucis. Jean sans Peur, on le sait, déclencha la guerre civile en France en faisant assassiner en 1407 son rival, le duc d'Orléans, et il était décidé à s'imposer dans le royaume par tous les moyens, y compris l'alliance avec l'ennemi anglais : c'était son grand projet. De son côté, Amédée VIII avait à obtenir successivement l'hommage des vassaux des anciens comtes de Genève, celui du comte de Tende et du récalcitrant marquis de Saluces, tout en évinçant les infidèles Grimaldi des terres savoyardes de Provence et en surveillant le devenir de l'apanage de Piémont en voie de déshérence[21].

Une solution fut finalement trouvée en 1414 quand Jean sans Peur fut un moment acculé par les Armagnacs dans son quartier général d'Arras. La duchesse de Bourgogne, Marguerite de Bavière, dont le rôle discret fut considérable[22], trouva avec les juristes savoyards l'idée d'abandonner toute revendication sur le Haut-Bugey moyennant une énorme réduction de la dot de Marie encore largement impayée[23]. C'est ainsi qu'Amé-

La question a été résumée par Marie-José de Savoie, *La Maison de Savoie. Amédée VIII, le duc qui devint pape*, t. 1, Paris, 1962, p.135-136.

19 Dijon, Archives Départementales de la Côte-d'Or (= ADCO), B 1041.

20 Outre *Ibid*., B 760, Marie-José, *La Maison de Savoie*, t. 1, p. 182-183.

21 B. Demotz, *Le comté de Savoie du XIe au XVe siècle. Pouvoir, château et État au Moyen Âge*, Genève, 2000. Amédée VIII manifesta de bonnes intentions savoyardes envers la Bourgogne par l'envoi de Jean de La Baume en soutien de Jean sans Peur contre les Liégeois en 1408 ou encore par l'intervention d'Amédée de Viry contre les Armagnacs en 1411. Voir B. Schnerb, Bourgogne et Savoie : évolution d'une alliance militaire, dans *Les relations entre États et principautés des Pays-Bas à la Savoie (XIVe-XVIe s.)*, éd. J.-M. Cauchies, *Publication du Centre européen d'Études bourguignonnes*, t. 32, 1992, p. 13-29.

22 A. Marchandisse, Le pouvoir de Marguerite de Bavière, duchesse de Bourgogne. Une esquisse, dans *Femmes de pouvoir, femmes politiques durant les derniers siècles du Moyen Âge et au cours de la première Renaissance*, éd. É. Bousmar, J. Dumont, A. Marchandisse, B. Schnerb, Bruxelles, 2012, p. 493-506.

23 Dijon, ADCO, B 830.

dée VIII put entrer en pleine possession des droits sur Montréal, Matafelon, Apremont, Saint-Martin-du-Fresne, ainsi que de la garde de la terre de l'abbaye de Nantua. L'ère des intrusions bourguignonnes en Savoie était close pour plus d'un demi-siècle.

3. Le renversement de situation d'Amédée VIII dans le premier tiers du xve siècle

3.1 Amédée VIII, duc de Savoie

L'octroi par l'empereur du titre ducal le 19 février 1416 rehausse en Occident la place du chef de la Maison de Savoie. Celle-ci soutenait activement, depuis quatre siècles, l'empereur, sauf quand celui-ci portait atteinte à ses droits. Inversement, pour garantir un accès sûr à la péninsule italienne et pour freiner la progression française vers l'est, l'empereur favorisait souvent le comte de Savoie, par ailleurs capable d'intervenir auprès de la Papauté. Sigismond de Luxembourg, devenu roi des Romains en 1411, entendait se faire couronner à Rome et avoir affaire à un pape reconnu par la chrétienté, tout en contenant les ambitions des Visconti[24]. Aussi Sigismond n'hésita pas à investir Amédée VIII de toutes ses possessions, en y ajoutant même le comté d'Asti, et trouva des occasions de rencontrer le Savoyard, notamment en 1415 à Seyssel et à Lyon. De son côté, Amédée VIII désirait obtenir le titre ducal, ce qui était nouveau en Savoie. Jusque-là, dans l'ancien royaume de Bourgogne, le titre comtal suffisait à distinguer un prince, mais le titre ducal s'était répandu en Occident jusqu'à parvenir au voisin Visconti. Au cours d'une grandiose cérémonie dans la cour du château de Chambéry, le 19 février 1416, Sigismond éleva Amédée VIII à la dignité ducale, favorisant ainsi l'action diplomatique du nouveau promu.

3.2 La guerre civile en France

Le nouveau duc de Bourgogne Jean sans Peur, aux ambitions considérables, avait haï son rival, Louis d'Orléans au point de le faire assassiner en 1407, déclenchant en France la guerre entre les partis armagnac et bourguignon. Amédée VIII demeura perplexe, lui qui avait une grand-mère Bourbon, une mère Berry remariée à Bernard d'Armagnac, une épouse de Bourgogne. Il avait bien tenté en 1412 la réconciliation entre Jean sans Peur et Charles d'Orléans, mais les passions l'emportèrent : assassinat de Bernard d'Armagnac en 1418 et de Jean sans Peur en 1419. Très sollicité, Amédée VIII se répandait en bonnes paroles, mais le nouveau duc de Bourgogne Philippe le Bon, tout à sa vengeance, parvenait à faire conclure le traité de Troyes de 1420 qui, écartant le dauphin Charles, livrait la France à Henry V d'Angleterre et durcissait en fait la guerre civile aussi bien que la guerre franco-anglaise. Cette situation risquait de se prolonger indéfiniment et, malgré une épouse bourguignonne et des intérêts bressans, Amédée VIII comprit la nécessité de sortir d'une crise susceptible de répercussions néfastes pour la Savoie, ne serait-ce que commercialement. Au reste, le pape Martin V, reçu à Genève en 1417, ne cessait de pousser le duc de Savoie à jouer un rôle de pacificateur[25].

---

24 Rapp, *Le Saint Empire romain germanique*, p. 282-283.
25 Guichenon, *Histoire généalogique*, t. 1, p. 458.

3.3 Amédée VIII, médiateur, 1422-1431

En mars 1422, Amédée VIII donne des fêtes à Ripaille et en profite pour recevoir le duc de Bourgogne à Genève et discuter de la situation, avant d'envoyer des émissaires à Bourges, capitale pour le dauphin, et à Dijon. Puis il organise la conférence de Bourg-en-Bresse en décembre 1422 et janvier 1423, puis d'autres à Chalon-sur-Saône en 1423, à Mâcon et à Montluel en 1424, à Genève en 1427[26]. Cela resta sans résultat autre que des trêves précaires.

Le sacre du roi Charles VII à Reims permit à Amédée VIII une relance des négociations par ambassadeurs, encore sans succès. Le duc de Savoie finit par utiliser la grande réunion princière de Chambéry, en février 1434, motivée par le mariage de son fils Louis avec Anne de Lusignan : là se trouvaient le duc de Bourgogne et son imposante suite, le duc René d'Anjou et les représentants du roi de France[27]. Sous couvert d'un projet de ligue contre Bourbon, Amédée VIII se rapproche assez de Philippe le Bon pour le convaincre de négocier avec Charles VII. De là vinrent les pourparlers qui finirent par aboutir au traité d'Arras de 1435. Mais le duc de Savoie demeura absent de la phase finale car, à l'automne 1434, il avait pris une semi-retraite[28]. Il est légitime de considérer quand même la réconciliation franco-bourguignonne et la fin de la guerre civile comme l'œuvre d'Amédée VIII, appuyé alternativement par la Papauté et par le concile de Bâle. L'entente entre Savoie et Bourgogne continua et, côté savoyard, les ducs Louis en 1443 et Amédée IX en 1467 veillèrent à la poursuite de ce bon voisinage du temps de Philippe le Bon[29]. L'épisode fameux du futur Louis XI épousant Charlotte de Savoie avant de se réfugier dans le nord des États de Philippe le Bon suggère aussi une belle connivence burgundo-savoyarde[30].

4. La duchesse Yolande et Charles le Téméraire vers le troisième quart du xve siècle

4.1 L'ambition bernoise

1467 fut l'année de changement princier. En Savoie, la duchesse Yolande, qui avait toute l'énergie d'une sœur de Louis XI, dut désormais assurer la régence en raison du triste état de santé de son mari. En Bourgogne, la succession revint à Charles le Téméraire ou le Hardi. Au risque d'irriter Jean-Marie Cauchies, on gardera ici la première appellation en considération d'une ambition qui surpassait celle de son père, pourtant appelé « le grand duc du Ponant ».

Mais un autre changement se dessinait de plus en plus : l'attitude de Berne. Cette ville, aidée dans son développement par Pierre de Savoie au xiiie siècle et protégée ensuite par les comtes savoyards, s'était montrée une alliée très active encore au début du xve siècle, dans la lutte contre le Haut-Valais, poussé à l'indépendance alternativement par les Confédérés et par les Visconti de Milan. Mais, passé le traité d'Évian de 1420, Berne prit lentement ses distances. La ville de l'Aar, qui montait en puissance,

26 H. Baud, *Amédée VIII et la Guerre de Cent ans*, Annecy-Thonon, 1971, p. 31-41.

27 Marie-José, *Amédée VIII*, t. 2, p. 290-292.

28 Accablé par les décès successifs d'une épouse profondément aimée et de son fils aîné, le seul héritier capable, Amédée VIII résolut de confier une simple lieutenance générale à son cadet, Louis, qu'il essaya de contrôler tout en se retirant à Ripaille en qualité de prieur de l'ordre de Saint-Maurice qu'il fondait en 1434. C'était concilier nécessité politique impérieuse et vocation religieuse indiscutable.

29 Guichenon, *Histoire généalogique*, t. 1, p. 507, 550.

30 Sur cet épisode de la vie du dauphin Louis, J. Heers, *Louis XI*, Paris, 1999, p. 42-43.

cherchait alors à s'imposer aux cantons alémaniques d'abord, mais elle songea aussi aux pays romands sous contrôle savoyard. La menace se précisa dans le troisième quart du xve siècle car nul ne pouvait ignorer ni le déclin militaire du grand État alpin depuis une très grave défaite subie face à Milan en 1449 ni les ambitions sans borne des fils cadets de Louis Ier, surtout Philippe de Bresse.

4.2 La duchesse Yolande côté Bourgogne

Le mauvais état de santé d'Amédée IX avait lâché la bride à quelques ambitieux au sein même de la Maison de Savoie. En 1471-1472, la régente réagit par l'établissement d'une véritable ligue avec la Bourgogne, afin de consolider son autorité et aussi de garder une distance prudente vis-à-vis de la France[31]. Elle avait fort bien compris que son frère Louis XI souhaitait grâce à elle régner sur la Savoie, mais elle était devenue d'abord et avant tout la régente d'un État indépendant.

Par ailleurs, la forte montée des ambitions bernoises l'inquiétait à juste titre en même temps que Charles le Téméraire : elle redoutait la perte de ses possessions septentrionales et lui la séparation et l'affaiblissement de ses États du fait de l'entente entre Louis XI, les Confédérés et le duc de Lorraine. De là une alliance renforcée mais secrète. Effectivement, bien épaulée par ses alliés, Berne prit l'offensive contre la Savoie en 1475 et mit une garnison dans le château de Grandson. Charles le Téméraire intervint en force en 1476, reprit ce château et fit exécuter la garnison. Mais, non loin de là, il subit une cuisante défaite près de Vaumarcus le 2 mars et, en voulant poursuivre sa campagne, il se fit battre à nouveau à Morat le 22 juin[32]. Les Bourguignons ne furent pas poursuivis, mais leur prestige, quoi qu'on ait pu écrire, s'en trouvait très atteint.

4.3 La duchesse Yolande côté France

La régente de Savoie comprit très vite que Charles le Téméraire s'engageait dans une impasse très dangereuse et elle se rapprocha de son royal frère. Expéditif comme toujours, le duc de Bourgogne fait alors enlever Yolande dès le 27 juin pour l'interner au château de Rouvres, mais Olivier de La Marche, chef de l'expédition, manque le petit prince Philibert caché dans les blés. En outre, Louis XI parvient à la libérer par une magistrale opération-éclair conduite par Charles d'Amboise à la tête de 200 lances[33]. Le roi tenait ainsi un motif supplémentaire pour développer une coalition anti-bourguignonne à la suite de laquelle Charles le Téméraire trouva la mort à la bataille de Nancy le 5 janvier 1477. Cela suffisait à Louis XI qui se garda bien d'occuper la Savoie[34].

La duchesse de Savoie se trouvait quand même dans une situation délicate entre le très puissant et trop habile Louis XI et les Confédérés suisses envahisseurs. Mais en 1478 la mort la délivre de ses soucis, tout en privant la Savoie de la dernière de ses grandes princesses médiévales d'envergure.

31 Guichenon, *Histoire généalogique*, t. 1, p. 551-552.
32 J. Calmette, *Les grands ducs de Bourgogne*, Paris, 1949, p. 366-374.
33 *Ibid.*, p. 376-377.
34 J.-M. Cauchies, *Louis XI et Charles le Hardi. De Péronne à Nancy (1468-1477) : le conflit*, Bruxelles, 1996, p. 135.

Ainsi prit fin la longue coopération politique entre Bourgogne et Savoie dont les destinées divergèrent[35]. La fille de Charles le Téméraire prit trop rapidement une orientation septentrionale qui attacha la Bourgogne à l'Empire en épousant Maximilien d'Autriche, mais ce dernier dut renoncer quand même au duché lors du traité d'Arras de 1482. Les ducs de Savoie laissaient aller leur État vers un déclin d'un siècle sur fond de lente bascule vers le Piémont. Le Moyen Âge savoyard était bien fini malgré quelques sursauts, dont Brou près de Bourg-en-Bresse, le projet de Marguerite d'Autriche réalisé dans le premier tiers du XVIe siècle, représente encore l'ultime réminiscence. Le duché de Bourgogne se trouvait définitivement en France, tandis que le duché de Savoie continuerait longtemps ses liens avec le Saint-Empire. Et les axes économiques ne cesseraient de se modifier[36]. Tout convergeait désormais vers Lyon au détriment des routes antérieures liant Bourgogne et Savoie.

---

35 L'ampleur des relations avait été telle que Jean sans Peur avait spécialisé deux ambassadeurs pour la Savoie. Voir C. De Borchgrave, Diplomates et diplomatie sous le duc de Bourgogne Jean sans Peur, dans *À la cour de Bourgogne. Le duc, son entourage, son train*, dir. J.-M. Cauchies, Turnhout, 1998, p. 81. On en trouvera le pendant dans le classement par pays dans les archives savoyardes à Chambéry d'après M. Bruchet, *Inventaire partiel du trésor des chartes de Chambéry à l'époque d'Amédée VIII*, Chambéry, 1900, p. 1-5.

36 Sur l'évolution des grands axes économiques, voir *Atlas historique de Savoie*, Paris, 1979, pl. XXVIII 1 ; P. Contamine, M. Bompaire, S. Lebecq, J.-L. Sarrazin, *L'économie médiévale*, Paris, 1997, p. 391-395.

L'initiation de Richelieu à Bruxelles et Liège par Jean Péricard (1616)

Bruno Demoulin
Professeur à l'Université de Liège

Armand-Jean du Plessis, évêque de Luçon depuis 1605, s'était déjà illustré lors de la séance de clôture des États généraux en 1615[1]. Conseiller d'État en mai 1616, il a assisté à l'éviction des « Barbons » écartés le même mois du pouvoir par Louis XIII, se pliant aux pressions des Concini et de Marie de Médicis. Claude Barbin, un homme de Leonora Galigaï, surintendant de la Maison de la Reine-Mère devient contrôleur général des finances, et Claude Mangot, seigneur de Villarceaux, premier président du Parlement de Bordeaux, reçoit la charge de secrétaire d'État aux étrangers. Elle est retirée à Puisieux, gendre de Villeroy, qui affirme en être le réel détenteur. Après des mois de négociations, Mangot reçoit enfin ses lettres patentes le 9 août 1616 et prête serment le 13. *Fort honneste homme*, il serait *un peu bigot et papiste* selon l'ambassadeur des Provinces-Unies à Paris (juin 1616). Son manque d'activité comme ministre suscitera des plaintes de certains ambassadeurs français en poste à l'étranger.

Pendant ce temps, Richelieu a réussi à satisfaire la Reine-Mère et Concini, en convainquant le prince Henri II de Condé de regagner Paris en juillet 1616. Ce dernier, cependant, se lance avec les Grands dans un vaste complot contre Concini. Parmi les comploteurs, le duc Charles Ier de Guise (1571-1640), le fils du Balafré, qui est initialement gagné à la conspiration, refusera finalement de trahir Marie de Médicis. Les palinodies successives de Condé feront douter la Reine-Mère de sa sincérité qui obtiendra de Louis XIII son arrestation le 1er septembre 1616. Le duc de Guise qui craint pour sa vie, s'enfuit dans ses terres, à juste titre, Condé l'accusant d'être l'un des véritables conspirateurs de la conjuration. Cajolé par Marie de Médicis, il résiste avant de devenir fin septembre 1616 le négociateur unique des intérêts des princes avec la cour. Sous la menace des mercenaires wallons et allemands recrutés par Concini, la paix se fait le 6 octobre 1616, seul le duc de Nevers refusant de signer l'accommodement.

Dans l'intervalle, Mangot avait donné un signe de confiance au duc de Guise en faisant désigner, le 11 septembre, par Louis XIII le sieur Jean de Péricard, ambassadeur ordinaire auprès des archiducs Albert et Isabelle à Bruxelles[2]. Il succédait à Charles de l'Aubespine, marquis de Châteauneuf (1580-1653). D'abord ambassadeur en Hollande, il avait été en poste à Bruxelles de 1611 à 1616. L'Aubespine sera ensuite ambassadeur à Venise en 1626 et en Angleterre de 1629 à 1630. Ce Jean de Péricard, conseiller d'État, était le secrétaire

1 B. Barbiche, Art. Villeroy, dans *Dictionnaire des ministres des Affaires étrangères*, Paris, 2005, p. 5-11 ; M. Carmona, *Richelieu, L'ambition et le pouvoir*, 1re éd, 1983, Paris, 2013, p. 235-417 ; M. Hael, *Les Affaires étrangères au temps de Richelieu*, Paris, 2006, p. 7-8 ; F. Hildesheimer, Art. Richelieu, Armand-Jean Du Plessis, dans *Dictionnaire*, p. 12-26 ; C. Martin, Art. Mangot, Claude, dans *Ibid.*, p. 11-12 ; M.-C. Vignal Souleyreau, *Richelieu ou la quête d'Europe*, Paris, 2008, p. 74-97.

2 Paris, Archives diplomatiques du Ministère français des Affaires étrangères, *Correspondance politique* (= AMAE, *CP*), *Pays-Bas*, t. 4, fol. 292, 17 septembre 1611.

Pour la singuliere affection qu'avons a luy. *Études bourguignonnes offertes à Jean-Marie Cauchies*, sous la direction de Paul Delsalle, Gilles Docquier, Alain Marchandisse et Bertrand Schnerb, Turnhout, 2017 (*Burgundica* 24), p. 173-176

DOI 10.1484/M.BURG-EB.5.113915

et intendant des affaires du duc de Guise. Avocat, président au bureau des finances d'Orléans, il aurait acheté la terre et seigneurie de Méridon près de Chevreuse, en 1598. Le duc de Guise lui aurait concédé la haute justice en 1600 en considération des services qu'il lui aurait rendus ainsi qu'à son père le duc Henri Ier de Guise, assassiné en 1588 à Blois[3]. Jean de Péricard avança par exemple 1 600 écus en 1602 à son duc, alors qu'il avait sa demeure en la rue des Blancs-Manteaux dans le Marais (paroisse Saint-Jean-en-Grève). Il fera faire moult embellissements à son château de Méridon. Époux de Madeleine Golmet, il marie, en 1614, sa fille unique Jeanne-Louise avec Henry Poilley, gentilhomme ordinaire de la chambre du roi. Il s'agit d'un catholique fervent qui obtint de l'archevêque de Paris la permission de « construire une chapelle dans l'église paroissiale de Chevreuse ».

Le poste de Bruxelles était important aux yeux de Paris depuis que les Pays-Bas avaient été confiés en 1598 par Philippe II à sa fille l'infante Isabelle et à son mari l'archiduc Albert de Habsbourg[4]. L'autonomie de fait des Pays-Bas, étroitement liés cependant à la politique de Madrid, justifiait l'envoi d'ambassadeurs susceptibles de plaire à l'orthodoxie sans faille des Archiducs. En revanche, les Provinces-Unies souhaitaient, elles, un ambassadeur protestant[5].

L'instruction que nous éditons ci-dessous provient d'un intéressant concours de circonstances. Revenons en effet au refus d'obéissance du duc de Nevers, qui entraîna la disgrâce du garde des sceaux Guillaume du Vair, acquis aux princes. Il fut remplacé le 25 novembre 1616 par Mangot, abandonnant la Secrétairerie d'État ayant en charge les Affaires étrangères à Richelieu ; ce dernier reçut de surcroît, le 30 novembre, le portefeuille de la Guerre et même la préséance dans le Conseil du roi. Villeroy, désavoué, se retire dans ses terres mais emporte avec lui toutes ses archives. Aussi, Richelieu est obligé de demander à tous les ambassadeurs en poste copie de leurs instructions, ce dont s'acquitta Jean Péricard le 13 décembre[6]. Son inexpérience en matière de pratiques diplomatiques ne passa pas inaperçue, que ce soit au niveau des envoyés étrangers ou des ambassadeurs français expérimentés. Monsieur de Léon, ambassadeur à Venise, n'hésita pas à lui donner quelques conseils à cheval que Richelieu accepta avec souplesse[7].

Deux points sont à relever dans cette instruction. Il faut expliquer à Bruxelles les raisons de l'arrestation de Condé, éviter tout ralliement à sa cause et à celle des princes, particulièrement par la levée de troupes que ce soient dans les Pays-Bas ou dans la Principauté de Liège, cette pépinière d'hommes de guerre et mercenaires[8].

Péricard continua à informer Richelieu des manœuvres des princes, ces derniers tentant de rallier le prince d'Orange à leur cause[9], et veilla à informer de la diffusion de libelles émanant, notamment, du duc de Nevers[10]. Pour le récompenser, il fut pourvu, le 14 mars 1617, de la charge de *surintendant du domaine et affaires en Flandres vacant par la forfaicture et rébellion du*

---

3 La seigneurie de Méridon (1598-1673). *Chronique du Vieux Marcoussy*, 9-10/2010. URL : http://julienchristian.perso.sfr.fr/Chroniques/meridon2.htm. Consulté le 9 novembre 2015.

4 L. Bély, Les Pays-Bas méridionaux, un horizon pour la France, xvie-xviiie siècle, dans *Sixième congrès de l'Association des cercles francophones d'histoire et d'archéologie de Belgique et LIIIe congrès de la Fédération des cercles d'archéologie et d'histoire de Belgique, Mons, 25-27 août 2000*, t. 2, Mons, 2002, p. 13-31 ; Id., Les Pays-Bas au carrefour des tensions internationales : le témoignage des envoyés français au temps de l'infante Isabelle, dans *Revue du Nord*, t. 90, 2008, p. 657-670.

5 Paris, AMAE, *CP*, *Pays-Bas*, t. 5, fol. 58v, 13 décembre 1616.

6 *Ibid.*, fol. 57r-v, Bruxelles.

7 Carmona, *Richelieu*, p. 382.

8 B. Demoulin, La Principauté de Liège. Champ clos des rivalités franco-espagnoles (1595-1648), dans *Revue du Nord*, t. 90, p. 717-727 ; *Recueil des instructions aux ambassadeurs et ministres de France : Principauté de Liège*, t. 31, Paris, 1998.

9 Paris, AMAE, *CP*, *Pays-Bas*, t. 5, fol. 104v, 1er février 1617.

10 *Ibid.*, fol. 154v, 4 mars 1617.

Sieur de Manicamps[11]. Très hostile à l'égard des Hollandais, il mit en garde son collègue Maurier contre leur fourberie[12]. Les Provinces-Unies n'appréciaient pas ses tentatives de lever des troupes chez elles. De même, il renseigna Richelieu sur la marche de la cavalerie levée dans le duché de Juliers en faveur des princes rebelles, qui passait sans encombre à travers le pays de Liège vers les Ardennes[13]. Péricard n'eut plus ensuite l'occasion de le renseigner sur nos régions puisque le 24 avril 1617, Louis XIII faisait assassiner Concini, écartait Marie de Médicis du pouvoir et retirait à l'évêque de Luçon sa charge de secrétaire d'État rendue à son vieil ennemi Villeroy. Richelieu dut lui remettre tous ses papiers, terminant ainsi sa première – et courte – expérience ministérielle[14]. Péricard continua, lui, sa mission jusqu'en mai 1623[15] et mourut en 1626.

11 *Ibid.*, fol. 167-169.

12 *Ibid.*, fol. 179, 27 mars 1617.

13 *Ibid.*, fol. 181, 29 mars 1617, cf. M. Weis, L'intervention de l'archiduc Albert dans le conflit confessionnel à Aix-la-Chapelle. Un cas de « confessionnalisation » de la politique étrangère des Pays-Bas espagnols au début du XVIIe siècle, dans *Revue du Nord*, t. 90, p. 701-716.

14 Carmona, *Richelieu*, p. 407-409.

15 Paris, AMAE, *CP*, *Pays-Bas*, t. 5, fol. 379, 13 mai 1623.

Annexe

Instruction au Sieur de Pericard, Conseiller du Royen son Conseil d'Estat, s'en allant en Flandres Ambassadeur ordinaire de sa Majesté vers les Archiducz

Copie dans une lettre originale de Péricard à Richelieu, Bruxelles, 13 décembre 1616[16]

<fol. 57> Le Roy désirant entretenir de tout son pouvoir la bonne et particulière amitié, intelligence, et correspondance qui a tousjours esté *avec les Archiducz*, Et la fortiffier par la presence d'un personnage, lequel par son experience puisse representer sa personne dignement en toutes occasions, et y rendre en son nom tous les offices qu'il convient. A choisy, ordonné et depputé a cet effect ledit Sieur Pericard pour son *Ambassadeur ordinaire* vers lesdits *Archiducz*, au lieu du Sieur de *Laubespine Preaux*, aussy Conseiller en sondit Conseil d'Estat qui y a servy dignement et utilement sa Majesté en ladite charge.

Sa Majesté luy commande donc de s'acheminer aux plus tost vers lesdictz Archiducz, leur tesmoigner la continuation de sa bonne et sincere amitié et le sentiment, et satisfaction quelle a des bons offices qu'elle a receu d'eux es derniers mouvemens, dont les particularitez luy ont esté rapportees et representees de temps en temps selon les diverses occurrences.

En suitte, leur fera recit bien particulier de ce qui s'est passé en la personne de *Monseigneur le Prince de Condé*, les causes et les raisons qui ont forcé leurs Majestés de s'assurer de luy, et le bon traictement qui luy est faict en une chambre du Louvre ou il est logé. Et pour Instruction plus ample du faict, a esté baillé audit Sieur Pericard, la Declaration faicte en Parlement par sa Majesté sur la detention dudit Seigneur Prince, par laquelle il sera informé et des causes, et de la verite d'ycelles. Et pour l'evidence du faict, la retraicte et absence de ceulx qui estoient meslez aux conseilz et desseingz dudit Seigneur Prince. Et sur ce <fol. 57v> priera les Archiducz de la part de sa Majesté de luy vouloir continuer en cette occasion les mesmes bons offices qu'ilz ont faict aux derniers mouvemens. Particulerement d'empescher qu'aucunes levees ne se facent en leurs Estatz et pays contre le service de sa Majesté. Commander a cette fin les proclamations et publications accoustumees en telz cas, Et les affiches des placartz par toutes les Villes de leur obeyssance. Aussy d'empescher les passages des troupes qui auroient este levees au Liege et ailleurs hors les Estatz desdits Archiducz : A quoy ledit Sieur Pericard apportera soing et diligence : Et s'informera des levees, et des passages, et des moyens qu'il fault tenir pour les empescher, Dont il donnera promptement advis afin d'y estre pourveu, et donné l'ordre qu'il fauldra par sa dite Majesté.

S'jnformera curieusement de tout ce qui se passera jmportant au Service de sa Majesté. En donnera advis en toute diligence, comme aussy il recepvra les advis de sa dite Majesté et de ses principaulx ministres, de ce qu'il aura a faire et negocier en ladite charge, afin que par cette bonne jntelligence et correspondance le service de sa Majesté en soit plus utilement et dignement faict.

Faict a Paris le unzieme Jour de Septembre Mil six cens seize.

Signé Louis, *et plus bas,* Mangot

16 Paris, AMAE, *CP*, *Pays-Bas*, t. 5, fol. 57-57v. Les règles d'édition sont celles en usage en ces Archives.

Charles le Hardi devant Nancy (1476/1477) : Folie suicidaire, stratégie militaire ou crise de l'État bourguignon ?

Michael Depreter
*Université Saint-Louis – Bruxelles / Université libre de Bruxelles**

Assurément, le récipiendaire et l'auteur de ces lignes partagent pour Charles, dernier duc Valois de Bourgogne, une même fascination, celle du second ayant sans aucun doute été aiguisée par les écrits et enseignements du premier. Probablement sa fin tragique sous les murs de Nancy n'est-elle pas étrangère à l'attrait exercé par l'histoire du duc. À juste titre, Jean-Marie Cauchies adopta toutefois le qualificatif de Hardi pour désigner un prince trop souvent défini, depuis le XIXe siècle, par le vocable de Téméraire dans une perspective anachronique anticipant un échec jugé final et inéluctable[1]. Plus que de réhabiliter le duc, l'objectif est de comprendre son action dans toutes ses dimensions, y compris celles qui *a posteriori* pourraient sembler insensées[2]. Parmi celles-ci, la littérature réserve une place d'honneur au second siège de Nancy (22 octobre 1476-5 janvier 1477), entamé malgré les défaites de Grandson et de Morat. Était-ce la dernière et fatale expression d'une folie quasi suicidaire ou peut-on, au contraire, y déceler un certain degré de rationalité ? Certes pas inédite[3], la question n'a pas encore été abordée par le prisme de l'artillerie. Or, la gestion de l'arme reflète, au cours de l'ultime campagne, l'adaptation réfléchie des moyens aux objectifs stratégiques (re)définis au gré de circonstances évoluant rapidement. Elle en révèle aussi les limites, fruits de tensions internes – peut-on parler de crise ? – à l'État bourguignon[4]. Aussi ne nous a-t-il pas semblé inapproprié d'y consacrer notre contribution dédiée au récipiendaire.

---

* Cet article étant le produit de réflexions issues de ma thèse de doctorat conduite dans le cadre d'un mandat d'Aspirant du F.R.S.-FNRS, je tiens à remercier cette institution, ainsi que la Fondation Wiener-Anspach qui m'a permis de poursuivre mes recherches en tant qu'Academic Visitor à l'University of Oxford.

1 J.-M. Cauchies, *Louis XI et Charles le Hardi. De Péronne à Nancy (1468-1477) : le conflit*, Bruxelles, 1996, part. p. 147-159.

2 Voir Id., Charles le Hardi à Neuss (1474/75) : Folie militaire ou contrainte politique ?, dans *Pays bourguignons et terres d'Empire (XVe-XVIe s.) : rapports politiques et institutionnels*, éd. J.-M. Cauchies, *Publication du Centre européen d'Études bourguignonnes (XVe-XVIe s.)*, t. 36, 1996, p. 105-115.

3 Selon H. Pirenne, *Histoire de Belgique des origines à nos jours*, t. 1, s. l., 1972, p. 425, le duc « n'est plus capable de réflexion » et « s'obstine à attendre le choc avec une résolution si folle que l'on ne peut s'empêcher de croire qu'il cherche volontairement la mort ». Cf. W. Paravicini, *Karl der Kühne. Das Ende des Hauses Burgund*, Göttingen, 1976, p. 104-111 (« Krise der Persönlichkeit ») ; P. Contamine, Charles le Téméraire fossoyeur et/ou fondateur de l'État bourguignon ?, dans *Des pouvoirs en France, 1300-1500*, éd. Id., Paris, 1992, p. 97 (« comportement quasi suicidaire »). Plus nuancés sont R. Vaughan, *Charles the Bold. The Last Valois Duke of Burgundy*, 1re éd., 1972, Woodbridge, 2002, p. 405 (« His obstinacy was by no means crazy, or even wholly irrational. ») ; Cauchies, *Louis XI et Charles le Hardi*, p. 136-138 ; H. Dubois, *Charles le Téméraire*, Paris, 2004, p. 436 (« La décision de Charles a sa logique. »).

4 S'il convient en général plutôt de parler d'États bourguignons au pluriel (J.-M. Cauchies, État bourguignon ou états bourguignons ? De la singularité d'un pluriel, dans *Power and Persuasion.*

Pour la singuliere affection qu'avons a luy. *Études bourguignonnes offertes à Jean-Marie Cauchies*, sous la direction de Paul Delsalle, Gilles Docquier, Alain Marchandisse et Bertrand Schnerb, Turnhout, 2017 (*Burgundica* 24), p. 177-186.

DOI 10.1484/M.BURG-EB.5.113916

Conservés aux Archives départementales du Nord, à Lille, les papiers de la recette de l'artillerie apportent en effet de nouveaux éléments à un débat historiographique déjà riche. Suite aux enquêtes pour prévarication menées à l'encontre de Claude de Menostey, receveur de l'arme de 1470 à 1477, de nombreux documents de travail relatifs à la dernière campagne du duc, normalement non conservés, furent produits à charge ou à décharge de l'accusé et entrèrent dans le fonds de la Chambre des comptes de Lille, organe de justice compétent en la matière[5]. Si la comptabilité proprement dite est peu loquace quant aux aspects stratégiques et tactiques, les états prévisionnels et la correspondance échangée entre responsables de l'artillerie révèlent des objectifs militaires et les obstacles à vaincre pour les atteindre. Édités, les « actes » des États de Flandre sur la levée de troupes et de charroi, les dépêches d'ambassadeurs milanais tenant leur maître informé de l'activité bourguignonne et la correspondance de Claude de Neufchâtel, gouverneur de Luxembourg sollicité par sa proximité du théâtre des opérations lorrain[6], complètent les données sur l'engagement de l'arme. Enfin, les sources narratives, souvent imprégnées de jugements influencés par l'issue de la campagne ou par la propagande[7], ne seront pas négligées.

D'abord, nous analyserons la reconstitution de la puissance de feu ducale après Morat : des priorités changeantes révèleront l'adaptation des objectifs stratégiques à une situation militaire évolutive. Ensuite, de l'entrée en campagne à la décision de mettre le siège devant Nancy, l'engagement de l'artillerie semble confirmer une option stratégique rationnelle. Il n'en reste pas moins que, dans une dernière section, l'étude de l'artillerie permettra d'épingler des causes culturelles, logistiques et politiques de l'échec militaire.

Essays in the Art of State Building in Honour of W. P. Blockmans, éd. P. Hoppenbrouwers, A. Janse, R. Stein, Turnhout, 2010, p. 49-58 ; R. Stein, *De hertog en zijn Staten. De eenwording van de Bourgondische Nederlanden, ca. 1380-1480*, Hilversum, 2014), la logique centralisatrice et souveraine poussée à bout par Charles le Hardi permet, à notre sens, d'user du singulier pour la dernière phase de son principat (1473-1477). Quant au débat sur la « crise », notamment financière, des derniers mois, voir M. Mollat, Une enquête à poursuivre : la situation financière de Charles le Téméraire dans les derniers temps de son règne, dans *Cinq-centième anniversaire de la bataille de Nancy (1477). Actes du colloque organisé par l'Institut de recherche régionale en sciences sociales, humaines et économiques de l'Université de Nancy II (Nancy, 22-24 septembre 1977)*, Nancy, 1979, p. 175-185 ; Vaughan, *Charles the Bold*, p. 407-415 ; Id., Quelques observations sur la bataille de Nancy, dans *Cinq-centième anniversaire de la bataille de Nancy*, p. 23-24.

5 Voir P.-L. Garnier, Les services de la Trésorerie des guerres et de la Recette de l'artillerie de Charles le Téméraire, dans *Revue du Nord*, t. 79, 1997, p. 971-972 ; M. Depreter, *De Gavre à Nancy (1453-1477). L'artillerie bourguignonne sur la voie de la « modernité »*, Turnhout, 2011, p. 39-41. Nous préparons actuellement un article relatif aux procès de Claude de Menostey, révélateurs de la gestion difficile d'une arme en pleine croissance comme de règlements de compte suivant la mort du duc.

6 W. P. Blockmans, *Handelingen van de Leden en van de Staten van Vlaanderen (1467-1477). Excerpten uit de rekeningen van de Vlaamse steden, kasselrijen en vorstelijke ambtenaren*, Bruxelles, 1971 ; F. de Gingins La Sarra, *Dépêches des ambassadeurs milanais sur les campagnes de Charles le Hardi (1474-1477)*, 2 vol., Paris-Genève, 1858 ; Recueil du Fay. *Die Briefsammlung des Claude de Neufchâtel zur Geschichte Karls des Kühnen, 1474-1477 (1505)*, éd. P. Ehm-Schnocks, H. von Seggern, Ostfildern, 2003.

7 Voir en particulier, du côté bourguignon, J. Devaux, La fin du Téméraire... ou la mémoire d'un prince ternie par l'un des siens, dans *Le Moyen Âge*, t. 95, 1989, p. 105-128, ainsi que, du côté des confédérés, C. Sieber-Lehmann, Der türkische Sultan Mehmed II. und Karl der Kühne, der « Türk im Occident », dans *Zeitschrift für Historische Forschung*, t. 20, 1997, p. 13-38 ; C. Hruschka, *Luy avoit Dieu troublé le sens* – Karl der Kühne und der Krieg in der zeitgenössischen Chronistik, dans *Der Krieg im Mittelalter und in der Frühen Neuzeit. Gründe, Begründungen, Bilder, Bräuche, Recht*, éd. H. Brunner, Wiesbaden, 1999, p. 183-215.

1. Préparer la campagne : le dilemme helvético-lorrain (été 1476)

Après la débâcle de Morat, le 22 juin 1476, le duc et son état-major rallièrent Salins où les États de Bourgogne furent convoqués pour le 8 juillet. S'adressant à l'assemblée le 11, Charles le Hardi désirait derechef porter l'armée en pays ennemi pour préserver ses terres des déprédations inhérentes à la guerre[8]. Cet esprit combatif impliquait d'abord la reconstitution de l'armée et de l'artillerie suite aux pertes essuyées. Le 13, par lettre au chancelier Hugonet et à Adolphe de Clèves, son lieutenant-général dans les Pays-Bas, le duc ordonna l'envoi de 4 bombardes et leur « suite », avec autant de serpentines, de poudre, d'arcs, de flèches, de piques, de lances, de vouges et d'autre armement que possible[9]. Le 14, s'adressant directement à l'un des officiers de l'artillerie, probablement le receveur, il fit connaître l'ordre en question, exigeant que *vous vous emploiez et acquictez de votre part tellement et si soigneusement que par votre faulte et coulpe riens n'y demeure a faire*[10]. Si la destination de l'artillerie n'est pas précisée, la lettre au chancelier semble distinguer, d'une part, les fieffés, arrière-fieffés et 400 lances d'ordonnance à envoyer en Lorraine et, d'autre part, l'artillerie et 10 000 combattants pour refournir les compagnies décimées à Grandson et Morat[11]. Conscient du péril lorrain, Charles envisage aussi une nouvelle campagne contre les Suisses[12].

Sans tarder, les officiers de l'artillerie rédigèrent un état prévisionnel, daté de juillet et conservé en deux exemplaires[13]. En un premier temps, le matériel disponible fut inventorié. Parmi les états prévisionnels rédigés sous le Hardi, il s'agit d'une première : reflet d'une dispersion à l'arsenal de Lille et dans les dépôts temporaires (Malines, Namur, Thionville) mis en œuvre sur les routes de Lorraine et de Savoie depuis 1475, l'inventaire divulgue une préoccupante pénurie des stocks. Significativement, on lista d'abord les canons à prélever à Ham, Bohain-en-Vermandois et Beaurevoir. Suite au traité de Soleuvre (13 septembre 1475), ces places ayant appartenu à Louis de Luxembourg étaient en effet tombées aux mains du Hardi[14] : sans déforcer la défense, huit bombardes, cinq bombardelles, deux courtauds, dix *grosses et moiennes* serpentines et un veuglaire pouvaient y être pris. En outre, on devait s'enquérir de l'artillerie reçue de Doullens, Cateau-Cambrésis et Beauquesne, places sans doute jugées fidèles. À l'arsenal et dans les dépôts princiers ne restaient en effet de pièces opérationnelles que sept bombardes, trois bombardelles, trois mortiers, quatorze serpentines (dont deux moyennes et deux petites), un veuglaire, un thumereau et 36 haquebutes. Quantitativement, l'artillerie de siège faisait encore bonne figure. Par sa provenance diverse, elle ne répondait toutefois plus à l'uniformisation des calibres recherchée précédemment dans le but d'accroître l'efficacité de l'arme[15]. Pour sa

---

8 J. Billioud, L'attitude des États des deux Bourgognes à l'égard de Charles le Téméraire après la bataille de Morat (1476), dans *Le Moyen Âge*, t. 26, 1913, p. 352-359 ; Vaughan, *Charles the Bold*, p. 394 ; Dubois, *Charles le Téméraire*, p. 431-432.

9 L.-P. Gachard, *Analectes historiques*, Bruxelles, 1856, p. 151-155. Cf. Vaughan, *Charles the Bold*, p. 414.

10 Lille, Archives départementales du Nord (= ADN), B 3519/124363 (copie, sans adresse). Tant la lettre du duc à Guillaume Hugonet et Adolphe de Clèves que le caractère litigieux de nombreuses pièces liées au procès de Menostey incite à penser que ce dernier fut le destinataire de la missive.

11 Gachard, *Analectes historiques*, p. 151-155.

12 Voir Vaughan, *Charles the Bold*, p. 394-395.

13 Lille, ADN, B 3519/124356, 124359, éd. M. Depreter, L'artillerie de Charles le Hardi, duc de Bourgogne (1467-1477). Reflets des réformes d'un prince, dans *Bulletin de la Commission royale d'Histoire*, t. 177, 2011, p. 137-146, n° 17.

14 Vaughan, *Charles the Bold*, p. 352.

15 M. Depreter, Estoit moult belle et poissant. *Artillerie, Artisans et Pouvoir Princier dans les pays bourguignons (v. 1450-1493)*, Thèse de doctorat en histoire inédite, Université libre de Bruxelles, 2014, p. 124-126.

part, l'artillerie légère, composée de petites et moyennes serpentines et d'haquebutes utilisées sur le champ de bataille ou pour éliminer défenseurs et ouvrages défensifs d'une place assiégée[16], était bien faible comparée aux trains d'artillerie prévus en 1473 et 1475[17]. Aussi fut-il envisagé de fondre en hâte 24 moyennes serpentines et 200 haquebutes. L'exécution de ce projet semble incertaine. Alors qu'un premier correcteur de l'état prévisionnel envisageait de mettre à l'œuvre Émery de Lespine, maître fondeur de l'artillerie, et les canonniers-fondeurs du duc à Namur et à Lille, un second correcteur suggéra de reporter la fonte[18]. Dès lors, l'emprunt s'imposerait. Si le principat du Hardi avait été marqué par la volonté de se dégager de tout apport communal, la nécessité fit sans doute loi[19].

Après inventaire, le coût d'un train d'artillerie, constitué sur base des stocks et des fontes ou emprunts prévus[20], fut estimé. À ce stade de la rédaction, il apparait que le duc, soucieux de garder ouvertes les routes essentielles au transport d'hommes, d'argent et de matériel, mènerait l'artillerie *en sa duchié de Lorraine*[21]. Cette décision ayant été prise entre le 22 juillet et le 11 août, le premier siège de Nancy par les partisans de René II étant sans doute considéré comme une réelle menace[22], la première version de l'état prévisionnel daterait de la fin juillet.

Comparé aux trains prévus en 1473 et 1475, le nouveau train, composé de quatre bombardes et de leur « suite », serait bien faible[23]. Malgré les stocks d'artillerie lourde, le nombre de bombardes et de bombardelles fut progressivement ramené de quatre à deux. En un premier temps, cette réduction reflétait un désir de hâter l'arrivée des pièces sur le théâtre des opérations[24]. Toutefois, un signe ° porté en tête des articles relatifs au transport des bombardes, bombardelles, mortiers, cinq grosses serpentines et leur dotation respective, toutes pièces d'artillerie de siège, pourrait indiquer une décision d'annuler ou, à tout le moins, de reporter leur transport[25]. L'hypothèse semble confirmée par une lettre du 2 novembre 1476 adressée par le chancelier aux maître et receveur de l'artillerie, révélant que *quant l'on fit l'estat de ladite artillerie a Gand, il fut fait pour toute*

16 *Ibid.*, p. 200-203 ; E. de Crouy-Chanel, *Canons médiévaux. Puissance du feu*, s. l., 2010, p. 77-80, 106-107.

17 Cf. tableau en annexe.

18 Lille, ADN, B 3519/124359, fol. 5v. Dans une paraphrase régulièrement reprise de la dépêche du 13 juillet de Panigarola au duc de Milan, Gingins la Sarra, *Dépêches des ambassadeurs milanais*, t. 2, p. 356, 360, n° 271, suggérait que le duc fit fondre de l'artillerie dans les ateliers locaux des deux Bourgognes et y emprunta de l'artillerie communale. À notre sens, l'auteur surinterprète une dépêche peu explicite indiquant seulement que le duc fit faire ou envoyer de l'artillerie – entendue au sens large comme tout équipement de guerre – de toutes ses terres bourguignonnes, de « par-deçà » comme de « par-delà ». Je remercie chaleureusement Christophe Masson (Université de Liège) pour ses commentaires liés à l'interprétation de la lettre. Toute erreur subsistante est évidemment mienne.

19 Depreter, Estoit moult belle et poissant, p. 224-226.

20 Lille, ADN, B 3519/124359, fol. 10v : *Soit mémoire pour mener les serpentines qui se feront ou qui se prendront d'enprunt, car il en y a trop peu, qui seroit pour 24 serpentines a 3 chevaulx chacun.*

21 *Ibid.*, fol. 10r. Sur l'importance des routes lorraines reliant les pays septentrionaux et méridionaux de l'ensemble territorial bourguignon dans les années 1470 – importance explicitement signalée dans les sources (Gingins la Sarra, *Dépêches des ambassadeurs milanais*, p. 357, n° 271) –, voir J. Richard, La Lorraine et les liaisons internes de l'État bourguignon, dans *Le Pays lorrain*, t. 58, 1977, p. 112-122.

22 Dans sa lettre du 22 juillet à Claude de Neufchâtel, le duc évoque la possibilité de se rendre en Lorraine (*quant nous vouldrions tirer au secours de celluy nostre pais de Lorraine pour entrer en nosd. places de par dela, ce que nous ferons le plustost que nous pourrons*). Sa décision est clairement énoncée dans sa lettre du 11 août au même (*nous tirons en personne celle part a tout tres grosse puissance*) : Recueil du Fay, p. 154-157, 158-160, n°s 125, 130. Cf. Vaughan, *Charles the Bold*, p. 395.

23 Voir tableau en annexe.

24 Selon le premier correcteur, *l'advis est pour plus haster la chose de soy reduire a trois bombardes.* Lille, ADN, B 3519/124359, fol. 5r.

25 *Ibid.*, fol. 10r-v.

l'artillerie, grosse et menue, mais pour ce que la menue estoit la plus neccessaire a cause que lors on avoit plus a faire d'artillerie de bataille que d'autre pour cause du siege de Nancey, il fut dit que l'on la feroit tousjours avancer et emmener devant[26]. Dès lors, la réduction de l'artillerie lourde n'est pas tant le reflet d'une précipitation que d'un choix stratégique : le duc désirant combattre René II *puissance contre puissance*[27], l'armée de secours dirigée contre un ennemi assiégeant Nancy une première fois dès la fin juillet avant d'investir la ville un mois plus tard serait équipée prioritairement d'artillerie de campagne[28].

Dès lors, le départ tardif de l'armée peut-il encore être attribué à l'indécision du duc et de son état-major par rapport à l'objectif militaire à poursuivre[29] ? Certes, l'échec de la première tentative des partisans de René contre Nancy a pu réduire l'urgence ressentie[30]. Plus déterminant semble toutefois le temps nécessaire à assembler l'armée[31] et, surtout, l'artillerie. Le 19 août encore, s'adressant au receveur, le maître de l'artillerie déclare avoir trouvé à Saint-Pol sept « bonnes serpentines », qu'il faudra affûter à Lille, et pouvoir prendre trois ou quatre grosses serpentines parmi les cinq ou six disponibles au château de Hesdin, *car quant nous en averons le plus que en pourrons assembler, s'en y ara il bien peu*[32]. Si l'emprunt fut envisagé, la tendance restait donc de s'appuyer en priorité sur l'artillerie ducale. Rassembler les pièces était la première difficulté. Leur transport vers les zones d'engagement en était une seconde, on y reviendra.

2. Assiéger Nancy : le paroxysme d'une stratégie de campagne (automne 1476)

Le 25 septembre, le duc et son armée quittent enfin le camp de La Rivière[33]. En s'engageant en Lorraine, l'objectif était d'en découdre, une fois pour toutes, avec René tenant alors le siège devant Nancy : Charles désirait imposer une bataille rangée à un adversaire dont les effectifs, sans le soutien de ses alliés suisses, étaient faibles. Sans doute une victoire facile gonflerait-elle aussi le moral des troupes. En outre, l'issue d'une bataille étant considérée comme un jugement divin, elle pourrait asseoir la légitimité de Charles en Lorraine. Mais Nancy tomba le 6 octobre, alors que l'armée bourguignonne se trouvait encore à Jonvelle, au nord de la Franche-Comté[34]. Conscient de la faiblesse de ses effectifs, René II se retira. Du 6 au 19 octobre, un véritable jeu du chat et de la souris vit l'armée bourguignonne manœuvrer pour couper sa retraite. Mais la souris s'échappa[35].

Le 19, au conseil de guerre bourguignon, on décida d'assiéger une nouvelle fois Nancy. L'armée ducale aurait-elle dû se retirer en Luxembourg pour reprendre des forces ? Relayé par Molinet, c'était l'avis de quelques capitaines expérimentés[36]. Jean

26 *Ibid.,* 124360, fol. 1r, édité dans Depreter, *De Gavre à Nancy*, p. 215-216, annexe 5.

27 Jean Molinet, *Chroniques*, éd. G. Doutrepont, O. Jodogne, t. 1, Bruxelles, 1935, p. 152.

28 C. Pfister, *Histoire de Nancy*, t. 1, Paris-Nancy, 1902, p. 423-425 (premier siège, environ 20 juillet à la nuit du 10 au 11 août), 427-432 (deuxième siège, environ 20 août au 6 octobre).

29 Vaughan, *Charles the Bold*, p. 416 ; Dubois, *Charles le Téméraire*, p. 433-434.

30 Voir Pfister, *Histoire de Nancy*, t. 1, p. 427-432.

31 Dans sa lettre du 11 août à Claude de Neufchâtel, le duc signale certes que *desia nous avons rassemblé tous ceulx de noz ordonnances qui sont logez a l'entour de ceste ville, et n'atendons que apres aucuns nobles qui de jour a autre se y doivent trouver* (Recueil du Fay, p. 158-160, n° 130), mais cet optimisme relatif à la levée de troupes mériterait toutefois d'être confronté au compte du trésorier des guerres : Bruxelles, Archives générales du Royaume, Chambres des comptes, 25543 (1er janvier 1476-31 août 1477).

32 Lille, ADN, B 3519/124366, éd. Depreter, *De Gavre à Nancy*, p. 214, annexe 4.

33 Dubois, *Charles le Téméraire*, p. 432 ; Pfister, *Histoire de Nancy*, t. 1, p. 426, n. 4.

34 Dubois, *Charles le Téméraire*, p. 435-436 ; Pfister, *Histoire de Nancy*, t. 1, p. 430-432.

35 Pour le détail des opérations, voir *Ibid.*, t. 1, p. 434-437.

36 Jean Molinet, *Chroniques*, t. 1, p. 154. Voir Pfister, *Histoire de Nancy*, t. 1, p. 440.

Devaux a révélé la tendance de l'indiciaire à noircir le duc pour laver l'honneur de la noblesse bourguignonne[37]. Rappelons aussi que défenses et moral des Nancéens devaient être affaiblis après les sièges successifs de l'année écoulée et que René II ne disposait pas de troupes suffisantes pour former une armée de secours[38]. Mais assiéger la capitale lorraine, n'était-ce pas aussi le paroxysme d'une stratégie recherchant la bataille décisive ? À la lumière des coutumes de la guerre, un siège pouvait servir d'appât. En vertu de ses devoirs seigneuriaux, un prince ne devait-il pas porter secours à ses sujets et garnison assiégés dans les délais convenus ? Faillir à son devoir de protection ne serait-il pas source de déshonneur[39] ? René avait demandé deux mois aux Nancéens[40]. Dès lors, plutôt que de reprendre une à une les places lorraines, assiéger la capitale du duché mettait René au défi de secourir ses sujets avec les faibles effectifs à sa disposition. En outre, si Charles obtenait la reddition de la capitale avant l'intervention attendue, il pouvait raisonnablement espérer rétablir la réputation de son armée et, par là, soumettre rapidement les autres places du duché. En effet, en raison des représailles encourues en cas de résistance démesurée à un siège de prince, des redditions suivant la capitulation d'une place principale jugée la plus apte à résister n'étaient pas rares[41]. Il s'agissait donc pour le duc d'utiliser au mieux les moyens désormais réduits dont il disposait afin de réaffirmer au plus vite le pouvoir bourguignon en Lorraine. En ce sens, le siège de Nancy relevait d'une stratégie militaire cohérente.

3. De la stratégie à la tactique : les causes de l'échec

Indispensable pour presser René II à intervenir sans lui donner le temps d'accumuler argent et troupes, l'application rapide de la stratégie décidée se heurta toutefois à trois obstacles.

Le premier obstacle était la résistance tenace et peut-être inattendue de la garnison (et des habitants) de Nancy. Face à un adversaire certes affaibli, sans doute procédait-elle aussi d'une réelle peur de représailles. Significativement, elle se prolongea bien au-delà du délai de deux mois accordé à René II pour secourir la ville, et ce malgré les conditions de vie très dures. Or, durant les années précédentes, Charles le Hardi, dans un but de propagande soulignant sa puissance militaire, fit exécuter les défenseurs de places se rendant sans conditions, *à sa merci*, après une résistance jugée démesurée à un siège de prince. Si ces exécutions reflètent l'esprit de rigoureuse justice du Hardi, elles n'en étaient pas moins conformes au droit de la guerre. Au sein de l'Union de Constance, une contre-propagande efficace dénatura toutefois la justice princière en suggérant que les adversaires du duc s'étaient rendus sous des conditions négociées – dont la vie sauve, notamment à Grandson. Dès lors, le duc devenait un criminel de

37 Devaux, *La fin du Téméraire*, p. 107.

38 Cauchies, *Louis XI et Charles le Hardi*, p. 136-138 ; Dubois, *Charles le Téméraire*, p. 436.

39 Le duc Charles avait déjà appliqué cette stratégie, certes sans succès, devant Amiens (1471) et, sans doute, Beauvais (1472). Pour Amiens, voir Vaughan, *Charles the Bold*, p. 71. Le siège de Beauvais s'inscrit, pour sa part, dans une campagne de destruction visant également à faire intervenir Louis XI pour défendre ses terres et sujets : F. Viltart, *Exploitiez la guerre par tous les moyens !* Pillages et violences dans les campagnes de Charles le Téméraire (1466-1476), dans *Revue du Nord*, t. 91, 2009, p. 473-490 ; M. Depreter, *Moult cruaultéz et inhumanitéz y furent faictes*. Stratégie, justice et propagande de guerre sous Charles de Bourgogne (1465-1477), dans *Le Moyen Âge*, t. 121, 2015, p. 44-47. Cf. aussi Id., *De Gavre à Nancy*, p. 87-88.

40 Pfister, *Histoire de Nancy*, t. 1, p. 437.

41 Ainsi, la campagne de 1473 vit la plupart des villes gueldroises se soumettre après la capitulation de Nimègue, condition négociée de leur propre reddition : Depreter, *Moult cruaultéz*, p. 61.

guerre ne respectant ni les coutumes de la guerre, ni la parole donnée. Seuls des motifs de basse vengeance l'auraient animé. Parmi les pièces de langue germanique contant les guerres de Bourgogne, notons ce passage signalant que le duc emmenait devant Nancy un tonneau de cordes pour pendre les défenseurs et rejetait l'idée même de les gracier en cas de reddition[42]. Si les défenseurs étaient, comme nous le pensons, imprégnés de cette propagande, il n'est pas étonnant qu'ils n'aient point négocié leur reddition[43]. Dans ce cas, il fallait disposer d'artillerie lourde pour faire brèche et prendre la ville d'assaut.

Or, le second obstacle était logistique. En s'engageant en Lorraine, l'armée bourguignonne était avant tout équipée d'artillerie de campagne, nous l'avons vu. Désormais, il fallait disposer de l'artillerie de siège restée à l'arrière. Le 22 octobre, au moment d'investir la ville[44], elle était encore en chemin[45]. Conscient de l'urgence, l'ambitieux Jean de Dommarien, écuyer, prévôt de Luxembourg, probablement maître de l'artillerie dans les deux Bourgognes ayant vu son rôle croître par sa proximité du théâtre des opérations depuis 1475, organisa un convoi d'artillerie partant de Thionville le 28. Trois bombardes, leurs manteaux et du matériel de guerre en quantité non précisée – arcs, flèches, pavois, lances – furent embarqués sur la Moselle en direction de Metz. Au grand dam d'un clerc faisant rapport au receveur Menostey et à Gauvain de Bailleul, maître dans les principautés septentrionales et donc chargé de la direction de l'artillerie dans celles-ci, Dommarien refusa d'en dresser l'inventaire. Dans l'esprit de cet homme d'action, l'administration ne devait pas entraver les opérations[46]. Emmenait-il avec lui des pièces en stock à Thionville, mentionnées dans l'inventaire de juillet et remises en état à la hâte ? L'hypothèse n'est pas improbable. Emmenait-il munitions et poudre en quantité suffisante ? Il est permis d'en douter.

En effet, la levée du charroi fut malaisée. Au-delà de l'obstacle logistique, des résistances politiques s'observent. En contrepartie de l'aide annuelle de 500 000 écus accordée en 1473 pour six années, les États de principautés telles que la Flandre et le Brabant avaient exigé l'exemption ou, à tout le moins, la limitation du service militaire dont un charroi grevant l'économie locale par la réquisition de chariots de transport et de chevaux de trait[47]. Toutefois, le duc ne désirait – ou ne pouvait – pas se passer du charroi de ses pays pour l'artillerie. La location des services de rouliers professionnels s'avérait-elle plus difficile que prévue ? La réquisition était-elle financièrement plus avantageuse ? Quoi qu'il en soit, le charroi fut dès lors un objet récurrent de vives tractations entre le duc et les États. Il n'en allait pas autrement en 1476. Après

42 Légende Bourguignonne, Strasbourg, 1477, éd. et trad. É. Picot, H. Stein, *Recueil de pièces historiques imprimées sous le règne de Louis XI, reproduites en fac-similé, avec des commentaires historiques et bibliographiques*, t. 2, Paris, 1923, p. 42.

43 Ce paragraphe s'appuie sur Depreter, *Moult cruaultéz*, p. 41-69, avec références aux travaux relatifs aux coutumes de la guerre. Voir aussi Vaughan, *Charles the Bold*, p. 420.

44 Pfister, *Histoire de Nancy*, t. 1, p. 440-441 ; Dubois, *Charles le Téméraire*, p. 436.

45 On ne peut pas suivre la *Chronique de Lorraine*, citée par Pfister, *Histoire de Nancy*, t. 1, p. 441, selon laquelle l'artillerie ducale se mit immédiatement à tirer, l'objectif étant clairement de louer l'héroïsme des défenseurs. Mieux informé ou plus objectif semble Johann Knebel, *Diarium*, éd. W. Vischer, H. Boos, t. 2, Leipzig, 1887, p. 70 (*iterato obsedit cum suis Nansenam, sed non potuit multa dampna eis inferre, quia non habuit magnas bombardas*).

46 Lille, ADN, B 3520/124417 (lettre de J. du Bruecquet, 4 novembre 1476) et 124444 (inventaire de l'artillerie au dépôt de Thionville, livrée entre le 4 août et le 18 octobre). À propos de Dommarien : Depreter, *Estoit moult belle et poissant*, p. 19-21.

47 *Ibid.*, p. 350-352. Voir aussi J. Bartier, *Charles le Téméraire*, 1re éd., 1946, Bruxelles, 1972, p. 184 ; R. Wellens, *Les États généraux aux Pays-Bas des origines à la fin du règne de Philippe le Beau (1464-1506)*, Heule, 1974, p. 132-141.

de (trop) longues négociations et malgré la contestation du principe même de réquisition jusqu'en décembre[48], les États de Flandre et de Brabant semblent avoir accepté, avant le 2 novembre et sans doute eu égard à l'urgence, de fournir le charroi ou l'argent nécessaire à le lever au plus près du théâtre des opérations (Metz, Thionville)[49]. Encore fallait-il composer avec une résistance passive, fruit d'une lassitude due aux réquisitions récurrentes. Dans leurs circonscriptions, les officiers peinèrent à lever le nombre de chariots et de chevaux fixés par l'assiette. Le 2 novembre, suite aux doléances des officiers de l'artillerie, plusieurs blancs-seings leur furent délivrés par le chancelier afin de réclamer la partie manquante du charroi que devaient lever le grand bailli de Hainaut, le gouverneur de Lille, le bailli de Lens, le margrave d'Anvers et l'écoutète de Bois-le-Duc. Ces lettres furent expédiées le jour même, mais des rappels durent être envoyés aux mêmes officiers jusqu'au 8 décembre, au moins[50]. De même, les abbayes corvéables brabançonnes et les Membres de Flandre furent sollicités jusqu'au 27 novembre, au moins[51]. Si Bruges, pour sa part, équipait deux chariots et huit chevaux fixés par l'assiette, la dépense ne fut effectuée – et inscrite dans le compte communal – qu'en décembre, alors que le duc campait depuis plus d'un mois devant Nancy[52] !

Concrètement, la comptabilité des clercs du receveur révèle que, pendant que Dommarien s'embarquait sur la Moselle en direction de Metz, le matériel arrivait au compte-gouttes à Namur, puis à Thionville. Fin octobre, seize tonneaux de poudre arrivèrent à Namur[53]. Du 9 au 16 novembre, la bombarde Michaut – pièce jugée hors service en juillet –, deux serpentines (dont l'une en provenance de Ham), seize haquebutes, un thumereau, deux chariots de bombardes, vingt-cinq tonneaux de poudre, un tonneau de plommées et du menu matériel furent réceptionnés à Thionville[54]. Dans ces circonstances, la préparation d'un train d'artillerie doté de l'escorte nécessaire pour pénétrer en territoire hostile fut lente. Alors que le duc ne cessait de presser son gouverneur en Luxembourg de lui envoyer poudre, munitions et autre matériel du dépôt de Thionville[55], Jean de Dommarien, dans une lettre envoyée le 15 décembre de Metz au receveur de l'artillerie, révélait que les Messins, désireux de préserver leur neutralité et craignant sans doute les représailles de la Basse Union en cas de ravitaillement des assiégeants par leur territoire, n'accordaient plus depuis quelque temps à l'artillerie ducale le passage par leur ville. En outre, Dommarien n'avait pu y recruter ni hommes ni chevaux pour le charroi. Enfin, il avertissait Menostey que tout train de ravitaillement mené en Lorraine devrait être escorté d'au moins 200 bons combattants pour cause des garnisons lorraines contrôlant les routes vers Nancy[56].

48 Blockmans, *Handelingen*, p. 293, 295 (réunion du 11-15 août 1476), 300-302 (24-30 septembre), 304-305 (12-20 octobre), 306-310 (23/25-27 octobre ; 27 octobre-5 novembre ; 17-22 novembre ; 4-16 décembre).

49 Lille, ADN, B 3519/124360, éd. Depreter, *De Gavre à Nancy*, p. 215-216, annexe 5.

50 Lille, ADN, B 3519/124360, fol. 1v ; *Ibid.*, B 3518/124158, fol. 7r-10r.

51 *Ibid.*, fol. 8v.

52 Bruges, Stadsarchief Brugge, Oud Archief, Reeks 216 : Stadsrekeningen, 1476-1477, fol. 122r.

53 Lille, ADN, B 3518/124158, fol. 6v.

54 *Ibid.*, 124085.

55 Recueil du Fay, p. 160-161, 161-162, 162-164, n°s 132 (18 novembre), 133 (13 décembre), 136 (14 décembre).

56 Lille, ADN, B 3519/124367, éd. Depreter, *De Gavre à Nancy*, p. 217, annexe 6. Sur la politique de Metz, voir J. Schneider, Metz et la Bourgogne au temps de Charles le Hardi (1467-1477), dans *Mémoires de l'Académie nationale de Metz*, 6e sér., t. 4-5, 1976-1977, p. 305-335. Nos sources suggèrent que les menaces de représailles émises début octobre à l'encontre des Messins eurent plus d'impact qu'on a pu leur accorder.

Ainsi, des facteurs d'ordre culturel, logistique et politique offrirent à René II le temps de récolter l'argent français et de recruter des troupes suisses. *A priori*, rien ne permettait de présager de sa réussite en la matière. Entré en pourparlers avec les Suisses, Charles le Hardi pouvait raisonnablement espérer que les effectifs de l'armée de secours lorraine seraient peu fournis[57]. Mais les efforts diplomatiques de René furent récompensés alors que l'armée bourguignonne, en proie à la faim et au froid, s'affaiblissait de jour en jour. Le duc était-il mal informé sur les effectifs réels de son adversaire ? Ou, en vertu de l'honneur personnel mis en jeu par ce siège de prince, estimait-il ne pas pouvoir lever le siège et devoir attendre l'armée de secours pour livrer bataille dans des conditions désormais défavorables[58] ? Le 5 janvier 1477, attendant de pied ferme René II, le duc de Bourgogne essuya en tout cas une ultime défaite qui lui coûta la vie.

4. Conclusion

En conclusion, le siège de Nancy semble relever d'une décision réfléchie constituant l'aboutissement d'une stratégie appliquée depuis l'entrée en campagne : obliger René II à combattre avec les faibles ressources humaines, matérielles et financières à sa disposition. La gestion rationnelle de stocks désormais réduits d'artillerie ducale révèle à quel point cet objectif était prioritairement recherché. Mais elle révèle également des faiblesses : l'armée bourguignonne n'ayant pas réussi à couper la route à René II et à lui imposer une bataille rangée, le siège devait servir d'appât. Pour réellement mettre sous pression René, l'artillerie lourde, restée à l'arrière durant la phase mobile de la campagne, devait être amenée devant Nancy. Malgré les efforts déployés, ce transport s'avéra pénible. Si les stocks disponibles à Thionville purent être amenés sur place durant les premières semaines du siège, des problèmes d'ordre politico-logistique purent conforter les Nancéens dans une résistance déjà exacerbée par une probable peur des représailles. À la soudaine neutralité de Metz qui ne désirait plus voir l'artillerie ducale transportée sur la Moselle depuis Thionville passer sur ses terres, il fallut ajouter une résistance à la levée du charroi dans les Pays-Bas, résistance animée par les assemblées représentatives dans un premier temps, puis, par leur désobéissance, par les sujets du prince. La pénurie de poudre et de munitions rencontrée par le duc devant Nancy en fut le reflet. Peut-on, dès lors, déjà parler de crise de l'État bourguignon ? À vrai dire, les structures de l'État ne semblent pas remises en cause, le fait que les assemblées représentatives se plièrent finalement à la volonté ducale le suggère. Il n'en reste pas moins que des tensions vives se manifestaient déjà entre pouvoirs princier et urbains, représentés aux États provinciaux, tensions qui ne tarderaient pas à éclater à la mort du Hardi.

Face aux revers inattendus et à l'approche de l'armée de secours lorraine, Charles aurait-il dû se retirer en Luxembourg ? Peut-être. Si on ne peut pas lui reprocher sa stratégie générale, le duc s'adaptait difficilement aux circonstances changeantes du terrain. Malgré son admiration pour les Alexandre, César et autre Hannibal, conquérants qu'il désirait imiter[59], Charles le Hardi ne fut jamais un grand tacticien[60]...

57 Voir Cauchies, *Louis XI et Charles le Hardi*, p. 136-138.

58 Cf. M. H. Keen, *The Laws of War in the Late Middle Ages*, Toronto, 1965, p. 131-133. Plus souple que son fils, Philippe le Bon fit diffuser après le siège raté de Calais (1436) l'information selon laquelle il n'y fut que « par manière de logis », et non de siège, son honneur étant ainsi sauf.

59 Vaughan, *Charles the Bold*, p. 163-164, 181-182.

60 Cf. Cauchies, *Louis XI et Charles le Hardi*, p. 138.

Annexe

Trains prévus et stocks d'artillerie de 1473 à 1476[61]

	Train de 1473 (Gueldre)	Train de 1475 (Lorraine)	Stocks en juillet 1476	Train de 1476 (Lorraine)[62]
Bombardes	4	6	15	4 => 3=> 2 => 0
Bombardelles	4	6	8	4 => 3=> 2 => 0
Mortiers	4	6	3	2 => 0
Courtauds	12	10	2	2
Serpentines			9	
Grosses serpentines	16	17	9	13
Moyennes serpentines	36	36	2	8
Petites serpentines	36	48	2	24 ? (emprunt envisagé)
Veuglaires	0	0	2	0
Thumereau	0	0	1	0
Haquebutes	50	200	36	250 => 100

61 Tableau réalisé à partir de Lille, ADN, B 3519/124191, 124348, 124359, éd. Depreter, L'artillerie de Charles, p. 105-110, 132-136, 137-146, nos 9, 16, 17.

62 Les flèches indiquent les réductions successives apportées à l'état prévisionnel

Ne s'esbahir de riens : Olivier de La Marche et les vertus de l'équanimité*

Jean Devaux
Professeur à l'Université du Littoral – Côte d'Opale (ULCO)
Dunkerque et Boulogne-sur-Mer

Historia [...] *magistra vitae*[1] : conformément au célèbre précepte de Cicéron, l'histoire s'impose avant tout au lectorat du bas Moyen Âge comme un vaste répertoire d'actions vertueuses propres à illustrer les traités moraux. George Chastelain associe dans un même éloge les *histoires des nobles dits et tractations non communes des anciens philosophes, des poètes, des orateurs et des historiographes*. Or c'est bel et bien dans leur portée didactique et morale que réside à ses yeux la valeur intrinsèque de ces écrits, qui constituent *le miroir par lequel on s'adresse* [...], *l'exemple par lequel on s'amesure* [...], *et par lequel, prenant exultation en choses honnestes, on enlaidit et fuit-on œuvres ténébreuses et malsaines*[2]. L'œuvre d'Olivier de La Marche, son fidèle disciple, en offre tout autant la parfaite illustration, que l'on songe à la fiction du *Chevalier deliberé* ou à la tonalité sentencieuse de ses *Mémoires*, qui rend compte à merveille de la visée moralisante à laquelle est assujettie l'écriture de l'histoire[3].

L'on connaît à coup sûr la dimension militaire de ce texte phare du patrimoine littéraire bourguignon : enrôlé à dix-huit ans dans la suite de Philippe le Bon (1443), l'écrivain-chevalier participa à la plupart des campagnes ducales et fut l'un des grands ordonnateurs des joutes et pas d'armes qui firent les heures de gloire de la cour de Bourgogne[4]. Si ce vivant tableau de l'univers des combats fait certes la part belle à la rhétorique des passions qui investit volontiers l'historiographie, il n'en contribue pas moins de manière déterminante à la portée didactique des *Mémoires*. Ainsi la place prépondérante conférée par le chroniqueur à la gloire chevaleresque et à la célébration des hauts faits d'armes va-t-elle de pair avec l'attention qu'il accorde, en contrepoint, à l'idéal de constance et de maîtrise de soi.

---

* C'est avec un réel plaisir que nous dédions cet article au Professeur Jean-Marie Cauchies, qui, depuis les débuts de notre carrière de chercheur, nous a assuré son soutien indéfectible et nous a prodigué ses chaleureux encouragements. Aussi tenons-nous à lui redire ici notre amitié et notre gratitude, ainsi que notre vive admiration pour ses multiples travaux et pour son action décisive en faveur du renouveau des études bourguignonnes.

1 Cicéron, *De l'orateur. Livre deuxième*, IX, 35, éd. et trad. E. Courbaud, Paris, 1927, p. 21.

2 George Chastelain, *Œuvres*, éd. J. Kervyn de Lettenhove, t. 6, Bruxelles, 1864, p. 280-281.

3 Olivier de La Marche, *Le Chevalier deliberé (The Resolute Knight)*, éd. C. W. Carroll, trad. L. Hawley Wilson, C. W. Carroll, Tempe, 1999 ; Olivier de La Marche, *Mémoires*, éd. H. Beaune, J. d'Arbaumont, 4 vol., Paris, 1883-1888. Sur la dimension didactique des *Mémoires*, cf. C. Emerson, *Olivier de La Marche and the Rhetoric of 15th-Century Historiography*, Woodbridge, 2004, p. 116-163 ; J. Devaux, Olivier de La Marche, moraliste et pédagogue, dans *Autour d'Olivier de La Marche*, éd. J.-M. Cauchies, *Publication du Centre européen d'Études bourguignonnes (XIVe-XVIe s.)*, t. 43, 2003, p. 29-43.

4 Sur le parcours d'Olivier de La Marche, cf. H. Stein, *Étude biographique, littéraire et bibliographique sur Olivier de La Marche*, Bruxelles, 1888 ; Olivier de La Marche, *Mémoires*, t. 4, p. I-CI.

Pour la singuliere affection qu'avons a luy. *Études bourguignonnes offertes à Jean-Marie Cauchies*, sous la direction de Paul Delsalle, Gilles Docquier, Alain Marchandisse et Bertrand Schnerb, Turnhout, 2017 (*Burgundica* 24), p. 187-194.

DOI 10.1484/M.BURG-EB.5.113917

Le bel enthousiasme avec lequel Olivier de La Marche envisage, de prime abord, l'ardeur belliqueuse fait assurément de cette vertu nobiliaire l'un des traits constitutifs du héros bourguignon[5]. D'emblée, le duc Philippe le Bon est vanté, sous sa plume, pour l'énergie dont il fit montre, chaque fois que ce fut nécessaire, afin de défendre personnellement son honneur : *nul homme ne fut plus aigre, plus prompt, ne mieulx eloquent de luy, et fut homme du plus grand effect de sa personne et de sa chevalerie qu'il n'estoit de parolles*[6]. Ainsi l'adjectif *aigre* et l'adverbe *aigrement* traduisent-ils fréquemment, au fil des *Mémoires*, l'impétuosité de tel ou tel protagoniste, et en particulier son ardeur au combat[7]. Si éloquent fût-il, le Grand duc d'Occident ne se contenta pas d'user de belles paroles, mais il eut à cœur de payer de sa personne : le narrateur y insiste, sa conduite en temps de guerre fut tout à la fois celle d'un prince souverain et celle d'un chevalier prêt à en découdre et à se précipiter au plus fort de la mêlée, *non pas comme prince ou personnaige de prix ou d'extime tel qu'il estoit, mais comme un homme chevaleureux, tout plain de hardement et de prouesse*[8].

Chevalerie, *hardement*, *couraige*, *prouesse* et *vaillance*, la répétition de ces quelques vocables, le plus souvent associés sous la forme de polynômes, suffit à désigner cet état d'exaltation qui, d'un simple guerrier, fait un être d'exception[9]. De même, si le mot *cueur* renvoie par métonymie à la vertu militaire que constitue la bravoure, il peut traduire au besoin l'énergie et l'enthousiasme qui animent le combattant aux instants décisifs. Le futur Charles le Hardi témoigne, dès son plus jeune âge, d'une telle détermination qu'il fait serment, *par sainct George*, de se vouer corps et âme à la lutte engagée contre les rebelles gantois, montrant par là que *le cueur* [lui] *croissoit avecques les jours*[10]. Il se signale, d'ailleurs, à la bataille de Basele (9 juin 1452), par la hardiesse avec laquelle il assure le commandement de l'un des corps de troupe, endossant d'emblée, dès l'âge de dix-huit ans, les fonctions de chef de guerre inhérentes à son statut princier :

> *Et combien que le conte Charles fust* [*jeusne*] *et en sa premiere armée, touteffois il marchoit ou l'espée ou le baston au poing ; et tenoit gens en ordre et en bataille, et se faisoit doubter et obeir ; et monstroit bien que le cueur luy disoit et apprenoit qu'il estoit prince, né et eslevé pour aultres conduire et gouverner*[11].

Si la fougue belliqueuse peut se traduire incidemment par la *gayeté de cueur* qui anime les combattants[12], elle se manifeste le plus souvent par leur mépris du danger. Jacques de Lalaing, parangon de bravoure, se trouve décrit, un demi-siècle avant Bayard, comme *ung chevallier sans peur et sans doubte*, n'hésitant pas à se porter à la rescousse de ses gens à

---

5 Sur cet aspect des *Mémoires*, cf. de même J. Devaux, Le culte du héros chevaleresque dans les *Mémoires* d'Olivier de La Marche, dans *Le héros bourguignon : histoire et épopée*, éd. J.-M. Cauchies, G. Small, A. Brown, *Publication du Centre européen d'Études bourguignonnes (XIVe-XVIe s.)*, t. 41, 2001, p. 53-66.

6 Olivier de La Marche, *Mémoires*, t. 2, p. 28.

7 Cf. par exemple, *Ibid.*, t. 2, p. 323 : *Là entra le noble conte de Charrolois qui moult aigrement chassoit enseignes et gens d'armes au secours du duc, son pere.*

8 *Ibid.*, t. 2, p. 322-323. Cf. de même, au sujet de Maximilien d'Autriche, *Ibid.*, t. 3, p. 252 : *et monstroit bien que luy, qui n'avoit que dix neuf ans, avoit couraige de prince et d'homme chevalleureux.*

9 Pour plus de détails, cf. H. Wolff, La caractérisation des personnages dans les *Mémoires* d'Olivier de La Marche : identification ou description ?, dans *Écrire l'histoire à la fin du Moyen Âge*, éd. J. Dufournet, L. Dulac, *Revue des Langues romanes*, t. 97, 1993, p. 43-56.

10 Olivier de La Marche, *Mémoires*, t. 2, p. 226. Cf. de même *Ibid.*, t. 3, p. 216-217 : *et en ce temps monseigneur Maximilian d'Austrice, mon prince, print cueur et couraige.*

11 *Ibid.*, t. 2, p. 265.

12 Cf. notamment *Ibid.*, t. 2, p. 295 : *le bastard de Bourgoingne de gayeté de cueur s'estoit parti de Terremonde.* Il s'agit là d'Antoine de Bourgogne, dit le Grand Bâtard.

l'endroit même *où il* [voyait] *la plus grant presse d'ennemis*[13]. Telle est, rappelle La Marche, la qualité maîtresse qui valut au deuxième des ducs Valois de Bourgogne son surnom, amplement mérité, de Jean sans Peur : célébré comme un homme *moult courageux et de grant coer*[14], il ne craignit pas de s'engager en personne dans la lutte contre l'Infidèle en prenant part à la campagne de Nicopolis et *oza, en ses jeunes jours, emprendre et executer* ce périlleux voyage, alors que les autres princes chrétiens se contentaient de proférer des menaces contre les Turcs, préférant laisser à d'autres les risques d'une telle expédition[15].

À diverses reprises, Charles le Hardi est vanté à son tour pour l'intrépidité qui l'incite à affronter les plus graves périls. Alors que son père cherche à le tenir à l'écart des combats en sa qualité d'héritier de la Maison de Bourgogne, sa réaction, rapportée au style indirect, le montre résolu à braver la mort : *il vauldroit mieulx*, déclare-t-il, *à ses pays advenir le perdre jeune, que d'avoir seigneur sans couraige*[16]. Il n'est pas d'ailleurs jusqu'au désastre de Nancy qui ne soit jugé à l'aune de cette détermination : à la différence d'autres chroniqueurs, tels Philippe de Commynes ou Jean Molinet[17], le mémorialiste exalte la bravoure incomparable manifestée en ce jour par son défunt maître qui, assailli tout à la fois par le duc René de Lorraine et par ses alliés suisses et allemands, *courageusement vint en sa personne à l'encontre d'eulx* et *assambla corageusement avec ses ennemis*[18].

Il n'en demeure pas moins que l'ardeur du tempérament représente pour le combattant un véritable danger dès lors qu'elle l'incite à faire fi de toute prudence et à prendre des risques inconsidérés. Ce travers s'affirme clairement, à la lecture des *Mémoires*, comme l'un des traits spécifiques de la jeunesse, qu'Olivier de La Marche se plaît à mettre en balance avec l'expérience des guerriers chevronnés. Le récit de la guerre de Gand de 1452 offre plusieurs exemples de cette bravoure excessive, imputable à la *verdeur et jeunesse*[19] des protagonistes. Corneille, bâtard de Bourgogne, qui trouva la mort à la bataille de Rupelmonde, s'était signalé quelques jours plus tôt, à Termonde, par son acharnement à poursuivre les Gantois après qu'un premier assaut les eut mis en déroute. Afin de mieux stigmatiser les risques de cette chasse à l'homme, le mémorialiste rapporte au style direct les paroles de remontrance adressées à ce seigneur par son ancien précepteur, Guillaume de Saint-Seine, qui, lancé à sa poursuite, réussit de justesse à le stopper dans son élan :

> *Comment, monseigneur, voulez vous, par vostre verdeur et jeunesse, mectre ceste noblesse en dangier, qui vous suit en pesantes armes, par telle chaleur et à pied qu'il faut les plusieurs porter et soubstenir par les bras ? Vous debvez estre le chastel et le fort où tous les aultres se doibvent rassembler et fortiffier ; et l'on ne vous peult consuyr ne ratteindre, et certes, se les ennemis retournoient et vous trouvoient en tel travail et desroy, ceste vaillance vous seroit tournée à honte, par le dommaige que à vostre cause pourroit avoir la compaignie*[20].

---

13 *Ibid.*, t. 2, p. 248-249. Cf. de même *Ibid.*, t. 2, p. 297 : *se fourrerent dedans les ennemis sans peur et sans crainte.*

14 *Ibid.*, t. 1, p. 83.

15 *Ibid.*, t. 1, p. 84. Sur le souvenir du « voyage de Hongrie », cf. B. Schnerb, *Jean sans Peur. Le prince meurtrier*, Paris, 2005, p. 103-110.

16 Olivier de La Marche, *Mémoires*, t. 2, p. 312-313.

17 Philippe de Commynes, *Mémoires*, éd. et trad. J. Dufournet, t. 2, Paris, 2007, p. 194-195 ; Jean Molinet, *Chroniques*, éd. G. Doutrepont, O. Jodogne, t. 1, Bruxelles, 1935, p. 92-93, 101, 163-164. Sur le contexte historique de ces événements, l'on se référera bien évidemment à l'étude lumineuse du dédicataire du présent volume : J.-M. Cauchies, *Louis XI et Charles le Hardi. De Péronne à Nancy (1468-1477) : le conflit*, Bruxelles, 1996. Cf. de même J. Dufournet, *La destruction des mythes dans les* Mémoires *de Ph. de Commynes*, Genève, 1966, p. 121-123 ; J. Devaux, La fin du Téméraire... ou la mémoire d'un prince ternie par l'un des siens, dans *Le Moyen Âge*, t. 95, 1989, p. 105-128.

18 Olivier de La Marche, *Mémoires*, t. 1, p. 142.

19 *Ibid.*, t. 2, p. 252 : *par vostre verdeur et jeunesse* ; 278 : *par sa jeunesse et verdeur.*

20 *Ibid.*, t. 2, p. 252-253.

En fin connaisseur du monde de la guerre, La Marche rend compte ici, de prime abord, des circonstances matérielles entravant les Bourguignons dans leur progression, qu'il s'agisse de la chaleur ou du poids de leur armement. Mais surtout, il met l'accent sur les données psychologiques qui doivent décider de la conduite du chef de guerre. Plutôt que de s'élancer seul à l'assaut et de s'isoler ainsi de ses propres gens, il convient qu'il combatte à leurs côtés et leur apporte son soutien dans les moments difficiles, tel un bastion fortifié où ils viendraient chercher quelque réconfort. Il se peut de la sorte que la fougue belliqueuse qui confère au guerrier une part appréciable de sa valeur personnelle se révèle incompatible avec l'exercice du commandement. C'est bien là, en effet, ce que suggère le paradoxe qui clôture ce discours : pareille *vaillance* ne tarderait guère à se muer en *honte* si elle portait préjudice à l'intérêt collectif. *Le bon chevallier* Corneille de Bourgogne se montrera d'ailleurs sensible à cette leçon d'art militaire, dispensée, rappelle l'auteur, par le maître qui *l'avoit* [*nourry*], et, renonçant sur-le-champ à sa course-poursuite, il permettra à ses troupes de se rallier à lui[21].

Il arrive toutefois que les hommes d'expérience éprouvent quelque peine à contenir l'énergie des plus jeunes des combattants. Le repli stratégique opéré par les Gantois à la bataille de Basele engage Louis de Luxembourg à réagir avec prudence et, dans la crainte d'une riposte éventuelle, à préserver coûte que coûte la cohésion de son corps d'armée. Aussi est-il contraint, à diverses reprises, de tempérer l'excessive ardeur des *josnes gens*, qui, précise La Marche, étaient *fors à tenir en ordre* et qui, sans cesse, *se desroboient* pour courir sus à l'ennemi. Recourant là encore au discours direct, le chroniqueur dénonce, par la bouche du comte de Saint-Pol, les dangers d'un tel comportement, où l'exaltation va de pair avec l'indiscipline :

> *Nous nous mectons en desordre contre la doctrine de la guerre et peult estre sont noz ennemis plus près que nous ne pensons. Chascun se veult advancer et cuyde bien faire, mais je dy qu'il acquiert assez honneur qui se garde de honte*[22].

Placée d'emblée sous le signe de la *doctrine* militaire, cette mise en garde acquiert d'autant plus de poids qu'elle se trouve résumée tout entière dans un précepte faisant écho aux propos de Guillaume de Saint-Seine[23] : mieux vaut réprimer un vain désir de gloire que de risquer d'encourir l'opprobre d'avoir fait tort à son propre camp.

C'est là du reste ce dont témoignent, quelques pages plus haut, les lourdes pertes essuyées par Jean de Bourgogne, comte d'Étampes, lors de son expédition contre le village de Nevele, où les milices gantoises se trouvaient retranchées. Ayant réussi d'emblée à pénétrer dans la place, les Bourguignons avaient eu la sagesse de refermer sur eux la barrière qui en défendait l'accès principal. Néanmoins, poursuit l'auteur, *ung grant tas de josnes gens plains de feu et de couraige* commirent l'imprudence d'ouvrir la barricade, trop impatients qu'ils étaient de donner la chasse aux fuyards, de telle sorte que leurs troupes furent décimées en un instant par les Gantois embusqués aux abords du village. Olivier de La Marche s'attarde amplement sur les funestes conséquences de cette action, accomplie, observe-t-il amèrement, *sans grant conseil* : outre les nombreux blessés, qui n'eurent la vie sauve que *par l'ayde de Dieu*, le chroniqueur déplore, à la suite de

21 *Ibid.*, t. 2, p. 253. Sur la carrière de Corneille de Bourgogne, cf. en dernier lieu A. Marchandisse, Corneille, bâtard de Bourgogne (*ca* 1426-1452), dans *La bâtardise et l'exercice du pouvoir en Europe du XIIIe au début du XVIe siècle*, éd. É. Bousmar, A. Marchandisse, C. Masson, B. Schnerb, Villeneuve d'Ascq, 2015, p. 53-89. Sur son précepteur, Guillaume de Saint-Seine, cf. *Ibid.*, p. 65 et n. 64, 71-72 et n. 102, 107.

22 Olivier de La Marche, *Mémoires*, t. 2, p. 262.

23 Cf. *supra*, n. 20.

Jean de Bourgogne, que plusieurs *gens de bien*, parmi les plus vaillants, aient trouvé la mort en cette seule journée[24].

Quelle que soit, par ailleurs, son admiration pour le duc Charles et pour la fougue belliqueuse dont il put faire montre, notre mémorialiste n'en souligne pas moins les effets pervers du tempérament ardent dont le comte de Charolais témoigna dès son plus jeune âge. Soucieux de se montrer parfaitement objectif dans le portrait qu'il brosse de son maître et seigneur, il le dépeint sans ambages comme *chault, actif et despit*, comprenons d'un naturel bouillant et irascible, de telle sorte qu'il *desiroit, en sa condiction enffantine, à faire ses voulentez à petites corrections*[25]. Or ce trait de caractère, que La Marche décrit expressément comme *le pire bout* de sa personnalité[26], influe, de manière symptomatique, sur l'obstination irraisonnée qui fut la sienne dans le cadre de la lutte contre les rebelles flamands. Alors que le comte d'Étampes avait renoncé, en toute sagesse, à s'emparer de la place de Moerbeke, solidement défendue par les milices gantoises, le comte de Charolais et de nombreux seigneurs vinrent inspecter, le lendemain même, les remparts de la ville afin d'évaluer les chances de succès d'une éventuelle action offensive. Bien vite, cependant, Charles se retrouva en désaccord avec l'ensemble de son état-major : tandis que le jeune prince se déclarait convaincu que ses troupes ne feraient qu'une bouchée de cette poignée de *villains*, son entourage le mettait en garde, d'une seule et même voix, contre les dangers d'une telle entreprise.

Olivier de La Marche laisse entrevoir, une nouvelle fois, la dimension didactique de l'anecdote dont il rend compte : ainsi que le lui *remonstr*[*ent*] deux de ses proches conseillers, Charles aurait dû s'en remettre d'emblée à *l'opinion des saiges cappitaines experimentez que le duc, son pere, avoit envoyez avecques luy*. Mais surtout, le comte de Charolais est ici tout entier le jouet de ses émotions. Son entêtement se trouve imputé, une fois encore, à cette *verdeur* qui, sous la plume du mémorialiste, est le plus souvent synonyme d'exaltation. Bien plus, il est à ce point dominé par ses passions qu'il va jusqu'à *larmoy*[*er*] *de despit et de couraige* lorsqu'il se voit contraint de battre en retraite sans livrer combat. Seule la crainte salutaire de désobéir à son père le convainc au demeurant de renoncer à ses projets[27].

Plus que les sentiments belliqueux qui l'animent, c'est bel et bien, en effet, la fermeté de son caractère qui fait du héros chevaleresque un personnage hors du commun. *Ne s'effroyer ne se mouvoir, ne s'esbahir de riens* : tels sont les trois verbes qui traduisent, le plus souvent, cette parfaite constance devant l'adversité, cette capacité à demeurer imperturbable, à ne pas se laisser envahir par ces émotions inopportunes qui obscurcissent le jugement. Philippe le Bon nous apparaît, dans les moments critiques, comme le modèle du *prince constant*[28], qui *ne se mouvoit* et *jamais ne s'effroya de chose qui luy advint*[29].

Olivier de La Marche s'attarde comme à plaisir sur l'attitude de son prince à l'annonce de la prise de la ville de Luxembourg (22 novembre 1443). Le duc Philippe, qui avait établi ses quartiers à Yvois[30], à plusieurs lieues de la capitale du duché, se devait alors, séance tenante, de rejoindre la place conquise afin de prendre d'assaut le château tenu

---

24 Olivier de La Marche, *Mémoires*, t. 2, p. 255-257.

25 *Ibid.*, t. 2, p. 216. Ainsi ce prince tend-il à s'imposer, chez les chroniqueurs du temps, comme « une incarnation de la mauvaise colère ». Cf. L. Smagghe, *Les Émotions du prince. Émotion et discours politique dans l'espace bourguignon*, Paris, 2012, p. 195-212.

26 Olivier de La Marche, *Mémoires*, t. 2, p. 216.

27 *Ibid.*, t. 2, p. 277-278.

28 *Ibid.*, t. 2, p. 41.

29 *Ibid.*, t. 3, p. 25.

30 Cf. H. Vander Linden, *Itinéraires de Philippe le Bon, duc de Bourgogne (1419-1467) et de Charles, comte de Charolais (1433-1467)*, Bruxelles, 1940, p. 222. Cette place fut rebaptisée Carignan en 1662. Sur la prise de Luxembourg, cf. notamment R. Vaughan, *Philip the Good. The Apogee of Burgundy*, 1re éd., 1970, Woodbridge, 2002, p. 278-282.

par les Allemands. Or, tandis que ses proches, pressés de se mettre en route, piaffaient d'impatience et s'activaient à qui mieux mieux, le duc prit le temps d'assister à l'office, *aussi froidement qu'il avoit accoustumé* et, de surcroît, il se retira dans son oratoire pour réciter *certaines graces*, prières qui *durarent assez longuement*. Le jeune Olivier, qui faisait là ses premières armes en sa qualité de page de la maison ducale, se plaît à témoigner, à titre personnel, de la fébrilité des hommes d'armes, qui s'irritaient de ce que le duc gaspille son temps en *patenostres*. Ce dernier, au demeurant, ne se laissa pas émouvoir par les timides remontrances de son premier écuyer, à qui il rétorqua avec sérénité que Dieu lui avait accordé cette victoire et que, s'il le jugeait bon, il la lui garderait[31].

Par ailleurs, le récit de la campagne du Bien public met en exergue l'impérieuse nécessité de garder la tête froide face aux rumeurs alarmantes propagées en temps de guerre, qui risquent fort d'engendrer de graves erreurs stratégiques. Alors qu'un puissant contingent venu du duché de Bourgogne progressait à travers les plaines de la Beauce en vue de prêter main forte aux troupes du comte de Charolais, la nouvelle se répandit que le roi Louis XI avait vaincu les Bourguignons à la bataille de Montlhéry et que leur chef, le futur Charles le Hardi, avait été tué ou capturé par les Français. Notre écrivain se plaît à dépeindre de manière contrastée la réaction de la *compaignie* tout entière, qui, *de plain sault, fut moult effroyée*, et le remarquable sang-froid du duc Jean de Calabre, dont les Lorrains venaient de rallier l'armée bourguignonne. De fait, poursuit La Marche,

> *ce noble prince monseigneur de Calabre reconfortoit toute la compaignie, et disoit qu'il ne creoit point que celle noblesse et puissance fust deconfite pour ung jour ; et pria qu'on eust patience d'ouyr les secondes nouvelles, et que les premieres nouvelles de la guerre ne sont jamais seures ne vrayes ; et que quant il seroit vray de la desconfiture, que Dieu ne veuille, il s'ouffrit en sa personne de demourer avec les Bourguignons* [...] *; et se monstroit le duc de Calabre vray et loyal prince en ceste partie*[32].

À l'affolement qui, comme une traînée de poudre, se répand en un instant parmi les hommes de troupe s'oppose ici la *patience* recommandée par le prince, attentif à ne pas se laisser dominer par l'émotion. Soucieux de mettre l'accent sur la portée didactique d'une telle anecdote, le mémorialiste associe cette belle leçon de tempérance à un précepte d'art militaire : *les premieres nouvelles* relatives aux faits de guerre doivent être accueillies avec d'autant plus de circonspection qu'elles ne sont bien souvent que de fausses rumeurs. Un messager digne de foi ne tardera pas, en l'occurrence, à annoncer la victoire – à vrai dire toute relative – remportée à Montlhéry par le comte de Charolais, de telle manière, conclut le narrateur, que *fut ce grant dueil mis en toute joye*[33].

---

31 Olivier de La Marche, *Mémoires*, t. 2, p. 40. L'épisode n'est pas sans rappeler, dans le *Livre des fais et bonnes meurs du sage roy Charles V*, la réaction du monarque à l'annonce de l'attaque menée en Guyenne contre l'une de ses forteresses : déployant là ses talents de narratrices, Christine de Pizan se plaît pareillement à mettre en balance le sang-froid manifesté par le roi Charles et l'impatience des plus fougueux de ses écuyers. Christine de Pizan, *Le Livre des fais et bonnes meurs du sage roy Charles V*, éd. S. Solente, t. 2, Paris, 1941, p. 51-52. Cf. notamment J. Devaux, De la biographie au miroir des princes : le *Livre des fais et bonnes meurs du sage roy Charles V* de Christine de Pizan, dans *Le Prince en son « miroir ». Littérature et politique sous les premiers Valois. Actes des Rencontres internationales organisées à Dunkerque (Université du Littoral-Côte d'Opale) le jeudi 22 octobre 2009*, éd. J. Devaux, A. Marchandisse, *Le Moyen Âge*, t. 116, 2010, p. 591-604, en particulier p. 599-600.

32 Olivier de La Marche, *Mémoires*, t. 3, p. 19. *De plain sault* : tout de suite, aussitôt.

33 *Ibid.* La Marche s'inscrit en faux contre la thèse accréditée par *les historiographes françois, qui ont mis la bataille gaignée pour le Roy de France*, et déclare sans ambages que Charolais fut victorieux dans la mesure où il *garda ce jour le champ de la bataille, que l'on nommoit enciennement le champ de Plours*. *Ibid.*, t. 3, p. 16-18. Sur la bataille de Montlhéry, cf. en dernier lieu M. Rimboud, La bataille de

Rien n'égale, cependant, à s'en remettre aux *Mémoires*, le caractère inébranlable de Maximilien d'Autriche, qui, en sa qualité de régent des Pays-Bas, supporta sans broncher les diverses épreuves qui lui furent infligées par ses propres sujets. Attaché plus qu'un autre à la portée des surnoms, Olivier de La Marche attribue au Habsbourg le titre gratifiant de *Maximilian Cueur d'acier*. À la solidité et à la résistance qui font de l'acier le plus noble des métaux répond en effet l'équanimité avec laquelle le roi des Romains se comporta tout au long de la révolte brugeoise[34]. En butte à la haine de la populace et contraint de défendre ses droits les armes à la main, Maximilien dut surtout faire face à une situation pour le moins périlleuse lorsqu'il se retrouva personnellement pris au piège au beau milieu d'une ville en ébullition. Le chroniqueur met en exergue l'ampleur des vexations que le roi des Romains subit plusieurs mois durant (février-mai 1488), *jusques à estre prisonnier et detenu en prison fermée par ceulx de Bruges, et en sa presence murdrir, gehenner et decappiter ses loyaulx officiers* [...]. Et cependant, poursuit l'auteur, il endura ces injures, *couraigeusement et de grant vertu* [...], *sans se demettre, ployer ne amenrir, non plus que l'acier dont je fay comparaison* : trois verbes réfléchis qui tendent ici encore à vanter les vertus politiques et militaires de la force d'inertie tout à la fois constitutive de l'idéal du chef de guerre et de la figure du prince idéal[35].

Pour le capitaine chevronné que fut Olivier de La Marche, l'exacerbation des passions s'impose donc à l'évidence comme l'un des grands périls qui menacent l'homme de guerre. Fût-il appelé à combattre dans des conditions extrêmes, il doit apprendre tout à la fois à *ne s'esbahir de riens* et à maîtriser sa fougue belliqueuse, alors même qu'elle demeure sa principale alliée. Affleurant çà et là, au fil des *Mémoires*, ces traits de caractère s'affirment comme une composante essentielle de sa vision idéale du héros bourguignon, de même qu'ils font partie intégrante de la leçon d'art militaire que le chroniqueur-pédagogue adresse à son lecteur.

Nul doute que le jeune archiduc Philippe le Beau, en sa qualité de dédicataire des *Mémoires*, ne fît son miel des enseignements dispensés par son ancien précepteur et n'eût à cœur de se conformer au surnom que lui décerne le mémorialiste, qui célèbre l'héritier de la dynastie austro-bourguignonne sous le titre de *Philippe Croy conseil*[36].

Montlhéry – 1465, dans *Cahiers du Centre d'Études d'Histoire de la Défense*, t. 23, 2004, p. 75-91 ; A. Sablon du Corail, *Louis XI ou le joueur inquiet*, Paris, 2011, p. 145-161.

34 Sur le regard porté sur ces événements par deux autres commentateurs, cf. J. Haemers, Un miroir à double face : les chroniques de Jean Molinet et de Nicolas Despars. La lutte discursive entre la cour burgondo-habsbourgeoise et l'élite urbaine du comté de Flandre dans le cadre de la révolte brugeoise de 1488, dans *Le Moyen Âge*, t. 118, 2012, p. 269-299.

35 Olivier de La Marche, *Mémoires*, t. 3, p. 313-314. La constance dont témoigne le roi des Romains dans ses fonctions de chef de guerre se manifeste notamment lorsqu'il doit faire face à la défection de certaines de ses troupes durant la campagne engagée contre les rebelles flamands : tandis que Maximilien *ne s'esbahit de riens*, ses ennemis, tout au contraire, ne laissent pas d'être *esbahis de la diligence et travail de ce prince* (*Ibid*., t. 3, p. 273) ; de même, il n'est guère décontenancé, durant le siège d'Utrecht, par le soudain revirement du seigneur de Montfort : *Mais le noble archiduc, vostre pere, ne fut gaires de ce esbahy* (*Ibid*., t. 1, p. 165).

36 *Ibid*., t. 3, p. 315-319. Tout en dégageant la portée politique de ce surnom, Jean-Marie Cauchies souligne avec finesse le trait d'humour qui le caractérise : la graphie *Croy conseil* constitue une discrète allusion « au patronyme du seigneur de Chièvres, Guillaume de Croÿ, l'un des "ministres" les plus influents de Philippe le Beau ». J.-M. Cauchies, *Philippe le Beau. Le dernier duc de Bourgogne*, Turnhout, 2003, p. 57-58, 219-230 (cit. p. 58). Cf. de même Id., Die burgundische Niederlande unter Erzherzog Philipp dem Schönen (1494-1506) : ein doppelter Integrationsprozess, dans *Europa 1500. Integrationsprozesse im Widerstreit*, éd. F. Seibt, W. Eberhardt, Stuttgart, 1987, p. 27-52, en particulier p. 31-33.

Convoi exceptionnel ou tournée de gala : négociations, retour et accueil de Marguerite d'Autriche, épouse répudiée, dans les Pays-Bas (1493)

Gilles Docquier
Conservateur au Musée royal de Mariemont
Doctorant à l'Université Saint-Louis – Bruxelles

D'Arras à Senlis, d'un traité l'autre[1]. Par les aléas du destin et la volonté des hommes, combien le sort d'une petite fille promise, choyée, puis renvoyée peut paraître, somme toute, assez banal en cette fin de XVe siècle parmi les têtes couronnées. À l'aube de son troisième anniversaire, Marguerite d'Autriche, gage de paix, est arrachée à son univers et à sa famille pour être fiancée au dauphin de France. Le 22 juin 1483, elle atteint sa nouvelle résidence sur les bords de Loire, le château d'Amboise ; la petite reine – titre qu'elle porte alors après la mort de Louis XI, survenue le 30 août de la même année – y séjournera, couvée par les recommandations de la régente Anne de Beaujeu. Les textes sont peu loquaces sur l'éducation quotidienne soignée que Marguerite reçoit, mais on peut sans peine imaginer que ce temps de l'enfance et de la (pré-)adolescence a été capital pour forger le futur caractère de la princesse. La déconvenue arrive avec le choix, stratégique, d'une union, jugée plus profitable, entre Charles VIII et la duchesse Anne de Bretagne (6 décembre 1491). Écartée, reléguée et finalement publiquement répudiée, Marguerite doit attendre de longs mois pour qu'enfin, après l'insuccès de plusieurs missions diplomatiques bourguignonnes, elle soit finalement restituée à ses père et frère, en juin 1493.

La présente contribution souhaite s'attarder sur ce moment clé de l'existence de Marguerite d'Autriche. Les biographies consacrées à la princesse ont bien souvent passé rapidement sur cette époque cruciale, celle du « retour au pays » de la princesse naturelle, ses circonstances, ses préparatifs, ses étapes et ses enjeux[2]. La documentation, éparpillée et clairsemée, ne les y invitait sans doute pas. Pour mener à bien cette reconstitution, un dépouillement dans plusieurs dépôts était nécessaire afin de déceler toute l'effervescence que ce convoi princier allait occasionner sur son passage. Aussi, les archives du pouvoir central et des villes traversées devaient être parcourues. Inévitablement, des zones d'ombre demeurent, dues aux pertes subies lors de tragiques épisodes révolutionnaires et militaires : Cambrai, Valenciennes, Mons, Hal ou Bruxelles ont ainsi été amputées d'une bonne part

---

1 Je remercie vivement pour l'aide ponctuelle qu'ils m'ont apportée pour la rédaction de cette contribution : Mmes et MM. Michael Depreter, Monique Maillard-Luypaert, Laurent Honnoré, Marie Van Eeckenrode et Dieter Viane. Abréviations utilisées : *ACAM* = *Annales du Cercle archéologique de Mons* ; ADN = Archives départementales du Nord (Lille) ; AÉM = Archives de l'État à Mons ; AVM = Archives de la Ville de Malines ; *BCRH* = *Bulletin de la Commission royale d'Histoire* ; CM = Comptes de la massarderie (Mons) ; CV = Comptes de la ville (Malines) ; RCV = Résolution du Conseil de ville (Mons) ; VM = Ville de Mons.

2 On retiendra principalement M. Bruchet, *Marguerite d'Autriche, duchesse de Savoie*, Lille, 1927, p. 18-20 ; L. M. G. Kooperberg, *Margaretha van Oostenrijk, landvoogdes der Nederlanden (tot den vrede van Kamerijk)*, Amsterdam, 1908, p. 70-78 ; U. Tamussino, *Margarete von Österreich, Diplomatin der Renaissance*, Graz-Vienne-Cologne, 1995, p. 41-44.

Pour la singuliere affection qu'avons a luy. *Études bourguignonnes offertes à Jean-Marie Cauchies*, sous la direction de Paul Delsalle, Gilles Docquier, Alain Marchandisse et Bertrand Schnerb, Turnhout, 2017 (*Burgundica* 24), p. 195-205.

DOI 10.1484/M.BURG-EB.5.113918

de leur mémoire, que l'on ne peut compléter que partiellement par d'autres voies[3]. Selon leur disponibilité donc, les comptabilités urbaines et du prince, les registres aux décisions, les lettres missives et les sources littéraires ont été mises à profit autant que faire se peut. Heureusement préservés, les fonds de la Chambre des comptes de Lille et, singulièrement, la Recette générale des finances livrent de précieuses informations qui nous éclairent sur les moyens humains et financiers mis en œuvre pour *bienveigner madame* et sur la transmission d'ordres donnés dans des délais très courts. À l'échelle locale, le rôle des cités par où passera le cortège est fondamental. Non seulement parce que celles-ci obtempèrent – plus ou moins volontiers – aux décisions délivrées depuis Malines, alors lieu de résidence du frère de Marguerite, Philippe le Beau, mais parce qu'une bonne part de mesures sont directement prises par les autorités urbaines. Bien que sévèrement touchées en 1940, les archives montoises ont été les plus généreuses pour notre propos, que ce soit par le biais des procès verbaux des séances du Conseil de ville, chargé de prendre toute décision importante dans la capitale administrative du Hainaut, ou par celui des comptes de la massarderie. L'ensemble de ces informations nous permet d'avoir une vision assez claire de ce cheminement à travers les Pays-Bas[4], même si la fin du voyage (Hal, Bruxelles et Malines) nous est nettement moins bien renseignée par les sources subsistantes.

Selon un schéma bien huilé adopté par le bénéficiaire du présent volume, trois temps rythmeront notre contribution : celui des efforts menant à la signature du traité de Senlis, celui de la restitution et des préparatifs de bienvenue, celui du voyage de retour proprement dit. Que Jean-Marie Cauchies, guide et ami, compagnon pèlerin, bourguignon de cœur et *bourgondisch* de ventre, puisse trouver dans les lignes qui suivent le modeste hommage que son ancien élève souhaite lui rendre ici !

1. Vers Senlis sans lys : un lent cheminement

Fin 1491, le camp Habsbourg subit un rude affront. L'alliance *per procuram* conclue un an plus tôt entre Anne, duchesse de Bretagne, et Maximilien d'Autriche, roi des Romains, vole (facilement) en éclats. Face à l'appétit territorial du jeune et fougueux Charles VIII, à l'éloignement géographique de son fiancé et au (notoire) manque de moyens financiers et militaires de ce dernier, Anne a préféré éviter de jeter ses dernières forces dans un combat dont l'issue semblait inévitable. Apprenant ce revirement, Maximilien orchestre une large propagande contre son ex-beau-fils : d'une part, il l'accuse d'être l'auteur d'un véritable rapt (*Brautraub*) à l'encontre de sa promise, de l'autre, d'être parjure, adultère (voire bigame) vis-à-vis de sa fille Marguerite, pourtant alliée au ci-devant dauphin de France en bonne et due forme[5]. La partie française répliquera avec tact et l'Autrichien, penaud,

3 À titre d'exemple, les comptes de la ville de Valenciennes sont presque tous perdus pour le XVe siècle ; seuls subsistent un semestre pour 1435-1436, l'année 1483-1484 et un fragment pour 1498-1499. Cf. F. Muret, Le témoignage des archives. Aperçu critique, dans *Valenciennes aux XIVe et XVe siècles. Art et Histoire*, dir. L. Nys, A. Salamagne, Valenciennes, 1996, p. 19-35 ; H. Servant, *Artistes et gens de lettres à Valenciennes à la fin du Moyen Âge (vers 1440-1507)*, Paris, 1998, p. 344.

4 Ce voyage est retracé, avec quelques erreurs néanmoins – souvent reproduites dans d'autres travaux –, par M. Bruchet, E. Lancien, *L'itinéraire de Marguerite d'Autriche, gouvernante des Pays-Bas*, Lille, 1934, p. 4-5.

5 Voir, par exemple, le texte imprimé à Augsbourg *Contra falsas Francorum litteras 1491* reproduit dans *Négociations diplomatiques entre la France et l'Autriche durant les trente premières années du XVIe siècle*, éd. A. Le Glay, t. 1, Paris, 1845, p. 1-19. Sur ce point, voir F. Collard, La royauté française et le renvoi de Marguerite d'Autriche. Remarques sur la rhétorique de la paix et du *rex pacificus* à la fin du XVe siècle, dans *Frieden schaffen und sich verteidigen im Spätmittelalter – Faire la paix et se défendre à la fin du Moyen Âge*, éd. G. Naegle, Munich, 2012, p. 343-356.

ne pourra que s'incliner face à cette situation de fait[6]. Alors que la cérémonie nuptiale franco-bretonne – quoiqu'assez confidentielle – se déroule au château de Langeais ce 6 décembre 1491, Marguerite d'Autriche, fille de Maximilien et *officiellement* promise du Valois, sait déjà que la sortie du royaume lui sera prochainement indiquée. La connivence des jeunes « époux » durant quelques années à Amboise avait fait place à la « raison d'État » que se devait d'incarner le monarque des lys. Après la mort du duc François II (survenue le 9 septembre 1488), Charles, déjà, avait annoncé à Marguerite son départ pour la campagne militaire victorieuse qui s'annonçait. Celle-ci, en pleurs, aurait déclaré que son « mari » *s'en aloit en Bretaigne epouser une aultre femme*[7]. Si l'anecdote est avérée, il faut reconnaître à Marguerite un sixième sens, typiquement féminin, particulièrement avisé… N'étant pas au cœur du processus de décision du conseil royal, il semble inévitable toutefois que des « bruits de coulisse » ont tinté aux oreilles de la jeune fille. Les adieux difficiles de Charles et Marguerite ont lieu au château angevin de Baugé, le 25 novembre 1491, alors que le roi prépare son départ pour l'échange matrimonial de Langeais[8]. Cette fois, la rupture est publique et il ne reste à la « reine qui ne le fut jamais » que d'attendre le bon vouloir du souverain et de son entourage.

Mais le calcul breton avait été une entreprise risquée. Charles VIII avait non seulement compris qu'il se dirigeait inévitablement vers une rupture avec le Habsbourg, mais encore qu'il aurait à renoncer aux principautés que Marguerite avait apportées en dot lors de la signature du traité d'Arras (1482)[9]. À vrai dire, le Valois n'est cependant pas pressé de restituer la mariée, ni les territoires amenés dans le giron français : Franche-Comté, Artois, Charolais, Auxerrois, Mâconnais et diverses seigneuries proches des deux Bourgognes. Marguerite étant encore mineure et le mariage n'ayant pas été consommé, Maximilien n'en démord pas et entend bien récupérer et sa fille et ses terres. Son ressentiment est vif, aiguillonné par le soutien (plus ou moins officiel) du Valois en faveur du meneur de troubles Philippe de Clèves, mais bientôt réduit au silence par le lieutenant général Albert, duc de Saxe, cousin germain du roi des Romains[10]. C'est dans ce contexte particulièrement électrique que vont se dérouler les « relations » franco-habsbourgeoises tout au long de l'année 1492. L'affront personnel qu'a subi Maximilien l'incite à convoquer (en son nom propre et celui de son fils encore mineur Philippe le Beau) les États généraux à Malines pour le mois de février[11]. Parmi les points à traiter, Maximilien souhaitait justifier son action personnelle, démontrer la perfidie du Valois et obtenir un ferme soutien sur la question de

6 Sur l'affaire du *Brautraub*, voir H. Wiesflecker, *Kaiser Maximilian I. Das Reich, Österreich und Europa an der Wende zur Neuzeit*, t. 1, Munich, 1971, p. 318-338 ; Id., Der bretonische Brautraub, dans *Der Aufstieg eines Kaisers. Maximilian I. Von seiner Geburt bis zur Alleinherrschaft 1459-1493*, éd. N. Koppensteiner, Wiener Neustadt, 2000, p. 115-118.

7 L'épisode est relaté par Jean Foulquart, procureur-syndic de la ville de Reims dans Jean Foulquart, *Mémoires*, éd. É. de Barthélémy, dans *Revue de Champagne et de Brie*, t. 7, 1879, p. 194-195.

8 Collard, La royauté française, p. 346 ; Y. Labande-Mailfert, *Charles VIII : le vouloir et la destinée*, Paris, 1986, p. 139-140.

9 On trouvera le texte du traité dans J. Du Mont, *Corps universel diplomatique du droit des gens…*, t. 3/2, Amsterdam-La Haye, 1726, p. 100-107.

10 Cf. J.-M. Cauchies, Les premières lieutenances générales dans les Pays-Bas (fin 15e-début 16e siècle), dans *Marie de Hongrie. Politique et culture sous la Renaissance aux Pays-Bas. Actes du colloque tenu au Musée royal de Mariemont les 11 et 12 novembre 2005*, éd. B. Federinov, G. Docquier, Morlanwelz, 2008, p. 33-38 ; A. De Fouw, *Philips van Kleef. Een bijdrage tot de kennis van zijn leven en karakter*, Groningue-Batavia, 1937, *passim*.

11 Cf. e. a. la lettre envoyée au grand bailli de Hainaut, en date du 14 janvier 1492, éditée dans Lettres inédites de Maximilien, duc d'Autriche, roi des Romains et empereur, sur les affaires des Pays-Bas, de 1478 à 1508, éd. L.-P. Gachard, *BCRH*, 2e sér., t. 3, 1852, p. 256-258.

la restitution de Marguerite[12]. Les séances de travail sont cependant suspendues par l'arrivée d'ambassadeurs français (14 février) qui entendent défendre la position de refus adoptée par leur maître. Devant les princes, le Conseil et les États, le chancelier de Bourgogne rétorquera que Charles VIII *avoit fait les plus grans deshonneurs que jamais fut fait a roy des Romains, tant en la despoulle de sa femme que en la refutation de sa fille*[13]. L'ambassade s'en retourne, sans que le sort de Marguerite ne soit réglé. Bon gré mal gré, c'est encore la voie diplomatique qu'il faut tenter, comme le souhaitent les délégués des États[14].

Deux jours après la fin de l'assemblée, des émissaires bourguignons, menés par un autre cousin (par alliance) de Maximilien, le très en vue Engelbert, comte de Nassau(-Dillenburg), accompagné notamment de l'abbé de Saint-Bertin et de Philibert de Veyré (dit La Mouche), quittent Malines le 28 mars 1492 pour se rendre auprès de Charles VIII[15]. L'audience royale n'est manifestement pas bien longue, et le chancelier de France leur répond *assez cruement* que l'on étudierait la question. Les envoyés *se apperchurent qu'ilz estoyent charyéz et froidement recœulliéz, par quoy ilz prindrent congiet gracieux et s'en allerent vers madame Margherite d'Austrice, qui les rechupt honorablement.* Seule (bien maigre) satisfaction pour l'ambassade : reconnaître que, malgré sa mise à l'écart de la cour, la princesse est traitée selon son rang et accompagnée d'un bon nombre de dames d'honneur[16]. La poursuite des opérations militaires contre Philippe de Clèves en Flandre ne permet pas une action « musclée » de Maximilien suffisamment intimidante pour avoir de l'effet ; il lui faut attendre sa reddition à L'Écluse (12 octobre) pour avoir les mains libres. Le roi des Romains ne tarde pas à prendre les initiatives. Non seulement, il réclame des subsides conséquents pour l'entretien des 2 000 cavaliers et 6 000 piétons qui seront dirigés par le duc de Saxe[17], mais il donne l'ordre à tout homme tenant fief et arrière-fief en Hainaut de s'armer et de se rendre pour le 5 novembre suivant à Saint-Omer pour lui porter assistance[18]. Ces troupes sont sensées y réaliser leur jonction avec celles menées par l'allié du Habsbourg, le roi d'Angleterre Henry VII, qui avait débarqué à Calais au début du mois d'octobre. Entre-temps, Henry tentait (vainement) de s'emparer de Boulogne et, avant que les effectifs bourguignons ne soient assemblés, avait accepté (sans trop de difficultés) de quitter le continent contre le versement d'une confortable indemnité française (traité d'Étaples, 3 novembre). Lâché par son homologue d'outre-Manche, le Habsbourg se trouve plus isolé encore après la défection de Ferdinand d'Aragon qui préfèrera signer avec Charles VIII le traité de Barcelone (19 janvier 1493)[19]. L'ancien gendre s'est à nouveau bien joué de son beau-père…

---

12 L. Devillers, Le Hainaut sous la régence de Maximilien d'Autriche, 1483-1494. Quatrième et dernière partie : 1490 à 1494, dans *BCRH*, 4e sér., t. 16, 1889, p. 188-189, 414.

13 Jean Molinet, *Chroniques*, éd. G. Doutrepont, O. Jodogne, t. 2, Bruxelles, 1935, p. 237-238.

14 R. Wellens, *Les États généraux des Pays-Bas des origines à la fin du règne de Philippe le Beau (1464-1506)*, Heule, 1974, p. 220-224, 472-475.

15 Lille, ADN, B 2144, fol. 156v-157r : paiement en faveur de Paul de Baenst (président du Conseil de Flandre) ; B 2148, fol. 136v-137r : paiement en faveur de Philibert de Veyré ; B 2145/70052 : paiement en faveur de Josquin van Essen, chevaucheur de l'écurie de Maximilien et Philippe ; B 2146, fol. 9v : paiement en faveur de Thibaut Barradot, président de la Chambre des comptes de Lille. Le retour de l'ambassade à Malines a lieu le 5 juillet suivant.

16 Jean Molinet, *Chroniques*, t. 2, p. 251-252.

17 Devillers, Le Hainaut, p. 191-192, 446-449. La répartition de la demande aux différentes principautés s'établit comme suit : Flandre = 36 000 écus, Brabant = 30 000, Hollande = 28 000, Zélande = 14 000, Hainaut = 12 000, Flandre wallonne = 4 000, Namur = 2 000.

18 L'ordre donné par Maximilien le 22 octobre est publié à Mons cinq jours plus tard. Des messagers du grand-bailliage sont immédiatement envoyés pour délivrer des copies de l'acte à travers le comté de Hainaut. Lille, ADN, B 10456, fol. 20r-v. Cf. également Jean Cocqueau, *Mémoires de la ville de Valenciennes*, Mons, AÉM, 16 015, n° 89/II (copie du manuscrit original), fol. 509v-511r.

19 J.-M. Cauchies, *Philippe le Beau, le dernier duc de Bourgogne*, Turnhout, 2003, p. 20-21.

Finalement, c'est la perspective de l'héritage angevin en Italie qui parviendra à faire plier le roi de France. Pour se mettre à la tête de son expédition vers la péninsule, Charles a besoin d'assurer ses arrières et laisser ses territoires en sécurité ; il doit donc aussi régler son différend avec le clan Habsbourg. Dès le 24 janvier, des émissaires français avaient rejoint Wolfgang de Polheim, baron autrichien et fidèle conseiller de Maximilien, à Besançon avec des propositions de paix à étudier[20]. De nouvelles discussions sont envisagées, mais cette fois les négociateurs sont envoyés – sur ordre d'Albert de Saxe, qui séjourne alors à Lille – à Péronne, au début de mars 1493. L'ambassade est menée par un trio : Thomas de Plaine, président du Grand Conseil (de Malines), Antoine Rolin, (grand) bailli et capitaine général de Hainaut, Jean Gosselet, abbé de Maroilles[21]. Ceux-ci ont pour mission d'œuvrer *tant pour le bien de paix que pour le recouvrement de la personne de madame Marguerite d'Austrice et des pays par elle portéz en mariaige* avec le gouverneur de Picardie et maréchal de France, Philippe de Crèvecœur, seigneur d'Esquerdes[22]. Pendant trois semaines environ, le dialogue est amorcé mais ne suffit pas encore à régler les nombreux différends entre les deux parties. Revenus faire rapport et attendant les directives du pouvoir central, l'ambassade est renvoyée auprès de Crèvecœur le 13 avril. Parallèlement, le duc de Saxe avait à nouveau convoqué les États généraux pour y traiter de points urgents : situation financière de l'archiduc Philippe le Beau, négociations de paix avec la France, défense des frontières d'Artois (fraîchement reconquis) et de Hainaut, paiement des troupes et garnisons. Sur les demandes formulées, les députés octroient seulement 6 000 florins au comte de Nassau en guise de remboursement des frais occasionnés par son voyage en France[23]. Des rumeurs avaient en effet laissé entendre que, cette fois, un accord franco-bourguignon semblait enfin envisageable.

2. Le traité de Senlis : restitution et préparatifs du retour

Alors que certains ambassadeurs rentrent aux Pays-Bas, Maximilien a envoyé ses propres délégués pour rejoindre les débats en Picardie. C'est à Salins que Philibert de Veyré les retrouve et leur expose l'état des discussions avant de revenir, avec eux, à Péronne[24]. Ces représentants, hommes de confiance des Habsbourg père et fils qui relèvent du premier cercle des conseillers écoutés, forment désormais une délégation de poids face à la partie française[25]. Pour faciliter la liaison des fréquents courriers

---

20 Wiesflecker, *Kaiser Maximilian I.*, t. 1, p. 340.

21 Sur ce dernier, voir également A. Jennepin, Un abbé diplomate de l'abbaye de Maroilles, dans *ACAM*, t. 20, 1901, p. 163-168.

22 Lille, ADN, B 2146, fol. 139v.

23 Devillers, Le Hainaut, p. 194-196, 469-472 ; Wellens, *Les États généraux*, p. 228-229, 472-475. Le reste de l'année 1493 connaîtra encore cinq assemblées des États généraux pour régler ces demandes. Celles-ci seront finalement conditionnées par l'émancipation de Philippe le Beau et sa pleine accession au pouvoir. Cf. Wellens, *Les États généraux*, *passim* ; Cauchies, *Philippe le Beau*, p. 25-32.

24 Lille, ADN, B 2148, fol. 136v-137v.

25 En plus du comte Engelbert de Nassau, d'Antoine Rolin, de Thomas de Plaine, de Jean Gosselet et de Philibert de Veyré déjà signalés, ajoutons, parmi les personnalités les plus notables, Guillaume de Reichenau, évêque d'Eichstätt, Eitelfriedrich II, comte de Zollern, Christophe Ier, margrave de Bade, gouverneur du duché de Luxembourg, Wolfgang de Polheim, Jean III de Berghes, seigneur de Walhain, premier conseiller-chambellan de Philippe le Beau, François de Busleyden, prévôt du chapitre Saint-Lambert de Liège et précepteur du jeune prince Philippe, Jean Le Sauvage, conseiller au Conseil de Flandre. Sur ces différents personnages, nous renvoyons à J.-M. Cauchies, Les étrangers dans l'entourage politique de Philippe le Beau, dans *Revue du Nord*, t. 84, 2002, p. 413-428 ; Id., « Croit Conseil » et ses « ministres ». L'entourage politique de Philippe le Beau (1494-1506), dans *À l'ombre du pouvoir.*

entre Malines et Péronne, le grand bailli de Hainaut, Antoine Rolin, établit quatre relais : à Hal, Nimy, Marly et Escaudœuvres[26]. Au début du mois de mai, la perspective d'un accord ne fait plus de doute, et les représentants se déplacent à Senlis où séjourne Charles VIII. La paix est conclue le 22 mai *a IIII heures aprés midi*, jurée par le roi et publiée le lendemain[27]. Progressivement, la nouvelle se propage à travers les Pays-Bas : *on devoit ravoir nostre princesse*[28]. Le temps des réjouissances peut commencer : processions et feux de joie sont mis sur pied dans les jours suivants[29].

Je ne m'attarderai pas sur les articles du traité de Senlis relatifs au retour – immédiat et ultérieur selon le cas – des territoires restitués aux Habsbourg, au statut « transitoire » de certaines places-fortes, à l'amnistie générale réciproque ou au rétablissement de la liberté de commerce[30]. Enjeu majeur des négociations, le sort de Marguerite est évoqué dès les premières lignes : Charles VIII s'engage *de, a ses despens, dedans le troisieme jour du mois de juin prochainement venant, la faire partir de Meaux, ou elle est presentement, et d'illec la faire mener et conduire honnorablement, selon qu'a l'etat d'elle appartient, en la ville de Saint-Quentin*. Elle y sera alors remise entre les mains des commis de Maximilien et Philippe, *dechargee de tous liens de mariage et autres obligations*, lesquels auront à signer un acte de délivrance en bonne et due forme. Comme il est d'usage, les signataires s'engagent – au nom des souverains (Marguerite comprise) et en leur nom propre – à respecter la paix et chacun de ses points *en jurans sur les Sainctes Envangilles de Dieu, canon de la messe et fust de la Vraye Croix*[31], tandis qu'une liste de grands nobles, officiers et villes est dressée en vue de fournir les *suretés* indispensables dans les semaines suivant l'acte[32]. Plus rien ne s'oppose désormais au retour de Marguerite en terre bourguignonne.

Depuis un moment déjà, la « petite reine de France » ne résidait plus sur les bords de Loire. Répudiée mais non méprisée, Marguerite continue de recevoir les honneurs dus à

Les entourages princiers au Moyen Âge, éd. A. Marchandisse, J.-L. Kupper, Liège, 2003, p. 385-405 (éd. revue dans *Conseils et conseillers dans l'Europe de la Renaissance v. 1450-v. 1550*, éd. C. Michon, Rennes-Tours, 2012, p. 47-66) ; H. Cools, *Mannen met macht. Edellieden en de Moderne Staat in de Bourgondisch-Habsburgse landen (1475-1530)*, Zutphen, 2001 ; W. Höflechner, *Die Gesandten der europäischen Mächte, vornehmlich des Kaisers und des Reiches, 1490-1500*, Vienne, 1972. Paiements en faveur des ambassadeurs et de leur suite dans Lille, ADN, B 2146, fol. 139v, 144r-v, 148v-150r ; B 2148, fol. 130r-v, 132r-v, 136v-137v ; B 2149/70260, 70261 ; B 2151, fol. 185v-186r, 274v-275r.

26 La distance moyenne entre chaque étape est d'environ 40 km. Hal : act. Belgique, prov. Brabant flamand ; Nimy : act. France, prov. Hainaut, arr. et comm. Mons ; Marly : act. France , dép. Nord, arr. Valenciennes ; Escaudœuvres : act. France, dép. Nord, arr. et cant. Cambrai. *Ibid.*, B 2146, fol. 45r, 149v.

27 Copie de la publication de la paix à Senlis dans *Ibid*, B 363/22010.

28 Ainsi que le rapporte le messager envoyé par le grand bailli (Mons, AÉM, VM, n° 1579, CM, fol. 45r ; Devillers, Le Hainaut, p. 476). La paix est criée à Mons le 25 mai (*Ibid.*, p. 372, n. 5), à Valenciennes le 26 (Jean Molinet, *Chroniques*, t. 2, p. 371-372), à travers le reste du comté de Hainaut dès le 27 (Lille, ADN, B 10456, fol. 35r), à Namur et Luxembourg après le 29 (*Ibid.*, B 2146, fol. 106v), à Bruges le 30 (*Dits die excellente cronike van Vlaenderen*, Anvers, 1531, fol. 278v).

29 À Mons, ce sont les chanoinesses de Sainte-Waudru qui auront à organiser la procession. Mons, AÉM, VM, n° 1298, RCV, fol. 234v.

30 Le traité figure dans Du Mont, *Corps universel diplomatique*, t. 3/2, p. 303-311. Molinet l'a également retranscrit intégralement dans ses *Chroniques*, t. 2, p. 354-371. Pour une analyse : Wiesflecker, *Kaiser Maximilian I.*, t. 1, p. 339-344 ; Y. Labande-Mailfert, Autour du traité de Senlis. La Bourgogne en question, dans *Cinq-centième anniversaire de la bataille de Nancy (1477). Actes du colloque organisé par l'Institut de recherche régionale en sciences sociales, humaines et économiques de l'Université de Nancy II (Nancy, 22-24 septembre 1977)*, Nancy, 1979, p. 249-268.

31 Copie contemporaine de la promesse faite par les ambassadeurs de Maximilien et Philippe à respecter la paix dans Lille, ADN, B 363/17805.

32 Plusieurs de ces promesses – dont certaines sont signalées dans l'édition de Du Mont, *Corps universel diplomatique*, p. 309-310, ainsi que dans E. Münch, *Margaretha von Oesterreich, Oberstatthalterin der Niederlande*, t. 1, Leipzig-Stuttgart, 1833, p. 408-414 – reposent dans le fonds du Trésor des chartes des Archives départementales du Nord (ADN, B 363/16461-16481, 17805, 22011 e. a.).

son rang[33]. Elle avait transité, accompagnée de son ancien hôtel mené par Jacques d'Épinay, seigneur de Segré, et son épouse Jeanne de Courraudon, par Melun et Amiens, avant d'être ramenée à Meaux[34]. C'est en Brie que les ambassadeurs burgondo-habsbourgeois la retrouvent et l'escortent jusque Saint-Quentin[35]. Parallèlement, un groupe de cavaliers, mené par Robert Lanthier, mayeur de Valenciennes, est envoyé dans cette dernière ville pour assurer désormais la sécurité de la princesse[36]. En réalité, la remise de Marguerite d'Autriche n'aura pas lieu sur les bords de Somme, mais à une vingtaine de kilomètres au nord, à Vendhuile, *au diocese de Cambrai, en la maison du moulin dudit lieu*, sur les rives de l'Escaut[37]. C'est le mercredi 12 juin qu'a lieu la cérémonie : Marguerite jure sur les Évangiles de ne jamais rien réclamer à Charles VIII et de le tenir déchargé de toute promesse, après quoi elle signe – en présence du tabellion royal de la prévôté de Saint-Quentin – l'acte officiel de renonciation[38].

Entre-temps, des consignes avaient été données depuis Malines pour fixer l'itinéraire du retour de l'archiduchesse et prévoir les dépenses conséquentes qui s'annonçaient : remboursement des sommes avancées par les ambassadeurs, financement de la délégation qui doit accueillir Marguerite à Valenciennes, achats de textiles et objets de luxe qui seront remis en présent à la suite française de la princesse, gratifications diverses... Il fallait trouver beaucoup d'argent et rapidement. Aussi plusieurs demandes de prêt furent envoyées simultanément, surtout une fois que la nouvelle de la conclusion de la paix est connue. Des lettres sont adressées en ce sens aux villes[39], aux différents officiers de recette du domaine princier à travers les Pays-Bas, mais également auprès des membres des Chambres des comptes de Lille, de Bruxelles et de La Haye[40]. Ensuite, comme on pouvait craindre que les montants récoltés ne seraient pas suffisants, une partie de l'aide accordée par les États doit être employée *pour convertir és despens qu'il conviendroit faire a la prochaine venue de madame Margriete d'Austrice*[41]. La générosité de plusieurs grands nobles et officiers de la cour de Bourgogne est également sollicitée.

---

33 Ainsi, en août 1492, Charles VIII avait notamment demandé aux autorités d'Amiens d'accueillir Marguerite *bien et honnourablement* [...] *et la logez au plus beau lieu que adviserez estre plus propice pour elle*. Cf. Charles VIII, *Lettres*, éd. P. Pélicier, t. 3, Paris, 1902, p. 294-295.

34 Bruchet, Lancien, *L'itinéraire de Marguerite d'Autriche*, p. 4-5.

35 Mons, AÉM, VM, n° 1298, RCV, fol. 235v (séance du 5 juin). On notera, en filigrane, l'action personnelle de la duchesse Marguerite d'York – on aura l'occasion d'y revenir plus loin – pour la prise en charge de certains postes. Ainsi, elle assume le paiement en faveur de Philippe de Belleforière, capitaine du Quesnoy, composante de son douaire, *pour avoir conduit, a tout ses gens de guerre, madicte dame Marguerite et raconduit monseigneur et madame de Segret et leur train jusques a Saint-Quentin* (Lille, ADN, B 2147/70112).

36 *Ibid.*, B 2146, fol. 168v ; B 2147/70109 (ordre de paiement en date du 27 septembre 1493), signalé par J.-M. Cauchies, *La législation princière pour le comté de Hainaut. Ducs de Bourgogne et premiers Habsbourg (1427-1506)*, Bruxelles, 1982, p. 111, n. 135 ; Lille, ADN, B 2147/70221 (quittance en date du 30 septembre). Le succès de la mission qui lui a été confiée lui vaudra d'être à nouveau nommé, sur ordre de Maximilien et Philippe, mayeur de Valenciennes pour une durée de neuf ans, avec effet immédiat (*Ibid.*, B 17763, en date du 26 juin 1493).

37 Vendhuile : act. France, dép. Aisne, arr. Saint-Quentin, can. Bohain-en-Vermandois.

38 Du Mont, *Corps universel diplomatique*, p. 310-311. Une copie de l'acte de restitution de Marguerite et de sa renonciation à toute obligation vis-à-vis du roi de France repose à Lille, ADN, B 363/17806.

39 À l'image d'une lettre adressée par Albert de Saxe aux autorités montoises, en date du 2 juin, avertissant sans ambages *que besoing est de trouver deniers de toutes pars pour emprunt, tant sur les corps des villes, sur les aydes advenir et autrement, pour conduire la despense de madamme Marguerite d'Austriche que doivent rendre les Franchois*. Mons, AÉM, VM, n° 1298, RCV, fol. 236 (séance du 8 juin).

40 Parmi d'autres : Lille, ADN, B 2146, fol. 2r (recette de Turnhout), 8r (Chambre des comptes de Lille), 60v-61r (recette des mortemains de Hainaut), 61r-v (diverses recettes particulières du Hainaut), 62r (Chambre des comptes de La Haye), 62r-v (Chambre des comptes de Bruxelles), 63r-v (recettes particulières de Brabant)...

41 Entre avril et septembre 1493, quatre sessions des États généraux, toutes réunies à Malines, sont nécessaires pour obtenir un accord de principe sur les demandes d'aides formulées par le prince. Néanmoins, certains montants seront effectivement ponctionnés sur la première tranche des aides

C'est Marguerite d'York, marraine de la jeune archiduchesse, qui est désignée pour mener le « train » chargé de l'accueillir et de l'accompagner jusqu'à Malines *par devers la personne de mondit seigneur l'archiduc*. Un montant de 4 800 livres, ponctionné dans la première tranche des aides accordées par les États de Zélande, lui est spécifiquement alloué pour cette mission[42]. Il est également intéressant de noter que Marguerite d'York puise dans les recettes de son douaire et dans sa cassette personnelle pour contribuer à ces dépenses onéreuses[43]. Si l'on ne peut avoir une idée précise de son apport, faute de sources, il est certain que l'ancienne duchesse n'a pas hésité à mettre la main à la bourse[44].

3. À travers les Pays-Bas : Marguerite de retour au bercail

Ce 12 juin 1493, après dix années passées dans le royaume des lys, Marguerite foule enfin le sol des Pays-Bas. La première étape de ce retour est la cité épiscopale de Cambrai[45]. C'est là qu'une anecdote célèbre prend place lors du premier contact avec la population locale. Alors que certains crient sur son passage « Noël ! Noël ! » selon l'usage qui prévaut outre-Quiévrain, la princesse aurait rétorqué *Ne criiez pas Noel, mais Vive Bourgoigne !* Avéré ou non, cet élément souligne le caractère tout bourguignon qui n'aurait jamais quitté Marguerite[46]. Celle-ci est logée au palais épiscopal, *et les aultres seigneurs qui mieulx mieulx*, c'est-à-dire là où il est possible de recevoir toute la suite. On ne s'attardera guère à Cambrai – bien qu'une messe solennelle soit célébrée en grande pompe, le lendemain, dans la cathédrale[47] –, car c'est à Valenciennes, véritable « poumon » économique du comté de Hainaut, que Marguerite renoue avec ses racines. Le magistrat avait donné plusieurs directives aux habitants : tenues des métiers et des diverses autorités urbaines, nettoyage des rues, provisions de vivres en suffisance, interdiction de hausser le prix des denrées et des chambres[48]... Selon les dires de Molinet, témoin direct de ces réjouissances[49], elle y arrive dès le jeudi 13 juin, accueillie par le magistrat

accordée par la Flandre, Lille-Douai-Orchies, le Brabant, la Hollande, la Zélande, le Hainaut, Namur en échange de lettres de sûreté délivrées au nom du souverain. Cf. e. a. *Ibid.*, fol. 31v, 62r-v, 64r. Voir également l'envoi, dans les derniers jours de mai, de nombreux messagers pour solliciter les prêts en question. *Ibid.*, fol. 106r-108v.

42 *Ibid.*, fol. 49r-v, 60v-61r. Il est intéressant de noter qu'il s'agit bien d'une avance en prévision de l'émancipation de Philippe le Beau (*a cause du premier ayde qu'ilz lui accorderont aprés sa recepcion et seignourie*). Ce montant ne sera pas suffisant et 4 000 livres lui seront ultérieurement versées. *Ibid.*, fol. 182r.

43 À n'en pas douter, ces dépenses soutenues par la grande duchesse – à la suite de nombreux autres services rendus à la dynastie – lui vaudront la reconnaissance de Philippe le Beau ; celui-ci lui confirmera, le 28 décembre 1494, la restitution de sa dot et toutes les composantes de son douaire. Voir S. Dauchy, Le douaire de Marguerite d'York, la minorité de Philippe le Beau et le Parlement de Paris, 1477-1494, dans *BCRH*, t. 155, 1989, p. 49-127 ; P. Robins, Le veuvage et le douaire de Marguerite d'York dans le contexte politique de 1477 à 1503, dans *Handelingen van de Koninklijke Kring voor Oudheidkunde, Letteren en Kunst van Mechelen*, t. 97, 1993, p. 123-181 ; t. 105/1, 2001, p. 35-86.

44 Si les comptes des diverses composantes du douaire de Marguerite d'York sont conservés, ceux de son hôtel, où devaient figurer les sommes affectées aux dépenses liées au retour de sa filleule, sont en revanche perdus. Cf. R.-H. Bautier, J. Sornay, *Les sources de l'histoire économique et sociale du Moyen Âge. Les États de la maison de Bourgogne*, vol. 1, *Archives centrales de l'État bourguignon (1384-1500). Archives des principautés territoriales*, 1, *Les principautés du Sud*, 2, *Les principautés du Nord (supplément)*, Paris, 2001, p. 75-76, 104.

45 Contrairement à ce que divers auteurs ont rapporté, c'est bien le 12 juin également que la princesse arrive à Cambrai, distant seulement d'environ 20 km du lieu de sa restitution.

46 Cet épisode est rapporté par Jean Molinet, *Chroniques*, t. 2, p. 372.

47 *Extraits du registre aux délibérations du chapitre cathédral de Cambrai*, Cambrai, Bibliothèque municipale, ms. 1062, fol. 72v.

48 Servant, *Artistes et gens de lettres*, p. 90-91 (citant l'*Histoire ecclésiastique de la ville et comté de Valenciennes* de Simon Le Boucq).

49 Sur ce qui suit, voir Jean Molinet, *Chroniques*, t. 2, p. 372-373.

a cheval et a grand nombre, à quelque distance des remparts et à la lueur des torches, vu l'heure tardive (environ 21 heures). La ville est en liesse : de la porte de Cambrai par où le cortège pénètre dans la ville jusqu'à la Salle-le-Comte, les rues ont été décorées *le plus ricement que l'on pooit faire*, tandis que la place du Marché *estoit paree de verdure comme une rue*. Plusieurs scénettes (*hystoires*) sont jouées sur son passage, notamment le sacre du roi des Romains [Maximilien] et la légende de sainte Marguerite. L'accent est fortement mis sur la notion de paix que le retour de la princesse entraîne dans son sillage : *Pluseurs jueurs d'esbatemens et personages de la ville de Douay et meismes de Valenciennes, montéz sur chariotz, allerent juer devant ladite dame a la Salle, touchant la paix et l'exaucement de son nom et de sa bienvenue*[50].

Un moment fort, à n'en pas douter aux yeux de la jeune princesse, se déroule dans le palais des comtes de Hainaut. Ce sont les retrouvailles avec la grande douairière Marguerite d'York[51]. Dans la grande salle, un spectacle a été préparé pour l'assistance. Une pastorale où des allégories de la France et de la Flandre – l'une portant une couronne sertie de pièces de monnaie (carolus), l'autre un chapeau orné de sept fleurs de marguerite – y est représentée, sans doute sur base d'un texte écrit par Jean Molinet en personne[52]. Après quoi chacun se retire dans son logis. Les deux Marguerite logent à la Salle-le-Comte où d'importants travaux de remise en état s'avéraient nécessaires : réparations aux toitures, réfection de vitraux – dont certains ornés d'une bordure de fusils, l'un des emblèmes de la Maison de Bourgogne –, rénovation des planchers et plafonds, ajout de nombreuses serrures et de verrous[53]… Le 14, *Monseigneur et Madame de Segret* remettent à leur ancienne maîtresse tous les biens provenant de son ancien hôtel et ses effets personnels[54]. Les adieux avec la suite française qui l'a accompagnée jusque là se déroulent deux jours plus tard ; l'émotion n'est pas feinte après dix années de vie commune (*furent pluseurs larmes plourees d'ung quartier et d'aultre*). L'archiduchesse se montre généreuse pour chacun, distribuant pièces de vaisselle d'argent, bijoux, draps de velours, de damas ou de satin et force deniers aux membres de la suite ordonnée par Charles VIII, à ses anciennes dames de compagnie et serviteurs[55]. Le train reprend ensuite sa route pour l'étape suivante : la capitale administrative du Hainaut. Le dimanche 16 juin, vers 20 heures, Marguerite paraît à Mons.

---

50 Sur l'image de la femme comme symbole de paix, voir T. Van Hemelryck, La femme et la paix. Un motif pacifique de la littérature française médiévale, dans *Revue belge de Philologie et d'Histoire*, 2006, vol. 84/2, p. 243-270.

51 D'autres personnalités de la cour bourguignonne l'accompagnent, notamment Françoise de Luxembourg, épouse de Philippe de Clèves, alors partiellement revenu en grâces. Paiement en sa faveur dans Lille, ADN, B 2151, fol. 236r-v, signalé par J.-M. Cauchies, Philippe de Clèves en son temps : féodalité et service des princes, dans *Entre la ville, la noblesse et l'État : Philippe de Clèves (1456-1528), homme politique et bibliophile*, dir. J. Haemers, C. Van Hoorebeeck, H. Wijsman, Turnhout, 2007, p. 14.

52 Cf. J. Devaux, *Jean Molinet, indiciaire bourguignon*, Paris, 1996, p. 149-151. On notera par ailleurs que le rôle pacificateur de Marguerite sera souligné par le même écrivain à diverses reprises, notamment dans ses poèmes *La Collaudation a madame Marguerite* et *La Robe de l'Archiduc*, tous deux composés en juin 1493. *Ibid.*, p. 521-526. Voir également C. Thiry, *Tournay tournée ou ung fol te tourna* : le regard de Jean Molinet sur Tournai, Gand et Valenciennes, dans *Le verbe, l'image et les représentations de la société urbaine au Moyen Âge. Actes du colloque international tenu à Marche-en-Famenne du 24 au 27 octobre 2001*, éd. M. Boone, É. Lecuppre-Desjardin, J.-P. Sosson, Anvers-Apeldoorn, 2002, p. 29-54 (ici p. 51-52).

53 Cf. Compte de Philippe Bauduin, receveur de la Salle-le-Comte, Lille, ADN, B 9917, fol. 41v-48r.

54 Tant ses bijoux, robes, pièces de vaisselle d'or et d'argent, tapisseries, objets de culte comme les chevaux, chariots et litières provenant de son écurie figurent sur le relevé publié dans Urkunden und Regesten aus dem K. u. K. Haus-, Hof- und Staatsarchiv in Wien, éd. H. Zimerman, dans *Jahrbuch der kunsthistorischen Sammlungen des allerhöchsten Kaiserhauses*, t. 1, 1883, p. XXVIII-XXX.

55 Le montant de ces présents s'élève à 6 215 livres 2 sous, auxquelles il faut ajouter 2 841 livres délivrées en diverses sommes d'argent (Lille, ADN, B 2146, fol. 165v-166r). Voir le mandement remis au nom de Maximilien en faveur de Marguerite d'York, Englebert de Nassau, Jean de Berghes et Thibaut

Les préparatifs et la « joyeuse venue » de Marguerite d'Autriche dans cette ville sont, par chance, particulièrement bien documentés[56]. Dès le 2 juin, le grand bailli avait annoncé aux autorités urbaines que le cortège allait passer par Mons et qu'il serait bon *que on s'envertuoist de faire quelque chose honnourable pour sa joyeuse venue*[57]. Aussitôt, on se réunit pour parer au plus pressé : nettoyage des rues, décoration sur le parcours, accueil en grande pompe hors-les-murs, réalisation de 40 robes, provision de flambeaux, cadeaux, guet aux portes de la ville pendant la durée du séjour princier[58]… Pour ne pas faire pâle figure sans doute, on s'enquiert donc de ce qui est prévu à Valenciennes, afin que la réception soit tout aussi (sinon plus) somptueuse. La consigne est claire : *que on face feux par les rues et que on face le plus grant feste que on polra* ! Bien entendu, l'accent est, ici aussi, mis sur les scènes religieuses ou allégoriques qui seront jouées et les morceaux de rhétorique qui seront récités devant la princesse, *revenans le plus que faire se polra sur refrain qu'elle* [Marguerite] *sera cause de confirmation de paix*[59]. Comme à Valenciennes, la même thématique de la paix et de la pastorale est associée dans certains jeux représentés sur les tréteaux ; des envoyés montois ont d'ailleurs pu se procurer chez Jean Molinet en personne un texte qui sera déclamé devant l'assemblée[60]. Arrivée sur la Grand-Place, Marguerite est accueillie à l'hôtel de ville (Maison de la Paix) où elle reçoit en cadeau deux cannes d'argent – partiellement dorées et ornées des armoiries de la ville – avant de prendre place pour le banquet organisé en son honneur. Les spectacles de rue semblent avoir manifestement plu à l'intéressée qui demande à revoir certaines « scénettes » le lendemain. Ce même jour, un banquet est à nouveau donné à la Maison de la Paix à l'issue de la procession qui avait également été organisée. Le cortège reprend sans doute la route le 18 juin.

Faute d'archives subsistantes, la fin du voyage est malheureusement nettement moins bien connue. On peut simplement noter que le cortège de Marguerite traverse Soignies (probablement) et Hal pour parvenir à Bruxelles où elle arrive manifestement le 18[61]. Son passage est ensuite attesté par Vilvorde, avant d'atteindre Malines le 20 juin[62]. Frère et sœur se retrouvent hors les murs et s'entretiennent en privé un long moment avant de pénétrer ensemble dans la ville, Marguerite chevauchant une haque-

---

Barradot (*Ibid.*, B 2147/70098) et le relevé des dons faits par Marguerite d'Autriche (*Ibid.*, 70112), éd. A. Le Glay, *Analectes historiques ou documents inédits, pour l'histoire des faits, des mœurs et de la littérature*, Paris, 1838, p. 165-176.

56 Outre les registres du Conseil de ville conservés pour cette période, on regrette la détérioration des registres de comptes. Fort heureusement, un compte séparé, reprenant toutes les dépenses supportées par la ville et les métiers a été préservé. Ce cahier (Mons, AÉM, VM, n° 2083), composé de 26 folios en papier et rédigé par le massard Nicolas Seuwin, a été édité par P. Heupgen, Compte des dépenses de la joyeuse venue à Mons en 1493 de Marguerite d'Autriche, dans *ACAM*, t. 49, 1927, p. 3-47.

57 Mons, AÉM, VM, RCV, n° 1298, fol. 235v (séance du 5 juin).

58 *Ibid.*, fol. 235v-237v (séances des 6, 11 et 14 juin).

59 *Ibid.*, fol. 235v-236r (séance du 6 juin).

60 Un certain Jacquemin Boset s'est en effet rendu à Valenciennes pour obtenir *a Molynet un jeu pour en faire le feste pardevant madite dame* […] *et leu le dictier de la substance dudict exemple pardevant madite dame, en respect a ce qu'il dict qu'il bailla audict Molynet I florin*. Compte des dépenses, p. 38.

61 La date de son passage à Hal est demandée par Albert de Saxe dans une lettre du 16 juin (Lille, ADN, B 2146, fol. 109v). Les comptes des massarderies de Soignies et Hal ne sont malheureusement pas conservés pour la période. La ville de Bruxelles n'est pas mieux lotie. Cf. J. Debruyn, *Guide des archives des villes et communes de Belgique*, 2 vol., Bruxelles, 1985 ; G. Herard, *Inventaire des archives des Chambres des comptes. Registre des comptes des villes de Hainaut, 1362-1794*, Bruxelles, 2016 ; C. Pergameni, *Les archives historiques de la ville de Bruxelles. Notices et inventaires*, Bruxelles, 1943.

62 Malines, AVM, CV, B SI 168, fol. 162Av. Et non le 22 juin comme le note le chroniqueur Gérard-Dominique de Azevedo Couthino y Bernal, *Vervolgh der Chronycke van Mechelen, van de jaere 1482. tot den jaere 1494.*, Louvain, [1760], p. 29. La plupart des auteurs à sa suite ont repris cette date, sans contrôle des archives. Diverses remises de peine accordées sont pourtant bien attestées

née blanche[63]. La cour et les principaux officiers brabançons, convoqués à la demande du prince, viennent à sa rencontre[64]. Les registres de comptes mentionnent la remise de plusieurs lots de vin par les autorités malinoises le lendemain : les ambassadeurs sont les premiers à bénéficier de ces largesses, tandis que Marguerite se voit également remettre deux pots en argent doré, ornés des armes de la ville[65]. La liesse populaire redouble le samedi 22 entre célébration de la paix, retour de la princesse naturelle et jour anniversaire de Philippe le Beau. Entre-temps, banquets, feux de joie et représentations théâtrales préparées par les métiers se succèdent[66]. Le point d'orgue de ces retrouvailles est le tournoi organisé par Philippe le Beau pour sa sœur[67]. Le moment des actes solennels doit aussi prendre place à Saint-Rombaut : pour la circonstance, on amène de Bruxelles *les joyaulx, baghes, table d'autel et autres aornemens de la chappelle desdis seigneurs pour parer l'autel, ou la messe fut chantee quant mondit seigneur l'archiduc jura la paix en presence des ambassadeurs du roi de France*[68]. Il ne reste plus à Philippe qu'à notifier la teneur du traité de Senlis à ses officiers à travers les Pays-Bas[69].

4. En guise de conclusion

Après Malines, c'est à la collégiale Sainte-Gudule, le 15 août, que Philippe le Beau promet de se conformer au traité conclu avec la France. Sa ratification écrite prend place le lendemain, tandis que les principaux nobles, officiers et villes de Pays-Bas sont tenus de délivrer leurs lettres de garantie quant à la bonne exécution de la paix. Cela ne se fera pas sans mal[70]...

Pour le clan Habsbourg, l'été 1493 constitue un tournant décisif : émancipation de Philippe, fin du mandat de gouverneur général pour Albert de Saxe, début d'une politique ouvertement francophile, accession de Maximilien au trône impérial, « réadaptation » de Marguerite dans la culture de cour bourguignonne, sous la houlette de la fidèle Marguerite d'York. Ce retour aux origines dynastiques et territoriales n'est pas à minimiser : les sujets des Pays-Bas ont bien réalisé que la restitution de *leur* princesse naturelle et la paix retrouvée qu'elle ramenait dans son sillage permettaient, par la même occasion, de retrouver un « chaînon manquant » entre les Maisons de Bourgogne et de Habsbourg. Les manifestations de joie, spontanées et sincères, durant la progression du cortège de l'archiduchesse vers Malines s'apparentent donc tout à la fois au « convoi exceptionnel » et à la « tournée de gala ». Elles résonneront à nouveau, quatorze ans plus tard, lorsqu'elle aura à assumer la charge du gouvernement de *ses* pays bourguignons.

---

dès le 20 juin, *bij den innecompst van onsen genaden vrouw Margriete van Oostrijcke comende uuyt Vranckerycke.*

63 *Dits die excellente cronike*, fol. 279r.

64 Lille, ADN, B 2146, fol. 107v-108r.

65 Malines, AVM, CV, B SI 168, fol. 162r, 178r.

66 *Ibid.*, fol. 162v-163r, 166r-v, 178r.

67 *Ibid.*, fol. 176v-177r.

68 Le garde des joyaux Jean Bave et son aide Philippe Cotteron sont envoyés par l'archiduc pour quérir, sur trois chariots, les ornements demandés. *Ibid.*, B 2146, fol. 174v-175v.

69 J.-M. Cauchies, Liste chronologique des ordonnances de Charles le Hardi, Marie de Bourgogne, Maximilien d'Autriche et Philippe le Beau pour le comté de Hainaut (1467-1506), dans *Bulletin de la Commission royale pour la Publication des anciennes Lois et Ordonnances de Belgique*, t. 31, 1986, p. 83.

70 Cauchies, *Philippe le Beau*, p. 96.

Je dis à cheus où fu rebellion

Chansons politiques en moyen néerlandais autour de 1500

Jan Dumolyn
Professeur à l'Université de Gand

Jelle Haemers
Professeur à la KU Leuven

HAINAUT

Intellectif, discret et sage à droit,
Juste en jugeant, vray naturel lyon,
Impétueux alors non orendroit,
Je dis à cheus où fu rebellion
Juge piteux fu amant million ;
Invaincu chief fault a ses sodoiers
Ja recouvrable au corps des Haynuiers.

La *Complainte des neuf pays du duc de Bourgogne*, œuvre du chroniqueur, poète et noble hainuyer Jean de Haynin (1423-1495), décrit chacune des neuf principautés dont Philippe de Bourgogne était le seigneur[1]. Les neuf strophes composant ce texte furent rédigées à la mort du duc en 1467. Elles louent Philippe et ses qualités en tant que gouverneur, ainsi que les principautés et leurs habitants. Chaque strophe commence par une lettre du prénom *Philippus*. Ainsi, le passage consacré au Hainaut a pour initiale la lettre « I », comme en témoigne la strophe citée ci-dessus. Le comté est dépeint comme une principauté empreinte de sagesse, de discrétion et de justice, armée de surcroît d'invincibles soldats. Jean de Haynin considère clairement sa patrie comme un modèle à suivre pour les autres principautés « où sévit la rébellion ». Bien qu'aucune allusion précise ne soit faite à une principauté en particulier, il fut sans doute évident pour les contemporains du chroniqueur que celui-ci se référait au comté de Flandre comme lieu politique rebelle par excellence. Dans son poème, il mentionna le fait que les Flamands (également décrits dans une strophe en « I ») sont pour la plupart « jaloux des bons[2] ».

En effet, au cours de sa vie, Philippe le Bon fut témoin de nombreuses rébellions ayant le comté de Flandre pour cadre, comme à Bruges (1436-1438) et à Gand (1432, 1436, 1438, 1449-1453)[3]. Dans la poésie du Moyen Âge tardif, les Flamands étaient

1 Ce texte a été édité par A. Le Roux de Lincy, *Recueil de chants historiques français depuis le XIIe jusqu'au XVIIIe siècle. Première série*, Paris, 1841, p. 366. Jean de Haynin est surtout connu pour ses *Mémoires*. Voir A.-C. de Nève de Roden, Les *Mémoires* de Jean de Haynin : des « mémoires », un livre, dans A l'heure encore de mon escrire. *Aspects de la littérature de Bourgogne sous Philippe le Bon et Charles le Téméraire*, éd. C. Thiry, *Les Lettres romanes*, n° spécial, 1997, p. 31-52.

2 Le Roux de Lincy, *Recueil de chants historiques*, p. 365.

3 J. Dumolyn, *De Brugse opstand van 1436-1438*, Courtrai, 1997 ; J. Haemers, *De Gentse opstand (1449-1453). De strijd tussen rivaliserende netwerken om het stedelijke kapitaal*, Courtrai, 2004 ;

Pour la singuliere affection qu'avons a luy. *Études bourguignonnes offertes à Jean-Marie Cauchies*, sous la direction de Paul Delsalle, Gilles Docquier, Alain Marchandisse et Bertrand Schnerb, Turnhout, 2017 (*Burgundica* 24), p. 207-219.

DOI 10.1484/M.BURG-EB.5.113919

souvent présentés comme un « peuple rebelle ». L'auteur français Eustache Deschamps (*ca* 1340-1404/5) avait écrit en son temps déjà plusieurs ballades dites « contre la Flandre », dans lesquelles il comparait les Flamands à d'autres peuples rebelles. Dans un poème de cette veine, il s'exprime au sujet des Judéens, qu'il appelle *de tous pais le plus mauvais pueple*. Bien qu'il ne fasse aucune référence précise aux guerres du roi de France contre le comté dans les années 1380, il est clair qu'il compare les Flamands aux Judéens, parce qu'*à rebeller de tous temps sont enclin*[4].

Un *topos* similaire figure dans la production poétique en moyen anglais de poèmes et chansons consacrés à l'échec du siège de Calais par Philippe le Bon en 1436. La chanson *A Remembraunce of LII Folyes*, par exemple, composée afin de dénoncer le siège, contient un passage dans lequel les troupes flamandes sont décrites comme désobéissantes et indignes de confiance. La propagande bourguignonne expliqua l'échec de Philippe le Bon devant Calais comme étant une conséquence de la lâcheté des milices urbaines gantoise et brugeoise, lesquelles milices abandonnèrent le siège de façon inattendue. La « désobéissance » flamande trouve évidemment sa cause dans cette réticence à attaquer un partenaire commercial essentiel, car le commerce du drap si vital pour la Flandre avait un impérieux besoin de laine anglaise. À cet égard, le résultat désastreux du siège de Calais en 1436 symbolisa la relation tumultueuse entre Philippe le Bon et ses citoyens flamands et mit en exergue la relative autonomie dont les villes flamandes disposaient. Chez les Anglais, le siège inspira un nombre assez exceptionnel de chansons et de poésies, probablement dans le cadre d'une campagne de propagande encouragée notamment par Humphrey, duc de Gloucester, l'adversaire de Philippe le Bon quant à sa succession dans le Hainaut. En guise de raillerie, ces textes intègrent la politique bourguignonne dans un catalogue de folies flamandes, dont les révoltes urbaines ne constituent qu'un exemple. Mais l'auteur du poème ne se limite pas à blâmer les Flamands pour leur désobéissance, il accuse également la cour de Bourgogne de ne pas prêter une oreille attentive aux griefs émis par ses sujets. La sagesse en matière de gouvernement, notamment en faisant valoir la justice, était clairement dans l'esprit du poète lorsqu'il se moque de la campagne inconsidérée des Flamands contre Calais, mais aussi quand il attire l'attention sur la dégradation des relations entre le seigneur et ses sujets qui s'ensuivit. Ce n'était pas juste par excès d'égoïsme que les Flamands étaient devenus rebelles. Le poème dit en effet littéralement : *For defaute of iustice, and singulere to wynne, they were rebel, to ryse craft agen craft*[5]. L'auteur anonyme explique ainsi leur révolte comme une conséquence d'un « manque de justice » et interprète le siège comme un signe de la fragile gouvernance de Philippe le Bon. De toute évidence, les différentes explications quant à l'échec du siège de Calais sont *plusieurs vérités de la même chose*.

Tous les exemples mentionnés montrent que les poètes de la fin du Moyen Âge se servaient souvent des événements militaires et politiques comme autant d'exemples illustrant la façon selon laquelle les gouvernants et leurs sujets auraient dû se comporter, et montraient ainsi à quoi correspondait, selon eux, une bonne gouvernance ainsi qu'une bonne administration de la justice, soit un ensemble de sujets sur lesquels les travaux de Jean-Marie Cauchies éclairent et continueront à éclairer ceux qui étudient l'histoire du Moyen Âge tardif. À cet égard, des poèmes et des chansons ayant pour sujet des événements militaires ne devraient pas être étudiés par les seuls historiens

J. Dumolyn, J. Haemers, Patterns of Urban Rebellion in Medieval Flanders, *Journal of Medieval History*, t. 31, 2005, p. 369-393.

4 Eustache Deschamps, *Œuvres complètes*, éd. A.-H.-E. de Queux de Saint-Hilaire, t. 1, Paris, 1878, p. 92-93.

5 R. H. Nicholson, Poetry and Politics : *A remembraunce of lii Folyes* in Context, dans *Viator*, t. 41/2, 2010, p. 383, 396. Par rapport au texte, voir aussi T. Turville Pretre, Political Lyrics, dans *A Companion to the Medieval English Lyric*, éd. T. Duncan, Cambridge, 2005, p. 180.

de la littérature et cesser d'être estampillés comme de la simple propagande par les spécialistes de l'histoire politique[6]. Bien plus que de rappeler de manière précise les événements qu'ils décrivent, ces textes utilisent les récits les concernant comme un message politique pour leur public et sont donc une source majeure pour l'histoire des idéologies médiévales. Comme nous l'avons dit ailleurs, de tels poèmes politiques s'inscrivent dans une veine de « poésie publique », un genre qui commente les événements politiques contemporains et passés et qui était omniprésent dans les Pays-Bas du Moyen Âge tardif[7].

Dans cette brève contribution en hommage à Jean-Marie Cauchies, nous nous concentrerons sur le contenu et la fonctionnalité de chansons et de poèmes de ce type écrits en moyen néerlandais dans les principautés de Flandre et de Brabant entre 1450 et 1550, soit une période et deux régions – les principaux territoires des « derniers ducs de Bourgogne » (Marie de Bourgogne, Philippe le Beau et l'empereur Charles Quint) – chères au savant célébré[8]. Nous montrerons que les histoires sur les événements politiques du passé en général, et ceux portant sur les rébellions en particulier, ont été utilisées pour un certain « besoin actuel ». Pour ce faire, nous les situerons dans le contexte social dans lequel elles ont été écrites, lues et entendues. Nous sommes certes pleinement conscients du fait que bon nombre des caractéristiques des poèmes étudiés sont également présentes dans les poèmes en moyen français relatifs à des événements similaires. Ainsi, certains poèmes décrivant le sac de Liège par Charles le Téméraire en 1468 contenaient eux aussi un message politique. Tout comme les Flamands, les habitants de Liège étaient également connus pour leur esprit de rébellion. *Comment, sont ils tousjours rebelles ?*, telle est la question posée à propos des habitants de la ville mosane. Et le poème continue avec ce qui suit : *Et ces faulses gens des mestiers, seron tilz toujours mesdisans ?*, alors que le poète conclut sur les Liégeois : *Ilz sont maulvais et faulx vilains*[9]. De toute évidence, la cour de Bourgogne préférait la fidélité des habitants du comté de Hainaut à l'insoumission de la ville de Liège. Comme c'est le cas dans la plupart des textes cités dans cet article, les caractérisations de sujets et descriptions de rébellion de ce type avaient en premier lieu un but politique. Les auteurs de chansons et les poètes ont utilisé ces éléments pour justifier la répression et légitimer le pouvoir ducal.

---

6 On peut se référer aujourd'hui à deux articles récents : A. Marchandisse, B. Schnerb, Chansons, ballades et complaintes de guerres au xve siècle : entre exaltation de l'esprit belliqueux et mémoire des événements, dans *Les paysages sonores du Moyen Âge à la Renaissance*, éd. L. Hablot, L. Vissière, Rennes, 2015, p. 113-124 ; É. Lecuppre-Desjardin, L'histoire de la principauté de Bourgogne en chansons : une propagande bien orchestrée, dans *Ibid.*, p. 125-142.

7 J. Dumolyn, J. Haemers, Political Poems and Subversive Songs. The Circulation of « Public Poetry » in the Late Medieval Low Countries, dans *Journal of Dutch Literature*, t. 5, 2014, p. 1-22.

8 J.-M. Cauchies, *Philippe le Beau. Le dernier duc de Bourgogne*, Turnhout, 2003 ; J. Haemers, *For the Common Good. State Power and Urban Revolts in the Reign of Mary of Burgundy (1477-1482)*, Turnhout, 2009 ; W. Blockmans, *Keizer Karel V, 1500-1558. De utopie van het keizerschap*, Louvain, 2000.

9 *Documents relatifs aux troubles du pays de Liège sous les princes-évêques Louis de Bourbon et Jean de Horne, 1455-1505*, éd. P. F. X. De Ram, Bruxelles, 1844, p. 348-351. Voir, pour les poèmes en moyen français émanant de cette région, en particulier, C. Thiry, Une complainte inédite sur le sac de Dinant (1466), dans *Bulletin de la Commission royale d'Histoire*, t. 138, 1972, p. 1-38 ; Id., Les poèmes de langue française relatifs aux sacs de Dinant et de Liège, 1466-1468, dans *Liège et Bourgogne. Actes du colloque tenu à Liège les 28, 29 et 30 octobre 1968*, Paris, 1972, p. 101-127 ; A. Marchandisse, B. Schnerb, La bataille du Liège, dans *Écrire la guerre, écrire la paix*, éd. S. Mazauric, Perpignan, 2013, p. 29-41.

1. Le chansonnier d'Anvers

Pour ceux qui étudient les chansons politiques du Moyen Âge tardif et du début du XVIe siècle en moyen néerlandais, une source se détache comme étant la plus fiable et directe quant à sa transmission. En 1544 fut imprimé par Jan Roulans, dans la métropole d'Anvers, un *Schoon Liedekensboeck* (« Beau recueil de chansons »). Ce recueil anversois fut d'abord édité par Hoffman von Fallersleben, mais a récemment fait l'objet d'une édition moderne de haute qualité[10]. Il contient 221 chansons, classées par ordre alphabétique, mais sans notation musicale ni illustrations, hormis une gravure sur bois sur la page titre. Il était en son temps l'un des recueils majeurs de chansons profanes en Europe. Jan Roulans le réalisa probablement par compilation à partir de sources écrites : placards imprimés, pamphlets, plaquettes manuscrites, morceaux de papier[11]. Une seule copie complète a survécu, car la diffusion du recueil fut interdite par les autorités supérieures. Cette interdiction est indubitablement liée au contenu : certaines chansons sont très explicitement érotiques. Par ailleurs, une trentaine de textes peuvent être considérées comme étant des « chansons politiques ». Quantité d'entre elles portent sur le conflit armé – très récent alors – entre Charles Quint et le duc de Gueldre, soit la troisième guerre de Succession de Gueldre allant de 1538 à 1543. Le chansonnier anversois distingue généralement les « vieilles chansons », parfois déjà connues à la fin du XVe siècle, des chansons plus récentes. Des recherches en musicologie ont conduit C. Vellekoop à la conclusion que Jan Roulans appelle « vieilles chansons » celles qui existaient déjà avant 1510 environ[12] et que la ligne de démarcation générale entre les anciennes et nouvelles chansons peut être établie entre environ 1510 et 1525. Le recueil anversois fut en fait terminé à la hâte afin d'y inclure douze « nouvelles chansons » sur la lutte contre la Gueldre, et d'en augmenter ainsi la valeur informative[13].

Les textes antérieurs au milieu du XVe siècle sont surtout ceux appartenant à la veine des ballades chevaleresques – avec entre autres la version en néerlandais du *Chant de Hildebrand* – ainsi qu'un certain nombre de chansons historiques d'origine flamande[14]. Dès la seconde moitié du XVIe siècle, et notamment lors de la révolte des Pays-Bas contre l'Espagne (1568-1648), le nombre de ces chansons – produites par les deux parties belligérantes – augmente fortement. Cette constatation nous invite à considérer qu'une telle augmentation pourrait s'expliquer par une plus grande quantité de textes conservés sous forme imprimée, et n'implique donc pas nécessairement une plus forte production[15]. Si tel est le cas, nous pouvons présumer que la situation s'apparente à celle dans les régions de

---

10 A. H. Hoffmann von Fallersleben, *Horae Belgicae*, t. 2, Breslau, 1833.

11 *Het Antwerps Liedboek*, éd. D. van der Poel, D. Geirnaert, H. Joldersma, J. Oosterman, Tielt, 2004, p. 23.

12 C. Vellekoop, Hoe oud is « oudt » in het Antwerps liedboek ?, dans *Tussentijds. Bundel studies aangeboden aan W. P. Gerritsen ter gelegenheid van zijn vijftigste verjaardag*, éd. A. M. J. van Buuren, H. van Dijk, O. S. H. Lie e. a., Utrecht, 1985, p. 272-279.

13 P. van Wissing, *Kinders, ic weet secreet goed en rijkdom*. Maarten van Rossem voor Leuven. Anti-Gelderse historieliederen uit het *Antwerps Liedboek* (1544), dans *Verdrag en Tractaat van Venlo. Herdenkingsbundel, 1543-1993*, éd. W. G. M. Heijden, F. van der Keverling Buisman, Hilversum, 1993, p. 235-236.

14 *Het Antwerps Liedboek*, p. 9-14.

15 *Politieke balladen, refereinen, liederen en spotdichten der XVIe eeuw, naar een gelyktydig handschrift*, éd. P. Blommaert, Gand, 1847 ; la plupart de ces manuscrits contiennent des chants pro-catholiques et pro-espagnols alors que le *Geusen Lietboek* contient ceux des « gueux », voir *Het Geuzenliedboek naar de oude drukken*, éd. P. Leendertz, Zutphen, 1924 ; W. J. C. Buitendijk, *Nederlandse strijdzangen (1525-1648)*, Culembourg, 1977. Une autre collection importante est C. Van der Graft, *Middelnederlandsche Historieliederen*, Epe, 1904. La plupart de ces textes sont maintenant consultables sur www.dbnl.org ou www.liederenbank.nl.

langue française – plus systématiquement étudiées – et que les chansons politiques étaient beaucoup plus la norme que l'exception durant la période antérieure. Dans la plupart des cas, les textes n'ont été transmis que dans une seule version majeure et peu d'autres versions peuvent témoigner de sa diffusion et réception. La seule façon possible de procéder est donc par l'analyse interne mais comparative sur les plans de la stylistique et du contenu, même si certains éléments externes peuvent contribuer à éclairer cette approche. Comme d'autres chansons « folkloriques », ces chansons politico-historiques ont souvent des caractéristiques typiques d'ordre stylistique. Par exemple, la répétition est souvent utilisée pour donner à l'auditeur des éléments auxquels se raccrocher[16]. Nombreuses sont les chansons qui ont recours aux mêmes rimes stéréotypées, par exemple *in grooter noot* [en grande angoisse] et *doot* [mort]. D'autres éléments stéréotypés reviennent à de nombreuses reprises : « l'or rouge », « le brave soldat / cavalier », « l'épée blanche », « le vin frais[17] ». Une phrase d'ouverture typique est par exemple : « Nous voulons chanter [*singhen*] » ainsi que ses variantes, ce qui rime avec *dwingen* [forcer]. Selon Brinkman, cet élément a montré que le *kerelslied*, qui figure dans le chansonnier Gruuthuse, produit à Bruges autour de 1400 et qui se moque aussi des rebelles flamands, était le plus ancien exemple connu appartenant à cette veine de chansons politico-historiques[18].

2. Des chansons pour l'armée bourguignonne et les milices urbaines ?

Nombre de chansons appartenant au recueil anversois semblent avoir été composées pour les soldats de l'armée bourguignonne et habsbourgeoise ou se rapportent en tout cas aux événements militaires en soutenant fortement la dynastie[19]. Par exemple, la *Chanson du siège de Nieuport* (1489) constitue une autre « vieille chanson » imprimée dans le recueil anversois[20]. Le siège s'inscrit sans doute dans le cadre de la révolte flamande de 1482-1492 au cours de laquelle la régence de Philippe le Beau était en jeu. Les villes flamandes et une faction de la noblesse voulaient diriger le comte encore mineur par le biais d'un conseil de régence, tandis que Maximilien, en tant que père, voulait lui-même être régent. En 1489, Nieuport était dirigé par des sympathisants de Maximilien, même si une coalition de troupes flamandes et françaises tenta sans succès de prendre le pouvoir dans la ville[21]. Bien que la chanson dramatise les événements selon l'esprit typique des textes chevaleresques en se concentrant sur un dialogue entre les protagonistes, elle affiche pourtant un caractère original et direct et ne contient pas d'« erreurs » historiques, ce qui suggère qu'elle fut composée par un contemporain peu de temps après l'événement. D'une part, le texte est écrit dans une perspective de soutien à Maximilien et mentionne un « traître », qui doit avoir été le capitaine français Philippe de Crèvecœur qui exigeait la soumission de la ville.

---

16 S. Van Puffelen, Het historielied als dichtsoort, dans *Wetenschappelijke Tijdingen*, t. 25, 1966, col. 38.

17 B. Van 't Hooft, *Honderd jaar Geldersche geschiedenis in historieliederen*, Arnhem, 1948, p. 14.

18 H. Brinkman, Een lied van hoon en weerwraak. « Ruters » contra « kerels » in het Gruuthuse-handschrift, dans *Queeste*, t. 11, 2004, p. 1.

19 P. Fredericq, *Onze historische volksliederen van vóór de godsdienstige beroerten der 16de eeuw*, Gand, 1894, p. 106-107.

20 *Het Antwerps liedboek*, t. 1, p. 328 ; t. 2, p. 335-337.

21 Contexte dans J. Haemers, Philippe de Clèves et la Flandre. La position d'un aristocrate au cœur d'une révolte urbaine (1477-1492), dans *Entre la ville, la noblesse et l'État : Philippe de Clèves (1456-1528), homme politique et bibliophile*, éd. J. Haemers, C. Van Hoorebeeck, H. Wijsman, Turnhout, 2007, p. 21-99. Voir, sur le siège en question, A. Vlietinck, *1488-1889. Eene bladzijde uit de geschiedenis der stad Nieupoort*, Ostende, 1889, p. 52-70.

D'autre part, les bourgeois de Nieuport se voient également donner un rôle et une voix, notamment « Herman le sonneur de cloches », à l'évidence le sonneur de cloches officiel de la ville. Dans la dernière strophe, le poète se présente comme un « bon soldat » devenu aveugle, ou souffrant au moins d'une forte baisse de la vue. Il prie la Vierge de prendre la Flandre sous sa tutelle[22]. Selon un spécialiste, il pourrait s'agir de Daniel van Praet, le « souverain de Flandre » ou souverain-bailli qui mena la défense de la ville et qui parla au « traître[23] ». La statue de Notre Dame de la Nécessité aurait été hissée sur les murs de la ville par les défenseurs désespérés, et le maire de la ville aurait fait le vœu solennel de faire couler un grand cierge pour elle, faits que confirment les comptes de la ville : après la victoire, une bougie d'un poids de 418 livres fut acquise par la ville. Des siècles durant, la mémoire du siège laissa son empreinte sur Nieuport. Cette chanson inspira des remaniements ultérieurs mentionnés dans d'autres sources. En outre, une chronique locale du XVIIIe siècle mentionne que des statues mécaniques représentant « Herman et son fils » se dressaient auparavant sur la *Halletoren*, le beffroi de Nieuport. Ils avaient l'apparence de « deux forgerons frappant une enclume avec leurs marteaux pour marquer chaque heure de la journée ». Il est probable que ce Herman n'était autre que le même légendaire sonneur de cloche et que ces statues furent érigées à sa mémoire. Ou bien – autre possibilité – le Herman de 1489 était déjà à cette époque une figure mécanique appelée ainsi. L'institution d'une procession d'action de grâce en 1490 constitue un autre élément soulignant l'importance de l'événement – et probablement aussi de la chanson – dans la mémoire collective populaire[24]. Quoi qu'il en soit, l'auteur de la chanson a clairement voulu influencer le souvenir de l'événement en simplifiant l'histoire du siège et en glorifiant la résistance militaire contre les milices des rebelles.

Le caractère « populaire » ou « public » des chansons politiques que nous traitons ici semble être confirmé par leur diffusion dans les milieux militaires aux alentours de 1500, époque du développement de nouvelles armées professionnelles de mercenaires recrutés dans les classes inférieures des villes et des campagnes. Un *Oudt liedeken* (« vieille chanson ») du chansonnier anversois a pour protagoniste Hansken, le fils d'un riche fermier qui voulait apprendre à devenir un guerrier. Le texte n'est en fait que légèrement critique et affiche surtout un ton ironique. Il se moque du personnage principal comme d'un paysan naïf qui envie les soldats qui volent et allument des incendies criminels sur les routes du seigneur (*Ic wil gaen ruyten, roven, stichten brant / Al op des heeren straten*). Arrivé au bord de la mer, prêt à s'embarquer et partir faire la guerre, Hansken regrette toutefois de ne pas être resté à la maison pour labourer les champs de son père[25]. Quantité de chansons sur les événements contemporains ou récents semblent être écrites par ou pour des soldats, ou du moins elles se présentent comme appartenant à un environnement militaire, car il est vrai que cela relève simplement du *topos*. Des observations similaires retiennent notre attention pour d'autres parties de l'Europe des XVe et XVIe siècles. Il existe, ainsi, pour ne citer qu'un exemple, une chanson française sur la prise de Saint-Omer par le seigneur d'Esquerdes en 1487[26]. Dans le chansonnier d'Anvers, les soldats sont souvent décrits buvant du vin frais, et rêvant à la beauté de jolies

22 Van de Graft, *Middelnederlandsche historieliederen*, p. 109-113.

23 En effet, le souverain-bailli Daniel van Praet conduisit la campagne militaire contre les rebelles dans la partie occidentale de la Flandre. Voir à ce sujet Jean Molinet, *Chroniques*, éd. G. Doutrepont, O. Jodogne, t. 2, Bruxelles, 1935, p. 88.

24 L. Van Biervliet, Een oudt liedeken op het beleg van Nieuwpoort, 1489, dans *Biekorf*, t. 76, 1975-1976, p. 193-206 ; A. Viaene, Hermans Torreken te Nieuwpoort, dans *Ibid.*, t. 63, 1962, p. 217-218.

25 *Het Antwerps Liedboek*, t. 1, p. 13 ; t. 2, p. 72-73.

26 *Chansons du XVe siècle publiées d'après le manuscrit de la bibliothèque nationale de Paris*, éd. G. Paris, Paris, 1935, p. 96-97.

filles aux bras blancs et aux yeux bruns. Dans une de ces chansons, un soldat s'adresse à sa jeune et frivole compagne Margriete, et lui demande de venir avec lui à Thérouanne, où une bataille a été livrée. Effectivement, pendant les guerres des premières décennies du XVIe siècle, et notamment en 1513, cette ville et ses alentours furent le théâtre d'hostilités impliquant les Habsbourg, les Français et les Anglais[27]. Une autre chanson, intitulée *Van Keyser Maximilliaen* et portant sur le projet de mariage raté entre Maximilien et la fille du duc de Bretagne, fut initialement chantée à Cologne par trois soldats sans argent, comme le précise la dernière strophe. Elle est clairement d'origine allemande[28].

Il arrive aussi qu'un début de sentiment national se dévoile dans ces chansons. L'identité commune des soldats est bourguignonne, mais un sentiment de fierté de la langue flamande est également présent. *Een Liedeken van den Slach van Blangijs*, par exemple, commémore la bataille de Guinegatte du 7 août 1479. Cette chanson décrit les Flamands constituant un front uni derrière leur prince Maximilien défiant l'armée française. Le cri de bataille *Flander de Leeu !* (« Flandre, le Lion ! ») exprimé *met Vlaemscher tonghen* (« en langue flamande ») est répété à la fin de chaque strophe[29]. Anthonis Ghyseleers lui-même, ou certainement le poète qui a recueilli son travail, était peut-être un de ces « routiers » au service de Maximilien, lesquels « depuis leur jeunesse n'avaient rien appris d'autre que de rimer et de chanter[30] ». L'auteur se décrit comme « un cavalier du Brabant né à Landen[31] ». Les historiens de la littérature émirent et émettent encore souvent des doutes quant à l'hypothèse selon laquelle les auteurs ou les interprètes de ces chansons aient pu être des soldats : les fréquentes références à ce milieu sont perçues comme un stéréotype. Il a également été suggéré que les chansons sur les événements militaires ont d'abord été composées pour les armées elles-mêmes et qu'elles ont ensuite connu une plus large diffusion au niveau de la population[32]. Et d'autres encore pensaient que certains poètes populaires avaient pu rejoindre les armées mais qu'il devait certainement y avoir aussi des soldats qui savaient lire et écrire et qui auraient donc été capables de composer une chanson populaire[33]. Quoi qu'il en soit, il est clair que les événements militaires des années 1470 suscitèrent des émotions dans ces régions frontalières qui furent très touchées par les guerres entre le roi de France et la cour de Bourgogne. Ainsi, des chansons populaires furent composées à Valenciennes (Hainaut) afin de nuire à la campagne française. En 1477, des couplets pro-bourguignons furent envoyés à Tournai (une ville sous contrôle français) invitant les habitants à renvoyer chez lui leur roi Louis XI. Et en 1491, lorsqu'il s'avéra que le fils de ce dernier, Charles VIII, dut épouser Anne de Bretagne à la place de Maximilien, d'autres chansons anti-françaises furent également composées à Valenciennes[34].

---

27 *Het Antwerps Liedboek*, t. 1, p. 270-271 ; t. 2, p. 285-287.

28 *Ibid.*, t. 1, p. 262-263 ; t. 2, p. 276-279.

29 Van de Graft, *Middelnederlandsche historieliederen*, p. 91-95 ; J. F. Verbruggen, *De slag bij Guinegate, 7 augustus 1479. De verdediging van het graafschap Vlaanderen tegen de koning van Frankrijk, 1477-1480.* Bruxelles, 1993, p. 137-138.

30 J. Te Winkel, *De ontwikkelingsgang der Nederlandsche Letterkunde*, t. 2, Haarlem, 1921, p. 240-241 ; Van de Graft, *Middelnederlandsche historieliederen*, p. 74-75.

31 Fredericq, *Onze historische Volksliederen*, p. 56 ; Van de Graft, *Middelnederlandsche historieliederen*, p. 137. Elle a de bons arguments pour faire valoir que Ghyseleers n'a pas été lui-même le poète. De plus amples recherches codicologiques seraient nécessaires. Plutôt que de faire appel à des unités de cavalerie, des routiers furent loués, pouvant servir tant à cheval qu'à pied. Cf. Brinkman, Een lied van hoon, p. 5-9.

32 Van 't Hooft, *Honderd jaar Geldersche geschiedenis*, p. 9.

33 Van de Graft, *Middelnederlandsche historieliederen*, p. 36 ; M. Sabbe, *De muziek in Vlaanderen*, Anvers, 1928, p. 80-85.

34 Y. Junot, M. Kervyn, La question des appartenances au long de la frontière sud des anciens Pays-Bas (fin XVe-fin XVIIe siècle) : les enjeux des identifications, dans *L'identité au pluriel. Les jeux des*

Les dernières chansons furent composées dans un contexte urbain. Il est donc également possible que les soldats chantant certaines des chansons mentionnées faisaient partie des milices urbaines qui souvent rejoignaient les armées des seigneurs régionaux. Par exemple, le *Chant de la robustesse des Hommes de Malines* semble être lié à la milice de la ville en lutte contre Bruxelles[35]. Cette chanson reflète les conflits économiques et militaires souvent virulents entre les différentes villes des Pays-Bas. En tout cas, il y a suffisamment d'éléments permettant de situer la création (souvent de multiples auteurs), la circulation et la réception de ces chansons sur les événements militaires et la lutte politique, qu'ils soient de date récente ou appartenant à une période plus ancienne, dans les « couches populaires » de la société, à la fois dans les villes et à la campagne. Tout à fait éclairant à cet égard est le cas de *Mon seigneur de Leliedam*, texte imprimé dans le chansonnier d'Anvers, mais qui traite d'événements ayant eu lieu un siècle plus tôt. La chanson commence par le verset « C'était un mardi ». Le héros de l'histoire est le noble bourguignon Jean de Villiers, seigneur de L'Isle-Adam, commandant des troupes de Philippe le Bon, qui décéda après une vaine tentative bourguignonne pour prendre la ville rebelle de Bruges par la force le 22 mai 1437. Ironie du sort, cette chanson populaire transforme le chef des troupes d'invasion de champion de la réaction en héros des classes populaires, et ce en l'espace d'un siècle. Au cours des événements relatés dans la chanson, *Lelidam*, comme son nom fut déformé en 1544 – signifiant « Lys – digue » selon ce qui semble être une étymologie populaire – a la fonction narrative d'avertir le méchant duc Philippe de ne pas entrer dans la « noble ville de Bruges[36] ». Une trahison se préparait en fait, car c'était un mardi, durant la période précédant la Pentecôte, alors que le comte de Flandre Philippe affirmait vouloir se rendre en Hollande. Mais, nous avertit le narrateur, en fait, ce n'était pas la Hollande, mais la noble ville de Bruges qu'il voulait attaquer. À un certain moment, le seigneur de L'Isle-Adam avait effectivement été le commandant des troupes picardes de Philippe le Bon dans le comté de Hollande. Dans la chanson, il est suggéré qu'il pensait vraiment se rendre en Hollande et passer simplement par Bruges. Lorsqu'il reçoit ensuite l'ordre d'attaquer la métropole flamande, il tente de convaincre le duc de ne pas le faire. D'après la chanson, la milice urbaine de Malines, qui figure également dans une autre chanson du chansonnier d'Anvers, était présente sur les lieux – ce qui n'était pas le cas dans la réalité historique – et refusa de se battre contre Bruges, ce qui l'amena à quitter l'armée à un mille de la ville. Cet événement suggère que les soldats faisaient preuve d'une sorte de solidarité interurbaine avec la révolte de Bruges, un sentiment qui n'était pas du tout atypique[37]. D'une part, la chanson montre que l'auteur avait une grande familiarité avec des détails de la topographie de Bruges, ce qui suggère qu'elle a été écrite là-bas ; d'autre part, le fait que le texte parle des Brugeois (*Brugghelingen*) en n'utilisant pas la première personne du pluriel laisse croire que l'auteur n'était lui-même pas Brugeois. Il n'est pas impossible que le lien avec Malines suggère une origine malinoise, mais rien ne nous permet pour l'instant de sortir du domaine de l'hypothèse[38].

appartenances aux anciens Pays-Bas (xive-xviie siècles), éd. V. Soen, Y. Junot, F. Mariage, Lille, 2014, p. 233.

35 J.-F. Willems, *Oude Vlaemsche liederen*, Gand, 1846, p. 53-55.

36 J. Dumolyn, The « Terrible Wednesday » of Pentecost : Confronting Urban and Princely Discourses in the Bruges Rebellion of 1436-1438, dans *History. The Journal of the Historical Association*, t. 92, 2007, p. 3-20.

37 En effet, tant à Bruges qu'à Malines, une rébellion eut lieu la même année. Voir R. Trouvé, Belangrijke keerpunten voor wevers, weefnijverheid en economie te Mechelen in 1436 en 1458, dans *Handelingen van de Koninklijke Kring voor Oudheidkunde, Letteren en Kunst van Mechelen*, t. 79, 1975, p. 31-68.

38 Pourtant, Malines avait une scène littéraire animée. Voir R. Sleiderink, Op zoek naar Middelnederlandse literatuur in het Mechelen van de veertiende eeuw, dans *Ibid.*, t. 114, 2010, p. 31-54.

3. Chansons et révoltes populaires

Les chansons traitant de rébellions et d'attaques militaires de villes ne faisant pas partie de la principauté étaient également très populaires en Flandre et en Brabant. Elles avaient un message politique clair pour les habitants des deux régions. Par exemple, une chanson en moyen néerlandais à propos de Dinant, la ville sur la Meuse qui s'était battue contre le duc de Bourgogne, commence de la façon suivante : « Dinant, vous aviez la langue trop longue ! Et pour cela, vous avez subi la répression[39] ». La chanson fut composée par Antonis Stalin, un prêtre d'Assenede (Quatre Métiers, au nord de Gand), qui avait clairement des sympathies envers les autorités. En 1466, Dinant fut totalement détruite par Charles le Téméraire en raison du conflit entre la Principauté de Liège (à laquelle la ville appartenait) et la dynastie bourguignonne[40]. La chanson fait référence aux nombreuses insultes que Charles avait subi lors du siège de la ville. Les habitants de Dinant avaient entre autres exhibé au-dessus des murs de leur ville une marionnette représentant Charles, et ce tout en criant que Charles était un blanc-bec qui n'était pas assez mûr pour succéder à son père, lequel avait cédé le pouvoir à son fils. La réaction furieuse du Téméraire mena à la destruction de la ville, soit un acte de représailles jusqu'alors inconnu au sein des Pays-Bas. La chanson justifie la répression cruelle de Dinant en prétendant que les arrogantes insultes méritent un châtiment approprié : « Dinant, ton orgueil t'a menée sous le pied [du prince] » (*Dynant, dinen hoghen moet heefti ghebrocht al onder den voet*). Les sévères représailles dont Dinant fut la victime servirent ensuite d'exemple pour d'autres villes ainsi averties que défier le pouvoir ducal ne se faisait pas impunément. Le message était clair : à l'avenir, les langues arrogantes seraient coupées.

Cette chanson fut peut-être inspirée par des ballades similaires en moyen français composées après la destruction de la ville pour désavouer Dinant et son orgueil[41]. De manière comparable, la punition de la ville de Gand en 1539 par l'arrière-petit-fils du Téméraire, Charles Quint, fut elle aussi commémorée. Après une courte mais violente révolte de sa ville natale, l'empereur avait donné l'ordre de démolir plusieurs monuments liés à l'identité de la ville. Parmi ceux-ci figurait l'abbaye Saint-Bavon sur l'Escaut, soit le lieu de fondation de la ville. Une ballade contemporaine de la répression justifia cette action musclée : « Gand doit vendre sa peau en raison de sa rébellion. » Et la chanson de poursuivre : « Que ce soit un exemple pour vous, petits et grands. » La ville avait outragé l'empereur. Par conséquent, elle est responsable de la lourde peine que lui a imposée son seigneur, qui à juste titre avait coupé la barbe à ce puissant Samson[42]. Ici aussi, la chanson avertit les sujets qu'il ne faut pas prendre les armes contre leur seigneur.

---

39 *Dynant* [...] *dine tonghe was vele te lanc, dus besti commen onder bedwanck* (N. De Pauw, *Middelnederlansche gedichten en fragmenten*, t. 2, *Wereldlijke gedichten*, Gand, 1903, p. 393).

40 É. Lecuppre-Desjardin, L'ennemi introuvable ou la dérision impossible dans les villes des terres du Nord, dans *La dérision au Moyen Âge. De la pratique sociale au rituel politique*, éd. É. Crouzet-Pavan, J. Verger, Paris, 2007, p. 161 ; M. Boone, Châtier les villes : un plaidoyer pour une histoire urbaine comparée, dans *Le châtiment des villes dans les espaces méditerranéens (Antiquité, Moyen Âge, Époque moderne)*, éd. P. Gilli, J.-P. Guilhembet, Turnhout, 2012, p. 404.

41 *Documents relatif aux troubles*, p. 335-345.

42 *Haerlieder rebelleyt moetet vel becoopen* [...] *Neemt nu exempel, groot ende cleyn, naectelic aen u, Ghendt, blijcket openbaerlic* [...] *ghy ghinct uwen here ende keyser versmaden* [...] *Uselven hebdy ghedaen veel blamen* [...] *Dus affgesneden is uwen baert*, Ballade op de stad Gent, na den opstand van het jaer 1539, éd. J.-F. Willems, dans *Belgisch Museum voor de Nederduitsche Tael- en Letterkunde en de Geschiedenis des Vaderlands*, t. 4, 1840, p. 251-254.

En effet, la plupart des chansons politiques sur les révoltes qui sont venues jusqu'à nous sympathisent avec ceux qui les ont supprimées. On peut supposer que les rebelles ont également inspiré des chansons, mais peu de textes avec des contenus subversifs ont été conservés en raison de la répression ou de l'évolution des circonstances dans lesquelles elles furent chantées, car elles furent adaptées en permanence à travers le temps[43]. La même chose vaut pour les chansons et poèmes composés par ceux qui réprimèrent les conflits situés dans le passé : ces chansons travestirent clairement la vérité les concernant. Ces textes décrivent généralement les soulèvements comme des conflits créés par un seul homme, un chef orgueilleux. Ils en font des histoires de trahison plutôt que d'action populaire. Par exemple, en 1489, une révolte se répandit à travers la Hollande lorsque plusieurs villes, dont Rotterdam et Woerden, rejoignirent la rébellion des grandes villes flamandes de Gand et de Bruges. Celles-ci s'étaient soulevées contre le prince habsbourgeois Maximilien d'Autriche, qui agissait en tant que régent de son fils Philippe le Beau, comte de Flandre et de Hollande. Le soulèvement est connu sous l'appellation de *Jonker Fransen oorlog* (« La guerre de l'écuyer François »), ce qui réfère à son chef, le noble François de Brederode[44].

La faction hollandaise des *Hoeken* (les « Hameçons »), à laquelle il appartenait, contestait depuis plusieurs décennies la légitimité de la dynastie bourguignonne en Hollande, et elle avait été impliquée dans une longue guerre civile contre la faction des *Kabiljauwen* (les « Cabillauds ») qui sympathisait avec les Bourguignons. Dans leur révolte contre Maximilien, les *Hoeken* se soulevèrent alors contre les taxes élevées perçues par la cour. Toutefois, la chanson sur la répression militaire de la révolte ignore le contexte social compliqué de cette révolte à grande échelle, tout comme elle ignore le soutien politique que Brederode avait obtenu dans certaines villes du comté. On dit qu'il avait répandu des « rumeurs » parce qu'il avait « espéré devenir comte dans le pays ». Mais heureusement, poursuit la chanson sur un ton moralisant, « un cœur méchant se tue lui-même » parce que « les excès ne peuvent durer ». Bien que le chef des rebelles eût promis de ramener « la paix » dans le pays, la chanson prétend qu'il a échoué vu que tout le monde prit la fuite, et ce dès que Brederode amena la guerre en Hollande. Le public est supposé conclure que l'envie autodestructrice de Brederode et sa volonté de répandre la discorde et la division entre les différentes factions (*tpartyelijck venijn*) dans le pays, avaient conduit à sa chute[45]. Il s'agit donc clairement d'une chanson pro-Habsbourg qui servit son objectif à l'époque mais – et c'est typique – le caractère personnel du chef rebelle noble s'avéra l'argument le plus convaincant pour le calomnier.

Une chanson sur le siège de Saint-Trond (dans la Principauté de Liège) par le seigneur rebelle Philippe de Clèves en 1489 peut également être située dans le contexte de la révolte flamande. Chaque strophe se termine avec le même verset *Sy clopten voer Bruestem-poort, sy en mochten niet in* (« Ils frappèrent à la porte de Brustem mais ne purent pas entrer »), faisant référence à l'échec de Philippe dans sa tentative de conquête de la ville au cours de sa guerre contre Maximilien d'Autriche. La récurrence de ce vers suggère que le texte pourrait avoir été chanté, mais en même temps, il fait

43 Nous en traitons quelques-uns dans J. Haemers, Social Memory and Rebellion in Fifteenth-Century Ghent, dans *Social History*, t. 36, 2011, p. 443-463, et dans J. Dumolyn, J. Haemers, Political Songs and Memories of Conflict in the Later Medieval Low Countries, dans *Rhythms of Revolt in Europe, 1400-1700*, éd. D. Hopkin, E. Guillorel, Oxford, 2017, sous presse.

44 Pour le contexte, voir M. van Gent, « *Pertijelike saken* ». *Hoeken en Kabeljauwen in het Bourgondisch-Oostenrijkse tijdperk*, La Haye, 1994, p. 424-428 ; Haemers, Philippe de Clèves, p. 67-74.

45 *Remoer* [...] *dus meende hi te worden een grave int lant* [...] *overdaet en mochte nye langhe dueren* [...] *want een nijdich herte dat doot hemselven* [...] *hi dede seggen hi brocht pays en vrede, nochtan elck vluchte ende pijnde te vlien*. J. Van Vloten, *Nederlandsche geschiedzangen*, t. 1, Amsterdam, 1852, p. 121-125.

aussi penser à une chronique en vers, voire à un poème inséré dans un autre texte historiographique en prose écrit par un rhétoricien[46]. Quoi qu'il en soit, le texte décrit des groupes populaires plus anonymes dont la loyauté envers le prince joua un rôle crucial. Par exemple, en 1489, le texte chante les louanges des femmes anonymes de Saint-Trond ayant résisté à l'attaque de Philippe de Clèves. Comme François de Brederode, Philippe était un homme issu de la haute noblesse ayant rejoint la révolte des villes flamandes et brabançonnes contre Maximilien d'Autriche. En 1488, avec le soutien de Bruxelles et de Louvain et avec l'aide militaire du roi de France, Philippe avait conquis des parties du duché de Brabant dans le but de réunir les provinces du sud des Pays-Bas contre la domination des Habsbourg. Alors que Brederode conduisait l'opposition en Hollande, Philippe de Clèves lutta contre les troupes de l'empereur Frédéric III, le père de Maximilien, qui tentait la reconquête de ses terres perdues. Toutefois, l'épisode de Saint-Trond fut un tournant car, après un siège de plusieurs semaines, les rebelles échouèrent dans leur but avoué de conquérir la ville. Après cet événement, une chanson fut composée pour commémorer cette victoire hautement symbolique des Habsbourg. Elle exprime la désapprobation devant l'impudence (le *Hoogen moet*) des troupes françaises qui étaient venues renforcer les rebelles, mais elle célèbre également l'héroïsme des habitants de Saint-Trond, notamment parce que « ceux de l'intérieur », parmi lesquels certaines femmes, avaient aidé les défenseurs de la ville à résister aux attaques de Philippe de Clèves (*die van binnen behielen die plaetse, ons vrouwen die treckeden ons die kaetse*)[47].

De manière similaire, la chanson sur la révolte de François de Brederode salue le courage des roturiers de Leyde qui protégèrent leur ville contre les troupes de l'arrogant noble. Selon le poète anonyme, les roturiers restèrent très fidèles en défendant la ville contre l'ennemi (*Die ghemeente quam oock seer trouwelick by*)[48]. Dans les deux chansons, les citadins sont présentés comme des sujets légitimes qui défendirent de manière juste l'honneur de la terre et les intérêts des princes contre les insurgés faisant preuve de déloyauté. Bien sûr, il est impossible de savoir si ces allégations sont fondées. Certains savants ont déjà observé que les héros de ces chansons sont généralement des personnages historiques dotés de noms et d'une individualité. Celle-ci peut être quelquefois décrite d'une manière psychologiquement complexe, mais l'accent est souvent mis sur le récit anecdotique plutôt que sur la description détaillée du caractère et la reproduction fidèle de la réalité[49]. La fonction de héros ou d'anti-héros dans ces chansons est purement exemplaire et a pour but de susciter aussi bien la sympathie que la compassion envers ceux qui respectent le droit et l'honneur.

Bien que le contenu subversif des chansons rebelles semble souvent avoir été réduit après leur création et lors de leur mise par écrit, certaines sont toutefois encore empreintes d'une attitude critique envers les autorités. Des poèmes appelant les gouverneurs urbains à diriger la ville de manière légitime sont tout à fait communs en Europe à la fin du Moyen Âge

46 Pour résoudre des problèmes de ce genre, une étude codicologique s'impose mais les collecteurs plus anciens de chansons historiques ne se sont jamais attelés à cette tâche de manière intensive. Pour ce cas-ci, voir *Ibid.*, t. 1, p. 119-120.

47 *Ibid.*, t. 1, p. 119.

48 *Ibid.*, t. 1, p. 131. Voir aussi la chanson extraite du manuscrit d'Antonius Ghyseleers relatant la lutte de 1432 entre Malines et Bruxelles. Cette chanson loue l'héroïsme des habitants de Malines, qui avaient lutté (et payé de leur vie) « pour leurs droits » en défendant la ville (*die voor trecht ghestorven sijn bloot, die worden salich vonden*). Voir Van de Graft, *Middelnederlandsche historieliederen*, p. 74-78.

49 V. Propp, *Theory and History of Folklore*, Manchester, 1984, p. 37. Voir aussi E. Guillorel, Sources orales et mémoire historique dans la Bretagne d'Ancien Régime : la représentations des héros, dans *Port Acadie. An Interdisciplinary Review in Acadian Studies*, 2008-2009, p. 407-419 ; P. Burke, *Popular Culture in Early Modern Europe*, Aldershot, 1994, p. 169-170.

et au début des Temps modernes. Ceci étant dit, ils ne circulaient pas uniquement parmi les classes populaires[50]. Le public pouvait également appartenir aux milieux plus élitaires, parce que ces textes fonctionnaient comme « miroir des bons gouverneurs ». On peut s'imaginer qu'ils étaient destinés aux futurs dirigeants afin de diffuser des savoirs stratégiques concernant la répression de griefs populaires, mais il est également probable que ces textes montraient comment les autorités pouvaient éviter des soulèvements en prêtant une oreille attentive aux plaintes des rebelles. Par exemple, dans la « plainte du comte de Flandre » de 1384 – poème qui pleure la mort du comte Louis de Male –, l'auteur (Jan Knibbe) s'exprime de manière défavorable au sujet des rebelles urbains, mais il met également en garde les futurs comtes : « Ne réveillez pas le mauvais venin, et gardez-vous de chasser les seigneurs légitimes. Sauvez vos propres villes et murs, et aidez votre peuple à rester dans la concorde[51] ». De telles envolées font référence aux « miroirs des princes » populaires et largement répandus dans les cours européennes à la fin du Moyen Âge, ou encore à des textes tels que « Comment gouverner une ville » (*Hoe men ene stat regieren sal*) qui faisait partie des lectures incontournables chez les citadins dirigeants dans les Pays-Bas et la Rhénanie. On peut aussi supposer que l'auteur voulait critiquer le régime de Louis de Male, qui avait affronté et réprimé de nombreuses révoltes urbaines en Flandre[52].

La même chose peut être dite au sujet du poème « Sur les mangeurs de foie » de 1513. Ce texte fait l'éloge du Lion, une figure allégorique qui fait référence au comte de Flandre (à l'époque, l'empereur Charles Quint), mais la chanson demande également au seigneur de se débarrasser des « mangeurs de foie », c'est-à-dire les gouverneurs avides dont les décisions politiques portaient préjudice au bien-être des habitants du comté. « Les mangeurs de foie, qui ont des dents pointues, ont écorché les petits moutons, qui sont mort nus. » C'est la raison pour laquelle le texte somme le Lion d'être un bon juge de ces personnes, afin d'éviter que « votre maison et jardin soient perdus[53] ». Il est possible que la chanson fît également référence aux troupes impériales qui avaient pillé le comté, comme le fait également la chanson susmentionnée sur François de Brederode. L'auteur de cette chanson se plaint en effet des troupes étrangères de Maximilien d'Autriche qui avait injustement pillé la campagne autour de Rotterdam[54]. En résumé, la plupart de ces chansons louent les seigneurs et s'expriment de manière favorable sur la répression de la rébellion, mais il est clair qu'elles se permettent aussi de donner quelques conseils aux princes et leurs officiers, qui sont invités à se comporter loyalement envers leur peuple. Alors, affirment les chansons, leurs sujets seront (ou devraient être...) à leur tour loyaux envers leurs gouvernants.

50 C. FLETCHER, Morality and Office in Late Medieval England and France, dans *Fourteenth Century England V*, éd. N. SAUL, Woodbridge, 2008, p. 178-190 ; A. MAIREY, Poésie et politique dans l'Angleterre de la fin du Moyen Âge. Le cas du Parlement, dans *Revue française d'Histoire des Idées politiques*, t. 26, 2007, p. 231-250 ; S. TEUSCHER, Böse Vögte ? Narrative, Normen und Praktiken der Herrschaftsdelegation im Spätmittelalter, dans *Habsburger Herrschaft vor Ort, weltweit (1300-1600)*, éd. J. RAUSCHERT, S. TEUSCHER, T. ZOTZ, Ostfildern, 2013, p. 89-108.

51 *Oec soe en latet quade venijn niet ruren, noch uwen gerechten here verdriven, ende spaert uws selfs steden ende muren, oec hulp u volc eendrachtich bliven*. C. P. SERRURE, *Vaderlandsch museum voor Nederduitsche letterkunde, oudheid en geschiedenis*, t. 1, Gand, 1855, p. 303-308.

52 W. VAN ANROOIJ, *Hoemen ene stat regeren sal*. Een vroege stadstekst uit de Zuidelijke Nederlanden, dans *De Nieuwe Taalgids. Tijdschrift voor Neerlandici*, t. 75, 1982, p. 139-157 ; H. BIERSCHWALE, J. VAN LEEUWEN, *Wie man eine Stadt regieren soll. Deutsche und niederländische Stadtregimentslehren des Mittelalters*, Francfort, 2005 ; D. ADRIAN, Penser la politique dans les villes allemandes à la fin du Moyen Âge. Traités de gouvernement et réalités urbaines, dans *Histoire urbaine*, t. 38, 2013, p. 175-194.

53 *Soudt ghy leeu, noch lange sonder verstant zijn, so ginc geheell u huys ende werande verloren, want die levereters, die so scerp getant zyn, hebben u scaepkens gevilt ende naect gescoren*. SERRURE, *Vaderlandsch museum*, t. 4, Gand, 1861, p. 193.

54 *Voor Rotterdamme ghehaelt menighen rove*. VAN VLOTEN, *Nederlandsche geschiedzangen*, t. 1, p. 124.

4. Conclusion

En 1551 fut écrit à Bruxelles un texte allégorique qui mit l'accent sur la variété des activités sociales dans lesquelles les citoyens étaient impliqués. Il fit entre autres référence à l'omniprésence dans la ville de musiciens et de rhétoriciens, bourgeois organisés en guildes ayant pour objectif la lecture et l'écriture de poèmes et de pièces de théâtre. Le texte avertit que ces personnes devraient être évitées, car elles « gâchent leur temps et méritent peu de remerciements[55] ». Bien qu'on ne connaisse pas le contexte exact dans lequel ce texte remarquable fut produit, il peut être lié à la situation précaire dans laquelle les auteurs de chansons et les artistes « populaires » ou « de rue » vivaient au milieu du XVIᵉ siècle. Les temps étaient en effet houleux. À cette époque, les élites urbaines furent promptes à sévir contre le chant public, car elles constatèrent que les croyances protestantes en particulier et le comportement indiscipliné en général furent souvent provoqués et répandus par l'intermédiaire de chanteurs (de psaumes et autres) dans les villes des Pays-Bas, à la fois dans les régions de langues française et néerlandaise. Dans le cas de Gand, par exemple, les fonctionnaires de la ville avaient interdit, depuis 1549, toute ballade à la veille du Nouvel An, sauf si ces productions de circonstance émanaient de chanteurs officiels de la ville. Déjà en 1539, il fut interdit de jouer des pièces dans la ville, et en 1546 une ordonnance de l'empereur Charles Quint proscrivit également l'impression de « ballades, chansons et refrains » qui étaient considérés comme scandaleux[56].

Depuis de nombreux siècles, le chant confronta les autorités des Pays-Bas à un défi de taille. Chansons, poèmes et versifications de toute forme sont une sorte de « capsule de mémoire », comme Lauro Martines les a appelés. Ils s'emparent d'une histoire, en étant parfois très sélectifs, et cherchent à la couler dans une forme qui en cultive le souvenir, en lui donnant une voix, un dénouement et des développements pour plus facilement la mémoriser[57]. La mémoire collective rebelle fut ainsi diffusée à travers versets rimés et chansons subversives. Les autorités et les élites urbaines firent de même : des chansons furent composées, des pièces de théâtre réalisées, des chroniques et des poèmes écrits afin de diffuser leur vision des mêmes événements. Comme nous l'avons vu, ces textes déforment eux aussi le souvenir des événements passés dans le but de réduire l'importance de la rébellion. Ces textes, comme la complainte de Jean de Haynin que nous avons citée au début de cet article, propagent un message de loyauté. De leur point de vue, le monde aurait été meilleur si chacun avait été aussi « intellectif, discret et sage à droit » comme l'étaient les Hainuyers. Cela n'empêche que dans les Pays-Bas du Moyen Âge plus tardif, la rébellion et la subversion furent des phénomènes omniprésents qui se reflétèrent eux aussi dans la production littéraire. Dans ce champ d'étude particulier, beaucoup de travail reste encore à accomplir, notamment à travers des études codicologiques, littéraires et contextuelles des manuscrits et autres documents où l'on rencontre ces chansons « publiques ». Quand il s'agit de chansons qui font notamment référence à la politique bourguignonne et habsbourgeoise, pour mener à bien cette tâche spécifique, les écrits de Jean-Marie Cauchies sur ce thème continuent à s'imposer comme une base incontournable.

55 *Alle rethorisienen en musisienen die haren tijt verquisten en lutter danx verdienen* ne doivent pas être écoutés. J. Janssens, R. Sleiderink, *De macht van het schone woord. Literatuur in Brussel van de 14de tot de 17de eeuw*, Louvain, 2003, p. 90.

56 P. Arnade, *Beggars, iconoclasts and civic patriots. The Political Culture of the Dutch Revolt*, Ithaca, 2008, p. 68.

57 L. Martines, *Strong words. Writing and Social Strain in the Italian Renaissance*, Baltimore, 2001, p. 233-234.

Le *Premier voyage de Charles Quint en Espagne* de Laurent Vital, chroniqueur de Charles Quint

Jonathan Dumont
Docteur en Histoire, Arts et Archéologie
Collaborateur aux Universités de Liège et Catholique de Louvain

On connaît bien l'intérêt que porte Jean-Marie Cauchies à l'Espagne, intérêt scientifique, tout d'abord, qui l'a conduit à visiter nombre de dépôts d'archives du pays, et à consacrer une partie entière de sa bibliographie aux relations entre la péninsule Ibérique et les Pays-Bas entre XVe et XVIe siècles. Cette démarche se concrétisa, en 2003, par la parution d'un maître-ouvrage, *Philippe le Beau. Le dernier duc de Bourgogne*, dans lequel la Péninsule occupait une place de premier plan[1]. Mais l'attrait de J.-M. Cauchies pour l'Espagne est aussi une affaire de cœur. Par goût, il a arpenté au fil des ans les terres ibériques, expérience de l'homme qui vient nourrir l'approche de l'historien dans la mesure où la connaissance personnelle des lieux, des atmosphères que ceux-ci dégagent, des tempéraments des humains qui les peuplent conduisent à une meilleure perception de la matière historique. J.-M. Cauchies y entraîna d'ailleurs dans son sillage d'autres « Bourguignons », amis, collègues, disciples. Cette émulation trouva son paroxisme lors des rencontres du Centre européen d'Études bourguignonnes organisées à Madrid et Tolède en septembre 2010.

Ainsi, au moment d'honorer Jean-Marie Cauchies pour tout ce que nous lui devons, nous ne pouvions manquer d'évoquer la figure d'un autre Bourguignon parti à la découverte de l'Espagne, voilà près de cinq siècles. Nous voulons parler du chroniqueur Laurent Vital qui suivit Charles de Habsbourg dans la Péninsule entre 1517 et 1518, et qui consigna les souvenirs de son périple dans le *Premier voyage de Charles Quint en Espagne*[2].

Après son émancipation (5 janvier 1515) suivie, l'année suivante, du décès de son grand-père Ferdinand d'Aragon (23 janvier 1516), Charles de Habsbourg se lance, comme son père avant lui, dans l'aventure espagnole. À Bruxelles, le 14 mars 1516, il est proclamé roi des Espagnes. Un projet de voyage se forme rapidement. Il s'agit pour le jeune monarque de s'imposer dans ses royaumes ibériques et, surtout, d'en écarter son frère cadet Ferdinand, né en Espagne et favori du feu souverain d'Aragon. Après plusieurs hésitations, Charles s'embarque à Flessingue (Vlissingen), en Zélande, le 8 septembre 1517, pour trois années et demie (1517-1520). Il ne quitte finalement la Péninsule que le 20 mai 1520 pour se rendre dans l'Empire et y ceindre la couronne de roi des Romains[3].

Laurent Vital, est originaire de Flandre française, peut-être de Lille ou de ses alentours. Il entame une carrière curiale au service de Jean de Luxembourg (*ca* 1477-1508), seigneur

1 J.-M. Cauchies, *Philippe le Beau. Le dernier duc de Bourgogne*, Turnhout, 2003.

2 Laurent Vital, Premier voyage de Charles Quint en Espagne, de 1517 à 1518, dans *Collection des voyages des souverains des Pays-Bas*, éd. L.-P. Gachard, t. 1, Bruxelles, 1881, p. 1-314.

3 Pour un aperçu de ces trois années, sur le plan politique essentiellement, voir P. Chaunu, M. Escamilla, *Charles Quint*, Paris, 2000, p. 101-148 ; R. Fagel, *De Hispano-Vlaamse wereld. De contacten tussen Spanjaarden en Nederlanders, 1496-1555*, Bruxelles-Nimègue, 1996, p. 282-293 ; C. Brandi, *Charles-Quint, 1500-1558*, Paris, 1939, p. 75-113.

Pour la singuliere affection qu'avons a luy. *Études bourguignonnes offertes à Jean-Marie Cauchies*, sous la direction de Paul Delsalle, Gilles Docquier, Alain Marchandisse et Bertrand Schnerb, Turnhout, 2017 (*Burgundica* 24), p. 221-227.

DOI 10.1484/M.BURG-EB.5.113920

de Ville[4]. Dès 1508, on le retrouve comme valet de chambre de Charles de Habsbourg[5]. Il participe au voyage de son maître en Espagne, mais est contraint de rentrer aux Pays-Bas, en 1518, à la suite du frère cadet de Charles, Ferdinand de Habsbourg. Il semblerait que le chroniqueur soit toujours vivant vers 1525, mais on perd ensuite sa trace[6]. Le *Premier voyage de Charles Quint en Espagne* est un témoignage de tout premier ordre, tant par le soin que l'auteur prend à recueillir les informations et à rendre compte de ses impressions personnelles, que par ses nombreux centres d'intérêt (politique, cérémonial, mœurs et traditions). Nous voudrions donner ici un aperçu des thèmes dont traite cet auteur et par là insister sur le fait que son récit constitue une plongée dans la pensée et l'imaginaire politique du début du règne de Charles Quint[7].

***

Découvrant un pays dont il ignore tout, Vital s'intéresse bien évidemment à ses particularités climatiques et naturelles, sans que celles-ci n'offrent nécessairement un cadre à la réflexion politique. Il y a chez lui une curiosité quasi naturaliste pour les particularités de la faune et de la flore d'Espagne. Il établit même des rapprochements entre l'Espagne et les Pays-Bas. Arrivé dans le golfe de Biscaye, Vital s'interroge sur la couleur de l'eau de mer, *laquelle je trouvay, en allant, estre de diverses couleurs*. Depuis la Zélande jusque Calais, elle est *blanchastre, un petit sur le vert*, puis, *plus alloient en advant et plus estoit clère et verde*, et, enfin, une fois arrivé à *la mer d'Espaigne*, elle devient *plus clère que devant, en tirant sur le bleu*[8]. Il évoque également les poissons, comparés de la même manière à ceux des Pays-Bas[9]. Certains lieux sont encore décrits par le biais d'une analogie, tels le jardin de l'évêque de Valladolid qu'on *ne* [...] *sçaroye myeulx comparer que à la rue du Mynne-Watter à Bruges* ou un mont, près de Tordesillas, *comme on diroit par dechà le Mont de la Trinité auprès de Tournay*[10].

L'intérêt de l'auteur se porte pourtant rapidement sur les Espagnols eux-mêmes et en particulier sur leurs mœurs. Il s'intéresse à leurs habitudes vestimentaires et cosmétiques[11], à leurs pratiques religieuses, comme cette messe célébrée par des marins lors de la traversée de Charles vers l'Espagne[12], ou encore à certains détails propres aux cérémonies du pouvoir ibériques (danses de cour, vaisselle d'apparat)[13]. Vital compare également la condition sociale des Castillans à celle des habitants des Pays-Bas, sans toutefois se prononcer

4 Sur ce conseiller fort important de Philippe le Beau, chambellan de ce prince et chevalier de la Toison d'or, voir Cauchies, *Philippe le Beau*, surtout p. 62 ; H. Cools, *Mannen met macht. Edellieden en de Moderne Staat in de Bourgondisch-Habsburgse landen (1475-1530)*, Zutphen, 2001, p. 259-260.

5 Ses qualités littéraires et dramaturgiques sont appréciées à la cour puisque, cette année-là, il en est récompensé (Jean Micault, *Compte du 1er janvier 1508 au 31 décembre 1508*, Lille, Archives départementales du Nord, B 2207, fol. 288r).

6 Plus généralement, sur le personnage, on se reportera à C. Piot, *Introduction*, dans Laurent Vital, Premier voyage, p. iv-v, et, mais avec prudence, au travail de A. de Ridder, *Un chroniqueur du xvie siècle, Laurent Vital. Essai critique*, Gand, 1888.

7 Outre les éléments factuels qu'il livre, l'ouvrage a déjà été abordé sous l'angle du récit touristique (R. Fagel, El descubrimiento de España a través de los relatos de viaje de Antoine de Lalaing y Laurent Vital, dans *Diplomates, voyageurs, artistes, pèlerins, marchands entre pays bourguignons et Espagne aux xve et xvie siècles*, éd. J.-M. Cauchies, *Publication du Centre européen d'Études bourguignonnes (xive-xvie siècle) (= PCEÉB)*, t. 51, 2011, p. 147-162).

8 Laurent Vital, Premier voyage, p. 72-73.

9 *Ibid.*, p. 73, 113.

10 *Ibid.*, p. 148 (le mont près de Tolède est comparé à l'actuel Mont-Saint-Aubert à Tournai), 255 (le jardin de l'évêque de Valladolid).

11 *Ibid.*, p. 94-95, 98-99, 148, 155.

12 *Ibid.*, p. 69-70.

13 *Ibid.*, p. 115-120, 252. Sur l'une et l'autre traditions, voir Á. F. de Córdova Miralles, *La corte de Isabel I. Ritos y ceremonias de una reina (1474-1504)*, Madrid, 2002, p. 248, 271-279.

systématiquement en faveur de son pays. Par exemple, il insiste sur les terribles conditions de travail des serviteurs en Castille[14], et, plus loin, loue *le crédit que* […] *ont* [en Castille] *les gens d'église*[15] et estime que les marchands castillans se comportent « mieux » – plus humblement – que ne le font ceux des Pays-Bas[16]. Le jugement de valeur que porte Vital est fortement marqué par une conception de la hiérarchie sociale favorable au clergé et à la noblesse, propre à la société curiale bourguignonne dont il fait partie. Dans le même ordre d'idées, le chroniqueur s'intéresse au statut des femmes. Lors d'un spectacle de danse organisé à la demande du roi, Vital loue la bonne volonté des danseuses castillanes qui s'exécutent sans protester, alors qu'aux Pays-Bas elles s'en seraient plaintes, voire auraient refusé[17]. Il accorde donc sa préférence au tempérament des Castillanes, car celles-ci sont plus dociles que ne le sont les femmes des Pays-Bas.

***

Parce qu'elles sont des hauts lieux de pouvoir (politique, économique, militaire), en d'autres termes, les clés pour tenir l'Espagne, les villes retiennent tout particulièrement l'attention de l'auteur. Ses observations sont tout d'abord de nature stratégique, comme lorsqu'il loue le large champ de vision qu'offre le château de Tordesillas sur le pays alentours, *jusques à Médine le Camp*[18]. Ce souci de décrire les villes pour leurs qualités militaires caractérise pleinement son œuvre[19], quitte même à ce que son discours se transforme en critique à l'égard de places mal entretenues et donc dangereuses pour la sécurité du pays[20].

Son intérêt pour l'espace urbain le conduit également à évoquer le commerce et l'économie. Dès l'ouverture de son récit, il insiste sur le caractère néfaste de la guerre sur les échanges commerciaux et la création de richesses[21]. La paix n'est pas uniquement, pour lui, un objectif moral à atteindre. Elle est un prérequis à la stabilité économique[22]. Les considérations concernant la santé économique des villes espagnoles et de leur arrière-pays sont ainsi nombreuses[23]. Souvent, pourtant, Vital porte un jugement négatif sur l'économie espagnole, comme dans le cas des Asturies, pays pauvre, selon lui, parce que les habitants refusent de travailler la terre, s'estimant nobles en vertu d'anciens privilèges[24]. Dans le cas du pays de Revenga qu'il considère comme pauvre et stérile, Vital insiste sur la gravité de la pénurie de bois qui frappe la région. Par sa rareté, le bois devient trop cher, et les pauvres gens ne peuvent l'utiliser pour construire ou se

---

14 Laurent Vital, Premier voyage, p. 258.

15 *Ibid.*, p. 255.

16 *Ibid.*, p. 259.

17 *Ibid.*, p. 117.

18 *Ibid.*, p. 143. *Médine le Camp* : Medina del Campo : Espagne, com. aut. Castille-et-León, prov. de Valladolid, comarque de Tierras de Medina.

19 Le château d'Aguilar de Campos (Espagne, comm. aut. de Castille-et-León, prov. de Valladolid, comarque de Tierra de Campos) est *un bon anchien logis, selon la mode du pays*, tandis qu'une autre place, près d'Anguilar, est *quasy comme imprenable* (*Ibid.*, p. 126), même si au-dedans elle *estoit mal sorty d'artillerie et aultres munitions servans à une telle place* (*Ibid.*, p. 127).

20 C'est le cas de Treceño (Espagne, comm. aut. et prov. Cantabrie, municipe Valdáliga ; *Ibid.*, p. 121), Cabuérniga (Espagne, comm. aut. Cantabrie, prov. Cantabrie ; *Ibid.*, p. 122) ou Ampudia (Espagne, comm. aut. de Castille-et-León, prov. de Valladolid, comarque de Tierra de Campos ; *Ibid.*, p. 131).

21 *Ibid.*, p. 10-12.

22 *Ibid.*, p. 11-12.

23 Le pays de Treceño, *beau, vert et fructueux*, est loué pour l'abondance de son blé, de ses vins, de ses moulins et de ses salines (*Ibid.*, p. 121-122). On trouve une description semblable à propos de Valladolid (*Ibid.*, p. 142).

24 *Ibid.*, p. 94.

chauffer[25]. Ce problème se pose, en général, dans toute la Castille[26]. Le chroniqueur propose qu'une campagne de reboisement soit entreprise :

> *Il m'est advis que, si les habitans de celle contrée augioient et plantoient des arbres en plusieurs lieux, et principalement du long des rivières, où le pays et terre est moicte, qu'ilz auroient plus de bois qu'ilz n'ont : car, jà soit ce que la terre en plusieurs quartiers de Castille soit stérille, si esse trop plus grande chose que ne cuidoye*[27].

Par de tels conseils, il entend aider à améliorer l'exploitation des terres royales, élément déterminant au renforcement de la position de Charles en Espagne.

Viennent ensuite des considérations sur la qualité des tribunaux urbains et royaux. Pour Vital, Espagne et Pays-Bas auraient beaucoup à apprendre l'une de l'autre. Lorsqu'il évoque la ville de Valladolid, *tout plain de larchins et aultres maulvais actes*, il condamne la manière dont les vols sont jugés. Les voleurs, récidivistes ou non, sont condamnés à être promenés sur un âne de par les rues et à être exhibés devant la population. Mais, *ceulx qui sont coustumiers de desrobber, pour telle fustigation ne se corrigeront poinct* après avoir subi ce châtiment. Il faudrait que la rigueur de la sentence aille croissant en fonction du délit. Dans les Pays-Bas, les récidivistes ont les oreilles coupées, voire sont mis à mort, tout ceci afin qu'*ilz prengnent une crainte et vergongne et se abstiennent de tant plus tost*[28]. Ici, les Espagnes doivent prendre exemple sur les Pays-Bas. Dans d'autres cas, par exemple celui de la lutte contre la corruption, c'est le contraire. En Castille, la corruption des magistrats est réfrénée grâce au salaire convenable qui leur est versé et à l'interdiction formelle de recevoir quelque autre argent. Vital estime grandement de telles dispositions, potentielles sources d'inspiration pour les Pays-Bas[29].

***

Mais ce dont le chroniqueur rend surtout compte, ce sont les entrevues, formelles ou non, entre son prince et les différentes forces politiques d'Espagne. Son voyage est l'occasion pour Charles de gagner le soutien, voire l'affection, des puissants, alors que sa venue n'est pas souhaitée par tous. D'ailleurs, la mainmise qu'il entend établir sur l'Espagne, notamment en prenant le contrôle des offices et bénéfices pour les redistribuer à des Bourguignons, lui aliène une partie importante de la noblesse et du clergé. Il apparaît également que Charles a voulu, dès 1517, remanier sa cour sur un modèle bourguignon, ce qui renforça la méfiance, sinon l'ire, des Grands à son égard. Ces tensions, prémices de la révolte des *Comuneros* (1520-1521), s'ajoutent à la mésentente croissante entre Charles et sa mère, Jeanne de Castille, laquelle entend conserver un pouvoir effectif dans son royaume, alors que son fils tente de l'en priver[30]. Dans ce contexte politique potentiellement explosif, Vital tente à sa manière de ramener de l'ordre.

---

25 *Ibid.*, p. 128.

26 *Ibid.*, p. 143.

27 *Ibid.*

28 *Ibid.*, p. 182-183.

29 *Ibid.*, p. 253.

30 *Ibid.*, p. 18, 137-139, 238, 246-248, relate ces événements. Sur ceci, on verra J. Pérez, Moines frondeurs et sermons subversifs en Castille pendant le premier séjour de Charles-Quint en Espagne, dans *Bulletin hispanique*, t. 67/1-2, 1965, p. 5-24 ; Chaunu, Escamilla, *Charles Quint*, p. 110-116, 141-154, 172-189 ; B. Aram, *Juana the Mad. Sovereignty and Dynasty in Renaissance Europe*, Baltimore-Londres, 2005, p. 117 ; Brandi, *Charles-Quint*, p. 76-77, 79-91, 140-146 ; Fagel, *De Hispano-Vlaamse wereld*, p. 342-343 ; J. Martínez Millán, The Triumph of the Burgundian Household in the Monarchy

Le chroniqueur célèbre, tout d'abord, le lien qui existe entre Charles et ses grands-parents, Ferdinand d'Aragon et Isabelle de Castille. Il loue les deux souverains pour avoir reçu du pape le titre de Rois catholiques en 1494. L'événement plaça leurs Couronnes bien au-dessus de celles des autres princes d'Europe. Leurs successeurs doivent nécessairement suivre leurs traces : *les roys de Castille, présens et advenir, seroient dicts et nommés, par-dessus tous les roys de la chrestienneté, roys catholicques, affin de donner cœur aux successeurs d'ensuyvre les vertueuses et œuvres chevalereuses de leurs prédécesseurs*[31]. Aux yeux de Vital, le titre de Roi catholique est désormais un héritage dynastique dont Charles peut s'enorgueillir, puisqu'il fait de lui le premier des rois chrétiens et renforce son autorité dans et en dehors de ses pays.

Son autorité, Charles doit particulièrement en faire montre lorsqu'il rencontre la noblesse de ses pays. Les évènements au cours desquels le souverain reçoit l'hommage des Grands permettent au chroniqueur de signifier à la fois la grandeur du prince et sa légitimité. Ces événements donnent même parfois lieu à une véritable soumission de la noblesse, sur laquelle l'auteur insiste. C'est le cas à Llane (fin septembre 1517)[32], ou encore à Valladolid lors du couronnement de Charles (7 février 1518)[33]. Il est également question, en ces occasions, de partager des moments de délassement avec les nobles, ce qui permet au monarque de se faire connaître et de s'intégrer à la noblesse ibérique. Lors d'un pas d'armes organisé en son honneur, à Valladolid, le 12 février 1518, Charles porte ainsi *une cappe à l'espaingnolle*[34]. Une telle tendance à l'intégration s'étend aux Bourguignons et aux Espagnols qui, lors des tournois, sont amenés à partager blasons et symboles[35]. La littérature bourguignonne sert parfois même de trame à ces festivités, comme à Valladolid, où l'on s'inspire du roman du *roy Percheforest*[36] pour mettre en scène le pas d'armes.

L'événement politique majeur de la descente de Charles en Espagne demeure sans conteste le serment qu'il prête devant les Cortès de Castille réunis à Valladolid le 7 février 1518[37]. Les Cortès assument un rôle politique fondamental en Espagne. C'est entre autres devant eux que le souverain doit prêter serment pour être considéré comme

---

of Spain. From Philip the Handsome (1502) to Ferdinand VI (1759), dans *La cour de Bourgogne et l'Europe. Le rayonnement et les limites d'un modèle culturel. Actes du colloque international tenu à Paris les 9, 10 et 11 octobre 2007*, éd. W. Paravicini, T. Hiltmann, F. Viltart, Ostfildern, 2013, p. 748-749.

31 Laurent Vital, Premier voyage, p. 3.

32 *Ibid.*, p. 102.

33 *Ibid.*, p. 226. À cette occasion, l'auteur établit la liste des Grands qui ont prêté serment au roi (*Ibid.*, p. 226-229).

34 *Ibid.*, p. 200. Il en va de même lors du premier des deux pas d'armes organisés en l'honneur de Charles à Valladolid (*Ibid.*, p. 170).

35 *Ibid.*, p. 167-169, 191, 213 (princes et nobles), 204, 212 (musiciens), 214 (croix de saint André). Il existe d'ailleurs des rapports évidents entre les jeux nobiliaires bourguignons et castillans, ce qui doit favoriser les rapprochements (T. Hiltmann, Un État de noblesse et de chevalerie sans pareilles ? Tournois et hérauts d'armes à la cour des ducs de Bourgogne, dans *La cour de Bourgogne et l'Europe*, p. 264-265).

36 Laurent Vital, Premier voyage, p. 184. Le texte original, composé vers 1340, à la cour de Hainaut, par un auteur anonyme, fut considérablement remanié au XVe siècle dans l'entourage de Philippe le Bon, notamment par David Aubert (*Perceforest*, 1re part., éd. G. Roussineau, t. 1, Genève, 2007, p. IX). Plus généralement, le mélange entre symboliques bourguignonne et espagnole se manifeste constamment, comme à Valladolid (Laurent Vital, Premier voyage, p. 152-153, 212). Toutefois, Vital rappelle les limites de ce mélange hispano-bourguignon puisque vers la fin des festivités, les Espagnols refusent de participer à *une emprinse où n'y avoit point ou peu de proffit* (*Ibid.*, p. 222).

37 *Ibid.*, p. 223-226. Sur cette cérémonie, voir surtout Chaunu, Escamilla, *Charles Quint*, p. 113-115 ; Brandi, *Charles-Quint*, p. 83-84.

pleinement légitime. Il s'agit d'un contrat-serment[38] : le roi jure de respecter les privilèges de ses pays et en échange ceux-ci, par les biais des représentants des trois États (clergé, noblesse, villes), jurent de lui obéir[39]. Charles de Habsbourg ayant pour but premier d'entrer légitimement en possession de ses royaumes ibériques, il est compréhensible que sa prestation de serment devant les Cortès occupe une place centrale dans le récit de Vital :

> *Après viendrent les prélatz faire le meisme serment, en luy baisant la main. Après viendrent messeigneurs les princes et grantz maistres faire le meisme serment, comme le connestable, l'admirante, ducs, contes, marquis et barons, sans entre eulx avoir regard qui iroit le premier. Après iceulx viendrent aussi les procuradores des villes* [...] *et là viendrent tous les grants et aultres seigneurs ci-dessus nommez, aussi les procuradores des villes et des cytés, tous les ungz après les autres, faire le serment et hommaige ès mains dudict seigneur don Fernande. Ce faict, le Roy se leva de sa chayère et mist la main sur les sainctes évangilles et sur la croix, en faisant le serment, tel que les roys ses prédécesseurs ont acoustumet de faire ; et ce faict, on commencha à chanter* Te Deum laudamus[40].

Charles comprend parfaitement qu'aux yeux de ses sujets espagnols la cérémonie constitue le fondement de sa légitimité royale[41]. Ce qui compte avant tout, aux yeux des Cortès et, par extension, des Espagnols, c'est l'idée de « naturalité » du prince, une façon de concevoir la succession légitime dont les Cortès se portent garants[42].

Le récit de Laurent Vital peut donc être perçu comme la tentative d'un Bourguignon pour intégrer l'Espagne à son champ conceptuel et, dans le même temps, de travailler à rapprocher cette terre de la sienne, les Pays-Bas. Au-delà de la personne de Charles, l'auteur s'emploie en effet – on l'a vu dans le cas de la nature ou des villes – à tisser des liens entre Pays-Bas et Espagne. Cet aspect de son texte prend un sens tout à fait politique lorsqu'il s'emploie à décrire, grâce aux expressions « pays de par-deçà » et « pays de par-delà » – les caractéristiques de la culture politique bourguignonne[43] – l'interaction

---

38 Sur cette pratique, en général, dans l'Europe médiévale, voir *Avant le contrat social. Le contrat politique dans l'Occident médiéval (xiiie-xve siècle)*, éd. F. Foronda, Paris, 2011 ; T. Dutour, *Sous l'Empire du Bien. « Bonnes gens » et pacte social (xiiie-xve siècle)*, Paris, 2015, p. 363-380, 394-396.

39 M. Á. Ladero Quesada, La genèse de l'État dans les royaumes hispaniques médiévaux (1250-1450), dans *Le premier âge de l'État en Espagne, 1450-1700*, éd. C. Hermann, Paris, 1989, p. 25 et, plus généralement sur les Cortès, p. 60-64.

40 Laurent Vital, Premier voyage, p. 225-226.

41 Chaunu, Escamilla, *Charles Quint*, p. 102 ; Brandi, *Charles-Quint*, p. 83-84.

42 En Espagne, le lien de naturalité « intègre son détenteur au corps politique du pays ». Il peut également s'entendre en tant que « vassalité naturelle », les vassaux naturels du roi, ceux qui lui doivent naturellement obéissance (Ladero Quesada, La genèse de l'État, p. 19-20, 26-27). Dans les Pays-Bas, les États généraux se présentent également comme les gardiens de la naturalité du prince. Ce concept s'exprime à la mort de ce dernier, à travers la reconnaissance de son successeur, notamment à la mort de Philippe le Beau (R. Wellens, Les États généraux et la succession de Philippe le Beau dans les Pays-Bas, dans *Liber memorialis Émile Cornez*, Louvain-Paris, 1972, p. 140) ou encore lors des Joyeuses entrées (J.-M. Cauchies, La signification politique des entrées princières dans les Pays-Bas : Maximilien d'Autriche et Philippe le Beau, dans *Fêtes et cérémonies aux xive-xvie siècles*, éd. Id., *PCEÉB*, t. 34, 1994, p. 23 ; É. Lecuppre-Desjardin, *La ville des cérémonies. Essai sur la communication politique dans les anciens Pays-Bas bourguignons*, Turnhout, 2004, p. 135-158).

43 On sait que, sous les ducs de Bourgogne, cette expression a permis de rendre compte, dès Philippe le Bon, du caractère bicéphale que prenaient, au fur et à mesure des acquisitions, les terres contrôlées par le duc. Les Pays-Bas, au nord, et les deux Bourgognes, au sud, furent appelés tantôt « pays de par-deçà », tantôt « pays de par-delà », l'expression changeant en fonction de l'endroit où se trouve celui qui l'emploie. Après la mort de Charles le Téméraire en 1477, l'amoindrissement de l'espace sud au profit de la France rendit moins nécessaire son usage, bien qu'il perdura jusqu'au xvie siècle (J.-M. Cauchies, *Des pays joinctz et uniz en concorde et obeissance*... et de la difficulté de les nommer : l'héritage ducal bourguignon sous la plume des indiciaires Jean Molinet et Jean Lemaire de Belges

entre l'Espagne et les Pays-Bas. Ces deux expressions permettent de situer de manière relative la péninsule Ibérique et les Pays-Bas, la mer constituant d'ailleurs une ligne de démarcation objective entre les deux espaces puisqu'il parle de pays *tant de dechà que delà la mer*[44]. Mais la double expression conserve un sens très polymorphe. Ainsi, lors de la rencontre entre l'auteur et un artisan natif de Saint-Omer, les deux hommes utilisent « pays de par-deçà » et « pays de par-delà » afin de décrire les Pays-Bas et les duché et comté de Bourgogne, soit les anciens États bourguignons[45].

***

Le *Premier voyage de Charles Quint en Espagne* de Laurent Vital se révèle très riche en représentations, voire en réflexions politiques, nées de l'expérience espagnole de son auteur. Cet aspect du texte n'a encore été que très peu étudié. Ajoutons qu'il ne faudrait pas penser que le récit de Vital est isolé. Au début du règne de Charles et déjà au temps de son père, Philippe le Beau, d'autres Bourguignons traversent la mer pour gagner l'Espagne, tels Antoine de Lalaing, Rémi Dupuys ou Nicaise Ladam. Leurs textes forment en réalité un corpus de sources cohérent nous informant sur la découverte de l'Espagne par les Bourguignons ainsi que sur les idées et représentations politiques qu'ils tirèrent de leur expérience ibérique[46].

(fin xve-début xvie siècle), dans « *Petite Patrie ». L'image de la région natale chez les écrivains de la Renaissance. Actes du colloque de Dijon, mars 2012*, éd. S. Laigneau-Fontaine, Genève, 2013, p. 74-75). L'expression se retrouve également à la même époque dans le lexique politique français (J. Dumont, Lilia florent. *L'imaginaire politique et social à la cour de France durant les Premières Guerres d'Italie (1494-1525)*, Paris, 2013, p. 340-341).

44 Laurent Vital, Premier voyage, p. 8.

45 *Ibid.*, p. 105.

46 Sur cette littérature de voyage en Espagne et son impact sur la pensée politique bourguignonne, voir J. Dumont, Le lion enfin couronné. Pensée politique et imaginaire royal au cours des premiers voyages espagnols des princes de la Maison de Bourgogne-Habsbourg, dans *Revue belge de Philologie et d'Histoire*, t. 94, 2016, p. 841-882.

Le beau des beauls

Turismo flamenco en España en la época de Felipe el Hermoso

Raymond Fagel
Profesor titular de Historia Moderna, Universidad de Leiden

En diciembre del 2003, el profesor Jean-Marie Cauchies participó en Madrid en un simposio internacional de historia organizado por la Fundación Carlos de Amberes y la Universidad Autónoma de Madrid. Las actas fueron publicadas un año más tarde bajo el título de *La Monarquía de las naciones. Patria, nación y naturaleza en la Monarquía de España*. El título de la contribución del profesor Cauchies comienza con una cita algo provocativa extraída de fuentes de la época que seguramente no reflejaría sus propias ideas sobre su viaje hacia Madrid, por lo menos eso es de esperar : « No tyenen más voluntad de yr a España que de ir al infierno[1] ! » En respuesta a esta pequeña provocación amistosa, esta contribución en honor a Jean-Marie Cauchies desea demonstar que hubo flamencos en la misma época a quienes les gustaba tanto España que organizaron pequeños viajes turísticos durante su estancia en España con la corte de Felipe el Hermoso. La idea de este tema surgió durante la preparación de mi contribución para los *Rencontres du Centre européen d'études bourguignonnes de Madrid-Tolède* en el año 2010, organizados como todos sabemos por el mismo profesor Cauchies, secrétaire général du Centre[2].

1. Turismo en la época moderna

Hay que comenzar destacando que la utilización del término turismo para viajes alrededor de 1500 no es nada usual. Antoni Mączak utiliza el término en su libro sobre los viajes en la época moderna, aunque sin problematizar realmente su significado, cuando por ejemplo hace referencia a visitas a palacios por grupos de amigos, y emplea sin dificultad el término « turista » para el siglo xvi : « A tourist in the sixteenth century would have proceeded more or less as we would today[3]. » Marc Boyer concluye que « le *sight-seeing* est né au xvie siècle[4]. » También sobre los viajeros del Imperio alemán en dirección de la Península Ibérica en el siglo xv, cómo los muy conocidos Leo de Rožmital y Hieronymus Münzer, se ha dicho que « sus metas eran, unas veces ya turísticas, de

1 J.-M. Cauchies, No tyenen más voluntad de yr a España que de yr al infierno ! Los consejeros « flamencos » de Felipe el Hermoso y del joven Carlos V frente a la herencia española, en *La Monarquía de las naciones. Patria, nación y naturaleza en la Monarquía de España*, éd. A. Álvarez-Ossorio Alvariño, B. J. García García, Madrid, 2004, p. 121-130.

2 R. P. Fagel, El descubrimiento de España a través de los relatos de viaje de Antoine de Lalaing y Laurent Vital, en *Diplomates, voyageurs, artistes, pèlerins, marchands entre pays bourguignons et Espagne aux xve et xvie siècles*, éd. J.-M. Cauchies, *Publication du Centre européen d'Études bourguignonnes (xive-xvie s.)*, t. 51, 2011, p. 161-162.

3 A. Mączak, *Travel in Early Modern Europe*, Cambridge, 1995, p. 77, 131, 254.

4 M. Boyer, *Histoire de l'invention du tourisme (xvie-xixe siècles)*, La Tour d'Aigues, 2000, p. 253-254. No obstante, este autor limita el término turismo para la época desde el siglo xviii.

Pour la singuliere affection qu'avons a luy. *Études bourguignonnes offertes à Jean-Marie Cauchies*, sous la direction de Paul Delsalle, Gilles Docquier, Alain Marchandisse et Bertrand Schnerb, Turnhout, 2017 (*Burgundica* 24), p. 229-235.
 DOI 10.1484/M.BURG-EB.5.113921

simple curiosidad exótica y con espíritu aventurero, y otras puramente caballerescas, militares, heróicas[5]... » No obstante, en general se suelen contrastar los viajes medievales con el turismo contemporáneo, como en los títulos de algunos volúmenes colectivos, con artículos desde los peregrinajes hasta el turismo contemporáneo (*modern tourism*)[6].

En un reciente artículo sobre el origen del turismo, Gerrit Verhoeven nos aclara en breve la situación historiográfica del término. Habla de dos corrientes, la primera considera que hubo un desarrollo lento empezando con los viajes en época romana, seguidos por los peregrinajes y el *Grand Tour* y terminando en el turismo contemporáneo. Los viajeros nobles de Felipe el Hermoso, protagonistas de nuestra contribución, se situarían entonces entre el típico « viaje de la nobleza » (« *Adelsreise* »), o « Kavalierstour » de la época medieval y el *Grand Tour* de los siglos xvii y xviii, cuando también empiezan a viajar más a menudo los miembros de la alta burguesía[7]. Pero muchos no aceptan esta utilización del término de turismo para la época anterior a la revolución industrial :

> « Drawing parallels between present-day tourism and the early modern *Grand Tour* – let alone medieval pilgrimages or Roman excursions – is considered simplistic and highly anachronistic by many historians, sociologists, economists, geographers, and other social scientists working under the umbrella of *Tourism studies* and musing on the term's origin[8]. »

Verhoeven hace una distinción clara entre el turismo contemporáneo y sus precursores. Esta especialista no considera el *Grand Tour* como turismo en el sentido moderno vista la exclusividad social de este tipo de viajes y el fin educativo de la misma. Basándonos en su estudio llegamos a una definición de turismo como la actividad de viajar por placer y pasatiempo durante un período breve, asequible para mucha gente, sin objetivo definido como el trabajo o la educación, y que ha causado la creación de una verdadera industria comercial[9]. Estudiando en su artículo el fenómeno del pequeño viaje del placer (« Speelreisje ») alrededor de 1700, descubrimos otro elemento más sobre la forma del viaje. El viaje se dirigía a un destino concreto para después volver directamente al lugar de origen. El autor también acentua la importancia de las nuevas formas de transporte que hacían posible un viaje breve, cómodo y barato cómo las embarcaciones a la sirga y la diligencia. Basándose en estos elementos llega a la conclusión que estos pequeños viajes de placer forman un tipo de « missing link » entre los viajes de la época moderna y el turismo de la época industrial[10].

---

5 A. Antelo Iglesias, Estado de las cuestiones sobre algunos viajes y relatos de viajes por la Península Ibérica en el siglo xv. Caballeros y burgueses, en *Viajes y viajeros en la España medieval*, Aguilar de Campoo-Madrid, 1997, p. 48 ; K. Schulz, Unterwegssein im Mittelalter. Einleitende Bemerkungen, en *Unterwegssein im Spätmittelalter*, éd. P. Moraw, Berlín, 1985, p. 15 ; J. M. Theilmann, Medieval Pilgrims and the Origins of Tourism, en *Journal of Popular Culture*, t. 20/4, 1987, p. 93-102 ; J. McClelland, The Accidental Sports Tourist. Travelling and Spectating in Medieval and Renaissance Europe, en *Journal of Tourism History*, t. 5/2, 2013, p. 163-164. McClellend define a Rožmital como un turista. También afirma que a finales del siglo xvi « tourism, travel for the sake of travelling, became a recognized practice, even if the tourists alleged some ostensibly nobler purpose ».

6 *Reisekultur. Von der Pilgerfahrt zum modernen Tourismus*, éd. H. Bausinger, K. Beyrer, G. Korff, Múnich, 1999 ; L. Tomasi, *Homo viator*. From Pilgrimage to Religious Tourism via the Journey, en *From Medieval Pilgrimage to Religious Tourism. The Social and Cultural Economics of Piety*, éd. W. H. Swatos, L. Tomasi, Westport-Londres, 2002, p. 16, 18.

7 Grand tour. *Adeliges Reisen und europäischer Kultur vom 14. bis zum 18. Jahrhundert*, éd. R. Babel, W. Paravicini, Ostfildern, 2005 ; G. Verhoeven, *Anders reizen ? Evoluties in vroegmoderne reiservaringen van Hollandse en Brabantse elites (1600-1750)*, Hilversum, 2009.

8 Id., Foreshadowing Tourism. Looking for Modern and Obsolete Features – or Some Missing Link – in Early Modern Travel Behavior (1675-1750), en *Annals of Tourism Research*, t. 42, 2013, p. 263.

9 *Ibid.*, p. 264, 266.

10 *Ibid.*, p. 279.

No obstante, no podemos negar que la gran popularidad de las peregrinaciones ya creó a finales de la época medieval una verdadera industria comercial hacia los puntos más importantes como Jerusalén y Santiago de Compostela. Claes van Dusen de Haarlem regentaba entre 1484 y 1495 una tienda de souvenirs en el puente de Rialto en Venecia y en este período organizó once viajes de peregrinación en barco desde Venecia hacia Tierra Santa[11]. Alrededor de 1500 los peregrinos flamencos utilizaron barcos « charter » en dirección de Galicia, sobre todo en años santos cuando la fiesta de Santiago caía en domingo[12]. Aunque el fin religioso del viaje no es del todo comparable con el de un turista en el sentido moderno, la forma de viajar era muy contraria a la imagen del pobre peregrino medieval caminando durante meses en adversas circumstancias y quizá podemos interpretar estos viajes ya en el marco de las mejoras en el sistema de transporte, para acercarnos más a ideas actuales sobre el turismo.

2. Las escapadas de Antoine de Lalaing

El « turista » en el centro de nuestra atención es Antoine de Lalaing, señor de Montigny (1480-1540), autor de un relato sobre el primer viaje de Felipe el Hermoso en dirección de España en 1502 del que se conservan varios manuscritos[13]. En su introducción el autor relata que *mémoryez par escript, à mon possible, ce qui advint ès deux voyages qu'il fist* [*Philippe d'Austrice*], *l'ung par terre, et l'aultre par mer, pour aller en Espaigne relever les terres, royames et possessions qui lui succédoient*[14].

En general, este noble de buena familia forma parte de la corte de Felipe el Hermoso durante su estancia en España y como comentarista de este viaje regio ha sido utilizado en muchos trabajos de historia, como por ejemplo también en el caso de la biografía de Felipe el Hermoso por Jean-Marie Cauchies, la única biografía científica sobre este príncipe escrita en los antiguos territorios septentrionales del soberano hasta el día de hoy[15]. En esta contribución vamos a enfocarnos justo al contrario en los momentos en que Antoine de Lalaing deja a su señor natural y se dedica a hacer alguna escapada, es decir un viaje apartado de su trabajo en la corte. Son estos viajes los que quiero proponer como viajes con un claro fin turístico y demostrar el interés que tenía este noble bourguignón en ver los monumentos de España durante una serie de viajes de placer.

Tres fueron los viajes que emprendió desde la corte. El 19 de febrero de 1502 salió de la corte en Burgos con dos compañeros, igualmente nobles de Hainaut, para llegar a Santiago de Compostela el 5 de marzo[16]. Después de tres noches en este centro de

11 B. Wasser, *Nederlandse pelgrims naar het Heilige Land*, Zutphen, 1983 ; R. C. Davis, Pilgrim-tourism in Late Medieval Venice, en *Beyond Florence. The Contours of Medieval and Early Modern Italy*, éd. P. Findlen, M.-M. Fontaine, D. J. Osheim, Stanford, 2003, p. 123.

12 R. P. Fagel, Peregrinos flamencos a Santiago de Compostela durante el Renacimiento (*ca* 1480-1560), en Iacobus. *Revista de estudios jacobeos y medievales*, t. 29-30, 2011, p. 288.

13 T. van Hemelryck, Antoon van Lalaing. Récit du premier voyage de Philippe le Beau en Espagne, en *Filips de Schone (1478-1506). Schatten van de laatste hertog van Bourgondië*, éd. B. Bousmanne, H. Wijsman, S. Thieffry, Bruselas, 2006, p. 89-91 (Existe una versión en francés.) ; Antoine de Lalaing, Relation du premier voyage de Philippe le Beau en Espagne, en 1501, en *Collection des voyages des souverains des Pays-Bas*, éd. L.-P. Gachard, t. 1, Bruselas, 1876, p. iv-xviii, 123-340.

14 *Ibid.*, p. 123.

15 J.-M. Cauchies, *Philippe le Beau. Le dernier duc de Bourgogne*, Turnhout, 2003, p. 136-142 ; M. Á. Zalama, Filips de Schone en de kunsten, en *Filips de Schone. De schoonheid en de waanzin*, éd. P. Vandenbroeck, M. Á. Zalama, Brujas-Madrid, 2006, p. 17-49.

16 Charles de Lannoy, señor de Senzeille y Antoine de Quiévrain, señor de Monceau. Probablemente se trata del Monceau hoy en día situado en Élouges, entre Valenciennes y Mons. Agradezco a Jean-Marie Cauchies por esta sugerencia.

pereginaje volvió a la corte en Madrid durante un viaje de vuelta de 17 días[17]. Otro viaje desde Madrid llevó a los mismos tres nobles a un santuario cercano, probablemente se trata de La Guardia en Toledo, donde según las acusaciones en un famoso proceso, un grupo de conversos había crucificado a un niño unos catorce años antes de la visita de Lalaing. En la *Relation* no hay indicación del tiempo que estuvieron durante ese mes de marzo, pero hace referencia a una distancia de tan solo diez millas desde Madrid[18]. El tercer viaje, esta vez acompañado solamente por uno de sus dos amigos, empezó el 27 de agosto en Toledo y les llevó a Granada y Valencia antes de juntarse de nuevo con la corte el 25 de octubre en Zaragoza[19].

Los dos primeros viajes pueden ser considerados como peregrinajes, visto que tenían por destino un lugar de culto. Lalaing incluso utiliza el término « pèlerins » en el texto para referise a si mismo y a sus dos compañeros. No obstante, el viaje a caballo a Santiago de Compostela fue un viaje muy rápido en el que no sólo visitaron iglesias y sus tesoros, sino que se interesaron también sobre todo por la historia de la región que atravesaban. Por ello se puede considerar este viaje también como un viaje típico de nobles, de caballeros cristianos[20]. Aunque no queremos dudar de la importancia del motivo religioso de estas dos primeras escapadas de la corte, también son explicables a su vez como viajes con un claro interés turístico, para visitar a unos lugares emblemáticos y disfrutar de todo lo que encuentran en el camino. El hecho de que en el viaje de vuelta encuentren a otros pequeños grupos de cortesanos camino de Santiago, demuestra que era una escapada popular entre los cortesanos de Felipe el Hermoso. No obstante, la existencia de un motivo religioso hace que no podamos considerar estos viajes como viajes turísticos sin más, aunque creo que el Camino de Santiago hoy en día también se puede considerar como una industria turística no obstante la presencia de motivos religiosos por parte de los viajeros[21].

3. Camino de Granada : Vaut le voyage***

En la tercera escapada con Granada como destino no podemos encontrar un elemento religioso parecido. En este caso se trata claramente de un viaje a un lugar emblemático e histórico por interés personal, visto que la rendición de la ciudad había tenido lugar hacia tan sólo diez años antes del viaje de Antoine de Lalaing y Antoine de Quiévrain, su compañero de viaje[22]. Lalaing formula el motivo del viaje simplemente como la *intention de aller veoir le royame de Grenade*. El viaje tenía, pués, un objetivo que podemos definir como turístico.

La primera parada fue el monasterio de Guadalupe del cuál dice que era *le plus beau lieu et le plus rice cloistre d'Espaigne*. El autor se informa bien del funcionamiento del monasterio, al estilo del Grand Tour, y disfruta del arte como un turista moderno :

17 Antoine de Lalaing, Relation, p. 155-164 ; Fagel, Peregrinos flamencos, p. 282-283.

18 *Ibid.*, p. 283-284.

19 Lalaing organizó una cuarta escapada en la vuelta por Francia, saliendo con otros dos nobles desde Montpellier en dirección de Saint-Maximin-La-Sainte-Baume, cerca de Marsella. Antoine de Lalaing, Relation, p. 269.

20 U. Ganz-Blättler, *Andacht und Abenteuer. Berichte europäischer Jerusalem- und Santiago-Pilger (1350-1520)*, Tubinga, 1991, p. 228-229.

21 Tomasi, *Homo viator*, p. 13-14.

22 Antoine de Lalaing, Relation, p. 198-216 ; Fagel, El descubrimiento, p. 156-157 ; Id., De ontdekking van Spanje. Filips de Schone en de Iberische erfenis, en *Filips de Schone (1478-1506)*, p. 79-83.

les fourmes où sient les moines sont de bois de cèdres, bien entretailliées, et gorgiasement painctes de diverses painctures. Al entrar en Andalucía constata de la Sierra Morena que allí los animales pueden estar pastando todo el año fuera gracias al clima. La *relation* también contiene un pequeño relato sobre una planta llamada Adelfa (*Nerium oleander*), *la plus belle du monde, mais* [*elle*] *est mortèle*. La anécdota demuestra que los dos viajeros mantuvieron contacto con la población durante esta parte del viaje porque es poco probable que estos jóvenes nobles flamencos tuvieran tanto conocimiento botánico.

Al llegar a Sevilla Lalaing dice de Andalucía que es muy fértil, pero que *il faict chault en tous tampz*, un comentario que comparte con la mayoría de los turistas que visitan Andalucía en verano como él. El autor se percata de la importancia del comercio internacional para la ciudad y compara la catedral con la de Amberes, y la bolsa (*la bourse, où se troevent les marchans*) con las bolsas de Amberes y Brujas. Durante la visita al palacio real (el Alcázar) observan la belleza de los edificios pero sobre todo notan la importancia de los jardines, *plain de citrons, grenadiers et orengiers*. También visitan la cárcel de la inquisición y son los mismos inquisidores los que explican el funcionamiento a nuestros viajeros : *Ainsy le contèrent les inquisiteurs ausdicts gentilshomes*. La única parte de su estancia en la ciudad que es posible relacionar con su trabajo es una visita al Duque de Medina Sidonia en su palacio.

Ya entrados en el reino de Granada, se alojaron en Santa Fe y parecen al día de los acontecimientos durante la última parte de la Reconquista : *une petite ville édifyée du roy et de la royne, estans au siége de Grenade, où elle et ses enfans se tenoient durant le siége*. También encontramos este interés por la historia cuando se refiere a la guerra civil entre los moros y a la rebelión posterior contra los Reyes Católicos. Visto que Lalaing y Quiévrain visitan la ciudad en septiembre de 1502, la rebelión tan sólo había acabado hace un año. No obstante, el odio entre los grupos continuaba. Lalaing, que, como muchos en su época, llama al islam una *mauldicte loy*, da un ejemplo de la maldad de los musulmanes cuya veracidad es difícil de controlar pero que parece poco verosimil :

> *Ces deux gentilshomes en véirent bien l'aparence : car, le jour qu'ilz y arrivèrent, fu prins ung petit enfant, filz d'ung crestien, à qui ilz coupèrent bras et jambes et lui arrachèrent le coer, et dit-on qu'ilz font souvent des cas samblables*[23].

Los dos nobles constatan pues como la ciudad se estaba convirtiendo en una ciudad cristiana. Las mezquitas habían sido convertidas en iglesias, las pequeñas casas habían sido destruídas y sustituidas por casas grandes *à la fachon des maisons d'Espaigne*. Por un lado habla muy bien del mercado de la seda y de todos las colores que tiene, pero la manera de vestirse de las mujeres moriscas la considera muy extraña, cubriendo la mitad de la cara por la cual solo se podía ver un ojo.

El carácter turístico de esta escapada de nuestros cortesanos flamencos se refleja sobre todo en la descripción de su visita a la Alhambra y al Generalife. Gracias a su estatus ven la Alhambra con un teniente del gobernador como guía. Por supuesto habla del harén, pero llegado al final de la descripción de su visita termina con unas palabras muy positivas : *Tout concludz, c'est l'ung des lieus bien ouvré qui soit sur terre, comme, je croy, il n'y a roy crestien, quel qui soit, qui soit si bien logiez à son plaisir*[24].

Igualmente elogia al Generalife y sus jardines. Llama al jardin *le beau des beauls*. En estas descripciones la distancia entre nuestro noble y un turista del siglo xxi desaparece

23 Antoine de Lalaing, Relation, p. 208.
24 *Ibid.*, p. 206.

por completo. Los dos amigos habían salido de la corte para ver el reino de Granada y la visita a la Alhambra y el Generalife es claramente el momento álgido de su viaje, dotado con tres estrellas Michelin. Aquí no se trata de religión, de política, o de cualquier otro tipo de motivo. Estamos delante de un turista que contempla los monumentos y los valora simplemente por su valor estética.

4. La visita a Valencia : Mérite un détour**

El viaje de vuelta desde Granada llevó a los viajeros a dos reinos diferentes, al reino de Valencia y al reino de Aragón. Cada vez que cruzaron una frontera se vieron confrontados con las aduanas y con la obligación de pagar por pasar su equipaje. En Segorbe, en el reino de Valencia, los de la villa se aceraron a ellos mientras estaban comiendo y fueron obligados a pagar la décima sobre la comida, *en leur langue l'allequevade*. Setenta y siete años antes de la introducción de la décima en los Países Bajos por el Duque de Alba, estos nobles ya fueron obligados a pagarla. Y en aquel entonces, pagaron sin problemas, *ces deux gentilshomes ne volurent débatre, mais contentèrent les demandans*.

Un tercer problema para estos viajeros estaba relacionados con la lengua. Todavía cerca de Granada llegaron a un pueblo donde nadie hablaba español, tan sólo « more ». Menos mal que en su caso, pasó un clérigo francés que dominaba esta lengua. Lalaing se dio perfecta cuenta de que si no fuera por esta ayuda, se hubieran quedado sin cama, sin carne, y sin vino. Un último problema era que por la guerra con Francia les entró miedo a los dos *pour ce qu'ilz estoient de nation et vestus de sorte franchoises*. Por ello pidieron y recibieron un pasaporte de Juana de Aragón, la hermana de Fernando el Católico, y en aquel momento virreina de Valencia.

Lalaing y Quiévrain llegaron a Valencia el 4 de octubre para salir el día 10, permaneciendo en esta ciudad incluso un día más que en Granada. La descripción detallada de Lalaing demuestra que estaban impresionados por la ciudad. Sobre el último día dice que *ne se bougèrent lesdicts gentilshomes, pour mieulx véoir le tout*. Quizá también se quedaron porque llegaron justo a tiempo para las fiestas en honor a la conquista de la ciudad por el Rey de Aragón[25], celebradas con iluminaciones, bailes, y *aultres joyeus passe-tampz*, Y además, durante estos días de fiesta las mujeres iban libres por toda la ciudad : *ce que elles ne sont entre aultre tampz, car elles sont tenues subjectes, à la mode ytalyène*.

Lalaing realmente mostraba interés por todo tipo de cosas : así habla también del comercio y de las naciones de mercaderes como en Brujas y Amberes. Probablemente recibió esta información de los mercaderes que le invitaron y que habían frecuentado los Países Bajos. Visitaron el castillo de Valencia y sus jardines, el manicomio, los pueblos y jardines alrededor de la ciudad (*les plus beaus que l'on puist veoir*), la catedral, e incluso el barrio cerrado de la prostitución que les fue mostrado por la noche por algunos gentilhombres de la ciudad.

Sobre el funcionamiento de esta última institución el texto ofrece mucha información, sobre el intenso control médico, e incluso comparando el precio con él de Castilla. También por otros elementos en el texto, resulta muy claro que Lalaing estaba impresionado con la ciudad. Interpretando un poco la situación, me puedo imaginar que habían salido de la corte para ver Granada, pero que se vieron gratamente e inesperadamente sorprendidos durante la visita a Valencia, ciudad que les gustó mucho. Para mi un típico reflejo de turistas, pero quizá no debería llevar la interpretación a tal punto.

---

25 La fiesta se celebra todos los años el 9 de octubre.

Espero haber demostrado que es posible hablar de las escapadas de Antoine de Lalaing y sus amigos como viajes turísticos, y que estas comparten muchas características con las definiciones de turismo en un sentido contemporáneo. La diferencia con este último es sobre todo cuantitativo (más grupos sociales, más personas, más viajes), pero el valor intrinsico del turismo ya está completamente presente aquí : el motivo, la forma de vivirlo, incluso un claro destino. La importancia de la revolución en el transporte, como aporta Gerrit Verhoeven, no influye en estas escapadas, pero ya en la misma época los grandes núcleos de peregrinaje acogían un turismo organizado de masas. Me parece oportuno diferenciar entre un turismo contemporáneo (« modern tourism ») desde el siglo XVIII y una forma de turismo anterior, pero quiero afirmar una vez más que los hombres europeos del 1500 ya conocían sin duda alguna el sentimiento del turista.

Al mismo tiempo he intentado demostrar que no todos los cortesanos flamencos odiaban tener que ir a España en los años alrededor de 1500. Hubo por lo menos algunos que viajaron por su placer hacia esas latitudes y que viendo los jardines de Granada los describieron como *Le beau des beauls*. Espero que el profesor Jean-Marie Cauchies disfrute mucho de su merecida posición de emérito y quizá mi contribución le pueda incitar a emprender un viaje por el sur de España tras las huellas de Antoine de Lalaing. Por ello incluyo el itinerario de su escapada a Granada.

Itinerario de Antoine de Lalaing en su escapada a Granada (1502)

Toledo-Guadalupe 27-8-1502 – 1-9-1502

Burujón – La Mata – Cebolla – Talavera de la Reina – El Puente del Arzobispo – Villar del Pedroso (Ville Menne Pedralle) – Puerto de San Vicente (Palasse/a la Passe) – Monasterio de Guadalupe

Guadalupe-Sevilla 3-9-1502 – 8-9-1502

Villanueva de la Serena – Campanario – Quintana de la Serena – Higuera de la Serena – Campillo de Llerena – Berlanga – Guadalcanal – Cazalla de la Sierra – Sevilla

Sevilla-Granada 12-9-1502 – 18-9-1502

Mairena del Alcor – Marchena – Osuna – Aguadulce – Antequera – Archidona – Loja – Santa Fe – Granada

Granada-Valencia 23-9-1502 – 4-10-1502

La Peza – Guadix – Baza – Huéscar – *Thour de Predrasse* ? – Caravaca de la Cruz – Calasparra ? (*Espargne*) – Jumilla – Yecla – Caudete – Moixent – Xàtiva – Alzira (*Cherre*) – Valencia

Valencia-Zaragoza 10-10-1502 – 18-10-1502

Morvedre – Segorbe – Jérica – Barracas – Sarrión – La Puebla de Valverde – Teruel – Villarquemado – Torre la Cárcel – Caminreal – Calamocha – Lechón – Cariñena – Longares - Zaragoza

Aspects du climat en Franche-Comté au Moyen Âge

Pierre Gresser
Professeur émérite de l'Université de Franche-Comté

En 1967, lorsqu'il publia son *Histoire du climat depuis l'an mil*, Emmanuel Le Roy Ladurie devenait le fondateur de l'historiographie climatique. Réédité en 1983, l'ouvrage allait être suivi en 2004 d'un livre tout aussi remarquable, réactualisant les données dépassées par les dernières recherches et élargissant le propos initial de l'auteur : *Histoire humaine et comparée du climat*, t. 1, *Canicules et glaciers, XIIIe-XVIIIe siècles* ; t. 2, *Disettes et révolutions* ; t. 3, *Le réchauffement de 1860 à nos jours* (avec le concours de Guillaume Séchet). On se doit d'ajouter un *Abrégé d'histoire du climat du Moyen Âge à nos jours*, en 2007, formant ainsi une trilogie incontournable pour tous les climatologues et historiens du climat[1].

Certes la bibliographie ne saurait se limiter à ces trois titres, aussi prestigieux soient-ils. C'est ainsi qu'en 1987 Pierre Alexandre montrait tout ce que l'on peut extraire des sources narratives en Europe occidentale au Moyen Âge et que Michel Magny, en 1995, livrait une contribution embrassant le long terme : *Des derniers mammouths au siècle de l'automobile*. Récemment Emmanuel Garnier prit la relève en s'attachant au climat européen au cours des 500 ans dernières années[2]. Et il ne saurait être question d'étoffer cette bibliographie tant sont nombreuses les références contribuant à faire progresser nos connaissances. Mais au vu de ces titres généraux, englobant de vastes espaces, se pose la question de ce que peut représenter une région comme la Franche-Comté au cours d'une période relativement précise : le Moyen Âge[3].

C'est en alliant les moyens de notre recherche en cours aux acquits fournis par les auteurs que nous avons cités, et d'autres scientifiques, que cet article trouve sa justification. Car l'indispensable interrogation sur les sources utiles au médiéviste se prolonge par la manière de les exploiter pour s'efforcer d'aboutir à des conclusions.

1. Des sources très diversifiées

Homme d'archives par excellence, le médiéviste soucieux d'étudier le climat au Moyen Âge doit se tourner prioritairement vers la documentation écrite. Mais cette démarche, indispensable, ne saurait suffire à une approche pluridisciplinaire, intégrant

---

1 E. Le Roy Ladurie, *Histoire du climat depuis l'an mil*, Paris, 1967, rééd. 1983 ; Id., *Histoire humaine et comparée du climat*, 3 vol., Paris, 2004-2009 ; Id., *Abrégé d'histoire du climat du Moyen Âge à nos jours*, Paris, 2007.

2 P. Alexandre, *Le climat en Europe au Moyen Âge. Contribution à l'histoire des variations climatiques de 1000 à 1425, d'après les sources narratives de l'Europe occidentale*, Paris, 1987 ; M. Magny, *Une histoire du climat. Des derniers mammouths au siècle de l'automobile*, Paris, 1995 ; E. Garnier, *Les dérangements du temps. 500 ans de chaud et de froid en Europe*, Paris, 2010.

3 Cet article s'appuie en partie sur un ouvrage collectif traitant du climat comtois depuis 500 millions d'années : V. Bichet, E. Garnier, P. Gresser, M. Magny, H. Richard, B. Vermot-Desroches, *Histoire du climat en Franche-Comté du Jurassique à nos jours*, Pontarlier, 2015.

Pour la singuliere affection qu'avons a luy. *Études bourguignonnes offertes à Jean-Marie Cauchies*, sous la direction de Paul Delsalle, Gilles Docquier, Alain Marchandisse et Bertrand Schnerb, Turnhout, 2017 (*Burgundica* 24), p. 237-252.

DOI 10.1484/M.BURG-EB.5.113922

des disciplines scientifiques fort variées permettant de remonter loin dans le temps, parfois au-delà des périodes historiques.

1.1 Les textes comtois

Dans l'état actuel des connaissances sur le climat en Franche-Comté pendant le millénaire médiéval, il peut paraître présomptueux de vouloir donner un aperçu de la documentation écrite utile à notre propos. Et pourtant, des recherches que nous avons entreprises ressortent des constatations générales qui ne sont pas une spécificité régionale.

Que le haut Moyen Âge soit la période la plus mal documentée n'a rien de surprenant, et nous nous garderons bien d'insister sur la pauvreté quantitative des textes conservés. Une source publiée forme l'exception pour les six siècles commencés avec l'arrivée des Barbares, en 450, et terminés aux environs de l'an mil. En effet, rédigée par un auteur anonyme au début du VIe siècle, la *Vita patrum jurensium* retrace la vie des saints Romain (entré dans le désert *ca* 430-435 et † *ca* 460), Lupicin (*ca* 460, † *ca* 480) et Oyend (abbé de 485-490 à 512-514) [4]. Tous trois allaient être à l'origine de l'abbaye de Saint-Claude. La lecture du récit hagiographique permet d'y relever des données sur la météorologie du Haut-Jura, d'autant plus précieuses qu'elles remontent aux Ve et VIe siècles.

Mais, en dehors de cette œuvre rarissime, ce ne sont que des notations éparses essentiellement ecclésiastiques. De l'aveu de Gérard Moyse, auteur d'une thèse sur *Les origines du monachisme dans le diocèse de Besançon (V^e^-Xe siècles)*, il n'y a rien à retenir des manuscrits qu'il a dépouillés, à l'exception des mentions de l'Anonyme précédemment cité et de deux famines (793 et 868), sans doute provoquées par la météorologie[5].

Un regard sur les régions périphériques ne saurait être négligé surtout quand les renseignements dépassent la météorologie locale. Par exemple, deux phrases cursives de la *Chronique de Lausanne* affirment : « L'hiver fut rude, l'an du Seigneur 763. » ; « L'an du Seigneur 868, le 12 des calendes d'avril, il tomba en Bourgogne beaucoup de neige et il y eut une grande famine[6]. » S'il est impossible de savoir ce que le scribe entendait par « rude » (froid, oui, neige ? glace ?), il en est de même quant aux millésimes concernés (762-763 ou 763-764), sauf si seule l'année 763 fut touchée. Quant à la référence à la neige le 12 des calendes d'avril 868 (25 mars), elle surprend par sa brièveté (une journée) et l'ampleur des terres concernées : la Bourgogne, c'est-à-dire les deux côtés du Jura.

Parmi toutes les composantes des XIe-XIIIe siècles, qui permirent à Georges Duby de parler de « beau Moyen Âge », la diffusion de l'écrit ne saurait être banalisée. En effet, les sources devenant plus abondantes, on est en droit de penser qu'il en est de même pour les notations météorologiques. Pour la Franche-Comté, les thèses englobant cette période ne permettent pas de vérifier cette hypothèse pour l'instant. Dans le domaine de l'histoire religieuse, la monographie de Bernard de Vregille sur l'archevêque Hugues de Salins (1031-1066) et l'étude des moines et chanoines dans le diocèse de Besançon de 1060 (environ) à 1220, par René Locatelli, ne fourmillent pas de renseignements

4 *Vie des pères du Jura*, éd. F. Martine, Paris, 1968.

5 G. Moyse, Les origines du monachisme dans le diocèse de Besançon (V^e^-Xe siècles), dans *Bibliothèque de l'École des chartes*, t. 131, 1973, p. 21-104 ; De la *Provincia Maxima Sequanorum* au comté de Bourgogne (V^e^-Xe siècles), dans *Histoire de la Franche-Comté*, dir. R. Fiétier, Toulouse, 1977, p. 109 (famines de 793 et 868).

6 *Chronique de Lausanne*, recopiée au XIIe siècle dans le *Cartulaire de Notre-Dame de Lausanne*, éd. C. Roth, Lausanne, 1948, p. 5 (763), 7 (868), n° 14 valant pour les deux références, puisque ce sont deux entrées d'une même chronique. Textes communiqués par Jean-Daniel Morerod, que nous remercions.

sur la météorologie[7]. L'historiographie urbaine est moins pauvre pour Besançon et pour Dole, grâce à Roland Fiétier et Jacky Theurot. Mais point de faits antérieurs au XIIIe siècle[8].

Là encore, à l'est du Jura, sous la plume du prévôt Conon d'Estavayer, le *Cartulaire du chapitre de Notre-Dame de Lausanne* livre une information impressionnante par les régions concernées : la Suisse (Sion et Genève), la Franche-Comté (Besançon, Salins et Arbois), le Bugey (Belley), la Savoie avec la Tarentaise, la vallée du Rhône (Lyon, Vienne et Valence) et la Bourgogne (Auxerre, Dijon et Beaune). À en croire l'auteur, en 1233, « l'hiver fut rude, tel que personne parmi ceux qui vivaient en Bourgogne ne put dire qu'il en avait vu de semblable. À cause du froid moururent presque tous les noyers et vignes » dans les lieux précités[9].

S'il fallait retenir un changement fondamental dans la production écrite des XIVe et XVe siècles, la diffusion de la comptabilité nous paraît être le facteur déclenchant une autre approche de l'histoire. Permettant au médiéviste de se livrer à des études quantitatives et sérielles, les comptes couvrent avec continuité des séquences chronologiques plus ou moins longues. Cela signifie que suivre l'évolution d'un poste pendant plusieurs décennies devient possible et l'on mesure tout le profit que le chercheur peut en tirer. À la différence de la collecte éparse des renseignements dans les pièces diverses, les recherches fondées sur ces sources largement répandues assurent la transition avec l'époque moderne. Loin de nous l'idée de nous substituer aux inventaires d'archives. Insistons seulement sur le fait que le rattachement du comté de Bourgogne au duché d'outre-Saône de 1330 à 1361 et de 1384 à 1477 nous vaut une très riche série de registres comptables, qui attendent des dépouillements systématiques pour y puiser les nombreuses informations directes et indirectes sur la météorologie comtoise au bas Moyen Âge[10].

Mais la comptabilité ne saurait occulter d'autres séries qui n'existaient pas avant le bas Moyen Âge en Franche-Comté. Tel est le cas des registres des délibérations municipales qui sont également une mine de renseignements pour le médiéviste et qu'il faudrait lire intégralement. À propos de la date du ban des vendanges, nous aurons l'occasion de dire ce que l'on peut en obtenir.

1.2 Une typologie générale

De plus en plus nombreuses, surtout à partir des XIVe et XVe siècles, les sources comtoises s'inscrivent dans une typologie que l'on retrouve partout ailleurs. En effet, les historiens du climat ont pour habitude de regrouper leur matière en deux ensembles distincts : les « direct data » et les « proxy » ou « indirect data ». « Les "données directes" désignent les informations issues des archives qui décrivent le temps qu'il fait à une date donnée. Si leur teneur est surtout instrumentale, on y trouve également des descriptions précises d'événements climatiques extrêmes. *A contrario*, les "données

7 B. de Vrégille, *Hugues de Salins, archevêque de Besançon (1031-1066)*, 3 vol., Thèse de doctorat en histoire inédite, Université de Franche-Comté, 1976 ; R. Locatelli, *Sur les chemins de la perfection. Moines et chanoines dans le diocèse de Besançon, vers 1060-1220*, Saint-Étienne, 1992.

8 Roland Fiétier consacre quatre pages au climat dans ses *Recherches sur la banlieue de Besançon au Moyen Âge*, Paris, 1973, p. 32-35. Jacky Theurot, dans sa thèse sur *Dole, genèse d'une capitale provinciale, des origines à la fin du XVe siècle*, Dole, 1998, p. 1262, au mot intempéries des « noms de matière et glossaire » renvoie à 42 pages différentes pour connaître : « les généralités, précipitations, crues, étiages du Doubs, glaces et gelées, neiges, sécheresse et forte chaleur, tempête, vent et foudre, grêle ».

9 *Cartulaire de Notre-Dame de Lausanne*, p. 683, n. 6.

10 R.-H. Bautier, J. Sornay, *Les sources de l'histoire économique et sociale du Moyen Âge*, t. 2, *Les États de la Maison de Bourgogne*, vol. 1, *Archives centrales de l'État bourguignon (1384-1500). Archives des principautés territoriales*, 1, *Les principautés du Sud*, 2, *Les principautés du Nord*, Paris, 2001, p. 483-593.

indirectes" ou *proxy data* traduisent plutôt l'influence de la météorologie sur les composantes naturelles et humaines[11] ». Les données collectées jusqu'à présent ne dérogent pas à cette définition qui mérite précision.

L'examen des renseignements météorologiques recueillis chez les historiens travaillant sur la Comté médiévale débouche sur le constat de mentions répétitives portant sur la température, les précipitations et les vents. Mais de ces trois aspects de la météorologie, seules les manifestations jugées anormales ont retenu l'attention des scribes, sans que nous connaissions la normalité. Un hiver rude laissera des traces sous la plume des rédacteurs, mais moins s'il est doux. Un été particulièrement chaud ou pluvieux suscitera des notations plus ou moins développées, mais pas en cas de chaleur ou de pluie sans excès. Le printemps est souvent cité quand le froid ou les précipitations (la grêle en particulier) viennent remettre en cause les futures récoltes. Quant à l'automne, seules les vendanges font parfois l'objet d'un relevé des dates auxquelles elles se déroulèrent, laissant ainsi une mine de renseignements pour les historiens du climat. Que les vents impétueux, destructeurs, aient frappé les esprits ne surprendra pas. Tout cet ensemble existe dans certaines archives, exprimé avec un vocabulaire précis. Mais nous ne saurions délaisser des formules vagues comme « beau temps », « mauvais temps », « diversité du temps », le terme « orval », « orvale », « orvalle » signifiant, d'après Frédéric Godefroy, au masculin « tempête, ouragan », au féminin « ouragan, ravage, désastre, accident[12] ». Le mot tempête peut recouvrir bien des réalités différentes, aussi sa collecte s'impose-t-elle.

Dans la mesure où la météorologie eut une influence sur les Comtois, en particulier sur l'économie et surtout l'agriculture, les conséquences des caprices de Dame Nature doivent retenir l'attention. Les bonnes et mauvaises récoltes, la « stérilité », c'est-à-dire l'absence de fruits, la date des vendanges, l'évolution du prix des denrées alimentaires, les disettes et famines, sont autant d'indices sur leurs causes. Mais loin de nous l'idée de nier la part anthropique dans l'existence de tels phénomènes, dont la diversité donne une idée de l'ampleur du chantier qui attend les médiévistes.

1.3 Les disciplines scientifiques

Même si les premiers textes parlant de la météorologie et du climat remontent à l'Antiquité, ils sont rarissimes et ne permettent pas d'avoir une vision de l'évolution dans le très long terme. Par ailleurs, le développement de l'écrit ne livre pas aux historiens des informations suffisamment nombreuses pour appréhender le Moyen Âge dans sa totalité, la période n'étant pas documentée avec régularité. Aussi le recours aux disciplines issues des sciences de la nature, des sciences physiques et chimiques, très diversifiées et de plus en plus performantes, est indispensable. À défaut d'en faire une description détaillée, contentons-nous d'un rappel en commençant par celles qui sont représentées à l'Université de Franche-Comté.

Faisant partie du laboratoire Chrono-environnement, la palynologie repose sur l'analyse des grains de pollen et des spores conservés dans les milieux humides. Hervé Richard et Émilie Gauthier présentent leur discipline en soulignant qu'elle « trouve sur le massif jurassien un terrain privilégié d'application, qui permet aujourd'hui de suivre l'évolution du couvert végétal depuis environ 20 000 ans. Les variations des assemblages de pollen et de spores retrouvés dans les sédiments des marais, des tourbières et

11 E. Garnier, Les populations comtoises sur le front climatique. Climat et sociétés, XVIe siècle-vers 1850, dans *Histoire du climat en Franche-Comté.*

12 F. Godefroy, *Lexique de l'ancien français*, Paris, 1968, p. 364.

des lacs de la région permettent d'approcher les changements climatiques et surtout de suivre l'impact des sociétés humaines successives sur le couvert végétal, depuis les premiers agriculteurs néolithiques jusqu'aux périodes historiques[13] .»

Alors que la palynologie étudie les pollens et spores provenant de plantes variées, la dendrochronologie est fondée sur l'observation des cernes de croissance des arbres. Deux techniques sont employées : l'une, optique, consiste à mesurer la largeur des cernes à l'aide d'un micromètre de précision ; l'autre, densitométrique, évalue la densité du bois par radiographie de lames minces aux rayons X. La courbe de croissance de l'arbre est comparée aux référentiels existants. Si elle se « place » bien sur l'un de ceux-là, le bois peut alors être daté, parfois à l'année près : cette précision n'est possible que si l'on a le dernier cerne, ce qui est rare dans le cas de bois équarris. C'est ainsi que, de comparaison en comparaison, après avoir étudié plusieurs milliers de bois, les dendrochronologues de l'Université de Franche-Comté[14] fournissent des mesures qui servent à alimenter un étalon de référence permettant de dater le chêne sur plus de 9 000 ans (jusqu'en 7000 avant Jésus-Christ), dans les régions du sud de l'Allemagne, de Suisse et de l'est de la France.

Mais la dendrochronologie n'est pas qu'une discipline de datation. En effet, parmi les facteurs qui influencent la largeur des cernes, la météorologie (chaleur, froid et pluviosité) joue un rôle fondamental : les cernes sont larges ou étroits selon les bonnes ou mauvaises conditions naturelles dans lesquelles l'arbre pousse. Pour percevoir la météorologie et le climat à partir de l'étude des arbres, il faut observer des cernes aux lignes régulières, non dérangées par l'empattement des racines, l'insertion de branches ou la cicatrisation de blessures. L'arbre est donc une « machine biologique à remonter le temps » qui garde la mémoire du climat.

Avec l'étude des sédiments lacustres et du niveau des lacs, Michel Magny a mis au point une méthodologie débouchant sur la reconstitution du climat. Depuis une trentaine d'années, 26 cuvettes lacustres ont été étudiées dans le Jura, le plateau suisse et la Savoie, livrant une vision des variations du niveau des lacs pour l'Holocène, c'est-à-dire depuis 9700 avant Jésus-Christ. Sans remonter aussi haut dans le temps, l'étude récente du lac de Joux, dans le Jura suisse, au dernier millénaire, donne des renseignements très précis[15]. De 1200 à 1300, une période chaude et plus sèche explique le bas niveau de l'eau. Puis le lac atteste le Petit Âge Glaciaire (PAG) dès 1350 jusqu'à la seconde moitié du XIXe siècle. On sait que ce demi-millénaire fut caractérisé par une diminution de la température et une augmentation de la pluviosité. L'analyse débouche même sur l'identification de plusieurs épisodes qui culminèrent vers 1350, 1450, 1550, 1690 et 1830. Un regard d'ensemble sur les autres sites lacustres autorise à conclure que l'histoire du niveau des lacs jurassiens s'inscrit parfaitement dans l'histoire générale de l'environnement des latitudes moyennes de l'Europe occidentale.

---

13 H. Richard, É. Gauthier, Préhistoire et histoire des forêts du Jura, dans *Mémoires de la Société d'Émulation du Doubs*, nlle sér., t. 56, 2014, p. 25 (bibliographie de 117 titres). Hervé Richard, directeur de recherche CNRS, Laboratoire Chrono-environnement, UMR 6249/UFC-CNRS ; Émilie Gauthier, professeure d'archéologie et de paléo-environnement (même laboratoire).

14 Parmi les dendrochronoloques qui n'étudient pas que la chronologie et se consacrent au climat, citons : Georges-Noël Lambert, chargé de recherche CNRS en retraite, Olivier Girardclos, ingénieur CNRS, et Sébastien Durost, docteur, ingénieur au centre de Bibracte.

15 M. Magny, O. Peyron, É. Gauthier, B. Vannière, L. Millet, B. Vermot-Desroches, Quantitative estimates of temperature and precipitation changes over the last millennium from pollen and lake-level data at Lake Joux, Swiss Jura Mountains, dans *Quaternary Research*, t. 75, 2011, p. 45-54. Michel Magny, directeur de recherche CNRS, Laboratoire Chrono-environnement (n. 13).

Ces dernières années, les progrès de la géochimie des sédiments lacustres sont venus préciser les données paléoclimatiques[16]. D'autres approches ont été également développées au laboratoire de Chrono-environnement, comme l'étude des restes de chironomes (insectes ressemblant à des moustiques), très sensibles aux changements environnementaux et dont les assemblages varient en fonction de la qualité des eaux et des conditions climatiques.

Aux disciplines évoquées doivent être jointes d'autres recherches plus ou moins anciennes. La glaciologie (le Jura étant tout proche des Alpes) joue un rôle de premier plan, car les glaciers sont des marqueurs des changements de la température dans le long terme. Dans les années 1950-1970 ce sont des glaciologues, travaillant sur les Alpes suisses et autrichiennes, qui mirent en évidence le Petit Âge Glaciaire, commencé au XIVe siècle pour s'achever vers 1850-1860. Les glaciers ne se contentent pas d'apporter de nouvelles connaissances, ils servent également de référence. Ce que Michel Magny a constaté au lac de Joux, à propos du PAG, se retrouve au grand glacier d'Aletsch en Suisse, par exemple.

La référence aux glaciers conduit à évoquer les sondages qui sont faits dans la glace de l'Arctique et de l'Antarctique. La calotte polaire dissimulerait, à plusieurs milliers de mètres en dessous de sa surface, des glaces très anciennes datant du milieu du Pléistocène. De précieux échantillons devraient renseigner sur l'histoire du continent blanc, mais aussi sur celle du climat. C'est pour cela que fut conçue par quatre laboratoires français la sonde Subglacior, testée à la fin de 2016 dans l'Antarctique sur la base franco-italienne Concordia. Mais nous savons déjà que les bulles d'air emprisonnées à de moindres profondeurs forment un état de l'atmosphère à une époque donnée.

De la fonte de la glace dépendent les variations du niveau des océans et des mers. Or dans les profondeurs, se déplacent des courants d'eaux froides et salées. En surface, le Gulf Stream draine un flux d'eau chaude, qui en se refroidissant vers le nord libère une quantité de chaleur dans l'atmosphère au profit de l'Europe. L'articulation entre ces deux courants est une composante de l'équilibre climatique.

Terminons ce tour d'horizon, qui pourrait être étoffé par d'autres disciplines très « pointues », en évoquant deux spécialités conduisant à une étude des causes des changements climatiques.

D'une part, par sa permanence, le soleil est le facteur prioritaire. On en trouve les effets dans tous les domaines : la vie sous toutes ses formes, le niveau des lacs et des océans... Les dendrologues, ayant prélevé des sapins sur pied dans plus de 200 stations du nord au sud du Jura, ont constaté une corrélation entre l'indice de croissance des troncs et les variations de l'activité solaire. Pour rester sur les terres jurassiennes et le changement du niveau des lacs, ce dernier est directement dépendant des variations solaires. La démonstration faisant de notre étoile la cause principale des oscillations séculaires, met fin à un débat qui fut controversé jusque dans les années 1990. Désormais, les chercheurs mesurent le Béryllium 10 qui témoigne de l'activité du soleil et, grâce à lui, amplifie considérablement la connaissance de l'astre.

D'autre part, caractérisées par leur irrégularité, les éruptions volcaniques importantes sont capables de perturber le climat à l'échelon planétaire. Les exemples ne manquent pas. Ce sont surtout les manifestations les plus récentes qui ont permis de dresser un tableau parfois catastrophique des répercussions : climatiques, économiques, démographiques et sociales.

---

16 Vincent Bichet, géologue, maître de conférences, UMR 6249, Laboratoire Chrono-environnement (n. 13).

Au total, un arsenal impressionnant à la disposition de la communauté scientifique dont les médiévistes ne sont pas exclus.

2. Une approche duale

Un regard sur l'ensemble des données météorologiques qui ont été collectées en Franche-Comté jusqu'à ce jour autorise à les considérer comme le fruit d'une double approche non concertée. En effet, dans presque tous les cas, les renseignements furent rassemblés au hasard de recherches, à partir de pièces diverses, n'ayant pas la météorologie régionale comme objectif. Mais dans la perspective de voir les études climatiques se poursuivre et se structurer, il faut concevoir des dépouillements fondés sur des textes homogènes, propices à des recherches thématiques. Que les pages qui suivent en soient une modeste illustration.

2.1 Des documents homogènes

Pour qui souhaite s'immerger dans les archives médiévales afin d'y traquer les informations directes et indirectes sur le climat, une première démarche peut consister à prendre comme champ d'investigation des écrits de même nature. À cet égard, la thèse de Pierre Alexandre demeure l'ouvrage de référence.

En 1987, en publiant *Le climat en Europe au Moyen Âge. Contribution à l'histoire des variations climatiques de 1000 à 1425, d'après les sources narratives de l'Europe occidentale*[17], l'auteur livra à la communauté des historiens un livre de référence, dans lequel la Franche-Comté se trouve incluse. Pour aboutir à la reconstitution des fluctuations pendant plus de quatre siècles, le médiéviste « repéra » 3 560 textes climatiques, dans quelque 720 sources. De cet ensemble 1 170 documents furent écartés pour en retenir 2 390.

Sans reprendre dans le détail la démonstration effectuée saison par saison, retenons la conclusion majeure pour la période étudiée. Les XIe-XIIIe siècles formèrent l'Optimum Climatique Médiéval (OCM) qui fut suivi par une brusque dégradation au XIVe siècle, ouvrant le Petit Âge Glaciaire en Europe.

C'est pour tenter de comparer les résultats obtenus avec ceux de Pierre Alexandre que nous nous sommes livré à une étude détaillée, mais limitée, de six chroniques franc-comtoises[18]. Au total, 26 phénomènes météorologiques ont été réunis, encore que pour quatre d'entre eux (la grêle en 1388 et 1397 ; la crue du Doubs en 1291, 1364 et 1462 ; le vent en 1388 et 1397 ; le tonnerre aux mêmes dates), nous nous demandons s'il ne s'agit pas de faits identiques datés différemment. De cet ensemble portant sur les XIVe et XVe siècles, à l'exception d'une référence de la fin du XIIIe siècle, ressort la supériorité des précipitations (huit renseignements dont deux séquences chronologiques comptées chacune pour une en 1487 : du 21 au 23 mars et les 8 et 9 avril), par rapport aux températures (cinq mentions dont une séquence en 1385 : deux concernant la chaleur et trois le gel). Avec si peu de données, nous nous garderons bien de tirer des conclusions. Remarquons simplement qu'elles correspondent à la définition du Petit Âge Glaciaire caractérisé comme étant une période plus froide et plus humide que celle qui l'avait précédée.

17 Alexandre, *Le climat en Europe au Moyen Âge*.
18 P. Gresser, Enfin des textes, dans *Histoire du climat en Franche-Comté*.

Aussi modeste soit-elle, l'étude des six chroniques comtoises méritait d'être faite. Nos premiers pas dans cette direction ne sont qu'une incitation à les poursuivre. Mais le choix d'un ensemble de textes homogènes peut être ingrat, car il ne donne pas systématiquement des résultats positifs. C'est ainsi que la lecture intégrale, par Gisèle David, de toutes les chartes de franchises de Franche-Comté au Moyen Âge (170 documents environ) n'a livré aucune information utile pour notre propos.

2.2 Les eaux vives et les eaux dormantes

À défaut de pouvoir connaître le climat en étudiant ses causes (le soleil, les éruptions volcaniques…) grâce aux textes, le médiéviste est contraint de se livrer à une approche en s'attachant aux conséquences qui ont laissé des traces dans la documentation écrite. Elles sont multiples et, pour la Comté, les eaux vives et dormantes bénéficient d'informations qui ne sauraient être passées sous silence, car elles donnent une idée de l'utilité et de la difficulté d'interprétation des données.

En commençant par le cours du Doubs, en regroupant les informations des chroniques comtoises étudiées et de cinq auteurs différents[19], il s'agit de 40 références chronologiques, mais en 1375-1376 et 1376-1377, ainsi qu'en 1389 et 1390-1391, il n'y eut apparemment que deux crues, sans que nous puissions les dater précisément. Par conséquent, pour 38 fluctuations importantes de la rivière, nous connaissons 33 crues et cinq étiages (celui de 1479 n'est pas avéré), à supposer qu'il n'y ait eu qu'une crue par exercice financier.

Chronologiquement, les dates sont très inégalement réparties : XIIIe siècle, deux ; XIVe siècle, quinze ; XVe siècle, 21. Par ailleurs, rares sont les millésimes qui apparaissent deux fois. Il faudrait vérifier que, sous la plume d'auteurs différents, il ne s'agit pas du même fait. Enfin, une comparaison avec d'autres régions devrait mettre en valeur sans doute des correspondances pour rejoindre l'histoire générale.

Cette démarche mérite d'être prolongée. Un regard sur la Saône comtoise, grâce à Frédéric Genévrier, montre les effets des fortes eaux et de la glace sur le pont de Gray : en 1359 (crue et débacle) ; 1er mars 1408 (crue et débacle) ; 1498 (débacle) ; 1500 (débacle) ; 1514 (débacle)[20].

Comme pour les chroniques, en ayant conscience que le nombre des références peut être augmenté, si nous laissons de côté quelques dates (1263, 1291 et 1514), tous les phénomènes répertoriés portent sur le bas Moyen Âge, c'est-à-dire sur le Petit Âge Glaciaire, dont nous avons déjà souligné les caractéristiques : refroidissement et pluviosité.

À la différence des cours d'eau, à notre connaissance, les étangs n'ont pas retenu l'attention des chercheurs. Or, en Franche-Comté, les comtes de Bourgogne étaient propriétaires d'étangs qui étaient administrés et gérés par l'office de la gruerie. On lui doit une documentation financière particulièrement riche, dans laquelle il est possible de collecter des renseignements sur la température et les précipitations[21]. Pour l'instant,

---

19 Pour les chroniques comtoises (chr.), voir *Ibid.* Par ordre alphabétique les auteurs sont : J.-J. Chifflet, Édouard Clerc, Julien Lagalice, Thomas Roy et Jacky Theurot. Les anthroponymes sont abrégés sous la forme CH, CL, L, R et TH. Seul Jacky Theurot a consacré une étude au Doubs : Une rivière, une ville, des hommes, le Doubs et Dole au Moyen Âge, dans *Travaux de la Société d'Émulation du Jura*, 1987, p. 60-95.

20 F. Genévrier, *Une ville comtale de marche. Gray et son aire d'influence (fin XIIIe-début XVIe siècle)*, Thèse de doctorat en histoire inédite, Université de Franche-Comté, 2009.

21 P. Gresser, *La gruerie du comté de Bourgogne aux XIVe et XVe siècles*, Turnhout, 2004 ; Id., *Pêche et pisciculture dans les eaux princières en Franche-Comté aux XIVe et XVe siècles*, Turnhout, 2008.

le dépouillement intégral des comptes du XIVe siècle auquel nous avons procédé donne une idée précise de l'intérêt qu'il présente pour la météorologie comtoise, d'autant qu'après les comptes de 1338-1340, la seconde moitié du siècle offre une série continue de 1353 à 1384 et de 1386 à 1408.

La chaleur n'apparaît qu'au début du XVe siècle à propos de la première semaine d'avril 1402 après Pâques (2 au 8 : 11 au 17 en calendrier grégorien) dans la région de Gray. Le froid est cité les 13 et 14 novembre 1376 pour la Bresse comtoise à l'ouest de Poligny (21 et 22 en calendrier grégorien). Quant aux précipitations, les données sont beaucoup plus nombreuses et de deux types.

Il y a d'abord les épisodes pluvieux imprécis, difficiles voire impossibles à dater. Pour la période 1353 à 1399, citons : 1355-1356, 1362-1363, 1372, 1373, 1374, 1376, 1380-1381, 1381-1382, 1382-1383, 1391-1392, 1395-1396 et 1398-1399. Au total 27 mentions dans les millésimes précités. Malgré l'absence de la notation des saisons, voire des mois, il est notable qu'à partir de 1350 jusqu'en 1400, toutes les décennies sont représentées. Ensuite, sont avérés douze renseignements, toujours pour le même demi-siècle : la Toussaint 1362, du 18 au 31 mars 1363, 12 décembre 1372, 22-24 décembre 1372 (trois références), 15 février-2 avril 1374, début du carême 1376 (27 février-13 avril), carême 1381 (27 février-14 avril), le 23 avril 1391, les 23 et 24 avril 1391, mai 1395.

Le bilan global des informations utilisables pour l'historien du climat dans la seconde moitié du XIVe siècle se monte à treize références, douze sur la pluviosité et une sur le froid. L'absence de texte sur la chaleur mérite d'être soulignée, puisqu'il faut attendre 1402 pour en trouver la première mention[22].

Ce premier constat donne une idée de ce qu'il faut attendre, comme type d'information, pour le XVe siècle. Les résultats des dépouillements que nous avons effectués ont été publiés en 2015[23], mais sont parus en 2016.

2.3 La richesse phénologique

Quittons le domaine des eaux vives et dormantes pour retrouver la nature végétale. Grande absente, ou presque, des recherches comtoises effectuées jusqu'à présent, la phénologie nécessite une attention particulière. Par ce terme, il faut entendre globalement les variations que la météorologie et le climat font subir à la végétation (germination, floraison, dates de maturation des fruits), ainsi qu'au règne animal (chants des oiseaux, migrations, etc.). Pour nous limiter aux fruits, la date de leur maturité est due pour l'essentiel aux températures reçues par la plante entre la formation des bourgeons et l'achèvement complet de la fructification. C'est à partir de ce constat que, dès le début de ses recherches sur le climat, Emmanuel Le Roy Ladurie a montré, avec éclat, la richesse du relevé des dates du ban des vendanges.

Chacun sait que la cueillette du raisin est influencée par la météorologie d'avril à septembre. Quand cette période est chaude, les grappes de raisin sont coupées à des dates précoces, alors qu'elles sont tardives si les mois ont été frais. La pluviosité conditionne aussi la chronologie des vendanges qui se révèle être un indicateur précieux pour connaître le temps qu'il faisait.

C'est un vaste chantier qu'il faut entreprendre pour collecter les renseignements contenus dans les archives comtoises, surtout à partir du XIVe siècle. À défaut de

---

22 Id., Les étangs princiers, marqueurs de la météorologie comtoise au XIVe siècle, dans *Mémoires de la Société d'Émulation du Doubs*, nlle sér., t. 51, 2009, p. 5-25.

23 Id., Les étangs princiers, marqueurs de la météorologie comtoise au XVe siècle, dans *Ibid.*, nlle sér., t. 57, 2015, p. 177-197.

déboucher sur de véritables conclusions, les exemples qui suivent illustrent surtout la démarche à suivre. Elle implique de ne retenir que les vendanges effectuées sans contraintes anthropiques (les événements guerriers, par exemple) et de modifier la chronologie en passant du calendrier julien en calendrier grégorien. Dans la mesure où les dates sont précises (millésime, mois et quantième), pour avoir une chronologie en accord avec les saisons, une correction de plusieurs jours s'impose : ajouter dix jours pour le XVIe siècle, neuf pour le XVe siècle, huit pour le XIVe siècle etc.

À notre connaissance, nous ne disposons que d'un tableau unique consacré à la phénologie, établi par Rémi Boivert pour Arbois à la fin du XVe siècle, seules les années 1483, 1484, 1486, 1487, 1488 et 1492 étant représentées[24]. Par ordre d'importance figurent les cerises (une date), les prunes (une date), les coings (deux dates), les fraises (deux dates), les poires (quatre dates) et les raisins (six dates). On devine l'utilité de tels renseignements en ayant des séquences chronologiques plus ouvertes et des lieux plus variés. La piste est tracée.

Il en est quasiment de même pour les vendanges sur lesquelles nous sommes mieux informés. C'est à Roland Fiétier que l'on doit le premier tableau consacré à la « date du ban des vendanges et prix du muid de vin à Besançon[25] ». Sur les 32 millésimes, un seul remonte au XIIIe siècle (1274) et trois portent sur le XIVe siècle (1342, 1360 et 1397). À partir du relevé effectué par notre ancien maître et ami, nous avons élaboré quatre listes qui concernent le XVe siècle et excluent les dates pour lesquelles seul le prix du muid de vin est cité : 1446, 1450, 1456, 1457, 1463, 1464, 1466 et 1468.

Parmi les vingt millésimes, cinq représentent la première moitié du siècle et quinze la seconde moitié. Les dates ont été données par l'auteur en jours comptés à partir du 1er septembre « comme dans l'ouvrage de M. Le Roy Ladurie ». Quant aux chiffres entre parenthèses, « ils indiquent une autorisation de vendanger accordée avant le terme fixé, d'ordinaire cette anticipation n'est que de quelques jours[26] ». À partir de ces données, nous avons converti les dates en calendrier julien puis grégorien. Seul ce dernier a de la valeur pour être en phase avec la réalité saisonnière. Sur les vingt dates, dix appartiennent au mois de septembre et les dix autres au mois d'octobre. Il est impossible de déceler une répartition significative par manque de continuité chronologique. La seule observation qui nous paraît digne d'être mise en valeur, c'est l'existence de vendanges plus ou moins tardives, comprises entre les 19-20 septembre et le 18 octobre. Pour que cette observation prenne toute sa valeur, il faudrait disposer de tableaux semblables. La documentation abonde : au travail.

3. Les Comtois aux prises avec le climat et la météorologie

Depuis toujours, l'homme vécut en étant dépendant de deux paramètres étroitement liés : la météorologie à court terme et le climat s'exprimant sur des périodes plus ou moins longues. Par rapport à ces composantes fondamentales des cadres de la vie, les archives et d'autres disciplines permettent-elles de percevoir comment se déroula celle des Comtois ? Les pages qui précèdent ont montré l'inégale répartition des textes au cours du Moyen Âge. Par conséquent, l'approche n'est pas égalitaire en fonction de la périodisation interne, le bas Moyen Âge étant favorisé. En outre, le constat que

24 R. Boivert, *La seigneurie d'Arbois à la fin du Moyen Âge*, Mémoire de maîtrise en histoire inédit, Université de Franche-Comté, 1976.

25 Fiétier, *Recherches sur la banlieue de Besançon*, p. 169-170.

26 *Ibid.*, p. 170.

nous proposons ne peut être que provisoire et demande à être renforcé, en nourrissant l'espoir que d'autres médiévistes voudront bien s'investir sur le thème de cet article.

3.1 De l'Optimum Climatique Médiéval au Petit Âge Glaciaire

Grâce aux études scientifiques qui croisent leurs informations pour préciser l'évolution climatique depuis les ères géologiques, il est possible de replacer les périodes historiques dans un ensemble dont nous ne retiendrons que le Moyen Âge. En lui attribuant globalement une dizaine de siècles (v^e-xve siècles), précisons d'abord qu'il appartient à l'Holocène, commencé aux environs de 9700 avant Jésus-Christ. Il s'agit d'une oscillation relativement stable par rapport aux cycles glaciaires – interglaciaires qui la précédèrent. À l'échelon planétaire, la température moyenne aurait été supérieure de 4 à 5° par rapport à celle du dernier maximum glaciaire, remontant aux environs de 22 000 ans et pendant lequel les sommets du Jura furent couverts par un inlandsis. On sait désormais que l'Holocène fut rythmé par des fluctuations climatiques moins fortes que celles des grands cycles antérieurs, mais suffisantes pour avoir des incidences sur les changements environnementaux et l'histoire humaine.

Pour nous limiter au premier millénaire et demi de l'ère chrétienne et à la Comté, englobée dans de vastes espaces, d'après Hervé Richard et Émilie Gauthier, les études sur les massifs alpin et jurassien montrent que les années 150-250 correspondirent à un siècle de détérioration climatique, suivie par une amélioration de deux siècles (350-550). Puis, parmi les 5 à 600 ans du haut Moyen Âge, une nouvelle détérioration marqua les terres jurassiennes de 650 à 850[27]. À partir du xie siècle, avec le renfort croissant des documents d'archives, il est possible d'affirmer que la Comté bénéficia, comme toute l'Europe occidentale, d'un réchauffement des températures dénommé Optimum Climatique Médiéval, Petit Optimum Médiéval (POM), voire « Medieval Warm Period » (MWP). Pendant trois ou quatre siècles, les Comtois connurent donc des conditions de vie naturelles clémentes, favorables entre autres à l'agriculture.

À partir du xive siècle, s'opéra un renversement de tendance avec le début du Petit Âge Glaciaire (PAG) ou Little Ice Age (LIA), caractérisé par des températures plus froides et une pluviosité accrue (sous nos latitudes tout du moins). Cette évolution devait s'achever vers 1850-1860 et laisser la place à un réchauffement qui perdure.

Par rapport à ces changements, que dire de l'histoire comtoise ? D'abord, loin de nous de faire du climat le facteur explicatif de son évolution. Mais alors que pendant des décennies un grand nombre d'historiens (dont Emmanuel Le Roy Ladurie) pensa que le climat ne devait pas être considéré comme un paramètre important des causes historiques, cette époque est désormais révolue, même si quelques esprits continuent à faire de la résistance.

Pour le haut Moyen Âge, un événement incontesté fut le gel du Rhin le 31 décembre 406, qui permit aux Vandales, Suèves et Alains de pénétrer en Gaule. En fait, les terres comtoises ne furent touchées par les invasions barbares qu'à partir de 450, mais ces dernières bénéficièrent, 44 ans plus tôt, d'un phénomène naturel qui accéléra un processus commencé depuis longtemps. En dehors de ce rappel très général, avouons notre incapacité à établir une liaison entre les aspects de l'histoire régionale qui ont bien été étudiés et l'amélioration climatique (350-550), suivie d'une détérioration de 650 à 850. Tel est le cas pour l'histoire politique et religieuse du ve au xe siècle[28]. En revanche,

27 É. Gauthier, H. Richard, Histoire des forêts du Jura : le regard du palynologue, dans *Forêt et montagne*, éd. A. Corvol, C. Dereix, P. Gresser, F. Lormand, Paris, 2015, p. 27.

28 P. Gresser, Le haut Moyen Âge (v^e-xe siècle) : une longue gestation, dans Id., A. Gonzalez, *Nouvelle histoire de la Franche-Comté*, Pontarlier, 2014, p. 91-167.

les travaux d'Hervé Richard et d'Émilie Gauthier apportent une contribution neuve sur les rapports entre les Comtois et leur milieu naturel. Que l'on en juge par quelques phrases extraites de leur article. « En zone moyenne montagne, les datations par le carbone 14 destinées à dater la déprise agricole entre le Bas-Empire et le haut Moyen Âge intègrent toutes le ve siècle ap. J.-C. dans sa quasi-totalité. » « À basse altitude, dans les plaines bourguignonnes, il n'y a aucun abandon des espaces cultivés et emblavés. Le signal pollinique montre une belle régularité des activités agropastorales, annonciatrices du plein essor du Moyen Âge central[29]. » En d'autres termes, la déprise agricole des zones montagneuses n'eut pas pour cause le climat puisqu'il s'était amélioré de 350 à 550. De même, la reprise qui se dessina à l'aube du VIIe siècle ne fut pas contemporaine d'une amélioration climatique.

Si nous quittons le haut Moyen Âge, force est de constater que les grands cycles de l'histoire comtoise sont en phase avec les fluctuations climatiques. Les siècles d'essor et de progrès dans tous les domaines (XIe-XIIIe siècles) se sont déroulés pendant l'Optimum Climatique Médiéval. Puis la crise du bas Moyen Âge sévit en partie au cours des deux premiers siècles du Petit Âge Glaciaire[30]. Certes, une analyse fine des limites chronologiques montrerait des dissonances. Il n'en reste pas moins que globalement la correspondance est frappante, une fois encore en faisant du climat un des facteurs, parmi d'autres, conditionnant l'histoire comtoise.

3.2 L'impact économique

À défaut de pouvoir passer en revue toutes les composantes de l'évolution régionale, quelques observations sur l'économie nous paraissent incontournables, tant la production, la distribution et la consommation des biens jouent un rôle fondamental. Et l'agriculture de l'emporter sur tous les autres domaines.

La Franche-Comté n'a pas la chance de disposer d'une thèse consacrée à l'économie rurale et à la vie des campagnes, comme celles qui ont marqué l'historiographie de la seconde moitié du XXe siècle[31]. En revanche, beaucoup de diplômes d'études supérieures, de mémoires de maîtrises, doivent être systématiquement exploités. Résumer quelques caractéristiques ne peut donner qu'une vision très générale.

Des XIe-XIIIe siècles, retenons l'essor des défrichements, qui se poursuivit parfois jusqu'au milieu du siècle suivant, preuve d'une croissance démographique, interrompue par la Peste noire. Cette augmentation de la superficie agricole, accompagnée par une révolution des techniques, permit à la population de faire face à ses besoins alimentaires, la création d'étangs à partir du XIIIe siècle y contribuant pour une part non négligeable. Mais y eut-il des disettes, voire des famines ?

La question se pose aussi pour le bas Moyen Âge, traditionnellement présenté comme deux siècles marqués par les crises d'approvisionnement alimentaire. Des éléments de réponse se relèvent dans les monographies consacrées à Belfort, Montbéliard et Porrentruy (en Suisse), Besançon, Dole, Gray[32]. Il faudrait en faire des tableaux synoptiques, pour déceler d'éventuelles correspondances.

---

29 Gauthier, Richard, Histoire des forêts, p. 26-27.

30 Si le début de la crise peut faire l'objet d'un débat, en Franche-Comté la fin de la dépression se fit au milieu du XVe siècle, mais pas de façon continue : P. Gresser, *Le crépuscule du Moyen Âge en Franche-Comté*, Besançon, 1992.

31 Depuis R. Boutruche, *La crise d'une Société. Seigneurs et paysans du Bordelais pendant la Guerre de Cent Ans*, Paris, 1947, plusieurs monographies ont vu le jour. Il n'est pas possible d'en faire la liste ici.

32 B. de Villèle, *Belfort à la fin du Moyen Âge*, Thèse de doctorat en histoire inédite, Université de Franche-Comté, Besançon, 1971 ; P. Pégeot, *Vers la réforme : un chemin comparé et séparé.*

La comptabilité domaniale nous a mis en présence plusieurs fois de décisions princières visant à empêcher, voire atténuer disettes ou famines. En 1421, la vente du froment hors de la principauté fut prohibée et, en 1457, Philippe le Bon intervint pour empêcher une famine dans ses pays de « par-delà[33] ». Sans oublier la responsabilité anthropique dans les disettes et famines, la cause première revient au climat.

Dans un tout autre domaine, la grande originalité économique de la Comté reposait sur l'exploitation de la muire ou saumure de son sous-sol, dont Salins était le centre principal. Spécialiste de l'histoire des salines de la ville, Henri Dubois a démontré que le premier facteur qui conditionnait la production de « l'or blanc » était la pluie ou la sécheresse, responsable du débit des sources. Mais l'approvisionnement en bois pour chauffer l'eau salée et la vente du sel outre-Jura dépendaient de l'état des routes, la neige pouvant être un obstacle infranchissable[34]. Au total, un bel exemple d'une entreprise dans une grande dépendance à l'égard des caprices du temps.

3.3 Un climat défavorable

L'évocation de l'impact de la météorologie sur l'économie comtoise aux XIVe et XVe siècles souffre d'un manque de données chiffrées. Or, c'est en accumulant ces dernières que progressivement il sera possible d'affirmer l'existence des tendances qui auront marqué le bas Moyen Âge en Franche-Comté. Tout en ayant conscience qu'il s'agit d'une première évaluation quantitative, les résultats sont loin d'être sans signification.

En 1998-1999, dans son étude du *Climat, épidémies, famines et incendies... le bas Moyen Âge dans la tourmente*, Stéphanie Jobard a rassemblé une série d'informations pour les comptabiliser[35]. Au total, parmi les 98 mentions météorologiques collectées, 32 datent du XIVe siècle et 66 du XVe siècle. Ce qui est intéressant, c'est la disproportion très importante qui existe entre le froid, la pluie et la chaleur. Avec 42 références, la pluie vient en tête (douze au XIVe siècle, 30 au XVe siècle), suivie par 31 renseignements sur le froid (onze au XIVe siècle et vingt au XVe siècle). Face à cet ensemble défavorable aux Comtois, la chaleur – qui n'est pas positive quand elle est excessive – n'apparaît que huit fois (trois au XIVe siècle et cinq au XVe siècle). Les tempêtes (six au XIVe siècle et onze au XVe siècle) nécessitent un regroupement à part, tant le terme peut recouvrir des réalités variables.

L'étude des chroniques à laquelle nous avons procédé peut apporter quelques données supplémentaires au comptage de Stéphanie Jobard[36]. C'est ainsi qu'à la pluie citée deux fois par les chroniqueurs (1484 et 1497), nous ajouterons une crue qui pose problème car il y a trois versions identiques, mais datées différemment. Le froid apparaît

---

Montbéliard, Porrentruy et leur région du XIVe siècle au milieu du XVIe siècle, Thèse de doctorat en histoire inédite, Université de Paris IV, 1993 ; Fiétier, *Recherches sur la banlieue de Besançon* ; Id., *La cité de Besançon, de la fin du XIIe au milieu du XIVe siècle. Étude d'une société urbaine*, Paris, 1978 ; Theurot, *Dole, genèse d'une capitale provinciale* ; Genévrier, *Une ville comtale de marche*.

33 P. Gresser, *Calamités et maux naturels en Franche-Comté aux XIVe et XVe siècles. Les Comtois à la merci de la nature au fil des documents*, Besançon, 2008, p. 156-173. Les expressions « par-deça » et « par-delà » désignent le nord ou le sud des pays bourguignons en fonction du lieu de la rédaction des textes.

34 On trouvera la bibliographie des travaux d'Henri Dubois sur le sel chez C. Roussel, J.-F. Belhoste, *Une manufacture princière au XVe siècle. La Grande saline de Salins-les-Bains, Jura. Site et territoire*, 2006, p. 137.

35 S. Jobard, *Climat, épidémies, famines et incendies..., le bas Moyen Âge dans la tourmente*, t. 1, Mémoire de maîtrise en histoire inédit, Université de Franche-Comté, 1998-1999, p. 77.

36 Pour Stéphanie Jobard, la pluie regroupe les pluies « persistantes » et les inondations ; le froid : la glace, le gel et les hivers « difficiles » ; la chaleur : la sécheresse et l'étiage ; la tempête : le vent, les orages et la grêle.

sous la forme de la neige en mars et avril 1487 et aussi du gel les 8 et 12 avril 1484 et le 10 avril 1487. La chaleur n'est attestée qu'en 1385 et 1482, celle de 1385 étant responsable de l'étiage du Doubs. Quant à la notion de tempête, on peut y joindre le vent (trois fois, 1350, les années 1387 ou 1388 et 1396 ou 1397 concernant un seul épisode venteux, 1497), l'orage (1488) et la grêle (même problème que pour le vent, puis 1485, 1488). Si nous délaissons ce que recouvre la notion de tempête, c'est au total dix références qui sont utiles à la connaissance de la météorologie : cinq pour le froid, trois pour la pluie et deux pour la chaleur.

Sans reprendre ce que nous avons dit au sujet des étangs marqueurs de la météorologie, ajoutons le résultat de nos calculs à ceux qui précèdent, mais uniquement valable pour la seconde moitié du XIVe siècle : pluie douze mentions, froid une et chaleur aucune référence avant 1402.

L'addition des chiffres et nombres précédents aboutit à un total de 104 dates et séquences chronologiques. Certes, ce nombre est faible si l'on pense qu'il concerne 200 ans d'histoire. Mais, lorsqu'on examine ces composantes, on y trouve de manière éclatante les deux caractéristiques du Petit Âge Glaciaire : la pluie citée 57 fois et le froid mentionné 37 fois. Quant à la chaleur, elle ne dépasse pas le nombre dix.

Puisqu'il nous faut conclure, nous pensons que la multiplication de ce type de démarche s'impose pour affiner les résultats. Si tout suggère que la chaleur sera toujours minoritaire, rien ne prouve que la pluie l'emportera sur le froid. Mais au sujet de la pluviosité, il faudrait connaître à quelle saison elle se produisit car les conséquences pour les cultures en dépendent en grande partie et l'on comprend qu'elle ait particulièrement retenu l'attention.

Comme partout ailleurs, le Moyen Âge en Franche-Comté se déroula coiffé par les fluctuations du temps à court, moyen et long termes. Grâce à une documentation écrite qui ne cessa de se développer, les conséquences sur l'histoire régionale sont perceptibles, mais surtout pour les trois derniers siècles du millénaire concerné. Nous avons tenté d'en montrer les différents aspects sur la nature elle-même (la terre, les eaux et la végétation), les Comtois et le bâti. Dans ces trois domaines, rien d'original, en dehors de la production du sel dépendant des quantités de saumure alimentées par la pluie. Dans tous les cas, il s'agit de notations ponctuelles[37].

À part l'exploitation des chroniques, de la comptabilité de la gruerie pour l'étude des étangs, l'approche quantitative et sérielle reste à faire. Or, les renseignements phénologiques existent surtout pour le bas Moyen Âge. Leur contenu permettra de préciser les résultats éclatants obtenus par les disciplines issues des sciences de la nature, des sciences physiques et chimiques. On leur doit non seulement la révélation du climat dans le très long terme, mais aussi la définition de périodes plus courtes, comme l'Optimum Climatique Médiéval (XIe-XIIIe siècles), suivi par le début du Petit Âge Glaciaire (XIVe-XVe siècles), qui commencent à être attestés en Franche-Comté par les sources d'archives.

37 P. Gresser, Les conséquences nuisibles, dans *Histoire du climat en Franche-Comté*.

Données météorologiques d'après les chroniques

Année	Température	Précipitations	Crues et étiages	Vent	Divers
1291			04/01 crue		
1350				06/03 bise	
1364			04/01 crue		
1385	06/05 au 29/09 sécheresse		étiage		
1387 ou 1388		25/01 grêle		25/01 vent	25/01 tonnerre
1396 ou 1397		25/01 grêle		25/01 vent	25/01 tonnerre
1462			crue		
1482	mars chaleur				
1484	08 et 12/04 gel	14/04 pluie			
1485		29/06 grêle			29/06 tempête
1487	10/04 gel	21 au 23/03 + 08 et 09/04 neige			
1488		02/05 grêle		29/09 Vent	29/09 orage
1497		26/12 pluie		26/12 Vent	

Vendanges à Besançon

Millésimes	Dates à partir du 1er septembre	Calendrier julien	Calendrier grégorien
1441	25	25/09	04/10
1445	24	24/09	03/10
1447	18	18/09	27/09
1448	27	27/09	06/10
1449	30	30/09	09/10
1451	30	30/09	09/10
1452	15	15/09	24/09
1453	38	08/10	17/10
1461	15	15/09	24/09
1465	(39)	(09)/10	18/10
1467	26 ou 28	26 ou 28/09	05 ou 07/10
1469	13	13/09	22/09
1476	12	12/09	21/09
1478	15	15/09	24/09
1490	27	27/09	06/10
1492	15	15/09	24/09
1493	34	04/10	13/10
1494	10	10/09	19/09
1495	(11)	(11)/09	(20)/09
1498	21	21/09	30/09

Le modèle bourguignon de garde royale dans l'Europe des XVe et XVIe siècles : succès et développement*

José Eloy Hortal Muñoz
Professeur à l'Université Rey Juan Carlos de Madrid

L'existence de corps de garde chargés de veiller sur les souverains et personnes de dignité élevée remonte aux premières formes d'organisation politique de l'Antiquité[1]. Depuis l'aube de l'histoire, on observe une forte dichotomie quant aux motivations de la genèse des divers corps de garde personnels marquant, pratiquement jusqu'à aujourd'hui, le devenir de ces milices. D'une part, il existe un modèle militaire faisant de l'unité de garde une troupe d'élite dont les principales missions seraient de participer aux combats, de renforcer le pouvoir coercitif du souverain et, à l'occasion, le cérémonial, mais aussi de garder les environs du palais. Ses débuts sont marqués par la fameuse unité perse des 10 000 immortels qui perfectionna et consolida le modèle des prétoriens romains et atteint son apogée avec la garde impériale de Napoléon. D'autre part, on rencontre les gardes personnelles de souverains, composées d'un nombre restreint de gardes du corps qui, en plus des missions citées, doivent sécuriser les intérieurs du palais et renforcer l'image cérémonielle que le prince prétend transmettre. De fait, ces corps sont modelés sur l'exemple hellénistique initié en Macédoine et qu'Alexandre le Grand étendit à l'Orient comme à l'Occident au cours de ses fulgurantes conquêtes. La garde suisse du Vatican en est l'exemple le plus connu.

Au même moment surgit une nouvelle question qui devait perdurer durant toute l'histoire des gardes personnelles : ces corps doivent-ils être composés de natifs des différentes entités territoriales ou d'étrangers à celles-ci en fonction du niveau de fidélité au souverain sur lequel l'un et l'autre devraient veiller ? Ainsi, dans les moments de paix sociale, les premiers furent plus largement employés tandis que, durant les périodes conflictuelles, les seconds permettaient d'éviter la réussite de conspirations visant à attenter à la vie des princes, surtout lorsque la solde de ceux-ci était payée quotidiennement. Les unités composées d'étrangers furent récurrentes tout au long de l'histoire, depuis leur origine proche-orientale dans les Empires assyrien et perse, le modèle passant ensuite dans l'Empire romain pour être ensuite adapté dans le monde méditerranéen, là où s'affrontaient le christianisme et l'islam : les Mamelouks égyptiens ou la garde du sultan ottoman en furent les exemples les plus illustres. Néanmoins, ce modèle connut son apogée durant la période de transition entre le Moyen Âge et l'époque moderne soit, selon V. G. Kiernan[2], quand changea la structure de la société et quand furent créées de nouvelles armées.

* Le présent travail a été rendu possible grâce à l'aide fournie par le *Grupo de investigación de excelencia* « La configuración de la Monarquía Hispana a través del sistema cortesano (siglos XIII-XIX) : organización política e institucional, lengua y cultura », de l'Université Rey Juan Carlos (GE2014-20). Abréviations : AGR : Archives générales du Royaume ; TA : Tribunaux auliques. Traduction de Pierre-François Pirlet.

1 Une étude en profondeur de cette évolution, ainsi que des gardes de l'époque moderne, et une bibliographie sur le thème figurent dans mon étude : *Las guardas reales de los Austrias hispanos*, Madrid, 2013.

2 V. G. Kiernan, Foreign Mercenaries and Absolute Monarchy, dans *Past and Present*, t. 11, 1957, p. 66-86.

Pour la singuliere affection qu'avons a luy. *Études bourguignonnes offertes à Jean-Marie Cauchies*, sous la direction de Paul Delsalle, Gilles Docquier, Alain Marchandisse et Bertrand Schnerb, Turnhout, 2017 (*Burgundica* 24), p. 253-261.

DOI 10.1484/M.BURG-EB.5.113923

Durant le bas Moyen Âge et jusqu'au début du xve siècle, de nombreux rois furent protégés par des groupes réduits et non définis de cavaliers[3]. Ces souverains tentèrent des expériences de courte durée comme le furent la Compagnie des sergents à masse ou des sergents d'armes, inaugurée par Philippe Auguste en 1191, la garde arabe de Frédéric II de Hohenstaufen, la noble garde du duc de Milan en 1369, les 24 archers (vougiers) de la garde de Charles VI de France en 1398 ou les Cheshire Archers de Richard II en Angleterre. Tous visaient à fournir au souverain une certaine indépendance vis-à-vis des nobles et se basaient sur la loyauté personnelle entre seigneur (monarque) et homme (garde). Néanmoins, l'instabilité de ces royaumes rendit ces expérimentations éphémères et il fallut attendre le début du xve siècle pour que soient créés des corps de garde possédant une certaine continuité, ce qui leur permit de survivre durant l'époque moderne voire, dans certains cas, durant l'époque contemporaine.

Les nouvelles unités étaient chargées de remplir une série de fonctions, en plus de celles qui s'imposaient à toutes les gardes : sauvegarder la personne du souverain et sa famille face à de possibles attentats, donner du prestige à ses apparitions publiques en l'isolant de ses sujets, être le germe des premières armées nationales et, dans certains cas, intégrer les élites territoriales au sein de la Maison royale. Une étape fondamentale dans la consolidation de ces corps fut la création de la Royal Military Household en Angleterre qui doit être considérée comme indépendante de la *familia regis* ou des troupes de garde proches du souverain[4].

Cependant, le principal modèle de garde au cours du xve siècle, dont s'inspirèrent la majorité des autres entités souveraines européennes, fut, sans l'ombre d'un doute, le bourguignon.

1. Le modèle de garde bourguignon

La formation et la gestation complexe des pays bourguignons, fruit d'héritages et de mariages, obligèrent les ducs de Bourgogne à créer une série d'institutions particulières visant à renforcer leur pouvoir et leur autorité sur ces territoires hétérogènes. L'étiquette et le cérémonial de cour, à côté de l'ordre de la Toison d'or[5], furent les moyens employés pour intégrer la noblesse au projet de consolidation de l'ensemble des principautés ducales. Le succès rencontré par ce processus est démontré par le fait que la cour bourguignonne fut considérée comme un exemple par les autres cours européennes. Pour ce qui nous intéresse ici, l'évolution des gardes bourguignonnes, composante fondamentale de l'image que les ducs voulaient créer d'eux-mêmes, apparaît, à n'en pas douter, d'une grande valeur pour connaître la genèse des gardes palatino-personnelles de la majorité des cours européennes du moment[6].

---

3 P. Mansel, *Pillars of Monarchy. An Outline of the Political and Social History of Royal Guards 1400-1984*, Londres, 1984, p. 1.

4 J. O. Prestwich, The Military Household of the Norman Kings, dans *English Historical Review*, t. 96, 1981, p. 1-35.

5 Sur la cour bourguignonne, son cérémonial et sa splendeur, voir, entre autres, C. A. J. Armstrong, The Golden Age of Burgundy. Dukes that outdid Kings, dans *The Courts of Europe. Politics, Patronage and Royalty (1400-1800)*, dir. A. G. Dickens, Londres, 1977, p. 55-75 ; W. Paravicini, The Court of the Dukes of Burgundy, a Model for Europe ?, dans *Princes, Patronage and the Nobility. The Court at the Beginning of the Modern Age*, dir. R. G. Asch, A. M. Birke, Oxford, 1991, p. 69-101.

6 Sur l'apparition des gardes à la fin du Moyen Âge, voir P. Contamine, *La guerre au Moyen Âge*, 6e éd., Paris, 2003, p. 297-300.

On ne connaît pas la date de création de la garde des *archiers de corps* de Bourgogne ; on sait cependant qu'elle eut lieu durant le principat du duc Philippe le Hardi (1363-1404)[7] : les « archers de monseigneur » sont attestés dès 1392 ; ils sont alors 39 ou 40 ; l'effectif passa à 24 en 1403[8]. Jean sans Peur, qui tenait autour de lui des hommes d'armes « pour la sûreté de sa personne[9] », s'entoura lui aussi d'archers, désignés également comme « archers de monseigneur » ; leur effectif varia de 12 à 24 entre 1405 et 1419. Ils recevaient deux écus d'or par mois à titre de gages et furent commandés successivement par deux capitaines : Enguerrand du Mez, puis Jean Petit[10]. Seul le capitaine touchait une solde mensuelle de trois écus. De plus, le duc leur faisait distribuer des livrées à ses couleurs et à sa devise : ainsi en 1410, les robes qui leur sont distribuées sont aux couleurs du duc – noir, blanc et vert-gay, doublées de blanchet, fourrées au collet et aux poignets, chaque manche étant découpée et brodée d'un motif représentant une trousse de flèches liée par une branche de houblon[11].

Le duc Philippe le Bon (1419-1467) prolongea la tradition et, dans l'ordonnance qui fut rédigée pour son hôtel le 14 décembre 1426, est mentionné un corps d'archers. Dans la première version de ce texte normatif, il fut décidé que le duc aurait *XII archiers lesquelx auront III varles et XV chevaulx a gaiges ou a livree*. Plus tard, le corps fut finalement composé de *XXIIII archiers lesquelz auront XII varles et XXXVI chevaulx a gaiges ou a livree*. Le capitaine était Jean d'Arigny, *alias* Jeannet l'Archer, à qui l'on octroya pour son service deux *varlets* et trois par décision du 9 avril 1429[12]. Sa tâche consistait à se placer à la tête de l'unité durant le service quotidien. Il devait aussi spécifier clairement qui étaient les archers ayant servi et ceux n'ayant pas servi afin de percevoir les gages, sous peine de retenue sur sa propre solde. Durant le congrès d'Arras de 1435, à cause du caractère exceptionnel du moment, la garde fut portée à 50 archers, auxquels furent ajoutées des unités temporaires de 100 gentilshommes et de 200 archers. De fait, le duc cherchait à affirmer son rôle international en une occasion si importante et était certain de donner de l'éclat à sa présence au moyen de cette notable augmentation de sa suite armée[13].

L'organisation de la garde des archers fut à nouveau modifiée par l'ordonnance du 12 janvier 1438 qui instaurait la présence de deux capitaines, Jean, bâtard de Renty, et Jean Petit, qui servit aussi comme chambellan, raison pour laquelle il avait quatre chevaux à son service. Ces deux capitaines étaient remplacés tous les six mois comme cela était la coutume pour nombre de charges de l'hôtel princier – on parle d'un service *a demi an* – et recevaient mensuellement 30 francs. Des années plus tard, plus précisément en 1449, on dut faire face pour la première fois à l'absence des capitaines, Jean Petit étant mort et Renty remplissant d'autres offices. De ce fait, on décida de placer provisoirement à la tête de l'unité un commandant d'archers, Bon de Renty, qui servit également comme homme d'armes, et un lieutenant, Robinet de Saint-Omer, le 27 juillet 1453. Tous deux furent nommés capitaines postérieurement, ce qui nous

7 Bruxelles, AGR, TA, reg. 11, n. f. Selon É. Lecuppre-Desjardin, *La ville des cérémonies. Essai sur la communication politique dans les anciens Pays-Bas bourguignons*, Paris, 2004, p. 107, cette garde existait déjà lors de l'entrée de Jean sans Peur à Douai le 25 juin 1405, car ses membres reçurent une solde de la cité pour avoir complété les milices urbaines.

8 B. Schnerb, *Aspects de l'organisation militaire dans les principautés des ducs de Bourgogne (v. 1315-v. 1420)*, t. 1, Thèse de doctorat en histoire inédite, Université Paris-Sorbonne (Paris IV), 1988, p. 281, 288.

9 *Ibid.*, p. 293-297.

10 *Ibid.*, p. 288-293.

11 *Ibid.*, p. 293, n. 70.

12 Celle-ci est publiée, en ce qui concerne les gardes, dans *Die Hofordnungen der Herzöge von Burgund*, éd. H. Kruse, W. Paravicini, t. 1, *Herzog Philipp der Gute, 1407-1467*, Paris, 2005, p. 73-74.

13 J. G. Dickinson, *The Congress of Arras, 1435. A Study in Medieval Diplomacy*, Oxford, 1955, p. 107.

mène à penser que leurs anciens offices étaient temporaires et non destinés à être prolongés[14]. Sous les ordres des capitaines se trouvaient 50 archers, payés à raison de vingt francs chacun, et 25 *varlets* ou servants pour les servir, payés cinq francs chacun. Pour la première fois apparut la figure du fourrier dont les fonctions étaient associées au logement de l'unité, tant à la cour qu'en voyage. Tous recevaient un cheval pour servir et les capitaines avaient, en plus, le privilège de manger « en salle ».

Pour définir plus clairement son service, l'unité d'archers reçut à Gand, le 17 juillet 1447, une nouvelle ordonnance qui complétait celle de 1438[15]. Celle-ci indiquait que l'unité pouvait être amenée à opérer à l'intérieur comme à l'extérieur du palais et devait être prête chaque matin avec son armement et son équipement en parfait état. De même, une série d'interdits fut édictée : perdre l'armement, vivre avec une femme en inadéquation avec les conditions de la charge… Les membres de ce corps pouvaient être exclus de la Maison ducale en cas de manquement à ces points. Le capitaine était chargé de veiller au respect de ces règles ainsi que d'annoncer au bureau les absences dans le service des archers pour les rayer des listes de gages si nécessaire. Ce texte fut renforcé par l'ordonnance de l'hôtel de 1458[16] qui confirmait, point par point, ce qui était déjà prévu en 1447[17] et qui demeura en vigueur jusqu'à l'ordonnance sur la garde de Charles le Téméraire et les prescriptions de Philippe le Beau dont nous parlerons plus loin.

Dans chacun de ces textes administratifs était évoqué le nombre de membres de l'unité, ce qui indique que celui-ci fut variable dans le temps[18]. Ainsi, en 1458, Philippe le Bon décida qu'il y aurait, outre Jean, bâtard de Renty, trois capitaines destinés à se suppléer en cas d'absence, et 100 archers qui devaient servir *a demi an*[19]. Ce chiffre augmenta considérablement sous son fils Charles le Téméraire pour dépasser les 150 hommes. De plus, le 1er juin 1456, un corps comptant un capitaine, ayant 12 sous de gages, et seize archers ayant chacun 9 sous de gages, avait été créé pour l'hôtel du comte de Charolais[20].

De fait, les moments difficiles vécus par les principautés bourguignonnes durant ces années obligèrent le duc à augmenter notablement le nombre de soldats, leur réattribuant le caractère proprement militaire des gardes médiévales et repoussant au second plan ses fonctions palatines. Ce fut aussi le moment de l'apparition d'une garde ducale au sens propre du terme.

Cette création de la garde fut aussi un moment important dans la carrière de son capitaine Olivier de La Marche[21]. Ce personnage, qui exerça aussi les fonctions de maître d'hôtel du duc, comprit parfaitement l'importance que pouvait avoir son poste qui lui garantissait la proximité avec le souverain tant dans l'hôtel qu'en public – lorsque le duc se montrait, le capitaine se plaçait derrière lui avec l'étendard déployé – et sur le

14 *Die Hofordnungen*, p. 313-314.
15 *Ibid.*, p. 328-329.
16 *Ibid.*, p. 419-430, où se trouve la liste de tous les membres.
17 *Ibid.*, p. 431-432.
18 Sur l'évolution de la garde des ducs de Bourgogne, voir B. Schnerb, F. Viltart, Olivier de La Marche et la garde du duc Charles de Bourgogne (1473-1477), dans *Autour d'Olivier de La Marche*, éd. J.-M. Cauchies, *Publication du Centre européen d'Études bourguignonnes*, t. 43, 2003, p. 125-136 ; H. Cools, The Burgundian-Habsburg Court as a Military Institution from Charles the Bold to Philip II, dans *The Court as a Stage. England and the Low Countries in the Later Middle Ages*, éd. S. Jun, A. Janse, Londres, 2006, p. 156-168. Voir aussi C. Brusten, L'armée bourguignonne de 1465 à 1477, dans *Revue internationale d'Histoire militaire*, t. 20, 1959, p. 461.
19 *Die Hofordnungen*, t. 1, p. 419-423.
20 *Ibid.*, p. 352-353.
21 Schnerb, Viltart, Olivier de La Marche et la garde, p. 125-136.

champ de bataille car, sur le terrain, il n'y avait personne entre le capitaine et le duc à l'exception de ceux de son sang et des *escuiers de la chambre*[22].

Une fois les territoires bourguignons pacifiés, les effectifs de l'unité diminuèrent, tant sous Maximilien Ier que sous Philippe le Beau.

La garde d'archers ne fut pas la seule sous les ordres des ducs de Bourgogne : parallèlement servait une unité d'*hommes d'armes* organisée en 1473 : Charles le Téméraire, augmentant le nombre de gardes, possédait une unité de 126 combattants groupés en quatre escadres de 30 hommes dirigées chacune par un *chef d'escadre* et gouvernées par un capitaine et deux lieutenants. Ces soldats étaient associés à un nombre similaire d'archers qui étaient subordonnés à ces *hommes d'armes*[23]. Leur tâche était double, à la fois gardes de l'hôtel et du corps – bien que selon l'étiquette ils fussent subordonnés au capitaine des archers de corps – mais aussi troupes d'élite sur le champ de bataille. Leur nombre fut aussi réduit dans les années suivantes jusqu'à ce que Philippe le Beau rationalise ses effectifs afin que ceux-ci servent toute l'année en non par semestre.

Par ailleurs, le même Charles le Téméraire créa en 1474 un corps de gardes anglais composé de 720 archers et de douze capitaines, les nobles étant chargés d'armer quelques 108 dizainiers qui devaient assister personnellement le duc. Leur nombre était élevé pour deux raisons : la crainte d'un attentat que concevait Charles et sa volonté de rendre toujours plus impossible l'accès à sa personne, ce pourquoi il lui était nécessaire d'être physiquement séparé de ses vassaux. Comme les autres corps de garde, ces gardes anglais accompagnaient le souverain lors de ses batailles dans le nord de l'Europe. L'unité disparut sous Maximilien Ier.

Enfin, l'unité d'*escuyers de la garde* n'eut pas une longue existence. Sa principale fonction, en plus des aspects militaire et cérémoniel, fut d'intégrer les élites car elle devait être composée de nobles.

Il apparaît clairement que la fonction principale des unités de garde que nous avons décrites était, outre de protéger le prince et les différents membres de sa famille et prendre part aux campagnes militaires, de rehausser le prestige de la figure ducale durant les apparitions publiques en créant un cadre cérémoniel. Pour étudier ce que prescrivait l'étiquette à propos des gardes, nous possédons les instructions que Philippe le Beau donna au bureau de sa Maison le 1er février 1500 à Gand[24]. Dans celles-ci, outre le fait de porter les effectifs de l'unité d'archers à deux capitaines servant par semestre et à 30 archers, les premiers payés quotidiennement 18 sous, les seconds 9 sous, l'archiduc s'efforça d'en déterminer les compétences juridictionnelles. Ainsi, il fut décrété que les deux capitaines étaient soumis au *grand maître d'hôtel* et au bureau, ultime instance d'appel, mais qu'ils rendaient justice en première instance pour les délits commis par les archers qui devaient se soumettre à leurs ordres pour le service de l'archiduc, sous peine d'être punis ou rayés des écrous[25]. De la même façon, on établit le cérémonial quotidien et le rôle que les archers et les gens d'armes devaient y jouer.

22 Sur ce personnage, voir Olivier de La Marche, *Mémoires*, éd. H. Beaune, J. d'Arbaumont, 4 vol., Paris, 1883-1888. Sur son rôle comme capitaine de la garde, voir t. 4, p. 72-77.

23 Une partie des ordonnances de cette garde se trouve dans l'ordonnance concernant la garde de Charles le Téméraire, éd. L. van Lerberghe, J. Ronsse, dans *Audenaerdsche Mengelingen*, t. 2, 1846, p. 82-93.

24 Celles-ci se trouvent, traduites en castillan, bien qu'avec quelques lacunes dans le texte, dans Bruxelles, AGR, Audience, reg. 22, fol. 133r-135v, et, en français, fol. 122v-124v (R. Domínguez Casas, *Arte y etiqueta de los Reyes Católicos. Artistas, residencias jardines y bosques*, Madrid, 1993, commentaire p. 612). Bien que les documents soient signés de 1499, R. Domínguez Casas défend que ces instructions datent de l'année suivante.

25 Aussi connus comme *escroes* ou *acroez* ou livres dans lesquels le greffier rassemblait les noms, salaires et *raciones* de tous les officiers, et qui étaient conservés dans le bureau (*Ibid.*, p. 563-564).

2. L'expansion du modèle bourguignon

Dès les premières années de gestation de son modèle de garde, la cour bourguignonne l'exporta dans divers royaumes en commençant par le plus proche, la *France*. Les monarques français perfectionnèrent et amplifièrent un modèle qui atteignit son apogée au début du XVIe siècle et qui unissait tous les éléments de la tradition classique et médiévale. Mais avant celui-ci, on y créa des gardes du corps inspirés des Bourguignons.

Ainsi la première compagnie permanente de garde fut celles des archers écossais de la garde ou *Compagnie écossaise*[26] que le roi Charles VII éleva au titre de *royale* en remerciement de l'aide que les soldats de cette nationalité lui avaient fournie lors de sa guerre contre les Anglais. On décèle déjà des indices de son existence le 8 juin 1419, bien que sa composition demeure inconnue jusqu'en 1425. À ce moment, elle comportait 108 soldats sous le commandement du capitaine des gardes du corps, y compris les 24 plus anciens qu'on appela plus tard *gardes de la manche* ; ce chiffre descendit jusqu'à 100 durant le règne de François Ier.

Charles VII ne fonda pas seulement cette première compagnie de gardes du corps ; il décida d'en créer une seconde vers 1428, composée cette fois de 200 archers français, dont le nombre se réduisit par la suite à 100 et qui fut connue comme la première compagnie d'archers français. À la suite de son règne s'ajoutèrent deux autres unités connues comme la seconde et la troisième compagnie d'archers français. La première fut créée en juillet 1473 par Louis XI avec 100 archers sans gages issus des *gentilhommes au bec de Corbin* et la seconde en 1515 par François Ier, composée de ceux qui l'avaient protégé avant qu'il ne montât sur le trône et qui dormaient à sa porte durant la nuit. Cette garde comportait 60 soldats qui passèrent bientôt à 105. Ce modèle de garde du corps à quatre compagnies se maintint jusqu'à la période révolutionnaire, bien que leurs effectifs variassent.

Suivant l'exemple de l'unité des archers de corps de Bourgogne, ils étaient chargés de veiller sur le roi et occupaient dès lors la position « la plus proche de la personne du Roi[27] ». De fait, cette caractéristique leur accordait une prépondérance dans le cérémonial et l'étiquette sur le reste des corps de garde qui seraient créés, en grande partie grâce à l'incorporation des *gardes de la manche* qui disposaient d'une position éminente dans le cérémonial médiéval[28].

Ils portaient une arme blanche ou un vouge, comme les Bourguignons. Il est manifeste que, par tradition et usage militaire, les unités de garde associées à l'Empire ou à la Suisse portaient la hallebarde, tandis que celles liées à la France ou à la Bourgogne étaient munies d'armes blanches ou d'un vouge[29].

L'influence du modèle français de garde fut très forte dans toute l'Europe occidentale, en particulier dans le duché voisin de *Lorraine* qui allait créer, bien qu'à petite

---

26 Sur l'histoire de cette compagnie, voir J. Dunlop, *Maitland Club (Glasgow), Papers relative to the Royal Guard of Scottish Archers in France*, Édimbourg, 1835 ; W. Forbes-Leith, *The Scots Men-at-Arms and Life-Guards in France. From their Formation until their Final Dissolution 1418-1830*, Édimbourg, 1882.

27 P. A. Louette, *Tableau de la maison militaire du Roi*, Versailles, 1820, p. 22.

28 Cette prépondérance cérémonielle des gardes de corps s'observe dans les différents imprimés qui traitent du cérémonial des rois français, en particulier T. Godefroy, *Le ceremonial françois, ou description des ceremonies, rangs et seances, observees en France en divers Acts & Assemblées solennelles*, 2 vol., Paris, 1649.

29 B.-F.-A. de la Tour Chatillon de Zur, *Histoire militaire des Suisses au service de la France, avec les pièces justificatives*, t. 3, Paris, 1752, p. 380.

échelle, les divers corps qui apparurent dans le puissant royaume voisin ainsi que les fonctions qui leur étaient dévolues[30]. Pour ce qui nous intéresse, il apparaît que la garde la plus proche du duc en son palais allait être celle des *archers de corps* qui, en 1473, était composée de 24 membres.

Néanmoins, il n'y a pas que dans l'espace français que furent empruntés des éléments au modèle bourguignon : son influence s'étendait également à l'Italie et à la *Savoie*[31].

Le premier corps permanent en ces terres eut une grande importance car son origine est antérieure aux *archers de corps* bourguignon. Ainsi, Amédée VII (1383-1391) eut à sa disposition quelques archers à cheval, connus comme la *Guardia degli arcieri a cavallo* qui l'accompagnait lors de ses apparitions publiques. Au départ, elle était peu nombreuse mais son importance crut au cours du siècle suivant, surtout sous le duc Louis (1451-1465) dont la cour avait beaucoup de magnificence à cause de l'influence de son épouse Anne de Chypre, raison pour laquelle une garde augmentant l'éclat de ses apparitions publiques était nécessaire. Philibert Ier supprima l'unité pour la remplacer par une série de compagnie d'*infantes*, mais elle fut restaurée par Philibert II lorsqu'en 1500 il retourna aux Pays-Bas pour contracter mariage avec Marguerite d'Autriche, tante de Charles Quint, et qu'il emmena avec lui une quarantaine de ces gardes. Par la suite, on y adjoignit une seconde unité et, au XVIIe siècle, la garde d'archers consolida son prestige en tant que première garde.

Non loin de la Savoie, il est aussi des principautés de la péninsule Italienne où l'on doit noter l'influence bourguignonne. Nous la retrouvons à *Parme*[32]. En effet, ses intenses relations avec la monarchie espagnole en général, et avec les Pays-Bas en particulier, se reflètent dans la configuration des diverses unités de garde du territoire. De ces relations est issue la *Compagnia degli Arcieri prima guardia di S. A. S.* dont l'origine fut une compagnie de garde ou *celate* organisée par le duc Octave en 1580 et qui jouit de l'honneur d'être la première dans l'étiquette du duché. Pour en arriver là, il fallut la combinaison de deux facteurs : le premier fut qu'à Parme existait, aux XVe et XVIe siècles, la tradition des *Tartschieren* ou soldats armés d'un bouclier, destinés à la protection du capitaine et de l'étendard, et duquel terme provient celui d'*arcieri*. Le second fut que Marguerite de Parme, épouse d'Octave, avait bénéficié d'une unité de 25 archers, avec fourrier et trompette, durant son séjour aux Pays-Bas comme gouvernante. Sur son ordre, on y intégra deux Italiens : le comte Antonio, comme capitaine, et Julio Thores, comme lieutenant[33]. Après sa fondation, et jusqu'à sa dissolution le 5 février 1731, les archers conservèrent la même structure comprenant capitaine, lieutenant, trois brigadiers et 26 archers qui devaient être des officiers réformés ou des civils, à l'exception de ceux ayant exercé comme officiers mécaniques. L'unité agit comme une authentique garde du palais et se chargeait de veiller sur le souverain (en divisant l'unité en trois corps de neuf soldats et en effectuant des rotations quotidiennes) et de l'accompagner lors des sorties publiques, en se plaçant en deux rangées à cheval de part et d'autre du carrosse du prince. Son uniforme était de style autrichien, arborant les couleurs de la *Casa ducale*.

L'influence des corps de garde bourguignons s'exprima également dans l'*Empire* avec l'arrivée à la cour impériale de Ferdinand Ier. Lorsque son frère lui accorda une suite en Castille le 1er avril 1518 en vue d'entreprendre le voyage vers l'Europe centrale,

30 Mansel, *Pillars of Monarchy*, p. 2, 7, 16, 17.

31 I. Jori, *La « Casa Militare » alla Corte di Savoia. Notizie storico-organiche (1554-1927)*, Rome, 1928, p. 1-10.

32 M. Zannoni, *L'Esercito Farnesiano dal 1694 al 1731*, Parme, 1981, p. 70-105.

33 Un état de sa Maison de janvier 1560 se trouve dans Bruxelles, AGR, Audience, reg. 33/4, fol. 24r-27v (copie dans reg. 23, fol. 156r-159v).

on créa un corps de 40 archers à cheval, avec un uniforme noir et jaune, dont le capitaine fut Juan de Revelle[34]. Cette unité l'accompagna lors de son périple à travers les Pays-Bas et l'Autriche et fut intégrée en 1521 à la Maison impériale tout en changeant son nom d'archers en *Hartschieren*[35].

À côté d'elle, Ferdinand décida de créer la même année un corps de 43 *Trabanten*, suivant ainsi la tradition impériale en vigueur à l'est du Rhin et dans le nord de l'Europe dont de nombreuses cours étaient protégées par des gardes appelés *trabants* – terme dérivé de l'allemand *traben* ou voyager, du tchèque *drab* ou soldat à pied et du perse/turc *dêrbân* ou gardien de la porte[36]. Ce mélange de traditions était habituel en de nombreuses cours de l'époque, bien qu'il faille tenir compte du fait que l'influence bourguignonne en Europe centrale et septentrionale fut plus faible que dans ses parties occidentale et méridionale.

Mais assurément c'est auprès de la *monarchie espagnole* que la tradition bourguignonne devait triompher dans le modèle de garde et acquérir une importance majeure.

Divers auteurs assurent que l'intégration de l'unité de gardes du corps d'archers à la Maison royale de Castille se produisit après le mariage de Philippe le Beau et de Jeanne la Folle en 1496[37], mais ce n'est pas certain. Ce qui l'est, en revanche, c'est le fait que leur rapprochement se fit toujours plus important et qu'il fut achevé lors de la venue des deux souverains dans la péninsule ibérique pour leur prestation de serment en tant qu'héritiers des couronnes castillane et aragonaise, soit le 22 mai 1502[38], lorsqu'on accepta que soit reprise dans les registres de la Couronne la compagnie qui les escorta depuis les Pays-Bas. Ce voyage ne fut pas accompli par la garde d'hommes d'armes, qui demeura aux Pays-Bas. Celle-ci évolua en 1504 avec l'intégration à la Maison de la garde jaune ou des hallebardiers espagnols puis, en 1519, avec la création par Charles Quint de la garde de hallebardiers tudesque ou allemande après l'élection impériale.

C'est à ce moment que fut définitivement arrêté le modèle de garde qu'allait connaître la monarchie espagnole et qui se prolongera jusqu'à l'arrivée des Bourbon. Celui-ci impliquait l'existence d'une garde royale munie de trois composantes : la garde du corps d'archers, la garde espagnole – elle-même formée de la garde jaune, ancienne (bien que cette section n'apparût pas avant les années 1530) et à cheval – et la garde allemande ou tudesque. Les *Monteros de Espinosa* furent également associés à cette garde royale mais avec des caractéristiques propres qui les différencièrent de l'évolution des trois autres.

Bien évidemment, le processus vital de cette section de la Maison fut lié à l'évolution générale du reste du service à l'empereur qui se basait sur l'existence d'espaces courtisans séparés, mais avec des relations réciproques, propres à chaque état dynastique, bien qu'avec une prépondérance du cérémonial bourguignon. Les gardes illustrèrent ce fait comme aucune autre section de la Maison, car un corps flamand coexista à côté d'un

34 L. Vital, Relación del primer viaje de Carlos V a España, dans *Viajes de extranjeros por España y Portugal : desde los tiempos más remotos hasta comienzos del siglo xx*, éd. J. García Mercadal, Valladolid, 1999, p. 725.

35 E. Paskowitz, *Die Erste Arcieren-Leibgarde Seiner Majestät des Kaisers und Königs*, Vienne, 1914.

36 Mansel, *Pillars of Monarchy*, p. 2.

37 S. M. de Soto, *Memorias para la historia de las tropas de la Casa Real de España ; subdividida en seis épocas*, Madrid, 1828, p. 71.

38 Comme l'affirment divers auteurs : Id., *Historia orgánica de las armas de infantería y caballería españolas, desde la creación del ejército permanente hasta el día*, t. 2, Madrid, 1851, p. 519 (corrigeant son opinion antérieure) ; J. M. Bueno Carrera, *Guardias reales de España. Desde los Reyes Católicos hasta Juan Carlos I*, Madrid, 1989, p. 7.

corps allemand, d'un espagnol et d'un castillan à proprement parler. Ceci montre que le modèle bourguignon de garde fut imité par la monarchie espagnole : cette dernière posséda une garde dotée de caractéristiques propres dues à l'idiosyncrasie de la Maison de l'empereur.

Cette idiosyncrasie se refléta également dans les divers territoires de la monarchie : la configuration des corps de garde dans ces différents lieux devait répondre aux mêmes paramètres que ceux de la Maison du roi, eux-mêmes hérités, dans leur grande majorité, de la Bourgogne. De ce fait, il n'y eut, dans les Pays-Bas, qu'une garde du corps composée d'archers – ces territoires étaient le berceau de la dynastie et sa propre garde servait le souverain –, tandis que dans les autres territoires existèrent des unités de hallebardiers, qui purent être tudesques ou non en fonction des traditions du lieu, en ce compris les Pays-Bas où ils furent agrégés aux archers[39].

Au travers de ce bref exposé, nous avons pu vérifier combien l'influence bourguignonne, tant de fois mentionnée, changea également les corps de garde des diverses monarchies de l'époque. Elle constitue assurément un élément en plus à considérer pour comprendre le rôle clé que joua l'héritage de l'État bourguignon dans l'histoire de l'Europe.

39 Une étude minutieuse des gardes de la monarchie espagnole hors de la cour de Madrid se trouve dans Hortal Muñoz, *Las guardas reales de los Austrias hispanos*, chapitre 11, p. 499-568.

L'enjeu mulhousien pour Charles le Téméraire (1469-1477)

Odile Kammerer
Professeur émérite de l'Université de Haute-Alsace

Pour honorer Jean-Marie Cauchies, « bourguignon » et ami de Mulhouse[1], il était indispensable d'évoquer un temps de rencontre mémorable entre le grand duché et la petite cité.

Les « guerres de Bourgogne[2] » menées par Charles le Téméraire contre les Confédérés parachevaient le projet d'un royaume lotharingien qui, après le coup de filet sur l'Oberrhein avec le traité de Saint-Omer le 9 mai 1469 et la soumission de la Lorraine en 1475, aurait assuré aux Bourguignons la maîtrise politique et économique des grands axes entre Europe du Nord et Europe du Sud[3]. À la lisière de la Confédération des VIII cantons, Mulhouse entre *volens nolens* dans un conflit qui se joue à l'échelle de la politique européenne. Les protagonistes bien connus en sont Charles le Téméraire, « grand duc d'Occident », l'empereur Frédéric III, Sigismond, duc d'Autriche, maître des Vorlände, et les VIII cantons (*Orte*) confédérés. La résistance des Mulhousiens aux sirènes et menaces du duc par l'intermédiaire de son bailli, Pierre de Hagenbach, devient rapidement légendaire et d'un épisode, somme toute banal pour l'époque, l'historiographie mulhousienne a monté une véritable dramaturgie[4]. De l'autre côté du miroir, pour Charles le Téméraire, Mulhouse a-t-elle représenté vraiment un enjeu ? Cette petite cité qualifiée par Hagenbach de « mauvaise herbe dans la roseraie » constituait-elle vraiment une épine dans la politique à l'échelle du grand duché ?

On sait qu'au traité de Saint-Omer en 1469, Sigismond, duc d'Autriche, engage à Charles le Téméraire, le landgraviat d'Alsace, le comté de Ferrette, Breisach, la seigneurie du Hauenstein et les quatre villes forestières de Rheinfelden, Säkingen, Laufenburg et Waldshut (carte 1). Mulhouse, ville impériale, constitue une enclave au sein des « possessions » autrichiennes devenues bourguignonnes. Alors que Sigismond est en guerre ouverte ou larvée avec les Confédérés, Frédéric III simule la paix avec eux. Pour contrer les ambitions de Charles le Téméraire, il joue sur deux tableaux : le projet de

---

1 Depuis 1999, l'Université Saint-Louis – Bruxelles, auparavant Facultés universitaires Saint-Louis de Bruxelles, et la Faculté des Lettres de l'Université de Haute-Alsace pratiquent des échanges annuels d'enseignants et étudiants en histoire. Jean-Marie Cauchies en a été le « souverain pontife » ! L'Université de Haute-Alsace lui a témoigné toute sa reconnaissance en lui décernant le titre de docteur Honoris Causa le 23 mars 2007.

2 C. Sieber Lehmann, *Spätmittelalterlicher Nationalismus. Die Burgunderkriege am Oberrhein und in der Eidgenossenschaft*, Göttingen, 1995 ; A. Würgler, Art. Pays alliés, dans *Dictionnaire historique de la Suisse*, en ligne. URL : http://www.hls-dhs-dss.ch/textes/f/F9815.php.

3 J.-M. Cauchies, H. De Schepper, *Justice, grâce et législation. Genèse de l'État et moyens juridiques dans les Pays-Bas, 1200-1600*, Bruxelles, 1994 ; J.-M. Cauchies, *Philippe le Beau, le dernier duc de Bourgogne*, Turnhout, 2003.

4 P. Mieg, Les difficultés de Mulhouse à l'époque de son alliance avec Berne et Soleure. IV. Les tentatives d'annexion de Pierre de Hagenbach, dans *Bulletin du Musée historique de Mulhouse*, t. 76, 1968, p. 47-154.

Pour la singuliere affection qu'avons a luy. *Études bourguignonnes offertes à Jean-Marie Cauchies*, sous la direction de Paul Delsalle, Gilles Docquier, Alain Marchandisse et Bertrand Schnerb, Turnhout, 2017 (*Burgundica* 24), p. 263-273.
 DOI 10.1484/M.BURG-EB.5.113924

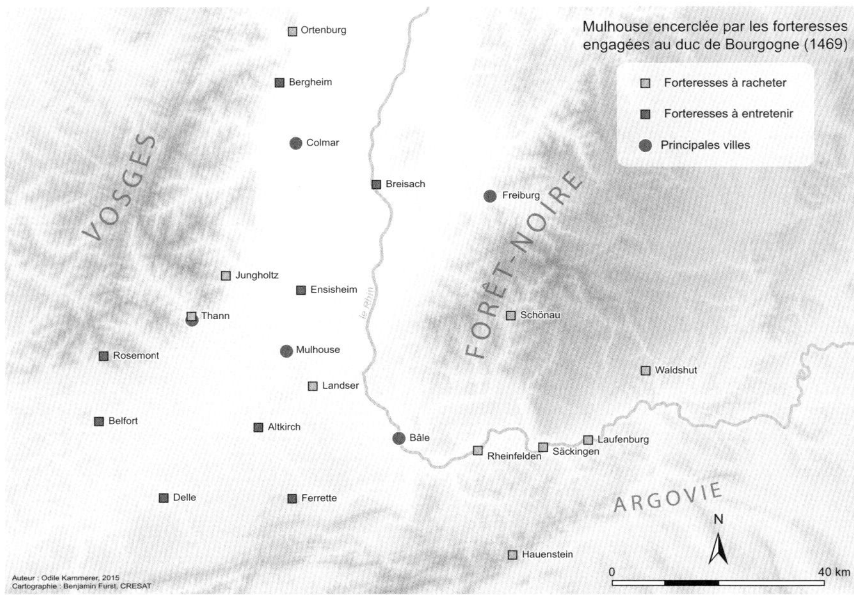

Carte 1. Mulhouse encerclée par les forteresses engagées au duc de Bourgogne (1469).

mariage entre Marie de Bourgogne et Maximilien, mais aussi une contre-alliance en rejoignant Sigismond et les villes alsaciennes dans la Basse Union (1474).

Les Confédérés entrent dans l'histoire européenne avec la construction stupéfiante pour l'époque d'une entité politique non monarchique mais associative de membres (presque) égaux[5]. La conquête rapide et énergique de l'Argovie en en expulsant la noblesse fidèle aux Habsbourg les met aux portes de la Bourgogne, de la Savoie et de l'Alsace. Au cœur géographique de ces vastes ensembles souverains qui, tels des plaques tectoniques, se heurtent et se recoupent, une petite ville d'environ 2 000 habitants, entourée d'un ban minuscule de 1 230 hectares, résiste aux pressions diverses. Mulhouse, ville d'Empire, est convoitée, amadouée, séduite et menacée mais toujours épargnée par Charles le Téméraire : pourquoi ?

Dans un premier temps, seront examinées les légendes et renommées attachées aux différents acteurs de cette dramaturgie. Il faudra ensuite reprendre le dossier de Mulhouse au XVe siècle pour comprendre l'enjeu qu'a pu représenter une si petite ville pour le duc de Bourgogne. Enfin quelques hypothèses seront avancées pour comprendre pourquoi Mulhouse n'a pas été anéantie par Charles le Téméraire, comme l'ont été Dinant, Liège ou Breisach.

---

5 Les origines mythiques du Pacte de 1291, document d'archive utilisé au XIXe siècle pour valider le récit légendaire du serment du Rütli entre les trois vallées forestières et le tir d'arbalète de Guillaume Tell, ont permis de construire une histoire de la Confédération. F. Walter, *Histoire de la Suisse. L'invention d'une confédération (XVe-XVIe siècles)*, t. 1, Neuchâtel, 2009, p. 28-31.

1. Histoire et légendes

Inutile de revenir sur l'épisode bourguignon dans l'Oberrhein, les faits en sont parfaitement connus[6]. Les acteurs, en revanche, méritent une attention renouvelée, car tous sont devenus des personnages fameux et diversement appréciés dans l'historiographie, tyrans pour les uns, bienfaiteurs pour les autres.

– Charles est taxé de « Téméraire » par les Français alors qu'il est « le Hardi » pour certains Belges, comme Jean-Marie Cauchies, pour les Allemands (der Kühne) et les Anglais (the Bold). Les Néerlandais le trouvent « fier » (de Stoute). Son contemporain et fidèle maître d'hôtel Olivier de La Marche le voit « hardi » puis, avec l'expérience, plutôt « travaillant », terme moins admiratif[7]. Ces qualificatifs renvoient à des perspectives historiographiques fort différentes ! De fait, Charles domine le cœur de l'Europe, espace créateur de richesses et d'échanges, et l'efficacité de son administration n'a d'égale que le faste de sa cour. Toute la noblesse rêve d'être à la cour de Bourgogne et ce tropisme vers la magnificence s'exerce fort loin. Ce grand duc d'Occident se verrait même empereur…

– Pierre de Hagenbach, nommé par Charles le Téméraire *Landvogt* ou « grand bailli de Ferrette et d'Auxois » en septembre 1469 pour mettre à exécution le traité de Saint-Omer[8], est devenu aussi très rapidement un personnage de légende, mais de légende noire forgée dès son procès en mai 1474[9]. Ceux qui ont vu en lui un tyran haineux et rapace l'ont écrit et fait savoir[10] ; ceux qui avaient quelques raisons de considérer son action comme bénéfique ne l'ont pas fait. Les historiens de Mulhouse, eux, ont tranché en le considérant comme l'ennemi public n° 1 de la ville.

– Les Confédérés (VIII cantons) pâtissent d'une réputation de montagnards aux mœurs bestiales, sans foi ni loi, affranchis de toutes les règles de la chevalerie quand ils sont sur le champ de bataille. En 1469, Berne et Fribourg, aidées de Zürich et Lucerne, s'étaient rendues maîtres de l'Argovie et du pays de Vaud, arraché à la Savoie alliée de Charles le Téméraire. La haine des Confédérés est partagée par Sigismond (qui met le feu aux poudres en s'alliant avec Charles le Téméraire pour lutter contre eux) et par Hagenbach qui les a vus à l'œuvre, en1468, lors de leur razzia dans le Sundgau où il avait sa maison forte éponyme[11].

---

6 G. Bischoff, *Gouvernés et gouvernants en Haute-Alsace à l'époque autrichienne*, Strasbourg, 1982, p. 61-69 ; Mieg, Les difficultés de Mulhouse.

7 W. Paravicini, « Folie raisonnante ». Charles le Téméraire, duc de Bourgogne (1433-1477), dans *Charles le Téméraire. Faste et déclin de la cour de Bourgogne*, Bruxelles, 2008, p. 38-49.

8 G. Bischoff, Art. Hagenbach, Pierre de (Peter von), dans *Nouveau Dictionnaire de Biographie alsacienne*, t. 14, Strasbourg, 1989, p. 1378.

9 C. Sieber Lehmann, Eine bislang unbekannte Beschreibung des Prozesses gegen Peter von Hagenbach, dans *Basler Zeitschrift für Geschichte von Altertumskunde*, t. 93, 1993, p. 141-154.

10 Jean K[nebel], *Diarium*, dans *Basler Chroniken*, éd. W. Vischer, t. 2-3, Leipzig, 1880-1887; Reimchronik über Peter von Hagenbach, éd. F.-J. Mone, *Quellensammlung der badischen Landesgeschichte*, t. 3, Stuttgart, 1863.

11 Depuis la sanglante défaite de Sempach infligée par les Suisses en 1386 et où restèrent sur le champ de bataille bon nombre de nobles alsaciens, la vengeance et le harcèlement caractérisent les relations entre nobles et paysans du Sundgau et les villes helvétiques. Ainsi, en 1468, en représailles pour de multiples provocations contre les « Switzer », ceux-ci, forts de plus de 10 000 hommes (?), ravagent et pillent 200 villages, 6 000 maisons et seize châteaux. Puis ils assiègent la forteresse de Waldshut et, sans l'avoir prise – leur mésentente sur la stratégie (attaque pour les Bernois ou conciliation pour les autres) ne leur permet pas de réussir –, signent, grâce à l'intervention des Bâlois (non confédérés), le traité de Waldshut avec Sigismond le 27 août 1468. Contre le versement de 10 000 florins par Sigismond, avant le 24 juin 1469, les Confédérés lèvent le siège. Le défaut de paiement entraînerait leur mainmise

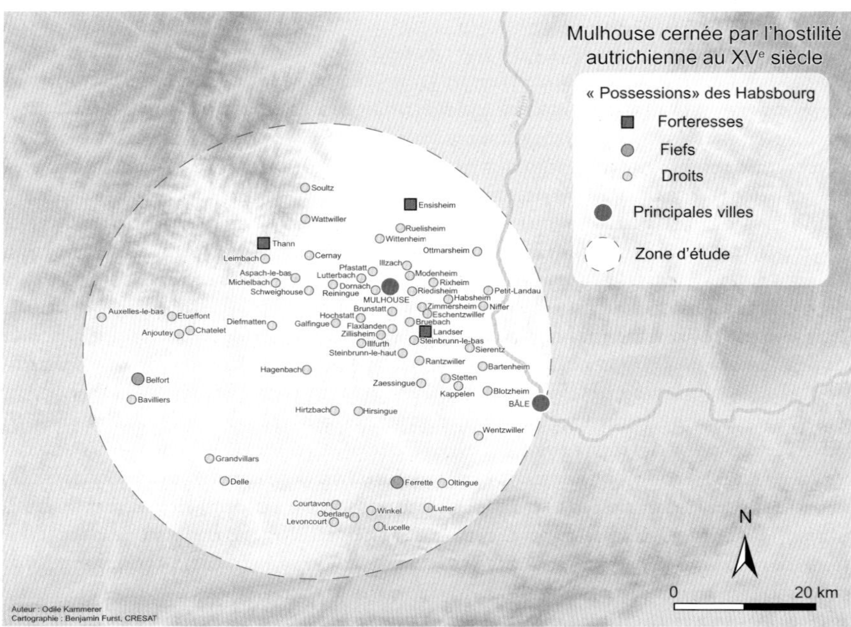

Carte 2. Mulhouse cernée par l'hostilité autrichienne au XVe siècle.

– Mulhouse, ville d'Empire depuis 1307, passe pour suisse avec la réputation correspondante. La petite ville a les mêmes ennemis : les Habsbourg d'Autriche ; le même allié : l'empereur ; les mêmes intérêts : l'activité commerciale à petite et grande échelles. Elle a été incluse par Charles IV en 1354 dans la ligue des dix villes appelée plus tard la Décapole, mais les liens avec Mulhouse se sont bien distendus. Elle est alliée depuis 1466 avec Berne (dans la Confédération) et avec Soleure (qui y entrera en 1481) et l'amie indéfectible depuis le XIIIe siècle, au moins, de Bâle (dans la Confédération en 1501). Aux portes du Sundgau, elle se trouve relativement isolée, car son ban, en effet, est cerné par l'omniprésence des Habsbourg : que ce soit par les nobles qui leur sont fidèles, expulsés d'Argovie par les Confédérés et qui harcèlent les Mulhousiens *manu militari* ou juridiquement, ou que ce soit par les droits qu'ils exercent en tant que Landgraves ou au titre du comté de Ferrette tombé dans leur escarcelle en 1324 (carte 2). Dès que les Mulhousiens sortent de leurs murs, ils sont agressés, insultés (« Switzer », « vachers »), interdits de toute activité économique[12].

Cette position de martyr a nourri une historiographie de l'héroïsme mulhousien, d'un attachement farouche de la petite ville à ses libertés. « La résistance opiniâtre de notre petite cité, à peine peuplée de 2 000 habitants, se fit pour un temps un des pivots de la politique occidentale[13]. »

---

sur Waldshut et sur les territoires habsbourgeois de la Forêt-Noire. Pour s'acquitter de cette somme, Sigismond engage ses possessions alsaciennes et les villes forestières à Charles le Téméraire.

12 X. Mossmann, *Cartulaire de la ville de Mulhouse*, t. 3, Strasbourg-Colmar, 1885, p. 364, 441-442, n°s 1387 (2 août 1469), 1469 (20 mars 1470), etc.

13 Mieg, Les difficultés de Mulhouse, p. 47.

Dans la première histoire conservée de Mulhouse (1628), le *Stadtschreiber* Petri[14] se fait chroniqueur et hisse la victoire finale de Mulhouse contre Charles le Téméraire au rang de prodige. Il présente, dans un récit sobre et convaincant, un épisode de la défense de Mulhouse contre les tentatives d'annexion par Charles le Téméraire. Cet événement a été repris et agrémenté à l'envi par ses successeurs. Ce premier récit du Bâlois Jacques-Henri Petri fils, entrepris en 1628 et remis sur le métier en 1648, a servi de matrice au greffier Josué Furstenberger, puis à Jean-Henri Reber et Josué Hofer qui le complètent dans la même ligne. Au XIXe siècle, historiens, archivistes et savants reprennent l'écriture de l'histoire de Mulhouse : le pasteur Graf lance sa nouvelle histoire entre 1818 et 1826, sans renouveler Petri. Mathieu Mieg (1756-1840), Xavier Mossmann (1821-1893), Nicolas Ehrsam (1819-1878), Ernest Meininger (1852-1925), Léonard-Georges Werner (1874-1950) retournent en revanche aux sources et en éditent bon nombre avec une prédilection pour la période médiévale, creuset à leurs yeux du passé républicain et libre de Mulhouse. Le récit de Petri fait partie de la saga mulhousienne. L'archiviste Marcel Mœder poursuivra ce travail d'édition critique (1881-1965) mais sera le premier à mettre en question, discrètement, la légende de Petri[15].

Que raconte Petri ? Début janvier 1474, Charles le Téméraire quitte Breisach pour arriver le soir sur la colline de Riedisheim, toute proche de Mulhouse. Son intention de prendre la ville ne fait pas mystère. Le lendemain au petit matin, Charles s'avance à cheval sur la colline de Riedisheim et découvre à ses pieds que l'Ill avait complètement recouvert les alentours de la ville (*das gantze weld mit wasser bedeckt*). Mulhouse émergeait comme une île au milieu des flots. Dans l'impossibilité d'avancer, Charles file alors vers Besançon et n'est *nicht mehr härwiderkommen*.

Ce récit s'est ancré dans la mythologie mulhousienne pour deux raisons. D'une part, l'héroïsme de la petite cité, envers et contre tous, est devenu une clef d'explication de l'extraordinaire développement de Mulhouse pour les historiens proches des fabricants du XIXe siècle. D'autre part, les accents bibliques de ces eaux recouvrant la terre et barrant la route à l'ennemi, placent la Mulhouse Réformée dans le sein de la Providence qui a sauvé l'humanité dans l'arche de Noé et les juifs passant la mer Rouge poursuivis par les Égyptiens.

Chroniques et histoires de la ville ont été relayées par l'art. Entre 1893 et 1896, Charles Spindler, peintre, ébéniste et marquetiste, publie les *Images alsaciennes* (*Elsaesser Bilderbogen*), série de planches illustrant les histoires et légendes d'Alsace. Charles le Téméraire campé sur son cheval devant Mulhouse dans les eaux est un chef d'œuvre (fig. 1). Ces reproductions très populaires et largement diffusées ont contribué à enraciner la croyance au récit de Petri. Seuls, les historiens savent que Charles le Téméraire ne s'est jamais arrêté à Mulhouse[16] !

---

14 Mulhouse, Archives municipales (= AM), Handschriften XV, 2, p. 341. Éd. J. Petri, *Der Stadt Mulhausen Historien*, Mulhouse, 1896, p. 136.

15 M. Mœder, Le séjour de Charles le Téméraire en Alsace. Les démêlés avec Mulhouse, dans *La Vie en Alsace*, 1925, p. 34-40.

16 Aucun document de l'époque en effet ne fait mention de cette halte de Charles devant Mulhouse. Ni Rusch, *Stadtschreiber* de Mulhouse, récemment établi à Bâle, ni Megkynch, *Stadtschreiber* de Bâle, ni Knebel, dans son *Diarium*, ne font la moindre allusion à une tentative de siège de Mulhouse.

Fig. 1. *Charles le Téméraire devant Mulhouse*, C. Spindler, *Images alsaciennes* (*Elsaesser Bilderbogen*), 1893/1896 © Photographie Gallica.

2. Mulhouse au XVe siècle : *ein unkrut in einem roszgarten*[17] ?

Charles le Téméraire, on le sait, fait le choix politique judicieux de Pierre de Hagenbach pour exécuter la prise en main des terres et droits engagés et en faire un territoire géré selon le modèle bourguignon. La nomination du grand bailli est astucieuse si l'on considère qu'*a priori* les petits nobles alsaciens qui sont ses pairs sont favorables à Pierre de Hagenbach – et il en choisit quelques-uns comme conseillers –, prêts à se rallier à Charles le Téméraire : c'est du moins ce que soupçonnent les chroniqueurs urbains connaissant la volonté des nobles d'en découdre avec les villes d'Empire et villes libres (Strasbourg, Bâle, Colmar, Mulhouse). Lesquelles villes auraient tout à gagner d'un gouvernement visant à la pacification de la région… Pourtant, elles résistent au nom de leurs libertés.

Le 22 janvier 1473, Pierre de Hagenbach harangue longuement les Mulhousiens, passant de la menace à la flatterie, pour obtenir leur soumission. À l'entendre, la ville lui est sympathique – il y a habité – et il retient le bras de son maître, Charles le Téméraire, pour qu'il ne s'empare pas tout de suite de Mulhouse. Si les Mulhousiens acceptaient ses propositions, la remise de leurs dettes contre sa protection directe, par *Schultheiss* interposé[18], la ville deviendrait la capitale régionale des Bourguignons et au lieu d'être

17 Mossmann, *Cartulaire de Mulhouse*, t. 4, Strasbourg-Colmar, 1886, p. 95-100, n° 1660 (22 janvier 1473).

18 En rachetant l'office du *Schultheiss*, le duc rendrait la justice en son nom à Mulhouse. Le projet de justice commune dans le nouveau territoire bourguignon serait ainsi réalisé. Or, un des privilèges de la ville impériale auquel elle tient absolument, est celui du *non evocando* accordé en 1376 : les Mulhousiens ne sont jugés que par leurs pairs.

une « mauvaise herbe dans une roseraie » (*ein unkrut in einem roszgarten*), elle serait un admirable lieu de plaisance pour son maître, dans le Sundgau, l'Alsace et le Brisgau.

On aurait tort de ne voir dans cette perspective de capitale pour Mulhouse qu'une simple flagornerie d'un Pierre de Hagenbach décidé à faire sauter les dernières résistances à la volonté de son maître d'homogénéiser ses nouveaux territoires en gommant un cas particulier. L'historiographie mulhousienne a jusqu'à présent privilégié dans le récit des relations de Hagenbach avec Mulhouse la farouche détermination des Mulhousiens à défendre coûte que coûte leurs libertés. Il faut, certes, souligner les remarquables capacités de diplomates des membres du Conseil comme le bourgmestre Werner Tagsberg ou le *Stadtschreiber* Nicolas Rusch. Mais il faut aussi réexaminer à frais nouveaux l'évolution de la ville au XVe siècle pour comprendre que cette petite cité constitue un enjeu important dans la géopolitique de l'Oberrhein.

Mulhouse a réalisé au XVe siècle des transformations considérables dans son urbanisme, son activité économique et ses pratiques politiques. Quand l'empereur accorde aux Mulhousiens de droit de disposer de leurs eaux en 1417[19], un gigantesque chantier s'ouvre alors. La ville qui était entourée d'un seul fossé alimenté par l'Ill construit un réseau de trois, et même quatre fossés qui offrent plusieurs avantages : la défense sans aucun doute, la domestication de l'Ill aux crues redoutables (la légende précitée de Petri repose sur un phénomène naturel), les ressources en poissons et les moulins. Ces travaux supposent de bons « ingénieurs », une main-d'œuvre nombreuse et conséquemment un coût élevé. D'autres travaux d'urbanisme ou d'aménagement sont réalisés[20], qui traduisent une dynamique économique et sociale, faisant de Mulhouse une ville attractive. En dépit de leurs querelles constantes avec le Magistrat[21], bon nombre de familles nobles, pourtant fidèles aux Habsbourg, ont pignon sur rue.

L'exercice de la justice avec les revenus y afférents se trouve au cœur de la vie politique et qui détient la justice est le maître de la cité. Entre villes alliées, la justice en vigueur est celle de l'*unverzogenes Recht*, soit une justice plus rapide et plus efficace que le droit commun ou la justice rendue par la régence autrichienne d'Ensisheim. L'arbitrage et le consensus négocié y prévalent, situant les partenaires à égalité dans une relation horizontale alors que la justice ducale – que Pierre de Hagenbach veut voir adopter par Mulhouse – procède en revanche de façon verticale, sur un mode monarchique. De plus, en interne, le privilège de *non evocando* déjà mentionné est le marqueur essentiel de la qualité de ville d'Empire. Un empereur lointain et inopérant vaut mieux qu'un prince bourguignon efficace.

Pourquoi cette ville où se crée de la richesse et qui attire des nobles, des artisans, des marchands, est-elle traitée d'*unkrut* ? En dépit de ses atouts, Mulhouse affiche une situation financière catastrophique ou, plus précisément, est poursuivie pour dettes[22].

---

19 Mulhouse, AM, Document isolé n° 446 (23 octobre 1417).

20 Les *Zünfte* se dotent d'hôtels richement décorés. Les bâtiments publics se multiplient : jauge, abattoir, arsenal, ateliers techniques, balance, lieux d'aisance, etc.

21 Thiébaut de Ferrette ou Jean de Hirtzbach, par exemple, se sont vus dépouillés de leurs biens pendant la guerre entre Sigismond et les Confédérés puis autorisés à revenir à Mulhouse (« dans leurs maisons, cens, rentes ») : Mossmann, *Cartulaire de la ville de Mulhouse*, t. 3, p. 386-389, n°s 1409 (18 septembre 1469), 1410 (18 septembre 1469), etc.

22 Entre 1466 et 1474, Mulhouse a fait 34 emprunts auprès des bourgeois et de la ville de Bâle pour un total de 18 680 florins, onze emprunts auprès d'autres villes alsaciennes pour 4 560 florins. M. Moeder, *Les institutions de Mulhouse au Moyen Âge*, Strasbourg, 1951, p. 231-233. Mulhouse est redevable aussi vis-à-vis de nobles « autrichiens » comme Jean Richesheim, par exemple, qui a opéré une saisie-exécution en capturant des Mulhousiens et leurs biens (Mossmann, *Cartulaire de la ville de Mulhouse*, t. 3, p. 406-407, n° 1430, 29 octobre 1469) ou Henry Seiler, bourgeois de Breisach, qui porte plainte (*Ibid.*, t. 3, p. 372, n° 1395, 12 août 1469), etc.

Il s'agit pour l'essentiel d'une dette consolidée de rentes rachetables à tout moment : le remboursement du capital libère le débiteur, et c'est précisément cette opération que propose en vain Pierre de Hagenbach à Mulhouse. L'idée sera reprise en 1474 par les villes de l'Oberrhein pour racheter l'engagement de Sigismond et ainsi libérer la région de l'emprise bourguignonne…

Les graves lacunes dans la conservation des archives de Mulhouse – un incendie en 1551 a ravagé l'hôtel de ville – ne permettent pas une étude approfondie de la situation réelle de son budget[23]. Là encore, l'historien doit travailler avec des discours et des interprétations.

Dès sa nomination en Alsace, le bailli Hagenbach suit les conflits en cours de très près. Le traité de Waldshut du 17 août 1468 scellant en principe l'alliance entre Sigismond et les Confédérés[24] donnait lieu, en effet, à des interprétations pour le moins divergentes. Les demandes de rançons, les remboursements de dommages et expulsions de Mulhouse, les libérations de prisonniers sont-ils antérieurs ou postérieurs aux conventions du traité ? Les créanciers de Mulhouse s'agitent, réclament leur dû et certains portent plainte en justice (*in recht*, mais tout le problème est là : quelle justice doit être saisie ?). Le margrave Rodolphe de Hochberg, l'un des membres du Conseil de Pierre de Hagenbach, mais aussi co-bourgeois de Soleure, est chargé de réguler ces tensions et, dans un premier temps, de provoquer à Bâle une réunion de conciliation, à la demande des Mulhousiens appuyés par les Confédérés. Les conseillers ducaux enquêtent pour savoir comment les pays autrichiens (engagés, donc devenus bourguignons) se comportent vis-à-vis des Mulhousiens[25].

Hagenbach veut mettre Mulhouse au pas et les dettes de la ville, sans être le seul point de conflit, vont nourrir le chantage qu'il exerce : si Mulhouse ne se soumet pas, il lâche à ses trousses les créanciers autrichiens. Mulhouse cherche de l'aide auprès du grand bailli d'Alsace, le Palatin, dont le greffier Emerich Ritter est un ami de la ville, et elle ne cesse d'envoyer des missives à ses alliés suisses. Toutes les ruses sont déployées pour faire reculer les échéances de remboursement et éloigner les menaces de Pierre de Hagenbach : le contourner en faisant intervenir l'empereur ou le Palatin auprès de Charles de Téméraire, plaider sans relâche auprès des villes alliées, tergiverser à ses convocations, etc. Entre 1469 et 1474, 46 diètes, conférences ou réunions ont été organisées pour venir à bout des dettes de Mulhouse. Le 3 février 1474, la ville engage l'office de son *Schultheiss* à Bâle, Berne, Soleure et les villes d'Empire alsaciennes (Colmar, Sélestat, Kaysersberg, Obernai, Munster, Rosheim)[26]. Mais toutes les propositions faites pour soulager Mulhouse n'étaient qu'un écran de fumée devant le véritable problème politique : le passage à la justice et à la gestion bourguignonnes dont les villes de l'Oberrhein ne voulaient pas. Le 23 février 1474, quelques mois avant la mise à mort de Hagenbach, l'union sacrée entre tous les Confédérés et les villes de Bâle, Sélestat, Colmar et Strasbourg, a pu se réaliser et procurer 80 000 florins à Sigismond pour rembourser son engagement et se libérer de la pression bourguignonne.

---

23 Cette situation de faillite urbaine semble commune à beaucoup de villes de la fin du Moyen Âge. Mulhouse a sans aucun doute emprunté pour ses grands chantiers et plus tard (1487) pour l'agrandissement de son ban par l'achat d'Illzach et Modenheim. La situation conflictuelle générale de la seconde moitié du siècle et les coûts de la défense de la ville n'ont pas permis d'équilibrer rapidement les comptes.

24 Après la razzia déjà évoquée, que les Confédérés opèrent en représailles contre les nobles autrichiens dans le Sundgau en 1468, ils assiègent le château habsbourgois de Waldshut. Voir n. 11.

25 *Ibid.*, t. 3, p. 370, n° 1392 (10 août 1469).

26 *Ibid.*, t. 4, p. 157-163, n°s 1736 (3 février 1474), 1737 (février 1474).

3. Pourquoi Mulhouse n'a-t-elle pas été anéantie par Charles le Téméraire ?

La réponse de l'historiographie mulhousienne est claire : l'héroïsme des ancêtres aidés de la Providence. Mais il est évident que la légende de Petri est fondée sur des vraisemblances qui lui ont valu d'être tenue pour vérité historique.

Le phénomène naturel d'inondation de l'Ill grossi par les eaux de la Doller est connu et redouté jusqu'à la construction d'un canal de décharge des crues au XIXe siècle.

Le mythe de la venue de Charles le Téméraire repose sur une rumeur fondée sur les messages d'alerte des villes amies écrivant à Mulhouse que Charles est prêt à intervenir contre elle. L'effet de cette rumeur a été la mobilisation extrême des Mulhousiens – on retrouve alors aussi leur héroïsme – dont témoigne un document conservé aux Archives municipales de Mulhouse, mais non publié dans le *Cartulaire* de Mossmann (fig. 2). Le *Stadtschreiber* qu'était Petri a certainement vu cet acte dans les archives de la ville. Il s'agit d'un plan de défense exceptionnelle de Mulhouse sans date[27]. Marcel Moeder l'a analysé et a proposé une datation : fin 1473 - début 1474[28]. C'est une mobilisation générale des hommes (313) même des clercs (22, plus le maître d'école) auxquels s'ajoutent 20 confédérés. Une garnison est programmée nominativement à chaque porte (20 à 32 occupants) avec capitaine, chef arquebusier, charpentiers, arquebusiers et deux hommes par *Zunft* – les agriculteurs et les vignerons à l'ouest de la ville entre la porte Haute et la porte du Miroir, les maréchaux et les bouchers au centre entre la porte du Miroir et la porte de Bâle, les boulangers et les tailleurs à l'est de la ville entre la porte de Bâle et la porte Jeune ; à chaque porte, cinq Confédérés (*eidgnossen*). S'ajoutent à ces combattants postés, un peloton de cinq cavaliers, dont le *Stadtschreiber* et l'économe du couvent Sainte-Claire et six membres du Conseil.

Un siège de Mulhouse par Charles le Téméraire en personne, comme l'illustre Spindler, est une évidence pour le chroniqueur – et ses successeurs – tant la tension était devenue extrême à partir de janvier 1473 entre Mulhouse et Hagenbach. Après le chantage du remboursement des dettes contre sa protection, Hagenbach passe à la menace militaire en avril, mais il est appelé auprès de son maître pour négocier le mariage de Marie et de Maximilien. Hagenbach revient à la charge en voulant racheter l'office de *Schultheiss*. En novembre, comme Charles l'avait fait pour Colmar, il demande à Mulhouse d'ouvrir ses portes. Refus. En janvier 1474, Hagenbach menace la ville d'un châtiment exemplaire et les Mulhousiens se souviennent du sort de Liège et Dinant anéanties, de Thann et Breisach forcées. Le plan de défense maximale se situe sans doute à cette époque. En fait de châtiment, Hagenbach invite les Mulhousiens à son mariage, à Thann le 23 janvier 1474 ! Refus. Charles le Téméraire entre-temps avait quitté Breisach rapidement pour rejoindre la Bourgogne. On connaît la suite : le soulèvement des villes taxées ou occupées ; la défection de quelques nobles ; le procès rapide instruit dans l'émeute de Breisach par les villes impériales et les représentants des pays engagés ; enfin, la décapitation de Pierre de Hagenbach le 9 mai à Breisach.

Le récit mythique du siège de Mulhouse permettait de rehausser le prestige de la ville, victorieuse du grand duc d'Occident, et de répondre à l'empereur qui demandait des subsides contre les Turcs, qu'elle et les Confédérés avaient sur place leur grand Turc d'Occident ! L'apparente vraisemblance de ce mythe explique aussi sa longévité.

---

27 Mulhouse, AM, Document isolé n° 2702, Besetzung der Thoren, Turmen, Ercker, Muren und Pollwerk.

28 M. Moeder, Plan de défense de Mulhouse contre Charles le Téméraire (1473-1474), dans *Bulletin de la Société industrielle de Mulhouse*, t. 90, 1924, p. 361.

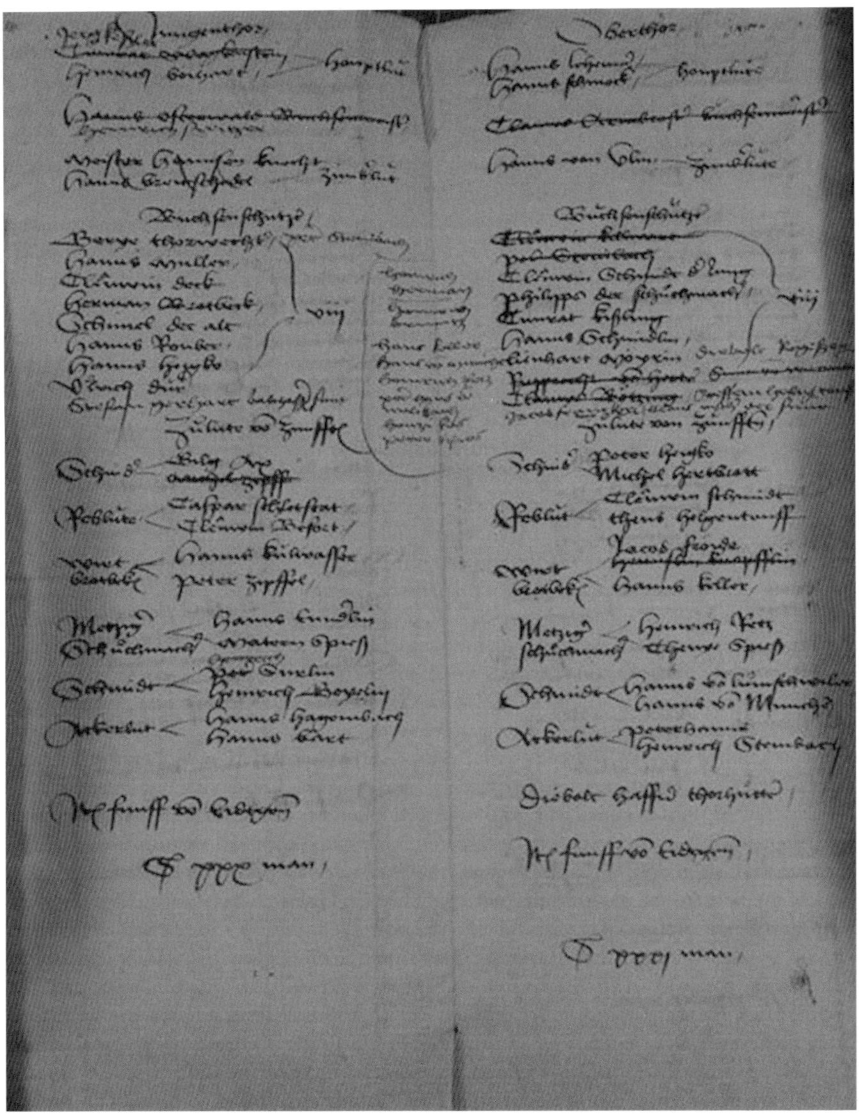

Fig. 2. *Plan de défense de Mulhouse*, s. d., Mulhouse, AM, Document isolé n° 2702 © O. Kammerer.

Mais pourquoi Hagenbach ou Charles le Téméraire n'ont pas forcé les portes de Mulhouse et fait réellement son siège ? Plusieurs raisons peuvent être évoquées.

– Les Bourguignons avaient besoin de Mulhouse, d'une ville en pleine activité susceptible de produire de la richesse pour compenser les dépenses de la « roseraie » et centre de ravitaillement pour toute la région et les troupes de passage. Il ne fallait pas tuer la poule aux œufs d'or !

– La situation de Mulhouse et de toute la région relevait d'une grande complexité. Les nobles autrichiens, hostiles à Mulhouse, y habitaient cependant et faisaient leurs affaires. Les créanciers de la ville étaient de tous les partis. Les justices se chevauchaient. Anéantir la ville faisait courir le risque de perdre des alliés potentiels.

– La diplomatie mulhousienne a usé de toutes les « ficelles » du métier. Sa communication a été efficace face à Hagenbach ou vis-à-vis des Confédérés : si Mulhouse cède aux Bourguignons, elle ne sera plus ville d'Empire, elle ne pourra plus être alliée, elle ne fournira plus de renseignements par ses espions ni de ravitaillement, etc. Les édiles ont voyagé sans cesse pour plaider leur cause. Ils ont prouvé leur bonne foi en acceptant de présenter un plan de redressement de leurs finances ou en tout état de cause, un bilan exact (!) de leurs comptes[29].

– Pierre de Hagenbach, en dépit de ses rodomontades, n'avait pas non plus les moyens suffisants pour attaquer une ville bien défendue par sa ceinture aquatique et ses murailles récemment réparées, ni surtout le temps. Il avait d'autres missions. Ses menaces d'attaque contre Mulhouse correspondent d'ailleurs aux moments où Charles le Téméraire venait en Alsace à la tête de troupes importantes.

– Mulhouse, avant même d'être admise dans la Confédération (ce sera en 1515), était farouchement défendue par Bâle, Berne et Soleure, parfois toutes les villes helvétiques. Hagenbach ne pouvait sous estimer leur poids dans la géopolitique de l'Oberrhein.

– Charles le Téméraire et Hagenbach ont-ils, pendant toute cette période, été en accord dans leur analyse de la situation ? La confiance entre les deux hommes ne peut être mise en doute tant les missions confiées à Hagenbach étaient importantes. Mais sa haine des Suisses qui motivait au moins ses injures et son attitude violente n'était peut être pas partagée par son maître. À plusieurs reprises, Charles a réfreiné Hagenbach ou l'a empêché d'intervenir brutalement. Sans doute pour se ménager l'empereur ou préserver l'avenir ?

4. En guise de conclusion

Pour poursuivre les images bibliques de Petri, l'épisode rappelle le combat de David contre Goliath !

Mulhouse était le verrou de la Suisse : il n'a pas sauté et la Bourgogne n'a pas pu étendre sa domination vers l'est, vers les routes commerciales entre nord et sud de l'Europe.

L'affrontement entre le duc de Bourgogne et Mulhouse témoigne de deux conceptions de la gouvernance dans l'Europe. Un modèle bourguignon de territoires uniformément administrés et dirigés par un prince à l'instar d'un monarque : une procédure verticale de gouvernement, rapide et efficace pour peu que le prince soit en état de gouverner ; c'est la matrice de l'État dit moderne. Tout différent de ce modèle, a subsisté un modèle rhénan et helvétique de type fédératif où la recherche horizontale du consensus entre alliés s'inscrit dans un temps long mais durable de prise de décisions par une communauté, au sein de laquelle les personnalités ne peuvent exercer de pouvoir qu'en coulisse ou au cours des débats.

Mulhouse se trouve à l'interface de ces modes de gouvernement. Tête de pont de la conception de confédération et de ligues urbaines, Mulhouse n'a pas été une mauvaise herbe à arracher, mais une épine dans le talon du grand duc de Bourgogne.

---

29 Le bourgmestre Tagsberg présente à une réunion des 6-7 janvier 1472 un plan d'amortissement en dix ans pour 17 781 florins de dettes auxquels s'ajoutent 7 281 florins de rentes arriérées. Mossmann, *Cartulaire de la ville de Mulhouse*, t. 4, p. 50-53, n°s 1610, 1611, 1613.

Nuño de Gumiel, tesorero castellano de Felipe el Hermoso (Ingresos y gastos en 1506)

Miguel Ángel Ladero Quesada
Membro de la Real Academia de la Historia, Madrid

Nuño de Gumiel fue tesorero de Felipe I durante el año 1506 para todo lo relativo a las rentas reales de Castilla y otros ingresos obtenidos en el reino. Las cartas del rey, los textos cronísticos y literarios le mencionan pocas veces y, a poco de morir Felipe, Nuño desapareció de la escena administrativa castellana pero su función como tesorero fue esencial para sustentar la acción política de Felipe I en su breve reinado porque abrió los cauces necesarios para la obtención de recursos monetarios y crediticios. Así lo demuestra el análisis de las cuentas de su tesorería, hasta ahora no estudiadas. Presento aquí un breve comentario de ellas como anticipo de otro más amplio y detallado[1].

1. La persona y sus relaciones políticas

Los Gumiel se contaron entre los mercaderes burgaleses que comerciaban o residían en Brujas y otras plazas flamencas durante la segunda mitad del siglo XV, aunque sus operaciones también se extendían a Rouen, Sevilla y otras capitales. Así, por ejemplo, Diego y Gonzalo de Gumiel estuvieron entre los 175 mercaderes que testificaron en 1467 la confirmación de las ordenanzas de la « nación de España » en Brujas, promulgadas en 1441[2].

Las primeras noticias sobre Nuño de Gumiel datan de 1497 y le sitúan en Castilla, cobrando el importe de letras de cambio emitidas en Amberes a favor de Antonio del Valle, importante mercader burgalés estante en aquella plaza, que había facilitado el dinero en efectivo a Francisco de Rojas, embajador de los Reyes Católicos[3].

1 Es indispensable encuadrar el contenido de este artículo en un conocimiento previo de la época y del reinado. Vid. J.-M. Cauchies, *Philippe le Beau, le dernier duc de Bourgogne*, Turnhout, 2003 ; R. Pérez-Bustamante, J. M. Calderón Ortega, *Felipe I*, Palencia, 1995.

2 H. Casado Alonso, La colonie des marchands castillans de Bruges au milieu du XVe siècle, en *Diplomates, voyageurs, artistes, pèlerins, marchands entre pays bourguignons et Espagne aux XVe et XVIe siècles*, ed. J.-M. Cauchies, *Publication du Centre européen d'Études bourguignonnes (XIVe-XVIe s.)*, vol. 51, 2011, p. 233-251 y, en líneas generales, Las colonias de mercaderes castellanos en Europa (siglos XV y XVI), en *Castilla y Europa. Comercio y mercaderes en los siglos XIV, XV y XVI*, dir. H. Casado Alonso, Burgos, 1995, p. 46. Otras noticias en B. Caunedo del Potro, *Mercaderes castellanos en el golfo de Vizcaya (1475-1492)*, Madrid, 1983, p. 272-273. La profesora B. Caunedo me facilita amablemente el dato sobre Diego de Gumiel en Brujas trabajando por cuenta de Juan de España (Brujas, Stadsarchief, Spaans Consulaat, Civiele Sententien, Vieskaar, 1465-1469, fol. 38v-39v). N. Palenzuela Domínguez, *Los mercaderes burgaleses en Sevilla a fines de la Edad Media*, Sevilla, 2003, p. 238.

3 R. de Andrés Díaz, *El último decenio del reinado de Isabel I a través de la tesorería de Alonso de Morales*, Tesis doctoral, Madrid, Universidad Complutense, 1998, y Valladolid, 2004, Data nº 1055 : 1497, marzo 2, 3 327 ducados a Pedro del Valle y Nuño de Gumiel, porque el comendador Francisco de Rojas, embajador de los reyes, los había tomado a cambio de Antonio del Valle, mercader estante en el condado de Flandes. Sobre Antonio del Valle y la intervención de Gumiel a los pagos a embajadores en 1497 y 1503, vid. también D. Alonso García, Ducados entre dos dinastías. La circulación de capital

Pour la singuliere affection qu'avons a luy. *Études bourguignonnes offertes à Jean-Marie Cauchies*, sous la direction de Paul Delsalle, Gilles Docquier, Alain Marchandisse et Bertrand Schnerb, Turnhout, 2017 (*Burgundica* 24), p. 275-289.

DOI 10.1484/M.BURG-EB.5.113925

Gumiel alternaba sus estancias en los Países Bajos, probablemente en Amberes, y en Castilla, donde estuvo desde marzo de 1503, probablemente en Burgos. A lo largo de aquel año, cobró otros *cambios* emitidos en Flandes por los embajadores Gutierre Gómez de Fuensalida y Juan Manuel, para sus salarios o para compra de armas ; a menudo, Antonio del Valle era quien facilitaba el dinero en efectivo y tomaba las letras de cambio, cuyo importe se expresa siempre en ducados de oro (un ducado equivale a 375 *maravedíes*). Gumiel recuperaba el efectivo a razón de 400 *maravedíes* el ducado, de modo que el beneficio bruto en la operación era de 25 mrs. por ducado, habitual en este tipo de operaciones[4]. Fue entonces, probablemente, cuando se anudaron las relaciones políticas que hubo entre Gumiel y don Juan Manuel.

Además, en febrero de 1504, cobró en Medina del Campo las letras o *cédulas de cambio* correspondientes a las pensiones otorgadas por la reina Isabel de Castilla en septiembre de 1502 al conde de Nassau (*Nasate*) y a Jean de Berghes, por valor de 5 000 y 4 000 ducados respectivamente[5]. Por otra parte, la reina ordenó en noviembre de 1503 que se le entregaran 3 000 000 mrs. (equivalentes a 8 000 ducados), para gastos de aquel año de *los ilustrísmos príncipe y princesa*[6]. Son las primeras noticias que relacionan directamente a Nuño de Gumiel con la Corte de Felipe y Juana pero son suficientes para afirmar que ejercía ya funciones de tesorería.

Gumiel acompañó a Philibert, señor de Veyré, mayordomo mayor de Felipe, que lo envió como embajador ante el rey Fernando a comienzos de 1505. Veyré partió de Bruselas a comienzos de enero y Gumiel le proveyó de fondos, tomando dinero *a cambios* para devolverlo en Brujas o Amberes, porque no debía haber efectivo suficiente, y esta situación de penuria continuó durante los meses siguientes[7], en los que Gumiel indagó incluso si se debía algo a Felipe y Juana *de lo del prinçipado*, refiriéndose probablemente a lo que habría correspondido a Juana como Princesa de Asturias desde 1502 pero no hay noticia de que se le hubiera dotado en ese momento con los señoríos y rentas correspondientes al principado[8].

---

entre Castilla y Flandes a comienzos del siglo xvi, en *Banca, crédito y capital. La Monarquía Hispánica y los antiguos Países Bajos (1505-1700)*, ed. C. Sanz Ayán, Madrid, 2006, p. 85-104.

4 De Andrés, *El último decenio*, Don Juan Manuel cobra 3 643 ducados en 1503 y primeros meses de 1504 (Data n°s 4683, 4772, 5370, 5640). Gutierre Gómez de Fuensalida tenía un salario anual como embajador de 1 440 ducados ; cobró 1 860 en 1503 y primeros meses de 1504, y otros 5 000 para comprar armas por orden de los reyes (Data n°s 4713, 4714, 4773, 4965, 5418, 5649). Gumiel pagó correos o *portes de cartas* enviados por don Juan Manuel (Data n°s 4662, 4770, 4880, marzo, julio y noviembre de 1503, por importe equivalente a 83 ducados).

5 *Ibid.*, Data n°s 5354, 5355 : *conde de Nasate* y *Juan de Vergas, señor de la villa de Vergas*.

6 *Ibid.*, Data, nº 4967, año 1503, noviembre 3, y n°s 5403, 1503, noviembre 7, nómina de los paños dados al personal de la casa de la princesa Juana, de la que es maestresala Martín de Mújica, vendidos por el mercader Diego de la Fuente, vecino de Toledo, por un total de 1 688 349 *maravedíes* (equivalentes a 4 502 ducados). Data nº 5354 : denomina a Nuño de Gumiel *tesorero de los príncipes*.

7 *Colección de Documentos Inéditos para la Historia de España* (= *Codoin*), vol. 8, Madrid, 1846 : cartas de Felipe el Hermoso y su tiempo : Bruselas, 1504, diciembre 24 : el rey Felipe asegura a Gumiel que, en las siguientes cartas que envíe, se pagará al correo. Bruselas, 1505, enero 2 : Felipe ordena a Gumiel que dé 1 200 ducados a Veyré *para la despensa de su viaje*, tomándolos *a cambio* para Brujas o Amberes y le promete *de mandar luego acelerar e pagar vuestras letras de cambio*, de modo que el tesorero estaba anticipando el dinero. Douai, 1505, febrero 22 : Felipe agradece a Gumiel las noticias que ha enviado, *y nos hareis servicio en advertirnos de lo que vos ocurriere, que todo se remunerará*. Bruselas, 1505, marzo 4 : Felipe ha enviado por mar cincuenta *cargas* con objetos de su Cámara y ordena a Gumiel que pague el flete de los barcos y las lleve a Burgos, donde estarán guardadas hasta que Felipe vaya a Castilla. Treves, 1505, marzo 22 : Felipe responde a Gumiel sobre *lo que escribis que se nos debe del principado* : Veyré tratará del asunto con el rey Fernando.

8 M. Á. Ladero Quesada, Príncipes de Asturias, en *Isabel I. Siete ensayos sobre la reina, su entorno y sus empresas*, Madrid, 2012, p. 103-111.

El tesorero viajó a los Países Bajos en junio de 1505 y se entrevistó con Felipe, transmitiéndole las noticias que Veyré le enviaba desde Castilla y la demanda de que acudiera cuanto antes[9], pero el rey estaba asediando en ese momento la plaza de Arnhem, en plena campaña contra el duque de Güeldres, por lo que sólo podía actuar indirectamente, multiplicando su correspondencia con los nobles castellanos y afirmando su autoridad regia frente a Fernando, como hizo en la conocida carta general de 12 de septiembre de 1505[10]. Pero la situación en Castilla no cambió, de momento aunque, desde ese momento, Felipe intensificó sus esfuerzos para encontrar allí recursos económicos.

A este propósito responde, probablemente, el nombramiento a finales de octubre de don Juan de Guzmán, duque de Medina Sidonia, como capitán general y lugarteniente regio en Andalucía, Granada y Murcia, porque se esperaba de él un importante préstamo de dinero y apoyo militar pero, de momento, era sólo una oferta[11]. También, el encargo a hecho a Veyré a comienzos de noviembre para que les enviara informe sobre el sistema monetario castellano, la ley y peso de las monedas y las ordenanzas que seguían las cecas en las acuñaciones y cobro de derechos : ¿ pretendían, tal vez, acuñar moneda castellana en los Países Bajos para disponer de ella en su viaje ya próximo[12] ? Podía ser algo más efectivo que hubiera dinero líquido dispuesto para prestarlo a Felipe en cuanto desembarcara en Castilla, y a esto responde un grupo de cartas fechadas el 4 de noviembre y dirigidas a las personas que indicó, sin duda, Nuño de Gumiel, que haría el *repartimiento* de los préstamos de modo que *nos tenga prestos cierta suma de ducados para cuando, placiendo a Dios, llegáremos a esos nuestros reinos*, dando fe de que lo que les prometiera el tesorero *será muy cierto y se cumplirá*[13].

Las perspectivas mejoraron cuando Fernando, Felipe y Juana llegaron a un acuerdo sobre el gobierno de Castilla (Salamanca, 24 de noviembre de 1505), que preveía el reparto de las rentas reales por mitad, con efectos de primero de enero de 1506, aunque el rey Fernando ofrecía también efectuar dicho reparto con lo que quedara sin gastar de las de 1505[14]. Sólo desde ese momento – enero de 1506 – reconocería Fernando a

---

9 *Codoin*, vol. 8, 1505, junio 28, real sobre Arnan : Felipe responde a la carta de Andrea del Burgo escrita en Segovia el día 15 : le agradece su servicio y añade : *el tesorero Nuño de Gomiel partirá presto y vos proveerá de lo que hobiéredes menester y vos informará de nuestra voluntad más cumplidamente.* Noticia del viaje de Gumiel en la relación del *Segundo viaje de Felipe el Hermoso* a España, escrita probablemente por Antoine de Lalaing (García Mercadal, *Viajes de extranjeros por España y Portugal*, 2ª ed., Valladolid, 1999, p. 520). Descripción detallada de la situación en Cauchies, *Philippe le Beau*, cap. VIII, p. 171-176. También en Pérez-Bustamante, Calderón Ortega, *Felipe I*, p. 154-156 sobre el viaje de Gumiel.

10 *Codoin*, vol. 8, p. 325-332.

11 Lorenzo de Padilla, Crónica de Felipe I llamado el Hermoso, en *Codoin*, vol. 8, p. 129-130, afirma que el duque prometió a Felipe y Juana 50 000 ducados y un ejército de 2 000 de a caballo y 8 000 peones, si desembarcaban en Andalucía, y parece que éste fue el proyecto de Felipe en marzo-abril de 1506 pero no se llegó a realizar (*Segundo viaje de Felipe el Hermoso*, p. 539). *Codoin*, vol. 8, p. 384 : minuta de un recibo dado por Felipe I a favor del duque de Medina Sidonia por un dinero que le había prestado, pero no indica cantidad, ni día y mes de 1506. Seguramente, este préstamo no llegó a producirse ni hay noticia de él en las cuentas y documentos del duque (vid. M. Á. Ladero Quesada, *Guzmán. La casa ducal de Medina Sidonia en Sevilla y su reino. 1282-1521*, Madrid, 2015, p. 310-311.

12 *Codoin*, vol. 8, p. 362-363 : 1505, noviembre 4, Bruselas. Carta a Veyré.

13 *Ibid.*, p. 363-364 : 1505, noviembre 4, Bruselas. Las cartas se dirigen a los cónsules de Burgos (cabeza visible de los mercaderes de la ciudad), al Maestrescuela de la Iglesia de Toledo (al servicio del arzobispo Jiménez de Cisneros) y a varios poderosos recuadadores de rentas reales o mercaderes con capacidad para prestar dinero : Alonso y Juan de la Torre, Diego y Alonso de la Fuente, Pedro de Baeza, el licenciado de León, Alonso de Medina, Gonzalo Chacón, Andrés Velute y Francisco de Cueto.

14 Texto completo publicado por primera vez por Cauchies, *Philippe le Beau*, p. 251-264. *Codoin*, vol. 14, Madrid, 1849, p. 285-365 : Documentos relativos al gobierno de Castilla desde la muerte de Isabel I hasta 1517, en especial p. 290 a 300 : cartas del rey Fernando, 1505, noviembre 24 y 26.

Nuño de Gumiel su condición de tesorero, y su derecho a percibir un salario como tal, cuando ordenó recibir sus cuentas y darle carta de pago o *finequito*, en 1511.

Es muy dudoso que Gumiel haya recibido algún dinero de las rentas reales en los primeros meses de 1506 aunque el rey Felipe le escribiera en febrero, desde Inglaterra, afirmando que había ordenado que *se ponga en vuestra mano alguna suma de dinero de nuestras rentas de esos reinos o de otras cosas*, para que la guardara y distribuyera siguiendo órdenes de Philibert de Veyré y Charles de Poupet, señor de La Chaulx[15]. Pero no hay rastro de que el tesorero haya recibido ninguna cantidad de rentas reales antes de mayo de 1506 aunque cumplió el encargo regio de febrero de 1506, como había cumplido el de enero de 1505, tomando dinero *a cambios*, y así lo justificó en su cuenta.

Sólo a partir del desembarco de Juana y Felipe en La Coruña (26 de abril de 1506) pudo organizarse efectivamente la tesorería de Nuño de Gumiel, y la situación se consolidó a partir de la capitulación de Villafáfila (27 de junio de 1506), que produjo la toma del poder efectivo y de la totalidad de las rentas reales por Juana y Felipe, así como el abandono del rey Fernando, que seguiría recibiendo cierta cantidad de renta, según se estipulaba en la capitulación[16].

2. La cuenta[17]

Felipe y Juana desembarcaron en La Coruña con una Casa u *Hôtel* formado por 447 personas y 89 *archers de corps*, número muy alto aunque algo inferior al habitual cuando residían en los Países Bajos[18], y con un cuerpo de 1 200 a 2 000 *lansquenetes* alemanes al mando del conde Wolfgang de Fürstenberg, hombre de confianza del emperador Maximiliano[19]. Una parte del coste de la flota que les había traído, y el de su *hôtel* y escolta armada se habrían sufragado, hasta abril de 1506, con cargo a recursos financieros obtenidos en los Países Bajos pero, ya en Castilla, era preciso disponer de los de este reino donde la situación de los pagos con cargo a rentas reales era mala al menos desde mediados del año 1505, lo que había dado lugar a grandes retrasos en el pago de las Guardas Reales y demás elementos militares y civiles al servicio del rey. Además, se venían sucediendo muy malas cosechas de cereales desde 1502, a lo que se añadió una gran sequía en 1506, que fue año especialmente malo en Castilla, con las secuelas inevitables de hambre, enfermedades y pobreza, lo que vendría a aumentar las dificultades financieras de Felipe :

15 *Ibid.*, vol. 8 : 1506, febrero 11, Windsor.

16 *Ibid.*, vol. 14, en especial p. 323-325 : El rey Fernando conservaba vitaliciamente la administración de los maestrazgos de las órdenes militares de Santiago, Calatrava y Alcántara, con sus rentas, y la mitad de las *rentas, provechos e intereses* que llegaran de las Indias para la Corona, más diez millones de maravedíes al año *situados* en las alcabalas regias cobradas en los señoríos de los maestrazgos. Como la renta líquida de las *mesas maestrales* era de entre 11 000 000 y 15 000 000 mrs. al año, y de las Indias llegó oro para el rey por valor de 40 000 ducados en 1506, se puede estimar que los ingresos atribuídos a Fernando superaban los 80 000 ducados anuales.

17 Equivalencias monetarias : un ducado equivale a 375 *maravedíes*, una libra de los Países Bajos a 200 mrs., según la cuenta de Gumiel.

18 Vid. las cifras dadas por R. Domínguez Casas, Estilo y rituales de corte, en *Felipe I el Hermoso. La belleza y la locura*, dir. M. A. Zalama, P. Vandenbroeck, Madrid, 2006, p. 89-103. J.-M. Cauchies, Les lendemains de la mort de Philippe le Beau à Burgos (25 septembre 1506) : retraite ou débandade ?, en *Diplomates, voyageurs*, p. 123-146, utiliza las cuentas diarias de pago a cortesanos : la del 16 de agosto de 1506 menciona unos 540 nombres, de los que sólo seis eran castellanos.

19 Id., *Philippe le Beau*, p. 179.

Fue muy grand hanbre en todo este año, en todas estas provincias y en otras muchas de Castilla, e despoblábanse los lugares e las villas e, dexadas sus casas e naturalezas, se ivan los onbres e las mugeres de unas tierras en otras, con sus hijos a cuestas, por los caminos, a buscar pan, e con otros por las manos, muertos de hanbre, demandando por Dios a los que lo tenían, que era muy grand dolor de ver. Y muchas personas murieron de hanbre, y eran tantos los que pedían por Dios en cada lugar, que acaesçían llegar cada día a cada puerta veinte e treinta probes, onbres y mugeres y muchachos [...] *de donde quedaron infinitos onbres perdidos y en pobreza, vendido quanto tenían para comer*[20].

* * *

La tesorería de Nuño de Gumiel se organizó al modo tradicional castellano, según lo habían estado antes las del tesorero Alonso de Morales († mayo 1506) o Ruy López de Toledo y lo estaría desde 1507 la de Francisco de Vargas. El tesorero recibía dinero mediante *libranzas* emitidas por los Contadores Mayores de Hacienda a pagar por diversos recaudadores de rentas reales, y con ese dinero atendía las órdenes de pago firmadas por el rey. En el caso de Gumiel, hubo dos libranzas ordenadas por el rey a los contadores mayores el 20 de junio de 1506, por importe total de 68 000 000 mrs., y otros 10 000 000 mrs. el 25 de agosto. Los contadores mayores designaron a veintitrés recaudadores de rentas, repartidos por todo el reino, para que actuaran como *factores* de Gumiel y le fueran enviando las cantidades que se asignaron a cada uno : eran, por lo que se sabe de ellos, personas expertas en el negocio de financiación y gestión del fisco regio[21]. Las rentas utilizadas fueron sobre todo *alcabalas* que se cobraban con la colaboración de las autoridades municipales mediante el sistema de *encabezamiento*, y también la *moneda forera* que todo el reino pagaba al comienzo de cada reinado[22]. El tesorero pagó también algunos salarios de los receptores de las multas o *penas de cámara*, lo que lleva a suponer que pudo tener algún ingreso por este concepto[23].

Los veintitrés *factores* se comprometieron a pagar 76 945 463 mrs., aunque con cantidades muy diferentes en cada caso, pero a finales de septiembre de 1506 sólo habían entregado a Gumiel 22 599 805 mrs., mientras que otros 54 345 658 mrs. seguían en su poder o todavía sin recaudar, de modo que el *cargo* del que debía responder Gumiel se refería sólo a la primera cantidad, mientras que cada *factor* debía dar cuenta de lo que le correspondiera en la segunda.

Pero, además de aquellos 22 599 805 mrs., Gumiel recibió otros 20 794 990 mrs. de diversas procedencias *extraordinarias*, de modo que el *cargo* total del que tuvo que dar cuenta ascendió a 43 394 795 mrs.

El dinero del segundo *cargo extraordinario* procedió principalmente de lo recaudado en Galicia durante las primeras semanas después del desembarco regio, procedente tal vez del *subsidio* eclesiástico y de otras fuentes (2 246 670 mrs.), de dos préstamos de los genoveses Agustín de Vivaldo y Percival de Grimaldo por importe de 24 000 ducados

20 Andrés Bernáldez, *Memorias del reinado de los Reyes Católicos*, ed. M. Gómez-Moreno, J. de M. Carriazo, Madrid, 1962, capítulo CCIX, *De las fortunas y hanbres y muertes de çiertos años*, p. 516-517.

21 Los datos que expongo a partir de aquí provienen del Archivo General de Simancas (= Simancas, AG), Contaduría Mayor de Cuentas, primera época (= CMC), leg. 183, 199, que contienen las cuentas de la tesorería de Gumiel y las de los *factores* que trabajaron a su servicio.

22 Sobre el sistema hacendístico castellano, las rentas reales y los procedimientos de recaudación y gasto, vid. M. Á. Ladero Quesada, *La Hacienda real de Castilla. 1369-1504*, Madrid, 2009. Las alcabalas rentaron en 1504 en torno a 300 000 000 mrs. brutos. La *moneda forera* de 1506 ascendería a más de 6 000 000 mrs.

23 En su cuenta se anotan 130 000 mrs. pagados a los tesoreros y recaudadores de *penas de la cámara* por sus salarios, pero no hay mención a que Gumiel haya ingresado ningún dinero por este concepto.

(9 000 000 mrs.)[24], de la venta de *juros* efectuada en Valladolid por el *factor* Juan de Figueroa (1 111 884 mrs.)[25] y de 11 420 ducados (4 282 500 mrs.) del oro de las Indias enviado por la Casa de la Contratación a través de Diego Benito, que fue el delegado de Gumiel en ella para cobrar la parte correspondiente al rey Felipe[26]. Además, Gumiel recibió 388 930 mrs. a cuenta del derecho de *once al millar*, hasta el 16 de julio : cinco días antes, Felipe había hecho merced de este importante ingreso, por mitad, a Jean de Luxembourg, señor de Ville, y a Diego, hijo de Juan Manuel[27].

He aquí el resumen de cómo gastó Gumiel aquellos 43 394 795 *maravedíes* :

1. Entregado a Jean Micault (*Juan Micat*), *argentier* del rey, en 17 pagos	23 252 035
2. Reintegro a Gumiel de los pagos hechos a Veyré por orden regia de 5 enero de 1505 y al mismo Veyré y a La Chaulx por otra de 11 de febrero de 1506	1 459 632
3. Otros pagos a La Chaulx por c.r. 18 marzo y 10 septiembre[28]	1 018 290
4. A *Mosiu de Ras*, por c. r. de 26 de junio	37 500
5. Pagos a personas de la casa y corte del rey	134 796
6. Al infante don Fernando de Granada	375 000
7. Limosnas	50 000
8. Compra de paños, sedas, ropa, etc. para la cámara real de Felipe I	963 500
9. Compra de objetos de la reina Isabel I, vendidos por sus testamentarios	175 870

24 Son 18 000 ducados más otros 6 000 que estaban en poder de Pedro de Cazalla para devolverlos a ambos genoveses. D. Alonso García, *El erario del reino. Fiscalidad en Castilla a principios de la Edad Moderna. 1504-1525*, Valladolid, 2007, p. 114, 236-238, alude a esos préstamos, a devolver en junio y octubre de 1506.

25 La cuenta lo menciona como *cierto oro* vendido por Juan de Figueroa pero este recaudador había recibido orden el 26 de julio de 1506 de vender *juros* al 7 por 100 de interés (*catorce mil al millar*) sobre rentas reales hasta obtener 7 000 000 mrs. ; vendió por importe de 2 309 500 mrs. y lo entregó al *argentier* Jean Micault y al tesorero Gumiel : entiendo que a esto se refiere el cargo de 1 111 884 m. que figura en su cuenta. Vid. *Ibid.*, p. 72.

26 La cuenta de Sancho de Matienzo, tesorero de la Casa de la Contratación de Sevilla, confirma la exactitud de estos datos. Matienzo recibió entre mayo y octubre de 1506 la cantidad de 21 587 *pesos* de oro de las Indias, correspondientes a la parte del rey, de los que entregó a Diego Benito 9 222, que era lo perteneciente al rey Felipe una vez deducidos gastos, equivalentes a 11 460 ducados. Benito recibió además perlas y *aljófar* que pesaron un marco, dos onzas, dos ochavas y un tomín, entre las que había 126 perlas *de cuenta* o mayores. Vid. M. Á. Ladero Quesada, *Las Indias de Castilla en sus primeros años. Cuentas de la Casa de la Contratación (1503-1521)*, Madrid, 2008, epígrafes C42, C55 y D536 de la cuenta de Matienzo. Según la cuenta de Gumiel, el rey ordenó por c. r. 1512, junio 8, Burgos, a los contadores mayores de cuentas que entregaran aquellas perlas y *aljófar* a Juan de Soria, oficial de la Cámara real.

27 Referencia a la merced real en Cauchies, *Philippe le Beau*, p. 199-200. El derecho de *once al millar* se cobraba sobre el importe de las *alcabalas* cobradas en régimen de encabezamiento y, en principio, correspondía a los Contadores Mayores y al Escribano Mayor de Rentas. Era el 1,1 por 100 de la renta, de modo que los dos beneficiarios estaban recibiendo, al menos en teoría, más de un millón de maravedíes cada uno al año, aunque tuvieran que pagar con ello alguna parte del salario de los oficiales de la Contaduría Mayor de Hacienda y de la Escribanía.

28 600 ducados por c. r. de 18 de marzo de 1506 ; c. r. 10 de septiembre de 1506 : devolución de 290 790 mrs. que había prestado al rey, 220 000 por pago de su salario o *quitación* del año, hasta fin de octubre, 270 000 mrs. a cuenta del viaje que emprende a Inglaterra como embajador (salario de seis ducados al día), y 112 1500 mrs. para fletar la carabela de Luxarrán, en la que hizo el viaje.

10. Gastos de correos, en especial de Simón de Tarsis	149 825
11. A los maestres y naos que trajeron al rey desde Inglaterra. Pago complementario	22 500
12. Pagos a embajadores, propios y ajenos. Otras relaciones exteriores	595 964
13. Devolución de préstamo a Cristóbal de Vivaldo y Agostín de Grimaldo (*sic*), por c. r. 29 julio	7 875 000
14. Pagos al arzobispo Cisneros, a cuenta de su préstamo de 50 000 ducados	5 130 498
15. A los *alemanes* (lansquenetes)	1 388 100
16. A las Guardas Reales (capitanías de caballería castellanas)	1 376 384
17. Gastos de artillería, fortaleza de Simancas, frontera de Navarra	89 430
18. Enfermedad del rey. Médicos. Honras fúnebres	109 975
19. Diego Benito, sus gastos en la Casa de la Contratación de las Indias (Sevilla)	41 500
20. Ortuño de Ynsunsula, *factor* de Gumiel en la corte de Juana I, pago a cuenta de sus gastos	20 000
21. Salarios de tesorero y receptores	211 250

Comentaré a continuación el contenido de esta cuenta de gastos que es fundamental para conocer mejor algunos aspectos del breve reinado de Felipe I.

1. Los pagos hechos al *argentier* Jean Micault suponen casi el 54 por 100 de la *data* de Gumiel. El primero (19 de mayo) ascendió a 2 800 000 m. y se destinó al pago de las naos en que habían venido a Castilla los reyes ; a ellos hay que sumar otros 22 500 dados el 10 de agosto para socorrer a los maestres y naos que fueron a Inglaterra (punto 10 del resumen de la cuenta)[29]. Es de suponer que Micault dedicaría el resto del dinero a pagar sus gajes, salarios o *quitaciones* a las personas que formaban el *Hôtel* del rey y demás gastos de éste, así como, tal vez, alguna parte a la retribución de los soldados alemanes que vinieron con Felipe pero sólo la lectura de sus cuentas, si se conservaran, permitiría comprobarlo. El ritmo de las órdenes o cédulas reales para que Gumiel efectuara los pagos es irregular y respondería a la situación de cada momento, por lo que se puede admitir que hubo momentos difíciles en junio y septiembre de 1506. Éste es el resumen :

Fechas de las órdenes de pago	*Importe en maravedíes*
19, 22 y 27 de mayo	5 697 000
2, 8, 10, 14 y 26 de junio	2 133 355
17 y 26 de julio	7 150 000
13 y 30 de agosto	5 850 000
11, 16, 22 y 25 de septiembre	2 421 680
Total	23 252 035

29 Se dieron al comendador Martín de Mújica o Moxica, que los había entregado antes a don Carlos de Cisneros, corregidor real de Santander, y las otras villas castellanas de la costa cantábrica. Mujica era maestresala de doña Juana ya en 1503.

El gasto de las *Casas* de Isabel y Fernando en 1503 había ascendido a algo más de veinticinco millones de maravedíes lo que significa, haciendo un cálculo prudente, que su yerno el rey Felipe había gastado en menos de cinco meses casi lo mismo que ellos dos juntos en todo un año : es probable que una parte de los problemas financieros del nuevo rey tuviera por causa este gasto excesivo[30].

2. a 4. Gumiel justificó en su cuenta los 1 200 ducados (450 000 mrs.) pagados a Philibert de Veyré como consecuencia de la orden real de 2 de enero de 1505, y 1 009 632 mrs. más puestos a disposición de Veyré y Charles de Poupet, señor de La Chaulx (*mosiur de Laxao*) cumpliendo la cédula real de 11 de febrero de 1506[31]. Además, La Chaulx, recibió otros 600 ducados el 18 de marzo y 793 290 mrs. más por cédula del 10 de septiembre, cuando se disponía a iniciar un viaje a Inglaterra como embajador real[32]. Entre los pagos a altos cortesanos hay que anotar también 100 ducados que recibió *mosiu de Ras* por cédula de 26 de junio[33].

5. a 7. Entre otros pagos a personas relacionadas con el rey hay que señalar los 15 000 mrs. recibidos por el *entallador* maestre Miguel, una *ayuda de costa* de 9 350 a Hernando de Santidueña y otra de 18 750 a Jacques de Marçela (*sic*), gentilhombre de la casa del rey, así como 18 750 a Jerónimo Sonno (*sic*), secretario real, y 8 496 al *contino* Pedro de Acuña.

Los *continos* cumplían las más diversas funciones al servicio directo de los reyes, en tiempos de Isabel y Fernando. Felipe no rompió aquella situación : vemos, así, a uno de ellos, Francisco de Alvarado, como *pesquisidor* para vigilar el cumplimiento de la *premática del pan*, e imponiendo multas a quienes la quebrantaban[34], y a otro, Jerónimo de Cervera, enviado por el rey a Navarra[35].

Don Fernando de Granada era hijo del emir granadino Abu l-Hasan, bautizado y ennoblecido por los Reyes Católicos, que le dieron el título de infante, propio de hijo de rey[36]. En 1506 recibió sucesivamente los nombramientos de Asistente Real de Sevilla y de Gobernador Real de Galicia[37] : debió reclutar alguna gente para ejercer éste último a a ello se refiere el pago de 375 000 mrs. que recibe por cédula real de 26 de mayo.

El rey tuvo también ocasión de tomar contacto con el fenómeno de las *beatas* castellanas y ordenó dar a una de ellas, la llamada *beata Vitoria*, limosna de 50 000 mrs., continuando así la protección que habían recibido otras por generosidad de la reina Isabel, y anticipando la que otorgaría a algunas Cisneros en los años siguientes[38].

---

30 Vid M. Á. Ladero Quesada, La Casa real en la baja Edad Media, en *Poder político y sociedad en Castilla. Siglos xiii al xv. Selección de estudios*, Madrid, 2014, p. 214.

31 Son 5 048 libras, 3 sueldos, 2 dineros (a 40 gruesos la libra), equivalentes a 1 009 632 mrs.

32 220 000 mrs. por su salario o *quitación* anual hasta fin de octubre 290 790 por devolución de un préstamo que había hecho al rey, 270 000 a cuenta de su salario y gastos en el viaje a Inglaterra (calculados a razón de seis ducados diarios) y 112 500 para el flete de la carabela de Lluxarrán, en la que viajó. Cauchies, Les lendemains, afirma que, en 24 de junio de 1507, se le prometió en Bruselas la devolución de 12 000 *libras* que se le debían por préstamos al rey Felipe y otros gastos.

33 Tal vez es el *Mosiu de Orre* al que el rey nombró alcaide de El Pardo, cerca de Madrid, el 30 de agosto de 1506 (Pérez-Bustamante, Calderón Ortega, *Felipe I*, p. 245).

34 Recibe el importe de una de ellas pagada por Hernando Alonso de Castro, de 12 200 m. La pragmática real fijaba los precios de tasa del trigo y la cebada, se había promulgado en diciembre de 1502 y seguía vigente en 1506.

35 Cuenta, c. r. 15 de septiembre : libranza de 18 750 mrs.

36 Cfr. J. E. López de Coca Castañer, Granada en el siglo xv : las postrimerías nazaríes a la luz de la probanza de los infantes don Fernando y don Juan, en *V Coloquio Internacional de Historia Medieval de Andalucía*, Córdoba, 1988, p. 599-641.

37 Mención a sus nombramientos en Pérez-Bustamante, Calderón Ortega, *Felipe I*, p. 241.

38 La mención de la cuenta es poco explícita (*beata Vitoria*) por lo que no puedo afirmar que se tratara de la más conocida de todas, que fue la *beata de Piedrahita*, sor María de Santo Domingo, protegida por Cisneros y por Fernando el Católico, presentada en la Corte en el invierno de 1507 (vid. J. García

8. y 9. Las compras de ropas, sedas y brocados fueron pocas, al margen de las que hiciera el *argentier*. Felipe debía estar mal provisto cuando desembarcó en La Coruña, puesto que se compró al mercader Gómez Cocon, vecino de Medina del Campo, *ciertas camisas y ropa blanca que llevó a La Coruña a su alteza* (54 500 mrs.). A finales de julio, Juan Bautista y Carlos Ugachon (*sic*), mercaderes florentinos vendieron sedas y brocados para la *camara real* por importe de 909 000 mrs.

El rey ordenó la compra, también para su *cámara*, de algunas piezas que fueron de Isabel I y vendía Juan Velázquez, contador mayor, como testamentario de la reina : un breviario, por 112 500 mrs. – lo que indica que se trataba de una obra de notable riqueza –, 23 *tablas de ymagines de devoción*" y una *pintura de Lucrecia* (*sic*), además de una mesa guarnecida y unas *bisagras de trechas* (*sic*) que Diego Flores llevó a la duquesa de Saboya (todo ello adquirido por 63 370 mrs.) : el significado y el valor artístico de estos bienes ha sido ya objeto de estudio detallado[39].

10. El gasto en correos era considerable. Simón de Tassis (*Tarsis*) ejerció ya como *maestre de correos* para despachar muchos de ellos, con lo que inauguró la presencia de su familia en aquel servicio a los reyes de Castilla durante varios siglos, pero no tuvo el monopolio[40]. La cuenta de Gumiel da noticia de correos enviados a Sevilla, Barcelona, Segovia, Toledo, Roma, a Simancas *estando mal su alteza*, y de otros para *hacer saber la muerte del rey* al rey de Navarra, a los embajadores que estaban en Francia y *a Sevilla al duque*.

Se trata de don Juan de Guzmán, duque de Medina Sidonia, al que Felipe I había enviado cartas urgentes desde La Puebla de Sanabria (22 de junio), y de nuevo el 24 de julio, con un enviado a *pedir cierto prestido de pan a ciertos grandes*, y el 10 de agosto. Probablemente se estaba tratando sobre la ayuda que el duque iba a prestar pero la muerte del rey puso fin a aquel proyecto[41].

12. Muchos de los correos irían destinados a las embajadas y otras relaciones exteriores que mantuvo Felipe I en su breve reinado[42]. La presencia en su corte de Andrea da Burgo, como embajador del emperador Maximiliano y persona de confianza del rey Felipe, deja huella en la cuenta por un pago de 200 ducados (c. r. 20 de mayo). A mediados de agosto consta la de los embajadores de Venecia[43], adonde el rey había enviado a *mosiu de Çistan almirante de Flandes* quien, entre otros trabajos de su embajada, tuvo que comprar sacres y otras aves y aparejos de caza para el rey[44].

Oro, *El cardenal Cisneros. Vida y empresas*, vol. 1, Madrid, 1992, p. 239-247 ; M. Bataillon, *Erasmo y España*, México, 1966, p. 68-71 ; Á. Huerga, Los pre-alumbrados y la Beata de Piedrahita, en A. Fliche, V. Martin, *Historia de la Iglesia*, vol. 17, *El Renacimiento*, edición española, Valencia, 1974, p. 523-546) : el confesor de la Beata de Piedrahita se llamaba fray Diego de Vitoria pero esto no me parece dato suficiente para identificarla con la mencionada en la cuenta de Gumiel.

39 M. A. Zalama, Felipe I el Hermoso y las artes, en *Felipe I. La belleza*, p. 17-48, en especial p. 36-42.

40 Algunos datos en J. Mancheño, La familia Tassis, correos mayores del reino, en *Biblioteca Madrid filatélico*, Madrid, 1946. M. Montáñez Matilla, *El correo en la España de los Austrias*, Madrid, 1953.

41 El cronista de la Casa de Medina Sidonia, Pedro Barrantes Maldonado (*Ilustraciones de la Casa de Niebla*, Cádiz, 1998, lib. 9, cap. 7), afirma que el duque fue a la Corte para rendir pleitesía a Felipe I, pero no hay otros testimonios de este suceso más próximos en el tiempo, por lo que la noticia no me parece probable.

42 Ya en junio de 1505 había enviado a Roma a su embajador Antonio de Acuña (*Codoin*, vol. 8, Cartas de Felipe I y su tiempo : instrucciones a Acuña).

43 C. r. 13 de agosto : Gumiel entrega 54 375 mrs. a Claude Bonnard (*Gladio Bobart*), caballerizo del rey (*grand et premier écuyer d'écurie*) para que pagara dos mulas y un caballo que se dieron a los embajadores.

44 *Mosiu de Çistan* era Florent d'Egmond, que dirigió la flota real durante el viaje de 1506 en nombre del almirante Philippe de Bourgogne. Vid. Lorenzo de Padilla, *Crónica de Felipe I*, p. 135 ; L. Sicking, *Neptune and the Netherlands. State, Economy and War at Sea in the Renaissance*, Leiden, 2004, p. 89-105, *Admirals and vice-admirals*, 1488-1558.

Felipe despachó también a don Álvaro Osorio como embajador ante el *rey su padre* (Fernando), en Nápoles, aunque ignoro si llegó a zarpar de Barcelona[45]. Y a La Chaulx a Inglaterra, como ya se indicó, con la misma reserva sobre su partida ya que, como en el caso de Osorio, las cédulas reales de pago están fechadas el 10 y el 11 de septiembre.

También hay noticia en la cuenta de correspondencia con el rey de Navarra, cuya alianza procuró conseguir Felipe incluso con dádivas[46], y de la presencia en la corte de unos *truhanes del rey de Portugal* a los que pagó cierta cantidad el maestresala regio, tal vez don Diego de Guevara o el mismo don Álvaro Osorio : la misión de aquellos *truhanes* debía ser lúdica o festiva, como su nombre indica, pero ignoro de qué se trataba[47].

13 a 17. El motivo principal que se adujo para librar grandes sumas de dinero a Nuño de Gumiel en junio de 1506 había sido la necesidad de pagar a las Guardas Reales y otros servicios hechos al rey, así como la devolución de préstamos. Gumiel, en efecto, devolvió a los mercaderes Grimaldo y Vivaldo 7 875 000 mrs. (21 000 ducados), que era lo que debían recibir en la feria de octubre de Medina del Campo, pero no se hizo cargo de devolver otra parte, que estaba en poder de Pedro de Cazalla.

La situación de los pagos a las fuerzas y servicios militares de la monarquía era muy mala en aquellos momentos. Es cierto que el inmenso gasto producido por las guerras en Nápoles y el Rosellón cesó a lo largo de 1504, pero el rey Fernando había empleado en torno a 30 000 000 mrs. en la conquista de Mazalquivir (septiembre de 1505) y desde el último trimestre de 1505 se había procedido a repatriar y licenciar a más de 5 000 hombres de infantería procedentes de Nápoles, a los que en abril de 1506 se les había pagado ya sueldos pendientes de 1504 y 1505 por importe de casi 13 000 000 mrs., pero se les debía mucho aún[48]. Por otra parte, el importe de los sueldos ordinarios, en tiempo de paz, de las Guardas Reales de caballeria, la artillería y espingarderos y las guarniciones de fortalezas del Rosellón y Granada ascendía a 80 000 000 mrs. al año, más otros 40 000 000 mrs. para el pago de otras tropas territoriales y fortalezas en Castilla, y, al parecer, los pagos habían cesado desde la segunda mitad de 1505 a pesar de que había un procedimiento especial para abonar el sueldo de las Guardas con cargo a rentas asignadas al efecto y gestionadas por recaudadores-tesoreros especiales a los que se conocía con el nombre de *obligados a Guardas*[49].

Para reducir aquel retraso en los pagos, Francisco Jiménez de Cisneros, arzobispo de Toledo, prestó a la Hacienda Real la suma de 50 000 ducados (18 750 000 mrs.[50]). No era la primera vez que lo hacía puesto que en 1505 había prestado 12 000 000 mrs. para la empresa de Mazalquivir, que ya habría recuperado. Parece que el préstamo se hizo todavía al rey Fernando pero las condiciones de su devolución se establecieron en

45 C. r. de 11 de septiembre en que se ordena pagar 123 200 mrs. a Agustín de Vivaldo y Perceval de Grimaldo por 200 ducados que darán en Nápoles a don Álvaro Osorio.

46 El 30 de agosto se libraron 217 929 m. a Juan de Figueroa, vecino de Valladolid y *factor* de Gumiel, por 89 marcos y dos reales de plata que había dado para enviar al rey de Navarra, probablemente con el *contino* real Jerónimo de Cervera, al que se entregan 18 750 mrs. por libranza del 15 de septiembre, por *un camino que fue por su mandado* [del rey Felipe] *a Navarra*.

47 Lorenzo de Padilla, *Crónica de Felipe I*, p. 135, menciona como maestresalas del rey a Diego de Guevara, Felipe de Ala (*sic*) y Álvaro Osorio.

48 M. Á. Ladero Quesada, *Ejércitos y armadas de los Reyes Católicos. Nápoles y el Rosellón. 1494-1504*, Madrid, 2010 ; Id., La toma de Mazalquivir y el retorno de Nápoles. Julio de 1505-Junio de 1506, en *En la España Medieval*, vol. 36, 2013, p. 183-224.

49 Id., *La Hacienda Real de Castilla*, p. 647-684 (*La Hacienda Real de Castilla en 1504*). Sobre los *obligados a Guardas*, Alonso García, *El erario del reino*, p. 110-111, 116-121.

50 En realidad, entregó sólo 49 000 ducados a Pedro de Cazalla, que recibió el dinero en nombre del rey. Simancas, AG, CMC, leg. 199 : *asiento* de 6 de agosto de 1506. Alonso García, *El erario del reino*, p. 113-114, 235-236 a partir de otras fuentes documentales.

un acuerdo o *asiento* con Felipe I (6 de agosto de 1506) : se haría con cargo a cualesquier rentas reales mediante órdenes de pago (*libranzas*), entre ellas las recibidas por el tesorero Gumiel quien, en efecto, entregó a los delegados de Cisneros 5 130 498 mrs. (13 680 ducados) en varios pagos desde octubre de 1506 hasta agosto de 1507, cuando ya había cesado en las demás funciones de su tesorería porque el arzobispo, al frente del gobierno de Castilla entonces, le mantuvo en ella después de la muerte de Felipe I pero Gumiel ya no recibía dinero de sus *factores*, pese a los requerimientos que el mismo Cisneros les hizo, por lo que serían aquellos *factores* u otros recaudadores de rentas reales quienes procederían a la devolución[51].

Además, el tesorero hizo pagos directos a algunos capitanes, hombres y contadores de las Guardas, por importe de 1 376 384 mrs., gastó otros 41 000 en reparaciones de la maestranza o *casa del artillería* de Medina del Campo y 8 430 en el sueldo de Cristóbal Coello, que había llevado a cabo *ciertos alardes de la gente de la frontera de Navarra* entre abril y julio de 1505.

El gasto de 40 000 mrs. para armar a la guarnición del castillo de Simancas se debió a circunstancias especiales. Felipe I había otorgado su tenencia o *alcaidía* a Charles de Poupet, señor de La Chaulx, dentro del reparto general de oficios y mercedes a que procedió en los meses de julio y agosto de 1506. Diego de Cuéllar era el lugarteniente de La Chaulx en la fortaleza, y allí dejó Felipe a su hijo el infante Fernando a finales de agosto, antes de dirigirse él mismo a Burgos. Fue precisamente entonces cuando se procedió a la compra de las armas[52].

Entre los gastos de carácter militar efectuados por Gumiel se cuentan, también, algunas cantidades de dinero relacionadas con la presencia en Castilla de los *alemanes* que habían venido con Felipe I. En total, 1 388 100 mrs. que no se refieren a su sueldo sino a su vestimenta (186 150 mrs. para paño, fustán y otros elementos precisos *para la librea de los alemanes*), a algunas reparaciones por daños que causaron (8 000 mrs.) y, en especial, a las mercedes y encargos hechos a su capitán, Wolfgang, conde de Fürstenberg (*conde de Fustamberque*) cuando regresaba a Alemania :

- 2 000 ducados de que le hizo merced el rey[53].
- 184 ducados que costaron unos obsequios comprados en Burgos para el emperador Maximiliano, que el conde le entregaría : una *colcha rica*, tres *camisas ricas de mujer*, una *cama de guadamecíes*, unas *caçolicas* de plata y algunos otros objetos.

---

51 Gumiel anota en su cuenta el gasto hecho en correos que el arzobispo envió a diversos recaudadores para *que trujesen el dinero* a la Corte : a Granada, Úbeda y Baeza, Sevilla, Córdoba, Cuenca y Sigüenza, Carrión y Palencia, Ávila, Medina del Campo, Toledo, Ocaña, Illescas, Salamanca. *Ibid.*, p. 243, observa también que los *factores* no atendían ya a las cartas de pago o libranzas a favor de Gumiel, una vez muerto Felipe I. Pero hubo algunos pagos a las Guardas, como lo demuestra que Martín Sánchez, oficial de la contaduría *de relaciones*, trabajó en el despacho de *libranzas* a las Guardas y recibió por ello un salario de 30 000 mrs. por orden de los Contadores Mayores (cuenta de Gumiel, orden de pago de 18 de noviembre de 1506). Por otra parte, *Ibid.*, p. 111, señala que Diego López de Mendoza, secretario de Cisneros, recibió recaudamientos de rentas reales por el importe exacto del préstamo (18 750 000 mrs.), a modo de *obligado a Guardas*.

52 La noticia sobre la estancia del infante en Simancas en *Segundo viaje de Felipe el Hermoso*, p. 548, 551. La orden de pago de las armas es de 30 de agosto : 12 pares de corazas, 12 capacetes, 30 espingardas, 10 ballestas, 24 paveses y 36 lanzas. Cuando el rey enfermó, se envió un correo urgente a Simancas, según las cuentas de Gumiel, y tras la muerte de Felipe, las autoridades municipales de Valladolid llevaron al infante a esta villa, muy cercana a Simancas, donde lo mantuvieron bajo su protección.

53 Cauchies, Les lendemains, da noticia de la pensión anual vitalicia de 1 400 *libras* otorgada por Felipe I a Fürstenberg (c. r. 17 de septiembre de 1506) y sobre el empeño por el conde de un gran collar, en prenda de un préstamo de 1 000 ducados, probablemente para anticipar o aumentar sus disponibilidades de dinero en aquellos momentos.

Las libranzas de pago correspondientes están fechadas el 18 de septiembre, cuando los *alemanes* estaban ya en Bilbao, a punto de embarcar hacia Flandes, en una operación coordinada por Francisco de Benito, que gastó 241 759 mrs. de los mil florines que el rey dispuso para el avituallamiento de los soldados y declaró haber trabajado cincuenta y seis días en organizar y despachar el embarque[54].

18. La última enfermedad y la muerte de Felipe I también dejaron huella en las cuentas de Gumiel. Son detalles mínimos pero significativos : entregó 25 000 mrs. *a ciertos monasterios e iglesias de la ciudad de Burgos, de limosna, porque tuviesen cargo de rezar a Dios nuestro Señor por la salud del rey don Felipe, que santa gloria aya, estando enfermo*, según se lee en la cédula de 4 de mayo de 1511 mediante la que el rey Fernando aceptó el gasto hecho.

El 22 de septiembre de 1506 pagó cien ducados (37 500 mrs.) a maestre Luis de Marliano, médico (*físico*) del rey por libramiento que firmaron don Juan Manuel, Jean de Luxembourg y Philibert de Veyré, y el mismo día del fallecimiento de Felipe, 25 de septiembre, dio al *argentier* Micault 45 000 mrs. para comprar cera y otras cosas necesarias para el entierro y otros 2 475 mrs. que costaron 4,5 *varas de damasco blanco* para hacer una cruz sobrepuesta al *paño de brocado que está sobre las andas*.

19 a 21. La administración de Gumiel también tiene su reflejo en la cuenta aunque escaso porque los *factores* del tesorero tenían las suyas propias, donde cargarían sus gastos administrativos, de modo que en la de Gumiel sólo se menciona a Ortuño de Ynsunsula, que fue su *factor* en la Corte de Juana I, probablemente para la rendición de cuentas en 1510-1511, pero únicamente consiguió cobrar 20 000 mrs. de los 42 540 que Ynsúnsula debía recibir por salario y ayuda durante los nueve meses que estuvo con los Contadores Mayores a pesar de *sus trabajos y dolencias*[55].

Por otra parte, se reconoció a Gumiel un gasto de 41 500 mrs. por la administración de Diego Benito, al que envió *a estar residiendo en la casa de la contratación de las Indias de la ciudad de Sevilla* para que cuidara de la recepción y envío al rey Felipe de su mitad del oro y otros derechos de la Corona sobre lo que viniera de las Indias. Pero Benito había presentado una cuenta de su salario y gastos por 67 332 m., de modo que también en este caso se siguió pérdida para Gumiel.

El tesorero anticipó el pago, y no siempre lo recuperó, de *correos* enviados de Orense a Sevilla por orden del rey *para que enviasen el dinero que era venido de las Indias* [...] *para hacer saber que no le acudían con la mitad del oro* o, algo más adelante, para recoger *las carátulas de oro que eran venidas* (*ciertas docenas de guanines*), que Felipe quería enviar a su padre el emperador, y pagó a los recueros (*arruqueros*) que trajeron a la Corte *el dinero de las Indias* en una arqueta metida dentro de un barril de aceitunas para que no supieran lo que realmente transportaban, según declara Diego Benito, en cuya pequeña cuenta hay también una curiosa relación de mobiliario y material de oficina[56].

---

54 La orden de pago para que se entregaran a Francisco de Benito los 241 750 mrs. gastados en avitullamiento es de 22 de septiembre y la emitieron los contadores mayores, don Juan Manuel y Jean de Luxembourg, señor de Ville, asegurando a Gumiel *que pudiendo Su Alteza firmar se le daría cédula para que le fuesen recibidos en cuenta*. Pero Gumiel no recibió hasta mayo de 1511 otra cédula real ordenando el pago del salario de 9 520 mrs. que dio a Benito por los 56 días empleados en organizar el embarque.

55 Insunsula cobraba un salario de tres reales al día (102 mrs.).

56 Un *arquivano con sus caxones para poner libros e escripturas para el asiento de la Casa de la Contratación* (841 mrs.), cuatro sillas (272 mrs.), una mesa con sus bancos (238), frisa morada para guarnecer la mesa (162) y tachuelas para *asentar* la frisa (65), dos libros grandes *de la marca mayor, con su abecedario*, y dos de la *marca menor*, comprados a Nicolao librero (1 628 mrs.).

En la cuenta de Gumiel no hay datos que confirmen la noticia contenida en el relato del *Segundo viaje* cuando afirma que *el rey de Castilla y la reina ordenaron cierto número de gentes de guerra, tanto caballeros como otros soldados, para pasar el mar e ir a las Indias del mas Océano con artillería en gran número*[57]. Es cierto que, desde 1505, Fernando el Católico proyectaba enviar una flota con rumbo a *la Especiería* por la ruta de occidente, y que Vicente Yáñez Pinzón compró dos naos, una carabela y muchas provisiones en los primeros meses de 1506 tanto para llevar a cabo aquel proyecto como el de colonizar la isla de San Juan (Puerto Rico). Felipe I, en carta del 26 de agosto de 1506 dirigida a la Casa de la Contratación, se interesó por el viaje, que no llegó a realizarse, pero no tuvo tiempo de tomar ninguna decisión[58].

* * *

La suma de los gastos hechos por Gumiel asciende a 44 522 049 mrs. aunque en la *data* de su cuenta sólo se le aceptaron por importe de 44 425 617 mrs. pero, como su *cargo* ascendía a 43 394 795 mrs., hubo un *alcance* a favor del tesorero de 1 030 822 mrs., que ignoro cómo cobró[59]. Además, sólo se le acreditó un salario de 81 250 mrs., correspondiente a enero-julio de 1506, aunque su actividad como tesorero se extendió de enero de 1505 hasta la Navidad de 1507, y no se reconocieron otros gastos extraordinarios que hizo, según su propia declaración[60].

Nuño de Gumiel no obtuvo, por lo tanto, beneficio económico de su actividad como tesorero real sino gastos no reembolsados, preocupaciones y trabajos, todo ello al servicio de Felipe I. La prematura e inesperada muerte del rey le impidió resarcirse de aquellas pérdidas y consolidar la sólida posición política y financiera que podía esperar. En definitiva, su presencia en las finanzas regias fue breve y terminó bruscamente, aunque alguno de sus parientes continuó participando en la gestión del pago a las Guardas Reales. Sólo en mayo de 1523 recibió una compensación adecuada, al ser nombrado tesorero de la Casa de la Contratación de las Indias pero debió ejercer el oficio muy poco tiempo[61]. Se sabe que, en sus últimos años, tenía vivienda en la calle de San Llorente de Burgos ; cuando murió, se enterró su cuerpo en el convento de San Francisco, extramuros de esta ciudad[62].

---

57 *Segundo viaje de Felipe el Hermoso*, p. 549.

58 Un resumen de estos proyectos en Ladero Quesada, *Las Indias de Castilla en sus primeros años*, p. 71. La carta de Felipe se publicó en M. Fernández de Navarrete, *Colección de los viajes y escubrimientos que hicieron los españoles por mar desde fines del siglo XV*, ed. C. Seco Serrano, vol. 2, Madrid, 1964, p. 175. El proyecto de 1505-1506 y otros viajes de Pinzón, en J. Manzano Manzano, *Los Pinzones y el descubrimiento de América*, vol. 2, Madrid, 1988, cap. 4-6 ; vol. 3, doc. 83, p. 178-238.

59 Gumiel recibió el *finequito* de su cuenta, aceptada por los contadores mayores de cuentas, por c. r. dada en Sevilla, a 6 de junio de 1511.

60 Declara el mismo Gumiel, en su cuenta, *que ha de aver el dicho tesorero de su salario y costas de tres años que se cunplieron por esta Navidad de mil quinientos siete, que fue a la corte al tiempo que el embajador musiu de Vere vino, que se trajo carta del dicho señor rey, que aya santa gloria, en que le mandó que fuese con el dicho enbaxador e fisiese lo que le mandase, y lo que ha gastado en enviar mozos, caminos, de que no tiene memoria, y en lo que gastó desde Segovia cuando el rey le mandó ir por las postas al rey, que santa gloria aya, al ducado de Gueldes, donde él estaba, que juró a Dios en este camino gastó 220 ducados de oro.* Gumiel pide a los contadores que cuenten de estos tres años *lo que vieren en sus conciencias* [...] *conforme a lo que se suele dar a otros tesoreros.*

61 Vid. Ladero Quesada, *Las Indias de Castilla*, p. 12.

62 Álvaro de Gumiel fue uno de los *obligados* al pago de las Guardas en 1510, y Juan de Gumiel, hijo de Nuño, actuó también como tal en 1516 formando parte de una compañía con Pedro de Santa Cruz y Pedro del Alcázar. Los *obligados a Guardas* recibían un salario por su gestión de recibir rentas reales para pagar con ellas a las Guardas (Alonso garcia, *El erario del reino*, p. 110-111, 116-121, 185-186, 276).

3. Observaciones finales

Algunos contemporáneos de los sucesos del verano de 1506, que los vivieron en la Corte de Castilla, afirmaron que Felipe estaba muy preocupado ante su falta de recursos económicos, por la pobreza del reino en aquellos años de gran escasez, por los grandes gastos que había hecho desde su salida de Flandes y por la falta de experiencia de los *oficiales de finanzas* que había nombrado[63], pero la cuenta de Nuño de Gumiel demuestra que aquellas cuitas del rey, ya enfermo, no respondían por completo a la realidad. Podía haber dificultades coyunturales, pero la tesorería recibía recursos monetarios y estaba previsto que los siguiera recibiendo. El pago a la flota que trajo a Felipe y Juana se había cumplido ya y era inminente el embarque en Bilbao de los *lansquenetes* alemanes. Los problemas mayores eran el excesivo gasto de la Casa y cortesanos del rey, por una parte, y, por otra, el sueldo de las Guardas Reales y otras tropas y recursos militares castellanos : en ambos aspectos había retrasos en el pago y deterioro del servicio, hasta el extremo de que, una vez muerto Felipe, el arzobispo Cisneros tomó la precaución de formar con urgencia y a su costa una guardia de infantería para proteger a la reina Juana en su propia Corte[64].

Porque, cuando el rey murió, la situación se tornó más difícil. Casi todos los cortesanos flamencos así como la guardía palatina de un centenar de *archers de corps* salieron de Castilla en las semanas siguientes, en circunstancias que ya han sido objeto de estudio detallado[65]. Es cierto que muchos cortesanos no habían recibido sus salarios y el *argentier*, por orden de Jean de Luxembourg y Jean de Nivelles, testamentarios del rey[66], vendió, repartió o hizo acuñar en Burgos la plata de la vajilla regia, con un peso total de 666 kg. de plata[67], para hacer pagos porque la reina Juana sólo retuvo a su servicio a los *cantores de Flandes* y revocó todas las mercedes y oficios castellanos dados por su difunto marido a los flamencos[68].

También volvieron a Flandes los objetos de la *cámara* y la armería del rey, aunque por diversos caminos y procedimientos : las *cargas* que Felipe había enviado por vía marítima en marzo de 1505 seguían almacenadas en Bilbao, salvo algunas que Gumiel hizo enviar de Burgos a La Coruña cuando Felipe desembarcó, y de Bilbao regresaron a

63 Así lo relata, por ejemplo, Pedro Mártir de Anglería, Epistolario, II, epíst. 313, en *Documentos inéditos para la historia de España*, vol. 10, Madrid, 1955. Alonso de Santa Cruz resumió años después el texto de Anglería en su *Crónica de los Reyes Católicos*, ed. J. de M. Carriazo, vol. 2, Sevilla, 1951, p. 58. El autor del *Segundo viaje*, p. 549, expresaba la misma opinión.

64 El arzobispo encargó al veneciano Jerónimo Vianello, que había sido el artífice de la conquista de Mazalquivir en 1505, la formación de una guardia de infantería *a la suiza* de 500 piqueros y alabarderos, e hizo comprar en Marquina (Vizcaya) mil coseletes y corazas, 2 000 picas y 500 espingardas. Cien infantes de aquella tropa formaron la guardia de la reina. Todo ello pagado por el propio Cisneros según su secretario y cronista Juan de Vallejo, *Memorial de la vida de fray Francisco Jimenez de Cisneros*, ed. A. de la Torre y del Cerro, Madrid, 1913, p. 117-118.

65 Cauchies, Les lendemains.

66 Jean de Luxembourg era el ya mencionado señor de Ville, y Jean de Nivelles era el primer capellán y confesor de Felipe I.

67 B. Roosens, Dos inventarios post-mortem de los bienes de Felipe el Hermoso (1506 y 1509), en *Felipe I el Hermoso. La belleza*, p. 241-261. Algunas noticias en *Segundo viaje de Felipe el Hermoso*, p. 550-551.

68 Pedro Mártir de Anglería, Epistolario, II, epíst. 317, de 22 de noviembre de 1506, al arzobispo de Granada y al conde de Tendilla : la reina no toma decisiones, *excepción hecha de las nóminas para que abonen los sueldos a los cantores de Flandes, que fueron los únicos de entre los filipenses a quienes admitió a su servicio, pues siente gran deleite en las melodías musicales, arte que ella aprendió en su tierna infancia.* También, Cauchies, Les lendemains y M. A. Zalama, El rey ha muerto, el rey continúa presente, en *Felipe I el Hermoso. La belleza*, p. 198-200.

Bruselas en noviembre de 1506 aunque algunas permanecieron en Santander hasta que Fernando el Católico autorizó su salida en 1508[69].

En definitiva, para alivio de unos y duelo de otros, se esfumó aquella situación nueva que parecía destinada a durar y aumentó la incertidumbre política en Castilla durante los meses siguientes mientras se agravaba la situación económica y se extendía una epidemia de peste. Fue entonces cuando alguien acuñó un dicho que fue muy repetido : *el año de siete, dexa a España y vete*[70].

69 *Codoin*, vol. 8, carta de Felipe I a Gumiel (Bruselas, 1505, marzo 4) informándole de que ha enviado unas cincuenta *cargas* de cosas de su Cámara, al cuidado de Juan Velema, en la nao de Iñigo Martínez de la Pedriza, para que pague su flete y guarde las *cargas* en Burgos hasta que él vaya a Castilla. Cuenta de Gumiel : 12 500 mrs. por el transporte de seis *cargas* con *ciertas cosas* que La Chaulx ordenó llevar de Bilbao a La Coruña y de allí a Benavente. Cauchies, Les lendemains y P. Terjanian, La armería de Felipe el Hermoso, en *Felipe I el Hermoso. La belleza*, p. 143-162 : el caballerizo mayor o *grand écuyer* Claude de Bonnard se encargó de dirigir el traslado de las *cargas* con la armería real desde Bilbao a Zelanda y de allí a Bruselas.

70 En carta del secretario de Fernando el Católico, Miguel Pérez de Almazán al embajador Francisco de Rojas, julio de 1506 (A. Rodriguez Villa, *Don Francisco de Rojas, embajador de los Reyes Católicos*, Madrid, 1896. p. 123).

Le testament de Jean III de Luxembourg et de Jeanne de Béthune (17 avril 1430)

Alain Marchandisse
Maître de recherches du F.R.S.-FNRS – Université de Liège.
Transitions. Unité de recherches sur le Moyen Âge & la première Modernité

Bertrand Schnerb
Professeur à l'Université de Lille

1. Introduction

Jean de Luxembourg, seigneur de Beaurevoir et comte de Ligny, né vers 1390, mort en 1441, est un personnage dont le moins qu'on puisse dire est qu'il n'a pas laissé de lui une image très positive. L'historiographie française traditionnelle retient surtout qu'il fut l'homme qui vendit Jeanne d'Arc à ses juges et à ses bourreaux. On peut, pour résumer le jugement porté sur lui, rappeler comment Lorédan Larchey acheva la description des armoiries de ce seigneur dans son opuscule consacré à l'armorial équestre de la Toison d'or conservé à la Bibliothèque de l'Arsenal à Paris : « C'est le lâche qui acheta Jeanne d'Arc prisonnière pour la revendre aux Anglais. Honte éternelle à ce marchand de chair humaine[1] ! »

C'est peut-être parce que Jean de Luxembourg traîne ce boulet historiographique qu'aucune étude spécifique d'une certaine ampleur centrée sur sa carrière et son milieu n'existe aujourd'hui. Les travaux qui lui sont consacrés sont de simples articles ou notices de dictionnaire[2], des mémoires ou des thèses universitaires restés inédits[3] ou encore des ouvrages centrés sur la rencontre de Jean et de Jeanne[4]. C'est pourquoi, malgré l'intérêt qu'il représente, son testament n'a jamais été étudié, sinon par bribes. Il

1 L. Larchey, *Costumes vrais. Fac-similé de 50 mannequins de cavaliers en grande tenue héraldique, d'après le manuscrit d'un officier d'armes de Philippe le Bon, duc de Bourgogne. 1429-1467*, Paris, 1899, p. 61. Voir le reprint de cet opuscule dans l'ouvrage de C. de Mérindol, M. Pastoureau, *Chevaliers de la Toison d'or. Portraits équestres du xve siècle (d'après le manuscrit n° 4790 de la Bibliothèque de l'Arsenal)*, Paris, 1986.

2 Voir par exemple B. Schnerb, Art. Jean III de Luxembourg, comte de Guise et de Ligny, seigneur de Beaurevoir, dans *Les chevaliers de la Toison d'or au xve siècle*, dir. R. De Smedt, 2e éd., Francfort, 2000, p. 29-31, n° 13 ; P. Contamine, Art. Luxembourg (Jean de) (1392-1441), dans Id., O. Bouzy, X. Hélary, *Jeanne d'Arc. Histoire et dictionnaire*, Paris, 2012, p. 833-836.

3 Voir notamment M. Escoubet, *Jean de Luxembourg, seigneur de Beaurevoir*, Mémoire de maîtrise en histoire inédit, Université de Paris-Sorbonne (Paris IV), 1993 ; A. Dumesnil, *Jean de Luxembourg, comte de Ligny et seigneur de Beaurevoir ([1392-1395]-1441). Acteur majeur de la guerre de Cent Ans*, Mémoire de master en histoire inédit, Université de Liège, 2011-2012 ; C. Berry, *Les Luxembourg-Ligny, un grand lignage noble de la fin du Moyen Âge*, Thèse de doctorat en histoire inédite, Université de Paris-Est-Créteil, 2011, *passim*.

4 C. Gomart, Jeanne d'Arc au château de Beaurevoir, dans *Mémoires de la Société d'Émulation de Cambrai*, t. 28, 2e part., 1865, p. 306-348 ; C. Journel, Jeanne d'Arc à Beaurevoir, dans *Mémoires de la Société académique des Sciences, Arts, Belles-Lettres, Agriculture et Industrie de Saint-Quentin*, t. 50, 1929, p. 43-86 ; J. Prevost-Bouré, *Jean de Luxembourg et Jeanne d'Arc. Contre-image et vérité de l'Histoire*, Paris, 1981.

Pour la singuliere affection qu'avons a luy. *Études bourguignonnes offertes à Jean-Marie Cauchies*, sous la direction de Paul Delsalle, Gilles Docquier, Alain Marchandisse et Bertrand Schnerb, Turnhout, 2017 (*Burgundica* 24), p. 291-309.
 DOI 10.1484/M.BURG-EB.5.113926

s'agit pourtant d'un document facilement repérable. En effet, si l'original est perdu, le texte nous a été conservé sous la forme d'une copie dans l'un des recueils de pièces dus à André Duchesne conservés à la Bibliothèque nationale de France[5] ; Duchesne en a par ailleurs publié une version abrégée dans les preuves de son histoire de la Maison de Béthune[6]. La transcription, toutefois, n'est pas exempte de fautes et, comme on le verra dans la version donnée en annexe du présent article, un certain nombre de corrections devait y être apporté.

Ce testament est daté du 17 avril 1430, c'est-à-dire qu'il fut établi juste avant que Jean de Luxembourg ne prît la tête des troupes destinées à assiéger Compiègne[7] ; l'opération était risquée et un chef de guerre pouvait y perdre la vie, soit au combat soit des suites d'une maladie contractée pendant le siège ; il était donc prudent pour lui de tester[8]. Cependant, l'un des traits particuliers de cet acte est qu'il se présente comme un testament de couple, ce qui est loin d'être fréquent[9] : Jean de Luxembourg teste en même temps que sa femme Jeanne de Béthune, qu'il avait épousée le 23 novembre 1418[10]. Cette noble dame était la fille de Robert de Béthune, vicomte de Meaux, et de sa troisième épouse, Isabelle de Ghistelles. Jeanne, qui était l'une des plus riches héritières du royaume, était la veuve de Robert de Bar, comte de Marle, mort sur le champ de bataille d'Azincourt le 25 octobre 1415[11]. De son premier mariage, elle avait eu une fille, Jeanne de Bar, dont Jean de Luxembourg fut le parâtre et qu'il maria en 1434 à son neveu Louis de Luxembourg, fils de son frère aîné Pierre de Luxembourg, comte de Saint-Pol, de Brienne et de Conversano[12]. Le fait que le seigneur de Beaurevoir et son épouse aient décidé de tester *conjoinctement* pourrait être l'indice de la force des sentiments qui les unissaient. Il faut toutefois noter qu'il s'agissait peut-être d'un usage familial car, antérieurement, Robert de Béthune et Isabelle de Ghistelles, parents de Jeanne de Béthune, avaient déjà établi un testament commun[13], avant qu'Isabelle, devenue veuve, ne testât seule en janvier 1439[14].

---

5 Paris, Bibliothèque nationale de France (= BnF), Coll. Duchesne, 82, fol. 246r-249r.

6 A. Duchesne, *Histoire généalogique de la Maison de Béthune*, Paris, 1639, *Preuves du Livre V*, p. 228-229.

7 Le siège de Compiègne commença le 20 mai 1430. L. Carolus-Barré, Le siège de Compiègne et la délivrance de la ville 20 mai-25 octobre 1430, dans *Actes du colloque Jeanne d'Arc et le cinq cent cinquantième anniversaire du siège de Compiègne, 20 mai-25 octobre 1430, Bulletin de la Société historique de Compiègne*, t. 28, 1982, p. 15-62.

8 Le fait n'est pas exceptionnel et on peut relever d'autres exemples de testaments de nobles rédigés avant une expédition militaire. Voir *Testaments de l'officialité de Besançon, 1265-1500*, éd. U. Robert, t. 1, Paris, 1902, p. 200.

9 Bien que la pratique du testament conjoint existât, elle restait une exception. Voir par exemple *Ibid.*, p. 200.

10 Enguerrand de Monstrelet, *Chronique*, éd. L. Douët-d'Arcq, t. 3, Paris, 1859, p. 297. Voir aussi Duchesne, *Histoire généalogique. Preuves du Livre V*, p. 225-226.

11 Jeanne détenait entre autres, au royaume de France, le comté de Marle, la vicomté de Meaux, les seigneuries de Vendeuil, Séraucourt-sur-Somme, Hamégicourt, Brissy et La Ferté-Ancoul (La Ferté-sous-Jouarre). Par ailleurs elle tenait *de son propre heritage et patrimoine*, les seigneuries de Rumst, Hoboken et Eeklo au duché de Brabant. *Ibid.*, p. 226 ; F. Hooghe, De cijnzen van de Vrouw van Rumst in Haasdonk, Hingene en Bornem (1408), dans *Mededelingen van de Vereiniging voor Heemkunde in kleine Brabant v.z.w.*, t. 23, 2012, p. 4-19 ; Id., De heerlijkheid van de Vrouw van Rumst in Haasdonk, Hingene en Bornem (1408), dans *Ibid.*, t. 24, 2013, p. 7-19.

12 De ce mariage naquit Pierre II de Luxembourg. J.-M. Cauchies, Art. Pierre de Luxembourg, comte de Saint-Pol, de Conversano et de Brienne, seigneur d'Enghien, dans *Les Chevaliers de la Toison d'or*, p. 200-201, n° 84.

13 Duchesne, *Histoire généalogique. Preuves du Livre V*, p. 220-221.

14 *Ibid.*, p. 221-222.

2. Recommandation de l'âme, sépulture et funérailles

Après l'invocation et un préambule conforme au formulaire utilisé pour ce genre d'acte, vient la recommandation de l'âme, les deux testateurs mentionnant, après Dieu, les saints pour lesquels ils avaient une particulière dévotion ; la liste n'est toutefois pas très longue : outre la Vierge Marie, généralement citée dans ce contexte, seul saint Michel apparaît, avant la mention de *toute la benoiste court de Paradis*[15]. Certes, l'archange qui pèse les âmes lors du Jugement dernier et qui triomphe du diable, est un intercesseur souvent invoqué dans les testaments[16] ; toutefois, en tant que saint combattant[17], souvent représenté, au XVe siècle, revêtu de l'armure et l'épée en main, saint Michel est l'objet d'une grande dévotion dans le monde des princes et de la noblesse, y compris à la cour de Bourgogne[18]. Il n'est pas inutile de rappeler ici que Hugues de Lannoy, seigneur de Santes, appartenant à la même société politique que Jean de Luxembourg, avait fondé, en 1429, une chapelle placée sous le vocable de saint Michel en la collégiale Saint-Pierre de Lille, et y fit élection de sépulture[19]. Un autre représentant de la haute noblesse de la cour de Bourgogne, Pierre de Bauffremont, chevalier de la Toison d'or, comme Jean de Luxembourg et Hugues de Lannoy, dans son testament daté de juillet 1453, recommanda son âme, entre autres, à saint Michel et à saint Georges[20]. Par ailleurs, nous verrons plus loin le rôle de chapelle funéraire joué par la chapelle Saint-Michel de l'abbaye d'Ourscamp pour la famille paternelle de Jeanne de Béthune[21]. Ces exemples nous permettent d'avancer l'idée que la recommandation à saint Michel pouvait être non seulement la manifestation d'une préoccupation eschatologique, mais aussi l'indice d'une dévotion personnelle liée à l'état social et politique des testateurs.

L'élection de sépulture révèle l'attachement à la fois religieux, politique et sentimental à un lieu et à un sanctuaire particuliers, à savoir la cité de Cambrai et la cathédrale Notre-Dame. Les membres de la famille de Luxembourg-Saint-Pol entretenaient des rapports étroits avec cette cité. L'un des oncles paternels de Jean de Luxembourg, André, mort en 1396, en avait été évêque[22] et Jean lui-même possédait dans la ville une

15 Paris, BnF, Coll. Duchesne, 82, fol. 246r.

16 Sur l'évocation du Jugement dernier dans la recommandation de l'âme, voir V. Pasche, « *Pour le salut de mon âme* ». *Les Lausannois face à la mort (XIVe siècle)*, Lausanne, 1989, p. 33-36.

17 Sur la dévotion aux saints militaires, voir E. Dehoux, *Saints guerriers. Georges, Guillaume, Maurice, Michel dans la France médiévale (XIe-XIIIe siècle)*, Rennes, 2014.

18 C'est en la chapelle Saint-Michel de l'hôtel de la Salle de Lille que Philippe le Bon faisait célébrer tous les vendredis un service religieux pour les morts d'Azincourt. B. Schnerb, La piété et les dévotions de Philippe le Bon, duc de Bourgogne (1419-1467), dans *Comptes rendus des Séances de l'Académie des Inscriptions et Belles-Lettres*, t. 149, 2005, p. 1319-1344 (cf. p. 1341).

19 B. de Lannoy, *Hugues de Lannoy, le bon seigneur de Santes*, Bruxelles, 1957, p. 165-168 ; A. Marchandisse, Les Lannoy, Lalaing, Croÿ, Luxembourg. Des lignages curiaux bourguignons devant la mort (XVe-XVIe s.), dans *Mourir à la cour. Normes, usages et contingences funéraires dans les milieux curiaux à la fin du Moyen Âge et à l'époque moderne*, dir. B. Andenmatten, E. Pibiri, Lausanne, 2016, p. 97.

20 Dijon, Archives départementales de la Côte-d'Or, XV F 2, liasse 1 ; S. Verhaeghe, Non vuillans deceder intestat. *Testament et pratiques testamentaires à la cour de Bourgogne (1363-1477)*, Mémoire de maîtrise en histoire inédit, Université de Lille 3, 2000, p. 134.

21 Duchesne, *Histoire généalogique. Preuves du Livre V*, p. 220-221. Chiry-Ourscamp, dép. Oise, arr. Compiègne, cant. Thourotte.

22 Ce personnage, consacré évêque à 17 ans et mort à 24 ans, n'a jamais fait l'objet d'une étude spécifique ; on trouve une utile mise au point dans M. Maillard-Luypaert, Entre soustraction et restitution d'obédience : les relations « douces amères » de Pierre d'Ailly, évêque de Cambrai, avec ses « proches » (1398-1408), dans *À l'ombre du pouvoir. Les entourages princiers au Moyen Âge*, dir. A. Marchandisse, J.-L. Kupper, Genève, 2003, p. 13-27 (cf. p. 13, n. 2).

vaste résidence appelée l'hôtel de Saint-Pol, mentionnée dans le testament (*la maison de Cambray*[23]). Or, c'est précisément dans la cathédrale que Jean et Jeanne choisirent d'être enterrés *au plus près que possible sera et que faire* [*se*] *pourra de feu de noble memoire monseigneur Andrieu de Luxembourg, jadis evesque de Cambray, que Dieux absoille*[24]. Ce choix n'était pas seulement dicté par la piété : il manifestait l'union du couple que la mort ne devait pas briser et aussi, de façon plus politique, était une manière de montrer l'enracinement des Luxembourg-Saint-Pol à Cambrai et dans le Cambrésis[25]. En lien avec cette élection de sépulture, un don de 200 francs (chacun des deux testateurs donnant 100 francs) fut prévu en faveur de la fabrique de la cathédrale, *pour la, comme dit est, estre enterré et gesir en sepulture*[26].

Jean de Luxembourg et Jeanne de Béthune donnèrent aussi, par leur testament, des directives concernant la forme que devait revêtir leur tombeau[27] : celui-ci devait se composer d'une dalle de marbre surmontée de deux gisants en « ivoire » représentant les deux défunts *bien et honnestement selon* [leur] *estat*, c'est-à-dire Jean de Luxembourg représenté tout armé, « combattant pour l'éternité »[28], et Jeanne de Béthune revêtue des habits d'une noble dame. En tout état de cause, cette sépulture de couple montre, tout autant que le testament, l'union des deux époux ; le choix de Jeanne de Béthune de reposer aux côtés de son second mari est d'autant plus à signaler qu'elle aurait pu choisir d'être inhumée auprès de son père, voire auprès de son premier mari, dont elle avait eu son seul enfant.

On sait, grâce à Enguerrand de Monstrelet, qui fut sans doute un témoin oculaire de ses funérailles, que lorsque Jean de Luxembourg mourut, en janvier 1441, le choix qu'il avait fait d'être enterré en la cathédrale de Cambrai fut respecté :

> *Or convient retourner a parler ung peu de messire Jehan de Luxembourg, conte de Ligney, lequel, comme dit est par avant, trespassa dedens le chastel de Guise. Si fut son corps apporté sur ung chariot et acompaignié de ses gens tres honnourablement, en l'eglise de Nostre Dame de Cambray, ou il fut mis sur deux hestaulz dedens le cuer. Et la premiere nuit on dist vigilles et commandasses. Et fut villié jusques a lendemain qu'on dist la messe des mors moult solempnellement. Et y avoit tres grand nombre de torsses alumees autour dudit corps, que tenoient ses gens. Et ycelle messe finee, fut mis en cuer, assés pres de ung de ses predicesseurs nommé Waleran de Luxembourg, seigneur de Ligney et de Beaurevoir*[29].

Il convient cependant de noter que, par la suite, Jeanne de Béthune, devenue veuve et survivant dix ans à son mari décédé en janvier 1441, revint sur l'élection de sépulture décidée conjointement avec lui en avril 1430 : en 1450, en effet, après avoir effectué

---

23 Paris, BnF, Coll. Duchesne, 82, fol. 248v. Cet hôtel de Saint-Pol (dont un portail et un puits sont encore visibles au n° 5 de la rue Saint-Pol) passa de Jean de Luxembourg et Jeanne de Béthune à leur neveu Louis de Luxembourg, comte de Saint-Pol, au fils de celui-ci, Pierre II de Luxembourg, puis à la fille de ce dernier, Marie de Luxembourg ; c'est en ce lieu que fut conclue la Paix des Dames en août 1529.

24 Paris, BnF, Coll. Duchesne, 82, fol. 246r.

25 Outre l'évêque André et Jean de Luxembourg, au moins cinq membres de la famille furent inhumés dans la cathédrale. Gomart, Jeanne d'Arc au château de Beaurevoir, p. 337.

26 Paris, BnF, Coll. Duchesne, 82, fol. 246r.

27 Sur les funérailles des Luxembourg, voir Marchandisse, Les Lannoy, p. 77-99 ; Berry, *Les Luxembourg-Ligny*, t. 3, p. 602-604.

28 S. Guilbert, Combattants pour l'éternité. Représentations de combattants sur les pierres tombales de Châlons-sur-Marne, dans *Le combattant au Moyen Âge. Actes du XVIIIe congrès de la Société des Historiens médiévistes de l'Enseignement public*, Saint-Herblain, 1991, p. 267-278.

29 Enguerrand de Monstrelet, *Chronique*, t. 5, Paris, 1861, p. 454. Le prédécesseur de Jean de Luxembourg cité dans ce passage est Waleran II de Luxembourg, mort en 1366 et inhumé dans la cathédrale de Cambrai. Berry, *Les Luxembourg-Ligny*, t. 3, p. 593.

le pèlerinage romain à l'occasion du Jubilé, elle revint en France et vint résider dans sa ville de Meaux ; elle y tomba malade et, à l'article de la mort, y dicta un codicille en date du 26 octobre, pour compléter un testament (dont le texte ne semble pas conservé) qu'elle avait dicté avant son départ pour Rome : dans ce codicille, elle rompait totalement avec l'option précédente demandant, *s'il estoit qu'elle allast de vie a trespassement, son corps estre mis et enterré en l'eglise de Saint Innocent a Paris, en la fosse des pauvres*[30]. C. Journel a interprété ce choix comme le rejet par Jeanne de Béthune de son second mari et comme la manifestation d'un « nihilisme mystique » – n'allant toutefois pas jusqu'à affirmer que la vicomtesse de Meaux était torturée par le remords en pensant à la destinée de Jeanne d'Arc[31]. En réalité, ce choix, dicté par le souci d'humilité d'une grande dame qui venait de faire le pèlerinage jubilaire et d'y avoir obtenu sans doute l'indulgence plénière, n'était pas un acte isolé : il correspondait à une pratique – peut-être encouragée par certains confesseurs appartenant aux ordres mendiants[32] –, qui se diffusa à partir du début du xve siècle, notamment au sein des élites parisiennes dont certains représentants choisirent, comme Jeanne de Béthune, une sépulture anonyme au cimetière des Innocents dans la fosse commune destinée au pauvres[33]. Il faut toutefois remarquer que sur ce plan, les dernières volontés de Jeanne de Béthune ne furent pas respectées par ses exécuteurs testamentaires : en effet, un document du xvie siècle prouve que Jeanne de Béthune fut inhumée dans l'église priorale de Rueil près de La Ferté-sous-Jouarre[34].

De façon paradoxale, alors que les deux testateurs entendaient fournir des indications concernant la forme de leur monument funéraire, l'article de leur testament concernant les cérémonies funèbres était très réduit, puisqu'ils y déclaraient s'en remettre, pour l'organisation, à leurs exécuteurs testamentaires[35]. Toutefois, les indications fournies par le texte permettent de savoir qu'une somme de 600 francs devait être affectée à ces funérailles – 300 francs pour chacun des deux testateurs[36].

3. Legs pieux et charitables

Une part essentielle du testament du seigneur et de la dame de Beaurevoir concerne les legs pieux prévus pour fonder des chapellenies et des obits et pour se conformer aux exigences de la vertu de charité. La localisation des fondations de messes anniversaires dessine une géographie des dévotions du couple reflétant aussi des attaches familiales et un enracinement seigneurial. Il faut ici distinguer les lieux auxquels sont attachés la mémoire et les dévotions du lignage de Jean de Luxembourg et les lieux auxquels sont liés ceux du lignage de Jeanne de Béthune. À la première catégorie appartiennent, outre la cathédrale Notre-Dame de Cambrai et les deux chapellenies fondées en la chapelle Notre-Dame de Beaurevoir, l'église paroissiale de ce même lieu, l'abbaye cistercienne

30 Duchesne, *Histoire généalogique. Preuves du Livre V*, p. 240-241.

31 Journel, Jeanne d'Arc à Beaurevoir, p. 85.

32 Dans son testament d'octobre 1450, Jeanne de Béthune donne 20 livres tournois à frère Matthieu Gaucher, gardien du couvent des cordeliers de Meaux, *lequel luy a administré ses ordonnances et sacrements.* Ce frère Matthieu est par ailleurs mentionné parmi les témoins de l'acte. Duchesne, *Histoire généalogique. Preuves du Livre V*, p. 241.

33 Voir les exemples datés des années 1404-1412, de testateurs faisant élection de sépulture *ou cimetiere de Saint Innocent en la fosse aux povres. Testaments enregistrés au Parlement de Paris sous le règne de Charles VI*, éd. A. Tuetey, Paris, 1880, p. 381, 417, 427, 432, 523, 549.

34 Duchesne, *Histoire généalogique. Preuves du Livre V*, p. 242.

35 Paris, BnF, Coll. Duchesne, 82, fol. 246r.

36 *Ibid.*, fol. 246v.

de Vaucelles, au sud de Cambrai, l'abbaye Notre-Dame du Mont-Saint-Martin, maison de l'ordre de Prémontré située à l'ouest de Beaurevoir[37]. À la seconde catégorie appartiennent l'église de Vendeuil, en une seigneurie de la Maison de Béthune située entre Saint-Quentin et Laon[38], l'église de Fleury-lès-Oisy, sur les terres d'une seigneurie qui avait été tenue par Robert de Bar et devait constituer une partie du douaire de sa veuve[39], l'abbaye Notre-Dame de Nogent-sous-Coucy[40], et Notre-Dame de Gistel[41] : ce dernier sanctuaire était le lieu où avaient été inhumés les seigneurs de Ghistelles, et que, plus tard, par son testament en date du 18 mars 1439, Isabelle de Ghistelles, mère de Jeanne de Béthune, choisit elle-même comme lieu de sa sépulture[42].

Le testament prévoyait également un certain nombre de legs charitables à des églises, couvents et monastères, sous forme de dons en argent[43]. Dans la liste des établissements bénéficiaires, dans laquelle figurent des églises où avaient été fondés des obits – les abbayes de Vaucelles, du Mont-Saint-Martin et de Nogent-sous-Coucy –, on note l'importance des couvents mendiants des villes avec lesquelles les testateurs entretenaient des rapports suivis : dominicains, dominicaines, carmes et franciscains d'Arras[44], franciscains de Cambrai, franciscains de Péronne, dominicains et franciscains de Saint-Quentin, franciscains de Roye. Furent par ailleurs bénéficiaires de dons les églises de *Bihoria* – à identifier comme l'abbaye cistercienne de Bohéries, au comté de Guise[45] – ainsi que Hannappes[46], Wimy[47], Dorengt[48], Brissy et Hamégicourt[49], toutes situées entre Saint-Quentin et Guise. À cet ensemble s'ajoutent Beuvry[50], église d'une

37 L'abbaye du Mont-Saint-Martin était située sur le territoire de l'actuelle commune de Gouy (dép. Aisne, arr. Saint-Quentin, cant. Bohain-en-Vermandois).

38 Duchesne, *Histoire généalogique de la maison de Béthune*, p. 63. Vendeuil, dép. Aisne, arr. Saint-Quentin, cant. Ribemont.

39 *Ibid.*, *Preuves du Livre V*, p. 231. Oisy, dép. Aisne, arr. Vervins, cant. Guise.

40 Jeanne de Béthune était doublement liée à la famille de Coucy : d'une part, Jeanne de Coucy était sa grand-mère paternelle ; d'autre part, son premier mari, Robert de Bar, comte de Marle, était le petit-fils d'Enguerrand VII, seigneur de Coucy et comte de Soissons († 1397), qui avait été inhumé dans l'abbatiale de Nogent-sous-Coucy. *Ibid.*, *Preuves du Livre V*, p. 220 ; B. Schnerb, Vie et mort d'un combattant de Nicopolis : Enguerrand VII, seigneur de Coucy et comte de Soissons, dans *Pays bourguignons et Orient : diplomatie, conflits, pèlerinages, échanges (xiv*[e]*-xvi*[e] *siècles)*, éd. A. Marchandisse, G. Docquier, *Publication du Centre européen d'Études bourguignonnes (xiv*[e]*-xvi*[e] *s.)*, t. 56, 2016, p. 98-100.

41 Gistel, Belgique, prov. Flandre-Occidentale, arr. Ostende.

42 [...] *En premier lieu elle ordonne son corps estre enterré en l'eglise de Nostre Dame de Ghistelle, au chœur d'icelle, devant le grand autel ou elle a fait faire et maçonner sa sepulture couverte d'une lame de marbre.* Duchesne, *Histoire généalogique de la Maison de Béthune. Preuves du Livre V*, p. 221.

43 Paris, BnF, Coll. Duchesne, 82, fol. 246v-247r.

44 Jean de Luxembourg, qui avait été capitaine de la ville d'Arras lors du siège de 1414, avait été à ce titre responsable de la destruction de couvents situés hors les murs et qui risquaient de favoriser l'approche de l'ennemi. Il n'est pas impossible que la sollicitude manifestée pour les établissements arrageois soit en partie dictée par le repentir du chef de guerre. Le duc Jean sans Peur fit lui-même des dons importants à ces mêmes établissements en 1416. B. Schnerb, Les ducs de Bourgogne de la Maison de Valois et les frères mendiants : une approche documentaire, dans *Économie et religion. L'expérience des ordres mendiants (xiii*[e]*-xv*[e] *siècle)*, dir N. Bériou, J. Chiffoleau, Lyon, 2009, p. 271-317 (cf. p. 292-293), Id., Un acte de Jean sans Peur en faveur des dominicaines de La Thieuloye (1414), dans *Revue du Nord*, t. 86, 2004, p. 729-740.

45 Bohéries, dép. Aisne , arr. Vervins, cant. Guise, comm. Vadencourt.

46 Hannapes, dép. Aisne , arr. Vervins, cant. Guise.

47 Wimy, dép. Aisne, arr. Vervins, cant. Hirson.

48 Dorengt, dép. Aisne , arr. Vervins, cant. Guise.

49 Brissy-Hamégicourt, dép. Aisne, arr. Saint-Quentin, cant. Ribemont.

50 Beuvry, dép. Pas-de-Calais, arr. Béthune, ch.-l. cant.

seigneurie octroyée à Jean de Luxembourg par le duc de Bourgogne[51], et le prieuré clunisien de Rueil-en-Brie, près de La Ferté-sous-Jouarre, auquel était attachée la vicomtesse de Meaux et où elle devait être inhumée vingt ans plus tard.

Des dons de vêtements précieux prévus par les deux testateurs venaient compléter les dons en argent et les fondations pieuses[52]. Deux dons de ce type concernaient Gistel : Jeanne de Béthune léguait une robe de drap d'or et bleu fourrée d'hermine à l'église Notre-Dame de Gistel, tandis que Jean de Luxembourg donnait sa meilleure robe à la confrérie de Notre-Dame de ce lieu. Trois robes furent également données aux chapelles de Notre-Dame de Beaurevoir, une autre à la paroissiale de ce même lieu et enfin une à Notre-Dame de Cambrai. Une autre robe fut donnée à l'abbaye d'Ourscamp. Cet établissement cistercien du diocèse de Noyon revêtait une incontestable importance pour Jeanne de Béthune, puisque la chapelle Saint-Michel de l'abbatiale avait reçu les sépultures de ses grands-parents paternels, Jean de Béthune et Jeanne de Coucy, de son père, Robert de Béthune, vicomte de Meaux, et des deux premières épouses de ce dernier, Jeanne de Châtillon et Jeanne de Barbençon. Par ailleurs, en cette église, ses parents avaient fondé, par testament, une messe de Requiem à célébrer dans la chapelle Saint-Michel et douze obits solennels pour les douze mois de l'année à célébrer *ou cuer et grand autel d'icelle eglise d'Ourscamp a tousjours perpetuellement* ; ces fondations venaient s'ajouter à la célébration de quatre messes hebdomadaires et quatre obits par an que Robert de Béthune, seul, avait antérieurement prévue en la chapelle Saint-Michel[53].

Outre les dons et legs à destination des églises et des établissements religieux, les deux testateurs avaient prévu de réserver une somme de 200 francs *a donner pour Dieu*, qui devait être distribuée « à la discrétion » de leurs exécuteurs, là où il leur semblerait bon. Cet argent devait très probablement servir à des aumônes directes faites au bénéfice de pauvres dignes d'être secourus ; on peut remarquer ici la relative modicité de la somme allouée éventuellement aux pauvres dans un testament où, par ailleurs, on ne relève aucun don prévu pour des établissements d'assistance. De toute évidence, pour le seigneur et la dame de Beaurevoir, les dons aux églises et l'entretien d'une *memoria* familiale passaient avant les œuvres de charité à destination des individus frappés par les malheurs du temps. Le fait mérite d'être remarqué car, contrairement à eux, d'autres représentants de la noblesse de la cour de Bourgogne manifestèrent une conscience aiguë du problème de la pauvreté : sans rappeler le cas de Nicolas Rolin et Guigone de Salins fondant l'Hôtel-Dieu de Beaune en 1443[54], on peut mentionner ici Guillaume de Vienne, seigneur de Saint-Georges, fondateur d'un hôpital à Seurre au début des années 1430[55], et aussi Jean, bâtard de Saint-Pol, et Jacqueline de La Trémoille, sa femme, fondateurs d'un hôpital à Haubourdin en 1466[56].

Au chapitre des dons et legs révélateurs de la piété et des dévotions des deux testateurs, une place particulière doit être ménagée aux intentions liées à la mémoire et au

51 En janvier 1416, le duc Jean sans Peur donna à Jean de Luxembourg les seigneuries de Beuvry, Chocques et Gosnay qu'il avait antérieurement données à Jean, seigneur de Croÿ, tué au mois d'octobre précédent à Azincourt. Escoubet, *Jean de Luxembourg*, p. 194.

52 Paris, BnF, Coll. Duchesne, 82, fol. 248v.

53 Duchesne, *Histoire généalogique de la Maison de Béthune. Preuves du Livre V*, p. 220.

54 M.-T. Berthier, J.-T. Sweeney, *Nicolas Rolin, 1376-1462*, Précy-sous-Thil, 2002, p. 211-215.

55 Voir le testament du seigneur de Saint-Georges en date du 14 mars 1435. G. Pelot, *Les derniers grands feux d'une maison comtoise et bourguignonne : Guillaume de Vienne, seigneur de Saint-Georges et de Sainte-Croix, 1362-1437*, t. 5, Thèse de doctorat en histoire inédite, Université de Franche-Comté, 2012, p. 1197-1198. Seurre, dép. Côte-d'Or, arr. Beaune, cant. Brazey-en-Plaine.

56 M. Beele, *Jean de Luxembourg, bâtard de Saint-Pol, seigneur de Haubourdin*, Mémoire de maîtrise en histoire inédit, Université de Lille 3, 2000, p. 107-110.

culte du bienheureux Pierre de Luxembourg, dont le procès avait été ouvert en 1389, deux ans après sa mort, mais qui, après une enquête menée entre 1390 et 1418, n'avait toujours pas abouti en 1430[57]. Cet aspect particulier du testament correspond, en partie, à un apport spécifique de Jean de Luxembourg qui, à titre personnel, prévoyait un legs de 1 000 francs *pour aydier a canoniser monseigneur saint Pierre de Luxembourg, nostre oncle*[58]. Par ailleurs, deux robes de drap d'or, l'une vermeille – qui avait déjà été donnée à l'église de Nesle et devait être restituée – et l'autre noire, devaient être données *a l'esglise monseigneur saint Pierre de Luxembourg*, c'est-à-dire au couvent des célestins d'Avignon[59]. Une telle dévotion ne revêtait pas une dimension familiale limitée à la seule Maison de Luxembourg : en 1397, dans le codicille de son testament, Enguerrand VII, seigneur de Coucy, avait, lui-même, prévu un don de 100 écus à la chapelle funéraire de Pierre de Luxembourg, auprès de laquelle la maison des célestins venait d'être fondée[60].

4. Famille et entourage

Le testament de Jean de Luxembourg et de Jeanne de Béthune est un document précieux pour saisir tout à la fois des relations affectives et sociales inscrites au sein de la sphère familiale et au-delà. Les rapports entre les époux, que nous avons évoqués plus haut, semblaient étroits au moment où le testament fut rédigé. Toutefois, nous avons vu qu'un veuvage de dix années a substantiellement affaibli les liens qui avaient pu exister entre Jeanne de Béthune et son second mari. En 1430, néanmoins, ces liens étaient assez forts. Ils n'étaient d'ailleurs pas seulement d'ordre affectif, mais aussi juridique : en prévoyant que s'il la précédait dans la mort, son épouse disposerait, à titre viager, de sa résidence de Cambrai et de sa seigneurie de Beaurevoir[61], Jean de Luxembourg assignait un complément de douaire à sa future veuve[62].

En dehors du couple lui-même, plusieurs parents des testateurs apparaissent dans le document, soit comme bénéficiaires de dons, soit parmi les exécuteurs testamentaires. En tête de la première catégorie, nous trouvons Jeanne de Bar, seul enfant né du premier mariage de Jeanne de Béthune, et qui n'apparaît incidemment (*ma fille*) que comme bénéficiaire du don d'une robe noire chargée d'orfèvrerie et d'un collier à *croisette*[63]. On peut citer ensuite *nostre cousine la dame d'Authuille*, à qui était léguée une robe fourrée de gris ainsi qu'une rente viagère annuelle de 50 francs, assignée sur les revenus de la terre de Sapignies, près de Bapaume[64]. Cette dame est à identifier comme Marguerite de Fiennes, veuve de Jean de Mailly, seigneur d'Authuille et de Wavrans, mort à Azincourt[65].

---

57 A. Vauchez, *La sainteté en Occident aux derniers siècles du Moyen Âge*, Rome, 1988, *passim*, notamment p. 299. Sur le personnage, voir G. Hasenohr, Art. Pierre de Luxembourg, dans *Dictionnaire de Spiritualité*, t. 12/2, Paris, 1986, col. 1612-1614 ; Berry, *Les Luxembourg-Ligny*, t. 3, p. 566-568.

58 Paris, BnF, Coll. Duchesne, 82, fol. 247r.

59 *Ibid.*, fol. 248v. Nesle, dép. Somme, arr. Péronne, ch.-l. cant.

60 Schnerb, Vie et mort d'un combattant de Nicopolis, p. 103.

61 Paris, BnF, Coll. Duchesne, 82, fol. 247v.

62 Dans le contrat de mariage établi le 23 novembre 1418, Jean de Luxembourg assignait à sa femme, pour son douaire, une rente annuelle de 2 000 livres sur les revenus de ses seigneuries de Chocques et de Beuvry ; par ailleurs, le douaire que Jeanne de Béthune devait recueillir en tant que veuve de Robert de Bar ne lui fut assigné sur les revenus de la seigneurie d'Oisy par sa fille et son gendre qu'à partir de juin 1437. Duchesne, *Histoire généalogique de la Maison de Béthune. Preuves du Livre V*, p. 216, 231.

63 Paris, BnF, Coll. Duchesne, 82, fol. 248r.

64 *Ibid.*, fol. 247r. Sapignies, dép. Pas-de-Calais, arr. Arras, cant. Bapaume.

65 Anselme de Sainte-Marie, *Histoire généalogique de la Maison royale de France*, 2e éd., t. 2, Paris, 1712, p. 1412. Sur le lien entre Fiennes et Luxembourg, voir B. Schnerb, *Enguerrand de Bournonville*

La seigneurie de Sapignies, sur laquelle était assignée la rente léguée à la dame d'Authuille, devait revenir en totalité à Jacquette de Luxembourg[66], fille de Pierre de Luxembourg, comte de Saint-Pol, de Brienne et de Conversano, frère aîné de Jean[67]. C'est cette même Jacquette, désignée comme *nostre niece de Conversant*, qui devait en outre recevoir une robe de satin vermeil chargée d'orfèvrerie et une chaînette d'or[68]. Elle épousa Jean de Lancastre, duc de Bedford, trois ans plus tard, en avril 1433, alors qu'elle était âgée de dix-sept ans et était *frisque, belle et gracieuse*[69].

Isabelle de Roye, qui devait recevoir une robe fourrée de martre[70], était une sœur de Guy de Roye[71]. Guy et Isabelle étaient les enfants de Matthieu V, seigneur de Roye, et de Marguerite de Ghistelles, oncle et tante de Jeanne de Béthune. Cette dernière avait une affection particulière pour eux car ils l'avaient moralement soutenue après que son premier mari, Robert de Bar, eut été tué à Azincourt : par un acte en date du 15 septembre 1418, elle leur avait donné 800 francs en déduction d'une somme de 2 000 francs qu'elle leur avait antérieurement prêtée *pour aidier a paier la ranchon de nostredit oncle* ; ce don était fait *pour les bons et agreables services* que Matthieu lui avait rendus depuis le *partement* de son *tres redoubté seigneur et mary*, qu'il continuait de lui rendre *de jour en jour* et que Jeanne espérait qu'il lui rendît à l'avenir, et *considerés aussi les grans pertes qu'il a faictes a cause de sadicte raenchon et en la compaignie de nostre dit tres redoubté seigneur et mary, ou il a esté prins et mené prisonnier en Angleterre*[72]. Notons que plus de trente ans plus tard, par un acte donné à Beaurevoir le 4 février 1450, Jeanne de Béthune renonça au reste de la créance, soit 1 200 francs, au profit de Guy, seigneur de Roye, fils de feu Matthieu V, *pour la bonne amours et les services agreables* que lui avait faits et faisait chaque jour ledit Guy[73].

Une autre cousine de Jeanne de Béthune, désignée dans le texte comme la *femme de Waleran de Moreuil*, était Marguerite de Roye. Cette autre sœur de Guy de Roye, avait épousé Waleran de Soissons, seigneur de Moreuil, en 1425[74]. Il n'est pas inintéressant de souligner que lorsque, en 1418, Jeanne avait fait un don de 800 francs à son oncle Matthieu V de Roye, cela avait été *pour l'avancement du mariage de sa fille Margot*[75], celle-ci devant être identifiée comme la future dame de Moreuil.

Enfin, parmi les cousines bénéficiant de la sollicitude des deux testateurs figurait une illégitime nommée Margot, bâtarde de Saint-Pol, qui devait recevoir une robe de

---

et les siens. Un lignage noble du Boulonnais aux XIVe et XVe siècles, Paris, 1997, p. 37-39.

66 Ce legs fait, non pas à titre viager mais à titre héréditaire, concernait un acquêt. Paris, BnF, Coll. Duchesne, 82, fol. 247r.

67 Sur ce personnage, voir P. de Win, Art. Pierre Ier de Luxembourg, comte de Saint-Pol, de Conversano et de Brienne, seigneur d'Enghien, dans *Les chevaliers de la Toison d'or*, p. 22-24, n° 10. Contrairement à ce qu'on peut lire dans cet article, Pierre n'était pas le frère cadet de Jean, mais bien son frère aîné et il suffit de rappeler ici que les armes de Pierre étaient « d'argent au lion de gueules armé et couronné d'or et lampassé d'azur » – ce qui correspond aux armes pleines de Luxembourg –, alors que les armes de Jean étaient « d'argent au lion de gueules armé et couronné d'or et lampassé d'azur chargé d'un lambel d'azur à trois pendants brochant sur le tout », cette brisure montrant clairement qu'il était un puîné et non un aîné.

68 Paris, BnF, Coll. Duchesne, 82, fol. 248r.

69 Enguerrand de Monstrelet, *Chronique*, t. 5, p. 55-56.

70 Paris, BnF, Coll. Duchesne, 82, fol. 248r.

71 B. Schnerb, Art. Guy, seigneur de Roye, du Plessis, de Thalemas et de Guerbigny, dans *Les chevaliers de la Toison d'or*, p. 151-152, n° 62. Isabelle de Roye épousa par la suite Philippe, seigneur de Ternant.

72 Duchesne, *Histoire généalogique de la Maison de Béthune. Preuves du Livre V*, p. 225-226.

73 *Ibid.*, p. 240.

74 Anselme de Sainte-Marie, *Histoire généalogique de la Maison royale de France*, 3e éd., t. 6, Paris, 1730, p. 719 ; t. 8, Paris, 1733, p. 13.

75 Duchesne, *Histoire généalogique de la Maison de Béthune. Preuves du Livre V*, p. 240.

damas fourrée de gris et une somme de 200 francs[76]. Cette Margot était sans doute une fille naturelle de Waleran de Luxembourg, comte de Saint-Pol et de Ligny, oncle et mentor de Jean de Luxembourg ; Waleran, en effet, avait eu plusieurs bâtards, notamment le célèbre Jean, bâtard de Saint-Pol, seigneur de Haubourdin[77].

L'énumération qui précède montre que les seuls parents du couple de testateurs qui apparaissent parmi les bénéficiaires de dons et legs sont des femmes, cousines de l'un ou de l'autre ; les hommes – en l'occurrence les deux frères de Jean de Luxembourg, Pierre, comte de Conversano, et Louis, évêque de Thérouanne et chancelier de France[78] – n'apparaissent que parmi les exécuteurs testamentaires. Par ailleurs, le document met en lumière un certain nombre de compagnons d'armes et de serviteurs formant une part importante de l'entourage de Jean de Luxembourg. Dans cette catégorie, il convient de relever les noms de certains hommes de guerre qui servaient sous ses ordres. Au premier rang de ceux-ci, il faut citer Jean, dit Lyonnel de Wandonne, bénéficiaire d'une rente annuelle et viagère de 50 francs assignée sur la terre de Sapignies et désigné comme exécuteur testamentaire[79]. Cet écuyer, issu d'une famille de la noblesse du comté de Saint-Pol, était étroitement lié à Jean de Luxembourg pour lequel, en juillet 1418, il avait servi d'homme de main dans ce qui semble bien avoir été un complot visant à éliminer l'ancien chef cabochien Jean Bertrand[80]. Il était par ailleurs le demi-frère de Guillaume, bâtard de Wandonne, qui allait s'illustrer (en compagnie d'Antoine de Bournonville) en capturant Jeanne d'Arc sous les murs de Compiègne le 23 mai 1430[81].

Deux autres écuyers Jacotin de Bainchthun et Waleran de Bournonville, devaient se partager, là encore à titre viager, les revenus de la seigneurie de Vitry-en-Artois, qui était un acquêt des deux testateurs[82]. Ces deux écuyers, originaires tous deux du Boulonnais, étaient liés au seigneur de Beaurevoir par un lien de cousinage et figuraient parmi les capitaines servant généralement sous son étendard – ainsi, par exemple, pendant la campagne menée en Argonne au début de l'année 1428[83].

D'autres hommes de Jean de Luxembourg apparaissent dans son testament, notamment David de Poix dont la femme, prénommée Bonne, fut gratifiée d'une robe fourrée de gris[84]. Ce David ou Daviot était issu d'une famille de la noblesse de Picardie et servait dans les armées du duc de Bourgogne depuis quinze ans au moins en compagnie de Jean de Luxembourg ; il avait été armé chevalier à la bataille de Mons-en-Vimeu, en août 1421, avait activement participé au siège de Guise en 1424 et, après la prise de cette ville, en avait été fait gouverneur[85].

76 Paris, BnF, Coll. Duchesne, 82, fol. 247r, 248r.

77 P. de Win, Art. Jean de Luxembourg, bâtard de Saint-Pol, seigneur de Haubourdin, dans *Les chevaliers de la Toison d'or*, p. 75-77, n° 33 ; Beele, *Jean de Luxembourg*. Voir aussi C. Berry, La bâtardise au sein du lignage de Luxembourg, dans *La bâtardise et l'exercice du pouvoir en Europe du XIIIe au début du XVIe siècle*, dir. É. Bousmar, A. Marchandisse, C. Masson, B. Schnerb, Villeneuve d'Ascq, 2015, p. 169-188.

78 Sur la carrière de ce prélat très politique, frère du seigneur de Beaurevoir, voir Berry, *Les Luxembourg-Ligny*, t. 3, p. 568-573.

79 Paris, BnF, Coll. Duchesne, 82, fol. 247r, 249r.

80 B. Schnerb, L'affaire Jean Bertrand, dans *Paris, capitale des ducs de Bourgogne*, dir. W. Paravicini, B. Schnerb, Ostfildern, 2007, p. 389-398.

81 Sur le bâtard de Wandonne et ses liens avec Lyonnel, voir Schnerb, *Enguerrand de Bournonville et les siens*, p. 211-212.

82 Paris, BnF, Coll. Duchesne, 82, fol. 247v. Vitry-en-Artois, dép. Pas-de-Calais, arr. Arras, ch.-l. cant.

83 Schnerb, *Enguerrand de Bournonville et les siens*, p. 209-210.

84 Paris, BnF, Coll. Duchesne, 82, fol. 248r.

85 Enguerrand de Monstrelet, *Chronique*, *passim*, notamment t. 3, p. 150 ; t. 4, Paris, 1860, p. 59, 230.

Lyonnel de Wandonne, Waleran de Bournonville, Jacotin de Baincthun et David de Poix, auxquels il faut ajouter le chevalier Jacques de Liévin, gouverneur de la seigneurie d'Oisy, qui figure parmi les exécuteurs testamentaires[86], formaient un groupe de compagnons d'armes qui voisinait avec les serviteurs de l'hôtel. Le testament de Jean de Luxembourg et de Jeanne de Béthune permet en effet de reconstituer en partie leur hôtel, organisé selon le modèle des hôtels princiers. En exploitant des sources complémentaires, notamment certaines sources comptables, il est possible d'avoir une vision assez précise de cette organisation. Le testament fait apparaître le personnel suivant[87] :

Fonction	Nom	Don
Maître d'hôtel	Guillebin Le Vasseur	Rente annuelle de 50 francs
Conseiller	Jean Aubry	
?	Esmelot de Baincthun	100 francs et une robe
Clercs et secrétaires	Louiset Gourry Jean Clabaut	150 francs 150 francs
Confesseur	Frère Jean de Montmartin	40 francs
Chapelains	Adam de Beauval Jean Bailly	
Barbier	Jean Routier	Une maison et une terre à Beaurevoir
Queux	Jean Juré	40 francs
Panetier	Hatier	50 francs
Serviteurs	Hennequin du Pont Michaut de Fresnes	Rente annuelle de 10 fr. Rente annuelle de 50 fr.
Lavandière (*bueresse*)	Jeanne	Une robe
Demoiselles et servantes de Jeanne de Béthune	Margot, bâtarde de Saint-Pol Jeanne de Ligny Jeanne de Sains Jeanne de Rouville Jeanne, femme de Robertin Jeanne d'Authuille (nièce de Guillebin Le Vasseur) Catherine Vya La petite Jacquette Henriette Denisette	200 francs et une robe 40 francs et une robe Une robe Une robe Une robe Une robe Une robe Une robe Une robe

86 Paris, BnF, Coll. Duchesne, 82, fol. 249r.
87 *Ibid.*, fol. 247r-249r.

Ces données combinées avec celles qui peuvent être tirées d'autres sources montrent que Jean de Luxembourg tenait à son service un maître d'hôtel, un receveur général[88], un trésorier et conseiller[89], deux clercs et secrétaires, un confesseur issu des ordres mendiants, deux chapelains, des « serviteurs », un panetier et un queux, un barbier, qui devait sans doute être capable de pratiquer des actes de petite chirurgie, un fou[90], un fourrier[91], deux poursuivants d'armes, dont l'un portait le nom d'office *Vostre Vueil* et l'autre *Beaurevoir*, une *bueresse,* deux chevaucheurs[92], au moins deux fauconniers[93] et dix demoiselles et servantes, soit au total une trentaine de personnes.

Cet état de l'hôtel des deux testateurs contribue à l'étude de leur train de vie que leur testament lui-même éclaire par ailleurs.

5. Fortune mobilière et train de vie

Le document montre assez clairement la structure du patrimoine de Jean de Luxembourg et de sa femme (fortune foncière, liquidités, biens meubles), même s'il ne nous en donne évidemment pas une vision complète. En effet, on n'y voit apparaître qu'une petite fraction de leur fortune foncière (notamment les acquêts de Nauroy[94], Villers-lès-Ham[95], Sapignies et Vitry-en-Artois, ainsi que la seigneurie brabançonne de Rumst[96]), car l'essentiel des biens propres et des acquêts des époux, faisant l'objet d'une donation au dernier vivant[97], n'était pas concerné par les legs ou les assignations de rentes prévus par le testament – à la seule exception de la seigneurie de Beaurevoir que Jean de Luxembourg prévoyait, comme on l'a vu, de laisser à sa femme à titre de complément de douaire. L'importance de la fortune en numéraire peut être, quant à elle, déduite en additionnant les dons et legs dont la somme s'élève à 6 320 francs. Enfin, les biens mobiliers sont représentés par deux catégories : les robes de Jeanne et les canons de Jean.

La garde-robe léguée par la dame de Beaurevoir comptait vingt-huit robes et une cotte correspondant aux descriptions suivantes :

une robe noire de satin plain aux manches chargées d'orfèvrerie ;
une robe vermeille de satin figuré (à motifs) aux manches chargées d'orfèvrerie ;
une robe « de violet » aux manches chargées d'orfèvrerie ;
une robe noire à petites manches, fourrée de gris ;
une robe grise de satin fourrée de martre à petites manches ;
une robe de drap de damas blanc fourrée de gris à grandes manches ;
une robe d'écarlate vermeille fourrée de menu-vair à grandes manches ;
une robe noire fourrée de menu-vair à petites manches ;
une robe d'écarlate fourrée de menu-vair à petites manches ;
une robe vermeille fourrée de gris à petites manches ;

88 Clais Lescot, mentionné en 1419-1420. Escoubet, *Jean de Luxembourg*, p. 111.
89 Jean Creton, mentionné entre 1422 et 1427. *Ibid.*
90 Gillet, fou du seigneur de Beaurevoir, mentionné en 1435. *Ibid.*, p. 112.
91 Huchon de Herlin, fourrier et bailli des bois de Guise. *Ibid.* p. 111.
92 Henart et La Personne, mentionnés en 1432 et 1433. *Ibid.*, p. 113.
93 *Ibid.*
94 Nauroy, dép. Aisne , arr. Saint-Quentin, cant. Bohain-en-Vermandois.
95 Villers-Saint-Christophe, dép. Aisne , arr. Saint-Quentin, cant. Ribemont.
96 Jean et Jeanne tenaient en fait plus de cinquante seigneuries en Vermandois, en Thiérache, dans le Cambrésis, en Artois, en Flandre et en Brabant. *Ibid., passim.* Rumst, Belgique, prov. et arr. Anvers.
97 Paris, BnF, Coll. Duchesne, 82, fol. 249r.

une grande robe fourrée de menu-vair ;
une robe grise fourrée de gris à petites manches ;
une robe bleue fourrée de menu-vair à petites manches ;
une robe « à prier », bleue, fourrée de menu-vair à grandes manches ;
une robe verte fourrée de tiercelin à petites manches ;
une robe noire « de nuit » ;
une robe de violet doublée de soie ;
une robe noire fourrée d'agneau ;
une robe de drap d'or bleu fourrée d'hermine ;
une robe de drap d'or vermeil ;
une robe de drap d'or noir fourrée de menu-vair à petites manches ;
une robe de drap d'or violet fourrée d'hermine à petites manches ;
deux robes de velours noir plain ;
une robe de cramoisi fourrée de menu-vair ;
une robe de drap d'or vermeil ;
une robe de violet ;
une robe de velours ;
une cotte de velours bleu fourrée de menu-vair.

Les couleurs, précisées dans 24 cas, sont variées, avec une certaine prédominance du noir (sept robes), du vermeil (cinq robes) et du bleu (quatre robes), par rapport aux autres (gris, blanc, cramoisi et vert). Il est possible que l'usage du noir renvoie à l'une des couleurs emblématiques de la cour de Bourgogne. S'agissant de vêtements de luxe, il n'est pas étonnant de constater que les étoffes sont de haute qualité (écarlate, drap de soie, drap d'or) et que les fourrures sont, à part l'agneau, des plus coûteuses : hermine, martre, menu-vair, gris. En tout état de cause, on trouve là un ensemble représentatif des usages vestimentaires de la noblesse de cour du XVe siècle[98].

Le testament mentionne également les *canons, bombardes et habillemens de guerre* du seigneur de Beaurevoir ; or, ce document n'est pas le seul qui nous renseigne sur cette artillerie seigneuriale dont une partie fut perdue lors de la levée du siège de Compiègne et dont une prisée fut faite pour en permettre le remboursement par Philibert de Moslant, maître et visiteur de l'artillerie du roi, au mois d'octobre 1430. Cette prisée, qui figure dans les comptes du receveur général des finances du duc de Bourgogne, mentionne une bombarde de cuivre nommée *Beaurevoir*, prisée 1 800 francs ; une petite bombarde nommée *Bourgogne*, prisée 500 francs ; un gros veuglaire nommé *Montagu*, prisée 100 francs, deux engins à corde – un *couillard* et un *engien volland* –, prisés chacun 200 francs, soit au total 2 800 francs[99].

6. Conclusion

D'une exceptionnelle richesse, le testament de Jean de Luxembourg et de Jeanne de Béthune méritait d'être étudié pour lui-même et non noyé, comme il l'a été par le passé, dans un ensemble documentaire faisant l'objet d'une approche « impressionniste ».

---

98 Voir M. Beaulieu, J. Baylé, *Le costume en Bourgogne de Philippe le Hardi à Charles le Téméraire*, Paris, 1956 ; F. Piponnier, *Costume et vie sociale. La cour d'Anjou XIVe-XVe siècle*, Paris-La Haye, 1970 ; S. Jolivet, Pour soi vêtir honnêtement à la cour de monseigneur le duc. *Costume et dispositif vestimentaire à la cour de Philippe le Bon de 1435 à 1450*, Thèse de doctorat en histoire inédite, Université de Bourgogne, 2003 ; Ead., Le phénomène de mode à la cour de Bourgogne sous Philippe le Bon : l'exemple des robes de 1430 à 1442, dans *Revue du Nord*, t. 88, 2006, p. 331-345.

99 Lille, Archives départementales du Nord, B 1942, fol. 85r.

Il constitue un témoignage éloquent sur la vie et la mort de deux représentants de la haute noblesse des pays bourguignons dans la première moitié du xve siècle. Source de l'étude de leur piété, il révèle un univers mental et religieux au sein duquel les pratiques dévotionnelles étaient étroitement liées à la *memoria* familiale. Dans ce cadre, on observe un attachement particulièrement fort à des établissements religieux dont l'histoire était unie à celle du lignage des deux testateurs. Outre la cathédrale Notre-Dame de Cambrai, lieu central de la piété des Luxembourg-Saint-Pol, les établissements des ordres monastiques anciens, clunisiens (Rueil), prémontrés (Mont-Saint-Martin) et cisterciens (Vaucelles, Ourscamp) tenaient une place importante dans les intentions de Jean de Luxembourg et de Jeanne de Béthune. Toutefois, les ordres mendiants – au sein desquels étaient recrutés frère Jean de Montmartin, le confesseur des deux époux – n'étaient pas absents ; leur influence a pu même s'exercer de façon déterminante à certains moments. En revanche, cette piété ne semble pas orientée vers l'assistance directe aux pauvres ou le soutien aux hôpitaux.

Le texte est également une source précieuse pour saisir une partie de l'entourage familial, militaire et domestique des testateurs. La famille, telle qu'elle apparaît est surtout représentée par des éléments féminins proches de Jeanne de Béthune, dont l'influence dans l'élaboration du testament semble avoir été plus forte qu'on aurait pu le croire au premier abord. Les cousines de la Maison de Ghistelles et de Roye tenaient là une place non négligeable. En outre, au sein de l'entourage domestique, les demoiselles et servantes, qui constituaient un groupe numériquement important au sein duquel on trouvait une bâtarde de Saint-Pol, étaient, elles aussi, davantage liées à la dame de Beaurevoir qu'à son mari. Jean de Luxembourg, pour sa part, apparaît entouré, non seulement de ses deux frères, Pierre, comte de Conversano, et Louis, évêque de Thérouanne et chancelier de France, mais aussi de compagnons d'armes auxquels il était uni par un faisceau de liens non seulement sociaux et professionnels, mais aussi familiaux (Waleran de Bournonville, par exemple, était uni à la Maison de Luxembourg par un lien de cousinage et son nom de baptême est peut-être l'indice d'un parrainage par Waleran de Luxembourg, comte de Saint-Pol, oncle paternel du seigneur de Beaurevoir).

Ce testament est aussi une contribution à l'étude de la fortune mobilière et de la « vie matérielle » des deux testateurs. Les informations concernant la garde-robe précieuse de la dame, voire l'artillerie de son époux, sont des aspects de la question qu'on ne s'attend pas forcément à trouver dans ce type de source.

Enfin, ce document est aussi révélateur d'un moment dans l'histoire d'un couple : Jean et Jeanne étaient alors en union de prières et d'intentions, testant conjointement, choisissant le même lieu de sépulture, récompensant les mêmes serviteurs. Mais cette entente ne devait pas survivre au seigneur de Beaurevoir : après dix ans de veuvage, Jeanne de Béthune, ayant sans doute fait l'expérience d'une conversion spirituelle, manifesta son adhésion à une nouvelle forme de dévotion qui impliquait le renoncement à toute « pompe mondaine » et l'engagea même à choisir d'être enterrée anonymement avec ces pauvres qu'elle avait quelque peu négligés dans son testament de 1430. Mais ce geste d'une humilité spectaculaire – si l'on nous permet de manier l'oxymore – lui fut finalement refusé par ses héritiers : une si noble dame se devait de mourir noblement.

Annexe

Testament de Jean de Luxembourg, seigneur de Beaurevoir, et de Jeanne de Béthune 17 avril 1430

A. Original, perdu.
B. Copie, du XVIIe siècle, conservée à Paris, Bibliothèque nationale de France, Coll. Duchesne 82, fol 246-249.
Édition partielle : A. Duchesne, *Histoire généalogique de la Maison de Béthune. Preuves du Livre V,* Paris, 1639, p. 228-229.

[fol. 246r] *In nomine Domini. Amen.*
Nous, Jehan de Luxembourg, seigneur de Beaurevoir, et Jehanne de Bethune, femme et espouze de nostre tres redoubté seigneur et mary, sachant qu'il n'est riens plus certain que de la mort, ne riens moins certain de l'heure d'icelle, voulans pourvoir au salut de noz ames, encommerciez que temps, eure et espase avons de faire, et des biens qu'il a pleu a Nostre Seigneur Jesus Christ a nous prester en ceste mortel monde, disposer et ordonner, et non mye morir intestat, estans en bons sens et bonnes memoires et de vray entendement, conjoinctement, ensemble, faisons, ordonnons et disposons nostre testament, dariere ordonnance et derniere voullonté, moy mesme, nous Jehanne dessus dicte, par le gré, congié, licence, auctorité, consentement de nostre tres redoubté seigneur et mary, et laquelle auctorité nous avons prise et prenons en nous agreablement en la fourme et manière qui s'ensuit :

Premierement, nous recommandons noz ames, quand des corps se partiront, a Dieu, nostre createur, a la glorieuse Vierge Marye, sa mere, a saint Michel l'arcange, a tous saincts et a toutes saintes et a toute la benoiste court de Paradis, et elizons noz sepultures en l'eglise Nostre Dame de Cambray, au plus près que possible sera et que faire ce [*sic*] pourra, de feu de noble memoire monseigneur Andrieu de Luxembourg, jadis evesque de Cambray, que Dieux absoille[100].

Item, nous voullons et ordonnons que premiers et avant tout aucunes [*sic* pour « toutes euvres » ?] toutes noz debtes et forfaictz soient payez et contantez et restituez sy avant qu'il appartendra a noz executeurs cy apres nommez, en bonne foy et autrement deuement.

Item, nous voullons et ordonnons que sur noz sepultures en la representacion de noz personnes, soit mise une lame de marbre eslevez de deux personnagez d'ivoire, bien et honnestement selon nostre estat, par l'ordonnance de noz executeurs.

Item, voulons et ordonnons que noz obsecques et funerailles soient faictes par l'ordonnance de noz executeurs.

Item, nous donnons a la fabricque de ladite eglise Nostre Dame de Cambray, pour la, comme dit est, estre enterré et gesir en sepulture, chacun de nous cent livres parisis pour une fois.

Item, pour le salut de noz ames, voulons et ordonnons que deux chapelles soient fondez de nouvel et outre les fondations precedentes, en nostre chapelle de [fol. 246v] Nostre Dame de Beaurevoir, pres du chastel, esquelles sera celebré, chacune sepmaine, sept messes perpetuellement et a tousjours, de tele fondacion que de trente livres parisis de rente pour chacune desdictes chapelles, l'une fondee en l'honneur de Nostre Dame et l'autre en l'honneur de saint Jehan Baptiste. Et sy voulons et ordonnons que sire Adam de Beauval, prebtre, a present nostre chapelain, soit chapelain de l'une desdictes chapelles, et sire Jehan Bailly, chapelain de l'autre chapelle. Pour [l'entretainement] desquelles fondations, nous transportons tout le droit, cause et action

100 André de Luxembourg, évêque de Cambrai, mort en 1396, oncle paternel du seigneur de Beaurevoir.

que avons a l'acquiste nagaires par nous faict a la dame de Vertaing[101], de vint et deux muidz de grain, mesure de Vermandois, qui se prendront sur l'eglise de Farvaques[102] sur les membres d'icelle et autrement, et aussi tout l'acquist que avons faict a Nauroy[103] et Villers les Ham[104], dont les terres [*sic* pour « termes »] desdicts acquetz font plus ample declaracion. Et ou cas que iceulx acquestz ne pourroient suffir pour l'acomplissement d'icelle fondacion en la valeur dessus dicte, nous voulons qu'il ce [*sic*] prendre sur la terre de Vitry[105]. Et pour en icelle fere le saint service divin, ordonnons que sur noz plus apparens biens meubles, et mesmement sur lesdictes terres, soient prins, par l'ordonnance de noz executeurs, ce qu'il appartient au[x]dictes deux chapelles pour une fois, c'est assavoir : ournemens d'esglises, calices, courtines et aucunes choses a ce necessaires.

Item, nous avons ordonné ensemble que pour fere noz obseques, funerailles et messes celebrees les jours de noz services et autrement soit employé la somme de six cens frans, c'est assavoir : pour chacun de nous trois cens francz, et autrement deux mil francz soient distribuez en la manière qui s'ensuit, incontinent aprés que le premier de nous trespassera, c'est assavoir : a l'eglise des jacopins d'Arras, vingt francz ; a l'eglise des jacopinesses, dix francz ; a l'eglise des carmes illec, vingt francz ; a l'eglise des freres mineurs dudit lieu, trente francz ; a l'eglise des cordeliers de Roye[106], vingt francz.

Item, a l'eglise de *Bihoria*[107], vingt francz.

Item, a l'eglise de Hannaples[108], vingt francz.

Item, a l'eglise de Wimy[109], quarente francz.

Item, a l'eglise de Dorenc[110], seize francz.

Item, a l'eglise de Boissy [*sic*][111], vingt francz.

Item, a l'eglise de Hamegicourt[112], dix francz.

Item, a l'eglise des freres mineurs de [fol. 247r] Cambray, seize francz.

Item, a l'eglise des freres mineurs de Peronne, seize francz.

Item, a l'eglise des jacopins de Saint-Quentin, vingt francz.

Item, a l'eglise de freres mineurs audit lieu, douze francz.

Item, a l'eglise de Vaucelles[113], soixante francz.

Item, a l'eglise du Mont Saint Martin[114], cens francz.

Item, a l'eglise de Bouvry [*sic*][115], dix francz.

Item, a l'eglise de Nostre Dame de Nogent les Couchy[116], seize francz.

---

101 Isabelle de Rely, dame de Vertaing, veuve de Louis, seigneur de Vertaing, tué à Azincourt. J. Le Carpentier, *Histoire de Cambray et du Cambrésis*, t. 2, Leyde, 1664, p. 1054.

102 Abbaye cistercienne féminine de Fervaques (dép. Aisne, arr. et cant. Saint-Quentin, comm. Fonsomme).

103 Nauroy, dép. Aisne, arr. Saint-Quentin, cant. Bohain-en-Vermandois.

104 Villers-Saint-Christophe, dép. Aisne, arr. Saint-Quentin, cant. Ribemont.

105 Vitry-en-Artois, dép. Pas-de-Calais, arr. Arras, cant. Brébières.

106 Roye, dép. Somme, arr. Montdidier, ch.-l. cant.

107 Abbaye cistercienne de Bohéries (dép. Aisne, arr. Vervins, cant. Guise, comm. Vadencourt).

108 Hannapes, dép. Aisne, arr. Vervins, cant. Guise.

109 Wimy, dép. Aisne, arr. Vervins, cant. Hirson.

110 Dorengt, dép. Aisne, arr. Vervins, cant. Guise.

111 Brissy-Hamégicourt, dép. Aisne, arr. Saint-Quentin, cant. Ribemont.

112 Voir n. précédente.

113 Abbaye cistercienne de Vaucelles, dép. Nord, arr. et cant. Le Cateau-Cambrésis, comm. La-Rue-des-Vignes.

114 Abbaye de chanoines réguliers (ordre de Prémontré) du Mont-Saint-Martin (dép. Aisne, arr. Saint-Quentin, cant. Bohain-en-Vermandois, comm. Gouy).

115 Beuvry, dép. Pas-de-Calais, arr. Béthune, ch.-l. cant.

116 Abbaye bénédictine de Nogent-sous-Coucy (dép. Aisne, arr. Laon, cant. Vic-sur-Aisne, comm. Coucy-le-Château).

Item, a l'eglise de Ruel les La Ferté[117], seize francz.

Item, deux cens francz a donner pour Dieu a la discretion de noz executeurs et la ou ilz verront mieulx estre employé. Et le surplus desdicts deux mil francz, nous voulons et ordonnons qu'ilz soient convertis a fonder et faire les obits es lieux cy après declairez, c'est assavoir : a l'eglise Nostre Dame de Cambray, a l'eglise de Fleury les Oisy en Therasse[118], a Nostre Dame de Nogent lez Couchy, aux chapelles de Beaurevoir, a l'eglise parochial dudit lieu, a l'eglise de Vaucelles, au Mont Saint Martin, a Gistelle[119], a l'eglise parochial de Vandeuil[120], tout par l'ordonnance de noz executeurs.

Et nous, Jehan de Luxembourg dessus nommé, donnons pour aydier a canoniser monseigneur saint Pierre de Luxembourg, nostre oncle, la somme de mil francz pour une fois.

Item, aussy donnons ce qui s'ensuict, c'est assavoir : a Guilebin Le Vasseur, nostre maistre d'hostel, recongnoissans les services qu'il nous a faictz, a prendre sur nostre terre et acquest de Sapigniez[121], la somme de chinquante francz chascun an, sa vie durant, et commençans incontinant après nostre decedz.

Item, a Lyonnel de Wandonne, pareille somme de chinquante francz par an sur ladicte terre, sa vye durant.

Item, a nostre cousine la dame d'Authuille[122], aussy la somme de chinquante francz par an sur ladicte terre pour en jouir comme dessus et non autrechois. Et toutesvoies, nous entendons et voulons que tout l'hiretaige et action que avons audit lieu de Sapigniez soit et demeure a Jaquette de Luxembourg, nostre niepce, pour en jouir apres nostre decetz, parmy ce qu'elle paiera et acomplira les charges ci devant.

Item, a Jacotin de Banquethun et Waleran de Bournonville ensemble, tout le proffict et revenue que avons acquis a Vitry [fol. 247v] et autres fiefs et cottieres deppendances et appartenances a icelle, les charges premieres payez et acquitez, et du surplus jouir et user par lesdicts Jacotin et Waleran, leurs vies durant, incontinant après nostre trespas et non autrechois.

Item, a frere Jehan de Montmartin, nostre confesseur, pour une fois, quarente francz.

Item, nous donnons a Esmelot de Banquethun la somme de deux cens francz pour une fois, et a Margot, bastarde de Saint Pol, pareille somme de deux cens francz, sans ce que en soient fourchoses du don general que faisons cy après a noz serviteurs. Et a Jehan Routier, nostre barbier, pour les services qu'il nous a faictz, luy avons donné et donnons les fiefs, maisons et terres qui furent Henry d'Acie, seant a Beaurevoir, par nous acquists, pour en jouir pour luy et ses hoirs legitimes venans de sa chair, incontinant apres nostre dit trespas.

Item, voulons que a Damp Robert de Bailleul soit entretenu les trente francz que luy avons ordonné chacun an prendre sur nostre dicte terre de Beaurevoir.

Item, avons donné et donnons, pour une fois, a Jehan Clabaut, nostre clerc, la somme de cent et chinquante francz.

Item, a Louiset Gourry, pareillement nostre clerc, la somme de cens et chinquante francz.

Item, a Jehan Jure, nostre queux, pour une fois, quarante francz.

Item, voulons que nostre compaigne jouisse, sa vye durant, de nostre dicte terre de Beaurevoir et de la maison de Cambray.

Item, a la confrarie de Nostre Dame de Ghistelle, nous luy donnons la meilleure de noz robbes.

Item, nous, Jehan de Luxembourg et Jehanne de Bethune ensemble, voulons que a tous noz serviteurs et serviteresses domestiques generallement et qui au jour de nostre trespas nous serviront, soient donnez et distribuez a la discretion de noz executeurs, la somme de deux mil francz,

117 La Ferté-Chèvresis, dép. Aisne, arr. Saint-Quentin, cant. Ribemont.
118 Oisy, dép. Aisne, arr. Vervins, cant. Guise.
119 Gistel, Belgique, prov. Flandre-Occidentale, arr. Ostende.
120 Vendeuil, dép. Aisne, arr. Saint-Quentin, cant. Ribemont.
121 Sapignies, dép. Pas-de-Calais, arr. Arras, cant. Bapaume.
122 Marguerite de Fiennes, veuve de Jean de Mailly, seigneur d'Authuille, mort à Azincourt.

c'est assavoir : pour chacun de nous mil francz, a chacun portion selon sa faculté. Et voulons qu'il en soit distribué aux femmes huict cens francz et aux hommes douze cens francz.

Item, a Jehanne de Ligny, pour [fol. 248r] une fois, quarente francz.

Item, a Hatier, nostre pennetier, pareillement, outre le don general cy devant pour une fois chinquante francz.

Item, et nous Jehanne de Bethune dessus nommee, de l'auctorité de nostre tres redoubté seigneur et mary, pareillement, donnons, pour Dieu et en aumosne, a noz serviteurs et serviteresses cy apres nommez en particulier ce qui s'ensuict, c'est assavoir : a Mechaut de Fresnez, chinquante francz par an, pour en jouir sa vie durant, et les prendre sur la terre de Rumst[123], incontinant apres nostre trespas, avec une grise robbe fourree de gris a petites manches.

Item, a Hennequin du Pont, serviteur de monseigneur, chacun an, sa vie durant, la somme de dix francz sur la terre de La Ferté, pour en jouir incontinant après nostre trespas et non autrechois.

Item, a ma fille, nostre robbe noir de satin plain chargié d'orfaivrerye par les manches.

Item, a nostre niepce de Conversant, nostre robbe vermeille de sattin figuré dont les manches sont pareillement chargiees.

Item, a madite fille, nostre petit collier a mectre aupres du col et la croisette y pendant.

Item, a nostre dite niepce de Conversant, nostre petite chainette d'or a mectre par devans, pesans deux marcs.

Item, a ma cousine, femme de Waleran de Moreuil, ma robbe de viollet chargié par les manches d'orfaivrerye.

Item, a la dame d'Authuille, nostre robbe noire a petites manches fourrez de gris et un tissu noir feré d'or.

Item, a nostre cousine Ysabel de Roye, nostre robbe grise de sattin a petites manches fourré de martre.

Item, a Margot, bastarde de Saint-Pol, une robbe de drap de damas blanc fourree de gris a grand manche.

Item, a Esmelot, une robbe d'escarlate vermeille a grandes manches fourrez de menu vair.

Item, a Jehanne de Sains, une robbe noire fourree de menu vair a petites manches.

Item, a Jehanne de Rouville, une robbe d'escarlatte a petites manc[h]es fourree de menus vairs.

Item, a Bonne, femme de messire David de Poix, une robbe vermeille a petites manches fourree de gris.

Item, a Jehanne, femme Robertin, une robbe grande [*sic*] fourree de menu vair.

Item, a Jehanne de Ligny, une robbe grise [fol. 248v] a petites manches fourree de gris.

Item, a Jehanne d'Authuille, niepce de Guillebin Le Vasseur, une robbe bleue a petites manches fourree de menu vair.

Item, a Katherine Vya, une robe bleue a grans manches fourree de menus vairs a prier.

Item, a la petite Jaquette, une robe verde a petites manches fourree de thiercelin.

Item, a Henriette, la robbe noire de nuict.

Item, a Denisette, une robbe de violette doublé de soye.

Item, a Jehanne, bueresse de l'hostel, une robbe noire fourree de aigneaulx.

Item, a Nostre Dame de Ghistelles, nostre robe de drap d'or bleu fourree d'ermine.

Item, a l'esglise monseigneur saint Pierre de Luxembourg, une robe de drap d'or vermeil, desja envoyee a l'esglise de Nelle, une robbe de drap d'or noir a petites manches fourree de menu vair ; aux chapelles de Beaurevoir, une robbe de drap d'or violet a petites manches fourree d'ermines et les deux robbes de velour noir plain.

Item, a l'eglise parochial de Beaurevoir, une robe de cremoisy fourree de menu vair.

123 Rumst, Belgique, prov. et arr. Anvers.

Item, a l'eglise la ou monseigneur et moy serons, la robbe de tissu d'or vermeil et celle de viollet tissu, avec celle de velours, a la vollonté de monseigneur. Et a l'eglise d'Oscamp[124], la cotte de velours bleu fourree de menu vair.

Pour lequel testament et ordonnance de derraine vollonté mectre a fin et execucion deue, nous, Jehan de Luxembourg et Jehanne de Bethune dessus nommés, de l'auctorité que dessus, avons esleu et nommé, eslizons et nommons noz executeurs cy uns l'autres, reverend pere en Dieu et noz tres honnorez seigneurs et freres monseigneur de Therouanne, chancelier de France, monseigneur le conte de Conversant et de Bryenne, seigneur d'Enghien, messire Jacques de Lievin, gouverneur d'Oisy, Lionnel de Wandonne, Jehan Aubry, nostre conseiller, et lesdicts Jehan Clabaut et Loiset Gourry, noz clercs. Et leur prions qu'il leur plaise a emprendre en eulx les fraiz et charges de nostre dite execucion. Ausquelz, ensemble, nous avons donné et donnons plain pooir, auctorité et poissance de cest nostre present testament mectre a fin [fol. 249r] et a execucion deue, selon qu'ilz auront de noz biens ; et sy advenoit que tous noz dicts executeurs ne peussent entendre ou vacquier au faict de nostre cest present testament, nous voulons et ordonnons que les quatre ou les trois d'eulx puissent aultant fere que cy [*sic*] tous y estoient, pourveu que l'un de noz dictz freres, messire Jacques de Lievin ou ledit Lyonnel de Wandonne et l'un de noz clercs y soient, l'un des quatre ou les trois, et que ce soit d'autre valeur ; es mains desquelz nos executeurs, dés maintenant, nous soubmectons et rapportons tous noz biens meubles et acquestz. Et le demourant de tous noz hiretages et aquestz, voulons qu'ilz demeurent au darin vivant de nous deux, quelque part qu'ilz soient. Rapportons aussy tous noz canons, bombardes et habillemens de guerre, avec le quint quart de tous noz hiretaiges ou qu'ilz soient scituez et assis et de qui qu'ilz soient tenus. Et au surplus, ou cas que ne pourrons fournir, nous voulons que soit prins sur tous noz hiretages. Outre voulons que nostre dit testament veuille et donne valeur par la meilleure fourme et maniere de testament ou codicille, en rapportans tous autres testamens par nous, conjoinctement ou divisement fais de datte preceddent cestuy. Et retenons en noz plain povoir de icelluy nostre testament augmenter, diminuer, corriger et de le rappeller en tout ou en party, toutes et quantesfois qu'il nous plaira et a chacun de nous. Et voulons que de ce soient faictz instrument ung ou plusieurs se mestier est.

L'an M CCCC XXX, *mensis aprilis, die* XVII. *Indictio* VIII.

124 Abbaye cistercienne Notre-Dame d'Ourscamp (dép. Oise, arr. Compiègne, cant. Thourotte, comm. Chiry-Ourscamp).

Écrire la défaite militaire en pays bourguignon.

Pour une réévaluation du discours sur la guerre

Christophe Masson
Post-doctoral Research Fellow, University of Oxford
Collaborateur scientifique à l'Université de Liège – Transitions. Unité de recherche sur le Moyen Âge & la première Modernité

De l'histoire des entreprises militaires bourguignonnes, on retient certainement tout autant les grandes victoires, comme Othée ou Gavre, que les défaites sanglantes, telles Nicopolis ou Nancy. Et, dans les deux cas, on s'attache avant tout à reconstituer la marche des événements, grâce à une multitude de sources, et donc à éliminer les textes qui dissimuleraient la vérité. Pourtant, c'est aussi dans ces derniers que se dessine en filigrane le portrait de la société militaire bourguignonne, sous la plume, entre autres, des vétérans des guerres ducales. Nous nous consacrerons dans les pages qui vont suivre à tenter de découvrir ce que nous dit le discours sur la défaite, au-delà des accommodements avec la façon dont les événements « se sont vraiment passés ».

Pour aborder cette vaste thématique, nous nous concentrerons ici sur deux *Mémoires*, rédigés par Jean de Haynin et Olivier de La Marche, qui tous deux connurent, entre autres, les victoires et les défaites du duc Charles si bien étudiées par le dédicataire du présent volume[1]. Comment donc ont-ils dit ou camouflé la défaite tactique[2] ? Quels sont les points qu'ils jugent dignes d'attention, ainsi que ceux qu'ils passent éventuellement sous silence ?

Plusieurs cas de figure se présentent, reflets des accidents des campagnes des armées bourguignonnes. En premier lieu vient la défaite que l'on ne cherche pas à cacher. À l'exemple de la bataille d'Arras du 27 juin 1475, il est des circonstances où l'on ne veut, ou ne peut, dissimuler l'issue des combats. Jean de Haynin expose les événements de façon très technique, soulignant combien le fait d'avoir été pris à revers oblige les Bourguignons, malgré leur vaillance qui leur permet de repousser l'avant-garde française, à se retirer du champ de bataille[3]. La Marche en fait de même avec Grandson[4]. À côté de l'attachement à la relation d'une certaine vérité, il faut insister ici sur le fatalisme des combattants du Moyen Âge face aux aléas de Fortune. *Ainsi eust le duc de Bourgoingne la* fortune *deux fois contre luy en peu de tems*, dit d'ailleurs Olivier à propos

1 Que celui-ci veuille bien voir dans ce choix un hommage à ses travaux, dont bien entendu son livre *Louis XI et Charles le Hardi. De Péronne à Nancy (1468-1477) : le conflit*, Bruxelles, 1996, dans le contexte duquel s'ancre cet article, et à l'amitié qu'il nous témoigne depuis plusieurs années.

2 Dans le cadre de cet article, pour surmonter la difficulté de déterminer, pour tout affrontement, un vainqueur et un vaincu et puisque c'est la réaction des combattants face à la situation sur le champ de bataille qui nous retiendra, nous ne qualifierons de défaite que les échecs tactiques, et non diplomatiques, politiques ou sociaux. Voir à ce sujet J.-M. Le Gall, Les défaites à la Renaissance, ou l'impossible traumatisme, dans *La défaite à la Renaissance*, éd. Id., Genève, 2016, p. 26-30.

3 Jean de Haynin, *Mémoires. 1465-1477*, éd. D. D. Brouwers, t. 2, Liège, 1906, p. 201-202.

4 Olivier de La Marche, *Mémoires*, éd. H. Beaune, J. d'Arbaumont, t. 1, Paris, 1883, p. 139-140.

Pour la singuliere affection qu'avons a luy. *Études bourguignonnes offertes à Jean-Marie Cauchies*, sous la direction de Paul Delsalle, Gilles Docquier, Alain Marchandisse et Bertrand Schnerb, Turnhout, 2017 (*Burgundica* 24), p. 311-317.

DOI 10.1484/M.BURG-EB.5.113927

de Grandson et Morat[5]. Cette crainte du hasard est largement diffusée dans la société, comme l'illustrent les auteurs de traités d'art militaire qui déconseillent d'affronter l'adversaire en champ ouvert, car le hasard a une trop grande part dans la décision finale, et recommandent plutôt les coups de main d'envergure plus réduite, offrant de meilleures chances de succès[6].

La Fortune, cependant, ne fait pas tout. Elle trouve une rivale acharnée dans la Vertu[7] des capitaines bourguignons. Nos deux auteurs ont ainsi cherché à souligner ce qui, malgré la défaite de leur camp, la rendait moins déplorable et critiquable. À Morat et Nancy, c'est l'infériorité numérique qui est la cause de la défaite[8]. Le capitaine n'a donc pas failli dans la conduite de ses hommes[9]. L'échec de l'assaut dirigé contre la ville de Huy en 1467, sur la route de la bataille de Brusthem, est imputé non aux hommes mais au manque d'effectifs – la troupe du seigneur de Ravenstein ne vient pas soutenir l'effort de la compagnie du sire de Fiennes. Haynin insiste ensuite sur la grande réussite que représente la retraite en bon ordre qui conduisit les troupes bourguignonnes jusqu'en terre namuroise. Alors que les chemins sont mauvais et les bois boueux, ce qui rend toute l'entreprise périlleuse et compliquée, *il sanbla a pluseurs que che fut une belle aventure d'en estre retourné a si peu de perte*[10]. Cette attention témoignée aux résultats humains des combats – la mort, la blessure, l'emprisonnement mais aussi la protection et la bonne conduite – est une constante qui semble dépasser, ou pour mieux dire amender, les résultats du champ de bataille. Les campagnes de France du début des années 1470 en donnent de beaux exemples. Si les Français y font la démonstration d'une nette supériorité tactique et emportent toute une série de places dans la Somme, les Bourguignons n'ont rien à leur envier sur le plan de la valeur militaire, s'il faut en croire Jean de Haynin. Celui-ci dépeint les combats de la tour de Saint-Souplet en 1471 avec un pinceau tout entier gagné à la cause de son châtelain bourguignon, Collart Dencourt. C'est à lui qu'est due la résistance au premier assaut français, largement décrite. Il s'agit là d'un préalable à la retraite bourguignonne, conduite sans combat dans la crainte d'un retour français et brièvement évoquée. De la sorte ressort non l'échec de l'homme de guerre incapable de défendre les terres de son seigneur, mais bien la réussite qu'a été sa façon d'évacuer ses troupes afin de les sauver d'un second affrontement, sans aucun doute tout aussi sanglant que le premier. Si cet accrochage était bien mineur, on ne pouvait en dire autant de l'assaut de Beauvais, échec si pas stratégique à tout le moins personnel du Téméraire. Mais là encore, par le biais d'une lettre d'un vétéran

5 *Ibid.*, t. 3, Paris, 1885, p. 211 (nous soulignons).

6 Voir par ex. *Le livre de l'art de chevalerie de Végèce. Trad. anonyme de 1380*, éd. L. Löfstedt e. a., Helsinki, 1989, p. 91, 99-101 ou Antoine de La Sale, *La Salade*, dans Id., *Œuvres complètes*, éd. F. Desonay, t. 1, Liège-Paris, 1935, p. 243.

7 B. Sterchi, The Importance of Reputation in the Theory and Practice of Burgundian Chivalry. Jean de Lannoy, The Croÿs, and the Order of the Golden Fleece, dans *The Ideology of Burgundy. The Promotion of National Consciousness. 1364-1565*, éd. D'A J. D. Boulton, J. R. Veenstra, Leyde-Boston, 2006, p. 101, n. 12.

8 Jean de Haynin, *Mémoires*, t. 2, p. 220, 224 ; Olivier de La Marche, *Mémoires*, t. 1, p. 140, 142 ; t. 3, p. 240. Ce dernier (*Ibid.*, p. 77, 79) explique de la même façon l'échec devant Beauvais. M. Depreter, *Moult cruaultéz et inhumanitéz y furent faictes*. Stratégie, justice et propagande de guerre sous Charles de Bourgogne (1465-1477), dans *Le pouvoir par les armes, le pouvoir par les idées*, éd. J. Dumont, C. Masson, *Le Moyen Âge*, t. 121/1, 2015, p. 64-65, 69, explique comment les perspectives de la défaite, et de la rigoureuse sanction qui devait s'ensuivre, ont poussé les assiégés à résister aux Bourguignons.

9 La mention de Jean de Haynin, *Mémoires*, t. 2, p. 219, selon laquelle la défaite de Grandson est imputable à une erreur tactique du duc Charles n'est, selon son éditeur, pas de la main de cet auteur (n. 1).

10 *Ibid.*, t. 1, Liège, 1905, p. 220-221 (citation).

des combats incluse dans son texte, Haynin donne à voir à son lecteur combien cette retraite *fut la plus belle de james et la plus fierre ; car nous partimes par establyes leun apres lautre de tou costés, tous de troix conpagnies, les deux le visage tournés vers eulx tandi que la tierche marchoit*, contrebalançant de la sorte sa relation de l'échec[11]. La discipline militaire, et en dernier ressort les qualités du capitaine[12], viennent ici racheter la défaite.

Enfin, la dernière étape de ce discours est, si l'on peut dire, la défaite transformée en victoire. Monthléry ressortit, tout du moins en partie, à cette catégorie. Jean de Haynin fait la balance des événements. D'un côté, il reconnaît que les Français s'imposèrent du point de vue du nombre de prisonniers faits au cours de la journée. Il en donne d'ailleurs une longue explication et insiste, en ouverture de son récit, sur *un chevallier portant ung ghidon des archies d'aucun des cappitaines princhipaus et oussi ung des gran chies de chanbre de toute l'armée, et pluseurs autres chevalliers, gentis hommes, homes d'armes et archies, tant de cors come autres,* [qui] *s'en fuyrte honteusement et lesserte et abandonerte leur prinche et leur cappitaine* [Charles, alors comte de Charolais][13]. La Marche n'est pas en reste qui rappelle que *s'enfuirent aucungs des cappitaines bourguignons, dont la compaignie du conte* [de Charolais] *fut fort amoindrie*. Il conclut d'ailleurs, cruellement laconique : *Je ne les scauroye comment excuser*[14]. Mais tous deux sont unanimes, la victoire fut bourguignonne. Les règles de la guerre leur permettent en effet d'affirmer que Charles triompha le 16 juillet 1465, puisqu'il tenait le champ au soir du combat[15]. Les Français ont beau avoir fait plus de butin, matériel et humain, que leur adversaire, le triomphe leur a échappé. Le siège de Neuss est à ranger dans la même catégorie. Pour Jean de Haynin, reprenant une lettre du Hardi destinée au comte de Chimay, c'est une victoire des troupes bourguignonnes sur l'armée mobilisée par l'empereur Frédéric III de Habsbourg qui permet l'ouverture de négociations entre les belligérants, négociations au cours desquelles l'artillerie et les prisonniers bourguignons seront rendus à leur camp[16]. Plus loin dans son texte, Haynin, évoquant à nouveau les opérations menées au cours du siège de Neuss, soulignera que la rencontre entre Bourguignons et Impériaux n'a pas livré de verdict bien net, mais que les Bourguignons perdirent moins d'hommes que leurs adversaires au terme d'une journée qui vit les deux camps contraints à la retraite[17]. Il reprend donc la hiérarchisation des signes de victoire déjà évoquée à l'occasion de la bataille de Montlhéry. Personne ne tenant le champ, le regard se porte sur l'issue humaine du combat. Les Bourguignons ayant infligé plus de pertes qu'ils n'en subirent, ils ne pouvaient qu'être les vainqueurs. Or, sur le terrain, cet affrontement fut plutôt une réussite impériale,

11 *Ibid.*, t. 2, p. 113, 136, 142 (citation).

12 J. Devaux, L'image du chef de guerre dans les sources littéraires, dans *Images et représentations princières et nobiliaires dans les Pays-Bas bourguignons et quelques régions voisines*, éd. J.-M. Cauchies, *Publication du Centre européen d'Études bourguignonnes (xive-xvie s.)*, t. 37, 1997, p. 129.

13 Jean de Haynin, *Mémoires*, t. 1, p. 68 (citation), 77.

14 Olivier de La Marche, *Mémoires*, t. 3, p. 12.

15 Jean de Haynin, *Mémoires*, t. 1, p. 77 ; Olivier de La Marche, *Mémoires*, t. 1, p. 124 ; t. 3, p. 17-18.

16 Jean de Haynin, *Mémoires*, t. 2, p. 187 ; Olivier de La Marche, *Mémoires*, t. 1, p. 138 ; t. 3, p. 100 – dont la relation des événements ne pouvait que faire écho à la situation de Philippe le Beau, destinataire de ses *Mémoires*, qui voyait converger en lui les intérêts communs des Valois de Bourgogne et des Habsbourg – fait, au moyen d'une ellipse, du combat livré en mai la cause de la négociation et du départ des belligérants qui prend place en juin.

17 Jean de Haynin, *Mémoires*, t. 2, p. 199, reprend ici la teneur d'un courrier envoyé par le comte de Chimay à son épouse. Cet auteur semble faire deux combats différents de l'affrontement qui eut lieu en mai 1475.

puisque, à sa suite, Frédéric III, parvient à renforcer la position de ses troupes dans la région[18]. Quant à la négociation, elle permettra surtout à ce dernier de s'assurer du retrait de Charles. Une dernière étape est même franchie lorsque Olivier de La Marche fait du duc de Bourgogne un quasi démiurge, capable de

> *grans choses dignes de memoire. Car il tint le siege devant ladicte ville ung an entier ; il destourna rivieres de leurs cours ; il dicqua ung bras du Rhin ; il gaigna ung isle et par les dicques il venoit à pied secq ; il fist faire chaz, grues et aultres engins, comme trenchis, rollans, bastillons et toutes maneres dont on peut villes approchier. Grans battures furent faictes, grans essays et assaulx, et jusques à faire essais de nagier le Rin à cheval, la lance sur la cuisse*[19].

Le pouvoir du duc de Bourgogne ne connaît donc plus de limite terrestre, ses actions militaires semblant faire sur les vétérans une impression aussi forte que la « ville de bois et de toile » qu'on érigea devant la ville eut sur les ambassadeurs qui s'y relayèrent inlassablement[20]. De limite, au final, il n'y en eut qu'une, et de taille, la résistance des Colonais.

Les publics d'Olivier de La Marche et de Jean de Haynin, s'ils n'étaient peut-être pas identiques, n'en ressortissaient pas moins au même univers. Au sommet de ce dernier trônait le prince Philippe, à qui s'adressait directement le premier d'entre eux. Ensuite venaient les indiciaires, qui semblent constituer l'auditoire tant du premier[21] que, en toute hypothèse, du second[22]. On pourrait donc voir dans leurs traitements de la défaite, qui se répondent parfaitement, une volonté d'introduire chez les historiographes des référents culturels propres aux hommes de guerre, produits en même temps que composants de la société militaire bourguignonne. Et donc de veiller au portrait que les vecteurs officiels de l'histoire bourguignonne pourraient dresser de l'armée ducale. Et si même, dans le cas de Haynin, la transmission du seul manuscrit complet de son œuvre au sein de sa famille[23] indiquerait que là était son public désigné, l'interprétation des choses peut ne point changer, le vétéran des guerres bourguignonnes exposant à ceux qui lui succéderont les qualités de la troupe qu'ils intégreraient bientôt. Le mémorialiste est donc bien un « formateur [qui] fait partager à son public une expérience qu'il lui prodigue sans restriction morale ni édifiante[24] ». Pour ces vétérans

---

18 Cauchies, *Louis XI et Charles le Hardi*, p. 93 ; R. Vaughan, *Charles the Bold. The Last Valois Duke of Burgundy*, n^{lle} éd., Woodbridge, 2002, p. 342-343.

19 Olivier de La Marche, *Mémoires*, t. 1, p. 136-137.

20 J.-M. Cauchies, Charles le Hardi à Neuss (1474/75) : folie militaire ou contrainte politique ?, dans *Pays bourguignons et terres d'Empire (xve-xvie s.) : rapports politiques et institutionnels*, éd. J.-M. Cauchies, *Publication du Centre européen d'Études bourguignonnes (xive-xvie s.)*, t. 36, 1996, p. 108-109.

21 Olivier de La Marche, *Mémoires*, t. 1, p. 185.

22 A.C. de Nève de Roden, Les *Mémoires* de Jean de Haynin : des « mémoires », un livre, dans A l'heure encore de mon escrire. *Aspects de la littérature de Bourgogne sous Philippe le Bon et Charles le Téméraire*, éd. C. Thiry, Louvain-la-Neuve, 1997, p. 43-52, développant une idée déjà présente chez C. Thiry, Jean de Haynin, dans *Grundriss der romanischen Literaturen des Mittelalters*, t. 11/2, *La littérature historiographique des origines à 1500 (Partie documentaire)*, éd. H. U. Gumbrecht, D. Tillmann-Bartylla, Heidelberg, 1993, p. 143-144.

23 De Nève de Roden, Les *Mémoires* de Jean de Haynin, p. 43. Notons qu'outre l'original, quatre copies, abrégées ou très largement postérieures, en ont été identifiées. J. Van den Gheyn, Le manuscrit original des mémoires du sire de Haynin, dans *Compte rendu des Séances de la Commission royale d'Histoire*, t. 70, 1901, p. 46.

24 J. Blanchard, Nouvelle histoire, nouveaux publics : les mémoires à la fin du Moyen Âge, dans *L'histoire et les nouveaux publics dans l'Europe médiévale, xiiie-xve siècles. Actes du colloque international organisé par la Fondation européenne de la Science à la Casa de Velasquez, Madrid, 23-24 avril 1993*, éd. J.-P. Genet, Paris, 1997, p. 41.

du métier des armes que sont Jean et Olivier, et c'est là l'idée qu'ils veulent transmettre à leurs lecteurs, la défaite est le fait de tous et de personne à la fois, elle ne s'accompagne pas d'un blâme sur la société militaire dans son ensemble. Celle-ci se trouve même glorifiée d'avoir résisté à la défaite, de ne pas s'être décomposée sous les coups de boutoirs des ennemis. Le portrait que trace la défaite dans les *Mémoires* de Haynin et de La Marche est avant tout celui d'une société de frères d'armes, solidaire, une sorte de havre des valeurs morales les plus excellentes, celles de la chevalerie qui se diffusent loin au-delà de la seule aristocratie, loin au-delà des seuls adoubés[25]. Il n'est donc pas question de nier les revers de fortune rencontrés par les armées mais bien de leur donner une explication en même temps que de célébrer le courage des hommes d'armes qui paraît s'imposer comme la première des valeurs chevaleresques[26]. Si la volonté d'anoblir l'armée, ou plus exactement ses membres, n'est pas présente dans les démonstrations des deux auteurs[27], ceux-ci ne leur attribuent pas moins, incidemment, des qualités qui sont propres à l'aristocratie. Le métier des armes n'anoblit pas *de facto* mais ouvre déjà la voie de l'élévation sociale à ceux qui l'exercent. La noblesse héréditaire cède ici le pas à une noblesse morale, conquise par la seule force de la vertu, que légitiment non les généalogies mais le regard des contemporains[28]. Une identité militaire est en phase de constitution[29], qui se construit en large part sur la morale chevaleresque. La carrière d'un seul homme, l'auteur des *Mémoires* en l'occurrence, se trouve dépassée et englobée, sans pour autant y disparaître, dans une société plus large, à laquelle sa plume est en quelque sorte une porte d'accès.

Il y a sans doute plus encore. Jean achève ses *Mémoires* au soir de la défaite de Nancy[30], soit au moment où la force militaire bourguignonne n'a jamais été aussi mal considérée. Olivier illustre à l'attention du jeune Philippe de Habsbourg les vertus de la Maison de Bourgogne[31]. Il leur importait à tous deux de célébrer la valeur des armées ducales, grandes dans la victoire – Jean a d'ailleurs commencé à composer le manuscrit que l'on connaît aujourd'hui en 1466, au moment des succès des guerres de Liège[32] – comme dans la défaite. Peut-être, aussi, était-ce une façon de régénérer

25 Ce qui vient confirmer le repérage, par R. W. Kaeuper, Literature as Essential Evidence for Understanding Chivalry, dans *Journal of Medieval Military History*, t. 5, 2007, p. 9, d'un réel esprit de corps parmi la société chevaleresque et, ici, militaire du Moyen Âge.

26 S. Deruelle, *De papier, de fer et de sang. Chevaliers et chevalerie à l'épreuve de la modernité* (ca. *1460*-ca. *1620)*, Paris, 2015, p. 110-111.

27 La Marche l'affirmera clairement dans son Livre de l'advis de gaige de bataille, éd. B. Prost, *Traités du duel judiciaire. Relations de pas d'armes et tournois par Olivier de La Marche, Jean de Villiers, seigneur de l'Isle-Adam, Hardouin de La Jaille, Antoine de La Sale, etc.*, Paris, 1872, p. 45.

28 Sterchi, The Importance of Reputation, p. 101. Voir aussi sur ce sujet C. T. Allmand, Changing Views of the Soldier in Late Medieval France, dans *Guerre et société en France, en Angleterre et en Bourgogne. XIV*e*-XV*e *siècle*, éd. P. Contamine, C. Giry-Deloison, M. H. Keen, Lille, 1991, p. 180. Au vrai, le point de mire constitué par la noblesse se retrouve dans la société bien au-delà de la « classe » militaire. Voir F. Autrand, L'image de la noblesse en France à la fin du Moyen Âge. Tradition et nouveauté, dans *Comptes rendus des Séances de l'Académie des Inscriptions et Belles-Lettres*, t. 123/2, 1979, p. 340-354.

29 P. Contamine, Le combattant dans l'Occident médiéval, dans *Le combattant au Moyen Âge. Actes du 18*e *congrès de la Société des historiens médiévistes de l'enseignement supérieur public*, Montpellier, 1987, p. 21.

30 Jean de Haynin, *Mémoires*, t. 1, p. VI ; de Nève de Roden, Les *Mémoires* de Jean de Haynin, p. 32.

31 J. Devaux, Le culte du héros chevaleresque dans les *Mémoires* d'Olivier de La Marche, dans *Le héros bourguignon : histoire et épopée*, éd. J.-M. Cauchies, G. Small, A. Brown, *Publication du Centre européen d'Études bourguignonnes (XIV*e*-XVI*e *s.)*, t. 41, 2001, p. 58. La première rédaction débutant en 1472-1473 (C. Emerson, *Olivier de La Marche and the Rhetoric of Fifteenth-Century Historiography*, Woodbridge, 2004, p. 11, 43), son contexte est, comme dans le cas de Jean de Haynin, marqué par une période d'activité militaire et de remise en question des qualités de l'armée et du duc bourguignons.

32 De Nève de Roden, Les *Mémoires* de Jean de Haynin, p. 33.

l'armée bourguignonne à laquelle on allait encore demander tellement… L'accident qu'est la défaite, comme au vrai la victoire, ne doit pas obérer les qualités propres aux gens d'armes bourguignons. Les deux peuvent coexister, la valeur morale, et par voie de conséquence martiale, n'étant pas déterminée par la seule victoire au sens tactique du terme. La défaite n'existe donc pas que pour elle-même, pour la réalité tactique qu'elle représente. Qu'elle soit sans appel ou contestée, elle n'en permet pas moins de réfléchir aux devoirs des hommes d'armes bourguignons. Elle est l'occasion pour les deux auteurs d'élargir le propos, d'embrasser la guerre de « plus haut », d'en tirer une leçon[33]. Ceux-ci dépassent l'observation « au ras du sol » chère à John Keegan[34] pour se diriger vers une systématisation de leurs observations militaires. Enseigner des solutions à des problèmes donnés comme la défaite a beau ne pas être le premier objectif des *Mémoires*, les exemples qu'ils fournissent à leurs lecteurs ne pouvaient que les instruire, de la même façon que devaient le faire les chroniques, les romans de chevalerie ou les manuels didactiques[35], et les pousser à se montrer aussi bons, voire meilleurs, que leurs prédécesseurs, par la seule vertu de l'émulation. La visée, non seulement historique mais aussi argumentative[36], contribue à dessiner, ou plus exactement à compléter au gré de variations sur un même thème, le stéréotype du combattant bourguignon[37]. Celui-ci n'est pas uniquement le preux qui par la seule force de son bras abat le capitaine ou le roi adverse mais devient également le sage qui, dans la défaite, prévient la catastrophe. Et, par l'habitude que prennent Haynin et La Marche de ne pas attribuer ce mérite au seul capitaine, ils laissent entendre que ces deux qualités ne lui sont pas réservées[38].

En conclusion, il ressort de cette enquête préliminaire, qui devrait être élargie aux *Mémoires* français ainsi qu'aux biographies consacrées à des chevaliers bourguignons et français, à l'image des *Livre des fais* de Jacques de Lalaing ou de Jean II Le Meingre, dit Boucicaut, que, comme d'autres thématiques, l'histoire de la guerre ne peut pas se résumer à une analyse mathématique. Il y a, dans le discours qui lui est consacré, une ligne de force qui s'organise non seulement autour de qui a remporté la décision sur le champ de bataille mais aussi autour des valeurs propres à l'action martiale. Présenter une défaite comme une victoire ne revient pas uniquement à maquiller la vérité mais plutôt, car il était probable que les lecteurs savaient bien qu'on leur « mentait », à

33 C'est d'ailleurs l'ambition générale que leur reconnaît J. Dufournet, Commynes et l'invention d'un nouveau genre historique : les mémoires, dans *Chroniques nationales et chroniques universelles. Actes du colloque d'Amiens, 16-17 janvier 1988*, éd. D. Buschinger, Göppingen, 1990, p. 71-73, en signalant toutefois les limites des deux auteurs en ce domaine.

34 Cette volonté des auteurs de préférer à leur seul point de vue une vision explicative des événements a été mise en évidence par Y. N. Harari, *Renaissance Military Memoirs. War, History and Identity, 1450-1600*, Woodbridge, 2004, e. a. p. 85.

35 S. Fourcade, De l'utilité des lettres dans la carrière des armes. Guerre et culture écrite en France au xve siècle, dans *Le pouvoir par les armes*, p. 21-40.

36 Ce que N. Kuperty-Tsur, *Se dire à la Renaissance. Les Mémoires au xvie siècle*, Paris, 1997, p. 195, observe pour la carrière des auteurs du xvie siècle – qui ont à la défendre – se retrouve ici dans le cadre plus large de la société militaire.

37 Cet attachement au stéréotype du chevalier – qu'il ne nous appartient pas ici de démontrer moins anachronique qu'il n'est souvent présenté – de la part d'Olivier de La Marche a déjà été mis en évidence par H. Wolff, La caractérisation des personnages dans les *Mémoires* d'Olivier de La Marche : Identification ou description ?, dans *Revue des Langues romanes*, t. 97/1, *Écrire l'histoire à la fin du Moyen Âge*, éd. J. Dufournet, L. Dulac, 1993, p. 43 et peut être appliqué à Jean de Haynin.

38 Ils ouvrent donc la porte à l'assimilation des hommes d'armes au portrait que les auteurs de romans font, à la même époque, du chevalier idéal qui doit « allier en lui prouesse et sagesse ». D. Quéruel, Du chevalier au « chevetaine » : images de la guerre dans les romans bourguignons du xve siècle, dans *Revue des Langues romanes*, t. 117/2, *La guerre au Moyen Âge : des motifs épiques aux réalités du xve siècle*, t. 2, éd. J. Dufournet, C. Lachet, 2013, p. 349.

souligner ce qui doit servir d'exemple. En cela, La Marche et Haynin – pour qui il s'agit là du seul domaine où il nous livre un avis original[39] – tirent profit de leur expérience d'homme de guerre pour construire un système plus large. Les combattants, capitaines ou subordonnés, qui assurent un retrait sans accroc sur le champ de bataille sont les clefs de voûte d'un système plus large. Ainsi sans doute est-il, aux yeux des deux auteurs, plus important de se comporter comme un digne et valeureux homme d'armes que de remporter la bataille à une occasion précise. Les ducs de Bourgogne, et à leur suite Maximilien de Habsbourg, le propre père de Philippe le Beau, s'étaient d'ailleurs toujours attachés à remplir leur devoir militaire de la meilleure des façons[40]. Le capitaine valeureux dans la victoire comme dans la défaite est donc à la fois le rappel des qualités martiales des ducs, de leur devoir comme responsables, sur le champ de bataille, de leurs hommes, d'une part, et une métaphore, bien que plus esquissée que développée, des devoirs du duc vis-à-vis de ses sujets, d'autre part. Le discours sur l'armée et ses membres décrit un idéal état d'équilibre[41] où ne peuvent exister les insuffisances des gens d'armes, même si le duc est alors occupé à réorganiser son armée. Ce n'est d'ailleurs pas une surprise que ces *Mémoires* aient été rédigés simultanément, ou presque, aux réformes du Téméraire. Le moment était manifestement favorable à une réflexion sur le fait militaire, même si ce n'était pas là l'objectif premier des deux auteurs.

La défaite, accident de la Fortune, vient en somme compléter le portrait de l'exercice de la guerre. Nos deux auteurs demeurent donc consciemment hors de la culture de la défaite – une culture éminemment politique – pour laquelle l'échec est le signe d'une réforme nécessaire[42]. Cette attitude est sans doute un des ingrédients d'une culture de guerre par laquelle la société militaire se maintient séparée du reste de la société. Le Bourguignon est ainsi en tous lieux un digne chevalier, même si souvent Fortune varie.

39 De Nève de Roden, Les *Mémoires* de Jean de Haynin, p. 40.

40 Voir ainsi B. Schnerb, *L'État bourguignon, 1363-1477*, Paris, 1999, p. 262.

41 Les remarques d'A. Thiéblemont, Les apports de la recherche historique à la compréhension de la société militaire contemporaine, dans *Histoire militaire et sciences humaines*, éd. L. Henninger, Bruxelles, 1999, p. 32-33, sur le fantasmé « état d'équilibre » auquel aspirent les auteurs militaires contemporains sont transposables au contexte médiéval.

42 J.-M. Largeaud, Les cultures de la défaite en Europe et aux Amériques au XIXe siècle, dans *Hypothèses*, t. 11, 2008, p. 328 ; Le Gall, Les défaites à la Renaissance, p. 35 ; et, évidemment, W. Schivelbusch, *The Culture of the Defeat. On National Trauma, Mourning and Recovery*, Londres, 2003.

La « Maison de Bourgogne ». Origines, usages et destinées d'un concept

Jean-Marie Moeglin
Professeur à l'Université Paris-Sorbonne (Centre Roland Mousnier)
Directeur d'études à l'École pratique des Hautes Études (Saprat)

Le concept de « Maison d'un pays » traduit l'idée qu'un certain nombre d'individus apparentés par le sang – plutôt des hommes mais certaines femmes peuvent, temporairement ou durablement, être reconnus comme membres d'une dynastie – constituent la dynastie héréditaire d'un « pays » et ont le droit, au moins potentiellement, d'exercer le pouvoir dans ce pays, selon leur place dans l'ordre de succession.

La diffusion d'un tel concept est relativement tardive. Pendant longtemps, lorsque l'on voulait nommer les descendants d'un ancêtre commun, ceux qui tiraient de cet ancêtre commun des droits, l'on disposait de toute une série de termes d'usage courant empruntés au vocabulaire de la parenté : *prosapia*, *progenies*, *genealogia*, *genus*, *stirps* ; en français « race », en allemand « Geschlecht ». Ces termes servaient à désigner un ensemble de parents par le sang en lignée descendante, plutôt agnatique mais pas forcément de manière exclusive[1].

Le terme de *domus* était certes bien attesté dans la Bible – et par voie de conséquence dans les commentaires de la Bible – pour désigner la « Maison » d'Israël, de Juda ou de David, donc l'ensemble des individus qui descendent d'un même ancêtre. Il était aussi utilisé à Rome[2]. Le terme paraît néanmoins avoir mis du temps à se répandre pour désigner un groupe de parenté. Encore relativement éparses au cours du XIIe siècle, les attestations se multiplient dans le dernier tiers du XIIIe siècle. C'est seulement à partir de cette époque que la notion de « maison » va devenir un synonyme courant des termes de *stirps*, *progenies*, etc.

Le plus important est cependant l'évolution du prédicat affecté à ce terme de « maison ».

1 Voir A. Guerreau-Jalabert, La désignation des relations et des groupes de parenté en latin médiéval, dans *Archivum Latinitatis Medii Aevi – Bulletin Du Cange*, t. 46-47, 1988, p. 65-108, spécialement p. 91-92.

2 Voir par exemple Cicéron, *Laelius de Amicitia*, 23 : *Quae enim domus tam stabilis, quae tam firma civitas est, quae non odiis et discidiis funditus possit everti* […].

Pour la singuliere affection qu'avons a luy. *Études bourguignonnes offertes à Jean-Marie Cauchies*, sous la direction de Paul Delsalle, Gilles Docquier, Alain Marchandisse et Bertrand Schnerb, Turnhout, 2017 (*Burgundica* 24), p. 319-332.
 DOI 10.1484/M.BURG-EB.5.113928

Dans la première moitié du xive siècle, en effet, s'établit un lien entre une dynastie et un pays donné : *domus Francie*[3], *Castelle*, *Sicilie*[4] ou *Appulie*[5], *Aragonum*, *Luxemburgensis*[6], *Bavarie*[7], *Austriae*[8], etc.

La diffusion de l'expression mettra quelque temps à se réaliser. Elle paraît précoce au sud et à l'ouest de l'Europe, plus tardive au nord et à l'est ; ce n'est par exemple qu'à partir des années 1490 que « Haus zu Brandenburg » apparaît comme autodésignation des membres de la famille régnante en Brandebourg, avant tout dans des promesses de mariage et des traités[9].

Également au cours de la première moitié du xive siècle et parallèlement à la diffusion du concept de *domus*/maison, le « sang » qui coule de génération en génération dans les veines d'une famille devient le sang d'un pays. Le concept de « maison » permettait en effet fort bien d'exprimer le lien d'une famille et d'un pays, mais il peinait (par rapport à des termes tels que *progenies*, *prosapia*, *stirps*, *genus*) à exprimer l'hérédité. L'insistance sur le « sang » vient pallier ce déficit. Dans le royaume de France, la première mention connue du *sanc de France* apparaît dans le *Chapel des trois fleurs de lis*, composé entre 1332 et 1335 par Philippe de Vitry.

À partir du tournant des xiiie-xive siècles, la société politique européenne tend à devenir, pour reprendre une expression de Claude Lévi-Strauss, une « société à maisons[10] ». À la fin du xive siècle, au seuil de l'époque moderne, l'évolution était achevée. L'Europe politique était désormais une société de « maisons princières », porteuses du « sang » d'un pays. Autrement dit, un ordre dynastico-territorial s'était imposé dans lequel un certain nombre de familles se désignant comme la « maison » et le

3 Le franciscain Thomas Tuscus de Pavie (*ca* 1280) parle, dans ses *Gesta imperatorum et pontificum*, de l'*inclita domus illa Francorum* (éd. E. Ehrenfeuchter, *Monumenta Germaniae Historica* [= *MGH*], *Scriptores* [= *SS.*], t. 22, Hanovre, 1872, p. 520), mais l'expression *domus Francie* est déjà utilisée en Italie au cours de la seconde moitié du xiiie siècle ; elle est utilisée par exemple par le chroniqueur Saba Malaspina (éd. W. Koller, A. Nitschke, *MGH*, *SS*, t. 35, Hanovre, 1999).

4 Le 13 février 1349, le pape Clément VI demande à Charles IV d'intervenir auprès du roi de Hongrie pour obtenir la libération de Robert de Tarente et des autres princes napolitains : il évoque la captivité de Robert et des autres princes de la Maison royale de Sicile : *super captivitate sua, quam longo iam tempore una cum aliis regalibus domus Sicilie passus est et patitur* (*MGH*, *Constitutiones et acta publica imperatorum et regum*, t. 9, éd. M. Kühn, Weimar, 1974-1983, p. 137, n° 176).

5 Robert de Sicile écrit au roi de France Philippe le Long, peut-être en septembre 1318, pour demander l'aide militaire de Philippe contre les Gibelins *qui putantes Appulie domus abbolere potentiam et altitudinem deprimere Gallicorum* (*MGH*, *Constitutiones*, t. 5, éd. J. Schwalm, Hanovre-Leipzig, 1909-1913, p. 408, n° 505).

6 Le 13 mars 1354, Charles IV élève son frère Venceslas à la dignité de prince et duc de Luxembourg : *sane attendentes multiplicia merita probitatis et preclare devotionis insignia, quibus tu et clare memorie progenitores tui domus Lucemburgensis sacrum Romanum imperium* [...] (*MGH*, *Constitutiones*, t. 11, éd. W. D. Fritz, Weimar, 1978-1992, p. 63, n° 96).

7 Première mention connue dans un diplôme de Louis de Bavière du 13 mars 1327 (*MGH*, *Constitutiones*, t. 6, 1, éd. J. Schwalm, Hanovre, 1914-1927, p. 175, n° 226) ; il faut ensuite attendre la fin du xive siècle pour retrouver des occurrences, voir J.-M. Moeglin, Les dynasties princières allemandes et la notion de Maison à la fin du Moyen Âge, dans *Les princes et le pouvoir au Moyen Âge. 23e Congrès de la S.H.M.E.S., Brest, mai 1992*, Paris, 1993 p.137-154 ; voir aussi F. Fuchs, Das « Haus Bayern » im 15. Jahrhundert. Formen und Strategien einer dynastischen « Integration », dans *Fragen der Politischen Integration im mittelalterlichen Europa*, éd. W. Maleczek, Ostfildern, 2005, p. 303-324.

8 Voir Moeglin, Les dynasties princières allemandes.

9 Voir C. Nolte, *Familie, Hof und Herrschaft. Das verwandtschaftliche Beziehungs- und Kommunikationsnetz der Reichsfürsten am Beispiel der Markgrafen von Brandenburg-Ansbach (1440-1530)*, Osfildern, 2005, p. 52-53.

10 Voir C. Lévi-Strauss, Histoire et ethnologie, dans *Annales ESC.*, t. 38, 1983. p. 1217-1231 ; voir aussi P. Lamaison, C. Lévi-Strauss, La notion de maison. Entretien avec Claude Lévi-Strauss par Pierre Lamaison, dans *Terrain*, t. 9, 1987, p. 34-39.

« sang » d'un pays donné gouvernaient à titre héréditaire un royaume (la Maison de France), voire plusieurs royaumes et principautés (la Maison d'Autriche). Un ensemble enchevêtré de traditions « dynastiques » et « nationales » légitimait cette conjonction[11].

Comment situer alors la « Maison de Bourgogne » dans un tel processus ? Telle est la question que je voudrais traiter ici[12], sans prétendre épuiser dans ces quelques pages un problème qui ne me semble guère avoir retenu l'attention jusqu'à présent[13].

Il est difficile de dire à partir de quel moment l'on commence à évoquer couramment une « Maison de Bourgogne ». En fait, il est bien possible que les premiers intéressés, les ducs de Bourgogne, aient pendant longtemps hésité à se considérer comme les membres d'une « Maison de Bourgogne » à proprement parler.

Le fondateur de la dynastie, Philippe le Hardi, était un prince du sang français. Très engagé comme on le sait dans les affaires du royaume, il restait et voulait rester un membre éminent de la « Maison de France ». Il mettait d'ailleurs en tête de sa titulature le fait qu'il était *filz de roy de France*[14]. Son fils et successeur Jean sans Peur prit incontestablement, contraint et forcé, plus de distances avec la famille royale française, mais lui aussi restait un prince de sang très soucieux de son influence à la cour de France et de son pouvoir dans le royaume[15]. Ces ambitions françaises ne le poussaient pas à se présenter comme le chef d'une nouvelle « Maison de Bourgogne » ayant pris son indépendance par rapport à la « Maison de France ». Son fils Philippe le Bon, qui lui succède après l'assassinat de Montereau en 1419, est certes de plus en plus occupé par les affaires des Pays-Bas mais, comme son père, il restera très longtemps soucieux de jouer un rôle prépondérant dans le royaume.

De ce fait, les références à une « Maison de Bourgogne » paraissent longtemps rester rares, même sous le règne de Philippe le Bon. Pierre de Nesson dans son *Lai de guerre*[16] montre *Guerre* redouter grandement qu'Alain Chartier ne parvienne à persuader Philippe le Bon de rejoindre le camp de *Paix*, c'est-à-dire de Charles VII, en lui rappelant *comment il est du noble sang de France*[17] alors que jusqu'à présent il avait œuvré contre lui en détruisant *son propre sang royal*[18], *ses parens et son chief*[19]. De fait, c'est bien ce que Philippe fera lors du traité d'Arras en 1435. À la même époque, lorsque

11 Je me permets de renvoyer à mon étude J.-M. Moeglin, Entre 1250 et 1350, système des États et ordre dynastique dans l'Occident médiéval, dans *Power and Persuasion. Essays on the Art of State Building in Honour of W. P. Blockmans*, Turnhout, 2010, p. 3-25.

12 Jean-Marie Cauchies a, dans des pages très suggestives, attiré l'attention sur le passage de la « Maison de Bourgogne » à la « Maison d'Autriche », J.-M. Cauchies, *Qui vous estes et le noble lieu dont vous estes yssu.* Olivier, Philippe d'Autriche et la Bourgogne, dans *Autour d'Olivier de La Marche*, éd. J.-M. Cauchies, *Publication du Centre européen d'Études bourguignonnes*, t. 43, 2003, p. 149-160.

13 Ce thème n'est pas évoqué par exemple dans *The Ideology of Burgundy. The Promotion of National Consciousness, 1364-1565*, éd. D'A. J. D. Boulton, J. R. Veenstra, Leyde, 2006.

14 Lorsque Philippe et son épouse Marguerite règlent, en accord avec Jeanne de Brabant, leur héritage, il n'est nullement question d'une « Maison de Bourgogne » qui regrouperait l'ensemble des principautés appartenant ou susceptibles d'appartenir à Philippe et son épouse ; au contraire, il est prévu de faire de chacun des trois fils le maître et fondateur d'une (ou de plusieurs) principautés propres, en quelque sorte des fondateurs de maison. L'entente devra bien sûr régner entre eux en tant que parents mais pas en tant que membres d'une « maison » unique (voir A. van Nieuwenhuysen, *Ordonnances de Philippe le Hardi, de Marguerite de Male et de Jean sans Peur*, t. 2, *1394-1405*, Bruxelles, 1974).

15 Voir B. Schnerb, *Jean sans Peur. Le prince meurtrier*, Paris, 2005.

16 A. Piaget, E. Droz, *Pierre de Nesson et ses œuvres*, Paris, 1925, reprod. anast. 1977, p. 47-69.

17 *Ibid.*, p. 57, v. 343-346.

18 *Ibid.*, p. 53, v. 202.

19 *Ibid.*, v. 225.

Charles d'Orléans, qui dit lui-même être issu de la « Maison de France[20] », remercie Philippe pour les efforts qu'il a déployés et déploie pour le faire libérer de sa captivité anglaise – il entend désormais être éternellement « bourguignon » –, Philippe lui répond en l'invitant à se soucier des affaires de la « Maison de France » : *ne mectés point en oubliance / l'estat et le gouvernement / de la noble maison de France / qui se maintient piteusement*[21].

Si l'on prend à présent les chroniques d'Enguerrand de Monstrelet, il ne semble pas que l'on puisse y trouver de références à la « Maison de Bourgogne » alors que le terme de « maison » pour désigner un lignage noble est, bien sûr, connu de Monstrelet[22].

En 1459 encore, Guillaume Fillastre est chargé de répondre au discours des ambassadeurs français venus à Bruxelles présenter au duc Philippe le Bon les doléances du roi de France[23]. Les représentants français avaient notamment argué que Philippe *est parent du roy, néz de la tres excellente et tres chrestienne maison de France, de laquelle il a receu grans biens, car il tient par elle les biens qu'il posside*, que Charles VII est *chief de ceste tres excellente et tres chrestienne maison* dont Philippe est membre, et qu'il lui doit donc obéissance à ce titre. Fillastre répond en ne niant pas, bien au contraire, que le duc soit membre de la Maison de France (*mondit seigneur remercie le roy nostre seigneur le plus humblement qu'il peut qu'il lui plaist l'avoir et congnoistre pour son humble parent et party de sa tres chrestienne maison*) ; il fait cependant habilement valoir que le duc est certes sujet du roi de France pour ses territoires du royaume mais qu'il ne l'est pas pour les autres territoires qu'il tient dans l'Empire. Fillastre peut ainsi relativiser les obligations qui incombent au duc en tant que membre de la Maison de France. Et l'orateur continue en racontant la manière dont les ducs de Bourgogne ont acquis par succession héréditaire masculine et surtout féminine la plupart de leurs terres. L'occasion d'évoquer une « Maison de Bourgogne », indépendante de la « Maison de France » dont les Valois étaient les porteurs, s'offrait à l'évidence. Fillastre ne s'y risque pas, préférant insister sur les trois vertus théologales, symbolisées par les trois fleurs de lis, que Philippe doit à son appartenance à la *très chrétienne Maison de France*.

Une « Maison de Bourgogne » est pourtant bel et bien attestée. La *Remonstrance* que Jean Germain tient en 1437 devant le duc de Bourgogne lors de la dixième fête de la Toison d'or[24], alors que le pouvoir ducal est ébranlé par plusieurs révoltes en Flandre, prend pour argument la rencontre en songe de l'évêque avec une jeune fille portant un riche habit, mais en partie déchiré, montrant à gauche les armes du Saint-Empire et à droite les fleurs de lys ; son nom est *Haultesse de seignourie* ou *Grandeur de prince*. La jeune fille explique qu'elle est en butte aux persécutions de quatre mauvais garçons qui veulent la chasser de la « Maison de Bourgogne » comme elle l'a été de tous les lieux où elle a pris résidence depuis son séjour au Paradis céleste, au paradis terrestre, dans les différentes maisons par lesquelles elle est passée et jusqu'à la Maison de Bourgogne où elle séjourne à présent. Lassée des attaques de ces quatre mauvais garçons que sont

20 *Jeunesse* le présente au dieu amour *de mon povair, je vous vien presenter / ce jenne filz qui en moy a fiance, / qui est sailly de la maison de France, / creu ou jardin semé de fleur de lis*, *Poetry of Charles d'Orléans and his circle. A critical edition of BnF MS. fr. 25458, Charles d'Orléans' personal manuscript*, éd. J. Fox, M.-J. Arn, Turnhout, 2010, p. 10.

21 *Ibid.*, p. 284.

22 Enguerrand de Monstrelet, *Chronique*, éd. L.-C. Douët-d'Arcq, 6 vol., Paris, 1857-1862. Monstrelet évoque par exemple dans la préface de ses chroniques *ceulx qui de noble maison sont yssus* (*Ibid.*, t. 1, p. 2).

23 Guillaume Fillastre le Jeune, *Ausgewählte Werke*, éd. M. Prietzel, Ostfildern, 2003, p. 111-143.

24 *Catalogue descriptif et raisonné des manuscrits de la bibliothèque de Valenciennes*, éd. J. Mangeart, Paris, 1860, p. 687-690.

Incurie du Prince, *Mollesse de conseil*, *Jalousie des serviteurs* et *Oppression des sujets*, elle envisage désormais de fuir également la « Maison de Bourgogne ». Elle y avait été pourtant, au cours des quarante dernières années, fort bien reçue par le grand-père et le père du duc Philippe et par Philippe lui-même. L'évêque, effrayé, incite la jeune fille à ne pas quitter la Maison de Bourgogne : bien des seigneuries ont été ravagées *toutes voyes la maison de Bourgoingne est demouree la plus enthiere et mains grevee et habandonné des subgiés et des richesses*. La jeune fille affirme néanmoins qu'elle ne se laissera fléchir que si les quatre mauvais sujets qui la persécutent sont remplacés par quatre bons chevaliers, *Diligence de prince*, *Vérité de conseilliers*, *Légalité de serviteurs* et *Amour a ses subgiés*. Le discours transparent de l'évêque de Châlons est évidemment un avertissement voilé adressé au duc : ses sujets vont se révolter et le chasser de ses territoires s'il continue à se laisser guider par de mauvais conseillers. Il n'est pas facile de dire ce qu'est exactement la « Maison de Bourgogne » dans cette allégorie imaginée par l'évêque de Châlons : à la fois la dynastie princière, sa maison au sens de son hôtel, mais sans doute aussi ses territoires, en tout cas l'unité qu'ils forment avec la dynastie princière et qui risque d'être brisée si Philippe le Bon ne réforme pas son gouvernement. L'invocation d'une « Maison de Bourgogne » paraît ici cependant plus un artifice littéraire que la référence à un véritable concept politique.

Les références se multiplient cependant. L'auteur d'une *Epistre en la contemplacion du saint voyaige de Turquie adveissant a la tres crestienne et tres heureuse maison de Bourgoigne*, datée de 1464, s'adresse à la Maison de Bourgogne : *Heureuse maison de Bourgoigne, Donne a tes yeulx larmes de joye*[25]. Jean Lefèvre de Saint-Rémy, héraut Toison d'or, écrit à la fin du règne de Philippe le Bon une chronique des temps qu'il a vécus. Dans son récit de la querelle dynastique qui conduit à la bataille de Bulgnéville en 1430, la notion de Maison joue un grand rôle : *Or, estoit lors ung nommé Ferry de Lorraine, yssu de la maison de Lorraine, lors si prochain du duc de Lorraine que nepveu, et cousin germain de l'éritière femme dudit Régné* [...] *Il se retraict devers le duc, lequel pour lors estoit en la ville de Gand. Et là luy remonstra que ses prédécesseurs ducz de Lorraine avoient tousjours esté amis et aliez de la maison de Bourgoingne*[26]. Monstrelet pourtant, qu'il reprend très largement pour les débuts de sa chronique, n'avait fait aucune référence à la Maison de Bourgogne. Jean Lefèvre de Saint-Rémy a commencé à écrire l'histoire vers 1462-1463 et il a poursuivi son œuvre quasiment jusqu'à sa mort survenue le 15 juin 1467[27]. Il écrit donc au moment où le fils de Philippe le Bon accède au pouvoir, avant la mort de son père, au prix d'un violent conflit avec ce dernier provoqué par la volonté de Charles de s'opposer résolument au roi de France Louis XI et de conduire l'État bourguignon à l'indépendance.

Il n'est donc pas étonnant que se multiplient dans ce contexte les références à une « Maison de Bourgogne » qui serait l'objet des menées hostiles des chefs de la « Maison de France », Charles VII puis son fils Louis XI.

Jean de Wavrin a sans doute commencé en 1446 son *Recueil des chroniques et histoires du royaume d'Angleterre*, mais la rédaction des six « volumes » qui la composent

25 Épistre en la contemplation du saint voyaige de Turquie adveissant à la très crestienne et très heureuse maison de Bourgoigne, éd. G. Doutrepont, dans *Analectes pour servir à l'Histoire ecclésiastique de la Belgique*, t. 32, 1906, p. 29. Voir en dernier lieu J. Devaux, Le Saint Voyage de Turquie. Croisade et propagande à la cour de Philippe le Bon (1463-1464), dans A l'heure encore de mon escrire. *Aspects de la littérature de Bourgogne sous Philippe le Bon et Charles le Téméraire*, éd. C. Thiry, Louvain-la-Neuve, 1997, p. 53-70.

26 Jean le Fèvre de Saint-Remy, *Chronique*, éd. F. Morand, t. 2, Paris, 1881, p. 258-259.

27 Voir M. Zingel, *Frankreich, das Reich und Burgund im Urteil der burgundischen Historiographie des 15. Jahrhunderts*, Sigmaringen, 1995, p. 58-69.

s'est étendue sur une longue période[28]. Il faut en tout cas attendre le moment de l'exacerbation du conflit entre le vieux duc et son fils pour qu'il fasse usage de la notion de « Maison de Bourgogne ». Ainsi rapporte-t-il comment le seigneur de Croÿ quitte en 1463 la « Maison de Bourgogne » pour se mettre momentanément au service de Louis XI qui vient d'accéder à la couronne[29]. Il en est de même avec le comte d'Étampes, Jean de Bourgogne, accusé de magie noire contre le comte de Charolais[30]. Mais c'est l'affaire du bâtard de Rubempré et de sa prétendue tentative d'enlèvement de Charolais, un récit que Wavrin n'écrit pas avant 1469, qui pousse le chroniqueur à mettre sur le devant de la scène la « Maison de Bourgogne » :

> *Mais Dieu, qui congnoist les corages des gens, ne voult pas lors parmettre ne souffrir si grant ruyne advenir en si noble maison comme celle de Bourguoigne, lequel autorisie hostel a pour verite este jusques a present le plus beau, plus ferme, et plus sieur pillier de la couronne de France. Dieu par sa grace les voeille ambedeux conserver et garder a tous jours mais de tous perilz, ycelles entretenant en ferme paix et amour ensamble. Toutesfois j'ay ce mis par escript selon la commune renonimee du temps de lors, non pas comme voullant affermer de moymesmes que le roy pensast oncques voulloir faire a la dite maison de Bourguoigne si grant iniquite, atendu les biens innumerables quil en avoit recheuz*[31].

C'est bien la question de la relation de la « Maison de Bourgogne » avec la « Maison de France » qui est posée par Wavrin : la « Maison de Bourgogne » est sans doute issue de la « Maison de France », mais elle lui a rendu d'éminents services en lui permettant de vaincre les Anglais ; il serait incompréhensible que les chefs de la « Maison de France » veuillent la ruine de la « Maison de Bourgogne ».

À l'approche de la guerre du Bien Public, les accusations contre le roi de France se font plus précises : son but aurait été d'en finir avec toutes les grandes maisons du royaume de France. Wavrin fait écho à ces reproches lancés contre le roi. Il rapporte que Louis XI a réuni une assemblée dans laquelle il a accusé le duc de Bretagne d'avoir lancé de fausses accusations contre lui :

> *lequel avoit dit et escript au comte de Charollois, au duc dOrlyens, au duc de Bourbon, au roy de Cecille et auz autres princes du rojaulme que ce pourquoy le roy se tenoit tant ou pays de Pycardie estoit pour trouver paix ou aulcun traitie a sa poste avec les Anglois ses anchiens annemis, et que pour a celle fin parvenir leur presentoit la ducie de Northmandie et aussi celle de Guyenne a tele intencion que par leur moyen il peust subjuguier et destruire les grandes et nobles maisons de France, comme Bourguoigne, Bourbon, Bretaigne, Orlyens et autres piliers du sang royal ; jurant lors et affermant le roy quil navoit oncques contendu a ce faire, ne, quy plus est le pense ; disant oultre que sil presumoit teles choses perpétrer il ne seroit pas digne de porter couronne*[32].

---

28 *Ibid.*, p. 73. Sur Wavrin, voir aussi A. Marchandisse, Jean de Wavrin, un chroniqueur entre Bourgogne et Angleterre, et ses homologues bourguignons face à la guerre des Deux Roses, dans *Littérature et culture historiques à la cour de Bourgogne. Actes des rencontres internationales organisées à Dunkerque (Université du Littoral–Côte d'Opale), le jeudi 27 octobre 2005*, éd. J. Devaux, A. Marchandisse, *Le Moyen Âge*, t. 112, 2006, p. 507-529.

29 Jean de Wavrin, *Recueil des croniques et anchiennes istories de la Grant Bretaigne, a present nomme Engleterre*, éd. W. Hardy, E. L. C. P. Hardy, t. 5, Londres, 1891, p. 416.

30 *Ibid.*, p. 417.

31 *Ibid.*, p. 444-445.

32 *Ibid.*, p. 453.

D'autres chroniqueurs font écho aux mêmes accusations[33]. La « Maison de Bourgogne » existe puisqu'elle a des ennemis, les Liégeois par exemple, *anchiens annemis de la maison de Bourguoigne*, dont le roi de France recherche l'alliance[34].

Philippe le Bon avait toutefois tenté d'éviter la rupture entre la « Maison de France » et la « Maison de Bourgogne ». Lorsque Guillaume Fillastre, qui n'avait pas évoqué la « Maison de Bourgogne » en 1459, revient en janvier 1465 à la cour du roi, cette fois Louis XI, pour tenir un discours à propos de l'affaire Rubempré, il fait bien référence cette fois à la « Maison de Bourgogne ». Il n'existe pas d'alliance, explique-t-il, entre le comte de Charolais et le duc de Bretagne ; simplement, ce sont deux jeunes princes qui ont entre eux un amour mutuel, conséquence d'un amour ancien entre les Maisons de Bourgogne et de Bretagne[35]. Charles, le fils de Philippe, n'a qu'un seul désir : servir le roi, en se plaçant ainsi dans la continuité de ses prédécesseurs qui ont rendu d'éminents services aux rois de France[36]. C'est ainsi qu'il contribuera à la gloire de sa Maison. En aucun cas, il ne voudrait amoindrir la réputation de cette dernière en commettant le crime de lèse-majesté[37]. Philippe le Bon a été très affecté d'entendre que l'on accusait son fils de ce crime, il a répondu *que mondit seigneur de Charolois estoit son filz et son seul heritier, party et né de sa Maison de France, et luy seroit trop grief et trop luy desplairoit* s'il en avait été ainsi[38].

Ainsi parlait Guillaume Fillastre en janvier 1465 au nom de Philippe le Bon. Dans son *Livre de la Toison d'or*, commencé en 1468 et terminé en 1473, il fera encore entendre les mêmes échos : la Maison de Bourgogne existe bien sûr (Fillastre rapporte que Jean sans Peur a veillé à ce son fils ne soit pas à Azincourt *a cause de la division qui lors estoit entre les maisons de Bourgongne et de Orleans attendu que monseigneur d'Orlians estoit chief de ceste armee*[39]), mais elle a toujours été fidèle à la Maison de France dont elle est issue et elle lui a rendu d'éminents services[40].

En 1455, le duc de Bourgogne Philippe le Bon confie à George Chastelain la mission de *mettre en fourme par maniere de cronicque fais notables dignes de mémoire advenus par chi-devant et qui adviennent et puellent souvente fois advenir*. Chastelain va travailler à cette œuvre jusqu'à sa mort. Le rapport entre la « Maison de Bourgogne » et la « Maison de France » et le risque du conflit menaçant entre elles sont au centre de sa conception de l'histoire des ducs de Bourgogne[41].

---

33 Voir Jacques du Clercq, *Mémoires*, éd. F. de Reiffenberg, t. 4, Bruxelles, 1823, p. 85.

34 Jean de Wavrin, *Recueil des croniques*, t. 5, p. 494 ; voir Jean de Haynin, *Mémoires*, éd. R. Chalon, t. 1, Mons, 1842, p. 81 : *car ils n'avoient sceu croire que les Liégeois fussent si outrecuidez que d'eux envahir, et briser la paix faicte avec la maison de Bourgougne, portante le party de leur évesque, et qu'il souviendroit de la fresche playe receue par ceux de Dynant ; en quoy lesdictz Huytois se forcomptoient.*

35 Guillaume Fillastre, *Ausgewählte Werke*, p. 214.

36 *Ibid.*, p. 217.

37 *Ibid.*

38 *Ibid.*, p. 219.

39 *Ibid.*, p. 268.

40 *Ibid.*, p. 272 (*ce tres magnanime prince, le duc Jehan de Bourgongne, né des fleurs de lys et de ceste tres christienne maison de France* [...] *voyant le dangier ouquel estoit la couronne de France se determina la servir et la secourir*).

41 Les chroniques de Chastelain sont publiées dans George Chastellain, *Œuvres*, éd. J. Kervyn de Lettenhove, t. 1-5, Bruxelles, 1863-1864. Sur Chastelain historien, voir J.-C. Delclos, *Le témoignage de Georges Chastellain, historiographe de Philippe le Bon et de Charles le Téméraire*, Genève, 1980 ; Zingel, *Frankreich*, p. 127-163 ; G. Small, *George Chastelain, and the Shaping of Valois Burgundy. Political and Historical Culture at Court in the Fifteenth Century*, Woodbridge, 1997 ; pour une bibliographie complète, voir art. George Chastelain, sur le site Arlima, URL : http://www.arlima.net/no/109.

Chastelain se sent un *léal français* et non pas le sujet d'un État bourguignon qui n'existe pas véritablement à ses yeux. Il écrit ses chroniques *pour gloire et exaltacion de ce très-chrestien royaume* tout en prétendant rectifier le récit de l'histoire de France donné par les *Grandes Chroniques de France*. L'histoire vraie du royaume de France doit en effet mettre en valeur la contribution décisive que les ducs de Bourgogne, et tout particulièrement Philippe le Bon, ont apportée au sauvetage du royaume qui était quasiment au bord de la ruine.

Chastelain fait donc un éloge dithyrambique de la « Maison de Bourgogne » sous le duc Philippe le Bon :

> *Laquelle chose je dis, pour cause que, de celle heure en avant, tousjours sa vie et sa gloire alloient montant et augmentant de degré en degré, et commençoient à resplendir ses faits et renommée en terre par-dessus tous autres, tant par abondances de grâces et vertus qui se trouvoient en luy, comme par multitude des faveurs de fortune qui se résolvoient sur sa maison, qui seule entre les chrestiennes en ce temps estoit reluisant en fertile richesse et de haute noble chevalerie, dont nulle autre part ne se trouvoit pareille, sans ce que l'abondance des biens y estoit telle que les distribueurs de deniers, ennuyés de tenir argent clos, constraindoient souvent les uns et les autres à venir querre leur dû, les uns pour gages de leur service, les autres pour dons donnés sans requeste. Sy ne se pouvoit pas la maison tant seulement estre nommée riche et plantive, mais court de multitude et d'affluence de toute félicité sans rive et sans nombre, voire si avant que ses hautes abondances pouvoient estre occasion assez d'envie à tout le monde ailleurs, considéré encore les hauts affaires que pouvoit avoir et porta longuement depuis encontre le roy son adversaire, le roy de France, encontre Hollandois, Frisons, Angles en Hollande, en contre Liégeois, Allemans autre part, à quoy il convenoit furnir en tout et non moins continuer son estât, lequel n'alloit point diminuant pourtant, mais croissant tousjours et multipliant en gloire, en décoration et en toute splendeur ; et là où autres maisons et palais se dévestoient de sens et de stabilité, ceste icy se édifioit de prudence et équité par embas et se paroit en sa sublimité de vertu ; et en dedens elle se présentoit retraite et refuge d'honneur et de savoir, comme vu ay assez que l'honneur et le sens de France y reposoit seul et que les nobles viellars expuls autre part y quéroient repos*[42].

La « Maison de Bourgogne » est une réalité politique et un concept que Chastelain mentionne fréquemment au cours de son récit. Il évoque lui aussi *la peur et vieille haine que Liégeois ont portée de tout temps à ceste maison de Bourgoigne, qui seule leur pooit faire oppression* [...] et, l'on y reviendra, il s'appesantit longuement sur les menées de la « Maison de France » et des rois de France contre la « Maison de Bourgogne ».

Mais Chastelain insiste beaucoup sur l'appartenance de Philippe le Bon et même de son fils à la généalogie des rois de France ; il *demourroit joint avec le tronc de la Royale Majesté*[43], *le tronc de la racine de son extraction*[44], *la très-haute prochaineté qu'avoit au royal tronc*[45] ; Philippe le bon, écrit-il, *amoit l'honneur et le salut du royaume comme de sa mère maison, et ploroit en cœur sa division et malheurté*[46]. Charles, le futur Téméraire, était lui aussi *du noble tronc des fleurs de lis*[47] ; des représentants des États lui auraient rappelé en 1468 que *il estoit du royal tronc, et que la couronne, par possible, pouvoit tourner sur luy*[48].

---

42 George Chastellain, *Œuvres*, t. 2, Bruxelles, 1863, p. 148-149.
43 *Ibid.*, t. 1, p. 85.
44 *Ibid.*, t. 2, p. 11.
45 *Ibid.*, p. 84.
46 *Ibid.*, t. 3, Bruxelles, 1864, p. 193.
47 *Ibid.*, p. 426.
48 *Ibid.*, t. 5, p. 391.

En fait, aux yeux de Chastelain, la « Maison de Bourgogne » est fondamentalement un lignage de princes qui continue à faire partie de la « Maison de France » tout en ayant acquis de fait une véritable indépendance.

La « Maison de Bourgogne » est donc une réalité politique mais elle est une partie de la « Maison de France » dont elle est issue, à laquelle elle continue à appartenir et qu'elle a soutenue de manière décisive. Il devrait donc régner une entente parfaite entre « Maison de Bourgogne » et « Maison de France ». Or, et c'est bien là que le bât blesse, la « Maison de Bourgogne » est victime de l'ingratitude et des menées hostiles des rois de France Charles VII et Louis XI. Elle n'a donc pas d'autre choix que de se dresser contre sa propre souche comme l'explique Chastelain au moment de la guerre du Bien Public lorsque le comte de Charolais offre à son père de conduire l'offensive en France :

> *Sy en commença le duc à rire d'un bon coeur, et lui plut moult le haut et bon courage de son fils, et tous les autres seigneurs d'emprès, rians de son bon vouloir, l'en prisèrent moult aussy, et leur fut une grant joye de l'oïr tel. Sy faut entendre que jà-soit-ce que le conte de Charolois fust de la maison de France si prochain et du noble tronc des fleurs de lis, toutevoies par la haine et envie que voioit François avoir encontre son père et que pleins d'orgueil et de descongnoissance estoient ingrats et variables, déclinoit plus à l'amour des Englès beaucoup, et ce fit-il aucunement en faveur de sa mère la duchesse qui tel l'avoit nourry, et laquelle aussy fut fille d'une des filles de Lencastre*[49].

Cela n'empêche pas Chastelain de réaffirmer son attachement pour la « Maison de France » : *je n'ay amour a région chrestienne que à celle de France ; ni à autre maison, tant soit exaltée, je ne porte honneur, en comparison d'iceste sur toute gloriffyée ; car c'est ycelle qui seule anciennement reluist et resplend, et que les pères des régnans aujourd'huy ont fait famer et esbruire par la rondesse du siècle*[50]. Les reproches que Chastelain adresse à la « Maison de France » ne sauraient remettre en question son amour pour celle-ci ; il faut simplement que les Français reconnaissent ce qu'ils doivent à la Maison de Bourgogne[51] ; Chastelain adjure le roi Louis XI de renoncer à son ingratitude vis-à-vis de la Maison de Bourgogne à laquelle il doit tant :

> *Admonestation faite à France. Mais qu'il y eust paix en France ! Digne, glorieuse France, sainte chrestienne maison, refulgent sur toute la terre ! Que diray-je de toi maintenant, et quelle narration feray-je de ta fortune d'aujourd'huy, quand celuy qui gouverne ton trône et*

---

49 *Ibid.*, t. 3, p. 426.

50 *Ibid.*, t. 4, Bruxelles, 1864, p. 21.

51 *Ibid.*, p. 393-394 : *Je François doncques de naissance et exalteur de la nation, pourroie estre rédargué ici, ce sembleroit, et prouvé contrediseur à moy-mesme, parce que je semble déturper, par mon escrire, ceux dont je me vante estre avanceur de leur clarté, et que plus affecté à la louenge de la maison de Bourgongne, je me forme contraire de celle de France par luy imputer note. Non plaise à Dieu, non plaise aux hommes entendre ! Car les temps et les moeurs des hommes d'alors, tel comme je les ay conçus, je les ay notés et mis après en perpétuel record, par différence des autres, si Dieu plaist, cy-après qui venront meilleurs, et là où les coeurs et les diverses nations tous sous un sceptre s'entr'aimeront et seront unis ensemble, par contraire de ceux de ce temps, que Dieu doint ainsy ! Et ne dis point, ne ne dis oncques, soit bien entendu, que cœurs des Bourgongnons soient meilleurs, ne plus amis que François, ne qu'en eux n'ait des taches mauvaises et felles, et des haynes et des envies si bien qu'en autres ; mais une seule chose ai-je maintenue et escrite tousjours : c'est que l'envie et hayne prise des François contre ce duc a esté mal fondée, car tousjours s'est congréée sur luy en faisant bien, et en bien faire et en bien quérant oncques n'a pu estre recognu. Vez-ci toute la partialité qui me puisse estre imputée : c'est que j'ay rédargué et incrépé les ingrats, et le bienfait et la netteté d'un homme remonstré aguement aux descognus courages. Et ne laisse point à estre bon François pour tant, ains cuide à France faire honneur par maintenir vérité estroite qui fontaine est et doit estre de la vérité du monde pour estre ailleurs dénoncée.*

occupe le lieu de ton ancienne splendeur, et en quoy tu précèdes et survoles toute autre nation, luy, le plus digne du monde et le plus noble en temporel estat, et qui doit porter cœur d'aigle et nature de lyon, et ajouster sur ses nobles vieux pères de jadis aucun nouvel acquest de clair titre, s'est allé conforter, et associer soy et évoquer à son frère d'armes, un Anglois, un homme forfait encore, et sursommé, de bas estat et tout despareil emprès luy, ennemy de sa couronne et de son estat, et ami tant seulement à terme et fiction et à flatterie ; et tout pour une honteuse mauvaise fin envieuse, qui est de desfaire la maison de Bourgongne, qui par tout temps du monde toutesfois a servi et réconforté la Maison de France, dont elle est membre, sinon depuis les maudites divisions qui y sont venues, et là où de France, originellement, est sourse l'envie contre elle, de sa gloire et force[52].

Qu'est-ce exactement alors que la « Maison de Bourgogne » pour Chastelain ? En réalité, « Maison de Bourgogne » et « Maison de France » ne sont pas à ses yeux des concepts symétriques. La « Maison de France » est bien l'union indissoluble d'un lignage, la très ancienne dynastie des rois de France, et d'un royaume, le noble et très chrétien royaume de France dont les origines remontent à un passé aussi glorieux qu'immémorial. Quant à la « Maison de Bourgogne », elle est fondamentalement un lignage princier, remontant à Philippe le Hardi. Sans doute ne peut-on séparer ce lignage princier et les territoires qu'il a rassemblés sous son autorité. Mais la nature de cette union reste floue sous la plume de Chastelain. La « Maison de France » englobe d'ailleurs l'essentiel des territoires bourguignons de même que les ducs de Bourgogne sont un rameau issu de cette « Maison de France ». Simplement, grâce aux mérites de ses princes, à leur stature morale et aux services éminents qu'ils ont rendus, tout particulièrement Philippe le Bon, à la Maison de France, ces princes de Bourgogne sont désormais à la tête d'une « maison » dont les rois de France doivent respecter les droits et qu'ils doivent protéger et favoriser, au rebours de la politique qu'ils mènent trop souvent. Mais la « Maison de Bourgogne » n'est en aucun cas, aux yeux de Chastelain, sur le même pied que l'illustre et très chrétienne « Maison de France[53] » dont elle reste un membre.

Charles le Téméraire, lui, ne voyait pas les choses de la même manière. Il entendait être le défenseur résolu de la « Maison de Bourgogne » contre tous ses ennemis, y compris le roi de France[54].

Dès le moment où il prend le pouvoir, la tonalité change. La réunion des États à Bruxelles, à la fin du mois d'avril 1465, entérine la participation de Charles, au nom de son père, à la guerre du Bien public contre le roi de France et les États jurent fidélité au futur duc Charles « afin que la ruse et la machination des ennemis de la Maison de Bourgogne contraires à l'état de son (Philippe le Bon) fils soient mises en échec[55] ».

---

52 *Ibid.*, t. 5, p. 494-495.

53 Chastelain évoque dans son *Entrée du roy Loys en nouveau règne ceste très noble et très victorieuse maison, cestuy excellent et très chrestien royaume, uny en ses membres, France, ceste très excellente maison chrestienne* (*Ibid.*, t. 7, Bruxelles, 1865, p. 3, 7).

54 Voir la *Copie des lettres que le comte de Charollois envoya par les bonnes villes des pays de son père*, reproduite dans les *Mémoires* de Jacques du Clercq : *Très chiers et bien amés, vous sçavez comment, grace a Dieu, mon très redoubté pere et sieur a haultement, longuement et grandement regnié en sa seigneurie, tellement que le moyen des grandes et nobles vertus, qui ont esté et sont en sa personne, il a mis et elevé ceste maison de Bourgogne, dont il est le chief très noble en plus grand degré que elle ne fust de la mesmoire des hommes ; et combien que de present, a cause de son anchienne age, il soit foible de sa personne et traveillié de maladie, toutesfois sy a t il toujours, comme nous cognoissons, voulloir et intention, et aussy de bons et grands moyens entretenir sa seigneurie et maintenir ses bons subjets de bien en mieux, en justice, paix et tranquillité* (*Mémoires*, t. 4, p. 99).

55 *Actes des États Généraux des anciens Pays-Bas*, t. 1, *Actes de 1427 à 1477*, éd. J. Cuvelier, coll. J. Dhondt, R. Doehaerd, Bruxelles, 1948, p. 173 : [...] *ut dolus et machinatio emulorum domus*

Quelques années plus tard, alors que Charles a rendu ses territoires indépendants de la Couronne de France, le chancelier Guillaume Hugonet prononce un grand discours devant les États de tous les Pays-Bas réunis à Bruges du 12 au 14 janvier 1473 ; il s'agissait d'obtenir une aide substantielle pour financer une puissante armée destinée à résister aux entreprises hostiles de Louis XI[56]. Après avoir donné aux délégués un cours de science politique, il en déduit l'obligation qu'ils ont de contribuer à l'effort de guerre afin de préserver les grands avantages que procure le fait de vivre *soubz le tres heureux et tres renommé nom, la tres redoubtee puissance droituriere et tres debonnaire seignourie de ceste tres victorieuse et tres glorieuse maison de Bourgogne*[57]. Ils doivent se remémorer tous les efforts déployés par le duc pour mettre en échec les tortueuses et anciennes menées de Louis XI visant à *la dissolucion et destruction de nostre chose publicque, droicturierement et naturellement submise a ceste tres excellente et resplendissant maison de Bourgogne* ; au lieu *d'aimer la maison qui sauvé l'avoit*, Louis n'a jamais eu d'autre objectif que de *par division et discorde reduire ceste tres noble maison a ce a quoy, par semblables, tres grandes seignouries sont tombees*[58].

La « Maison de Bourgogne » était devenue résolument l'ennemi de la « Maison de France » en même temps que le duc affirme l'indépendance de ses territoires vis-à-vis de la Couronne de France.

Restait pour légitimer la revendication de cette indépendance à donner un véritable contenu au concept de « Maison de Bourgogne », à faire de celle-ci l'égale de la « Maison de France », ce que Chastelain n'avait pas voulu faire.

Jean Molinet, disciple et successeur de Chastelain en tant qu'indiciaire bourguignon, et Olivier de La Marche ont entrepris de mener à bien cette entreprise.

Jean Molinet[59] fait du prologue de sa chronique[60], apparemment écrit au moment du siège de Neuss en 1474-1475, une fulminante célébration de l'essor de la « Maison de Bourgogne ». Il la compare à la Maison de Dieu en choisissant comme thème de son prologue le verset biblique : *fundata est domus domini super verticem montium* (Isaïe, 2, 2), et il enchaîne sur un éloge dithyrambique de *la très haulte, resplendissant et opulente maison des Bourgoignons dont aujourd'huy sa renommée court par les* VII *climatz, sa clarté illumine les ténèbres du monde et sa beauté decore le quartier d'occident*. Il rapporte comment cette Maison est édifiée sur les quatre « piliers » que sont les quatre ducs Valois de Bourgogne. *Le premier piller, sur qui fut assise ceste fabricature* [...] *qui donna principe et fondement à ceste maison, fut le très preu et chevalereux duc Philippe le Hardy* [...] *Icellui duc, à cause de ses nobles gestes et glorieuses vertus, fut aherité de la très inclite et fructueuse ducé de Bourgoigne sur qui la maison, paravant mise à ruyne, fut puissamment edifiée*, une phrase qui laisse entendre que Philippe le Hardi n'aurait fait

Burgundiae contrarii statui domini filii sui fraudarentur ; p. 121-123 : *affin de obvier au malice d'aucuns malvoellans et ennemis de la maison de Bourgoigne*.

56 *Ibid.*, p. 178-189 ; voir G. Small, J. Dumolyn, Parole d'État et mémoire « collective » dans les pays bourguignons. Les discours prononcés devant des assemblées représentatives (xve-xvie siècles), dans *Mémoires conflictuelles et mythes concurrents dans les pays bourguignons (*ca *1380-1580)*, éd. J.-M. Cauchies, P. Peporte, Publication *du Centre européen d'Études bourguignonnes*, t. 52, 2012, p. 15-28.

57 *Ibid.*, p. 180.

58 *Ibid.*, p. 182.

59 Voir Jean Molinet, *Chroniques*, éd. G. Doutrepont, O. Jodogne, 3 vol., Bruxelles, 1935-1937. Sur l'œuvre historiographique de Molinet, voir Zingel, *Frankreich*, p. 164-194 ; J. Devaux, *Jean Molinet, indiciaire bourguignon*, Paris, 1996 ; *Jean Molinet et son temps*, éd. J. Devaux, E. Doudet, É. Lecuppre-Desjardin, Turnhout, 2013 ; pour une bibliographie complète, voir art. Jean Molinet, sur le site Arlima, URL : http://www.arlima.net/no/1511.

60 Jean Molinet, *Chroniques*, t. 1, p. 25-28.

que relever une maison ancienne mais tombée en ruine. Molinet entend être l'historien des prouesses chevaleresques accomplies dans et par la « Maison de Bourgogne[61] ».

Il est possible de trouver développé dans les *Mémoires* d'Olivier de La Marche[62], écrites à la fin du xve siècle, ce qui n'est encore qu'esquissé par Molinet au sujet des origines de la Maison de Bourgogne. Olivier de La Marche fait de la « Maison de Bourgogne » une entité politique équivalente aux grandes « maisons » qui dominent l'Europe[63]. Le concept de « Maison de Bourgogne » symbolise le lien héréditaire qui lie de manière indissoluble un lignage prestigieux de princes, le « sang de Bourgogne », à un ensemble de territoires et de pays dont les armoiries sont rassemblées dans les armes du prince régnant. « Bourgogne » donne son nom à cette Maison parce qu'elle est, parmi tous ces pays, celui qui est le plus prestigieux et surtout celui qui peut légitimer l'indépendance politique de la « Maison de Bourgogne » et son rang égal à celui des autres maisons d'Europe. La Bourgogne est en effet un ancien royaume dont le (légendaire) passé prestigieux donne ses titres de légitimité aux princes souverains de la Maison de Bourgogne. Le royaume de Bourgogne sur lequel est fondé la « Maison de Bourgogne » peut se référer à un fondateur prestigieux en la personne d'Hercule ; marié à la noble bourguignonne Alise, il est l'ancêtre des rois de Bourgogne. La Bourgogne est surtout le premier royaume chrétien ; son roi a été converti par Marie-Madeleine et baptisé 14 années seulement après la mort du Christ. Plus tard, c'est grâce à une princesse bourguignonne, Clotilde, que le royaume de France devient chrétien. C'est aussi un des rois chrétiens de Bourgogne qui a choisi comme emblème la croix de saint André, précieuse relique qu'il avait apportée à Marseille. Le royaume de Bourgogne a été détruit et longtemps ravalé au rang de duché par les Francs/Français, mais la croix de saint André demeure, et elle incarne l'indépendance bourguignonne vis-à-vis de la France. Philippe le Hardi avait certes porté toute sa vie la croix droite en tant que *bon Franchois* mais après la bataille d'Othée, Jean sans Peur reprend l'emblème de la croix de saint André *qui encores dure pour l'ensaigne de ceste maison*[64]. Molinet donne au demeurant un récit proche de celui d'Olivier de La Marche et qu'il pourrait bien lui avoir emprunté[65].

La « Maison de Bourgogne » était aux yeux d'Olivier de La Marche une véritable réalité politique qui trouvait son incarnation visible dans l'hôtel, la Maison du prince dont il fait la description en 1474 (*L'estat de la maison du duc Charles de Bourgogne, dit*

---

61 *Ibid.*, t. 2, Bruxelles, 1935, p. 593 : *dommaige irrecuperable seroit doncques à ceste magnificque maison de Bourgogne, se tant de fières et merveilleuses emprinses, qui s'i forment continuellement de forts et vigoureux bras, se perissoient avecque le son des armes, sans les graver en solide memorial.*

62 Olivier de La Marche, *Mémoires*, éd. H. Beaune, J. d'Arbaumont, 4 vol., Paris, 1883-1888.

63 Sur Olivier de La Marche historien, voir Zingel, *Frankreich*, p. 195-222 ; pour une bibliographie complète, voir art. Olivier de La Marche, sur le site Arlima, URL : http://www.arlima.net/no/1760.

64 Olivier de La Marche, *Mémoires*, t. 1, p. 85.

65 Jean Molinet, *Chroniques*, t. 1, p. 231 : *qui est la maison seignoureuse sur le descouvert de la terre où il y ait autant de nobles seigneurs et dames canonisyes et saintes comme il y a en la comté de Haynau ? Ce n'est en la maison d'Orleans, de Lorraine ne de Savoye. Et, se la maison de France est denommée sur toutes les aultres tres cristienne, elle en doibt scavoir gré à la royne Clotilde, fille du roy de Bourgoigne, dont ceste juesne princesse est vraye heritiere et ducesse. La tres devote Clotilde converty le roy de France, son mary, maculé d'ydolatrie, à la loy de Nostre Seigneur, à l'exemple duquel le royaume delaissa son heresye et s'est acquis le nom de très cristiien. Et aussy, se France a riens d'exquise nobilité en son liligère jardin, ceste très inclite fille, fleur de noblesse distilée du sang royal, en doibt percevoir fruit ou foeulle pour parer son chapel ducal et, s'il se convient aydier de son propre, sans emprunter la gloire de ses parens ou voisins, qui sont les maisons des grans princes, scituées en ce climat, en qui proesse ait esté mieulx recoeullye, eslevée et exaucye puis cent ans en enchà qu'en ceste diffortunée maison de Bourgoigne dont le père, le grant père, l'ave, le proave de ceste princiale fille ont esté par droite ligne paternelle vrais heritiers, hauls ducz et possesseurs ?*

le Hardy) à l'intention du roi d'Angleterre Édouard IV et dont il offrira, en 1500, un autre exemplaire à Maximilien d'Autriche[66].

Où Olivier de La Marche avait-il trouvé sa reconstitution de l'histoire du royaume de Bourgogne ? Graeme Small estime qu'il a utilisé dans le premier livre de ses *Mémoires* pour retracer la généalogie de la Maison de Bourgogne *aulcunes croniques extraittes d'aulcuns anciens registres et aultres enseignemens d'anciens roix, princes et pluiseurs saintes personnes issus de la tres noble et anchienne maison de Bourgongne*, selon le titre que l'on trouve dans les plus anciens manuscrits de ce texte[67]. Cette chronique, dont plus de 40 manuscrits et cinq incunables sont conservés, se diffuse au moment où les Habsbourg tentent de reconquérir leur héritage maternel bourguignon ; il était important à ce moment de montrer que l'histoire du pays de Bourgogne était identique avec l'histoire de leur dynastie, cet ensemble qui constituait *la tres noble et anchienne maison de Bourgongne*.

Il reste qu'au moment où Jean Molinet et Olivier de La Marche publiaient les œuvres qui faisaient de la « Maison de Bourgogne » une réalité politique sur le modèle des grandes maisons européennes, cette « Maison de Bourgogne » était en train de disparaître. Aussi bien Molinet que La Marche en étaient bien conscients. Si Molinet avait fait du prologue de son œuvre, écrit avant la mort du Téméraire, le panégyrique de la « Maison de Bourgogne », le concept ne joue plus ensuite qu'un rôle mineur dans son œuvre écrite pour l'essentiel au cours des deux dernières décennies du XVe siècle. Molinet voulait croire en effet que la grande « tribulation » que la Maison de Bourgogne avait connue lors de la journée de Nancy[68] n'avait pas créé un mal irréparable ; le coup avait été rude mais elle pourrait s'en relever :

> *ainsy, par la privation d'ung seul, très puissant vertueux et redoubté homme où gisoit le salut du pays et l'esperance de cent mil creatures, la triumphant maison de Bourgoigne, qui long tempz avoit prospéré en glorieuse fame, par diverses et estranges manieres de pestilences fut piteusement molestée et tournée à dommageable ruyne et les bons et justes suppos d'icelle, detenus en dure captivité, marteléz de griefve tribulation et vivement esprouvéz comme l'or en la fournaise. Dieu doint que brief se puis ressourdre en estat de convalescence et que les tres hauls et resplendissans personnages, qui l'ont en demaine et en sont les vrais heritiers y puissent tellement labourer que ce soit à l'honneur des nobles, au proffit du bien publicque et à la salvation de leurs ames*[69].

Elle ne succomberait pas devant *les horribles et fieres guerres que machinoient le roy de France contre la maison de Bourgogne*[70]. Son sauveur était Maximilien et le fils de son mariage avec Marie de Bourgogne, celui dont la naissance provoquait la joie du peuple

66 Éd. dans Olivier de La Marche, *Mémoires*, t. 4, p. 1-94 ; sur ce texte, voir l'analyse approfondie de W. Paravicini, La cour de Bourgogne selon Olivier de La Marche, dans *Autour d'Olivier de La Marche*, p. 89-124.

67 Voir G. Small, Of burgundians dukes, counts, saints and kings (14 C.E.-c. 1520), dans *The Ideology of Burgundy*, p. 151-194 ; voir également Id., Local Elites and « National » Mythologies in the Burgundian Dominions in the Fifteenth Century, dans *Building the Past. Konstruktion der eigenen Vergangenheit*, éd. R. Suntrup, J. R. Veenstra, Francfort-sur-le-Main, 2006, p. 229-245.

68 Jean Molinet, *Chroniques*, t. 1, p. 207 : *Comment la maison de Bourgoigne fut en grande tribulation pour le trespas du duc Charles à la journée de Nansey - Multe tribulationes justorum. Dures nouvelles, les plus angoisseuses de jamais, furent oyes en la triumphante maison de Bourgoigne, pour la tres doloreuse journée de Nancey, en laquelle tres excellent et très puissant prince, monseigneur le duc Charles, que Dieu absoille, fina piteusement ses jours par très fiere guerre mortele* [...].

69 *Ibid.*, t. 1, p. 223.

70 *Ibid.*, t. 1, p. 250.

car, ainsy comme la triumphante et chevalereuse maison de Bourgongne estoit dechevée et tournée à ruyne par carence de preux et glorieux suppos, desquelz la mort avoit fait son amas, aussy povoit elle estre haultement relevée par la bienheurée naissance d'ung très noble hoir masle, precieux personnage, dont Nostre Seigneur de sa grace, ce jour, l'avoit haultement pourveu, en esperant qu'en tempz futur, il sera le baston de nostre vieillesse, la gloire de nostre pays, le fort bras de nostre querele, la glave de nos ennemis et le port de nostre salut[71].

La défense de la « Maison de Bourgogne » face aux agressions extérieures restait une sorte de slogan politique utilisé pour ranimer la fidélité des sujets des Pays-Bas à leurs princes naturels[72].

Mais en réalité, la « Maison de Bourgogne » disparaissait en même temps qu'elle était sauvée de la ruine par Maximilien d'Autriche ; elle s'effaçait devant une autre Maison que Molinet, à l'instar de Maximilien lui-même, pouvait bien appeler une « Maison d'Autriche et de Bourgogne », mais qui était en réalité la « Maison d'Autriche[73] ». Lorsque Molinet rapporte la mort de Philippe le Beau, il se contente de dire qu'il était *rendant à la tres illustre et opulente maison d'Austrice*[74].

Quant à Olivier de La Marche, lui aussi savait et écrivait que la « Maison de Bourgogne » était simplement, désormais, un héritage légitimement recueilli par les princes de la « Maison d'Autriche »[75]. La « Maison de Bourgogne » avait cessé d'exister : *Car en vous est chambgié et mué le nom de ceste maison dont les princes se nommoyent de Bourgoingne, et vous demeure le surnom d'Austrice, par originele succession de vostre noble père*, déclarait-il en s'adressant à Philippe le Beau[76].

71 *Ibid.*, t. 1, p. 273.

72 Voir les lettres de Frédéric III envoyées à son petit-fils Philippe le Beau et aux États de Hainaut, reproduites *Ibid.*, t. 2, Bruxelles, 1935, p. 625-630.

73 Voir l'énumération (*Ibid.*, t. 2, p. 418) des terres apportées par les Marguerite qui précèdent Marguerite d'Autriche dans la généalogie de Bourgogne : *De ceste Marguerite sont venus à la maison de Bourgoigne les ducéz, pays et seignouries* […] *de laquelle Marguerite de Bavière les comtéz de Haynau, Holande et Zelande et seignourie de Frise sont venues à la maison d'Austrice et de Bourgongne.*

74 *Ibid.*, t. 2, p. 586.

75 Olivier de La Marche, *Mémoires*, t. 3, Paris, 1885, p. 316 : *et lors mourut et trespassa de ce siecle feue de noble memoire madame Marie de Bourgoingne, sa mere, et par celle mort fut successeur ce josne archiduc de toutes les seigneuries appartenant à la maison de Bourgoingne* […].

76 *Ibid.*, t. 1, p. 16, également p. 73. *Ainsy doncques fut vostre bysayeul duc de Bourgoingne, marié à madame Margherite de Flandres, laquelle eut espousé deux Phelippes, ducz de Bourgoingne, comme vous avez oy, et de là en avant les hoirs yssus de ces deux portoient le sournom de Bourgoingne, combien qu'ilz se povoient nommer de France, sans nul contredit, et a duré en ceste maison jusques à vous et à madame Margherite, vostre seur ; car vous deux prenez le surnom d'Austrice, à cause de monsieur Maximilian d'Austrice, vostre père, à présent Roy des Rommains, comme premiers a esté dict, et n'y a plus de ce nom de Bourgoingne nulz en lignie directe, mais en lignie collatérale y sont encores monsieur Jehan de Bourgoingne, conte de Nevers et de Reetel, et la contesse de Engoulesme, sa fille, et non plus, qui sont yssus des ducz de Bourgoingne dessusdis.* *Ibid.*, p. 142, à propos de la mort de Charles à Nancy : *Et fut ceste doloreuse journée la destruction évidente de la maison de Bourgoingne et l'amenrissement de vostre haulteur et seignourie.*

Le Bâtard Vauthier et ses feux puants (1403). À propos d'un partisan neuchâtelois des ducs de Bourgogne

Jean-Daniel Morerod
Professeur à l'Université de Neuchâtel

Grégoire Oguey
Chargé d'enseignement aux Universités de Neuchâtel et de Fribourg
Archiviste aux Archives de l'État de Neuchâtel

L'histoire des comtes de Neuchâtel au service de la Bourgogne est bien connue et elle compte des heures éclatantes. Jean de Fribourg (comte de 1424 à 1458) sera capitaine général, puis gouverneur de Bourgogne pour Philippe le Bon[1], après avoir risqué sa vie pour Jean sans Peur à Montereau et avoir été alors racheté à grands frais par son père aux partisans du dauphin Charles[2]. Les états de service bourguignons de son grand-oncle, le Bâtard Vauthier, appelé en 1409 au siège de Vellexon[3], sont bien médiocres en comparaison. Mais l'aventure humaine du Bâtard se révèle encore plus fascinante que celle du comte Jean. Narrateur-né, Jean-Marie Cauchies nous permettra de lui raconter une histoire ou, plutôt, quelques épisodes d'une histoire. Elle est terrible, un peu *gothique* ; et, pourtant, elle est entièrement attestée[4].

Elle mériterait une étude globale, bien qu'elle ait déjà été l'objet de recherches approfondies et ce dès le début du XIXe siècle. L'une des toutes premières études historiques fondées sur les sources documentaires à avoir été publiées en Suisse lui est consacrée : *Sur la vie et le procès criminel de Vauthier, bâtard de Neuchâtel* de Jean-François de Chambrier, paru en 1812 dans le numéro de lancement de la première revue historique suisse[5]. Chambrier l'a écrite fort de sa connaissance documentaire de l'histoire neuchâteloise acquise en classant les archives de la Principauté. Il y a ajouté ce qu'en disait la chronique bernoise de Justinger, écrite quelques années après les faits[6]. Des études ont suivi, dont deux méritent mention, celle de l'historien économiste Fernand Loew, *Vauthier le Bâtard, seigneur des Verrières, et sa succession*, dans son fameux livre

1 Il l'est de 1435 à 1443 : B. Schnerb, *« L'honneur de la Maréchaussée ». Maréchalat et maréchaux en Bourgogne des origines à la fin du XVe siècle*, Turnhout, 2000, p. 74-76.

2 A.-L. Souissi-Sans, *Un prince neuchâtelois prisonnier du dauphin : convoyer une rançon dans la France de la guerre de Cent Ans*, Neuchâtel, 2014.

3 Voir n. 18.

4 Pour alléger cet article, nous n'indiquons pas de référence pour chaque point. Les principales sources sont des listes d'allégués détaillant les faits survenus, mais, évidemment, les distordant pour servir aux intérêts du comte (Neuchâtel, Archives de l'État [= AÉ], AS-B1.21, AS-G2.16).

5 *Der Schweizerische Geschichtsforscher*, t. 1, Berne, 1812, p. 403-444.

6 G. Studer, *Die Berner-Chronik des Conrad Justinger*, Berne, 1871, p. 197-201. Chambrier ne la connaît pas comme telle, utilisant une adaptation française du début du XVIe siècle, attribuée à l'homme d'État et humaniste fribourgeois Pierre Faucon (Peter Falk).

Pour la singuliere affection qu'avons a luy. *Études bourguignonnes offertes à Jean-Marie Cauchies*, sous la direction de Paul Delsalle, Gilles Docquier, Alain Marchandisse et Bertrand Schnerb, Turnhout, 2017 (*Burgundica* 24), p. 333-345.

DOI 10.1484/M.BURG-EB.5.113929

sur *Les Verrières*[7], et celle du chartiste Eddy Bauer, *Faux et usage de faux au* xv*e* *siècle*[8]. Enfin, le sixième centenaire de la mort du Bâtard a suscité un fascicule d'études *Autour de Vauthier de Rochefort*[9].

1. Un oncle décapité sur ordre de son neveu

Le 11 mars 1413[10], Vauthier, bâtard de Neuchâtel, était décapité. L'exécution eut lieu à Neuchâtel ; elle était la conséquence d'une condamnation à mort par contumace, en date du 25 août 1411, assortie de la privation des biens. L'exécution, comme le procès précédemment, a été faite sur ordre du comte de Neuchâtel, Conrad de Fribourg ; c'est le père de Jean, le rescapé de Montereau déjà évoqué. Vauthier était l'oncle de Conrad, en tant que fils illégitime du comte Louis de Neuchâtel (mort en 1373) ; Louis, dernier mâle légitime de sa race, était le grand-père maternel de Conrad.

Ce sombre drame avait des origines anciennes : en 1372, Vauthier, avec son frère Jean[11], avait reçu de son père des apanages importants (la châtellenie de Rochefort et la mairie des Verrières), dans le cadre d'une politique des bâtards très proche de celle menée par les comtes-ducs de Bourgogne[12]. Jean finit par entrer dans les ordres, ne revendiqua plus ses droits, tout en soutenant son frère. Ils avaient une sœur, Marguerite, qui resta, elle aussi, très proche de Vauthier.

Les deux garçons étaient mineurs au moment de la dotation. Leur père mourut l'an suivant sa donation, en 1373. Deux ans plus tard, en 1375, l'héritière de Neuchâtel, la comtesse Isabelle, aînée des filles de Louis et donc demi-sœur de Vauthier, reprit les fiefs en annonçant des compensations qui ne vinrent jamais. En décembre 1395, dans son testament, passé immédiatement avant son décès, Isabelle demanda que ces vieilles promesses soient honorées, mais l'héritier, son neveu Conrad, s'y refusa. Il négligea aussi la clause qui plaçait l'exécution du testament sous l'autorité du duc de Bourgogne. En revanche, il chercha à occuper et à satisfaire son oncle en lui remettant, à titre de châtelain, Vennes, en Franche-Comté, et la Tour Bayard, forteresse contrôlant la route du Val-de-Travers, donc la route de France et de Bourgogne menant à Neuchâtel.

Quand il fut clair aux yeux de Vauthier qu'il ne recevrait rien de substantiel, il machina un extraordinaire retournement de situation : le 4 novembre 1396, il s'empara du château de Rochefort, son ancien bien[13]. Il s'était fait accompagner d'hommes armés, certainement, mais aussi de sergents bourguignons qui placèrent sur le château un panonceau aux couleurs de leur maître, Philippe le Hardi. L'affaire avait été bien

7 F. Loew, *Les Verrières. La vie rurale d'une communauté du Haut-Jura au Moyen Âge*, Neuchâtel, 1954, p. 32-53. Pour sa postérité, voir W. Kreisel, *Siedlungsgeographische Untersuchungen zur Genese der Waldhufensiedlungen im Schweizer und Französischen Jura : mit einem Ausblick auf die Bevölkerungs- und agrargeographische Entwicklung*, Wiesbaden, 1972.

8 E. Bauer, Faux et usage de faux au xve siècle, dans *Musée neuchâtelois*, 1961/1, p. 16-26.

9 Paru dans la *Revue historique neuchâteloise*, 2013/1, p. 5-76, avec des études de L. Bartolini, A. Besson, J.-D. Morerod, C. de Reynier. Le nom « de Rochefort » vient d'une seigneurie qui lui avait été inféodée, mais c'est un usage moderne. De son vivant, on l'appelait « le Bâtard de Neuchâtel » ou « Vauthier de Neuchâtel ».

10 *Vathiez le bastart ot copée la teste, à luef de Nuefchastel, le sambedy voille des bordes mil CCCC et douze, selon le stille de Lausanne* (Neuchâtel, AÉ, AS-K5.11, § 3). Loew, *Les Verrières*, l'édite p. 48-49.

11 *Ibid.*, p. 32.

12 L. Bartolini, La mode des bâtards à Neuchâtel à la fin du Moyen Âge, dans *Autour de Vauthier de Rochefort*, p. 23-29. Pour le statut juridique des bâtards, voir J.-F. Poudret, *Coutumes et coutumiers. Histoire comparative des pays romands du* xiii*e* *à la fin du* xvi*e* *siècle*, 2e part., *Les personnes*, Berne, 1998, p. 9-50.

13 Sur son importance, voir C. de Reynier, Le château et les seigneurs de Rochefort, dans *Autour de Vauthier de Rochefort*, p. 39-76.

préparée, puisque le même jour, des sergents bourguignons placèrent également des panonceaux aux Verrières, l'autre bien dont Vauthier avait été spolié.

C'était une vraie rupture entre de vrais parents. Le comte et le bâtard n'étaient pas seulement de la même famille, mais mangeaient quotidiennement ensemble ; c'est ce que releva amèrement le comte Conrad. Il voua désormais à son oncle une détestation tenace, qui n'avait pas seulement comme cause le simple désappointement familial, mais aussi la menace que Vauthier faisait peser sur la souveraineté neuchâteloise en poussant le comte-duc non seulement à intervenir, mais à considérer que les Verrières et Rochefort relevaient du comté de Bourgogne. En fait, aux yeux de Conrad, Vauthier cherchait à vider de sa substance le pouvoir comtal : *geter et debouter hors ledit comte de sa seignorie et de ses droiz*[14].

Au premier abord, l'opération du 4 novembre 1396 parut un échec mortifiant : la même journée encore, le château fut repris ; Vauthier, roué de coups, fut emprisonné (il s'évada au bout de cinq semaines de la Tour des Prisons de Neuchâtel) et les panonceaux bourguignons furent arrachés. Jean, qui était devenu abbé de l'Île-Saint-Jean, se précipita auprès de Philippe le Hardi pour lui demander de secourir son frère le Bâtard. Une fois libre, Vauthier agit contre son neveu en tribunal, à Pontarlier, puis à Dole. L'affaire ne pouvait plus rester locale et un arbitrage fut confié à Marie, dame des Baux, la princesse d'Orange ; elle était la femme du suzerain de Neuchâtel, Jean de Chalon-Arlay. Elle rétablit Vauthier dans ses droits le 20 septembre 1399 (3 ans après le coup de force, 24 ans après la spoliation, 27 ans après l'inféodation). Marie des Baux s'était fait remettre les seigneuries litigieuses avant de rendre sa sentence, si bien que Vauthier les reçut sans difficulté. Pendant plus de dix ans, il jouit de tous ses droits de seigneur de Rochefort et des Verrières.

Le passé semblait enfin effacé, mais les deux antagonistes travaillaient l'un contre l'autre. Ils multipliaient les avanies, telles que des seigneuries rurales peuvent en offrir le prétexte. Le duc de Bourgogne fit d'ailleurs mener une enquête secrète, qui conclut à la mauvaise foi du comte. Mais l'essentiel n'était pas là. Le Bâtard se lança dans l'industrie très dangereuse du faux. Il le fit d'abord pour consolider les droits de sa sœur et les siens, avant de travailler à perturber les équilibres institutionnels locaux.

Sa sœur Marguerite fut condamnée à mort le 4 mars 1403 pour des faux dont il n'est pas dit qui les fit ; toutefois, ils auraient dû profiter à son frère le Bâtard. Une seconde affaire de cette sorte éclata en 1409, visant directement le Bâtard, qui avait fourni à la ville de Neuchâtel de faux droits ; une sentence de Berne obligeait la ville à les produire publiquement. Les documents furent reconnus faux par les autorités bernoises, un événement assez frappant pour qu'une quinzaine d'années plus tard, le chroniqueur officiel de Berne, Conrad Justinger, lui consacre un long développement[15].

La justice neuchâteloise se saisit de l'affaire. Des complices ecclésiastiques de Vauthier furent confondus et remis à l'Officialité de Lausanne. L'évêque confirma la sentence de réclusion, le 28 février 1412[16]. La justice laïque était allée plus vite, avec une condamnation à mort par contumace contre Vauthier, en date du 25 août 1411. Rochefort et les Verrières furent confisqués.

C'est un véritable carrousel qui s'ensuivit ; Jean sans Peur convoqua des audiences à Dole et à Pontarlier les 20 décembre 1412 et 20 janvier 1413, auxquelles le Bâtard ne se rendit pas, malgré les sauf-conduits offerts. Le comte de Neuchâtel se rendit deux fois à Paris pour parlementer avec le duc. Quant à Vauthier, il réagit en invoquant ses propres

---

14 Bauer, Faux et usage de faux, p. 21.

15 L'hypothèse *Ibid.*, p. 23, d'une participation de Justinger à l'examen des titres n'est pas mentionnée dans le livre récent de K. Jost, *Konrad Justinger (ca. 1365-1438), Chronist und Finanzmann in Berns grosser Zeit*, Ostfildern, 2011.

16 Neuchâtel, AÉ, AS-B1.11 ; AS-G8.10.

faux, qui lui permettaient de saisir la régalie de Besançon. Ses actes furent trouvés faux par la justice bourguignonne et remis au comte Conrad, le 20 janvier 1413. La situation judiciaire du Bâtard était désespérée et c'est peu après, mais dans des circonstances dont nous ignorons tout, qu'il tomba entre les mains de son neveu, qui le fit donc exécuter.

2. Pour une histoire politique de l'épopée de Vauthier

L'inventivité de Vauthier avait compliqué la situation juridique de la région : les liens avec Berne prennent la forme d'un protectorat ces années-là (en 1406 avant tout), tandis que le comte et la ville de Neuchâtel, après des différends violents, se réconcilient cette même année 1406. Les nouveaux équilibres ont été perturbés par les activités de Vauthier, qui gonflait les droits de la ville. Il en va de même des rapports entre le duc de Bourgogne et le comte de Neuchâtel : Conrad a pu craindre un amenuisement de sa souveraineté, tant face au duc de Bourgogne que face à la ville de Neuchâtel. Une dernière force doit être invoquée, les Chalon, suzerains de Neuchâtel, qui restent jusqu'au bout les soutiens de Vauthier. Ils lui ont offert le poste de châtelain de Cerlier (Erlach), une petite ville située à l'extrémité méridionale du lac de Bienne, et il y résida jusqu'au moment d'être englouti. C'est à Cerlier, par exemple, qu'un sergent bourguignon lui remet, le 2 janvier 1413, une citation à comparaître à l'audience du 20 janvier à Pontarlier. Certes, il s'agissait d'un refuge, mais les fonctions étaient réelles, comme en témoignent les comptes qu'il rendait[17].

Sous les agissements de Vauthier, toujours osés, sous son caractère excessif, y a-t-il une politique qui se laisserait définir ? Aurait-il été l'homme des intérêts bourguignons dans une région qui a désormais un prince d'origine germanophone – Conrad de Fribourg – et une forte alliance avec Berne ? On comprendrait l'intérêt que lui portent successivement les ducs Philippe et Jean ; Jean était allé, nous l'avons vu, jusqu'à diligenter une enquête dans l'État voisin qu'était Neuchâtel, pour s'assurer que les plaintes du Bâtard à l'égard du comte étaient fondées. Pourquoi tant de soins ? Soutenir un féal ? On sait les ducs, surtout Jean, très attentifs aux problèmes affrontés par leurs partisans. Mais, féal, Vauthier l'était-il ? Des documents jusqu'alors inconnus permettent d'établir qu'il avait des capacités d'ingénieur ; il était habile à construire des engins de siège. Le duc Jean avait voulu qu'il en fasse bénéficier son armée en train d'assiéger Vellexon, un château franc-comtois qui se révélait inexpugnable :

> *A Othenin Pillot, de Pontellie, auquel a esté baillie comptans, pour pourter lettres, de par monseigneur le mareschal et les baillis d'Amont et d'Aual, le iij*ᵉ *jour de nouembre mil* cccc *et* ix, *dois Valexon au Nuefchastel en Alemaingne, par lesquelles lettres ils escrisoient au conte de Fribourg que enuoiast au dit siege de Valexon Vauthier le bastard du Nuefchastel, pour doittier aux charpentiers faire angins, ou, s'il auoit aucun bon maistre d'angin par dela, qu'il l'enuoiast auec le dit Vaulthier* [...][18].

17 Besançon, Archives départementales du Doubs, 7 E 1256.

18 L. Stouff, *Catherine de Bourgogne et la féodalité de l'Alsace autrichienne ou un essai des ducs de Bourgogne pour constituer une seigneurie bourguignonne en Alsace (1411-1426),* Paris, 1913, 2ᵉ part., p. 40. La lettre dont il est question est publiée par J. Bertin, Le siège du château de Vellexon en 1409, dans *Bulletin de la Société d'Agriculture, Sciences et Arts du Département de la Haute-Saône,* 3ᵉ sér., t. 31, 1900, p. 85. Nous remercions Lionel Bartolini (Neuchâtel) et Bertrand Schnerb (Lille) de nous avoir communiqué ces deux références.

Le Bâtard avait donc une réputation de technicien, mais ce n'est pas un proche du duc, ni même un officier régulièrement employé, quoique, pour ce dernier point, de nouvelles découvertes archivistiques soient possibles.

C'était aussi une question d'expansion territoriale. Seigneur des Verrières et de Rochefort, Vauthier était le maître de la zone frontalière Neuchâtel-Bourgogne et de l'aire de défrichement qu'est le massif jurassien. Deux raisons de s'étendre vers la Bourgogne. Les Verrières étaient même une terre de conquête neuchâteloise en Franche-Comté. Vauthier était l'homme qui pouvait faire passer ses domaines sous juridiction bourguignonne et cesser de grignoter la frontière. Était-il conscient du rôle qu'on attendait de lui, nous n'en savons rien.

Il en va peut-être ainsi des Chalon, qui soutiennent la ville de Neuchâtel contre le comte et abritent Vauthier, qui devient leur châtelain de Cerlier. Ils sont les suzerains des Neuchâtel et n'assistent peut-être pas sans regrets à leur extinction et au passage de la principauté en mains « allemandes ». Il y eut d'ailleurs un moment de crise, en 1406, où une procédure de commise fut amorcée par les Chalon. Une lecture politique de la vie du Bâtard impliquerait que l'on sache pourquoi les Chalon ont cessé de le protéger, à moins que la catastrophe ultime ait eu seulement une imprudence comme cause. La ville neuchâteloise du Landeron est très près de Cerlier ; c'est peut-être de là que vinrent les forces qui s'emparèrent de Vauthier.

3. La diabolisation de Vauthier

On n'épuise pas facilement la personnalité de Vauthier, comme en témoigne un autre document récemment découvert.

Il apparaît qu'en 1403, à l'époque où Marguerite de Neuchâtel, sa sœur, était victime d'un procès pour usages de faux, le Bâtard avait déjà une réputation de faussaire. On le sait parce que Conrad enregistrait des témoignages hostiles à son oncle. On voit un certain Pierre Lantenam, de Boudry, qui semble être entré loin dans la confiance sinon de Vauthier, du moins de son complice ecclésiastique, Dom Jean Cola, chapelain de la collégiale. Grâce aux confidences de Cola, mais aussi grâce au témoignage de Lantenam, qui est au moins une fois témoin visuel, il apparaît que le Bâtard aurait commis des vols avec effraction au château de Neuchâtel, dérobant des parements liturgiques et des archives, choisies, nous dit-on, pour leur pouvoir de nuire à son neveu (mais peut-être aussi pour faire provision de sceaux à manipuler et à imiter). Surtout, il se serait livré à des manipulations effrayantes :

> *[Lantenam] confia que Dom Jean Cola fut avec le bâtard Vauthier dans une chambre du château de Rochefort ; Vauthier portait du feu dans cette chambre dans une bassine tordue. Et ce feu puait tellement dans la chambre que la servante du seigneur abbé disait qu'ils faisaient de mauvaises lettres. Pierre Lantenam lui-même vit qu'ils scellaient des lettres, mais ignorait ce qu'elles contenaient.*

On dirait que le témoignage est libellé de telle sorte que le lecteur hésite entre confection de faux documents et activités de sorcellerie ; on ne peut savoir s'il s'agit d'un effroi sincère de la part de la servante ou d'un biais donné au témoignage. *Malas litteras* n'est pas aussi clair qu'il le devrait : ce syntagme appartient au vocabulaire de la falsification depuis l'Antiquité[19], certes, mais désigne aussi les textes sans style, ou

19 Comme en témoigne un passage du *De Idolatria*, V, 34, de Tertullien : *Item falsarios utique non pedibus, sed manibus operari malas litteras.*

sans élévation morale[20]. On peut aussi le dire des caractères mal tracés ou inhabituels[21]. Mais l'expression est assez rare au Moyen Âge ; c'est la façon de désigner les coquilles d'imprimerie qui assura son succès quelques décennies plus tard ! Surtout, que veulent-ils dire dans la bouche d'une servante, qui n'est pas censée s'exprimer en latin ? Le choix de ces mots est donc celui du notaire ou d'un autre participant. À de petits signes[22], on voit que le témoignage de Lantenam faisait partie d'une série. Faut-il croire les résultats d'une véritable entreprise de témoignages, conduite par un adversaire ?

Le témoignage de Lantenam permettait aussi de jeter le soupçon sur le frère de Vauthier. On sait par les sources qu'il s'appelle Jean et qu'il est abbé de l'Île-Saint-Jean (Cerlier/Erlach). Mais bizarrement, il n'est pas précisément nommé dans le témoignage et son abbaye non plus ; il est seulement « le seigneur abbé », frère de Vauthier. Jean aurait été mêlé aux agissements de son frère, bien qu'il soit entré dans les ordres. Il était, en effet, depuis 1391/1392 abbé de L'Île-Saint-Jean de Cerlier, une abbaye très liée aux Neuchâtel, ses fondateurs. Il est attesté jusqu'au 29 novembre 1412, où il se met en congé de son abbaye pour cinq ans[23] ; était-ce pour tenter de défendre son frère ou fut-il mis à l'écart par la famille comtale ? On ne le sait pas et on n'a pas de nouvelles de lui après cette date. Quoi qu'il en soit, son retrait trois mois et demi avant la catastrophe finale ne peut guère être une coïncidence, d'autant plus que son abbaye se trouvait dans la châtellenie de son frère...

Le Bâtard Vauthier, au-delà de ses travers d'homme injustement traité, n'était pas sans savoir-faire. Sous son aplomb, il y avait des connaissances juridiques qu'attestent ses faux, bien sûr, mais aussi sa virtuosité judiciaire. Il avait aussi des compétences techniques : ingénieur souhaité à un siège, mais aussi châtelain apprécié et criminel capable de monter un atelier de faux ou de cambrioler le château comtal.

Reste la sorcellerie et les questions que pose la déposition de Lantenam. La réalité – un atelier de faussaire dans la chambre de Vauthier à Rochefort – est voilée et rendue menaçante : la puanteur d'un feu apporté dans un ustensile tordu annonce plutôt une officine où l'on rédige des pactes diaboliques. Comment l'interpréter ? S'agissait-il de créer une imputation de sortilège qui aurait pu être bientôt utile au comte. Ose-t-on y voir une allusion – mais de qui ? – à Jean sans Peur, qui traînait à cette époque une réputation d'invocateur de démons ; on sait que le duc de Bourgogne trouva à sa cour même une voix pour l'en blâmer de façon à peine voilée, celle du dominicain Laurent Pignon[24]. Arrêtons-là nos hypothèses, tout en restant convaincus d'avoir assisté à quelque chose d'étrange qui ne se laisse pas expliquer entièrement : la naissance d'une rumeur ou d'une réputation.

---

20 Julius Pfulg, *Correspondance*, t. 1, Leyde, 1969, p. 299 : *Sed raro invenias utrunque, quod alii malis litteris, alii penitus nullis dediti sunt.*

21 *Errores sive imprimentium sive male littere originalium hic corriguntur*, dans *Civitatis populique Perusini statutorum tertium volumen*, Perouse, 1523, tabl. 3 s., voir *errores*.

22 Il manque quelques mots (nous les avons indiqués entre crochets dans notre édition et sa traduction). L'acte mentionne le témoignage de « la servante du seigneur abbé » sans dire qui il est.

23 A. Moser, Erlach, dans *Helvetia sacra*, t. 3/1/1, *Frühe Klöster, die Benediktiner und Benediktinerinnen in der Schweiz*, éd. E. Gilomen-Schenkel, Berne, 1986, p. 667.

24 J. Véronèse, Jean sans Peur et la *fole secte* des devins : enjeux et circonstances de la rédaction du traité *Contre les devineurs* (1411) de Laurent Pignon, dans *Médiévales*, t. 40, 2001, p. 113-132.

Annexe

La déposition de Pierre Lantenam sur les agissements délictueux de Vauthier

Neuchâtel, Archives de l'État, AS-G2.1

In nomine Domini amen. Per hoc presens publicum instrumentum, cunctis pateat euidenter, quod sub anno a natiuitate eiusdem millesimo cccc^mo^ tercio, pontificatus sanctissimi in Christo patris et domini nostri domini benedicti diuina prouidencia pape xiii^mi^ anno nono, indictione undecima, die uicesima octaua mensis januarii, hora uesperarum tercia hora post meridiem, in platea extra pontem sub una arbore castri Telle Lausanensis diocesis, in mei notarii publici et testium subscriptorum ad hoc per testimonio uocatorum specialiter et rogatorum presencia personaliter, Petrus Lantenam, constitutus [fuit], de Baudriaco predicte Lausanensis diocesis.

Confessus fuit idem Petrus Lantenam, sua propria uoluntate sine aliquo alio tormento, quod dominus Johannes Cola, capellanus ecclesie colegiate [*sic*] Nouicastri, dixit [de] Vauterio bastardo Nouicastri, quod fuit secum ad frangendum unum armatrium in parua stupa domus habitattionis dominorum Nouicastri et plures arcas in camera retro predictam paruam stupam.

Item idem Vauterius bastardus et dominus Johannes Cola fregerunt unum tro[25] in camera retro predictam paruam stupam, prout confessus fuit idem Petrus Lantenam.

Item predictus Petrus Lantenam confessus fuit quod predictus dominus Johannes Cola fuit cum predicto Vauterio bastardo ad frangendum unum armatrium retro predictam paruam stupam iusta latrinas.

Item confessus fuit idem Petrus Lantenam quod predictus dominus Johannes Cola fuit ad extrahendum dictum Vauterium bastardum de turre domini nostri Nouicastri, prout ipsemet dominus Johannes Cola dixit predicto Petro Lantenam.

Item confessus fuit quod dominus Johannes Cola fuit cum Vauterio bastardo in una camera castri Rupefortis et ad dictam cameram dictus Vauterius portauit ignem in uno prauo bachinet, et ille ignis taliter fetebat in camera quod ancilla domini abbatis dicebat quod faciebant malas literas et ipse Petrus Lantenam uidit quod sigillabant literas sed nesciebat cuius tenoris essent.

Item dicit idem Petrus Lantenam quod dominus abbas fregit arcam Vauterii bastardi fratris sui, et ibidem cepit sex manutergia laborata auro et seta in capite que fuerunt furata in domo domini nostri Nouicastri per dictum Vauterium et dominum Johannem Cola, cum pluribus literis que fuerunt et sunt in preiudicium dicti domini nostri Nouicatri et grauamen.

Item dixit Vauterius predicto Petro Lantenam quod habebat unam literam longelli de Baudriaco que fuit facta tempore quo debebant redimere dominum Johannem de Nouocastro de carcere in quo captiuabatur, et quod redderet ipsam illis de Baudriaco, si tenerent secrete super quibus omnibus.

---

25 Le fichier du *Glossaire des Patois de la Suisse romande* contient de nombreuses attestations du xve siècle de *tro, trot, trog*, etc. avec le sens de « bahut », « coffre ». Nous remercions Federica Diémoz et Dorothée Aquino Weber de l'Institut de dialectologie de Neuchâtel de nous avoir fourni copie de ces fiches.

Preceptum michi notario infrascripto leuare hoc presens publicum instrumentum presentibus nobilibus et discretis uiris uidelicet domino Vauterio de Columberio, milite, Stephanino de Lilla, Girardo Henrico de Valletrauersa et Rama[26] Tassa, testibus ad predicta uocatis specialiter et rogatis.

[Seing du notaire] Et ego Petrus Cabane de Bugella, clericus Vercellensis diocesis, publicus auctoritate imperiali notarius, hiis omnibus presens fui rogatusque domini nostri Nouicastri, hoc presens publicum instrumentum recepi, prout ego cum predictis testibus audiui, et in hanc publicam formam redegi signoque meo consueto signaui, in testimonium ueritatis omnium premissorum.

Traduction

Au nom du Seigneur, amen. Que, par cet instrument public, il apparaisse clairement à tous que l'an pris à la Nativité 1403, neuvième année du pontificat du très saint père en Christ et seigneur Benoît XIII, pape par la divine providence, la neuvième indiction, le 28 janvier[27], à l'heure des Vêpres, troisième heure après midi, sur la place au-delà du pont, sous un arbre du château de Thielle[28], au diocèse de Lausanne, en présence de moi, notaire publique, et des témoins indiqués ci-dessous, appelés personnellement et spécialement requis pour témoigner, <est> comparu Pierre Lantenam, de Boudry[29], au même diocèse de Lausanne.

Ce Pierre Lantenam reconnut de sa propre volonté, sans autre pression, que Dom Jean Cola, chapelain de l'église collégiale de Neuchâtel <lui> a dit <à propos de> Vauthier, bâtard de Neuchâtel, qu'il l'accompagna pour briser un meuble d'archives dans la petite chambre chauffée de la résidence des seigneurs de Neuchâtel et un certain nombre d'arches dans la chambre qui se trouve derrière la petite chambre chauffée.

De même, ce bâtard Vauthier et Dom Jean Cola brisèrent un coffre dans la chambre située derrière la petite chambre chauffée, comme le confia Pierre Lantenam.

De même, Pierre Lantenam reconnut que Dom Jean Cola se trouva avec le bâtard Vauthier pour briser une armoire derrière la petite chambre chauffée, à côté des latrines.

De même, Pierre Lantenam reconnut que Dom Jean Cola participa à tirer le bâtard Vauthier de la tour[30] de notre seigneur de Neuchâtel ; c'est ce que Dom Jean Cola lui-même a dit à Pierre Lantenam.

De même, il reconnut que Dom Jean Cola fut avec le bâtard Vauthier dans une chambre du château de Rochefort ; Vauthier portait du feu dans cette chambre dans une petite bassine tordue. Et ce feu puait tellement dans la chambre que la servante du seigneur abbé disait qu'ils faisaient de mauvaises lettres. Pierre Lantenam lui-même vit qu'ils scellaient des lettres, mais ignorait ce qu'elles contenaient.

De même, Pierre Lantenam dit que le seigneur abbé força une arche du bâtard Vauthier, son frère, et y prit six linges liturgiques dont le haut était brodé d'or et de soie, qui avaient été volés dans la maison de notre seigneur de Neuchâtel par Vauthier et Dom Jean Cola, ainsi qu'un

26 D'après *Ganino*, un dictionnaire en ligne des prénoms italiens (http://www.ganino.com/cognomi_italiani_r), ce prénom est attesté en Italie du Nord : « Rama è tipico di Verona e del veronese, di Colognola ai Colli e Tregnago, con un ceppo nel bergamasco ed uno nel vercellese ». Ce témoin était probablement en relation avec le notaire.

27 C'est-à-dire le 28 janvier 1403.

28 L'un des sièges de justice du comté de Neuchâtel.

29 Bourg fortifié à l'ouest de Neuchâtel.

30 Il s'agit très probablement de la tour des Prisons de Neuchâtel, où le bâtard Vauthier a été emprisonné en novembre-décembre 1396, après son coup de force manqué à Rochefort.

certain nombre de lettres qui étaient et sont toujours au préjudice et au détriment de notre seigneur de Neuchâtel.

De même, Vauthier a dit à Pierre Lantenam qu'il détenait une lettre sur l'*ohmgeld* de Boudry, qui fut faite à l'époque où ils devaient racheter le seigneur Jean de Neuchâtel de la prison dans laquelle il était captif[31]. Il dit qu'il la rendrait à ceux de Boudry s'ils gardaient le secret sur tout cela.

Il me fut prescrit, à moi le notaire, de lever cet instrument public, en présence des nobles et discrets hommes le seigneur Vauthier de Colombier, chevalier, Stéphanin de *Lilla*, Girard Henri de Vautravers et Rama Tassa, témoins appelés spécialement et requis pour cela.

Et moi, Pierre Cabane de Bielle[32], clerc du diocèse de Verceil, notaire public de par l'autorité impériale, j'ai été présent à tout cela et, requis par notre seigneur de Neuchâtel, j'ai reçu cet instrument public tel je l'ai entendu avec les témoins, je l'ai rédigé dans cette forme public, l'ai signé de mon seing habituel, en témoignage de la vérité de tout ce qui précède.

31 Jean meurt en captivité en 1369 (voir Souissi-Sans, *Un prince neuchâtelois*, p. 72-74), alors que son père, le comte Louis, s'efforçait de réunir une rançon, en partie en vendant des droits aux communautés de ses domaines.

32 Biella, dans le Piémont.

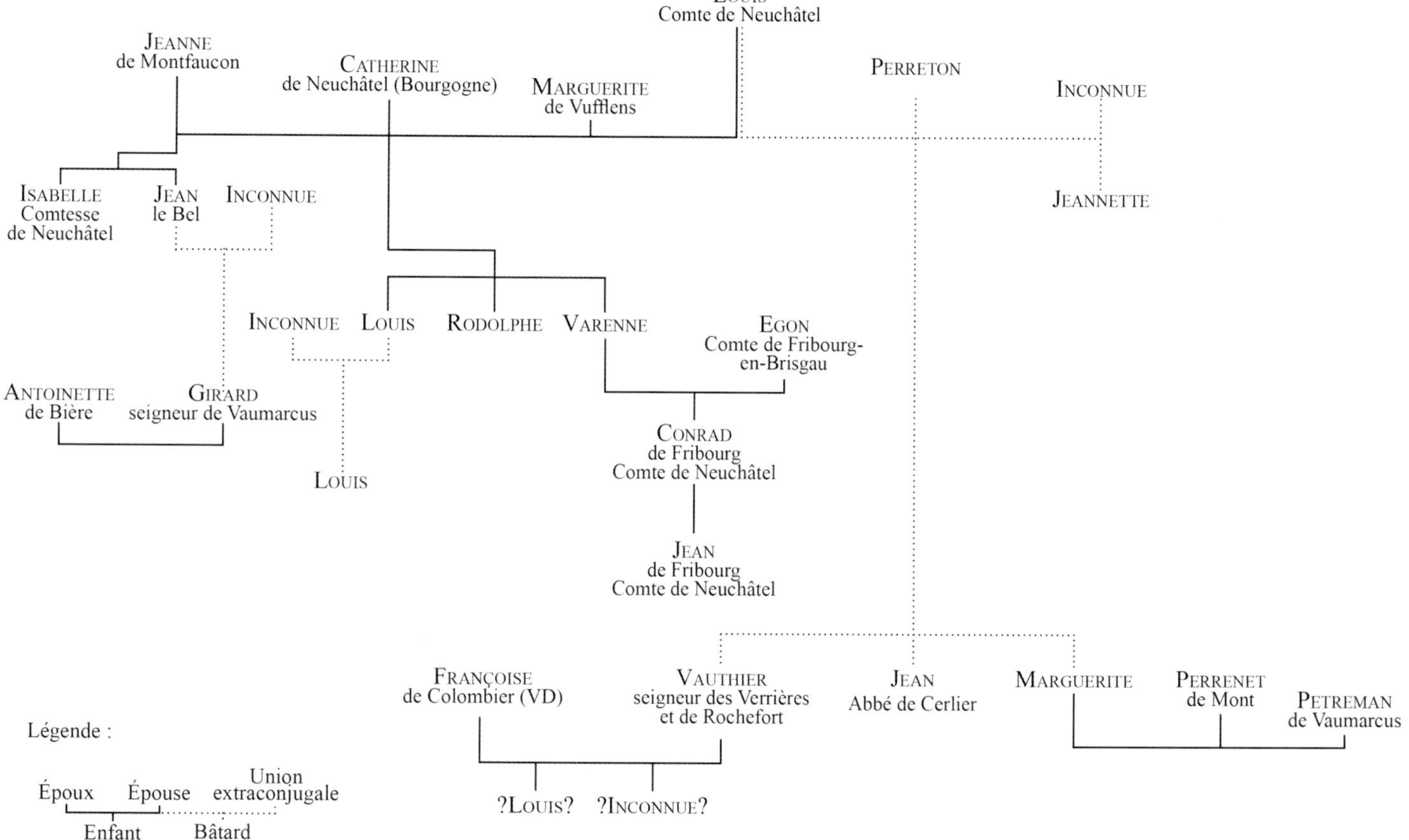

Fig. 1. Tableau généalogique de la famille comtale de Neuchâtel au tournant des XIVe-XVe siècles © Arnaud Besson et Grégoire Oguey, 2015.

Fig. 2. *Le bâtard Vauthier (à droite) et l'un de ses acolytes complotent sur les remparts de Neuchâtel*, DIEBOLD SCHILLING, *Spiezer Chronik*, 1484-1485, BERNE, Bibliothèque de la Bourgeoisie, Mss.h.h.I.16, p. 552 © www.e-codices.unifr.ch (version en couleurs p. 556).

Fig. 3. *Les bourgeois de Neuchâtel revendiquent de nouveaux droits auprès du comte, à qui ils présentent les faux actes forgés par le bâtard Vauthier*, DieboldSchilling, *Spiezer Chronik*, 1484-1485, Berne, Bibliothèque de la Bourgeoisie, Mss.h.h.I.16, p. 554 © www.e-codices.unifr.ch (version en couleurs p. 556).

Fig. 4. *L'exécution du bâtard Vauthier par décapitation et de l'un de ses complices par noyade*, Diebold Schilling, *Spiezer Chronik*, 1484-1485, Berne, Bibliothèque de la Bourgeoisie, Mss.h.h.I.16, p. 557 © www.e-codices.unifr.ch (version en couleurs p. 557).

Der *Teuerdank* und die Niederlande

Heinz Noflatscher
Ao. Univ.-Prof. an der Universität Innsbruck

Wahrnehmung und Erinnerung, weniger das Vergessen sind in jüngerer Zeit vielfach Gegenstand der historischen Forschung geworden. Die Geschichtswissenschaft konnte dabei vom interdisziplinären Ansatz Nutzen ziehen. So hat der Deutsche Historikertag 2000 einen Vertreter der Hirnforschung zum Eröffnungsvortrag eingeladen. Wolf Singer, damals Direktor am gleichnamigen Max-Planck-Institut in Frankfurt, versuchte vorsichtig, Hilfestellung zu bieten. Evolutionsgeschichtlich gesehen, sei das Langzeitgedächtnis vorwiegend « ein Gedächtnis für Orte und deren Beziehung[1]. » Wenn wir diese Aussage auf unsere Fragestellung anwenden, so hätten die im *Teuerdank*[2] im Anhang, in der Clavis, genannten Regionen und Städte[3] eine gute Erinnerungsqualität.

Freilich warnte der Neurophysiologe davor, der Authentizität von Erinnerungen zu sehr zu vertrauen. Nun hat bereits die historisch-kritische Schule des 19. Jahrhunderts vermehrt Quellenkritik geübt und entsprechende Hilfsmittel entwickelt. Maurice Halbwachs[4] und weiterführend Jan Assmann[5] wiesen auf die gesellschaftlichen und kulturellen Rahmenbedingungen hin, welche die Inhalte unseres Gedächtnisses wesentlich mitbestimmen. Jedoch halten die Ergebnisse der neueren Hirnforschung unser Fach zu noch größerer Behutsamkeit an.

Selbst ein historischer Hintergrund des *Teuerdank* bildet somit (natürlich) Vergangenheit nicht wirklichkeitsgetreu ab. So hat die Linguistische Wende die Einsicht, dass wir hinter die Sprache und Texte nicht zurückkönnen, den Historikern eindringlich erklärt. Die Hirnforschung verdeutlicht aber, dass wir Ereignisse nicht nur selektiv wahrnehmen, sondern gerade durch Erinnerung verändern und in neue Zusammenhänge betten. So erscheint der vergangene Sehe-Punkt durch die folgende Erfahrung als überformt und aktualisiert[6].

Die naturwissenschaftlich-empirischen Forschungen entsprechen insofern sogar dem Diskurs der Neuen Kulturgeschichte, wie der erwähnten Linguistischen Wende, dem Story Telling oder Scene Setting und umgekehrt. Würden wir daher deren Erkenntnisse radikal auslegen und weiterdenken, so hätten der Intendant und die

1 W. Singer, Wahrnehmen, Erinnern, Vergessen. Über Nutzen und Vorteil der Hirnforschung, in *Der Beobachter im Gehirn. Essays zur Hirnforschung*, hg. Id., Frankfurt am Main, 2002, S. 82.

2 Hier zitiert nach *Die Abenteuer des Ritters Theuerdank. Kolorierter Nachdruck der Gesamtausgabe von 1517*, Köln u. a., 2003 [Exemplar der Bayerischen Staatsbibliothek München, Rar. 325a]. Dazu der Einführungsband von S. Füssel, *Kaiser Maximilian und die Medien seiner Zeit. Der Theuerdank von 1517*, Köln u. a., 2003.

3 [...] *an welhem ort. die beschehen* [...] ; *Theuerdank*, Clavis, fol. A2v.

4 M. Halbwachs, *Das Gedächtnis und seine sozialen Bedingungen*, Berlin-Neuwied, 1996 (frz. Orig. 1925).

5 J. Assmann, *Das kulturelle Gedächtnis. Schrift, Erinnerung und politische Identität in frühen Hochkulturen*, München, 1992², S. 19 f.

6 Vgl. Singer, Wahrnehmen, S. 84.

Pour la singuliere affection qu'avons a luy. *Études bourguignonnes offertes à Jean-Marie Cauchies*, sous la direction de Paul Delsalle, Gilles Docquier, Alain Marchandisse et Bertrand Schnerb, Turnhout, 2017 (*Burgundica* 24), p. 347-360.

DOI 10.1484/M.BURG-EB.5.113930

Autoren des *Teuerdank* Recht besessen, wenn sie vergangene Taten nicht berichteten, sondern assoziativ zu einer schönen Geschichte abwandelten und aktiv « Engramme », Gedächtnisspuren, verwischten. Denn die Struktur der Engramme, so Singer, sei nicht sonderlich gut geeignet, um in Sätze rationaler Sprache umgewandelt zu werden[7]. War dies nun eine weise Einsicht vormodernen Kommunizierens, des Zeitalters mehr der Mündlichkeit, in Abläufe des Wahrnehmens, Erinnerns und Vergessens ?

1. Quellen, Fragestellungen, Forschungsstand

Dem Versuch, individuelle Wahrnehmung, Erinnerung und Voreinstellungen der älteren Vergangenheit nur aus Texten, Bildern und Dingen zu rekonstruieren, ist gewiss mit Vorsicht zu begegnen. So gesehen, hätten wir mit autobiografischen Quellen und Egodokumenten jedoch am ehesten eine dafür angemessene Quellengruppe zur Hand. Dazu zählt auch das Repräsentationswerk Maximilians I. Er hat sich gerade in seinen späteren Jahren intensiver mit seiner und seiner Familie *gedechtnus* beschäftigt[8]. Der medial begabte Kaiser setzte dafür eine Palette an Kommunikationsmitteln ein, wie eben auch für den *Teuerdank* als Heldenbuch. Der bebilderte Versroman mit dafür eigens entwickelter Type konnte 1517 noch zu Lebzeiten gedruckt werden.

Nun hat Thomas Schauerte auf die engen thematischen Verbindungen zwischen dem *Weißkunig*, *Teuerdank* und der von ihm untersuchten *Ehrenpforte* hingewiesen[9], sodass wir zudem Vergleichsmaterial haben. Vielmehr, in den erstgenannten Werken stehen Text und Bild gleichberechtigt nebeneinander. Somit lässt sich das Erinnern über ein wesentlich anderes Medium, die Visualisierung, vertiefen. Wir können es deshalb wagen, die Texte und Bilder des *Teuerdank* aus der Perspektive des Wahrnehmens und Erinnerns zu deuten. Dabei soll eine Region, die Niederlande, im Mittelpunkt stehen. Jedoch gibt es eine weitere Hürde. Lässt ein Kollektivprodukt, eine allegorische Schilderung in die Erinnerung, das Gedächtnis eines allerdings mächtigen Einzelnen blicken ?

Hier hat die Forschung den konzeptionellen, ergänzenden und korrigierenden Anteil Maximilians am « Ruhmeswerk », seine Rolle als Lieferant der *res gestae*, mehrfach belegt und soweit anerkannt[10]. Der Tenor der Clavis im *Teuerdank* weist darauf hin, dass die Episoden und deren regionale Verortung von ihm stammen. Wie anders sollte deren Autor, der beträchtlich jüngere Pfinzing (oder Sigmund von Dietrichstein

---

7 *Ibid.*, S. 78.

8 Wegweisend wurde J.-D. Müller, Gedechtnus. *Literatur und Hofgesellschaft um Maximilian I.*, München, 1982.

9 T. Schauerte, *Die Ehrenpforte für Kaiser Maximilian I. Dürer und Altdorfer im Dienst des Herrschers*, München-Berlin, 2001, S. 107, 146, 189 und *passim*.

10 Der Theuerdank, hg. S. Laschitzer, in *Jahrbuch der Kunsthistorischen Sammlungen des allerhöchsten Kaiserhauses*, Bd. 8, 1888, S. 1-116 ; stark differenzierend : Müller, Gedechtnus, S. 65-73 ; H. Wiesflecker, *Kaiser Maximilian I. Das Reich, Österreich und Europa an der Wende zur Neuzeit*, Bd. 5, Wien-München, 1986, S. 312-315 ; P. Strohschneider, Kaiser Maximilian I., in *Kindler neues Literatur-Lexikon*, hg. W. Jens, Bd. 11, München, 1996[2], S. 393 ; Schauerte, *Ehrenpforte*, S. 407-426 (Quellentexte) ; Füssel, *Kaiser Maximilian*, S. 39-41 ; M. Hollegger, *Maximilian I. (1459-1519). Herrscher und Mensch einer Zeitenwende*, Stuttgart, 2005, S. 246 ; L. Silver, *Marketing Maximilian. The Visual Ideology of a Holy Roman Emperor*, Princeton, 2008, S. 1-6, 32 ; U. Schulze, Dietrich von Bern und König Artus – Maximilian / Theuerdank, in *Kaiser Maximilian I. (1459-1519) und die Hofkultur seiner Zeit*, Wiesbaden, 2009, S. 29 f. ; J.-D. Müller kritisch weiterführend : R. Kohnen, *Das mer gehoert zuo eim Ritter auserkorn* – Überlegungen zum Theuerdank, in *Maximilians Ruhmeswerk. Künste und Wissenschaften im Umkreis Kaiser Maximilians I.*, hg. J.-D. Müller, H.-J. Ziegeler, Berlin-Boston, 2015.

als ein Mitautor des *Teuerdank*) über die Vorgänge in den Niederlanden seit 1477 authentisch Bescheid wissen ?

Weitere Fragen : der *Teuerdank* ist eine Sammlung gefährlicher Situationen vor allem der früheren, niederländischen Regierungsjahre Maximilians. Deuten die *geferlicheiten* somit traumatische Erlebnisse eines jungen Hofmannes in einem fremden Land an ? Wurden sie später durch die verfremdende Erzählung bewältigt ? Spiegeln der *Teuerdank*, die ritterliche Brautfahrt, demzufolge einen Verarbeitungsprozess wider ? Zudem : was wurde insofern verschleiert oder eben vergessen ? Was war aus der Erinnerung verschwunden, aufgrund welcher neuer Eindrücke und Kontexte[11] ? Und erneut, gibt es überhaupt ein historisches Substrat der *geferlicheiten* ? Um dies ansatzweise zu klären, werden wir zuerst nach historischen Hintergründen suchen, einige ausgewählte Episoden verorten, und de- und rekonstruieren. Es ginge um eine Historisierung, wenn möglich im Detail[12].

In seiner grundlegenden Einleitung thematisierte Simon Laschitzer[13] wie zuvor Carl Haltaus[14] historische Umfelder und sogar regionale Verweise im *Teuerdank* nicht. Dies war angesichts fehlender Grundlagenforschung wohl gar nicht beabsichtigt. Die Episoden wurden jedoch auch seither anscheinend nie näher verortet[15]. Nun ziehen die Regesta Imperii zwar den *Weißkunig*, mit gutem Grund aber nicht den *Teuerdank* als – teils berichtende – Quelle ergänzend heran. Freilich nimmt die Forschung den biographischen Hintergrund der 80 *geferlicheiten* an[16]. In einigen Bildszenen trägt der Held eindeutig die Gesichtszüge Maximilians, was ebenso für einen Sitz im Leben spricht. Und warum sollte der *Teuerdank* erst nach Maximilians Tod verteilt werden[17] ?

Für eine solche allgemeine oder im günstigen Fall detaillierte Historisierung leistet der Endredaktor, der Nürnberger Propst Pfinzing, in der erwähnten Clavis kompetent Hilfe. Episoden ohne *grundt* leitet er mit *ist poetisch gestelt*[18] oder ähnlich ein. Sie betreffen den Erzählrahmen, um der *history ainen form vnd lieblichait zuolesen* zu geben[19]. Er trennte insofern zwischen den beiden Deutungsebenen. Zudem ordnen sich die Bilder tendenziell zu. Dazu eine kleine Kuriosität : so haben die Künstler den Wald in Tirol meist auch mit Nadelbäumen, hingegen in den Niederlanden fast nur als Laubwald dargestellt.

Die Beantwortung der vorhin gestellten Fragen ist natürlich nur annähernd und mehr in Wahrscheinlichkeitsaussagen möglich. Dazu wählen wir zunächst einen quantifizierenden Zugang und sondieren die regionale Verteilung der gefährlichen Situationen und ihrer Themen. Dieser Schritt ist gut möglich, da die Clavis als erläuternder Schlüssel den einzelnen Szenen Regionen und mitunter sogar Städte und Täler zuweist. Sollten sich signifikante Häufungen ergeben, ist nach Hintergründen des literarischen Konzeptes und eben nach damit verbundenen Wahrnehmungen und Erinnerungen zu fragen. In einem zweiten Schritt werden wir im mikrohistorischen Ansatz drei Gefahrensituationen in den Niederlanden näher untersuchen. Mit einigen Thesen schließt der kurze Beitrag ab.

---

11 Siehe Singer, Wahrnehmen, S. 83-85.

12 Vgl. Müller, Gedechtnus, S. 98 : « politischer Zusammenhang », « persönliche Dimension ».

13 Der Theuerdank.

14 Vgl. C. Haltaus, Einleitung, in *Theuerdank*, hg. Id., Quedlinburg-Leipzig, 1836, S. 103 f.

15 Diesbezüglich zur sogenannten lateinischen Autobiographie vgl. Müller, Gedechtnus, S. 98.

16 Vgl. Anm. 10 ; Müller, Gedechtnus, etwa S. 115-121, 125-127 , 206 f.

17 Schauerte, *Ehrenpforte*, S. 423 (Quellentext).

18 *Theuerdank*, Clavis, fol. A4r ; vgl. auch Müller, Gedechtnus, S. 125.

19 *Theuerdank*, Clavis, fol. A2r.

2. Quantitative Befunde

Die folgenden Tabellen der vom Helden bestandenen *geferlicheiten* sind örtlich und thematisch gegliedert. Die Aufteilung nach Themen erfolgte aufgrund immanenter Kriterien. So spielt der weitaus größere Teil der Taten – 44 von 68, die in der Clavis verortet sind – in der freien Natur und betrifft die Jagd, aber auch Naturgefahren. Daher könnte der *Teuerdank* neben anderem als literarisiertes Jägerlatein gedeutet werden. Ein kleinerer Teil der *geferlicheiten* (24) ereignete sich hingegen in der zivilisierten Welt und im Umgang mit deren Artefakten, somit vor allem in der Stadt.

Tabelle 1. Die 80 « Gefährlichkeiten » – Einzelregionen[20].

Region / Thema	**Natur**				
	Jagd	**Meer/See**	**Sonst**	**Zivilisation**	**Gesam**
Niederlande					
Brabant	10 *(c. 13,17,30,33,35, 38,41,44,45,61)*	1 *(c. 65)*		1 *(c. 54)*	**12**
Flandern		2 *(c. 23,64)*		4 *(c. 86,90,95,96)*	**6**
Utrecht				4 *(c. 42, 78,87,94)*	**4**
Holland		2 *(c. 32, 46)*		1 *(c. 67)*	**3**
Geldern		1 *(c. 58)*		1 *(c. 84)*	**2**
Luxemburg				1 *(c. 63)*	**1**
Picardie				1 *(c. 50)*	**1**
Seeland		1 *(c. 72)*			**1**
Westfriesland		1 *(c. 43)*			**1**
Summe	**10** *32.3*	**8** *25.8*		**13** *41.9*	**31** *100.0*
Oberlande und sonst					

20 *Quelle* : *Theuerdank*, Clavis. – Jeweils weit überwiegende Aufenthalte : Niederlande 1477-1489, dann Oberlande 1489-1517 (Erscheinungsjahr des *Teuerdank*). Die unterschiedliche Dauer der Aufenthalte in den Nieder- und Oberlanden ist bei den Prozentangaben nicht berücksichtigt, würde den Gesamtwert für die Niederlande aber erhöhen.

Tirol	14 (c. 15, 18, 20, 31, 37, 40, 48, 49, 53, 55, 56, 62, 69, 71)		3 (c. 29, 36, 47)	2 (c. 28, 60)	**19**
Oberösterreich	3 (c. 22, 57, 59)				**3**
Schwaben	2 *(c. 14, 68)*			1 *(c. 26)*	**3**
Niederösterreich	1 *(c. 19)*			1 *(c. 39)*	**2**
Steiermark	1 *(c. 66)*	1 *(c. 52)*			**2**
Franken				2 *(c. 70, 73)*	**2**
Kärnten				1 *(c. 57)*	**1**
Bayern				1 *(c. 16)*	**1**
Breisgau				1 *(c. 21)*	**1**
Italien	1 *(c. 51)*				**1**
Rheintal/-strom				1 *(c. 77)*	**1**
Ungarn				1 *(c. 91)*	**1**
Summe	**22** *59.5*		**4** *10.8*	**11** *29.7*	**37** *100.0*
Keine Angabe					**12**
Gesamt	**32** *47.1*	**8** *11.8*	**4** *5.9*	**24** *35.3*	**68 + 12 = 80** *100.0*

Tabelle 2. Die 80 « Gefährlichkeiten » – Gesamtverteilung[21].

Region / Thema	**Natur**			**Zivilisation**	**Gesamt**
	Jagd	**Meer/See**	**Sonst**		
Niederlande	10 *31.3*	8 *100.0*		13 *54.2*	31 *45.6*
Oberlande	22 *68.7*		4 *100.0*	11 *45.8*	37 *54.4*
Summe	**32** *100.0*	**8** *100.0*	**4** *100.0*	**24** *100.0*	**68** *100.0*

21 *Ibid.*

Die Systematisierung der gefährlichen Situationen ergibt regional gesehen einen eindeutigen Befund.

1. Die Reisefrequenz Maximilians blieb während seiner langen Regierungszeit in etwa gleich, er war mehr oder weniger stets unterwegs. Bezogen auf die viel kürzere Aufenthaltsdauer in den alten Niederlanden (1477-Anfang 1489) führen diese die Liste mit gefährlichen Abenteuern jedoch signifikant an. So ereigneten sich von den 68 *geferlicheiten* fast die Hälfte, 31, in den Niederlanden. Lebten hier Erinnerungen übermächtig weiter ? Dann wäre der *Teuerdank* nicht nur als eitles Heldenbuch, als Jägerlatein und/oder pädagogisch intendierte Familiengeschichte zu deuten.

Diese inneren Bilder zu den Niederlanden entstammen sehr wahrscheinlich meist der Zeit von Maximilians dortiger « Regentschaft ». Der historische Held war zwar auch nach 1488 mehrmals dort, jedoch nur für kürzere Zeiträume[22] ; so in den Jahren 1494/95, 1498, 1499, 1503, 1505, 1508/09 und 1512. Die Aufenthalte in den Jahren 1513 und 1517 fallen hier weniger ins Gewicht, da der *Teuerdank* 1512 im Wesentlichen abgeschlossen war[23].

2. Der Fokus auf die Themen ergibt einen weiteren Unterschied. Die Bereiche « Natur » und « Zivilisation » verteilen sich nicht proportional zur jeweiligen Anzahl der Fälle. Für die Niederlande waren die gefährlichen Situationen in der Zivilisation, somit vor allem in den Städten, im Vergleich zu den Oberlanden[24] und anderen Regionen verstärkt erinnert. Dieser relativ größere Anteil hing wohl auch mit der höheren Urbanisierung und nicht nur mit gesteigerter Aggressivität, also vermehrten Konflikten zusammen.

3. Einzelne Episoden

Beide Ergebnisse bedürfen einer näheren Erklärung. Dazu wählen wir exemplarisch drei niederländische « Heldentaten » aus. Das erste Ereignis betrifft eine Jagd, das zweite eine gefährliche Seefahrt, das dritte eine Begebenheit in der Zivilisation, in einer Stadt. Alle drei Topoi, vorwiegend die Jagdabenteuer, sind im *Teuerdank* gehäuft vertreten. Hingegen waren die Fahrten zur See der « Landratte » Maximilian wohl als besonders gewagt erschienen. Diese Szenen kommen bezogen auf sein Itinerar überdurchschnittlich vor.

22 Ausgenommen von Juli 1494 bis Februar 1495 und Juli 1508 bis März 1509.

23 J.-D. Müller, Kaiser Maximilian I., in *Die deutsche Literatur des Mittelalters – Verfasserlexikon*, begr. W. Stammler, Bd. 6, Berlin u.a., 2010², Sp. 220.

24 Ein zeitgenössischer Ausdruck, bezogen auf die Niederlande.

Erste Szene

Abb. 1. Hirschjagd im *brabantischen wald*. Unfall mit der Armbrust, *Teuerdank*, 1517, München, BSB, Rar. 325a, c. 44, fol. o1v (Farbversion S. 558).

Die erste Gefahr[25] spielt im tiefen Laubwald, im *brabantischen wald*, wie die Clavis erläutert[26]. Von der Armbrust des Helden hat sich im Gestrüpp bei einer Hirschjagd ein Schuss gelöst. Teuerdank vermag den Kopf noch rechtzeitig zurückzuwerfen. Der Pfeil schießt bereits oberhalb der Bäume nach hinten. Mit im Geschehen der glücktragende Begleiter Ernhold und beobachtend der dämonische Feind Unfalo.

Mitunter begegnen wir im *Teuerdank* einer jungenhaften Phantasie, wovon wir hier ein Beispiel haben. Wie auch immer, anders als im *Weißkunig* bildet die Jagd ein

25 Kap. 44 ; Abb. in *Theuerdank*, c. fol. o1v.
26 *Ibid.*, Clavis, fol. A5r.

wichtiges Heldenmotiv. Brabant und vor allem der Brüsseler Wald[27] bilden die Kulisse von immerhin zehn Jagdabenteuern. Überhaupt nennt der *Teuerdank* dazu in den Niederlanden nur diese Region, was auf eine intensive Erinnerung verweist. Das in der Geschichtsschreibung vorherrschende Bild von Maximilians Jagdtätigkeit nur in den Alpen und deren Umgebung[28] müssen wir daher erweitern. So waren auf dessen mentaler « Jagdkarte », die sich im *Teuerdank* abbildet, Brabant und Tirol etwa gleichgewichtig vertreten.

Auch die meisten der im *Teuerdank* genannten Jagden in Brabant fallen sicher in seine niederländischen Jahre. Wenn wir sein Itinerar bis 1489 studieren, so finden sich Aufenthalte gerade im südlich von Brüssel gelegenen Waldgebiet, wie bei der Abtei Groenendaal, oder im östlich gelegenen Tervuren[29].

Die Bilder zu den Niederlanden, so ebenfalls die Jagdszenen, ziert im Hintergrund stets eine Berg- oder Hügellandschaft[30]. Dies mag an einer selektiven Wahrnehmung, also an einer Gebirgsliebe des Helden, an den süddeutschen Künstlern und/oder an einem der zeitgenössischen Kunsttrends gelegen haben. Das Motiv scheint aber auch ein Muss für die Darstellung von *geferlicheit*, zumindest von Beschwerlichkeit gewesen zu sein. Denn den Künstlern Beck, Burgkmair und Schäufelein war die niederländische Landschaft ja sicher bekannt. Insofern bildet die hier dargestellte Gefahr eine Ausnahme. Die Fokussierung auf das Geschehen im Waldesdickicht ließ für einen Gebirgszug keinen Raum übrig.

Der wirkliche Held jagte noch während seiner späteren Aufenthalte im Brüsseler Wald[31], nun wohl zusammen mit seinen erwachsenen Kindern. Umgekehrt war Philipp zweimal in Tirol, 1496 und 1503, wobei sie getrennt jagten und ihm Maximilian eine Gämsenjagd vorführen ließ. Im Sinn des sozialen Gedächtnisses frischten sich damals ältere Erinnerungen wieder auf, wie es Halbwachs formulieren würde, und überlagerten sich.

Eine solche Kon-Fusion fand vorwiegend im familialen, somit laufend « veränderten Kontext[32] » statt. Dabei war die Jagd ein sehr wesentliches Element von Maximilians fürstlichem Selbstverständnis, was ihn von seinem Vater trennte. Seine Enkel und Enkelinnen, vor allem Karl, sollten darin sozialisiert werden. Insofern verfasste er einen Text für die engsten Familienmitglieder, das Geheime Jagdbuch. Daher erschien es als folgerichtig, im *Teuerdank* gerade die niederländischen Jagderlebnisse zu reaktivieren. In der Tat blieb der Brüsseler Wald später ein beliebtes Jagdgebiet

27 Forêt de Soignes/Zoniënwoud ; vgl. dazu S. Schneebalg-Perelman, *Les chasses de Maximilien. Les énigmes d'un chef-d'œuvre de la tapisserie*, Brüssel, 1982, S. 19f.

28 Siehe etwa F. Niederwolfsgruber, *Kaiser Maximilians I. Jagd- und Fischereibücher. Jagd und Fischerei in den Alpenländern im 16. Jahrhundert*, Innsbruck, 1965.

29 Nachweislich 22. und 27.7.1480 ; H. Vander Linden, *Itinéraires de Marie de Bourgogne et de Maximilien d'Autriche (1477-1482)*, Brüssel, 1934, S. 81 f. – sowie 6.3. ; 11.5. ; 18. und 30.6. ; 1.7., 13.7. und 24.7. ; vor allem 6.8., 11.8., 17.8., 21.8 und 25.8. ; zuletzt 8.-9.11.1484. Ferner 12.7., 28.-29.9., 5.-6.12. und 16.-17.12.1486 ; L. P. Gachard, *Collection des voyages des souverains des Pays-Bas*, Bd. 1, Brüssel, 1876, S. 102-106, 110, 112 f.

30 Sofern sich es sich um keine Innen- oder Stadtszene handelt (c. 42, 67, 86, 90).

31 So 25.8. und *ca* 10.-17.11.1494, 27.-29.10.1498, 18.4.1503 ; J. F. Böhmer, *Regesta Imperii XIV, 1-4*, Wien u.a., 1990-2007 (URL : http://ri-regesten.adwmainz.de, eingesehen 10.1.2016), n. 971, 1139, 6755-6756, 6759-6760, 20412. – zudem 19.-23.8., 22.-27.9. 1505 ; freundlicher Hinweis von Dr. Manfred Hollegger, Graz. – weiters 1.-2.6., 8.6. und 23.-25.6.1512 ; V. von Kraus, Itinerarium Maximiliani I. 1508-1518, in *Archiv für österreichische Geschichte*, Bd. 87, 1899, S. 290 f.

32 Singer, Wahrnehmen, S. 82 : « mit dem Kontext [...] wachzurufen» ; S. 85 : « im ursprünglichen » oder in einem « veränderten Kontext » wieder aktivieren.

der Habsburger beiderlei Geschlechts[33]. Die Tapisserien im Louvre, *Les chasses de Maximilien*, bilden bis heute ein Glanzstück der niederländischen Teppichkunst[34].

Zweite Szene

Abb. 2. Schiffbruch im Eis (*gefrorn wasser*) in *Holandt*. – Auf dem Weg von Amsterdam nach Spaarndam, Dreikönigstag 1489, *Teuerdank*, 1517, München, BSB, Rar. 325a, c. 46, fol. o6r (Farbversion S. 559).

Offenbar faszinierten einen zeitgenössischen Österreicher Seefahrten, deren Gefahren Maximilian in seiner Wahrnehmung und Erinnerung als besonders heldenhaft

33 L. Gorter-van Royen, Les chasses de Marie de Habsbourg, reine de Hongrie et de Bohême, régente des Pays-Bas, in *Pays bourguignons et autrichiens (xiv*[e]*-xvi*[e] *siècles) : une confrontation institutionnelle et culturelle*, hg. J.-M. Cauchies, H. Noflatscher, *Publication du Centre européen d'Études bourguignonnes*, Bd. 46, 2006, S. 197-202.

34 Schneebalg-Perelman, *Les chasses* ; Silver, *Marketing Maximilian*, S. 181 f.

erschienen. So finden wir im *Teuerdank* sieben Szenen mit dem Brautwerber zur See. Zwar reiste und kämpfte der Fürst mitunter auch zu Schiff, jedoch entsprechen die im Heldenbuch gehäuft genannten Episoden zur See bei weitem nicht seinem sonstigen Reiseverhalten. Abgesehen davon sei es eines Königs unwürdig, ein Schiff überhaupt zu besteigen, meinten die Venezianer, als er 1496 vor Livorno gegen Florenz Krieg führte. In der Illustration Schäufeleins[35] zu Kapitel 46 sehen wir ein *schiflein* mit zwei panisch gewordenen Matrosen, die mit hohen Wellen und Eisschollen kämpfen. Mit dabei, wie stets, neben dem Helden der Weggefährte und Augenzeuge Ernhold und vorne, am sicheren Ufer Unfalo. Der ruhig gebliebene Teuerdank ist als Bürger gekleidet und in Gesicht und Haartracht als Maximilian erkenntlich.

Im Text heißt es, ein *grausam* Wetter habe das Schiff so heftig in das Eis geworfen, dass es einen *spalt* erhielt – *gross not sy allda erlitten*. Sie zerschnitten das Segel und ihre *Joppen*, um die Löcher zu stopfen. Knapp nach Erreichen des Ziels sank das Schiff vor ihren Augen. Pfinzing verortete den Vorfall mit Holland.

Der historische Kern erschließt sich aus der *winters zeit* und dem Vergleich mit Maximilians Reiseweg. Dessen Itinerar ist uns aufgrund der Forschungen der *Regesta Imperii* inzwischen sehr gut bekannt. So war der Fürst nur im Winter 1489 in Holland zu Schiff unterwegs. Am Dreikönigstag, dem 6. Januar, reiste er von Amsterdam nach Spaarndam in der Nähe von Haarlem[36].

Dass diese Fahrt zum traumatischen Erlebnis wurde, bestätigt ein Gelübde von einem engen Weggefährten, Florian Waldauf. Der Finanzrat stiftete später im Unterinntaler Hall eine Kapelle mit einer sehr umfangreichen Reliquiensammlung. Im Heiltumsbuch erzählt er ausführlich über den Seesturm und die Reaktionen[37], die dort und im *Teuerdank* sehr ähnlich verlaufen.

Und noch ein zweiter Reflex dieser *gefehrlicheit* hat sich sedimentiert, in der Wallfahrtskirche von Frauenstein in Oberösterreich. Sehr wahrscheinlich Maximilian stiftete im Gedächtnis an das überstandene Unglück dort nach 1510 eine Madonna[38]. Unter ihrem Schutzmantel knieen kleinmütig drei Ehepaare : Held Maximilian, dann eben Waldauf und ein weiterer Zeitgenosse, mit ihren Frauen.

35 *Theuerdank*, fol. o6r.

36 Wiesflecker, *Kaiser Maximilian I.*, Bd. 1, S. 222.

37 J. Garber, Das Haller Heiltumbuch mit den Unika-Holzschnitten Hans Burgkmairs des Älteren, in *Jahrbuch der Kunsthistorischen Sammlungen des Allerhöchsten Kaiserhauses*, Bd. 32, 1915, S. LVIII-LXI. Auf S. LIX eine Darstellung des Unglücks-Schiffes von Burgkmair.

38 A. Mohr, *Die Schutzmantelmadonna von Frauenstein*, Steyr, 1986², S. 32.

Dritte Szene

Abb. 3. *Geferlicheit* durch Schussfallen in *Flandern.* – Gefangenschaft in Brügge, 5. Februar bis 16. Mai 1488, *Teuerdank*, 1517, München, BSB, Rar. 325a, c. 95, fol. G4v (Farbversion S. 560).

Das dritte Beispiel, Kapitel 95, befasst sich weder mit einem Unfall mit einer Jagdwaffe noch mit einer Naturgefahr, sondern ereignete sich im sozialen und politischen Umfeld einer Stadt. Die *geferlicheit* betraf einen schweren Konflikt mit der Bevölkerung, dem *gmain volck* einer *gar mechtigen Stat*, beziehungsweise eine Ständerevolte. *Auflauf* und *aufrur* heißen die mehrfach genannten Schlüsselwörter im Text, der diesmal sehr umfangreich ausfällt.

Der von Leonhard Beck gestaltete Holzschnitt[39] zeigt ein Schloss am Rand einer Stadt, nahe einem umzäunten Gehege. Aus einem Erker im oberen Stockwerk, dem

39 *Theuerdank*, fol. G4v.

Frauenzimmer, spähen zwei Hofdamen. Aus einem weiteren, turmartigen Vorbau blickt auch Teuerdank heraus, dieser ist übergroß dargestellt. Im Wildpark vor der Burg hat Neidelhart zwei *selb geschoss*, also Schussfallen versteckt. Insofern wird wie eingangs im begleitenden Text eine Gefangenschaft (nur) angedeutet. Das Schlosstor trägt, in den Farben teils verfremdet, in der Kolorierung des Exemplars der Bayerischen Staatsbibliothek, das österreichische und burgundische Wappen.

Die Forschung hat die Episode zurecht mit der dreimonatigen Gefangenschaft Maximilians 1488 in Brügge verknüpft[40]. Bild und Text aber verfremden oder besser : beschönigen den für Maximilian-Teuerdank schimpflichen Verlauf. Demnach habe sich Teuerdank vor dem Auflauf in das Schloss zurückgezogen ; der *Prinsenhof*, in dem vormals Maria von Burgund residiert hatte, lag tatsächlich eher am Stadtrand in der Nähe der Binnengracht[41]. Dann habe er die von Neidelhart um die Burg gelegten Selbstgeschosse mühelos zu umgehen vermocht.

Damit hat es sich im *Teuerdank*. Die Revolte ist auch im *Weißkunig* thematisiert. Aber selbst der sonst ausführlichere *Weißkunig* bleibt sehr knapp, was die Umstände der langen Gefangenschaft betrifft. Politisch weise, mit Blick auf Margarete und Karl, nennt gleichfalls dieser Text keine Stadt.

Aber wurde hier wirklich, könnten wir fragen, nur teilweise oder überhaupt nicht beschönigt – also wenn im Extremfall sich entsprechende Gedächtnisspuren vollkommen ausgelöscht hatten[42] ? Oder hat später der sich erinnernde Held Motive, durchaus unbeabsichtigt, « frisch erfunden[43] » ? Denn das Ereignis war durchaus lebensbedrohlich gewesen. Der im *Teuerdank* erzählte Verlauf mit dem Aufenthalt im eigenen Schloss betraf freilich nur die ersten Wochen der Geschichte, so stellen wir Historiker fest. Denn seit dem 5. Februar hielten die Bürger den König in der Kranenburg am Stadtplatz, dann im Haus Philipp von Kleves bei der St.-Jakobs-Kirche gefangen. Er wurde mit Schusswaffen bedroht, magerte stark ab und fürchtete, vergiftet zu werden[44].

Diese weitere *geferlicheit* stellt – nun ausnahmsweise in einer Erzählfolge – die nächste Episode dar[45]. Teuerdank sitzt vor einem spärlich gedeckten Tisch und isst, gerade noch nicht. Nun haben wir eine sehr günstige Überlieferungslage : Der damals anwesende Meister des Hausbuchs hat (soweit realistisch) jenes Festbankett skizziert, das unmittelbar nach der Befreiung in Brügge stattfand. Jetzt isst Maximilian, anscheinend Hechte[46]. Vor ihm auf der Tafel liegt von Besteck gebildet Ernholds Emblem, das Glücksrad.

4. Einige Thesen

1. Die Erzählung im *Teuerdank* gibt vor allem *geferlicheiten* wieder. Der Befund lässt somit überdies aus naturwissenschaftlicher Sicht den Schluss zu, dass Teuerdank auch realiter in Gefährlichkeiten gelebt hat. Eine solche Umwelt ist bei einem *streytparen* (eine weitere Selbsteinschätzung im *Teuerdank*) Reiseherrscher, der Maximilian

---

40 Müller, Gedechtnus, S. 120 f.

41 Demnach wäre es eine schematische Darstellung des Prinsenhofes.

42 Vgl. Singer, Wahrnehmen, S. 83.

43 *Ibid.*, S. 85.

44 A. Warburg, Zwei Szenen aus König Maximilians Brügger Gefangenschaft auf einem Skizzenblatt des sogenannten « Hausbuchmeister », in *Jahrbuch der Preußischen Kunstsammlungen*, Bd. 32, 1911, S. 182 ; Wiesflecker, *Kaiser Maximilian I.*, Bd. 1, S. 210-213.

45 *Theuerdank*, c. 96, fol. G2r.

46 Warburg, Zwei Szenen, S. 184 mit Abb. nach S. 182.

historisch gesehen ja auch war, zudem plausibel. Jedoch fand in seinem Verhalten offenbar ein Wandel statt, der die verarbeitende Erinnerung wahrscheinlich veränderte. So bedauerte der langjährige Kanzler Serntein 1509 dessen großes Misstrauen, das im Alter, also in der einsetzenden Redaktionsphase des *Teuerdank*, täglich zunehme[47].

Wenn Maximilian und die Mitautoren des *Teuerdank* die 80 *geferlicheiten* aber der beteiligten Personen und Orte entkleiden, außerdem den Erzählzusammenhang auflösen und die Ereignisse mischen, so heben sie die Handlung auf eine höhere Ebene. Der *Teuerdank* ist klugerweise keine Abrechnung mit politischen Akteuren, sondern ist eingebettet in einen größeren Plan der Transformation.

Insofern erhält das Narrativ je nach Sichtweise eine magische, transzendente oder strukturelle Dimension. Der mystisch suchende Held kämpft unter dem Schutz Gottes und der Engel, der guten Geister, gegen seine dämonischen Feinde erfolgreich an. Hingegen erscheinen die Gegner Fürwittig, Unfalo und Neidelhart als *dinstmannen* des Teufels als Verführer zum schlechten Herrscher. Jener begegnet dem Adeligen Teuerdank am Beginn seiner Brautfahrt als krallenfüßiger Gelehrter[48]. Deutlich ist dieser moralisierende bis humanistische Perspektivenwechsel im *Magnanimus*, in der lateinischen Übersetzung des *Teuerdank* von Richardus Sbrulius, zu erkennen[49].

2. Durch die Ent-Ortung schufen sich Maximilian und die Mitautoren aber den Freiraum, die Ereignisse neu zu sehen – und sie bewältigend neu zu konstruieren. Dies betraf etwa die Gefangennahme durch die Bürger von Brügge. Die historischen Akteure, vormalige einzelne und kollektive Gegner des Fürsten, sind auf die erwähnten allegorischen Hauptleute und deren Gehilfen verallgemeinert. Dieser verfremdenden Absicht entsprach zudem der fehlende Erzählfaden. Die Abenteuer wechseln, auch jahreszeitlich[50], in den Regionen zwischen Ungarn, Italien und den Niederlanden.

3. Das Werk lässt in der Erinnerung der Gefahren deutlich Wahrnehmungen, sowie Gedächtnisspuren mit Schwerpunkten erkennen. Sie sind in räumlicher Hinsicht verzerrt. So sind in den 80 Geschichten zwar mehr oder weniger alle Gegenden oder Regionen vertreten, die Maximilian im Laufe seiner gut vierzigjährigen Regierungszeit bereiste. Wir können aber eindeutige Schwerpunkte der *geferlicheiten* feststellen.

Deren Verteilung bedingen nicht nur die geopolitische Lage der Hausmacht und die Sujets, wie die im *Teuerdank* geschilderten Jagdabenteuer. Der Fürst lebte während der Redaktion des *Teuerdank* (seit etwa 1510) bereits wesentlich länger in den Erbländern und im Binnenreich als in den Niederlanden. Er war seit seiner Rückkehr Anfang 1489 weiterhin viel auf der Jagd, war öfter und weiträumiger unterwegs, verhandelte und führte Kriege. Die Konfliktlagen und -ereignisse verminderten sich nicht, so würden wir dies heute einschätzen.

Dennoch spielen sich die gefährlichen Abenteuer vor allem in den alten Niederlanden ab. Die drei Verschwörer stammen aus demselben Umfeld, dem *lanndt*[51] der Braut, also den Niederlanden. Dies lässt auf eine besonders intensive alltägliche, soziale und politische Wahrnehmung und Erinnerung der Region schließen. Der vergangene Widerstand der politischen Umwelt wurde offenbar sehr einprägsam assoziiert.

Maximilians Aufenthalt in den Niederlanden fand zudem in seiner frühen Regierungszeit bis zum Alter von knapp 30 Jahren statt. Da gerade von damals

47 *Maximilians I. vertraulicher Briefwechsel mit Sigmund Prüschenk Freiherrn zu Stettenberg*, hg. V. von Kraus, Innsbruck, 1875, S. 121.

48 *Theuerdank*, c. 10, fol. c4v.

49 Müller, Gedechtnus, S. 159-169.

50 *Ibid.*, S. 121.

51 *Theuerdank*, c. 7, fol. b7r.

gefährliche Situationen vermittelt werden, weist dies auf intensive, wenn nicht traumatische Erfahrungen wie den qualvollen Tod seiner geliebten Gattin[52] oder die Gefangenschaft in Brügge hin. Sie wurden anscheinend in ihrer gehäuften Wiedergabe narrativ bewältigt.

4. Schwerpunkte finden wir ebenso bei den Themen in Text und Bild. Sie betreffen zum einen Jagderlebnisse wie in erster Linie im Brabanter Wald, im Forst südlich und östlich von Brüssel. Zum andern reflektieren die *geferlicheiten* neben der Faszination der See und der Schiffahrt vor allem die Opposition der Stände gegen Maximilians « Regentschaft ». Auch bei den Niederlanden können wir daher örtlich unterscheiden : die menschlichen Gegner finden sich weit überwiegend in Flandern und Utrecht. Die Erinnerung ist somit gegenüber diesen Regionen verdüstert. Die Trübung entspricht aber den politischen Konflikten[53] mit ihnen.

Nun hatte es ähnliche gefährliche Situationen vormals in den österreichischen Ländern seines Vaters gegeben. Friedrich III. hatte in schweren Fehden mit dem Adel und mit seinem Bruder gelebt. Die Wiener Bürger hatten Friedrich III. und den jungen Maximilian in der Hofburg gefangen gehalten. Der ungarische König hatte Wien besetzt und so fort. Insofern war die Wahrnehmung in den Niederlanden aufgrund der Kindheits-Erfahrungen in den Erbländern wie in Wien selektiv vorgeprägt. Die spätere Erinnerung an die Niederlande klärte sich seit der Rückkehr in das Binnenreich anscheinend nicht auf.

5. Die persönliche Haltung des Fürsten gegenüber den Niederlanden war ambivalent. Die Region war einerseits die Heimat seiner Kinder, Enkel und Enkelinnen, die er gerne besuchte ; vorwiegend von dort stammten die Mitglieder des Ordens vom Goldenen Vlies. Andererseits blieb er auch nach der Rückkehr 1489 in Kämpfe, so mit Geldern, verwickelt. Der historische Held wandte sich daher mit dem *Teuerdank* wie auch mit dem sonstigen Repräsentationswerk in erster Linie an seine Familie, besonders an den künftigen Senior des Hauses. Der *Teuerdank* sollte seine Enkel vor den Tücken und Intrigen des Lebens warnen. Aus dieser Sicht mit Erfolg. Karl und Ferdinand erlebten eine lange Regierungszeit.

Nun war die insgesamt negative Erinnerung des Fürsten vor allem an das hochurbanisierte Flandern (die *Flemming*) und an Utrecht zwar in einen höheren Plan eingebettet, oder in das Unbewusste, wie es heute die Humanwissenschaften deuten würden. Das Unbehagen milderte sich dadurch. Inwieweit sich die verbleibende düstere Voreinstellung des Herrschers und ihre mediale, wenn auch entortete Vermittlung über die Prachtexemplare des *Teuerdank* dann auf jene der Kinder, Enkel und weiteren Nachkommen sowie deren Politik auswirkten, ist eine andere Frage.

---

52 Anscheinend verarbeitet in *Theuerdank*, c. 54.

53 Vgl. W. Blockmans, Autocratie ou polyarchie ? La lutte pour le pouvoir politique en Flandre de 1482 à 1492, d'après des documents inédits, in *Bulletin de la Commission royale d'Histoire*, Bd. 140, 1974, S. 257-368 ; kürzlich, aufbauend auf den Studien J. Haemers und L. Sickings : J. H. Spijkers, *Punished and Corrected as an Example to All. On the Treatment of Rebellious Nobles during and after the Flemish Revolts (1482-1492)*, MA Thesis, Leiden, 2014.

Claude de La Palud, un seigneur franc-comtois entre Bourgogne, France, Empire, Savoie et Italie (v. 1460-1517)

Jacques Paviot
Professeur à l'Université Paris-Est-Créteil

Que l'ami historien, biographe de Philippe le Beau, reçoive cet hommage, sous forme biographique, d'un des contemporains du souverain, qu'il a rencontré, mais qui ne pouvait entrer dans une étude générale de son règne[1].

Claude de La Palud, comte de La Roche, seigneur de Varambon, Villersexel et Saint-Hippolyte[2], fut un des seigneurs les plus importants du comté de Bourgogne à la fin du XVe et au début du XVIe siècle. Contrairement à d'autres familles, on n'a pas conservé de chartrier de la famille La Palud. Un érudit local du XVIIe siècle, Samuel Guichenon, avait pu consulter un certain nombre de pièces et son *Histoire de Bresse et de Bugey* reste pour nous la référence[3], quoique des pièces pussent encore se voir dans des châteaux au XIXe siècle[4]. Aujourd'hui, nous en sommes réduits à reconstituer ce lignage d'après des pièces éparpillées dans divers dépôts d'archives et bibliothèques, d'après les chroniques – la *Chronique de Villersexel* aurait pu nous apporter beaucoup d'informations pour cette contribution, mais il n'en reste que des épaves[5] –, et les ouvrages historiques des XIXe et XXe siècles, souvent d'érudits locaux qui ne citent pas systématiquement leurs sources mais à qui nous pouvons malgré tout nous fier[6].

François de La Palud, seigneur de Varambon en Bresse, donc dans le duché de Savoie, avait fait souche en Bourgogne, dans le comté, par son mariage avec Jeanne de La Petite-Pierre en 1432, dont il eut Philibert Philippe, encore mineur en 1456, date

---

1 Je remercie Paul Delsalle et Laurence Delobette pour leur aide dans la rédaction de mon texte qui présente un premier état de mes recherches.

2 La Roche : La Roche-en-Montagne, dép. Doubs, arr. Montbéliard, cant. et comm. Saint-Hippolyte ; Varambon : dép. Ain, arr. Bourg-en-Bresse, cant. Pont-d'Ain ; Villersexel : dép. Haute-Saône, arr. Lure, cant. et comm.

3 *Histoire de Bresse et de Bugey*, 2 vol., Lyon, 1650, 2 vol., réimpr. Roanne, Horvath, 1975, p. 296 pour Claude de La Palud.

4 A. de Lateyssonnière, *Recherches historiques sur le département de l'Ain*, 5 vol., Bourg-en-Bresse, 1838-1844, réimpr. anast., 4 vol., Roanne, 1978-1979, *passim*.

5 J.-M. Debard, P. Grispoux, Une source « perdue » de l'histoire de la Franche-Comté : la *Chronique de Villersexel* (vers 1479-vers 1529), dans *La Franche-Comté à la charnière du Moyen Âge et de la Renaissance, 1450-1550. Actes du colloque de Besançon (10-11 octobre 2002)*, éd. P. Delsalle, L. Delobette, Besançon, 2003, p. 45-69.

6 Voir récemment, avec références, J. Paviot, François de La Palud, seigneur de Varambon, un encombrant seigneur du XVe siècle, dans *Hommes, cultures et sociétés à la fin du Moyen Âge.* Liber discipulorum *en l'honneur de Philippe Contamine*, dir. P. Gilli, J. Paviot, Paris, 2012, p. 257-292 ; Id., De la mère à la fille. Anne et Philiberte de La Palud à travers leur testament, dans *L'Histoire à la source. Acter, compter, enregistrer (Catalogne, Savoie, Italie, XIIe-XVe siècle. Mélanges offerts à Christian Guilleré*, éd. G. Castelnuovo, S. Victor, t. 1, Chambéry, 2017, p. 141-155. ; D. Lannaud, J. Paviot, Notre-Dame de Consolation et les La Palud, dans *Bulletin de la Société nationale des Antiquaires de France*, 2015, à paraître.

Pour la singuliere affection qu'avons a luy. *Études bourguignonnes offertes à Jean-Marie Cauchies*, sous la direction de Paul Delsalle, Gilles Docquier, Alain Marchandisse et Bertrand Schnerb, Turnhout, 2017 (*Burgundica* 24), p. 361-372.

DOI 10.1484/M.BURG-EB.5.113931

de rédaction de son testament[7]. En 1459, Philibert Philippe fut marié par son oncle Philibert de La Palud, seigneur de Saint-Julien, à Isabelle, fille de Jean de Neufchâtel, seigneur de Neufchâtel et de Reynel, et de Marguerite de Castro, « cousine » de la duchesse Isabelle de Portugal[8]. Isabelle de Neufchâtel est décédée avant le 20 décembre 1471, date du testament de Philibert Philippe[9], et ce dernier est mort pendant la campagne de Charles le Téméraire en Normandie, le 8 septembre 1472, ou peu après[10], étant inhumé le 22 septembre à Villersexel[11]. Claude fut leur fils aîné.

D'après l'éditeur de 1846 des *Mémoires historiques* de Loys Gollut publiés en 1592, Claude de La Palud apparaîtrait dans l'histoire dans la défense de Tournus en 1474[12], mais il s'agit d'une erreur de datation d'un événement concernant son père[13]. En fait, cette même année 1474, il semble qu'il faisait son apprentissage de la guerre, en service féodal, au siège de Neuss (qui a duré de juillet 1474 à mai 1475)[14]. Durant son absence, son comté de La Roche a souffert de l'invasion des « Allemands », des confédérés alsaciens et suisses, qui déclarèrent la guerre le 24 octobre. Maîche, dont le château était considéré comme le plus insigne de la région, fut assiégé, pris et incendié, puis le pays conquis fut vendu 10 000 florins à l'évêque de Bâle[15], Johann von Venningen. À la suite de cette conquête, Saint-Hippolyte, Maîche et la Franche-Montagne furent réunies en « Petite Suisse » et annexées à l'évêché de Bâle, mais Saint-Hippolyte et Maîche refusèrent de prêter serment de fidélité, le 25 novembre 1474[16]. Une nouvelle incursion dans la région eut lieu au printemps 1475[17], puis à la suite de Grandson[18]. Claude de La Palud assista-t-il aux États de Bourgogne convoqués à Salins le 8 juillet 1476 par le duc Charles aux abois? Les « Allemands » revinrent à l'automne[19].

---

7 Id., François de La Palud, *passim*.

8 Vesoul, Archives départementales de la Haute-Saône, Ray-sur-Saône (dépôt) 843 ; je remercie Vianney Muller de m'avoir communiqué une copie de ce document. Sur Jean de Neufchâtel, voir la notice de J. Debry dans *Les Chevaliers de l'Ordre de la Toison d'or au xve siècle*, dir. R. De Smedt, 2e éd., Francfort-sur-le-Main, 2000, p. 120-125, n° 52 ; sur Marguerite de Castro, voir M. Sommé, *Isabelle de Portugal, duchesse de Bourgogne. Une femme au pouvoir au xve siècle*, Villeneuve d'Ascq, 1998, *passim*. Jean de Neufchâtel et Marguerite de Castro ont eu deux filles qu'ils ont prénommées Isabelle, l'autre épousant Louis de Vienne en 1457.

9 Éd. É. Perard, *Recueil de plusieurs pièces curieuses servant à l'histoire de Bourgogne*, Paris, 1664, p. 602-608.

10 Il est cité pour la dernière fois le 7 septembre à Neufchâtel-en-Bray (dép. Seine-Maritime, arr. Dieppe, ch.-l. de cant.) ; voir la base de données en ligne www.burgundicae.heraudica.org.

11 J. Girard, *Les Grandes terres montagnonnes de Vennes (des origines aux invasions suédoises)*, Roche-lez-Beaupré, 1982, p. 89 (bien que l'auteur ne cite pas ses sources, l'ouvrage est bien documenté).

12 L. Gollut, *Les Mémoires historiques de la république séquanoise et des princes de la Franche-Comté de Bourgougne*, éd. C. Duvernoy, E. Bousson de Mairet, Arbois, 1846, col. 1291.

13 Les événements datent en effet de 1471 ; voir J. Robert de Chevanne, *Les Guerres en Bourgogne de 1470 à 1475. Étude sur les interventions armées des Français au duché sous Charles le Téméraire*, Paris, 1934, p. 57.

14 L. Loye, *Histoire du comté de La Roche et de Saint-Hippolyte, sa capitale*, Montbéliard, 1888, p. 148 (où Neuss est donné sous sa forme française « Nuits »).

15 Déportemens des François et Allemands tant devers la duché que conté de Bourgoingne et aultres occurrences, doiz l'an mil quatre cens soixante cinq jusques à la mort de l'empereur Frédéric, 1456-1492 (*sic*), dans *Mémoires et documents inédits pour servir à l'histoire de la Franche-Comté*, t. 7, 1876, p. 362 ; Loye, *Histoire du comté de La Roche*, p. 148 (s. a. 1475) ; [É.] Clerc, *Histoire des états généraux et des libertés publiques en Franche-Comté*, t. 1, Besançon, 1882, p. 153.

16 Loye, *Histoire du comté de La Roche*, p. 148-150 (s. a. 1475).

17 Déportemens, p. 362 ; Clerc, *Histoire des états généraux*, p. 155-156, 159.

18 Déportemens, p. 366.

19 *Ibid.*, p. 367-368 ; Clerc, *Histoire des états généraux*, p. 160-162.

À la mort de Charles le Téméraire, les États du comté de Bourgogne, bien qu'ils fussent forcés de jurer la remise du comté au roi de France le 18 févier 1477[20], pour conserver leur autonomie, se rapprochèrent des Suisses. Dès le mois de janvier 1477, ils envoyèrent des députés à Berne pour demander la paix et l'admission dans la Confédération. À cause des intrigues françaises, cela n'aboutit pas, mais des associations furent créées, notamment par Claude de La Palud pour Saint-Hippolyte et la Franche-Montagne avec Berne ; celle-ci dura jusqu'à la Réforme, Berne trouvant son avantage dans l'accès aux salines de Soulce[21]. La guerre reprit en 1479 après une année de trêves. Claude de La Palud restait fidèle à Maximilien et souffrit à nouveau les dévastations des Français, secondés par les Suisses qui les avaient rejoints grâce à l'argent de Louis XI ; le gouverneur de Bourgogne Charles d'Amboise approcha jusqu'à Saint-Hippolyte[22]. La situation fut critique : l'insécurité, la cherté des vivres entraînèrent une hausse de la mortalité[23].

Le traité d'Arras, du 23 décembre 1482, donnait Marguerite d'Autriche comme future femme du dauphin Charles, et le comté de Bourgogne faisait partie de la dot. À la mort de Louis XI, Claude de La Palud ne prêta pas serment à Charles VIII, mais il collaborait avec les Français, tout en conservant des sentiments « légitimistes ». Pour l'année 1489, la *Chronique de Villersexel* rapporte que *M. de Varambon* [...] *ne vousist jamais faire le serment audit roy de France* [Charles VIII], et qu'il se trouvait en compagnie du grand écuyer (de France, Pierre II d'Urfé[24]) à Vesoul, dans l'intention d'installer une garnison de Français à Villersexel, où se trouvaient déjà 200 hommes de « la Montagne », dans compter ceux de « la Terre », chacun payé cinq francs par les Français[25] pour défendre la ville contre les Suisses ; on peut penser que ces gens ont été amenés à l'incitation du seigneur du lieu. À la fin de l'année 1492, Maximilien d'Autriche, ayant rassemblé *une grosse armée d'Allemands et Bourgoingnons*, envahit la Franche-Comté par Belfort. Il résida quinze jours à Lure, passa par Villersexel, *où l'on allast à belles processions au devant de lui, et criait-on tout le peuple, qu'il demeurat*[26], sans doute à l'instigation du seigneur du lieu. Il alla à Besançon où il fut informé de l'arrivée des *Souysses*, aussi il repartit en Allemagne par Montbéliard – s'arrêtant au passage à Saint-Hippolyte chez Claude de La Palud[27] –, tandis qu'il envoyait son armée vers Salins[28] qui se rendit le 17 janvier 1493[29]. Celle-ci se porta ensuite à Bracon[30] dont elle fit le siège. Les Français allèrent au-devant du train d'artillerie que les Allemands faisaient venir. La rencontre eut lieu à Sainte-Anne[31] : les Français eurent un grand nombre de tués, tandis que les Bourguignons et les Allemands n'en comptèrent que 50. Claude de La Palud se trouvait avec les Français, *lequel donna bon couraige aux Allemans*

20 *Ibid.*, p. 165-171.

21 Loye, *Histoire du comté de La Roche*, p. 152. Soulce, auj. Soulce-Cernay, dép. Doubs, arr. Montbéliard, cant. Maîche, comm., proche de Saint-Hippolyte.

22 *Ibid.*, p. 150 ; voir Déportemens, p. 374-375 ; Clerc, *Histoire des états généraux*, p. 176-181.

23 Debard, Grispoux, Une source « perdue », p. 59.

24 Anselme de Sainte-Marie, *Histoire généalogique et chronologique de la Maison royale de France*, 3e éd., t. 8, Paris, 1733, p. 496-497.

25 Debard, Grispoux, Une source « perdue », p. 58-59.

26 *Ibid.*, p. 59.

27 Pour ce détail Gollut, *Les Mémoires historiques*, col. 1416 ; Loye, *Histoire du comté de La Roche*, p. 153 ; voir Déportemens, p. 384-386.

28 Dép. Jura, arr. Lons-le-Saunier, cant. Arbois.

29 *Ibid.*, pour les citations ; H. Wiesflecker, *Kaiser Maximilian I. Das Reich, Österreich und Europa an der Wende zur Neuzeit*, t. 1, Munich, 1971, p. 339 (qui indique une armée de 4 000 lansquenets et 2 000 Suisses).

30 Dép. Jura, arr. Lons-le-Saunier, cant. Arbois ; c'était un faubourg de Salins où un château dominait la ville.

31 Dép. Doubs, arr. Besançon, cant. Ornans ; c'était la forteresse des Chalon.

et Bourguignons, en disant en la langue d'Allemagne que à icelle journée, ils se montrassent vaillans Bourguigons et qu'ils servissent bien leur prince. Et incontintent lesdits Fraçais se retirèrent dedans Poligny ; et depuis ledict seigneur de Varambon demanda son congé au roy [Charles VIII], *lequel lui octroya, dont ce fut grand bien pour le pays*[32]. Quelques mois plus tard, le traité de Senlis, du 23 mai 1493, officialisait le renvoi de Marguerite d'Autriche auprès de son père et la restitution du comté de Bourgogne. Charles VIII partit dans ses aventures italiennes, mais il fut vaincu à Fornoue, le 6 juillet 1495. Les États réunis à Besançon un mois plus tard, auxquels participa Claude de La Palud, renouvelèrent leur fidélité à Maximilien d'Autriche et à l'archiduc Philippe le Beau[33].

Cependant, il y eut une nouvelle guerre entre la France et l'Empire à propos de la succession de Bourgogne à la mort de Charles VIII[34] et une nouvelle incursion suisse en 1498. Durant l'été, Maximilien rassembla une armée, et Claude de La Palud fut responsable de la levée des hommes en Bourgogne. Maximilien vint lui-même, accompagné de son fils, en prendre la tête et, venant de Montbéliard, il demeura trois jours à Villersexel. Nous pouvons penser que Claude de La Palud l'a accompagné pour les opérations, à Bourbonne, *Coufley* et d'autres places qui furent prises[35]. Cela n'empêcha pas les Suisses de s'emparer sinon de Saint-Hippolyte défendue par Pancrace de La Petite-Pierre, un parent de Claude de La Palud, mais des salines de Soulce en 1499. Il semble que Claude de La Palud était prêt à les abandonner aux Suisses, mais Englebert de Nassau lui interdit de les aliéner, notamment en 1502 par l'envoi d'un huissier. Par le traité de Berne du 10 novembre 1505, que ce dernier avait négocié, les Suisses les restituèrent, le comte de La Roche devant s'acquitter de la somme de 3 000 écus au soleil, valant 4 000 florins du Rhin aux cantons de Berne, Soleure et Fribourg[36]. Entre-temps, Claude de La Palud reçut Philippe le Beau à Villersexel, lorsque ce dernier revenait de la péninsule Ibérique vers les Pays-Bas, en 1503[37].

La région eut encore à souffrir de la guerre en 1515, lorsque le comte Guillaume de Furstemberg logea à Maîche dans sa lutte contre le comte Ulrich de Montbéliard, à propos de la succession de Neufchâtel, et que ses troupes pillèrent les villages alentour[38].

Les dispositions prises par Philibert Philippe dans son testament de 1471 n'ont guère été respectées, à cause des circonstances. Il avait établi pour ses fils que Claude devait hériter des comté et seigneuries de La Roche, Saint-Hippolyte, Maîche, Châtelneuf-en-Vennes

32 Debard, Grispoux, Une source « perdue », p. 60.

33 Clerc, *Histoire des états généraux*, p. 225-227.

34 Wiesflecker, *Kaiser Maximilian I.*, t. 2, Munich, 1975, p. 279-305.

35 Debard, Grispoux, Une source « perdue », p. 61-62 ; Clerc, *Histoire des états généraux*, p. 228-230. Bourbonne-les-Bains, dép. Haute-Marne, arr. Langres, cant. et comm. ; Coufley : Coiffy, auj. Coiffy-le-Bas (dép. Haute-Marne, arr. Langres, cant. Chalindrey) et Coiffy-le-Haut (dép. Haute-Marne, arr. Langres, cant. Bourbonne-les-Bains) à 2 km l'un de l'autre. Maximilien est arrivé à Montbéliard le 13 septembre 1498 ; B. Mériot, *Nouvelles éphémérides du pays de Montbéliard*, Montbéliard, 1955, p. 93.

36 Loye, *Histoire du comté de La Roche*, p. 153 ; Girard, *Les Grandes terres montagnonnes*, p. 99-100. Sur Englebert II de Nassau-Dillenburg (1451-1504), voir la notice de P. de Win dans *Les Chevaliers de l'Ordre de la Toison d'or*, p. 180-183, n° 77.

37 *Collection des voyages des souverains des Pays-Bas*, éd. L.-P. Gachard, t. 1, Bruxelles, 1876, p. 302 : *Le venredi* [18 août] *vint Monsigneur gister à Villarsusse* [Villersexel], *à un lieues de Vezou* [Vesoul]. *Et sont la ville et le chasteau au signeur de Warembon, qui bien festoya Monsigneur et les siens* ; Debard, Grispoux, Une source « perdue », p. 61-62 : [...] *depuis Vesouls à Villers-Saxel où le noble Varambon le conduisait ; et fut ce en l'an 1503, le dix-septième jour du mois d'août qu'il étoit à Villers-Sexel où il demeura un jour et une nuit.* Voir Clerc, *Histoire des états généraux*, p. 235-237 ; J.-M. Cauchies, Philippe le Beau, comte de Bourgogne : une esquisse, dans *La Franche-Comté à la charnière du Moyen Âge et de la Renaissance*, p. 107-114 (pour le voyage, p. 112-113).

38 J. F. N. Richard, *Monographie du bourg et de la terre de Maîche*, Besançon, 1862, p. 23-24.

dans le comté de Bourgogne, et des baronnie et seigneuries de Varambon, Tossiat et autres en Bresse ; que Jean devait hériter des baronnie et seigneuries de Villersexel, Noidans(lès-Vesoul), *Albenent* et *Villers-Thenin* ; qu'Henri, s'il n'entrait pas dans l'Église où ses parents l'avaient destiné, devait hériter des seigneuries de Bouligneux (en Bresse) – sinon ce serait Claude – et de Beaumont-sur-Vingeanne (dans le duché de Bourgogne) – sinon ce serait Jean ; ses filles Philiberte et Marguerite étaient écartées de la succession selon la règle établie par son père François. En fait, ce fut Jean († 1533) qui entra dans l'Église et qui fut abbé de Luxeuil à partir de 1495[39] et Henri fut seigneur de Bouligneux et de Beaumont-sur-Vingeanne[40], Claude héritant de la majorité des biens de son père. En dehors des périodes de guerre qui se répétaient, Claude de La Palud semble avoir voulu favoriser le développement de ses fiefs du comté de Bourgogne qui avaient beaucoup souffert de ces conflits qui avaient entraîné un dépeuplement important[41]. Dans sa seigneurie de Châtelneuf-en-Vennes, il affranchit des mainmortables ; il fit reconstruire les moulins ; il régla le problème des communaux avec le comte de Neufchâtel dans le Val de Vennes ; et, non loin de là, il agit pour la création de foires à Orchamps[42]. En 1496, il autorisa les fours particuliers à Charquemont[43]. Pancrace de Petite-Pierre, capitaine de La Roche, suivait la même politique[44]. Plus au nord, à Noidans-lès-Vesoul, il accorda, le 17 décembre 1496, des privilèges de franchises aux personnes mainmortables et chargées de servitude[45]. Quand il eut récupéré les salines de Soulce en 1505, il entreprit des travaux en vue d'une meilleure exploitation : il fit construire un pont sur le Doubs, dont le bois de chêne fut fournit par les bourgeois de Saint-Hippolyte en contrepartie du droit de chasse, en 1514[46]. Il rétablit aussi les murailles de Saint-Hippolyte, en 1512[47]. Il semble plutôt s'être investi dans le rétablissement de ses fiefs que dans la politique du comté de Bourgogne (on ne le voit pas cité dans les différentes sources).

Par son mariage, en 1432, avec Jeanne de La Petite-Pierre, fille de Burkhard de La Petite-Pierre et de Gillette de Villersexel, François de La Palud en était venu à hériter du comté de La Roche et des prétentions sur La Petite-Pierre, dont il avait confié la réalisation à ses descendants. En Alsace, François de La Palud avait en effet hérité du titre de comte de La Petite-Pierre (Lützelstein)[48] et de la seigneurie de Geroldseck[49]. En tant que mineur, Claude (et ses frères Jean et Henri) eut comme tuteur, pour la seigneurie de Geroldseck, son « cousin » Guillaume de Ribaupierre (Wilhelm von Rappoltstein) au moins jusqu'en 1484 ; le 28 avril 1485, comme elle était mal située pour lui, il la céda à ses « cousins » Guillaume et Maximin de Ribaupierre[50]. Durant

39 G. Cugnier, *Histoire du monastère de Luxeuil à travers ses abbés, 590-1790*, t. 3, Montbéliard, 2005, p. 1-12, n° 75 (*sic* pour 76).

40 Guichenon, *Histoire de Bresse et de Bugey*, p. 296.

41 A. Bouvard, Le mouvement de désertion des peuplements castraux du Doubs (1450-1550), dans *La Franche-Comté à la charnière du Moyen Âge et de la Renaissance*, p. 471-489.

42 Girard, *Les Grandes terres montagnonnes*, p. 100.

43 Loye, *Histoire du comté de La Roche*, p. 155. Charquemont, dép. Doubs, arr. Montbéliard, cant. Maîche.

44 Richard, *Monographie du bourg et de la terre de Maîche*, p. 19 ; Loye, *Histoire du comté de La Roche*, p. 155.

45 Montmorot, Archives départementales du Jura, 5 J 223 ; copie à Vesoul, Archives départementales de la Haute-Saône, E 748 (14 mai 1716) ; je remercie Gisèle David de m'avoir communiqué une transcription du document.

46 Loye, *Histoire du comté de La Roche*, p. 153-154.

47 *Ibid.*, p. 154-155.

48 Dép. Bas-Rhin, arr. Saverne, ch.-l. de cant.

49 Connue aussi sous le nom de marche de Marmoutier ; dép. Bas-Rhin, arr. et cant. Saverne, comm. Haegen.

50 *Rappoltsteinsisches Urkundenbuch, 759-1500*, éd. K. Albrecht, t. 5, Colmar, 1898, *passim* et p. 350, n° 751, pour la cession ; je remercie Bernhard Metz pour ces références.

sa vie, il prit soin de ses cousins La Petite-Pierre, sans que l'on sache le degré de parenté entre eux : Pancrace, bâtard de La Petite-Pierre, que Philibert Philippe appelait [*s*]*on bien aimé*[51], fut son capitaine de La Roche en 1493[52], Pierre de La Pierre-Pierre fut l'époux de sa fille Béatrice[53]. En tout cas, Claude de La Palud ne paraît pas avoir porté le titre de comte de La Petite-Pierre.

Dans le comté de Bourgogne septentrional, Claude de La Palud menait la vie d'un grand seigneur. Ainsi, en 1485, la paix revenue avec le traité d'Arras, il participait à la réunion de la confrérie de la noblesse comtoise, dite de Saint-Georges, rassemblée à Rougemont, le jour de la fête du saint (23 avril)[54]. Dix ans plus tard, il accueillait à Châtelneuf-en-Vennes le mariage de sa parente Philiberte de La Palud avec Louis d'Orsans, écuyer, seigneur de « Sambrin », de Vy(-lès-Lure) et d'« Arnans », fils d'Henri, chevalier, seigneur de Granges et de Lomont ; s'y trouvaient Jean, abbé de Luxeuil, et Étienne et Rodolphe d'Orsans, frères du marié[55].

Le lien resserré avec Maximilien en 1492-1493 fut sans doute la raison du mariage de Claude de La Palud. Maximilien avait épousé Blanche Marie Sforza, fille de Ludovic le More, duc de Milan, et de Bonne de Savoie, en 1493-1494[56] ; Claude de La Palud épousa Constance Marie Sforza, le 27 mai 1497[57], dont on peut penser qu'elle faisait partie de l'entourage de Blanche Marie Sforza. Constance Marie était la fille de Bosio Sforza (1411-1476), chef de la branche de Santa Fiora (en Toscane), comte de Cotignola (dans la province de Ravenne), demi-frère de François Sforza, duc de Milan, et de Griseide de Capoue, mariés en 1464 ; elle avait épousé en premières noces son cousin Philippe Marie Sforza (1449-1492), comte de Corse et de Pavie, fils de François Sforza et de Blanche Marie Visconti, et en avait eu une fille, Bonne[58]. Une question se pose au sujet de la dot de Constance Marie : en effet, un bref du pape Léon X au roi de France François Ier, en date du 3 janvier 1516, indique qu'elle n'était toujours pas payée et que Maximilien Sforza s'en était constitué garant[59] ; le roi de France, nouveau duc de Milan, l'a-t-il payée ? Claude de La Palud et Constance Marie Sforza eurent deux enfants, un garçon, mort en bas âge, et une fille, Marie Constance, promise au « duc de Malan », mais décédée avant le mariage, en 1513[60]. D'autre part, Claude de La Palud

---

51 *Recueil*, p. 604 ; il lui faisait don de la seigneurie de *Soulce* [Sulz] *eix pays d'Allemaigne*, mouvant du comté de La Petite-Pierre. Pancrace devait être le fils soit de Jacques (Jakob), soit de Guillaume (Wilhelm) de La Petite-Pierre, frères de Jeanne, donc le cousin de Philibert Philippe ; voir B. Metz, Art. Lützelstein (La Petite-Pierre), comtes de, dans *Nouveau dictionnaire de biographie alsacienne*, fasc. 25, Strasbourg, 1995, p. 2471-2472.

52 Loye, *Histoire du comté de La Roche*, p. 153.

53 Voir *infra*.

54 Gollut, *Les Mémoires historiques*, col. 1438-1439. Rougemont, dép. Doubs, arr. Besançon, cant. Baume-les-Dames.

55 Girard, *Les Grandes terres montagnonnes*, p. 100. Philiberte était la fille de Philibert de La Palud, seigneur de Saint-Julien, frère de François (donc cousine de Philibert Philippe), et de Jeanne de « Guerentine » ; le contrat de mariage est du 4 août 1495 ; Guichenon, *Histoire de Bresse et de Bugey*, p. 291 ; F. I. Dunod de Charnage, *Memoires pour servir à l'histoire du Comté de Bourgogne*, Besançon, 1740, p. 193 (qui indique Anne au lieu de Philiberte).

56 Mariage par procuration à Milan le 30 novembre 1493, avec Maximilien à Hal en Tyrol le 16 mars 1494.

57 Paris, Bibliothèque nationale de France, ms. nal. 209 (copie de 1551) ; Guichenon, *Histoire de Bresse et de Bugey*, p. 296 (21 mai). Je prépare la publication de ce texte.

58 Voir en particulier http://fmg.ac/Projects/MedLands/MILAN.htm#_Toc359999144.

59 Pietro Bembo, *Epistolae omnes quotquot extant*, liv. XI, 19, Bâle, 1556, p. 271 ; repris dans Guichenon, *Histoire de Bresse et de Bugey*, p. 296. (Hercule) Maximilien Sforza (1493-1530), fils de Ludovic le More et Béatrice d'Este, fut duc de Milan de 1513 à 1515.

60 Girard, *Les Grandes terres montagnonnes*, p. 100. Il y a sans doute une erreur de lecture sur le mot *Malan*, qui ne peut être Milan, les ducs ayant épousé des filles ou sœurs de souverains, bien que le duc (Hercule) Maximilien (1493-1530, duc de 1512 à 1515) ne se soit jamais marié.

eut deux filles bâtardes, Barbe et Béatrice[61], qui épousa Pierre de La Petite-Pierre, seigneur de Brace, et qui mourut le 15 juillet 1521[62].

Le bref de Léon X indique aussi qu'à la date du 3 janvier 1516 Constance Marie Sforza était *familiaris* de Philiberte de Savoie (1498-1524)[63], fille posthume du duc Philippe II de Savoie et de Claudine de Brosse, femme, depuis le début l'année 1515, de Julien de Médicis (1479-1516), fils de Laurent le Magnifique et de Clarice Orsini et frère du pape[64]. Le mariage a été arrangé par Léon X qui cherchait à se rapprocher de la cour de France : la princesse choisie fut donc Philiberte, sœur du duc Charles III de Savoie et de Louise de Savoir, mère de François Ier qui accorda alors le duché de Nemours à Julien de Médicis. Le mariage eut lieu à Turin le 10 février 1515. Puis le pape fit de son frère le vicaire perpétuel de Parme, Plaisance, Modène et Reggio. L'alliance n'empêcha pas l'invasion française à l'automne 1515 ; nommé capitaine général de l'Église, Julien de Médicis ne put remplir cette fonction à cause de la maladie qui l'emporta le 17 mars 1516[65]. La question à propos de Constance Marie Sforza est de savoir si elle passa ces années 1515-1516 en Italie : sans doute d'après le bref de Léon X (et sa présence en Italie pouvait être l'occasion de relancer le règlement de sa dot). Et Claude de La Palud ? Constance Marie Sforza, peut-être dans son veuvage, se rapprocha de Marguerite d'Autriche, veuve de Philibert II de Savoie, qui avait le jouissance viagère du comté de Bourgogne depuis 1509, car elle fit une fondation à l'église de Brou édifiée par cette princesse[66].

Quant à Claude de La Palud, il mourut le 28 novembre 1517 et fut inhumé dans l'église de Villersexel[67]. Il avait rédigé son testament le 2 septembre 1513. Contrairement à son grand-père et à son père, il ne demandait pas d'être enterré à Varambon (qu'il semble avoir délaissé), mais à Villersexel. Comme il n'avait pas d'enfant à cette date, il régla sa succession en faveur de sa nièce Blaise, fille de sa sœur Marguerite et d'Aimé de L'Aubépin[68].

Claude de La Palud et Constance Marie Sforza ont fait des fondations pieuses. Dans son testament, il est question de la chapelle de Notre-Dame de Consolation, dont il ne subsiste pratiquement rien[69]. Nous pouvons penser qu'ils ont embelli l'église Saint-Nicolas de Villersexel, qui n'existe plus : un morceau de vitrail représentant Claude de La Palud proviendrait de ce sanctuaire[70]. *Sic transit gloria mundi.*

---

61 Voir son testament *infra*.

62 Sa pierre tombale (d'où ces informations) est conservée dans l'église de Fertans (dép. Doubs, arr. Besançon, cant. Ornans) ; voir la base de données Architecture & Patrimoine du ministère de la Culture, url : http://www.culture.gouv.fr/public/mistral/. Brace était un village limitrophe de Belfort. L'épitaphe est donnée ainsi (je développe les mots) : « Cy gist damoiselle Bietry, fille de hault et puissant s(eigneur) mess(ire) Claude de la Palu, [chevalier], co(m)te de la Roiche, baron de Vara(m) bo(n), jad(is) fem(m)e de Pierre de Petite Pierre, escu(ier), s(eigneur) de Brace [et non Brate], laquelle trespassa le XVe de juillet l'an XVC XXI ». Que Béatrice de La Palud fût inhumée à Fertans, dans la seigneurie des Scey, peut s'expliquer par le fait qu'Henry de Scey eut comme première femme Catherine de La Palud (non identifiée) et comme seconde femme Anne de La Petite-Pierre, fille de Pancrace de La Petite-Pierre et d'Anne de Clervaux ; ont-elles été proches l'une de l'autre ? J. B. Guillaume, *Histoire généalogique des sires de Salins au comté de Bourgogne*, t. 1, Besançon, 1757, p. 197-198, en n.

63 S. Guichenon, *Histoire genealogique de la Royale Maison de Savoye*, t. 1, Lyon, 1660, p. 605-607.

64 Voir http://fmg.ac/Projects/MedLands/NORTHERN%20ITALY%20after%201400.htm.

65 S. Tabacchio, Art. Medici, Giuliano de', dans *Dizionario biografico degli Italiani*, t. 73, Rome, 2009 (et en ligne).

66 J. Baux, *Histoire de l'église de Brou*, Bourg-en-Bresse, 1852, p. 223 : « Dame Constance-Marie Sforce légua au couvent 690 écus d'or », sans plus de références.

67 Girard, *Les Grandes terres montagnonnes*, p. 101.

68 Guichenon, *Histoire de Bresse et de Bugey*, p. 296 ; le mariage est du 2 juillet 1485. L'Aubépin, dép. Jura, arr. Lons-le-Saunier, cant. Saint-Amour.

69 Lannaud, Paviot, Notre-Dame de Consolation, à paraître.

70 M. Prinet, Vitrail de la première moitié du xvie siècle conservé au Musée de Cluny, *Bulletin de la Société nationale des Antiquaires de France*, 1913 (tiré à part). Sophie Lagrielle, conservateur au Musée de Cluny, prépare une nouvelle étude sur ce fragment de vitrail.

Annexe

Testament de Claude de La Palud 2 septembre 1513

Paris, Archives nationales, K 2732/1

Testament de feu messire Claude
de La Palud, a son vivant seigneur de Varambon

Au nom de la saincte Trinité et indivisee Trinité, le Pere, le Filz et le Saint Esperit, amen.

Je, Claude de La Palud, chevalier, conte de la Roche, seigneur de Varambon, de Villers Sexel, sain de sens[71], de penseez et d'entendement par la grace de Dieu, doubtant les fortuitez cas de la mort, esquelx humaine creature, par sa fragilités, est a ung chascun subjecte, considerans aussi qui n'est riens plus certaine que la mort, ne moinz incertaine de l'heure d'icelle, non voulant deceder de ce monde cy en l'aultre sans faire[72] testament, ordonnance et deerniere volunté des biens que Dieu mon Createur et vray Redempteur m'a prestés, tandis que sens et bonne raison gouvernent ma pensee, je fais, condis, ordonne et dispose mon testament, ordonnance et derr[en]iere volunté en la maniere que s'ensuyt :

[1] Premierement, l'ame de moy, de present et quant elle partira de mon corps, je la rend et recommande a Dieu le Tout Puissant, mon souverain Createur et Redempteur, a la glorieuse Vi[e]rge Marie sa doulce mere, a monseigneur saint Nicolas, a l'ange Gabriel et a toutes la Court celestielle de Paradis.

[2] *Item*, je eslis la sepulture de mon corps en l'eglise Saint Nicolas dudit Villers et en la place ou sont inhumés et enterrez feu[73] mes pere et mere.

[3] *Item*, je veulx et ordonne que, audit jour de mon trespas et enterrement, mon luminaire estre fait de quatre torche[s] et de quatre cyerges de cyre et non plus.

[4] *Item*, je veulx et ordonne audit jour de mon trespas et enterrement soyent convocqués et appellés cent prestre[s] pour audit Villers dire et celebrer messe[s] pour le remede et salut de mon ame, de mes predecesseurs et successeurs, pour lesquelx veulx estre dictes trois messes [fol. 1v] a note, l'une de Nostre Dame, l'aultre de Saint Esperit et l'aultre de Requiem, et les aultres basses [messes] de Requiem ; a ung chascun desquelx veulx et ordonne estre payer : assavoir ceulx qui diront lesdites grans messes ung teston et a ceulx qui diront les messes basses deux gros, le tout sans reffection.

[5] *Item*, l'an revoluz de mondit enterrement, veulx estre appellez en ladicte eglise cent prebstres a une fois se l'on les peult finer, synon a diverses fois, pour en ladicte eglise dire et celebrer messes comme dessus pour le remede de mon ame, de mesdis predecesseurs et successeurs, que veulx et ordonne estre bailler comme dessus.

71 *Ms.* fens.
72 *Ms.* faere.
73 *Ms.* feurent.

[6] *Item*, je veulx et ordonne <en ledicte eglise mon pain annuel (?) est offert> fait ainsi et en la maniere qu'il est estre fait pour feu[74] mesdis pere et mere.

[7] *Item*, je veulx et ordonne estre payer a curé ou vicaire que sera a jour de mondit trespas et enterrement la somme de cent solz estevenins pour une fois pour mon aulmosne et pour tous drois qui poulroient pretendre a cause de mondit trespas.

[8] *Item*, je fonde en ladicte eglise Saint Nicolas dudit Villers ung myen anniversaire a dire ou celebrer par le curé ou vicaire dudit Villers et aultres seigneurs d'eglise servant en ladite eglise une messe de Requiem a nothe chascun me[r]credi des Quartemps et la veille dudit jour vigilles de mors et aultres serimonies accoustume[es], pour lequel baille et veulx estre payer par mes heritiers cy aprés nommés chascun an six livres estevenins que je assigne sus les vantes dudit Villers. Semblablement faitz et fonde ung myen anniversaire en l'eglise collegiale de Saint Ypolite a dire et celebrer par les curé, chappellains et seigneur[s] d'eglise servant dudit en ladite eglise chascun vendredi des Quatre Temps d'une messe de Requiem a nothe, la veille[75] dudit jour vigilles des mors, pour lequel leurs veulx et ordonne estre payer chascun an perpetuelment par mesdis heritiers ci aprés nommés six livres estevenins que [fol. 2r] je assigne sur les vantes dudit Saint Ypolite. Et avecques ce esdis lieux de Villers Sexel et Saint Ypolite fonde et veulx estre fondee ung myen anniversaire a dire comme dessus par lesdis curés, chappellains et seigneurs desservant esdites eglises chascun samedi[76] des Quatre Temps, pour lequel leur[77] baille et veulx estre payer chascun an comme dessus a chascun desdis lieux trois livres que je assigne pour chascun desdis lieux chascun en droit soy sur lesdites vantes dessusdites.

[9] *Item*, je ordonne et veulx estre fondee en l'eglise Nostre Dame de Consolation estant soubz Chastelneuf trois chappellains pour en icelle perpetuelement dire et celebrer le divin office, pour la fondation et entretenement desquelx veulx[78] estre payer et bailler chascun an perpetuelment <cent fr. d... de rente que je assigne dez> maintenant sur toutes mes terres et seigneuries dudit Chastelneuf, lesquelx chappellains pour eulx et leurs successeurs <en ladite eglise> seront tenuz dire et chanter les heures cannonielles a nothe, c'est assavoir matine[79], prime, tierce, midi, nonne, vespre et complies et ung jour messe a nothe ainsi que l'on a accoustumez dire et celebrer en eglise collegiale, la collation et donnation lesquelx je retiens et reserve a moy et mesdis heritiers ci aprés nommés.

[10] *Item*, je donne aux trois chasses principales, assavoir saint Anthoine, saint Barnard et le Saint Esperit, a une chascune vingtz solz pour une fois.

[11] *Item*, je veulx et ordonne que ma tres chiere et bien aymee compaigne et femme Constancia Fortia tiengne et joysse de toutes mes rentes, seignories et revenuz que j'ay ou puis avoir ou conté de Bourgogne sa vie durant, ou de ce que j'ay ou puis avoir des rentes et seigneuries ou païs de Bresse, desquelles que bon luy semblera a son choix pourvehus[80] qu'elle ne se convolera aux secondes nopces, ouquel cas ne [fol. 2v] joyra seullement que des terres et seigneuries dudit Villers et de Moydan lés Vesoul[81], et ce aultres et par dessus les deniers que je puis avoir receu d'elles de son doct et mariaige. Et ou cas qu'elle se remariera hors dudit conté de Bourgogne, veulx et ordonne que les quatre mille ducatz que j'ay receu de son doct et marraige luy soyent

74 *Ms.* feurent.
75 *Ms.* voille.
76 *Ms.* savedi.
77 *Ms.* leurs.
78 *Ms.* voulx.
79 Il manque laudes.
80 *Ms.* par vehus.
81 Noidans-lès-Vesoul.

renduz et payés par mesdis heritiers avant qu'elle soyt[82] partie de madite terre et seigneurie dudit Villers. A laquelle madite compaigne en oultre luy baille en recompense des service[s] qu'elle m'a fait tous et singuliers mes biens meubles quelque part qu'ilz soyent, ne seront a jour de mon trespas.

[12] *Item*, je donne[83] et legue et veulx estre donner comme dessus a Barbe et Baetrix, mes norries[84], a chascune quatre cens escus d'or avecque leurs habillement pour une fois.

[13] *Item*, je veulx estre payer a Jehanne Boudot, femme Philebert Aimeyz (ou Auneyz, Auveyz), a Nicolas, femme Pierre Bichot, et a Bietrix, femme Pierre Gansot, a chascune dix frans pour une fois.

[14] Et ce fait plus et residuz de tous mes aultres biens dont je n'ay si dessus testés et lesguez, testera, leguera et ordonnera si aprés de ma propre bouche fais, nomme et institue mon heritier universel seul et pour le tout ma bien aymee niepce Blaise, fille de feue ma bien amee seur Margueritte de La Palud du corps de feu[85] seigneur de Laubespin, pour vehuz qu'elle aura en mariaige mon bien aymé[86] cousin[87] Phillebert de La Palud[88], <seigneur de Chastillon[89] et> conte de Varax. Et si l'avenoit que faulte de ladite Blaise madite niepce ledit mariaige ne se fit, et en ce cas luy donne par droict d'instictution ung marc d'argent pour tous drois qu'elle poulroit avoir ne querelles en mes biens, successions et hoirie. Et se le faulte estoit audit seigneur de Chastillon, veulx qu'elle aye en mariaige comme dessus le filz de monseigneur de Sombernon, seigneur de Seel[90], en la condicion que dessus. Et ou cas que ainsi ne se feroit, veulx qu'elle soit marié a l'advis de[91] mes plus prouchains parens et executeurs ci aprés [fol. 3r] nommés. Et ou cas que celle Blaise madite niepce ira de vie a trespas sans hoirs legitime de son corps en leaul mariaige, veulx que ledit seigneur de Varax soit mon heritier universel, seul et pour le tout. Et semblablement [si] ledit seigneur de Varax va de vie a trespas sans hoirs legitime de son corps, en icelluy cas veulx que mon cousin de Vienne, seigneur de Ruffey[92], soit mon heritier universel, seul et pour le tout. Et a deffaute que les dessusdis n'auroient hoirs legitime de leurs corps, veulx que tous mesdis biens et chevance retournent de plain droict a mes plus prouchains parens, les instituans en ce cas mes heritiers moyenant ce que il[s] seront tenuz payer mes debt[e]z, appaisez mes clams (?) requestes[93], faire et accomplir de point en point tout le contenuz en cestuy myen present testament, ordonnance et darriere voluntés, duquel mondit testament, ordonnance et darriere volunté je fais et institue mes executeurs mes biens aymés, assavoir mon frere messire Jehan de

82 *Ms.* doige.

83 *Ms., rayé :* a Barbe.

84 Enfants naturelles.

85 *Ms., un blanc.* Il aurait fallu lire : Aimé.

86 *Ms.* aymer.

87 *Ms., biffé :* Jehan.

88 Jean Philibert de La Palud épousa effectivement Blaise de L'Aubépin le 24 février 1518 (n. st.), mais le mariage fut sans postérité ; Guichenon, *Histoire de Bresse et de Bugey*, p. 301.

89 Châtillon-la-Palud.

90 Charles de Bauffremont, seigneur et baron de Sombernon, Scey(-sur-Saône), Clervaux, Mâlain, Grosbois, La Rochette, Remilly, Châtel de Joux, fils de Guillaume de Bauffremont et de Jeanne de Villersexel, un grand seigneur du duché de Bourgogne, mort le 7 avril 1513, avait eu de sa seconde femme Charlotte de Longwy, Claude de Bauffremont, né en 1506 et mort avant 1557 ; [J. B. P. J.] de Courcelles, *Histoire généalogique et héraldique des Pairs de France, des grands dignitaires de la Couronne, des principales familles nobles du Royaume, et des Maisons princières de l'Europe*, t. 6, Paris, 1826, p. 18-19.

91 *Ms., biffé :* ses.

92 Gérard de Vienne, seigneur de Pymont, Antigny et Ruffey, fils de Louis de Vienne et d'Isabelle (l'autre Isabelle) de Neufchâtel, tante de Claude de La Palud ; Anselme de Sainte-Marie, *Histoire généalogique*, 3e éd., t. 7, Paris, 1733, p. 802.

93 *Ms.* reqeustes.

La Palud, seigne[u]r de Luxeul, auquel je donne et legue douze cens frans pour une fois ; nobles et religieuses personnes messire Jehan d'Arboz, prieur de Chaulx[94], et Jehan d'Alenjoye, seigneur de Bermont[95], ausquelx et ung chascun d'eulx <prie de ce prandre et accepter la charge ausquelx et ung chascun de> leurs baille et veulx estre bailler pour leurs peines cinquante frans pour une fois es mains desquelx je mectz et laisse tous mesdis biens, pour faire, parfaire et accomplir ledit myen testament, ordonnance et dariere volunté, ausquelx je ordonne et encharge qu'ilz en faissent leurs bons et loyaulx debvoir et toute diligence en revocquant et anullant tous aultres testament, ordonnance et derriere volunté, comme aussi je revocque et mectz a neant ce que j'ay ou poulroye avoir fait par cy devant.

Et veulx que ce myen present testament, ordonnance et derriere volunté qui vaille et soit vaillable perpetuelment par droit de testament nuncupatifz et en escript et redigés selon les sanctions canonique[s] et qui ayt et obtiengne viguer, force et [fol. 3v] valeur que peult et doit faire quelconques derriere[s] voluntés ; et se ne vault comme testament, veulx qui vaille comme codicille ; et se aussy ne vault, veulx qui vaille par droit de donation irrevocable faite a cause de mort ; et si ne vault, qui vaille selon les loix et les droictz canons et les cannoniques sanctions, regectez les rigueurs de droictz civilz, et par toutes les millieur[s] formes, voyes et manieres que testament nuncupatifz, ordonnance et derriere volunté portent et debvoyent mieulx valoir tant par droict cannon que par droict coustumier et aultrement ; et affin que cestuy myen present testament, ordonnance et derriere volunté ayt et obtiengne forces et vigueur et qui soit vaillable perpetuelment, j'ay requis et obtenuz et fait mectre as ses presentes letres le seel, lequel on use en sa court et tabellion de Vesoul, par Helyon Belenet (ou Belevet) de Villersexel, clerc coadjuteur de[96] balliaige d'Amont, a la juridicion de controinte, de laquelle court et de tous aultres, j'ay submis et obligés mes biens et ceulx de mesdis hoirs quant a l'accomplissement de cestuy myen present testament, ordonnance et derriere volunté.

Et de tous et singuliers les choses dessusdites et d'une chascune d'icelle[s] que veulx estre ouvert et publiés oudit Vesoul, que furent faites, vheues et passees a Chastel dudit Villers, le deuxieme jour de septembre l'an mil cinq cens et treze, presens nobles et religieuse personne messire Philippe d'Arboz, prieur de Chaulx, Jehan Brisardet, Pierre de Vauldrey le jeusne, Pierre de Lagon, Pierre de [fol. 4r] Petite Pierre, Ougyer de Barraul, Nicolas bastard de Soye, escuyer, et messire Jehan Barnard, prebstre, tesmoingts ad ce appellees et especialment requis.

---

94 Chaux-lès-Clerval, dép. Doubs, arr. Montbéliard, cant. Bavans. Lire Philippe (comme correctement écrit *infra*) au lieu de *Jehan* ; sur le personnage, Notice sur le prieuré bénédictin de Chaux-lès-Clerval (Doubs), 1159-1790, dans *Annuaire du Doubs, de la Franche-Comté et du Territoire de Belfort*, t. 66, 1879.

95 Jean d'Allenjoie, seigneur de Bermont (dép. Doubs, arr. Montbéliard, cant. Bavans, comm. Anteuil).

96 *Ms., rayé :* la vell...s.

Ainsy signé : J. Belenet (ou Belevet).

[fol. 4v]

(Au haut du feuillet :)

Testament de feu Claude de La Pallu, seigneur de Varrabon

(Au bas du feuillet, à gauche :)

Collacion

(À l'envers :)

(En bas du feuillet :)

Testament de feu Claude de La Palu
seigneur de Varnaubon

(Dans la moitié inférieure du feuillet, sous le pli :)

Du .2e. de septembre. 1513.

Copie du testament de Claude de La Palud, chevalier, comte de La Roche, seigneur de Varambon, de Villersexel, etc., par lequel il a baillé a sa femme dame Constantia Sfortia l'usufruict de ses biens du comté de Bourgoingne ou du pays de Bresse a son choix pendant sa viduité. *Item,* luy a donné tous ses meubles. *Item,* il a institué son heritiere universelle sa niepce Blaise, fille de feue sa seur Marguerite de La Palud du corps de feu[97] seigneur de Laubespin, pourveu qu'icelle Blaise aura en mariage le cousin dudit testateur Jehan Philebert de La Palud, seigneur de Chastillon, comte de Varax, et a icelle Blaise est substitué ledit seigneur de Varax, et audit seigneur de Varax est substitué son cousin de Vienne, seigneur de Ruffey, duquel testament sont executeurs messire Jehan de La Palud, seigneur de Luxeul, frere dudit testateur, messire Jehan d'Arboze, prieur de Chaulx, et Jehan d'Allanjoye, seigneur de Bermont. Faict et passé au Chastel dudit Villers le 2e de septembre. 1513.

97 *Ms., un blanc.*

L'hypothèse d'une transtextualité entre les lettres de rémission des ducs de Bourgogne et la littérature de fiction du XVe siècle

Walter Prevenier
Professeur émérite de l'Université de Gand

Les 2 339 lettres de rémission accordées par les ducs de Bourgogne entre 1386 et 1500, et les cent histoires de fiction de la collection des *Cent Nouvelles Nouvelles*, commandée par les mêmes ducs, sont deux miroirs de la société du XVe siècle dans les Pays-Bas bourguignons. Elles s'opposent par leur fonction et leur finalité : décisions judiciaires et politiques d'une part, plaisir littéraire innocent d'autre part. Mais elles ont aussi beaucoup en commun, comme le montrent les deux citations qui suivent, l'une venant d'une lettre de pardon, l'autre d'une des *Cent Nouvelles Nouvelles*.

Le pardon fut accordé, en mars 1481, à Jan van Gistel, un artisan et marchand de cuir à Malines.

> *Le IIIe jour de mars, aprés que le suppliant avoit assez esté adverti par aucuns ses amis du vice et deshonnesteté dont usoit sa femme avec autres personnes, et aussi que de plus en plus il trouvoit ses biens discipez et amenriz par le fait de sa femme, le suppliant qui souventesfois avoit acoustumé aller hors de notredite ville pour ses affaires, et afin de mieulx estre adverty de la vie de sa femme, dist a sa femme qu'il lui convenoit aller hors ville, et qu'il estoit tant de non sy tost retourner. Et aprés qu'il avoit dit adieu a sa femme se rendit secretement en une sienne maison a mettre tourbes, ou il fut environ dix ou unze heures en la nuyt. A laquelle heur il apprent ung nommé Hannen Bauwens de Malines, vint a la maison du suppliant. Et lui estant a l'uys de devant ouvrit ledit huys d'une clef qu'il portoit et regarda entour lui se nul ne le vooit. Quoy voyant le suppliant se leva et ala incontinent a la maison d'un sien ami lui priant qu'il alast prestement querir aucuns des amis de sa femme pour leur dire et monstrer les faultes et deshonneurs qu'elle lui faisoit. Et neantsmoins pendant ce temps le suppliant, qui fort estoit esmeu, print une eschelles, et aprés lui estant venu ou gardin derriere sa maison mist l'eschelle a l'encontre d'une fenestre qui est prez du lit ou il avoit acoustumé de couchier avec sa femme, et de fait monsta en icelle, ou il voit et oyt Hannen, qui se devestit pour aller coucher avec sa femme. Et ce veu et oy descendy sans faire autre semblant et ala au dit huys de sa maison, ou il ne povoit entrer a cause que le dit Hannen l'avoit fermé par dedans, par quoy il retourna a l'uys de derriere en son gardin ou ledit Hannen, pour ce qu'il avoit oy, estoit venu atout une longue robe, sans pourpoint, chemises ne autres habillemens avoir vestuz. Et quant il vit et rencontra le suppliant crya « Elaz, je suis homme mort ». Et ce oyant le suppliant, meu de chaude cole et tempté de l'enemi tira ung long coutel qu'il portoit, duquel il frappa ledit Hannen ung cop sur la teste, et avec ce le navra en divers lieux de son corps, par facon que brief aprés il termina vie par mort*[1].

1 Lille, Archives départementales du Nord (= ADN), B 1703, fol. 1r-v.

Pour la singuliere affection qu'avons a luy. *Études bourguignonnes offertes à Jean-Marie Cauchies*, sous la direction de Paul Delsalle, Gilles Docquier, Alain Marchandisse et Bertrand Schnerb, Turnhout, 2017 (*Burgundica* 24), p. 373-380.

DOI 10.1484/M.BURG-EB.5.113932

Le second texte vient de la nouvelle 73, dans la collection des *Cent Nouvelles Nouvelles*[2].

> *En la bonne et doulce conté de Saint Pol avoit ung bon simple laboureur marié avec une femme belle, de laquelle le curé du dit village estoit tant amoureux que l'on ne pourroit plus.* [...] *Notre curé par gracieux et subtilz moyens* [...] *tant bien se conduisit avec le bon homme* [...]. *Bref riens n'estoit bien fait a l'ostel du bon homme si le curé n'estoit present. Mais quand les voisins de ce simple laboureur, voyant par adventure ce qu'il ne povoit veoir, obstant la credence et feableté qui luy avoient bandé les yeulx, lui dirent qu'il ne luy estoit honeste d'avoir ainsi journellement le repaire du curé, et que ce ne se povoit ainsi continuer sans le grand deshonneur de sa femme. Quand le bon homme se sentit ainsi aigrement reprins de ses voisins,* [...] *force luy fut de dire au curé qu'il se deportast de hanter en sa maison* [...]. *La defense despleut au curé plus que ne vous saroie dire ;* [...] *pourtant ne furent les amourettes rompues, car elles estoient si profond enracinées es cueurs des ambe deux parties* [...]. *Il print regle et coustume de la venir visiter a toutes les foiz qu'il sentoit le mary estre absent ; mais assez lourdement s'i conduisit, car il ne sceut faire sa visitacion sans le sceu des voisins qui avoient esté cause que la defense avoit esté faicte* [...]. *Le bon homme fut de rechef adverty par eulx, qui luy dirent que le curé avoit prins accoustumance d'aller estaindre le feu en son hostel comme paravant la defense. Nostre simple mary, oyant ces nouvelles, fut bien esbahy et encore plus courroucé* [...]. *Il dist a sa femme, sans monstrer aultre semblant que tel qu'il avoit accoustumé qu'il vouloit aller* [...] *mener à Saint Omer une charrettée de blé, et que pour mieulx besoigner il y vouloit* [lui] *mesmes aller.* [...] *Il fist charger son chariot de blé à mynuyt, et a celle mesme heure voulut partir. Et quand tout fut prest, print congé a sa femme, et wida avecques son chariot. Et si tost qu'il fut hors de sa porte, elle la ferma et tous les huys de sa maison. Or vous devez entendre que nostre marchant de blé* [= le laboureur] *fist son Saint Omer de l'ostel d'un de ses amys qui demouroit au bout de la ville, et mist son chariot en la cour du dit amy, qui savoit toute la traynnée, et lequel il envoya pour faire le guet et escouter a l'entour de sa maison pour veoir si quelque larron y viendroit. Ce bon voisin* [...] *se tappit au coing d'une forte haye espess, duquel lieu luy apparoient toutes les entrees de la maison audit marchant* [...]. *Gueres n'eut escouté que veezcy maistre curé qui* [...] *doulcement hurte a l'huys de la court, lequel fut tantost oy de celle qui n'avoit pas talent de dormir en celle attente ; c'estoit sa dame, laquelle sortit habilement en chemise, et vint mettre ens son confesseur, et puis ferme l'huys, le menant au lieu ou son mary deust avoir esté. Or revenons a nostre guet, qui* [...] *se leva de son guet,* [...] *et declara tout au bon mary.* [...] *Le marchand de blé faindit retourner de son voyaige avecques* [son] *chariot de blé, pour certaines adventures qu'il doubtoit luy advenir ou estre advenues. Si vint hurter a sa porte et hucher sa femme, qui se trouva bien esbahie quand elle oyt sa voix. Et tant ne le fut qu'elle ne print bien le loisir de mucer son amoureux le curé en ung casier qui estoit en la chambre,* [...] *ung garde mangier en la facon d'une huche.*

L'histoire se termine d'une façon assez rocambolesque, avec le déplacement du *casier* chez un voisin, où le prêtre, qui y était toujours caché, finit par crier au secours. Le voisin et le mari ouvrirent le garde-manger, d'où sortit le pauvre curé. *Le bon mari ne se peut tenir de rire,* [...] *et vint a sa femme monstrer comment il n'avoit eu trop grand tort d'estre suspicionneux de sa faulse desloyauté.*

Les deux histoires présentent une intrigue similaire, un sens identique de la psychologie des personnages, un même intérêt pour les détails concrets de la vie ordinaire, pour l'« effet de réel » à la Roland Barthes[3]. Elles se ressemblent comme des jumelles :

---

2 *Les Cent Nouvelles Nouvelles*, éd. P. Champion, Paris, 1928, p. 205-208.
3 R. Barthes, L'effet de réel, dans *Communications*, t. 11, 1968, p. 84-89.

un mari soupçonneux de l'impudicité de son épouse, l'aide des voisins, le voyage feint du mari, les avertissements des voisins quant au risque de déshonneur. Différence cruciale : dans la rémission, l'amant est tué, dans la nouvelle, il ne l'est pas. Dans les rémissions, l'assassinat est de rigueur, car un pardon présuppose un crime. Les histoires de fiction préfèrent une fin heureuse.

La typologie des *Cent Nouvelles Nouvelles* et des rémissions est souvent identique : la comédie éternelle de l'adultère et du sexe, les maris trompés, les filles faciles à séduire, les épouses lubriques, et les mêmes préjudices. Un thème chéri est celui des clercs abusifs. Dans un pardon de 1450, le clerc Guillaume Doille est assassiné en Bourgogne par trois hommes qui ne supportent plus ses viols flagrants[4]. Une nuit,

> *messire Guillaume Doille, presbtre, sachant que Jehan Maillet estois dehors de ville, entra celleement en la maison dudit Jehan Maillet, et s'en ala au lit ou estoit couchee Claude, femme dudit Jehan Maillet, laquelle Claude dormoit lors, et cuidoit faindre messire Guillaume Doille adonques estre Jehan Maillet, mary de ladite Claude, et s'aproucha d'elle, la cuidant cognoistre charnellement. Laquelle Claude suresit, apperceut que ce n'estoit point sondit mary, ains estoit mesire Guillaume Doille. Et pour ce incontinent, bien effrayee, courroucee et espaoutee, se leva de son lit, non voulans consentir a la mauvaise voulenté dudit feu messire Guillaume Doille. Et a celle heure qu'estoit bien tart s'en ala fuyant aval la ville, ruant, gemissant tant que plus povoit*[5].

On pourrait croire qu'on lit ici l'une des *Cent Nouvelles*. Le thème de l'appétit sexuel des clercs et la terminologie utilisée ressemblent à ceux de la nouvelle 73, évoquée plus haut, mais aussi à beaucoup d'autres[6].

Les espaces aussi sont proches. Les tavernes de Saint-Omer sont des lieux archétypaux dans les lettres de pardon, mais aussi le théâtre d'un meurtre dans le *Cabaret au Paradis* en 1476 ou dans l'auberge *Au pied de bœuf* en 1478[7]. Mais les tavernes audomaroises ne sont pas moins présentes dans les *Cent Nouvelles Nouvelles* : la nouvelle 66 évoque un tavernier dans cette même ville, et, dans la nouvelle 71, un écuyer, accueilli chaleureusement par l'hôtesse d'une auberge à Saint-Omer, tombe éperdument amoureux de la belle, mais est découvert en pleine action par le mari de son aimée[8].

Le phénomène de l'adultère est classique dans les *Cent Nouvelles*, mais ne l'est pas moins dans la vie réelle évoquée dans les pardons bourguignons[9]. En mai 1490, Pol Pavet, qui avait appris le comportement adultère de sa femme, se promenait autour de sa maison, *et fist ung trou dedens icelle paroit, par lequel il veit ledit Jehan van de Niepe* [l'amant] *en son chemise coucher en son lit, et la femme devant icellui lit soy aprestant pour aler dormer avec lui*. Pavet est gracié, après avoir tué l'amant de son épouse, responsable de son déshonneur[10]. Un auteur des *Nouvelles* n'aurait pas imaginé un meurtre dans ce cas, mais plutôt un scénario inattendu et certainement plus amusant. Les deux corpus de textes ont aussi

4 LILLE, ADN, B 1684, fol. 142r-143v. Traduction, en anglais, dans P. ARNADE, W. PREVENIER, *Honor, Vengeance, and Social Trouble. Pardon Letters in the Burgundian Low Countries*, Ithaca-Londres, 2015, p. 118-120 ; en néerlandais dans W. PREVENIER, P. ARNADE, *Onze gratie en genade. Misdaad en vergiffenis in de Bourgondische Nederlanden*, Anvers-Utrecht, 2015, p. 149-152.

5 Ce cas est commenté dans ARNADE, PREVENIER, *Honor*, p. 102-104.

6 Nouvelles 99 et 30 (*Les Cent Nouvelles Nouvelles*, p. 261, 96-98).

7 LILLE, ADN, B 1698, fol. 66r ; B 1700, fol. 91r.

8 *Les Cent Nouvelles Nouvelles*, p. 193, 201-202.

9 *Ibid.*, p. 15, 53, 137, 150, 196, 201, 203, 215 ; ARNADE, PREVENIER, *Honor*, p. 92-100.

10 LILLE, ADN, B 1706, fol. 79v-80r.

un vocabulaire rocambolesque en commun. Les gens s'y régalent de la même *bonne chere*[11]. Ils s'y insultent dans un même langage peu délicat : *fils de putain, ribauld, putier, yvroigne*[12].

La similarité entre les deux collections de textes n'est en rien le fruit d'une coïncidence. Ils ont en effet un but commun : convaincre et séduire leurs lecteurs respectifs, le prince et le grand public. Leurs audiences ne concernent pas forcément les mêmes individus, mais ce sont en tout cas des contemporains. La conquête des publics nécessitait des stratégies similaires. Un écrivain de fiction peut inventer ce qu'il veut, mais il est préférable qu'il compose ce qui est censé exister dans la vie réelle. Une lettre de rémission doit être reconnaissable par un récit de défense plausible. C'est la raison pour laquelle je présume que les lettres de pardon pourraient bien avoir été les sources d'inspiration des auteurs de fiction bourguignonne, aussi bien pour le contenu que pour la forme. Je peux également m'imaginer l'inverse : le rédacteur d'un pardon a pu chercher l'inspiration dans les *Cent Nouvelles*, dans l'espoir d'y trouver un beau récit, embellissant le rapport que ce scribe était en train d'écrire à propos d'un cas réel. Dans les deux types de rédaction, il fallait des mots et des phrases qui permettent au lecteur de s'identifier avec les personnages, soit pour les aimer, soit pour les haïr.

Rémissions et *Nouvelles* sont toutes deux des « constructions intellectuelles », et non des miroirs passifs de la réalité. Elles construisent une réalité qui préalablement n'existait souvent que partiellement, avec des objectifs spécifiques. Selon Pierre Bourdieu, les documents juridiques intériorisent les faits réels, et construisent une réalité interne, un monde symbolique, qui finalement devient sa propre vérité[13]. La tactique d'un rédacteur de rémission, c'est de convaincre le prince que sa vérité est la réalité. Il ne peut cependant pas trop dévier des faits réels, car la ratification finale de la lettre de pardon dépend de la double vérification de ces faits, d'abord par le bailli local, ensuite par le juge du tribunal chargé de l'affaire. Par contre, dans les *Nouvelles*, l'écrivain est Dieu, et sa construction autorise une dose plus importante d'improvisation et de créativité, pleines d'humour et d'ironie.

Les demandeurs de pardon s'efforcent d'éviter les clichés. Chaque requête de pardon est par définition un récit spécifique. Les évènements sont les évènements. Une présentation intelligente des faits est essentielle pour le succès de la requête. Il est difficile de savoir ce qu'est une pétition réussie, car aucun cas de doléance rejetée n'a survécu. Nous manquons donc totalement les « mauvaises » histoires. Les archives ducales à Lille n'ont pas conservé les pétitions originales, qui ont servi aux notaires pour rédiger les lettres de pardon définitives. Le pardon enregistré est à la fois un texte juridique et un récit, un acte de narration dans lequel le pétitionnaire et le notaire unissent leurs forces, le premier fournissant le récit et le second ajoutant sa formation en rhétorique et en jurisprudence pour mieux l'orner. Nous ne connaitrons jamais le niveau de recyclage des mots d'origine par les notaires de l'Audience de Lille.

L'essentiel d'une lettre de rémission réussie se situe dans sa véracité. Ainsi les notaires respectaient autant que possible le récit original du requérant, qui saisissait le mieux les arguments de l'innocence et du caractère excusable. Pour créer un sens du réel, on gardait la couleur des voix en citant les dialogues. En comparaison avec les pardons

---

11 Rémission d'octobre 1475 : *Ibid.*, B 1698, fol. 23v ; *grande chiere* dans la Nouvelle 1 : *Les Cent Nouvelles Nouvelles*, p. 16.

12 Rémission de 1459 : C. Petit-Dutaillis, *Documents nouveaux sur les mœurs populaires et le droit de vengeance dans les Pays-Bas au* XV*e* *siècle*, Paris, 1908, p. 181-184. Nouvelle 1 : *Les Cent Nouvelles Nouvelles*, p. 16.

13 P. Bourdieu, *Ce que parler veut dire*, Paris, 1982, p. 21.

des rois de France, analysés par Natalie Davis[14], les textes bourguignons présentent des récits sensiblement plus explicites et élaborés, avec une logique interne convaincante, avec une bonne balance des faits criminels et des éléments d'atténuation, tels l'autodéfense, la perte de l'honneur et la *chaude colle*. Ils soulignent que le demandeur n'avait ni prévu ni initié la violence. La crédibilité s'accroît avec l'usage de détails vérifiables sur les acteurs du conflit, le timing et la localisation précise des évènements.

Les auteurs des récits des *Cent Nouvelles* cultivent les mêmes stratégies de rhétorique. Ils racontent parfois la nouvelle à la première personne, exactement comme un témoin devant un juge. Le même effet du réel est atteint par l'insertion de dialogues et l'immersion dans les détails, suggérant que la nouvelle s'occupe d'évènements qui ont vraiment eu lieu, de personnages et d'endroits qui ont vraiment existé. Le récit 26 des *Cent Nouvelles* s'ouvre par : *En la duché de Brabant, n'a pas long temps que la memoire n'en soit fresche et presente a ceste heure*. Le texte 60 débute par : *N'a pas gueres qu'en la ville de Malines avoit trois damoiselles, femmes de trois bourgois de la ville, riches, puissans et bien aisiez, lesquelles furent amoureuses de trois freres mineurs*[15] ; ce parfum érotique de la vie à Malines nous est familier grâce à plusieurs lettres de pardon accordées à des citoyens malinois[16].

Un vrai cas de transtextualité entre fiction et faits réels est fourni par le récit 69 des *Cent Nouvelles*[17]. Il débute par : *Il n'est pas seullement cogneu de ceulx de la ville de Gand, ou le cas que j'ay a vous descripre n'a pas long temps advint, mais de la plus part de ceulx de Flandres, et de vous qui estes cy presens*. Les derniers mots suggèrent que ce conte a été déclamé à la cour ducale, et sont un clin d'œil à des potins qui circulaient dans ce beau monde bourguignon. La nouvelle raconte la vie d'un *gentil chevalier nommé messire Clayz Utenhoven*. En participant à la guerre contre les Turcs dans l'armée de Jean [sans Peur], fils du duc Philippe le Hardi, il est censé avoir été tué à la bataille de Nicopolis, en 1396. Sa femme, *une tresbelle et bonne dame, qui de tout son cueur l'amoit* [...] *prioit Dieu journellement que bref le peust ravoir et reveoir*. Pendant des années, le sort d'Utenhoven reste incertain. Plusieurs amis de la dame parvinrent à la convaincre que son mari n'avait pas survécu, et l'encouragèrent à se remarier ; mais elle hésitait fortement : *elle ne vouloit condescendre a ce mariage, et au mieulx qu'elle savoit s'en excusoit*. Finalement elle céda aux pressions et épousa un noble, mais *ce ne fut pas a pou de regret*. Peu après, elle apprit que son mari avait survécu en prison, et était en route pour Gand. Ainsi, elle réalisa qu'elle avait manqué de courage et de loyauté, et tomba en *grands larmes*. Peu après, *son loyal cueur s'evanuyt. Trois jours continuelz tousjours plorant ; elle se confessa ; et tost après elle mourut*. Dans ce cas « l'effet de réel » est parfait. Clais Utenhove existe, il a vraiment été détenu et a disparu après la bataille de Nicopolis. Sa femme, Catharina de Jonghe, est en effet décédée en 1406, l'année où son mari est réapparu en Flandre. Utenhove s'est remarié le 17 juillet 1407 avec Anna van Mesen, avec qui il a eu quatorze enfants. Il a étudié les *artes* et le droit canon, est devenu bailli, puis capitaine général de Philippe le Bon à Calais contre les Anglais en 1436, enfin conseiller au Conseil de Flandre. Le récit de la *Nouvelle* est donc en parfait accord avec la vraie vie d'Utenhove. Il n'est pas moins crédible que celui sur Martin Guerre, étudié par Natalie Davis[18]. Mais le littérateur a sans doute, en psychologue astucieux, quelque

14 N. Z. Davis, *Fiction in the Archives. Pardon Tales and Their Tellers in Sixteenth-Century France*, Stanford, 1987.

15 *Les Cent Nouvelles Nouvelles*, p. 175.

16 Prototype de l'époque à Malines : le riche bourgeois adultérin Jan van Musene, protagoniste dans la lettre de pardon de Mathieu Cricke en 1475 (Arnade, Prevenier, *Honor*, p. 197-200).

17 *Les Cent Nouvelles Nouvelles*, p. 197-199.

18 N. Z. Davis, *The Return of Martin Guerre*, Cambridge MA, 1983.

peu chargé le côté émotionnel d'une histoire que ses auditeurs à la cour ducale connaissaient certainement. En tout cas, A. Van Zuylen van Nyevelt, le biographe d'Utenhove, semble considérer la nouvelle comme un récit sérieux et crédible[19]. En fait, ni lui, ni nous ne sommes en mesure de conclure que la première épouse d'Utenhove est réellement morte de chagrin d'amour après le retour inattendu de son mari. Il ne faut pas exclure que l'auteur anonyme de la *Nouvelle* ait simplement voulu romancer son récit. Un élément du conte m'intrigue particulièrement : la référence à la pression de la famille et des amis pour convaincre l'épouse de se remarier contre sa volonté : *elle fut ad ce menée de ses parens et amys qu'elle fut contente d'obéir* [...] *ce que mes parens et amys m'ont a force contraincte de faire*. C'est exactement la terminologie utilisée dans les lettres de pardon pour commenter les conflits de jeunes amoureux avec leurs parents et l'*extended family*. Si cette similitude suggère une transtextualité, ce serait ici plutôt dans le sens de l'influence des textes juridiques sur les contes de fiction.

Rémissions et nouvelles diffèrent par leur fonction (juridiction *vs.* divertissement), et comme genres littéraires. Un premier contraste est la présence de métaphores dans les *Nouvelles*. L'auteur de fiction se permet constamment de faire référence aux actes sexuels à travers l'usage de l'analogie, ce qui augmente la valeur rhétorique et ironique du récit. Les parties sexuelles sont souvent cachées derrière des figures de style, notamment des animaux comme les belettes et les lapins, et des métaphores musicales. L'aubergiste de Saint-Omer, évoqué plus haut, avait découvert l'infidélité de sa femme *en passant par adventure par devant la chambre ou sa femme avec le chevalier jouoit des cimbales*[20]. Dans les lettres de pardon, il n'y a point de métaphores. Les actes sexuels y sont mentionnés de façon explicite. La description laisse peu de place à l'imagination. À raison, car le juge traitant d'un cas de viol ou d'enlèvement de femme a besoin de pouvoir constater que les rapports sexuels ont eu lieu ou non. Les métaphores gêneraient son enquête et la valeur de véracité de la rémission.

La deuxième distinction concerne la question de la préméditation. Dans la fiction, les évènements se produisent rarement par accident. La nouvelle 71 dévoile explicitement l'intention sexuelle du chevalier de Picardie dès son arrivée à l'auberge : *si pensa le chevalier par quel train et moien il parviendroit a la joissance de son hostesse.* Dans la nouvelle 73, la préméditation est patente ; le curé brule tellement d'amour pour la femme du simple laboureur, *que difficile luy estoit de servir sa dame sans estre sceu ou a tout le mains suspicionné, se pensa qu'il ne povoit bonnement parvenir a la joissance d'elle sans premier avoir celle du mary*[21]. Tout cela diffère de la tactique du requérant qui désire convaincre les autorités qu'il n'y avait aucune intention sous-jacente derrière ses actions. Ces documents légaux soulignent l'inconscience du suppliant de ses propres actions, et sa confrontation avec des défis imprévisibles. L'auteur de fiction a le sens du drame, et n'hésite pas à présenter aussi bien le côté négatif que le côté positif du portrait psychologique des personnages. Le suppliant est forcé de minimiser le drame, de nier la préméditation, de prétendre avoir toujours été un citoyen paisible.

La troisième différence entre rémissions et nouvelles se situe dans le contraste entre messages spécifiques et universels. Les documents légaux reflètent par définition les circonstances de cas individuels. Les suppliants prennent soin de souligner l'unicité de leur cas particulier, qui permet au prince de prendre une décision sans impact sur d'autres cas. Ces calculs ne jouent pas pour les contes de fiction, où l'auteur peut

---

19 A. Van Zuylen van Nyevelt, Art. Uten Hove (Clais), dans *Biographie Nationale*, t. 25, Bruxelles, 1930-1932, col. 999-1010 ; F. Buylaert, *Repertorium van de Vlaamse adel*, Gand, 2011, p. 13.

20 *Les Cent Nouvelles Nouvelles*, p. 202.

21 *Ibid.*, p. 202, 205.

exprimer sans aucun risque ses opinions personnelles, ses fins didactiques, son ambition de leçons globales. Il passe allègrement du niveau des personnages individuels à celui d'une déclaration morale générale. La fin de la nouvelle 26 est un avertissement résolu : *Ainsi qu'avez oy perdit le disloyal sa femme. S'il en est encores de telz, ils se doivent mirer a cest exemple, qui est notoire et vray et advenu depuis nagueres*[22].

Le quatrième contraste est le goût des *Nouvelles* pour l'usage de stéréotypes. Les contes sur les maris cocus et les femmes rusées et adultères des *Cent Nouvelles* sont de l'artifice littéraire. Ces histoires sont fort pimentées pour un effet comique. En même temps, elles mettent en garde face à un monde à l'envers menaçant. Le premier conte des *Cent Nouvelles* présente un voisin dormant dans le lit d'un marchand en voyage. Le marchand, de retour plus tôt que prévu, surprend le voisin, en train de prendre un bain avec sa femme, en passant devant sa chambre à coucher allumée de bougies. Il ne voit la femme que par derrière et s'exclame *que jamais n'avoit veu chose si tresbien ressembler le cul de sa femme*, ce qui l'amène à ne pas voir que c'était le derrière de sa propre femme[23]. Le frisson de la nouvelle n'est pas l'adultère, mais plutôt l'astuce du séducteur mâle, un bourgeois notable de Valenciennes, et la stupidité du mari.

La notion de *gender* constitue un autre contraste typique entre pardon et fiction. Dans les pardons, les femmes apparaissent souvent à l'arrière-plan, ou restent totalement absentes. Pas plus de 5 % des bénéficiaires de rémission sont féminins. Quasiment tous les textes expliquent pourquoi un malfaiteur masculin, bien que coupable, mérite le pardon. Les femmes jouent surtout un rôle passif. Dans les *Cent Nouvelles,* les femmes sont très souvent coulées dans un rôle de premier plan, en tant que personnages forts, beaucoup plus intelligentes que leurs maris naïfs et stupides.

Maintenant que le parallélisme entre fiction et rémissions apparaît clairement, nous revenons à l'hypothèse d'une transtextualité. Cela pourrait être une interaction bidirectionnelle : les auteurs de pardons qui inspirent les littérateurs, et vice-versa. Les deux options sont techniquement possibles. Les *Cent Nouvelles* ont été rédigées vers 1462 sur l'ordre explicite de Philippe le Bon, comme d'amusantes histoires d'après-dîner, pour être racontées en présence du duc. Par ailleurs, d'innombrables copies de lettres de pardon furent disponibles à la cour, et peuvent donc avoir été des sources d'inspiration pour la fiction. Les *Cent Nouvelles*, écrites vers 1462, peuvent avoir inspiré les rémissions ultérieures. Il y a pourtant une condition supplémentaire pour rendre l'inspiration directe probable : chaque groupe de rédacteurs doit avoir été dans une position d'accès aux documents de l'autre groupe. Ce qui est très possible. Les notaires des pardons voyageaient avec le duc et sa cour, comme l'attestent les datations. Le manuscrit original des *Cent Nouvelles* a été très probablement rédigé par plusieurs membres de la cour ducale, qui avaient d'amples occasions pour échanger les derniers potins pendant leurs fameuses fêtes. Une personne anonyme est présentée comme le compilateur des cent histoires, tandis que le récit de ces contes est attribué à trente-cinq « conteurs ». Dans le manuscrit de la collection, chaque nouvelle porte un de ces noms. Ce sont certainement des pseudonymes. Treize contes sont attribués au duc en personne, quinze à monseigneur de La Roche (le fameux fonctionnaire ducal Philippe Pot), dix à Philippe de Laon, d'autres à plusieurs membres de la cour ducale. Le seul nom fictif d'une réputation littéraire bien établie est Antoine de La Salle, qui « raconte » cinq nouvelles. Un des noms fictifs suggère même un rapport direct entre les *Cent Nouvelles* et le duc en personne : *gentilhomme de la Chambre de Monseigneur*[24]. Les *Nouvelles* ont

22 *Ibid.*, p. 86.
23 *Ibid.*, p. 17.
24 *Ibid.*, p. LIII-LVI.

été rédigées dans les dernières années de la vie de Philippe le Bon, quand ses prouesses avec 33 maîtresses, donnant naissance à 26 enfants adultérins, appartenaient déjà à un passé nostalgique. L'attribution au duc en personne de treize nouvelles, remplies de maris cocus et de jeunes femmes charmantes, doit avoir été perçue comme un clin d'œil ironique. Il doit y avoir eu beaucoup de compétition à la cour pour être sélectionné comme « auteur » de l'un ou de l'autre conte ; l'on y vit une consécration de confident personnel du duc.

Malgré les déplacements continuels de la cour ducale, la ville de Bruxelles pourrait avoir été la plaque tournante de l'interaction entre les auteurs de fiction et les notaires de pardons. Un clin d'œil à cet égard se trouve au début de la nouvelle 8 : *En la ville de Bruxelles, ou maintes adventures sont en nostre temps advenues*[25]. Bruxelles est l'emplacement de la résidence du Coudenberg, aménagée par et pour le duc Philippe, qui y vivait souvent pendant la dernière décennie de son règne. Il est bien possible qu'il jouissait de Bruxelles autant que le poète Eustache Deschamps, qui célébrait autour de 1400 le train de vie de cette ville pleine de jeunes filles fabuleuses : *Brusselle, adieu, où les bains sont jolys, les estuves, les fillettes plaisans*[26]. Ce contexte frivole est bien proche des *Cent Nouvelles* et du mode de vie du duc Philippe. À la fin du XVe siècle, Bruxelles fut un centre bouillonnant de littérature et de théâtre[27]. Vers 1480, le poète et rhétoricien bruxellois Colyn van Ryssele y écrivait sa pièce de théâtre *Spieghel der Minnen*, sur le thème du mariage socialement impossible d'une pauvre couturière et du fils d'une riche famille de marchands. L'intrigue reflète, voire pourrait avoir été inspirée par une des nouvelles les plus originales des *Cent Nouvelles* : l'histoire de Gérard et Katherine, qui contient d'innombrables éléments identiques. Une lettre de pardon au moins contient une histoire comparable : la rémission pour deux patriciens de Louvain, Dirk van Langerode et Katharina Meulenpas, qui tous deux cherchaient la compagnie de l'autre, contre la famille de Meulenpas, qui avait un tout autre avenir en tête pour la veuve[28]. Le thème des amours d'hommes et de femmes contrariés par les familles pour incompatibilités sociales ou politiques était évidemment la mouture parfaite d'un roman populaire, mais il faisait aussi partie de la réalité sociale des lettres de pardon.

Même si l'hypothèse d'une interaction à la cour avec les pardons est plausible, il est certain que les *Cent Nouvelles* ont eu beaucoup d'autres sources littéraires, notamment le *Liber facetiarum* de Poggio Bracciolini (1380-1459) et les fabliaux français[29].

L'idée d'une inspiration potentielle des *Cent Nouvelles* par les lettres de pardon bourguignonnes est l'heureuse découverte, en 1928, de Pierre Champion, qui en a ajouté une sélection dans l'introduction de son édition des *Cent Nouvelles*[30]. La thèse de Champion n'est pas seulement importante pour l'histoire littéraire. Elle est aussi essentielle pour l'histoire sociale et mentale. Les *Nouvelles* corroborent ce que nous apprenons dans les rémissions : ce qu'étaient pour les gens du XVe siècle des attitudes admissibles ou non, ce qui les amusait ou les émouvait, ce qu'ils aimaient ou haïssaient. Rémissions et *Nouvelles* sont des miroirs de la société à part entière.

---

25 *Ibid.*, p. 35.

26 Eustache Deschamps, *Œuvres complètes*, t. 4, éd. A.H.E. de Queux de Saint-Hilaire, G. Raynaud, Paris, 1901, p. 6.

27 S. Speakman Sutch, De Brusselse rederijkers (1475-1522), dans *De macht van het schone woord*, éd. J. Janssens, R. Sleiderink, Louvain, 2003, p. 141-160.

28 Arnade, Prevenier, *Honor*, p. 154-155.

29 R. Dubuis, *Les* Cent nouvelles nouvelles *et la tradition de la nouvelle en France au Moyen Âge*, Grenoble, 1973, p. 1-13, 133-313 ; *Les Cent Nouvelles Nouvelles*, p. IX-X.

30 Une de ces similitudes est un pardon de mars 1456, qu'il édite, et la Nouvelle 25 (*Les Cent Nouvelles Nouvelles*, p. LXXV, 76-77).

Bruges entre deux mondalisations : 1250-1550

Pierre Racine
Professeur émérite de l'Université de Strasbourg

Parmi les grands ports européens de la période médiévale, Bruges occupe une place originale, un peu comparable à celle de Pise à l'embouchure de l'Arno, du fait de l'ensablement du Zwin. S'appuyant sur les avant-ports de L'Écluse et de Damme, la ville voyait arriver sur ses quais des marchandises apportées par des navires venus aussi bien des pays septentrionaux que méridionaux et exotiques. Elle a pu ainsi apparaître entre le XIIIe et le XVIe siècles comme l'un des grands terminus de la navigation européenne, voire mondiale[1]. Si le port et la ville ont pu prendre part à la première « mondialisation » du trafic commercial entre 1280 et 1350, il n'en a plus été de même pour la seconde qui suit la découverte de l'Amérique par Christophe Colomb dans la première moitié du XVIe siècle. Conséquence de l'ensablement de l'estuaire ? Ou responsabilité des hommes ?

Par deux fois, entre 1250 et 1550, l'Europe occidentale s'est trouvée incluse dans un vaste essor commercial, lorsque toutes les régions du monde alors connu ont participé aux échanges d'hommes et de marchandises[2]. L'Europe occidentale était alors à l'avant-garde de la découverte de mondes nouveaux, une première fois entre 1280 et 1350, conséquence du grand essor lié à la pénétration en Asie des marchands européens. Les hommes pouvaient alors aller de l'Islande et la Norvège à Pékin, voire en Afrique centrale et australe[3]. La Flandre, grande région industrielle et commerciale, ne pouvait être absente d'un tel mouvement, et notamment son port principal, Bruges, au fond de l'estuaire du Zwin. Les marchands italiens avaient découvert la route qui partant de la mer Noire menait en Chine, notamment à la capitale du Grand Khan mongol, Cambaluc. Ils pouvaient ainsi accéder en se passant de l'intermédiaire musulman à Alexandrie ou Damiette aux grandes richesses de l'Extrême-Orient, soie et épices. Le symbole en est le voyage de Marco Polo, aux côtés de son père et de son oncle. Partis de Venise en 1271, ils ne devaient y revenir qu'en 1295, soit après 24 ans d'absence[4]. Au cours de sa captivité à Gênes entre 1296 et 1299, Marco devait narrer les aventures de son voyage dans un livre, *Le devisement du monde*, qui porte aussi le titre de *Livre des Merveilles*. Il l'avait en fait dicté à un compagnon de captivité, le Pisan Rustichello, qui avait transcrit son récit en langage picard-champenois, la langue des foires de Champagne[5]. Dès lors étaient révélées aux Occidentaux les richesses asiatiques, qu'il était possible d'aller chercher sur les lieux de production, mais au prix de voyages longs

1 H. van Werveke, *Bruges et Anvers. Huit siècles de commerce flamand*, Bruxelles, 1944, p. 26-30.

2 Sur la première « mondialisation », 1280-1350, voir notre chap. *La mondialisation avant l'heure*, dans P. Racine, *Marco Polo et ses voyages*, Paris, 2012, p. 277-295. Pour la période 1490-1550, voir F. Braudel, *Civilisation matérielle et capitalisme (XVe-XVIIIe siècles)*, t. 1, Paris, 1979, chap. *Le temps du monde*. Cet auteur préfère parler d'« économie monde ».

3 L. Petech, Les marchands italiens dans l'empire mongol, dans *Journal asiatique*, t. 250, 1962, p. 249-274.

4 Racine, *Marco Polo et ses voyages*.

5 Marco Polo, *Le devisement du monde*, dir. P. Ménard, 6 vol., Genève, 2001-2009.

Pour la singuliere affection qu'avons a luy. *Études bourguignonnes offertes à Jean-Marie Cauchies*, sous la direction de Paul Delsalle, Gilles Docquier, Alain Marchandisse et Bertrand Schnerb, Turnhout, 2017 (*Burgundica* 24), p. 381-391.

DOI 10.1484/M.BURG-EB.5.113933

et pénibles[6]. Des expéditions en direction de l'Asie méridionale, mais aussi de l'Afrique orientale, s'organisent par ailleurs, qui apportent aux Occidentaux des connaissances nouvelles sur l'équateur et les hommes au-delà de cette ligne imaginaire[7]. Il n'est pas jusqu'à des figures anciennes, telle celle du Prêtre Jean, qui ne soient l'objet d'un déplacement de l'Asie vers l'Afrique orientale[8]. Le monde asiatique n'est plus l'objet d'affabulations autour des figures de Gog et Magog[9].

Si l'on excepte les récits de voyage des religieux avides de gagner de nouvelles populations au christianisme[10], des marchands qui sont allés en Chine nous n'avons guère de nouvelles concernant leurs déplacements[11]. Longtemps les historiens y ont vu le désir de cacher à leurs rivaux leurs connaissances des routes qu'ils empruntaient. Secret des affaires commerciales, disait-on. En fait, ces marchands avaient peu de loisirs pour conter leurs aventures. Nous n'en disposons pas moins d'un texte important grâce à un facteur de la compagnie florentine des Bardi, installé à Chypre, à Famagouste, qui a décrit la route de Chine à partir des renseignements que lui ont fourni les marchands qui ont pu se rendre à Cambaluc[12]. Aller en Chine exigeait d'emporter avec soi argent, provisions de bouche, et surtout des draps pour les échanges le long de la route ou à l'arrivée à Cambaluc. Certains marchands italiens en sont venus à se fixer en Chine ; des nouvelles de Boccace s'en font l'écho[13]. Les grands gagnants de cette mondialisation ont été assurément les Européens. En revanche, les Asiatiques sont peu venus en Europe, même si le Grand Khan Kubilai semble avoir été attentif à s'informer de la civilisation occidentale. Nul doute qu'il y a eu au cours de la première moitié du XIIIe siècle un actif mouvement de départ vers la Chine et l'Asie, comme le révèlent les nombreux contrats passés devant les notaires génois qui, sans désigner nommément l'Asie ou la Chine, se contentent de mentionner l'Outremer ou la mer Noire, sans compter ceux conclus à Constantinople ou Caffa[14]. La fameuse *Pax mongolica* favorisait les passages des marchands européens, principalement italiens, à travers le territoire sous domination mongole, ce qui n'excluait pas éventuellement des incidents[15]. L'unité du continent eurasiatique s'était affirmée, tandis que l'Afrique orientale commençait à attirer missionnaires et marchands occidentaux.

De la prospérité occidentale, Bruges en a tiré un très grand parti. Certes, le port au fond de l'estuaire du Zwin était loin de fournir les conditions les meilleures pour son

---

6 Sur le voyage de Chine, voir le récit de Francesco Balducci Pegolotti, *La Pratica della Mercatura*, éd. A. Evans, Cambridge Mass., 1936, p. 21-23.

7 C. Deluz, *Le livre de Jehan de Mandeville, une géographie au XIVe siècle*, Louvain-la-Neuve, 1988.

8 J. Richard, L'Extrême-Orient légendaire au Moyen Âge : roi David et prêtre Jean, dans *Annales d'Éthiopie*, t. 2, 1957, p. 225-244.

9 Racine, *Marco Polo et ses voyages*, chap. *À la rencontre d'horizons nouveaux*, p. 79-105.

10 J. Richard, *Croisés, missionnaires et voyageurs*, Londres, 1983. C. Gadrat a entrepris l'édition ou la traduction des récits de voyage des religieux cherchant à convertir de nouvelles populations au christianisme : *Une image de l'Orient au XIVe siècle : les* Mirabilia descripta *de Jordan Catala de Séverac*, Paris, 2005 ; Jean de Marignolli, *Au jardin d'Éden*, Toulouse, 2009. Voir aussi M. Guéret-Laferté, *Sur les routes de l'empire mongol. Ordre et rhétorique des relations de voyage aux XIIIe et XIVe siècles*, Paris, 1994.

11 Le seul récit de marchands qui soient allés en Chine demeure l'ouvrage de Marco Polo, cité à la n. 5.

12 Voir n. 6.

13 Boccace, *Décaméron*, 10e journée, 5e nouvelle.

14 M. Balard, *Gênes et l'Outremer*, t. 1, *Les actes de Caffa du notaire Lamberto di Sambuceto, 1289-1290*, Paris-La Haye, 1973 ; Id., *La Romanie génoise, XIIe-début XVe siècle*, t. 2, Rome, 1978, p. 849-868.

15 Les marchands latins ont profité de la paix relative qu'ont fait régner les Khans mongols dans leur empire comme de leur organisation d'étapes pour la transmission des nouvelles à travers leur domaine et leur capitale, Cambaluc (ou Khanbalik, en fait Pékin) : J.-P. Roux, *Histoire de l'empire mongol*, Paris, 1993, p. 455-467 ; Racine, *Marco Polo et ses voyages*, p. 277-295.

développement. L'ensablement nécessitait de gros travaux d'entretien[16]. Déjà se sont fait jour les avant-ports, L'Écluse et Damme. Mais Bruges est alors devenu le point de rencontre entre marchands du Nord et ceux venus de Méditerranée. D'une part, pour 1277, est connu le premier contrat d'affrètement de navires génois pour la mer du Nord[17]. D'autre part, les marchands de la Hanse apportent à Bruges des produits comme les fourrures, le miel et les harengs[18]. C'est non seulement la route maritime qui donne son essor au port flamand, mais aussi la route terrestre qui, par Gand, Louvain et Liège, gagne Cologne et la vallée rhénane[19]. S'il est vrai que pour tout marchand italien qui se rendait en Chine il était indispensable de se munir de draps de laine, l'industrie italienne était alors appelée à produire cette marchandise. Or, la matière première, la laine, provenait d'Angleterre, particulièrement des monastères cisterciens[20]. Bruges devient un grand entrepôt pour les laines anglaises, exportées par voie maritime ou terrestre en direction de l'Italie. Un vaste arrière-pays s'est ouvert pour le port de Bruges pour lequel la circulation terrestre par le col du Saint-Gothard lui permettait d'étendre son rayonnement jusqu'en Lombardie et en Toscane[21]. Les draps réputés de Flandre comme les *stanforts* n'avaient plus le même besoin de passer par les foires de Champagne. De même que des marchands italiens n'ont pas hésité à s'installer en Chine, de même se sont-ils portés sur le marché brugeois. Si nous connaissons mal leur implantation en Chine, en revanche leur insertion au cœur de la ville de Bruges est bien connue dès la première moitié du XIVe siècle[22]. Ils devaient y parvenir

16 J. A. van Houtte, *Bruges, essai d'histoire urbaine*, Bruxelles, 1967, p. 21.

17 R. Doehaerd, Les galères génoises dans la Manche et la mer du Nord à la fin du XIIIe siècle et au début du XIVe siècle, dans *Bulletin de l'Institut historique belge de Rome*, t. 19, 1938, p. 10-76.

18 P. Dollinger, *La Hanse*, 2e éd., Paris, 1988.

19 A. Deroisy, Les routes terrestres des laines anglaises vers la Lombardie, dans *Revue du Nord*, t. 25, 1939, p. 40-60.

20 L'exportation des laines anglaises est illustrée par E. M. Carus-Wilson, O. Coleman, *England's Export Trade, 1275-1547*, Oxford, 1963, et plus récemment par H. Lloyd, *The English Wool Trade in the Middle Age*, Cambridge, 1977, au chap. 3, *The Trades Hegemony*. L'ouvrage d'E. Power, *The Wool Trade in English Medieval History*, Oxford, 1941, fait le point sur l'essor de la production de laine en Angleterre à partir de l'élevage des moutons dans les monastères cisterciens. L'article de G. Bigwood, Un marché de matière première : laine anglaise et marchands italiens vers la fin du XIIIe siècle, dans *Annales d'Histoire économique et sociale*, t. 2, 1930, p. 193-211, décrit le trafic de la laine anglaise vers le continent. À partir des documents des Archives nationales anglaises, nous avons pu reconstituer l'activité des sociétés placentines en Angleterre quant à leurs achats de laine : Prêteurs et marchands : les hommes d'affaires en Angleterre, dans *Precursori di Cristoforo Colombo. Mercanti, banchieri piacentini nel mondo durante il Medioevo. Atti del Convegno internazionale di Studi, Auditorium Cristoforo Poggiali, Piacenza, 10-12 settembre 1992*, Bologne, 1994, p. 133-152.

21 L'ouverture du col du Saint-Gothard remonte vraisemblablement aux années 1220 : C. Gilliard, Problèmes d'histoire routière. I. L'ouverture du Gothard, dans *Annales d'Histoire économique et sociale*, t. 1, 1929, p. 177-182. F. Güterbock, Wann wurde die Gotharstrasse erschlossen ?, dans *Zeitschrift für schweizerische Geschichte*, t. 19, 1939, a réfuté l'hypothèse d'une ouverture dès l'année 1160. Sur le problème de l'importance de la route du Saint-Gothard, voir notre contribution : Le col du Saint-Gothard, maillon du grand commerce international, 1260-1320, dans *Montagnes médiévales*, Paris, 2004, p. 63-83.

22 L. Galoppini, Nationes toscane nella Fiandra, dans *Comunità foresiere e nationes nell'Europa dei secoli XIII-XVI*, éd. G. Petti Balbi, Naples, 2001, p. 137-163 ; G. Petti Balbi, Spazio urbano e presenza genovese a Bruges, dans *Spazio urbano e organizzazione economica nell'Europa medievale. Atti della Session C23 dell'Eleventh International Economic History Congress*, éd. A. Grohmann, Pérouse, 1994, p. 143-161 ; Ead., *Negoziare fuori patria. Nazioni genovesi in età medievale*, Bologne, 2005, p. 171-190. Sur la présence italienne à Bruges, voir A. Vandewaele, N. Gernaert, Bruges et l'Italie, dans *Bruges et l'Europe*, dir. V. Vermersch, Anvers, 1992, p. 183-205. Sur la localisation des loges étrangères, voir J. Maréchal, Bruges, métropole de l'Occident, dans *Internationales Jahrbuch für Geschichte und Geographie*, t. 13, 1970-1971, p. 150-163, repris dans Id., *Europese aanwezigheid te Brugge. De vreemde kolonies (XIV^de^-XIX^de^ eeuw)*, Bruges, 1985, p. 211-243.

en s'appuyant sur une solide organisation administrative. S'associant au sein de *societates*, réunions de capitaux venus d'une part d'associés d'une famille et d'étrangers, ils avaient mis au point des techniques qui les dispensaient de transporter de l'argent pour leurs affaires sur les places des foires de Champagne, avec le contrat de change et, à partir du XIVe siècle, la lettre de change[23]. Dans leur ville d'origine, ils étaient encadrés dans la *Mercatura*, qui faisait action de *lobby* sur le plan de la politique intérieure, chargée de prendre en main leur protection à l'extérieur[24]. Ils ont été prompts à faire pression sur les autorités communales pour se faire délivrer des privilèges leur permettant d'acquérir des locaux pour y déposer leurs marchandises importées et exportées. En Flandre, et notamment à Bruges, les marchands italiens n'ont fait qu'obtenir des avantages voisins de ceux de leur ville d'origine. Les marchands flamands et brabançons, eux, ont été amenés à se sédentariser et à laisser les étrangers venir sur place acheter laines et draps. Les foires de Champagne, du fait des guerres entre le roi de France et les Flamands, de la mesure de Louis X le Hutin qui interdit l'accès aux foires aux marchands flamands, puis des hostilités franco-anglaises, leur ont été interdites[25]. Les marchands flamands et brabançons n'étaient plus incités à voyager, puisque les étrangers venaient à eux. Brugeois et Gantois, maîtres de leurs institutions communales et par là du gouvernement de leur ville, au lieu d'engager leurs capitaux dans le trafic international, les ont investis dans des immeubles et des rentes[26].

Bruges n'en bénéficiait pas moins de l'extension des échanges, notamment par l'intermédiaire des marchands italiens et de leurs vaisseaux, qui contournaient le détroit de Gibraltar et longeaient les côtes françaises en faisant escale à Bordeaux, Bourgneuf, La Rochelle et Rouen, apportant des produits comme le sel et le vin à Bruges[27]. La laine en constituait cependant le produit essentiel de leur venue à Bruges. Le roi d'Angleterre n'en a pas moins voulu diriger vers des places dites « étapes », un produit dont il voulait s'assurer le contrôle de l'exportation, Dordrecht, Malines, Anvers entre 1294 et 1298, puis Saint-Omer, Anvers, Bruges, et Dordrecht entre 1313 et 1328, et Anvers jusque 1339, avant d'être transportée à Bruges jusqu'en 1383[28]. Ce sont les marchands

---

23 R. de Roover, *L'évolution de la lettre de change, XIVe-XVIIIe siècle*, Paris, 1953 ; Id., *Money, Banking and Credit in Mediaeval Bruges. Italian merchant-bankers, Lombards and Money-Changers. A Study in the Origins of Banking*, Cambridge Mass., 1948 ; G. Bigwood, *Le régime juridique et économique du commerce de l'argent dans la Belgique du Moyen Âge*, 2 vol., Bruxelles, 1921-1922.

24 Il n'est pas de ville italienne qui n'ait rassemblé ses marchands dans une « Mercatura » ou une « Mercanzia ». Exemple à Milan : G. Martini, L'*universitas mercatorum* di Milano e i suoi rappori col potere politico (secoli XIII-XIV), dans *Studi di storia medievale e moderna per Ernesto Sestan*, t. 1, *Medioevo*, Florence, 1980. Image de statuts de marchands : *Corpus statutorum mercatorum Placentiae (secoli XIV-XVIII)*, éd. P. Castignoli, P. Racine, Milan, 1967.

25 Voir à ce sujet R.-H. Bautier, Les foires de Champagne. Recherches sur une évolution historique, dans *La Foire. Recueils de la Société Jean Bodin*, t. 5, 1953, p. 97-148.

26 J.-P. Sosson, *Les travaux publics de la ville de Bruges, XIVe-XVe siècles. Les matériaux. Les hommes*, Bruxelles, 1977 ; W. Prevenier, J.-P. Sosson, M. Boone, Le réseau urbain en Flandre (XIIIe-XIXe siècles), composantes et dynamique, dans *Le réseau urbain en Belgique dans une perspective historique (1350-1850). Une approche historique et dynamique*, Bruxelles, 1992, p. 150-164.

27 J. Craeybeckx, Les escales au carrefour des Pays-Bas (Bruges et Anvers, 14e-16e siècles), dans *Les grandes escales. Recueils de la Société Jean Bodin*, t. 32, 1974, p. 417-174 ; Id., *Un grand commerce d'importation : les vins de France aux Pays-Bas (XIIIe-XVIe siècles)*, Paris, 1958. Il manque un travail similaire pour le sel.

28 L'importance de la laine dans les relations avec l'industrie italienne de la laine n'a pas manqué d'être soulignée par les historiens : J. H. Munro, Bruges and the Abortive Staple in English Cloth. An Incident in the Shift of Commerce from Bruges to Antwerp n the Late Fifteenth Century, dans *Revue belge de Philologie et d'Histoire*, t. 44, 1966, p. 1137-1159 ; W. Prevenier, Les perturbations dans les relations anglo-flamandes entre 1379 et 1409. Causes de désaccord et raisons d'une réconciliation, dans *Économies et sociétés au Moyen Âge. Mélange offerts à Édouard Perroy*, Paris, 1973, p. 477-497 ;

italiens et quelques Anglais qui prirent alors en main le trafic de la laine que réclamaient les ateliers italiens chargés d'approvisionner ceux qui voulaient entreprendre le voyage en Chine, à tout le moins jusqu'à la rupture des échanges avec la Chine au milieu du XIVe siècle[29].

Or, Bruges n'était pas seulement une escale pour les marchands venus de Méditerranée. Ils venaient y rencontrer ceux venus des régions septentrionales qui apportaient les marchandises de l'Allemagne septentrionale, des pays de la Baltique, de la Norvège (Bergen) et de Russie (Novgorod). Ils s'étaient rendus maîtres du commerce des céréales et du poisson (harengs). Les Allemands se sont réunis dans une association (la Hanse), dont la ville principale, Lübeck, avait obtenu des traitements de faveur douaniers et des halles dans l'avant-port brugeois de Damme[30]. En 1281, la comtesse de Flandre accordait des privilèges identiques à ceux venus de France, Gascogne, Castille, Navarre, Portugal, Provence et Angleterre à Ardenbourg[31]. Il en allait de même à Anvers en 1315. Mais c'était surtout Bruges qui attirait ces marchands et les autorités communales, comme les comtes de Flandre, entendaient favoriser l'installation des marchands hanséatiques, leur fournir des locaux pour se loger, des hangars pour y entreposer leurs marchandises, mais aussi percevoir des droits, autant d'éléments qui contribuaient à séduire les uns et les autres[32].

Affluaient sur les quais de la ville depuis les avant-ports des denrées aussi variées que laines anglaises, épices diverses, étoffes de luxe, fourrures, céréales, harengs, draps d'Allemagne, sel de Bourgneuf et vins français et de l'arrière-pays de la France occidentale, céréales et tissus flamands et brabançons, objet d'échanges entre marchands du Nord et des régions méditerranéennes. Bruges représentait vers 1300 un vaste entrepôt pour l'Europe occidentale. Depuis le milieu du XIIIe siècle, l'or est redevenu un métal monnayable, d'abord à Gênes, puis à Florence dont la monnaie, le florin, s'est imposée comme la monnaie internationale[33]. L'Occident était revenu à un système bimétalliste. Si le florin était surtout en usage comme monnaie de compte, la monnaie d'argent (l'argent mêlé en proportion variable à du cuivre) était celle en usage courant pour les relations entre marchands sur le marché brugeois, mais elle nécessitait le passage par des changeurs spécialisés. Par ailleurs devait être connu le rapport entre l'or et l'argent, variable dans un rapport de 1 à 15[34]. Outre le trafic des marchandises, Bruges apparaissait comme un actif marché des changes. Face à un tel trafic, les autorités communales brugeoises ont souhaité introduire des mesures règlementaires. Des rues et places accueillaient les marchands étrangers selon leur origine. Des maisons leur sont attribuées. Ainsi sont regroupés et répartis les nationaux : Hanse, Venise, Gênes, Milan, Lucques, Florence, Catalogne, Castille, Biscaye, Portugal, Angleterre, Écosse qui forment de véritables colonies au cœur de la ville[35]. Les marchands italiens ont leurs propres consuls qui les représentent devant les autorités communales brugeoises. Leurs

---

D. Nicholas, The English Trade at Bruges in the Last Years of Edward III, dans *Journal of Medieval History*, t. 5, 1979, p. 23-61.

29 Voir n. 6.

30 Dollinger, *La Hanse*, p. 56.

31 C. Vandermotten, G. Peeters, C. van de Velde, Art. Anvers, dans *Encyclopaedia Universalis*, t. 2, Paris, 1968, p. 147.

32 Van Houtte, *Bruges*, p. 57-62.

33 R. S. Lopez, Settecento anni fa. Il ritorno all'oro nell'Occidente duecentesco, dans *Rivista storica italiana*, t. 65, 1953-1954, p. 19-55, 161-198 ; Id., Back to Gold, 1252, dans *The Economic History Review*, 2e sér., t. 9, 1956-1957, p. 219-240.

34 R.-H. Bautier, L'or et l'argent en Occident de la fin du XIIIe siècle au début du XIVe siècle, dans *Compte-rendus de l'Académie des Inscriptions et Belles Lettres*, t. 95, 1951, p. 169-170.

35 Voir la contribution de J. Maréchal, citée à la n. 22.

marchandises ne peuvent être exposées qu'à des heures règlementées, après lesquelles se tient la « Bourse » devant l'hôtellerie du même nom et sur la place également de même nom. Sont alors conclus les contrats d'assurance maritime, dont les premiers sont d'origine génoise, sont négociées les lettres de change comme sont fixés les cours des monnaies[36]. Des courtiers, locaux, facilitent les relations entre marchands d'origine diverse et les notaires enregistrent les contrats commerciaux. Ce système, qui nous est décrit en 1449 par le médecin nurembergeois Hieronymus Moneta, remontait en fait à une période bien antérieure, vraisemblablement au début du XIVe siècle[37]. L'activité commerciale et bancaire se déroulait dans une ambiance internationale, qui rappelait celle des foires de Champagne.

Devenue la métropole commerciale du nord de l'Europe occidentale, Bruges a vu fleurir les échanges commerciaux et bancaires parallèlement au grand trafic eurasiatique, auquel la ville était reliée par les navires italiens. C'est de Bruges et de ses avant-ports que partaient les fourrures répandues en Occident, qui symbolisaient l'enrichissement des sociétés occidentales[38]. Parallèlement étaient travaillées en Italie, à Lucques, Florence, Bologne, Venise, des étoffes de soie[39]. Devant cet afflux de produits de luxe en Occident, les gouvernements sont amenés à recourir à des lois somptuaires pour tenter de freiner leur expansion[40]. Parmi les marchands italiens, les Lucquois se sont montrés particulièrement actifs dans le trafic de ces denrées de luxe[41]. La première moitié du XIVe siècle a été le plus beau moment du trafic brugeois, notamment en liaison avec l'« étape » pour les laines anglaises expédiées en Italie par les facteurs des grandes compagnies commerciale[42]. La « faim de laine » des ateliers italiens, le recours aux tissus de laine pour le voyage en Chine ont ainsi rattaché Bruges au grand trafic eurasiatique. De leur côté, les Lucquois qui travaillaient la soie depuis le XIIe siècle[43], faisaient parvenir sur le marché brugeois leurs tissus réputés, avant d'être relayés par d'autres producteurs, génois, vénitiens et florentins. Bruges participait ainsi du vaste

---

36 Le bâtiment de la Bourse (du nom de l'hôtel d'une famille patricienne brugeoise, sur la place principale de la ville) devient le centre des affaires au XIVe siècle, au même titre que le Rialto à Venise. Dans le domaine des changes, les auteurs ont souligné le rôle tenu par les changeurs locaux, peu à peu supplantés par les Italiens : Van Houtte, *Bruges*, p. 71-74 ; Id., Mercanti, imprenditori e banchieri italiani nelle Fiandre, dans *Aspetti della vita economica medievale. Atti del Convegno di Studi nel X Anniversario della morte di Federigo Melis (Firenze-Pisa-Prato, 10-14 mars 1984)*, Florence, 1985, p. 151-170. Francesco Balducci Pegolotti, dans sa *Pratica della Mercatura*, donne aux p. 257-269 d'abondantes informations sur le trafic italien (commerce et banque) en Flandre.

37 Cité par Vandermotten, Peeters, van de Velde, Art. Anvers.

38 R. Delort, *Le commerce des fourrures en Occident à la fin du Moyen Âge (vers 1300-vers1450)*, 2 vol., Rome, 1978.

39 Né à Florence vers 1138, le travail de la soie se répand au XIVe siècle dans les villes italiennes à partir notamment de l'émigration des artisans lucquois victimes des troubles politiques dans la ville : U. Dorini, *L'arte della seta in Toscana*, Florence, 1928.

40 C. Kovesi-Killerby, *Sumptuary Law in Italy, 1200-1500*, Oxford, 2002 ; *La legislazione suntuaria. Secoli XIII-XVI. Emilia-Romagna*, éd. M. G. Muzzarelli, Rome, 2002 ; M. G. Muzzarelli, Le leggi suntuarie, dans *Moda e società dal Medioevo al XX secolo*, *Annali Einaudi*, éd. M. Belfanti, F. Giusberti, Turin, 2003, p. 185-220 ; Ead., Note sul consumo di beni di lusso tra Medioevo ed Età moderna dalla legislazione suntuaria, dans *Politiche del credito. Investimento, consumo, solidarietà*, éd. G. Boschiero, B. Molina, Asti, 2004, p. 243-253.

41 E. Lazzareschi, Gli Statuti dei Lucchesi a Bruges e ad Anversa, dans *Ad Alessandro Luzio gli Archivi di Stato italiani. Miscellanea di Studi Storici*, Florence, 1933, p. 75-88 ; *Il Libro della comunità dei mercanti lucchesi in Bruges*, éd. Id., Milan, 1941.

42 L. Gilliodts-Van Severen, *Cartulaire de l'ancienne Estaple de Bruges. Recueil de documents concernant le commerce intérieur et maritime, les relations internationales et l'histoire économique de cette ville*, 4 vol., Bruges, 1904-1907.

43 Les études de F. E. De Roover sur l'industrie de la soie lucquoise ont été rassemblées dans un volume unique : *Le sete lucchesi*, Lucques, 1993.

élan provoqué par l'ouverture du marché asiatique aux Européens. Malgré divers contrecoups politiques qui survenaient en Italie[44], l'essor brugeois ne ralentissait pas, à tout le moins jusqu'en 1350.

La Grande Peste de 1348-1349 devait marquer un coup d'arrêt dans l'essor européen[45]. Des signes avant-coureurs se sont manifestés auparavant : ralentissement de la production agricole[46], faillite des grandes compagnies bancaires et commerciales à Florence en 1343[47]. Néanmoins, Bruges, vaille que vaille, avait maintenu son élan. Au lendemain de la Peste, le courant eurasiatique s'est rompu. L'appel aux laines anglaises est devenu moins nécessaire. Les souverains anglais ont transféré l'« étape » de la laine en 1363 à Calais, ville dont ils se sont emparée, dans le but de mieux contrôler le trafic. La perte de l'« étape » de la laine a signifié un coup d'arrêt dans la prospérité commerciale brugeoise, alors que se réduisait par ailleurs l'activité des ateliers textiles flamands, qui se sont alors tournés vers la production d'étoffes de moindre qualité, la sayetterie, dont le matché était plus réduit que celui des draps flamands antérieurs[48]. Commence alors la concurrence du port voisin, Anvers, qui avait réussi à capter l'« étape » de la laine anglaise dès la période 1298-1313. La régression de l'activité brugeoise s'amorce[49].

Le déclin de Bruges a été très souvent vu par les historiens comme la conséquence de l'ensablement du Zwin[50]. Il est vrai qu'un accident écologique a provoqué de graves dégâts, ce que souligne un rapport de 1470 : *Ils ont trouvé vraysemblement estre advenu a l'occasion de ce que plusieurs polders et scors gisant au long de la mer* [...] *entre nostre ville de Lecluse et nostre ville de Dam avaient esté ducquiers et gagnez sur la mer ; par le moyen et occasion desquelz dicqaiges le cours de l'eau a ete diverty de son ancien cours, telement que celle qui souloit entrer et yssir par ledit port, a prins ailleurs son cours et sa retraicte*[51]. La catastrophe écologique évoquée par ce texte prouve l'absence de prise de conscience quant à la fragilité du Zwin et des relations entre les avant-ports et la ville. Le destin de Bruges à partir de 1380 est lié à des problèmes économiques et politiques qui ont contribué à éroder la position du trafic commercial assumée par Bruges dans les années 1280-1350. L'ensablement était à l'œuvre depuis longtemps, au point que les avant-ports de L'Écluse et de Damme servaient déjà à un déchargement des navires

---

44 L'Italie est alors secouée par les rivalités entre les grandes cités communales à la conquête de leur territoire seigneurial (Florence, Milan, début de la conquête de la Terre ferme à Venise). Voir la contribution de G. Tabacco, dans *Storia d'Italia*, t. 2, *Della caduta dell'Impero romano al secolo XVIII*, Turin, 1974, p. 194-274.

45 *La Peste nera, dati di una realtà ed elementi di una interpretazione. Atti del XXX Convegno storico internazionale, Todi, 10-13 ottobre 1993*, Spolète, 1994 ; O. J. Benedictov, *The Black Death. The Complete History*, Woodbridge, 2004.

46 G. Fourquin, *Histoire économique de l'Occident médiéval*, Paris, 1979, p. 259-260 ; G. Duby, *L'économie rurale et la vie des campagnes dans l'Occident médiéval (France, Angleterre, Empire, IXe-XVe siècles). Essai de synthèse et perspectives de recherches*, Paris, 1962, repris dans Id., *Qu'est-ce que la société féodale ?*, Paris, 2002, p. 976-979, 986-997.

47 A. Sapori, *La crisi delle compagnie mercantili dei Bardi e dei Peruzzi*, Florence, 1926.

48 E. Coornaert, *Un centre industriel d'autrefois. La draperie-sayetterie d'Hondschoote (XIVe-XVIIIe siècles)*, Paris, 1930.

49 Nous renvoyons aux ouvrages cités à la n. 20 pour le trafic des laines anglaises. Le déclin de Bruges s'amorce surtout après 1450, même si elle a gardé son profil de ville riche, capitale des Grands ducs d'Occident, notamment à travers le récit du chroniqueur Olivier de La Marche. Voir *Autour d'Olivier de La Marche*, dir. J.-M. Cauchies, *Publication du Centre européen d'Études bourguignonnes (XIVe-XVIe s.)*, t. 43, 2003. Le mariage de Marguerite d'York et Charles le Téméraire demeure une image célèbre des fêtes ducales : J. Calmette, Le mariage de Charles le Téméraire avec Marguerite d'York, dans *Annales de Bourgogne*, t. 1, 1922, p. 193-214.

50 L'ensablement du Zwin a été considéré par la majorité des historiens comme la cause fondamentale du déclin brugeois, leurs conclusions se répétant d'un ouvrage à l'autre.

51 Rapport cité par Vandermotten, Peeters, van de Velde, Art. Anvers.

de trop fort tonnage, incapables de rejoindre les quais de la ville. Or, les navires italiens, mais aussi les kogges hansétiques, ont été conçus pour transporter des denrées pondéreuses dès la fin du xiiie siècle[52]. En se repliant vers l'occident devant l'avance turque, les Génois ont envoyé pour affronter l'océan Atlantique des navires de tonnage toujours plus important.[53]Le système de déchargement des navires a duré jusqu'à l'incident écologique de 1470, provoqué d'ailleurs par des patriciens de la ville.

Même après la rupture de la grande voie commerciale Londres-Bruges-Gênes-Venise-Pékin, le port de Bruges est demeuré actif et conserve une belle activité jusqu'à la fin du xive siècle. Lorsque la Flandre est passée sous l'autorité des ducs de Bourgogne, Bruges s'est affirmée comme une capitale des grands ducs d'Occident qui en tiraient une grande partie de leurs ressources financières pour mener leur grande politique en Europe occidentale. La présence de la cour ducale, les fêtes diverses qui s'y déroulent (mariages) font de Bruges un des grands marchés des produits de luxe en Europe occidentale[54]. Bruges continue d'attirer les marchands étrangers, Hanséates, Italiens regroupés en « nations » avec leurs consuls[55]. La ville demeure un point de rencontre entre marchands du nord et du sud. Les Hanséates qui avaient un temps hésité à s'y établir s'étaient décidés à en faire un point d'établissement stable[56]. Même si Bruges conserve un brillant visage sous le Grand duc d'Occident Philippe le Bon, des craquements commencent à se faire sentir sous son successeur Charles le Téméraire, comme en témoigne le cas du représentant des Médicis florentins, Tommaso Portinari[57]. Fut-il trop audacieux ? Avait-il bien calculé ses affaires commerciales ? Toujours est-il que se ferme une succursale qui avait largement profité des affaires sur le port avant 1450.

Si Bruges a continué de présenter un visage brillant, si la ville est demeurée la grande métropole commerciale de l'Europe nord-occidentale, il n'en reste pas moins que de profondes transformations sont survenues après 1350. Au cours de la première « mondialisation », Bruges était surtout le port des laines anglaises. Or, après 1350, la « faim de laine » des ateliers italiens s'est apaisée. Les étoffes de soie, qui s'étaient affirmées avec la présence des Lucquois sur le port, ont tenté de prendre la première place, et la présence de la cour bourguignonne y a pris une bonne part. Avec la soie, les Italiens ont continué de déverser sur le port les épices aux côtés des Catalans. Mais l'avance turque en Europe et en Méditerranée orientale a contribué à diminuer leur apport[58]. Avec leurs navires de fort tonnage, les marchands italiens se son tournés vers les ports des côtes atlantiques ; Lisbonne, La Rochelle pour le transport de denrées lourdes : alun, (celui pontifical de Tolfa dont les Médicis tentent de s'assurer le monopole), sel, vin, pastel, rencontrant parfois la concurrence des kogges hanséatiques, la piraterie ne

---

52 M. Balard, C. Picard, *La Méditerranée au Moyen Âge. Les hommes et la mer*, Paris, 2014, p. 120-123.

53 G. Airaldi, *Genova e la Liguria nel Medioevo*, Turin, 1986, p. 132-149; J. Heers, *Gênes au xve siècle. Activités économiques et problèmes sociaux*, Paris, 1961, p. 279-291.

54 B. Schnerb, *L'État bourguignon, 1363-1477*, Paris, 1999, chap. 18-20 ; *Splendeurs de la Cour de Bourgogne. Récits et chroniques*, éd. D. Régnier-Bohler, Paris, 1995 ; *À la cour de Bourgogne. Le duc, son entourage, son train*, éd. J.-M. Cauchies, Turnhout, 1998.

55 Galoppini, Nationes, p. 160-162.

56 Dollinger, *La Hanse*, p. 369.

57 La colonie florentine nous est surtout connue par la présence des Médicis à travers leur représentant. Sur leur activité, A. Grunzweig, *Correspondance de la filiale de Bruges des Medici*, Bruxelles, 1931 ; R. de Roover, *The Rise and Decline of the Medici Bank, 1397-1494*, Cambridge Mass., 1963, trad. ital., Florence, 1970. Cet auteur est particulièrement sévère quant à la gestion de T. Portinari, qu'a voulu réhabiliter M. Boone, Apologie d'un banquier médiéval : Tommaso Portinari et l'État bourguignon, dans *Le Moyen Âge*, t. 105, 1999, p. 31-54.

58 Les Génois, à la différence des Vénitiens, demeurés attachés à l'Orient méditerranéen, se sont repliés en grande partie sur l'Occident : Balard, Picard, *La Méditerranée*, chap. 6.

manquant pas d'intervenir à l'occasion entre ces marchands rivaux[59]. Les Brugeois qui, au temps de la duchesse Isabelle de Portugal, avaient investi des capitaux dans les voyages des navigateurs portugais pour une nouvelle route des Indes, cessent après la mort de la duchesse de poursuivre leurs investissements. Lorsque les Portugais arrivent en Inde, la situation s'est fortement dégradée à Bruges.

Comment dès lors l'or pur des années 1350 s'est-il dégradé en vil plomb aux environs de 1500 ? Quelle part les événements politiques ont-ils eu dans ce déclin du port ? Déjà avons-nous décelé la part de l'écologie et le dédain des patriciens brugeois pour l'entretien des installations qui avaient fait la prospérité de la ville. Le temps de Philippe le Bon et d'Isabelle de Portugal fut le chant du cygne de l'essor brugeois. La défaite de Charles le Téméraire devant Nancy en janvier 1477 n'arrange pas le sort de la ville. La fille de Charles, Marie de Bourgogne, épouse Maximilien de Habsbourg. La mainmise de ce prince sur la Flandre, dont le roi de France Louis XI n'a pu s'emparer, trop pressé de fondre sur le duché de Bourgogne, a été fort mal supportée par les patriciens brugeois, vexés de voir le souverain favoriser leur concurrent, Anvers[60]. En 1488, les Brugeois se sont révoltés[61]. Au cours du conflit, ils font prisonnier Maximilien, roi des Romains, qui administrait la Flandre pour son fils Philippe le Beau. Les Brugeois l'ont enfermé dans une maison de la Grand-Place. Libéré grâce à l'argent anversois, Maximilien rompt les promesses faites durant sa captivité et conseille aux colonies marchandes encore établies à Bruges de gagner Anvers, ce qu'elles font d'ailleurs de leur plein gré. Anvers est en passe de ravir à Bruges la part qui fut sienne en mer du Nord aux siècles précédents, tandis que périclite Bruges dont les patriciens n'ont pas su entretenir les bases indispensables à leur prospérité.

Or, à la fin du XVe siècle, s'esquisse une nouvelle conjoncture mondiale, dont sont absents les Brugeois. Il serait injuste de penser qu'ils n'aient pas été conscients de la concurrence redoutable que leur livraient leurs rivaux anversois, il est vrai avec la complicité du nouveau prince. Leur révolte de 1488 en témoigne. En 1492, Christophe Colomb débarque sur les côtes d'un nouveau continent sans le savoir, alors qu'en 1498 les Portugais sont enfin arrivés en Inde[62]. Séville est en passe de devenir le port des voyages à travers l'Atlantique, le point d'arrivée des nouvelles richesses américaines[63].

---

59 Le cas est bien connu de la capture par des pirates hanséatiques de la galère des Médicis qui transportait à Florence un tableau de Hans Memling, demeuré jusqu'à nos jours exposé au Musée de Gdansk.

60 Maximilien contraint les marchands étrangers établis à Bruges de s'installer à Anvers à la mort de Marie de Bourgogne, survenue à Bruges le 27 mars 1482, à la suite d'une chute de cheval. Ils y demeurent jusqu'en 1485 : J. Maréchal, Le départ de Bruges des marchands étrangers (XVe-XVIe siècle), dans *Handelingen van het Genootschap voor Geschiedenis te Brugge (Société d'émulation)*, t. 78, 1951, p. 22-74. Sur l'organisation des « colonies » étrangères à Anvers, voir J.-A. Goris, *Étude sur les colonies marchandes méridionales (Portugais, Espagnols, Italiens) à Anvers de 1488 à 1567. Contribution à l'histoire du capitalisme moderne*, Louvain, 1925 ; C. Beck, La nation génoise à Anvers dans la première moitié du XVIe siècle, dans *Rapporti Genova-Mediterraneo-Atlantico nell'età moderna*, éd. R. Belvederi, Gênes, 1983, p. 445-476.

61 F. Rapp, *Maximilien d'Autriche, souverain du Saint-Empire romain germanique, bâtisseur de la maison d'Autriche, 1459-1519*, Paris, 2007, p. 88-89 ; J.-M. Cauchies, *Philippe le Beau. Le dernier duc de Bourgogne*, Turnhout, 2003. Après R. Doehaerd, *Études anversoises. Documents sur le commerce international à Anvers, 1488-1514*, 3 vol., Paris, 1963, W. Brulez, Bruges and Antwerp in the 15th and 16th Centuries : an Antithesis ?, dans Acta historicae neerlandicae. *Studies on the History of the Netherlands*, t. 6, 1975, p. 1-22, notamment p. 9-15, a souligné l'importance de la période 1488-1514, où s'opère le départ des marchands étrangers de Bruges vers Anvers.

62 B. Vincent, 1492. L'année du monde, *dans Histoire du monde*, dir. P. Boucheron, Paris, 2009, p. 408-411 ; J. Aubin, *Le latin et l'astrolabe. Recherches sur le Portugal de la Renaissance, son expansion en Asie et les relations internationales*, t. 2, Paris, 2000.

63 H. et P. Chaunu, *Séville et l'Atlantique, 1504-1650*, t. 1, Paris, 1955.

Lisbonne concentre le débarquement des épices asiatiques. Or, ces épices ne se dirigent plus vers Bruges, mais vers Anvers. En 1501 y arrive le premier navire portugais qui y amène une cargaison d'épices : poivre, gingembre, cannelle[64]. Bruges se trouve exclue du nouvel ordre commercial.

À quand faut-il donc faire remonter le déclin brugeois ? Au lendemain de la Grande Peste, le port a gardé un visage brillant, mais a cessé sa participation au trafic eurasiatique qui en avait fait le grand point de rencontre entre marchands de l'Europe septentrionale et méridionale. Il n'empêche que les marchands italiens ont continué à le fréquenter, car l'industrie textile flamande a toujours eu besoin de l'alun, produit indispensable pour la teinturerie[65]. Les vaisseaux italiens ont continué de l'apporter d'Asie Mineure (Phocée) puis de Tolfa lorsque s'est fermé le débouché phocéen. L'arrière-pays flamand et brabançon en a largement profité, même si s'est rétréci le marché des tissus de luxe en une Europe occidentale en crise. La rencontre entre marchands hanséates et italiens s'est poursuivie à tout le moins jusqu'à la mort de Charles le Téméraire. Les laines anglaises, désormais travaillées en Angleterre même[66], ont cessé d'entretenir un actif courant commercial entre les ports anglais et Bruges. Les marchands italiens ont peu à peu quitté le sol anglais d'où ils organisaient les exportations de la matière première. Si le port de Bruges a pu continuer d'affirmer son importance, il le devait non seulement aux marchands italiens, mais aussi, de plus en plus aux marchands allemands et à leurs kogges, pour lesquelles les patriciens brugeois ont accepté d'entretenir leurs installations portuaires. Arrivent à Bruges au XIVe siècle et jusqu'aux années 1480 les céréales des grands domaines issus de la poussée germanique vers l'Est (le « Drang nach Osten »), mais aussi les produits de l'industrie textile allemande qui s'est développée en Allemagne centrale et méridionale[67], sans compter le sel de Brouage[68]et les vins français de l'Aunis et de la Saintonge[69]. De plus en plus, ces produits sont destinés en priorité à la consommation locale. Le rôle de redistribution du port de Bruges s'est fortement déprécié dès le temps des Grands ducs d'Occident. Les produits qu'apportaient les marchands italiens, les produits de luxe (épices, soieries), trouvaient difficilement preneur auprès des marchands allemands qui n'en avaient pas le débouché sur leurs marchés. Bruges, malgré une certaine activité, cessait peu à peu d'être un grand port international pour se spécialiser sur l'arrière-pays immédiat, et ce dès le temps des princes bourguignons.

Entre la période 1280-1350 et celle de 1480-1550, le contraste est saisissant quant à la situation du port de Bruges. La communauté brugeoise avait su profiter des conditions nouvelles nées de la pénétration européenne en Asie. Il n'en va pas de même à la fin du XVe siècle, lorsque s'ouvre la nouvelle route des Indes et lorsqu'est découvert le nouveau continent américain. Les patriciens brugeois sont passés d'un certain

---

64 Brulez, Bruges and Antwerp, p. 3.

65 Les Génois sont demeurés maîtres du trafic de l'alun jusqu'au milieu du XVe siècle : M.-L. Heers, Les Génois et le commerce de l'alun à la fin du Moyen Âge, dans *Revue d'Histoire économique et sociale*, t. 32, 1954, p. 31-53. La découverte des mines d'alun de Tolfa dans les territoires pontificaux, dont l'exploitation est d'abord confiée par les papes aux Médicis, compense la perte de l'Orient méditerranéen avec l'avancée turque.

66 E. Power, The Wool Trade in the Fifteenth Century, dans *Studies in English Trade in the Fifteenth Century*, éd. Id., M. M. Postan, Londres, 1933.

67 W. von Stromer, *Die Gründung der Baumwollindustrie in Mitteleuropa. Wirtschaftspolitik im Spätmittelalter*, Stuttgart, 1978.

68 C'est à Bourgneuf que les marchands hanséates, flamands et italiens chargeaient le sel de Brouage appelé aussi sel de Bourgneuf.

69 Y. Renouard, Le grand commerce des vins de Gascogne au Moyen Âge, dans *Revue historique*, t. 221, 1959, p. 261-304.

dynamisme à une sorte d'assoupissement en se contentant de gérer, voire de vivre de la rente que leur versaient les marchands étrangers venus s'installer chez eux. Certes, Bruges conserve grande allure, les États généraux de Flandre s'y réunissent encore et même Maximilien, qui n'aimait pas les patriciens brugeois, vient y résider, comme son fils, Philippe le Beau, qui y est né et dont le cœur à sa mort à Burgos y sera rapporté pour être placé à côté de celui de sa mère[70]. Après avoir joui des conditions issues de leur état d'intermédiaires entre les mondes septentrional et méridional, ils n'ont pas su poursuivre ce qu'ils avaient acquis face à la concurrence anversoise, favorisée par le nouveau prince, successeur des ducs de Bourgogne. Les conditions indispensables au maintien de leur prospérité se sont dégradées, faute de l'entretien nécessaire de leurs installations portuaires. L'ensablement du Zwin était connu depuis longtemps. Transformés en rentiers de l'activité commerciale de leur port, les patriciens brugeois n'ont plus tiré profit d'un trafic de moins en moins rentable pour eux. Au début du XVIe siècle, les marchands étrangers trouvent meilleur accueil à Anvers, au moment où se met en place une nouvelle mondialisation. Plus que les conditions naturelles qu'il convient de mettre en cause, ce sont les hommes qu'il faut mettre en accusation. Après 1500, c'en est fini de la grande histoire de Bruges, endormie jusqu'à nos jours.

---

70 Cauchies, *Philippe le Beau*, p. 210

La mort de Pierre le Cruel dans les manuscrits enluminés des *Chroniques* de Froissart

Christiane Raynaud
Professeur à l'Université d'Aix-Marseille

Le 23 mars 1369 marque un tournant dans l'histoire de la péninsule ibérique au XIVe siècle avec l'avènement de la dynastie des Trastamare. L'événement, un fratricide, un régicide, un tyrannicide a retenu l'intérêt de Prosper Mérimée et des historiens[1]. Parmi les chroniqueurs, qui au XIVe siècle l'évoquent, Jean Froissart est un des plus prolixes. Dans un entre-deux dont les bornes sont l'assassinat de Louis d'Orléans en 1407 et le meurtre de Montereau en 1419, à Paris, un groupe de manuscrits de ses chroniques a été copié par les mêmes copistes et illustré. Le libraire Pierre de Liffol organise cette production en série à l'intention de riches clients, membres de la cour, officiers royaux[2], une gageure dans un contexte d'atroce guerre civile où chaque parti n'hésite pas à faire appel aux Anglais. Le meurtre de Pierre Ier est figuré dans quelques exemplaires[3] et trois fois dans sa brutalité, une nouveauté[4]. Cette reprise intervient dans un environnement politique différent de celui des années 1370 en Castille, en Angleterre et en France. Réalisées plus d'une génération après les faits et dans une situation nouvelle, les images montrent que le meurtre choque les lecteurs de Froissart et embarrasse certains.

1. Pierre de Castille prisonnier de guerre

Le récit des journées décisives entre la défaite de Montiel, la capture de Pierre Ier et sa mort[5] présente des incertitudes. La première concerne le sort du roi[6]. Avant la bataille, Henri II a pour objectif de le capturer. Au moment de l'assaut (14 mars) il décide de ne

1 F. Foronda, Une image de la violence d'État française : la mort de Pierre Ier de Castille, dans *Violences souveraines au Moyen Âge. Travaux d'une école historique*, éd. F. Foronda, C. Barralis, B. Sère, Paris, 2010, p. 249-259.

2 I. Villela-Petit, Le Maître de Boèce et le Maître de Giac, enlumineurs de guerre, dans *Art de l'enluminure*, fasc. 31, déc. 2009-fév. 2010, p. 24-44.

3 Montiel apparaît dans moins de la moitié des manuscrits : New York, Pierpont Morgan Library, ms. 804, fol. 202v (fig. 1) ; Paris, Bibliothèque nationale de France (= BnF), ms. fr. 2662, fol. 328 (fig. 2) ; Toulouse, Bibliothèque municipale (= BM), ms. 511, fol. 203v (fig. 3) ; Paris, BnF, ms. fr 2663, fol. 312 (fig. 4) ; La Haye, Koninklijke Bibliotheek (= KB), ms. 72 A 25, fol. 290 (fig. 5) ; Clitheroe, Stonyhurst College Library, ms. 1, fol. 274 (fig. 6) ; Besançon, BM, ms. 864, fol. 286v (fig. 7). Parfois après Nájera : *Ibid.*, fol. 277v ; Paris, ms. fr. 2663, fol. 300 ; Clitheroe, Stonyhurst College Library, ms. 1, fol. 262v ; La Haye, KB, ms. 72 A 25, fol. 282 ; Toulouse, BM, ms. 511, fol. 194.

4 Foronda, Une image, p. 255.

5 Jean Froissart, *Chroniques*, éd. S. Luce, t. 7, Paris, 1878, p. 73-87, et variantes : Besançon, BM, ms. 864, fol. 286-287v ; Paris, BnF, ms. fr. 2663, fol. 311-313v.

6 Au XIVe s., David II d'Écosse, Charles de Blois, Jean II, prisonniers, n'ont pas été massacrés. Voir P. Contamine, Un contrôle étatique croissant. Les usages de la guerre du XIVe au XVIIIe siècle : rançons et butins, dans *Guerre et concurrence entre les États européens du XIVe au XVIIIe s.*, éd. Id., Paris, 1998, p. 199-218.

Pour la singuliere affection qu'avons a luy. *Études bourguignonnes offertes à Jean-Marie Cauchies*, sous la direction de Paul Delsalle, Gilles Docquier, Alain Marchandisse et Bertrand Schnerb, Turnhout, 2017 (*Burgundica* 24), p. 393-403.

DOI 10.1484/M.BURG-EB.5.113934

pas faire de prisonnier et quand Pierre Ier se réfugie dans le château de l'Étoile, il souhaite avec Du Guesclin s'en emparer. Froissart évite de prêter au Trastamare l'intention de tuer son frère qui lui n'en doute pas. Aussi avec un petit groupe, Pierre Ier tente une évasion. Intercepté par le Bègue de Villaines, il se rend et le prie *au nom de gentillèce que tu nous mettes à sauveté et je me rançonnerai à toi si grandement comme tu vorras* […] *mès que tu m'eschiewes des mains dou bastart Henri mon frère*. Froissart insiste *si comme je fus depuis acertenéz et informez*, Villaines accepte et assure qu'Henri II ne sera pas prévenu.

La deuxième incertitude porte sur les rançons, qui touchent bien des lecteurs. Villaines est au fait de ces questions : il était à Poitiers (1356)[7] et a été pris à la bataille d'Auray (1364), à Nájera (1367). Le processus[8] paraît bien en place : dès que le prisonnier se rend, son maître a l'obligation de le mettre en sécurité, de déterminer le montant de la rançon et le prisonnier l'ayant accepté, il peut être libéré sur parole. Villaines dispose de son royal captif en vertu d'un droit privé de la rançon puisqu'il s'engage à ne pas le livrer à son frère, mais au service d'Henri II son prisonnier appartient, en théorie, au souverain[9]. Dans la pratique, le roi peut le racheter, reste à savoir s'il peut imposer ce rachat à Villaines qui n'est pas un simple combattant. Ce point a-t-il été discuté entre Charles V et Henri II, entre Du Guesclin, Villaines et Henri II ? À défaut, les usages prévalent sans doute. Quarante ans plus tard, la situation a évolué et le droit du souverain au rachat est défini : le maître est dédommagé dans une proportion réglée par avance du montant de la rançon[10]. Ici, un chevalier anglais et un écuyer sont massacrés pour s'être interposés mais : *à dan Ferrant de Castres et as aultres on ne fist point de mal, ains demourèrent prisonnier à monsigneur le Bhègue de Vellainnes et à monsigneur Yon de Lakonnet*[11]. Le récit ne pose pas la question d'une compensation pour la perte des captifs : le premier a porté la main sur le roi et les autres se sont *mis à deffense*[12].

Une autre incertitude tient au déroulement de l'homicide. Pierre Ier est au logis de Villaines, dans la *cambre de messire Yon de Lakonet*[13], depuis moins d'une heure quand arrivent Henri II et le vicomte de Rokebertin en petite compagnie. Henri II injurie son frère, qui le prend au corps, et plus grand le renverse sur un matelas et met *sa main à sa coutille*, un grand poignard. Rokebertin saisit la jambe de Pierre, le retourne, et place son frère dessus. Henri II tire la longue coutille qu'il porte en écharpe *et li embara ou corps tout en afillant dessous en amont, et tantost sallirent cil qui li aidierent à partuer.* Le meurtre intervient dans une rixe, les prisonniers liés par le code de l'honneur chevaleresque à leur maître ne sont pas désarmés et Henri II a des complices[14]. À partir de ce récit, les enlumineurs opèrent des choix d'une grande diversité.

---

7 Villaines déclare une guerre privée contre Paris après le meurtre de Robert de Clermont (en février 1358).

8 R. Ambuhl, *Prisoners of War in the Hundred Years War. Ransom Culture in the Late Middle Ages*, Cambridge, 2013, p. 52-55.

9 Selon Honoré Bovet (*Ibid.*, p. 20-22).

10 *Ibid.*, p. 145.

11 Jean Froissart, *Chroniques*, t. 7, p. 82.

12 La paix revenue, Henri fait *grant proufit* à B. du Guesclin, Olivier de Mauny et aux chevaliers français et bretons ; Villaines n'est pas cité.

13 Jean Froissart, *Chroniques*, éd. J. Kervyn de Lettenhove, t. 22, Bruxelles, 1877, p. 23.

14 Ambuhl, *Prisoners*, p. 103. Le port d'armes par le prisonnier, durant la captivité ou pendant le temps où il est libéré sur parole, la rançon n'étant pas acquittée, n'est pas évoqué. Certains rituels de reddition prévoient la remise de l'arme. Voir J.-M. Moeglin, *Les Bourgeois de Calais. Essai sur un mythe historique*, Paris, 2002.

Fig. 1. New York, Pierpont Morgan Library, ms. 804, fol. 202v © Pierpont Morgan Library (version en couleurs p. 561).

2. La poursuite, la confrontation et le meurtre

Les Maîtres de Giac, de Boèce et de Virgile ont chacun le souci de ne pas reproduire à l'identique d'un exemplaire à l'autre les images du drame[15]. Plusieurs options sont retenues : ne pas montrer le meurtre, le suggérer, ou le donner à voir.

Les enlumineurs, qui font le choix de la stratégie d'évitement, décrivent la traque de Pierre Ier et l'entrée dans le château. Pour les Maîtres de Giac (fig. 2 et 3) et de Boèce (fig. 1), la scène est un substitut du meurtre. Les deux rois couronnés sont identifiés par une cotte aux armes de Castille. Leurs armoiries sont identiques (fig. 1 et 2) ; pour Jean de Foix, elles diffèrent (fig. 3): l'écartelé des armes d'Henri II présente au 1 et 4 un lion de sable rampant, tourné vers senestre, tandis que pour Pierre Ier le lion est contourné – tourné vers la dextre – modification péjorative. Du Guesclin et Henri II ont une monture blanche, Pierre Ier une gris pommelé. La lance d'Henri vise son frère, présageant la suite. La fig. 2, pour Charles de Savoisy, a une autre tonalité[16]. Les tapis de selle de Pierre Ier et de son voisin sont noirs, suggérant l'issue funeste. La lance d'Henri II est sur son épaule, celles de ses gens sont couchées vers l'armée du fuyard. Pour Pierre de Fontenay, le Maître de Boèce représente les deux rois en double silhouetté, formule évoquant leur parenté et le remplacement de l'un par l'autre. Du Guesclin et Henri II ne poursuivent pas Pierre Ier. Ensemble, lances couchées, ils s'en prennent à

15 G. Croenen, Art. Froissart Illustration cycles, dans *Encyclopedia of the Medieval Chronicle*, Leyde, 2010, p. 645-650.

16 Comme fig. 3, Pierre Ier sans bannière.

Fig. 2. Paris, BnF, ms. fr. 2662, fol. 328 © Paris, BnF (version en couleurs p. 561).

Fig. 3. Toulouse, BM, ms. 511, fol. 203v © Toulouse, BM (version en couleurs p. 562).

Fig. 4. Paris, BnF, ms. fr 2663, fol. 312 © Paris, BnF (version en couleurs p. 562).

des combattants avec bandeaux ou turbans. La lutte contre les Infidèles transcende le meurtre et le changement dynastique (fig 1)[17].

Le Maître de Boèce (fig. 4), décrit la confrontation des deux rois. Dans le manuscrit de Tanguy du Châtel, à la capture de prisonniers, il préfère la description de rituels de soumission. L'un échoue avec Hugh Despenser et Edmund Arundel (fol. 14v), l'autre est performatif pour les Bourgeois de Calais (fol. 164). Montiel s'inscrit dans cette continuité par la présence d'un même motif dans les trois miniatures : un soldat portant pavois. Mais Henri II du poing droit montre son hostilité à son frère amené devant lui par un chef de l'armée (Villaines ?). Sa position, prêt à bondir malgré un genou à terre, visage de profil, corps de trois quart dos, les mains cachées, dénote une agressivité, accentuée par le rouge de sa robe[18], induisant une responsabilité dans la suite. Le décor géométrique à diagonales, comme pour les batailles[19], souligne la violence de l'instant.

Trois miniatures représentent le meurtre. La plus ancienne (fig. 5) réalisée pour Waleran III de Luxembourg par le Maître de Virgile, proche du texte est la plus accusatrice. Le meurtre du prisonnier se double d'une atteinte aux lois de l'hospitalité. Dans

17 Elle se distingue par ses trois bannières, la forte présence du rouge sur la selle des principaux protagonistes, le tapis de selle de Pierre Ier et la cotte d'un soldat à terre.

18 L'image joue sur l'ambivalence du rouge, couleur du pouvoir.

19 Paris, BnF, ms. fr. 2663, fol. 92v, 217v, 247, 258, 300 (Quimperlé, Nogent, Brignais, Cocherel, Nájera).

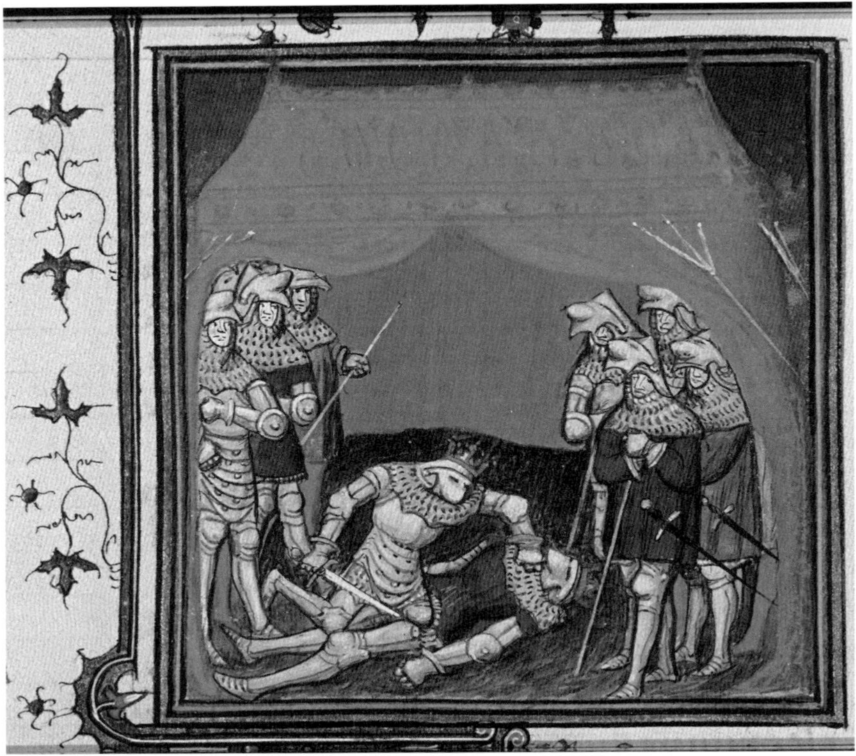

Fig. 5. La Haye, KB, ms. 72 A 25, fol. 290 © La Haye, KB. (version en couleurs p. 563)

un pavillon rouge, au toit brodé et dont les pans sont relevés, une dizaine d'hommes d'armes à visage découvert regardent la scène : à droite, épée au fourreau, deux sont en appui sur un bâton blanc, signe de leur fonction de commandement, à gauche, se détachent du groupe sans armes, deux combattants l'un poing fermé, l'autre bâton blanc à la main, prêts à intervenir. Au milieu, Pierre Ier, allongé, est inconscient comme l'indique le relâchement des jambes. Henri II à genoux sur lui le plaque au sol et enfile une lame dans son ventre en remontant vers l'abdomen, le sang coule en nappe sur l'herbe verte. La position des protagonistes, le coup et la passivité de l'assistance confèrent un aspect sordide au meurtre.

Le Maître de Giac le représente pour des commanditaires inconnus. La composition est celle de scènes où deux princes vident leur querelle avant la bataille pour l'éviter (fig. 6). Le fond géométrique occupe la moitié de l'image, la localisation est indéterminée et les combattants sont anonymes. À gauche, les gens de Pierre Ier l'abandonnent en bon ordre. À droite, ceux d'Henri II sont lance au pied. Pierre Ier git sur le dos, blessé au cou. Henri II, se penche pour percer sa braconnière, en appuyant de tout son poids et en glissant sa main sur le milieu de l'arme, sur le sol une dizaine de taches de sang. Les troupes, lance sur l'épaule, assistent au meurtre (fig. 7). Les deux rois sont debout[20]. Henri II pose son poing gauche sur la poitrine de son frère, geste signifiant

20 Pierre Ier a un bacinet, Henri II, un heaume et un gorgerin de mailles.

Fig. 6. Clitheroe, Stonyhurst College Library, ms. 1, fol. 274 © Clitheroe, Stonyhurst College Library (version en couleurs p. 563).

par convention la capture[21]. Une lame large, avec gouttière, enfilée au niveau de la braconnière, avec un trajet central pour éviter les cotes, soulève et déséquilibre Pierre Ier déjà blessé à l'épaule. Le sang coule à grand débit. Dans les trois scènes, le roi est sans arme.

3. L'adaptation au commanditaire

L'idée d'une convocation dans les *Chroniques* de Froissart du meurtre de Pierre Ier pour légitimer celui de Louis d'Orléans en 1407 par un précédent heureux avec l'arrivée d'une nouvelle dynastie, fait difficulté[22]. Henri II n'est pas à son avantage dans les

21 À Poitiers (Paris, BnF, ms. fr. 2663, fol. 172), il est fait de la main droite par le Prince noir qui capture Jean II.

22 Foronda, Une image, p. 257-258. L'épisode est difficile à utiliser. En Angleterre, avec la déposition de Richard II en 1399, la légitimité d'Henri IV et de la nouvelle dynastie est contestée. En France, Charles VI, malgré ses absences, n'est pas déposé et à chaque rémission, valide ou non, ce qui a été

Fig. 7. Besançon, BM, ms. 864, fol. 286v © Besançon, BM (version en couleurs p. 564).

images du meurtre et Jean sans Peur n'a rien à gagner à être assimilé au frère illégitime de Pierre Ier, fratricide et régicide. L'argumentaire bourguignon développé par Jean Petit et l'allégorie qui accompagne sa diffusion dès 1408[23] ne font pas l'apologie du tyrannicide[24]. Ils visent à poser Jean sans Peur en défenseur de la couronne, en légitimiste, contre Louis d'Orléans qui veut prendre le pouvoir[25]. Par contre, déconsidérer Henri II et les Trastamare, alliés des Valois et pourvoyeurs de flotte de guerre[26], se justifie par l'actualité récente. Jean II, roi de Castille depuis 1406, est un enfant. La régence

décidé. L'accès au roi est disputé. La reine, le dauphin, les princes gouvernent en son nom ou par sa délégation temporaire.

23 Paris, BnF, ms. fr. 5733, fol. 2v.

24 C. Leveleux Teixeira, Du crime atroce à la qualification impossible. Les débats doctrinaux autour de l'assassinat du duc d'Orléans (1408-1418), dans *Violences souveraines*, p. 267-268.

25 En mai 1413, la foule soumet le Dauphin à un programme de rééducation, on lui rappelle la mort de Louis d'Orléans et d'autres tyrannicides (J. Sumption, *Cursed King, The Hundred Years War*, t. 4, Londres, 2015, p. 346).

26 En 1408, le traité franco-castillan est modifié par des dispositions moins contraignantes pour la Castille. En 1415, le conseil de Charles VI sollicite l'envoi d'une flotte et ne reçoit que le droit de passer contrat dans les ports de Biscaye pour obtenir des navires. En 1417, 26 navires castillans sont à Harfleur.

est assurée par sa mère Catherine de Lancastre et son oncle Ferdinand de Antequerra, qui, pour promouvoir le commerce avec le nord de l'Europe, se rapprochent de l'Angleterre. Or, en 1412, le Trastamare arrive sur le trône d'Aragon et devient Ferdinand Ier, roi d'Aragon et de Sicile. Les Armagnacs passent un pacte d'alliance avec les Anglais (traité de Bourges) et Henri V réaffirme ses prétentions à la couronne de France. Des troupes anglaises traversent l'ouest du royaume sans être inquiétées. Jean sans Peur, qui contrôle le gouvernement, établit Waleran III de Luxembourg[27], comte de Saint-Pol[28], capitaine de Paris en 1410, connétable en 1412[29]. Par son mariage avec Maud Holland († 1392), épousée lors de sa captivité en Angleterre (1374-1379), il est beau-frère du roi d'Angleterre. La déposition de Richard II le prive, ainsi que sa fille et seule héritière, des biens apportés en dot par son épouse. Son honneur l'oblige à se venger d'Henri IV et il est hostile à la présence anglaise en France.

Dans ces circonstances et avant l'échec de la révolte cabochienne qui écarte les Bourguignons pour cinq ans de Paris, le Maître du Flavius Josèphe[30] participe à l'illustration d'un exemplaire des *Chroniques* pour Waleran de Luxembourg († 1415). Dans le frontispice, il remplace la visite de la reine Isabelle d'Angleterre et de son fils par une représentation d'Henri II à Burgos. Le Maître de Virgile[31] dans le corps du manuscrit représente le drame (fig. 5). La dénonciation du meurtre brutal commis par un allié du roi de France sur un souverain légitime pourrait illustrer ce que le crime de Jean sans Peur sur Louis d'Orléans prétend éviter, un régicide. Le rappel de Montiel, alors que les Trastamare se rapprochent des Anglais et après l'avènement en Aragon de Ferdinand, est fait pour jeter une ombre sur la dynastie, en raison des difficultés du gouvernement et de la situation personnelle du commanditaire.

Un peu plus tard, le Maître de Giac[32] (fig. 6 et 7[33]) atténue cette violence par le transfert sur un champ de bataille avec une composition (fig. 6) qui donne de la profondeur et une diminution de la taille des personnages, créant pour le lecteur une distance. Les deux manuscrits ne sont pas armoriés, la mainmise des Armagnacs sur Paris en 1413 a pu rendre difficile leur mise en vente. Dans cette hypothèse, la représentation du meurtre de Pierre Ier a pu paraître trois fois inopportune, vis-à-vis des nouveaux maîtres de Paris, des Castillans et des Anglais.

La poursuite est préférée au régicide par le Maître de Giac dans le ms. 511 de Toulouse et le ms. fr 2662 de la BnF[34], pour des commanditaires, passant d'un camp à l'autre. Le premier manuscrit[35] a été réalisé pour Jean de Grailly, actif dans les

---

27 B. Schnerb, « *L'honneur de la maréchaussée* ». *Maréchalat et maréchaux en Bourgogne des origines à la fin du XVe siècle*, Turnhout, 2000, p. 109.

28 C. Berry, Waleran de Luxembourg, un grand seigneur entre loyauté et opportunisme (fin XIVe-début XVe s.), dans *La face noire de la Splendeur : crimes, trahisons et scandales à la cour de Bourgogne aux XIVe et XVe siècles*, éd. W. Paravicini, B. Schnerb, *Revue du Nord*, t. 91, 2009, p. 295-326.

29 Après l'échec de la révolution cabochienne, il ne l'est plus (B. Schnerb, *Armagnacs et Bourguignons. La maudite guerre, 1407-1435*, Paris, 2009, p. 157).

30 Villela-Petit, Le Maître, *passim.*

31 *Ibid.*, p. 42-43.

32 Troyen, il s'installe à Paris dans les années 1415-1420, puis en Anjou. Il travaille pour Jean de Berry, Louis de Guyenne et à huit manuscrits de Froissart. Son nom lui vient d'un livre d'heures réalisé pour Jeanne du Peschin, dame de Giac, qui juste après Montereau fait sa soumission au Dauphin (B. Schnerb, *Jean sans Peur. Le prince meurtrier*, Paris, 2005, p. 686).

33 Dans le frontispice du ms. 864 de Besançon, BM, la visite d'Isabelle d'Angleterre est rétablie peut-être à l'occasion de la réception de l'ambassade anglaise du comte de Dorset à Paris (fin 1414-mars 1415).

34 Manuscrits du groupe I, Croenen, Art. Froissart, p. 648.

35 Le frontispice est réduit à la présentation du livre et à la visite d'Isabelle d'Angleterre, mais inversée. L'exemplaire, d'exécution rapide, comprend des remplois de modèles.

opérations en Guyenne avec la flotte castillane. En 1412, comte de Foix et comte souverain de Béarn, il devient lieutenant du roi en Languedoc[36] et le reste malgré des interruptions. Souhaitant mettre fin à l'hégémonie des Armagnacs dans le sud, il mène une politique tortueuse entre Français, Anglais et Bourguignons. Puissant et militairement indépendant[37], possessionné en Aragon, la Navarre lui échappe car son épouse Jeanne d'Évreux décède avant son père. Il se remarie avec Jeanne d'Albret, puis Jeanne d'Urgell. Le Maître de Giac retient pour lui une version de compromis (fig. 3). Du Guesclin est figuré pour rappeler sa responsabilité. La légitimité d'Henri II sur un cheval blanc, la bannière de Castille à ses côtés est affichée aux dépens de Pierre Ier juché sur un cheval gris pommelé. Sa mort est ici le banal aboutissement d'une chasse à l'homme après la défaite.

Le second manuscrit (fig. 2) est réalisé pour Charles de Savoisy (*ca* 1368-1420)[38] et son épouse Yolande de Rodemach. Conseiller et chambellan de Charles VI, puis de Louis d'Orléans[39], il est envoyé en mission à plusieurs reprises en Castille pour obtenir du roi des navires et en 1404 l'extension du traité maritime qui lie les deux pays. Dans la guerre de course contre les Anglais, il s'associe Pero Niño[40]. Après le meurtre du duc d'Orléans, il change de camp et, en mai 1411, Charles d'Orléans l'accuse d'avoir décidé de la mort de son père[41]. En 1413, il doit fuir Paris après la révolte cabochienne. Fait prisonnier à Azincourt, emmené en Angleterre, libéré après le paiement d'une énorme rançon, il est de retour en 1418, à Paris, avec les Bourguignons et au conseil du roi[42]. Pour lui, le Maître de Giac donne de la poursuite une version qui ne met pas directement en cause Henri II, sans doute parce qu'il a l'expérience d'une accusation de meurtre ignominieuse et en raison des combats menés sur mer avec les Castillans.

Le Maître de Boèce, collaborateur régulier du précédent, travaille pour des commanditaires aux fidélités affirmées. Pierre de Fontenay († 1427)[43], chambellan de Philippe le Hardi, conseiller et maître de l'hôtel de Jean sans Peur[44] et de Charles VI, occupe des fonctions financières à la cour de France, sur injonction de Jean sans Peur de 1409 à 1413. Il est chargé de nombreuses missions diplomatiques. Comme Savoisy, il est accusé par Charles d'Orléans d'avoir décidé de la mort de son père. La poursuite de Montiel (fig. 1) est pour lui transformée. Au coude à coude, Du Guesclin, Pierre Ier et Henri II s'en prennent à des infidèles. La mise en œuvre scandaleuse du changement dynastique est effacée.

Tanguy du Châtel[45] (1370-*ca* 1449) est dans le camp opposé. En 1404, il perd dans une descente en Angleterre son frère Guillaume, chambellan de Louis d'Orléans. Signalé en 1407 à Valence lors d'un gage de bataille organisé par Martin Ier d'Aragon,

36 L. Flourac, *Jean Ier, comte de Foix, comte souverain de Béarn, lieutenant du roi en Languedoc. Étude historique sur le sud-ouest pendant le premier tiers du XVe s.*, Paris, 1884.

37 En mai 1418, le Dauphin lui confie la lieutenance générale du Languedoc et de la Guyenne. Après Montereau où son frère est tué, il passe aux Bourguignons. Quand le Dauphin révoque sa lieutenance en 1420, il s'allie à Henri V. En 1422, il rejoint Charles VII.

38 Il est fils de Philippe de Savoisy et de Marie de Duisy.

39 C. Bozzolo, H. Loyau, *La cour amoureuse de Charles VI*, t. 1, Paris, 1982, p. 101, n. 120.

40 Sumption, *Cursed*, p. 117, 145, 185, 205, 228, 243, 250.

41 Schnerb, *Armagnacs*, p. 143.

42 Le manuscrit, qui porte ses armes au fol. 1 et son emblème (des chaînes, fol. 24, 37, 63v, 102, 148, 150v, 161v, 172v, 190v, 235v, 292, 315, 328, 389, 392, 394v, 412), adopté lors de sa captivité (?), a pu être réalisé entre 1418 et 1420.

43 Le rôle de son épouse, Marie de Broyes, dans la commande du manuscrit est difficile à déceler comme pour Yolande de Savoisy.

44 Schnerb, *Jean sans Peur*, p. 333, 335, 353.

45 J.-C. Cassard, Tanguy du Chastel, l'homme de Montereau, dans *Le Trémazan des du Chastel : du château fort à la ruine*, éd. Y. Coativy, Brest, 2006, p. 83-104.

il est chambellan de Louis d'Orléans puis en 1412 du dauphin Louis de Guyenne. Prévôt de Paris par intermittence en 1413, 1414, 1415, amiral de France en 1414, il doit fuir Paris en 1418 lors de l'entrée des Bourguignons. À Montereau, il participe aux violences ; Nicolas Rolin le dénonce encore en 1448. Il se défend jusqu'à sa mort d'avoir perpétré son crime de sang-froid : interprétant mal un geste du duc, il aurait cru le Dauphin menacé. Breton comme Du Guesclin et amiral de France, fidèle à un engagement de toute une vie pour les Valois, Tanguy du Châtel est embarrassé par Montiel. Le Maître de Boèce (fig. 4) insiste sur le comportement inadapté de Pierre Ier, allié des Anglais, qui, injurié par son frère, va l'attaquer. La rixe, qui fait d'Henri II le seul roi de Castille, nait d'une discussion qui tourne mal, d'une perte de sang-froid, d'un homicide pas d'un meurtre.

Au début du XVe siècle, à Paris, dans quelques manuscrits enluminés des *Chroniques* de Froissart, les Maître de Giac, de Boèce et de Virgile évoquent la mort de Pierre Ier de Castille non pas chacun à leur manière, mais en suivant deux options : le meurtre ou un substitut, la poursuite des vaincus ou la confrontation. Les trois temps retenus permettent de dénoncer le non-respect des droits des prisonniers de guerre et attestent une adaptation à la personnalité des commanditaires. Membres d'un petit groupe aux responsabilités importantes, au fait des enjeux politiques, militaires, diplomatiques et financiers, ils se croisent, s'affrontent, se succèdent à Paris. La plupart sont partisans du duc de Bourgogne, mais un est Armagnac. Dans près de la moitié des cas, ils entretiennent avec la Castille, où ils se sont rendus, et avec les Castillans un lien particulier, personnel. Il semble avoir pour effet de rendre difficile la figuration du meurtre dans toute sa brutalité. Après Montereau, pour les Bourguignons jusqu'au règne de Charles le Téméraire, la mise à mort de Jean sans Peur rend inopportune par analogie la représentation de celle de Pierre le Cruel. De son côté, Charles VII, avec le traité d'Arras et la reconquête, ne souhaite pas rouvrir les plaies. Désormais, avec le progrès de la puissance souveraine, est rejetée toute atteinte à la personne du roi.

De zaak Draeck : Antwerpen tegenover Zierikzee

Een interstedelijk conflict tijdens de Vlaamse Opstand

Louis Sicking
Aemilius Papinianus hoogleraar Geschiedenis van het Volkenrecht Vrije Universiteit Amsterdam ; Universiteit Leiden

1. Inleiding

De Vlaamse Opstand, die het decennium 1482-1492 omvat, heeft grote gevolgen gehad voor de dichtbevolkte gebieden van de Scheldedelta, in het bijzonder voor de handel en scheepvaart. Uiteindelijk heeft deze Opstand ertoe geleid dat Antwerpen de positie van Brugge als de handelsmetropool van Noordwest-Europa kon overnemen. De strijd ontbrandde toen na het onverwachtse overlijden van Maria van Bourgondië in 1482 haar echtgenoot, aartshertog Maximiliaan van Oostenrijk, optrad als regent van hun minderjarige zoontje Filips de Schone. Maximiliaans autocratische beleid druiste in tegen de belangen en privileges van de leidende stedelijke en adellijke elite en riep met name in Vlaanderen met zijn machtige steden bijzonder veel weerstand op.

De strijd van de particularistische steden tegen de oprukkende staat is een klassiek thema. In België heeft de grote opstandige traditie in Vlaanderen en Brabant in de late middeleeuwen de meeste aandacht getrokken van vakgenoten. Het onderzoek naar de Vlaamse Opstand aan het einde van de vijftiende eeuw past in deze traditie, zij het dat dit onderzoek pas in recente jaren een hoge vlucht heeft genomen, met name door het werk van Jelle Haemers, al dan niet in samenwerking met collega's[1]. Dit onderzoek richt zich met name op de politieke en militaire ontwikkelingen in Vlaanderen en, in mindere mate, op Brabant. De opstandigheid beperkte zich echter niet tot deze gewesten.

1 Met dank aan Mario Damen, Remco van Rhee en Arie van Steensel voor hun commentaar. De gebruikelijke disclaimer is van toepassing. J. Haemers, *For the Common Good. State Power and Urban Revolts in the Reign of Mary of Burgundy (1477-1482)*, Turnhout, 2009 ; Id., *De strijd om het regentschap over Filips de Schone. Opstand, facties en geweld in Brugge, Gent en Ieper (1482-1488)*, Turnhout, 2015 ; Id., Philippe de Clèves et la Flandre. La position d'un aristocrate au cœur d'une révolte urbaine (1477-1492), in *Philippe de Clèves (1456-1528), homme politique et bibliophile*, éd. Id., C. Van Hoorebeeck, H. Wijsman, Turnhout, 2007, p. 21-99 ; Id., Factionalism and State Power in the Flemish Revolt (1482-1492), in *Journal of Social History*, dl. 42/4, 2009, p. 1009-1039 ; J. Dumolyn, J. Haemers, Patterns of Urban Rebellion in Medieval Flanders, in *Journal of Medieval History*, dl. 31, 2005, p. 369-393 ; Id., L. Sicking, De Vlaamse Opstand van Filips van Kleef en de Nederlandse Opstand van Willem van Oranje. Een vergelijking, in *Tijdschrift voor Geschiedenis*, dl. 119/3, 2006, p. 328-347. Van de oudere literatuur mag W. Blockmans, Autocratie ou polyarchie ? La lutte pour le pouvoir politique en Flandre de 1482 à 1492 d'après des documents inédits, in *Handelingen van de Koninklijke Commissie voor Geschiedenis*, dl. 149, 1974, p. 473-494 hier niet onvermeld blijven.

Pour la singuliere affection qu'avons a luy. *Études bourguignonnes offertes à Jean-Marie Cauchies*, sous la direction de Paul Delsalle, Gilles Docquier, Alain Marchandisse et Bertrand Schnerb, Turnhout, 2017 (*Burgundica* 24), p. 405-416.

DOI 10.1484/M.BURG-EB.5.113935

In Holland, Namen en Luxemburg waren bijvoorbeeld ook opstandelingen actief. De vraag is of en in hoeverre sprake was van verschillende zelfstandige bewegingen of dat het wellicht mogelijk is te spreken van een brede opstandige beweging tegen het centrale gezag uitgeoefend door Maximiliaan van Oostenrijk namens Filips de Schone. Dit artikel wil aan de beantwoording van deze vraag een bijdrage leveren door zich toe te spitsen op één specifieke kwestie die in 1489 ontstond tussen Antwerpen en de stad Zierikzee, gelegen op het Zeeuwse eiland Schouwen. De aanleiding voor deze zaak was de achtervolging van een Vlaams schip door een kleine Brabantse vloot onder het commando van Walraven Draeck tot in de haven van Zierikzee[2]. Ook kan hiermee een bijdrage worden geleverd aan de vraag hoe stadsbesturen zich bemoeiden met kwesties waarbij hun burgers of functionarissen betrokken raakten en hoe deze mogelijk konden worden opgelost. Eerst zal het verloop van de gebeurtenissen in Zierikzee worden beschreven. Vervolgens komen de procedures voor de Antwerpse schepenbank en de Grote Raad van Mechelen aan de orde. Tenslotte zullen achtereenvolgens de ruimere Antwerpse en de Zierikzeese context van de « zaak Draeck » worden besproken. In het vervolg van dit artikel wordt met de Vlaamse Opstand de zogenaamde Tweede Vlaamse Opstand van de jaren 1488-1492 bedoeld, toen Filips van Kleef als opstandelingenleider optrad.

2. De casus

In april 1489 voeren in Antwerpen uitgeruste oorlogsschepen onder commando van Walraven Draeck vanuit de Scheldestad richting Bergen op Zoom. Daar werd het flottielje met twee Bergse schepen versterkt. Het bestond uit vier of misschien vijf schepen, onder Draeck, de stadgenoten Jan Michiel en Hendrik Pinssen, ook uit Antwerpen, en Jan Zoete uit Bergen op Zoom[3]. Het aldus gevormde Brabantse vlootje voer in april en mei op de Schelde. Volgens de Antwerpenaren kwam de vloot van Draeck in mei in de buurt van Sint Maartensdijk twee schepen tegen die werden aangehouden. De schepen wilden naar Holland varen om handel te drijven maar ze hadden in de buurt van Zierikzee een bark gezien die ze niet durfden te passeren. Het eskader van Draeck besloot de schepen te begeleiden richting Walcheren, waar ook andere handelsschepen op een gewapende escorte wachtten. Omdat de avond viel toen de vloot bij Walcheren aankwam en ook het tij tegen zat besloot Draeck op Walcheren te overnachten. Daar kwam hem ter ore via de bemanningsleden van de schepen die zich als laatste bij zijn vloot hadden aangesloten dat zij door een Vlaamse bark waren achtervolgd. De bark gaf de achtervolging uiteindelijk op en zou daarna koers hebben gezet naar Zierikzee.

2 Brussel, Algemeen Rijksarchief (= ARA), Archief Grote Raad van Mechelen (GRM), Eerste Aanleg (EA), Dossier 97 ; A. H. Huussen, *Inventaris en beschrijving van de Noord-Nederlandse processtukken (dossiers) behorende tot de fondsen behorende tot de fondsen Aanzienlijke Geslachten, Procesbundels tot 1504 en eerste Aanleg, berustende in het archief van de Grote Raad van Mechelen, Algemeen Rijksarchief Brussel*, dl. 1, Amsterdam, 1968. De registers van de dicta en van « proceszakken », waarvoor geen nadere toegangen beschikbaar zijn, zijn niet in het onderzoek betrokken. C. H. Van Rhee, *Litigation and Legislation. Civil Procedure at First Instance in the Great Council for the Netherlands in Malines, 1522-1559*, Brussel, 1997. A. Goovaerts besteedde eind negentiende eeuw aandacht aan deze zaak in zijn onuitgegeven aantekeningen over de geschiedenis van de admiraliteit, Brussel, ARA, Handschriftenverzameling, Inv. nrs 4148-4149, Hoofdstuk XIX. Hierna : Aantekeningen Goovaerts, XIX, bladzijdenummer. Drie stukken die zich wel in het dossier bevinden zijn niet opgenomen in Huussen, *Inventaris*. Het betreft een ongedateerde memorie van na 1491 en een mandement (7 februari 1500 n. s.) en een verslag van de deurwaarder uit hoofde van dit mandement. Goovaerts was niet bekend met deze stukken.

3 Brussel, ARA, GRM, EA, Dossier 97, document d ; Aantekeningen Goovaerts, XIX, p. 10-11.

Draeck besloot hierop uit te varen, zette eveneens koers naar Zierikzee en trof er in de haven inderdaad een bark aan. Volgens verschillende Zierikzeese getuigen zou dit op pinksterdag, 19 mei 1489 rond vier uur 's-ochtends zijn gebeurd[4]. Op het moment dat de vloot van Draeck de haven binnen liep, klonken de trompetten en trommels aan boord van de Vlaamse bark en lieten de Vlamingen hun standaarden en oorlogstuig zien. Walraven Draeck liet als antwoord op dit machtsvertoon zijn kanonnen afschieten waarop de bemanning van het Vlaamse schip op de vlucht sloeg, de buitenwijk van Zierikzee in. Daar kregen zij hulp van de lokale bevolking die hen hielp zich te verstoppen in hun huizen. Zij werden achterna gezeten door een kleine legermacht van ongeveer veertig Antwerpse soldaten die Draeck had laten ontschepen[5]. De overige bemanningsleden namen ondertussen de Vlaamse bark in beslag waarop slechts twee opvarenden waren achtergebleven die gevangen genomen werden.

Verschillende inwoners van Zierikzee waren getuige van de achtervolging van de vluchtende Vlamingen door de Antwerpenaren op de vroege pinksterochtend van 1489. Jacob Jansz, herbergier, die met zijn vrouw nog lag te slapen, werd wakker gemaakt door de Antwerpse soldaten die wilden weten waar de Vlamingen waren gebleven die van de boot waren gevlucht. Jacob gaf aan van niets te weten. Hij was vervolgens getuige van de plundering van het leprozenhuis door de Antwerpenaren. Ook huizen en werkplaatsen moesten het ontgelden in de Antwerpse zoektocht naar de gevluchte Vlamingen. Zo werd bijvoorbeeld de zoutketel van Cornelis Claisz geplunderd. Deze Zierikzeese zoutzieder ging zoals elke ochtend om vier uur naar zijn ketel en zag hoe de Antwerpenaren aan land gingen en het ook op zijn zoutketel gemunt hadden. Geweld werd niet geschuwd en waardevolle spullen werden meegenomen. Verschillende Vlamingen wisten de stadspoort te bereiken en werden de stad binnengelaten. Toen de Antwerpenaren arriveerden schoten de stadswachten op hen en scholden hen uit voor « vuile verraders » en zeiden : « Jullie zullen ze niet krijgen ! ». Ondertussen had het luiden van de alarmklok de hele stad gewekt[6].

Verschillende Zierikzeeënaars sprongen hun bed uit en trokken er, soms nauwelijks gekleed en al dan niet gewapend op uit om de nog onbekende dreiging die zich aandiende het hoofd te bieden. De Antwerpse soldaten brachten hen tot staan en scholden de Zierikzeeënaars uit voor verraders, soldatenhoeren en hoerenzonen. Zij beschuldigden hen er verder van nog erger te zijn dan de Vlamingen door de vijand te steunen en voegden hen ook toe dat zij er de oorzaak van waren dat de oorlog nog voortduurde. De tot woede gewekte Zierikzeeënaars werden vervolgens door Antwerps wapengekletter teruggedrongen tot achter de stadspoorten waarbij velen hun schoenen en pantoffels verloren. Één getuige, Heynne Heynsz, meldde dat hij ternauwernood aan de dood ontsnapte doordat hij een aanval door een man met een piek wist te ontwijken[7].

Na deze gebeurtenissen kwam het stadsbestuur van Zierikzee in allerijl bijeen. Dat riep de schutterijen, zowel de boogschutters als de kruisboogschutters, onder de wapens en stuurde één van zijn burgemeesters, Anthonis van Kats, erop uit om het volk in de buitenwijk tot kalmte te manen. Kats werd beschermd door een burgermilitie. Hij zond Hendrik alias Teghelare, zoutzieder van beroep, naar Walraven Draeck die inmiddels naar zijn schepen was teruggekeerd, met het verzoek om naar de stad te komen voor overleg. Draeck weigerde aanvankelijk maar na de toezegging, in naam van

4 Onder andere Willemen Gillisz en Jehan Willemsz. Brussel, ARA, GRM, EA, Dossier 97, document e, p. 27, 30.

5 Brussel, ARA, GRM, EA, Dossier 97, document d, p. 8.

6 Aantekeningen Goovaerts, XIX, p. 12.

7 Brussel, ARA, GRM, EA, Dossier 97, document e, p. 11-13 ; Aantekeningen Goovaerts, XIX, p. 12.

het stadsbestuur, dat hem niets zou worden aangedaan en hij een vrijgeleide zou krijgen, bedacht hij zich en verliet samen met één van zijn luitenants, Jan van Rodenburg, en een tiental gewapende mannen, zijn schepen. Daarop naderde en omringde een woedende en gewapende menigte het groepje van de Antwerpse vlootcommandant en scandeerde : « Dood hem, dood deze hoerenverrader ! ». Draeck zag in dat hij niet tegen de menigte was opgewassen en probeerde met zijn mannen toevlucht te zoeken in één van de huizen. Dit mislukte echter omdat ze in de straat waarin ze waren van twee kanten werden tegengehouden door Zierikzeeënaars die hun pieken en zwaarden naar hen uitstaken. In het gedrang kwamen de geharnaste Draeck en Rodenburg ten val. Zij wisten weer overeind te komen en probeerden opnieuw een huis binnen te vluchten maar werden nu van achteren met zwaarden bestookt terwijl leuzen werden geschreeuwd als « Neem hem gevangen ! », « Snijd hem de keel af ! » en « Hak zijn hoofd af ! ». Men nam Draeck en zijn mannen gevangen, nam hun wapens, harnassen, ringen en geld af, en bracht hen naar het stadsbestuur dat inmiddels de wijk in was gekomen, en, beveiligd door een zestigtal bewapende mannen, een lokale kapel had betrokken in de buurt van de stadspoort[8].

Toen de menigte met Draeck en zijn mannen in het zicht kwam van burgemeester Kats nam deze hem in bescherming en bracht hem over naar de kapel waar het stadsbestuur in vergadering bijeen was. Vandaar uit werd hij overgeplaatst naar een huis waarin hij enkele uren werd vastgehouden onder bewaking van de boogschutters en kruisboogschutters. Pas toen de menigte tot bedaren was gebracht – wat een verdienste van Kats zou zijn geweest – kreeg Draeck onderdak in herberg *De Apotheek*. Daar kreeg hij te horen dat hij pas zou worden vrijgelaten wanneer hij de Vlaamse bark zou terug geven en de gemaakte gevangenen zou vrijlaten. De Antwerpse vlootcommandant zag geen andere mogelijkheid dan een brief te schrijven aan zijn manschappen met dit verzoek en dit in te willigen als zijn leven hen lief was. Zijn page bracht de brief over na eerst te zijn gelezen door het Zierikzeese stadsbestuur.

Maar aan de eisen voor de vrijlating van Draeck kon niet worden voldaan want zijn bemanning had de Vlaamse bark en de gevangenen al naar Bergen op Zoom laten afvoeren. De page, die verklaarde voor geen goud ter wereld nog terug te keren naar Zierikzee, werd vervangen door een trompetter die met een Antwerpse banier aan zijn instrument bevestigd het nieuws moest overbrengen dat niet aan de gestelde voorwaarden kon worden voldaan[9]. De trompetter werd onderweg gemolesteerd, zijn banier werd hem afgenomen en in stukken gescheurd maar ondanks dat hij daarbij aan zijn been gewond raakte, wist hij de herberg te bereiken en het antwoord van de bemanning over te brengen.

Het stadsbestuur weigerde eerst Draeck vrij te laten maar bedacht zich de volgende dag. Draeck werd in het bijzijn van de magistraat terug naar zijn schepen geleid, niet vanwege zijn persoon *mais pour l'honneur et révérence du roy nostre sire et de mon trés redoubté seigneur, monseigneur l'archiduc, et de ceulx de la ville d'Anvers dont il est estoit capitaine*. De waardevolle spullen die men Draeck en zijn mannen had afgenomen werden echter niet terug gegeven. Draeck keerde met zijn vloot naar Antwerpen terug waar hij op 17 juni 1489 aankwam[10].

8 *Ibid.*, p. 13.

9 *Ibid.*, p. 14.

10 Brussel, ARA, GRM, EA, Dossier 97, document e, p. 25, 32.

3. De procedures

Bij zijn terugkeer in de Scheldestad diende Walraven Draeck onmiddellijk een eis tot schadevergoeding in tegen de Zierikzeese magistraat wegens mishandeling. Het Antwerpse stadsbestuur ging meteen tot actie over door alle in de stad verblijvende Zierikzeese kooplieden, aanwezig voor de vrijmarkt, te arresteren en hun goederen in beslag te nemen. In totaal werden drieëndertig Zierikzeese mannen en vrouwen gedurende drie weken vast gezet in het steen van Antwerpen[11]. Pas toen de magistraten van beide steden, na drie weken, een akkoord bereikten werden ze vrijgelaten, op zes personen na, die gedurende een jaar beschikbaar moesten blijven voor de Antwerpse justitie.

De partijen, Walraven Draeck en de zijnen enerzijds en de gevangen genomen Zierikzeese kooplieden anderzijds, verschenen twee keer voor de Antwerpse schepenbank, 11 december 1489 en 23 januari 1490. Tijdens de eerste zitting stelde de schepenbank voor de zaak aan arbitrage te onderwerpen door vier arbiters, twee aan te stellen door Antwerpen en twee door Zierikzee, die naar keuze van Zierikzee in Antwerpen of Bergen op Zoom bijeen zouden komen op dinsdag na Driekoningen. Wanneer Zierikzee de arbitrage accepteerde zouden de Zierikzeese kooplieden worden vrijgelaten op voorwaarde dat zij weer gevangen zouden worden gezet wanneer de arbitrage niet tot resultaat zou leiden. Wanneer Zierikzee arbitrage weigerde, dan zouden de vrijgelaten kooplieden voor 31 december naar Antwerpen moeten terugkeren en er moeten blijven totdat de zaak in der minne zou zijn geschikt of door middel van een vonnis zou worden opgelost. De Zierikzeese afgevaardigden, die mede namens de kooplieden optraden, verklaarden dit voorstel aan hun stadsbestuur voor te leggen en vóór kerstmis met een antwoord te zullen komen.

Tot arbitrage kwam het niet. Op 23 januari 1490 verschenen beide partijen opnieuw voor de Antwerpse schepenbank. De Zierikzeese afgevaardigden verklaarden dat de kooplieden onterecht gevangen waren genomen. Zij voerden hiervoor twee redenen aan. Ten eerste omdat de gevangenneming tijdens de vrijmarkt plaats had gevonden. Ten tweede omdat de in Antwerpen aanwezige Zierikzeeënaars persoonlijk onschuldig waren. Met deze reactie nam de schepenbank geen genoegen en besloot dat de Zierikzeese partij te gronde zou moeten antwoorden binnen een termijn van drie weken[12]. De zaak kreeg echter geen verder vervolg voor de Antwerpse schepenbank. Zij werd geëvoceerd voor de Grote Raad van Mechelen. Tijdens de procedure voor de Grote Raad dienden de Zierikzeese kooplieden – Dierick Jansz, Jan Willemsz, Bastiaen Heynrick Willemsz c.s. – en de Zierikzeese magistraat als gevoegde partij bij dit hoogste gerechtshof van de Nederlanden als eisers in reconventie een tegeneis in tot vrijlating en tot restitutie van hun goederen en tot vergoeding van de schade tijdens de plundertochten door de soldaten van Walraven Draeck in Zierikzee en omgeving. De Zierikzeeënaars legden een lijst met gestolen goederen over waarop onder andere de uit het leprozenhuis gestolen goederen werden vermeld maar ook vee dat in de omgeving van Zierikzee door de mannen van Walraven Draeck zou zijn gestolen. Hiervoor stelden zij de opdrachtgever, het stadsbestuur van Antwerpen, verantwoordelijk[13].

11 Huussen, *Inventaris*, dl. 1, EA Dossier 97 ; Aantekeningen Goovaerts, XIX, p. 15.

12 Antwerpen, Felixarchief (Ancien regime archief van de stad Antwerpen), Inv. nr. 1231, Vonnisboek 1488-1494 ; Aantekeningen Goovaerts, XIX, p. 16.

13 Huussen, *Inventaris*, dl. 1, EA Dossier 97 ; Brussel, ARA, GRM, EA, Dossier 97, document c., p. 3-5.

Bij Walraven Draeck en de zijnen, die verweerders in reconventie waren in de zaak voor de Grote Raad, traden het Antwerpse stadsbestuur en de procureur-generaal, die het vorstelijk gezag vertegenwoordigde, op als gevoegde partijen. Draeck ontkende de plunderingen en ontkende eveneens naar Zierikzee gekomen te zijn om te plunderen. Hij zei een vijandelijke bark te hebben achtervolgd waarvan de bemanning het herhaaldelijk gemunt had op de zeehandel. Hij eiste vanwege de beledigingen, de dwang en het geweld die hij in Zierikzee had moeten ondergaan terwijl hij optrad als hoofd en kapitein van een aantal soldaten ten behoeve van de Rooms-koning, de aartshertog en de stad Antwerpen, dat Zierikzee door de Grote Raad zou worden veroordeeld tot de financiering van twee glasramen ter ere van Maximiliaan en zijn zoon in de Onze-Lieve-Vrouwekathedraal van Antwerpen. Verder eiste hij dat Zierikzee 200 gouden écu betaalde aan de kerkfabriek, eveneens 200 écu aan de kerkelijke armenzorg en voor de beeltenis van Onze Vrouwe een drietal wassen toortsen die elk twaalf pond wogen en die zouden moeten branden wanneer het *Salve Regina* (Wees gegroet) werd gezongen, totdat ze helemaal opgebrand waren. Ook eiste Walraven Draeck een persoonlijke schadevergoeding van 8 000 gouden écu en 3 000 gouden leeuwen voor de procureur generaal ten behoeve van Maximiliaan van Oostenrijk en Filips de Schone. Ten slotte vorderde Draeck dat de Zierikzeese kooplieden en de magistraat in hun eis in reconventie niet ontvankelijk zouden worden verklaard en dat de tegenpartij tot het betalen van alle genoemde kosten en tot de proceskosten zou worden veroordeeld[14].

In het archief van de Grote Raad van Mechelen bevindt zich een fragment van het dossier van de zaak. Het dossier telt vijf stukken : een mandement van hertog Filips de Schone van 7 februari 1490, een relaas van de deurwaarder, memoriën door eisers, memoriën door verweerders en een 76 bladzijden tellend verslag van een in Zierikzee uitgevoerd onderzoek door de Grote Raad[15]. De zaak diende voor de Grote Raad op 12 maart, 23 april, 21 mei en op 3 december 1490[16]. In 1492 liet de Grote Raad door Richard Utenhove, raadsheer en requestmeester, en Jean de Longueville, griffier van de Grote Raad en secretaris van Maximiliaan van Oostenrijk en Filips de Schone, een enquête uitvoeren in Zierikzee. Dit onderzoek duurde vier dagen, van 27 tot en met 30 mei 1492. Negentwintig getuigen werden gehoord, voornamelijk Zierikzeese burgers maar ook anderen die in de buurt woonden. Zoals te verwachten was, legden zij allemaal verklaringen af ten nadele van Walraven Draeck en zijn mannen[17].

Hoewel de zaak in 1493 niet meer voorkomt op de rol van de Grote Raad van Mechelen[18], is rond de eeuwwisseling nog verder geprocedeerd door Walraven Draeck die recht bleef claimen op schadevergoeding uit Zierikzee. De stukken waaruit dit blijkt bieden een interessant licht op de zaak omdat de Grote Raad namens de landsheer motiveerde waarom hij competent was : het betrof een kwestie die zich in oorlogstijd had voorgedaan, tussen burgers van twee verschillende steden in twee verschillende gewesten. Hiermee nam de Grote Raad een eigen positie in. Zierikzee had opgeworpen dat Zierikzeese burgers niet voor het gerecht van Antwerpen konden worden berecht

14 Aantekeningen Goovaerts, XIX, 16-18 ; Brussel, ARA, EA, Dossier 97, document d, p. 1-4.

15 Huussen, *Inventaris*, dl. 1, EA Dossier 97.

16 Brussel, ARA, GRM, Registers, Inv. nr 1161, Rôles aux causes du procureur Midi, 1489-1490, fol. 8v, 15r, 21v ; inv. nr. 1162, Rôles aux causes du procureur Midi, 1490-1492, fol. 72v ; Aantekeningen Goovaerts, XIX, p. 18.

17 Brussel, ARA, GRM, EA, Document 87, document e.

18 Aantekeningen Goovaerts, XIX, p. 20.

maar alléén voor het eigen stedelijk gerecht of voor het Hof van Holland en Zeeland[19]. Draeck van zijn kant beargumenteerde uitvoerig waarom de nog te bespreken zoen die in 1492 werd gesloten tussen de stadhouder-generaal van de Nederlanden, Albrecht van Saksen, en Zierikzee niet kon betekenen dat zijn recht op schadevergoeding kwam te vervallen. Onder verwijzing naar het geleerde recht stelde Draeck dat de vorst het recht op schadevergoeding van een derde partij niet kon kwijtschelden. Het kon ook niet omdat Draeck en de Zierikzeese kooplieden hierover nog een procedure hadden lopen en omdat de zaak in staat van wijzen verkeerde. Kortom, Draeck persisteerde in zijn principale schrifturen, ofwel hij hield voet bij stuk[20]. Een geëxtendeerde sententie in de zaak is niet teruggevonden[21]. We weten niet hoe de zaak is afgedaan. Wellicht kan de context waarin deze zaak zich afspeelde enige duidelijkheid bieden.

4. De Antwerpse context

Tijdens de Vlaamse Opstand stond Antwerpen aan de zijde van Maximiliaan van Oostenrijk, die de stad voor zich had weten te winnen dankzij begunstiging met vele privileges[22]. Zeer belangrijk was de door Maximiliaan geïnstigeerde verhuizing van de buitenlandse koopliedengemeenschappen van Brugge naar Antwerpen door deze naties in de Brabantse stad dezelfde privileges en bescherming in het vooruitzicht te stellen, die de stad aan de Schelde maar al te graag bevestigde. Dit was een cruciale factor en katalysator in de overname door Antwerpen van de positie die Brugge tot dan toe had bekleed als de belangrijkste handelsmetropool van Noordwest-Europa[23].

De stad aan de Schelde is op verschillende manieren bij de Vlaamse Opstand betrokken geweest. Eén van de belangrijkste prioriteiten was het beveiligen van de zeehandel van en naar Antwerpen die met name vanuit Sluis door de opstandelingen onder leiding van Filips van Kleef werd bedreigd. Niet toevallig werd in deze jaren het zogenaamde kolveniersgilde (1489/1490), ook wel busschietersgilde genoemd, opgericht, het eerste Antwerpse gilde dat vuurwapens gebruikte. De eerste hoofdman van het kolveniersgilde was Walraven Draeck, die daarmee dus een belangrijke militaire verantwoordelijkheid kreeg voor de veiligheid van de stad. Walraven was afkomstig uit een vooraanstaande Antwerpse familie. Zijn oudste broer Willem werd tussen 1488 en zijn dood in 1525 verschillende keren aangesteld als stadsbestuurder. Hij werd beschouwd

19 Dit blijkt uit de stukken die niet in Huussen, *Inventaris* zijn opgenomen, maar zich wel in het dossier bevinden. Brussel, ARA, GRM, EA, Dossier 97. Ongedateerde memorie van na 1491, mandement (7 februari 1500 n.s.) en een verslag van de deurwaarder uit hoofde van dit mandement.

20 Ongedateerde memorie van na 1491, Brussel, ARA, GRM, EA, Dossier 97.

21 J. T. De smidt e. a., *Chronologische lijsten van de geëxtendeerde sententiën berustende in het archief van de Grote Raad van Mechelen*, dl. 1-2, *1465-1504, 1504-1531*, Brussel, 1966-1971.

22 B. Willems, Militaire organisatie en staatsvorming aan de vooravond van de Nieuwe Tijd. Een analyse van het conflict tussen Brabant en Maximiliaan van Oostenrijk (1488-1489), in *Jaarboek voor middeleeuwse Geschiedenis*, dl. 1, 1998, p. 265.

23 J. Maréchal, Le départ de Bruges des marchands étrangers (xve et xvie siècles), in Id., *Europese aanwezigheid te Brugge. De vreemde kolonies (xivde-xvide eeuw)*, Brugge, 1985, p. 180-210 ; W. P. Blockmans, *Metropolen aan de Noordzee. De geschiedenis van Nederland, 1100-1560*, Amsterdam, 2010, p. 555-556 ; O. Gelderblom, *Cities of Commerce. The Institutional Foundations of International Trade in the Low Countries, 1250-1650*, Princeton, 2013, p. 28-29.

als één van de meest invloedrijke Antwerpse politici[24]. Op het moment dat Walraven tot commandant van de Antwerpse vloot werd aangesteld was zijn broer burgemeester[25].

De Antwerpenaren beperkten hun maritieme acties op de wateren van de Scheldedelta tijdens de Vlaamse Opstand niet tot het escorteren van koopvaardijschepen. We mogen ervan uitgaan dat het Brabantse smaldeel onder Draeck aan kapingen en raids heeft deelgenomen. Om te ravitailleren zijn zij bijvoorbeeld bij Kats aan wal gegaan en stalen er schapen en kazen zoals de Zierikzeeënaars getuigden[26].

5. De Zierikzeese context

Zierikzee gaf openlijk steun aan Filips van Kleef. Volgens de Zeeuwse kroniekschrijver Johan Reigersbergh zou dit op instigatie van Filips' vader Adolf zijn gebeurd die in Zierikzee een residentie had. De stad was, evenals andere Zeeuwse steden, betrokken bij de leverantie van victualiën en munitie aan de rebellen in Sluis[27]. Maar er is een dieper liggende oorzaak voor de Zierikzeese steun voor de Vlaamse opstandelingen : Zierikzee ging gebukt onder de partijstrijd die bekend staat als de Hoekse en Kabeljauwse twisten, die de politieke verhoudingen in Holland en Zeeland tijdens dynastieke crises tussen 1345 en 1492 had beheerst. In Zierikzee kregen de Hoeken de overhand. De verhoudingen waren er bijzonder gepolariseerd geraakt sinds Karel de Stoute beide partijen tegen elkaar uitspeelde door stedelijke ambten aan de meest biedende te « verkopen ». In 1477 waren er stadsbestuurders gevangen gezet vanwege hun beleid ten tijde van Karel. Nog in 1510 werd een Zierikzeeënaar veroordeeld die een burgemeester partijdigheid had verweten[28].

Zierikzeese steun voor de Hoekse zaak bleek ook tijdens de Jonker Fransenoorlog (1488-1490) die de gemoederen vooral in Holland verhitte en onder meer leidde tot de inname van Rotterdam. Sluis had daarvoor als uitvalsbasis gefungeerd voor jonker Frans van Brederode die door Filips van Kleef tot stadhouder van Holland en Zeeland was benoemd. Hollandse Hoeken hielden zich al sinds 1488 op in Sluis vanwaar uit zij kapingen uitvoerden in de Scheldedelta[29]. Toen Frans van Brederode in de Slag bij het Brouwershavense gat in juli 1490 werd verslagen door een vloot onder de door Maximiliaan aangestelde Kabeljauwse stadhouder Jan van Egmond, wist Jan van Naaldwijk, een bondgenoot van jonker Frans, te ontkomen en vluchtte naar Zierikzee,

24 Hun vader Walraven was leenman van de hertog van Brabant en gehuwd met Gertrude van den Werve. Het gaat om Willem Draeck Walravesz die met maar liefst veertig mandaten de lijst aanvoerde van wethouders met de meeste mandaten in de late XV[e] eeuw en eerste helft van de XVI[e] eeuw. Willem Draeck Willemsz is een andere telg die het met twintig mandaten moest doen. K. Wouters, Een open oligarchie ? De machtsstructuur in de Antwerpse magistraat tijdens de periode 1520-1555, in *Belgisch Tijdschrift voor Filologie en Geschiedenis*, dl. 82/4, 2004, p. 929-930. Walraven zelf is slechts één keer burgemeester geweest, in 1499. F. H. Mertens, *Geschiedenis van Antwerpen, sedert de stichting der stad tot onze tyden. Aenhangsel*, Antwerpen, 1853, p. 231-232.

25 Aantekeningen Goovaerts, XIX, p. 10.

26 *Ibid.*, p. 10-11.

27 A. Van Steensel, *Edelen in Zeeland. Macht, rijkdom en status in een laatmiddeleeuwse samenleving*, Hilversum, 2010, p. 308.

28 M. Van Gent, *Pertijelike saken. Hoeken en Kabeljauwen in het Bourgondisch-Oostenrijkse tijdperk*, Den Haag, z. j., p. 427, 454-456.

29 *Ibid.*, p. 376 ; *Bronnen voor de geschiedenis der dagvaarten van de Staten en steden van Holland voor 1544*, eds. H. Kokken, M. Vrolijk, dl. 4, *1477-1494*, 2[de] stuk, *Teksten*, Den Haag, 2006, p. 591.

achtervolgd door Jan van Egmond. De stad liet Van Naaldwijk en zijn mannen binnen terwijl de stadspoorten voor de stadhouder en zijn gevolg gesloten werden[30].

De affaire Draeck stond dus niet op zichzelf. Zierikzee stond aan de kant van de opstandelingen. De stad gaf zich pas gewonnen op 10 juli 1492 met de bezetting door troepen van Albrecht van Saksen, stadhouder-generaal in de Nederlanden en « rechterhand van het rijk » zoals hij werd genoemd door de paus van wie Albrecht in Zierikzee een gouden roos en een zwaard kreeg toegestuurd[31]. De stad werd zwaar gestraft. Het stadsbestuur, onder wie ook burgemeester Anthonis van Kats, en zestig burgers moesten blootshoofds en op hun knieën de stadhouder-generaal om vergiffenis smeken. De stad kreeg een reeks boetes opgelegd waaronder een van maar liefst 24 000 Andriesgulden, waarvan de kwitanties zich nog in het archief bevinden[32]. Verder werd de stad ontwapend terwijl Albrecht de Noordhavenpoort liet versterken zodat hij Zierikzee vandaar uit in bedwang kon houden. Oorlogsmisdrijven, inclusief die op zee gepleegd, werden expliciet uitgesloten van de condities waarmee de zoen tussen Albrecht van Saksen en Zierikzee werd bezegeld[33]. De zaak Draeck was hiermee dus niet afgedaan zoals we eerder al hebben gezien[34].

6. Besluit : een glasraam en een gerechtigheidstafereel

De positie van Antwerpen en Zierikzee ten tijde van de affaire Draeck laat zich door een blik op de ruimere context van de Vlaamse Opstand goed verklaren. Terwijl Antwerpen zich aan de zijde van Maximiliaan schaarde, streed Zierikzee aan de kant van de opstandelingen. Het overwegend Hoekse Zierikzee steunde Filips van Kleef in Sluis vanwaar uit, zoals we zagen, ook Hollandse Hoeken opereerden. Kortom, de opstandelingen in Sluis waren zeker niet alleen afkomstig uit Vlaanderen. Hoeken uit Holland en Zeeland zochten aansluiting bij de Vlaamse opstandelingen. Het optreden van Draeck was gericht op het veiligstellen en beschermen van de zeehandel van en naar Antwerpen maar het is zeker dat hij en zijn mannen kansen op het behalen van buit niet zullen hebben laten liggen. Dankzij steun van de Zierikzeese bevolking bleven de vluchtende Vlamingen uit handen van Draeck en zijn mannen, die een spoor van geweld door de industriële buitenwijk van Zierikzee trokken, en ook wel het een en ander zullen hebben meegenomen. Het molesteren en vasthouden van Draeck leidde tot een zaak doordat deze na zijn vrijlating schadevergoeding eiste van Zierikzee voor de Antwerpse schepenbank. Het arresteren van Zierikzeese kooplieden en de inbeslagname van hun goederen in Antwerpen resulteerde vervolgens in een door deze kooplieden aangespannen procedure voor de Grote Raad. De beide steden en de procureur

---

30 M. Z. Van Boxhorn, *Chroniick van Zeelandt eertijdts geschreven door d'Heer Johan Reygersbergen, nu verbetert ende vermeerdert*, Middelburg, 1644, p. 333-334.

31 A. De Fouw, *Philips van Kleef. Een bijdrage tot de kennis van zijn leven en karakter*, Groningen-Batavia, 1937, p. 268. Beschrijving van de inname van Zierikzee in *Geschichten und Taten Wilwolts von Schaumburg*, ed. A. Von Keller, Stuttgart, 1859, p. 116-118. *Bronnen voor de geschiedenis der dagvaarten van de Staten van Zeeland 1318-1572*, eds. J. G. Smit e.a., dl. 2, *Teksten 1479-1536*, Den Haag, 2011, p. 524.

32 Zij dateren van 8 augustus 1493. H. Uil, *Regesten van de privileges c.a., behorende tot het archief van de stad Zierikzee, (1248) 1275-1665*, typschrift, 2002, Zierikzee, Gemeentearchief Schouwen-Duiveland. Met dank aan Arie van Steensel.

33 Van Boxhorn, *Chroniick van Zeelandt*, p. 334-336 ; J. J. Westendorp Boerma, C. A. Van Swigchem, *Zierikzee vroeger en nu*, Bussum, 1972, p. 38-39.

34 Ongedateerde memorie van na 1491, Brussel, ARA, GRM, EA, Dossier 97.

generaal namens het centrale gezag toonden hun betrokkenheid en belang in de zaak door als gevoegde partijen op te treden.

De juridische kwestie heeft door het ontbreken van een vonnis een open einde. Zeker is dat de zoen tussen Albrecht van Saksen en Zierikzee niet het einde van de zaak Draeck betekende. Niettemin sluit ik deze bijdrage graag af met enige opmerkingen die misschien kunnen bijdragen aan de beantwoording van de vraag hoe de kwestie mogelijk is afgedaan. Een glasraam en een gerechtigheidstafereel bieden daarvoor wellicht aanwijzingen. Het gaat om het zogenaamde Bourgondische raam in de Sint-Antoniuskapel van de Antwerpse Onze-Lieve-Vrouwekathedraal waarop Filips de Schone en Johanna van Castilië zijn afgebeeld. Dan is er in dezelfde kapel ook het zogenaamde Engelse raam waarop de Engelse koning Hendrik VII en Elisabeth van York te zien zijn. Beide gebrandschilderde ramen dateren uit 1503 en zijn daarmee de oudste nog bestaande ramen in de kathedraal. De ramen zijn in verband gebracht met de *Intercursus Magnus*, het vrijhandelsverdrag dat de twee vorsten in 1496 sloten en met het in 1502 gesloten verdrag voor de Engelse *merchant adventurers*[35].

Er wordt van uitgegaan dat de vorsten deze ramen aan de kathedraal hebben geschonken. De Belgische algemene rijksarchivaris Alphonse Goovaerts heeft aan het einde van de negentiende eeuw echter geopperd dat het Bourgondische glasraam met Filips de Schone en Johanna van Castilië onmogelijk door hen aan de kerk kan zijn geschonken. Het argument dat hij hiervoor aanvoert is de tekst : *C'est ung amende* die niet minder dan acht keer is opgenomen op een viertal banderollen die de randen van het bovenste gedeelte van het glasraam sieren[36]. Goovaerts vermoedde dat het glasraam op kosten van de stad Zierikzee is gemaakt. Dit is minder ver gezocht dan het misschien lijkt : glasramen werden niet alleen geschonken door vorsten, steden of gilden, maar konden ook als boete zijn opgelegd[37]. Indien het glasraam door Zierikzee is bekostigd dan moet dat tussen 1496 en 1503 zijn gebeurd. Immers, Filips en Johanna huwden in 1496 en het glasraam is pas in of circa 1503 geïnstalleerd. In dit verband kan gewezen worden op het bezoek dat Filips de Schone in 1501 aan Zierikzee bracht voor zijn huldiging, op 9 juni, bijna zeven jaar na zijn aantreden als graaf van Holland en Zeeland[38]. Heeft de vorst bij dit bezoek wellicht aangedrongen op het betalen van een boete in de zaak Draeck waaronder het bewuste glasraam en zo alsnog een verzoening tussen Antwerpen en Zierikzee bewerkstelligd ? Bekend is dat Maximiliaan en Margaretha van Oostenrijk een actieve glasramenpolitiek hebben gevoerd om Filips te presenteren als legitieme erfgenaam van de Bourgondische erfenis[39].

35 M. Damen, Memorie en propaganda. De glazen verbeelding van Filips de Schone in de Nederlanden, in *Filips de Schone. De schoonheid en de waanzin*, eds. P. Vandenbroeck, M. A. Zalama Rodríguez, R. Bakker, Brugge-Madrid, 2006, p. 165 ; H. Nieuwdorp, The Middle Ages, in *The Cathedral of Our Lady in Antwerp*, ed. W. Aerts, Antwerpen, 1993, p. 171 ; J.-M. Cauchies, *Philippe le Beau. Le dernier duc de Bourgogne*, Turnhout, 2003, p. 108-109.

36 *Verzameling graf- en gedenkschriften van de provincie Antwerpen. Arondissement Antwerpen*, dl. 1, *Antwerpen – cathedrale kerk / Inscriptions funéraires et monumentales de la province d'Anvers. Arrondissement d'Anvers*, t. 1, *Anvers – église cathédrale*, Antwerpen, 1856, p. 117-118. Voor een afbeelding van het glasraam waarop de banderollen met de tekst *C'est ung amende* zichtbaar is : Nieuwdorp, The Middle Ages, p. 171. Zie ook bijvoorbeeld http://balat.kikirpa.be/photo.php?path=A022157&objnr=87612&lang=nl-NL&nr=7, (geraadpleegd op 1 oktober 2015).

37 Nieuwdorp, The Middle Ages, p. 171 ; J. Helbig, *De glasschilderkunst in België. Repertorium en documenten*, dl. 2, Antwerpen, 1951, p. 62-64.

38 Uil, *Regesten van de privileges* ; J. G. Smit, *Vorst en onderdaan. Studies over Holland en Zeeland in de late middeleeuwen*, Leuven, 1995, p. 245, 607-608 ; *Bronnen dagvaarten Zeeland*, dl. 2, p. 603 ; Cauchies, *Philippe le Beau*, p. 38-39.

39 Damen, Memorie en propaganda, p. 180.

Fig. 1. Banderol met de tekst *C'est ung amende,* Fragment van het uit *circa* 1503 daterende gebrandschilderde raam met Filips de Schone en Johanna van Castilië, Antwerpen, OLV-kathedraal, Sint-Antoniuskapel © KIK-IRPA, Brussel (nr A022147).

De vorst had aangekondigd bij zijn bezoek aan Zeeland in 1501 in Zierikzee de hoge vierschaar voor Zeeland beoosten Schelde voor te zitten[40]. Het is aantrekkelijk een relatie te leggen met het door raadsels omgeven Zierikzeese drieluik met *Het Laatste Oordeel* en op de zijpanelen Filips de Schone en Johanna van Castilië, dat te dateren is tussen 1498 en 1504, maar mogelijk ook nog iets later. Deze triptiek had geprijkt in de vierschaar in het stadhuis[41]. De iconografie van Filips de Schone alludeert op zijn functie als hoogste rechter op aarde, naast de allerhoogste, goddelijke rechtsinstantie in de hemel : Christus op het moment van *Het Laatste Oordeel.* Het zwaard dat de vorst in zijn rechterhand met de punt naar boven tegen zijn schouder aan houdt, is niet alleen symbool van het recht maar ook letterlijk een zwaard van gerechtigheid : het is een zogenaamde « bidehander », een tweesnijdend blank wapen dat met twee handen werd gebruikt en bij terechtstellingen als slagzwaard van de scherprechter of beul fungeerde. Een identiek zwaard is afgebeeld op het middenpaneel vlakbij Christus, waarmee dit middenpaneel en het zijluik met Filips met elkaar worden verbonden. Zowel Filips als Johanna zijn afgebeeld voor het paleis in Brussel. Filips staat op de plaats waar in een ver verleden in de open lucht de rechtspraak plaats vond. Tegen de stadsmuur is de oude vierschaar Burgendael te zien, een houten luifel, met eronder een bank en ervoor een balie[42].

Op de achterzijde van de portretluiken staan Sint-Lieven, patroonheilige van Zierikzee, en Sint-Maarten, patroon van het aartsbisdom Utrecht, waaronder Zierikzee ressorteerde. Er is beargumenteerd dat een telg van de vooraanstaande Noord-Bevelandse familie Kats in aanmerking komt als opdrachtgever voor het schilderij waarin het accent ligt op de rechtspraak in relatie met de vorst en de stad Zierikzee. Sint-Lieven was van oudsher verbonden met de familie Kats. De opdrachtgever zou Jacob van Kats kunnen zijn geweest ; deze opperdijkgraaf en baljuw van Zierikzee maakte in de vijftiende eeuw enkele jaren als schenker (*échanson*) deel uit van de

40 *Bronnen dagvaarten Zeeland*, dl. 2, p. 603 ; L. W. A. M. Lasonder, *Bijdrage tot de geschiedenis van de hooge vierschaar in Zeeland*, Den Haag, 1909, p. 27, 72, n. 4, 138-139. Het register van vonnissen van schepenen van Zierikzee, Zierikzee, Rechterlijk Archief, Inv. nr. 3846, leverde geen aanwijzingen van de aanwezigheid van Filips de Schone in 1501. Met dank aan de gemeente-archivaris Huib Uil.

41 T. Brandenbarg, Het Zierikzeese drieluik met « het laatste oordeel ». De geschiedenis van een schilderij uit de late middeleeuwen, in *Kroniek van het Land van de Zeemeermin (Schouwen-Duiveland)*, dl. 16, 1991, p. 46, 51-54.

42 J. H. A. De Ridder, *Gerechtigheidstaferelen voor schepenhuizen in de Zuidelijke Nederlanden in de* 14de*,* 15de *en* 16de *eeuw*, Brussel, 1989, p. 66-69; Brandenbarg, Het Zierikzeese drieluik, p. 48.

hofhouding van Filips de Schone[43]. Jacob was een neef van burgemeester Anthonis van Kats. Speelden de vervaardiging van het glasraam in de Antwerpse kathedraal en van het Zierikzeese drieluik respectievelijk een rol in het proces van normalisering van de verhoudingen tussen Antwerpen en Zierikzee en tussen de vorst en Zierikzee? Zeker is dat de vorstelijke bemoeienis met rechtspraak aan het einde van de middeleeuwen en het begin van de nieuwe tijd verschillende vormen aannam[44]. Ondanks de Vlaamse Opstand naar aanleiding van het regentschap van Maximiliaan van Oostenrijk onderwierp de vorst beide partijen en steden in de zaak Draeck aan het oordeel van de Grote Raad. Daarmee onderstreept deze zaak de continuïteit van functioneren van de vorstelijke instellingen in een crisisperiode.

43 Dit is Jacob Jacobsz van Kats († *ca.* 1502), ridder, gehuwd met Elisabeth van Ruiven. Van Steensel, *Edelen in Zeeland*, p. 190, 198, 241 ; Brandenbarg, Het Zierikzeese drieluik, p. 47-51. Vergelijk De ridder, *Gerechtigheidstaferelen*, p. 68-69.

44 T. Kuehn, Conflict Resolution and Legal Systems, in *A Companion to the Medieval World*, eds. C. Lansing, E. D. English, Chichester, 2009, p. 347. Zie ook J.-M. Cauchies, H. De Schepper, *Justice, grâce et législation. Genèse de l'État et moyens juridiques dans les Pays-Bas, 1200-1600*, Brussel, 1994.

Van tresorie naar archief. De inventaris van de oorkonden van Henegouwen uit 1409

Robert Stein
Universitair hoofddocent aan het Instituut voor Geschiedenis, Universiteit Leiden

1. Inleiding

In 1451 voltooide de Henegouwse tresorier Jean Marlette, samen met de Brabantse rekenmeester Adriaan van der Ee een inventaris van het oorkondenbezit van de graven van Henegouwen. In zijn inleiding merkt hij op dat wanorde heerst in het archief van Henegouwen sedert de inval van Jacoba van Beieren en Humphrey van Gloucester in 1424-1425, en dat tot op heden een behoorlijke inventaris ontbreekt:

> *Inventaire et visitacion des lettres, chartres et previlèges estans en la trésorie de Haynnau au Kesnoy, parfaite* [...] *pour oster toute confusion ou fait du trésor desdites lettres, chartres et previlèges, qui ont esté trouvées en la trésorie et fortresse dudit Kesnoy en petite ordonnance, car pluiseurs desdites lettres touchans diverses matières estoient mises ensemble en une laye, et grant partie d'icelles ont esté pieça transférées et portées de l'un pays à l'autre par les guerres qui estoient en iceulx pays de Haynnau, Hollande et Zellande, du tamps de feue madame Jaque* [...] *et depuis le tamps que lesdites guerres ont esté appaisies, l'on n'a peu ne sceu trouver ne recouvrer oudit pays de Haynnau aucuns répertoires ou inventoires d'icelles lettres : par quoy on n'a bonnement ne aisiement sceu trouver en ladite trésorie les matières des lettres et previlèges dont mondit seigneur a eu souvent à faire*[1].

Nadere informatie vinden we in de oorkonde waarmee Filips de Goede Jean Marlette in 1441 opdroeg een inventaris van de oorkonden in de Henegouwse tresorie te vervaardigen. Als reden daarvoor voert de hertog aan :

> *Pour ce que lesdis chartres et autres lettres et privileges qui estoient en ladite tresorerie touchans nous* (Philippe le Bon) *et noz païs de Haynnau, Hollande, Zellande et Frise estoient lors en confusion et sans ordre et n'y avoit inventoire ne repertoire par quoy on peust trouver celles dont on avoit a faire selon les cas qui servenoient pour le bien de nous et de nos diz païs et s'aucuns inventoire et repertoire y avoient esté, ilz en avoient esté ostez et emportez comme on disoit ou temps de la guerre que fist en nostre dit païs de Haynnau feu le duc de Glocestre*[2].

---

1 L. Devillers, *Cartulaire des comtes de Hainaut, de l'avènement de Guillaume II à la mort de Jacqueline de Bavière*, dl. 6, Brussel, 1896, p. XXV-XXVI.

2 P. Cockshaw, Projets d'établissement à Ath, puis à Binche, de la Trésorerie des comtes de Hainaut (1451-1456), in *Mémoires et Publications de la Société des Sciences, des Arts et des Lettres du Hainaut*, dl. 81, 1967, p. 49, n. 1.

Pour la singuliere affection qu'avons a luy. *Études bourguignonnes offertes à Jean-Marie Cauchies*, sous la direction de Paul Delsalle, Gilles Docquier, Alain Marchandisse et Bertrand Schnerb, Turnhout, 2017 (*Burgundica* 24), p. 417-433.

DOI 10.1484/M.BURG-EB.5.113936

Het is bekend Marlette met zijn inventaris niet geheel onontgonnen terrein betrad. In de bestaande literatuur wordt verwezen naar enkele oudere deelinventarissen uit 1310, 1318, 1367 en 1378[3]. Men gaat er meestal van uit dat de inventaris van 1451 het oudste complete bestandsoverzicht bevat van de Henegouwse tresorie. Dat geeft deze inventaris een buitengewone status, en het is dan ook geen toeval dat Jean-Marie Cauchies in zijn *La législation princière pour le comté de Hainaut* juist daaraan uitgebreid aandacht besteedt[4].

Toch klinkt in het tweede hierboven gegeven citaat ook een zekere twijfel door : als er al een inventaris was geweest, dan was die verloren gegaan in de tijd van de oorlogen met hertog Humphrey van Gloucester. Die oudere inventaris bestond inderdaad, en bestaat nog steeds. In 1409 en volgende jaren vervaardigde een viermanschap bestaande uit de tresorier, twee secretarissen en een klerk een gedetailleerd overzicht van de oorkonden en andere documenten die zich bevonden in de tresorie van het kasteel van Le Quesnoy. Ongetwijfeld is dit het exemplaar waar de vage verwijzing uit 1441 aan refereert. Het betreft dus de oudst-overgeleverde integrale bestandsopname van het Henegouwse archief, vervaardigd ruim veertig jaar voor die van Marlette en Van der Ee. Tot op heden is hij echter bijna geheel aan de wetenschappelijke belangstelling ontsnapt[5]. Vermoedelijk heeft dat te maken met het feit dat hij zich bevindt in het Nationaal Archief in het verre Den Haag, en niet in de archieven van Brussel of Rijsel, waar het merendeel van de documentatie met betrekking tot Henegouwen wordt bewaard.

In de bestaande literatuur worden middeleeuwse inventarissen voornamelijk gebruikt als bron voor een « bestandscontrole », als indicatie voor omvang en samenstelling van het archief, en soms om de inhoud van verloren gegane oorkonden te achterhalen. Ook kunnen zij ons een indruk van de inrichting en vorm van het archief verschaffen. Dergelijke vragen zouden ook probleemloos kunnen worden benaderd aan de hand van de inventaris van 1409, maar dat is niet het doel van dit artikel. Een inventaris is immers veel meer dan alleen een bestandsoverzicht, hij is ook een belangrijke cultuurhistorische bron, als paleografisch monument, als codex, als getuigenis van het belang, de zorg en de liefde die men het archief toedroeg, en als werkinstrument. In een eerdere publicatie heb ik, op basis van de rekeningen, erop gewezen dat er in de Bourgondische administratie zoiets als een gemeenschappelijke bestuurscultuur tot ontwikkeling kwam[6]. Gold dat ook voor de inventarissen die in Henegouwen werden aangelegd ? Dit artikel beoogt allereerst een korte beschrijving te geven van de vorm en inhoud van de inventaris van 1409. Daarnaast wil ik deze onderzoeken als artefact van diezelfde bestuurscultuur. Daartoe zal ik de gebruikte formuleringen vergelijken met die in drie min of meer contemporaine inventarissen : de Henegouwse deelinventaris van 1378,

---

3 In 1310 werd een lijstje van 86 oorkonden opgesteld en in 1318 een summier overzicht van de brieven die van Valenciennes naar Le Quesnoy werden vervoerd, en van de grafelijke brieven in het bezit van de Henegouwse kamerling en zegelbewaarder Jean Chauffecire. R.-H. Bautier, J. Sornay, F. Muret, *Les sources de l'histoire économique et sociale du Moyen Âge*, dl. 2, *Les États de la Maison de Bourgogne*, vol. 1, *Archives des principautés territoriales*, 2, *Les principautés du Nord*, Parijs, 1984, p. 526 ; T. van Riemsdijk, *Tresorie en Kanselarij van de graven van Holland en Zeeland uit het Henegouwsche en Beyersche huis*, 's-Gravenhage, 1908, p. 575-577, 669, nr. 111, 578-579, 671, nr. 113 ; H. J. Smit, *De rekeningen der graven en gravinnen uit het Henegouwsche huis*, dl. 3, Amsterdam-Utrecht, 1939, p. 56, 117.

4 J.-M. Cauchies, *La législation princière pour le comté de Hainaut. Ducs de Bourgogne et premiers Habsbourg (1427-1506). Contribution à l'étude des rapports entre gouvernants et gouvernés dans les Pays-Bas à l'aube des temps modernes*, Brussel, 1982, p. 12-13

5 De meest expliciete verwijzing bevindt zich bij Bautier, Sornay, Muret, *Les sources*, p. 526.

6 R. Stein, *De hertog en zijn Staten. De eenwording van de Bourgondische Nederlanden, ca. 1380-ca. 1480*, Hilversum, 2014, met name p. 205-231.

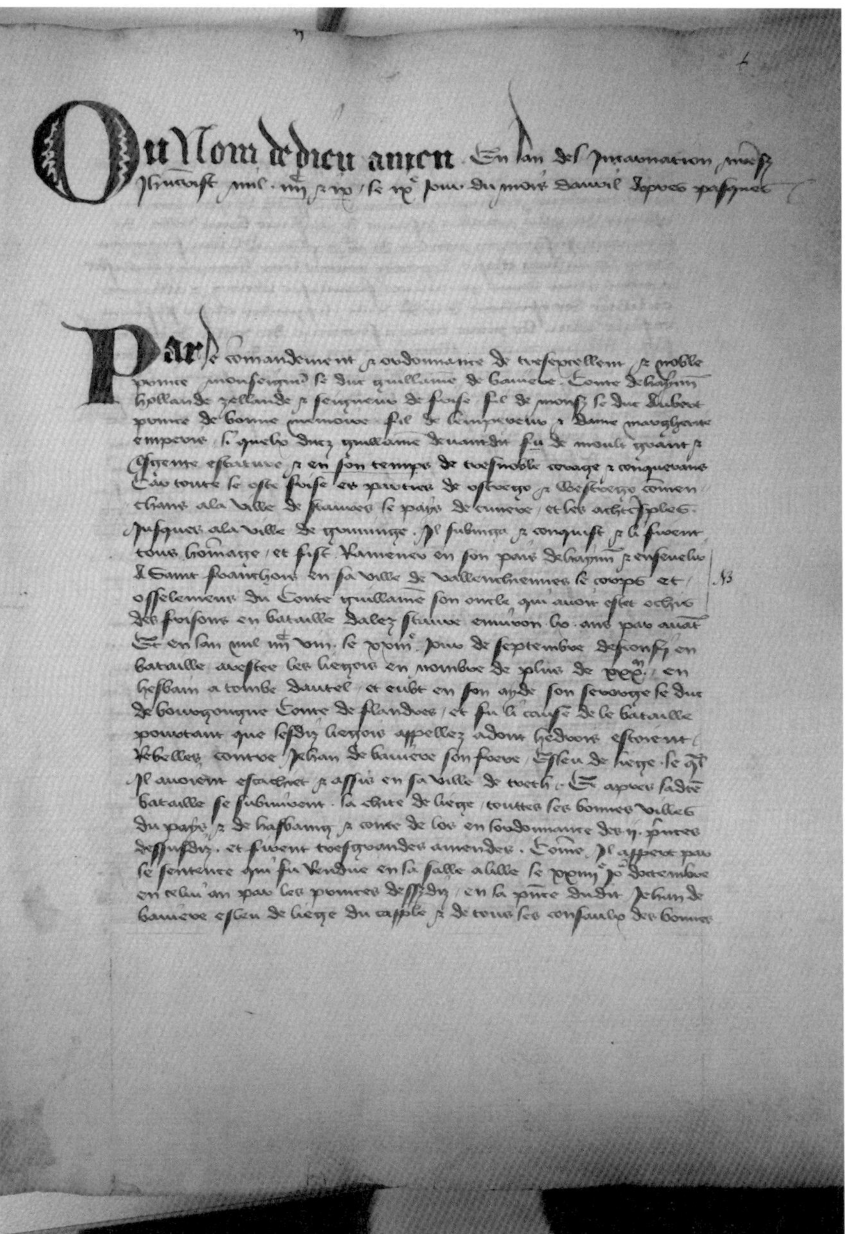

Fig. 1. *Inventaris van 1409*, Den Haag, Nationaal Archief, Fonds Graven van Holland, 2140, fol. 6r.

de hernieuwde inventaris van de Henegouwse oorkondenschat uit 1451, en met een inventaris die in 1408 werd gemaakt van de Luikse oorkonden. In eerste instantie is het echter nuttig een wat uitgebreidere beschrijving te geven van de inventaris van 1409.

2. De inventaris van 1409

De inventaris die ik hier bespreek bevindt zich op dit moment in het Nationaal Archief in Den Haag (fonds Graven van Holland, inventaris nummer 2140, olim Leen-en registerkamer 423). De inventaris werd geschreven (Begonnen ? Voltooid ?) op 9 april 1409, zo meldt een aantekening aan het begin :

> *Ou nom de Dieu amen. En l'an del Incarnation Nostre Seigneur Jhesus Crist Mil IIII^{c} et IX, le IXe jour du mois d'avril apres Pasques*[7].

Willem IV, graaf van Henegouwen (die tevens als Willem VI graaf was van Holland en Zeeland, 1404-1417) gaf opdracht om hem te vervaardigen : *Par le commandement et ordonnance de tresexcellent et noble prince monseigneur le duc Guillaume de Baviere, conte de Haynnau*, zo meldt de inleiding[8]. Bij de vervaardiging waren vier personen betrokken : de Henegouwse tresorier Baudouin de Froimont, de secretarissen Thiery Le Monnier, en Jaquemart Pippoine. Het schrijfwerk werd verricht door de klerk Simon Boussut[9].

De onderneming werd vrijwel zeker gedragen door eerstgenoemde, Baudouin de Froimont. Hij deed een eerste visitatie van de inhoud van de tresorie ; de resultaten daarvan liet hij opschrijven door zijn klerk[10]. Ongetwijfeld was hij ook eindverantwoordelijk voor het project, en uiteindelijk degene die de inventaris het meest gebruikte gedurende de korte periode dat die zich in de Henegouwse tresorie bevond. Uit de spaarzame bekende gegevens komt Froimont naar voren als vertrouweling, steun en toeverlaat van Willem van Oostervant, de latere Willem IV. Hij begon zijn carrière in de jaren negentig van de veertiende eeuw als diens kapelaan en secretaris. Later, toen Willem IV eenmaal zijn vader was opgevolgd, werkte hij zich op tot tresorier, een van de machtigste mannen van Henegouwen. Als tresorier was hij verantwoordelijk voor de financiën van de grafelijke hofhouding. Daarnaast stond de grafelijke schatkamer onder zijn toezicht, met alle juwelen, tapijten, etc. die zich daarin bevonden[11]. Als de functiebeschrijving van zijn Hollandse collega op hem van toepassing was, trad hij bovendien op als zegelbewaarder[12]. Zijn positie als vertrouweling wordt nog eens bevestigd door het feit dat hij na het overlijden van

7 Den Haag, Nationaal Archief, Fonds Graven van Holland, 2140, fol. 6r.

8 *Ibid.*

9 *Ibid.*, fol. 6v-7r.

10 *Ibid.*, fol. 105v wordt meegedeeld dat hij de gehele tresorie heeft onderzocht.

11 V. van Camp, *De oorkonden en de kanselarij van de graven van Henegouwen, Holland en Zeeland. Schriftelijke communicatie tijdens een personele unie : Henegouwen, 1280-1345*, dl. 1, Hilversum, 2011, p. 269 ; T. de Hemptinne, La chancellerie comtale (avant l'époque bourguignonne), in *Les institutions publiques régionales et locales en Hainaut et Tournai / Tournaisis sous l'Ancien Régime*, eds. B. Desmaele, J.-M. Cauchies, F. Mariage, Brussel, 2009, p. 114 ; vergelijk de aanstellingsbrief van Jan Merlette (1434), gepubliceerd in L. Devillers, Notice sur le dépot des archives à Mons, in *Description analytique des cartulaires et chartriers, accompagnée du texte de documents utiles à l'histoire du Hainaut*, dl. 6, Bergen, 1872, p. 150-152.

12 Van Riemsdijk, *Tresorie en Kanselarij*, p. 210-216.

Willem IV overlijden optrad als diens executeur-testamentair[13]. Tijdens de woelingen rond de opvolging in Henegouwen in de jaren 1424-1427 koos hij resoluut de zijde van Jacoba van Beieren. Dat betekende uiteindelijk het einde van zijn rol als tresorier, hij werd opgevolgd door Jean de Zegri (genoemd in 1426) en later Thierry Le Roy (1428-1433). Vermoedelijk legde Froimont zich tot het einde van zijn leven (hij overleed in 1432) toe op een van zijn nevenfuncties als proost en kanunnik in Bergen[14]. In het kader van dit artikel is het vooral van belang dat de grafelijke tresorie, met het archief, onder zijn verantwoordelijkheid stond ; hij was verantwoordelijk voor het beheer van de charters, rekeningen en andere officiële stukken. Bovendien moest hij deze stukken toegankelijk maken door het vervaardigen van kopieën en uittreksels. Over de drie andere deelnemers, twee secretarissen en een klerk, is weinig bekend. Alleen meester Thierry Le Monnier wordt in 1409 vermeld als klerk van de kanselarij, wanneer hij zich bezighoudt met de inventarisatie van een reeks Luikse oorkonden[15].

In zijn hoedanigheid van tresorier van Henegouwen was Baudouin de Froimont betrokken bij een project dat vermoedelijk van grote betekenis was voor het ontstaan van de inventaris. Op 23 september 1408 werden de troepen van de Luikse steden, in opstand gekomen tegen de bisschop-elect Jan van Beieren, vernietigend verslagen door een coalitie van Bourgondische en Henegouwse troepen, die in opdracht van Jan zonder Vrees en Willem IV van Henegouwen opereerden. In het vredesverdrag, gesloten op 24 oktober 1408 te Rijsel, werd bepaald dat alle stedelijke charters met de vrijheden, wetten en privileges van Luik en de andere steden aan Jan zonder Vrees en Willem IV moesten worden overhandigd. Ook de stedelijke verbondsacten, hart en ziel van de Luikse samenwerking, dienden te worden ingeleverd.

Eveneens op 24 oktober benoemden Jan zonder Vrees en Willem IV vier personen om de oorkonden in de abdij van Val-des-Écoliers in Bergen in ontvangst te nemen. Namens de hertog van Bourgondië vervoegden zich daar op 12 november Willem Bonnier en Thierry Gherbode ; namens graaf Willem de baljuw van Henegouwen, Brongnart de Haynin, en de tresorier, Baudouin de Froimont[16]. Hun opdracht was duidelijk :

> *Vous mandons et commettons* [...] *que vous voz transportez audit lieu de Mons et illecque, en tel lieu que bon vous semblera, veez et visitez diligemment de par nous les dictes lettres de previlèges, lois, libertéz, franchises, alliances, confederacions ou pactions et toutes autres lettres, prothocolles et escriptures qui ont esté approtées par les diz deputéz et meses en ladite abbaye des Escoliers et en faictes bon et loial inventoire et repertoire, en faisant aussie copier celle que mestier sera et vous semblera expedient*[17].

Korte tijd later werd inderdaad een inventaris gemaakt van de oorkonden die door de Luikse steden waren overgedragen. In de weken tussen 6 en 20 juni werden

13 Devillers, *Cartulaire*, dl. 5, Brussel, 1892, p. 189-191.

14 Gebaseerd op Id., Notice, p. 150. In Id., *Cartulaire*, dl. 5, p. 6 wordt Froimont in 1428 nog aangeduid als tresorier.

15 *Ibid.*, dl. 3, Brussel, 1886, p. 347. In 1425 wordt Le Monnier niet langer aangeduid met zijn ambtelijke functie, maar als priester en kanunnik van Soignies, en als deelnemer aan een gezantschap namens de drie Staten van Henegouwen (*Ibid.*, dl. 4, Brussel, 1889, p. 328-329).

16 É. Fairon, *Chartes confisquées aux bonnes villes du pays de Liège et du comté de Looz après la bataille d'Othée (1408)*, Brussel, 1937, p. VII. Zie voor de Pierre Brongnart de Haynin : Devillers, *Cartulaire*, dl. 3, p. 365, n. 1.

17 Fairon, *Chartes confisquées*, p. IX-X.

582 oorkonden en 5 privilegeboeken van de verschillende Luikse steden geïnventariseerd[18]. Twee Henegouwse en twee Bourgondische secretarissen vervaardigden de afschriften, terwijl Gherbode controleerde of die aan de Bourgondische stijl voldeden[19]. De betrokkenheid van Gherbode is interessant. Als secretaris en charterbewaarder van de hertogen van Bourgondië had hij eerder al uitgebreide inventarissen gemaakt van de oorkonden van Vlaanderen en Brabant. Hij ontwikkelde daarvoor een stijl van inventariseren die ook gebruikt zou worden voor de Luikse inventaris van 1408[20]. De inventaris van de Luikse oorkonden geven dan ook de *state of art* van de Bourgondische administratieve cultuur. We kunnen er niet geheel zeker van zijn, maar het is aannemelijk dat de inventarisatie van de Luikse oorkonden voor Baudouin de Froimont aanleiding vormde om ook weer eens een blik te werpen op de toestand van de oorkondenschat waarvoor hij zelf verantwoordelijk was.

Na de voltooiing in 1409 werd de Henegouwse inventaris nog enkele jaren bijgehouden. Eerder merkte ik al op dat een toegevoegde mededeling in de inleiding refereert aan de gevangenschap van Jan van Arkel (1415). De laatste laden van de tresorie bevatten een aantal jongere stukken ; het jongste dateert uit 1416[21]. Waarschijnlijker is dat dit handschrift een kopie is van de originele inventaris, vervaardigd in *ca* 1420. Daarop wijst het gegeven dat de aanvullingen van de jaren 1409-1416 niet als zodanig herkenbaar zijn ; blijkbaar werd het handschrift in één beweging geschreven. Het is niet heel duidelijk wat er nadien is gebeurd. Jean Marlette, een van de opvolgers van Baudouin de Froimont als tresorier van Henegouwen, signaleerde in 1451 dat tijdens en na de woelingen van de jaren 1424-1427 een groot aantal stukken van Henegouwen naar Holland en Zeeland waren verplaatst (en *vice versa*) :

> *Grand partie* [des lettres] *ont esté pieça transférées et portées de l'un pays à l'autre par les guerres qui estoient en iceulx pays de Haynnau, Hollande et Zellande, du tamps de feue madame Jaque, fille de feu monseigneur le duc Guillaume, et depuis le tamps que lesdites guerres ont esté appaisies, l'on n'a peu ne sceu trouver ne recouvrer oudit pays de Haynnau aucuns répertoires ou inventoires d'icelles lettres : par quoy on n'a bonnement ne aisiement sceu trouver en ladite trésorie les matières des lettres et previlèges dont mondit seigneur a eu souvent à faire*[22].

---

18 *Ibid.*, p. XII-XXII.

19 Namens de hertog van Bourgondië werkten mee Thierry Gherbode, Jacques de La Tanerie en Jean de La Kethuyle ; namens de graaf van Henegouwen de notaris mr. Etienne Wiard en Jean de Binche. *Ibid.*, p. IX-XI.

20 F. de Coussemaker, Thierry Gherbode, secrétaire et conseiller des ducs de Bourgogne et comtes de Flandre Philippe le Hardi et Jean sans Peur et premier garde des chartres de Flandre, in *Annales du Comité flamand de France*, dl. 26, 1903, p. 175-385 ; P. Cockshaw, *Le personnel de la Chancellerie de Bourgogne-Flandre sous les ducs de Bourgogne de la maison de Valois (1384-1477)*, Kortrijk-Heule, 1989, p. 201-205 ; A. Uyttebrouck, *Le gouvernement du duché de Brabant au bas Moyen Âge (1355-1430)*, t. 1, Brussel, 1975, p. 146 ; Bautier, Sornay, Muret, *Les sources*, p. 19, n. 3, 240, n. 1, 399, n. 3 ; R. de Keyser, Art. Diederik (Thierry) Gherbode, in *Nationaal biograafisch woordenboek*, dl. 5, Brussel, 1972, k. 372-376 ; W. Paravicini, La conscience des clercs au service de l'État au xve siècle, in Miscellanea in memoriam Pierre Cockshaw (1938-2008). *Aspects de la vie culturelle dans les Pays-Bas méridionaux (xive-xviiie siècle)*, eds. F. Daelemans, A. Kelders, dl. 2, Brussel, 2009, p. 375-412.

21 Den Haag, Nationaal Archief, Fonds Graven van Holland, 2140, fol. 160r-163v, 168r-170r.

22 Bergen, Rijksarchief, Ancien recueil, 118, fol. 1r ; geciteerd naar Devillers, *Cartulaire*, dl. 6, p. XXVI.

Behoorde ook de inventaris van 1409 tot deze stukken ? In ieder geval bevond deze zich reeds in de zestiende eeuw in de Noordelijke Nederlanden. Bij de oorkonden van de laden 50-55, die voornamelijk oorkonden met betrekking tot Holland en Zeeland bevatten, zijn namelijk door een zestiende-eeuwse hand aantekeningen in het Nederlands aangebracht.

De inventaris bestaat uit 176 contemporain genummerde folio's, de nummers 3-5, 77 en 161-162 ontbreken, vermoedelijk zonder tekstverlies. De eerste vier bladen (schutblad, fol. 1, 2, 3) zijn van perkament, de overige van papier. Het handschrift werd in de achttiende eeuw ingebonden in een perkamenten band en op de rug voorzien van de titel *Register genaemt nova Cas P*. Behalve enkele marginale aantekeningen, is de inventaris geschreven door een enkele hand. In de inhoudsopgave maakt de Henegouwse tresorie-klerk Simon Boussut bekend dat hij de schrijver is – maar dat heeft wellicht alleen betrekking op het origineel. Er is een reeks marginalia uit de zestiende eeuw ; en in 1804 maakte de Nederlandse letter- en oudheidkundige Hendrik van Wijn (1740-1831) enkele marginale aantekeningen[23].

De inventaris beschrijft de oorkonden en andere administratieve bescheiden die werden bewaard in de tresorie van de graven van Henegouwen in Le Quesnoy. Hij begint met een inhoudsopgave, waarin de indeling van het archief en de opbouw van de inventaris summier wordt aangegeven (fol. 1r-2v). Dan volgt een lange inleiding, die de lof van graaf Willem IV (VI van Holland en Zeeland) bezingt (fol. 6r-7r, zie de editie in de bijlage). Na deze inleiding komt een beschrijving van de stukken, voornamelijk oorkonden, die zich in de tresorie van het kasteel van Le Quesnoy bevonden. *Item en un escring a tel lettre A*, zo begint de beschrijving en dan wordt het huwelijkscontract van het fameuze dubbelhuwelijk van 1385 als eerste oorkonde genoemd. Dit was geen toeval. Het dubbelhuwelijk vormde het hoogtepunt in de dynastieke geschiedenis van het Henegouws-Hollandse huis : graaf Willem IV huwde met Margaretha van Bourgondië, en Jan van Bourgondië met Margaretha van Henegouwen :

> *En une laiette signee de tel nombre I, en laquelle sont les lettres des convenences des mariages de Jehan, filz de Phelippe de Bourguogne et Margheritte fille du duc Aubert de Baviere, bail et heritier de Haynnau et de Hollande, contenent le douaire de ladicte Margheritte et faisans mention du traittie de Mariage de Guillaume, aisnet filz du dessusdit duc Aubert et de Margheritte, aisnee fille du dit duc de Bourgogne. Commenchans « Philippe, filz de roy de France » et de datte Mil III^{c} IIII^{xx} V*[24].

Vanaf fol. 7r tot 170v komen vervolgens de gedetailleerde beschrijvingen van oorkonden, rollen, katernen en registers, etc. in de tresorie. Zij waren geordend in 60 laden, die op hun beurt waren geplaatst in 15 *escrins*, kisten, een 61de lade was geplaatst in een kast (zie Tab. 1).

23 Den Haag, Nationaal Archief, Fonds Graven van Holland, 2140, fol. 167r, marginale aantekening met handtekening.

24 *Ibid.*, fol. 7r.

Fig. 2. *Archiefkist*, Bergen, Rijksarchief.

Tab. 1. Indeling van de tresorie van Henegouwen in Le Quesnoy (1409-1416).

Kist	Laden	Fol. in inventaris
A	I-XIII	7r-20v
B	XIIII-XVIII	21r-29r
C	XIX-XXVII,	29v-48r
D	XXVIII-XXXIII,	48v-63r
E	XXXIIII-XXXVII	64r-72v
F	XXXVIII-XXXIX	73r-80v
G	Geen laden	81r
H	XL-XLVI	82r-92v
I	XLVII-XLVIII	93r-103r
K	Drie kleinere laden, niet genummerd	103v
L	Geen laden	104r
M	XLIX-L	106r-115v
N	LI-LVI,	116r-154r
O	LVII	155r-156r
P	LVIII-LX	157r-165v, 168r-170r
-	Kasten met grote boeken	168r-170r
-	Kast met lade XLI	170v

De ordening in de inventaris – en dus in de tresorie – is weinig consistent, maar globaal is de indeling thematisch, met achtereenvolgens huwelijksverdragen, contracten met de buurlanden, met de Henegouwse steden en heerlijkheden, de connecties met Holland en Zeeland en uiteindelijk een reeks stukken met betrekking tot de 6 000 pond die de koning van Frankrijk had beloofd aan de graaf van Henegouwen. De oudste oorkonde vermeld in de inventaris dateert uit 1154, de jongste uit 1416. De tresorie bevatte echter niet alleen oorkonden. In kist L, bijvoorbeeld, bevonden zich geen laden met charters, maar een reeks rollen, kopieën van enquêtes. Ook was er een *livre appellez cartulaire*, waarin kopieën van de oorkonden die elders in de inventaris zijn beschreven, en een reeks cartularia en registers van voornamelijk financiële betekenis. Ook elders wordt melding gemaakt van registers en perkamenten rollen. In dit opzicht wijkt de Henegouwse inventaris nauwelijks af van veel andere vijftiende-eeuwse inventarissen uit de Nederlanden. Ook daar is sprake van oorkonden die zijn ondergebracht in *layettes*, en soms ook van koffers of kasten[25]. De beschrijving van de oorkonden is basaal. Als voorbeeld kan een oorkonde uit 1334 worden genomen, die zich bevond in lade 38 van kist F :

> *Item, lettres d'un accat que le conte de Haynnau fist a demiselle Sebille D'Odenbroec del hommage que messire Florens de Stalle tenoit de ly en fief lige a Bendeghem de datte mil III^c XXXIIII*[26].

Twee hoofdstukken van de inventaris verdienen extra aandacht. Allereerst de inleiding. Die vormt in essentie een lofrede op graaf Willem IV. Met name voor diens militaire successen toont deze veel belangstelling. De strijd in de Friese oorlogen (1396-1401) wordt gememoreerd, evenals de overwinning die de Henegouwse troepen, samen met de Bourgondiërs in 1408 boekten op de opstandige Luikse steden. Een latere aanvulling maakt kort melding van de zogenaamde Arkelse oorlog (1401-1412). De laatstverhaalde gebeurtenis is de gevangenname van Jan van Arkel door graaf Willem van Holland in 1415 – het betreft hier dus een latere aanvulling. Dit historische overzicht was uiteraard bedoeld om de ijdelheid van graaf Willem te strelen, en het waarheidsgehalte is dan ook twijfelachtig. De oorlog tegen de Friezen, in de inleiding als een belangrijke overwinning aangeduid, wordt door moderne historici toch vooral beschouwd als een enorm fiasco[27]. De Arkelse oorlog (1401-1412) was een slepend conflict met een leenman, dat pas na lange tijd en tegen zeer hoge kosten tot een soort Pyrrhusoverwinning leidde[28]. Dergelijke inleidingen, met een historiografisch en verheerlijkend karakter waren niet geheel ongebruikelijk in vijftiende-eeuwse inventarissen. In 1438 vervaardigde de Brabantse chartermeester Adriaan van der Ee een inventaris van het Brabantse oorkondenbezit. Hoewel hij zich niet te buiten wilde gaan aan

---

25 Voor Frankrijk, 1320 : H.-F. Delaborde, *Layettes du Trésor des chartes*, dl. 1, Parijs, 1863, p. viii-ix ; voor Bourgondië, 1330 : J. Richard, Les archives et archivistes des ducs de Bourgogne dans le ressort de la Chambre des Comptes de Dijon, in *Bibliothèque de l'École des chartes*, dl. 105, 1944, p. 125-126 ; voor Vlaanderen, 1388 : M. Vandermaesen, Het slot Rupelmonde als centraal archiefdepot van het graafschap Vlaanderen (midden 13de-14de e.), in *Handelingen van de Koninklijke Commissie voor Geschiedenis*, dl. 136, 1970, p. 283 ; voor Luxemburg, 1412 : M. Bourguignon, *Les chartes du Luxembourg. Introduction à l'inventaire des chartes et cartulaires du Luxembourg*, Luxemburg, 1931, p. 19-20 ; voor Brabant, 1438 : R. Laurent, L'inventaire établi par Adrien van der Ee en 1438, in *Scriptorium*, dl. 23, 1969, p. 385 ; Id. *Documenten met betrekking tot de Kanselarij van Brabant*, Brussel, 1995.

26 Den Haag, Nationaal Archief, Fonds Graven van Holland, 2140, fol. 75r.

27 A. Janse, *Grenzen aan de macht. De Friese oorlog van de graven van Holland omstreeks 1400*, s. l., 1993, *passim*.

28 M. J. Waale, *De Arkelse oorlog 1401-1412. Een politieke, krijgskundige en economische analyse*, Hilversum, 1990, *passim*.

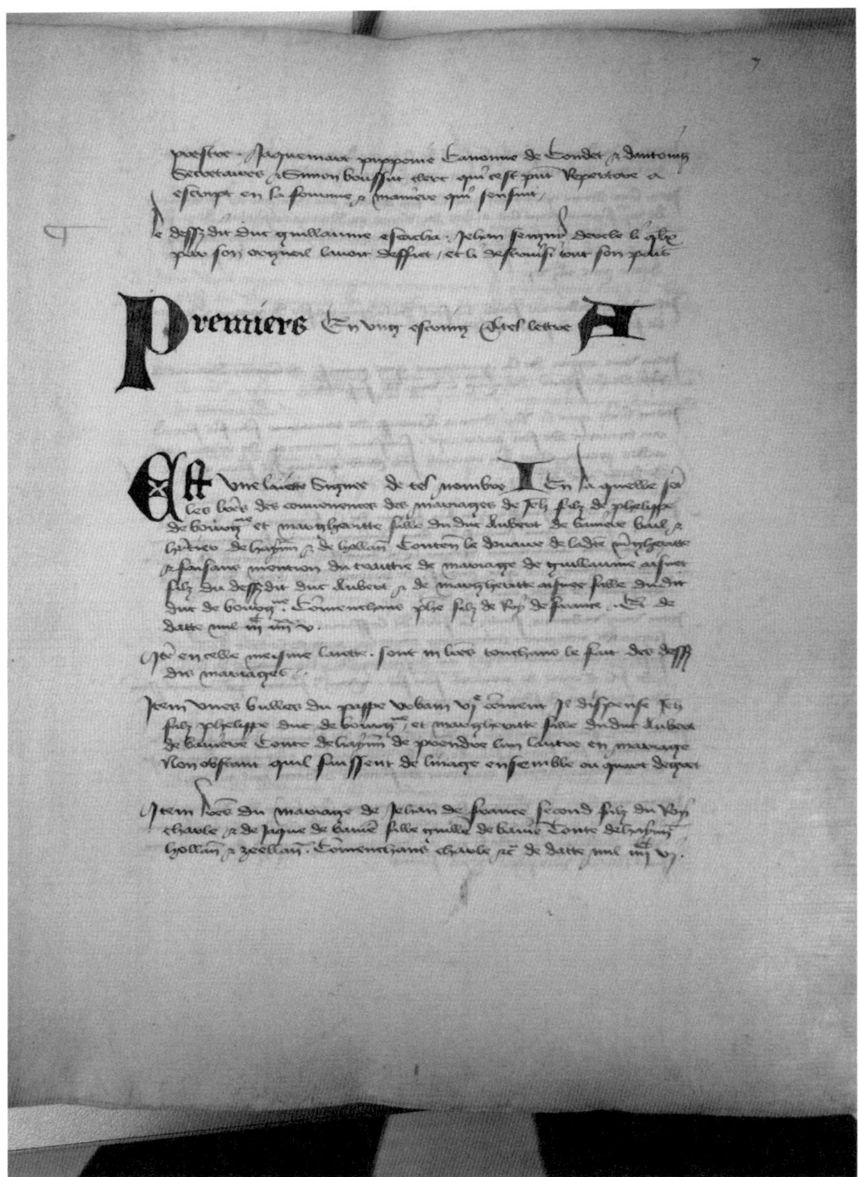

Fig. 3. *Inventaris van 1409*, Den Haag, Nationaal Archief, Fonds Graven van Holland, 2140, fol. 7r.

vleierij (*adulacion*), kon hij het niet laten om Filips de Goede, de toenmalige hertog van Brabant, te vergelijken met Alexander de Grote, Julius Caesar en Hector[29]. Enkele

29 R. Stein, *Politiek en historiografie. Het ontstaansmilieu van Brabantse kronieken uit de eerste helft van de vijftiende eeuw*, Leuven, 1994, p. 243.

jaren later, in 1451 bood Philips van Beoostenzwene zijn *Remissorium Philippi* aan. Deze omvangrijke inventaris bevatte niet minder dan vier historische *entremets*, die onder meer de geschiedenis van het Hollandse huis en in het bijzonder eer, rijkdom en aanzien van Filips de Goede benadrukken[30]. Hoewel we ze vaker tegenkomen, konden de meeste inventarissen het stellen zonder een dergelijk historisch overzicht. De meeste bevatten slechts een korte vermelding van de aanleiding tot het vervaardigen. Dat is bijvoorbeeld het geval bij de Henegouwse inventaris van 1451. De inleiding daarvan heeft geen specifiek historisch karakter en duidt Filips de Goede slechts aan als *très chrestien, très excellent et très puissant prince*[31].

Een tweede opvallend hoofdstuk is geplaatst tussen de laden 59 en 60, die zich beide bevonden in kist P[32]. Opeens staat daar de mededeling : *Chi apres sensuit plusieurs grans livres qui sont es armaires de ceste tresorie, enluminez et fighurez d'or et d'asur.* Vermoedelijk vormde dit de afsluiting van de inventaris zoals die in 1409 bestond - de oorkonden in de laden 60 en 61 hebben voornamelijk betrekking op de lopende zaken in de jaren tussen 1409 en 1416. In dit hoofdstuk wordt een lijstje gegeven van een reeks boeken en andere objecten, die dus niet in kisten maar in kasten zijn geplaatst.

- Een kroniek van de koningen van Frankrijk, in het Frans - vermoedelijk gaat het hier om de *Chroniques de France* ;
- Een *Chronique des contes de Haynnau* ;
- Een Franse vertaling van een deel van de bijbel, vanaf Spreuken tot de Openbaring van Johannes ;
- Franse vertaling van vijf boeken van de *Codex Justinianus*, in twee delen ;
- Twee exemplaren van een Latijns boek over de verovering van het heilige land ;
- Een Frans boek over *Baudouin de Flandres* ;
- De kroniek van Johannes de Beke in het Latijn ;
- Een boek over de oorlog tussen Frankrijk en Engeland – Jean le Bel ? Jean Froissart ?
- Enkele perkamenten rollen met genealogieën en lijsten van keizers, koningen en pausen ;
- Negen zeekaarten, getekend op perkamenten rollen ;
- Allerlei andere kostbaarheden : versierde en vergulde flesjes, doosjes, het zegel van koning Willem II († 1256) etc.
- De nagel van een griffioen[33].

Met de grote aandacht voor historiografische en juridische werken, mogen we aannemen dat het hier (deels) de handbibliotheek van de tresorier betrof. Het is opvallend dat deze titels niet overeenkomen met die, die in 1435 vanuit de Henegouwse tresorie naar de hertogelijke bibliotheek werden verplaatst[34].

Summier worden op deze plaats ook de rekeningen vermeld : in een kleine nis, tegenover de tresorie bevonden zich verschillende zeer oude rekeningen van de domeinen, de rechtspraak en de sleischat, verpakt in zakken. De jongste rekening in deze nis dateert uit 1390. De jongere rekeningen, vanaf 1390, vervaardigd onder het tresorierschap van

---

30 A. JONGKEES, Maitre Pierre B(e)oostenzwene de Renesse et les entremets historiques de son *Remissorium Phylippi*, in *Les sources littéraires et leur public dans l'espace bourguignon (XIVe-XVIe s.)*, ed. J.-M. CAUCHIES, *Publication du Centre européen d'Études bourguignonnes (XIVe-XVIe s.)*, dl. 31, 1991, p. 16-18.

31 DEVILLERS, *Cartulaire*, dl. 6, p. 26

32 DEN HAAG, Nationaal Archief, Fonds Graven van Holland, 2140, fol. 166r-167v.

33 Deze lijst met boeken is niet opgenomen in A. DEROLEZ, J.-W. KLEIN, *The Medieval Booklists of the Southern Low Countries*, dl. 4, *Provinces of Brabant and Hainault*, Brussel, 2001.

34 *Ibid.*, p. 245-246, nr. 97.

Colart Haignet bevinden zich in de tresorie onder de kasten. In diezelfde kasten liggen de rekeningen van de tresoriers van de steden en van de muntmeesters. Dan gaat de inventaris weer gewoon verder met lade 60, waarin diverse recente oorkonden zijn geplaatst.

De inventaris van 1409 geeft zo een goede indruk van de tresorie van de graven van Henegouwen. De tresorie bevatte een groot aantal oorkonden, enige boeken, vele rekeningen en ook enkele andere kostbaarheden. Door de registratie van latere aanvullingen geeft hij ook een basaal inzicht in de dynamiek van de tresorie. Al met al krijgen we een beeld van de werkplaats van een echte tresorier, die niet alleen de oorkonden van de graaf van Henegouwen bewaarde, maar ook de aanvullingen en veranderingen klasseerde – en uiteindelijk inventariseerde.

3. Confrontatie met andere inventarissen

De Henegouwse inventaris van 1409 is meer dan een bestandsoverzicht van de tresorie, hij vormt ook de neerslag van een vorm van inventariseren, van een wijze om oorkonden te beschrijven. We zagen al hoe de inventaris in een kort regest de belangrijkste gegevens over de diplomatieke stukken geeft :

- Type (charter, chirograaf etc.)
- Dispostio of rechtsbeschikking
- Jaaraanduiding

De gebruikte wijze van inventariseren kan worden vergeleken met die in enkele andere inventarissen.

De voorgaande Henegouwse inventaris, daterend uit 1378, beschrijft de Hollandse charters die in de tresorie van Le Quesnoy lagen. Hij werd vervaardigd door de grafelijke kapelaan Aernt of Arnoldus Henrici, die ook elders in de administratie van de Hollandse grafelijkheid voorkomt[35]. De Middelnederlandse tekst van de inleiding geeft een aardige indruk van de organisatie van de tresorie :

> *Dit sijn die brieve die in der tresorie waren tot Keynoit, roerende Holland, Zeeland ende dat Land van Woerden. Ende dese waren daer doe men screef M CCC LXXVIII omtrent Sente Baven dach ende is te weten dat de lettere leggen in versceyden scrienen ende die scrienen sijn gheteykent mit ghetalle van letteren alse een, twue (sic), III etc. ende dese brieve sijn gheteykent mit ghetale van cypheren 1, 2, 3, 4 etc. Ende men sel weten dat elc brief die hier na gheroert staet, heft alsulc ghetal van cyphren op den rug staen als hier voer 't hoeft staet van elker particlen. Ende is in alsulken scrine alse mit ghetale van letteren daer bi stet. Ende men wachte wel dat men elke lettere of brief late bliven dat mense neempt, iof dese inventarius ghenghe te niete*[36].

Blijkbaar waren de Hollandse stukken op de rug genummerd. Zij waren ondergebracht in drie kisten, genummerd I tot III. De inventaris geeft verder een indeling in 28 kapittels, meestal op geografische basis. In Le Quesnoy lagen op dat moment bijvoorbeeld zeventien oorkonden met betrekking tot Westfriesland : twee in kist I (genummerd 45 en 83) ; veertien in kist II (genummerd 10, 22, 14, 21, 29, 30, 32, 34, 35, 43-46, 49) ; een in kist III (genummerd 61)[37].

---

35 Van Riemsdijk, *Tresorie en Kanselarij*, p. 671.
36 Den Haag, Nationaal Archief, Fonds Graven van Holland, 2139, fol. 1r.
37 *Ibid.*, fol. 2v.

De beschrijving van de oorkonden is nog niet gestandaardiseerd in de inventaris van 1378. Soms is die heel kort – *Die soene van den here van Aemstel* – soms beduidend langer, slechts in een enkel geval is er een, jaartal of rechtsbeschikking toegevoegd. Deze inventaris kon dan ook niet zelfstandig worden gebruikt, maar vormde slechts een toegang tot het oorkondenmateriaal, dat de inhoudelijke basis vormde.

De inventaris van 1409 kan ook met die van 1451 worden vergeleken, die werd vervaardigd door de Henegouwse tresorier Jean Marlette en de Brabantse chartermeester Adriaan van der Ee[38]. Al eerder, in 1441 had Philips de Goede Jean Marlette tot *Garde des chartes* – bewaker van de oorkonden – van Henegouwen benoemd. De reden was, dat hij eindelijk eens orde wilde scheppen in de chaos van de archieven. Marlette was gepokt en gemazeld in het Bourgondische bestuur. Hij was zijn loopbaan begonnen als klerk van de Bourgondische ontvanger-generaal Guy Guilbaut, en in 1429 gehuwd met diens nicht, wat zijn carrière ongetwijfeld niet heeft geschaad. Enkele jaren later werd hij benoemd tot de hoge functie van *maître de la Chambre aux deniers* van Filips de Goede. In 1434 werd hij benoemd tot tresorier van Henegouwen en tot ontvanger van de inkomsten van de verstorven goederen. In die hoedanigheid trad hij tevens op als ontvanger van de bede van Henegouwen, een functie die hem niet alleen een riant salaris, maar ook de haat van de Henegouwse onderdanen opleverde[39].

Het zou tien jaar duren, tot 1451, voordat Marlette een inventaris van het archief voltooide. Maar nu lag er ook wat, een omvangrijk boekwerk (266 fol.), waarmee men eenvoudig oorkonden kon opsporen :

> *Si porra l'en aisiement et moult de legier sans difficulté veoir et entendre les matières desdites lettres, chartres et previlèges mises en ordonnance et les trouver, quant besoing sera, selon l'enseignement de ce présent répertoire*[40].

We mogen ons afvragen of Marlette hier de belangrijkste persoon was. In ieder geval werd hij bijgestaan door de Brabantse chartermeester Adriaan van der Ee. Van der Ee had een Brabantse achtergrond, maar was ook enige tijd werkzaam aan de Hollandse kanselarij. Hij had echter ook een band met de Henegouwse tresorie : niet alleen kende hij Marlette al in de jaren veertig, hij bewaarde ook namens de hertog een van de sleutels die daartoe toegang tot de tresorie verschaften. Hij was bovendien uitstekend bekend met de Bourgondische stijl van inventariseren. In 1438 vervaardigde hij, geheel in Bourgondische stijl, een prachtinventaris van de Brabantse oorkonden – waarbij hij veelvuldig gebruik maakte van de gegevens die Thierry Gherbode had nagelaten[41]. Anders gezegd, van der Ee was uitstekend op de hoogte van de Bourgondische stijl van inventariseren.

38 Bergen, Rijksarchief, Ancien recueil, 118, fol. 1r ; geciteerd naar Devillers, *Cartulaire*, dl. 6, p. XXVI.

39 J. Bartier, *Légistes et gens de finances au xve siècle. Les conseillers des ducs de Bourgogne Philippe le Bon et Charles le Téméraire*, Brussel, 1955, p. 81, n. 2 ; Cauchies, *Législation*, p. 12-13, 132, n 195 ; Devillers, *Cartulaire*, dl. 5, p. 532-534 ; M. Arnould, *Les dénombrements de foyers dans le comté de Hainaut (xive-xvie siècle)*, Brussel, 1956, p. 110 ; Cockshaw, *Le personnel*, p. 207 ; L. Gilliodts-Van Severen, *Inventaire des archives de la ville de Bruges*, dl. 4, Brugge, 1876, p. 533-534.

40 Bergen, Rijksarchief, Ancien recueil, 118, fol. 1r ; geciteerd naar Devillers, *Cartulaire*, dl. 6, p. XXVI.

41 M. Damen, *De staat van dienst. De gewestelijke ambtenaren van Holland en Zeeland in de Bourgondische periode (1425-1482)*, Hilversum, 2000, p. 456 ; T. S. Jansma, *Raad en Rekenkamer tijdens hertog Philips van Bourgondië*, Utrecht, 1932, p. 122-123 ; Cockshaw, *Le personnel*, p. 205-206 ; P. Lefèvre, Miniatures dans un répertoire bruxellois d'archives du xve siècle, in *Scriptorium*, dl. 23, 1969, p. 380-383 ; Laurent, Inventaire ; T. van Riemsdijk, De oorsprong van het Hof van Holland, in *Geschiedkundige opstellen aangeboden aan Robert Fruin bij zijn aftreden als hoogleraar aan de Rijksuniversiteit Leiden*, 's-Gravenhage, 1894, p. 207 ; Brussel, Algemeen Rijksarchief, Fonds Rekenkamer, 2413/II, fol. 51v ; P. Renoz, *La Chancellerie de Brabant sous Philippe le Bon (1430-1467). Histoire et organisation. Rédaction et expédition des actes*, Brussel, 1955, p. 51-53, 83-85.

Een vergelijking van de inventaris uit 1409 met die van 1451 wijst uit dat de tresorie van Le Quesnoy in de tussentijd ingrijpend was veranderd. Omdat de recente oorkonden nu in de Rekenkamer van Rijsel werden bewaard, had het archief een statisch karakter gekregen – de jongste beschreven oorkonde dateert uit 1438. De rekeningen en financiële bescheiden waren eveneens verplaatst naar Rijsel, en de handschriften waren vermoedelijk opgegaan in de bibliotheek van de hertogen van Bourgondië[42]. Wat overbleef was een groot aantal oorkonden, en enkele katernen die waren geplaatst in 64 laden, overigens op een heel andere wijze geordend dan in 1409. Nu komen eerst de oorkonden van de steden van Henegouwen, en volgen de dynastieke oorkonden pas veel later.

Tab. 2. Vergelijking inventarisatiestijl van de inventarissen van 1378, 1409 en 1451.

	1378	1409	1451
Karakterisering	-	Type stuk	Type stuk, fysieke toestand, taal bezegeling
Dispositio	Soms	Summier	Uitgebreid
Datum	Zelden	Jaar	Jaar en dag
Vindplaats	Kist, lade, plaats in lade	Kist, lade	Kist, lade, plaats in lade

Ook de formulering van de regesten in de inventaris is heel anders. Als willekeurig voorbeeld kunnen we de beschrijving van de oorkonde uit 1226 geven, waarmee bisschop Otto van Utrecht een aantal rechten in Muiden, Weesp en Diemen in erfpacht overgaf aan Gijsbrecht van Amstel[43]. In 1378 bevond deze oorkonde zich nog in lade I, genummerd 16. In 1409 was hij verplaatst naar lade 54 van kist N ; in 1451 naar lade 35.

In 1378 luidt de beschrijving als volgt – overigens een van de meest uitgebreide beschrijvingen in deze inventaris :

> *16. Een brieve hoe de biscop Otte bekent dat Ghisebrecht van Aemstel ende Henric van den Velde hem quite scouden die goede die si in ewighen pachte plagen te houden. Dat is tgherechte van Muden mitten tienden, tolne, lande, vischerien ende al ander nutscap daer toe horende. Dit heeft die biscop weder verlied ten erfpachte Ghisebrechte van Aemstel vorscreven. Datum M CCC XXV*[44].

In 1409 :

> *Item, lettres de Otte, evesque dUtrech par lesquelles il donna a rente perpetuelle a sire Ghisbrech de Amestele parmi.. rendant chascun an le somme de XXX libr. monnaye dUtrecht, le juestice de Mude, le justice de Wesepe et le justice de Demen avec touttes les dismes tonliaus, terres pescheries et toutes aultres droittures a icelles appertenant de datte mil II*^{c} *XXV*[45].

42 Cauchies, *Législation*, p. 12-14.

43 K. Heeringa, *Oorkondenboek van het Sticht Utrecht tot 1301*, dl. 2, Utrecht, 1940, nr. 748.

44 Den Haag, Nationaal Archief, Fonds Graven van Holland, 2139, fol. 2v.

45 *Ibid.*, 2140, fol. 143r.

En in 1451 :

> *Item, unes lettres en Latin de Otte evesque de Utrecht qui sont fort empirees, scellees de son seel faissant mencion du transport et resignacion fais par Henri de Velde de tout le droit quil avoit et avoir pouroit es juestices de Muden, de Wesepe et de Demen avec les dismes, tonlieux, terres, pesqueries et autres biens appartenent es mains dudit evesque au proffit de Ghijselbert de Amestelle, qui par avant part esdictes justices. Et lequel droit ledit evesque par consentement des prieur, hommes et ministeriaulx de l'eglise dUtrecht, consent et ottroye perpetuelment et heritablement audit Ghijselbert seul et ses successeurs pour trente livres monnaie dUtrecht chascun an. Donnee a Utrecht lan mil CC XXV le IIIIe kalende d'avril. Signee par +*[46].

De lijn van ontwikkeling is duidelijk. Terwijl de beschrijving in 1378 nog basaal was, is die van 1409 al een stuk meer ontwikkeld. De beschrijving uit 1451 is dan weer veel nauwkeuriger is dan die van 1409 : de dispositio wordt veel preciezer weergegeven, met aandacht voor het erfelijk karakter van de beschikking. Daarnaast zijn gegevens toegevoegd over, de taal, de fysieke toestand van het stuk en de bezegeling. Bovendien wordt nu een precieze datering gegeven en wordt een aanduiding gegeven van de locatie binnen de lade – elders wordt duidelijk dat de nummering ook op de achterzijde van de oorkonden zelf was aangebracht.

4. Conclusie

Onder verantwoordelijkheid van de Henegouwse tresorier Baudouin de Froimont werd in 1409 een inventaris gemaakt van de tresorie van de graven van Henegouwen, die zich bevond in het kasteel van Le Quesnoy. De inventaris geeft een boeiend inzicht in het allegaartje van oorkonden, katernen, codices, rekeningen, rollen etc. die zich daar toen bevonden. Het archief was niet alleen een bergplaats voor oorkonden, maar ook een plaats waar een aantal boeken en andere kostbaarheden waren opgeslagen. Ook de financiële bescheiden, de rekeningen vonden er een plaats.

Met de inventaris bevinden we ons aan het einde van wat we kunnen aanduiden als « het landsheerlijke tijdperk ». In 1427 nam Filips de Goede de macht over in Henegouwen en na de dood van Margaretha van Bourgondië in 1441 waren ook zijn rechtstitels als graaf van Henegouwen in orde. Het hof van de graven van Henegouwen, Holland en Zeeland hield op te bestaan, en werd geïncorporeerd in het veel grotere Bourgondische hof. De tresorie van Henegouwen werd een archiefdependance van de Bourgondische overheid, werd ontdaan van zijn rekeningen en andere financiële stukken, werd getransformeerd in een statisch, historisch archief.

De inventarisatie van de oorkonden en andere stukken in het archief hield gelijke tred. In 1378 werden de oorkonden nog zeer oppervlakkig beschreven. De inventaris van 1409 nam een duidelijke stap voorwaarts. Wellicht was dat een gevolg van het feit dat Baudouin de Froimont kennis had gemaakt met de Bourgondische inventarisatiecultuur. Het niveau dat de Bourgondische secretaris en chartermeester Thierry Gherbode nastreefde was evenwel nog te hoog gegrepen. Pas in 1451, na de incorporatie van Henegouwen in de Bourgondische *composite monarchy*, zou dat veranderen. Daarvoor was echter niet alleen de medewerking van tresorier Jean Marlette vereist, maar ook die van de Brabants-Bourgondische chartermeester Adriaan van der Ee. De professionalisering van archief en inventarisering had daarmee een voorlopig eindpunt bereikt.

---

46 BERGEN, Rijksarchief, Ancien recueil, 118, fol. 169r.

Bijlage

Tekst Inleiding Inventaris 1409

Den Haag, Nationaal Archief, Fonds Graven van Holland 2140, fol. 6r-7r

<fol. 6r> Ou nom de Dieu Amen. En l'an de l'Incarnacion Nostre Seigneur Jhesu Crist mil IIII^{c} et IX le IXe jour du mois d'avril apres Pasques. Par le commandement et ordonnance de tresexcellent et noble prince monseigneur le duc Guillaume de Baviere, conte de Haynnau, Hollande, Zellande et seigneur de Frise, fil de mon seigneur le duc Aubert, prince de bonne memoire, fil de l'empereur et dame Margherite, emperis, liquelz ducz Guillaume devandtdit fu de moult grant et tresgente estature et en son temps de tresnoble corage et conquerans, car toute le Oste Frise es parties de Ostrego et Westrego commenchans a la ville de Stavres, le pays de Cunere et les Achtcersples jusques a la ville de Gruninge il subjuga et conquist et li firent tous hommage et fist ramener en son païs de Haynnau et ensevelir a Saint Franchois en sa ville de Vallenchiennes le corps et osselemens du conte Guillaume son oncle, qui avoit estet ochis des Frisons en bataille dalez Stavre environ LX ans par avant. Et en l'an mil IIII^{c} VIII, le XXIIIe jour de septembre desconfi en bataille arestee les Liegois en nombre de plus de XXX^{m} en Hesbain a tombe d'autel et eubt en son ayde son serorge, le duc de Bourgongne, conte de Flandres. Et fu li cause de le bataille pourtant que lesdiz Liegois, appellez adont Hedrois, estoient rebelles contre Jehan de Baviere, son frere, esleu de Liege, lequel il avoient escachiet et assis en sa ville de Treth. Et apres ladicte bataille se submirent la chité de Liege, touttes les bonnes villes du pays et de Hasbaing et conté de Los en l'ordonnance des II princes dessusdiz et firent tresgrandes amendes, comme il appert par le sentence qui fu rendue en la Salle a Lille, le XXIIIIe jour d'octembre en celui an par les princes dessudiz, en la presence dudit Jehan de Baviere, esleu de Liege, du Cappitle et tous les consaulx des bonnes <fol. 6v> villes du païs de Liege et estoiens les dessudiz princes acompagniés de tresgrant plentet de barons et de nobles seigneurs. Et pour ladicte sentence entretenir et acomplir avoient les dessusdiz Liegois livret ostages des plus notables personnes de chascune bonne ville de leur païs, jusques au nombre de III^{c} et plus. Et leur fu engrint entre les aultres choses d'aporter touttes leur bannieres ou chastel a Mons et tous leurs previleges, franchises, libertez et alliances en l'abaye des Escolliers de le dicte ville. Lesquelles choses ilz firent et furent abatu les murs, tours et fortereces des villes de Thuin, Fosses, Dinant, Couving, Florinnes et une porte de Tongres et les murs aulés vers Treth, là ou il avoient assis leur seigneur. Et par avant ladicte bataille environ le fin du mois d'aoust avoit le dessuzdit duc Guillaume ars et destruit touttes les villes sour le rivage de Sambre et prinst d'assault et par grant vaillance et chavallerie la ville de Fosses et tous mist a l'espee. Et quant il vint devant la chité du Liege apres ladicte bataille, il fist decoler le damoisiau de Rocesfort, seigneur d'Augimont, et messire Jehan de Serain, chevaliers et plusieurs aultres jusques au nombre de XXVII qui avoient principalment inflamé et soustenu les dessusdiz Hedrois en leur rebellion. Et tantost apres touttes les personnes, tant deglise comme du peuple, qui demourez estoient, venrint hors de la chité de Liege a croix et a confanons en pourcession ordonnee, requerir mercy, enlivrant les clefz de ladicte chité et pareillement firent touttes les bonnes villes dudit païs de Liege. Et en ce meisme an, depuis traitta et fist la paix a Chartres du dessusdit duc de Bourgogne qui avoit fait ochir a Paris le duc d'Orleans, frere du roy Charle et pluseurs aultres grans faiz et emprises achieva en son temps, lesquelles on pourroit trouver en cronickes sur ce faittes. Fu empris et commenchiet a visiter ceste tresorie, liquelle estoit en tres grant confusion et ruysne, pour mettre en ordonnance les lettres et escrips touchans au prinche et au pays pour le temps present et advenir et les mettre en telle disposicion que on les puist plus

aisiement trouver touttesfoiz que mestier sera par l'ensaignement de cest repertore sur ce fait et ordonnet par sire Bauduin de Froymont, pour le temps tresorier de Haynnau, sire Thiery Le Monnier, <fol. 7r> prestre, Jaquemart Pipponie, canonne de Condet et d'Antoing, secretaires, et Simon Boussut, clerc, qui cest present repertore a escipt en le fourme et maniere qui s'ensuit. Le dessudit duc Guillaume escacha, Jehan, seigneur d'Ercle, liquelx par son orgueil l'avoit deffiet, et li destruisi tout son païs.

Une approche de la dévotion privée des Dijonnais vers 1400

Vincent Tabbagh
Professeur émérite de l'Université de Bourgogne, UMR Artehis

La capitale de Philippe le Hardi et de Jean sans Peur ne paraît pas avoir connu la naissance et le développement de ces formes de piété personnelle qu'il est convenu d'appeler *devotio moderna*, caractéristiques au contraire des nouveaux accents de la vie spirituelle dans les comtés septentrionaux de l'État bourguignon[1]. Les pratiques bien ancrées d'une vie liturgique intense dans le cadre paroissial, avec ses prières collectives, ses messes et ses processions, transportée au besoin, pour certains, dans l'intimité de la maison par le support du livre d'Heures, appuyée par l'intensité de la confession auriculaire, les fondations de prières pour les morts et l'adoption, pour les jeunes hommes ayant la possibilité de quelques études, d'un statut clérical par la réception de la tonsure, semblent alors constituer les seules manifestations, ou les plus essentielles, de l'appartenance à la communauté chrétienne et de la quête du salut éternel. Dans une région et à une époque qui ne favorisent guère les figures éloignées des normes, ce qui explique l'absence d'ermites, de prophètes ou d'hérétiques, ou encore la modestie du rayonnement des frères mendiants, la conformité des démarches collectives et publiques efface-t-elle cependant toute originalité et toute initiative ? Une documentation beaucoup plus institutionnelle que familiale dissimule largement l'audition des sermons, la prière privée, les vœux adressés en secret à tel ou tel saint, les départs en pèlerinage : l'intime des consciences lui échappe donc. Pourtant quelques sources, en particulier les inventaires après décès dressés par les officiers de la municipalité dijonnaise, s'offrent à la quête de la figure de celui qu'on peut qualifier de dévot, ou mieux de béguin ou béguine, en donnant à ces deux derniers termes un sens large : non celui ou celle qui entre dans un béguinage – il n'y en a pas à Dijon –, mais celui ou celle qui, dans le cadre d'une vie laïque, cherche à développer une relation personnelle avec la société céleste, en ses illustrations reconnues, le Christ, la Vierge et les saints[2].

Plusieurs éléments fréquemment présents dans les inventaires assurent d'une large diffusion de certains gestes de piété intime. Le bénitier fait souvent partie du mobilier domestique. Petit seau en étain ou en cuivre, accroché au mur par un anneau dans la chambre à coucher de Jean Poissenot et de son épouse Hugotte en 1412[3], l'eau en était

1 Voir notamment P. Verdeyen, La *devotio moderna*, une spiritualité pour les laïques, dans *La dévotion moderne dans les pays bourguignons et rhénans des origines à la fin du* XVI*e siècle*, éd. J.-M. Cauchies, *Publication du Centre européen d'Études bourguignonnes*, t. 29, 1989, p. 5-8 ; A. G. Weiler, La construction de soi dans les milieux de la *devotio moderna*, dans *Ibid.*, p. 9-16.

2 Cette collection d'inventaires est conservée à Dijon, aux Archives départementales de la Côte-d'Or (= ADCO), sous les cotes B II 356/1 et B II 356/2 pour la période prise en compte dans cette étude. Ceux qui recensent les biens des ecclésiastiques décédés ont été laissés de côté.

3 Dijon, ADCO, B II 356/2, 1re sér., no 5. Chez Garnier Marchand, le récipient d'eau bénite se trouve également dans la chambre : *Ibid.*, B II 356/1, no 114.

Pour la singuliere affection qu'avons a luy. *Études bourguignonnes offertes à Jean-Marie Cauchies*, sous la direction de Paul Delsalle, Gilles Docquier, Alain Marchandisse et Bertrand Schnerb, Turnhout, 2017 (*Burgundica* 24), p. 435-442.

DOI 10.1484/M.BURG-EB.5.113937

renouvelée sans doute régulièrement avec celle que le célébrant bénissait à la messe dominicale, rapportée soi-même ou distribuée par un clergeon dans chaque maison. Il apparaît dans tous les milieux, chez le frère d'un tonnelier en 1413 comme en 1419 chez Perrenot Micheaul, qui avait été sergent du duc, ou chez le riche Jean Aubert, maître de la chambre aux deniers de la duchesse Marguerite de Bavière pendant plusieurs années[4]. Cette présence quasi constante fait penser à des signes de croix accomplis au lever et au coucher, davantage qu'à des bénédictions par aspersion, plus solennelles, pratiquées par un prêtre lors de noces par exemple. Geste rapide, peut-être mécanique, mettant en action le corps plus que l'esprit alors que se développe, chez Gerson et d'autres, l'exigence d'une piété plus intérieure, il témoigne d'habitudes enracinées et de pratiques secrètes. Embrasser un petit objet d'ivoire, de métal ou de bois décoré d'une image de piété, ces « paix » ou *agnus Dei* que l'on trouve parfois dans les inventaires, revêt la même signification[5].

Les patenôtres, qu'on appellerait aujourd'hui des chapelets, fréquentes elles aussi dans les inventaires, servent à la récitation, prononcée ou non, sans doute en latin, de l'*Ave Maria* et du *Pater*. Les grains en sont souvent d'ambre, parfois de corail, de cristal ou d'argent ; elles se terminent par une petite croix. Une même recension peut en répertorier plusieurs. La présence chez la veuve de Jean de Sancerre, mercier, en 1409, de milliers de grains en verre, de très faible valeur, montre qu'elles pouvaient être vendues à bas prix à de pauvres gens dont les quelques biens n'ont même pas fait l'objet d'un inventaire en raison de leur modestie[6]. Sans doute achetait-on ces grains pour les enfiler soi-même sur des lacets. Certaines patenôtres ressemblent en revanche à de véritables bijoux : celles que l'écuyer Jean de Baissey reçoit en gages du seigneur de Mirebeau, Jean de Bauffremont, se compose de 185 boutons d'or enfilés sur un fil de soie ; elles comportent un fermoir d'or avec une grosse perle, un balai, un rubis, une émeraude, un diamant et d'autres perles[7]. La noblesse ne se tient pas à l'écart de cette prière intime, mais en saisit l'occasion pour déployer son goût du luxe. En 1423, le couturier Jean Castille en possède trois, moins onéreuses, constituées de boules de jais, l'une s'ornant d'un diamant[8].

Peut-être, en égrenant ces patenôtres, le récitant se tenait-il devant une image sainte, de la Vierge en particulier. Plusieurs inventaires citent en effet des statuettes ou des tableaux, en précisant le sujet plus souvent que le matériau. Une Vierge en albâtre couronnée de vermeil se trouve chez Regnaud Chevalier, ancien tailleur du duc, en 1396, parmi un ensemble de six représentations de Marie, seule ou avec l'Enfant Jésus, sur des tableaux dorés protégés par des étuis de bois, ou pendus au mur par une chaine d'argent[9].

4 Dijon, ADCO, B II 356/2, 1re sér., n° 12 ; 4e sér., n° 27 ; 1re sér., n° 22. Sur Jean Aubert, voir P. Cockshaw, La famille du copiste David Aubert, dans *Scriptorium*, t. 22, 1968, p. 279-287.

5 Le bourgeois Pierre Sancenot, décédé en 1422, possédait par exemple un *agnus Dei* garni de boutons d'argent (on peut imaginer une série de petites boules d'argent formant un entourage) et une « paix » de bois représentant la Vierge : *Ibid.*, 6e sér., n° 17.

6 *Ibid.*, B II 356/1, n° 111. En 1392, un autre inventaire de mercier, celui d'Étienne Marchant, présente onze douzaines de patenôtres de verre : *Ibid.*, n° 7. Dans l'inventaire d'un vigneron et de son épouse, en 1401, deux patenôtres de verre sont prisées ensemble cinq deniers : *Ibid.*, n° 65. Une grosse de patenôtres noires, chez la femme d'un mercier en 1415, vaut dix gros : *Ibid.*, B II 356/2, 2e sér., n° 30. Deux patenôtres trouvées en 1422 chez Jean Le Boguet, qui avait servi dans les cuisines du duc, pesaient quatre onces et demi ; on peut estimer qu'une patenôtre pesait environ 70 à 80 grammes.

7 *Ibid.*, B II 383, fol. 263. Les deux patenôtres de demoiselle Catherine, épouse de Richard Bonne, l'une en corail rouge et l'autre en corail blanc, en 1434, valent en tout douze francs : *Ibid.*, B II 356/2, 6e sér., n° 36.

8 *Ibid.*, n° 32.

9 *Ibid.*, B II 356/1, n° 17. La Vierge, sur l'un de ces tableaux, porte sur la tête une étoile dorée. Ces œuvres semblent faire l'objet d'un commerce à longue distance : dans l'hôtel de Vergy figure en 1420, estimé

L'image de Notre Dame du riche bourgeois Philippe Géliot n'est estimée que six gros en 1392, sans plus de précision[10]. On ne sait si les images sur toile cirée déposées dans des coffres par Jean Le Boirne, alias Chapy, cuisinier du duc de Brabant, mort à Prague, chez le Dijonnais Humbert Noirot, représentaient des sujets religieux, mais c'est bien probable[11]. La Vierge est en tout cas présente chez la veuve de Jean de Beauffort en 1404, sous forme d'une image qu'on enferme dans un « tabernacle », un coffret vertical sans doute, et d'un tableau où saint Christophe se tient près d'elle[12]. Les représentations des saints, qui attirent moins que celles de la Mère de Dieu, lui sont en effet assez souvent associées comme dans le tableau de bois peint où elle figure avec les deux saints Jean, le Baptiste et l'Évangéliste, chez Regnaud Chevalier[13]. Jean Tarlevey, pieux Dijonnais, maître de l'Hôtel-Dieu du Saint-Esprit, possède cependant trois statuettes de bois, saint Pierre, saint Paul et saint Jacques, en plus d'une autre de la Vierge[14]. Les images de la Mère semblent plus nombreuses que celles du Fils, qui apparaissent sous formes de tableaux de la Crucifixion où les deux se trouvent réunis, de même que dans la représentation d'un sépulcre que détient Regnaud Chevalier[15]. Des trois tableaux que possède le bourgeois Pierre Sancenot, un grand, dans un cadre en bois, représente l'Annonciation, un autre Notre Dame et le troisième le Crucifiement[16]. Chez Perrenot Godin, personnage manifestement aisé mort en 1418, un tableau soumis à l'estimation du peintre du duc Henri Bellechose, qui lui fixe une valeur de deux francs, figure à la fois la Crucifixion et la mort de la Vierge[17]. La composition la plus originale, expression avancée d'une thématique appelée à un grand succès tout au long du siècle, associe la Vierge à Jean Aubert lui-même, dans une attitude que l'inventaire ne précise malheureusement pas[18]. Marie apparaît donc, tant par les patenôtres que par les images, au centre des pratiques des prières privées des Dijonnais. Les différents épisodes de sa destinée font l'objet d'identifications spécifiques. Une certaine distance se maintient avec le Christ, la croix est un signe que l'on trace sur soi avec l'eau bénite, non une figure dont l'image extérieure à soi-même supporterait une relation fortement individualisée. L'absence dans ces inventaires de croix que l'on porterait sur soi, autour du cou, ou sur la poitrine, apparaît significative à cet égard[19]. Chez Poissenot et sa femme, la Crucifixion, entourée de quatre personnages, entre dans un ensemble sculpté dans l'airain, conservé dans un écrin[20]. L'image religieuse peut être constamment visible, protectrice en même temps que support de piété sans doute. Sa finalité peut même être seulement décorative, comme la tête de saint Jean qui orne un plat dans la vaisselle de Jean Aubert, mais ces représentations peuvent aussi, comme un retable dans une église, faire l'objet de rituels d'ouverture et de fermeture, s'insérer dans une scansion du temps qui donne une valeur sacrée à certains moments, embryon d'une liturgie domestique de laquelle les signes de croix avec l'eau bénite participent également.

un franc, un tableau de Notre Dame *de l'ouvrage de Couloigne*. *Ibid*., B II 356/2, 5e sér., n° 15. Un autre tableau de Notre Dame *de la facon d'Alemaigne*, valant deux gros, apparait dans l'inventaire non daté d'un couple qui semble relativement aisé : *Ibid*., 6e sér., n° 6.

10 *Ibid*., B II 356/1, n° 9.

11 *Ibid*., n° 109.

12 *Ibid*., n° 79. Cette Dijonnaise possédait un ouvroir où elle vendait draps et tissus.

13 *Ibid*., n° 17.

14 *Ibid*., n° 105.

15 *Ibid*., n° 17.

16 *Ibid*., B II 356/2, 6e sér., n° 17.

17 *Ibid*., 4e sér., n° 14

18 Voir n. 4.

19 Les patenôtres, terminées par une croix, pouvaient cependant être gardées sur soi.

20 Voir n. 3.

La prière des patenôtres s'appuie sur la mémorisation et la répétition ; elle prend au moins en partie sa valeur spirituelle dans une accumulation mesurable et objective. L'exigence se fait intellectuellement plus grande dans l'usage du livre d'Heures, et donc à travers elle l'investissement de dévotion, d'autant plus qu'il requiert lui aussi une certaine régularité. Faisant également appel à la mémoire, il ne nécessite pourtant pas une capacité de lecture intensément exercée : la saisie des premiers mots de telle ou telle formule plus ou moins longue entraine, par un apprentissage qui remonte souvent à l'enfance, sa récitation. D'une valeur marchande plus élevée que les patenôtres, il prend place cependant dans des inventaires de contenu modeste, comme celui de la veuve de Bernard Le Fontainier, dont les hanaps sont de bois et le lit vaut trois francs : elle possède un vieux livre d'Heures aux pages bien effacées, dont l'estimation de six gros vient sans doute du fermaillet d'argent[21]. La possession de ces Heures semble souvent correspondre à un niveau de culture relativement élevé : outre des bourgeois et bourgeoises, elles apparaissent par exemple chez un barbier-apothicaire, détenteur par ailleurs de livres d'apothicairerie[22], ou chez demoiselle Catherine, veuve de Richard Bonne, en 1434[23]. La médiocrité générale de leur valeur prouve que ces livres ne comportent pas de décor, mais par un contrat passé devant notaire en 1398 le riche drapier Guillaume Le Chamois fait enluminer un livre d'Heures de dix-huit vignettes historiées[24]. Ils contiennent le plus souvent les Heures de Notre Dame, ou petites Heures, qui constituent un ensemble moins long que les Heures habituelles chantées ou récitées par les communautés ecclésiastiques ; elles exigent néanmoins les mêmes huit moments de prière au cours de la journée, que l'on peut cependant réunir. Elles témoignent s'il en était besoin de l'intensité de la dévotion envers la Vierge. En revanche la prière pour les morts ne semble pas faire l'objet d'une attention soutenue. Le bréviaire ne se rencontre que dans les inventaires de prêtres, à l'exception toutefois de celui d'un tavernier, Jean Verrier, mainmortable du duc, qui en 1376 possédait aussi les Heures de Notre Dame, mais était peut être un simple prêteur sur gages[25].

Quelques Dijonnais lisent-ils par ailleurs des livres destinés à faire vivre leur réflexion spirituelle[26] ? Le geste est sans doute exceptionnel. Dans une bibliothèque de 29 volumes, en grande majorité des livres de droit, qui vaut environ 80 francs au total, inventoriée en 1407, le juriste maître Pierre de Jalerange détient un petit livret *meslé de teologie* et autres choses, sans doute un cahier de papier, qui ne fait pas l'objet d'une estimation, un livre sur la Bible qui vaut huit gros et le *Testament de maitre Jean de Meung*, qui n'en vaut que trois[27] : modestes éléments d'une possible méditation pieuse, à travers le dernier de ces textes en particulier, long poème spirituel qui connait alors un incontestable succès et que possédaient d'autres Dijonnais, comme Jean de Monterandel, Daniel Lévêque, marié à la sœur d'un secrétaire du duc, et l'officier de finances Jean

21 Dijon, ADCO, B II 356/2, 4e sér., n° 11. La valeur de ces livres apparaît fort variable : un gros chez Jean de Monterandel pour celles de la Vierge, mais trois écus pour celles de dame Julienne, veuve du chevalier Henri Le Bernier : *Ibid.*, B II 356/1, nos 41, 74.

22 Jean Fromont de Saulx, en 1416 : *Ibid.*, B II 356/2, 3e sér., n° 5. Ce livre vaut cinq gros, autant que les patenôtres d'ambre de ce barbier.

23 *Ibid.*, 6e sér., n° 36. Richard Bonne est sans doute un anobli : T. Dutour, *Une société de l'honneur. Les notables et leur monde à Dijon à la fin du Moyen Âge*, Paris, 1998, p. 395, n. 28.

24 Dijon, ADCO, B 11313, fol. 43.

25 *Inventaires mobiliers et extraits des comptes des ducs de Bourgogne*, éd. B. Prost, t. 1, Paris, 1902, n° 2489.

26 Voir, à ce propos, V. Tabbagh, L'acte de lecture chez les laïcs dijonnais autour de 1400, dans *Lecture et lecteurs en Bourgogne du Moyen Âge à l'époque contemporaine*, *Annales de Bourgogne*, t. 77, 2005, p. 113-124.

27 Dijon, ADCO, B II 356/1, n° 95

Aubert, dont l'exemplaire vaut cinq francs[28]. Chez celui-ci, le *Testament* est relié de cuir rouge avec la traduction, par ce même auteur, de la *Consolatio* de Boèce, ouvrage que l'on rencontre aussi chez demoiselle Catherine, femme de Richard Bonne, dans une présentation plus modeste puisque sur papier alors que la dame possède par ailleurs deux romans sur parchemin[29]. Le succès du *Testament* s'explique peut-être par le contexte de la querelle du *Roman de la Rose*, qui attira l'attention sur cet auteur : lire ses textes de piété aurait été une affirmation sociale de conformité et de dévotion, bien en accord avec les prises de position de la cour de Bourgogne[30] ; son usage comme support d'une méditation ou d'une prière secrètes fut donc sans doute limité, même s'il traduit la pénétration dans certains esprits d'une vie spirituelle recherchant des textes littérairement très élaborés et non plus la seule récitation de formules mémorisées. Le « roman » qui commence par ces mots, « Le Père et le Fils, un Dieu en trois personnes », chez le clerc marié Étienne Girost, en 1414, a peut-être un contenu religieux, sa qualification venant alors de son écriture en français[31], mais seul Jean Aubert parait attiré par des lectures spirituelles variées. Parmi une vingtaine de volumes, qui vont de la géographie et des chroniques au droit et à la vénerie, en passant par le roman courtois avec un *Tristan*, figurent en effet six ou sept livres de piété[32]. Aucun livre d'Heures ne s'y trouve, mais deux psautiers, dont l'un au moins est en français et un troisième destiné aux vigiles des morts – il comprend sans doute les psaumes dits de la pénitence – à neuf leçons, traduisent le souci d'une prière à la fois insérée dans une très longue tradition et détachée d'une pratique immédiatement ecclésiastique. Lecteur, ou au moins possesseur, d'une Bible et d'un livre des Évangiles et des Épitres, le tout en français, Jean Aubert accède personnellement aux textes sacrés dans l'intimité de sa maison, ajoutant donc, hors du cadre liturgique, la réflexion à la prière. Si la Vierge, largement présente en ses tableaux, n'apparaît pas dans ses lectures, les saints y tiennent une bonne place. Il détient un livre de litanies, une vie de saint Barthélemy[33], et surtout la *Légende dorée*, à la fois sous forme de dix cahiers et de la copie qu'il en a faite de sa main, avec un tel soin et dans une présentation suffisamment luxueuse pour valoir quarante francs. L'appropriation spirituelle se trouve ici poussée à son comble, dans une mise en œuvre du corps par le geste d'écriture comme d'autres multiplient génuflexions et prosternations, voire macérations, mais Aubert noue étroitement, comme nombre de détenteurs d'images sacrées, vie spirituelle et quête esthétique, ce qui l'éloigne de la tradition mendiante d'un mysticisme d'humilité. Son activité de copiste s'inscrit dans une tradition monastique et universitaire ; il maintient prière et méditation à distance d'un comportement quotidien qui semble surtout marqué par l'ambition et l'accumulation de l'argent, au point d'être un moment poursuivi pour malversations et condamné en 1404 à rembourser 1 500 livres au receveur général des finances du duc[34]. Aubert se trouve donc loin d'une *devotio moderna* qui recherche clairement un lien entre piété et comportement dans une composition intérieure et extérieure de soi-même. Les inventaires ne disent évidemment rien sur la pratique de la confession, par laquelle ce lien

---

28 *Ibid.*, n°s 41, 60 ; B II 356/2, 1re sér., n° 22.

29 *Ibid.* ; 2e sér., n° 36.

30 À propos de cette querelle, voir S. Lefèvre, Art. Roman de la Rose (Débat sur), dans *Dictionnaire des Lettres françaises. Le Moyen Âge*, dir. G. Hasenohr, M. Zink, Paris, 1992, p. 1310-1312.

31 Dijon, ADCO, B II 356/2, 2e sér., n° 17.

32 *Ibid.*, 1re sér., n° 22. Voir n. 4.

33 Son goût des reliures et des belles copies de livres l'aurait-il attiré vers le saint patron des relieurs ?

34 L'inventaire de 1413 intervient dans l'hôtel de Jean Aubert après la mort de sa femme. On ne sait si certains de ces livres et tableaux n'avaient pas été, en fait, acquis par celle-ci, mais c'est bien lui qui est représenté auprès de la Vierge dans un tableau et qui a recopié la *Légende dorée*.

aurait pu se nouer fortement, mais les traces de directeurs spirituels ne s'y rencontrent guère. Que la veuve de Jean de Beauffort ait confié les *Heures de Notre Dame* à un certain frère Alart manifeste l'existence de relations entre eux, mais un prêt à l'inverse aurait exprimé plus vraisemblablement la direction du second sur la première[35].

L'abondance des bénitiers, patenôtres, images et même livres d'Heures d'un côté, la rareté des livres d'élévation spirituelle de l'autre, traduisent une vie religieuse d'abord imprégnée de liturgie. Dès lors s'explique la présence, dans plusieurs hôtels dijonnais, de chapelles ou au moins de pièces qui peuvent servir de cadre à certains de ses rites. L'hôtel de Regnaud Chevalier, tailleur du duc, en comprend une, comme celui du juriste Pierre de Jalerange ou celui de Jean Tarlevey[36]. Elle peut être désaffectée, comme celle de l'hôtel du chevalier Henri Le Bernier et de sa veuve, qui en 1403 ne contient plus que du froment[37], mais aussi être équipée d'une partie au moins du nécessaire à l'office eucharistique, un autel de bois, des nappes de lin, trois chasubles avec étoles et manipules, un drap d'or brodé d'une crucifixion pour mettre devant l'autel, un missel sur un coussin de soie rouge chez Regnaud Chevalier, un autel de bois et des vêtements sacerdotaux chez Tarlevey. Au sein de demeures moins vastes apparaissent les traces de la célébration de messes domestiques dans une pièce quelconque. En 1395, dans celle de feu Aubé, un laïc qui semble avoir été un serviteur du duc et de la duchesse, un buffet forme autel et s'accompagne de chandeliers de cuivre, d'une « paix » d'argent, d'ornements sacerdotaux et d'un calice avec sa patène[38]. Dans la maison de Jean Poissenot et de sa femme, en 1412, en une pièce appelée « écritoire », se trouvent une aube, une chasuble et un missel[39]. D'autres inventaires mentionnent des ornements, qui peuvent avoir été déposés en gage, mais que leur propriétaire pouvait aussi confier à un prêtre de paroisse à l'occasion de telle ou telle célébration, obituaire par exemple. Ces chapelles n'ont sans doute jamais fait l'objet d'une cérémonie de consécration, encore moins la simple pièce de la maison Aubé, mais des messes y ont certainement été dites. L'entretien d'un ou de plusieurs chapelains privés ne concerne que les plus hautes couches de l'aristocratie laïque et ecclésiastique, mais les prêtres paroissiaux sont suffisamment nombreux pour que l'on puisse faire appel à eux en telle ou telle occasion, et certains d'entre eux peuvent continuer à vivre dans leur propre famille[40]. La célébration des sacrements comme le baptême ou le mariage se déroule dans l'église paroissiale, en public[41], mais un événement familial moins marquant pouvait constituer l'occasion d'une messe privée. Ces chapelles – c'est le cas chez Regnaud Chevalier comme chez Tarlevey – rassemblent les images de la Vierge et des saints, statuettes et tableaux ; en ces lieux donc se vit la prière domestique, de manière plus familiale qu'individuelle sans

35 Dijon, ADCO, B II 356/1, n° 79.

36 *Ibid.*, n°s 17, 95, 105.

37 *Ibid.*, n° 74. La chapelle de Pierre de Jalerange est pratiquement vide, contenant surtout une petite couchette. Dans celle de l'hôtel de Pierre Chauchart, en 1414, ne se trouve qu'un vieux coffre : *Ibid.*, B II 356/2, 2e sér., n° 8.

38 Dijon, ADCO, B II 356/1, n° 19.

39 *Ibid.*, B II 356/2, 1re sér., n° 5.

40 Faute de cherches de feux ecclésiastiques, le nombre ne peut s'en calculer à Dijon, mais dans les petites villes du comté d'Auxonne et des terres d'Outre-Saône du duché de Bourgogne en 1476, 46 % des simples chapelains vivent dans leur famille : V. Tabbagh, La présence sacerdotale dans le Val de Saône et le bailliage d'Auxois à la fin du xve siècle, dans *La vie religieuse, des pays bourguignons à l'ancien royaume d'Arles (XIVe-XVe siècle)*, éd. J.-M. Cauchies, *Publication du Centre européen d'Études bourguignonnes*, t. 50, 2010, p. 224.

41 Au moins un inventaire mentionne la présence de linge utilisé pour un baptême et de ces chrémeaux qui, après avoir servi lors des onctions, au baptême ou à la confirmation, étaient eux aussi conservés : celui du bourgeois Pierre Sancenot, en 1422. Dijon, ADCO, B II 356/2, 6e sér., n° 17.

doute. En l'absence de chapelle ou de lieu de célébrations, ces images trouvent place dans la chambre, comme un tableau représentant la Vierge dans celle de feu Garnier de Bèze, riche bourgeois, et de sa femme, en 1411[42]. Tarlevey conserve en sa chapelle un reliquaire, alors que la possession privée de reliques n'apparaît que très rarement dans les inventaires, celle d'une bourse de soie qui en contient constituant la seule autre occurrence, chez la veuve du chevalier Henri Le Bernier[43].

Si l'on met à part le cas de Jean Aubert, originaire de Hesse, seul à mettre en œuvre les dimensions individuelle et intellectuelle de la dévotion de son temps, les Dijonnais transportent dans le cadre de leur famille et de leur maison les formes traditionnelles de la vie religieuse telles que les communautés ecclésiastiques les ont depuis longtemps développées. La récitation de prières mémorisées vaut par sa fréquence et sa régularité, le corps y est associé dans une gestique appropriée. Le regard sur les images l'emporte sur la lecture des textes, à travers elles la beauté prend place dans le processus d'élévation spirituelle, mais la pauvreté de leur iconographie, à l'exception des épisodes de la vie de la Vierge, limite l'appropriation des récits sacrés qu'elles pourraient assurer. La messe devient le nœud essentiel de la relation à Dieu, au point de pénétrer dans l'espace privé. La piété des laïcs, décalquant celle des clercs, reste profondément liturgique, détachée d'un comportement qui prend sa source dans des normes sociales fortement contraignantes ; la conscience, largement privée d'un discours intérieur qu'auraient enrichi des lectures et des méditations, mesure la distance éventuellement prise avec elles sans doute davantage qu'elle ne se met en quête d'une imitation du Christ et des saints. La figure du dévot ou du béguin n'a pas pris consistance, celle du clerc maintient toute sa puissance dans le Dijon de cette époque.

42 *Ibid.*, B II 356/1, n° 124.

43 Alors que la valeur des autres objets de l'inventaire fait l'objet d'une estimation, ce n'est pas le cas de cette bourse : *Ibid.*, n° 74.

Le prince, la ville, l'Église. Quelques aspects sous les ducs Valois à Poligny (Jura)*

Jacky Theurot
Professeur honoraire à l'Université de Franche-Comté

L'année 2015 a été marquée à Poligny par la célébration de 600 ans d'histoire[1], puisqu'en 1415 eut lieu l'installation des clarisses et que s'amorça la construction de la nouvelle église paroissiale Saint-Hippolyte. Lors de ces manifestations, ce fut l'occasion de rappeler comment, en cette bourgade comtale, le prince a pu user de son autorité pour agir sur les destinées urbaines, l'Église sous toutes ses formes étant dans la ville médiévale un élément à la fois fédérateur et dynamisant de la vie sociale et un auxiliaire puissant du pouvoir. « Être de la nation de Poligny » écrivait un prêtre au XVe siècle : c'est un état d'esprit qui s'affirme, l'homme créature de Dieu étant en même temps partie prenante du destin d'une « ville » évoluant dans le sillage du prince, en une ville où se pratique une sorte de « religion civique ». Les XIVe et XVe siècles, mieux documentés, permettent d'envisager quelques-unes de ces relations particulières construites au fil du temps.

En effet, comme les autres villes comtales, Poligny participe de l'affirmation croissante du pouvoir princier, et est une ville qui compte pour les ducs Valois. L'étude des actes municipaux, de la comptabilité générale du bailliage et des chartes relevant du monde ecclésiastique et religieux révèle cela. La ville, point d'appui du prince, l'intéresse car elle est une force économique et un pôle social, une source de revenus. Les chantiers conduits montrent les corps de métiers à l'ouvrage, le souci qu'a le prince de l'entretien de ses édifices et des fortifications de la ville, et combien l'intercession des prêtres, des dominicains et sœurs clarisses en sa faveur ainsi que de ses siens, revêt d'intérêt. Plus encore, la présence de nobles, bourgeois et hommes d'église de Poligny dans son administration, fait de cette ville un « vivier » de compétences.

1. L'intervention du prince : le respect des franchises et l'aide aux habitants

Les franchises ont été octroyées en 1288 et en 1292 par le comte Othon IV. Dès lors, les princes et princesses successifs n'ont eu de cesse d'appuyer les échevins dans l'exercice de leur pouvoir et de veiller eux-mêmes au respect de celles-ci.

* Origines de Poligny : l'ouvrage incontournable, même s'il suppose des critiques, de F.-F. Chevalier, *Mémoires historiques sur la ville et seigneurie de Poligny*, 2 vol., Lons-le-Saunier, 1767 (preuves complètes ou partielles d'un grand intérêt).

1 Voir l'ouvrage constitué des conférences présentées de février à mai 2015 dans le cadre d'un cycle de l'Université Ouverte, dir. J. Theurot : *L'Église dans la ville. Le cas de Poligny au Moyen Âge*, éd. Id., Lons-le-Saunier, 2015.

Pour la singuliere affection qu'avons a luy. *Études bourguignonnes offertes à Jean-Marie Cauchies*, sous la direction de Paul Delsalle, Gilles Docquier, Alain Marchandisse et Bertrand Schnerb, Turnhout, 2017 (*Burgundica* 24), p. 443-458.

DOI 10.10.1484/M.BURG-EB.5.113938

1.1 Le respect des franchises

L'organisation municipale fixée dans les chartes primitives[2] perdura jusqu'à la constitution d'une mairie en 1525 avec des aménagements, même si la charte octroyée par Eudes IV en 1337 apporta un élargissement aux privilèges déjà accordés aux habitants; puis celle de 1357, sous Philippe de Rouvres, fixa le recrutement des portiers de la ville. Ces documents nous rappellent la prééminence dans le conseil de ville des quatre échevins : ainsi, le 24 juin 1392, un acte émanant de ces derniers, précise que les habitants ont le droit de s'assembler, d'élire des prud'hommes, des conseillers et des procureurs, dont le rôle est d'établir des constitutions, des ordonnances pour le profit commun et d'entendre les comptes de la ville lors d'assemblées générales[3]. Le duc Philippe appuie les notables de la ville pour la fixation du montant des journées d'ouvriers en janvier 1385 ; il fait respecter, la même année, les Polinois, même bannis, pour la protection de leurs biens, quand l'affaire n'est pas jugée à Poligny ; le 24 juin 1392, il demande au prévôt et à cinq notaires qu'ils fassent respecter les modalités de désignation des échevins, et demandera au parlement de Dole, le 22 mars 1402, d'avoir copie des franchises de 1288 et 1292, le lieutenant du gruyer prêtant serment de respecter les franchises le 10 mars 1403[4]. Pour encourager les Polinois, à la suite de l'incendie du 22 janvier 1459 qui a beaucoup meurtri la ville, par une lettre patente du 2 juillet, le duc-comte Philippe le Bon autorise les Polinois à présenter quatre candidats parmi lesquels le bailli d'aval ou son lieutenant en choisira un pour tenir la fonction de gouverneur de la prévôté ; cette fonction consiste en l'exercice de la basse et de la moyenne justice, dont la moitié des amendes prononcées pour contraventions aux règlements de police reviendrait à la ville pour l'entretien des ponts, des pavés et des fontaines et l'autre moitié reviendrait au prévôt. Choisi généralement parmi les échevins, ce personnage devint le vrai chef de la commune, une sorte de maire avant même la création effective de cette fonction[5].

1.2 Le prince attentif au sort de ses sujets polinois

Le prince, soucieux des ennuis qui surviennent aux gens de sa ville, peut choisir de suspendre l'impôt, une aide (1402), voire de reporter les interdictions dans l'usage des bois.

Ainsi, dans des patentes du 9 mai 1410, le duc-comte suspend la cherche annuelle de bois indûment pris dans la forêt de Vaivre pour six ans, car elle est « de petit profit » : Jean sans Peur souligne que c'est *pour* [*que*] *le bien publique* [...] [*soit*] *creu et augmenté*. Il rappelle qu'en *l'an quatrecens et ung* [*la ville de Poligny*] *fut arse la plus grant partie par feu de meschief* (250 maisons brûlées), alors que c'est *l'une des meilleures et des plus notables villes de notredit conté et que nous est de meilleur et de plus grant revenue, excepté seulement notre ville de Salins pour cause de notre saulnerie* : c'est ce que montre Claude Ragondet dans son étude de la comptabilité comtale à Poligny sous Jean sans Peur[6]. Le

2 À ce sujet, voir J. Theurot, Développement urbain et franchises municipales : l'exemple de quelques villes comtoises (1249-1337), dans *Belfort 1307. L'éveil à la Liberté. 700e anniversaire de la Charte de Franchise. Actes du Colloque de Belfort (19-21 octobre 2006)*, Belfort, 2007, p. 61-80.

3 Montmorot, Archives départementales du Jura (= ADJ), 5 E 27, 1 AA 52, 24 juin 1392.

4 Montant des journées d'ouvriers : *Ibid.*, 1 AA 40, 29 janvier 1385 ; biens de Polinois bannis, *Ibid.*, 16 août 1385 ; modalités de désignation des échevins, *Ibid.*, 1 AA 52, 24 juin 1392 ; copie des franchises de 1288 et 1292, *Ibid.*, 2 AA 7 ; serment du lieutenant du gruyer , *Ibid.*, 2 AA 8, 10 mars 1403 (n. st.).

5 *Ibid.*, 4 AA 66, 22 janvier 1459 (n. st.).

6 C. Ragondet, *La seigneurie comtale de Poligny sous le principat de Jean sans Peur (1403-1419)*, 2 vol., Mémoire de maîtrise en histoire inédit, Université de Franche-Comté, 1995.

duc précise que *les biens des bonnes gens d'icelle* [*ont été*] *ars et perduz avec leurs maisons et meismement plusieurs de leurs corps y brulez et mors* et que la ville *ne se puet reediffier, remaisonner ne remettre sus* ; il souligne que ceux qui en ont réchappé *souffrent chacun jour de grans douleurs, povretez et miseres*, en raison de *grandes et excessives charges qu'ils ont a supporter chacun an a notre prouffit et plus que autre de noz villes de notredit conté*, évoquant la dîme des blés et vins, les quatorzaines et les deux sols deux deniers pour le toisé, les droits et redevances dues pour les moulins, fours, foules, batteurs, halles, les grandes aides payées pour ses prédécesseurs et lui depuis la mort de son père, ainsi que les *fraiz que supporter leur convient pour le maintennement de la grant et longue fermeté, et des ponz, fontainnes et portes de notredite ville de Poligny*, ce que montrent en effet les comptes du bailliage d'aval et de Dole. Il souligne que la ville *est située et assise empres roches et montaignes en lieu peu fertile et hors de passaige et de chemins de toutes marchandises et de ports de rivieres, et par ce la plus grant partie desdiz habitans d'icelle est en voye de la delaissier et eulx retraire ailleurs*[7]. Ce propos atteste des difficultés financières des habitants, réticents à payer les impôts, en particulier pour financer la nouvelle église qu'ils désiraient, ce qui explique sans doute le décalage entre l'engagement du prince de 1409 et le début des travaux seulement en 1415, tout comme les doléances exprimées pour se pourvoir en bois dans les forêts comtales.

Cette situation difficile, connue dans les années 1370 sous Marguerite de France[8], de nouveau en 1415 et 1416 *en la grant rue du bourg* et *pres du chateau*, se reproduisit en 1429, où 60 maisons ont brûlé et en 1447, où 52 autres subirent le même sort. Le 22 janvier 1459, par les ruelles *tendant de la grant rue en la rue Morteval ont le plus souffert*, la ville connut un autre incendie de grande ampleur ravageant *deux cens maisons* [*qui*] *sont consummees par les flammes avec la plupart des effets de leurs habitants*. Poligny, hors Besançon, fut l'une des villes comtoises qui connut le plus d'incendies répertoriés[9]. Ces incendies à répétition dus au fait que le bois constituait une bonne part des maisons, les toitures étant de plus souvent couvertes d'*aisseules*, est à l'origine de la décision du duc Jean sans Peur le 1er mars 1407 de concéder aux Polinois la construction d'une tuilerie en bordure de la forêt de Vaivre, les obligeant d'ici dix ans à recouvrir toutes les maisons de tuiles ; mais le 19 décembre 1416 un nouveau mandement du duc, renouvelant ses lettres, montre que les Polinois ne se sont pas exécutés[10]. Il est probable que ces incendies ont contribué au dépeuplement de la ville évalué par Fabrice Gros à près de la moitié du nombre de familles par rapport à 1401[11]. Le prince est obligé d'en tenir compte, et pour s'informer des réalités de sa ville et comprendre

7 Besançon, Archives départementales du Doubs (= ADD), B 2843, mandement du 9 mai 1410 (Paris).

8 Dijon, Archives départementales de la Côte-d'Or (= ADCO), B 1434/4, fol. 33, 1370-1373 : *ceulx a qui leurs maisons ont été arses* ont reçu pour reconstruire leurs maisons 759 chênes de la forêt de Vaivre et 1518 du bois de la Mangette, mention dans P. Gresser, Les donations de bois en Franche-Comté sous Marguerite de France (1361-1382), dans *Mémoires de la Société pour l'Histoire du Droit et des Institutions des anciens Pays bourguignons, comtois et romands*, t. 56, 1999, p. 101, n. 108.

9 J. Theurot, Au feu ! Les bourgs et les villes du comté de Bourgogne face à l'incendie (xive et xve siècles), dans *Les hommes et le feu de l'antiquité à nos jours. Du feu mythique au feu dévastateur. Actes du colloque de Besançon, Association interuniversitaire de l'Est, 26-27 septembre 2003*, éd. F. Vion-Delphin, F. Lassus, Besançon, 2007, p. 233-251.

10 Tuilerie : concession, Montmorot, ADJ, 5 E 27, 2 AA 9, 1er mars 1407 (n. st.) ; nouveau mandement : *Ibid.*, 2 AA 21, 19 décembre 1416 ; également *Ibid.*, comptabilité de la ville et Besançon, ADD, B 315, comptes de gabelle. Sur la tuilerie médiévale, voir B. Bichon, À tuiles et à toits, dans *Patrimoine polinois*, fasc. 10, 1995, p. 53-63.

11 Chevalier, *Mémoires*, t. 1, p. 231 : 181 maisons brûlées en fait. F. Gros, *Recherches socio-économiques sur Poligny aux xive et xve siècles*, Mémoire de maîtrise en histoire inédit, Université de Franche-Comté, 1978.

pourquoi les habitants cherchaient à se soustraire à l'impôt, il fit établir un terrier dès décembre 1456 – interrompu à plusieurs reprises, en partie en raison de l'incendie de 1459 – et poursuivi de 1460 jusqu'au 23 mars 1463 : ce document majeur permet de dresser un portrait de la ville alors que la grande église est en voie d'achèvement[12].

Cette attention à l'égard des habitants s'exprime aussi en ce qui concerne l'assistance. Le vieil hôpital affilié au Saint-Esprit se trouvait à l'ouest des murs de la ville, au-delà de la Glantine, où un faubourg s'était constitué dans un secteur riche de terres cultivées, non loin de la forêt de Vaivre, où la comtesse lui avait concédé des droits d'usage en 1372. Mais cela le plaçait en difficulté en cas de conflit (comme lors des guerres baronniales sous Eudes IV, et des expéditions des compagnies sous le principat de Marguerite de France). La crainte subsistant, en 1426, comme le montre Nicole Brocard, le recteur Hugues Grillot de Plaigne (gouverneur de 1425 à 1431, son oncle en étant recteur en 1415), sans doute avec l'accord de la ville, acheta une maison pour 400 écus à Jean Chousat, conseiller du duc et pardessus de sa saline de Salins, maison sise dans la ville, près du récent couvent des clarisses et de Saint-Hippolyte alors en construction, afin de *faire et edifier une chapelle et l'autel pour y chanter a l'un des bouts d'icelle maison et y faire les fenestres et verrieres y appartenans et necessaires, faire devant icelle chapelle, le dortoir des pauvres*. Cela ne semble pas avoir été du goût du prince qui, en 1446, indique que ce logement peut entraîner maladies et infections dans la ville, trop resserrée, et il regrette que les pauvres ne puissent être accueillis de nuit, suggérant un retour à l'extérieur. Toutefois, il dut renoncer car l'établissement fut fondé en 1436 et resta en la ville[13].

2. Les interventions de Philippe le Hardi à Philippe le Bon : appuyer les échevins en matière d'imposition, préserver le Trésor de Grimont, installer le siège du bailliage à Poligny

La documentation communale, de Philippe le Hardi à Philippe le Bon, est riche de mandements émanant du prince et de son administration, appuyant les échevins bataillant contre les habitants persistant dans leur refus de payer les impôts destinés aux fortifications, représentant il est vrai un coût élevé dans toute ville médiévale comme le montre Albert Rigaudière, car, comme le rappelait déjà Jean sans Peur en 1410, la ville devait supporter des frais *pour* [...] *la grant et longue fermeté* [...] *de notre dite ville de Poligny*[14].

12 Terrier de Poligny : Besançon, ADD, B 388. Deux études ; la ville, par A. Gauthier, *Poligny au milieu du* XV*e* *siècle*, Mémoire de maîtrise en histoire inédit, Université de Franche-Comté, 1995 ; la périphérie, par G. Vuillemin, *Recherches sur le terrier de Poligny 1457*, Mémoire de maîtrise en histoire inédit, Université de Franche-Comté, 1980.

13 Achat : Besançon, ADD, JHB, Saint-Esprit, 51 JI, 5, 1426 ; Dijon, ADCO, B 1632, compte de Jaquot Vurry, Saint-Michel 1426-Saint-Michel 1427. Sources utilisées par N. Brocard, *Soins, secours et exclusion. Établissements hospitaliers et assistance dans le diocèse de Besançon,* XIV*e et* XV*e siècles*, Besançon, 1998, p. 19, 33, 35, 47-48 et n. 1, 48, 129, 307-308, 316 ; Id., Vers une implantation hospitalière nouvelle aux XIVe et XVe siècles : les exemples de Poligny, Arbois et Salins, dans *La ville et l'Église en Occident du début du* XIII*e siècle à la veille du concile de Trente*, éd. N. Brocard, J. Theurot, Besançon, 2008, p. 257-280, en particulier p. 264, 272 et texte p. 278 ; Id., L'entourage de Philippe le Bon, le combat pour la foi et les fondations hospitalières dans le comté de Bourgogne, dans *Dans le secret des archives. Justice, ville et culture au Moyen Âge*, éd. M. Billoré, J. Picot, Rennes, 2014, p. 269-288.

14 Les ducs et les fortifications des villes : B. Schnerb, La politique des ducs de Bourgogne. Philippe le Hardi et Jean sans Peur en matière de fortifications urbaines (1363-1419), dans *Les enceintes urbaines* (XIII*e*-XVI*e siècles)*, éd. G. Blieck, P. Contamine, N. Faucherre, J. Mesqui, Paris, 1999,

2.1 De Philippe le Hardi à Jean sans Peur, une continuité

Dès le 14 février 1390, par un mandement, le duc-comte Philippe indique aux habitants qu'ils sont tenus de payer l'impôt pour les fortifications, ce qu'il rappelle le 17 mars, n'oubliant pas les nobles et gens d'église, pour les portes, chemins, fontaines ; le 15 août, puis le 20 septembre 1391, les *retrahants* sont mis en demeure de payer comme Regnaut Mercier de Tourmont. Les nobles firent appel de cette contrainte au Parlement de Dole, les curé, chapelains et familiers tombant d'accord avec les échevins pour faire ce qui sera décidé au parlement pour les nobles le 8 avril 1391. Le bailli obtint des nobles qu'ils paient *gects et impots* l'affaire se clôturant le 17 mars 1392. Toutefois, ces oppositions reprirent du 24 juin 1392 jusqu'au 14 août 1402, sauf qu'en mai 1401, les habitants ayant subi l'incendie de 1401, furent exemptés de payer les impositions, toises et quatorzaines pendant trois ans. D'autres transactions eurent lieu concernant l'impôt communal relatif aux fortifications : le 12 mars 1400, l'abbé de Baume, le prieur de Vaux, les prêcheurs de la ville, et Jean, Bâtard de Chalon, s'y étant opposés, ils acceptèrent le 14 août 1402, en échange, de verser une rente annuelle et perpétuelle de 40 sous, réévaluée à 60 sous, avec l'accord du Parlement de Dole ; ceci n'empêcha pas un nouveau conflit suivi d'une transaction pour les prêcheurs le 2 mai 1403[15].

Jean sans Peur persista. Ainsi, le 26 août 1407, le duc-comte rappelle à l'ordre les nobles pour qu'ils paient leur quote-part de tous les *gects* faits à Poligny pour les fortifications ; le 14 octobre de cette année, divers mandements, ordres, sentences soulignent le devoir d'imposer tous ceux qui possèdent des biens dans le territoire de la seigneurie, qu'ils soient ecclésiastiques, nobles ou autres, pour les fortifications et pour la future église Saint-Hippolyte, ainsi que pour les ponts, murs et fontaines. Pourtant, pour aider au lancement du chantier de la future église, le 5 avril 1409, le prince exempta ces mêmes habitants de toutes aides et subsides pendant six ans, s'engageant lui-même à hauteur de 50 livres par an pour les aider[16]. Le 19 mars 1412, le bailli d'aval intime l'ordre aux habitants ayant maisons près des fortifications de murer les fenêtres donnant jour, à entretenir entablements, murs, grilles, créneaux à dos d'âne des murailles à leurs frais, et le 29 mars, par un autre mandement, ce sont les nobles des villages voisins qui sont amenés à contribuer aux réparations des fortifications, selon l'importance des biens qu'ils ont dans la ville et le territoire, puis le 14 mai les particuliers des villages voisins jusqu'à Toulouse-le-Château. En mars 1414, le duc octroya sur quatre ans à Poligny 1 600 florins, à charge pour les Polinois de verser 800 florins par an ramenés à 600 en novembre 1415 ; il dut, le 18 juillet 1417, revenir sur des lettres où il exemptait le curé et les chapelains de Poligny de toutes aides, subsides et impôts, indiquant qu'ils devaient être imposés selon leurs biens et revenus, faire face à la plainte d'habitants, tels ceux de Saint-Lothain le 21 juillet 1417, engager des enquêtes, face à leur refus de payer pour les fortifications de Poligny[17]. Au-delà de ces contingences, le duc entendit que la circulation soit facilitée dans sa seigneurie : le 14 mai 1412, il ordonne que tous

p. 345-352. Sur le coût des fortifications, A. Rigaudière, *Gouverner la ville au Moyen Âge*, Paris, 1996, p. 417-497.

15 Montmorot, ADJ, 5 E 27, 1 AA 41-50, 1390-1392 ; 1 AA 52bis, 14 août 1402 ; 2 AA 2, fin mai 1401 ; 2 AA 1, 12 mars 1400 ; 2 AA 4, 14 août 1402 ; 2 AA 5-6, de même, 2 AA 8bis, 2 mai 1403.

16 *Ibid.*, 2 AA 10, 26 août 1407 ; 2 AA 11, 14 octobre 1407 ; 2 AA 12, 5 avril 1408 (n. st.).

17 Financement : Dijon, ADCO, compte du bailliage d'aval et de Dole de Jaquot Vurry, B 1592, Saint-Michel 1417-Saint-Michel 1418, fol. 136. Interventions diverses : Montmorot, ADJ, 5 E 27, 2 AA 17, 19 mars 1412 ; 2 AA 18, 29 mars 1412 ; 2 AA 19, 14 mai 1412 ; 3 AA 24bis, 21 juillet 1417 ; 2 AA 23, 18 juillet 1417.

les chemins du territoire de Poligny soient élargis pour que deux chariots puissent passer de front et, le 21 juillet 1419, il charge son procureur de faire élargir et borner les chemins de ce même territoire[18].

2.2 Les interventions de Philippe le Bon (1419-1467)

Philippe le Bon ne fut pas en reste. Le 2 décembre 1422, son capitaine, Alexandre de Nozeroy, sollicite les habitants de Vaux, Chaussenans, Plasne et Miéry pour venir travailler aux fossés, et le 12, le bailli d'aval, par sentence, somme ces mêmes habitants et ceux de Mesnay, à *retraire* en la ville ou au château de Grimont, de venir faire guet et garde en la ville ; le 1er juillet 1423 de nouveau, les nobles sont contraints par le duc de contribuer aux réparations des fossés et fortifications, et en 1428 on réédite un arrêt du Parlement de 1397 où il était dit que les nobles étaient obligés de contribuer aux fortifications et réparations de la ville : ceci est signifié à l'écuyer Jean Mellet, condamné pour défaut de paiement des impôts urbains et l'aide à la constitution de l'Université de Dole[19]. Les tensions persistèrent, comme lorsque le corps de ville, le 11 décembre 1457, décida de refaire toutes les fortifications de la porte de l'Horloge jusqu'à la porte Ferlay, compte tenu du coût, malgré l'appui du bailli et des officiers comtaux , et il fallut, le 26 février 1459, l'intervention du président de Bourgogne et du bailli d'aval pour obliger Denis Martigny, Claude d'Usier et sa femme, à payer leur part de cet impôt des fortifications. Charles le Téméraire, par son bailli, poursuivra cette exigence, n'hésitant pas à faire payer les impôts par les prêtres, condamnant le 4 avril 1469 le prêtre Pierre Cuicillier, chanoine et chantre de Saint-Hippolyte, à payer sa part des impôts pour la réparation des chemins, ponts, portes et fortifications, et le chanoine Simon Faulquier à faire de même[20].

Sans doute est-ce aux fins d'aider le corps de ville que le duc-comte, en janvier 1433, à la demande des habitants, modéra les gabelles et taxes qu'il percevait sur les vins et marchandises « trafiquées » par les habitants, leur permettant aussi en septembre 1440 de lever d'autres octrois sur les boutiques pour les vins et denrées vendues ; il vérifia aussi le 7 septembre 1444 que les habitants avaient bien le droit de paisson dans les bois communaux, de même qu'en juin 1445 il demanda à son gruyer de restituer aux habitants le bois enlevé aux forêts de Vaivre et de la Mangette, car il s'agissait de bois utile à la construction du clocher de la nouvelle église. Il fait référence aussi à une lettre de Marguerite du 21 février 1368, pour demander au prévôt, le 12 octobre 1445, de laisser les habitants de la ville acquérir des fiefs dans la châtellenie de Poligny sans demander d'autorisation et de paiement particulier. Le 2 juillet 1449 encore, le duc concéda aux habitants la moitié des amendes de police, les octrois sur les vins étrangers, sur les bêtes qui se tuent et sont débitées à Poligny, abolit le rouage perçu sur les voitures et céda son droit de mettre 100 porcs en « panage » en forêt de Vaivre[21].

Par ailleurs, moyen de s'allier le corps de ville et les habitants, dès qu'un bailliage fut institué autour de Dole en 1422, Poligny devint très vite le siège de celui d'aval. Poligny était déjà depuis 1279 le lieu de dépôt du Trésor des chartes comtales conservées au château de Grimont dans des coffres ferrés dont la garde était confiée à des personnalités souvent polinoises : ainsi le 20 décembre 1407, Jean sans Peur enjoint

18 *Ibid.*, 2 AA 15bis, 14 mai 1412 ; 3 AA 24, 21 juillet 1419.

19 *Ibid.*, 3 AA 25ter, 2 décembre 1422 ; 1 AA 27, 12 décembre 1422 ; 3 AA 28, 1er juillet 1423 ; 3 AA 30, 1428 ; 3 AA 30, 18 mars 1428.

20 *Ibid.*, 4 AA 1/62, 11 décembre 1457 ; 4 AA 1/63, 26 février 1459 ; 4 AA 2/67-68.

21 *Ibid.*, 3 AA 31, 8 janvier 1438 (n. st.) ; 3 AA 33, 4 mars 1441 (n. st.) ; 3 AA 35, 7 septembre 1442 ; 3 AA 38, 1er juin 1445 ; 3 AA 39bis, 12 octobre 1445 ; 4 AA 1/51, 2 juillet 1449.

ses conseillers-maîtres Bon Guichart et Aubry Bouchart de mettre les titres de la seigneurie de Tonnerre, confisquée, dans *nostre tresor de Poligny en un coffre bien ferré et fort* afin de les garder ; Claude Ragondet montre le soin apporté à l'entretien de cette salle du Trésor et à la désignation des titulaires de cet office au temps de Jean sans Peur. Être le centre du bailliage d'aval et des causes qui pouvaient y être traitées pour tous les sièges de ce même bailliage conféra à la ville une dignité supérieure, car le bailli, le plus souvent son lieutenant, pouvait y siéger et tenir séance, traiter de la justice supérieure avant que le parlement ne soit saisi ; dès 1444, il est dit que tout acte établi en cette cour a force de loi, le duc entendant que son bailli et son lieutenant fassent résidence à Poligny en y tenant tous les huit jours, audience des causes, dispositions reprises fin septembre 1454[22]. Du coup, comme les tabellions locaux ou généraux jouent un rôle croissant dans l'enregistrement des actes au détriment des notaires de l'officialité, Poligny devint une sorte de pôle judiciaire secondaire. Parmi les tabellions ou leurs adjoints figurent des prêtres comme Besançon Serron et d'autres... Ceci valorisa le poids du magistrat de la ville.

Comme on peut le remarquer, l'interventionnisme du prince dans les affaires polinoises est constant, faisant agir tous ses officiers, menaçant d'amendes, veillant à ce que les habitants respectent les franchises et « obéissent » aux décisions des échevins, dans la mesure où ceci sert le « bien commun », sous-entendu aussi celui du prince. Mais il est aussi soucieux de respecter leurs « privilèges », voire de faciliter leur vie quotidienne, en espérant que cela rejaillira sur la destinée de la ville.

3. Un engagement majeur en faveur de l'Église sous Jean sans Peur et Philippe le Bon

Gardien des églises de ses principautés, le prince veilla au « mouvement de réforme né au sein de l'Église » et appuya les initiatives susceptibles de renforcer celle-ci, comme à Poligny ; de même qu'il entendit contribuer à l'édification d'un lieu de culte plus sûr et protégé, plus digne aussi et répondant mieux aux besoins de la population, au sein de la « fermeté » de la ville.

3.1 Le soutien aux dominicains[23]

Si Philippe le Hardi confirma l'octroi par la comtesse Marguerite de l'amortissement des biens acquis ou obtenus par les frères en novembre 1384, ainsi que les quatre charges de sel octroyées par celle-ci aux prêcheurs le 16 novembre 1387, Jean sans Peur et plus encore son épouse soutinrent particulièrement la réforme dominicaine[24]. La venue de Vincent Ferrier en juin 1417 – religieux espagnol dont « la parole enflammée attirait les foules », ayant recours à des traducteurs selon Hervé Martin et Catherine Vincent – n'est sans doute pas due au hasard, d'autant qu'il était dans le

22 *Ibid.*, 3 AA 36, 27 janvier 1444 ; 3 AA 37, 27 février 1444 ; 4 AA 1/58, fin septembre 1454.

23 B. Schnerb, Les ducs de Bourgogne de la Maison de Valois et les frères mendiants : une approche documentaire, dans *Économie et religion, l'expérience des ordres mendiants (XIIIe-XVe siècle)*, dir. N. Bériou, J. Chiffoleau, Lyon, 2009, p. 271-317.

24 Montmorot, ADJ, 34 H 11, Dijon, 16 novembre 1387 ; 34 H 28, lettres de Gray, novembre 1384 et collation de juillet 1397.

duché (Nuits, Mâcon, Verdun-sur-le-Doubs...) peu auparavant, recevant partout dans ces terres le meilleur accueil, selon Bertrand Schnerb[25].

Mais il y eut bien des conflits entre la ville et les frères prêcheurs. Ainsi, le 2 mai 1403, à la suite d'un contentieux qui les conduisit devant le parlement à Dole, un accord fut trouvé où il est dit que les frères

> *seront pour le temps avenir, dés maintenant, seront et sont tenuz de faire reffaire et maintenir bien et convenablement a leurs missions et despens les murs de ladicte ville de Poligny, esquelx leurs maisons, cheminees et fenestres sont enclavees, appuyees, exceptez les murs ou sont appuyés et enclavees les maisons de leurs fours et de leurs quehues et presseurs, auxquels murs pour ce que les alees de pardessus yceulx murs demeurent* [...] *franches a ladicte ville et aux habitans d'icelle, toutes et quanteffois qu'il sera necessité de les faire, reffere ou maintenir de present ou par le temps avenir, ledits freres y contribueront raisonablement et partant aux autres contributions, quises et demandes par lesdiz habitants auxdits religieux, tant pour la fortification et clousure de ladite ville comme pour les reparacions des pons, planches, fontaines, chemins, escluses* [...].

Toutefois, il semble qu'ils aient été dispensés du reste *pour l'honneur et reverence de Dieu et en faveur de la dite religion, en sont et demeurent quictes doresnavant parmi ce que chascune sepmaine, lesdits religieux et leurs successeurs perpetuelment diront* [...] *chascun juedi, heure de prime, une messe a note de Saint Esperit pour le bon estat de toute la ville et des habitans d'icelle*[26].

L'affaire rebondit car, le 19 août 1416, par des patentes données à Poligny, on apprend que le duc Jean a été supplié par les frères, disant que

> *par le temps des doubtances de guerre que derrierement ont esté en notredit conté de Bourgoingne, par aucuns lors noz deputés et commis a la visitacion des murs et fermeté de notredite ville de Poligny, ait esté avisé que une grant fenestree qui ainsi alumoit en leurdit dorteur a esté tellement boichee et muree sue yceulx suplians sont tellement offusquez qu'ilz ne puent veoir clerement en leur dit dorteur* [...],

et *aussi attendu certaine grosse tour de pierre que lesdiz suplians ont a present faite toute neusve a leurs fraiz emprez leur domicille et muraille*, ceci à *la requeste des habitans et pour la fortifficacion de notredite ville de Poligny* [...]. Aussi il a décidé de faire *desmurer ladicte fenestre et remectre en son premier estat pourveu qu'elle fut bien ferree de gros fers par telle maniere que une personne ne puest entrer et passer, et que touteffois que aucuns de noz ennemis et adversaires ou de noz successeurs venroient courir devant la fermeté de notredite ville de Poligny pour dommaiger*.

Les dominicains avaient bénéficié pour construire leur tour-librairie du financement de Jean Chousat en contrepartie de la célébration de messes à l'autel qu'il fit élever au chœur de la chapelle, et sans nul doute que son appui auprès du prince fut précieux[27].

Quant à Philippe le Bon, il confirma la franchise octroyée aux mêmes frères pour dix muids de vin supplémentaires par la reine Jeanne de Bourgogne, à condition qu'ils

---

25 H. Martin, *Le métier de prédicateur à la fin du Moyen Âge (1350-1520)*, Paris, 1988 ; C. Vincent, *Église et société en Occident, XIIIe-XVe siècles*, Paris, 2009, p. 263 ; B. Schnerb, *Jean sans Peur. Le prince meurtrier*, Paris, 2005, p. 439-441 ; *Comptes généraux de l'État bourguignon entre 1416 et 1420*, éd. M. Mollat, R. Favreau, t. 2/1, Paris, 1966, p. 130, 136, n°s 2087, 2121 ; Paris, Bibliothèque nationale de France (= BnF), Coll. Bourgogne, 51, fol. 48v.

26 Montmorot, ADJ, 34 H 56, 2 mai 1403.

27 *Ibid.*, Poligny, 19 août 1416. Voir J. Theurot, Les Polinois et le couvent des Frères Prêcheurs d'après testaments, fondations de messes, donations et transactions diverses (1275-1501), dans *La ville et l'Église*, p. 353-356.

s'engagent à les conserver pour eux, dîmes de vins à percevoir *en la ville et banlieue dudit lieu de Poligny*, et aussi qu'ils célèbrent pour le salut de son âme un anniversaire solennel *le dernier jour de la collecte du disme qui se leve a Poligny*[28]. En outre, par un acte établi le 4 octobre 1458, au chapitre du couvent, en présence de treize religieux, des échevins – dont Bernard Beugre, licencié en lois et conseiller du duc, Jean Fobert, Olivier Lombart et Aubriot Coithou –, et de *noble seigneur et sage maistre Girard de Pleine, chief du Conseil et president des parlemens de mondit seigneur le duc en ses pays de Bourgoingne, regardant le grant et evident prouffit de ladicte ville de Poligny et l'augmentacion dudit couvent*, celui-ci obtint l'autorisation de disposer d'un *toif* pour capter une partie de l'eau de la fontaine de la place venant de la fontaine d'Orain et assurer la moitié de l'entretien[29].

3.2 L'installation du couvent des « sœurs cordelières »

Surtout, le principat de Jean sans Peur offre un intérêt particulier par l'appui apporté à l'installation et au développement du couvent de Colette de Corbie.

Le duc Jean et Marguerite de Bavière plus encore donnèrent l'élan à la réforme franciscaine lancée par Colette Boylet, lui disant dans une supplique qu'

> *elle a obtenu de notre Père le pape, licence et autorité de pouvoir, s'il nous plaît, fonder un certain nombre de couvents et monasteres de cordeliers et de cordelieres, tant de l'ordre de saint François que de sainte Claire, en ceux de nos pays et seigneuries qui bons lui sembleront, et qu'elle a la singuliere affection et devotion de fonder, s'il nous plait, l'un de ces couvents de cordelieres en notre ville de Poligny.*

Élizabeth Lopez indique que, par une bulle du 27 janvier 1403, Benoît XIII avait en effet accordé à Colette le monastère urbaniste de Besançon où ne vivaient plus que deux sœurs, et qu'elle en prit possession en 1410. Sans revenir sur l'itinéraire et la personnalité de Colette évoqués par ailleurs, notons que lorsqu'elle était à Besançon, en 1413, son confesseur, frère Henri de Baume étant *malade jusques a mort par povreté et par deffault de provision et visitacion de phisiciens*, le duc envoya maître Humbert Quanteaul de Salins, son propre physicien, *pour visiter pour amour de Dieu ce povre religieux*[30].

C'est en juin 1415 que Jean sans Peur, à la demande pressante de son épouse, concéda aux religieuses d'Auxonne emmenées par sœur Colette, appelée *Colee* dans le texte, la *maison, maisieres et mex* où étaient conservés *presseur, cuves, vaisseaux, artillerie* situés en la rue dessus, au chevet quasiment du site retenu pour y élever la grande église appelée à remplacer la paroissiale dédiée à Saint-Hippolyte et sise au faubourg de Mouthier-Vieillard. Les *sœurs cordelieres* n'avaient pas tardé à s'emparer des lieux pour y organiser leur couvent, à y faire travailler les maçons car, selon le chevalier Guillaume de Vienne, les locaux étaient vétustes, voire dangereux, de petite valeur ; la polémique engagée par les gens des comptes à Dijon tourna court devant l'attitude ferme du prince et de son

---

28 Montmorot, ADJ, 34 H 9, Bruges, 4 septembre 1447 et 9 juillet 1449.

29 *Ibid.*, 34 H 59, 4 octobre 1458.

30 Supplique de Colette : Paris, BnF, Coll. Bourgogne, 55, fol. 169r ; J.-T. Bizouard, *Histoire de sainte Colette et des clarisses en Franche-Comté*, Besançon, 1888 ; R. Locatelli, L'univers de sainte Colette à Besançon (1410-1447), dans *Procès verbaux et Mémoires de l'Académie des Sciences, Belles-Lettres et Arts de Besançon et de Franche-Comté*, t. 188, 1988-1989, p. 297-322. Également É. Lopez, *Culture et sainteté : Colette de Corbie (1381-1447)*, Saint-Étienne, 1994, p. 440. À propos de l'action de Colette : Bizouard, *Histoire* ; A. Gay, *Colette de Corbie, une nomade de Dieu*, Yens, 2014. Pour la maladie d'Henri de Baume, Dijon, ADCO, B 1567, compte de bailliage de Jaquot Vurry, Saint-Michel 1412-Saint Michel 1413, fol. 147r : il reçut pour ce voyage et cette visite 25 francs.

épouse, et l'écho que sa décision avait eu dans la ville auprès des *plus apparents*, même si les dominicains en 1417, pour justifier leur demande d'aide à Jean Chousat (construction de la tour de la librairie), trouvaient qu'il y avait déjà beaucoup (trop) de religieux mendiants autour de Poligny.

Dès août 1416[31], puis en mai 1419, le duc donna 200 francs d'or pour financer les premiers travaux de construction. Dans le compte de bailliage de 1416-1417, il est indiqué que le trésorier de Dole a enjoint son receveur de Poligny, Guiot Aubry, à payer la construction *en ung grant crot illec fait par lesdits maçons en trayant ladite perriere*, d'*ung raffour de chaul a deux bouches et une braisiere pour la chaul d'icelle convertir* [...], en particulier *pour les neccessitez de mondit seigneur en lieu de la maison ou l'on fait presentement le monastere des cordelieres de Poligny de l'ordre de sainte Clere, donnee par mondit seigneur ausdites cordelieres* [...] ; il est indiqué que l'on dut, en mai 1417, *rompre la coste et montaigne dessus ledit raffour* pour faire aussi un chemin afin d'amener le bois nécessaire au dit *raffour*, l'abbesse dans une quittance indiquant que le *raffour* coûta 75 francs ; et pour faciliter l'abandon de la *maison des amas*, où *a esté nouvellement fondé et ediffié par le bon plaisir de mondit seigneur et a la requeste de madame la duchesse de Bourgogne, ung monastere de religieuses cordelieres de l'ordre de sainte Clere*, le duc loua la maison de Jean Maisselier de Poligny dans un faubourg de la ville pour y mettre les « dîmes de blé » de la moisson 1416 ; puis le compte de bailliage de 1417-1418 indique l'achat, le 3 juillet 1416, pour 800 florins dont 400 livres tournois par le trésorier de Dole et 400 livres par le trésorier de Salins, de la maison de l'écuyer Étienne Faulquier de Poligny, près de l'ancien cellier du prince qu'il avait déjà fallu dégager de gravats, afin d'y *mettre, amaser, tenir et garder les blefz, vins d'amas et de partaiges, artilleries et autres garnisons de mondit seigneur audit Poligny au lieu de la maison sise rue dessus dudit bourg de Poligny*[32].

Les soutiens et donateurs se manifestèrent ailleurs : ainsi Blanche de Genève, le 15 mai 1418, *a grande charge de bonnes et devotes religieuses, nobles et de bonne vie*[33], donna une *aumône pour la construction de l'eglise par elles naguere mises sus a Poligny aprés que, peu auparavant, ladite abbesse ait fait deux autres eglises de son ordre, a Besançon et a Auxonne*, soit 100 livres tournois. Blanche avait peut-être rencontré Colette lors de son déplacement à Nice en 1406 où elle allait à la rencontre de Benoît XIII ; elle aurait fait ensuite étape au château de Frontenay où la petite communauté de Colette s'installa et grandit : ce château proche de la reculée de Baume aurait appartenu aux Vienne au xive siècle. Plus tard, dans des fondations connues par ailleurs, comme celle du chapitre par Jean Chousat en 1429, ou de particuliers moins célèbres, les sœurs bénéficièrent d'autres dons.

3.3 La grande et neuve église : de Jean sans Peur à Philippe le Bon

C'est en 1415, comme l'atteste la venue de l'archevêque Thiébaut de Rougemont pour bénir le lieu d'édification de l'église et l'espace du futur cimetière, que la construction s'amorça. Pourtant, l'accord du prince remontait à 1409. C'est sans doute que les finances du prince, celles du clergé et de la ville, amoindries par les incendies, n'étaient pas suffisantes et avaient retardé l'engagement du chantier. En fait, c'est le compte de bailliage de 1417-1418, qui indique que les habitants *ont nouvellement mise sus et font*

31 *Ibid.*, B 1588, *Idem*, Saint-Michel 1415-Saint-Michel 1416, fol. 183v, août 1416.

32 *Ibid.*, B 1590, *Idem*, Saint-Michel 1416-Saint-Michel 1417, fol. 126r, 142-143 ; B 1592, *Idem*, Saint-Michel 1417-Saint-Michel 1418, fol. 128r.

33 B.-A. Pocquet du Haut-Jussé, *La France gouvernée par Jean Sans Peur. Les dépenses du receveur général du royaume*, Paris, 1959.

faire et construire tout a nuef au bourg et en la fermeté d'icelle ville par le bon plaisir et du consentement de monseigneur, leur eglise parrochial en lieu de leur vielle eglise qui de toute ancienneté a esté et encoire est situee et assise hors et bien loing desdits bourg et fermeté, et que, si le prince par des lettres données à Paris en son hôtel d'Artois le 5 avril 1409 avait promis de donner 50 livres par an à prendre sur ses revenus de la ville, les habitants *n'ont point esté mis sus ne encommenciez jusques environ ladite feste de Saint Jean Baptiste 1415* et que donc rien n'avait été payé. Par d'autres lettres données à Troyes le 14 mars 1418, il est alors demandé au trésorier de Dole et au receveur de Poligny de donner à *messire Humbert Boucheoulx dudit Poligny, prebstre, commis et ordonné a paier lesdits fraiz et ouvraiges de la dite eglise neusve, la somme de 150 livres estevenantes que deue et escheue estoit pour la cause dessusdite pour trois ans commençans audit jour de Saint Jean Baptiste 1415* [...], soit 166 francs et 8 gros[34].

Par des lettres patentes du 14 octobre 1420, Philippe le Bon confirma celles de Jean sans Peur de 1416 par lesquelles les habitants pouvaient prendre en forêt de Vaivre et au bois de la Mangete ce qui était nécessaire pour édifier *toute la charpenterie et ramure de l'eglise neve* [...] *du cloichier, sieges, portes et autres ediffices necessaires*, et s'il en manquait dans les *autres bois et forests de notre conté de Bourgoingne*. Mais le gruyer Hugues de Lanthenne freina cette décision en limitant l'extraction à 80 pieds de chêne au lieu des 300 réclamés par les habitants (patentes de juillet 1421), son lieutenant Guiot Vincent de Poligny appliquant cette décision (pour la forêt de Vaivre, le bois de Mouchay...) par des lettres du 10 juin 1422. Après sa révocation, le 9 mai 1423, le duc Philippe renouvela ses patentes de 1420 car le gruyer *n'en at rien fait, ne fait faire par aucuns de ses commis et députés*, écrit-il, en s'adressant au nouveau gruyer André de Toulongeon. Bien que l'église ait été consacrée, le chapitre proposé par Jean Chousat en 1429, appuyé par le duc, ayant été obtenu du pape en 1431 – Jean Chousat était mort en 1433 en léguant une rente de 60 livres pour la confrérie du Saint-Esprit et 2 000 francs à la fabrique qu'il fallut négocier en justice –, le chantier s'éternisait. Devant une nouvelle supplication des nobles, bourgeois et habitants (demandant l'accès aux bois de la forêt de Vaivre, de la Mangette, du Vernois), Philippe le Bon renouvela cette facilité en juin 1445. Puis dans une ordonnance de 1453, indiquant qu'il y a *environ quinze ans* il a octroyé aux habitants de *lever environ six vins frans par an* pour 25 ans, des deniers tirés d'une gabelle devant *estre convertiz et emploiez en la reparacion et maintenement des murailles et fermetez d'icelle ville, et ou pavement et fontaines d'icelle*, comme la collation du chapitre lui appartient, il entendit accélérer l'achèvement du clocher en donnant la moitié des deniers de la gabelle : le clocher se dressera concrètement au début des années 1460[35].

4. Conclusion

Si la documentation concernant Poligny est loin d'être totalement étudiée, il est possible d'affirmer que, des origines au couchant du « règne » des ducs Valois, la ville a été au cœur des préoccupations des princes.

34 Dijon, ADCO, B 1592, compte de bailliage de Jaquot Vurry, Saint-Michel 1417-Saint-Michel 1418, fol. 135r.

35 Montmorot, ADJ, 5 E 27, 3 AA 25 et 26, 18 octobre 1420, 11 juillet 1421, 10 juin 1422, 9 mai 1423, copie du 31 mai 1423 et 17 octobre 1423 ; Besançon, ADD, B 2842, copie de 1429 ; Montmorot, ADJ, 5 E 27, 3 AA 38, Gand, 1er juin 1445 ; 4 AA 1/57, 1er septembre 1453.

Cette situation est caractéristique de l'évolution du pouvoir, en Comté comme ailleurs. Progressivement, de façon plus manifeste dès le XIIIe siècle (octroi des franchises), le comte a cherché à s'appuyer sur ses bonnes villes, dont Poligny est un exemple, tout en renforçant ses liens avec la noblesse. C'est que le comte reste tout au long de la période seigneur et maître de la ville par la possession d'outils banaux patiemment récupérés, la perception de redevances substantielles dans cette ville du Vignoble. Le corps de ville recevra aussi du prince, dès 1438, le montant des gabelles pour renforcer les fortifications, améliorer les équipements urbains (fontaines, hôtel de ville...) ; les comptes de bailliage énoncent les sommes engagées dans l'entretien des édifices publics relevant du comte (château, halles, moulins et fours...). Au civil, l'action comtale a largement contribué à la transformation de la physionomie urbaine : s'il y avait eu au Moyen Âge un Claude Luc, sans doute aurait-il dressé un *portraict* suggestif de la ville dominé par sa forteresse, et où se dressait vers 1465 la puissante collégiale.

L'Église est aussi une constante dans la préoccupation du prince, pas seulement pour s'assurer la paix de l'âme dans la perspective de sa destinée céleste, mais aussi parce que celle-ci, tant séculière que régulière, à travers les œuvres de miséricorde, voire d'enseignement, encadre la population et apparaît comme un auxiliaire du pouvoir. À Poligny, dès la fin du XIe siècle surtout, en concédant l'église Saint-Hippolyte aux moines de Baume, le prince, même s'il conserve la désignation du curé, entend assurer la réussite de la réforme grégorienne tandis qu'il soutient par le prieuré de Vaux le grand ordre clunisien ; par l'appui à l'installation des prêcheurs, Alix de Méranie et ses successeurs favorisèrent un ordre « urbain » attentif par la prédication au renforcement de la foi en milieu urbain : il aura un grand succès, notamment auprès de la noblesse. Enfin, par l'aide apportée à l'installation des clarisses « colettines » et à la construction de la nouvelle église Saint-Hippolyte, Jean sans Peur entendit que la paroisse fasse corps avec la ville et ses abords, ce que confirmera Philippe le Bon. Ces actes essentiels se verront accrus de dons divers et substantiels de leur part (rentes, fondations). Et nombre de nobles et de bourgeois de la ville, souvent présents dans l'entourage et l'administration du prince – le fameux « lobby polinois » désigné par Albert Châtelet – seront aussi généreux envers l'Église et ses œuvres.

« Le prince, la ville et l'Église », ces relations entre les trois pouvoirs s'illustrent parfaitement dans le Poligny médiéval.

Fig. 1. Vue générale de la ville de Poligny © J. Theurot, 2015.
(version en couleurs p. 565)

Fig. 2. Muraille médiévale (Nord) © J. Theurot, 2015.

Fig. 2bis. Fortification Nord de Poligny © J. Theurot, 2015.
(version en couleurs p. 565)

Fig. 3. Poligny, Couvent des Clarisses © J. Theurot, 2015.
(version en couleurs p. 566)

Fig. 4. Poligny, La collégiale Saint-Hippolyte (1415-1465) © J. Theurot, 2015.
(version en couleurs p. 566)

Fig. 5. C. Luc, Gravure représentant Poligny, 1563 © J. Theurot.

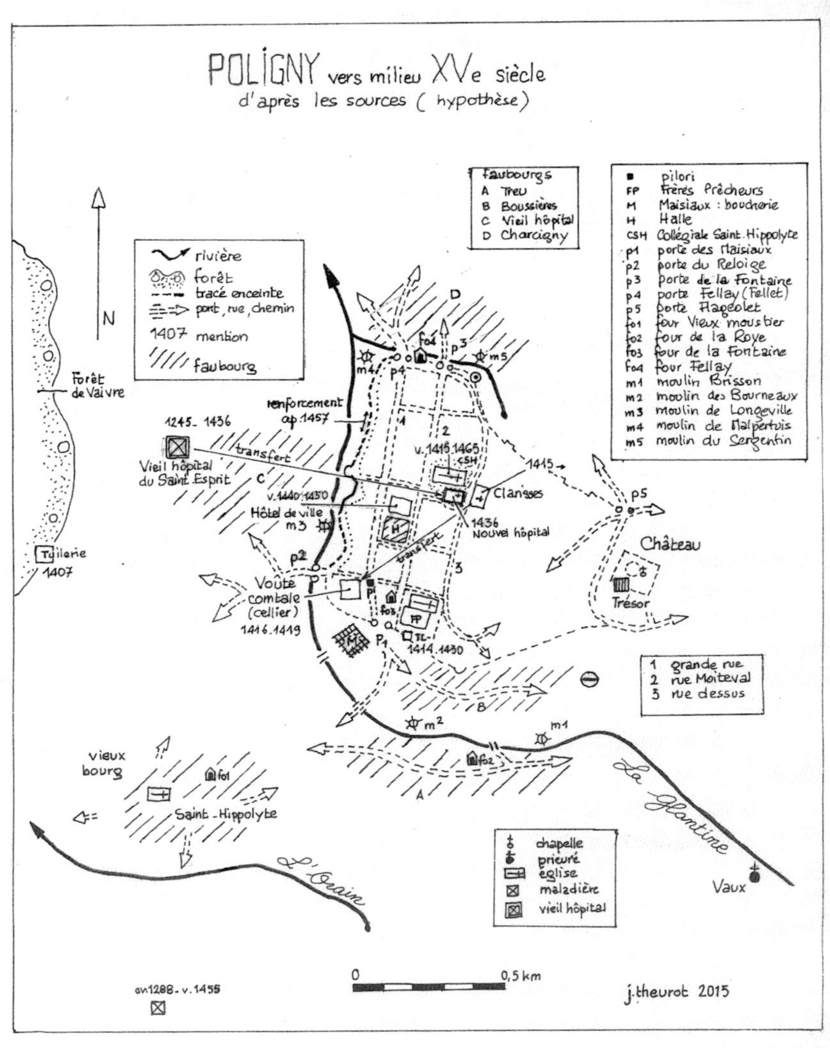

Carte 1. Carte de Poligny, milieu xve siècle © J. Theurot.

De Dion-le-Val à Enghien pour finir en caisse ? Ou l'histoire de vitraux du XVIe siècle presque oubliés

Yvette Vanden Bemden
Professeur émérite de l'Université de Namur

Cette courte étude doit sembler bien étrangère aux autres articles offerts ici en hommage et amitié à Jean-Marie Cauchies. En effet, il ne s'agit pas d'histoire médiévale, mais d'œuvres d'art du XVIe siècle. Si les vitraux ne font pas partie des sujets d'étude de Jean-Marie Cauchies, celui-ci sera sûrement sensible à ces œuvres actuellement conservées dans sa province et qui risquent d'être indignement oubliées.

Les trois vitraux de la première moitié du XVIe siècle qui seront examinés plus loin ont connu une histoire bien mouvementée. Ils sont entreposés dans des caisses à Enghien depuis 1992 (!) et on ne sera totalement rassurés que lorsqu'ils en sortiront pour retrouver la place qu'ils occupaient depuis le XIXe siècle dans la chapelle de la tour de l'ancien château d'Enghien.

Les vitraux, patrimoine immobilier par destination, sont bien plus « mobiles » qu'on ne pourrait le croire, comme le montrent les œuvres, créées au XVIe siècle pour l'ancienne église de Dion-le-Val et qui, au XIXe siècle, ont trouvé refuge à Enghien.

Les causes de déplacements et de réaménagements de vitraux sont nombreuses, tant pendant le Moyen Âge qu'aux Temps modernes. Ainsi, la signification symbolique, liturgique ou historique (figures d'empereurs de la cathédrale romane remontées dans la cathédrale gothique de Strasbourg)[1], la piété (la Vierge à l'Enfant du XIIe siècle de la cathédrale de Chartres, dite Notre-Dame de la Belle Verrière, replacée dans un vitrail plus tardif de la même cathédrale), le mécénat qui les avait permis, expliquent que des vitraux aient pu être transférés d'un édifice ou partie d'édifice dans ceux qui en prenaient la place. Les transferts pouvaient aussi s'expliquer par le désir de faire des économies ou par l'impossibilités de trouver encore des artisans spécialisés ; au XVIIIe siècle par exemple, alors que les nouveaux vitraux historiés n'étaient plus de mise, une église pouvait acheter des panneaux de vitraux en ruine pour compléter les siens, en mauvais état (l'abbaye Saint-Ouen de Rouen acheta ainsi en 1716, soixante panneaux de l'église Saint-Laurent de la même ville, pour compléter et réparer ses propres vitraux). Pour des raisons financières ou parce qu'ils les trouvaient démodés, des églises ou établissements religieux décidaient de vendre leurs vitraux anciens ; ils trouvèrent un débouché de choix en Angleterre où le goût pour le Moyen Âge poussait des marchands à acheter des œuvres médiévales sur le continent pour de riches collectionneurs. Le très précieux vitrail de l'Arbre de Jessé réalisé par Arnould de Nimègue pour les Grands Garmes d'Anvers fut ainsi acheté

1 V. Beyer, C. Wild-Block, F. Zschokke, *Les vitraux de la cathédrale Notre-Dame de Strasbourg*, Paris, 1986, p. 23-38.

Pour la singuliere affection qu'avons a luy. *Études bourguignonnes offertes à Jean-Marie Cauchies*, sous la direction de Paul Delsalle, Gilles Docquier, Alain Marchandisse et Bertrand Schnerb, Turnhout, 2017 (*Burgundica* 24), p. 481-499.
 DOI 10.1484/M.BURG-EB.5.113941

par le futur marquis d'Ely, à la fin du xviiie siècle ; il orne depuis 1840 l'église Saint-Georges à Londres. C'est évidemment la Révolution française et l'annexion de nos territoires par la France qui entraînèrent le plus de disparitions de vitraux, que ce soit par destruction ou par vente, ce qui d'ailleurs les sauva sûrement de l'anéantissement. Un des plus beaux exemples est celui des superbes vitraux de l'ancienne abbatiale de Herkenrode (Hasselt) qui ornent à présent la cathédrale de Lichfield, en Grande-Bretagne ; ils avaient été achetés, illégalement, par le marchand Brooke Boothby au nouveau propriétaire de l'ancienne abbatiale pour la cathédrale anglaise où ils arrivèrent en 1803 ; ils y furent placés, après d'indispensables modifications, dans la Lady Chapel[2]. De même, Chretien Lieven Dansaert avait acheté, en 1828, 41 vitraux du cloître de l'abbaye de Parc (Heverlee), fermée après la Révolution française ; ces vitraux, par héritages et achats successifs, se retrouvèrent dans des demeures privées européennes et aussi dans les collections américaines où ils ornèrent entre autres deux riches demeures de la Cinquième Avenue à New York[3]. Au xxe siècle, les vitraux d'Europe furent évidemment affectés par les deux guerres mondiales. La plupart, du moins pendant la Seconde Guerre, furent déposés par précaution, certains furent détruits et d'autres encore se retrouvèrent « orphelins » ; dans certains cas en effet, l'église qui les contenait n'existait plus et il fallait alors trouver pour ces verrières un nouveau lieu d'accueil. Une partie des vitraux de l'ancienne église Saint-Vincent de Rouen, détruite en 1944, qui avaient été mis à l'abri dès 1938, furent ainsi remontés de façon spectaculaire dans la nouvelle église Sainte-Jeanne-d'Arc de la même ville, achevée en 1979[4]. Et des déplacements de vitraux ont toujours lieu actuellement. En effet, à cause de la destruction et surtout de la réaffectation d'édifices du culte, des vitraux du xixe et du xxe siècle sont souvent éliminés ; trouver un nouveau lieu d'accueil pour ces œuvres de grandes dimensions et à l'iconographie « passées de mode » n'est généralement pas chose aisée[5].

Les vitraux de Dion-le-Val s'inscrivent parfaitement dans ces « mouvements de vitraux ». Ils montrent les difficultés inhérentes à de telles opérations, les solutions adoptées, les modifications nécessaires et la perte inévitable d'informations sur les œuvres originales.

---

2 Ils viennent d'y être replacés après leur restauration dans l'atelier Barley de York. Voir Y. Vanden Bemden, The 16th-century stained glass from the former Abbey of Herkenrode in Lichfield Cathedral, dans *The Journal of Stained Glass*, t. 32, 2008, p. 49-90. À paraître : I. Lecocq, Y. Vanden Bemden e. a., *The Herkenrode Stained Glass in England* (*Corpus Vitrearum. Great Britain*).

3 E. M. Shortell, Visionary Saints in the Gilded Age. The American Afterlife of the Park Abbey Glass, dans *Collections of Stained Glass and their Histories*, éd. T. Ayers, B. Kurmann-Schwarz, C. Lautier, H. Scholz, Berne, 2012, p. 239-253. Grâce aux rachats par la Région flamande, certains de ces vitraux conservés aux U.S.A. sont récemment revenus à l'abbaye et d'autres vont suivre. Voir aussi I. Lecocq, E. Shortell, Les vitraux de l'abbaye de Parc (Heverlee, Louvain) conservés à Bruxelles, témoins majeurs de l'art du vitrail du xviie siècle dans les anciens Pays-Bas du Sud, dans *Revue belge d'Archéologie et d'Histoire de l'Art*, t. 83, 2014, p. 115-150.

4 M. Callias Bey, V. Chaussé, F. Gatouillat, M. Hérold, *Les vitraux de Haute-Normandie*, Paris, 2001, p. 399-408.

5 K. Mestdagh, Relocation of Monumental Religious Stained Glass. Ethical and Technical Issues, dans *Le vitrail. Comment prendre soin d'un patrimoine fragile ?*, Paris, 2015, p. 144-150.

1. Les vitraux de Dion-le-Val

Les vitraux étudiés ici[6] ornaient des fenêtres de la petite église Saint-Martin de Dion-le-Val (Brabant wallon, actuelle entité de Chaumont-Gistoux)[7], localité qui appartenait au XVIe siècle au duché de Brabant. L'ancienne église, rattachée jusqu'en 1559 à l'évêché de Liège, comportait un chœur du XVe siècle à trois baies, ainsi que trois courtes nefs. Le maître-autel était dédié à saint Martin, celui de gauche à sainte Anne et celui de droite à saint Nicolas ; la chapelle funéraire des seigneurs de Dion (chapelle Monsieur) était séparée du chœur et de la nef par une grille datée de 1616. Les mentions au sujet de cette église sont maigres. En 1527, un accord était passé entre Adrien de Dion et l'abbaye d'Aulne relatif à des réparations du chœur et d'autres restaurations[8] et on sait qu'au début du XVIIIe siècle, l'église était en bien mauvais état. Elle fut fermée sous l'occupation française et en 1833, la fabrique, incapable de payer les réparations nécessaires, projeta la destruction de l'édifice et son remplacement par un nouveau.

Quant aux vitraux, un rapport de 1768 signalait que

> « les statues des anciens Seigneurs et dames de Dion-le-Val avec leurs armes se trouvent à toutes les vitres de l'église (on voit à la vitre du côté de l'épitre 1414[9]). Les dites vitres se conservent avec soin et au moien des treillis de fidarcha ce qui ne se voit pas aux autres vitres et notamment aux trois grandes et uniques vitres du chœur en posture humiliée et à genoux ici devant un crucifix, la devant la Vierge, on y voit aussi le buste et figure des Seigneurs et dames avec les armes comme devant à une grande pilace de pierre bleue près du maître autel ou reposait anciennement le S. Sacrement et aujourd'hui encore les S. huiles[10] ».

Il semble donc que l'église possédait plusieurs vitraux historiés. Mais, en 1837, les vitraux sont mis en vente, malgré certaines oppositions, et le duc d'Arenberg s'en montre acquéreur pour sa chapelle d'Enghien. On prend les mesures des fenêtres de cette chapelle et de celles de Dion-le-Val pour vérifier la faisabilité du transfert, un payement de 3 000 francs est réalisé et les vitraux sont immédiatement démontés, tout cela en l'espace de deux mois. L'église Saint-Martin de Dion fut détruite peu après et la nouvelle église, consacrée en 1839[11]. Ce fut donc une affaire très rondement menée… et elle le fut autant à Enghien qu'à Dion.

---

6 Ces vitraux ont fait l'objet d'un mémoire de licence en histoire de l'art inédit, qui a servi de base à plusieurs articles ultérieurs : M. Dewaide, *Les vitraux conservés à la chapelle castrale d'Enghien*, Université catholique de Louvain, 1970 ; il s'agissait de la première étude approfondie sur ces vitraux, basée sur les archives, qui a identifié les donateurs et étudié les différents aspects de ces œuvres. Voir aussi Y. Vanden Bemden, coll. Société *Lumière et Couleurs* et spécialement M. Pirotte, de l'Institut scientifique du Verre de Charleroi, du Centre européen d'Archéométrie de l'Université de Liège et spécialement G. Weber, de K. Berserik (Pays-Bas) et I. Rauch (Allemagne), *Ville d'Enghien. Chapelle castrale. Étude complémentaire des vitraux*, Namur, 2005. Étude commandée par la DGATLP à l'Université de Namur.

7 Voir entre autres P. et M. Dubuisson, *Le canton de Wavre au fil de l'histoire*, Chaumont-Gistoux, 1969, p. 75-76 ; C. Van Craenenbroeck, *La vie d'un village. Dion-le-Val*, Dion-le-Mont, 1987.

8 Les conflits entre les curés et les abbayes décimatrices d'Aulne et d'Afflighem se poursuivent jusqu'au XVIIIe siècle pour l'entretien de l'église.

9 Il pouvait s'agir de 1515 à moins qu'il ne se soit agi d'un vitrail plus ancien, disparu.

10 Van Craenenbroeck, *La vie d'un village*, spéc. p. 85.

11 Dubuisson, *Le canton de Wavre au fil de l'histoire*, p. 75.

2. Le transfert et l'histoire des vitraux à Enghien

Les vitraux nouvellement acquis par le duc d'Arenberg étaient donc destinés à la tour-chapelle de l'ancien château d'Enghien[12]. Cette chapelle avait été élevée lors des agrandissements du château au XIIIe siècle, elle fut consacrée à la Vierge au XVe siècle. Pendant la première moitié du XVIe siècle, sous Philippe de Clèves et Françoise de Luxembourg alors propriétaires, elle fut consacrée cette fois à saint François. Le château passa à Charles d'Arenberg en 1606/1607 et le dernier en date, en ruine, fut totalement démoli au début du XIXe siècle. Prosper-Louis d'Arenberg (1785-1861) et son épouse Marie Ludmilla de Lobkowitz (1798-1868)[13], décidèrent d'effectuer d'importants travaux à la tour-chapelle, seul vestige des châteaux successifs, en aménageant la crypte funéraire au sous-sol, une chapelle au rez-de-chaussée, un petit appartement au premier étage et une salle d'archives au second étage. Ces aménagements importants prirent plusieurs années et ils étaient presque terminés en 1837[14]. Mais l'achat des vitraux bouleversa le programme. Si les fenêtres de la chapelle étaient assez hautes, elles étaient trop étroites pour recevoir les vitraux de Dion. On hésita entre le rétrécissement de ceux-ci et l'élargissement des baies ; on opta heureusement pour la seconde solution. Pourtant, le duc d'Arenberg n'était pas au bout de ses peines puisqu'à leur arrivée, les vitraux se révélèrent être en mauvais état. Leur restauration fut confiée immédiatement au plus célèbre atelier de restauration de l'époque, celui de Capronnier et fils, qui exécutèrent le travail en 1837-1838, année du placement des vitraux dans les nouvelles fenêtres : restauration des pièces anciennes, nombreux nouveaux « carreaux peints », « antiques retouchés » et recuits, plombs de casse et remise en plomb, réalisation des châssis et grillages de treillis, nouvelles bordures et décors, particulièrement dans le bas du vitrail de la Vierge (ici numéroté **IV**). En 1839, Jean-Baptiste Capronnier, qui a alors repris l'atelier de son père, réalise un quatrième vitrail (ici numéroté **I**) pour compléter la vitrerie de la chapelle et qui comporte des panneaux à médaillons encadrant les armes d'Arenberg/Lobkowitz et saint Gilles sous un couronnement d'architecture (fig.1 et 2).

Jean-Baptiste Capronnier fut rappelé en 1845 ; la duchesse désirait en effet qu'on rehausse les panneaux des vitraux dans les fenêtres du fond (ici numérotées **II** et **III**), sans doute parce que le retable d'autel les cachait partiellement, mais un compromis fut finalement trouvé. Le restaurateur se contenta d'ajouter un registre inférieur à ces vitraux ; cette même année et la suivante, il remit les vitraux en plomb, remplaça

---

12 Pour l'histoire des châteaux successifs d'Enghien, voir, entre autres, É. Laloire, Documents concernant l'histoire de la seigneurie d'Enghien, dans *Annales du Cercle archéologique d'Enghien* (= *ACAE*), t. 8, 1915-1922, p. V-XVI ; J.-M. Moulinasse, *Enghien. Histoire, monuments, souvenirs*, Bruxelles, 1931 ; Y. Delannoy, *Enghien*, Nivelles, 1976, spéc. p. 9-42 ; Id., La tour de la chapelle du château d'Enghien. Contribution à son histoire, dans *ACAE*, t. 24, 1988, p. 183-258 ; Id., *Enghien*, 3e éd., Mons, 1990, p. 28-35 ; *Le Patrimoine monumental de la Belgique. Wallonie*, t. 23/1, *Province de Hainaut. Arrondissement de Soignies*, Namur, 1997, spéc. p. 295-303 ; D. Willems, Contribution à l'étude du château et du parc d'Enghien, dans *ACAE*, t. 34, 2000, p. 9-59 et spéc. p. 12-15 ; D. Soumillon, Du donjon médiéval à la chapelle castrale des d'Enghien. État de la question, dans *Du métier des armes à la vie de cour. De la forteresse au château de séjour : familles et demeures aux XIVe-XVIe siècles*, éd. J.-M. Cauchies, J. Guisset, Turnhout, 2005, p. 103-131.

13 Prosper-Louis d'Arenberg, chevalier de l'ordre de la Toison d'or, colonel dans l'armée de Napoléon, prit part à la guerre d'Espagne, fut fait prisonnier par les Anglais en 1811. Voir entre autres É. Laloire, *Généalogie de la Maison princière et ducale d'Arenberg (1547-1940)*, Bruxelles, 1940, spéc. p. 17, 24 ; J. Descheemaeker, *Histoire de la Maison d'Arenberg d'après les archives françaises*, Neuilly, 1969, spéc. p. 499-517.

14 Si ce n'est l'aménagement intérieur, la décoration, l'ameublement qui s'achèvent en 1846 seulement. Voir Delannoy, *Enghien*, 1976, spéc. p. 37-38 ; *Patrimoine monumental de la Belgique*, spéc. p. 295-303.

Fig. 1. V. Génisson, *Vue intérieure de la chapelle d'Enghien*, 1849. On aperçoit au-dessus de l'autel, dans le mur du fond de la chapelle, les vitraux **II** et **III** ; dans le mur droit se trouvait le vitrail ici numéroté **I** et qui occupe à présent le mur de gauche ; Charlier l'a remplacé dans le mur de droite, par le vitrail **IV** © Bruxelles, KIKIRPA. (version en couleurs p. 567)

des pièces, dont certaines déjà remplacées quelques années plus tôt, en retoucha et en recuisit de nombreuses autres, compléta des couronnement d'architecture et spécialement celui du vitrail de la Vierge trônante (**IV**) et intégra les initiales des Arenberg et Lobkowitz dans les vitraux du fond, ainsi que la figure du Christ en croix (**II**) et de saint François (**III**). Capronnier numérotait toujours les pièces qu'il remplaçait lors des restaurations ; il le fit – avec des numérotations différentes – au cours de ses deux campagnes à Enghien, comme on a pu le vérifier lors de l'examen de tous les panneaux sur table lumineuse au cours de l'étude complémentaire en vue de la restauration.

Les vitraux ne semblent pas avoir souffert pendant la Première Guerre. Mais en 1918, tous les biens du duc Engelbert-Marie d'Arenberg furent mis sous séquestre. Le baron Empain qui louait le parc depuis 1913, l'acquit finalement en 1924 ; la chapelle avait été classée « in extremis » par la Commission royale des Monuments et des Sites tandis que le mobilier, dont les vitraux, devenait propriété de l'État ; le nouveau propriétaire devait en prendre soin « en bon père de famille[15] ».

Les vitraux furent fortement endommagés par un bombardement en mai 1940, les débris furent rassemblés, avec certains panneaux déposés, dans la chapelle qui, ouverte à tous vents, continua à se dégrader, et les différentes démarches à leur sujet restèrent sans effet ; en 1942 enfin, des débris et parties de vitraux furent entreposés au couvent des capucins de la ville. La troisième grande restauration fut entreprise dès l'année suivante par le peintre-verrier Charlier de Louvain et les vitraux furent replacés en 1946[16] ; de nombreuses pièces de verre furent refaites, dont certains déjà remplacés par Capronnier, mais les documents manquent pourtant de précision pour cette restauration très importante.

Ensuite, le parc tomba petit à petit à l'abandon, de même que la chapelle ; en 1973, il fut coupé en deux par la nouvelle autoroute A8. En 1986, la ville d'Enghien acquit la plus grande partie de l'ancien domaine[17] ainsi que les différents bâtiments mais les œuvres contenues dans la chapelle, dont les vitraux, restèrent propriété de l'État jusqu'en 1999 lorsque celle-ci fut transférée à la Région wallonne. En 1992, la stabilité de la tour provoquant des inquiétudes, les vitraux furent déposés par les ateliers d'Art J.-M. Pirotte de Beaufays[18]. Les restaurations du parc et des édicules qu'il contient furent progressivement menées à bien. Mais l'état de la tour-chapelle reste préoccupant… et les vitraux sont toujours en caisse. C'est pourtant dans le cadre d'un projet de restauration qu'un complément d'étude fut réalisé à partir de 2002[19]. Cette étude a permis de mieux comprendre et de quantifier les interventions successives des restaurateurs, de constater les dégâts depuis 1970, l'importante corrosion sur les pièces anciennes[20] et de faire la critique d'authenticité. Les massifs remplacements de pièces au XIXe siècle sont sûrement dus en grande partie au désir du duc d'Arenberg qui voulait évidemment exposer de « beaux » vitraux dans sa chapelle et qui a pour cela donné carte blanche au restaurateur. Mais que seraient devenues ces œuvres dans une église à démolir et qui, manifestement, n'intéressaient personne à Dion ? De nombreuses têtes

---

15 L'histoire politico-judiciaire de la confiscation des biens des Arenberg et particulièrement de celle du domaine d'Enghien, de la chapelle et des œuvres d'art, est très complexe ; elle est ici résumée à l'extrême. Voir particulièrement Dewaide, *Les vitraux*, p. 70-87 ; Y. Delannoy, Reflets d'une « écharpe mayorale » : Pierre Delannoy, bourgmestre d'Enghien. 1905-1955, 3e part., dans *ACAE*, t. 12, 1960, p. 103-242 et spéc. p. 148-225 ; Delannoy, *La tour de la chapelle*, principalement p. 236-242.

16 Charlier inversa les vitraux, actuellement numérotés **I** et **IV** (fig. 2).

17 Quelques zones du parc avaient été acquises précédemment par la ville et le baron Empain avait par ailleurs vendu certains biens et une partie du parc peu avant son décès. Voir Y. Delannoy, *L'acquisition du parc du château d'Enghien par la ville d'Enghien (20 janvier 1986)*, dans *ACAE*, t. 23, 1987, p. 7-34.

18 Ateliers d'Art J.-M. Pirotte, *Enghien. Chapelle castrale. Vitraux. Rapport de dépose*, Beaufays, 1992 ; Id., *Enghien. Chapelle castrale. Conservation – Restauration des Vitraux. Étude préalable*, Beaufays, 1993.

19 Vanden Bemden, *Ville d'Enghien. Étude complémentaire.*

20 La corrosion est due à la composition des verres. À Enghien, il s'agit en effet, pour les pièces du XVIe siècle, de verres potassiques, plus fragiles et sujets à corrosion – pour faire court – que les verres sodiques. Voir G. Weber, D. Strivay, Y. Vanden Bemden, M. Pirotte, What can bring the PIXE-PIGE method to the study of stained glass window ?, dans *Non-destructive Testing and Analysis of Museum Objects*, Stuttgart, 2006, p. 152-160 (Cost Action G8).

Fig. 2. Vitrail **I** créé par J.-B. Capronnier en 1839 et comportant les armes d'Arenberg et de Lobkowitz © Bruxelles, KIKIRPA.

et parties de personnages anciennes subsistent heureusement ; ce n'est pas le cas des architectures, sols, fonds considérés comme « secondaires ».

3. Les donateurs et l'iconographie religieuse des vitraux anciens[21] (fig. 3, 6, 8)

Les trois vitraux originaires de Dion-le-Val représentent chacun une scène religieuse et des donateurs liés à l'histoire familiale des seigneurs de Dion, à la famille de Lalaing et bien sûr aux Arenberg.

À l'époque de la création de ces vitraux, le seigneur de Dion était Philippe de Quarelemont, dit de Dion (vers 1445-1532), époux, en secondes noces, de Blanche de Lalaing († 1527). Ils eurent deux enfants : Catherine de Dion qui figure avec son époux François d'Allennes (Dalennes) dans le vitrail **IV**, et Adrien de Dion (1485-1542) qui épousa Adrienne d'Allennes († 1567/8)[22]. Blanche de Lalaing avait quatre frères : Arthus († 1521), Ponthus, Sidrach († 1533) et Hercule († 1539)[23] ; tous les quatre assistèrent au contrat de mariage entre Catherine de Dion et François d'Allennes, en octobre 1512[24]. Sidrach et Ponthus de Lalaing figurent également chacun dans un vitrail à Enghien (**II** et **III**). On peut s'étonner du fait que ce soit Ponthus de Lalaing qui figurait au centre de l'abside de Dion et aussi de l'absence – ou de la disparition – d'un vitrail de Philippe de Dion, seigneur du lieu, ainsi que de son fils Adrien. D'après le rapport de 1768, les fenêtres de l'église auraient été ornées de seigneurs et dames de Dion-le-Val. Si d'autres vitraux avaient encore existé en 1837, nul doute que le duc d'Arenberg les aurait achetés pour la quatrième fenêtre de la chapelle d'Enghien, ornée quelques années plus tard par un vitrail de Capronnier qui ne s'harmonise pas vraiment avec les autres, ou pour les deux autres petites baies fermées de verre incolore dans le mur d'entrée ; le duc et son restaurateur n'auraient pas reculé devant d'éventuelles transformations ou découpages d'œuvres anciennes ou devant la modification d'autres baies de la chapelle. On peut donc sans doute en conclure qu'il ne restait que trois vitraux dans un état acceptable à Dion en 1837.

---

21 Le vitrail **I** fut totalement créé par Capronnier et modifié par Charlier ; il comporte, ainsi que le soubassement du vitrail **IV**, de nombreux rondels ou grisets. Y. Vanden Bemden, C. J. Berserik, *Stained Glass before the French Revolution in Belgian and Dutch Collections. Checklist of the Enghien Castle Chapel : Silver Stained Roundels*, Bruxelles-La Haye, 2004 ; ces recherches seront intégrées dans le volume *Recensement des rondels en Wallonie*, de la collection *Corpus Vitrearum Belgique*. Voir aussi, pour les médaillons réalisés par l'atelier Charlier, P. V. Maes, *Leuvens Brandglas*, Louvain, 1987 et spéc. p. 38-181.

22 L. Lainé, *Archives généalogiques et historiques de la Noblesse de France ou Recueil des Preuves. Mémoires généalogiques*, t. 3, Paris, 1830, p. 1-7 ; F.-V. Goethals, *Miroir des notabilités nobiliaires de Belgique, des Pays-Bas et du Nord de la France*, t. 2, Bruxelles, 1862, p. 707-709 ; P. Donnez, C. Van Craenenbroeck, *Les Seigneurs de Dion-le-Val. Des origines à 1633*, Dion-le-Mont, 1985, spéc. p. 14-15. Le mausolée de Philippe de Dion et Blanche de Lalaing était situé dans le chœur de l'église, celui d'Adrien et de son épouse Adrienne, dans une chapelle à droite du chœur en rentrant, d'après F.-A. Aubert de la Chesnaye des Bois, *Recueil des généalogies, pour servir de suite ou de supplément au Dictionnaire de la Noblesse, Contenant la suite des Généalogies, l'Histoire, la Chronologie des Familles Nobles de France* [...], t. 14, Paris, 1784, p. 177-183.

23 F. Brassart, *Notice historique et généalogique sur l'ancienne et illustre famille des seigneurs et comtes du nom de Lalaing*, Douai, 1847, spéc. p. 21-22 ; Id., *Histoire et généalogie des comtes de Lalaing*, 2e éd., Douai, 1854, spéc. p. 23-30 ; Goethals, *Miroir des notabilités*, t. 2, spéc. p. 500-502 ; R. Born, *Les Lalaing. Une grande « mesnie » hennuyère, de l'aventure d'Outrée au siècle de Gueux (1096-1600)*, Bruxelles, 1986, spéc. p. 159-169.

24 Goethals, *Miroir des notabilités*, t. 2, p. 709. L'extrait du contrat de mariage publié par Goethals, sans indication de la source, mentionne que François d'Allennes, futur époux, était accompagné par son père, tandis que Catherine de Dion l'était par ses quatre oncles.

Le déplacement des vitraux a entraîné des modifications, restaurations et suppressions de certaines parties et les vitraux d'Enghien ont sans doute perdu les signes qui soulignaient l'identité et la noblesse des personnages représentés ; dans les vitraux des anciens Pays-Bas, il était habituel que les armes des donateurs soient rappelées, non seulement sur les vêtements – ce qui est le cas ici également –, mais aussi dans les registres inférieurs et/ou dans les tympans. Peut-être le duc d'Arenberg ne jugea-t-il pas nécessaire de rappeler les donateurs d'origine des vitraux et de transférer leurs armes dans sa chapelle. Par contre, il ne fit intégrer les initiales Arenberg-Lobkowitz qu'en 1846 et dans deux vitraux seulement (**II** et **III**), et ses armes et celles de son épouse ne figurent que dans le nouveau vitrail créé par Capronnier (**I**).

Le vitrail de la Crucifixion (**III**) (fig. 3) représente le Christ en croix ; Marie-Madeleine entoure le montant de la très haute croix de ses bras et trois anges recueillent le sang du Christ dans des calices. Étrangement, la Vierge (fig. 4) et saint Jean sont placés en hauteur, afin de laisser la place, plus bas, a un couple d'orants présenté par ses saints patrons et qui peut être identifié, grâce à la cotte et au manteau armoriés[25], à Ponthus de Lalaing, seigneur de Bugnicourt et de Villers, bailli d'Orchies (1499), capitaine de la ville de Douai et fils de Jean de Lalaing († 1498) et de Catherine Wiette ; il est présenté par saint Pierre, brandissant ses clés. Catherine (ou Bonne) de Wassenaer († 1479), épouse de Ponthus, est accompagnée de sainte Barbe, tenant une palme et une tour[26] (fig. 5). Au vu du thème de la Crucifixion, ce vitrail devait prendre place au centre de l'abside de l'église de Dion.

Le vitrail de Trois Hébreux dans la fournaise (**II**) (fig. 6) comporte deux registres superposés. Le registre supérieur évoque un épisode du *Livre de Daniel* (Dn, 3) où les trois hébreux, Sidrach, Misach et Abdenago, condamnés à périr « dans la fournaise de feu ardent », restent indemnes et sont visités par un ange ; à gauche, Nabuchodonosor suivi de sa cour est émerveillé par le miracle et à droite, les bourreaux alimentent le feu[27]. Ce récit symbolisait, pour l'Église primitive et les Pères de l'Église, la foi dans le salut, la résurrection et la vie éternelle et la confiance dans la puissance salvatrice de Dieu[28]. C'est la raison pour laquelle on trouve fréquemment le thème des Trois Juifs dans la fournaise dans l'art funéraire des premiers siècles. L'art médiéval reprit ce thème qui peut être associé, pour son symbolisme, à la scène de Daniel dans la fosse aux lions (Dn, 6). Au registre inférieur, la Lignée de sainte Anne (fig. 7) est encadrée par deux saints évêques, dont celui de droite peut être identifié à saint Servais grâce au dragon qu'il écrase et à sa clé. L'évêque de gauche présente Sidrach de Lalaing, frère de Ponthus, licencié en droit canon, prévôt de Saint-Pierre et chanoine de Saint-Amé de Douai, chanoine, et doyen du chapitre de Saint-Omer en 1512 (il ne prit possession de sa charge qu'un an plus tard) ; il mourut le 28 juin 1533[29]. Érasme, avec qui Sidrach partageait le désir d'une réforme religieuse influencée par l'évangélisme, le disait « un homme d'une droiture sans pareille, très épris de littérature[30] ». Le vitrail, de mêmes dimensions que celui de Ponthus

25 Lalaing : de gueules à dix losanges d'argent accolés et aboutés posés 3, 3, 3 et 1; Wassenaere : écartelé au 1 et 4 de gueules à trois croissants d'argent, au 2 et 3 d'azur à la fasce d'or, mais les quartiers sont ici inversés et on ne voit que les 3 et 4.

26 Brassart, *Notice historique et généalogique*, spéc. p. 21-22 ; Born, *Les Lalaing*, p. 160. La donatrice n'est donc pas accompagnée de sa sainte homonyme, ce qui arrive parfois, par exemple pour des raisons de dévotion particulière.

27 *La Bible de Jérusalem*, rééd., Paris, 1999, p. 1544-1548.

28 M. Dulaey, Les trois hébreux dans la fournaise (Dn, 3) dans l'interprétation symbolique de l'Église ancienne, dans *Revue des Sciences religieuses*, t. 71, 1997, p. 33-59.

29 Born, *Les Lalaing*, p. 160, 249.

30 A. Godin, L'humanisme érasmien à Saint-Omer (1499-1550), dans *La cathédrale de Saint-Omer. 800 ans de mémoire vive*, dir. N. Delanne-Logié, Y.-M. Hilaire, Paris, 2000, p. 171-180 et spéc. p. 171-173.

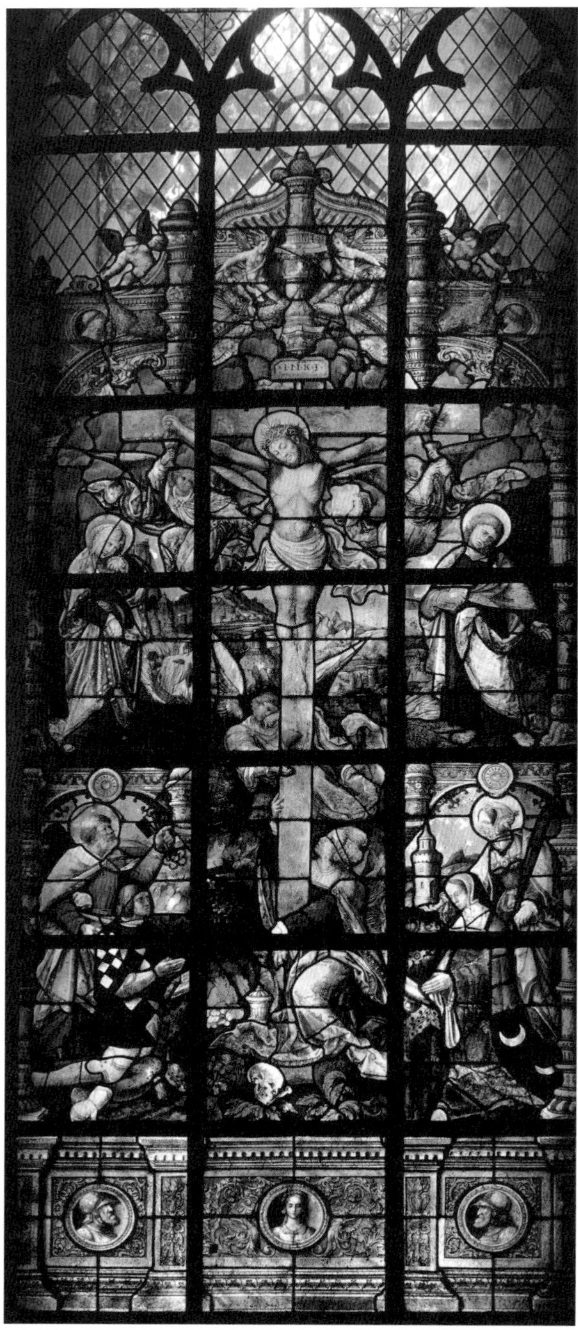

Fig. 3. Vitrail **III**. La Crucifixion, Ponthus de Lalaing, Catherine (ou Bonne) de Wassenaere et leurs saints patrons © Bruxelles, KIKIRPA.

Fig. 4. Vierge de la Crucifixion. Vitrail de Ponthus de Lalaing © Namur, UNamur, cliché D. Van Acker. (version en couleurs p. 568)

Fig. 5. Sainte Catherine, protectrice de Catherine (Bonne) de Wassenaere. Vitrail de Ponthus de Lalaing © Namur, UNamur, cliché D. Van Acker. (version en couleurs p. 568)

Fig. 6. Vitrail **II**. Les Trois Juifs dans la fournaise, Sidrach de Lalaing, la Lignée sainte Anne et saints évêques © Bruxelles, KIKIRPA.

Fig. 7. Vierge à l'Enfant de la Lignée sainte Anne. Partie inférieure du vitrail de Sidrach de Lalaing © Namur, UNamur, cliché D. Van Acker. (version en couleurs p. 569)

de Lalaing, devait également prendre place dans le chœur de Dion, à gauche, puisque Sidrach est agenouillé vers la droite (les donateurs se tournent vers le centre de l'abside). Un monument à la mémoire de Sidrach, en albâtre et pierre d'Avesnes, sculpté par George Monnoyer, est conservé dans le déambulatoire de la cathédrale de Saint-Omer où le doyen fut enterré devant la chapelle de saint Jean l'Évangéliste ; ce monument mural, outre le texte à sa mémoire, représente également le chanoine agenouillé et la même scène des Trois Hébreux dans la fournaise, bien que disposée autrement que dans le vitrail[31].

Le vitrail de la Vierge (**IV**) (fig. 8) que, prient François d'Allennes et Catherine de Dion, identifiés par leur cotte d'armes et vêtement armoriés[32] et accompagnés de leurs saints patrons[33] (fig. 9 et 10), était manifestement moins haut (la partie supérieure et la partie inférieure ont été réalisées au XIXe siècle) que les deux précédents ; il n'occupait sans doute pas le chœur comme ceux-ci. Il s'agit ici du seul vitrail daté sur les supports latéraux : *ANO* à gauche et *1525* à droite.

Les vitraux de Dion qui subsistent mettent donc l'accent sur les alliances matrimoniales des membres de la famille Dion, plus que sur celle-ci, du moins pour ce qu'on en connaît actuellement.

Si les seigneurs de Dion ne semblent pas avoir été des mécènes importants, les Lalaing sont par contre très présents dans les vitraux de la première moitié du XVIe siècle en Belgique, particulièrement dans l'église Sainte-Catherine de Hoogstraten[34], ainsi que dans la collégiale Sainte-Waudru à Mons[35]; nombre de leurs donations ont malheureusement disparu. On peut s'étonner qu'ils aient voulu financer des œuvres dans la petite église du lieu où habitait leur famille par alliance.

Si la présentation des orants de Dion est habituelle dans les vitraux de la première moitié du XVIe siècle qui subsistent en Belgique, la façon de les relier au sujet religieux tout en les plaçant à un niveau différent l'est beaucoup moins (fenêtres **II** et **IV**). On trouve néanmoins une composition semblable dans le vitrail de Jean de Baenst et de Gertrude de Berlettes (1510-1530), à l'église Notre-Dame de Bruges[36] ainsi que dans le vitrail de la Pietà de la cathédrale Sainte-Waudru de Mons, vers 1520[37].

Les marqueurs stylistiques les plus significatifs sont les couronnements d'architecture (spécialement vitrail **III** qui comporte le plus de pièces anciennes), aux façades sans profondeur, contrairement à ce que l'on peut voir dès les années 1520 dans d'autres vitraux

31 L'interprétation de cette scène serait à développer.

32 Si François d'Allennes porte bien la cotte armoriée d'or à six losanges de gueules accolées et aboutées posées 3, 3, 3 et 1, le manteau de son épouse devrait être aux armes de Dion. Il s'agit pourtant ici aussi des armes d'Allennes. On pourrait éventuellement supposer que le manteau de Catherine de Dion était parti d'Allennes-Dion, mais on n'en voit alors que le côté dextre, du mari, et on s'étonne que les armes familiales des seigneurs du lieu soient totalement invisibles. Dion : d'argent à l'aigle éployée de sable, becquée et membré de gueules, chargée sur la poitrine d'un écusson de sable au lion d'or, armé et lampassé de gueules, ledit écusson bordé d'une engrêlure d'or.

33 Le saint patron de François d'Allennes ne porte pas la simple bure mais un vêtement bleu à bord d'or qui correspond mal à saint François. Toutefois, ce vêtement est totalement remplacé et on peut penser que le restaurateur ne connaissait pas l'identité du saint quand il le restaura.

34 Vitraux de Charles de Lalaing et Marguerite de Croÿ-Chimay (1528), de Philippe de Lalaing et Anne de Rennenberg (1530-1532), d'Antoine de Lalaing et Élisabeth de Culembourg (1531-1533), des états de Hollande (1532-1535), de Charles de Lalaing et Jacqueline de Luxembourg (1534). Voir J. Helbig, *Les vitraux de la première moitié du XVIe siècle conservés en Belgique. Provinces d'Anvers et Flandres*, Bruxelles, 1968, p. 133-227.

35 Vitrail de la Trinité avec Antoine de Lalaing et Élisabeth de Culembourg (1536). Voir Y. Vanden Bemden, *Les vitraux de la première moitié du XVIe siècle conservés en Belgique. Province du Hainaut*, fasc. 1, *La collégiale Sainte-Waudru de Mons*, Namur, 2000, spéc. p. 243-264.

36 Helbig, *Les vitraux*, p. 97.

37 Vanden Bemden, *Les vitraux*, p. 339-350.

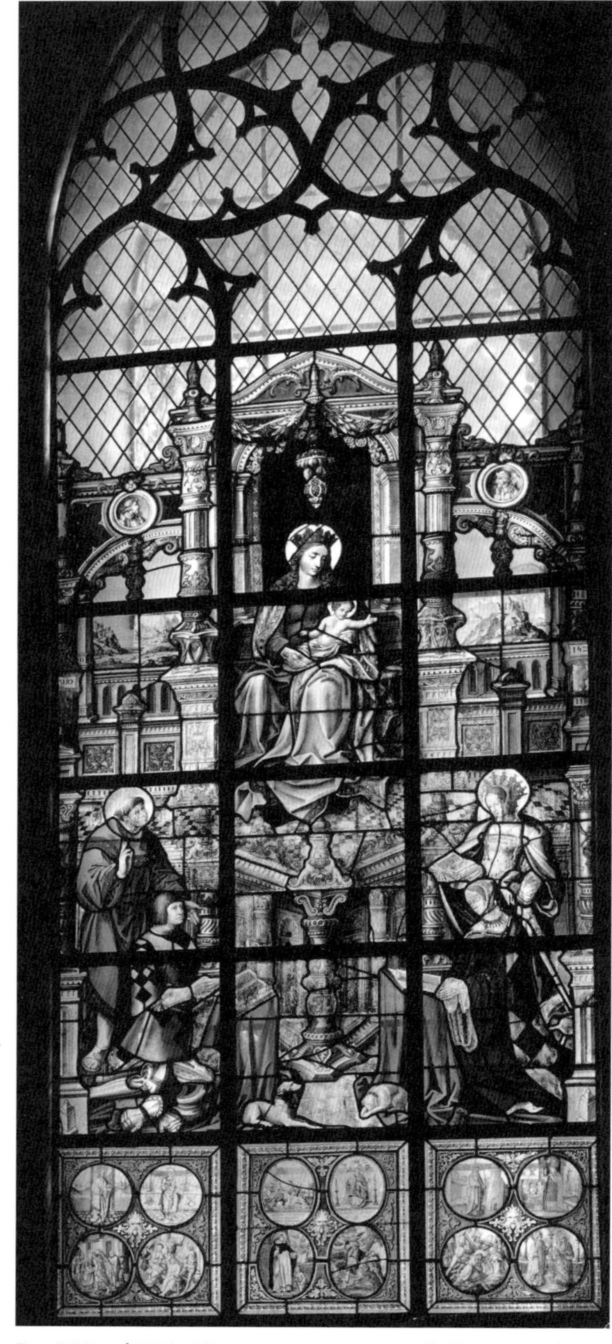

Fig. 8. Vitrail **IV**. La Vierge trônante, François d'Allennes, Catherine de Dion et leurs saints patrons © Bruxelles, KIKIRPA.

Fig. 9. Saint François, protecteur de François d'Allennes. Vitrail de Philippe d'Allennes et Catherine de Dion© NAMUR, UNamur, cliché D. Van Acker. (version en couleurs p. 569)

des anciens Pays-Bas[38]. Par contre, les couronnements des vitraux de Charles de Lalaing (1533) à Hoogstraten[39] et d'Antoine de Lalaing (1536) à Mons[40] se résument également à une façade décorative. On peut aussi pointer les supports latéraux subdivisés en tronçons décoratifs, les balustres, guirlandes, coquilles, médaillons à têtes de profils, angelots, qui appartiennent au répertoire décoratif issu d'Italie et richement réinterprété dans nos régions. Les personnages saints sont amples (Marie-Madeleine en **III** par exemple) mais les saintes, par leur attitude et leur coiffure (**III**, **IV**), ne sont pas étrangères à un certain maniérisme. Le traitement des visages est quant à lui minutieux. Ces vitraux peuvent être comparés à une certaine production anversoise et on sait que les Lalaing ont fait appel à des maîtres anversois pour leur vitraux de Hoogstraten[41] et de la collégiale de Mons.

La datation proposée pour les trois vitraux d'Enghien a varié : celle de 1414, renseignée dans le texte de 1768, ne peut évidemment convenir ; s'il s'agit d'une mauvaise lecture, il pourrait s'agir de 1515, mais cette date est trop précoce. La date de 1525 subsiste dans le vitrail **IV** et celle de 1528[42] est signalée par plusieurs auteurs sans que l'on n'en connaisse l'origine. On peut raisonnablement situer les trois anciens vitraux de Dion-le-Val entre 1525 et 1530, au vu de la production contemporaine de vitraux

38 J. Helbig, Y. Vanden Bemden, *Les vitraux de la première moitié du xvi*e *siècle conservés en Belgique. Brabant et Limbourg*, Gand-Ledeberg, 1974, p. 13-48 ; Y. Vanden Bemden, *Les vitraux de la première moitié du xvi*e *siècle conservés en Belgique. Provinces de Liège, Luxembourg, Namur*, Gand-Ledeberg, 1981, p. 53-151, 153-248.

39 Helbig, *Les vitraux*, spéc. p. 201-210.

40 Vanden Bemden, *Les vitraux*, p. 243-264.

41 Helbig, *Les vitraux*, p. 133-227. Claes Mathyssen et Antonis Evertsoen de Culembourg.

42 J. Tarlier, A. Wauters, *La Belgique ancienne et moderne. Géographie et histoire des communes belges. Province de Brabant. Canton de Wavre*, Bruxelles, 1865, réimpr. anast., 1963, p. 181-187 et spéc. p. 185 et la plupart des auteurs traitant des vitraux qui ont suivi.

Fig. 10. Sainte Catherine, protectrice de Catherine de Dion. Vitrail de Philippe d'Allennes et Catherine de Dion © Namur, UNamur, cliché D. Van Acker. (version en couleurs p. 569)

dans nos régions. Cette fourchette est évidemment trop tardive pour relier les vitraux au mariage de Catherine de Dion et François d'Allennes de 1512, même si plusieurs acteurs principaux de cet événement subsistent dans les vitraux. Par contre, on sait qu'en 1527, date du décès de Blanche de Lalaing, un accord est passé entre le curé de Dion et l'abbaye d'Aulne pour des réparations au chœur de l'église et autres restaurations. Pourrait-on supposer que les frères de Blanche de Lalaing aient alors voulu offrir des vitraux en mémoire de leur sœur ? Ce n'est évidemment que pure hypothèse.

En conclusion, on peut dire que les vitraux de Dion-le-Val, transportés à Enghien, nous informent non seulement sur un art au faîte de sa gloire dans les anciens Pays-Bas méridionaux pendant la première moitié du XVIe siècle, mais aussi sur les familles qui en ont financé la réalisation et le sauvetage ; ce sauvetage a bien sûr entraîné des modifications et interventions importantes qui oblitèrent fortement l'authenticité des œuvres. Mais soyons reconnaissants aux Arenberg d'avoir sauvé les si belles parties qui subsistent et espérons qu'une solution puisse être trouvée pour que soient enfin sortis de leurs caisses ces vitraux à l'histoire mouvementée.

Un fantasme historiographique ? La publication des sources servant à l'histoire des assemblées d'États des Pays-Bas

Marie Van Eeckenrode
Chargée de cours à l'Université catholique de Louvain
Attachée scientifique aux Archives de l'État à Louvain-la-Neuve

Les archives des assemblées d'États, institutions désignées non innocemment au XIXe siècle par le qualificatif d'*assemblées nationales*, bénéficient à cette époque d'une attention particulière : de la part des archivistes et des historiens, bien sûr, mais aussi de la part des autorités publiques. Ce sont ces documents qui, parmi les premiers, jouissent de mesures de protection de la part du gouvernement révolutionnaire français. Par la suite, la Chambre des représentants de la jeune Belgique finance une grande campagne d'édition de sources, mouvement qui encourage archivistes et historiens à se pencher sur le sujet et à réaliser les premiers instruments de recherche et les premières synthèses du genre. Les lignes qui vont suivre s'attachent à comprendre les vicissitudes d'un projet de publication grandiose, porté avec un succès mitigé tantôt par les pouvoirs publics tantôt par le monde académique, pendant près d'un siècle et demi.

1. Les préoccupations archivistiques de la période française

Dans nos régions, les premières véritables mesures *archivistiques* d'envergure sont à l'initiative des autorités françaises[1] qui font appliquer dans les régions annexées le modèle déjà en place chez eux[2]. Dès les lendemains de la Révolution, se met en place un système de récupération et de gestion des archives à l'échelle nationale. On fonde un dépôt central à Paris, chargé de conserver *pour toute la République* : en premier lieu les travaux des assemblées nationales, donc des États et de leurs *comités*, mais aussi les procès-verbaux des corps électoraux, les sceaux, les monnaies, l'étalon des poids et

* Nous tenons à remercier pour leur aide précieuse Jelle Haemers (KU Leuven), Marc Libert et Pierre-Alain Tallier (Archives générales du Royaume), ainsi que Geneviève Warland (UCL et Goethe-Universität Frankfurt am Main).

1 Même si le régime autrichien avait déjà vu, en 1773, la création à Bruxelles d'un très discret Bureau d'Archives, dirigé par le brabançon Jean-Baptiste-Goswin de Wynants. A.-M. Pagnoul, Le Bureau des Archives de 1773, dans *Archives, Bibliothèques et Musées de Belgique* (= *ABMB*), t. 34/1-2, 1963, p. 109-127 ; H. Nélis, Art. Wynants (Jean-Baptiste-Goswin de), dans *Biographie nationale*, t. 27, Bruxelles, 1938, col. 417-421. Une chaire dédiée à l'histoire des Pays-Bas est créée en 1827 et, avec elle, un projet d'édition de sources. F. Vercauteren, *Cent ans d'histoire nationale en Belgique*, t. 1, Bruxelles, 1959, p. 18-19.

2 Un décret publié en France, en l'an II de la République, le 7 messidor (25 juin 1794), et répété dans les territoires « belges » fraichement annexés, le 10 germinal an IV (30 mars 1796), jette les bases de l'organisation géographique des Archives nationales.

Pour la singuliere affection qu'avons a luy. *Études bourguignonnes offertes à Jean-Marie Cauchies*, sous la direction de Paul Delsalle, Gilles Docquier, Alain Marchandisse et Bertrand Schnerb, Turnhout, 2017 (*Burgundica* 24), p. 459-469.

DOI 10.1484/M.BURG-EB.5.113939

mesures, les traités avec les autres nations, les titres de propriété ou encore les recensements[3]. Ce dépôt central est aidé dans sa mission par un réseau public de bureaux du triage des titres – que Michelet n'hésite pas à qualifier de *tribunal révolutionnaire des parchemins*[4] ; un bureau dans chaque chef-lieu de département. On parle donc plus de *titres* que d'*archives*. La volonté des autorités n'est pas encore de créer des lieux de conservation de documents qui seraient mis à la disposition du citoyen et du « chercheur » (même si des documents sont effectivement sélectionnés par les bureaux pour leur intérêt historique). Il ne semble pas que cette mesure vise uniquement à détruire les signes de la royauté et de la féodalité, comme il y en aura de multiples manifestations par ailleurs. Il s'agit aussi de la volonté manichéenne de séparer documents « utiles » et documents « inutiles », adjectifs utilisés de manière récurrente[5]. Le jeune État français cherche d'abord à rassembler les outils nécessaires à son fonctionnement et à son renforcement. Les consignes sont claires : *exeunt* les *titres féodaux*, au pilon les documents relatifs aux domaines aliénés ! À ce moment, les archives dépendent directement du Ministère des Finances.

Tel est le système qui est censé prévaloir dans nos régions dès 1796. Des bureaux de triage des titres sont créés dans les Neuf Départements réunis. Les quelques préposés locaux appliquent tant bien que mal les instructions qui leur sont données[6], malgré le peu de moyens mis à leur disposition et malgré leur manque de formation. Heureusement pour la recherche historique, ce projet de tri drastique ne sera jamais vraiment exécuté. Les commissaires au triage sont supprimés par décision ministérielle du 1er floréal an X (21 avril 1802)[7], avant d'avoir pu mener à bien leur colossale mission. Les dépôts départementaux sont maintenus.

L'avènement du régime hollandais ne bouscule pas fondamentalement l'organisation des dépôts d'archives de la future Belgique ; ceux-ci se voient octroyer plus de reconnaissance et de moyens d'action. À leur tête, une hiérarchie de fonctionnaires prend corps. Telle est la situation des Archives de l'État, dont Louis-Prosper Gachard[8], premier archiviste général du Royaume, reçoit la charge dès 1831[9]. Nous ne reviendrons pas ici sur le spectaculaire développement des Archives de l'État sous l'égide de

---

3 Trois classes de documents sont définies : les papiers jugés inutiles (féodaux) destinés à la destruction, les archives encore utiles pour l'administration et le public (futures séries E, G, H, O et P à Z) et enfin les chartes et manuscrits présentant un intérêt scientifique ou pédagogique (futures séries K, L et M). Archives nationales de France, *État général des fonds*, fiche descriptive de la *Série K. Monuments historiques*.

4 J. Michelet, *Histoire de France, depuis les origines jusqu'à la fin du xve siècle*, t. 2, Paris, 1833, p. 700.

5 Voir à ce propos le décret de la Convention nationale du 3 brumaire an II (24 octobre 1793) ; M. Carnier, L'expérience est le nom que chacun donne à ses erreurs. Cent cinquante ans de tri aux Archives de l'État à Gand, dans *L'erreur archivistique. De la compréhension de l'erreur à la perception et à la gestion des incertitudes*, éd. C. Schoukens, P. Servais, Bruxelles, 2009, p. 139 ; et, avec prudence, E. Boutaric, Les archives de l'Empire. À propos d'un rapport de M. F. Ravaisson, dans *Bibliothèque de l'École des chartes*, t. 24, 1853, p. 260-261.

6 Rédigées par Armand-Gaston Camus, à la tête de ces Archives nationales en pleine construction, ancien membre du Tiers et archiviste de l'Assemblée constituante.

7 Les archives sont entretemps passées dans les compétences du ministre de l'Intérieur.

8 E. Aerts, L. de Mecheleer, R. Wellens, L'âge de Gachard. L'archivistique et l'historiographie en Belgique (1830-1885), dans *Archivi e storia nell'Europa del xix secolo. Alle radici dell'identità culturale europea. Atti del convegno internazionale di studi nei 150 anni dall'istituzione dell'Archivio Centrale poi Archivio di Stato, di Firenze. Firenze, 4-7 dicembre 2002*, t. 2, Rome, 2006, p. 571-600.

9 Il travaillait déjà au sein des Archives du Royaume, depuis 1826, en qualité de secrétaire-archiviste adjoint, sous les ordres de Pierre-Jean L'Ortye. J. Steurs, Archivisten in dienst van het Vereenigd Koninklijk. II. De L'Ortye, dans *Nederlandsch Archievenblad*, t. 42, 1934-1935, p. 114-117.

Gachard et sur le prodigieux travail qu'il a réalisé avec son équipe restée anonyme[10]. Ce qui intéresse notre propos c'est, en Belgique et à travers toute l'Europe, le changement perceptible de ton employé dans les publications, officielles comme scientifiques, à propos des archives. Celles-ci ont changé de statut : elles ne sont plus seulement la chose de l'État, de l'administration, elles deviennent une affaire publique, concernant l'ensemble de la société civile[11].

2. Les appétits patriotiques du xixe siècle

C'est dans les actes des états qu'il faut chercher
l'expression des vœux et des besoins du peuple
aux diverses époques. – L.-P. Gachard (1841)[12]

Pour la jeune nation belge, l'heure est à légitimer son existence et à justifier son régime constitutionnel[13]. Bien sûr, tout comme pour les révolutionnaires français, les archives sont un point d'appui indispensable pour garantir le bon fonctionnement de la chose publique. Mais des publications répétées au Moniteur belge durant tout le xixe siècle ont ceci en commun qu'elles mettent en avant la dimension patriotique des préoccupations archivistiques, expressément à l'égard des archives des assemblées d'États. Les autorités belges suivent de près le travail encadré par l'archiviste général et l'évolution de la situation des différents dépôts d'archives. En témoignent, par exemple, les rapports remis par Gachard au Ministre de l'Intérieur et publiés en tout ou en partie au Moniteur. Les premières lignes officielles écrites en 1831 par le jeune archiviste général contiennent déjà les trois axes fondamentaux qu'il développera tout au long de sa carrière : soutenir le bon fonctionnement de la chose publique, garantir les intérêts des citoyens, permettre la réalisation d'une histoire de la patrie[14].

2.1 Les États généraux

Le 17 mars 1836, la première proposition de publier les actes des États généraux depuis le règne de Philippe le Bon est formulée lors d'une séance de la Chambre, dans le chef d'un représentant tournaisien, Barthélémy Dumortier. Gachard se lance alors avec un enthousiasme débordant dans ce gargantuesque projet d'édition de sources. Il exécute ce que l'on appellerait aujourd'hui une « enquête de faisabilité » et déclare : « De toutes les publications qui ont été faites jusqu'ici, il n'en est certainement aucune dont l'utilité, dont l'opportunité fût plus manifeste. Ce serait un magnifique monument élevé à la fois à l'histoire et aux libertés parlementaires du pays[15]. » Quelques éléments portent à croire que le projet n'est pas né dans l'imagination de l'élu tournaisien, mais plutôt dans celle de Gachard lui-même. C'est dans l'administration tour-

10 S. Onghena, *Le prince des archivistes. Intellectuele biografie van Louis-Prosper Gachard. 1800-1885*, Mémoire de licence inédit, KU Leuven, 2004.

11 O. Guyotjeannin, Les grandes entreprises européennes d'édition de sources historiques des années 1810 aux années 1860, dans *Archives et nations dans l'Europe du xixe siècle*, Paris, 2004, p. 134-170. Voir plus largement l'ensemble des études de ce volume, entre autres les *remarques finales* de K. Pomian.

12 Lettre de L.-P. Gachard parue au Moniteur belge du 28 décembre 1841.

13 J. Stengers, É. Gubin, *Histoire du sentiment national en Belgique des origines à 1918*, t. 2, *Le grand siècle de la nationalité belge*, Bruxelles, 2002, p. 7-33.

14 Voir par exemple L.-P. Gachard, *Notice sur le dépôt des Archives du Royaume de Belgique*, Bruxelles, 1831, p. III.

15 *Moniteur belge*, 28 décembre 1841.

naisienne que le futur archiviste général a fait ses premières armes et il faut bien dire que B. Dumortier n'était alors guère porté par ce genre de matière[16]. La rapidité avec laquelle Gachard produira ses premiers rapports à l'attention de la Chambre[17] et le fait qu'il avait publié deux ans plus tôt les actes des États généraux de 1790[18] prouvent sa déjà grande accointance avec le sujet.

Pour Gachard et ses contemporains, les États généraux de la période bourguignonne sont, sans discussion possible, la préfiguration de notre Parlement. Publier les actes des États généraux depuis Philippe le Bon, c'est tout simplement constituer une série quatre fois centenaire d'*Annales parlementaires* ; et par là même ancrer profondément les racines de la jeune Belgique dans une institution solide et un long passé commun. L'unification bourguignonne sert de prétexte à l'édification d'un *monument national*. Partout en Europe, les archives médiévales et modernes viennent pareillement au secours de la géopolitique du XIXe siècle. Gachard le dit lui-même : « La collection des actes de nos anciens États généraux est une introduction en quelque sorte nécessaire à celle des documents de nos assemblées législatives actuelles. Cette publication ne comblerait pas seulement une lacune de nos annales, et une lacune des plus importantes, car c'est dans les actes des États qu'il faut chercher l'expression des vœux et des besoins du peuple aux diverses époques ; elle ferait voir encore que, dans tous les temps, les représentants de la nation belge se montrèrent les dignes défenseurs de ses intérêts et de ses droits[19]. » Mais pour Gachard, l'enjeu est également de servir la recherche historique, discipline naissante, soucieuse d'exhaustivité et de critique des documents, désireuse d'offrir au tout-venant l'accès à ce patrimoine désormais commun. Il ne s'agit pas du premier projet d'édition de *monuments historiques* porté par le gouvernement belge. Gachard reçoit des instructions en ce sens dès 1832. Citons, parmi d'autres projets ambitieux, la naissance de ce qui deviendra la *Commission royale d'Histoire* en 1834, ou le lancement, deux ans plus tard, de la féconde *Collection de chroniques belges inédites relatives à l'histoire de la Belgique*[20].

La Chambre des représentants s'enflamme donc pour un projet d'édition des travaux de ce qu'elle considère comme son prédécesseur en droit : les États généraux des Pays-Bas, né à la fin du règne de Philippe le Bon. Les députés ne semblent alors pas s'en rendre compte, mais le travail est gigantesque, tout simplement parce que les États généraux n'ont pas constitué de fonds d'archives. Cette assemblée est toujours restée itinérante, ne s'est jamais réunie de manière régulière et n'a jamais strictement tenu de registres aux délibérations. On ne pourra donc se contenter d'exhumer une série continue de registres : il faudra *composer*, *fabriquer* un monument national comme

16 *Actes des États généraux des anciens Pays-Bas*, t. 1, *Actes de 1427 à 1477*, éd. J. Cuvelier, J. Dhondt, R. Doehaerd, Bruxelles, 1913, p. VII.

17 Ainsi que d'autres rapports publiés dans des délais encore plus brefs : un article, intitulé Des anciennes assemblées nationales de la Belgique, paraît en deux fois dans le journal *L'Indépendant*, 6e a., n° 105, 14 avril 1836, et n° 131 (10 mai 1836) ; mais également sous une forme plus complète et sous le même titre dans la *Revue de Bruxelles*, novembre 1839, p. 1-79 et décembre 1839, p. 1-109.

18 Dans une édition de source de 450 pages visant plus largement à mettre à la disposition des chercheurs les documents nécessaires à l'étude de la Révolution brabançonne. L.-P. Gachard, *Documents politiques et diplomatiques sur la Révolution belge de 1790, publiés avec des notes et des éclaircissements*, Bruxelles, 1834 ; R. Wellens, Les travaux relatifs à l'histoire des États généraux des Pays-Bas depuis l'accession de la Belgique à l'indépendance, dans *Miscellanea Roger Petit*, *Archives et Bibliothèques de Belgique*, t. 61, 1990, p. 533.

19 *Moniteur belge*, 28 décembre 1841.

20 Voir à ce sujet Vercauteren, *Cent ans d'histoire nationale*, p. 67 ; R. De Schryver, *Historiografie. Vijfentwintig eeuwen geschiedschrijving van West-Europa*, Louvain, 1990, p. 295-297.

on le fera pour la colonne du Congrès[21]. Les documents sont à chercher, d'une part, dans les archives des institutions ayant envoyé des députés aux États généraux : les États « provinciaux »[22] et, d'autre part, dans les archives des membres de ceux-ci. Il est dès lors nécessaire de faire appel aux archives régionales et locales. Bref, le dépouillement préalable au travail d'édition est démesuré, d'autant qu'à cette époque, aucun de ces fonds ne dispose d'inventaire... Tout est à faire.

En 1841, la Chambre des représentants entérine la décision de procéder à une édition des actes des États généraux. Les questeurs chargés d'exécuter la décision s'adressent tout naturellement à Gachard, premier d'entre les historiens de la nation, « qui, par sa position, par la connaissance qu'il possède de toutes les archives du pays, pouvait, mieux que tout autre, seconder les vues patriotiques de nos représentans[23] ». Celui-ci, passionné par le sujet, leur adresse dès le 1er décembre 1841 une réponse longue et circonstanciée, sous la forme d'un rapport de près de 200 pages[24]. Il contient une sorte d'état de la question, un aperçu des sources disponibles, des efforts à fournir et, surtout, une première liste des réunions des États généraux, depuis 1465. Cette liste n'est pas complète, c'est un document de travail imparfait, mais elle constitue tout de même un tour de force de la part de l'archiviste. Vu les délais tenus par Gachard pour fournir cette réponse à la Chambre, ce rapport devait nécessairement être « sur le feu » depuis un moment déjà...

Les travaux sont lancés : en un peu plus de 30 ans, Gachard publie les actes de certaines sessions des États généraux. Celles qui l'intéressent le plus, celles qui correspondent le plus aux préoccupations du moment et peut-être aussi celles qui sont les plus faciles d'accès : les États de 1476[25], 1482[26], 1492[27], 1498[28], 1499[29], 1503[30], 1576 à 1580[31], 1600[32], 1632[33] et même ceux, pourtant très récents, de 1790[34]. Le vocable *actes* regroupe en fait une très grande variété de documents (ou souvent d'extraits de documents) qui concernent, en tout ou en partie, le travail des États généraux : des

21 Voir ci-dessous l'incident survenu lors de la réunion de la Chambre des représentants du 30 novembre 1860.

22 Et principalement les États de Brabant, à la garde desquels étaient confiés les documents produits et reçus lors des sessions des États généraux.

23 *Moniteur belge*, 18 décembre 1841.

24 L.-P. Gachard, *Lettre à MM. les Questeurs de la Chambre des Représentans sur le projet d'une collection de documents concernant les anciennes assemblées nationales de la Belgique*, Bruxelles, 1841, 183 p. L'introduction paraît également au *Moniteur belge* du 28 décembre 1841 (voir également le *Moniteur belge* du 18 décembre 1841 pour l'annonce de la publication). Ce rapport doit beaucoup aux articles précédemment publiés par Gachard dans la *Revue de Bruxelles* (voir *supra*). Vercauteren, *Cent ans d'histoire nationale*, p. 80.

25 L.-P. Gachard, Les États de Gand en 1476, dans *Trésor national. Recueil historique, littéraire, scientifique, artistique, commercial et industriel*, t. 3, 1842, p. 258-273

26 Id., Relation des États généraux tenus à Gand aux mois d'avril et de mai 1482 rédigée par Jeannet de la Ruyelle, bourgeois de Namur, député à cette séance, dans *Analectes historiques*, 8e sér., *Bulletin de la Commission royale d'Histoire* (= *BCRH*), 3e sér., t. 1, 1860, p. 311-341.

27 Id., Relation de l'assemblée des États généraux tenue à Malines en février-mars 1492, dans *Analectes historiques*, 10e sér., *BCRH*, 3e sér., t. 4, 1863, p. 330-362.

28 Id., *Analectes historiques*, 16e sér., *BCRH*, 3e sér., t. 12, 1871, p. 154-157.

29 *Ibid.*, p. 158-163 ; Id., *Lettres inédites de Maximilien, duc d'Autriche, roi des Romains et empereur sur les affaires des Pays-Bas*, 2e part., *1489-1508*, Bruxelles-Gand-Leipzig, 1852, p. 91-101.

30 *Ibid.*, p. 311-341.

31 Le projet initial prévoyait de publier les actes jusqu'en 1585. Id., *Actes des États Généraux des Pays-Bas*, t. 1, *6 septembre 1576-14 août 1578* et t. 2, *15 août 1578-30 décembre 1580*, Bruxelles, 1861-1866.

32 Id., *Actes des États généraux de 1600*, Bruxelles, 1849.

33 Id., *Actes des États généraux de 1632*, 2 vol., Bruxelles, 1853-1866.

34 Id., *Documents politiques et diplomatiques*.

articles de comptabilités urbaines finançant les déplacements des députés aux discours prononcés par les délégués princiers, en passant par la correspondance échangée entre les gouvernants et les gouvernés.

2.2 *Les États provinciaux*

En 1860, à l'occasion du 30e anniversaire de l'indépendance de la Belgique, un arrêté royal daté du 27 septembre charge Louis-Prosper Gachard d'une mission connexe, mais non moins complexe : la réalisation d'un *Tableau des anciennes assemblées nationales*[35]. Pour chaque principauté, celui-ci devait contenir cinq colonnes : dates des assemblées ; lieux ; noms, titres et qualités des députés ; objet sommaire des délibérations ; indication des sources. Gachard souhaite que l'on joigne à ce tableau une liste analytique des documents relatifs aux anciennes assemblées nationales que renferment les dépôts et estime la future publication à 5 ou 6 volumes[36]. Donner l'information ne suffit pas, il faut la justifier, à grand renfort de textes authentiques. Le projet prend désormais une tout autre dimension…

De colossale, la tâche en devient presque insurmontable ; les objectifs hors d'atteinte. Des dizaines de personnes y sont associées, en Belgique et à l'étranger[37]. Les archivistes des différents dépôts des Archives de l'État et de certaines villes sont mobilisés[38]. Ils doivent dépouiller les fonds qu'ils ont sous leur garde selon des instructions précises élaborées par Gachard et diffusées le 14 mars 1861. Ils entretiennent, pour la plupart, une correspondance avec l'Archiviste général afin d'être guidés dans leur travail et lui envoient les résultats de leurs recherches par retour de courrier[39].

La Belgique n'est pas la seule à s'être engagée dans un projet national de publication des actes de ses assemblées d'États : le mouvement est européen. En France, la

---

35 Pour tout ceci, voir surtout pour la correspondance entre Gachard et le ministre de l'Intérieur : AGR, Enseignement supérieur, ancien fonds, n° 421.

36 J. Cuvelier, Liste des copies concernant les Actes des États généraux réunies par Gachard, dans *BCRH*, t. 75, 1906, p. XLIII.

37 C'est L.-P. Gachard en personne qui s'est rendu dans le nord de la France, aux Pays-Bas et en Espagne, dans les années 1840, afin d'explorer les archives des principautés ne se trouvant pas sur le territoire belge mais ayant siégé aux États généraux et les archives de Simancas. Il y reçoit un bon accueil de la part des archivistes locaux et rend compte de son travail : L.-P. Gachard, *Lettres à Messieurs les Questeurs de la Chambre des Représentants sur les documents concernant les anciennes assemblées nationales de la Belgique qui existent dans les dépôts littéraires de La Haye*, Bruxelles, 1843 ; Id., *Lettres à Messieurs les Questeurs de la Chambre des Représentants sur les documents concernant les anciennes assemblées nationales de la Belgique qui existent dans les archives de Simancas et dans les bibliothèques de Madrid*, Bruxelles, 1845 ; G. Janssens, Gachard en de ontsluiting van het Archivo General de Simancas, dans *Liber amicorum Doctor J. Scheerder*, Louvain, 1987, p. 313-341.

38 Par une circulaire du ministre de l'Intérieur, en 1861.

39 Gachard rédige lui-même des rapports intermédiaires, à l'attention du ministre de l'Intérieur, non pour lui fournir l'état intermédiaire d'avancement du tableau, mais pour lui fournir un état des lieux de la documentation disponible. Le premier rapport est rendu le 7 juillet 1864. Gachard y résume le contexte dans lequel s'inscrivent les travaux, la méthode adoptée, l'avancement de la recherche historique et un aperçu des archives disponibles pour une poignée de principautés. L.-P. Gachard, *Rapport à Monsieur le Ministre de l'Intérieur sur les travaux entrepris pour la formation du tableau des anciennes assemblées nationales*, Bruxelles, 1864, 28 p. Le deuxième rapport, rentrant beaucoup plus dans le détail, rendu le 8 décembre 1864, rend compte des missions de Gachard en France. Id., *Deuxième rapport à Monsieur le Ministre de l'Intérieur sur les travaux entrepris pour la formation du tableau des anciennes assemblées nationales de la Belgique*, Bruxelles, 1865, 33 p. Le troisième et dernier rapport, rendu le 3 février 1866, est publié juste avant que ne sonne le glas pour le projet de tableau synoptique. Gachard veut y faire un nouvel état partiel de la question. Id., *Troisième rapport à Monsieur le Ministre de l'Intérieur sur les travaux entrepris pour la formation du tableau des anciennes assemblées nationales de la Belgique*, Bruxelles, 1866, 21 p.

Chambre des députés lance le projet deux ans avant la Belgique, mais pour une assemblée d'États généraux ayant une activité bien moins soutenue que dans nos principautés. Aux Pays-Bas, les résolutions des États généraux sont publiées à partir de 1828, mais la période concernée est évidemment moins longue d'un bon siècle[40]. Des projets similaires éclosent en Angleterre, en Espagne, plus tard en Prusse et ailleurs[41]. Les députés belges ne veulent surtout pas être en reste et souhaitent clairement se positionner à la pointe du progrès. Et c'est d'ailleurs au cours d'une visite chez nos voisins du Nord, que Charles Rogier, ministre de l'Intérieur, aurait eu l'idée de faire réaliser ce tableau synoptique des anciennes assemblées nationales. Il raconte qu'en déambulant dans la salle des États généraux, à La Haye, ses yeux se sont arrêtés sur un grand tableau, sur lequel figuraient de manière très sommaire les dates des assemblées, les noms des représentants et l'objet de la réunion. Le ministre espère voir le projet aboutir dans un délai d'un an[42]. C'est bien évidemment impossible vu l'état de la documentation, le nombre d'assemblées et la période à couvrir.

2.3 Les causes de l'échec

Avec ce projet de tableau synoptique, on peut dire que les autorités belges succombent vraiment à la vision romantique et libérale des États généraux et provinciaux, soi-disant émanation de la nation, du peuple ou du moins des représentants de celui-ci. On dépeint ces *anciennes assemblées nationales* comme des assemblées constituantes et libertaires ; ce qui est à la fois caricatural et anachronique, mais répond au besoin de créer une histoire nationale, en mettant en exergue des institutions propres à une Belgique déjà multiséculaire[43]. Il est manifeste que la Chambre des représentants n'a aucune idée non seulement de l'ampleur de la tâche demandée aux archivistes, mais non plus de la nature des institutions qu'elle veut mettre en lumière. Bien sûr, vu l'état de la recherche historique et les courants de pensée en vogue à ce moment, on ne peut l'en blâmer. Mais ce clivage explique en partie le fait que le projet ne sera jamais mené à son terme. Une autre raison est à chercher dans le manque de crédits alloués par la Chambre du vivant de Gachard. En plus de coordonner scientifiquement, pour le compte des autorités publiques, un projet titanesque dans tout le pays et à l'étranger,

40 J.-C. De Jonge, *Besluiten van de Staten-Generaal der Nederlanden voor den druk ingereedheid gebragt, en met aanteekeningen en bijlagen vermeerderd*, 2 vol., La Haye, 1828.

41 G. Griffiths, *Representative government in western Europe in the sixteenth century. Commentary and documents for the study of comparative constitutional history*, Oxford, 1968, établit des listes d'édition de textes. Pour les projets concrétisés, voir par exemple les énormes travaux collectifs de publication des *Reichstagsakten* du Saint-Empire romain de la nation germanique, entamés en 1893 et toujours poursuivis aujourd'hui par l'Historischen Kommission bei der Bayerischen Akademie der Wissenschaften in München. Citons également le projet bien plus récent d'édition des délibérations des États de Languedoc entre 1648 et 1789, paru en 2009 sous la forme d'un CD-Rom. Il est intéressant de souligner que, là aussi, les ambitions de ce beau projet, porté par une équipe de chercheurs aguerris, ont dû être revues à la baisse. S. Durand, Les assemblées représentatives (xvie-xviiie siècle), dans *Liame*, t. 23, 2011. Signalons enfin le récent projet ANR *Politis* (2011), porté par Mireille Touzéry (Université Paris Est Créteil Val-de-Marne) et malheureusement resté sans financement. Il visait à établir un catalogue des assemblées politiques dans le royaume de France, 1302-1789.

42 *Annales parlementaires*, séance du 30 novembre 1860.

43 De Schryver, *Historiografie*, p. 312. Sur la mémoire communautaire (vue sous l'angle de la commémoration), voir par exemple B. Cottret, L. Henneton, La commémoration, entre mémoire prescrite et mémoire proscrite, dans *Du bon usage des commémorations : histoire, mémoire, identité, xvie-xxie siècles*, éd. B. Cottret, L. Henneton, Rennes, 2010, p. 18-20. Cette lecture nationaliste, ou même démocratique, du rôle des assemblées d'États ne s'est pas assoupie avec le xixe siècle, voir un exemple parmi d'autres : C. Soule, Chroniques politiques : En 2002, convient-il de célébrer le septième centenaire des États-généraux ?, dans *La Revue administrative*, t. 55, 2002, p. 330-332.

celui-ci doit assez rapidement se battre sur un autre front : la collecte des subsides. Manque d'argent pour dédommager les archivistes participant au projet, manque d'argent pour publier les résultats. Gachard, tout archiviste général qu'il est, peine à obtenir les budgets indispensables de la part d'une administration qui ne se donne pas les moyens financiers de mener à bien son ronflant projet.

Un différend survenu à la Chambre des représentants[44], durant la séance du 30 novembre 1860 entre le ministre de l'Intérieur, Charles Rogier, et l'historien Louis Hymans, député de Bruxelles, illustre bien notre propos. Par un arrêté du 27 septembre 1860, le gouvernement belge décide d'ouvrir un concours à qui écrira la meilleure *Histoire des anciennes assemblées nationales*. Le texte de l'arrêté n'hésite pas à comparer le projet à celui de la construction de la colonne du Congrès : « L'année dernière, à pareille époque, Votre Majesté inaugurait le monument élevé en l'honneur du Congrès et de la Constitution. Le gouvernement obéit aujourd'hui à la même pensée, en appelant la lumière sur nos anciennes assemblées nationales. » Hymans loue la valeur de l'initiative et la pensée patriotique qui a guidé le projet. Cependant, il s'insurge : comment peut-on encourager l'écriture d'une histoire parlementaire, alors même que les sources ne sont pas encore disponibles, le travail de Gachard n'étant pas terminé ? Comment peut-on allouer des crédits à un ouvrage qui ne pourra qu'être stérile d'avoir été écrit trop vite, alors même que les moyens font défaut du côté de la publication des sources ? Pour Hymans, « la publication des actes de nos anciennes assemblées nationales est un objet de la plus haute importance, de la plus haute utilité pour la Chambre et pour le pays ». Il exhorte Charles Rogier à proposer « vaillamment un crédit pour l'exécution de ce travail, travail glorieux, indispensable, travail que j'appellerai un monument érigé au glorieux passé de la Belgique ». S'ensuit un dialogue de sourds entre un Charles Rogier sûr des bienfaits de son projet et un Louis Hymans courroucé de n'être pas écouté, qui se conclut par un abandon du concours[45].

3. Une concrétisation très relative

Avec la mort de Gachard en 1885, ce n'est pas seulement le concours de Charles Rogier qui est abandonné, mais c'est le projet tout entier de publication des actes et de tableau synoptique, qui périclite. Comme si la question était passée de mode et que le projet n'était alors plus porté que par un seul homme. Joseph Cuvelier estime quant à lui que l'arrêt des travaux est déjà consommé en 1866 : il est vrai que plus aucune publication, plus aucun rapport n'est rédigé au-delà de cette année. Gachard lui-même aurait-il jeté l'éponge ? Ce non-événement n'est pas sans précédent : aux Pays-Bas par exemple, on attend toujours à ce moment l'édition de la suite des deux premiers tomes des résolutions des États généraux parus en 1828 et 1831[46]. La documentation et les notes réunies par Gachard sont laissées à l'abandon par ses successeurs. Le gouvernement ne s'en inquiète plus. Déménagés à maintes reprises, il est à peine exagéré de dire que, jusqu'il y a peu, ce que l'on appelait les *cartons Gachard* fleurissaient encore dans

44 Pour tout ceci, voir *Annales parlementaires*, séance du 30 novembre 1860, p. 110-115.

45 Théodore Juste, qui publie quatre ans plus tard son *Histoire des États généraux des Pays-Bas (1465-1790)*, 2 vol., Bruxelles-Paris, 1864, ne sera donc pas primé.

46 Elle ne paraitra qu'entre 1915 et 1970, sous une forme plus modeste que la publication de De Jonge (seuls les documents « les plus intéressants » sont publiés), répartie en quatorze volumes tout de même, que l'on doit à N. Japikse dont le travail est continué par H.-H.-P. Rijperman (t. 14 en 1970). N. Japikse, H.-H.-P. Rijperman, *Resolutiën des Staten Generaal van 1576 tot 1609*, 14 vol., La Haye, 1915-1970.

tous les recoins des Archives générales du Royaume : le fonds Gachard, les manuscrits Gachard, des papiers Gachard disséminés dans d'autres fonds et collections, des notes de Gachard aujourd'hui rangées dans le « dossier central », etc.

Ce n'est qu'en 1906, à la demande du secrétaire de la Commission royale d'Histoire, Godefroid Kurth, que l'archiviste général A. Gaillard charge Joseph Cuvelier d'exhumer des « cartons Gachard » les précieuses notes réunies au sujet des assemblées dites représentatives. Nous les appellerons ici les « copies Gachard ». Cuvelier doit en faire un inventaire, qu'il publie dans le *Bulletin de la Commission royale d'Histoire*[47]. Le projet de tableau des différentes assemblées nationales est visiblement « passé à la trappe », mais la Commission a bien l'intention de reprendre à sa charge la publication des actes des États. Cela n'a rien d'étonnant. Celle-ci était déjà intervenue en 1861 et en 1866, pour faire sortir de presse les éditions de Gachard concernant les années 1576 à 1585 et 1632.

Cuvelier ne s'y attendait pas, mais ce sont des milliers de transcriptions concernant les différentes assemblées d'États que lui livrent les « copies Gachard ». L'inventaire qu'il en fait comporte 83 numéros. S'y trouvent les transcriptions du premier archiviste général et de son équipe, mais aussi et surtout, celles que lui ont envoyées les archivistes des quatre coins de la Belgique, du nord de la France et des Pays-Bas. Bref, la matière est tout à fait suffisante pour relancer, à moindres frais, le projet de publication. Entre 1908 et 1913, plusieurs missions sont effectuées à l'étranger par Henri Pirenne[48] et Joseph Cuvelier, afin de parfaire le corpus de textes. Ils rendent compte de leur travail dans le *Bulletin de la Commission royale d'Histoire*[49].

On peut considérer qu'à ce moment, la documentation amassée est suffisante pour une édition de qualité, pour les assemblées ayant été tenues jusqu'en 1477 du moins. Il s'agit maintenant de corriger et de recopier sur fiches isolées les extraits recueillis et de sélectionner ceux qui seront publiés[50]. Au décès d'Henri Pirenne, en 1935, Joseph Cuvelier s'adjoint un autre collaborateur de marque, Émile Lousse, avec lequel il restera en contact épistolaire constant jusqu'en 1943. Ce sont ensuite Renée Doehaerd et Jan Dhondt qui prendront le relais. Ce n'est finalement qu'en 1948 que la Commission royale d'Histoire publie le premier tome des actes des États généraux des anciens Pays-Bas : des premières réunions rassemblant plusieurs *pays* en 1427 jusqu'à la mort de Charles le Téméraire en 1477. On comprend dès lors pourquoi Joseph Cuvelier fait débuter l'introduction du volume par ces quelques mots : « Parmi les publications de la Commission Royale d'Histoire, il n'y en a qu'une qui puisse se prévaloir d'une gestation aussi laborieuse que celle qui fait l'objet du présent volume[51]. »

---

47 Localiser et réunir ces copies Gachard n'a pas été un travail anodin, vu leur éparpillement notoire. Elles ont été extraites, entre autres, des armoires du secrétariat, des très dommageables *Varia* de plusieurs fonds et collections, de la collection Manuscrits divers, du fonds des Papiers d'État et de l'Audience ou d'ailleurs encore ; localisées parfois grâce au registre des acquisitions des Archives générales du Royaume. Cuvelier, *Liste des copies*, p. XXXVIII-LXVIII.

48 À qui l'on doit H. Pirenne, Le rôle constitutionnel des États généraux des Pays-Bas en 1477 et 1488, dans *Mélanges Paul Fredericq*, Bruxelles, 1904, p. 267-271.

49 J. Cuvelier, Rapport de mission en Hollande, dans *BCRH*, t. 77, 1908, p. LXII-LXXII ; Id., H. Pirenne, Rapport de mission en France, dans *BCRH*, t. 79, 1910, p. IX-XIII ; J. Cuvelier, H. Pirenne, Rapport de mission en Hollande, dans *BCRH*, t. 82, 1913, p. XXV.

50 Pour tout ceci, voir Bruxelles, AGR, Manuscrits divers, n° 4578. Il s'agit d'un dossier de correspondance et de notes, rassemblées par Henri Pirenne puis par Joseph Cuvelier, au sujet du travail d'édition de ce volume. On y trouve également des notes relatives aux missions réalisées à l'étranger entre 1908 et 1913.

51 *Actes des États généraux*, p. VII.

La Commission ne s'arrête pas là. En 1957, le projet de deuxième tome, qui conduirait l'édition jusqu'à la veille de l'avènement de Charles Quint est mis sur le métier, sous l'impulsion de Paul Bonenfant. Robert Wellens[52], qui défendra en 1970 une thèse consacrée aux États généraux durant la période bourguignonne[53], Andrée Van Nieuwenhuysen et Marinette Bruwier font le tour des dépôts, en Belgique et à l'étranger, afin de repérer les actes des États entre 1477 et 1506. Une fois encore, leurs rapports sont publiés dans le *Bulletin de la Commission royale d'Histoire*[54]. Le deuxième tome semble être sur les rails dans les années 1960... il n'est toujours pas publié aujourd'hui ; vraisemblablement parce qu'il recoupe partiellement le contenu des *Handelingen van de Leden en van de Staten van Vlaanderen*[55] parus entretemps. Nous avons cependant retrouvé aux Archives générales du Royaume, une version assez avancée de ce manuscrit[56].

Il est tout à fait étonnant de voir le nombre d'archivistes et d'historiens renommés qui ont été séduits par le projet et qui s'y sont investis, de voir que le gouvernement y avait mis les moyens et les formes, au moins pendant quelques années... Et pourtant, le contrat initial n'est, à l'heure actuelle, pas près d'être rempli. Certes, Gachard a publié, çà et là, les actes de certaines assemblées des États généraux. Mais ces publications sont éparpillées, portent des titres disparates et ne sont plus de prime jeunesse. Certes, Cuvelier, Pirenne et leurs collaborateurs nous laissent un volume indispensable à quiconque étudie les rapports entre gouvernants et gouvernés au début de l'ère bourguignonne. Mais la période couverte là est extrêmement restreinte et les limites chronologiques discutées[57]. Bref, c'est surtout une impression de gâchis qui prévaut à l'ouverture de ce dossier.

Durant les années 1960 et 1970, l'histoire des assemblées d'États avait le vent en poupe. Création de revues et de collections à haute valeur scientifique, publication de nombreuses monographies institutionnelles, organisation de colloques, création de

52 Voir son article sur l'historiographie des États généraux : R. Wellens, Les recherches sur l'histoire des États généraux en Belgique au xixe siècle, dans *XLVe Congrès de la fédération des cercles d'archéologie et d'Histoire de Belgique. 1er Congrès de l'Association des cercles francophones d'Histoire et d'archéologie de Belgique. Congrès de Comines. 28-31.VIII.1980. Actes*, t. 3, 1980, p. 403-411.

53 Id., Les États généraux des Pays-Bas des origines à la fin du règne de Philippe le Beau (1464-1506), dans *Anciens Pays et Assemblées d'États*, t. 64, 1974.

54 M. Bruwier, Recherche de documents concernant les États généraux des anciens Pays-Bas dans les archives hollandaises, dans *BCRH*, t. 123, 1958, p. LXXVII-LXXIX ; R. Wellens, Rapport sur les dépouillements d'archives effectués en Belgique, en Hollande et dans le nord de la France en vue de poursuivre la publication des actes des États Généraux des Pays-Bas, dans *BCRH*, t. 123, 1958, p. XCVII-CXXX ; Id., Actes des États généraux. Recherches dans les dépôts du Nord de la France, dans *BCRH*, t. 124, 1959, p. LVII-CXIII ; Id., *Documents du xve et du xvie siècle relatifs aux assemblées des États généraux des Pays-Bas, conservés dans les dépôts d'archives hollandais. Rapport de mission*, dans *BCRH*, t. 128, 1962, p. XCV-CXV ; Id., Documents relatifs à l'histoire des États généraux de 1478 à 1506 conservés dans quelques dépôts d'archives en Belgique. Rapport de mission, dans *BCRH*, t. 129, 1963, p. CCCVII-CCCXVII.

55 La Flandre, qui est l'une des principautés les plus puissantes et les plus remuantes des Pays-Bas bourguignons, présente une activité parlementaire particulièrement riche. Outre les synthèses que nous devons à W. Prevenier et à W.P. Blockmans, les actes des Membres et des États de Flandre ont été édités, là encore par la Commission royale d'Histoire (entre 1959 et 1995), dans huit imposants volumes couvrant la période 1384-1506.

56 Bruxelles, AGR, Papiers Wellens, non classés. Une remise sur le métier de ce manuscrit est en ce moment à l'étude, avec la collaboration de Jelle Haemers (KU Leuven).

57 W. Blockmans, Breaking the rules. The emergence of the States General in the Low Countries in the fifteenth and sixteenth centuries, dans *Zelebrieren und Verhandeln. Zur Praxis ständischer Institutionen im frühneuzeitlichen Europa*, éd. T. Neu, M. Sikora, T. Weller, Münster, 2009, p. 185-186.

commissions scientifiques de haute volée[58] : tous les ingrédients étaient alors réunis pour voir renaître, sous une forme plus subtile et plus nuancée, le projet formulé par la Chambre des représentants plus d'un siècle auparavant. Cela n'a pas été le cas.

Nous avons cherché à mettre la main sur la documentation rassemblée par Gachard, ces fameuses « copies Gachard » qui renferment des données aujourd'hui perdues. L'incendie de plusieurs dépôts d'archives depuis la mort de l'archiviste général fait de certaines de ces copies des exemplaires désormais uniques. En premier lieu pour le comté de Hainaut, si cher à Jean-Marie Cauchies. Sont-elles encore conservées aux Archives générales du Royaume, ou même à Bruxelles[59] ? Rien n'est moins sûr. Vu le nombre de collaborateurs associés au projet durant ses différentes phases, ces documents peuvent très bien se trouver à Gand, à Louvain ou ailleurs, dans les caves d'une université ou dans celles d'un particulier. Nous avons eu la chance de retrouver un très petit nombre de ces fiches. Elles sont conservées, par le plus grand des hasards, dans la collection des *Manuscrits divers* des Archives générales du Royaume, au milieu de ce qui doit constituer un fragment des papiers Cuvelier[60]. Il n'y a qu'à espérer que le reste de cette précieuse collection n'ait pas été jeté et qu'un jour il refera surface[61], peut-être pas pour que le projet d'édition de Gachard voie le jour, mais au moins pour que cette banque de données hors du commun soit remise à l'honneur et proposée aux chercheurs.

58 Citons parmi d'autres le fort développement que connaît, à ce moment, la Commission internationale pour l'histoire des assemblées d'États (fondée en 1937), qui lance sa propre revue en 1981 *Parliaments, Estates and Representation*. La Commission a son siège en Belgique, et sa section belge est particulièrement active, avec le lancement en 1950 de la collection *Anciens Pays et Assemblées d'États*. Voir par exemple J. B. Henneman, Editor's introduction : Studies in the history of parliaments, dans *Legislative Studies Quarterly*, t. 7/2, 1982, p. 161-180.

59 Dernière localisation : en 1943, É. Lousse dit à J. Cuvelier dans une lettre qu'il a renvoyé à Bruxelles toutes les copies Gachard qu'il avait en sa possession. Bruxelles, AGR, Manuscrits divers, n° 4578.

60 *Ibid.*, n°4647, Papiers Cuvelier.

61 À moins que ces copies n'aient disparu avec Robert Wellens, lorsque celui-ci a mis en musique les actes de la période 1477-1494…

Les Bourguignons et le droit de patronage : lutte inextricable entre le pape et le gallicanisme ?

Paul van Peteghem
Collaborateur à la Radboud Universiteit Nijmegen

1. Introduction

Dans cette contribution, nous examinerons le jugé du 23 juin 1463 du Parlement de Paris. Il s'agit d'une saisine à propos d'un canonicat à la collégiale Saint-Donatien[1] de Bruges[2]. Maître Jean Paon y est le demandeur et Mathieu[3] Beliart, le défendeur. L'étude des arrêts et jugés du Parlement de Paris nous réserve encore des centaines de procédures, éditées par Raoul C. van Caenegem. Pourquoi ne pas commencer avec un jugé ? En essayant de résoudre les questions les plus faciles, on arrive parfois à la solution des plus difficiles. Tout ce que nous ont apporté les chercheurs servira de fil d'Ariane afin d'atteindre le résultat final.

Il y a quelques années, nous avons procédé à l'identification, dans le même jugé, de l'*episcopus Interanensis*, 9, 33, 52[4] (Terni, entre Spoleto et Rieti, à une centaine de kilomètres au nord-est de Rome) : Francesco Coppini[5]. En novembre 2014, l'invitation de contribuer à un volume d'hommage à Jean-Marie Cauchies permit de faire un pas supplémentaire. Nous préférons lui présenter un article sur le XVe siècle, sa période de prédilection, et sur les Bourguignons, qui lui sont si chers[6]. Combien de fois nous sommes-nous trouvés ensemble, à propos de sujets proches[7] ?

Une lecture approfondie du jugé frappe le chercheur ; plusieurs instances apparaissent : les *gentes consilii*, 1, 26, 65, 77, c'est-à-dire le Conseil de Philippe le Bon, le légat du pape avec sa juridiction ordinaire[8] (*nuncius et legatus apostolicus cum potestate legati*, 10) et les juges d'appel du Parlement de Paris (*fuit* [...] *ad nostram parlamenti curiam appellatum*, 72-73), mais, entre ces lignes, la lettre de maintenue reste non lue.

Ensuite, on est frappé par la présence du roi Charles VII, décédé le 22 juillet 1461, c'est-à-dire un peu plus de deux mois après le décès de Frans Van Gent († 8 mai 1461).

---

1 J. De Meulemeester, A. Matthys, R. De Keyser, J. L. Meulemeester, *Sint-Donaas en de voormalige Brugse kathedraal*, Bruges, 1988.

2 R. van Caenegem, *Les arrêts et jugés du Parlement de Paris sur appels flamands*, t. 2, *Textes (1454-1521)*, Bruxelles, 1977, p. 270-273, n° 440. Pour faciliter la lecture, nous avons divisé ce jugé en 87 lignes.

3 Mathieu doit être changé en Mathias, son nom dans les documents brugeois.

4 C. Eubel, *Hierarchia catholica medii et recentioris aevi*, t. 2, Münster, 1914, p. 168.

5 A.I. Galletti, Art. Coppini, Francesco, dans *Dizionario biografico degli Italiani*, t. 28, Rome, 1983, p. 619-624.

6 Après les n°s 630 (6 juin 1511) et 668 (20 juillet 1521), c'est notre première contribution pour le XVe siècle.

7 *Églises et pouvoir politique. Actes des journées internationales d'histoire du droit d'Angers, 30 mai-1er juin 1985*, Angers 1987, p. 167-191, 193-209. Voir aussi J.-M. Cauchies, Les États, le prince et l'évêque : requête et législation dans le Hainaut bourguignon (1457-1458), dans *Inter amicos. Liber amicorum Monique Van Melkebeek*, éd. M. Decaluwe, V. Lambert, D. Heirbaut, Bruxelles, 2011, p. 87-95.

8 F. Pinson, *Caroli Septimi Francorum Regis Pragmatica Sanctio* [...], Paris, 1666, p. 367. Voir aussi X.1.30, VI.1.15.

Pour la singuliere affection qu'avons a luy. *Études bourguignonnes offertes à Jean-Marie Cauchies*, sous la direction de Paul Delsalle, Gilles Docquier, Alain Marchandisse et Bertrand Schnerb, Turnhout, 2017 (*Burgundica* 24), p. 471-480.

DOI 10.1484/M.BURG-EB.5.113940

Sans la disparition de ce chanoine de Saint-Donatien à Bruges, il n'y aurait pas eu vacance de bénéfice et donc pas de litige. La procédure a-t-elle commencé sous le règne de Charles VII ? À vrai dire, le nom du roi n'y apparaît pas, mais le jugé implique son règne et celui de son fils. On connaît surtout Charles VII par la Pragmatique Sanction de Bourges (1438). Celle-ci (57) s'avérera très importante dans la présente contribution, parce que, à la ligne précédente (*in nostro regno*, 56), nous constatons que le roi Louis XI n'a pas agréé le légat pontifical, ses titres et lettres de créance. S. Dauchy nous signalait que l'expression *extra regnum nostrum* entraine un refus de compétence pour le Conseil de Philippe le Bon[9]. Au moment de la prononciation du jugé, Louis XI est monté sur le trône, bien que son nom reste absent.

De la même façon, le comte de Flandre Philippe le Bon n'est pas mentionné, mais deux fois le jugé cite « le duc de Bourgogne, notre cher oncle et consanguinaire », 1, 2 et 21. Néanmoins, le litige intéressait ce prince, en tant que comte de Flandre dans sa partie sous la Couronne. Il était le beau-frère de Charles VII et l'oncle de Louis XI. C'est au-dessus des têtes des justiciables que se déroulera le combat judiciaire, en l'occurrence la reconnaissance ou la non-reconnaissance de la Pragmatique Sanction par ses adhérents et par ses détracteurs. Dans ce débat, il faut se demander si et dans quelles circonstances les Bourguignons ont favorisé l'obédience papale, aussi bien pendant le Grand Schisme d'Occident que durant les décennies qui suivirent[10]. En France, cette Pragmatique Sanction a constitué une pomme de discorde entre le pape et le roi de France jusqu'au Concordat de Bologne (1516)[11].

2. Qui étaient les protagonistes de cette procédure ?

Voyons qui sont les personnes en présence ; elles nous guideront vers une bonne compréhension du sujet : le légat du pape, le chanoine décédé, le demandeur et le défendeur ; et leur entourage, et enfin les juges du Parlement de Paris. Ces protagonistes et le jugé pourront nous fournir une explication quant à l'utilisation unique du terme « Pragmatique Sanction » dans cette collection de jugés du Parlement de Paris.

a) En premier lieu, présentons le légat pontifical, parce que, chronologiquement parlant, il avait donné l'expectative d'une prébende à Jean Paon, le demandeur, avant la mort de son titulaire[12]. Le 30 janvier 1458, Francesco Coppini devint évêque de Terni, durant le pontificat de Calixte III, mais – comme c'était l'usage – il ne résida pas dans son évêché et des vicaires occupèrent sa place. Dans ce procès, Coppini entre en scène en tant que nonce et légat apostolique, pour les provinces de Reims, Cologne et Besançon. Cela veut dire qu'il pouvait procéder à la collecte dans les anciens Pays-Bas, afin de permettre une participation bourguignonne à la croisade. Un an plus tard, le 7 janvier 1459, Pie II, successeur de Calixte III, fit préparer des lettres de créance

9 S. Dauchy, *De processen in beroep uit Vlaanderen bij het Parlement van Parijs (1320-1521). Een rechtshistorisch onderzoek naar de wording van staat en souvereiniteit in de Bourgondisch-Habsburgse periode*, Bruxelles, 1995, p. 274.

10 A. Jongkees, Philippe le Bon et la Pragmatique Sanction de Bourges, dans Burgundica et Varia. *Keuze uit de verspreide opstellen van prof. dr. A. G Jongkees hem aangeboden ter gelegenheid van zijn tachtigste verjaardag op 14 juli 1989 door de Kring van Groninger Mediaevisten «Amici»*, éd. E. O. Van Der Werpf, C. A. A. Linssen, B. Ebels-Hoving, Hilversum, 1990, p. 94-103.

11 P. Ourliac, La pragmatique sanction et la légation en France du cardinal d'Estouteville (1451-1453), et Le concordat de 1472. Étude sur les rapports de Louis XI et de Sixte IV, dans *Études d'histoire du droit médiéval*, Paris, 1979, p. 375-398, 399-489.

12 G. Mollat, *La collation des bénéfices ecclésiastiques sous les papes d'Avignon (1305-1378)*, Paris, 1921, p. 69-78, 292.

pour une mission diplomatique de Coppini en Angleterre, lors du conflit entre les Maisons de Lancastre et de York. Aussi bien Calixte III que Pie II ont essayé d'abolir la Pragmatique Sanction, et les deux papes ne furent pas loin de s'entendre avec le souverain français[13]. Nous ne savons pas à quel moment Coppini a donné l'expectative de prébende, mais nous savons bien qu'il a visité les Pays-Bas et même les villes de Bruges et Anvers[14].

b) La personnalité du chanoine décédé, Frans Van Gent, conseiller ecclésiastique de Philippe le Bon, mérite notre attention. S'il y eut litige à propos d'un bénéfice, il dut y avoir un bénéfice vacant. Le décès de *Franciscus de Gandavo*, chanoine de Saint-Donatien de Bruges, en tant que titulaire de la vingt-deuxième prébende, le 8 mai 1461, à Courtrai, constitue l'événement fondamental. Frans avait été aussi doyen du chapitre de Notre-Dame à Courtrai, où il fut enterré[15]. Heureusement, ce personnage est bien connu des spécialistes des institutions bourguignonnes. Frans s'inscrivit à l'Université de Cologne le 2 novembre 1419 et y suivit les cours en arts[16]. Ensuite, il étudia à L'Université de Bologne (1422-1426), où il devint vraisemblablement licencié en droit civil. Il finit son cursus universitaire à Paris, où il obtint une licence en droit canon.

Sur le plan professionnel, Frans fut membre des Conseils de Flandre[17] et de Hollande[18], ainsi que de la cour bourguignonne[19]. Lorsqu'il fut question d'un interdit, qui risquait de troubler les relations entre la principauté ecclésiastique d'Utrecht et le comté de Hollande, Frans Van Gent fut envoyé dans la région par Philippe le Bon[20]. Plus d'une décennie plus tard, Frans se trouvait à Coblence pour y entamer des pourparlers qui devaient mener à l'intégration du duché de Luxembourg et du comté de Chiny à l'État bourguignon. Une décennie plus tard, Frans sera de nouveau le porte-parole du duc afin de convaincre l'évêque de Tournai, Jean Chevrot, de prendre un coadjuteur et de démissioner, ce qui ne fut pas sa tâche la plus facile[21].

Frans a profité de la protection de Philippe le Bon, ce qui lui valut le 21 novembre 1431, d'Eugène IV, six chanoinies et quatre vicaries[22]. Outre son bénéfice à Saint-Donatien à Bruges, il disposait d'un canonicat à Mons (Sainte-Waudru), de deux autres à Lille (Saint-Pierre) et à Utrecht (cathédrale Saint-Martin), il était aussi doyen

13 N. Valois, *Histoire de la Pragmatique Sanction de Bourges sous Charles VII*, Paris, 1906, p. CLXXXIV-CXC.

14 Galletti, Art. Coppini, Francesco, p. 621-622.

15 F. Van De Putte, Épitaphes existant à Courtrai et à Ypres et leurs environs aux xvie et xviie siècles, dans *Annales de la Société d'Émulation de Bruges*, 3e sér., t. 6 (23), 1871, p. 279-300, surtout p. 283 *in choro canonicorum*.

16 H. Keussen, *Die Matrikel der Universität Köln*, t. 1, Bonn, 1928, p. 204, n° 3: *Franc. Clerici de Gandavo, Torn. d.; art.; s.*

17 Voir J. Dumolyn, *Het hogere personeel van de hertogen van Bourgondië in het graafschap Vlaanderen (1419-1477)*, Thèse de doctorat inédite, Université de Gand, 2002 ; Id., *De Raad van Vlaanderen en de Rekenkamer van Rijsel. Gewestelijke overheidsinstellingen als instrumenten van de centralisatie (1419-1477)*, Bruxelles, 2002 ; Id., *Staatsvorming en vorstelijke ambtenaren in het graafschap Vlaanderen (1419-1477)*, Anvers-Apeldoorn, 2003, p. 220-221.

18 M. Damen, *De staat van dienst: de gewestelijke ambtenaren van Holland en Zeeland in de Bourgondische periode (1425-1482)*, Hilversum, 2000, p. 462.

19 J. Van Rompaey, *De Grote Raad van de hertogen van Boergondië en het Parlement van Mechelen*, Bruxelles, 1973, p. 26, n. 32-34, 28, n. 44.

20 *Bronnen voor de geschiedenis der dagvaarten van de Staten en steden van Holland voor 1544*, éd. W. Prevenier, J. G. Smit, t. 1/2, *1276-1433*, La Haye, 1987, p. 778, 783.

21 M. Prietzel, *Guillaume Fillastre der Jüngere (1400/07-1473)*, Stuttgart, 2001, p. 76-77, 225-226.

22 R. Arnold, *Regesten aus den päpstlichen Archiven zur Geschichte des deutschen Reiches und seiner Territorien im xiv. und xv. Jahrhundert. Pontificat Eugens IV. (1431-1447)*, t. 1, Berlin, 1897, p. 327-328, n°s 2023-2026, 2031.

de Notre-Dame à Courtrai, soit un clair cumul de bénéfices, pourtant strictement défendu par le droit canon[23]. Une fois mis en possession du doyenné de Notre-Dame à Courtrai, il était supposé abandonner ses quelques bénéfices mineurs à Nicolas Martini, Jean Paillard, Robert Anclou et Étienne Fabri.

c) Jean Paon ou Johannes Pavonis (Jan De Pauw), demandeur dans cette procédure, apparaît, au début de sa carrière, comme collecteur au service du scelleur épiscopal de Tournai et comme détenteur d'une chapellenie[24]. Entre 1446 et 1462, ce scelleur tournaisien se nommait Pieter de Vlenken, qui, après la mort de Frans Van Gent, allait devenir son exécuteur testamentaire[25]. Dans cette tâche, les chanoines de Saint-Donatien l'ont aidé[26].

Jean Paon jouissait de la confiance de son supérieur, Guillaume Fillastre, dont il était dans les années 1450, le notaire et le secrétaire. Il fut même qualifié de *familiaris* par Fillastre[27], le successeur de Jean Chevrot, évêque de Tournai. Grâce à sa relation intime avec l'évêque Fillastre, Jean Paon obtint des prébendes et même des faveurs de la part du pape, mais le Parlement de Paris infirma la sentence du Grand Conseil des Pays-Bas. Sa carrière au service de l'évêque le promut enfin, en 1470, à la fonction de scelleur, qu'il a continué à remplir pendant l'épiscopat de Pierre Quicke, successeur de Guillaume Fillastre[28].

De Mathias Beliart, défendeur, nous savons seulement qu'il est devenu le titulaire suivant de la vingt-deuxième prébende de Saint-Donatien. Au moment de sa présentation comme candidat à cette fonction, il était encore mineur d'âge. Ses futurs collègues avaient demandé ses lettres de tonsure. Ils voulaient être sûrs que Mathias était bien un clerc tonsuré[29]. Dans la *Déclaration des prébendes* de l'année 1464, son nom apparaît pour la première fois dans les actes capitulaires[30]. Cette mention ne se répétera que quelques fois ; en 1467, le chanoine Daniel Van Weerden devait lui succéder[31].

d) Les juges du Parlement de Paris. Le 22 juillet 1461, Charles VII est décédé. C'est la raison pour laquelle il y eut une session spéciale : les officiers du Parlement de Paris devaient prêter solennellement serment au nouveau roi. Grâce à cette disposition, nous pouvons compléter les noms des trois juges figurant en-dessous du jugé du 23 juin 1463 : Jo. de La Réauté, Thiboust et Chapitaut (86-87)[32]. Le premier est Jean de La Réauté (*Johannes de Regalitate*, 1411-1481), le deuxième, maître Robert Thiboust, président au Parlement de Paris en 1461, et le troisième, maître Simon Chapitaut, conseiller-clerc en 1461. Jean était certainement le mieux au courant de cette affaire, car, comme clerc, docteur en droit civil et avocat de l'officialité à Angers depuis 1440, il avait connu une

23 X. 3.4.3. Voir aussi Mollat, *La collation*, p. 56-65, 291.

24 H. Callewier, *De papen van Brugge. De seculiere clerus in een middeleeuwse wereldstad, 1411-1477*, Louvain, 2014, p. 328, 334.

25 P. De Baets, Pieter de Vlenken als kapelaan van Viven (1445-1475), dans *Rond de Poldertorens*, 2002, p. 61-66.

26 Brugge, Bisschoppelijk Archief (= BA), Sint-Donaas, Acta capituli A 52, fol. 203v, 29 mars 1462 : *Eadem die domini mei decernerunt fieri literas fundacionis obitus magistri F. de Gandavo pro domino sigillifero Tornacensi, executore suo*. Voir aussi fol. 234r (3 décembre 1462).

27 H. Dubrulle, *Bullaire de la province de Reims sous le pontificat de Pie II*, Lille, 1905, n° 343.

28 Prietzel, *Guillaume Fillastre*, p. 448.

29 Pinson, *Pragmatica Sanctio*, p. 446 (*23).

30 Brugge, BA, Sint-Donaas, Acta capitularia, A 53, fol. 55v, 117v.

31 J.-F. Foppens, *Compendium chronologicum episcoporum Brugensium, necnon praepositorum, decanorum et canonicorum etc ecclesiae cathedralis S. Donatiani Brugensis*, Bruges, 1731, p. 173. À noter que le nom « Bekaert » doit être corrigé en « Mathias Beliart ».

32 *Ordonnances des rois de France de la troisième race*, t. 15/2, Paris, 1811, p. 13-15.

carrière éblouissante. Après avoir servi le roi René d'Anjou[33], il devint conseiller-clerc de Charles VII puis président des enquêtes à partir de 1458, avant d'accéder à la présidence du Parlement de Paris (1469-1473), sous Louis XI[34].

3. La Pragmatique Sanction et la remontrance du Parlement pour son rétablissement

A. Jongkees s'était déjà demandé ce que la Pragmatique Sanction avait signifié pour les territoires de la couronne de France. En effet, son travail sur l'abbaye de Saint-Bavon à Gand le conduisit vers les dossiers criminels du Parlement de Paris[35]. Ses recherches lui valurent l'admiration de Jean Richard pour l'Université de Groningue, « un des haut-lieux de l'histoire des ducs de Bourgogne[36] ».

Notre litige est le seul jugé, parmi les arrêts et jugés du Parlement de Paris sur appels flamands, qui fait référence à la Pragmatique Sanction. C'est aussi l'un des rares où est mentionnée une lettre de maintenue[37]. Nous avons ici une occasion rêvée de pousser plus avant la recherche sur les relations franco-bourguignonnes et, dans un contexte plus vaste, d'évaluer les relations entre le pape et les deux princes.

Il nous faut retourner au Grand Schisme d'Occident, aux conciles de Constance et de Bâle et à la manière dont les rois de France avaient accaparé dans l'intervalle le droit de juger les questions ecclésiastiques, surtout les matières possessoires, susceptibles d'être saisies par le Parlement de Paris. La Pragmatique Sanction devint une charte de l'Église gallicane, qui irrita les papes pendant plusieurs décennies. Néanmoins, depuis Martin V et Eugène IV, les papes donnèrent raison au roi de France en ce qui concerne le possessoire et les Bourguignons suivirent l'exemple du roi de France. Par la théorie du possessoire, le Parlement de Paris enleva aux officialités les causes réelles des clercs et prétendit connaître des conflits relatifs aux bénéfices[38]. Depuis ce temps-là, on put considérer comme acquis le fait que nombre de questions possessoires ecclésiastiques étaient devenues l'apanage des parlements français et des conseils de justice bourguignons, puis des Habsbourg, jusqu'à la fin de l'Ancien Régime. Pour la France, la Pragmatique Sanction a été considérée comme une preuve des libertés de l'Église gallicane et, selon d'autres, comme une constitution de l'Église gallicane.

Après la mort de Charles VII, Louis XI a temporairement abrogé la Pragmatique Sanction, le 27 novembre 1461. Avant même d'écrire la lettre abolissant la Pragmatique, Louis XI allait laisser, à Saint-Denis, le nonce Francesco Coppini prononcer, sur la

33 F. Autrand, *La naissance d'un grand corps de l'État. Les gens du Parlement de Paris, 1345-1454*, Paris, 1981, p. 95, 307 (109).

34 J.-M. Matz, F. Comte, Fasti Ecclesiae Gallicanae. *Répertoire prosopographique des évêques, dignitaires et chanoines de France de 1200 à 1500*, t. 7, *Diocèse d'Angers*, Turnhout, 2003, p. 287, n° 424. Voir aussi 38.

35 A. Jongkees, De Pragmatieke Sanctie van Bourges in de Bourgondische landen. Het geval van de Sint-Baafsabdij, dans *Postillen over kerk en maatschappij in de vijftiende en zestiende eeuw aangeboden aan Prof. Dr. R. R. Post bij zijn afscheid als hoogleraar aan de Katholieke Universiteit te Nijmegen*, Utrecht-Nimègue, 1964, p. 139-153.

36 C. Linsen, Ten Geleide, dans Burgundica et Varia, p. 6.

37 Van Caenegem, *Les arrêts et jugés*, t. 3, *Introduction historique*, par S. Dauchy, *Indices*, par H. De Ridder-Symoens, D. Lambrecht, Bruxelles, 2002, p. 230, 233 : Pragmatique Sanction ; 225 : lettre de maintenue : biffer la mention 410 et lire 440.

38 P. Imbart de la Tour, *Les origines de la Réforme. La France moderne*, Paris, 1905, p. 113. La juridiction ecclésiastique devenait lettre morte : X.2.28.1-73 ; VI.2.15 et Clem.2.12.

tombe de Charles VII, une sorte d'absolution posthume[39]. Quelques années après la mort de Charles VII et de Frans Van Gent, cette suspension a amené Louis XI à demander au Parlement de Paris une enquête sur les plaintes suscitées par la suspension. La réponse mérite qu'on s'y arrête : *Remonstrances faites au roy Louys XI de ce nom par sa Cour de Parlement, sur les Libertez de l'Église Gallicane : en l'an M.CCCCLXI*[40].

Jean Loselier et Jean Henry, *conseillers dudit Seigneur et Présidents en la Chambre des Enquêtes*, avaient été chargés d'avertir le roi des difficultés rencontrées. Globalement, le résumé latin comprenait quatre doléances. la confusion de l'ordre ecclésiastique ; la dépopulation du royaume ; l'évacuation des finances du royaume ; la ruine et la désolation totale des Églises.

Rome et le pape servirent de cible au gallicanisme parlementaire. Ces mesures devaient – selon les enquêteurs – inévitablement mener *ou grand détriment du salut des ames, & irreverence des saincts Sacrements*. Même si le respect pour l'Église était de mise, « depuis la cassation de ladite Pragmatique », l'insubordination ne manquait pas non plus. Les élections des titulaires ecclésiastiques devraient être organisées en France. Pour les bénéfices électifs, il fallait penser au décret : *c. Ego Ludovicus*[41] et, quant aux bénéfices collatifs, la référence était plutôt *c. Adrianus*[42], dans le même décret. Cela voulait dire que le Parlement ne vouvait plus reconnaître l'autorité apostolique sur l'Église de France.

4. La procédure judiciaire aux Pays-Bas

Malheureusement, la plupart des documents de cette procédure ne nous sont pas parvenus. Cela est vrai pour les informations relatives au légat papal Francesco Coppini, au Parlement de Paris et au Conseil de Philippe le Bon. Nous disposons des plaidoiries du 18 janvier 1463 et du jugé du Parlement de Paris, qui traduit la sentence en première instance et en infirme le jugement, et de quelques documents de l'époque, plus spécialement les actes du chapitre de Saint-Donatien à Bruges. De plus, nous avons consulté quelques registres du Conseil de Flandre afin d'y trouver le contexte du litige.

Malgré une visite à Bruges et une autre à Gand, la recherche des documents du Conseil de Flandre à Ypres n'a pas été très fructueuse[43]. Malgré la perte des sentences du Conseil, notre enquête a débouché sur quelques étincelles : l'élimination de quelques hypothèses et une attention spéciale pour des textes bien conservés.

Maître Jean Paon se présenta le vendredi 22 mai 1461 devant le chapitre de Saint-Donatien et il y présenta la procédure décrétée par Francesco Coppini (*in vim processus decreti per dominum episcopum Interamnensem*). En même temps, il demanda à être admis à la possession réelle et immédiate du canonicat et de la vingt-deuxième prébende. Pourtant, le doyen et le chapitre voulurent étudier le texte de la procédure. Parce qu'ils craignaient d'être soumis aux peines et aux censures mentionnées dans le

39 Valois, *Histoire de la Pragmatique Sanction de Bourges*, p. CXC.

40 J. Krynen, Le roi « Très Chrétien » et le rétablissement de la Pragmatique Sanction. Pour une explication idéologique du Gallicanisme parlementaire et de la politique religieuse de Louis XI, dans *Églises et pouvoir politique*, p. 135-149. À vrai dire, cette protestation du Parlement datait du mois de novembre 1465.

41 D.63 c.30.

42 D.63 c.2.

43 Nous disposons des « Actes et sentences », mais nous ne disposons pas des « Sentences et appointements interlocutoires » entre 1458 et 1483 : J. Buntinx, *Inventaris van het Archief van de Raad van Vlaanderen*, Bruxelles, 1964, p. 135, entre 2381 et 2385, p. 231, entre 7511 et 7512.

texte du légat papal, ils étaient disposés à l'établir solennellement dans sa dignité, s'il remplissait les conditions juridiques, règlait la caution à verser et prononçait le serment accoutumé.

Maître Jean Paon, voulant l'indemnité du chapitre, s'était engagé envers ses créanciers, Jan Barbizaen et Judocus Tente, des bourgeois brugeois, qui voulaient garantir l'exécution de leurs obligations et qui avaient constitué leurs procureurs dans plusieurs cours. De sa part, maître Jean Paon avait sonné la cloche capitulaire et il avait promis d'indemniser ses garants à l'occasion de cette fidéjussion. Il paya les droits de la réception et prêta serment en tant que chanoine. Après l'oblation[44], il se posa devant le maître-autel et il prit sa place dans les stalles. Déjà prêtre, il reçut sa place dans le chapitre après avoir prêté serment de ne jamais révéler les secrets du chapitre, après quoi le doyen, maître Roeland de Scrivere[45], demanda un acte authentique. Ce Roland de Schrijver était un conseiller de Philippe le Bon et son médecin[46]. Suivaient alors les noms des témoins, qui devraient confirmer la transaction solennelle[47].

Le mercredi 29 juillet 1461, Mathias Steil, accompagné de Mathias Beliart, se présenta à son tour devant le chapitre de Saint-Donatien. Dans ses lettres de collation, le prévôt de Saint-Donatien et chancelier perpétuel de Flandre, Ghisbertus de Brederode, attribuait le canonicat et la prébende à Mathias Beliart. Il s'avérait en être le collateur ordinaire (43)[48]. Cette fois-ci, les chanoines répondirent qu'ils voulaient délibérer jusqu'au jour capitulaire, c'est-à-dire le lundi suivant. En plus, ils demandèrent que Mathias Beliart apporte ses lettres de tonsure. Leur réponse suivrait après la lecture attentive des lettres de collation de leur prévôt et après l'inspection des lettres de tonsure.

Le lundi 3 août, les chanoines acceptèrent de recevoir Mathias Beliart comme collègue. Après sa réception, ils lui donnèrent l'autorisation – bien qu'il fût mineur[49] – de constituer des procureurs afin d'accepter la possession réelle du canonicat et de la prébende. Il devrait respecter les mêmes obligations que Jean Paon, mais dès qu'il serait arrivé à l'âge obligatoire, il allait pouvoir prêter serment lui-même.

Dès lors, la vingt-deuxième prébende se trouva occupée par deux chanoines. Le jugé du Parlement de Paris nous conduit à une étape nouvelle : Jean Paon avait demandé une lettre de maintenue (*certas litteras manutenencie*, 21), c'est-à-dire une lettre de justice du prince en matière possessoire. Lors de la perturbation d'une possession (*interdictum unde vi*[50], que l'on nommait en France une complainte), la restitution devait être décernée par un tribunal (*interdictum uti possidetis*[51], ce qu'on traduit en ancien français par *maintenue*). Dans le texte du jugé, nous lisons qu'il s'agit d'une *novitas et saisina*, 3. Ces derniers mots, nouvelleté et saisine, semblent étranges aux spécialistes de droit romain. Au XVe siècle, les praticiens des pays de droit coutumier parlaient d'une saisine en tant que d'une possession permise et d'une nouvelleté en tant que d'une perturbation de la possession. Quant aux bénéfices ecclésiastiques, cette perturbation se traduisait le plus souvent par une occupation. Comme nous venons de le voir, ces

44 X.5.40.13 et X.5.40.29.
45 Gent, Rijksarchief, Raad van Vlaanderen, 2382, fol. 90v, 279v, 295v, 351v, 403v.
46 Van Rompaey, De Grote Raad, p. 37 ; Dauchy, *De processen*, p. 87, 268.
47 Brugge, BA, Sint-Donaas, Acta capitularia, A 52, fol. 174v.
48 *Ibid.*, fol. 244r-v. Voir Mollat, *La collation*, p. 298-305, *Les collateurs ordinaires*.
49 *non obstante quod est minorennis.*
50 C.8.4.1-11.
51 D.43.17.1-4 et C.8.6.1.

lettres de maintenue se rapportaient à la compétence du duc Philippe le Bon en matière d'actions possessoires et surtout en matière bénéficiale[52].

Nous n'avons trouvé dans les registres du Conseil de Flandre aucun *establissement*, c'est-à-dire aucune constitution de procureurs de la part de Jean Paon. Jusqu'à preuve du contraire, nous supposerons donc qu'il s'était immédiatement dirigé vers le duc de Bourgogne ou vers le Conseil. Là aussi, cette lettre de maintenue est inconnue jusqu'à présent, mais le supérieur de Jean, Guillaume Fillastre, chef du Grand Conseil et virtuellement chancelier, s'avérait être l'homme le plus important à la cour bourguignonne[53].

Le litige se concentrait maintenant sur la collation et sur la vacation du canonicat et de la prébende, parce que le jugé du Parlement de Paris mentionnait que Jean Paon avait obtenu sa collation avant le décès de Frans Van Gent (*antea*, 33). Francesco Coppini avait donné à Jean Paon une expectative ou un bénéfice, qui donnait un droit d'attendre (*beneficium vacaturum*[54]). Qu'en dit la Pragmatique Sanction ? Selon plusieurs spécialistes, le collège des chanoines décidait[55]. Ici, la collation n'appartenait pas au légat ni au collège et le bénéfice n'avait pas été conféré contre la Pragmatique Sanction (*contra pragmaticam sanctionem facta*, 57), mais selon le droit et la coutume (*de jure et consuetudine*,43) : elle appartenait donc au prévôt.

Par opposition à la situation du demandeur, le défendeur, Mathias Beliart, avait obtenu son bénéfice par le biais du collateur ordinaire. Ghisbertus de Brederode avait donné à Mathias Beliart un bénéfice vacant (*beneficium vacans*). En effet, selon le droit canon il était impossible de donner un bénéfice à quelqu'un, s'il n'était pas vacant. S'il était vacant pour cause de décès, le légat n'avait pas le pouvoir de collation (54).

5. Conclusion

La méthode adoptée a porté ses fruits. Il reste dommage que la lecture des registres du Conseil de Flandre n'ait encore abouti à aucun résultat. Il vaudrait la peine, comme le disait Adriaan Jongkees, de rechercher comment, ici et ailleurs, la jurisprudence des conseils de justice du Grand duc d'Occident a interprété la Pragmatique Sanction[56].

Le jugé du 23 juin 1463 du Parlement de Paris a infirmé le jugement du Conseil de Philippe le Bon. Cela n'arrivait presque jamais, parce qu'une infirmation revenait à reconnaître la juridiction du Conseil et celle du pape[57]. Durant la période 1461-1465, il y eut, pour la première fois, treize appels des sentences du conseil de la partie néerlandophone du comté de Flandre. La collation des prébendes y appartenait aux matières très sensibles[58]. Le Parlement de Paris en tant que juge d'appel a suivi l'argumentation du défendeur, qui reconnaissait la Pragmatique Sanction. Le conseil (*in regno nostro*, 56) et le Saint-Siège (*auctoritate apostolica*, 11) n'avaient rien à voir dans ce litige, qui se rapportait au territoire des pays sous la Couronne. Le légat papal en tant que tel n'était pas le bienvenu en France et ne pouvait conférer aucun bénéfice. En France, il y avait un gallicanisme ecclésiastique, royal et parlementaire. Tout au long du XVe siècle, les vicissitudes du gallicanisme démontrèrent que ses implications furent plus politiques que

52 P. Godding, Les lettres de justice, instrument du pouvoir central en Brabant (1430-1477), dans *Miscellanea Roger Petit, Archives et Bibliothèques de Belgique*, t. 61, 1990, p. 398-399, n. 72.

53 Van Rompaey, *De Grote Raad*, p. 152-153.

54 X.3.8.2. Voir aussi X.1.35.5.

55 Pinson, *Pragmatica Sanctio*, p. 351. Voir aussi VI.3.4.25 et 33 ; X.1.9.3.

56 Jongkees, De Pragmatieke Sanctie, p. 145.

57 Dauchy, *De processen*, p. 93, n. 135.

58 *Ibid.*, p. 268-274.

doctrinales et que les intérêts les plus terre à terre l'ont toujours emporté sur les aspirations les plus hautes[59]. Le gallicanisme parlementaire a préféré le droit de patronage ecclésiastique français aux droits de patronage apostolique et laïque bourguignon.

En appliquant la Pragmatique Sanction de Bourges, la charte de l'Église gallicane, les rois de France ont harcelé les papes pendant plusieurs décennies. En répudiant les lettres de faculté de Francesco Coppini, Louis XI, roi de France, n'a certainement pas exaucé le vœu du duc de Bourgogne. Somme toute, le jugé du Parlement de Paris pouvait rassurer Louis XI, qui ne voulait plus ménager le pape, ni le duc bourguignon. Du point de vue juridique, il pouvait en outre alléguer plusieurs dispositions du droit canon contre les expectatives.

Le Conseil de Philippe le Bon a protégé Jean Paon avec des lettres de maintenue. De cette manière, Guillaume Fillastre a vraisemblablement assisté son adjoint administratif. Au XVe siècle, c'est l'un des premiers témoignages de lettre de justice, qui allait être utilisée plus tard à maintes reprises par les conseils de justice aux Pays-Bas. Pourtant, cette protection a été éclipsée par les règles du droit canon sur la vacation des bénéfices. Par contre, l'église collégiale de Saint-Donatien à Bruges, une des plus importantes du comté, s'est vue attribuer les droits de collateur ordinaire, parce que son argumentation soutenait l'idéologie parlementaire. Les Bourguignons aspiraient à une justice autonome et leur politique religieuse jouissait surtout d'une entente avec le pape. Ils voulaient développer leur État et scinder les liens féodo-vassaliques entre la couronne et le comté de Flandre[60]. Le pape Pie II n'a pas octroyé un chapeau de cardinal à Francesco Coppini. Il devait même démettre son évêque et légat (1462), dont le travail diplomatique dans la guerre des Roses n'avait apporté aucun résultat, et le reléguer dans un monastère bénédictin, où il mourut en 1464, hors des murs de Rome.

59 Krynen, Le roi, p. 135.
60 Dauchy, *De processen*, p. 274, 311.

Troubles liégeois. Réminiscences de la bataille d'Othée (23 septembre 1408) dans les sources narratives en moyen-néerlandais du XVe siècle

Jeanne Verbij-Schillings
Maître de conférences honoraire à Université Paris-Sorbonne

En considérant la vie politique du xve siècle, l'impression s'impose que l'époque des ducs bavarois et bourguignons dans les anciens Pays-Bas se définit par des extrêmes. D'un côté, on aperçoit l'éclat et la splendeur de la vie courtoise, de l'autre, il y a un enchaînement de conflits dévastateurs dans les pays concernés. Les villes qui jouissent d'une grande puissance économique ne se soumettent pas aisément aux souverains qui exercent leur autorité par le hasard des successions dynastiques et captent une bonne partie du pouvoir. Des tensions se produisent entre les princes et leurs sujets et plus spécifiquement dans les villes entre la noblesse, le patriciat et les métiers. Cela provoque des confrontations militaires et des querelles entre les différentes factions. Au cours du xve siècle, le nombre de conflits s'accroît encore du fait de l'intégration des pays en question dans l'ensemble territorial bourguignon. De cela témoignent plusieurs textes en forme de poèmes, de récits de témoins oculaires et de chroniques. Ainsi furent conservés des récits sur des prises de villes, pillages, sièges et batailles[1]. Ils offrent un exutoire au mécontentement né du nombre grandissant de conflits.

Ces textes nous donnent de même une bonne notion de la manière dont l'homme du Moyen Âge considérait son époque. Malheureusement, bien des chroniques médiévales, rimées ou en prose, furent mises de côté à cause de leur tendance anecdotique, leur caractère compilatoire et leur manque de brio. Pourtant, comme Bernard Guenée l'a déjà remarqué dans son *Histoire et culture historique dans l'Occident médiéval* : « En réalité, toute compilation est une construction qui mérite d'être étudiée pour elle-même, et précisément comparée aux sources qu'elle a utilisées. Chaque mot omis, chaque mot ajouté est révélateur d'une conviction religieuse, d'une attitude politique, d'un choix critique[2]. » La question qui se pose est de savoir qui est responsable de la rédaction d'un texte. Car, à une époque où l'écrit se diffuse sous forme de manuscrits, ni le texte de l'auteur ni celui du compilateur ne sont fixés dans leur totalité. Existe le risque qu'on attribue un changement à celui qui a composé la source ou à celui qui l'a copiée[3].

Dans cette contribution, nous nous concentrons sur les textes concernant les événements survenus dans le Pays de Liège et le comté de Looz, en particulier le siège de Maastricht en 1407, qui aboutit à la bataille d'Othée, le 23 septembre 1408[4]. Étant

1 Pour les textes des anciens Pays-Bas conservés, voir les bases de données Bibliotheca Neerlandica Manuscripta et *Narrative sources*, toutes deux à consulter en ligne.

2 Paris, 1980, p. 63.

3 Le fait a été discuté de façon circonstanciée dans J. Verbij-Schillings, *Beeldvorming in Holland. Heraut Beyeren en de historiografie omstreeks 1400*, Amsterdam, 1995, p. 32.

4 Pour la Hollande, voir Ead., Histoire et culture historique dans le contexte urbain. Présence, représentation et mémoire des princes, dans *Culture historique : la cour, les pays, les villes dans les*

Pour la singuliere affection qu'avons a luy. *Études bourguignonnes offertes à Jean-Marie Cauchies*, sous la direction de Paul Delsalle, Gilles Docquier, Alain Marchandisse et Bertrand Schnerb, Turnhout, 2017 (*Burgundica* 24), p. 501-514.

DOI 10.1484/M.BURG-EB.5.113942

donné le nombre de textes traitant de ce sujet, il apparaît clairement que ce fut une bataille qui frappa l'imagination, aussi bien dans les cercles néerlandophones que francophones. Ici, nous nous limitons aux textes néerlandophones évoquant la bataille d'Othée. Le point de départ est un poème conservé dans un manuscrit de la seigneurie d'Eys, située entre Liège et Maastricht, aux confins du duché de Brabant et de la principauté de Liège, suivi par une analyse des textes transmis dans les sources narratives, aussi bien en cercle brabançon qu'en cercle hollandais. Cette contribution vise à entrer dans les détails de l'origine des textes et de leur compositeur, le tout dans le cadre des données historiques concernant la bataille. L'analyse de l'ensemble textuel autour de cette lutte montrera bien l'interdépendance des textes, ce que montrent les perspectives différentes selon lesquelles l'histoire fut considérée et, de plus, elle offrira des vues sur les rapports transversaux entre les différentes régions.

1. La bataille d'Othée, le 23 septembre 1408

Autour de 1400, le Pays de Liège et le comté de Looz furent marqués par la lutte d'influence opposant le prince-évêque de Liège et les Liégeois ; cette lutte se produisit dans le contexte du Schisme et de l'intégration des Pays-Bas dans la « conglomération bourguignonne[5] ». Dès le début du règne de Jean d'Arckel, prince-évêque de Liège depuis 1364, les événements se déroulèrent d'une façon agitée du fait de l'influence croissante des métiers liégeois sur l'administration communale[6]. Bien qu'à Maastricht les métiers dominaient également le gouvernement, le statut de condominium entre Liège et le Brabant eut pour effet que les relations réciproques entre seigneurs et sujets furent moins violentes qu'à Liège[7]. Sous le règne de Jean de Bavière, élu de Liège (1390-1418), le tumulte éclata de nouveau[8]. Comme Jean d'Arckel auparavant, l'élu se retira à Maastricht. Ses sujets liégeois assiégèrent la ville à partir de novembre 1407, un siège interrompu après six semaines à cause du froid hivernal et repris en mai, aboutissant à la bataille livrée près d'Othée (en néerlandais, Elch) le 23 septembre 1408. La lutte fut arbitrée à l'avantage de Jean de Bavière, grâce au soutien de son frère Guillaume, duc en Bavière, comte de Hainaut et de Hollande, et son beau-frère, Jean sans Peur, duc de Bourgogne.

2. Réminiscence versifiée de la bataille

Le siège de Maastricht et la bataille d'Othée furent commémorés dans un poème en moyen-néerlandais, conservé dans un registre des impôts de la seigneurie d'Eys du début du XVe siècle[9]. Le poète explique en cinq strophes de huit vers ce qui arriva (voir

anciens Pays-Bas (XIVe-XVIe siècles), éd. J.-M. Cauchies, *Publication du Centre européen d'Études bourguignonnes*, t. 54, 2014, p. 93-108.

5 H. Van Hall, Het hertogdom Limburg en de landen van Overmaze, dans *Limburg. Een geschiedenis, tot 1500*, éd. P. Tummers, L. Berkvens, A.-J. Bijsterveld e. a., Maastricht, 2015, p. 329-330, 335-336.

6 J. Van Rensch, Bestuur en rechterlijke organisatie van Maastricht, 1100-1500, dans *Limburg. Een geschiedenis, tot 1500*, p. 352-354.

7 *Ibid.*, p. 352.

8 J. Lejeune, *La principauté de Liège 1390-1482*, Liège, 1981, p. 91-95.

9 Het beleg van Maastricht en de slag van Othée in de dichtkunst, éd. K. J. T. Janssen de Limpens, dans *De Maasgouw*, t. 78, 1958, p. 149-152.

annexe). Il remarque que Liège devint aveugle et se détourna de son prince. Il est d'avis qu'on puisse remercier fort bien les chevaliers, écuyers, laïcs et clercs qui restèrent aux cotés de leur seigneur légitime. Le poète se plaint à Dieu du fait que le comte palatin du Rhin ait été chassé de son pays. Il déplore que la ville de Maastricht ait été assiégée par ceux de Liège et de son pays : *Die van Ludic ende honne lande / beseten Tryecht met honnen heren*. Pourtant, ceux-ci auraient dû rentrer honteusement chez eux, au lieu de quoi bien des victimes tombèrent *: Des bleiff dar mennich ongebiecht*. Le poète nous rappelle comment deux princes de grand nom ont aidé leur frère : *Sy hebben dit beseet vernomen / twe edel vorsten van hoger art / ende syn met macht vor Tongeren comen / ende hebben lyff noch guet gespart / tot dat honne bruder gewroken wart*. Il souhaite que Dieu leur rende grâce : *des danck hon Got van himelrike*, de même que les autres personnes qui eurent le grand zèle de se joindre à eux afin de lutter *met onsen rechten heren*. Tout porte à croire que le texte a été conçu peu après ces événements désastreux. Car, aux derniers vers, le poète invite le public à prier pour le salut de l'âme des morts : *Nu bidden wy Gode, der maget Marien / vor hon ende die dair bleven doet / soe voer so na te onser syen / Got troes die selen ut ire noet*.

L'écrivain nous laisse dans l'incertitude en ce qui concerne les victimes. Il ne fait pas grand cas des Liégeois, qu'il traite de *cokine* (fainéants). Nous ignorons tout de l'identité du poète. Vu la prière à la fin, on peut supposer qu'il appartenait au clergé. Il n'est pas exclu, non plus, que l'auteur soit également le copiste du texte. Celui-ci se présente dans le colophon du registre comme Herman, administrateur d'Eys : *Dit es der ciens den man alle joer sculdich es Herman voight tot Eys* (fol. 1r).

3. Évocation de la lutte dans les chroniques

Dans les chroniques, l'exposé des troubles est plus ample et les indications sur les lieux et dates sont plus précises. Ce qui frappe, c'est que le récit de la bataille d'Othée garde de l'importance au cours du XVe siècle, aussi bien en Hollande qu'en Brabant ; dans les cercles brabançons, ce récit prend provisoirement une forme achevée dans *Die alder excellenste cronyke van Brabant*, parue à Anvers en 1497 [= 1498], et en cercle hollandais dans *Die cronycke van Hollandt, Zeelandt ende Vrieslant*, dite *Divisiekroniek*, imprimée à Leyde en 1517 chez Jan Seversz[10]. Avec cela, l'histoire fut fixée pour l'avenir.

3.1 La tradition hollandaise

C'est dans la *Hollantsche cronike*, un manuscrit autographe du héraut Bavière, dédié à son seigneur Guillaume VI, duc de Bavière, comte de Hollande, que nous retrouvons une des premières mentions de la bataille d'Othée[11]. On la trouve dans l'avant-dernière notice, avant que le héraut termine sa chronique le 25 mai 1409 et moins de neuf mois après le déroulement de la bataille. L'auteur prend note de la date, du lieu, des parties en présence, du résultat du combat, du nombre de victimes et enfin, de nouveau, de la localisation et de la datation, cette fois plus détaillée, ce qui apparaîtra comme un point de repère important pour déterminer la tradition d'un texte :

10 Cornelius Aurelius [(van) Geritsz./van Gouda], *Die cronycke van Hollandt, Zeelandt ende Vrieslant, beghinnende van Adams tiden tot die geboerte ons Heren Jhesu : voertgaende tot den jare 1517*, Leyde, Jan Seversz, [1517]. A été consultée l'édition imprimée à Dordrecht en 1595 : Maastricht, Stadsbibliotheek, 6230 A 19, chap. VIII, p. cclxxvj^b-cclxxvij^a.

11 J. Verbij-Schillings, Un héraut-historien au début du XVe siècle : Bavière (autrefois Gueldre), dans *Le héraut, figure européenne (XIVe-XVIe siècle)*, éd. B. Schnerb, *Revue du Nord*, t. 88, 2006, p. 701.

> *In den iare ons Heren M.CCCC ende VIII opten naesten zondach voir Sinte Michiel, zo vergaderden voir Tongheren die hertoghe van Borgongen ende deez edel prince hertooch Willam van Hollant. Ende dair teghens zo quamen die Ludickeren, hoir vianden, dair deez edel princen tot hem traden ende streden ieghen hem, dairt die Ludickeren verloren. Ende dair werder verslaghen XXXVI*^M^ *V*^c^ *ende XCVI* [36 596], *alsmen zeide. Ende deez grote blodighe strijd ghesciede tot Alich Ottay aender *t/commen, op een zondach, optie IX*^de^ *kalende van October ende zondaechs lettre was G*[12].

La tournure de la datation et la localisation se retrouvent à peu près littéralement dans la chronique dite du Chronogrammiste, ainsi nommée du fait de la présentation de chronogrammes dans le texte[13]. Pour le Chronogrammiste, la *Hollantsche cronike* fut une source importante, probablement consultée d'une manière indirecte. Vu la distribution des variantes, il s'agit de la deuxième version de la chronique en question[14].

Comparé à la *Hollantsche cronike*, le récit du Chronogrammiste offre plus d'informations sur les causes du conflit, les parties en présence et leurs actes courageux. Dans cette version, Jean de Bourgogne et Guillaume de Bavière sont accompagnés par Philippe de Wassenaar, vicomte de Leyde, ses deux fils et maints autres seigneurs. Ils se battent contre le seigneur de Perwez et les Liégeois, qui assiègent l'élu de Bavière dans Maastricht. La lutte cruelle dure presque deux heures – dans l'extrait suivant les correspondances entre le Chronogrammiste et la *Hollantsche cronike* sont en romain :

> *Item* int jaer ons Heeren MCCCC ende VIII *belach de heere van Perwijs metten lande van Ludic den elect van Beyeren binnen Tricht* [Maastricht], *omtrent Sinxenen, ende lacher XIX weken voren, ende in den selven jare,* des sondaeghs voor sinte Michiels *dach, dat was up de X*^de^ *kalende van october, ende de sondach lettre was G, so vergaderden deez edel vorsten : die hoochgheboren prince Jan* van Bourgognen *ende grave van Vlaenderen, ende* die edel hertooch Willem *van Beyeren ende van Henegouwe, ende Philips, heere van Wassenaer, burchgrave te Leyden, met sinen II sonen, ende anders vele grooter heeren, stoute rudders ende knechten, daer* die Ludeker quamen by Tongheren. *Ende deez voorghenoemde prince stonden af te voet, met veel blinckerden bannieren ende met grooten gheluut van trompen, ende* torden *stoutelic in tot haren vianden, ja dat ooc nie ghesien en was dat die heeren torden voor haer bannieren. Dan deez twee der Ludekers worden versleghen. Daer ghedeechd tot eenen bitteren stride, so dat men daer vacht bicans II hueren, ende* die Ludekers worden versleghen *ende* verlorent, *ende daer bleffer XX*^m^ *V*^c^ *ende XVI* [20 516], also men seide. Ende deez bloedighe strijt ghesciede te Alech Attay, ander *t/commen up den dach als voors. es[15].

L'observation que *deez twee der Ludekers worden versleghen* indique que le passage a été ôté d'un ensemble plus vaste, puisque le lecteur est renvoyé à deux Liégeois sans que *deez twee* aient été présentés préalablement. Le syntagme *met veel blinckerden bannieren ende met grooten gheluut van trompen* pointe vers la *Croniken van den Stichte ende van Hollant*, traduction en moyen-néerlandais de la *Chronographia* de Jean de

---

12 BRUXELLES, Bibliothèque royale Albert Ier (= KBR), ms. 17914, fol. 124r, 30-124v, 8.

13 La chronique du Chronogrammiste est transmise par deux manuscrits dans lesquels les textes furent jumelés avec les chroniques conçues au début du XVe siècle à la cour de La Haye. Dans le manuscrit conservé à Bruxelles, la version du Chronogrammiste suit une version de la *Wereldkroniek* du héraut Bavière. Voir VERBIJ-SCHILLINGS, *Beeldvorming*, Annexe II, ms. F, p. 297-298.

14 Dans presque tous les passages dont la *Croniken van den Stichte van Utrecht ende van Hollant* de Jean de Beke fut la source, la chronique du Chronogrammiste et la *Hollantsche cronike* ont les mêmes variantes. VERBIJ-SCHILLINGS, *Beeldvorming*, p. 257-262.

15 Nederlandsche gebeurtenissen van 972 tot 1409, getrokken uit eene oude onuitgegevene Wereldkronijk, éd. J. F. WILLEMS, dans *Belgisch Museum*, t. 4, 1840, p. 193-217.

Beke, qui fut produite autour de 1393 dans les environs d'Utrecht[16]. La *Croniken* a eu une tradition complexe et compte plusieurs continuations. Elle fut une source pour le héraut Bavière, qui fit dans son cahier de brouillon une copie de ce texte, désignée comme la variante M.

Cependant, cette option n'est pas entièrement satisfaisante. Il y a des différences notables entre les deux œuvres. Dans la *Croniken*, le récit est raconté tout entier du point de vue du comte de Hollande. Celui-ci demande l'aide de son beau-frère Jean de Bourgogne et d'Antoine de Brabant. Ceux-ci refusent malgré leur promesse de prêter secours en cas de détresse. Lorsque le comte de Hollande propose de mettre le Hainaut en gage au cas où le duc Jean serait fait prisonnier, ils se ravisent et partent pour Tongres où ils battent les Liégeois avec l'aide du comte de Namur.

À cela s'ajoute le fait que la tournure de la datation et la localisation dans cette variante diffèrent de l'autre version : *Dese bloedige strijt gesciede tot Elc niet veer van Heyen-Tongeren op enen sonnendach na Sinte-Lambrecht den XXIII^ten^ dach in september omtrent der XI^ter^ ure biden middage int jaer ons Heren* [...].

L'analyse de la distribution des variantes montre bien que le passage est probablement à réduire à une variante de la *Croniken*, conservée dans un manuscrit de la famille P[17]. Dans la variante P, l'histoire concernant la Hollande fut remplacée par la *Hollandse kroniek* du *Clerc uten lagen landen*, qui à son tour fut tributaire de la *Hollantsche cronike* du héraut Bavière[18]. Dans cette version, le seigneur de Perwez est présenté comme l'instigateur du mal : il persuade les Liégeois de chasser leur prince. Jean de Bavière se réfugie à Maastricht, après quoi Liège fait le siège de la ville avec 35 000 hommes. Dans la lutte qui suit, le seigneur de Perwez perd la vie et avec lui 33 516 personnes, en des lieu et moment par ailleurs connus : *Ende dese bloedighe strijt ghesciede tot Elc, niet veer van Heyen-Tongeren ter elfder uren des sonnendaechs voir Sinte Michielsdach int jair ons Heren duysent vierhondert ende achte.*

Néanmoins, la mention de la présence de Philippe de Wassenaar, vicomte de Leyde, et de ses deux fils n'est pas encore expliquée. Comparons pour cette raison le texte du Chronogrammiste avec le passage correspondant de la *Gouds kroniekje*, conçue en 1437 ou peu après[19]. Dans cette version, nous lisons que *dese bluedighe strijt ghesciede tot Alcattay ander tommen buten Heyn Tongheren*, une tournure proche à celle du Chronogrammiste[20]. Cette fois, le récit est raconté du point de vue de Jean de Bavière et du seigneur de Perwez. Nous apprenons pourquoi les Liégeois ne voulaient plus admettre Jean de Bavière comme évêque : *hi en woude gheen priester werden*, à la suite de quoi ils choisirent le fils du seigneur de Perwez pour le remplacer. L'élu est chassé de Liège et s'enfuit à Maastricht, après quoi les Liégeois assiègent la ville durant dix-neuf semaines. Jean fait appel à son frère Guillaume qui requiert l'assistance de Jean de Bourgogne. Celui-ci donne son accord à condition que le Hainaut soit mis en gage au cas où il serait fait prisonnier. Ensuite partirent *hertoech Willem van Hollant ende die hertoech van Burgongen, Philips van Wassenaer, die burchgrave van Leiden, met sinen tween zoenen Ende anders veel groter heren, ridderen ende knechten, Daer*

---

16 Jean de Beke, *Croniken van den Stichte van Utrecht ende van Hollant*, éd. H. Bruch, La Haye, 1982, p. 285-289, traduction avec continuations de Jean de Beke, *Chronographia*, éd. H. Bruch, La Haye, 1973.

17 *Ibid.*, p. 287-288, pour les manuscrits p. XLVII, pour le *stemma codicum* p. XLVIII.

18 J. Verbij-Schillings, Heraut Beyeren en de Clerc uten laghen landen, Hollandse kroniekschrijvers *ca* 1410, dans *Tijdschrift Nederlandse Taal- en Letterkunde*, t. 107, 1991, p. 20-42.

19 Pour la genèse, voir A. Janse, De gelaagdheid van een laatmiddeleeuwse kroniek. De ontstaansgeschiedenis van het zogenaamde Goudse kroniekje, dans *Queeste*, t. 8, 2001, p. 134-159.

20 Leyde, Bibliothèque universitaire, ms. BPL 136 D, fol. 65v.

die heer van Parvis met die Ludikers quamen buten Heyn Tongheren. Au moment où le duc Guillaume apparut sur le champ de bataille, le seigneur de Perwez fut tellement impressionné qu'il remarqua : *Siet ghinder staen een gouden berch. Moechdi dat vele volc verslaen, die armste van ons allen die sal een groot heer wesen. Maar hemel ende aerde moghen verghaen, mar dat volc en is niet te duen wijcken*.

Le moins qu'on puisse dire, c'est que cette addition renforce le prestige du comte de Hollande, ce qui est un indice du fait que cette version fut conçue en Hollande. En outre, on peut constater que le récit de la chronique du Chronogrammiste et celui de la *Gouds kroniekje* ont beaucoup en commun. À cela s'ajoute qu'on a l'impression que les deux textes remontent à une variante commune pour laquelle la chronique du *Clerc uten laghen landen*, tributaire de la *Hollantsche cronike* du héraut, joua un rôle d'intermédiaire.

En Hollande, le récit de la bataille d'Othée trouve une forme transitoire dans la *Kattendyke-kroniek*, conçue en 1491 ou peu après dans les environs de Haarlem, qui, de façon exceptionnelle, comporte une gravure sur bois représentant le combat[21]. Ce récit fut composé par des passages tirés de la *Croniken* et enlacés avec des citations de la *Gouds kroniekje*. Localisation et datation sont identiques à la *Croniken* :

Dese bloedeghe strijt ghesciede tot Elc, niet veer van Heyentongeren, op enen sonnendach, na Sinte Lambrecht, den XXIII[ten] *dach in september, omtrent ter XI*[ter] *uren bi den middaghe, int jair ons Heren* [...].

En suivant la *Croniken*, le compilateur raconte encore que *hartoech Willem dede doe ende voertan alle jaers tsonnendaghes na Sinte Lambrecht tHeylighe Sacrament draghen overal in sijnen steden, Gode te loven* [...][22].

À l'époque de Guillaume VI, il y eut en réalité des processions pour commémorer la bataille d'Othée[23]. En 1410 et 1411, la ville de Leyde en mit sur pied en présence du comte Guillaume VI et du vicomte de Leyde. De même, Guillaume assista en 1413 à une procession en souvenir du combat, comme l'indique la rubrique *Uitgeschonken wijn* des comptes de Leyde. Il est difficile de deviner pourquoi la ville organisa ce genre de célébration : s'agissait-il d'impressionner les bourgeois pour qu'ils respectent le pouvoir comtal dans une époque troublée, ou bien le comte voulait-il donner un contenu personnel à une disposition du traité de paix, conclu à Lille le 24 octobre 1408, qui prévoyait la célébration de messes dans les églises et les monastères[24] ? De cela témoigne également un poème, composé à la demande de Jean sans Peur, dont on connaît l'auteur ainsi que la date de rédaction[25].

C'est le moment de déplacer notre attention vers le Brabant où on conserve de même un vif souvenir de cet événement.

3.2 La perspective brabançonne

Plusieurs données que nous avons observées en cercle hollandais semblent trouver leur origine dans des sources brabançonnes, notamment dans les *Brabantsche Yeesten*,

21 *Johan Huyssen van Kattendijke-kroniek. Die historie of die cronicke van Hollant, van Zeelant ende van Vrieslant ende van den Stichte van Utrecht*, éd. A. Janse, I. Biesheuvel, W van Anrooij, K. Tilmans, La Haye, 2005, p. 431-433.

22 *Ibid.*, p. 433, à comparer à Jean de Beke, *Croniken*, p. 288-289.

23 Verbij-Schillings, *Beeldvorming*, p. 231.

24 J. Daris, *Histoire du diocèse et de la principauté de Liège pendant le* XVe *siècle*, Liège, 1887, p. 73-74.

25 A. Marchandisse, B. Schnerb, La bataille du Liège, dans *Écrire la guerre, écrire la paix*, éd. S. Mazauric, *Actes du 136*[e] *Congrès national des Sociétés historiques et scientifiques, Perpignan, 2011*, Paris, 2013, p. 29-41.

une chronique rimée, achevée en 1444, et dont le livre VII contient un récit détaillé d'environ 450 vers du conflit[26]. Des points communs peuvent être relevés : ainsi la trêve conclue par Antoine de Brabant en 1407, suivie d'un siège de six semaines jusqu'au 7 janvier 1408, interrompu à cause du froid hivernal, puis *een ridende oorlog*[27] jusqu'en mai, de nouveau suivi par un siège de plus de seize semaines, qui prend fin avec le combat devant Tongres. Comme dans la *Croniken*, le conflit est situé dans le contexte du Schisme[28]. Le chroniqueur critique le comportement des Liégeois qui ont persuadé le pape de donner son accord à leur choix, de même que celui de l'élu Thierry qui était tenu d'obéir à Jean de Bavière dont il avait reçu l'archidiaconat de Hesbaye. C'est Thierry, fils de Henri de Hornes, seigneur de Perwez, qui informa le duc Antoine par lettre *dat niet en betaemde, dat / Ieman selc bisdom besat / Sonder priester ende bisscop te sine*[29], une argumentation qu'on retrouve dans la *Gouds kroniekje*. Une différence saisissante est la caractérisation de Henri de Perwez, père du nouvel évêque, comme un *getrouwe Brabantre*[30]. Cela offre un contraste remarquable avec la version de la *Croniken* dans laquelle le seigneur de Perwez est présenté comme l'instigateur du mal. Significative est également la remarque par laquelle Antoine de Brabant déplore la mort du seigneur de Perwez, qui lui témoigna toujours du respect.

En Brabant, le récit aboutit à une forme finale dans *Die alder excellenste Cronyke van Brabant*, une chronique en prose, imprimée à Anvers en 1497 (= 1498)[31]. L'auteur brabançon suit de près les *Brabantsche Yeesten*. Conforme à son modèle, il situe la lutte dans le contexte du Schisme en expliquant l'intervention pontificale : [...] *bi consente van den paus Benedictus die te Avenyoen sadt ende niet bi consente des paus die te Rome sat, dien sy ende tlant van Almaniën tot dier tijt toe gheobedieert hadden.* Tous les efforts du duc de Brabant pour faire accepter une trêve aboutissent également, après six semaines, à *een ridende orloghe tusschen beyde partijen tot int eynde vanden meye.* Ensuite Maastricht fut *met groter macht belegen vanden Ludickers ende Looners XVI weken lanc duerende.* Alors Jean de Bavière s'adressa au *hertoghe Willem van Beyeren, grave van Henegouwe, Hollant ende Zeelant, sinen brueder, ende aen hertoge Jan van Bourgondiën, sinen swaghere, so dat sy met groter macht van volcke int lant van Ludick quamen.* Antoine de Brabant, qui resta longtemps à l'écart, changea d'avis et partit vers Maastricht. Mais avant son arrivée sur les lieux, la lutte était déjà terminée *bi Tongeren.* Le chroniqueur rejette la responsabilité de la défaite sur les rebelles liégeois puisqu'ils livrèrent bataille un dimanche, contre la volonté du seigneur de Perwez : *want die Ludekers den ghesetten tijt verhaesteden, strydende op eenen sondach tegen den wille van hueren momboor, so datse ten eynde den strijt verloren, daer verslaghen bleven omtrent XL dusent menschen.* La mort du seigneur de Perwez et de son fils fut de même très regrettable. Conforme à son modèle, le compilateur ajoute que le seigneur de Perwez avait vérifié que l'on *op dandere side vernemen konde die banyere van hertoge Anthonijs, sijns leenheren, want so*

26 *Les Gestes des ducs de Brabant. Chronique en vers thyois du quinzième siècle. De Brabantsche Yeesten of Rymkronyk van Braband*, éd. J. H. Bormans, t. 3, Bruxelles, 1869, liv. VII, chap. 5, p. 20-28, v. 435-608 ; chap. 6, p. 31, v. 682-690 ; chap. 9, p. 39-43, v. 849-932 ; chap. 10, p. 43-45, v. 933-985 ; chap.11-12, p. 51-55, v. 1097-1216. Pour la génèse, voir R. Stein, *Politiek en historiografie. Het ontstaansmilieu van Brabantse kronieken in de eerste helft van de vijftiende eeuw*, Louvain, 1994, p. 31-57.

27 *Les Gestes*, liv. VII, chap. 9, p. 42, v. 920.

28 Le manuscrit C comprend plus de détails concernant l'intervention pontificale, *Les gestes des ducs de Brabant*, Aenhangsel, 534 vers au total, p. 691 et s.

29 *Les Gestes*, liv. VII, chap. 10, p. 45, v. 983-988.

30 *Ibid.*, p. 47, v. 1030.

31 J. Tigelaar, *Brabants historie ontvouwd. Die alder excellenste cronyke van Brabant en het Brabantse geschiedbeeld anno 1500*, Hilversum, 2006, accompagné d'un CD-Rom avec la transcription du texte conservé dans l'incunable Bruxelles, KBR, Inc. B 137, V2ra resp 2rb.

en soude hij teghen hem niet ghestreden hebben. Autrement dit, le seigneur de Perwez resta toujours un *getrouwe Brabantre*.

3.3 Des voix du Pays de Liège et de Looz

Dans les chroniques conçues aux environs de Maastricht, un tout autre son de cloche résonne, bien qu'il soit pour une grande partie tributaire de la tradition brabançonne[32]. Ce qui y domine, c'est la relation tendue avec Liège, mais pas la rivalité entre le duc de Brabant et l'évêque de Liège, coseigneurs de Maastricht, où l'évêque se réfugia quand son autorité fut contestée par les Liégeois[33].

Prenons par exemple la désignation des Liégeois dans le poème cité plus haut : ils sont tenus pour *die cokine*. On y trouve que c'est en raison de leur *valssche muterie* que Jean de Bavière reçut si peu d'hommage. Au cours du xve siècle, le comportement des Liégeois fut rarement interprété de manière positive. Ainsi Mathieu Herben (1451-1538), recteur de l'école du chapitre Saint-Servais à Maastricht[34], explique, dans son livre *De Traiecto instaurato* (1485), qu'Arnoul de Hornes, évêque de Liège, ordonna que la ville de Maastricht se fortifie davantage en raison du caractère endurci des Liégeois envers leurs princes et de leur aspiration déchaînée à les dominer[35]. Tandis que Maastricht fut toujours le havre le plus sûr pour les évêques, Liège leur parut le lieu le plus dangereux. Suit une énumération des évêques qui échappèrent aux mains meurtrières des Liégeois en se retirant à Maastricht. De même, Herben nous rappelle à quel point la ville fut harcelée en 1408 : *Obsessa enim fuit per Leodienses armata vi per menses quatuor*.

Le compositeur de la *Kroniek van Maastricht* nous offre maints exemples du comportement rebelle des Liégeois. Une des premières notices concerne la bataille d'Othée :

> *Int jaer MIIII^c^VIII lagen die Luycker voer Maestricht, XVII weecken lanck, soe vuer soe nae, en hyelden hunnen Heer Her Jan van Beyren uyten lande tot Triecht liggende. Ende Hertich Jan van Boirgoingen en Hertich Wyllem van Hollant ende der greve van Naemen streden by Elcht tegen die Luycker; aldaer bleef doot Her Jan van Parwis ende sijn soen; ende der Luyker bleef XXIII duysent IX^c^ ende XVII* [23 917] *man. Ende Her Jan van Beyeren bleef heer en tooch tot Ludick ende daer waerter vuel in die Mase geworpen ende oek onthoeft*[36].

La notice a un caractère lapidaire, de même que celles concernant la première moitié du xve siècle. À partir de 1465, la chronique prend un caractère plus narratif. Le

32 Pour un aperçu, voir A. Noordzij, Geschiedschrijving in de Late Middeleeuwen, dans *Limburg. Een geschiedenis, tot 1500*, p. 469-477, 486.

33 H. H. E. Wouters, *De politieke betrekkingen tussen Maastricht en het prinsbisdom Luik in de dertiende en veertiende eeuw*, dans Van der Nyersen upwaert. *Een bundel opstellen over Limburgse geschiedenis aangeboden aan drs. M. K. J. Smeets bij zijn afscheid als rijksarchivaris in Limburg*, dir. G. W. G. van Bree, P. A. W. Dingemans, Maastricht, 1981, notamment. p. 46-47.

34 C. Van Leeuwen, Matthaeus Herbenus (1451-1538), humanist van het Sint-Servaaskapittel, dans *Maastricht Kennisstad, 850 jaar onderwijs en wetenschap. In portretten van Veldeke, Herbenus, De Bolland, Van Dopff, Pelerin, Minckelers, Stas, De Bosquet, Hoffmans, Endepols, Salmang, Timmers en de universiteit*, dir. E. van Royen, Nimègue, 2011, p. 33-53.

35 Mathieu Herben, *De Traiecto instaurato. Over hersteld Maastricht*, éd. et trad. M. G. M. A. van Heyst, Ruremonde, 1985, p. 30-31 (édition synoptique). Herben fut aussi l'auteur d'un texte en vers sur l'épiscopat de Louis de Bourbon jusqu'à la destruction de la ville en 1468 par Charles le Téméraire. E. Bacha, Deux écrits de Mathieu Herbenus sur la destruction de Liège par Charles-le-Téméraire, dans *Bulletin de la Commission royale d'Histoire*, t. 76, 1907, p. 389-390.

36 Chronijk van Maastricht en omstreken, éd. J. Habets, dans *Publication de la Société historique et archéologique dans le Limbourg* (= *PSHAL*), t. 1, 1864, édition partielle, p. 71-72.

compilateur se concentre sur les accrochages se produisant aux environs de Maastricht. En outre, il a notamment l'œil sur les péripéties des églises et couvents touchés par les violences de la guerre. Il n'est pas exclu qu'il ait vu, d'une façon ou d'une autre, des choses de ses propres yeux. Cela se déduit de sa remarque concernant les rebelles liégeois noyés dans la Meuse en 1490 et qui furent enterrés dans des trous : *daer ick weet datter een deel in cuylen werden begraven*[37]. Il semble qu'il ait été lié au couvent de sœurs de Munsterbilsen puisqu'en rappelant l'attaque du couvent en 1483, il parle de *mijn vrouwe die abdisse* qui fut chassé[38]. Lui aussi exprime son irritation contre les Liégeois. Il les caractérise comme des *lantsverdervers*, quand ils se mettent en campagne en 1491 vers Maastricht. En parlant de leur envahissement des villages de Sint Geertruid et Eckelrade, il désigne Liège comme *die rouffstadt*[39]. Il partage la douleur des habitants qui souffrirent des armées itinérantes : *Wee den Heren die die grote garde brengen in 't lant / Daer men der dorpman wert gescant. / Die dorp luyden moesten hun wyn ende spisen doen halen / En die stadt van Triecht moest meeste deel betalen*[40].

La souffrance des villageois est de même un thème important dans la *Chronijk der Landen van Overmaas*, attribuée à Pierre Treckpoel (1442-*ca* 1508). Dans cette chronique, l'essentiel du récit concerne également les violences au pays d'Outre-Meuse de la deuxième moitié du XVe siècle[41]. Le chroniqueur évoque en quelques mots le siège de Maastricht de 1407, en ajoutant un saillant détail que *die Luytger hadden bynnen Tricht geschoeten XV^c^ groete donrsteyn inde XIIII*[42]. Il semble au courant de toutes sortes de données sur la vie quotidienne dans la ville. Par exemple, il rappelle qu'en 1409, on porta la châsse de saint Servais en procession afin de parer aux horreurs de la guerre : *inde des kasse en dricht men nimmer oem doer die staet daen in groete noetsaecke van sterft oft van orloge oft van duyren tijde*[43]. Il critique les Liégeois quand ils se détournent en 1465 de leur seigneur légitime en ravageant le pays d'Outre-Meuse : *also deden die Luytger voel mispeys den hertoch van Borgonie*[44]. Mais, avec l'arrivée de Charles le Téméraire, le ton change sensiblement. Pendant plus de trente pages, il s'attarde sur la force brutale du prince bourguignon. Il parle de Charles comme *disse boesse hertoch*[45] et *der ser fel inde ovelmodich Hertoch*[46]. À la fin, il remarque que Dieu se détourna de Charles parce qu'il profana la sainte Église et le corps sacerdotal par lesquels *hee en hadde egheyn victorie noch aventuyre me*[47]. Il compare le comportement du prince bourguignon et de ses troupes lors de la destruction de Liège avec celui des Turcs et des Sarrasins : *so geberden sy wonderlicke in die staet nyet als kersten luyden mer als heyden inde Zarazynen*[48]. Il fait une description détaillée de leur conduite envers les ornements

37 Chronijk van Maastricht en omstreken, p. 84.
38 *Ibid.*, p. 78.
39 *Ibid.*, p. 85.
40 *Ibid.*, p. 86.
41 S. Vanderputten, Reconstructie van een laatmiddeleeuws historiografisch œuvre. Het voorbeeld van de Loonse priester Petrus Treckpoel (1442-*circa* 1508), dans *Revue belge de Philologie et d'Histoire*, t. 83, 2005, p. 1059-1075.
42 Pierre Treckpoel ?, Chronijk der Landen van Overmaas, éd. J. Habets, dans *PSHAL*, t. 7, 1870, p. 5-231, notamment p.14-15. La chronique est reliée à un exemplaire de la *Alder excellenste chronyk van Brabant*. Voir *Karel de Stoute. Tentoonstelling georganiseerd naar aanleiding van de vijfhonderste verjaring van zijn dood, Koninklijke Bibliotheek Albert I Brussel*, Bruxelles, 1977, p. 150, n° 52b.
43 Pierre Treckpoel ?, Chronijk der Landen van Overmaas, p. 15. En 1475, il renvoie à cette coutume, p. 47.
44 *Ibid.*, p. 21.
45 *Ibid.*, p. 43.
46 *Ibid.*, p. 58.
47 *Ibid.*
48 *Ibid.*, p. 27.

liturgiques, dont il fut témoin : *dat ichs eynsdeyls sach dat dit also gesciede*. Et c'est pourquoi qu'il se permet de *schryffen inde seggen dat sy nyet en deden en leyffden als Korsten mynsschen, mer als duvelen inde verwoede Turcken en Heyden*[49].

Les deux chroniques précédentes contiennent un récit très concis de la lutte d'Othée. En revanche, le récit en est très circonstancié dans la *Chronijk van Luyk*, qui concerne le diocèse de Liège depuis le règne du premier évêque de Tongres jusqu'à l'installation d'Érard de La Marck en 1506[50]. À part les récits portant sur les évêques de Maastricht, cette chronique n'est qu'un catalogue des princes successifs jusqu'au règne de Hugues de Chalon (1296-1301). Mais à partir de là, le compilateur aborde en particulier les rapports tendus entre les évêques et leurs sujets liégeois. Pour la suite, il se réfère à la *Chronycken van Brabant*[51], à identifier avec *Die alder excellenste Chronyk van Brabant*. L'histoire du règne de Jean de Bavière (1390-1418) est presque dans sa totalité consacrée au siège de Maastricht. D'emblée, l'auteur parle d'un ton ferme : Jean fut *een seer edel jonckheer gecozen, daer die Ludickers nu weleens seer qualiken met te vreden waren*. Les Liégeois s'emportèrent contre les électeurs et commençèrent de nouveau *te rasen ende te dullen alsoo dy dicke wyle gewoen syn, Godt betert, ende joegen ende verdreven desen jongen elect ewech uuyt Ludicke*. En se réfugiant à Maastricht, Jean de Bavière fut comme d'habitude accueilli *met grooter eeren*, ce que mit les Liégeois de nouveau en colère : *Des welliken nu die wonderlyke Ludekers nu seer gram ende tornich worden ende seer grooten haet oft ny hadden op die goede stat ende eerbaer burgeren van Tricht, dat sy alle tyt die veriaechde bisschoppen en innamen*. Pour cette raison, ils arrivèrent *metten dollen hooffdde* et assiégèrent la ville. Ils entrèrent en contact avec Henri de Perwez et son fils dont *die giericheyt ende die hoverdie van dese twee* [...] *verwan die wysheyt*. Suivent deux sièges, interrompus par un hiver tellement froid que l'on n'en n'avait jamais vu de pareil. En percevant la misère des ruraux, Jean de Bavière s'adresse à ses amis et demande l'aide du duc de Brabant. Les combattants se rencontrent près de Tongres, à la hauteur du village *Elch aen der Tommen*, mais, contre l'avis du seigneur de Perwez et de son fils, *die dolle Ludickers* se mettent en campagne le dimanche, la journée suivant la Saint-Maurice. Plus de *xl dusent* personnes tombent, dont les seigneurs de Perwez, qui furent *zeer beclaecht ende beweent* par Jean de Bavière. En compagnie du duc de Brabant, l'élu partit ensuite pour Liège où il fut installé de nouveau comme prince légitime. Plus tard, il renonça à son siège, étant un *seer wys cloecke man van grooten verstande* et en se souvenant *der Luker boese natuer*.

Bien que l'influence de la *Alder excellenste cronycke* est manifeste, on peut constater que l'auteur a donné un contenu tout à fait personnel au conflit. Dans sa version, Jean de Bourgogne et Guillaume de Bavière ont quitté la scène politique. Et le conflit est ramené après 100 ans à un conflit entre les princes de Brabant et de Liège, d'une part, les Liégeois, d'autre part. Comme ses collègues cités plus haut, le chroniqueur s'attarde sur les conséquences de la violence politique pour les sujets et les personnes les moins favorisées dans la société. Il se montre bien informé sur les événements ayant eu lieu à Maastricht et dans les localités des alentours[52]. En raison des points communs avec

49 *Ibid.*, p. 28.

50 Averbode, Abdijarchief, IV, n° 14, éd. S. Vanderputten, Het turbulente verleden van de Luikse prinsbisschoppen door de ogen van een inwoner van het oude graafschap Loon. De Chronijck van Luyk, toegeschreven aan Petrus Treckpoel (1442-*circa* 1508), dans *Bulletin de la Commission royale d'Histoire*, t. 174, 2008, p. 5-88.

51 *Ibid.*, p. 33, 35.

52 *Ibid.*, p. 13.

l'œuvre de Pierre Treckpoel, on suppose que l'auteur était quelqu'un de son cercle, probablement du couvent franciscain de Lichtenberg, près de Maastricht[53].

4. Conclusion

L'analyse des chroniques montre que l'histoire de la bataille d'Othée est toujours importante 100 ans après l'événement. Certes, il s'agit quelquefois d'à peine plus qu'une simple indication de date, de lieu, des parties en présence et du résultat du combat, mais, dans ce cas, la notice appartient à un ensemble plus vaste qui offre une vision des relations réciproques des parties en cause. Bien qu'il y ait parfois peu d'indices concrets, la perspective historique du récit nous informe sur le milieu dans lequel l'œuvre a été élaborée comme le font aussi les sources utilisées et la provenance du manuscrit. Cela fournit un bel exemple des points de vue différents à partir desquels les événements furent racontés. On peut alors distinguer des versions figurant dans le contexte hollandais, dans celui de l'évêché d'Utrecht, du duché de Brabant ou de la région de Maastricht.

L'histoire a reçu un accueil favorable dans différents milieux. Avec la fuite des jours se révèlent des glissements subtils. Au début, la lutte est racontée du point de vue de la cour, puis, petit à petit, la perspective se déplace vers le milieu urbain et le milieu rural et porte attention aux sujets qui souffrent de la violence de la guerre, présentée par un chroniqueur qui est sensible aux conséquences du jeu de pouvoir des seigneurs. Il est parfois possible ainsi d'indiquer approximativement qui parle.

L'analyse de la tradition des récits de la bataille d'Othée montre bien l'interdépendance des textes, par laquelle on peut mettre en lumière toutes sortes de liens transversaux. Maints textes connaissent une histoire complexe, qui est difficile à reconstruire puisqu'on ne sait pas quelles sources le chroniqueur a eu sous les yeux, sauf dans le cas où il y renvoie explicitement. Parfois, il est possible de constater qu'un texte fait partie d'une tradition bien définie : dans notre cas, la tournure de la localisation et de la datation révèle une tradition hollandaise, utrechtoise ou brabançonne. On peut ajouter qu'une restriction aux frontières régionales du Moyen Âge ou aux frontières nationales d'aujourd'hui ne peut pas rendre compte de la culture historique de l'époque. Ainsi, au temps de Philippe le Bon, les échanges culturels transcendaient les frontières régionales. C'est ainsi qu'Edmond de Dynter († 1449), secrétaire du duc, qui possédait un manuscrit de la *Hollantsche cronike*, rédigea de sa propre main quatre chroniques en latin[54].

L'analyse des différentes versions montre de surcroît que le rapport avec le passé révèle également des éléments sur le présent de l'auteur et son époque, autrement dit le chroniqueur considère les événements dans une perspective contemporaine. Dans les sources narratives du XVe siècle, la bataille d'Othée va fonctionner comme un miroir de la relation tendue entre le prince et ses sujets à la suite de l'influence croissante des Bourguignons, puis des Habsbourg. En fin de compte, la manière dont l'histoire prend forme, rend claire la façon dont on considère son époque. Cela prouve l'intérêt des textes littéraires pour l'histoire du politique et du social, même s'il agit de textes apparemment sans brio. Replacés dans leur contexte politique et culturel, ils ont encore maintes choses à apporter à notre connaissance du passé.

---

53 *Ibid.*, p. 22.

54 Verbij-Schillings, *Beeldvorming*, Annexe II, ms. B, p. 294.

ANNEXE[55]

Die stat van Tryecht es tfundament / La ville de Maastricht est le fondement
Van onsen gelove der heiliger kerken / de notre foi de la sainte Église.
Tgesicht van Ludic was worden blent / La face de Liège devint aveugle,
Dat mocht men in den lande wael merken / Ce qu'on put bien remarquer dans le pays.
Ritter, knapen, leyen, clerken / Les chevaliers, les écuyers, les laïcs, les clercs,
Mogen hon wael dancken sere / Doivent être bien remerciés,
Want men sach sy niet gewerken / Puisqu'on ne les voyait paraître
Dan met honnen gerechten here / Qu'avec leur seigneur légitime,

Den edelen palsgreve by Rine / Le noble comte palatin du Rhin,
Elect van Ludic ende greve van Loen / Élu de Liège et comte de Looz,
Dat den verdreven die cokine / Que les scélérats ont chassé,
Dat clagen wy Gode al van den troen / Nous nous en plaignons auprès de Dieu sur son trône.
Want gudertiren ende scoen / Puisque pour miséricordieux
Hebben wyen bevonden ye ende ye / Nous l'avons toujours tenu.
Syn lant gaff hoem zo cleinen toen / Son pays lui offrit bien peu de refuge
Dat dede honne valssche muterie / À cause de leur rébellion déloyale.

Die van Ludic ende honne lande / Ceux de Liège et leur pays
Beseten Tryecht met honnen heren / Ont assiégé Maastricht avec leur armée.
Hon brug, hon cat bleiff dar te pande / Mais leurs engins de guerre restèrent sur place,
Sy moesten scentlich heiwart keren / Ils durent honteusement battre en retraite.
Dar tu sach men die sollige *h/leren / On vit ces seigneurs
Comen vor die stat van Tryecht / Venir devant la ville de Maastricht
Den huisman woenden sy ververen / Ils voulaient épouvanter les paysans
Des bleiff dar mennich ongebiecht / Et là, maint tombait sans confession.

Sy hebben dit beseet vernomen / Ils ont appris ce siège,
Twe edel vorsten van hoger art / Deux princes nobles de grand nom
Ende syn met macht vor Tongeren comen / Et ils sont venu en force devant Tongres
Ende hebben lyff noch guet gespart / Et n'ont épargné ni corps ni biens
Tot dat honne bruder gewroken wart / Jusqu'à ce que leur frère fût vengé.
Soe wael ny sach nyman des gelike / Personne n'a jamais vu une chose pareille,
Met mennigen groten slegen hart / De grands et violents coups furent frappés.
Des danck hon Got van himelrike / De cela Dieu du royaume céleste leur rend grâce

Ende allen anderen die te derre tyt / Et tous les autres à ce moment

---

55 Le texte est repris de l'édition, dont a été éliminée la ponctuation ajoutée par l'éditeur : *Het beleg van Maastricht*, p. 149. Le manuscrit ne peut être consulté puisqu'il figure parmi les documents non répertoriés des Archives de la seigneurie d'Eys, depuis la réorganisation des Archives régionales du Limbourg en 1978.

Hadden wille hon tu te ryen / Avaient l'intention de se joindre à eux
Want sy hadden groten vlyt / Puisqu'ils avaient grand zèle
Met onsen rechten heren to stryen / De combattre avec notre seigneur légitime.
Nu bidden wy Gode, der maget Marien / Nous prions Dieu et la Vierge Marie,
Vor hon ende die dair bleven doet / Pour eux et pour ceux qui tombèrent là,
Soe voer so na te onser syen / Aussi bien avant que plus tard, de notre côté,
Got troes die selen ut ire noet / Que Dieu console les âmes en leur détresse.

Fig. 1. *Les Liegeois jetés du pont sur la Meuse à Maastricht*, C. Thysen, *Limburg in 't geweer*, Alden Biesen, s. d. © J. Verbij-Schillings.

Fig. 2. Gravure tirée de l'*Historie van Godevaert van Boloen*, imprimée en 1486, dans *Johan Huyssen van Kattendijke-kroniek*, éd. A. Janse e.a. © J. Verbij-Schillings.

Charles le Hardi a-t-il inventé la révolution militaire ?

Les réformes des armées bourguignonnes de 1467 à 1477

Quentin Verreycken
Aspirant F.R.S.-FNRS – Université catholique de Louvain (CHDJ) et Université Saint-Louis – Bruxelles (CRHiDI)

« Que l'essai qu'on va lire ait trouvé place dans le présent volume n'est pas le fait du hasard. Il ne s'agit pas d'un "fond de tiroir" exhumé à l'occasion de l'hommage collectif rendu à un maître et collègue accédant à l'éméritat. Ces lignes ont été conçues et rédigées pour la circonstance[1]. » Ainsi, voici près de trente ans, Jean-Marie Cauchies débutait-il un article rédigé en l'honneur de Jacques Paquet. Ces mots, nous les reprenons aujourd'hui pour introduire l'essai par lequel nous espérons rendre hommage à celui qui demeure pour nous un maître. Non, le présent texte n'est ni le fruit du hasard, ni le résultat d'une fouille de quelque fond de tiroir. Il est la synthèse d'une réflexion dont Jean-Marie Cauchies a été l'un des initiateurs.

Parmi ses nombreux travaux, Jean-Marie Cauchies a en effet largement contribué à porter un regard neuf sur un individu souvent décrié par l'historiographie : Charles le Hardi, duc de Bourgogne, plus connu sous le sobriquet de « Téméraire[2] ». Au cours des dix années de son règne (1467-1477), ce prince ambitieux tenta de se faire l'architecte d'un État bourguignon centralisé, au travers d'une série de réformes de ses principales institutions financières, judiciaires et militaires[3]. La mort inopinée du duc le 5 janvier 1477 à la bataille de Nancy, face aux armées de René II de Lorraine (composées en grande partie de mercenaires suisses), mit cependant un frein aux projets du Hardi : sous la pression des États, la nouvelle duchesse, Marie, dut accorder un Grand Privilège qui abolit une partie des réformes de son père. Pourtant, malgré les mauvaises performances des armées bourguignonnes sur le terrain, leurs structures, telles que mises en place par Charles le Hardi dans sa législation, furent en partie conservées par ses successeurs, et sont encore considérées des siècles plus tard comme un modèle d'organisation[4]. En émettant l'hypothèse qu'elles participent d'une première phase de modernisation du champ de bataille que d'aucuns nomment la « révolution militaire », l'objectif de la présente contribution sera d'analyser les réformes introduites dans les armées bourguignonnes entre 1467 et 1477, sur base principalement de la législation militaire produite par le duc. Fidèle à la structure chère à Jean-Marie Cauchies, notre analyse sera divisée en trois parties.

---

1 J.-M. Cauchies, Libertés et liberté. Des franchises médiévales aux idéologies contemporaines, dans *La critique historique à l'épreuve. Liber discipulorum Jacques Paquet,* éd. G. Braive, J.-M. Cauchies, Bruxelles, 1989, p. 149.

2 Id., *Louis XI et Charles le Hardi. De Péronne à Nancy (1468-1477) : le conflit*, Bruxelles, 1996.

3 B. Schnerb, *L'État, bourguignon, 1363-1477*, Paris, 1999, p. 228-275 ; R. Vaughan, *Charles the Bold. The Last Valois Duke of Burgundy*, Londres, 1973, p. 156-229.

4 Par exemple F. Lot, *L'art militaire et les armées au Moyen Âge, en Europe et dans le Proche-Orient*, t. 2, Paris, 1946, p. 116.

Pour la singuliere affection qu'avons a luy. *Études bourguignonnes offertes à Jean-Marie Cauchies*, sous la direction de Paul Delsalle, Gilles Docquier, Alain Marchandisse et Bertrand Schnerb, Turnhout, 2017 (*Burgundica* 24), p. 515-522.

DOI 10.1484/M.BURG-EB.5.113943

1. Instituer : la création des compagnies d'ordonnance

Pour rappel, la révolution militaire désigne le « processus par lequel de petits osts féodaux, décentralisés et auto-équipés, furent remplacés par des armées de plus en plus grandes, financées et équipées par le pouvoir central, dotées d'un armement de plus en plus sophistiqué[5] ». De façon concrète, la plupart des historiens s'accordent à considérer que la révolution militaire prend place au début de la période moderne et se caractérise par le remplacement de la cavalerie lourde par l'infanterie, l'accroissement de la taille des armées et le développement des armes à feu et de l'artillerie. Les changements dans les façons de faire la guerre eurent pour résultat un renforcement considérable de l'autorité de l'État, la création d'une véritable discipline militaire, le « drill », et la bureaucratisation des institutions de l'État, nécessaire à l'entretien et au contrôle des troupes[6].

Du fait de sa passion pour les choses de la guerre, Charles fut tout au long de son règne très impliqué dans les affaires militaires. De 1468 à 1476, il promulgua six règlements organisant, parfois jusque dans les moindres détails, la structure, la logistique et la discipline de ses armées. Le premier, rédigé en 1468 à l'occasion d'un conflit contre la principauté rebelle de Liège, prend la forme d'une instruction adressée au maréchal de Bourgogne[7]. Le texte reste cependant limité dans son envergure, puisqu'il prévoit essentiellement de lever des troupes dans les duché et comté, et prescrit plusieurs mesures dans ce sens. Trois ans plus tard, au terme d'une nouvelle guerre contre le roi de France (1470-1471), Charles entrevit la nécessité de changer en profondeur la structure de ses armées. Celles-ci étaient jusqu'alors composées de contingents de troupes recrutées ponctuellement sur base du service de fief dans toutes les principautés bourguignonnes[8]. Aussi le duc décida-t-il, à côté de ces osts provisoires, de mettre en place des troupes permanentes, recrutées sur base du volontariat : les « compagnies d'ordonnance », inspirées de celles fondées par Charles VII en 1445, mais également des *lanze spezzate* vénitiennes[9]. Deux règlements militaires, les ordonnances d'Abbeville de juillet 1471, en établirent la composition et la chaîne de commandement[10] : 1250 « lances » de neufs combattants (un homme d'armes et son page, un coutilier, trois archers ou arbalétriers, à cheval, ainsi qu'un piquenaire, un arbalétrier et un couleuvrinier, tous piétons) étaient réparties dans douze compagnies, chacune placée sous le commandement d'un « conducteur ». Au terme d'une guerre menée contre la France de juin à novembre 1472, Charles promulgua le 13 novembre une nouvelle ordonnance à Bohain, qui prolongeait celles de 1471 par différentes dispositions logistiques[11]. Visiblement toujours insatisfait, le duc décida, par l'ordonnance achevée en novembre 1473 à l'abbaye de Saint-Maximin (Trèves), de revoir l'organisation de ses compagnies : ces dernières furent désormais divisées en quatre escadres, commandées

5 B. M. Downing, *The Military Revolution and Political Change. Origins of Democracy and Autocracy in Early Modern Europe*, Princeton, 1992, p. 10.

6 Pour une synthèse récente, voir L. Henninger, La « révolution militaire ». Quelques éléments historiographiques, dans *Mots. Les Langages du Politique*, t. 73, 2003, p. 87-94.

7 *Mémoires pour servir à l'histoire de France et de Bourgogne, contenant un journal de Paris sous les règnes de Charles VI et de Charles VII*, t. 2, Paris, 1729, p. 283-285.

8 C. Brusten, *L'armée bourguignonne de 1465 à 1468*, Bruxelles, 1953.

9 Id., Les compagnies d'ordonnance dans l'armée bourguignonne, dans *Grandson 1476. Essai d'approche pluridisciplinaire d'une action militaire du XV*e *siècle*, Lausanne, 1976, p. 112-169 ; R. J. Walsh, *Charles the Bold and Italy (1467-1477). Politics and Personnel*, Liverpool, 2005, p. 379-405.

10 *Mémoires pour servir à l'histoire de France et de Bourgogne*, p. 286-294.

11 L. Gollut, *Les mémoires historiques de la république séquanoise et des princes de la Franche-Comté de Bourgougne*, éd. C. Duvernoy, E. Bousson de Mairet, Arbois, 1846, col. 1246-1257.

par un chef d'escadre et scindées en quatre chambres de six lances, chaque chambre étant à son tour dirigée par un chef de chambre[12]. Sans doute faut-il y voir, à l'instar de l'indiciaire Jean Molinet, une influence de l'organisation des mercenaires italiens que Charles commença à recruter à partir de l'automne 1472[13]. Après une cuisante défaite à la bataille de Grandson (3 mars 1476), la guerre menée par Charles contre la Confédération suisse mit le duc en mauvaise posture. Retranché de mars à mai 1476 devant Lausanne pour reconstituer ses armées, le duc promulgua un dernier règlement où il revit encore l'ordre de marche et de bataille de ses compagnies, mais surtout introduisit une série d'articles renforçant considérablement la discipline militaire en généralisant la peine de mort à quasiment toutes les infractions commises à l'armée[14]. Mais ces dernières modifications n'empêchèrent pas de nouveaux échecs qui se conclurent par la débâcle des armées bourguignonnes et la mort de Charles le Hardi à Nancy.

Bien que leur nombre ait varié en fonction de la situation militaire du duc, on peut estimer que les effectifs des armées bourguignonnes (incluant les compagnies d'ordonnance et le service des fieffés) pouvaient s'élever à plus de 30 000 combattants[15]. Celles-ci se caractérisaient en outre par la qualité de leur organisation et le développement d'une artillerie performante[16]. L'engagement massif, à partir de 1472-1473, de mercenaires italiens et anglais, est une autre de leurs particularités, mais qui s'avéra un choix malheureux : non seulement la présence de soldats étrangers fut source de désordres dans les armées, mais la trahison du *condottiere* Nicola Pietravalle di Monforte, comte de Campo Basso, deux jours avant la bataille de Nancy, fut également un élément décisif de la défaite de Charles le Hardi le 5 janvier 1477[17]. On pourrait par ailleurs arguer que l'engagement de mercenaires était contraire au processus de révolution militaire, qui devait voir émerger à l'époque moderne de véritables armées nationales, seules détentrices du monopole de la violence légitime. Ce serait considérer ce processus comme uniforme et rectiligne. Les armées bourguignonnes, à l'instar de n'importe quelle autre force militaire de la fin du Moyen Âge, n'étaient pas l'expression d'un État unifié : elles étaient constituées d'hommes issus de différentes principautés, ne partageant ni la même identité ni la même langue[18]. Et l'emploi de mercenaires n'allait pas à l'encontre de l'autorité de l'État, puisque ce dernier obtenait ainsi l'accès à des ressources et à des structures qu'il n'aurait pu acquérir autrement[19]. Enfin, la volonté de Charles de

---

12 H. L. G. Guillaume, *Histoire de l'organisation militaire sous les ducs de Bourgogne*, Bruxelles, 1848, p. 191-202.

13 Jean Molinet, *Chroniques*, éd. G. Doutrepont, O. Jodogne, t. 1, Bruxelles, 1935, p. 95.

14 J. de La Chauvelays, Les armées des trois premiers ducs de Bourgogne de la Maison de Valois, dans *Mémoires de l'Académie des Sciences, Arts et Belles-Lettres de Dijon*, 3e sér., t. 6, 1880, p. 314-333.

15 Schnerb, *L'État bourguignon*, p. 273 ; Id., Le recrutement social et géographique des armées des ducs de Bourgogne (1340-1477), dans *Guerre, pouvoir, principauté*, éd. J.-M. Cauchies, *Cahiers du C.R.Hi.D.I.*, t. 18, 2002, p. 53-67.

16 M. Depreter, *De Gavre à Nancy (1453-1477) : l'artillerie bourguignonne sur la voie de la « modernité »*, Turnhout, 2011.

17 L.-É. Roulet, Présence et engagement des combattants anglais à Grandson et à Morat, dans *L'Angleterre et les pays bourguignons : relations et comparaisons (xve–xvie s.)*, éd. J.-M. Cauchies, *Publication du Centre européen d'Études bourguignonnes*, t. 35, 1995, p. 107-122 ; B. Schnerb, Troylo da Rossano et les Italiens au service de Charles le Téméraire, dans *Francia*, t. 26, 1999, p. 103-128 ; Walsh, *Charles the Bold and Italy*, p. 369-378.

18 P. Contamine, L'armée de Charles le Téméraire : expression d'un État en devenir ou instrument d'un conquérant ?, dans *Aux armes, citoyens ! Conscription et armée de métier des Grecs à nos jours*, éd. M. Vaïsse, Paris, 1998, p. 73-74.

19 D. Parrot, *The Business of War. Military Enterprise and Military Revolution in Early Modern Europe*, Cambridge, 2012, p. 320.

s'inspirer de l'organisation militaire italienne démontre que le duc ne voyait pas en ces mercenaires qu'une force à mobiliser, mais également un véritable modèle à imiter.

2. Règlementer : ordre et justice dans les armées bourguignonnes

Analysant les ordonnances organisant l'hôtel ducal, Werner Paravicini a souligné à quel point les notions d'*ordre*, *règle* et *justice* étaient au cœur des principes de gouvernement de Charles le Hardi[20]. Le préambule de l'ordonnance de Saint-Maximin confirme cette vision : le duc y affirme que ses armées « à l'exemple de toutes autres sociétés humaines, ne peuvent être permanentes en obéissance, union et vertueuse opération, sans loy[21] ». À ce titre, la législation militaire de Charles se montre très détaillée sur le plan disciplinaire : des infractions telles que la désertion, le pillage ou encore le sacrilège et le blasphème y font l'objet d'articles répétés, prévoyant généralement des peines adaptées[22] :

Tabl. 1. Infractions pénalisées par la lettre au maréchal de Bourgogne, 1468

Infractions*	**Peine**
Pillage	Peine de mort
Rançonnement	Peine de mort
Violences et mutilations	Peine de mort
Viol	Peine de mort
* infractions commises en pays de Bourgogne uniquement	

Tabl. 2. Infractions pénalisées par les ordonnances d'Abbeville, 1471

Infractions	**Peine**
Quitter sa compagnie sans autorisation de marche en pays ami	Perte des gages de la journée et nom rayé des montres
Quitter sa compagnie sans autorisation de marche en pays ennemi	Punition à l'arbitraire du conducteur ou du capitaine

20 W. Paravicini, Ordre et règle. Charles le Téméraire en ses ordonnances de l'hôtel, dans *Comptes-rendus des Séances de l'Académie des Inscriptions et Belles-Lettres*, t. 143, 1999, p. 324-325.

21 Guillaume, *Histoire de l'organisation militaire*, p. 191.

22 B. Schnerb, Un thème de recherche : l'exercice de la justice dans les armées des ducs de Bourgogne (fin xive-fin xve s.), dans *La justice dans les États bourguignons et les régions voisines aux xive-xvie siècles : institutions, procédure, mentalités*, éd. J.-M. Cauchies, *Publication du Centre européen d'Études bourguignonnes*, t. 30, 1990, p. 105-106.

Tabl. 3. Infractions pénalisées par les ordonnances de Bohain et Saint-Maximin, 1472-1473

Infractions	**Peine**
Quitter la formation de marche sans autorisation pour piller ou fourrager en pays ami	Perte de quatre jours de gage
Quitter la formation de marche sans autorisation pour piller ou fourrager en pays ennemi	Suspension des gages et confiscation du cheval et de l'équipement
Quitter la formation de marche sans autorisation pour piller ou fourrager en présence de l'ennemi	Peine de mort
S'absenter des armées sans avoir obtenu un congé	Punition « criminelle, corporelle ou autre » à l'arbitraire du conducteur
Blasphème, vilains serments et jeux de hasard*	Punition à l'arbitraire du conducteur ou chef d'escadre
* infractions introduites dans l'ordonnance de 1473	

Tabl. 4. Infractions pénalisées par l'ordonnance de Lausanne, 1476

Infractions	**Peine**
Quitter le camp sans autorisation	Peine de mort
Quitter les rangs lorsque l'armée est rangée en bataille	Peine de mort
Pillage ou vol en pays ami	Peine de mort
Viol de femme ou de sanctuaire	Peine de mort
Blasphème	Exposition publique pendant un jour et une nuit ; punition à l'arbitraire du duc en cas de récidive

Prince rigoureux, prompt à châtier les places fortes qui lui résistaient tout en gardant le souci de respecter le droit de la guerre, le duc de Bourgogne fit de son exercice de la justice un instrument de propagande, en ce compris au sein de ses armées[23]. Mais le duc n'était pas le seul à exercer la justice sur ses soldats. Les conducteurs disposaient également d'un pouvoir coercitif, comme l'attestent des articles de la législation qui prévoyaient des peines *à la volonté du condutier*. L'ordonnance de Bohain de novembre 1472 renforça en outre la juridiction des autorités militaires, puisqu'en l'absence du

23 M. Depreter, *Moult cruaultéz et inhumanitéz y furent faictes*. Stratégie, justice et propagande de guerre sous Charles de Bourgogne (1465-1477), dans *Le pouvoir par les armes, le pouvoir par les idées*, éd. J. Dumont, C. Masson, *Le Moyen Âge*, t. 121, 2015, p. 41-69 ; Q. Verreycken, Pour nous servir en l'armée. *Le gouvernement et le pardon des gens de guerre sous Charles le Téméraire, duc de Bourgogne (1467-1477)*, Louvain-la-Neuve, 2014.

duc, conducteurs et dizainiers étaient compétents pour juger leurs subalternes. En revanche, lorsque le duc était présent, ils devaient livrer les combattants infracteurs à son prévôt des maréchaux. Cet officier militaire, apparu dans les armées bourguignonnes vers 1420, était compétent pour juger toute infraction commise à l'armée. En temps de paix, il était un juge itinérant chargé de poursuivre les criminels fugitifs dans tous les états bourguignons. Seule limite à sa juridiction : les membres de l'hôtel ducal, qui répondaient aux maîtres de l'hôtel, ainsi que le personnel de l'artillerie, qui relevait du prévôt du maître de l'artillerie[24]. Enfin, à côté de ces juridictions militaires, les justices locales furent également compétentes dès 1471 pour juger les soldats qui logeaient dans les villes voire, à partir de 1472, en l'absence de conducteur ou dizainier, ceux qui se trouvaient en garnison.

Quel fut l'effet de ces différentes dispositions ? À lire la législation de 1472, conducteurs et dizainiers se montraient *mols et lasches à faire les pugnitions* qui étaient prescrites[25]. La répétition d'un texte à l'autre de certaines interdictions laisse entendre le peu d'efficacité de la répression. Ainsi, la criminalisation de la désertion est un cas particulièrement intéressant à observer tant ce crime retint l'attention du duc de Bourgogne, au point d'être assimilé durant les derniers mois du règne du Hardi à un crime de lèse-majesté[26]. Pourtant, en dépit d'une législation de plus en plus sévère, les moyens mobilisés par le duc pour lutter contre la criminalité dans ses armées ne furent pas uniquement répressifs : un usage spécifique du pardon est une autre caractéristique de la politique judiciaire menée par Charles à l'égard de ses soldats[27]. En effet, sur près de 300 copies de lettres de rémission délivrées par le duc de juin 1467 à décembre 1476, 8 % furent adressées à des gens de guerre ayant commis un crime alors qu'ils se trouvaient à l'armée. Plus de la moitié d'entre elles furent octroyées de juillet 1474 à septembre 1475, soit durant une période correspondant grosso modo au moment où le duc mène en personne le célèbre siège de la ville de Neuss. Du fait de la proximité géographique entre le prince et ses soldats, la moitié de ces lettres fut en outre délivrée en un temps record allant de quelques semaines à six mois, alors que d'ordinaire il fallait environ une année pour obtenir un pardon. En outre, on pourrait s'attendre à ce que ces rémissions concernent des crimes de guerre tels que le pillage ou la maltraitance de la population. Or il n'en est rien : toutes concernent des cas d'homicide commis en état de légitime défense ou sous le coup de la colère, soit exactement les mêmes types de crimes que pour la très large majorité des rémissions octroyées à des non-combattants. En favorisant les individus qui revendiquaient un service de guerre au prince tout en ayant commis des actes certes répréhensibles sans être totalement contraires aux normes morales et sociales de l'époque, sans doute Charles faisait-il ici œuvre de discipline en signifiant quels comportements étaient dignes de pardon.

---

24 B. Schnerb, *« L'honneur de la maréchaussée ». Maréchalat et maréchaux en Bourgogne des origines à la fin du xve siècle*, Turnhout, 2000, p. 155-175.

25 Gollut, *Les mémoires historiques de la république séquanoise*, col. 1254.

26 J.-M. Cauchies, La désertion dans les armées bourguignonnes de 1465 à 1476, dans *Revue belge d'Histoire militaire*, t. 22, 1977, p. 132-148.

27 Verreycken, Pour nous servir en l'armée, p. 203-244.

3. Discipliner : l'invention du soldat moderne

Si les réformes de Charles le Hardi sont l'expression de la volonté ducale de mettre en place un instrument militaire performant, inspiré par les meilleures expériences des États voisins, leur caractère le plus innovant ne se situe pas, selon nous, à ce niveau : de 1468 à 1476, le duc de Bourgogne ne se contenta pas d'instituer des armées permanentes, il tenta également d'instaurer une discipline militaire forte destinée à façonner ses soldats, à en faire de véritables agents de l'État.

Cela fait maintenant plusieurs décennies que l'historiographie s'intéresse au rôle des « agents du pouvoir » dans la construction de l'État moderne. Cependant, à côté des juristes, officiers de justice ou conseillers du prince, peu d'historiens se sont interrogés sur le rôle joué par les gens de guerre. Certains auteurs ont pourtant souligné l'émergence, au début du XVe siècle, d'une théorie politique et militaire qui tend à assimiler le soldat au bras armé de l'État[28]. D'après la législation militaire du Hardi, cette volonté de professionnalisation de l'homme de guerre en tant qu'agent du pouvoir semble commencer à se concrétiser dès 1471, lorsque dans la première ordonnance d'Abbeville, le duc exigea que soient recrutés les *meilleurs et plus experts en fait de guerre que pourrons trouver & choisir en nosdits pays & seignories*. L'ordonnance de Saint-Maximin de novembre 1473 réitéra ces prescriptions, en rajoutant que les nouvelles recrues devaient également être *de bonne part*, c'est-à-dire de bonne réputation. Outre leurs qualités guerrières et morales, les soldats bourguignons devaient aussi être assujettis à l'autorité ducale dès leur engagement : l'ordonnance de Bohain leur imposa en effet de devoir prêter serment de loyauté au duc, à l'instar de ce que devait faire n'importe quel officier[29].

Afin de s'assurer du bon comportement des troupes, la législation militaire ne se limita pas à la criminalisation de la désertion, du pillage ou encore du blasphème. Elle devait également permettre de réduire les facteurs d'émergence des actes d'indiscipline. Ainsi, afin de faire cesser les troubles qu'elle occasionnait, la présence de prostituées dans les armées fut limitée en 1473 à un nombre de trente femmes par compagnie, avant d'être finalement interdite en 1476. Parallèlement, le duc recommanda à ses conducteurs de limiter la consommation d'alcool des combattants. Un dernier aspect de cette entreprise de « disciplinarisation » des gens de guerre, qui mérite ici d'être soulignée, est l'instauration en 1473 d'un entrainement collectif obligatoire pour les soldats. Alors que dans l'Europe médiévale, la préparation des combattants prenait à l'époque la forme d'exercices individuels, l'ordonnance de Saint-Maximin décrit pour la première fois de véritables manœuvres en groupe[30]. La finalité de ces exercices était de mettre *en ordre et discipline* les soldats bourguignons en les soumettant à une certaine éthique de la guerre, car les conducteurs devaient à cette occasion leur apprendre *l'amour et obéissance qu'ils doibvent à avoir envers mondit seigneur et à l'exaltation de sa maison, et aussi leur propre honneur et renommée, qui consiste en ce que mondit seigneur, par le moyen de leur bon service, puisse parvenir au reboutement de ses ennemis*[31].

* * *

28 C. Allmand, Changing Views of the Soldier in Late Medieval France, dans *Guerre et société en France, en Angleterre et en Bourgogne, XIVe-XVe siècle*, éd. P. Contamine, C. Giry-Deloisson, Lille, 1991, p. 171-188.

29 J.-B. Santamaria, Servir le prince et garder la loi de la ville. Les serments des officiers du duc de Bourgogne au sud des Pays-Bas (fin XIVe-milieu XVe siècle), dans *Histoire urbaine*, t. 39, 2014, p. 85-103.

30 H. Nicholson, *Medieval Warfare. Theory and Practice of War in Europe 300-1500*, Houndmills, 2004, p. 113.

31 Guillaume, *Histoire de l'organisation militaire*, p. 200-201.

Au travers de cet ensemble de dispositions visant à sélectionner, assujettir, entraîner et discipliner les soldats bourguignons, la législation militaire de Charles le Hardi témoigne de la volonté du duc à mettre en place un véritable « drill ». Telle est, du moins, la théorie. Car les sources narratives, comptables et judiciaires témoignent d'une réalité contrastée : toujours à court d'hommes, le duc de Bourgogne dut se résigner à recruter des fugitifs et des criminels, et les troubles fréquents relatés par la documentation, particulièrement durant l'année 1476, démontrent l'échec du Hardi à instaurer une discipline militaire sans faille[32].

Des guerres menées par Charles, l'historiographie a surtout retenu la bataille de Nancy du 5 janvier 1477 comme la victoire de troupes de mercenaires et fantassins suisses recrutés par René II face à des armées bourguignonnes constituées avant tout de cavaliers. Cet événement aurait marqué la défaite du modèle militaire médiéval face à celui de la modernité[33]. Ainsi, la révolution militaire se serait faite bien plus contre qu'avec le duc de Bourgogne. C'est oublier, d'une part, le caractère innovant de la législation du Hardi, et d'autre part, le fait qu'en comparaisons, les armées suisses et lorraines, bien que victorieuses, souffraient d'avoir des structures moins développées, voire un certain retard technologique[34]. Selon l'opinion de Jean-Marie Cauchies, la chute de Charles le Hardi n'était pas tant due à un défaut dans les structures qu'il avait mises en place qu'à la combinaison d'un entêtement mal placé, d'erreurs et de choix tactiques malheureux mais circonstanciés, et sans doute aussi d'une certaine dose de malchance. S'il fallait trouver un véritable défaut dans ses réformes, c'est celui de ne pas avoir su mobiliser le soutien de ses sujets ainsi que des moyens financiers sur le long terme, faisant de l'État bourguignon centralisé un colosse aux pieds d'argile qui ne survécut pas à son créateur[35]. Pourtant, la disparition du duc de Bourgogne ne signa pas la fin de cette entreprise : si le Grand Privilège de Marie marqua un certain retour en arrière par rapport aux réformes de son père, ces dernières ne furent pas pour autant perdues, puisqu'elles furent progressivement réinstaurées au cours des décennies suivantes. Ainsi, si Charles le Hardi ne put achever une transformation complète de ses institutions, sans doute fut-il un précurseur et un élément déclencheur des processus qui mèneront à la mise en place d'un État moderne et de la révolution militaire au XVIe siècle.

---

32 Verreycken, Pour nous servir en l'armée, p. 149-182, 219-220.

33 F. Cardini, *La culture de la guerre, Xe-XVIIIe siècle*, Paris, 1992, p. 107-109.

34 P. Contamine, René II et les mercenaires de langue germanique : la guerre contre Robert de La Marck, seigneur de Sedan (1496), dans *Cinq-centième anniversaire de la bataille de Nancy (1477). Actes du Colloque organisé par l'Institut de recherche régionale en sciences sociales, humaines et économiques de l'université de Nancy II (Nancy, 22-24 septembre 1977)*, Nancy, 1978, p. 377-394 ; H. Lepage, *Sur l'organisation et les institutions militaires de la Lorraine*, Paris, 1894 ; R. Sablonnier, État et structures militaires dans la Confédération suisse autour des années 1480, dans *Cinq-centième anniversaire de la bataille de Nancy*, p. 429-447.

35 Cauchies *Louis XI et Charles le Hardi*, p. 137, 158.

Que fait saint Bernard chez saint Servais ? La rivalité franco-bourguignonne dans le manuel d'histoire du jeune Philippe le Beau*

Hanno Wijsman
Ingénieur d'étude à l'Institut de recherche et d'histoire des textes (IRHT-CNRS), Paris

Un manuscrit conservé aujourd'hui à Londres dans le fonds Yates Thompson de la British Library contient la seule version illustrée connue d'une petite chronique habituellement répertoriée sous l'intitulé de *Chronique des rois* ou *Chronique abrégée de Bourgogne*[1]. Ce manuscrit a, depuis longtemps, été mis en rapport avec le jeune prince Philippe le Beau. Les lignes qui suivent, dédiées au biographe de ce « dernier duc de Bourgogne[2] », ont pour but de présenter ce manuscrit dans son ensemble et d'éclairer particulièrement une des onze miniatures qu'il contient.

1. Une petite chronique

Le texte bref que contient ce manuscrit se trouve également dans au moins cinquante manuscrits (datant de la fin du XVe aux XVIe et XVIIe siècles) et a pour origine la cour de Bourgogne[3]. Sa lecture, même rapide, révèle tout de suite son objectif : rappeler et glorifier l'histoire de la dynastie et des territoires de Bourgogne, depuis l'ancien royaume des Burgondes jusqu'à la Bourgogne des ducs Valois du XVe siècle.

Pour ce faire, le texte présente, d'une part, une continuité dynastique depuis Trophime (légendaire premier roi qui aurait été converti par sainte Marie-Madeleine elle-même) jusqu'à Philippe le Bon, Charles le Hardi et Marie de Bourgogne, et liste, d'autre part, une longue série de noms de saints « bourguignons » qui seraient tous intimement liés à cette dynastie. Voulant démontrer l'indépendance naturelle de la Bourgogne et sa primauté par rapport à la France, le récit est ouvertement anti-français ; ainsi les liens avec les rois de France, même ceux des ducs de Bourgogne de la

---

* Je remercie chaleureusement Aart Mekking et Jeroen Westerman pour la discussion fructueuse que nous avons eue à propos de versions préliminaires de cet article et pour leurs suggestions. Je remercie également Arnaud Baudin, Jérémy Delmulle, Thomas Falmagne, Joanna Frońska, Scot McKendrick, Graeme Small et Dominique Stutzmann pour leur aide précieuse, et Madeleine Weill pour sa relecture.

1 Londres, British Library (= BL), ms. Yates Thompson 32. Une version numérisée est consultable sur l'URL : http://www.bl.uk/manuscripts/FullDisplay.aspx?index=505&ref=Yates_Thompson_MS_32. Sur ce manuscrit, voir en dernier lieu le volume commentaire du fac-simile : J. Frońska, G. Small, H. Wijsman, *Die Flämische Bilderchronik Philipps des Schönen / The Flemish Chronicle of Philip the Fair / La Chronique flamande de Philippe le Beau (Les Chroniques abrégées des anciens rois et ducs de Bourgogne ; London, The British Library, Yates Thompson 32)*, Lucerne, 2015.

2 J.-M. Cauchies, *Philippe le Beau, le dernier duc de Bourgogne*, Turnhout, 2003.

3 Pour une interprétation du contenu et une liste des manuscrits, voir G. Small, Of Burgundian Dukes, Counts, Saints and Kings (14 C.E.-c. 1500), dans *The Ideology of Burgundy. The Promotion of National Consciousness 1364-1565*, éd. D'A. J. D. Boulton, J. R. Veenstra, Leyde-Boston, 2006, p. 151-194.

Pour la singuliere affection qu'avons a luy. *Études bourguignonnes offertes à Jean-Marie Cauchies*, sous la direction de Paul Delsalle, Gilles Docquier, Alain Marchandisse et Bertrand Schnerb, Turnhout, 2017 (*Burgundica* 24), p. 523-536.

DOI 10.1484/M.BURG-EB.5.113944

Fig. 1. Londres, British Library, ms. Yates Thompson 32, fol. 9v (Bruges, *ca* 1485-1486). (version en couleurs p. 570)

Maison de Valois, sont passés sous silence. Cette chronique est également un libelle pour faire revivre la Lotharingie, l'ancien royaume de Bourgogne, l'Empire médian entre le Saint-Empire et le royaume de France.

Graeme Small a montré trois phases dans la genèse du texte de cette chronique. D'abord un certain Hugues de Tolins a mené des recherches pour Philippe le Bon en 1460-1461, afin de créer une chronique du duché de Bourgogne. En effet, ce duc tenait à rassembler des chroniques de tous les territoires réunis sous son autorité. Ce projet semble n'avoir jamais abouti car aucun manuscrit d'une telle chronique ne nous est parvenu et il n'existe aucune trace qu'un tel texte ait circulé. Mais on peut supposer que Tolins a dû produire un brouillon ou un texte partiel, car, ensuite, un abrégé en fut tiré vers 1473 sous Charles le Hardi : la *Chronique des rois*. Ce texte plus bref est attribué à un certain Philippe Martin, qui avait été chambellan de Philippe le Bon et son gruyer dans le comté de Bourgogne et qui était le frère de Jean II Martin, attesté, lui, comme mécène d'Hugues de Tolins[4]. Enfin, ce texte abrégé eut une large diffusion entre 1477 et 1520 environ. Des dizaines de manuscrits sont connus, ainsi que cinq éditions sorties des presses entre 1500 et 1543.

2. Date et destination du manuscrit

Le manuscrit Yates Thompson 32 ne porte pas d'indication de date, mais il est possible de le situer assez précisément. Tout d'abord le texte nous fournit un *terminus post quem* en mentionnant la mort de Marie de Bourgogne, survenue le 27 mars 1482. Son époux, Maximilien d'Autriche, est appelé duc d'Autriche et non pas roi des Romains, ce qu'il devint le 9 avril 1486. Le manuscrit a donc été écrit entre 1482 et 1486.

Les onze miniatures, que Paul Durrieu a attribuées à une main qu'il a appelée le Maître aux têtes triviales, nous donnent d'autres informations[5]. On peut, aujourd'hui, attribuer 63 miniatures dans huit manuscrits à cet artiste qui fut actif à Bruges dans le sillage du Maître d'Édouard IV[6]. Or, on retrouve les même compositions de certaines de ces miniatures également dans un autre manuscrit contenant la *Guerre des juifs* de Flavius Josèphe, conservé à la Bibliothèque de l'Arsenal à Paris. Ce Flavius Josèphe a été commencé pour Wolfart de Borselen (*ca* 1430-1486) et achevé pour son gendre Philippe de Bourgogne (1464-1498), seigneur de Beveren. Il peut donc être daté de façon assez précise vers 1485-1486. Comme les miniatures du manuscrit Yates Thompson 32 sont de taille plus réduite que celles de l'autre manuscrit, il est plus vraisemblable que ces dernières ont servi d'exemple que le contraire[7]. Il semble donc tout à fait probable que notre manuscrit a été enluminé vers 1485-1486.

Un faisceau d'arguments dont le caractère éducatif du manuscrit (une écriture claire, un contenu simple et anecdotique, des illustrations nombreuses et d'une certaine naïveté) indique un lien étroit de notre manuscrit avec le jeune Philippe le Beau. La dernière miniature représente le petit garçon entre ses deux parents. J'ai longtemps cru que ce manuscrit avait pu être conçu pour le jeune prince pendant la période où les villes et nobles flamands le retenaient contre la volonté de son père et voulaient l'éduquer comme un prince flamand, donc entre le 5 janvier 1483 et le 14 juin 1485[8]. Toutefois, la révision de la datation en 1485-1486 suggère plutôt la période suivante,

4 *Ibid.*, p. 167-169. Une coquille malheureuse de G. DOUTREPONT, *Jean Lemaire de Belges et la Renaissance*, Bruxelles, 1934, p. 69-70, a fait que Philippe Martin a souvent été référencé comme Philippe Bartin.

5 P. DURRIEU, *La miniature flamande au temps de la cour de Bourgogne (1415-1530)*, Bruxelles, 1921, p. 30, 60.

6 T. KREN, S. MCKENDRICK, *Illuminating the Renaissance. The Triumph of Flemish Manuscript Painting in Europe*, Los Angeles-Londres, 2003, p. 296, n. 16 ; FROŃSKA, SMALL, WIJSMAN, *La Chronique flamande*, p. 241-243.

7 PARIS, Bibliothèque de l'Arsenal, ms. 5082-5083. Pour le détail de l'argumentation de la datation, voir mon analyse dans *Ibid*, p. 279-280.

8 H. WIJSMAN, Philippe le Beau et les livres : rencontre entre une époque et une personnalité, dans *Books in Transition at the Time of Philip the Fair. Manuscripts and Printed Books in the Late Fifteenth and Early Sixteenth Century Low Countries*, éd. ID., A. KELDERS, S. SPEAKMAN SUTCH, Turnhout, 2010, p. 29.

quand il était à nouveau passé sous l'influence de son père Maximilien et quand Olivier de La Marche, fidèle serviteur de la dynastie, fut installé comme son précepteur. Le texte de la *Chronique des rois* est très anti-français et très pro-Empire, ce qui va dans ce sens. En outre, en 1485-1486, Philippe avait sept à huit ans, âge où les premiers livres étaient habituellement offerts aux personnes de son rang[9].

3. La provenance du manuscrit

Le Yates Thompson 32 est le seul exemplaire de luxe connu de ce texte. Mais il n'est, bien sûr, pas à exclure que d'autres aient existé[10]. Un manuscrit (celui-ci ou un autre similaire) offert à Philippe le Beau aurait logiquement dû rejoindre les collections des ducs de Bourgogne. Toutefois, aucun item dans les inventaires de 1536, 1577-1579 (Viglius), 1614 et 1643 (Sanderus) ne semble correspondre. Par contre, dans l'inventaire de 1731 (Franken), nous trouvons sous le numéro 456 4° *Enseignemens des Princes de Bourgogne*[11]. On peut se demander si ce titre désigne bien le texte de notre manuscrit, mais un item dans les notes de l'archiviste Jean-Baptiste-Achille Godefroy en 1746 le confirme et donne plus de détails :

> « Enseignemens des Princes de Bourgogne
>
> C'est un petit vol. in 4° en velin en vielle relieure ornée de fleurs de lis et du chiffre de la maison de Bourgogne garni de fermoirs d'argent.
>
> Il est alternativement mêlé de planches au nombre de 11 et de feuilles écrites qui contiennent la généalogie des anciens et nouveaux ducs de Bourgogne jusques à la naissance de Philippe le Bel, Archiduc d'Autriche[12]. »

Cette notice de Godefroy, qui fut reprise (sans le citer) par Joseph Barrois[13] dans sa publication sur les livres des ducs de Bourgogne de 1830, semble décrire exactement notre manuscrit : la taille, les onze miniatures, le texte généalogique sur les ducs anciens et nouveaux jusqu'à Philippe le Beau correspondent parfaitement. Toutefois, l'identification se heurte à un problème : on doit supposer que la reliure « ornée de fleurs de lis et du chiffre de la maison de Bourgogne garni de fermoirs d'argent » a été remplacée depuis. D'après l'analyse de Joanna Frońska, ceci semble improbable. La reliure

9 Philippe le Beau avait sept ans et demi quand on lui donna un précepteur. En avril 1441, Antoine Haneron avait été chargé de l'éducation du jeune Charles le Hardi au même âge. En règle générale, les princes et les princesses recevaient leurs premiers livres entre six et sept ans. Voir H. Stein, *Olivier de La Marche, historien, poète et diplomate bourguignon*, Paris-Bruxelles, 1888, p. 90 ; Id., Un diplomate bourguignon du xve siècle : Antoine Haneron, dans *Bibliothèque de l'École des chartes*, t. 98, 1937, p. 286 ; H. Wijsman, *Luxury Bound. Illustrated Manuscript Production and Noble and Princely Book Ownership in the Burgundian Netherlands (1400-1550)*, Turnhout, 2010, p. 160, 178, 194-195, 289.

10 Small, Of Burgundian Dukes, p. 181, n. 108, a déjà suggéré qu'il pouvait exister deux manuscrits très similaires.

11 J. Marchal, *Catalogue des manuscrits de la Bibliothèque royale des ducs de Bourgogne, publié par ordre du ministre de l'intérieur*, Bruxelles, 1842, p. cclxxxix. Je remercie T. Falmagne de m'avoir aidé dans ma recherche dans les divers inventaires entre 1536 et 1746.

12 J. B. A. Godefroy, *Extraits curieux et détaillés des manuscrits étant à la Bibliothèque de Bruxelles dont aucuns ne sont imprimés. Tome premier contenant l'histoire et la théologie*, 1746 : Lille, Bibliothèque municipale, ms. Godefroid 26 (92), fol. 66.

13 J. Barrois, *Bibliothèque protypographique ou librairies des fils du roi Jean : Charles V, Jean de Berri, Philippe de Bourgogne et les siens*, Paris, 1830, p. 317, n° 2241.

actuelle du manuscrit Yates Thompson 32 date du XVIe siècle et ne semble pas avoir été ajoutée par la suite[14].

Le manuscrit décrit en 1746 a dû s'égarer lors de la période révolutionnaire quand la plupart des manuscrits de Bruxelles furent transportés à Paris. Le manuscrit Yates Thompson 32 fut acheté en 1865 par Ambroise Firmin Didot à un vendeur dijonnais qui prétendait que le manuscrit avait été trouvé emmuré dans un placard d'une maison de Dijon, commentaire qui pourrait avoir été inventé pour augmenter l'intérêt du manuscrit[15]. On doit rester dans des hypothèses, mais il semble que nous puissions conclure que le manuscrit Yates Thompson 32 n'est probablement pas le manuscrit offert à Philippe le Beau, mais un exemplaire très ressemblant, ce qui permet de proposer l'hypothèse tout à fait vraisemblable selon laquelle, vers 1485-1486, plusieurs manuscrits illustrés de la *Chronique des rois* auraient été produits pour Philippe le Beau et d'autres jeunes nobles de sa cour[16].

4. Les miniatures du manuscrit

Notre manuscrit est orné de onze miniatures dont les sujets sont les suivants :

- fol. 1v : l'auteur ;
- fol. 2r : saint Maxime baptise Trophime, premier roi de Bourgogne, et sa femme en présence de sainte Marie-Madeleine ; Étienne, deuxième roi de Bourgogne, fait apporter la croix de saint André à Marseille ; le roi Étienne et sa mère sont ressuscités ;
- fol. 3r : Chilpéric, roi de Bourgogne, reçoit les saints Oyant et Luxicine[17] et leur donne une abbaye ;
- fol. 4v : martyre de saint Maurice ; baptême de Clovis sous le regard de sa femme Clotilde de Bourgogne ;
- fol. 5v : bataille d'Étampes (604) où Thierry, roi de Bourgogne, bat Lothaire II de France ;
- fol. 7v : une des batailles victorieuses de Girard de Roussillon contre le roi de France ;
- fol. 9v : saint Bernard comme fondateur spirituel de l'ordre des cisterciens (fig. 1) ;
- fol. 10v : l'Empereur Frédéric et son frère le roi Boson sur un quai[18] ;

14 Frońska, Small, Wijsman, *La Chronique flamande*, p. 273-275.

15 Small, Of Burgundian Dukes, p. 169, a déjà suggéré qu'il pouvait exister deux manuscrits très similaires. Le manuscrit fut acheté en 1878 par Henry Yates Thompson et légué au British Museum en 1941 par sa veuve.

16 Une lettre emblématique dans notre manuscrit qui pourrait se lire comme « K », « TK », « LK », « LZ » ou « TZ » peut donner un indice pour identifier le destinataire de notre manuscrit. Voir Frońska, Small, Wijsman, *La Chronique flamande*, p. 264-265.

17 Sainte Luxicine est un nom transformé et féminisé (par le copiste, puis par le miniaturiste) de ce qui, à l'origine, devait être saint Lupicin de Lauconne (mort en 493).

18 Il doit s'agir de l'empereur Frédéric Barberousse (*ca* 1122-1190), marié à Béatrice de Bourgogne, dont le fils Othon (1170-1200) fut comte de Bourgogne. L'intérêt de cette illustration réside dans

- fol. 13r : Philippe le Bon entouré de sa cour ;
- fol. 14r : Charles le Hardi entouré de sa cour ;
- fol. 15r : Philippe le Beau entre ses parents Maximilien d'Autriche et Marie de Bourgogne.

Le texte de la *Chronique des rois* énumère les rois de Bourgogne depuis le Ier siècle, ainsi que des saints et saintes « bourguignons », tous intimement liés à la dynastie. Parmi ceux-ci figure aussi saint Bernard. Un passage du texte illustré d'une miniature (fig. 1) est, en effet, dédié à saint Bernard :

> *Saint Bernard, chapellain de la Vierge Marie, descendy de la maison des roix de Bourgongne et de par luy sont fondées espirituelement xviii*c [1800] *abbayes de l'ordre de Citeaulz et commença à faire ses fondations l'an mil iiii*xx *xviii* [1098][19].

Nous lisons donc dans ce texte que la fondation de l'ordre des cisterciens en 1098 est attribuée à saint Bernard. Lui accorder la « fondation spirituelle » de l'ordre est une idée habituelle, mais dire que Bernard posa les fondations en 1098 est un raccourci un peu rapide, car il est né vers 1090. En outre, le texte lui attribue une parenté avec la maison des rois de Bourgogne (le Bernard historique est, certes, issu d'une famille noble, mais pas liée par le sang aux ducs de Bourgogne).

La miniature du fol. 9v (fig. 1) mesure 21 sur 15 cm et nous montre saint Bernard à la tête d'une foule d'autres moines en habit cistercien. Le saint abbé est reconnaissable à son nimbe. Dans sa main gauche, il tient la crosse d'abbé et, de la main droite, il effectue un geste de bénédiction. À ses pieds marche un petit monstre bleu, orange et gris. L'architecture nous montre le chevet d'une grande église romane, flanquée d'une sorte de galerie gothique.

Gabriel Hammer a vu dans le petit animal monstrueux un chien qui rappellerait le songe de la mère de saint Bernard, Aleth de Montbard[20]. En effet, enceinte, elle aurait vu plusieurs fois en songe un petit chien blanc et noir jappant de toutes ses forces, ce qui fut interprété comme un signe que son enfant serait un grand orateur et prédicateur. Mais le petit monstre de la miniature au dos et à l'arrière-train bleu, à la tête et au côté orange, à la longue queue entortillée, au museau d'herbivore (de bouc ?), aux quatre pattes pourvues de longues griffes et, surtout à la tête aux longues cornes (de bouc ?), ne ressemble en rien à un chien. On dirait plutôt un petit monstre diabolique. Je pense donc que nous devons voir ici une image du diable signifiant, dans un premier temps, que le saint a su résister à toutes les tentations terrestres[21].

Au moment où les onze miniatures de ce manuscrit ont été conçues, pourquoi a-t-on décidé de dédier une de ces images à saint Bernard ? Certes, Bernard était un saint connu et important, mais dans le contexte de la *Chronique des rois* il n'avait rien de particulier. Huit des onze miniatures du manuscrit illustrent des rois et ducs de Bourgogne, dont certains à côté de saints présentés comme leurs proches. Restent trois autres miniatures (fol. 1v, 4v, 9v). La première est le frontispice où l'on voit l'auteur

---

le lien qu'elle établit entre la dynastie de Bourgogne et l'empereur Frédéric Ier, soit un parallèle pour Maximilien d'Autriche et Philippe le Beau, respectivement fils et petit-fils de l'empereur Frédéric III.

19 Londres, BL, ms. Yates Thompson 32, fol. 9v-10r.

20 G. Hammer, *Bernhard von Clairvaux in der Buchmalerei. Darstellungen des Zisterzienserabtes in Handschriften 1135-1630*, Ratisbonne, 2009, p. 136.

21 La crosse qui écrase un diable est un détail présent dans l'iconographie de nombreux saints, dont celles de saint Bernard et de saint Servais. Il est donc possible que ce choix fasse partie d'une volonté précise de confondre les deux saints dans la miniature.

qui présente son texte, thème tout à fait classique pour la première illustration d'un manuscrit. La deuxième (fol. 4v) représente le martyre de saint Maurice et le baptême de Clovis. Mais, même là, la femme de Clovis, Clothilde de Bourgogne, prend une place visuellement prééminente sur la droite de la scène. En effet, le texte mentionne Clovis seulement pour nous assurer qu'il fut baptisé grâce à l'intervention de sa femme Clothilde, fille du roi de Bourgogne, dont la dynastie était chrétienne bien avant celle des rois de France. En outre, *plusieurs princes et aultres nobles d'Orient et de la maison des roys de Bourgongne* sont présents derrière saint Maurice. Comment expliquer l'absence de roi ou de duc de Bourgogne dans la troisième miniature, celle du fol. 9v, présentant saint Bernard et des moines devant une grande église ?

5. Cîteaux

Traditionnellement, les chercheurs ont identifié cette miniature à saint Bernard devant l'abbaye de Clairvaux[22]. Wolfgang Braunfels a reproduit cette miniature sur la couverture de son livre *Abendländische Klosterbaukunst*, en mentionnant qu'elle représente l'église de saint Bernard, sous-entendu Clairvaux[23]. Plus récemment, Gabriel Hammer a repris cette idée pour préciser que, dans cette miniature, Bernard de Clairvaux et ses moines prennent possession de la deuxième église érigée à Clairvaux en 1135-1136, et Maximilian Sternberg a même tenté d'expliquer l'architecture de l'édifice : elle serait réaliste car Clairvaux aurait subi des influences de Cluny et de l'Île-de-France[24].

Mais peut-on vraiment voir, ici, l'église de Clairvaux ? Bien sûr, saint Bernard était connu comme fondateur et abbé de Clairvaux. Mais cette miniature illustre un texte et Clairvaux n'est pas du tout cité dans le texte. Bernard y est présenté, on l'a vu, comme rejeton de la dynastie des rois de Bourgogne et comme fondateur spirituel de l'ordre des cisterciens. Il me semble donc que, suivant le texte, il faut plutôt voir ici une église qui représente l'ordre des cisterciens en général, c'est-à-dire plutôt Cîteaux que Clairvaux.

Le but de ce texte est de glorifier la dynastie de Bourgogne par ses rois et par des saints « bourguignons » rattachés à cette dynastie. Bernard est donc ici présenté comme un saint bourguignon de plus, de sang royal. Cîteaux, berceau de l'ordre des cisterciens, se trouve bien au sein du duché de Bourgogne et l'histoire en était étroitement liée à la dynastie des ducs. Clairvaux est situé en Champagne, dans la zone frontalière avec la Bourgogne. On a construit à Clairvaux au XIIe siècle une grande abbatiale en pierres, et à Cîteaux, bien sûr, pareillement. C'est cette dernière église qui avait une signification particulière pour les ducs de Bourgogne.

En effet, l'abbaye de Cîteaux fut choisie comme sépulture des ducs de Bourgogne pendant plus de 150 ans. Une soixantaine de membres de la dynastie y furent ensevelis, d'Eudes Ier (mort en 1102) à Philippe de Rouvres (mort en 1361). Cîteaux fut donc bien, pendant des siècles, un lieu de la plus haute importance pour la dynastie de Bourgogne et la mémoire en était, bien sûr, encore très vivante au XVe siècle.

22 « Saint Bernard, with the monks of Citeaux, takes possession of the celebrated Abbey of Clairvaux » : *A Descriptive Catalogue of Fourteen Illuminated Manuscripts (Nos. XCV to CVII and 79A) Completing the Hundred in the Library of Henry Yates Thompson*, Cambridge, 1912, p. 25, n° XCVI. Repris dans D. H. Turner, *Reproductions from Illuminated Manuscripts, Series V, Fifty Plates*, Londres, 1965, p. 23, n° XLIV et J. Leclercq, *Saint Bernard et l'esprit cistercien*, Paris, 1966, p. 42.

23 W. Braunfels, *Abendländische Klosterbaukunst*, Cologne, 1969, p. 326 (et sur la couverture).

24 Hammer, *Bernhard von Clairvaux*, p. 136 ; M. Sternberg, *Cistercian Architecture and Medieval Society*, Leyde-Boston, 2013, p. 34-36, 38, fig. 13.

S'appuyant sur les informations textuelles du manuscrit, on peut donc conclure que, sur la miniature du fol. 9v, nous voyons bien le saint abbé Bernard accompagné d'autres cisterciens, mais que l'église représente l'église-mère de l'ordre, celle de l'abbaye de Cîteaux[25]. Ceci correspond bien au texte sous la miniature : *Saint Bernard* [...] [dont] *sont fondée espirituellement 1800 abbayes de l'ordre des Citeaulx et commença à faire ses fondacions l'an* 1098][26].

6. Maastricht

Mais qu'en est-il des informations visuelles ? Beaucoup d'auteurs ont répété que la scène représente l'église de Clairvaux, mais que voyons-nous tout simplement ? L'architecture de l'église représentée sur la miniature, qui présente de nombreux ornements et quatre grandes tours n'est pas cistercienne, car l'architecture cistercienne interdit les clochers[27].

Contrairement à ce qui est habituellement le cas dans ce genre de miniatures, l'architecture que nous voyons sur cette miniature est très particulière et identifiable. Deux historiens de l'architecture néerlandais, Willy Marres et Aart Mekking, y ont depuis longtemps reconnu l'église romane Saint-Servais de Maastricht[28], mais leur découverte, publiée en langue néerlandaise, est restée largement méconnue. Seul un article de Terryl N. Kinder semble avoir relayé l'information[29]. Le chœur roman épaulé par les grandes tours est tout de suite reconnaissable pour tous ceux qui connaissent le Vrijthof à Maastricht où se dresse l'église Saint-Servais. Mais en plus, vers 1485, la façade orientale venait tout juste d'être flanquée au nord d'une chapelle. Fondée en 1463 par Louis XI, ce fut une des nombreuses « copies » de la Sainte-Chapelle de Paris qui furent bâties en France et en Europe. Cette chapelle encore toute neuve à l'époque est représentée sur la miniature, quoique transformée en galerie d'où sortent les moines. À cet effet, l'abside de la chapelle a été « ouverte » par le miniaturiste, ce qui donne au dessin un effet de perspective quelque peu bizarre[30].

25 Dans ce contexte, on peut très bien imaginer une confusion entre Cîteaux et Clairvaux. Outre le fait que ce sont les deux abbayes les plus connues de l'ordre et que, par saint Bernard, Clairvaux a en quelque sorte repris le flambeau de la première abbaye de l'ordre, il est vrai que du point de vue des « Pays de par-deça » du XVe siècle, toutes les grandes abbayes cisterciennes des Pays-Bas méridionaux furent toutes des filles de Clairvaux : Les Dunes (1107), Vaucelles (1131), Nivelles (1132), Villers-la-Ville (1146), Cambron (1148), etc.

26 Rappelons que très peu d'années avant la réalisation de la miniature, en 1476, l'abbaye de Cîteaux fut dévastée par les troupes de Maximilien d'Autriche.

27 J. France, *The Cistercians in Medieval Art*, Kalamazoo, 1998, p. 82 et ill. 40, a noté que l'image n'est pas réaliste et l'église pas très cistercienne, mais ne remet pourtant pas en cause l'idée que l'on voit ici Bernard prenant possession de Clairvaux.

28 W. Marres, Onbekende afbeelding uit de 15e eeuw van de Sint-Servaaskerk te Maastricht nieuw ontdekt, dans *De Maasgouw*, t. 90, 1971, col. 141-152 ; A. J. J. Mekking e. a., Bijdragen tot de Bouwgeschiedenis van de Sint-Servaaskerk te Maastricht, 3e part., De Westpartij, dans *Publications de la Société historique et archéologique du Limbourg* (= *PSHAL*), t. 118, 1982, p. 87-248, spéc. fig. 39 ; Id., *Het spel met toren en kapel. Bouwen pro en contra Bourgondië van Groningen tot Maastricht*, Zutphen, 1992, p. 27-28 (ill. 22).

29 T. N. Kinder, Les églises médiévales de Clairvaux : probabilités et fiction, dans *Histoire de Clairvaux. Actes du colloque de Bar-sur-Aube/Clairvaux, 22-23 juin 1990*, éd. J.-F. Leroux, Bar-sur-Aube, 1991, p. 206, 224-225, n. 1-2 (l'auteur cite Marres). Voir aussi H. Wijsman, Chronique des rois ou Chronique abrégée de Bourgogne, dans *Clairvaux. L'aventure cistercienne. Catalogue de l'exposition tenue à Troyes du 5 juin au 15 novembre 2015*, éd. A. Baudin, N. Dohrmann, L. Veyssière, Paris-Troyes, 2015, p. 274-275.

30 Mekking, *Het spel*, p. 28.

En 1463, Louis XI, roi depuis deux ans, était en train de pousser son influence et de négocier sur tous les fronts. Cette année-là, il réussit à racheter la Picardie à Philippe le Bon. Cette entente entre la Bourgogne et le roi de France était contraire à la volonté de Charles de Charolais, le fils trentenaire de Philippe le Bon. Les années qui suivirent allaient être témoin d'une lutte acharnée entre Louis XI et Charles de Charolais, qui devint le duc de Bourgogne Charles le Hardi ou le Téméraire en 1467. Il tenta notamment d'élargir son influence dans la principauté ecclésiastique de Liège. Le duc devait se heurter à une révolte de la ville, sévèrement réprimée par Charles en 1468.

Dans ce contexte, copier la Sainte-Chapelle à Maastricht n'était pas anodin. Saint-Servais de Maastricht était l'ancien siège de l'évêché de Liège et, justement, en 1463, année de la fondation de la chapelle, Philippe le Bon tentait de transférer la curie de Liège à Maastricht dans le but de réinstaurer le siège de l'évêque dans cette ville (processus abandonné en 1467, quand, comme on le verra, le prévôt ne fut plus pro-bourguignon)[31].

7. L'évêque de Liège

La période de la genèse du manuscrit Yates Thompson 32 est témoin d'un contexte particulièrement tendu dans l'évêché de Liège. Louis de Bourbon (1438-1482), neveu de Philippe le Bon, fut placé sur le siège épiscopal de Liège en 1456, même si c'est seulement en 1466 qu'il fut ordonné prêtre et sacré évêque. Mais de grandes tensions persistaient entre les partisans du duc de Bourgogne et d'autres factions liégeoises soutenues par le roi de France. Avec le sac de Liège de 1468, le camp ducal semblait avoir pris le dessus. Mais après la mort de Charles le Hardi en 1477, la résistance reprit de plus belle. En 1482, l'évêque Louis de Bourbon fut assassiné par les troupes de Guillaume de La Marck et son fils, Jean de La Marck, fut élu évêque, le tout avec l'appui de Louis XI. Toutefois, cette élection ne fut pas reconnue par l'archevêque de Cologne, ni par le pape Sixte IV et une partie des chanoines exilés à Louvain choisirent un autre évêque en la personne de Jean de Hornes[32].

Guillaume de La Marck fut décapité à Maastricht en juin 1485. Durant cette même période, son fils Jean de La Marck fut sacré évêque, mais dut se battre contre les forces d'opposition. Jacques de Croÿ, troisième prétendant au siège épiscopal dès 1483, fut ensuite soutenu par les Français et d'autres alliés des La Marck. Soutenu par le pape et par l'archevêque de Cologne, la candidature de Jean de Hornes fut victorieuse, mais, à cause des troubles, il passa la plus grande partie de son épiscopat à Maastricht, où il fut ordonné prêtre en 1485 et inhumé en 1505[33]. On peut donc dire que, aussi bien au moment où la chapelle fut bâtie à partir de 1463, que lorsque notre miniature fut peinte, vers 1485-1486, l'église Saint-Servais de Maastricht fut un centre ecclésiastique de première importance qui avait des prétentions très réelles à jouer le rôle de siège de l'évêché de Liège.

---

31 *Ibid.*, p. 22. Bien entendu, en 1468, soutenir la révolte contre le duc Charles fit partie aussi de la stratégie anti-bourguignonne du roi de France.

32 A. Marchandisse, Le prince-évêque Louis de Bourbon et le Sanglier des Ardennes Guillaume de La Marck, deux victimes d'assassinats politiques à la fin du xve siècle, dans *Mourir pour des idées*, éd. C. Cazanave, F. Marchal-Ninosque, Besançon, 2008, p. 57-87 ; H. Cools, *Mannen met macht. Edellieden en de Moderne Staat in de Bourgondisch-Habsburgse Nederlanden (1475-1530)*, Zutphen, 2001, p. 163, 314.

33 *Ibid.*, p. 134-137, 313-314 ; A. Marchandisse, Art. Jean de Hornes, dans *Dictionnaire d'Histoire et de Géographie ecclésiastiques*, t. 24, Paris, 1993, col. 1139-1141.

8. Sépulture et *Caput regni*

La chapelle fut consacrée vers 1480 et existait donc au moment de la réalisation de notre miniature[34]. Cette chapelle gothique fut détruite en 1804, mais elle est représentée sur d'anciens dessins, notamment celui de Remigio Cantagallina de 1612[35], qui confirment la fidélité de la miniature à la réalité architecturale. Alors pourquoi le miniaturiste aurait-il utilisé cette église pour représenter une abbaye cistercienne, sépulture des ducs de Bourgogne, dans un manuscrit ultra-bourguignon et très anti-français conçu vers 1485-1486 pour le jeune prince de Bourgogne ou son entourage très proche ?

Supposer un rôle important au miniaturiste ne semble pas une bonne piste. Le Maître aux têtes triviales, dans toute son œuvre, n'a peint, à notre connaissance, aucun autre bâtiment identifiable[36]. De plus, il n'est pas un peintre d'une grande originalité et semble reprendre les compositions du Maître d'Édouard IV. Il est donc probable qu'il a simplement utilisé un dessin de la façade orientale de Saint-Servais de Maastricht. La façon dont la chapelle fut transformée en galerie pourrait confirmer que, sur le dessin il y avait bien une chapelle avec une abside, car celle-ci reste tout à fait reconnaissable.

Qui aurait pu donner ce dessin au miniaturiste et pourquoi ? Pour commencer avec la deuxième question, on a vu que, déjà en 1463, existait l'idée selon laquelle Maastricht devait être le siège épiscopal de l'important évêché de Liège plus enclin à être pro-bourguignon que la cité de Liège qui posait des problèmes aux ducs. Mais la signification de Saint-Servais allait bien plus loin. Au XIe siècle, Saint-Servais avait été l'église principale (« hoofdkerk ») de la Basse-Lotharingie. Ceci fut souligné par une nouvelle consécration de l'église en 1039 par l'empereur Henri III qui, cette même année, prit le pouvoir en Bourgogne[37]. Saint-Servais eut le statut d'immédiateté impériale[38] jusqu'en 1204, année où le duc Henri Ier de Lotharingie et de Brabant le reçoit comme fief. Mais ensuite, le chapitre continua à réclamer l'indépendance dont il avait joui auparavant.

L'image nous montre la sépulture des ducs de Bourgogne (Cîteaux), mais utilise pour cela Saint-Servais, l'église principale (« hoofdkerk ») de la Basse-Lotharingie, *Caput Regni* de l'Empire médian, où les derniers carolingiens légitimes Charles de Basse-Lotharingie (953-991) et peut-être aussi son fils Otton (970-1012) ont été enterrés et qui fut reconsacrée l'année même où l'empereur Henri III prit le pouvoir en Bourgogne. On voit donc apparaître l'idée d'une continuité entre Bourgogne et Empire lotharingien (l'Empire médian), idée chère à Charles le Hardi et qui était encore bien vivante dans l'esprit de nombreuses personnes proches de la cour de Bourgogne vers 1485.

Le sens du texte et le sens de l'image se complètent. La lecture du texte présente saint Bernard, représentant de Cîteaux, comme lié à la dynastie de Bourgogne. L'iconographie nous montre des moines cisterciens sortant de Saint-Servais de

34 Mekking, *Het spel*, p. 32.

35 R. Cantagallina (1583-1636), *Saint-Servais de Maastricht*, Bruxelles, Musées Royaux des Beaux-Arts de Belgique, Inv. 2994-37.

36 Pour la liste de ses œuvres, voir Frońska, Small, Wijsman, *La Chronique flamande*, p. 242 ; Wijsman, *Luxury Bound*, p. 417.

37 N. Borghuis e. a., Bijdragen tot de Bouwgeschiedenis van de Sint-Servaaskerk te Maastricht, t. 1, De Oostpartij, dans *PSHAL*, t. 115, 1979, p. 157 ; T. Aalberts e. a., Bijdragen tot de Bouwgeschiedenis van de Sint-Servaaskerk te Maastricht, t. 2, Het schip, dans *PSHAL*, t. 116-117, 1980-1981, p. 175, 244 ; A. J. J. Mekking, *De Sint-Servaaskerk te Maastricht. Bijdragen tot de kennis van de symboliek en de geschiedenis van de bouwdelen en de bouwsculptuur tot ca. 1200*, Zutphen, 1986, p. 192.

38 La « Reichsunmittelbarkeit », accordée à une église capitulaire indépendante redevable uniquement à l'empereur.

Maastricht. On voit donc apparaître un programme idéologique : cette miniature est un libelle pour une « transformation symbolique » du lieu. Philippe le Bon avait pour objectif que la ville et l'église Saint-Servais de Maastricht deviennent un nouveau lieu fort, siège épiscopal d'un nouvel évêché de Liège intégré davantage dans les pays bourguignons. Ainsi, l'image transforme l'église Saint-Servais en un nouveau Cîteaux et la chapelle latérale ; qui avait été fondée, entre-temps, par l'ennemi Louis XI, en simple porche et donc désacralisée[39].

9. La recherche pour l'initiateur

On pourrait trouver que ces interprétations vont un peu loin, mais il suffit de supposer que la personne chargée de préparer un manuscrit pour l'éducation du jeune Philippe le Beau et de sa génération ait été quelqu'un proche des ducs et imprégné de l'idéologie d'un État bourguignon héritier de l'Empire médian.

Antoine Haneron (*ca* 1410-1490) pourrait avoir eu un rôle à jouer. Haneron avait été le tuteur de Charles le Hardi[40]. Diplomate et conseiller de Philippe le Bon et de son fils, il fut l'ambassadeur de Philippe le Bon auprès de l'empereur et du pape. En 1473, il était engagé dans la diplomatie entre Charles le Hardi et l'empereur Frédéric III, quand le duc tenta d'obtenir une couronne royale[41]. En 1461, il était probablement chanoine de Liège, et en cette même année, le duc lui donna, comme récompense pour ses efforts, la prévôté de Saint-Servais de Maastricht[42]. C'est cette même année, peu après la nomination de Haneron, que le chapitre de Saint-Servais reçut le grand don de Louis XI pour construire une chapelle. Si l'on a déjà supposé que Louis XI a voulu accroître son influence sur le chapitre de Saint-Servais, on peut donc également supposer qu'il essaya d'influencer Antoine Haneron, un des plus importants diplomates de Philippe le Bon.

Quand Charles devient duc en 1467, il change de cap. Il donne à Haneron la prestigieuse prévôté de Saint-Donatien de Bruges et lui retire celle de Saint-Servais (c'est Gijsbrecht de Brederode, jusqu'alors prévôt de Saint-Donatien qui devient prévôt de Saint-Servais à sa place[43]). Son successeur est Evert Zoudenbalch qui est donc prévôt de Saint-Servais pendant la genèse de notre manuscrit. Il assurait un lien fort entre Maastricht et Utrecht (à Utrecht, David de Bourgogne, fils bâtard de Philippe le Bon, fut évêque de 1456 à 1496 ; mais il rencontra des problèmes de révolte et d'opposition, notamment en 1481-1483). Il est frappant que Haneron garde apparemment des liens avec la région de Maastricht, car le duc Charles lui donne une maison près de cette ville en 1470[44].

---

39 Bernard, en tant que saint bourguignon, servit de nouveau saint Servais. C'est moins complexe qu'il n'y paraît, car les deux saints sont souvent représentés terrassant un diable avec leur crosse. On pourrait même dire qu'en perçant l'abside de la chapelle, Bernard chasse ici l'âme du diabolique Louis XI qui avait fait tant de mal à la Bourgogne des ducs Valois. Il ne faut surtout pas sous-estimer la nostalgie qui régnait vers 1485-1486 pour la période antérieure à 1477.

40 Stein, Un diplomate bourguignon, p. 286-287.

41 *Ibid.*, p. 339-341.

42 Marchandisse, Le prince-évêque, p. 84.

43 Les prévôts de Saint-Servais à cette époque sont : Antoine Haneron, 1461-1467 ; Gijsbrecht de Brederode, 1467-1470 ; Evert Zoudenbalch, 1470-1485 ; Jan van Eynatten, 1485-1510. Voir P. Doppler, Lijst der proosten van het Vrije Rijkskapittel van St. Servaas te Maastricht (800-1797), dans *PSHAL*, t. 72, 1936, p. 211-212.

44 Stein, Un diplomate bourguignon, p. 294.

Au moment des troubles qui suivirent la mort de Charles le Hardi, en 1477, Haneron fut accusé et emprisonné. Mais il sut acheter sa libération quelques mois plus tard. Il est probable que Haneron vécut les dernières années de sa vie à Bruges et fut présent au baptême de Philippe le Beau dans l'église Saint-Donatien de cette ville en 1478. Il y fut en tout cas inhumé en 1490[45].

Haneron était donc un fidèle de la dynastie des ducs de Bourgogne, un connaisseur en matière d'éducation des jeunes princes, un lien vivant entre Bruges (le lieu où le manuscrit fut probablement réalisé) et Saint-Servais de Maastricht, et même potentiellement très proche du don par Louis XI de la Sainte-Chapelle à Saint-Servais.

L'autre personne à mentionner est Olivier de La Marche. Plus jeune qu'Haneron, il est un personnage très important à la cour dans les années 1480. Il perpétue l'idéologie de la cour avant et après 1477, assure l'éducation de Philippe le Beau dans les bonnes traditions bourguignonnes et a été en ambassade à la cour de France en 1483[46].

Un détail intéressant est le fait qu'Olivier de La Marche, l'historiographe de la cour de Bourgogne, fut marié à une cousine des frères Jean et Philippe Martin susmentionnés, dont le premier est le mécène de Hugues de Tolins et le deuxième l'auteur du texte de notre manuscrit. La Marche a connu et utilisé le texte de la *Chronique des rois*, qui est simple et qui glorifie la dynastie. Comme La Marche a également été le précepteur de Philippe le Beau, il est très probable qu'il y a aussi familiarisé le jeune Philippe.

Haneron et La Marche se connaissaient évidemment. Ils avaient appartenu tous les deux au premier cercle des serviteurs du duc Charles le Hardi. Chastelain était aussi un lien entre les deux hommes : La Marche parle de lui comme d'un *singulier ami* et Haneron avait été l'un de ses maîtres[47]. Vers 1485-1486, Olivier de La Marche reçoit la charge de l'éducation du jeune Philippe le Beau. Antoine Haneron, lui, est un vieil homme qui s'est retiré de la vie publique, mais il demeure prévôt de Saint-Donatien de Bruges[48].

On peut supposer que l'un ou l'autre – ou plutôt les deux ensemble – ont été à la base de la conception du manuscrit Yates Thompson 32 et plus spécifiquement de la miniature de saint Bernard. On pourrait s'imaginer Haneron, le concepteur âgé, qui passe l'image (ou l'idée de l'image) à La Marche, pour essayer de faire revivre certains idéaux qui semblaient s'éloigner à ce moment-là.

10. Conclusion

Notre article propose une interprétation d'une miniature dans un manuscrit contenant les *Chroniques des rois* ou *Chronique abrégée de Bourgogne* (fig. 1). Il s'agit d'un cas qui illustre la différence fondamentale entre texte et image : la parole prescrit, l'image représente. L'interprétation d'une prescription est plus évidente, tandis que celle d'une représentation nécessite plus d'explications.

Nous avons vu comment une seule miniature dans un petit manuscrit se réfère à un contexte idéologique très particulier. Ce qui est à première vue saint Bernard devant l'église de son ordre (il est important de rappeler que Cîteaux était la sépulture d'une série de ducs de Bourgogne aux XIIe-XIVe siècles) devient en deuxième instance saint

45 *Ibid.*, p. 302.

46 Stein, *Olivier de La Marche.*

47 Voir Frońska, Small & Wijsman, *La Chronique flamande*, p. 255, 269, n. 28 ; G. Small, *George Chastelain, and the Shaping of Valois Burgundy. Political and Historical Culture at Court in the Fifteenth Century*, Woodbridge, 1997, p. 57.

48 Stein, Un diplomate bourguignon, p. 302.

Servais devant son église à Maastricht. Cette dernière église, ancien centre indépendant de la Basse-Lotharingie, ambitionnait, dans la deuxième moitié du xve siècle, de redevenir siège épiscopal à la place de Liège. L'idée de l'importance de Saint-Servais de Maastricht était prônée sous Philippe le Bon, certainement sous l'influence d'Antoine Haneron, qui avait été prévôt de cette église jusqu'en 1467. Mais, par la suite, Saint-Servais continua d'être perçu comme une institution importante dans le discours de légitimation de la souveraineté des ducs de Bourgogne sur l'Empire médian.

Inventer et fournir une telle iconographie constitue une démarche savante comparable à celle d'un metteur en scène qui ne touche pas au texte, mais qui ajoute tout de même, visuellement, du sien à une pièce de théâtre. En cherchant son identité s'impose le nom d'Antoine Haneron, prévôt de Saint-Donatien de Bruges entre 1467 et sa mort en 1490. Il était une des figures qui connaissait le mieux les discours idéologiques de la dynastie des ducs de Bourgogne-Valois. Peut-être a-t-il travaillé avec Olivier de La Marche, autre soutien incontournable de la dynastie, qui prit soin de l'éducation du jeune Philippe le Beau justement au moment de la genèse du manuscrit, vers 1485-1486, et qui avait des liens de sang étroits avec l'auteur du texte. On s'imagine volontiers qu'Olivier de la Marche fit faire le manuscrit et que Haneron l'accompagna dans l'instruction de l'iconographie.

Sur notre miniature, saint Bernard, avec ses frères cisterciens devant l'église de Cîteaux, est transformé en un nouveau saint Servais chassant le diable hors de l'église de Maastricht, *Caput Regni* ancien, jouant son rôle dans la légitimation de la dynastie de Bourgogne à la tête de l'Empire médian.

Philippe le Bon et l'économie des Pays-Bas. L'apport des ordonnances

Jean-Marie Yante
Professeur émérite de l'Université catholique de Louvain

Aux XIVe et XVe siècles, les princes et les États ne sont pas encore guidés par « une doctrine économique consciente et cohérente ». Il faut attendre, estime-t-on, l'extrême fin du XVe siècle en Espagne, les années 1490-1530 en Angleterre et 1517 en France pour que les conseillers des souverains ordonnent des « tendances éparses en un système cohérent d'idées », marquant la naissance du mercantilisme. Auparavant, l'action des princes est faite de décisions inspirées par des soucis fiscaux et les pressions de certains d'entre leurs sujets, même si certains historiens inscrivent déjà une « politique économique » à l'actif de Philippe d'Alsace en Flandre, d'Henri le Lion en Angleterre et de Frédéric II en Sicile[1]. Quoi qu'il en soit, les préoccupations économiques des autorités supérieures, leurs domaines d'intervention et les modalités de celles-ci méritent d'être scrutés pour la totalité du XVe siècle, singulièrement dans l'espace bourguignon. Si la diversité et l'abondance des sources ne facilitent guère la tâche, les ordonnances de Philippe le Bon pour les Pays-Bas, présentement éditées ou tout au moins systématiquement répertoriées pour les principales composantes, se prêtent à pareille démarche. La législation reflète en effet la politique ducale et, dans sa chronologie, révèle et permet de dater des préoccupations nouvelles.

Des termes mêmes de la Cour de Cassation (de Belgique) en 1847, les ordonnances sont des actes par lesquels le pouvoir central, « en vertu de sa souveraineté, réglait par voie d'autorité et de commandement un objet d'intérêt général, ou un objet d'intérêt particulier dans ses rapports avec l'intérêt général[2] ». Dans son introduction à la publication des ordonnances de Philippe le Bon pour les duchés de Brabant et de Limbourg et les pays d'Outre-Meuse, Philippe Godding souscrit largement à cette définition. Les ordonnances présentent en effet un caractère de généralité, ne règlent pas des cas individuels mais établissent des normes obligatoires et assorties de sanctions contraignantes[3]. La question s'est posée s'il fallait ajouter un critère de permanence à celui de généralité[4]. Philippe Godding y répond par l'affirmative en apportant toutefois une nuance essentielle. Si la loi ou l'ordonnance a vocation de stabilité, celle-ci « ne se manifeste pas nécessairement dans la longue durée, voire la perpétuité ». Des règles peuvent

1 B. Guenée, *L'Occident aux XIVe et XVe siècles. Les États*, 5e éd., Paris, 1993, p. 218-224. Voir aussi J.-M. Yante, Le prince et l'économie. Bourgogne-Pays-Bas-Autriche (XIVe-XVe siècles), dans *Pays bourguignons et autrichiens (XIVe-XVIe siècles) : une confrontation institutionnelle et culturelle*, éd. J.-M. Cauchies, H. Noflatscher, *Publication du Centre européen d'Études bourguignonnes (XIVe-XVIe s.)*, t. 46, 2006, p. 31-43.

2 *Pasicrisie ou recueil général de la jurisprudence des cours de France et de Belgique*, 3e sér., *Cours de Belgique. Année 1847*, 1re part., *Arrêts de la Cour de Cassation*, Bruxelles, 1847, p. 417.

3 *Ordonnances de Philippe le Bon pour les duchés de Brabant et de Limbourg et les pays d'Outre-Meuse 1430-1467*, P. Godding, Bruxelles, 2005, p. 9.

4 Voir notamment J.-M. Cauchies, La législation dans les Pays-Bas bourguignons : état de la question et perspectives de recherches, dans *Revue d'Histoire du Droit*, t. 61, 1993, p. 378-379.

Pour la singuliere affection qu'avons a luy. *Études bourguignonnes offertes à Jean-Marie Cauchies*, sous la direction de Paul Delsalle, Gilles Docquier, Alain Marchandisse et Bertrand Schnerb, Turnhout, 2017 (*Burgundica* 24), p. 537-549.

DOI 10.1484/M.BURG-EB.5.113945

être édictées « pour faire face à une situation temporaire de par sa nature ; ou encore, en attendant des mesures plus élaborées ». Et l'éminent historien du droit et grand éditeur de textes d'évoquer un troisième critère, à savoir la qualité en laquelle intervient le pouvoir. S'intéressant particulièrement au Brabant, il rappelle le constat d'André Uyttebrouck notant que le duc y apparaît aux XIVe et XVe siècles « comme une somme de pouvoirs particuliers de natures diverses », que le fondement de ses pouvoirs est constitué d'un « inextricable enchevêtrement d'éléments de nature privée et de nature publique[5] ». Le souverain est un seigneur parmi d'autres. Force cependant est de reconnaître que des mesures qu'il édicte concernent l'ensemble des territoires de la principauté, quel qu'en soit le seigneur, et que certains droits seigneuriaux – tels ceux afférant aux tonlieux – ont une lointaine origine régalienne. À l'un ou à l'autre titre, ces actes s'insèrent donc logiquement dans le corpus des ordonnances.

La présente approche, essentiellement statistique, porte successivement sur les ordonnances éditées pour les duchés de Brabant et de Limbourg et les pays d'Outre-Meuse, sur celles publiées pour le comté de Hainaut et, à partir d'une liste chronologique provisoire, sur les ordonnances actuellement recensées pour le comté de Flandre. Celles édictées pour le comté de Namur et le duché de Luxembourg, en nombre relativement limité mais non encore systématiquement repérées ni publiées[6], sont laissées de côté. L'étude intègre par contre les ordonnances dites générales.

Se pose inévitablement la question de la représentativité des actes publiés ou répertoriés. Malgré de patientes investigations, d'aucuns ne sont connus que par des mentions plus ou moins fortuites, d'autres se dérobent encore aux chercheurs ou sont irrémédiablement perdus. Si, à côté du Brabant, le duché de Limbourg et les pays d'Outre-Meuse font figure de parents pauvres[7], faut-il ou non attribuer cette situation aux seuls hasards de la conservation archivistique ?

Dans le sillage du décompte récemment effectué pour les ordonnances du règne de Charles Quint (1506-1555)[8], celles édictées par Philippe le Bon pour les Pays-Bas et incluant des clauses à caractère économique ont été réparties en cinq catégories, relatives respectivement à des questions d'environnement (en dépit de l'anachronisme de la dénomination), aux productions (artisanales ou industrielles), aux échanges commerciaux (d'un point de vue général ou particulier), aux trafics (terrestre ou par voie d'eau), enfin aux monnaies, au crédit et aux opérations financières (y inclus les loteries et les jeux d'argent). À plusieurs reprises, le classement s'est révélé problématique. Par ailleurs, certains actes traitent de questions multiples, totalement étrangères les unes aux autres. Une même ordonnance a alors été comptabilisée dans plusieurs catégories, ce qui a nécessité des ajustements statistiques lors de l'élaboration de tableaux et de graphiques. D'une façon générale, force est de reconnaître que les résultats accusent çà et là un caractère subjectif. Le choix même de la source n'échappe pas à toute critique. On y reviendra au moment de conclure.

---

5 A. Uyttebrouck, *Le gouvernement du duché de Brabant au bas Moyen Âge (1355-1430)*, t. 1, Bruxelles, 1975, p. 126.

6 La Commission royale pour la Publication des anciennes Lois et Ordonnance de Belgique a confié ce travail respectivement à Jean-Marie Cauchies pour le comté de Namur et à Jean-Marie Yante pour le duché de Luxembourg.

7 *Ordonnances Brabant*, p. 19.

8 J.-M. Yante, Le prince et l'économie. Approche quantitative des ordonnances du règne de Charles Quint, dans *Gouvernance et administration dans les provinces belgiques (XVIe-XVIIIe siècles). Ouvrage publié en hommage au Professeur Claude Bruneel*, éd. C. de Moreau de Gerbehaye, S. Dubois, J.-M. Yante, t. 2, Bruxelles, 2013, p. 379-397.

Les législations des différentes principautés présentent forcément des caractéristiques propres, résultant de leur passé, de leurs institutions et/ou de leurs structures économiques et sociales. Si les thèmes abordés s'avèrent globalement les mêmes, les parts leur dévolues accusent de notables différences.

1. Duchés de Brabant et de Limbourg et pays d'Outre-Meuse

Le corpus publié par Philippe Godding pour les duchés de Brabant et de Limbourg et les pays d'Outre-Meuse[9] totalise 351 ordonnances, dont 143 abordent des questions économiques, soit 40,7 %[10]. La proportion varie selon les périodes quinquennales, avec un minimum de 32,7 % (18 actes) en 1445-1449 et un maximum de 48,5 % (33 actes) en 1460-1467, mais aucune tendance générale ne se dégage, ni à la hausse ni à la baisse. Ce sont les documents relatifs au commerce, au nombre de 54, qui constituent le contingent le plus important (36,7 %)[11]. À trois reprises, on atteint ou dépasse la dizaine d'actes : 11 en 1440-1444, 10 en 1450-1454 et 14 en 1460-1467. Le fait que l'éditeur ait écarté les ordonnances relatives aux nations de marchands étrangers[12] entraîne un biaisage vers le bas, échappant à toute estimation. Des accises (ou assises) sur les transactions commerciales, instaurées au bénéfice de communautés locales ou confirmées à celles-ci, apparaissent 26 fois[13]. Au profit des mêmes organes, 13 actes consacrent la création ou l'organisation d'infrastructures d'échanges (foires et marchés). Sous la rubrique « transports » sont regroupés 37 documents, soit le quart du total. Les fiscalités grevant le transport terrestre ou par voie d'eau, qu'il s'agisse d'instaurations ou d'exemptions, interviennent majoritairement (30 ordonnances)[14]. Un troisième lot, fort de 32 unités (21,8 %), est repris sous l'intitulé « monnaies, crédit et opérations financières ». À 25 actes concernant la frappe, la circulation et l'évaluation des monnaies ont été jointes 7 ordonnances autorisant l'établissement de tables de prêt, réglementant la pratique du crédit, les loteries ou les jeux d'argent[15].

---

9 On doit également à cet auteur un précieux ouvrage sur le processus législatif dans le duché de Brabant : *La législation ducale en Brabant sous le règne de Philippe le Bon (1430-1467)*, Bruxelles, 2006.

10 Pour les données statistiques, voir le tabl. 3. Des chiffres récapitulatifs et des pourcentages par périodes chronologiques ou par catégories de dispositions figurent dans les tabl. 1 et 2.

11 Ce chiffre et les pourcentages relatifs aux différentes catégories d'ordonnances à caractère économique résultent d'un ajustement statistique. Voir n. 30.

12 Philippe Godding n'a pas retenu les actes relatifs aux métiers et aux nations de marchands étrangers, plus généralement « les privilèges accordés à des communautés plus restreintes que des villes ou villages » (*Ordonnances Brabant*, p. 13).

13 Sur la perception d'assises (ou accises), « impôts indirects sur des biens, à l'occasion de leur production, de leur transmission ou de leur consommation », voir Id., *La législation ducale*, p. 73-78. Seules les ordonnances relatives aux droits sur les transactions sont prises en considération dans la présente rubrique.

14 Le terme tonlieu est amphibologique : il désigne à la fois « des impositions indirectes pesant sur le passage de marchands et de marchandises en un lieu donné » (tonlieu de transit) et « des impositions indirectes frappant les opérations commerciales effectuées sur un marché ou lors d'une foire en un lieu donné » (tonlieu de marché). Voir G. Despy, *Les tarifs de tonlieux*, Turnhout, 1976, p. 13. L'amphibologie est bien patente dans le duché de Brabant : Id., Recherches sur les tarifs de tonlieux dans le duché de Brabant au XIIIe siècle, dans *Tonlieux, foires et marchés avant 1300 en Lotharingie. Actes des 4es Journées lotharingiennes (24-25 octobre 1986)*, Luxembourg, 1988, p. 103-130. Godding, *La législation ducale*, p. 70, quant à lui, opère la distinction entre les grands tonlieux (droits sur le transport des marchandises) et les petits tonlieux (droits sur la vente). Autant que faire se peut, ont été retenues ici les impositions sur le trafic terrestre ou fluvial. Les droits perçus lors des transactions commerciales entrent dans la sous-rubrique « fiscalités » de la catégorie « commerce ».

15 *Ibid.*, p. 63-64, classe les ordonnances concernant les loteries et les jeux de hasard parmi celles relatives au maintien de l'ordre.

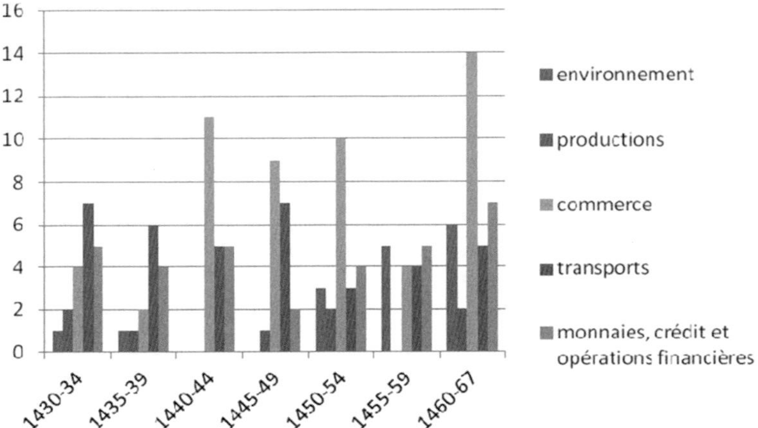

Graph. 1. Duché de Brabant, duché de Limbourg et pays d'Outre-Meuse (1430-1467) Évolution par catégories du nombre d'ordonnances à caractère économique.

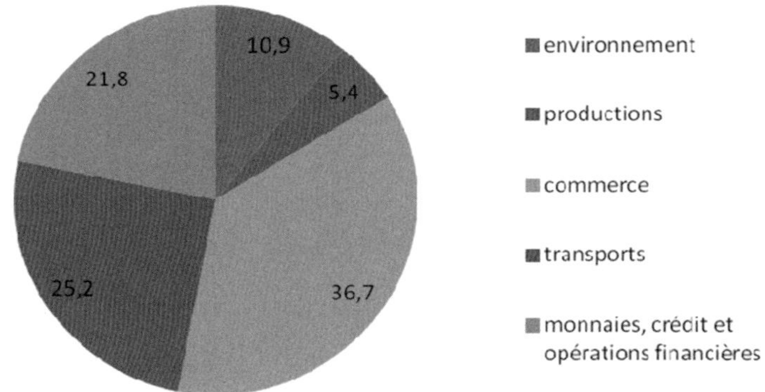

Graph. 2. Duché de Brabant, duché de Limbourg et pays d'Outre-Meuse (1430-1467) Répartition par catégories des ordonnances à caractère économique (en %).

Des dispositions en matière d'environnement *lato sensu*, y inclus les communaux, la chasse, les forêts et la pêche, ont été recensées à 16 reprises (10,9 % du corpus). La part singulièrement réduite de celles relatives aux « productions » (artisanat, industries et métiers) – 8 ordonnances, soit 5,4 % – résulte du choix de l'éditeur de ne pas retenir les actes spécifiques aux corporations de métiers.

2. Comté de Hainaut

Cinq ans après l'édition des ordonnances relatives au Brabant, au Limbourg et aux pays d'Outre-Meuse, Jean-Marie Cauchies publiait, avec la collaboration de Gilles Docquier, 265 actes ou mentions d'actes édictés par Philippe le Bon pour le comté de

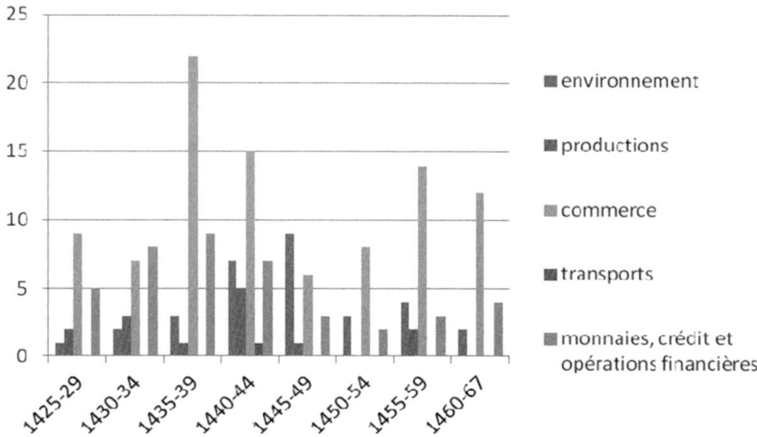

Graph. 3. Comté de Hainaut (1425-1467)
Évolution par catégories du nombre d'ordonnances à caractère économique.

Hainaut entre 1425 et 1467[16]. Pour ces quatre décennies, 58,9 % des documents retenus (en l'occurrence 156) concernent des matières à caractère économique ou incluent des clauses de cette nature[17]. Les années 1435-1439 accusent un maximum de 77,8 %. Pour l'ensemble de la période, la catégorie « commerce » est ici encore la mieux fournie : 93 documents, soit 51,7 % du total[18]. De telles dispositions sont attestées à 22 reprises dans les années 1435-1439, plus de 10 fois en 1440-1444, 1455-1459 et 1460-1467. Des fiscalités locales sur un ou plusieurs articles, qu'elles soient alors créées ou que leur perception soit prolongée durant un certain laps de temps, retiennent 36 fois l'attention. Des clauses concernent le commerce (en général ou pour un article particulier) dans 26 actes. 19 fois, il est question d'exportations ; l'instauration ou la réglementation des infrastructures commerciales apparaît dans 11 documents. Deux autres catégories sont pareillement bien pourvues : 41 ordonnances pour « monnaies, crédit et opérations financières », dont 31 relatives aux frappes monétaires, à la circulation ou à l'évaluation des espèces, et 31 actes abordant des matières relevant de l'« environnement », des dispositions cynégétiques étant relevées à 19 reprises. La perte de la plupart des archives hainuyères des métiers explique la maigreur du corpus « productions » (14 documents seulement)[19]. Enfin, une seule ordonnance trouve place dans la rubrique « transports ». Ceci résulte des critères de sélection pour l'édition.

16 *Ordonnances de Philippe le Bon pour le comté de Hainaut 1425-1467*, J.-M. Cauchies, coll. G. Docquier, Bruxelles, 2010. Cette édition s'inscrit dans le prolongement de la dissertation doctorale de J.-M. Cauchies, *La législation princière pour le comté de Hainaut. Ducs de Bourgogne et premiers Habsbourg (1427-1506). Contribution à l'étude des rapports entre gouvernants et gouvernés dans les Pays-Bas à l'aube des temps modernes*, Bruxelles, 1982. Du présent point de vue, on retiendra spécialement la seconde partie de l'ouvrage intitulée *Teneur des actes législatifs et réglementaires : principaux aspects* (p. 239-589).

17 Pour les données statistiques, voir le tabl. 4. Des chiffres récapitulatifs et des pourcentages par périodes chronologiques ou par catégories de dispositions figurent dans les tabl. 1 et 2.

18 Voir *supra*, n. 11.

19 Id., Règlements de métiers et rapports de pouvoirs en Hainaut à la fin du Moyen Âge, dans *Les métiers au moyen âge. Aspects économiques et sociaux. Actes du Colloque international de Louvain-la-Neuve, 7-9 octobre 1993*, éd. P. Lambrechts, J.-P. Sosson, Louvain-la-Neuve, 1994, p. 35-54.

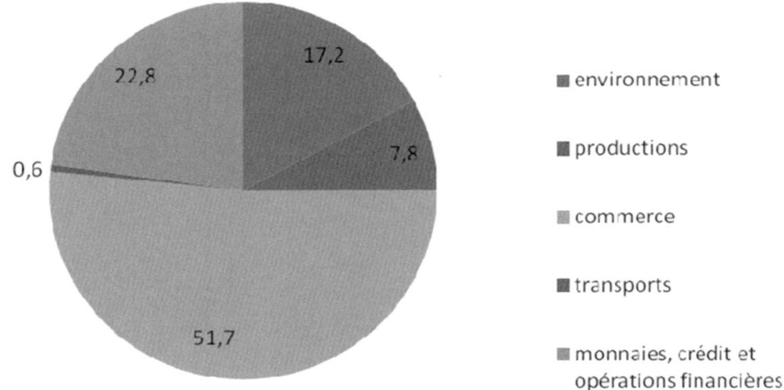

Graph. 4. Comté de Hainaut (1425-1467)
Répartition par catégories des ordonnances à caractère économique (en %).

3. Comté de Flandre

En l'absence d'un corpus édité des ordonnances pour le comté de Flandre, on dispose d'une liste chronologique provisoire de celles-ci pour les années 1419-1438 dressée et publiée par Jonas Braekevelt[20]. Grâce à la générosité de ce collègue de l'Université de Gand, la présente recherche se base sur une liste chronologique, à ce jour inédite, couvrant l'entièreté du règne de Philippe le Bon et totalisant 1 546 ordonnances[21]. 719 d'entre elles, soit 46,5 %, trouvent leur place parmi les actes à caractère économique[22]. La proportion varie sensiblement de période quinquennale à période quinquennale : maximum de 54,8 % en 1440-1444 et minimum de 39,2 % dix ans plus tard.

Avec 58 ordonnances en 1419-1424, 50 en 1450-1454, deux fois encore plus de 40 et à une seule reprise moins de 30 en l'espace de cinq ans, les dispositions relatives au commerce émergent du lot des documents législatifs princiers pour le comté de Flandre (47,2 %)[23]. Dans un total de 370 actes , trois sous-catégories se dégagent : 155 ordonnances concernent une fiscalité sur des transactions ou incluent des clauses relatives à cette matière ; 100 actes régissent le commerce dans son acception générale (tant à l'importation qu'à l'exportation par exemple) ou celui d'un article particulier ; à 70 reprises, des traités de commerce, le statut de marchands étrangers intervenant dans le comté ou celui de Flamands opérant hors de la principauté font l'objet (partiel à tout le moins) de la législation. 144 textes (18,4 %) trouvent leur place dans la catégorie « monnaies, crédit et opérations financières ». À 91 liés à la frappe ou au cours

20 J. Braekevelt, De verordeningen van Filips de Goede voor het graafschap Vlaanderen en de heerlijkheid Mechelen (1419-1438). Een voorlopige chronologische regestenlijst, dans *Bulletin de la Commission royale pour la Publication des anciennes Lois et Ordonnances de Belgique*, t. 48, 2007, p. 9-86.

21 Jonas Braekevelt a soutenu dans son *alma mater* en 2013 une dissertation doctorale intitulée Un prince de justice. *Vorstelijke wetgeving, soevereiniteit en staatsvorming in het graafschap Vlaanderen tijdens de regering van Filips de Goede (1419-1467).* La liste provisoire des ordonnances comporte 1 551 numéros mais l'un d'entre eux est vacant et quatre ordonnances sont dépourvues d'une datation suffisamment précise pour être intégrées dans l'une des périodes chronologiques définies dans le cadre de la présente contribution.

22 Pour les données statistiques, voir le tabl. 5. Des chiffres récapitulatifs et des pourcentages par périodes chronologiques ou par catégories de dispositions figurent dans les tabl. 1 et 2.

23 Voir *supra*, n. 11.

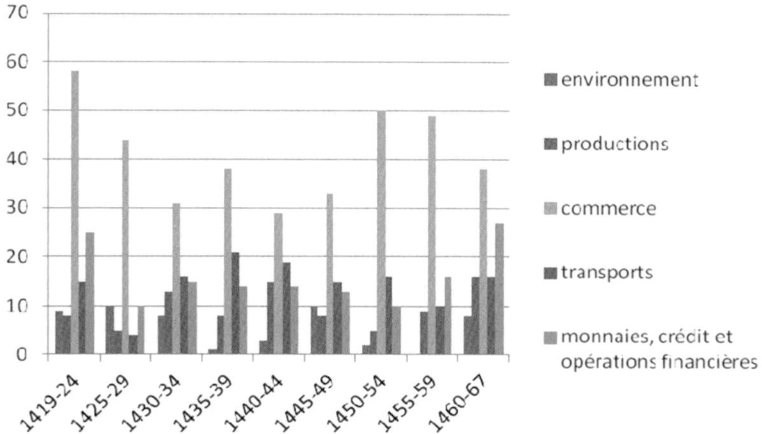

Graph. 5. Comté de Flandre (1419-1467)
Évolution par catégories du nombre d'ordonnances à caractère économique.

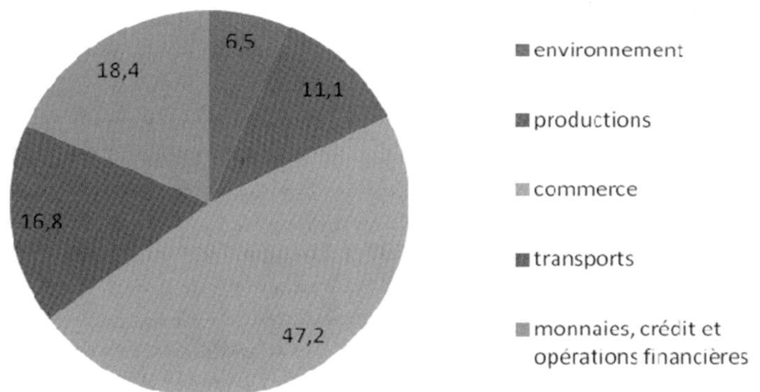

Graph. 6. Comté de Flandre (1419-1467)
Répartition par catégories des ordonnances à caractère économique (en %).

des espèces s'ajoutent 38 spécifiques au crédit (essentiellement des octrois pour tables de prêt) et 15 régissant jeux d'argent et loteries. On relève encore 132 ordonnances relatives aux « transports » (16,8 %) : des fiscalités motivent 81 interventions ducales, 36 autres concernent la navigation intérieure et 14 la voirie. Ces deux dernières sous-rubriques attestent le souci des autorités et/ou des revendications des sujets en matière d'aménagement et d'entretien des principales voies de circulation et de commerce. À la différence des cas précédemment évoqués du Brabant, du Limbourg et des pays d'Outre-Meuse d'une part, du Hainaut d'autre part, la Flandre livre un contingent important d'actes liés aux « productions » artisanales ou industrielles régionales, 87 en l'occurrence (11,1 %). Ceux-ci concernent notamment le textile, le secteur brassicole et le traitement du sel. On dénombre 67 privilèges, confirmations de privilèges ou stipulations diverses pour les corporations de métiers. Bien que quantitativement moins nombreuses (51 actes, soit 6,5 %), les dispositions à caractère environnemental sont bien présentes dans le relevé. Dunes, digues et polders sont évoqués à 36 reprises.

4. Ordonnances générales

Par ordonnances générales, on entend les textes simultanément applicables à l'ensemble des territoires constitutifs des Pays-Bas bourguignons[24]. Concevoir et promulguer une telle législation relève du défi à une époque où les sujets des différentes principautés ont l'habitude de vivre sous leurs propres « lois ». Le corpus récemment publié par Jean-Marie Cauchies (avec la collaboration de Gilles Docquier)[25] livre 50 actes s'appliquant à plus d'un pays au moins et s'échelonnant entre 1430 et 1467, en nombre virtuellement équivalent par décennie. Et l'éditeur de s'interroger si la dénomination de législation « interterritoriale » ne serait pas plus apte à exprimer les objectifs d'intégration du législateur[26].

À côté d'ordonnances relatives aux structures et au fonctionnement des rouages institutionnels, politiques et administratifs communs aux pays ou, à tout le moins à plusieurs d'entre eux, deux « blocs » de matières se dégagent et relèvent du domaine présentement investigué. La frappe des monnaies ducales et le cours des espèces étrangères dans les Pays-Bas interviennent à 22 reprises[27], tandis que 8 actes traitent de questions commerciales, à savoir le contentieux des draps, filés et laines d'Angleterre (5 ordonnances)[28] ainsi que le négoce des grains, des harengs et de produits tinctoriaux.

5. En guise de conclusions

Dans l'état actuel de la recherche, ne s'avère-t-il pas téméraire, en tout cas relativement dangereux de tirer quelques conclusions à caractère général à propos des préoccupations économiques de Philippe le Bon dans ses possessions des Pays-Bas ? Grâce à la Commission royale pour la publication des anciennes lois et ordonnances de Belgique, le corpus des ordonnances est dès à présent édité ou à tout le moins systématiquement répertorié pour les principales composantes du territoire. Une grosse difficulté résulte toutefois de l'absence de critères rigoureusement identiques pour les différentes régions. Ainsi, pour le Brabant, le Limbourg et les pays d'Outre-Meuse a-t-on laissé de côté les actes princiers régissant l'organisation des métiers et, pour le Hainaut, les dispositions relatives aux fiscalités sur les transports (par voie fluviale ou terrestre) n'ont pas retenu l'attention. Le présent propos n'est nullement de soumettre les choix, justifiés d'ailleurs par les éditeurs, à quelque appréciation critique. Le constat ne peut toutefois être tu.

---

24 Il y a une bonne trentaine d'années, Jean-Marie Cauchies abordait une première fois la question des ordonnances générales : L'essor d'une législation générale pour les Pays-Bas bourguignons dans le dernier quart du XVe siècle : aperçu et suggestions, dans *Publication du Centre européen d'Études burgondo-médianes*, t. 21, 1981, p. 59-70. Sur la notion même, on consultera une contribution récente : Id., Les ordonnances dites générales sous les ducs de Bourgogne : critères et questions autour d'une édition, dans *Recht en wet tijdens het ancien régime / Le droit et la loi pendant l'Ancien Régime. Actes du colloque Bruxelles 24.X.2011 (Archives générales du Royaume)*, éd. G. Martyn, Bruxelles, 2014, p. 19-31.

25 *Ordonnances générales de Philippe le Bon 1430-1467*, J.-M. Cauchies, coll. G. Docquier, Bruxelles, 2013.

26 *Ibid.*, p. 9.

27 À ce propos, voir P. Spufford, *Monetary Problems and Policies in the Burgundian Netherlands (1433-1496)*, Leyde, 1970 ; Cauchies, *La législation princière*, p. 241-346.

28 Voir M.-R. Thielemans, *Bourgogne et Angleterre. Relations politiques et économiques entre les Pays-Bas bourguignons et l'Angleterre (1435-1467)*, Bruxelles, 1966, *passim* ; J. H. Munro, *Wool, Cloth and Gold. The Struggle for Bullion in Anglo-Burgundian Trade (1340-1478)*, Bruxelles-Toronto, 1973 ; Cauchies *La législation princière*, p. 411-438.

En dépit de cette mise en garde liminaire, des éléments se dégagent d'un traitement purement statistique du matériau actuellement disponible. Variable d'une principauté à l'autre et au terme d'un classement assurément perfectible, la part des ordonnances à caractère économique ou incluant des clauses à caractère économique s'avère particulièrement importante : 58,9 % dans le Hainaut, 46,5 % en Flandre et 40,7 % dans le Brabant, le Limbourg et les pays d'Outre-Meuse.

Dans chacun des dossiers analysés, les dispositions relatives au commerce (au sens le plus large) s'adjugent la première place au sein des ordonnances à caractère économique, avec un maximum de 51,7 % dans le Hainaut. Si ce n'est dans le Brabant, le Limbourg et les pays d'Outre-Meuse où elles sont devancées par les « transports » (25,2 %), les ordonnances relatives aux monnaies, au crédit et aux opérations financières se positionnent en deuxième place en termes de pourcentages. Cette observation n'est pas sans rejoindre les résultats de l'examen des ordonnances générales, d'où se dégagent les actes relatifs aux monnaies d'abord (22 sur un total de 50), dans une moindre mesure ceux traitant de questions commerciales. Et l'on notera encore le nombre d'ordonnances abordant des questions qualifiées aujourd'hui d'environnementales : 51 en Flandre, ce qui ne surprend pas, mais aussi 31 dans le Hainaut.

Ce n'est pas ici le lieu pour esquisser une fine analyse chronologique de la législation de Philippe le Bon en matière économique, en liaison avec les contextes politiques et économiques locaux ou régionaux. Plus modeste, le propos était par le biais du chiffre de tenter de premiers constats et d'appeler de ses vœux des études en profondeur sur les préoccupations économiques du Grand-duc d'Occident et sur les moyens mis en œuvre. En matière édictale, la part des ordonnances sur requête et des ordonnances d'office gagnerait à être systématiquement scrutée[29]. S'impose aussi impérativement l'étude du contexte rédactionnel, des acteurs en présence, d'éventuelles négociations ou réécritures d'un acte... Les publications successives d'une même ordonnance ou la promulgation de textes étrangement similaires peuvent révéler des constats d'échec. La recherche doit mobiliser des sources de la pratique pour apprécier l'application et l'efficacité de dispositions normatives.

29 Voir notamment Godding, *La législation ducale*, p. 45-48 ; Braekevelt, *De verordeningen*, p. 44-48.

Annexe

Tabl. 1. Évolution du nombre d'ordonnances et d'ordonnances à caractère économique (chiffres absolus et pourcentages)

	Brabant, Limbourg et pays d'Outre-Meuse			Hainaut			Flandre		
	(1)	(2)	(3)	(1)	(2)	(3)	(1)	(2)	(3)
1419-1424							218	106	48,6
1425-1429				37	13	35,1	126	68	54,-
1430-1434	57	19	33,3	37	20	54,1	167	78	46,7
1435-1439	32	14	43,7	36	28	77,8	184	77	41,8
1440-1444	47	20	42,6	38	26	68,4	124	68	54,8
1445-1449	56	18	32,1	36	19	52,8	143	71	49,7
1450-1454	44	21	47,7	21	13	61,9	204	80	39,2
1455-1459	47	18	38,3	33	20	60,6	157	77	49,-
1460-1467	68	33	48,5	27	17	63,-	223	94	42,2
TOTAL	351	143	40,7	265	156	58,9	1546	719	46,5

(1) nombre total d'ordonnances
(2) nombre d'ordonnances à caractère économique
(3) pourcentage d'ordonnances à caractère économique

Tabl. 2. Répartition par catégories des ordonnances à caractère économique (chiffres absolus et pourcentages[30])

	Brabant, Limbourg et pays d'Outre-Meuse	Hainaut	Flandre
Environnement	16 (10,9 %)	31 (17,2 %)	51 (6,5 %)
Productions	8 (5,4 %)	14 (7,8 %)	87 (11,1 %)
Commerce	54 (36,7 %)	93 (51,7 %)	370 (47,2 %)
Transports	37 (25,2 %)	1 (0,6 %)	132 (16,8 %)
Monnaies, crédit et opérations financières	32 (21,8 %)	41 (22,8 %)	144 (18,4 %)

30 Une même ordonnance pouvant concerner plusieurs matières, un ajustement statistique s'est imposé dans le calcul des pourcentages (afin de ne pas dépasser les 100 %).

Tabl. 3. Ordonnances à caractère économique pour le Brabant, le Limbourg et les pays d'Outre-Meuse (1430-1467)

	1430-1434	1435-1439	1440-1444	1445-1449	1450-1454	1455-1459	1460-1467	TOTAL
Environnement								
- forêts					1	2	1	4
- chasse					2	2	1	5
- pêche						1		1
- digues							1	1
- communaux	1						3	4
- autre matière		1						1
TOTAL	**1**	**1**			**3**	**5**	**6**	**16**
Productions								
- artisanat et industrie	1				2		1	4
- métiers	1	1		1			1	4
TOTAL	**2**	**1**		**1**	**2**		**2**	**8**
Commerce								
- commerce (général/ particulier)				4			3	7
- importations	1	1		1	1	1	1	6
- exportations				2				2
- infrastructures	2		1		2	3	5	13
- fiscalités	1	1	10	2	7		5	26
TOTAL	**4**	**2**	**11**	**9**	**10**	**4**	**14**	**54**
Transports								
- voirie			1	1				2
- navigation	2	2		1				5
- fiscalités	5	4	4	5	3	4	5	30
TOTAL	7	**6**	**5**	7	**3**	**4**	**5**	37
Monnaies, crédit et opérations financières								
- monnaies	5	4	5	1	3	2	5	25
- tables de prêt et commerce de l'argent					1	1	2	4
- jeux et loteries				1		2		3
TOTAL	**5**	**4**	**5**	**2**	**4**	**5**	7	**32**
Nombre total d'ordonnances	**57**	**32**	**47**	**56**	**44**	**47**	**68**	**351**
Nombre d'ordonnances à caractère économique[31]	**19**	**14**	**20**	**18**	**21**	**18**	**33**	**143**

31 Une même ordonnance pouvant concerner plusieurs matières, le nombre total d'ordonnances peut être inférieur à la somme des actes des différentes catégories.

Tabl. 4. Ordonnances à caractère économique pour le comté de Hainaut (1425-1467)

	1425-1429	1430-1434	1435-1439	1440-1444	1445-1449	1450-1454	1455-1459	1460-1467	TOTAL
Environnement									
- forêts		1	1	1	1	1		1	6
- chasse	1	1	2	4	6	2	2	1	19
- pêche				1	1				2
- autres matières				1	1		2		4
TOTAL	**1**	**2**	**3**	7	**9**	**3**	**4**	**2**	**31**
Productions									
- artisanat et industrie	2	1	1	5	1		2		12
- métiers		2							2
TOTAL	**2**	**3**	**1**	**5**	**1**		**2**		**14**
Commerce									
- commerce (général/particulier)		3	12	5	1		3	2	26
- importations					1				1
- exportations	3	1	6	2	1		5	1	19
- infrastructures	1		1	2	1	2	4		11
- fiscalités	5	3	3	6	2	6	2	9	36
Total	**9**	7	**22**	**15**	**6**	**8**	**14**	**12**	**93**
Transports									
- voirie									
- navigation									
- fiscalités				1					1
TOTAL				**1**					**1**
Monnaies, crédit et opérations financières									
- monnaies	3	7	7	5		2	3	4	31
- tables de prêt et commerce de l'argent	1	1	1	2	1				6
- jeux et loteries	1		1		2				4
TOTAL	**5**	**8**	**9**	7	**3**	**2**	**3**	4	**41**
Nombre total d'ordonnances	37	37	**36**	**38**	**36**	**21**	**33**	27	**265**
Nombre d'ordonnances à caractère économique[32]	**13**	**20**	**28**	**26**	**19**	**13**	**20**	17	**156**

32 Une même ordonnance pouvant concerner plusieurs matières, le nombre total d'ordonnances peut être inférieur à la somme des actes des différentes catégories.

Tabl. 5. Ordonnances à caractère économique pour le comté de Flandre (1419-1467)

	1419-1424	1425-1429	1430-1434	1435-1439	1440-1444	1445-1449	1450-1454	1455-1459	1460-1467	TOTAL
Environnement										
- forêts	1	2	1		1	1			2	8
- chasse			1		1	1				3
- pêche	1	2							1	4
- dunes, digues et polders	7	6	6	1	1	8	2		5	36
TOTAL	**9**	**10**	**8**	**1**	**3**	**10**	**2**		**8**	**51**
Productions										
- artisanat et industrie		1		1	5	1	2	3	7	20
- métiers	8	4	13	7	10	7	3	6	9	67
TOTAL	**8**	**5**	**13**	**8**	**15**	**8**	**5**	**9**	**16**	**87**
Commerce										
- commerce (général/particulier)	10	11	14	18	11	8	9	13	6	100
- traités de commerce	15	21	7	4	3	6	2	9	3	70
- importations				1					1	6
- exportations	10	2	2	1	1	2				14
- infrastructures	1	4	2	1	1	3	3	6	4	25
- fiscalités	22	6	6	13	13	14	36	21	24	155
TOTAL	**58**	**44**	**31**	**38**	**29**	**33**	**50**	**49**	**38**	**370**
Transports										
- voirie	3		5	1	1		1	1	2	14
- navigation	4		5	2	12	4	2	2	5	36
- fiscalités	7	4	6	18	6	11	13	7	9	81
- autre matière	1									1
TOTAL	**15**	**4**	**16**	**21**	**19**	**15**	**16**	**10**	**16**	**132**
Monnaies, crédit et opérations financières										
- monnaies	19	9	13	10	9	3	6	7	15	91
- tables de prêt et commerce de l'argent	5	1	2	4	3	4	3	7	9	38
- jeux et loteries	1				2	6	1	2	3	15
TOTAL	**25**	**10**	**15**	**14**	**14**	**13**	**10**	**16**	**27**	**144**
Nombre total d'ordonnances	**218**	**126**	**167**	**184**	**124**	**143**	**204**	**157**	**223**	**1546**
Nombre d' ordonnances à caractère économique[33]	**106**	**68**	78	77	**68**	71	**80**	77	**94**	**719**

33 Une même ordonnance pouvant concerner plusieurs matières, le nombre total d'ordonnances peut être inférieur à la somme des actes des différentes catégories.

Tabula gratulatoria

Abdijmuseum Ten Duinen (Coxyde)
Renaud Adam, F.R.S.-FNRS – Université de Liège
Archives de l'État à Mons
Archives du CPAS de Bruxelles
Archives générales du royaume (Bruxelles)
Bibliothèque des Sciences humaines de l'Université libre de Bruxelles
Bibliothèque du Séminaire de Tournai
Bibliothèque générale de Philosophie et Lettres de l'Université de Liège
Franz Bierlaire, Université de Liège
Claire Billen, Université libre de Bruxelles
Georges Bischoff, Université de Strasbourg
Wim Blockmans, Universiteit Leiden
Nils Bock, Westfälische Wilhelms-Universität Münster
Marc Boone, Universiteit Gent
Éric Bousmar, Université Saint-Louis – Bruxelles
Philippe Bragard, Université catholique de Louvain
Thalia Brero, Université de Genève
Claude Bruneel, Université catholique de Louvain
Neithard Bulst, Universität Bielefeld
Centre Luxembourgeois de Documentation et d'Études médiévales – CLUDEM (Luxembourg)
André et Myriam Cheyns-Condé, Université catholique de Louvain
Giorgio Chittolini, Università degli Studi di Milano
Jeroen Chorus, Amsterdam
Isabelle Clauzel, Saint-Martin-lez-Boulogne
Florence Close, Université de Liège
Comité Español de Ciencias Historicas, Madrid
Commission royale d'Histoire, Bruxelles
Philippe Contamine, Institut, Université Paris-Sorbonne
Godfried Croenen, University of Liverpool
Stéphane Curveiller, Université d'Artois
Sébastien Damoiseaux, Université de Liège
Thérèse de Hemptinne, Universiteit Gent
Bernard Delmaire, Université de Lille
Laurence Delobette, Université de Franche-Comté
Paul Delsalle, Université de Franche-Comté
Mgr Jean-Pierre Delville, Université catholique de Louvain
Bernard Demotz, Université Jean Moulin Lyon 3

Bruno Demoulin, Université de Liège
Anne et Claude Depauw-Debroux, Archives de la Ville de Mouscron
Hilde De Ridder-Symoens, Universiteit Gent
Hugo de Schepper, Universiteit Amsterdam, KU Nijmegen
Philippe Desmette, Université Saint-Louis – Bruxelles
Michael Depreter, Université libre de Bruxelles
Jean Devaux, Université du Littoral-Côte d'Opale
Jan De Vleeschouwer, FOD Financiën
Michel de Waha, Université libre de Bruxelles
Alain Dierkens, Université libre de Bruxelles
Gilles Docquier, Musée royal de Mariemont, Université Saint-Louis – Bruxelles
Jean-Patrick Duchesne, Université de Liège
Luc Duerloo, Universiteit Antwerpen
Jan Dumolyn, Universiteit Gent
François Dumont, Bruxelles
Jonathan Dumont, Université de Liège
Sonja Dünnebeil, Österreichischen Akademie der Wissenschaften (Vienne)
Jean-Marie Duvosquel, Université libre de Bruxelles
Raymond Fagel, Universiteit Leiden
Paul Fontaine, Université Saint-Louis – Bruxelles
Roland Forrer, Jodoigne
Michèle Galand, Université libre de Bruxelles
Claude Gauvard, Université Paris 1 – Panthéon-Sorbonne
Philippe George, Trésor de la Cathédrale de Liège
Frédéric Gobbe, Charleroi
Robert Godding, Société des Bollandistes, Bruxelles
Catherine Gravet, Université de Mons
Serge Gravet, Société d'Archéologie et des Amis du Musée de Binche
Pierre Gresser, Université de Franche-Comté
Aafje H. Groustra-Werdekker, Nimègue
Jacqueline Guisset, Bruxelles
Jelle Haemers, KU Leuven
Roland Hennes, Bruxelles
Xavier Hermand, Université de Namur
Jean Heuclin, Université catholique de Lille
José Eloy Hortal Muñoz, Universidad Rey Juan Carlos (Madrid)
Jean-Paul Hoyois, Bruxelles
Institut d'histoire, Faculté des Lettres et Sciences humaines, Université de Neuchâtel
Roel Jacobs, Bruxelles
Pierre Jodogne, Académie royale de Belgique

Michael Jones, University of Nottingham

Frank Judo, KU Leuven

Odile Kammerer, Université de Haute Alsace

Atsushi Kawahara, Tokyo Metropolitan University

Jean-Louis Kupper, Université de Liège

Miguel Ángel Ladero Quesada, Real Academia, Universidad Complutense, Madrid

Victorien Leman, Université de Picardie Jules Verne

Dominique et Brigitte Longrée-Niederkorn, Université de Liège, Université Saint-Louis – Bruxelles

Monique Maillard-Luypaert, Université Saint-Louis – Bruxelles

Julien Maquet, Institut du Patrimoine Wallon, Université de Liège

Alain Marchandisse, F.R.S.-FNRS – Université de Liège

Christophe Masson, Oxford University, Université de Liège

Olivier Mattéoni, Université Paris 1 – Panthéon-Sorbonne

Camille-Edmond Meessen, Baelen

Jean-Marie Moeglin, Université Paris-Sorbonne

Daniel Misonne, Maredsous

Yann Morel, Université de Versailles-Saint-Quentin-en-Yvelines

Jean-Daniel Morerod, Université de Neuchâtel

Denis Morsa, Société pour le progrès des études philologiques et historiques (Bruxelles)

Heribert Müller, Goethe-Universität (Francfort-sur-le-Main)

Musée royal de Mariemont (Morlanwelz)

Felicity Nacereddine-Laws, Le Grand-Saconnex

Gisela Naegle, Universität Gießen

Jean-François Nieus, Université de Namur

Heinz Noflatscher, Universität Innsbruck

Ludovic Nys, Université de Valenciennes et du Hainaut-Cambrésis

Grégoire Oguey, Université de Neuchâtel, Université de Fribourg

Rik Opsommer, Universiteit Gent

Giovanni Palumbo, Université de Namur

Werner Paravicini, Kiel

Jacques Paviot, Université Paris-Est Créteil Val-de-Marne

Gérard Pelot, Université Bourgogne-Franche-Comté

Eva Pibiri, Université de Lausanne

Christiane Piérard, Université de Mons

Bernadette Piérart, Université catholique de Louvain

René Plisnier, Université de Mons, Université libre de Bruxelles

Walter Prevenier, Universiteit Gent

Malte Prietzel, Universität Paderborn

Francesco Quattrone

Pierre Racine, Université de Strasbourg
Christiane Raynaud, Université d'Aix-Marseille
Étienne Renard, Université de Namur
Revue du Nord, Lille
Jean Richard, Institut, Université de Bourgogne
Claude Roelandt
Pascal Saint-Amand, Dinant
Jean Saint-Ghislain, Mons
Bertrand Schnerb, Université de Lille
Anne Schoysman, Università di Siena
Louis Sicking, Universiteit Leiden, Vrij Universiteit Amsterdam
Nicolas Simon, Université Saint-Louis – Bruxelles
Jean-Pierre Sosson, Université catholique de Louvain
Stadsarchief Ieper
Robert Stein, Universiteit Leiden
Fred et Ingrid Stevens-Van Ransbeeck, KU Leuven, Turnhout
Vincent Tabbagh, Université de Bourgogne
Michel Tack, Tournai
Jacky Theurot, Université de Franche-Comté
Benoît-Michel Tock, Université de Strasbourg
Vakgroep Geschiedenis, Universiteit Gent
Yvette Vanden Bemden, Université de Namur
Herman Van Der Wee, KU Leuven
Marie Van Eeckenrode, Université catholique de Louvain
Paul van Peteghem, Radboud Universiteit Nijmegen
Bruno Vasseur
Paul et Annie Verbanck-Piérard, Musée royal de Mariemont
Jeanne Verbij-Schillings, Université Paris-Sorbonne
Werner Verbeke, KU Leuven
Quentin Verreycken, Université Saint-Louis – Bruxelles
Bert Verwerft, Beveren-Waas
Livia Visser-Fuchs, Baarn
Monique Vleeschouwers-Van Melkebeek, Universiteit Gent
Laurent Waelkens, KU Leuven
Richard Walsh, Leeds
Monique Weis, F.R.S.-FNRS – Université libre de Bruxelles
Hanno Wijsman, Institut de Recherche et d'Histoire des Textes, Paris
Martine Willems, Université Saint-Louis – Bruxelles
Jean-Marie Yante, Université catholique de Louvain

Fig. 1. Miniature de style ganto-brugeois (groupe Horenbout), *L'archiduc Charles d'Autriche, son frère et ses sœurs, entourés de personnages-types représentant les trois états de la société, et surmontés par l'aigle bicéphale symbolisant l'empereur Maximilien, ca* 1515, *Livre de chœur*, MALINES, Archives de la ville, sans cote, fol. 1v, détail © Stadsarchief Mechelen - www.beeldbankmechelen.be.

Fig. 2. *Le bâtard Vauthier (à droite) et l'un de ses acolytes complotent sur les remparts de Neuchâtel*, Diebold Schilling, *Spiezer Chronik*, 1484-1485, Berne, Bibliothèque de la Bourgeoisie, Mss.h.h.I.16, p. 552 © www.e-codices.unifr.ch.

Fig. 3. *Les bourgeois de Neuchâtel revendiquent de nouveaux droits auprès du comte, à qui ils présentent les faux actes forgés par le bâtard Vauthier*, Diebold Schilling, *Spiezer Chronik*, 1484-1485, Berne, Bibliothèque de la Bourgeoisie, Mss.h.h.I.16, p. 554 © www.e-codices.unifr.ch.

Fig. 4. *L'exécution du bâtard Vauthier par décapitation et de l'un de ses complices par noyade*, Diebold Schilling, *Spiezer Chronik*, 1484-1485, Berne, Bibliothèque de la Bourgeoisie, Mss.h.h.I.16, p. 557 © www.e-codices.unifr.ch.

Abb. 1. *Hirschjagd im* brabantischen wald. *Unfall mit der Armbrust*, *Teuerdank*, 1517, MÜNCHEN, BSB, Rar. 325a, c. 44, fol. o1v.

Abb. 2. *Schiffbruch im Eis* (gefrorn wasser) *in* Holandt. – *Auf dem Weg von Amsterdam nach Spaarndam, Dreikönigstag 1489, Teuerdank*, 1517, München, BSB, Rar. 325a, c. 46, fol. o6r.

Abb. 3. Geferlicheit *durch Schussfallen in* Flandern. – *Gefangenschaft in Brügge, 5. Februar bis 16. Mai 1488, Teuerdank*, 1517, MÜNCHEN, BSB, Rar. 325a, c. 95, fol. G4v.

Fig. 1. New York, Pierpont Morgan Library, ms. 804, fol. 202v © Pierpont Morgan Library.

Fig. 2. Paris, BnF, ms. fr. 2662, fol. 328 © Paris, BnF.

Fig. 3. TOULOUSE, BM, ms. 511, fol. 203v © TOULOUSE, BM.

Fig. 4. PARIS, BnF, ms. fr 2663, fol. 312 © PARIS, BnF.

Fig. 5. La Haye, KB, ms 72 A 25, fol. 290 © La Haye, KB.

Fig. 6. Clitheroe, Stonyhurst College Library, ms 1, fol. 274 © Clitheroe, Stonyhurst College Library.

Fig. 7. Besançon, BM, ms. 864, fol. 286v © Besançon, BM.

Fig. 1. Vue générale de la ville de Poligny © J. Theurot, 2015.

Fig. 2bis. Fortification Nord de Poligny © J. Theurot, 2015.

Fig. 3. Poligny, Couvent des Clarisses © J. Theurot, 2015.

Fig. 4. Poligny, La collégiale Saint-Hippolyte (1415-1465) © J. Theurot, 2015.

Fig. 1. V. Génisson, *Vue intérieure de la chapelle d'Enghien*, 1849. On aperçoit au-dessus de l'autel, dans le mur du fond de la chapelle, les vitraux **II** et **III** ; dans le mur droit se trouvait le vitrail ici numéroté **I** et qui occupe à présent le mur de gauche ; Charlier l'a remplacé dans le mur de droite, par le vitrail **IV** © Bruxelles, KIKIRPA.

Fig. 4. Vierge de la Crucifixion. Vitrail de Ponthus de Lalaing © NAMUR, UNamur, cliché D. Van Acker.

Fig. 5. Sainte Catherine, protectrice de Catherine (Bonne) de Wassenaere. Vitrail de Ponthus de Lalaing © NAMUR, UNamur, cliché D. Van Acker.

Fig. 7. Vierge à l'Enfant de la Lignée Sainte Anne. Partie inférieure du vitrail de Sidrach de Lalaing © Namur, UNamur, cliché D. Van Acker.

Fig. 10. Sainte Catherine, protectrice de Catherine de Dion. Vitrail de Philippe d'Allennes et Catherine de Dion © Namur, UNamur, cliché D. Van Acker.

Fig. 9. Saint François, protecteur de François d'Allennes. Vitrail de Philippe d'Allennes et Catherine de Dion © Namur, UNamur, cliché D. Van Acker.

Fig. 11. Londres, British Library, ms. Yates Thompson 32, fol. 9v (Bruges, *ca* 1485-1486)